W0188992
NORDPOLARMEER
SPITZBERGEN
FRANZ-JOSEPH-LAND
SEWERNAJA SEMLJA
NOWAJA SEMLJA
NEUSIBIRISCHE INSELN
WRANGEL-INSEL
Laptewsee
Ostsibirische See
ALASKA
Nördlicher Polarkreis
Byrranga-Gebirge
Mittelsibirisches Bergland
Werchojansker Gebirge
Tscherskigebirge
Stanowoi-bergland
Stanowoigebirge
Suntar-Chajata-Gebirge
HALBINSEL KAMTSCHATKA
Kljutschewskaja Sopka
KOMMANDEUR-INSELN
ALASKA-HALBINSEL
FOXINSELN
ALEUTEN
Beringmeer
Ochotskisches Meer
SACHALIN
KURILEN
HOKKAIDO
HONSHU
JAPANISCHER ARCHIPEL
LAPPLAND
SKANDINAVIEN
OSTEUROPÄISCHES TIEFLAND
URALGEBIRGE
WESTSIBIRISCHES TIEFLAND
Nowosibirsk
Irkutsk
Leningrad
Stockholm
Moskau
Berlin
Wien
EUROPA
KARPATEN
UKRAINE
KASACHENSTEPPE
Kasachische Schwelle
ALTAI
ASIEN
Mongolisches Plateau
GOBI
Großer Chingan
MANDSCHUREI
Harbin
Peking
Seoul
KOREA
Japanisches Meer
Tokio
Fudschijama
KAUKASUS
Elbrus
Kaspisches Meer
Schwarzes Meer
TURAN
KYSYLKUM
KARAKUM
TIENSCHAN
Pobeda
Alaigebirge
Pamir
Hindukusch
Karakorum
K2
KUNLUN
Hochland von Tibet
Tanggulagebirge
Nienschenlanggla
HIMALAJA
Mount Everest
Nanda Devi
HINDUSTAN
Kalkutta
Bombay
Dekkan
Westghats
Ostghats
VORDERINDIEN
Arabisches Meer
Golf von Bengalen
CEYLON
Pidurutalagala
MALEDIVEN
ANDAMANEN
NIKOBAREN
HINTERINDIEN
Rangun
Bangkok
Hanoi
Kanton
CHINA
Minja Gongkar
Nanling
Tsinling
Schanghai
TAIWAN (FORMOSA)
HAINAN
PARACEL-INSELN
LUZON
Manila
PHILIPPINEN
MINDANAO
Südchinesisches Meer
BORNEO
Kinabalu
MALAIISCHER ARCHIPEL
SUMATRA
Singapur
JAVA
Jakarta
GROSSE SUNDAINSELN
KLEINE SUNDAINSELN
CELEBES
MOLUKKEN
TIMOR
FLORES
SUMBAWA
NEUGUINEA
Puncak Jaya
BISMARCK-ARCHIPEL
SALOMONEN
MELANESIEN
MIKRONESIEN
KAROLINEN
MARIANEN
GUAM
MARSHALLINSELN
PAZIFISCHER OZEAN
HAWAII-INSELN
MIDWAYINSELN
WAKE
Nördlicher Wendekreis
Südlicher Wendekreis
Äquator
ISTANBUL
Athen
ANATOLIEN
TAURUS
KRETA
ZYPERN
Tripolis
Kairo
SINAI
SYRISCHE WÜSTE
SAGROSGEBIRGE
Hochland von Iran
Demawend
Teheran
Persischer Golf
Golf von Oman
ARABISCHE HALBINSEL
Mekka
NEFUD
RUB AL-CHALI
Aden
SOKOTRA
SAHARA
Tibesti
LIBYSCHE WÜSTE
NUBISCHE WÜSTE
Khartum
Ras Daschan
Hochland von Äthiopien
Addis Abeba
SOMALI-HALBINSEL
AFRIKA
Lagos
KONGOBECKEN
Kinshasa
Kilimandscharo
Nairobi
Mount Kenya
Ruwenzori
Victoriasee
Tanganjikasee
Njassasee
KALAHARI
Drakensberge
Maputo
Kapstadt
Kap der Guten Hoffnung
Kap Agulhas
MADAGASKAR
MAURITIUS
RÉUNION
KOMOREN
SEYCHELLEN
TSCHAGOSINSELN
DIEGO GARCIA
AMIRANTEN
AGALEGAINSELN
MASKARENEN
RODRIGUES
CARGADOS CARAJOS
INDISCHER OZEAN
KOKOSINSELN
CHRISTMAS
MENTAWAI-INSELN
AMSTERDAM
SAINT PAUL
PRINZ-EDUARD-INSELN
MARION
CROZETINSELN
KERGUELEN
HEARD
AUSTRALIEN
Arafurasee
ARNHEMLAND
KIMBERLEY
GROSSE SANDWÜSTE
GIBSONWÜSTE
GROSSE VIKTORIAWÜSTE
GROSSES ARTESISCHES BECKEN
GREAT DIVIDING RANGE
Macdonnell-kette
Mount Bruce
Perth
Kap Naturaliste
Große Australische Bucht
Melbourne
Sydney
Mount Kosciusko
Kap York
Kap Byron
TASMANIEN
Tasmansee
Korallensee
NEUKALEDONIEN
LOYALITÄTSINSELN
NEUE HEBRIDEN
FIDSCHIINSELN
TONGA-INSELN
NORFOLK
LORD HOWE
KERMADEC-INSELN
NEUSEELAND
NORDINSEL
SÜDINSEL
Wellington
Mount Cook
CHATHAMINSELN
BOUNTYINSELN
ANTIPODEN-INSELN
AUCKLAND-INSELN
CAMPBELL-INSEL
MACQUARIE-INSELN
Südlicher Polarkreis
WILKESLAND
PRINZESSIN-ELISABETH-LAND
Amerikanisches Hochland
ENDERBYLAND
VIKTORIALAND
TERRE ADÉLIE
BALLENY-INSELN
Mount Kirkpatrick
TRANSANTARKTISCHES GEBIRGE
ROSS-INSEL
ROOSEVELT-INSEL
Ost 180 West
Östliche Länge von Greenwich
© I.G.D.A. S.p.A. · Novara

EIN
ADAC
BUCH

Das Bild unserer Welt

Asien Australien

Von Peking bis Sydney

Dieses Buch entstand in Zusammenarbeit zwischen dem ADAC Verlag, München, und dem Deutschen Bücherbund, Stuttgart München.

Satz: Rombach GmbH Druck- und Verlagshaus, Freiburg i. Br.
Repro: Fotolito Longo AG, Frangart (BZ)/Italien
Länderkarten: © Istituto Geografico de Agostini, Novara
Druck und Bindearbeiten: Fabrieken Brepols n. v., Turnhout/Belgien
Printed in Belgium
ISBN 3-87003-317-7

Vorwort

Peter Scholl-Latour zu diesem Buch

Der französische Dichter Paul Valéry hat Europa als »ein Cap Asiens« beschrieben. Um so paradoxer mußte die Beherrschung der gewaltigen asiatischen Ländermasse und seiner wimmelnden Menschheit durch die europäischen Mächte vor knapp 100 Jahren erscheinen. Selbst das Wilhelminische Reich war damals bemüht, an der sich abzeichnenden Aufteilung Chinas teilzuhaben.
Heute bietet sich ein total verändertes Bild. Auf uralten Kulturen gegründet, sind neue asiatische Schwerpunkte der Politik und der Wirtschaft entstanden. Japan ist nur vorübergehend durch die Niederlage im Zweiten Weltkrieg in seiner stürmischen Expansion behindert worden. Heute greift es mit seiner industriellen und technologischen Dynamik bis nach Australien aus, diesen Kontinent südlich des Äquators, den man als geographische Verlängerung Asiens bezeichnen kann.
Nach Abschüttelung der britischen Herrschaft entwickelt sich Indien zu einem Machtfaktor, der alle Anrainerstaaten des Subkontinents als potentielle Vasallen erscheinen läßt. Westlich davon, zwischen Pakistan und dem Libanon, erlebt die islamische Welt eine Renaissance, die sich teilweise auf den Erdölreichtum Arabiens, mehr noch auf die Wiederbelebung des koranischen Glaubens gründet.
Vor allem das Reich der Mitte, die Volksrepublik China, scheint nach den radikalen Umwälzungen des Maoismus das Wort Napoleons bestätigen zu wollen: »Wenn China erwacht, wird die Erde erbeben.« Diese straff strukturierte Ansammlung von 1,2 Milliarden Menschen gilt heute schon als Supermacht von morgen.
Noch behauptet sich die weiße Menschheit in den unendlichen Nord- und Südregionen Sibiriens und Australiens, aber Moskau und Canberra werden in Zukunft kein leichtes Spiel haben, ihre menschenarmen Räume gegen die explosive Kraft der angrenzenden Ballungsgebiete Chinas, Indonesiens, der zentralasiatischen Turkvölker abzuschirmen.
Das 21. Jahrhundert – darauf deuten auch die ökonomischen Zuwachsraten hin – könnte das Jahrhundert Asiens sein.
In dem vorliegenden Werk werden dem Leser die Länder Asiens und Ozeaniens sowie Australien von erfahrenen Autoren-Kollegen anschaulich vorgestellt.
Es entsteht ein facettenreiches Panorama dieser Kontinente und damit ein Bild unserer Welt, wie sie heute – und möglicherweise morgen – aussieht.

Inhalt

Inhalt

Autoren

Ahmad Ataya, geboren 1941 in Dib (Palästina). Nach dem Studium in Beirut und Tübingen Volontariat und Tätigkeit als Reporter und Redakteur beim Saarländischen Rundfunk (Fernsehen). Sonderaufgaben im Rahmen der Berichterstattung für die ARD führten ihn in die Golfstaaten. Ataya war zuletzt Abteilungsleiter bei ARD-Aktuell. Seit Juli 1988 ARD-Korrespondent in Rabat (Marokko).

Dr. Hans Walter Berg, geboren 1916. Master of Arts University of Michigan 1938, Promotion Universität München 1939. 1952 Asienkorrespondent deutschsprachiger Zeitungen und Rundfunkstationen mit Sitz in Delhi, ab 1957 auch des ARD-Fernsehens, 1967–1971 mit Sitz in Hongkong, danach ARD-Sonderkorrespondent. Autor der TV-Dokumentarfilmserie und des Bestseller-Buches »Gesichter Asiens«.

Rolf Bökemeier, 48 Jahre alt, »GEO«-Autor und seit sechs Jahren Fernsehreporter. Er besuchte Kamputschea 1985 und 1988. Buchveröffentlichungen: »Verlorene Menschen – Begegnungen mit Völkern, die es morgen nicht mehr gibt« (1984), »Die Papua – Augenzeugen der Steinzeit« (1985).

Prof. Dr. Gisela Bonn, Studium in Köln und Wien, Verleihung des Professorentitels 1986. Lebte mehrere Jahre als Schriftstellerin und Journalistin in Afrika und Asien. 24 Dokumentarfilme über beide Kontinente, zahlreiche Buchveröffentlichungen. Gisela Bonn ist Herausgeberin und Chefredakteurin der Zeitschrift »Indo Asia«.

Dr. M. Y. Cho, Jahrgang 1931, Politologe und Publizist. 1969–1986 Lehrauftrag in Politik und Geschichte an der Universität Hamburg. 1968–1975 ständiger Kolumnist der »Zeit«; bis 1976 Korrespondent der »Far Eastern Economic Review«, Hongkong; seit 1974 Herausgeber der »North Korea Quarterly«, Hamburg. Mehrere Buchveröffentlichungen zu politischen Themen.

Luise Crome, Jahrgang 1943, geboren in Bielefeld. Soziologiestudium, lebte von 1970 bis 1982 in Tokio, arbeitete dort fünf Jahre für den »Stern«, anschließend vier Jahre in Köln, Fernseh- und Rundfunkmoderatorin beim WDR. Seit 1986 freie Journalistin in Neu-Delhi.

Roshan Dhunjibhoy, Pakistani, Filmemacherin und Journalistin. Sie hat über 50 politische und kulturelle Dokumentarfilme und -berichte für ARD und ZDF gedreht. Lehraufträge für Dokumentarfilme an der Film- und Fernseh-Akademie in Berlin und an der University of the West Indies in Jamaika. Beiträge für Zeitschriften und Bücher.

Peter M. Dudzik, 1943 in Ratibor (Oberschlesien) geboren, Abitur, Journalistenschule in München, anschließend bei »Report München«. Ab 1973 Sonderkorrespondent, 1982–1987 ständiger Korrespondent der ARD in Israel. Seit 1988 Leiter der Redaktionsgruppe Zeitgeschichte beim Bayerischen Fernsehen.

Heiko Flottau, Jahrgang 1939, Studium der Geschichte und Anglistik in Saarbrücken, seit 1967 bei der »Süddeutschen Zeitung«, zunächst in München, dann als Korrespondent in Frankfurt, 1978–1985 Südosteuropa-Korrespondent mit Sitz in Belgrad, seit 1985 Nahost-Korrespondent mit Sitz in Kairo.

Wilfried Hahn, Jahrgang 1951; Volontariat und fünf Jahre Lokalredakteur im Raum Stuttgart; seit 1977 nur noch in den Sommermonaten als Urlaubsvertretung am heimischen Redaktionsschreibtisch anzutreffen; ansonsten als (Reise-)Journalist in Südostasien unterwegs; berichtet aus und über Malaysia für Tageszeitungen und Zeitschriften.

Hans Heine, geboren 1927 in Bremerhaven, nach Schule, Wehrdienst, Kriegsgefangenschaft und Studium in Heidelberg Journalist. Politischer Redakteur (»Kölner Stadt-Anzeiger« und »Hannoversche Allgemeine«), seit 1963 Redakteur und Auslandskorrespondent beim Norddeutschen Rundfunk, ARD-Auslandsposten in Washington, Hongkong und Singapur. Zur Zeit Korrespondent in New York.

Robert Hetkämper, Jahrgang 1949, erste journalistische Erfahrungen bei einer Lokalzeitung im Ruhrgebiet; nach dem Studium Redakteur, Reporter und Moderator bei verschiedenen Rundfunkstationen der ARD; später Sonderkorrespondent und Chefreporter des NDR-Fernsehens mit Einsätzen in Afrika, USA, Nahost und Mittelamerika; seit einigen Jahren Schwerpunkt Asien. Seit 1988 Ostasien-Korrespondent des ARD-Fernsehens; lebt und arbeitet in Tokio.

Peter Hornung, geboren 1931 in München und dort auch aufgewachsen. Als Sonderkorrespondent des SAD (Springer Auslandsdienst) besuchte er in den letzten drei Jahrzehnten zahlreiche Krisenherde wie Algerien, Kongo, Nahost, Biafra, Vietnam, Angola, Afghanistan und die Golfstaaten. Beschäftigte sich trotz Schwerpunkt Militärpolitik immer auch mit Land, Leuten und Kultur.

Dr. Arnold Hottinger, geboren 1926 in Basel, studierte Orientalistik und Romanistik in Basel, Zürich, Paris, Beirut. Seit 1961 Nahostkorrespondent der »Neuen Zürcher Zeitung«, Sitz in Beirut, dann in Madrid, seit 1982 in Nikosia. Bücher über die arabische Welt.

Karl Johaentges, 40 Jahre alt, lebt in Hannover, Architekt und Fotograf mit eigenem Verlag, in dem bisher drei Bücher von ihm erschienen sind: »Bilder einer Weltreise«, »Neuseeland«, »Lissabon – Hongkong mit der Eisenbahn«.

Detlef Kleinert, geboren 1941 in Breslau, Journalist. Redakteur bei Lokal-, Regional- und Wochenzeitungen, seit 1978 beim Bayerischen Fernsehen. 1984–1986 Leiter eines Entwicklungshilfe-Projekts auf den Fidschi-Inseln (Aufbau eines Videozentrums, Ausbildung von Journalisten), seit Mitte 1986 wieder beim Fernsehen, Schwerpunkt Außenpolitik.

Hans Dieter Kley, geboren 1933 in Bielefeld. Studium der Zeitungswissenschaft und Soziologie in München und Hamburg. Längere Studien- und Arbeitsaufenthalte in England und den USA, seither freiberuflicher Reisekorrespondent. Mitarbeit bei Rundfunksendern und führenden deutschsprachigen Zeitungen. Wohnsitz München, berichtet vor allem aus weniger beachteten Ländern der Erde.

Peter Krebs, geboren 1928 in Berlin. Wechselte 1962 vom RIAS zur ARD. Dort bis 1971 beim Bayerischen Fernsehen (»Report«), danach bis 1982 Korrespondent in Tokio. 1982–1986 Leiter und Moderator des »Weltspiegels« in Hamburg. Seit 1986 Korrespondent in Neu-Delhi für Südasien.

Eberhard Kuhrau, geboren 1931 in Quedlinburg am Harz. Seit 1963 Redakteur beim Westdeutschen Rundfunk, Köln. 1971–1973 leitete er in Jakarta die Ausbildungsstätte des Indonesischen Fernsehens, ein Projekt der deutschen Entwicklungshilfe. 1979–1983 lebte er in Neu-Delhi als Auslandskorrespondent der ARD für Südasien, seit 1986 berichtet er aus Singapur über Südostasien.

Carlheinz Lange, geboren 1927 in Leipzig. 1943–1945 Luftwaffenhelfer und Soldat. Studium: Germanistik, Anglistik, Geschichte. Seit 1954 im Schuldienst. 1964–1969 Lehrer an der Deutschen Schule Beirut (Libanon), 1973–1983 Leiter des Deutschen Kollegiums an der Amani-Oberreal-schule Kabul (Afghanistan). Zur Zeit Studiendirektor im Hessischen Schuldienst.

Franz-Peter Leibig, Jahrgang 1946. Nach Studium der Lebensmitteltechnologie Wechsel ins journalistische Fach (naturwissenschaftliche Zeitschriften). In den letzten Jahren vorzugsweise mit Kamera und Notizblock weltweit in ländlichen Gefilden unterwegs.

Karl Maute, Jahrgang 1934. Redakteur (»Stern«, »Zeit«, »Welt«), Auslandsberichterstattung seit 1962, seine Hauptgebiete sind Asien und Afrika (Tourismus). Lebt und arbeitet als freier Journalist bei Frankfurt.

Gerd H. Pelletier, Jahrgang 1935, ist seit 25 Jahren außenpolitischer Redakteur des WDR. 1974–1978 arbeitete er als Korrespondent in Washington, danach vier Jahre in Bonn. Seit 1982 war er für sechs Jahre Fernost-Korrespondent der ARD in Tokio und dort auch zuständig für die Berichterstattung aus Japan und Korea. 1988 kehrte er als Korrespondent ins Bonner ARD-Studio zurück.

Marcel Pott, Jahrgang 1946. Rechtsanwalt und Journalist, berichtet seit 1983 als ARD-Korrespondent mit Sitz in West-Beirut über den Nahen Osten.

Ferdinand Ranft kam über den Bayerischen Rundfunk und das ZDF zur »Zeit«. Er war dort achteinhalb Jahre Ressortleiter für »Reise und Verkehr«. 1977 Verlagsleiter beim Piper Verlag in München. Seit 1979 ist Ferdinand Ranft Chefredakteur der Zeitschrift »Merian« in Hamburg und Herausgeber der »dtv MERIAN reiseführer«.

Peter M. Ranke, seit 30 Jahren als Zeitungskorrespondent im Nahen Osten unterwegs. Reisen ist sein Hobby. Er lebte jahrelang in Kairo und Beirut und beschäftigt sich nicht nur mit der aktuellen Politik, sondern auch mit Geschichte, Kultur und Religion der nahöstlichen Länder.

Hans-Werner Rodrian, 31, gelernter Ingenieur und Journalist, machte sich nach Redaktionsjahren in Stuttgart und München vor fünf Jahren als Reise-Journalist selbständig. Er arbeitet für fast alle großen deutschen Tageszeitungen und Zeitschriften und wohnt in Murnau am Staffelsee.

Dr. Dieter Rumpf, Jahrgang 1944, studierte Publizistik und Ethnologie an der Universität Wien und promovierte mit einer Arbeit über Westafrika. Seit 1972 führten ihn etwa 100 Reisen in den asiatischen und pazifischen Raum, einige davon in selten besuchte Dschungelgebiete. Lebt heute als Autor für mehrere Zeitschriften und als Produzent kultureller Reisefilme in München.

Dr. Winfried Scharlau, geboren 1934 in Duisburg. Studium der Geschichte und des Öffentlichen Rechts in Münster, Innsbruck und Oxford, Promotion 1963 in Oxford mit einer Dissertation über die russische Revolutionsgeschichte. Seit 1969 Redakteur des Norddeutschen Rundfunks, 1973–1977 Südost-asien-Korrespondent der ARD in Hongkong, 1978–1981 Chefredakteur des NDR-Fernsehens in Hamburg, 1981–1987 Südostasien-Korrespondent der ARD mit Sitz in Singapur. Seit September 1987 Moderator des NDR-»Weltspiegels«.

Brigitte Scherer, geboren 1943 in Berlin. Nach Soziologiestudium und Volontariat seit 1969 Redakteurin im Feuilleton der »Frankfurter Allgemeinen Zeitung« mit dem Arbeitsgebiet Tourismus. Vorübergehend FAZ-Kulturkorrespondentin in New York. Theodor-Wolff-Preis (1980) für ihre tourismus-kritischen Beiträge.

Jürgen Schick, Jahrgang 1942, praktizierte zehn Jahre als Rechtsanwalt in Bonn, bevor er 1980 nach Nepal übersiedelte. Seither lebt er in Kathmandu, wo er als freier Journalist und Fotograf arbeitet. Sein Thema: Die alten Kulturen des Himalajas. Veröffentlichungen in »art« und »GEO«. Sein erstes Buch »Die Götter verlassen das Land« ist ein Bericht über die Plünderung der nepalischen Kunst durch den internationalen Kunstdiebstahl.

Norbert Schmidt, geboren 1947, Journalist. Mehrere Jahre Chefredakteur der Zeitschrift »Tauchmagazin«. Nach Abschluß seines Studiums ging er für ein Jahr auf die Malediven, seit 1983 lebt er ständig dort. Er gilt als einer der besten Malediven-Kenner im deutschsprachigen Raum. Autor des Buches »Richtig reisen – Malediven« (DuMont).

Peter G. Seroka, 46 Jahre alt, lebt abwechselnd in Japan, Spanien und Deutschland. Längere Aufenthalte in Chile, Singapur, Peru, Marokko, Frankreich; beherrscht fünf Sprachen. Begeisterter Globetrotter und Abenteurer, schreibt und fotografiert für Reise- und Fachzeitschriften.

Pierre Simonitsch, geboren 1937 in Wien. Genfer UN-Korrespondent und Reporter der »Frankfurter Rundschau« und des Züricher »Tages-Anzeigers«. Nach Ausbildung als Schriftsetzer und Graphiker Anstellungen in der Schweiz, in Italien und in Frankreich. Seit 1963 Journalist. Zahlreiche Reportagen aus aller Welt, Kriegsberichterstatter.

Dr. Friedrich Steinbauer, 1934 in Nürnberg geboren. Nach Studium der Psychologie, Theologie und Völkerkunde ab 1961 mehrere Jahre in Papua-Neuguinea. Seit 1972 regelmäßig in allen pazifischen Inselregionen zu Forschungszwecken unterwegs. 1974 Begründer der Deutsch-Pazifischen Gesellschaft in München. Als Dozent der Universität München und im Gymnasialdienst tätig.

Ulrich Stewen, 41, studierte Ethnologie, Internationale Politik und Entwicklungssoziologie in Frankfurt; zahlreiche Aufenthalte in der Karibik und im Südpazifik; Redakteurtätigkeit bei Fachzeitschriften und Nachrichtenagenturen; Mitglied im Journalistenbüro »Sextant« für Berichterstattung aus der Dritten Welt, Bonn.

Dr. Veronika Veit, geboren 1944, Privatdozentin im Seminar für Sprach- und Kulturwissenschaft Zentralasiens der Universität Bonn. Studium in Bonn und in London an der School of Oriental and African Studies (Mongolistik, Sinologie, Alte Geschichte). Magister 1968, Promotion 1973, Habilitation 1982. Forschungsreisen in die Mongolische Volksrepublik, nach China, Taiwan und Afghanistan. Hauptarbeitsgebiete: Geschichte der Mongolen, mongolische Epik, mongolisches Brauchtum.

Dr. Klaus Viedebantt, 1943 in Krefeld geboren. Nach dem Studium in Berlin und Frankfurt trat der promovierte Völkerkundler in die Redaktion der »Frankfurter Allgemeinen Zeitung« ein. 1977 übernahm er bei der »Zeit« die Leitung der Reiseredaktion, 1986 übertrug ihm die »Frankfurter Allgemeine Zeitung« die Leitung ihrer »Rhein-Main-Zeitung«. Der Journalist hat eine Reihe von Büchern verfaßt, darunter auch mehrere über sein Spezialgebiet: Australien und der Pazifik.

Peter Wald, seit über 30 Jahren praktizierender Journalist mit der Thematik Naher Osten; davon zwölf Jahre als Korrespondent mit Sitz in Kairo. Zahlreiche Besuche in allen arabischen Ländern. Verfasser von Reisebüchern über den Jemen, Kairo und Libyen. Heute Rundfunkredakteur bei der Deutschen Welle in Köln.

Winfried Scharlau

Asien

Das Bild eines Kontinents

Asien – der verkannte Kontinent

In einer Phase der China-Begeisterung, als viele in Amerika glaubten, China mit Hilfe des Kuomintang-Regimes und seines Diktators Chiang Kai-shek auf den Weg zum christlichen Glauben führen zu können, im Jahre 1940, erlaubte sich Kenneth Wherry, Senator aus Nebraska, den folgenden Traum: »Mit Hilfe Gottes«, so beschrieb er seine Vision, »werden wir Schanghai entwickeln, bauen und umbauen ohne Unterlaß, bis es am Ende genauso ist wie Kansas City.«

Der Traum des Senators hat sich nicht erfüllt. China und der Rest Asiens sind eigene Wege gegangen. Auch wenn die großen Städte mit ihren Hochhaus-Silhouetten zuweilen an New York und Chicago erinnern – Asien hat sich nur im äußeren Bild verwestlicht. Die Zivilisationen haben auch im Wandel ihr inneres Wesen bewahrt. Die Menschen Asiens haben sich leichter und problemloser an die Verhältnisse der Neuzeit angepaßt als die Europäer und die Amerikaner, die der technische Fortschritt in eine Orientierungskrise gestürzt hat, die mit Selbstzweifeln, Pessimismus und Verunsicherung einhergeht. Der Prozeß der Entwicklung und Modernisierung in Asien hat die Kultur, die Lebensformen und die politische Tradition nicht wesentlich verändert. Der Senator aus Nebraska hat einen Traum geträumt, der Unkenntnis und Selbstüberschätzung zugleich offenbart.

Beide Elemente spielen in den Beziehungen der westlichen Welt zu Asien eine bedeutende Rolle: Der Mangel an Kenntnis der historischen Triebkräfte und der politischen Realitäten hat erst in jüngster Zeit zu gefährlichen internationalen Krisen und Kriegen geführt. Die Einkreisung Chinas nach dem kommunistischen Umsturz in Peking 1949 und auch die Verwicklung Amerikas in den Vietnamkrieg in den sechziger und siebziger Jahren sind ohne die Fehleinschätzungen der Lage durch leitende Figuren im Pentagon und im State Department nicht zu erklären.

Daß Amerika, daß die westliche Allianz im weiteren Sinne ihre Asienpolitik auf falsche Prämissen und Prognosen gestützt hat, hat gewiß mit den objektiven Schwierigkeiten zu tun, sehr unterschiedliche, sehr alte und fremde Zivilisationen überhaupt zu verstehen. Kann man – diese Frage soll ganz ernst und in großer Bescheidenheit am Beginn dieser Einführung gestellt werden – die Zivilisationen Asiens wirklich verstehen? Gibt es einen Weg zu ihrem Verständnis? Oder bleibt auch der beste Beobachter nur Zuschauer in einem Schattenspiel, wo das Publikum die Akteure gar nicht zu Gesicht bekommt, nur ihre Stimmen hört und die Schatten der Figuren auf der Leinwand wahrnimmt?

Im Alten Orient stand die Wiege unserer Kultur

Karge Wüste und frühe Blüte der Kunst – wie paßt das zusammen? Der Fruchtbare Halbmond, der Bogen von Ägypten über Palästina und Syrien zum Zweistromland, umschließt beides. Die Landschaften sind weit und leer – eine Herausforderung für den Menschen. Hier begann er, den Boden künstlich zu bewässern, Ackerbau zu treiben, Tiere zu zähmen für Lebensunterhalt und Transport. Hier ließ vor zweieinhalbtausend Jahren der babylonische König Nebukadnezar II. den Turm zu Babel vollenden und die Prozessionsstraße zum Ischtartor in Babylon mit bunt glasierten Ziegelreliefs schreitender Löwen schmücken. Und schon weitere zweieinhalbtausend Jahre zuvor hatten die Menschen hier eine Bilderschrift ersonnen, aus der sich später die babylonische Keilschrift entwickelte. Im Alten Orient stand auch die Wiege unserer Kultur.

Die Schwierigkeiten, die vor allem sprachlicher Natur sind, sollen gar nicht verkleinert werden. Aber genauso deutlich muß gesehen werden, daß kaum ein Linguist, der Chinesisch oder Japanisch gemeistert hat, darauf verzichten mag, sich dieser Leistung ständig zu rühmen – und mit der sprachlichen Qualifikation auch politische Kompetenz und besondere Einsicht begründen will. Zuweilen können solche »Kenner« der Versuchung nicht widerstehen, in eine Rolle zu schlüpfen, die der des Priesters gleicht, der beim Vollziehen des Ritus Gnade vermittelt. Auch der »Kenner« strebt eine solche Vermittler- oder Dolmetscherfunktion an, die gestattet, das ganze Weihelicht auf sich selbst zu lenken und dem Publikum im Dunkeln zuzuraunen: »Sie werden die fremde Kultur nicht wirklich verstehen, die Sache ist viel zu kompliziert, aber ich will es mal versuchen.« In Wahrheit wird nicht entziffert, sondern mystifiziert. Viele Hohepriester der akademischen und journalistischen Zunft profitieren genüßlich davon.

Die Mystifizierung Asiens durch die Asiaten

Die zweite Gruppe der Mystifizierer sind die Asiaten selbst. Vor allem die Japaner stricken an dem Mythos, daß nur ein Japaner Japan verstehen könne. In China war es früher verboten, Ausländern die eigene Sprache zu lehren. Die sprachliche Barriere ist lange Zeit gewollt worden, und auch heute scheint sie zuweilen noch nützlich zu sein. In der schier endlosen Diskussion über die Öffnung des japanischen Marktes für europäische und amerikanische Produkte führt die Regierung in Tokio den Rest der Welt buchstäblich an der Nase herum. Die Liberalisierung des Imports wird versprochen, an der Realität ändert sich wenig oder nichts. Bis heute rätseln die westlichen Handelspartner, welche Mittel und Wege es gibt, um auf die Handelspolitik Japans Einfluß zu nehmen.

Jenseits der Mystifizierung und der Selbsttarnung, so will mir scheinen, muß es noch einen dritten Weg geben, um sich den Zivilisationen Asiens zu nähern. Die Frage, was asiatisch sei, rührt an die Unterschiede und hebt sie besonders hervor. Läßt sich nicht auch fragen: Was ist menschlich wie überall? Man kann bei der Betrachtung Asiens statt der Unterschiede die Gemeinsamkeiten in den Vordergrund rücken. Eine solche Position wird der Forderung des Geschichtsphilosophen Jacob Burckhardt gerecht, der 1868 in seinen Baseler Vorlesungen sagte: »Unser Ausgangspunkt ist der vom einzigen, bleibenden und für uns möglichen Zentrum, vom duldenden, strebenden und handelnden Menschen, wie er ist und immer war und sein wird.«

Der Vordere Orient: Allah ist groß

»Wir Muslime besitzen die Kenntnis und halten am Glauben fest, daß der Koran immer schon im Himmel existiert hat, in schriftlicher Form und in Arabisch ...« – so ein islamischer Glaubenslehrer.
Die alte Koran-Handschrift wird im Nationalmuseum in Damaskus aufbewahrt. Ein Abglanz dieses heiligen Buches, seines Goldes und seines Himmelblaus, scheint auf Gewölben und Wänden der Schah-Moschee in Isfahan zu liegen.
Es ist Ramadan, Fastenmonat in der islamischen Welt. Tagsüber ist jeder leibliche Genuß verboten, in der Nacht wird gefeiert, und eine dreiviertel Milliarde von Gläubigen betet: Allah ist groß!

Eine Landmasse – aber zwei Kontinente?

Schon beim ersten Schritt nach Asien strauchelt der Analytiker an der Definition: Was ist das für ein Begriff – »Asien«? Ist er überhaupt sinnvoll, oder verbirgt er, für viele unbewußt, ein Vorurteil?

Ein Blick auf die Landkarte nährt den Verdacht, daß in dem Begriff Asien auch ein Stück Ideologie steckt. Der Geograph erkennt auf dem Globus vier große Landmassen. Eine zieht sich fast von Pol zu Pol, in der Mitte bricht sie beinahe auseinander, nur eine schmale Landbrücke verbindet den nördlichen mit dem südlichen Teil. Wir nennen diesen Kontinent Amerika. Die zweite große Landmasse ist fast so breit wie lang; ihr größter Teil liegt in den Tropen: Afrika. Die dritte, relativ klein, gehört ganz zur südlichen Hemisphäre: Australien. Die vierte der Landmassen ist die größte. Sie reicht von der Halbinsel Korea bis zur Iberischen Halbinsel. Aber diese zusammenhängende Landmasse, der im Osten Japan und im Nordwesten die Britischen Inseln

vorgelagert sind, wird nicht als Einheit gesehen, sondern auf einer Linie Ural – Kaukasus in zwei Kontinente aufgeteilt: in Asien und Europa. Für die Geographen ist dies eine ganz willkürliche Linie: Wenn der Koloß schon geteilt werden soll, warum dann nicht am Himalaja? Für eine solche Grenzziehung gäbe es eine Reihe guter Argumente.

Kein Zweifel: Der Begriff Asien beruht auf einer eurozentrischen Perspektive. Die alten Griechen meinten mit Asien alle jene, ihnen zumeist feindlich gesinnten Völkerschaften östlich der hellenischen Welt. Der Begriff ist erhalten geblieben, ungeachtet der Tatsache, daß es keine Gemeinsamkeit, kein rassisches, religiöses oder kulturelles Fundament gibt, das den Oberbegriff Asien rechtfertigen könnte. Europa besitzt ein gemeinsames Fundament: das judaische, griechisch-römisch-christliche Erbe, das die Völker verbindet. Asien besteht aus einer Vielzahl von Kulturen, die keinen gemeinsamen Nenner haben, die sich zeitweilig überlagert und befruchtet, aber durch die Jahrhunderte und Jahrtausende ihre Eigenständigkeit bewahrt haben: China steht neben Indien, und daneben gibt es die Birmanen, die Khmer, die Malayen, Vietnamesen, Javaner, Koreaner, Japaner und viele andere, allesamt Zivilisationen, die ihren eigenen Platz und ihren eigenen Rang besitzen. Für die Völker des Fernen Ostens ist der Begriff Asien fremd geblieben; sie verstehen sich nicht als »Asiaten«, sie erdulden die Gruppenbezeichnung und revanchieren sich, indem sie »Europäern« oder »Weißen« den Sammelbegriff »Kaukasier« anhängen. Wenn Touristen aus Europa auf den Visa- oder Einreiseformularen die Rasse angeben sollen, dann erwarten die Grenzbehörden in Asien jedenfalls die Kennzeichnung »Kaukasier«.

Der Begriff Asien hat sich festgesetzt. Man wird ihn nicht mehr eliminieren können. Er sollte indes nur im Bewußtsein seiner geschichtlichen Herkunft und seiner Unzulänglichkeit verwendet werden. Asien ist in Wahrheit nur die Vielfalt, nicht die Einheit. Der Begriff Südostasien ist sogar erst 1943 geprägt worden, als die Alliierten für diesen Kriegsschauplatz ein eigenes Oberkommando bildeten und diesen Raum zu einer strategischen Einheit zusammenfaßten.

Vielfalt und Gegensätzlichkeit – und Milliarden Menschen

Die Geographen haben für Asien extreme Befunde ermittelt. Am Südrand Zentralasiens erstreckt sich das höchste Gebirge der Welt, der Himalaja, der mit dem Mount Everest die Höhe von 8848 Metern erreicht. Hier findet man auch die ausgedehntesten Hochländer der Welt, die eine Fläche von mehr als acht Millionen Quadratkilometern ausmachen und zu Recht als das »Dach der Welt« gelten. Mächtige Flüsse gliedern die große Landmasse: der Amur in der Mandschurei und Sibirien, der Hwangho und der Jangtsekiang in China, der Irrawaddy und der Mekong in Südostasien, der Indus und der Ganges in Südasien südlich des Himalaja.

Immer wieder beeindrucken die Vielfalt und die Gegensätzlichkeit. Die tiefsten – sieht man von der Antarktis ab – und die höchsten Temperaturen der Erde wurden in Asien gemessen. In Ostsibirien steht die Rekordmarke bei minus 78 Grad Celsius. Die größte Hitze gibt es dagegen in Mesopotamien und im indischen Pandschab. Der Norden und der zentrale Teil Asiens erleben im Winter große Hochdruckperioden. Über dem indisch-arabischen Raum entwikkeln sich im Sommer große Tiefdruckgebiete, die die globalen Wetterverhältnisse erheblich beeinflussen. Aus den unterschiedlichen Druckverhältnissen entstehen die wichtigen Monsunwinde, die in Süd- und Südostasien im Sommer den Regen bringen.

Das Klima gestattet im tropischen und subtropischen Gürtel eine intensive Landwirtschaft, die für mehr als die Hälfte der Weltbevölkerung die Ernährungsgrundlage bildet. Große Flächen Asiens sind Gebirge, Wüste oder Tundra, die unbewohnt oder nur spärlich besiedelt sind. Nur zehn Prozent des chinesischen Territoriums sind beispielsweise landwirtschaftlich nutzbar. Dort, wo der Boden fruchtbar und das Klima für die Nahrungsproduktion günstig ist, finden sich allerdings auch die stärksten Verdichtungen der Besiedlung. Chinas Bevölkerung hat die Milliardengrenze überschritten. Indien wird noch in diesem Jahrhundert die gleiche Marke passieren, und Indonesien richtet sich darauf ein, in Zukunft 200 bis 220 Millionen Menschen ernähren und beschäftigen zu müssen.

Der Reis prägt die Gesellschaftsordnung

Das, das wir heute Indonesien nennen, muß in früher Erdgeschichte einmal die Landbrücke nach Australien gewesen sein – bevor die Erde sich hier senkte und vom Meer überflutet wurde. Zwischen Bali und Lambok und durch die Makassarstraße verläuft heute die Grenze, die die Fauna Australiens und Neuseelands von der der übrigen Welt trennt. Die fruchtbaren Böden und das regenreiche Klima haben eine intensive Landwirtschaft ermöglicht; ohne sie kann die Bevölkerungsverdichtung in dieser Zone nicht erklärt werden. Im tropischen und im subtropischen Gürtel Asiens wird seit dem zwölften Jahrhundert im großen Stil der Naßreis gepflanzt, der Erträge liefert, die keine andere Frucht erreicht.

»Reis hält den Rekord an menschlichem Arbeitsaufwand«, schreibt lapidar der französische Historiker Fernand Braudel in seiner monumentalen, »Alltag« betitelten Sozialgeschichte des 15. bis 18. Jahrhunderts. Reis benötigt komplizierte Bewässerungssysteme, die indirekt auch die politischen Organisationen der Gesellschaften beeinflußt haben. »Das Bewässerungssystem kann nur funktionieren«, so schreibt Braudel, »wenn seine Bestandteile ineinandergreifen und von oben beaufsichtigt werden, was wiederum eine stabile Gesellschaft, staatliche Autorität und einen ungeheuren, grenzenlosen Arbeitsaufwand voraussetzt.«

Die Konzentration auf den Anbau von Naßreis, der vor allem in den großen Flußtälern gedeiht, hat die Gesellschaften Asiens bis in die Neuzeit hinein veranlaßt, auf die wirtschaftliche Entwicklung der Gebirgsregionen zu verzichten (die in Europa so intensiv und durch Rinderherden auch erfolgreich genutzt worden sind). Tibet, wo sich auf dem Hochplateau eine eigene Wirtschaftsform und Hochkultur entwickelt hat, ist die Ausnahme. Die anderen Bergregionen haben die asiatischen Zivilisationen den Minoritäten, den sogenannten »Montagnards«, überlassen. Erst jetzt, unter dem Druck der Bevölkerungsexplosion, drängen immer mehr Chinesen und Vietnamesen in die dünn besiedelten Bergregionen und zwingen dadurch die Bergstämme, ihre auf Brandrodung beruhende Landwirtschaft in noch höhere und ungünstigere Gebiete zu verlegen.

Der Sog der Städte hält an

Wie die Besiedlung des Berglands ist auch das Entstehen von Mega-Cities eine Erscheinung der jüngsten Zeit. Unter den 15 größten Städten der Welt findet sich heute kein Name mehr aus Europa. Schanghai, Peking, Tokio haben die Hauptstädte der alten Kolonialmächte weit überflügelt.

Aber auch Jakarta, Manila, Hongkong, Bangkok, Bombay und Kalkutta sind zu Ballungszentren geworden, die wie Tumoren wuchern, an ihren Rändern immer größere Slumgebiete entstehen lassen und Umweltprobleme aufwerfen, denen die meisten der Entwicklungsgesellschaften nicht mehr oder noch nicht gewachsen sind.

Gewiß aber ist, daß die Städte Asiens trotz ihrer Probleme und widrigen Lebensumstände für die armen und landlosen Bauern in den Provinzen eine Hoffnung darstellen, die immer mehr Familien veranlaßt, dorthin zu ziehen. Tiefer als im Dorf können sie auch im Slum nicht sinken. In der Stadt aber gibt es die Chance, zunächst mit Gelegenheitsarbeiten ein bescheidenes, ärmliches Auskommen zu finden. Nur hier können Familien hoffen, daß ihre Kinder Anschluß an die wirtschaftliche und gesellschaftliche Entwicklung finden, die bislang in den Provinzen noch nicht stattgefunden hat. Die Unterschiede zwischen Stadt und Land werden auf absehbare Zeit nicht eingeebnet werden.

Der Sog in die Städte wird so lange anhalten, bis den Armen auf dem Land eine Alternative geboten wird.

Der Zeitpunkt ist nicht mehr weit, an dem die Städte Asiens und Lateinamerikas die 15- und dann die 20-Millionen-Marke passieren werden. Bislang ist nicht zu erkennen, wie der Trend zur Verstädterung gebremst und umgekehrt werden könnte.

Die Slums – eine Welt mit eigenen Gesetzen

Viele Länder Asiens, vor allem die des indischen Subkontinents, erschrecken Touristen aus den wohlhabenden Ländern Europas und aus Amerika mit schockierenden Bildern der Armut. Lange Jahre hat das Wort Hunger Assoziationen mit Indien und China geweckt. Heute ist diese Geißel der Menschheit nach Afrika weitergewandert. Aber Armut und materielle Not gibt es noch immer in großem Maße in fast allen Ländern Asiens. Die Metropolen mit ihren Hochhäusern und modernen Straßen verstellen häufig nur den Blick auf eine Realität, die draußen in den Provinzen viele Familien betrifft. Die Regierungen möchten vor allem den Fortschritt, die Modernisierung und Industrialisierung ins Bild rücken, möchten ausländische Beobachter mit Errungenschaften beeindrucken und dahinter die Armut verschwinden lassen. Wer mit offenen Augen durch Asien reist, dem ist die Armut nicht zu verbergen. Sensible Naturen aus dem Westen sind von den Bildern der Not erschreckt und verstört und reisen danach mit einem psychischen Schock zurück, der sie hindert, die Wirklichkeit der Slums zu verstehen.

Armut und Not, daran besteht kein Zweifel, bedeuten das totale Ausgeliefertsein an alle Wechselfälle des Lebens. Die Lebensplanung der Armen reicht bis zur nächsten Mahlzeit. Krankheiten heilt nur die Natur. Der Tod sitzt unsichtbar immer dabei. Die Hütten, in denen ganze Familien in Lumpen gehüllt leben, sind kaum größer als die Autos in Amerika oder Europa. Vom äußeren Bild schließen Betrachter aus wohlhabenden Ländern allerdings zu rasch auf den inneren Zustand dieser Menschen. Viele Touristen glauben, nicht nur der Not, sondern auch der Entwürdigung, der Hoffnungslosigkeit und der Resignation begegnet zu sein. Tatsächlich findet man jedoch gerade im Milieu der Armut eine fast übermenschliche Kraft, Schmerzen zu ertragen und Schicksalsschläge hinzunehmen. Man findet Lebensmut ausgerechnet bei jenen, die augenscheinlich zur Hoffnungslosigkeit verurteilt sind. Nur Verzweiflung findet man hier selten. Der Existenzkampf erlaubt keine Selbstaufgabe. Bei den Armen herrscht das Gesetz des Dschungels – das ist die eine Seite. Die andere offenbart Lebenskraft und Lebensbejahung, die man bei den Reichen nur noch selten antrifft. Sogar Optimismus gibt es im Elend der Slums und manchmal eine Fröhlichkeit, die beschämt.

Die Lehren des Konfuzius gelten noch immer

Daß viele Menschen auf engstem Raum leben, ist nur in Gesellschaften möglich, in denen persönliche Interessen hinter Gemeinschaftsinteressen zurückstehen. In Asien wird noch eine Tugend gelebt, die chinesisch mit »Li« umschrieben wird, nämlich gesittetes, sozialbewußtes, maßvolles Verhalten. In vielen Ländern werden die Lehren des weisen Konfuzius beherzigt: gesellschaftliche Disziplin, persönliches Beispiel, Respekt vor der Bildung und vor allem Respekt vor dem Älteren und dem Alter. Der deutsche Philosoph Gottfried Wilhelm Leibniz hat diese Lehre bewundert, weil »alles auf den öffentlichen Frieden hin und auf die Ordnung des menschlichen Zusammenlebens angelegt ist«.

Asien hat eigene, unterschiedliche Lebensformen, die auf Europa mit seiner Bewußtseinskrise eine immer größere Faszination ausüben. Lebensformen, so hat der Historiker Arno Borst formuliert, sind geschichtlich eingeübte soziale Verhaltensweisen, also Regeln gegen die Schwäche der menschlichen Natur. Das europäische Mittelalter besaß Lebensformen, die denen Asiens sehr ähnlich waren. Dazu gehört das natürliche Verhältnis der Menschen zum Alter und zum Tod. Die Alten packen im ganz wörtlichen Sinne: Sie packen rechtzeitig für den Abschied. Zwischen 50 und 60 Jahren geht man in Asien in Pension. Dann hat man sein Werk vollendet, seine Rolle als Glied einer Generationenkette gespielt, dann richtet sich der Blick auf das Ende – ohne Furcht und Panik, die Menschen im Westen so häufig empfinden, wenn der Tod naht. Von Asien kann man lernen, die eigene Existenz nicht so wichtig zu nehmen. Fröhliche Lebensbejahung und ständige Todesbereitschaft gehören hier zusammen. Der Tod, so sagt ein asiatisches Sprichwort, ist der wichtigste Augenblick im Leben. Die westliche Philosophie hat dagegen dem Problem der menschlichen Reife und des Todes nur geringe Aufmerksamkeit geschenkt. Die Europäer, so bemerkte der Dichter Ernst Jünger, verharren dem Tod gegenüber in einer Art von Idiotie. Und die Asienkennerin Lily Abegg meinte, Europa habe Lebensanschauungen entwickelt, Asien dagegen eine überzeugende »Todesanschauung«.

Indiens Götter sind eine große Familie

Hier fließt der Ganges ein kurzes Stück nach Norden, hier können Pilger im Angesicht der aufgehenden Sonne baden, sich von allen Sünden reinigen: im indischen Varanasi, das die Engländer einst Benares nannten. Hunderttausend Hindu-Pilger sind es täglich, an besonderen Festtagen fünfmal so viel, die von den Steinstufen aus in den heiligen Fluß tauchen.
Und um den Glauben kreist auch die Kunst: In einer Miniatur des 18. Jahrhunderts kniet der Schöpfergott Brahma vor Krischna, der achten und volkstümlichsten Inkarnation Wischnus, als Hirtengott. Indiens Götter sind eine große Familie.

Wer den Menschen Asiens ohne Hochmut und Überheblichkeit zusieht, wer darauf verzichtet, seine eigenen Lebensgefühle auf Menschen fremder Zonen zu übertragen, wer in Bescheidenheit beobachtet und zuhört, der wird rasch erkennen, daß auch im Dreck der Slums und im Elend der weit abgelegenen Dörfer Kultur und Geschichte lebendig und den Menschen bewußt sind. Sie verleihen ihnen eine eigentümliche Selbstsicherheit und Würde. Viele Bewohner Asiens mögen in Armut leben, in großer Rückständigkeit – verglichen mit den Industrienationen Europas oder Amerikas. Ein Gefühl der Unterlegenheit entsteht daraus nicht. Als Angehörige von Kulturnationen fühlen die Asiaten sich eher überlegen, mindestens gleichrangig. Sie sind stolz auf die eigene jahrtausendealte Tradition, die ihnen das Recht gibt, jedem Fremden mit Selbstbewußtsein und Würde entgegenzutreten.

Das Absolute und die Monarchie

Alle großen Religionen der Welt sind in Asien entstanden. Die chinesische Kultur läßt sich durch schriftliche Dokumente und Kunstwerke über mehr als 4000 Jahre zurückverfolgen. Anders als in Ägypten oder Griechenland ist die Kette der Tradition sowohl in China als auch in Indien nie abgerissen.

Indien hat vom ersten bis zum zehnten Jahrhundert unserer Zeitrechnung einen starken kulturellen Einfluß auf Teile jener Region ausgeübt, die wir heute Südostasien nennen: auf Birma, Thailand, Kambodscha, Malaya und Java.

Wirkungen und Methodik dieser kulturellen Expansion sind von den Historikern noch nicht völlig geklärt. Gewiß scheint zu sein, daß Indien nicht im herkömmlichen Sinne eine Kolonialmacht war, die einen Teil Asiens unter ihre Kontrolle brachte. Man glaubt heute eine kulturelle Beeinflussung und Befruchtung zu erkennen, die ohne politische Macht, ohne Druck, Zwang und Unterwerfung erfolgte. Die Idee einer kraftvollen Monarchie, an deren Spitze ein Herrscher stand, dem gottähnliche Qualitäten zugesprochen wurden, hat auf die Politik Asiens eine faszinierende Wirkung ausgeübt. Man übernahm die indischen Konzepte aus freien Stükken, weil sie den eigenen Bedürfnissen entsprachen. So entstanden in diesen Jahrhunderten vitale Herrschaftssysteme, die erstaunliche zivilisatorische Leistungen vollbrachten, große Bewässerungssysteme bauten, ein Netz von Verkehrsverbindungen schufen und vor allem große, monumentale Tempelanlagen errichteten, die die Jahrhunderte überdauerten und noch heute von der Macht und vom Glanz vergangener Zeiten künden.

Visionen wurden zu Stein

Im Süden Vietnams blühte vom zweiten bis zum sechsten Jahrhundert das indisierte Reich von Funan, das den Historikern durch die Berichte chinesischer Reisender bestens bekannt ist.

In Zentralvietnam, südlich des »Wolkenpasses« zwischen Hue und Da Nang, brachte das Reich von Champa eine kulturelle Hochblüte hervor, deren Zeugnisse heute noch im Museum von Da Nang zu bestaunen sind. Vom zweiten bis zum zehnten Jahrhundert konnte Champa sich behaupten. Danach ist dieses indisierte Reich Stück für Stück von den nach Süden drängenden Vietnamesen erobert und aufgesogen worden. Eine kleine Minderheit von Cham lebt noch heute in Vietnam und in Kamputschea, ohne eigene Sprache und Identität. Champa ist vergangen, von einer stärkeren, vitaleren Zivilisation zerrieben worden.

Erfahrungen vom Auf- und Niedergang der Zivilisationen sind in Asien wichtige Elemente des kollektiven Gedächtnisses. Das erklärt zum Beispiel die – durchaus berechtigte – Furcht der Khmer, von den Vietnamesen nicht nur auf Dauer militärisch besetzt zu werden, sondern dadurch auch bald die kulturelle Identität, die Sprache vor allem, zu verlieren und von Vietnam assimiliert zu werden. Im siebenten Jahrhundert brach das Reich von Srivijaya, das zur Zeit seiner Blüte sein Zentrum auf Java hatte, die Vorherrschaft Funans und gewann die Kontrolle über den schon damals strategisch wichtigen Hafen von Malakka.

Um 800 n. Chr. baut eine Dynastie in Zentraljava eine riesenhafte Vision der hindu-buddhistischen Kosmologie: den großen, rund 40 Kilometer von Yogyakarta auf einem Hügel stehenden Tempel Borobudur, das »gewaltigste und schönste Bauwerk der südlichen Hemisphäre«, wie Bernard Groslier, der Konservator von Angkor, geurteilt hat.

Nachdem die Erbauer aus der Geschichte abgetreten waren, ist der Borobudur vom grünen Mantel des tropischen Dschungels umhüllt worden, versunken und vergessen, bis die Ruinen 1815 – während der britischen Besatzung Javas im Zuge der Napoleonischen Kriege – wiederentdeckt worden sind. Nach der jüngsten Restaurierung von 1973 bis 1984 ist der Borobudur wieder in seiner ursprünglichen Form und Schönheit zu bewundern.

Ein zweites Beispiel ist der große Tempelbau von Angkor Wat in Kamputschea, der in der relativ kurzen Zeit von 1113 bis etwa 1150 vollendet wurde und heute als der größte Sakralbau der Welt gilt. Auch das Khmer-Reich von Angkor ist von hindu-buddhistischen Ideen beeinflußt worden, die sich sowohl in der gesellschaftlich-politischen Organisation als auch in der Kunst niedergeschlagen haben.

In der Mitte des 15. Jahrhunderts hatte sich die Kraft des Khmer-Reiches erschöpft. Die Thai eroberten Angkor und veranlaßten den Khmer-Staat, den Königssitz von Angkor nach Oudon und später nach Phnom Penh zu verlegen. Wie der Borobudur versanken auch die Tempelanlagen von Angkor im Dämmerlicht des Dschungels. Erst Ende des 19. Jahrhunderts sind sie von europäischen Forschern wiederentdeckt und danach vor allem von französischen Archäologen restauriert worden. Angkor Wat und der Bayon, steinernes Symbol des Berges Meru, auf dem die Götter wohnen, bezeugen bis auf den heutigen Tag die Größe und künstlerisch-technischen Fähigkeiten der Khmer, die nun in ihrer Existenz gefährdet sind. Vielen Reisenden fällt es schwer, die genügsamen, vom Schicksal geschlagenen Bauern des heutigen Kamputschea als die Nachfahren der Erbauer von Angkor zu erkennen. Aber in jedem Khmer ist der Traum lebendig: einmal, unter der Führung eines weisen Königs, zum Glanz und zur Größe Angkors zurückzufinden. Sogar Pol Pot hat davon geträumt, so absurd die Methoden, die er anwandte, um Kamputschea wieder auf die Höhe von Angkor zu bringen, auch erscheinen mögen.

Ein Denkmal für die Lieblingsfrau

Auch in Indien und in China haben die großen Reiche sich durch die Kunst Denkmäler geschaffen, die überdauert haben und von der Macht, vom Entwicklungsstand und vom Reichtum der Vergangenheit zeugen. Indien war durch die Jahrhunderte das Einfallstor

»westlicher«, arabisch-islamischer Einflüsse. Seit dem zwölften Jahrhundert haben durchweg fremde Nicht-Hindu-Dynastien zumindest den nördlichen Teil des Subkontinents beherrscht. Ein mächtiges Denkmal aus dieser Zeit ist der Tadsch Mahal, der leuchtend weiße Marmorbau bei der Stadt Agra, etwa 200 Kilometer von Neu-Delhi entfernt. Der Mogul-Kaiser Schah Dschahan hat den Tadsch Mahal 1630 für seine früh gestorbene Lieblingsfrau Mumtadsch Mahal – »Stolz des Palastes« – bauen lassen. Muslims und Hindus sehen heute den quadratischen Kuppelbau als ein Monument gemeinsamer Geschichte, das zur Koexistenz und zur Toleranz verpflichtet.

In der chinesischen Stadt Sian in der Provinz Shaanxi, zwei Flugstunden südwestlich von Peking, begegnet der Reisende einem der wichtigsten und faszinierendsten Monumente der chinesischen Geschichte. Eine ganze Armee von Soldaten, jeder einzelne lebensgroß und individuell geformt aus Ton gebrannt, hat Kaiser Shih huang-ti im dritten Jahrhundert v. Chr. für seine Grabstätte aufstellen lassen; von Erdschichten überdeckt, hat sie die Jahrhunderte überdauert, bevor sie in den siebziger Jahren durch Zufall wiederentdeckt wurde. Die Armee der Tonsoldaten, von der erst ein kleiner Teil ausgegraben und restauriert ist, erinnert an den vielleicht größten, aber auch umstrittensten Kaiser des chinesischen Reiches.

Shih huang-ti hat im Jahre 221 v. Chr. als erster die vielen Teile des Reiches vereinen können; er hat die Grundlagen für das spätere zentrale Verwaltungssystem gelegt; er hat die Schriftzeichen standardisiert und dem Land mit der Sprache das stärkste gemeinsame Band geschaffen; er hat Gewichte, Maße und sogar die Wagenspurbreite vereinheitlicht, um die Einheit auch durch praktische Gemeinsamkeiten abzusichern. Kaiser Shih huang-ti bleibt aber auch in Erinnerung als »Bücherverbrenner«, der sich ein Volk von Bauern und Soldaten wünschte und glaubte, auf die konfuzianischen Schriften verzichten zu können. Die Mandarine und Historiker späterer Generationen haben ihm die Verachtung der Gelehrsamkeit nie verziehen. Mao Tse-tung hat sich dagegen gern mit dem verruchten und geschmähten Gründungskaiser des Reiches verglichen. Heute sind beide Problemgestalten der chinesischen Geschichte.

Der Meister K'ung Ch'in, den man im Westen Konfuzius nennt, hat sich mit seiner Lehre durchgesetzt. Die an seinen Schriften geschulte Elite hat das Reich über die Jahrtausende zusammengehalten. Die konfuzianische Kultur Chinas hat prägenden Einfluß auf das »Land im Süden«, auf Vietnam, gewonnen und kaum weniger stark auf Korea gewirkt. Von den Koreanern sind die kulturellen Einflüsse aus China an Japan weitervermittelt worden. Japan, das ganz ohne Grund auf Korea herabblickt, mag sich bis auf den heutigen Tag mit dessen Vermittlerrolle nicht abfinden.

Südostasien: Der eine und die vielen Götter

Der indische Fürstensohn Siddharta Gautama mit dem Ehrentitel Buddha hat eine Erlöserlehre begründet, die sich als Missionsreligion von Indien nach Süden und Osten ausbreitete. In unendlicher Vielfalt ist der eine Gott wieder und wieder dargestellt – goldglänzend hier in einem Tempel in Thailand. Buddhismus erscheint Europäern als eine vergleichsweise »einfache« Religion: Es gibt nur einen Gott. Hinduismus dagegen, tolerant und unerbittlich in einem, ist mit seinen Göttergenealogien und seiner Symbolsprache voller Rätsel. Die tiefe Volksfrömmigkeit bleibt unfaßbar für uns Europäer. Tief durchdringt sie mit Gebeten, Opfergaben, Prozessionen das tägliche Leben. Auf Bali, dem Garten der Götter, fand die Verehrung besonders farbenfroh und heiter ausgeprägte Formen.

Europa auf dem Weg nach Asien

Vom Niveau der menschheitlichen Entwicklung in Asien und von der Höhe seiner Kulturen hatte Europa vor dem Zeitalter der sogenannten »Entdeckungen« nur eine ganz unvollständige Ahnung. Die wichtigsten und gewiß am weitesten verbreiteten Kenntnisse stammten von dem Venezianer Marco Polo, den man auch »Messer Milione« nannte – nicht nur weil man glaubte, daß er durch die Jahre am Hof von Peking sehr reich geworden sei, sondern auch weil man seine Schilderungen vom Glanz und Reichtum Asiens für übertrieben hielt. Tatsächlich aber gibt es eher Grund zu der Annahme, daß Marco Polo wichtige Dinge, die er gesehen und erlebt hatte, gar nicht erst ge-

Sturm aus dem Land hinter den Bergen

»Weit, ganz weit über den Wolken liegt ein wunderschönes Land, das Khumbu heißt ...« Das klingt wie ein Märchen, doch die Rede ist vom Himalaja, dem Dach der Welt. Ein Land, in dem Yaks und Schneeleoparden leben; Eisgipfel, heilige Berge, die in den Sternenhimmel reichen – wie der Machhapunchare.
Aus dem Land, das noch hinter diesen Bergen liegt, gab es lange Zeit nur Geschichten von Reiterhorden und Barbaren: Mit Dschingis-Khan, der ein Reich von Samarkand bis Korea schuf, und Kublai-Khan, seinem Enkel, trat das Land hinter den Bergen in die Geschichte. Die Miniatur aus dem Saray-Album (14. Jahrhundert) erzählt vom Mongolensturm, der im frühen 13. Jahrhundert aus dem Innern Asiens hervorbrach.

schildert hat – zum Beispiel die große Mauer. Er fürchtete offenbar, der Prahlerei und Übertreibung geziehen zu werden und dadurch jede Glaubwürdigkeit zu verlieren.

Aus Asien bezog Europa schon im Mittelalter Gewürze, Seide und Porzellan. Gewürze vor allem machten die mühsamen Landexpeditionen, die mehrere Jahre dauerten, zu einem profitablen Unternehmen: Davon vermittelt heute noch die Bezeichnung »Pfeffersack« für einen reichen Geschäftsmann eine Ahnung. Die Luxusartikel des Mittelalters, verbunden mit Ahnungen und Vermutungen von einem unermeßlichen, legendären Reichtum machten Asien in der Vorstellung Europas zu einem Eldorado, in dem es Tiger, Elefanten und weiße Papageien gäbe, vor allem aber Gold im Überfluß, wie schon der griechische Geograph Ptolemäus vermutet hatte.

Endlich, im 15. Jahrhundert, fand Europa den Seeweg nach Asien, nachdem der Fall Konstantinopels 1453 und die Islamisierung des Nahen Ostens die Landpassage erheblich erschwert hatten. Bis Anfang des 15. Jahrhunderts hatte der Mythos seine Kraft behalten, daß kein Mensch über eine imaginäre Linie am Kap Bojador an der Westküste Afrikas hinausfahren könne, ohne sein Leben zu verlieren. Bei Kap Non, wie man die Stelle auch nannte, vermutete man seit alters die Grenze der bewohnten und bewohnbaren Welt. Weiter südlich sei das Meer so salzhaltig, daß kein Schiff es mehr zerteilen könne. Wer über Kap Non hinausfahre, verschwinde im Dunkel des Nichts.

Durch die Jahrhunderte, bis 1434, hat dieser Mythos das Handeln der Menschen bestimmt. Dann trat Heinrich, Infant von Portugal, auf die Bühne der Geschichte, um das Wissen der Menschheit explosionsartig zu vermehren. Heinrich der Seefahrer, der diesen Ehrennamen trägt, obwohl er selbst nie zur See gefahren ist, hat die geographischen Kenntnisse der Welt zusammengetragen und nach gründlichen theoretischen Studien seine Kapitäne veranlaßt und gewiß auch genötigt, die magische Grenze genauer zu inspizieren und schließlich zu überschreiten. 1433 ist der junge Kapitän Gil Eanes zum erstenmal 150 Seemeilen über Kap Bojador hinaus nach Süden gefahren. »Die Tat von Gil Eanes«, so in unseren Tagen der Historiker Hellmut Diwald, war ein »extremer Akt der Entdämonisierung, der Realitätsausweitung. Mit Gil Eanes verliert das Meer den Charakter des Unbesiegbaren. Der Globus wird frei zur Eroberung.«

Zwei Generationen später, 1498, umsegelt Vasco da Gama das Kap der Guten Hoffnung und landet als erster Europäer in Indien. Sechs Jahre zuvor, 1492, war Christoph Kolumbus im Auftrag der spanischen Krone nach Westen gesegelt, um einen besseren, direkteren Weg nach Asien zu finden, und hatte nach langer Reise einen Kontinent gesichtet, der heute Amerika heißt.

»Die größte Tat der Seefahrt aller Zeiten«

Von 1519 bis 1522 umsegelt eine Besatzung unter Führung des Kapitäns Fernão de Magalhães (Magellan) zunächst den südlichen Teil Amerikas, überquert dann den Pazifik und kehrt nach Umrundung des gesamten Globus nach Sevilla zurück. Fünf Schiffe und 265 Mann waren losgefahren. Magalhães, der Inspirator und willensstarke Forscher und Navigator, ist auf einer der Inseln, die nach dem spanischen König die Philippinen genannt wurden, erschlagen worden. 18 Mann kehren drei Jahre später mit einem kleinen Schiff nach Spanien zurück. »Die größte Tat der Seefahrt aller Zeiten«, so urteilt Stefan Zweig in einer Biographie Magalhães', die er gegen die eigene Verzweiflung geschrieben hat, um sich an diesem Mann aufzurichten, den auch in schlimmster Not nie der Optimismus verließ, »die größte Tat der Seefahrt aller Zeiten ist an diesem 6. September des Jahres 1522 zu Ende gegangen.«

Wir sprechen heute vom Zeitalter der »Entdeckungen« und meinen damit die Tatsache, daß europäische, weiße Seefahrer zum erstenmal ihren Fuß auf fremden Boden setzten. Das Wort »entdecken« beinhaltet, genau wie die Bezeichnung »Asien«, eine eurozentrische, arrogante, eigentlich unhaltbare Perspektive. Die wirkliche Entdeckung, so hat ein Spötter gesagt, sei in jenem Augenblick erfolgt, als ein Indianer den Herrn Kolumbus zum erstenmal sichtete – und das war eine böse Überraschung.

Vasco da Gama war erstaunt über die Tatsache, daß die Menschen in der indischen Hafenstadt Kalikut mehr über die Menschen in Europa und über den Mittelmeerraum wußten als umgekehrt. Die Inder schienen auch sehr schnell zu begreifen, was die Europäer hierhergetrieben hatte. Gewürze und Seelen, mit diesen Worten hat Vasco da Gama das Ziel seiner Reise beschrieben. Der erste Portugiese, der an Land ging, hörte denn auch einen Satz, der die Gefühle der Asiaten für mehrere Jahrhunderte kennzeichnen sollte: »Euch soll der Teufel holen!«

Jetzt, nachdem der Seeweg eröffnet war, begann die erste wirkliche Begegnung der europäischen Zivilisation mit den Völkern und Kulturen Asiens. Die europäischen »Eroberer«, wie man sie wohl nennen muß, haben teilweise schlimm gewütet und gemordet, vor allem in Lateinamerika. Bemerkenswert ist aber auch, daß die Europäer, die damals Indien, China und Japan erlebten, mit Staunen und Bewunderung darüber berichteten, ohne Vorbehalt anerkannten, daß sie sich hier Zivilisationen gegenübersahen, die eigene, jahrhundertealte Traditionen besaßen, ganz unabhängig von Europa gewachsen waren und in ihrer Höhe und Vollendung der eigenen, christlichen Kultur gleichkamen, also gleichrangig waren.

Weil die europäischen Mächte – zunächst Portugal, dann Holland und seit dem 18. Jahrhundert Großbritannien – vorerst nur an Seeherrschaft interessiert waren, die durch Stützpunkte wie Aden, Goa, Ceylon und Malakka abgesichert wurde, also nur an den Küsten blieben und noch keine Territorialherrschaft anstrebten, blieb die Kenntnis der fremden Kulturen anfangs auf die Küstenregionen und die Hafenstädte begrenzt.

Erst gegen Ende des 18. Jahrhunderts, fast gleichzeitig mit der Periode der englischen Seeherrschaft, beginnen die europäischen Mächte – England in Indien und Malaya, die Niederlande in Java und seit der zweiten Hälfte des 19. Jahrhunderts auch Frankreich in Indochina – tiefer in die Länder vorzustoßen mit dem Ziel, eine dauerhafte Herrschaft zu errichten, Territorien in ihren Besitz zu bringen und die Welt untereinander aufzuteilen.

Asiens Weisheit wird zuletzt entdeckt

Jetzt erst erkennt Europa die wirkliche Höhe und Vollendung der asiatischen Kulturen. Zwischen 1770 und 1780 sind die sprachlichen Barrieren niedergerissen worden, die Europa von der indischen und chinesisch-konfuzianischen Kultur getrennt hatten.

Linguisten machten sich an die Arbeit, das Sanskrit zu erlernen. 1785 erschien die erste Übersetzung der Bhagavadgita, des klassischen Hindu-Textes, der die Gelehrten

und Gebildeten Europas in seinen Bann schlug. Zu Beginn des 19. Jahrhunderts werden chinesische Texte in Übersetzungen verfügbar : Konfuzius, Lao Tse und die »Quellen der Geschichte«. Die Rezeption der asiatischen Quellen hatte eine Wirkung auf das europäische Geistesleben, die nur mit der Wiederentdeckung der griechischen Texte und der byzantinischen Kommentatoren im 15. Jahrhundert nach dem Fall Konstantinopels vergleichbar ist.

Herder, Schlegel, Goethe, vor allem Schopenhauer, aber auch Richard Wagner sind tief und nachhaltig von der morgenländischen Weisheit beeinflußt und befruchtet worden. Das 19. Jahrhundert, so lautet die ernst zu nehmende These eines Kulturhistorikers, wäre in Kunst und Philosophie nicht das gewesen, was es war, ohne die Einflüsse aus dem Osten, besonders aus Indien und China.

Parallel zur Rezeption der asiatischen Philosophie beginnt in Europa allerdings eine Entwicklung, die verheerende Folgen für das Verhältnis der Kulturen zueinander haben sollte. Europa im Rausch seiner technologischen Entwicklung, im Bewußtsein einer beispiellosen, ständig wachsenden Macht, Europa beginnt, sich absolut zu setzen, findet Gefallen an der Vorstellung – die ja in jeder Zivilisation schlummert –, der Prototyp der menschlichen Evolution zu sein, jene Stelle der Welt also, wie Hegel sagen würde, wo der Weltgeist zu sich selber findet.

Europa, das Christentum und die weiße Rasse verschmelzen zu einer Qualität, die keine Gleichrangigkeit mehr gelten läßt, die den Rest der Welt degradiert. Die weißen Kolonisatoren begannen, die Menschen Asiens zu Heiden und Barbaren herabzuwürdigen, deren mehrtausend Jahre alte Geschichte wegretuschiert wurde, die als »Menschenmaterial« dem weißen Herrn anheimgegeben wurden, um daraus christliche, fleißige und saubere Arbeiter zu machen. George Orwell hat den Dünkel der Kolonialherren, den er selber als Polizist in Übersee erlebt hat, in dem noch immer lesenswerten Buch »Tage in Burma« (1934) eindrucksvoll geschildert. Die asiatischen Hochkulturen haben allesamt eine tiefe und schmerzende psychische Verwundung aus der Kolonialzeit behalten, die in der älteren Generation noch deutlich zu spüren ist.

Wettlauf mit dem Fortschritt

Aus den geschichtlichen Erfahrungen der Vergangenheit sind denn auch die Prinzipien der Außen- und Wirtschaftspolitik zu verstehen, von denen die Nationen Asiens sich heute leiten lassen. Mit ganz unterschiedlichen Methoden – mit kommunistisch-sozialistischen Rezepten in China und Indochina, mit Mischformen von zentraler Planung und freiem Markt in Indien und mit klassisch kapitalistischen Lehren in den ASEAN-Staaten sowie in Hongkong, Taiwan und Südkorea – versuchen alle Länder, den Rückstand aufzuholen, der Asien von den hochentwickelten Industrieländern Europas und von Amerika trennt. Die Methoden sind verschieden, die Ziele fast überall die gleichen: militärisch und wirtschaftlich so stark zu werden, daß Asien nie wieder von einer technisch und militärisch überlegenen Macht okkupiert, entwürdigt und entmündigt werden kann. Die Staaten Asiens sind entschlossen, nie wieder Objekt der Weltpolitik zu sein, sondern handelnde Subjekte, die einen ehrenvollen Platz im Konzert der Weltmächte verlangen, die das Schicksal der Welt mitgestalten und mitbestimmen wollen. Das mag erklären, warum

China oder die Große Mauer

Vom Ballon aus gesehen: ein befestigtes Bauerndorf mit Terrassenkulturen in der chinesischen Provinz Jiangxi. Ein Bild des Friedens, aber die Mauern geben zu denken.
Dann: Die Terrakotta-Armee des Kaisers Shih huang-ti aus Tausenden von Kriegern. Wann nahm je ein Herrscher eine solche Leibgarde mit ins Grab?
Und schließlich: Ein friedlicher Bauer, dessen Bewunderung für die geballte Kraft der Wächterfigur im Zhong-Yue-Tempel in Dengfeng jedoch unübersehbar ist.
Und plötzlich haben diese Bilder aus ganz verschiedenen Sphären ein einziges Thema, sprechen von der Tradition von Angst und Macht, von der Großen Mauer.

zum Beispiel Indien, Indonesien und China sich nicht mit mittlerer oder »sanfter« Technologie begnügen wollen, obwohl die Erkenntnis unabweisbar ist, daß davon die Armen und Unterprivilegierten am stärksten profitieren würden.

Die Großmächte Asiens bestehen darauf, im atomaren, rüstungstechnischen und industriellen Bereich mit den Produkten der neuesten Technologie beliefert zu werden. Sie wollen Anschluß finden an die Technik der Gegenwart, an die Hochtechnologie, die sie durch die Praxis beherrschen lernen wollen, um dann Schritt für Schritt in die Theorie und Fortentwicklung hineinzuwachsen. Mit einem zweiten oder dritten Platz wollen die Staaten Asiens sich nicht mehr abfinden. Japan hat gezeigt, daß eine Nation sich vom Niveau des Mittelalters in 50 Jahren durch Lernfähigkeit, Fleiß und Beharrlichkeit hocharbeiten, sogar mit den Nationen des Westens gleichziehen kann. Japan ist das Vorbild, dem der Rest Asiens nacheifert.

Die Erfolge des Aufbaus und der Entwicklung sind in fast allen Teilen der Region erstaunlich. Sie heben sich besonders vorteilhaft von der Lage in Afrika und Lateinamerika ab, wo der Optimismus der sechziger Jahre einem abgrundtiefen Entwicklungspessimismus gewichen ist.

Auch ohne den Vergleich mit anderen Teilen der Welt ist die Leistungsbilanz Asiens eindrucksvoll. Der indische Subkontinent hat zwar das Image – richtiger gesagt: das Klischee – der Massenarmut nicht beseitigen können. Noch immer wird Indien in den westlichen Medien vornehmlich als Armutsregion dargestellt, in der die Grundbedürfnisse der Mehrheit nicht befriedigt werden. Doch den Begriff Hunger, den man vor 25 Jahren auch noch mit Asien assoziiert hat, verbindet die Weltöffentlichkeit heute eher mit Afrika, dem einst grünen und reichen Kontinent, der seine Bevölkerung in weiten Teilen nicht mehr ernähren kann.

Asien – und Indien in besonderem Maße – hat eine »grüne Revolution« erlebt, die den Nationen Überschüsse an Nahrungsmitteln beschert hat und das volkreiche Indonesien in die Lage versetzt, Nahrungsmittel zu exportieren. Es gibt sogar Hoffnung, daß eines Tages das übervölkerte Bangladesch seine Menschen aus eigener Kraft ernähren kann. Verbesserte Reissorten, die Verwendung von Kunstdünger und von Pflanzenschutzmitteln haben die »grüne Revolution« bewirkt, mit der allerdings auch Folgen für die Umwelt einhergehen, die neue Probleme schaffen.

Indien in der Rolle einer Großmacht

Der Fortschritt in Indien ist den Augen flüchtiger Betrachter entgangen. Auf der Liste der Industrienationen steht das Land heute an zehnter Stelle. Hinter dieser knappen Feststellung verbirgt sich die Tatsache, daß Indien im Bereich der Energie-, Stahl- und Industriegütererzeugung Anschluß an die Neuzeit gefunden hat. Sogar die Atomindustrie ist zu einem beachtlichen Faktor geworden. Wirtschaftlich und politisch spielt Indien im Kreis der Blockfreien eine Rolle, die getrost mit dem Wort »Großmacht« umschrieben werden kann.

In Südostasien ist 1967 die »Association of South East Asian Nations« (ASEAN) gegründet worden, die auf eine spektakuläre Erfolgsgeschichte zurückblicken kann. Thailand, Malaysia, Singapur, Indonesien, die Philippinen und seit 1984 das Sultanat Brunei bilden einen Staatenverband, der weltweit als Modell einer regionalen Entwicklung betrachtet wird. ASEAN ist bemüht, kein Machtvakuum entstehen zu lassen, das durch die rivalisierenden Ost-West-Mächte gefüllt werden könnte. Die ASEAN-Staaten haben allesamt mit marktwirtschaftlich-kapitalistischen Methoden materielle Fortschritte gemacht, wobei von 1970 bis 1980 Wachstumsraten von zehn Prozent und mehr erzielt wurden.

Es ist anzunehmen, daß die positive Entwicklung auch in Zukunft anhält, auch wenn mit politischen Turbulenzen, wie derzeit auf den Philippinen, gerechnet werden muß.

Hongkong, Taiwan und Südkorea werden von der Weltbank als »neue Industriestaaten« definiert, deren wirtschaftliche Entwicklung so weit vorangeschritten ist, daß sie sich aus eigener Kraft voranbringen können und nicht länger auf fremde Hilfe angewiesen sind. Gemeinsam mit Singapur, das den gleichen Status erreicht hat, sind die neuen Industrienationen Südostasiens ein Beweis dafür, daß »Hilfe zur Selbsthilfe« ihr Ziel erreichen kann und nicht, wie in anderen Teilen der Welt, nur neue Abhängigkeiten schafft.

Der Riese China ist erwacht

Die Volksrepublik China mit ihren 1,1 Milliarden Menschen steuert seit dem Ende der siebziger Jahre einen Reformkurs, den Teng Hsiao-p'ing nach dem Tode Maos und der Entmachtung der radikalen »Viererbande« entworfen und durchgesetzt hat. Das Experiment einer strikten sozialistischen Planwirtschaft, die keine private Initiative zuließ, ist aufgegeben worden. Maos Revolution, die Kommunen und der »große Sprung nach vorn« haben China nach Meinung Teng Hsiao-p'ings weitere 20 Jahre Rückstand gekostet.

Die Reformer versuchen, die vorhandene und bislang unterdrückte Produktivkraft der chinesischen Bevölkerung freizusetzen. Der Markt, der Leistung fordert und belohnt, hat nach der Landwirtschaft nun auch die Industrieproduktion belebt. Die Reformer haben sich innerhalb der kommunistischen Partei so deutlich durchgesetzt, daß am Kurs Chinas in absehbarer Zeit nicht mehr zu zweifeln ist.

Die Phantasie reicht kaum aus, sich vorzustellen, wie die Welt sich verändern würde, wenn um die Wende des Jahrtausends die dann vermutlich 1,3 Milliarden Chinesen so produktiv wären wie heute die Chinesen in Taiwan, Hongkong oder Singapur. Gewiß ist, daß die Gewichte der Weltwirtschaft sich dann erheblich verschieben würden, daß China für den Rest Asiens eine erhebliche Konkurrenz darstellen und einen beträchtlichen Anteil am Wohlstand dieser Welt verlangen würde. Charles de Gaulle hat geahnt, welche Kraft in China ans Werk gehen und die Weltpolitik verändern könnte, als er immer wieder empfahl, den »schlafenden Riesen nicht zu wecken«.

Kampf um die Spitzenstellung

Nimmt man zu diesem erwachenden China noch die ökonomische Weltmacht Japan hinzu, dann kommt das Bild einer pazifischen Küstengemeinschaft in den Blick, vor der Europa sich schon zu fürchten beginnt. In die Debatte über die »pazifische Herausforderung« sind vielerlei Motive eingeflossen, die nicht der Wahrheit und der Erkenntnis, sondern politischen Zwecken dienten. Das Schlagwort von der »pazifischen Herausforderung« sollte vor allem die deutschen Gewerkschaften beeindrucken und zum Verzicht auf weitere Verkürzungen der Arbeitszeit veranlassen: Asien, vor allem Japan, wurde plötzlich als das Vorbild einer bescheidenen, fleißigen und opferbereiten Industriegesellschaft gepriesen, in der jene Tugenden lebendig seien, die Europa einmal groß gemacht haben.

Scheidet man solche politischen Beimengungen aus, dann zeigen sich einige bemerkenswerte Tatsachen. Die Erkenntnis ist unabweisbar, daß Japan eine ökonomische Großmacht bleiben wird, die mit dem Rest der Welt um die Spitzenstellung beim technischen Fortschritt konkurriert. Das Gerede von den kopierenden, nicht selber kreativen Japanern, die nur rascher vermarkten, nicht aber selber er-

Bilder aus dem Land der aufgehenden Sonne

Hier die »Dame mit großem Blattfächer«, Malerei auf Seide, das Werk eines unbekannten Meisters aus dem 19. Jahrhundert, dort der Ingenieur in einer Anlage für Solar-Energie: Auf der einen Seite modernste Technologie und knallhartes Business, auf der anderen Ikebana, Lackmalereien und Gedichte; Landschaften wie mit dem Tuschpinsel hingetupft; Gärten als Abbilder der Welt. Japan hat eine reiche Tradition, aber es adaptiert auch schnell Neues, Fremdes, es paßt sich an. Und der Erfolg gibt ihm recht. Land der aufgehenden Sonne? Nicht nur der Sonne.

finden und entwickeln, hat sich längst als dünnes Blech erwiesen. Die japanische Exportindustrie besitzt ein solides Fundament, auch wenn es bei weitem nicht so breit ist wie das westeuropäische.

Die Methoden des japanischen Managements, über die der Westen noch vor Jahrzehnten gespottet hat, sind heute Teil des Lehrstoffs, der sogar an amerikanischen Business Schools offeriert wird. »Corporate Identity« hat heute auch die Manager des Westens überzeugt, die allmählich begreifen, daß sie ohne ein verbessertes Betriebsklima, ohne eine anhaltende Motivation der Belegschaft der Herausforderung der Zukunft nicht mehr gewachsen sind.

Kampf um die Vormacht im Pazifik

Zu den Fakten der »pazifischen Herausforderung« gehört sodann, daß die Vereinigten Staaten von Amerika sich stärker als bisher dem asiatisch-pazifischen Raum zuwenden und hier die Entwicklungschancen für das kommende Jahrhundert suchen. Schon seit fast zehn Jahren ist das amerikanische Handelsvolumen mit dem pazifischen Raum erheblich größer als das mit dem atlantischen Raum, mit Europa.

Wichtige Branchen der amerikanischen Industrie sind in Kalifornien heimisch geworden, wo sie besonders stark die Konkurrenz aus Asien spüren, aber sich auch eng in den pazifischen Markt integrieren. Spätestens seit Beginn der Reagan-Administration blickt Amerika mit mindestens ebenso großem Interesse auf Asien wie auf Europa. Zwei große Kriege, die die Vereinigten Staaten nach 1945 geführt haben, sind blutig und kostspielig um Einfluß und Macht im großen pazifischen Raum ausgetragen worden. Sowohl in Korea als auch in Vietnam hat Amerika seine vorherrschende Stellung im asiatisch-pazifischen Raum verteidigt, die es denn auch bis heute noch besitzt.

Allerdings wird die Vorstellung, der Pazifik sei ein amerikanisches »Binnenmeer«, in zunehmendem Maße von der Sowjetunion in Frage gestellt. Schon immer hat Rußland den Anspruch erhoben, nicht nur eine europäische, sondern auch eine asiatische Macht zu sein.

Sibirien, der asiatische Teil, ist die Entwicklungsregion der Sowjetunion, deren große Ressourcen jetzt erst erschlossen werden. Vor allem aber ist Moskau entschlossen, die militärische Vorherrschaft der USA herauszufordern und ein Gegengewicht zur 7. amerikanischen Flotte, die von der Beringstraße bis zum Persischen Golf die Meere beherrscht, aufzubauen. Moskaus Marineeinheiten im Pazifik sind im vergangenen Jahrzehnt dramatisch gewachsen. Das kommunistische Vietnam, das während des langen Krieges seine nationale Unabhängigkeit so entschieden gegen Moskau und Peking verteidigt hat, obwohl es von der Hilfe beider Seiten abhängig war, hat Ende der siebziger Jahre seine ökonomischen Nachfolgeprobleme nicht anders lösen können als durch strategische Konzessionen an die UdSSR, die für eine jährliche Militär- und Wirtschaftshilfe von deutlich über zwei Milliarden US-Dollar Marine- und Luftwaffenstützpunkte in Da Nang und Cam Ranh erhielt.

Die neuen Basen in Vietnam ermöglichen es der sowjetischen Flotte, regelmäßig bis in den Indischen Ozean zu fahren und die von Subic Bay auf den Philippinen aus operierende amerikanische Flotte unter Kontrolle zu halten. Einige der pazifischen Inselstaaten wie Vanuatu und Kiribati haben der Sowjetunion Hafen- oder Fischereirechte gewährt. Die Administration Gorbatschow ist noch mehr als frühere Regierungen an Macht- und Prestigegewinn im pazifischen Raum interessiert. Breschnew hat sich zehn Jahre Zeit gelassen, bevor er Wladiwostok besuchte. Gorbatschow hat schon bald nach seinem Machtantritt die Ostküste der Sowjetunion besucht und in Wladiwostok eine programmatische Rede gehalten, die Moskaus Ideen für die politische Struktur des pazifischen Raums erläuterte.

Kommt das Jahrhundert Asiens?

Die Selbstsicherheit der europäisch-christlichen Zivilisation, die im 19. Jahrhundert so penetrant durchschien, ist heute einem Selbstzweifel, einer Orientierungskrise gewichen, die Asien mit seinen unterschiedlichen Lebensformen in neuem Licht erscheinen läßt. In Europa ist eine neue Bereitschaft entstanden, ohne Hochmut und Arroganz über die Philosophie, über die Lebensklugheit des Ostens erneut nachzudenken.

Die materielle Bescheidenheit, die man in Asien noch allenthalben findet, kann die Konsumgesellschaften des Westens nur beschämen. Die Natürlichkeit, mit der die Menschen dort dem Alter und dem Tod gegenübertreten, muß tief beeindrucken. Die Geduld ist eine asiatische Tugend. Beobachter aus Europa sind überrascht, welche Rolle die »Manieren«, die Höflichkeit selbst im alltäglichen Leben spielen. Ohne die Form, die im Umgang gewahrt wird, auch ohne die Tradition, die jedem Mitglied der Familie und der Gesellschaft einen festen Platz zuweist, wäre das Leben in den überfüllten asiatischen Mega-Cities die reine Hölle.

Ein selbstkritisches, der eigenen Schwächen und Fehlentwicklungen bewußtes Europa hat die Überheblichkeit des 19. Jahrhunderts abgelegt und eine neue Fähigkeit zum Dialog gewonnen. Der Westen hat aufgehört, auf den »kleinen braunen Bruder« oder auf die »Gelben«, wie man zu Unrecht die Chinesen genannt hat, hinabzublicken. Europa und Asien haben ein Verhältnis gefunden, in dem beide Seiten geben und nehmen, wenn auch noch in ungleichem Maße. Das 19. Jahrhundert, so ist gesagt worden, sei das Jahrhundert Europas gewesen. Das 20. Jahrhundert sei die große Zeit Amerikas. Das 21. Jahrhundert werde das Jahrhundert Asiens werden. Wenn die positiven Veränderungen in Indien, in Südostasien und in China anhalten, wenn die politische Stabilität gewahrt werden kann, dann sollte zumindest damit gerechnet werden, daß der Fleiß, die Anpassungsfähigkeit und die Leistungsbereitschaft der großen Kulturvölker Asiens die Verteilung des Reichtums und die Machtverhältnisse auf der Welt im kommenden Jahrhundert erheblich verändern werden.

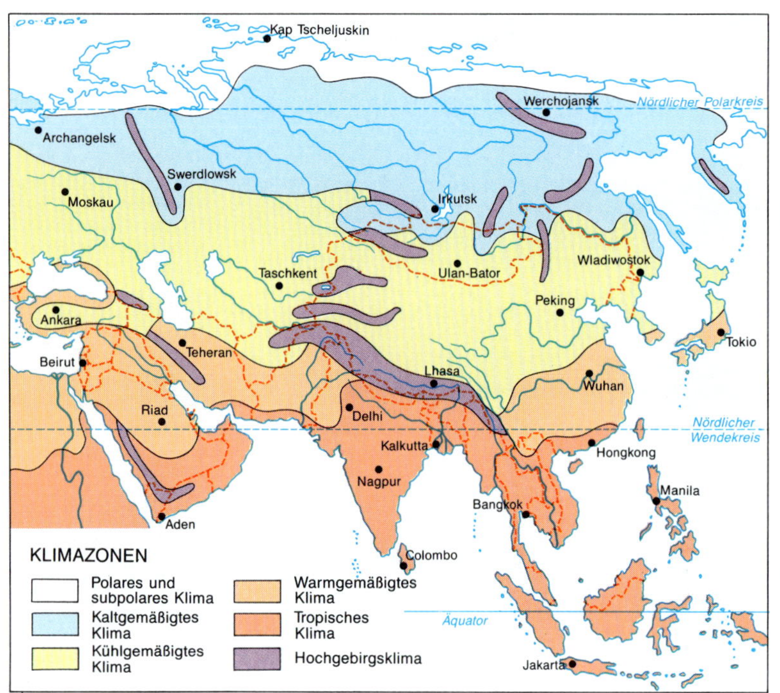

Klimastationen (Temperatur in °C, Niederschlag in mm)

	Höhe m ü.M.	Mittl. Monatstemperatur Minimum	Maximum	Jahres-niederschlag	Land
Kap Tscheljuskin	6	-31,0/Jan.	1,0/Juli	290	UdSSR
Archangelsk	4	-12,5/Jan.	15,5/Juli	540	UdSSR
Swerdlowsk	282	-15,5/Jan.	17,5/Juli	460	UdSSR
Irkutsk	468	-21,0/Jan.	17,5/Juli	460	UdSSR
Werchojansk	137	-49,0/Jan.	15,5/Juli	160	UdSSR
Moskau	156	-10,0/Jan.	19,0/Juli	580	UdSSR
Ankara	861	- 0,5/Jan.	23,0/Aug.	340	Türkei
Taschkent	479	- 1,0/Jan.	27,5/Juli	420	UdSSR
Ulan-Bator	1325	-25,6/Jan.	16,0/Juli	210	Mongolei
Peking	52	- 4,5/Jan.	26,0/Juli	620	China
Wladiwostok	138	-14,5/Jan.	20,0/Aug.	720	UdSSR
Beirut	34	13,5/Jan.	27,5/Aug.	890	Libanon
Riad	591	14,5/Jan.	33,5/Juli	90	Saudi-Arabien
Teheran	1220	2,0/Jan.	29,5/Juli	250	Iran
Lhasa	3685	- 1,5/Jan.	16,5/Juni	410	China
Wuhan	23	0,0/Dez.	29,0/Juli	1190	China
Tokio	4	3,5/Jan.	26,5/Aug.	1560	Japan
Aden	7	25,0/Jan.	33,0/Juni	40	DVR Jemen
Delhi	218	14,0/Jan.	33,5/Juni	640	Indien
Nagpur	312	19,5/Jan.	35,5/Mai	1260	Indien
Colombo	7	26,0/Dez.	28,0/Mai	2350	Sri Lanka
Kalkutta	6	19,5/Dez.	30,5/Mai	1600	Indien
Bangkok	2	25,5/Dez.	30,0/April	1440	Thailand
Hongkong	33	15,0/Febr.	28,0/Aug.	2160	brit. Kronkol.
Manila	16	25,0/Jan.	28,5/Mai	2070	Philippinen
Jakarta	8	26,0/Jan.	27,0/Sept.	1800	Indonesien

Größte Seen (Auswahl)	Fläche km²	größte Tiefe m	Höhe m ü.M.	Land
Kaspisches Meer	371000	995	– 28	UdSSR
Aralsee	64500	68	53	UdSSR
Baikalsee	31500	1620	455	UdSSR
Balchaschsee	18428	26	340	UdSSR
Issyk-Kul	6100	702	1609	UdSSR
Qinghai-See	5000	38	3205	China
Urmiasee	4686	16	1274	Iran
Taimyrsee	4560	26	6	UdSSR
Hanka-See	4400	10	88	China/UdSSR
Vansee	3713	451	1646	Türkei
Ubsu-Nur	3350	20	759	Mongolei
Poyang Hu	2700	18	36	China
Sewansee	1416	86	1902	UdSSR
Totes Meer	980	398	- 396	Israel/Jordanien
Biwasee	675	96	85	Japan

Längste Flüsse (Auswahl)	Länge km	Einzugsbereich km²	Einmündungs-gewässer
Jangtsekiang	6300	1808000	Ostchines. Meer
Ob (mit Irtysch)	5570	2975000	Nordpolarmeer
Hwangho	5464	745000	Gelbes Meer
Jenissej (mit Angara)	5390	2580000	Nordpolarmeer
Amur (mit Schilka)	4416	1855000	Ochotskisches Meer
Lena	4313	2490000	Nordpolarmeer
Mekong	4148	810000	Südchines. Meer
Syrdarja (mit Naryn)	2990	465000	Aralsee
Indus	2987	960000	Arabisches Meer
Brahmaputra	2896	935000	Golf von Bengalen
Euphrat	2736	673000	Persischer Golf
Amudarja (mit Pjandž)	2540	465000	Aralsee
Kolyma	2513	647000	Nordpolarmeer
Ganges	2511	1125000	Golf von Bengalen
Salween	2414	325000	Indischer Ozean

Größte Inseln	Fläche km²	Land
Borneo	755000	Indon./Malaysia
Sumatra	473606	Indonesien
Hondo	230989	Japan
Celebes	189200	Indonesien
Java	132187	Indonesien
Luzon	104687	Philippinen
Mindanao	94630	Philippinen
Hokkaido	83515	Japan
Sachalin	76400	UdSSR
Ceylon	65610	Sri Lanka
Taiwan	35980	Taiwan
Timor	33615	Indonesien
Kiuschu	42130	Japan
Hainan	34000	China
Schikoku	18800	Japan

Höchste Berge (Auswahl)	Höhe m ü.M.	Gebirge/Region	Land
Mount Everest	8848	Himalaja	China/Nepal
K2	8611	Karakorum	China/Pakistan
Kanchenjunga	8586	Himalaja	Indien/Nepal
Lhotse	8516	Himalaja	China/Nepal
Dhaulagiri	8167	Himalaja	Nepal
Nanga Parbat	8125	Himalaja	Pakistan
Annapurna	8091	Himalaja	Nepal
Ullug Muztag	7723	Kunlun	China
Tirich Mir	7690	Hindukusch	Pakistan
Pik des Kommunismus	7495	Pamir	UdSSR
Pik Pobedy	7439	Tienschan	China/UdSSR
Elbrus	5642	Kaukasus	UdSSR
Ararat	5165	Ostanatolien	Türkei
Demawend	5604	Elbursgebirge	Iran
Ključevskaja Sopka	4750	Kamtschatka	UdSSR
Beluha	4506	Altai	UdSSR
Zard Kuh	4548	Sagrosgebirge	Iran
Kinabalu	4101	Insel Borneo	Malaysia
Fudschijama	3776	Insel Hondo	Japan

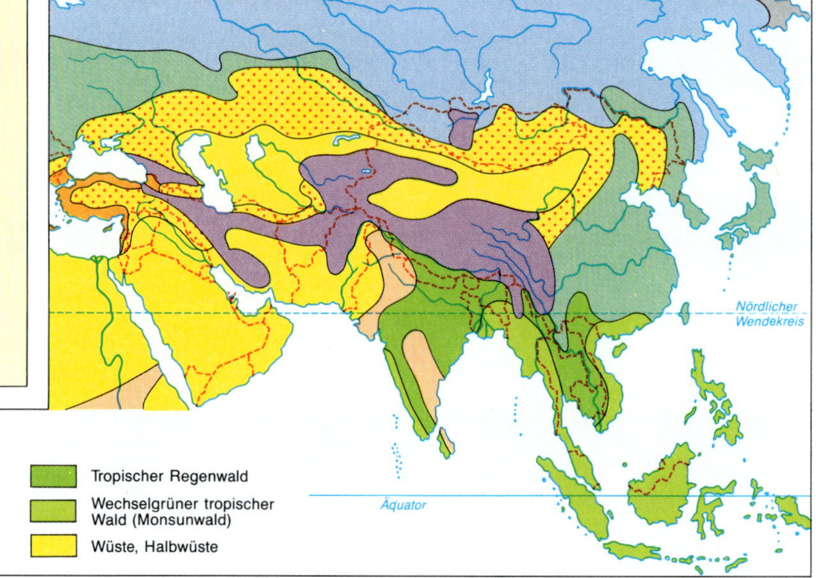

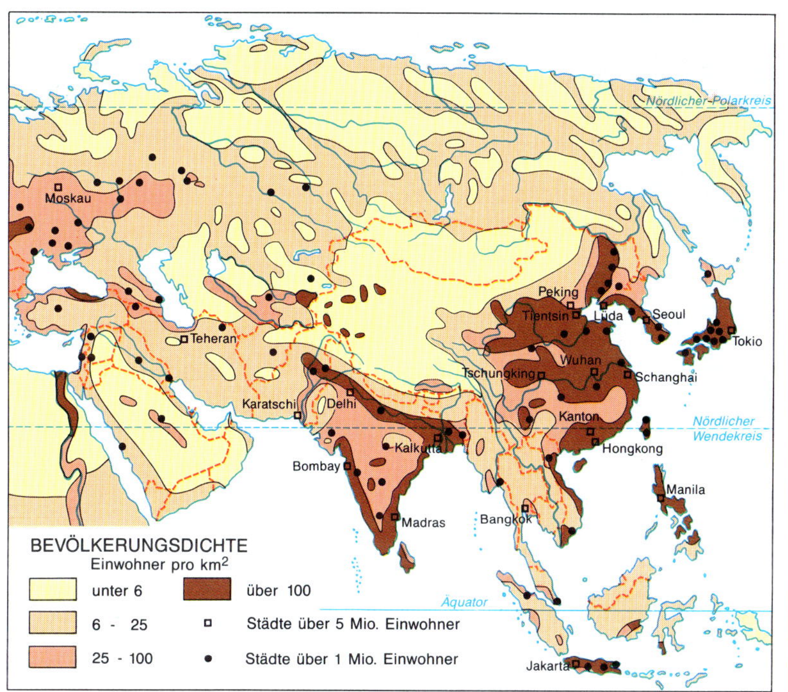

Größte Städte (mit Vororten 1986)

	Einwohner in Mio.	Land		Einwohner in Mio.	Land
Schanghai	12,0	China	Rangun	3,2	Birma
Tokio	11,6	Japan	Bangalore	3,0	Indien
Peking	11,0	China	Yokohama	3,0	Japan
Kalkutta	10,0	Indien	Lahore	2,9	Pakistan
Seoul	9,5	Rep. Korea	Ha Noi	2,7	Vietnam
Bombay	8,5	Indien	Osaka	2,7	Japan
Bangkok	8,0	Thailand	Singapur	2,6	Singapur
Tientsin	8,0	China	Harbin	2,6	China
Jakarta	7,6	Indonesien	Hyderabad	2,6	Indien
Tschungking	7,0	China	Ahmadabad	2,5	Indien
Delhi	6,5	Indien	Sian	2,3	China
Wuhan	6,0	China	Surabaya	2,3	Indonesien
Manila	5,9	Philippinen	Nagoya	2,2	Japan
Teheran	5,7	Iran	Nanking	2,2	China
Hongkong	5,6	brit. Kronkol.	Taschkent	2,1	UdSSR
Karatschi	5,1	Pakistan	Medan	2,0	Indonesien
Kanton	5,0	China	Taegu	2,0	Rep. Korea
Lüda	5,0	China	Taiyuan	1,8	China
Madras	4,6	Indien	Tschangtschun	1,8	China
Schenjang	4,3	China	Baku	1,7	UdSSR
Taipeh	4,2	Taiwan	Bandung	1,7	Indonesien
Ho Chi Minh .	4,0	Vietnam	Kanpur	1,7	Indien
Pusan	3,5	Rep. Korea	Poona	1,7	Indien
Dhaka	3,4	Bangladesch	Pjöngjang	1,7	DVR Korea
Ankara	3,3	Türkei	Dalian	1,6	China
Bagdad	3,3	Irak	Kyoto	1,6	Japan
Nanking	3,2	China	Sapporo	1,6	Japan

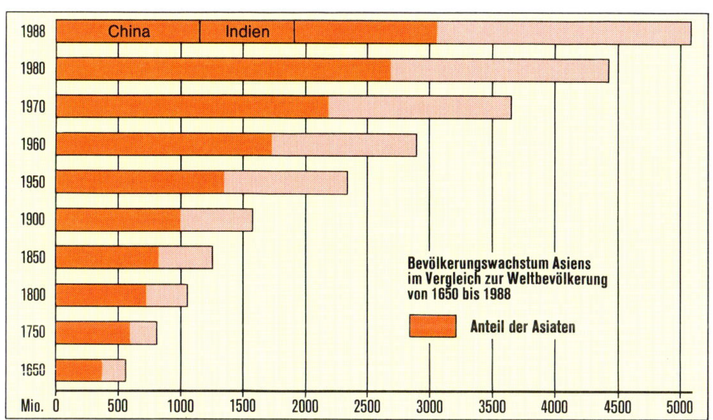

Größte Staaten nach der Fläche	Fläche km²	km² pro Einw.
UdSSR	22402200	0,08
(asiatischer Teil	16831200	0,19)
China	9560980	0,01
Indien	3287590	0,004
Saudi-Arabien	2149690	0,19
Indonesien	1904569	0,12
Iran	1648000	0,04
Mongolei	1566500	0,83
Pakistan	803943	0,01
Türkei	780576	0,02
Birma	676552	0,02
Afghanistan	647497	0,04
Thailand	513115	0,01
Irak	434924	0,03
Japan	377765	0,003
DVR Jemen	332968	0,13

Größte Staaten nach Einwohnern	Einwohner in Mio.	Einw. pro km²
China	1100	115
Indien	780	237
UdSSR	282	13
(asiatischer Teil	90	5)
Indonesien	172	90
Japan	123	326
Pakistan	106	132
Bangladesch	103	717
Vietnam	61	185
Philippinen	57	190
Thailand	54	105
Türkei	52	67
Iran	50	29
Republik Korea	42	424
Birma	38,5	57
DVR Korea	20,5	170

Bruttosozialprodukt der Länder (1985)	pro Kopf US-$	gesamt Mio. US-$	*1982	pro Kopf US-$	gesamt Mio. US-$
Verein. Arab. Emirate	19120	26400	DVR Korea*	1360	25100
Brunei	17580	3940	Türkei	1130	56060
Katar	15980	5110	Mongolei*	1050	1900
Kuwait	14270	24760	Thailand	830	42100
Japan	11330	1366040	Philippinen	600	32630
Bahrain	9650	4040	DVR Jemen	540	1130
Saudi-Arabien	8860	102120	Indonesien	530	86590
Singapur	7420	18970	AR Jemen	520	4140
Oman	7080	8360	Pakistan	380	36230
UdSSR*	5500	1500000	Sri Lanka	370	5980
Israel	4920	21140	China	310	318920
Taiwan	3696	78000	Malediven	290	50
Republik Korea	2180	88440	Indien	250	194820
Malaysia	2050	31930	Afghanistan*	221	3500
Iran*	2000	80000	Vietnam*	202	11500
Libanon*	1900	5200	Birma	190	7080
Irak*	1800	25000	Bhutan	160	190
Syrien	1630	17060	Nepal	160	2610
Jordanien	1560	4010	Bangladesch	150	14770

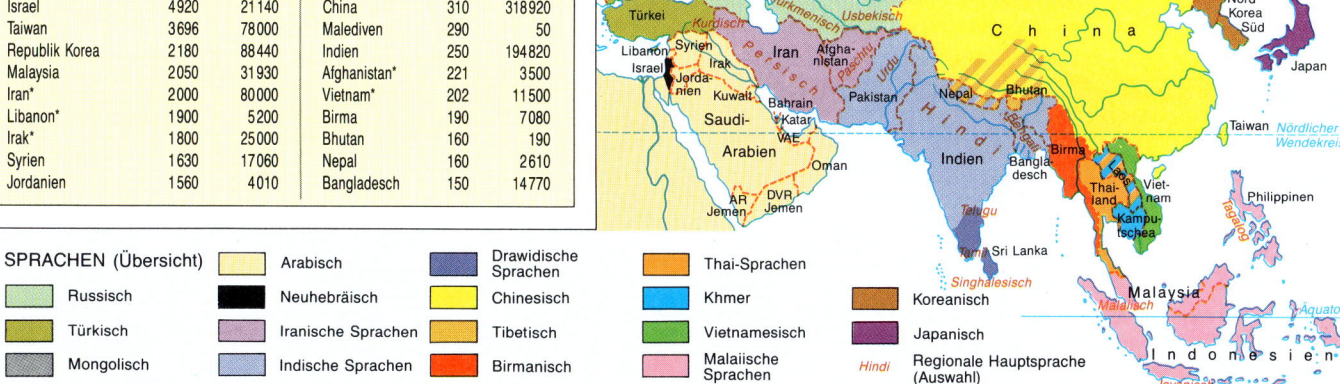

SPRACHEN (Übersicht)

- Russisch
- Türkisch
- Mongolisch
- Arabisch
- Neuhebräisch
- Iranische Sprachen
- Indische Sprachen
- Drawidische Sprachen
- Chinesisch
- Tibetisch
- Birmanisch
- Thai-Sprachen
- Khmer
- Vietnamesisch
- Malaiische Sprachen
- Koreanisch
- Japanisch
- *Hindi* Regionale Hauptsprache (Auswahl)

GROSS-BRITANNIEN
Nordsee
SKANDINAVIEN
Barentssee
NOWAJA ZEMLJA
Laptewsee
Skagerrak
Ostsee
Bottnischer Meerbusen
HALBINSEL KOLA
KOLGUJEW
Weißes Meer
Packeisgrenze im Winter (April)
Karasee
WEISSE INSEL
HALBINSEL JAMAL
HALBINSEL GYDAN
TAJMYR-GEBIRGE
BYRRANGA-GEBIRGE
HALBINSEL
NORDSIBIRISCHES TIEFLAND
Anabar-Plateau
Putorana-gebirge
Dudinka
Nördlicher Polarkreis
Salehard
Labytnangi
MITTELSIBIRISCHES
BERGLAND
SYVERMA-PLATEAU
Tura
VILJUJ-GEBIRGE
WEST-
SIBIRISCHES
TIEFLAND
NORDRUSSISCHER LANDRÜCKEN
OSTEUROPÄISCHES TIEFLAND
MOSKAUER BECKEN
URALGEBIRGE
Perm
Swerdlovsk
Celjabinsk
Omsk
Novosibirsk
Krasnojarsk
Bratsk
Irkutsk
Baikalsee
ÖSTLICHER SAJAN
WESTLICHER SAJAN
TANNU-OLA
KUSNEZKER ALATAU
ALTAI
MONGOLISCHER ALTAI
CHANGAIGEBIRGE
GOBI-ALTAI
DSUNGAREI
Urumqi
Bogda Shan
TURFANSENKE
Karlik
Gaxun Nur
BEI SHAN
BADAIN JARAN SHAMO
QILIAN SHAN
ALTUN SHAN
KUNLUN SHAN
HOCHLAND VON TIBET
TANGGULASHAN
NYAINQENTANGLHA SHAN
HIMALAJA
Mount Everest
Katmandu
Lhasa
Arkatag
Muztag
Hoh Xil Shan
Bayan Har Shan
TAKLA MAKAN
OSTTURKESTAN
TIEN SCHAN
Pik Pobedy
Alma Ata
Taškent
FERGANA
ALAIGEBIRGE
PAMIR
Pik Kommunismus
Kangur
Dušanbe
HINDUKUSCH
KARAKORUM
Nanga Parbat
K2
Kabul
Rawalpindi
Lahore
Delhi
PARAPAMISUS
Herat
HOCHLAND VON IRAN
GROSSE SALZWÜSTE
CHORASAN
ELBURSGEBIRGE
Teheran
Ašchabad
KOPETDAG
KARAKUM
KYZYLKUM
WESTTURKESTAN
TIEFLAND VON TURAN
Aralsee
USTJURT-PLATEAU
MUGODŽARY
TURGAI-PLATEAU
KASACHENSTEPPE
KASACHISCHE SCHWELLE
KASACHSTAN
Karaganda
Balchaš
Balchaschsee
HUNGERSTEPPE
MUJUNKUM
KARATAU
Semipalatinsk
TARBAGATAI
DSUNGARISCHER ALATAU
IŠIM-STEPPE
Wolgograd
Astrachan
KASPISCHE SENKE
Kaspisches Meer
Baku
Krasnowodsk
KAUKASUS
Elbrus
ZISKAUKASIEN
ERGENI
OBŠČI SYRT
WOLGAHÖHEN
Kasan
Gorki
Moskau
Woronesh
Rostow
Charkow
Kiew
Odessa
UKRAINE
Minsk
Riga
Leningrad
Helsinki
Stockholm
Kopenhagen
Oslo
Hamburg
London
Paris
Wien
Budapest
KARPATEN
DONAU
BALKANGEBIRGE
Sofia
Istanbul
KRIM
Sewastopol
Schwarzes Meer
PONTISCHES GEBIRGE
ANATOLIEN
TAURUS
Ankara
ZYPERN
KRETA
RHODOS
Mittelländisches Meer
ARMENISCHES HOCHLAND
Ararat
MESOPOTAMIEN
Bagdad
Damaskus
Beirut
Jerusalem
SYRISCHE WÜSTE
AN-NAFŪD
JABAL SHAMMAR
ARABISCHE HALBINSEL
NADSCHD
Ar Riyād
AR RUB' AL KHĀLĪ
Kuwait
Persischer Golf
Golf von Oman
Maskat
OMAN
SAGROSGEBIRGE
LARESTAN
MAKRAN
BELUTSCHISTAN
Karachi
WÜSTE THAR
Arawalli-Gebirge
GANGES-EBENE
Kalkutta
Bombay
VINDHYA-GEBIRGE
SATPURAGEBIRGE
GONDWANA
DEKKAN
WESTGHATS
OSTGHATS
MALABARKÜSTE
KOROMANDELKÜSTE
Madras
Bangalore
Hyderabad
Nagpur
CEYLON
Colombo
Cap Comorin
Golf von Bengalen
ANDAMANEN
NIKOBAREN
Rangun
Mandalay
Arabisches Meer
Arabisches Becken
Murrayrücken
LAKKADIVEN
MALEDIVEN
Zentralindischer Rücken
TSCHAGOSINSELN
SOKOTRA
Golf von Aden
Aden
Dschibuti
Rotes Meer
Mekka
Medina
Dschidda
JEMEN
HADRAMAUT
KURIA-MURIA-INSELN
AFRIKA
OGADEN
SOMALIHALBINSEL
BENADIR
Mogadischu
Somalibecken
SESCHELLEN
AMIRANTEN
INDISCHER OZEAN
Afanasi-Nikitin-Kuppe
SIMEULUE
NIAS
Östliche Länge 80 von Greenwich
km
0
500
1000

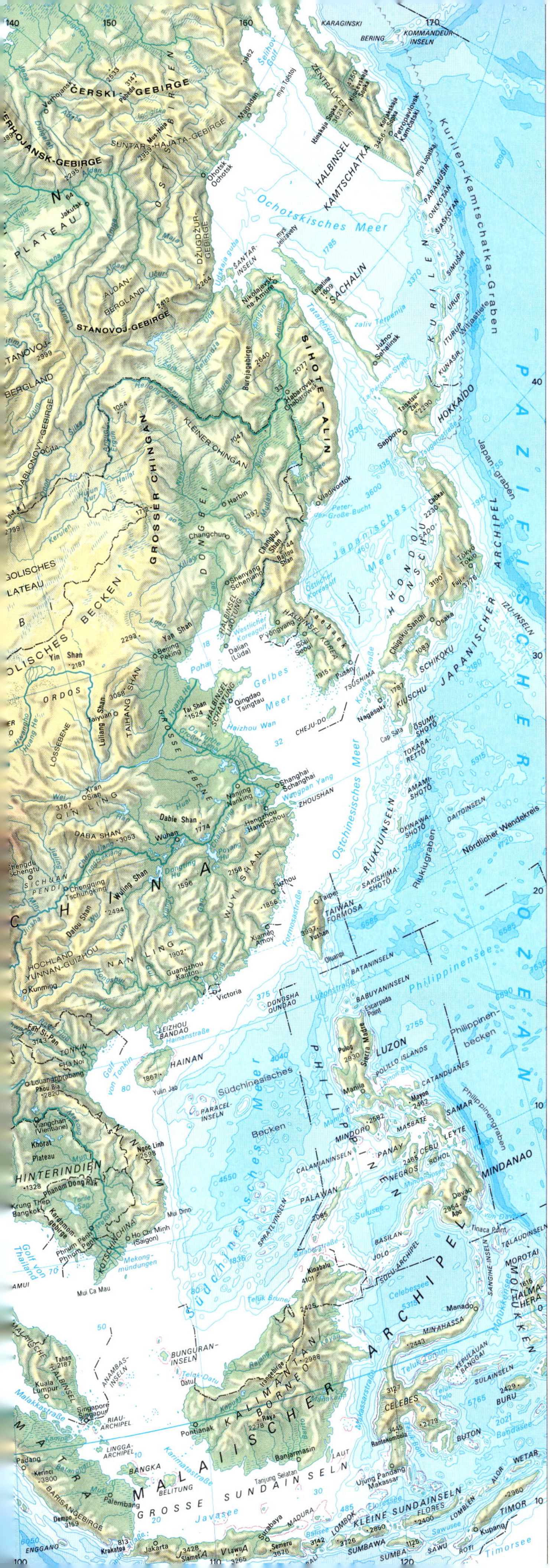

ČERSKI-GEBIRGE
SUNTAR-HAJATA-GEBIRGE
WERCHOJANSK-GEBIRGE
HALBINSEL KAMTSCHATKA
Ochotskisches Meer
SACHALIN
Kurilen-Kamtschatka-Graben
KURILEN
STANOVOJ-GEBIRGE
ALDAN-BERGLAND
SIHOTE-ALIN
KLEINER CHINGAN
GROSSER CHINGAN
HOKKAIDO
Japanisches Meer
HONDO HONSCHU
JAPANISCHER ARCHIPEL
Japangraben
PAZIFISCHER OZEAN
SCHIKOKU
KIUSCHU
Gelbes Meer
Ostchinesisches Meer
RIUKIUINSELN
Riukiugraben
Nördlicher Wendekreis
TAIWAN FORMOSA
Philippinensee
Philippinenbecken
LUZON
MINDANAO
PHILIPPINEN
Philippinengraben
Südchinesisches Meer
HAINAN
HINTERINDIEN
C H I N A
BORNEO KALIMANTAN
CELEBES
Javasee
GROSSE SUNDAINSELN
KLEINE SUNDAINSELN
MALAIISCHER ARCHIPEL
TIMOR
Timorsee
Bandasee
Celebessee
MOLUKKEN

A L A S K A
NORDPOLARMEER
Tschuktschensee
Beringstraße
WRANGEL
Anadyrgolf
Aleutenbecken
Beringmeer
NEUSIBIRISCHE INSELN
Ostsibirische See
KOLYMA-TIEFEBENE
KOLYMAGEBIRGE
KORJAKENGEBIRGE
ČERSKI-GEBIRGE
OSTSIBIRIEN
Östl. L. 180 v. Greenw.

Afghanistan

Carlheinz Lange

Kabul, 27. April 1978. Gegen halb zehn von der Militärakademie herüber sporadisch Geräusche von Handfeuerwaffen. Pause. Um halb zwölf tut es einen Schlag. Hinter den Schatten der Gebäude, drüben im Süden, steht am Himmel eine kleine weiße Rauchwolke, weithin zu sehen. Etwas hat begonnen.

Wenig später höre ich Panzer. Der erste hüpft auf das Rondell der Kreuzung, dreht, feuert und schießt exakt die große Uhr aus dem Turm der Königsburg, einen Kilometer entfernt. Dauds Palastgarde geht langsam in Stellung.

Es ist das beste, die Schüler in der Deckung unserer dicken Mauern zu halten, wir unterrichten einfach weiter. Gegen drei Uhr treiben die Kämpfe ins Zentrum. Der Sportplatz hat vier Artillerieeinschläge. Zwei Lehrerautos brennen. Wenn die Luftwaffe eingreift, liegen wir genau im Streukegel. Wir schicken die Schüler in kleinen Gruppen auf Nebenstraßen nach Hause. Lange nach Mitternacht wird immer noch geschossen.

Staatsname:	Demokratische Republik Afghanistan
Amtssprachen:	Paschtu und Dari
Einwohner:	18 Millionen
Fläche:	647 497 km²
Hauptstadt:	Kabul
Staatsform:	Volksrepublik
Kfz-Zeichen:	AFG
Zeitzone:	MEZ + 3½ Std.
Geogr. Lage:	Östliches Vorderasien, begrenzt von der UdSSR, China, Pakistan und dem Iran

Im westlichen Hindukusch, inmitten eines halbwüstenhaften Berglandes von Zentralafghanistan, liegt die Band-e-Amir-Seenkette. Weit und beschwerlich sind die Wege, die die Bewohner dieses kargen Landes auf sich nehmen müssen.

Ein barbarisches Land?

Von vorn anfangen – aber wo ist vorn? Bei näherem Hinsehen erweisen sich die Verhältnisse keineswegs als so wohlgeordnet, wie wir das gewöhnt sind, so durchschaubar. Das feste Vertrauen in Technik und Wirtschaftsplanung, überhaupt in Dinge, die mit dem Computer zu tun haben – dieses zivilisatorische Bewußtsein sucht man in Afghanistan vergebens. Wohl deshalb konnte man hören, weniger von Entwicklungshelfern – die sind ja meistens näher an der Sache –, öfter schon von Diplomaten oder Geschäftsleuten, auch von manchen Lehrern, das Land sei gar kein Entwicklungsland, vielmehr barbarisch.

Merkwürdig – denn da gibt es Volksmusik aus ganz alter Tradition, teils unter indischem Einfluß, fremdartig, aber herrlich, sehr gute und schnelle Schachspieler, deutlich mehr als bei uns, und Autoverkehr, viele ausgeleierte Busse, blau und, na ja, weiß – japanische Transistorradios, allerdings keine Eisenbahn und keine Kanalisation und noch ein paar andere Sachen nicht, wohl aber weiten blauen Himmel und glasklare Luft, wenn man von ein bißchen Staub und ein paar Gerüchen absieht. Es gibt Telefon, das manchmal funktioniert, einige Kinos und etwas Fernsehen, vormittags einen Märchenerzähler im Park vor dem Mausoleum von Abdurrahman und einen Spaßmacher beim Volksfest auf der Djeschenwiese, die kleinen Holzkarussells, dort, handbetrieben. Und hinter den Bergen: Afghanistan.

◁ Vom Bart fast zugewachsen ist das Gesicht des alten Mannes. Offenbar trug Alexander der Große auf seinem Zug nach Indien einen solchen Bart, denn nach ihm nennt man solche Bärte in Afghanistan scherzhaft Iskander.

△ Ein gutes Pferd und viel Geschick brauchen die Männer beim Reiterspiel Buskashi. Zwei Parteien kämpfen um eine tote Ziege und versuchen diese in einen vorgegebenen Zielkreis zu schleppen.

Der Einmarsch

Der 27. Dezember 1979 war ein Urlaubstag. Er endete in den Hohen Tauern wie die meisten Wintertage, unauffällig am Nachmittag. Die Sicht an den Skihängen ließ nach, so kam der Sturz unerwartet. Natürlich auf die rechte Schulter!

Dann vorm Fernseher, und es gelingt nicht mehr, den Obstler vom Tisch hochzubringen. Der Arm tut nicht mehr mit, als der Sprecher sagt: »Nach einer Meldung der iranischen Nachrichtenagentur sind mit dem heutigen Tag sowjetische Truppen in beträchtlicher Stärke nach Afghanistan einmarschiert« – oder so ähnlich.

Da sage ich zu meinen Leuten: »Kann man wieder sehen, wie diese iranischen Journalisten spinnen. Niemals würden die Russen so einen Unsinn machen, nie. Das haben die gar nicht nötig.«

Die Kenner, wir auch, sind davon ausgegangen, daß die Sowjets hochspezialisierte Fachleute haben, so ein Afghanistan-Team, das jede staubige Ecke kennt. Wird wohl auch so gewesen sein. Die Frage ist eben nur, ob die Fachleute da gehört werden, wo die Entscheidungen fallen. Wie bei den Amerikanern in Indochina auch. Und anderswo.

Diese Intervention begann mit einer Luftlandeoperation. Regelrecht einmarschiert wurde dann in den folgenden Nachtstunden, Tagen und Wochen. Es gab weder den Gegner in Gestalt angeblicher Terrorgruppen noch eine einzige amerikanische Patronenhülse auf afghanischem Boden. Es hätte dergleichen auch nicht bedurft, um Hafisullah Amins Chalqi in Bedrängnis zu bringen. Diese marxistisch-leninistische Kaderpartei hatte am Aft-e Saur, dem Tag ihres Militärputsches am 27. April 1978, geschätzte 5000 Mitglieder, die meisten davon in Kabul.

Wäre sie einer islamischen Stammesgesellschaft gewachsen gewesen, vielleicht wäre dann ein Modell entstanden, das für Außenstehende und die Einfältigen im Lande ausgesehen hätte, als seien Islam und Sozialismus kombinierbar.

Aus der offiziellen Version: »Aufgabe der Invasionsstreitkräfte ist es, Ordnung und Frieden im Land wiederherzustellen sowie die Unabhängigkeit Afghanistans zu sichern und den Sieg der Revolution des afghanischen Volkes.«

Eine Nation?

Was hat das alles mit dem Land zu tun? Viel. Leider. Seit Dschingis-Khans eiserne Tausendschaften zu Asche machten, was vom heiligen Mönchsfrieden geblieben war am alten Höhlenkloster zu Bamyan, hat das Land keinen Frieden mehr gekannt. Immer wieder wurde es Opfer von allzu mächtig gewordenen Nachbarn.

Die interessierten sich weniger für die zwei, drei Tief- oder Hochebenen, die nicht Wüste sind, für wilde Hochtäler, wo die Armut Trockenweizen erntet am abschüssigen Berghang. Indien lag ihnen damals im Sinn,

heute sind es Bodenschätze und strategische Vorteile.

Selbst Ahmad Shah Durrani, die Perle der Perlen, der Begründer Afghanistan – oder der Idee Afghanistan –, sah den Schwerpunkt allen Lebens und aller Herrlichkeit auf dem Thron zu Delhi. Und da war er ja auch, damals, im 18. Jahrhundert.

Zu keinem Zeitpunkt gab es den Staat wirklich, nie die Nation. Es gab und gibt die Stämme. Das sind vor allem die Paschtunen im Osten, mit dem harten Kern am Khyber-Paß. Das ist das schwere Leben der Berge, aber auch die Freiheit der Berge, wie jede Zentralregierung in Kabul zu ihrem Leidwesen erfahren muß. Paschtunwali, das Paschtunenrecht, hat noch kein Herrscher aufgehoben. So gibt es etwas selten Gewordenes: freie Männer und Frauen. Und den Preis, den das kostet. Kennzeichen des freien Mannes sind die Waffe und die Ehre, die Beachtung der Regel nämlich, daß Leben und Tod zwei Seiten derselben Sache sind, daß die Freiheit den Preis wert ist und daß Gott diese Auffassung teilt. Das ist keine Filmromantik, es ist afghanischer Alltag, man kann ihn aus der Nähe ansehen.

Es sind diese Leute, mit denen die Briten nicht fertiggeworden sind und die Sowjetmacht nicht. Die Paschtunen zahlen keine Steuern, leisten keinen Militärdienst, aber immer waren sie es, die Eindringlinge vertrieben haben. Sie bauen Opium an, obwohl es verboten ist. Zwei Meter neben der Staatsstraße beginnen die Mohnfelder, niemand wagt, Hand daran zu legen. Sie schmuggeln von Pakistan herein, sie schmuggeln das bißchen Wald, das noch steht, nach Pakistan hinüber, obwohl es dort genug Holz gibt, verkaufen es unter dem Marktpreis. Das Land gehört ihnen, sagen sie.

In den Augen sowjetischer Diplomaten sind sie Barbaren. Daher führt die Sowjetunion diesen Krieg im Auftrag der Zivilisation, hieß es. Aber die Berge sind schwer zugänglich, selbst für moderne Waffensysteme. Diese Berge sind die Stärke der Stämme, wie die armen russischen Buben erfahren haben, zu ihrem Kummer und dem ihrer Mütter.

Wir sind das eigentliche Afghanistan, sagen die Stämme. Was ist dagegen die Stadt? Sie ist der Hort der Korruption. Der Abfall vom wahren Glauben, ein Sumpf der Verwesung. Die Stadt ist nichts, sagen die Paschtunen. Da wohnen Leute, die zu keinem Stamm gehören, was ist das? Das ist Tadjik, so gut wie nichts. Schreiber, Offiziere, Königsdiener, Bettler. Diener von diesem Emir in Kabul, wie heißt er noch? Solche Leute. Händler, Friseure, Musiker. Und Lehrer. Ich bitte dich, wozu braucht man Lehrer?

◁ ***Eine uralte Technik, die auch heute noch funktioniert: Diese Frau im Hochland von Afghanistan spinnt Wolle, so, wie man es schon vor Jahrtausenden gemacht hat.***

△ ***Einst als Bollwerk gegen die Überfälle der Mongolen erbaut, birgt diese Festung heute nur noch ein kleines afghanisches Dorf, und die Nomaden unserer Tage leben friedlich in Strohzelten vor den Mauern.***

Wie sollen die Menschen leben?

Louis Dupree, Harvard, wohl der beste Afghanistankenner der Gegenwart, hat uns einmal in Kabul einen seiner meisterhaften Kurzfilme gezeigt. Es geht darin um das Lebensschicksal zweier Bauernbuben aus dem Norden, zweier Brüder, um ihr Glück oder Unglück. Die ersten Bilder leben aus der großen Landschaft, der Welt der Bergbauern. Man sieht, ungestellt und überzeugend, glückliche Kindheit und Jugend.

Wie sie am Morgen zu ihrer Arbeit gehen, zum Beispiel bei der Flachsernte, ab und zu mal singen, ihr einfaches Essen, ihre Spiele, ihr Haus. Wie sie fröhlich sind und sich streiten, sich vertragen, aufgehoben im Rhythmus der Natur, dem Atem der alten Welt.

So bleibt der eine, der jüngere. Der ältere hat von der Stadt gehört, von ihren aufregenden Möglichkeiten, den Aufstiegschancen. Ihm genügt das alles nicht mehr, die Geborgenheit zwischen Sonnenauf- und Sonnenuntergang wird ihm zur Gefangenschaft, die Koranschule erscheint ihm kindisch in ihrer Einfachheit, er will auf das Gymnasium, vielleicht auf die Universität, wenn möglich Offizier werden. Er will, er muß in die Stadt. Es kommt zum Zerwürfnis, er verläßt die Familie, geht nach Kabul. Bald scheitert er in einer Aufnahmeprüfung. Monatelang treibt er sich herum, lernt schlechte Menschen kennen, gerät in Not.

△ Zwei rauchende Messingsamoware sind die wichtigsten Requisiten dieses Teeverkäufers. Tee trinkt man hier bei jeder Gelegenheit: erfrischenden grünen im Sommer, im Winter meist schwarzen.

▷ Frische Fladenbrote werden im Basar gleich neben kostbaren Teppichen angeboten: Man bekommt hier fast alles, und selbst die neuesten Nachrichten kursieren zwischen den Händlern, noch bevor sie in der Zeitung stehen.

Die letzten Bilder zeigen seine Rückkehr in die Heimat, in die er sich gleichsam rettet, zeigen aber auch, daß das Glücklichsein in der Zufriedenheit mit dem, was Gott gegeben hat, daß diese alte, einfache Seligkeit nie wieder sein wird, auch für die Daheimgebliebenen nicht.

Das kommt einem vor wie die geniale Entdeckung eines klassischen Legendenmotivs durch einen Ethnologen. Es ist aber auch die Aufdeckung der Frage nach der Zukunft Afghanistans, vielleicht nach der Zukunft der Industriegesellschaft.

Jahrtausendelang war die Stadt Karawanserei und Basar an der Straße. In diesem Jahrhundert ist die Stadt Kabul mit ihren diplomatischen Vertretungen, den Finanzierungs- und Organisationsbasen der Entwicklungsprojekte, den Banken, der Universität, den Schulen und dem Radio Verbindung geworden zur Außenwelt, die die moderne heißt. Den Bergen, die ihr fremd geworden sind, ist die Stadt im Grunde feindlich.

Das ist der Kern der Sache, die Afghanistan heißt. Darum geht die Auseinandersetzung: Wie sollen die Menschen leben? Was soll die »Entwicklung« ihnen bringen, die westliche Industriegesellschaft? Oder die östliche? Daran sind die Führer der Chalqi vor allem gescheitert, daß sie, die das Landvolk befreien wollten, Stadtmenschen geworden waren, die die Stadt noch nicht verstanden und die Berge nicht mehr. Daran scheiterten die Sowjets, weil ihr »zivilisatorischer Auftrag« in ihren Köpfen existierte statt in den Notwendigkeiten und den lebendigen Traditionen des Landes.

Im Basar hat die Staatsbank keine Macht

Bis 1842, als die Briten ihn in einem Rachefeldzug verbrannten, soll der Basar von Kabul der größte und schönste Zentralasiens gewesen sein. Heute sind die alten, großen Karawansarais Unterkunft für Geldwechsler und kleine Geschäftsleute.

Zwischen zwei gepflasterten Hauptstraßen breitet sich das aus: der Boden getretene Erde, in der Regenzeit knöcheltiefer Morast, ganze Viertel ohne Stromanschluß, nur punk-

◁ *Durch eine grandiose Landschaft führt die Straße zwischen Herat und Kandahar. So wie diese Strecke sind allerdings die wenigsten in Afghanistan ausgebaut. Meist bewegt man sich auf unbefestigten und kaum markierten Pisten.*

die wunderbaren alten Platanen- und Eukalyptusbäume zwischen Karisimir und Charikar alle gefällt, um den Widerstandskämpfern die Deckung zu nehmen.

Kabul ist eingeschlossen, offiziell natürlich nicht. Ausländer können sich theoretisch frei im Land bewegen, aber es ist zu gefährlich, die Botschaften raten dringend ab.

Am Wochenende erhebt man seine Seele zu den Bergen, zum Sher Darwaza zum Beispiel. Vorsicht, Tretminen! Von oben geht der Blick in die heiße, dunstige Weite. Erinnerung an Staub, Steine, Flußdurchquerungen, an atemberaubende Paßstraßen, unglaubliche Brücken aus Pappelstämmen hoch über zornigem Bergwasser und an den Zeltplatz, Geruch von Kamille, drüben im Tal beim einsamen Minaret von Jam. Und noch einmal an die blaue Stille der sieben Seen von Band-e Amir, außerirdisch, wie es schien.

▷ *Ein Mann sitzt vor der Moschee und liest im Koran. Gerade während der sowjetischen Okkupation war der Glaube eine starke Klammer im Widerstand.*

tuell zugänglich, unüberschaubar, undurchdringlich. Stellenweise noch romantisch wie in dem kleinen, zauberhaften Vogelbasar, der leider eingehen muß, weil in der allgemeinen Not niemand sein Geld für Falken, Steinadler oder auch nur Papageien ausgibt. Oder hinter der großen Moschee, an der Brücke Pule Keshti, wo viele verschiedene Tees, auch chinesischer grüner für die armen Leute, in riesigen Haufen angeboten werden und Zucker in Form hoher Hüte, aus denen man Stücke hämmert. Oder im Silberbasar, wo die Ausländerinnen sich eindeckten mit altem Schmuck.

Das alles wimmelt von bunten Menschen und sieht ganz harmlos aus. Man denkt, das sind ein paar tausend Kleinhändler, Läden und Werkstätten. Aber die Geldwechsler, meistens indische Sikhs, sind die Seele der Geschäfte und die eigentliche Macht mit Konten im Ausland. Sie operieren weitgehend unabhängig von der Staatsbank. Als die Chalqi den Basar verstaatlichen wollten und man ihnen freundlich erklärte, welche Folgen das haben würde, ließen sie die Finger davon. Schon seit Babrak Karmal, also seit 1980, wird der private Handel ermutigt, ja gefördert. Die Teppichhändler allerdings mußten ihre Schätze vor dem Zugriff des Staates retten. Ein großer Teil ihrer Ware liegt seit Jahren im Zollhafen von Hamburg.

Was an Außenhandel noch läuft und der klassische Kleinhandel zwischen Stadt und Land, das läuft durch die »Fronten« des Krieges, bereitwillig geduldet von den Sowjets, die ohnehin die Hauptlast bei der Ernährung der Menschen in den besetzten Gebieten tragen mußten. Aber auch gern gesehen von den Mudjahedin, die kontrollierten und beschlagnahmten, was immer sie für ihre Kriegführung brauchen konnten. Dem Fahrer etwa einer internationalen Spedition auf der Wüstenroute vom Iran her bescheinigte ein Mudjahed, der lesen und schreiben konnte, die Entnahme für die Versicherung. Wer versichert so etwas?

Gelingt die Einigung?

Gleich hinter dem Schiiten-Basar beginnt der Berg Sher Darwaza – »Löwentor«. Die Häuser der Armen, Stein und Lehm, klettern zu Tausenden daran hinauf. Hier, wie fast überall, gibt es keine Wasserleitungen. Das Wasser kommt aus Tiefbrunnen und wird den Berg hinaufgetragen, in einem alten Ziegenbalg. Das macht ein Wasserträger, ein Saqao. Man gibt ihm ein paar Afghani.

Kabul ist eingeschlossen, seit Jahren. Die Sowjets bringen ihren Nachschub durch die Luft, der Flugplatz ist eine Festung. Am Boden gibt es für sie nur die Straße vom Salang herunter, aber auch dort greifen die Mudjahedin Konvois an. Die Sowjets haben deshalb

In der Ferne kleckert Infanteriefeuer, leise, dahinter dumpfe Schläge. Die Revolution ist gescheitert. Die Russen haben das Land nicht und werden es nicht bekommen. Wie viele Panzer stellst du in ein Hochtal von hundert Kilometern Länge, alle tausend Meter einen? Wieviel Infanterie brauchst du, um die Panzer bei Nacht zu sichern? Wie viele Täler hat Afghanistan? Die Luftwaffe. Sie kann die Mudjahedin niederhalten, bei Tag. Und wenn die amerikanischen Stinger-Raketen kommen, ändert sich das auch.

Die Mudjahedin werden weder den König zurückrufen noch die Grundbesitzer, wenn die Invasoren abgezogen sind. Sie sind zerstritten, wohl wahr. Die Afghanen waren es immer. Aber vielleicht einigen Kampf und Opfer doch so viele, daß sie ihre eigene Revolution machen können, ihre eigene Bodenreform, ihren eigenen Frieden.

Landesnatur

Fläche: 647 497 km² (zweieinhalbmal so groß wie die Bundesrepublik Deutschland)
Ausdehnung: West–Ost 1350 km, Nord–Süd 1000 km
Höchster Berg: Noshaq 7486 m
Längste Flüsse: Helmand 1300 km, Amu Darya mit Darya-ye Panj, afghanischer Anteil 1250 km (Gesamtlänge 2540 km)

Die Form des vorderasiatischen Binnenlands Afghanistan wird gern mit einem Blatt verglichen, dessen Stiel die schmale Pufferzone des Vakhan im äußersten Nordosten ist.

Naturraum

Afghanistan ist ein Gebirgsland ohne Zugang zum Meer. Der Hindukusch, der sich bei Charikar fächerartig aufspaltet, durchzieht Afghanistan von Nordosten (hier liegen die höchsten Gipfel mit über 7000 m Höhe) nach Südwesten fast in seiner gesamten Breite und bildet das zentrale Hochland. Etwa die Hälfte des Landes liegt zwischen 600 und 1800 m. Im Süden des Landes liegen das abflußlose Sistanbecken (500 m ü. M.) und die östlich daran anschließenden Wüstenregionen von Dasht-e Margo und Rigestan (1100 m ü. M.). Der Nordteil Afghanistans hat Anteil an den Steppen und Halbwüsten Westturkestans, die allmählich in Hügelländer mit fruchtbaren Lößböden übergehen.

Klima

Die großen Höhenunterschiede Afghanistans bestimmen auch sein Klima: Es reicht vom Kontinentalklima mit kalten Wintern und heißen, trockenen Sommern im zentralen Hochland über alpines Hochgebirgsklima im Hindukusch bis zum subtropischen Klima im

Abgeschossenes Sowjet-Kampfflugzeug – Triumph der Mudjahedin.

Osten und Südosten. Während in den Wüstenregionen jährlich weniger als 100 mm Niederschläge fallen, sind es in den Hochgebirgen durchschnittlich 1200 mm. Es regnet v. a. im Winter und im subtropischen, vom Sommermonsun beeinflußten Osten. Die Durchschnittstemperaturen betragen

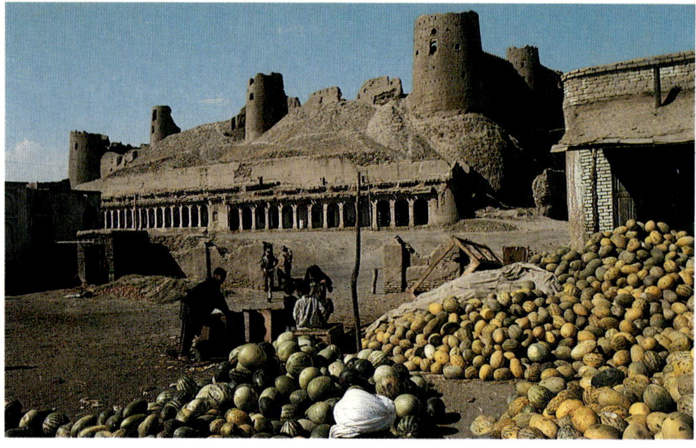

Die monumentale Zitadelle der ehemaligen Residenzstadt Herat.

in Kabul 25 °C im Juli und –3 °C im Januar. Die Extremtemperaturen steigen im Sommer in den Wüstenregionen bis zu 50 °C und liegen im winterlichen Hindukusch bei –26 °C.

Vegetation und Tierwelt

Steppenpflanzen bilden die vorherrschende Vegetation des Landes. Während an den Nordhängen des Hindukusch Wacholderbestände und Baumfluren (v. a. Pistazien) wachsen, gibt es auf der Südseite eine Waldregion aus immergrünen Hartlaubbäumen, Himalajazedern und Tränenkiefern. Auwälder mit Pappeln, Weiden und Tamarisken begleiten die Flußtäler. Gazellen, Wölfe und Schakale leben hier noch in freier Wildbahn; im Hochgebirge gibt es Steinböcke und Wildschafe. Der Sibirische Tiger ist mittlerweile ausgerottet.

Politisches System

Staatsname: De Afghanistan Democrateek Jamhuriat
جمهوريت ديموكراتيك افغانستان
Staats- und Regierungsform: Volksrepublik
Hauptstadt: Kabul
Mitgliedschaft: UN, ESCAP, Colombo-Plan

Das nach der sowjetischen Invasion aufgebaute kommunistische Regime setzte 1980 eine vorläufige Verfassung in Kraft. Seit Dezember 1987 gilt eine neue, liberalisierte Verfassung. Das Land wird derzeit von einem Revolutionsrat regiert, dem sieben Parteimitglieder des Zentralkomitees der Kommunistischen Partei und neun parteilose Mitglieder angehören. Die weitere Entwicklung wird davon abhängen, wie der mit dem Beginn des sowjetischen Truppenabzugs am 15. Mai 1988 angestrebte Versuch der nationalen Aussöhnung zwischen den einzelnen Widerstandsgruppen und regierungstreuen Gruppen abläuft. Das Land ist in 29 Provinzen unterteilt. Das Rechtswesen ist nicht einheitlich, neben zivilen und revolutionären Gerichten besteht weiterhin islamische Rechtsprechung.

Bevölkerung

Einwohnerzahl: 18 Millionen, davon etwa 5 Millionen als Flüchtlinge in Pakistan und im Iran
Bevölkerungsdichte: 28 Einw./km²
Bevölkerungszunahme: 2,5 % im Jahr
Größte Städte: Kabul (2,2 Mio. Einw.), Kandahar (200 000)
Bevölkerungsgruppen: 50 % Paschtunen, 30 % Tadschiken, 10 % Usbeken, 8 % Hazara

Die Bevölkerungsdaten Afghanistans können nur grobe Schätzungen sein, da eine aktuelle Volkszählung fehlt. Mehr als 45 % der Einwohner sind jünger als 15 Jahre. Die Bevölkerung lebt noch zu etwa 80 % auf dem Land. Amtssprachen sind die persischen Dialekte Paschtu und Dari. 98 % der Afghanen sind Muslime.

Soziale Lage und Bildung

Fortschritte im staatlichen Versicherungswesen wurden durch den Krieg gehemmt. Die medizinische Versorgung ist völlig unzureichend. Neben den traditionellen Religionsschulen spielt das moderne Schulwesen kaum eine Rolle, etwa 85 % der Bevölkerung sind Analphabeten. Es gibt zwei Universitäten in Kabul.

Wirtschaft

Währung: 1 Afghani (Af) = 100 Puls (Pl)
Bruttoinlandsprodukt (in Anteilen): Land- und Forstwirtschaft 69 %, industrielle Produktion 17 %, Dienstleistungen 14 %
Wichtigste Handelspartner: UdSSR, Indien, Japan, Pakistan

Es besteht eine fast völlige wirtschaftliche Abhängigkeit von der UdSSR. In den letzten Jahren wurde die Entwicklung des Landes durch die kriegsbedingte Vernichtung von Ernten, Infrastruktur und Produktionsanlagen behindert.

Landwirtschaft

Zwar gelten 12 % des Landes als agrarisch nutzbar, aber nur 6 % werden tatsächlich – überwiegend mit rückständigen Methoden – genutzt. Vorwiegend werden Getreide und Obst angebaut. Die Viehwirtschaft liegt in der Hand von Nomaden.

Bodenschätze, Energie, Industrie

Afghanistan ist reich an bisher kaum erschlossenen Bodenschätzen. Die Lagerstätten sind oft schwer zugänglich. Fast das gesamte im Land geförderte Erdgas wird in die Sowjetunion geleitet; der Rest trägt neben Kohle, Holz, Wasserkraft und importiertem Erdöl zur eigenen Energieversorgung bei. Die wichtigsten industriellen Branchen sind Textilgewerbe und Nahrungsmittelverarbeitung. Industrielle Großprojekte werden von der Sowjetunion aufgebaut.

Handel

Erdgas, landwirtschaftliche Güter (Frisch- und Trockenfrüchte, Wolle, Felle) und Teppiche sind Hauptexportprodukte, während die Einfuhr im wesentlichen aus Erdöl und Erdölderivaten, Lebensmitteln, Textilien und Maschinen besteht. Daneben gibt es regen Schmuggel mit dem Iran und Pakistan.

Verkehr, Tourismus

Da das gebirgige Land keine Eisenbahn besitzt – der Bau einer Linie ist geplant –, kommt dem Flug- und Straßenverkehr eine besondere Bedeutung zu. Etwa 7000 km des weitmaschigen Straßennetzes von insgesamt 19 000 km Länge sind für Motorfahrzeuge nutzbar, aber nur etwa 2800 km sind asphaltiert. Die beiden internationalen Flughäfen Kabul und Kandahar haben seit 1982 keine Flugverbindung mehr mit dem nichtsozialistischen Europa. Es gibt praktisch keinen Tourismus mehr.

Geschichte

Seit dem 2. Jahrtausend v. Chr. siedelten Arier im Gebiet des heutigen Afghanistan, das im 6. Jh. v. Chr. von den Persern erobert wurde. In den folgenden Jahrhunderten zog das Land wegen seiner strategischen Lage immer wieder das Interesse von Eroberern auf sich: Griechen, Inder, Araber, Türken und Mongolen beherrschten Afghanistan abwechselnd. Dessen Bedeutung als Knotenpunkt für den Ost-West-Handel sank erst mit der Zunahme des Seehandels in der frühen Neuzeit.

Afghanistan als Pufferzone

Vom 16. bis 18. Jh. war Afghanistan zwischen dem Staat der persischen Safawiden und dem indischen Mogulreich aufgeteilt. Anfang des 18. Jh. einigten sich die afghanischen Stämme und stürzten die Safawiden. Ahmad Shah Durrani rief sich 1747 zum König aus und begründete damit den afghanischen Staat.

In einer Folge von militärischen Auseinandersetzungen mußten die Afghanen im 19. Jh. ihre Grenzen gegenüber Persern und Russen behaupten und sich darüber hinaus in zwei Kriegen der Eroberungsversuche der Briten von Indien aus erwehren. Erst 1907 kam es zu einem Arrangement zwischen dem Russischen Reich und Großbritannien, das Afghanistan als Pufferzone zwischen den beiden Mächten neutralisierte, damit aber auch dessen Unabhängigkeit sicherte. Die Anerkennung der vollen Souveränität durch Großbritannien erfolgte nach dem dritten afghanisch-britischen Krieg im Vertrag von Rawalpindi am 8. 8. 1919.

Mehr denn je ein Broterwerb für Bauern im zentralen Afghanistan: der Anbau von Schlafmohn zur Opiumgewinnung.

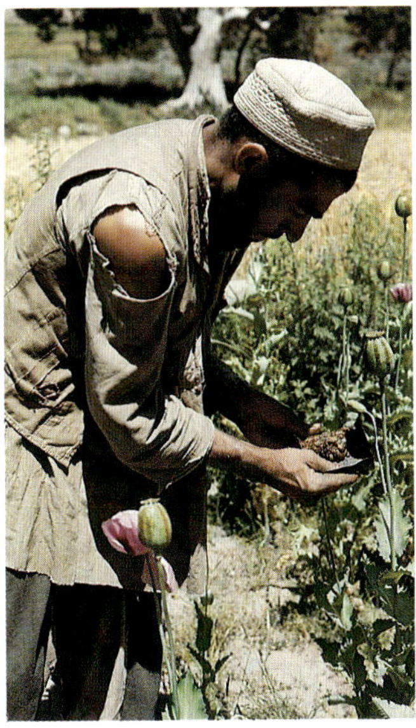

Nach dem Zweiten Weltkrieg verstärkte die UdSSR ihre interessenpolitisch begründete Unterstützung für den benachbarten Pufferstaat, der seit 1925 Monarchie war. 1964 wurde mit einer liberalen Verfassung die konstitutionelle Monarchie eingeführt.
Ein Umsturz sorgte 1973 für die Abschaffung der Monarchie und die Ausrufung der Republik. Nach einem Zwischenregime unter Mohammad Daud Khan übernahm am 27. 4. 1978 (Nationalfeiertag) ein kommunistischer Revolutionsrat die Macht, der in der Folge einen Beistandspakt mit der UdSSR schloß und eine Landreform durchführte. Das Verbot zahlreicher islamischer Traditionen führte u. a. zum Entstehen einer immer stärker werdenden islamischen Widerstandsbewegung.
Im Juni 1979 erklärte die Sowjetunion Afghanistan zu einem Teil der sozialistischen Staatengemeinschaft. Dieser Erklärung folgte ein halbes Jahr später die von weltweiten Protesten begleitete militärische Besetzung. Ein blutiger Krieg zwischen Sowjets und Regierungstruppen und den islamischen Rebellen entbrannte, der trotz hoher Verluste keine militärische Lösung fand. Etwa fünf Millionen Afghanen flüchteten ins Ausland, vornehmlich nach Pakistan und in den Iran.
Im April 1988 unterzeichneten die UdSSR und die USA als Garantiemächte das Afghanistan-Abkommen, nach dem u. a. die Sowjets ihre Truppen stufenweise bis Anfang 1989 abziehen werden und in dem den Flüchtlingen die Rückkehr in die Heimat zugesichert wird.

Kultur

Im 1. Jh. n. Chr. entwickelte sich unter der Kushan-Dynastie die Gandhara-Kunst, eine hellenistisch-römisch-indische Mischkunst, deren große Leistung die Gestaltung zahlreicher Buddha-Bilder war.
Von den Baudenkmälern jener Zeit sind nur noch wenige erhalten, so die Ruinen der Klosteranlage Shuturak aus dem 2. Jh. und das Felsheiligtum von Bamian (3.–7. Jh.), nordwestlich von Kabul, mit seinen zahlreichen, künstlich angelegten Mönchszellen sowie zwei aus dem Fels gehauenen Kolossalfiguren Buddhas.
Die meisten Funde aus dem Palast von Bagram, der Sommerresidenz des Kushan-Reiches, sind hellenistisch, römisch, indisch und sogar chinesisch geprägte Kleinkunstwerke, die heute teilweise im Nationalmuseum von Kabul aufbewahrt werden.

Islamische Architektur und Kunst

Die ältesten noch erhaltenen islamischen Baudenkmäler stammen aus der Ghasnawiden-Zeit (10.–12. Jh.): zwei Minarette und das Mausoleum Mahmuds in Ghazni. In Kandahar befinden sich die Ahmad-Shah-Baba-Moschee, mit Elementen des Mogulstils, und das Mausoleum Ahmad Shah Durranis aus dem 18. Jh.
Das imposanteste Baudenkmal des Landes ist die im 15. Jh. errichtete »Blaue Moschee« in Mazar-e Sharif, die persische, türkische und indische Stilelemente in sich vereint.
Die Bauten der Timuriden in Khargid und in Herat, der einstigen Residenzstadt, sind größtenteils zerstört. Hier erlebten im 15. Jh. Wissenschaften und Künste eine Blütezeit, besonders die Buchkunst (Illumination, Kalligraphie und Miniaturmalerei). Bedeutendste Zeugnisse der »Schule von Herat« sind zwei »Schah Name« (Königsbücher) aus der Zeit um 1450 und die »Miraj name«-Handschrift »Reise des Propheten zum Himmel und zur Hölle«.

Reise-Informationen

Einreisepapiere
Bürger der Bundesrepublik Deutschland, Österreichs und der Schweiz benötigen für die Einreise, die z. Z. nur über den Flughafen Kabul möglich ist, einen gültigen Reisepaß und ein Touristenvisum. In Kabul muß ein Aufenthalts- und Ausreisevisum beantragt werden.
Zoll
Bei der Einreise sind zollfrei: Tabak, Alkoholika und Parfüm für den Eigenbedarf. Für Kameras wird eine Sondergenehmigung benötigt (Fotografierverbot).
Devisen
Bei der Ein- und Ausreise dürfen bis zu 2000 Afghani (Af) in Stückelung bis zu 50 Af mitgeführt werden, deklarierte Fremdwährungen sind frei. Der Pflichtumtausch beträgt 25 US-Dollars pro Tag.

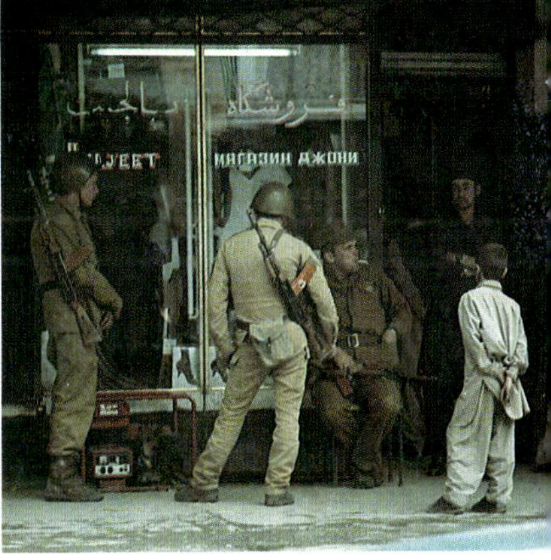

Ein Dokument der Besatzungszeit: Reklame in kyrillischer Schrift für sowjetische Soldaten.

Impfungen
Für Reisende aus Infektionsgebieten ist Gelbfieberimpfung vorgeschrieben, für Reisende aus Indien und Pakistan auch Choleraimpfung. Malariaschutz ist von Mai bis November in Gebieten unter 2000 m erforderlich.
Verkehrsverhältnisse
Die Stadtgrenzen von Kabul dürfen nicht verlassen werden. Innerhalb der Stadt fährt man mit dem Taxi; von Busfahrten ist abzuraten.
Unterkünfte
Als einzige Unterkunft eignet sich das Mailmah Pall Hotel in Kabul.
Reisezeit
Als beste Reisemonate gelten Mai und Juni sowie September und Oktober.

Bahrain

Hans-Werner Rodrian

Sanft setzt der Düsen-Riese zur Landung auf der Piste der winzigen Kalk-Sandbank an. Links und rechts breitet sich der blaßblaue Persische Golf aus, unten schimmern voll verspiegelte Wolkenkratzer, daneben ankert eine Handvoll Supertanker.
Das ist schon fast alles, was der Geschäftsreisende bei der Zwischenlandung von dem Inselchen Bahrain vor der Küste Saudi-Arabiens kennenlernt. Kleiner als der Stadtstaat Hamburg, besteht es für ihn aus kaum mehr als dem monumentalen Flughafen und einem der billigsten Duty-free-Shops der Welt. Dann geht es schon weiter nach Bangkok oder Bombay.
Und das ist schade. Denn gleich hinter den Glasfassaden lockt Bahrain mit kleinen arabischen Gäßchen, faszinierenden frühgeschichtlichen Zeugnissen – und den freundlichsten Menschen des Arabischen Golfs. Bahrain ist mehr als eine Zwischenstation auf dem Weg nach Fernost. Bahrain – das ist Arabien in der Nußschale.

Staatsname:	Staat Bahrain
Amtssprache:	Arabisch
Einwohner:	468 000
Fläche:	622 km²
Hauptstadt:	Al Manamah
Staatsform:	Unabhängige Monarchie (Emirat)
Kfz-Zeichen:	BRN
Zeitzone:	MEZ +2 Std.
Geogr. Lage:	Persischer Golf, vor der Ostküste Saudi-Arabiens

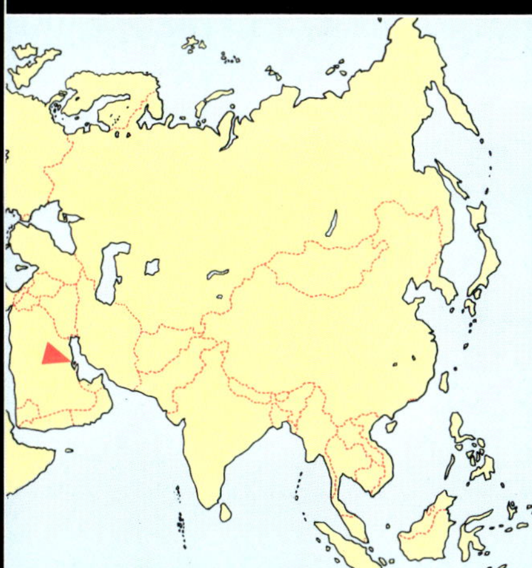

Seinen Wohlstand verdankt Bahrain dem Erdöl. Doch auch wenn die Reserven erschöpft sein werden, muß das kleine Emirat nicht um seine Zukunft bangen: Bahrain hat sich als internationaler Finanzplatz des Nahen Ostens einen Namen gemacht.

Bahrain lebt nicht allein vom Öl

Vor der Marmorfassade des neuen Gulf-Hotels sitzt ein Teppichhändler. Breit strahlt er übers ganze Gesicht, als der Gast aus dem Taxi steigt und auf den Hoteleingang zustrebt. »Try it in your room« – »Probieren Sie ihn in Ihrem Hotelzimmer aus«, meint er und schnallt einen schönen Orientteppich vom Gepäckträger seines Fahrrads. Geld? Darüber spricht man später.

Das ist Bahrain. Der Hotelportier schenkt uns eine frische Dattel aus seinem Garten. Zum Frühstück bekommen wir die Lebensgeschichte der Bedienung serviert. Und das Mädchen von der Autovermietung gibt uns einen Sonderrabatt. Warum? Ganz einfach: Ihre Schwester hat einen neuen Freund.

Glückliches Bahrain: Im Spannungsfeld von Golfkrieg und Ölkrise lebt das Inselchen weiter wie in Tausendundeiner Nacht, während sich Abu Dhabi mit Rassenproblemen plagt, Saudi-Arabien unter religiösen und Kuwait unter politischen Spannungen leidet und alle zusammen über den Ölpreis klagen.

Da erweist es sich im nachhinein als Glück, daß die Ölquellen, die 1932 in Bahrain entdeckt wurden, nur spärlich sprudelten. Um teilzuhaben am Petrodollar-Rausch, mußte man arbeiten. Schnell profilierte sich der »arme kleine Bruder« Bahrain als Finanz- und Dienstleistungszentrum der arabischen Welt. Rund 80 Banken gibt es heute dort; eine Werft repariert die Supertanker; die gemeinsame Fluglinie der Golfstaaten, Gulf Air, hat hier ihren Hauptsitz. Und längst verdient Bahrain mehr Geld mit der Veredlung fremden Öls als durch die Gewinnung des eigenen.

Mit der Demokratie machte man nur einen zaghaften Versuch, 1973. Doch als das Volk sich erdreistete, die falsche Partei zu wählen, löste Emir Isa ibn Salman Al Khalifah 1975 das Parlament einfach auf. Seitdem geht's wieder zu wie schon immer: autokratisch – die unumschränkte Macht liegt allein beim Monarchen.

Bahrain scheint heute zu bersten. In 20 Jahren hat sich die Einwohnerzahl auf 468000 mehr als verdoppelt, die Zahl der Autos verzehnfacht. Der neue »King Fahad Causeway«, ein 25 Kilometer langer Fahrdamm übers Meer nach Saudi-Arabien, bringt Tausende weiterer Autos ins Land.

Und doch: Schon ein paar Fahrminuten abseits der Hauptstraßen findet man – vielleicht über ein kleines Brückchen oder einen Feldweg – eine ganz andere Welt: fächelnde Palmen, unglaublich blaue Lagunen, am Weg einen Brennofen für Töpfereien. In kleinen Dörfern wie Awali oder Ar Rumaytha sieht man noch Eselskarren, kleine Kräutergärten vor den Lehmhäusern, zwitschernde Nymphensittiche zwischen hohen Sonnenblumen.

Gerade drei Prozent aller Bahrainer arbeiten heute noch in der Landwirtschaft. Mit Hammelfleisch und Hühnern kann sich das kleine Land nahezu selbst versorgen; daneben werden Tomaten und Gurken angebaut, Zwiebeln und Datteln. Das Kernproblem: Es gibt viel zuwenig Wasser. Ein Großteil des Bedarfs wird heute schon über Meerwasser-Entsalzungsanlagen gedeckt.

Tourismus in den Anfängen

Seit einigen Jahren bemüht sich Bahrain, den Fremdenverkehr anzukurbeln. Als Zielgruppe hat man Geschäftsleute ausgemacht, die ein paar Tage Urlaub »dranhängen« wollen – und Gäste aus den »trockenen« arabischen Bruderländern, die hier gern mal ein Gläschen Champagner probieren möchten. Bahrains Hotels brauchen heute keinen Vergleich mehr zu scheuen: Mit deutschem Management und philippinischem Personal machen sie den besten fernöstlichen Hotels Konkurrenz.

Neben guten Hotels und Alkohol – zu dem man hier für islamische Verhältnisse ein ungewöhnlich tolerantes Verhältnis hat – besitzt Bahrain auch eine einmalige historische Attraktion: rund 170000 Hügelgräber aus der »Dilmun«-Epoche vor etwa 5000 Jahren. Man nimmt heute an, daß Bahrain einst jenes antike Handelszentrum Dilmun war, von dem im babylonischen Gilgamesch-Epos die Rede ist. Bei Ausgrabungen wurden Siegel und Tontafeln mit Keilschrift-Gravierungen, Keramik und kupferne Gegenstände gefunden.

Für einen Badeurlaub ist Bahrain – obwohl rundum von Wasser umgeben – nur bedingt geeignet. Die Hotelzone, ausschließlich für Geschäftsleute konzipiert, liegt ein gutes Stück vom Meer entfernt, Strände gibt es hier überhaupt nicht. Ein neues Projekt sieht zwar ein großes Wassersportzentrum mit Sandstrand an der Westküste vor, doch bislang existiert es nur auf dem Papier. Bis es soweit ist, muß der badewillige Gast sich mit den Naturstränden auf der anderen Seite der Insel begnügen. Der schönste ist der Privatstrand des Emirs, der unter bestimmten Auflagen – keine Fotoapparate, dezente Badekleidung – von Europäern besucht werden darf, nicht jedoch von Arabern und Indern.

Das Baden im Meer ist im Sommer aber ohnehin kein Vergnügen: Die durchweg flachen Küstengewässer heizen sich bis über 35 Grad Celsius auf. Einzig die Swimmingpools in den Hotels werden mit der billig zur Verfügung stehenden Energie ständig auf 27 Grad heruntergekühlt.

Überhaupt sollte man die klimatischen Belastungen nicht unterschätzen. In den Sommermonaten stöhnen Einheimische und Ausländer gleichermaßen: Das Thermometer sinkt auch nachts kaum unter 40 Grad Celsius, die Luftfeuchtigkeit bewegt sich zwischen 70 und 90 Prozent. Und auch ohne daß Regen fällt, schaltet man abends die Scheibenwischer der Autos an – wegen der Kühlung aus der Klimaanlage beschlagen die Scheiben im Nu.

△ Das Nationalmuseum in Al Manamah, der Hauptstadt von Bahrain, birgt archäologische und volkskundliche Schätze des Landes. Die lebensgroßen Puppen werden jede Woche in eine andere Tracht gekleidet.

▷ Gute Hotels, küstennahe Städte und liberale Alkoholgesetze locken immer mehr amerikanische und europäische Geschäftsleute, die in den Golfstaaten tätig sind, zu einem Kurzurlaub auf die »Vergnügungsinsel« Bahrain.

Landesnatur

Fläche: 622 km² (fast so groß wie Hamburg)
Ausdehnung: (Hauptinsel Bahrain) Nord–Süd 45 km, West–Ost 15 km
Höchster Berg: Jabal ad Dukhan 135 m

Bahrain umfaßt 33 Inseln, die in einer durch die Halbinsel Katar und die Ostküste Saudi-Arabiens gebildeten Bucht im Persischen Golf liegen.
Die Hauptinsel Bahrain (578 km²), ein 30 bis 60 m hohes Kalkplateau, ist überwiegend von Sanddünen bedeckt. Im Zentrum der Insel erhebt sich der Jabal ad Dukhan (135 m). Im Süden und Südwesten erstrecken sich Sandflächen und Salzsümpfe. Nur der nördliche Küstenbereich ist durch die Anlage artesischer Brunnen landwirtschaftlich nutzbar. Bahrain hat feuchtwarmes subtropisches Klima mit hoher Luftfeuchtigkeit. Überwiegend weht ein feuchtheißer Wind aus Nordwesten (Shamal), mitunter auch trokkenheißer Südwind (Qaws) aus der Großen Arabischen Wüste. Die Monatsmitteltemperaturen liegen zwischen 17 °C (Januar) und 33,5 °C (Juli), die Niederschläge betragen nur 70 mm.
Auf der Hauptinsel Bahrain herrscht bis auf die landwirtschaftliche Zone Wüstenvegetation vor.
Die artenarme Tierwelt besteht hauptsächlich aus Eidechsen, Jerboas (Wüstenspringmäuse) und Mangusten, iltisähnlichen, zu den Mungos zählenden Schleichkatzen, die wohl aus Indien eingeführt wurden. Gazellen und Hasen sind nahezu ausgerottet.

Politisches System

Staatsname: Dawlat Al Bahrayn
دولة البحرين
Staats- und Regierungsform: Unabhängige Monarchie (Emirat)
Hauptstadt: Al Manamah
Mitgliedschaft: UN, Arabische Liga, OAPEC, OPEC, Golfrat

Das Staatsoberhaupt, Scheich Isa ibn Salman Al Khalifah, der Premierminister und sein Kabinett haben die absolute Macht im Staate. Das Land gliedert sich in zehn Bezirke. Für Muslime gilt islamisches Recht, Hindus und Christen unterliegen einer modifizierten britischen Rechtsprechung.

Bevölkerung

Einwohnerzahl: 468 000
Bevölkerungsdichte: 752 Einw./km²
Bevölkerungszunahme: 4 % im Jahr
Größte Städte: Al Manamah (147 000 Einw.), Al Muharraq (62 000)
Bevölkerungsgruppen: 68 % Bahrainer, 10 % Omaner, 9 % Iraner, 7 % Inder, 5 % Pakistani

Die Bevölkerung Bahrains ist durch einen sehr hohen Anteil ausländischer Arbeitnehmer gekennzeichnet. Die Arbeitslosenrate beträgt rd. 10 %. Etwa 40 % der Bahrainer sind unter 20 Jahren. Amtssprache ist Arabisch, Handelssprache Englisch. 85 % der Einwohner sind Muslime, 7 % sind Christen.
Seit 1976 gibt es ein umfassendes Sozialversicherungssystem; die medizinische Versorgung ist kostenlos. Allgemeine Schulpflicht ist vorgesehen, jedoch noch nicht eingeführt. Die Analphabetenrate beträgt derzeit etwa 20 %. 1978 wurde die erste Universität des Landes gegründet.

Wirtschaft

Währung: 1 Bahrain-Dinar (BD) = 1000 Fils
Bruttoinlandsprodukt (in Anteilen): Land- und Forstwirtschaft 1,5 %, industrielle Produktion 51 %, Dienstleistungen 47,5 %
Wichtigste Handelspartner: Saudi-Arabien, Japan, USA, EG-Staaten

Die wichtigsten Wirtschaftszweige sind Erdöl- und Erdgasgewinnung sowie -verarbeitung. Die starke Abhängigkeit vom Erdöl versucht Bahrain durch Umstrukturierung der Wirtschaft und Diversifizierung der Industrie zu vermindern. Aluminiumverhüttung und Schiffbau entwickelten sich zu bedeutenden Branchen. Zudem ist das Land heute ein wichtiges Finanzzentrum des Nahen Ostens.
Bahrain ist über einen 25 km langen Straßendamm mit Saudi-Arabien verbunden. Der internationale Flughafen liegt auf der Insel Al Muharraq.

Geschichte

Bahrain wurde bereits in prähistorischer Zeit besiedelt: Im frühen 3. Jahrtausend v. Chr. entstand die Stadt Qal'at al-Bahrayn. Manches spricht dafür, daß Bahrain unter dem Namen Dilmun um 2000 v. Chr. Zwischenstation des Handelsweges der Sumerer und Babylonier nach Indien war.
Der Sassanide Shapur II. machte das Land im 4. Jh. zu einem Teil Persiens; nach 630 wurde es von den Arabern erobert. Vom 8. Jh. an übten Bagdad und Damaskus, vom 13. Jh. wieder die Perser die Kontrolle über das Land aus, bis es 1515 portugiesisch wurde. Im 17. und 18. Jh. kam Bahrain erneut unter persische Oberhoheit, wurde jedoch 1783 unter der arabischen Dynastie Al Khalifah selbständig. Durch den Schutzvertrag mit der britischen Ostindienkompanie geriet das Land 1820 erneut in Abhängigkeit. Weitere Verträge sicherten dem Land in der Folge – unter britischer Oberhoheit – die innere Autonomie und Schutz vor persischen und osmanischen Übergriffen. Von 1867 an war Bahrain britisches Protektorat.
Die 1932 von der BAPCO (Bahrain Petroleum Company) begonnene Erdölförderung verhalf dem Land zu beträchtlichem Wohlstand. Bahrain wurde außerdem einer der wichtigsten militärischen Stützpunkte der Briten im Nahen Osten.
Scheich Isa ibn Salman Al Khalifah regiert das Land seit 1961 und erklärte es am 14. August 1971 (Nationalfeiertag: 16. Dezember) für unabhängig, nachdem die Briten ihre Truppen abgezogen hatten. Er schloß allerdings einen Tag später einen Freundschaftsvertrag mit Großbritannien und erklärte sich zum Emir. Seit 1971 befindet sich auf Bahrain ein amerikanischer Luft- und Flottenstützpunkt.
Der Iran hatte bis weit in das 20. Jh. hinein Ansprüche auf bahrainische Gebiete erhoben und sich dabei auf die einstige persische Herrschaft berufen. Erst im Januar 1970 erkannte das vom Schah regierte Land die Souveränität Bahrains an. Im Februar 1979 wurde diese Vereinbarung wieder rückgängig gemacht; seitdem erhebt der Iran erneut Ansprüche auf den Inselstaat, dessen Bevölkerung mehrheitlich aus Schiiten besteht.

Kultur

Archäologische Funde wie Keramik und Gebrauchsgegenstände und auch zahlreiche Grabhügel auf der Insel Umm an Nar bestätigen historische Bande des heutigen Bahrain zu Babylonien, Mesopotamien und zum Indusgebiet. Aller Wahrscheinlichkeit nach handelt es sich hierbei um Zeugnisse der untergegangenen Dilmun-Kultur, von der in assyrischen und babylonischen Keilschrifttexten die Rede ist. Seit der Inbesitznahme des Landes durch die Araber hat der Islam die Lebensweise der Bahrainer wie die der anderen muslimischen Staaten entscheidend geprägt. Heute überwiegt die Zahl der Schiiten; von größerem politischem Einfluß ist jedoch der sunnitische Bevölkerungsteil, dem auch die Familie des Emirs und andere Familien der Oberschicht angehören. Westlichen Einflüssen gegenüber verhält man sich tolerant.

Reise-Informationen

Bürger der Bundesrepublik Deutschland, der Schweiz und Österreichs benötigen für einen Aufenthalt bis zu vier Wochen einen Reisepaß mit Visum und den Nachweis der gebuchten Reise. Der internationale Führerschein sowie die internationale Zulassung sind erforderlich.

Nach Ölfieber und Konsumrausch: Besinnung auf Kultur und Tradition wie hier im Nationalmuseum.

Bei der Einreise sind zollfrei: 400 Zigaretten, 50 Zigarren oder 225 g Tabak sowie eine Flasche alkoholische Getränke für Nichtmuslime.
Bahrain-Dinare (BD) und Fremdwährung können unbegrenzt ein- und ausgeführt werden.
Impfungen gegen Polio, Tetanus und Typhus werden empfohlen.
Die Straßen sind gut ausgebaut. Öffentliche Verkehrsmittel, Taxis und Leihwagen stehen zur Verfügung.
In Al Manamah und an der Hochstraße zum Flughafen auf der Insel Al Muharraq gibt es zahlreiche erstklassige Hotels.
Die angenehmsten Reisemonate sind November bis April.

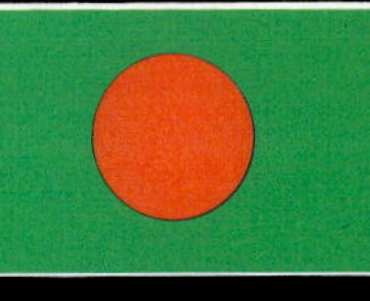

Banglades[ch]

Hans Walter Berg

Bangladesch ist ein junger Staat. Als Ost-Pakistan gehörte es nach der Teilung Indiens in einen Hindu- und einen Muslim-Staat zum islamischen Pakistan. In einem blutigen Bürgerkrieg errang das Land 1971 mit militärischer Hilfe aus Indien die Unabhängigkeit und gab sich den Namen Bangladesch – »Land der Bengalen«.

Bangladesch gehört zu den ärmsten und am dichtesten besiedelten Ländern der Erde. Über 100 Millionen Menschen leben in dem Tiefland am Unterlauf von Ganges und Brahmaputra. Häufige Naturkatastrophen – vor allem Überschwemmungen und Wirbelstürme –, das rasante Bevölkerungswachstum, die allgegenwärtige Korruption und eine Reihe von Putschen haben die Entwicklung des Landes immer wieder gebremst. Den land- und mittellosen Massen hilft der Fatalismus der gläubigen Muslime, ein Leben mit geringer Aussicht auf Besserung zu ertragen.

Staatsname:	Volksrepublik Bangladesch
Amtssprache:	Bengali
Einwohner:	103 Millionen
Fläche:	143 998 km²
Hauptstadt:	Dhaka (Dacca)
Staatsform:	Präsidiale Volksrepublik im Commonwealth
Kfz-Zeichen:	BD
Zeitzone:	MEZ +5 Std.
Geogr. Lage:	Indischer Subkontinent, am Golf von Bengalen, grenzt an Indien und Birma

Gespannt verfolgen Dorfbewohner ein Puppenspiel, das die Folgen der Bevölkerungsexplosion drastisch vor Augen führt. Für groß und klein ist diese Familienplanungs-Show willkommene Abwechslung und Anlaß zum Umdenken zugleich.

Mit der »Rakete« den Buriganga hinab

Weit mehr als die Hälfte des Personen- und Gütertransports in dem verkehrsmäßig weitgehend unerschlossenen Staat Bangladesch wird auf Wasserwegen abgewickelt. Um die Lebenswirklichkeit im Land der Bengalen besser kennenzulernen, hatte ich mich mit meinem Kamerateam in der Hauptstadt Dhaka zu einer Fahrt auf dem Buriganga, einem der vielen Flußarme im Deltagebiet von Ganges und Brahmaputra, eingeschifft. Der 50 Jahre alte Raddampfer, der sich im Schneckentempo durch die Fluten wühlte, trug den stolzen Namen »Rocket« – Rakete. Auf einem Messingschild war zu lesen, daß der »Seelenverkäufer« Platz für 500 Passagiere böte, aber schon in Dhaka drängten sich rund 1000 Menschen an Bord. Das Gewimmel am Kai war wie ein Sinnbild für das größte Problem des unterentwickelten Landes, des am dichtesten besiedelten Flächenstaates der Erde. Das reine Agrarland muß über 100 Millionen Bürgern Existenzmöglichkeiten bieten, und bei anhaltender Bevölkerungsexplosion wird sich die Zahl der Bangladescher in den nächsten 20 Jahren auf etwa 150 Millionen erhöht haben.

Auf der Flußfahrt, die uns tief hineinführte in das Herzland von Bangladesch, erlebten wir Bilder wie aus dem Galeerenzeitalter. Lastkähne mit viele Tonnen schweren Frachten wurden von schweißtriefenden Ruderern vorwärtsbewegt oder von Kulikolonnen am Ufer gezogen. Auf Flößen aus Bambushölzern und Baumstämmen – dem Rohmaterial für Papierfabriken – drehten jeweils zehn halbnackte Männer Winden mit Seilen, die von Ruderbooten 100 bis 200 Meter vor den Flößen verankert wurden. Mit Hilfe der Winden wurden die Flöße bis zu diesen Ankerstellen gezogen. Dann beförderten die Ruderboote die auf den Winden aufgerollten Seile wieder 100 bis 200 Meter vorwärts, verankerten sie dort, und das Spiel begann von vorn. Die durchschnittliche Tagesleistung soll acht bis zehn Kilometer betragen.

Die Gesellschaft an Bord unseres Dampfers bescherte mir eine unmittelbare Begegnung mit Bangladeschern aller Bevölkerungskreise, mit vielen Menschen, an denen man als Ausländer im Auto meistens vorbeifahren würde. Da saß, eingeklemmt im dichten Gewusel an Deck inmitten von Säcken, Blechkisten und Bettrollen und umgeben von seiner achtköpfigen Familie, der Volksschullehrer Habib Ullah. Er verdient umgerechnet 70 Mark im Monat und muß davon neben der eigenen Familie auch noch andere Angehörige unterhalten.

Habib Ullahs Decknachbar war der Basarhändler Gulam Mohammed, ebenfalls umringt von einer zahlreichen Verwandtschaft. Sein Monatseinkommen bezifferte er, untertrieben, mit 250 Mark. Der Handel – sagte ein uns begleitender bengalischer Journalist – sei hier einträglicher als jede Tätigkeit im öffentlichen Dienst. Die lohne sich nur, wenn man – ob Lehrer oder Staatssekretär – Bestechungsgelder kassiere. Deshalb werde Korruption von vielen Bangladeschern als legitime Einnahmequelle und als Mittel zur Herstellung sozialer Gerechtigkeit betrachtet.

Fünfmal am Tag verneigten sich alle Passagiere, ebenso wie der Kapitän und seine Mannschaft, nach Mekka gewandt im Gebet und priesen Allah, den Allmächtigen und Barmherzigen. Die tiefe Frömmigkeit der Muslime läßt sie ihre Armut, auch die Rückständigkeit ihres Landes, leichter ertragen. »Inschallah« – »So Gott es will« – wird regelmäßig hinzugefügt, gleich ob sie Klagen oder Hoffnungen aussprechen. »Inschallah« sagten sie auch gleichmütig, als unser Dampfer noch langsamer wurde.

Der Kapitän erklärte mir die Tempodrosselung mit besonders schwierigen Navigationsproblemen. »Die Inder«, sagte er, »kontrollieren den Oberlauf des Ganges. Seit sie am grenznahen Farrakah-Staudamm zwei Drittel des Flußwassers auf ihr Gebiet ableiten, liegt der Wasserspiegel auf den Ganges-Armen in Bangladesch während der Trockenzeit so tief, daß die Raddampfer oft in Gefahr sind, auf Sandbänke aufzulaufen und – falls sie stranden – nur in kostspieligen und langwierigen Operationen wieder manövrierfähig gemacht werden können.«

Nach Einbruch der Dunkelheit mußten Matrosen mit Bambusstäben in dem versandeten Flußbett die Fahrrinne suchen. Man wäre schneller am Ufer zu Fuß vorangekommen als wir mit unserer »Rakete«, die inzwischen durch Zusteiger in mehreren Flußhäfen mit anderthalbtausend Passagieren beladen war. Begonnen hatten wir die Flußfahrt bei Sonnenaufgang. Unser knapp 80 Kilometer von Dhaka entferntes Ziel, Barisal, erreichten wir erst zwölf Stunden später, als die Sonne wieder hinter dem Horizont versank.

◁ ***Mangels Straßen werden die weitverzweigten Flußläufe in Bangladesch für den Personen- und Gütertransport genutzt. Strömung, Wind und Muskelkraft sind hier immer noch unentbehrliche Energiequellen.***

Schulunterricht erstmals auch für Mädchen

Am nächsten Vormittag setzten wir die Fahrt bis zu unserem 20 Kilometer entfernten Zielort, dem Dorf Dhandoba, auf einem der Seitenkanäle des Buriganga in

▷ ***Bangladesch ist ein übervölkertes Agrarland. Rund 80 Prozent der Bevölkerung arbeiten in der Landwirtschaft. Doch nur ein Drittel der Bauern besitzt eigenes Land – Parzellen von durchschnittlich 0,4 Hektar Größe.***

einem gondelähnlichen großen Kanu fort. Das flache Boot wurde von zwei Paddlern in flottem Tempo vorangetrieben. Der Wasserweg war dicht gesäumt von Bananenstauden, Kokospalmen, Bambus und Blütenbäumen. Er führte durch eine von zahlreichen Buriganga-Kanälen bewässerte Tropenlandschaft mit smaragdgrünen Reisfeldern im Schachbrettmuster. Wäre Bangladesch überall so bewässert wie in diesem Gebiet, könnte es nicht nur 100, sondern 200 Millionen Menschen ernähren.

Tatsächlich sind jedoch nicht einmal 15 Prozent des kultivierbaren Bodens ausreichend mit Wasser versorgt. Da das restliche Land nur eine Ernte im Jahr produziert, ist die Bevölkerung ständig von Hungerkatastrophen bedroht und der bettelarme Staat zu kostspieligen Einfuhren von Lebensmitteln gezwungen.

Bangladesch im Bann von Naturkatastrophen

Weit mehr als unter der Trockenheit hat Bangladesch unter den alljährlich wiederkehrenden Überschwemmungen zu leiden, die das unter Meereshöhe liegende Küstenland am Golf von Bengalen immer wieder mit verheerender Gewalt verwüsten. Und jedesmal werden sie von den zu Übertreibungen neigenden Bengalen als »das schlimmste Desaster seit Menschengedenken« bezeichnet – mit Zahlenangaben über die Opfer, die zwischen 1000 und 200000 Toten schwanken. Dabei brauchte man das Unheil gar nicht zu dramatisieren, denn es sprengt ohnehin unsere Vorstellungskraft.

Mit einer Naturkatastrophe begann 1969 auch die unmittelbare Vorgeschichte des unabhängigen Staates Bangladesch. Dem Wirbelsturm, der damals die Landschaft im Deltagebiet von Ganges, Brahmaputra und Meghna zerstörte und eine haushohe Sturmflut über die Tiefebene trieb, in der Menschen und Tiere zu ungezählten Tausenden ertranken, schrieb man die Vernichtungskraft mehrerer Hiroschima-Bomben zu. Da die gesamtpakistanische Regierung in Rawalpindi keine wirkungsvolle Hilfe leistete, empörten sich die ostpakistanischen Bengalen gegen die westpakistanische »Kolonialherrschaft«, und aus diesem Proteststurm entwickelte sich der Bürgerkrieg, der 1971 zur Ausrufung des unabhängigen Bengalen-Staates Bangladesch führte.

Eine Katastrophe ähnlichen Ausmaßes hat das Land 1987 erlebt. Dieses Mal wurden die Siedlungsgebiete von 20 Millionen Menschen in Mitleidenschaft gezogen, mehrere Millionen Hektar Reis- und Jutefelder verwüstet, drei Millionen Tonnen Getreide vernichtet, viele tausend Dörfer sowie Straßen, Eisenbahnen und Telegrafenleitungen zerstört und mehr Sachschaden angerichtet als in dem Bürgerkrieg vor 16 Jahren.

Jetzt bewährte sich das vielgelästerte Militärregime des Generals Ershad, der sofort die Streitkräfte zu Rettungsaktionen einsetzte. Sie evakuierten 250000 Menschen aus den Überschwemmungsgebieten, errichteten Notdeiche, die die Wasserfluten eindämmten oder ableiteten, und ihrem Einsatz war es zu verdanken, daß nach offiziellen Angaben »nur« 700 Bangladescher ertrunken sind. Dennoch berichteten die Zeitungen wieder von der »schlimmsten Katastrophe seit Menschengedenken« – und das dürfte sich wohl noch viele Jahre wiederholen.

Erwartet wurden wir in Dhandoba von dem jungen bengalischen Agrarfachmann Viswas, der auf einer sowjetischen Hochschule zum Doktor der Biologie promoviert hat und seither im Barisal-Bezirk für einen Hungerlohn von – umgerechnet – monatlich 80 Mark als Entwicklungshelfer tätig ist. Unser Dorfrundgang begann auf dem Hof des Laienarztes Bimal, der auf seinem fünf Hektar großen Besitz 15 landlose Arbeiter und ihre Familien beschäftigt. Bimal gehört – wie mir der Entwicklungshelfer erklärte – zur Gruppe der »Mathbor« genannten größeren Grundbesitzer, die in der traditionellen Ordnung der bengalischen Dörfer auch die politische Macht ausüben.

Bimal ist für die Verhältnisse in Bangladesch ein wohlhabender Mann und bewohnt ein aus vier Zimmern bestehendes Steinhaus. Seine Arbeiter und Arbeiterinnen, die früher knapp 50 Pfennig am Tag verdienten, hausen in Hütten aus Palmenblättern, Lumpen und verrostetem Wellblech, jeweils eine acht- bis zehnköpfige Familie in einem Raum. Der Entwicklungshelfer Viswas hatte inzwischen eine Verdoppelung der Löhne durchgesetzt und den landlosen Arbeitern zusätzliche Erwerbsmöglichkeiten verschafft, zum Beispiel durch eine genossenschaftlich betriebene Fischzucht in künstlich angelegten Teichen. »Abgesehen von dem Nebenverdienst«, sagte Viswas, »weckt die Selbsthilfe bei den Menschen ein neues Selbstvertrauen, und das ist eine der wichtigsten Voraussetzungen dafür, daß sie aus den Leibeigenschafts-Verhältnissen der alten Feudalgesellschaft befreit werden.«

Mit Stolz zeigte mir Viswas die von ihm errichtete Schule, in der zum ersten Mal in der Dorfgeschichte auch Mädchen unterrichtet werden und in der die Schüler neben den normalen Fächern auch handwerkliche Tätigkeiten lernen. Später wurde ich dem achtzigjährigen Alumgar Kazi, dem größten Grundbesitzer und Dorfältesten von Dhandoba, vorgestellt. Der weißbärtige Greis war ein strenggläubiger Muslim, aber im Gegensatz zu vielen seiner orthodoxen Glaubensbrüder keineswegs fortschrittsfeindlich. Er unterstützte die Arbeit des Entwicklungshelfers und empfahl ihm, mir noch sein Aufklärungsprogramm für die Familienplanung vorzuführen.

△ ***Die menschliche Arbeitskraft ist in Bangladesch nur von geringem Wert: Kulis, die in Ziegeleien hart schuften müssen, verdienen am Tag gerade so viel, wie fünf Backsteine kosten. Selbst Kinder verrichten diese schwere Arbeit.***

»Ob Sohn, ob Tochter – zwei Kinder sind genug!«

Viswas beauftragte einen Assistenten mit der Vorbereitung der »Show«, die den Dörflern die Nachteile zu großer Familien und die Vorteile einer begrenzten Anzahl von Kindern klarmachen sollte. »Der Kinderreichtum«, erklärte er mir, »war und ist eine Art biologischer Vorratswirtschaft, da man früher durch die hohe Sterblichkeit meistens die Hälfte der Kinder wieder verlor. Da in den letzten Jahrzehnten als Folge der modernen Medizin die Kindersterblichkeit erheblich zurückgegangen ist und die Lebenserwartung ständig steigt, ist die Bevölkerung gerade in den Entwicklungsländern so explosionsartig angewachsen, daß alle wirtschaftlichen Fortschritte von der Menschenlawine wieder zunichte gemacht werden. Aber mit volkswirtschaftlichen Argumenten kann man natürlich unsere Bauern und Bäuerinnen nicht überzeugen. Das muß man mit einfacheren Methoden versuchen.« Am Spätnachmittag hatte sich ein hundertköpfiges Publikum zu dem tagsüber durch Lautsprecher angekündigten »Theater« auf der Dorfwiese versammelt. Die Veranstaltung begann mit einem Puppenspiel, bei dem ein kopulierendes Paar im Stil von Kasperlefiguren ein Kind nach dem anderen zeugte. Die drastisch-burlesken Szenen wurden zunächst von den Zuschauern fröhlich beklatscht, aber als sich dann die Mitglieder der durch den Kampf um das tägliche Brot zerrütteten Großfamilie gegenseitig umbrachten, reagierten die meisten doch nachdenklich und applaudierten dem am Ende vorgetragenen Lehrsatz der Familienplanung: »Ob Sohn, ob Tochter – zwei Kinder sind genug!«

Nach der Vorführung wurden kostenlos an die Frauen Antibabypillen und Schaumtabletten und an die Männer Kondome verteilt. Die trugen keineswegs verschämte Tarnbezeichnungen, sondern den stolzen Namen »Radscha« – Herrscher – und schmeichelten damit dem männlichen Selbstwertgefühl. »Es wird mindestens eine ganze Generation dauern«, sagte mein bengalischer Begleiter, »bevor unsere Arbeit Früchte trägt. Aber wie in Dhandoba wird auch in anderen Dörfern jedenfalls ein Anfang gemacht, um die Zukunft in den Griff zu bekommen.«

Die Rückfahrt von Dhandoba nach Dhaka unternahmen wir in einem Mietwagen, und abermals waren wir für eine Strecke von knapp 100 Kilometern einen ganzen Tag lang unterwegs. Die Landstraße war immer wieder von Flußläufen unterbrochen, die jedesmal zu langwierigen Fährüberfahrten zwangen. Am Straßenrand hockten alle paar Kilometer Arbeiterkolonnen, die – begleitet von einem monotonen Singsang – mit Hämmern, Meißeln, Brecheisen und Schaufeln die Fahrbahn ausbesserten. Hunderte von kleinen Ziegeleien entlang der Straße liefern den Rohstoff für den Ziegelschutt, mit dem die Schlaglöcher geflickt werden. Da Bangladesch über keinerlei gewachsenes Naturgestein verfügt, werden in den Ziegeleien in kohlebefeuerten Feldöfen nach uralter Meilertechnik aus dem Lehm des Schwemmlandes Backsteine gebrannt, die man zum Teil mit dem Hammer gleich wieder zu Straßenschotter zertrümmert.

Zu beiden Seiten der Straße sah ich Jute-Bauern bis über die Hüften im Schlamm stehen. Die doppelt mannshohe Jute, die aussieht wie hochgeschossener Spargel, wird das »Gold Bengalens« genannt. Diese Faserpflanze ist der wichtigste Exportartikel Bangladeschs, aber Gold wert ist sie nur für die Großhändler und die Jute-Industrie. Die zu Skeletten abgemagerten Erntearbeiter sahen alle so aus, als könnten sie sich nie satt essen.

Neben den Bildern erschreckender Armut und Rückständigkeit erlebten wir auf der Fahrt auch malerische Szenen eines geruhsamen Lebens: in bunte Saris gekleidete Bäuerinnen, die auf dem Wege vom Dorfbrunnen nach Hause mit großer Eleganz schön geschwungene Messingtöpfe auf ihren Köpfen balancierten; Männerrunden, die bei bedächtigem Schwatz die Wasserpfeife kreisen ließen; lastentragende Elefanten, die im gemächlichen Trott neben ebenso langsamen Ochsenkarren einherschritten; in Karawansereien rastende Hirten mit ihren Schafen und Ziegen; Garküchen, die auf offenen Holzkohlefeuern kräftig duftende Fleischspieße rösteten; und immer wieder »Tea stalls« genannte kleine Bretterbuden, wo mit Milch, Zucker und Kardamom gewürzter Tee an ermüdete Reisende ausgeschenkt wird. Es war ein Leben ohne Hast, Eile und Hektik, das sich in diesen Bildern spiegelte. »Das einzige, was wir im Überfluß haben«, sagte mein bengalischer Begleiter, »ist Zeit. Und das ist ein Luxus, den sich die Menschen im Westen selbst bei ständig verkürzten Arbeitswochen wahrscheinlich nie wieder leisten können.«

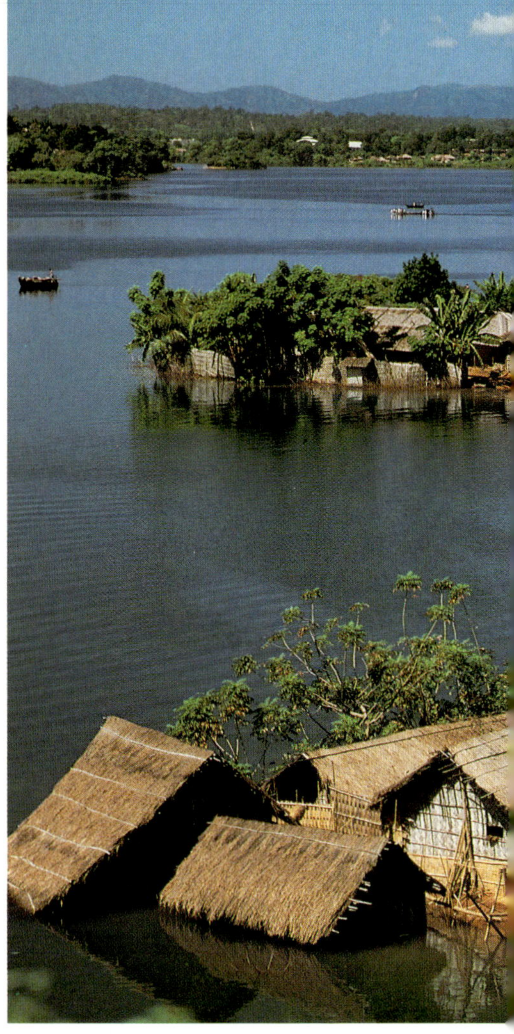

Das Militär bleibt ein Machtfaktor

Die Bilder friedlicher Idylle während der Überlandfahrt verblaßten sehr schnell, nachdem wir am Abend Dhaka erreicht hatten und vom chaotischen Verkehr der Hauptstadt umbrandet wurden. Mehrere tausend Fahrradrikschas bahnten sich ihren Weg durch einen Strom ständig hupender Last- und Personenwagen. Dazwischen rumpelten Pferdedroschken und zogen oder schoben Kulis mit schweren Lasten beladene Karren, und Kopf an Kopf drängelten sich die Fußgänger durch die Straßen.

Eine Weile hatte hier das Kriegsrechtsregime des Generals Zia ur-Rahman, der 1976 die Nachfolge des ein Jahr zuvor ermordeten »Vaters der Nation«, Mujib ur-Rahman, antrat, für militärische Ordnung selbst im alltäglichen Leben der Bangladescher gesorgt. Aber nachdem auch der General 1981 einem Attentat zum Opfer gefallen war, hat schnell der alte Schlendrian wieder eingesetzt und das drangvoll übervölkerte Dhaka in seinen früheren Hexenkessel-Zustand zurückverwandelt.

Die Gefahr eines erneuten Ausbruchs der Anarchie war 1982 Anlaß für einen weiteren militärischen Staatsstreich, der den bis heute regierenden Generalleutnant Hossain Mohammad Ershad an die Macht brachte. Der drahtige, 1930 geborene Offizier hat wiederholt die baldige Rückkehr zu einer demokratischen Regierungsform versprochen, aber dieser Prozeß ist trotz mehrfacher Anläufe immer wieder dadurch ins Stocken geraten, daß die Streitkräfte weiter ein politisches Mitspracherecht beanspruchen,. ein Recht, das von den Oppositionsparteien bestritten wird.

Ich hatte Gelegenheit, den 1986 zum Staatspräsidenten gewählten früheren Kriegsrechtsverwalter Ershad nach der Rolle des Militärs in Bangladesch zu fragen, und erhielt folgende Antwort: »Die Streitkräfte sind in Bangladesch von Anfang an ein wichtiger politischer Faktor gewesen. Sie haben als revolutionäre Befreiungsarmee die Unabhängigkeit erkämpft und wurden später wiederholt in Krisensituationen als politische Feuerwehr eingesetzt. Ich meine, man kann sie nicht nur zu Hilfe rufen, wenn es lichterloh brennt, und dann wieder in die Kasernen verbannen, sobald die Brände gelöscht sind. Die Streitkräfte gehören zu den bedeutenden Funktionsgruppen unseres Volkes. Wollte man sie von der Gestaltung unseres nationalen Schicksals ausschließen, würde das nur eine Wiederholung solcher blutigen Staatsstreiche provozieren, wie wir sie mehrfach erlebt haben. Deshalb strebe ich eine angemessene Beteiligung des Militärs an der politischen Führung auf allen Ebenen an, von der Nationalversammlung bis hinunter zu den Distrikträten.«

Die Frauen melden sich zu Wort

Die entschiedensten Widersacher des Generals sind die nächsten Verwandten seiner beiden ermordeten Vorgänger, Hasina Wajed, die Tochter des

Staatsgründers Mujib ur-Rahman, und Begum Khaleda Zia, die Witwe des Generals Zia ur-Rahman. Daß Frauen in einem islamischen Land eine so wichtige politische Rolle spielen können – ähnlich wie in Pakistan Benazir Bhutto, die Tochter des 1979 hingerichteten Präsidenten –, ist ein Beweis für den gesellschaftlichen Wandel, der sich in den Entwicklungsländern vollzieht. Um so mehr überrascht, wie sehr gerade Familien des aufgeklärten städtischen Mittelstandes das traditionelle Brauchtum ihrer Glaubensgemeinschaft weiter pflegen.

Ich war in Dhaka zur Hochzeit von zwei typischen Angehörigen dieser Kreise eingeladen. Solaiman Ali, der Sohn eines Regierungsinspektors, heiratete Muzrat Pavan, die Tochter eines Oberinspektors. Der Bräutigam war ein mit Computern vertrauter Buchhalter in einer ausländischen Firma, die Braut Oberschullehrerin für Fremdsprachen. Solaiman Ali erschien hoch zu Roß in orientalischer Sultansverkleidung, und Muzrat Pavan benahm sich so scheu, wie es das konventionelle Brauchtum der islamischen Gesellschaft gebietet. Beide kannten sich seit Jahren, doch verhielten sie sich – wie es die Tradition vorschreibt – so, als hätten sie sich nie zuvor gesehen. Den ersten Blick aufeinander durften die Brautleute nur im Spiegel tun, den die Braut unter ihrem Schleier verborgen hielt. Beide nahmen diese Prozedur im Grunde nicht mehr ernst, aber sie befolgten die Riten, weil sie das ihrem gesellschaftlichen Status schuldig zu sein glaubten.

Als ich meinen bengalischen Begleiter fragte, ob sich in der islamischen Welt nicht Tradition und Fortschritt gegenseitig im Wege stünden und die Entwicklung moderner Lebensformen erschwerten, meinte der gebildete und kritisch denkende Journalist, Muslime würden diesen Widerspruch nicht empfinden. Er erinnerte mich an die unabhängigkeitsstolze, selbstbewußte und kämpferisch-aggressive Benazir Bhutto, die Anspruch auf die Staatsführung in Pakistan erhebt: In einer nach islamischem Brauch von ihrer Mutter arrangierten Eheschließung hatte sie kürzlich den ihr persönlich unbekannten Erben eines Millionenvermögens aus ihrer Heimatprovinz Sind geheiratet. »Begründet«, sagte mein Begleiter, »hat die in Harvard und Oxford ausgebildete Bhutto-Tochter ihren Respekt vor dem islamischen Brauchtum damit, daß eine von ihr selbst entschiedene Liebesheirat ihrem politischen Image in Pakistan zu sehr geschadet hätte.

Diese Einstellung«, so schloß mein Bekannter, »hindert Benazir nicht daran, sich ihrem Volk als Vorkämpferin des islamischen Sozialismus und des Fortschritts zu empfehlen. Dies sind für einen westlichen Verstand sicherlich Ungereimtheiten; aber wir sehen darin große Ähnlichkeiten mit unserer eigenen Denkweise. Diese geistige Verwandtschaft verbindet die Bangladescher noch immer mit den Pakistanern, von denen wir uns 1971 nach einem unbeschreiblich grausamen Bürgerkrieg politisch getrennt haben. Obwohl wir unter der Trennung bisher wirtschaftlich nur zu leiden hatten, sind wir stolz auf unsere Unabhängigkeit, aber trotz dieses nationalen Triumphes fühlen wir uns mit allen islamischen Völkern der Welt, auch mit den Pakistanern, eng verbunden.«

◁ ***Idyllisch gruppieren sich diese Dörfer um einen See. Die Menschen, so scheint es, leben hier fern der Städte, in paradiesischem Frieden. Doch sind die Bauern und Fischer den Naturgewalten oft schutzlos preisgegeben.***

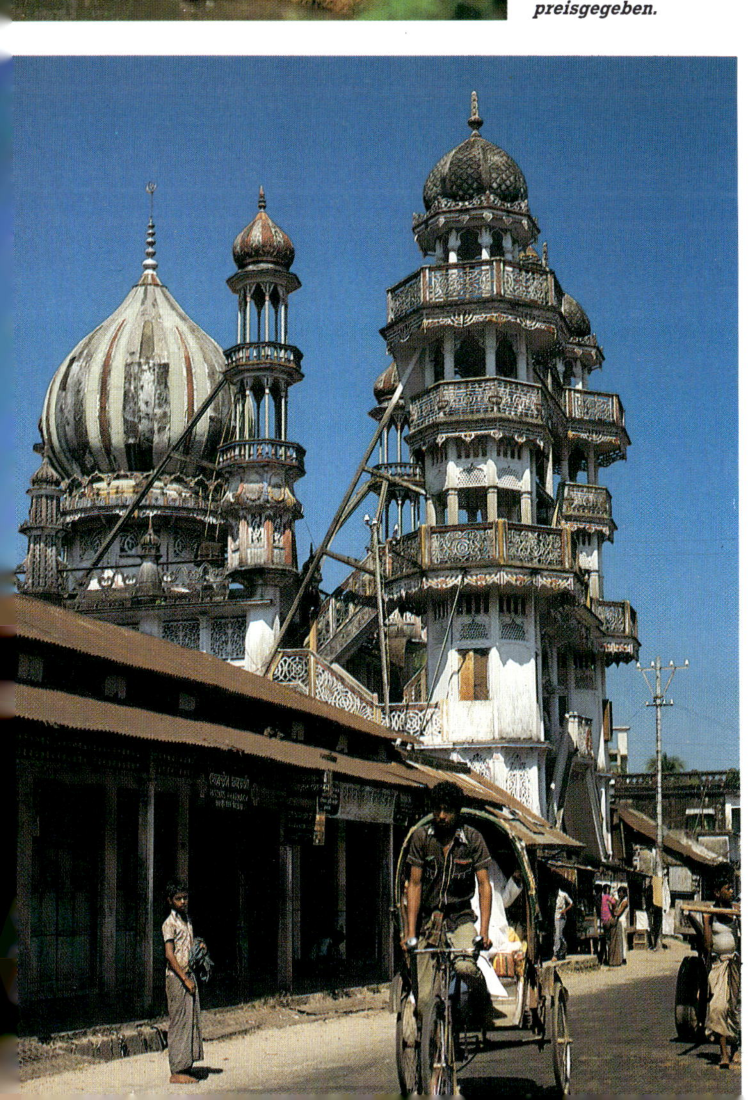

◁ △ ***Am Golf von Bengalen liegt die Industriestadt Chittagong, wichtigster Hafen des Landes. Über eine Million Menschen leben hier, und die Not ist mit Händen zu greifen. Wer ein Wellblechdach sein eigen nennen kann, muß sich schon zu den Privilegierten zählen. Wie ein Märchen aus Tausendundeiner Nacht wirkt die Moschee Chandan Pura in solcher Umgebung. Die Pracht dieser Gebetsstätte zeugt von der Bedeutung des Islam für die Bangladescher, von denen über 85 Prozent Muslime sind.***

Landesnatur

Fläche: 143 998 km² (gut halb so groß wie die Bundesrepublik Deutschland)
Ausdehnung: West–Ost 400 km, Nord–Süd 550 km
Höchster Berg: Mount Keokradong 1230 m
Längste Flüsse: Ganges, bangladeschischer Anteil 510 km (Gesamtlänge 2511 km), Brahmaputra, bangladeschischer Anteil 298 km (Gesamtlänge 2896 km)

Bangladesch liegt im ostbengalischen Tiefland. Es wird beinahe ganz von Indien umschlossen, nur im äußersten Südosten grenzt es an Birma.

Naturraum

Das ostbengalische Tiefland, gemeinsames Deltagebiet von Ganges und Brahmaputra, steigt nur bis etwa 50 m ü. M. an. Nennenswerte Erhebungen treten allein im äußersten Osten (Sylhet-Berge) und im Südosten (Chittagong-Berge mit Mount Keokradong) auf. Das fruchtbare Schwemmland wird von einem Netz von Flüssen durchzogen und während der Regenzeit regelmäßig überflutet. Im Übergangsbereich zur ungeschützten Seichtwasserküste am Delta befinden sich ausgedehnte Sumpfgebiete (Sundarbans). Anschwemmungen und Überflutung verändern das Delta und die Küstenlinie fortwährend.

Ein beliebtes Verkehrsmittel: Fahrradrikschas, hier in Dhaka.

Klima

In Bangladesch herrscht typisch tropisches Monsunklima. In den Sommermonaten liegen die Durchschnittstemperaturen zwischen 26 °C und 32 °C, im Winter zwischen 15 °C und 25 °C. 90 % des Jahresniederschlags (über 1500 mm, im Nordosten sogar bis 5000 mm) fallen während des Südwestmonsuns zwischen April und Oktober. Tropische Wirbelstürme fegen besonders im April/Mai und Oktober/November über das Land.

Vegetation und Tierwelt

Da über 60 % des Staatsgebiets landwirtschaftlich genutzt werden, wurde die ursprüngliche Vegetation zerstört. Wegen der weltweit zweithöchsten Bevölkerungsdichte (717 Einw./km²) muß jede weitere Ausdehnung der Nutzfläche die verbliebenen 16 % Wald verkleinern.
Regenwälder und Savannenvegetation gibt es noch im Tiefland, Mangrove wächst in den Sundarbans und immergrüner Regenwald in den Chittagong-Bergen.
Landestypische Großtierarten wie Nashörner und Gaurs (Wildrinder) sind ebenso verschwunden wie die Krokodile und – trotz internationaler Rettungsaktionen – der Bengalische Tiger. Aber noch heute ziehen Herden wilder Indischer Elefanten durch die Chittagong-Berge. Bären (Lippenbären, Tibetanische Kragenbären, Malaienbären) und verschiedene Affenarten treten noch häufig auf. Im Deltagebiet leben Reiher, Störche, Wildenten, Gänse und Fischadler.

Politisches System

Staatsname: Ghana Praja Tantri Bangladesh
গণ প্রজাতন্ত্রী বাংলাদেশ
Staats- und Regierungsform: Präsidiale Volksrepublik im Commonwealth of Nations
Hauptstadt: Dhaka (Dacca)
Mitgliedschaft: UN, Colombo-Plan, SARC

Die seit November 1986 wieder geltende Verfassung sieht als Legislative ein Einkammerparlament mit 300 für fünf Jahre direkt gewählten männlichen und 30 vom Parlament ernannten weiblichen Abgeordneten vor. Die Mehrheitspartei stellt den Premierminister. Der Staatspräsident wird ebenfalls direkt für fünf Jahre gewählt. Trotz der demokratischen Verfassung war bisher der Einfluß des Militärs auf die Politik entscheidend.
Das Land ist in vier Regionen und 21 Distrikte mit etwa 500 Unterbezirken aufgeteilt.
Das Rechtswesen beruht auf dem früheren britischen Recht in Indien und auf dem islamischen Recht; Todesstrafe ist zulässig. Höchstes Organ ist der Oberste Gerichtshof in Dhaka.

Bevölkerung

Einwohnerzahl: 103 Millionen
Bevölkerungsdichte: 717 Einw./km²
Bevölkerungszunahme: 2,8 % im Jahr
Ballungsgebiete: Distrikte Dhaka, Comilla, Noakhali
Größte Städte: Dhaka (3,4 Mio. Einw.), Chittagong (1,4 Mio.), Khulna (646 000), Narayanganj (298 000), Rajshahi (254 000), Mymensingh (220 000)
Bevölkerungsgruppen: 98 % Bengalen, etwa 1 % Biharis

Bangladesch besitzt nach der Inselrepublik Malta die größte Bevölkerungsdichte aller Flächenstaaten der Erde. Fast die Hälfte der Bevölkerung ist

Ein Dilemma: Die erfolgreiche Gesundheitsvorsorge unterstützt die Bevölkerungsexplosion.

jünger als 15 Jahre, nur 3,4 % sind älter als 65. Amtssprache ist Bengali, Geschäftssprache Englisch. Etwa 86 % der Einwohner sind Muslime, 12 % Hindus, 0,6 % Buddhisten und 0,3 % Christen.

Soziale Lage und Bildung

Armut, hohe Arbeitslosigkeit, Hunger und Krankheit kennzeichnen die Lebenswirklichkeit. Mindestens die Hälfte der Bevölkerung leidet an ständiger Unterernährung. Das Gesundheitswesen ist, vor allem auf dem Land, nur mangelhaft entwickelt.
Da keine allgemeine Schulpflicht besteht, sind 74 % der Bevölkerung über 14 Jahren Analphabeten. Das Land hat sechs Universitäten, der Schwerpunkt liegt bei den geistes- und sozialwissenschaftlichen Fächern.

Wirtschaft

Währung: 1 Taka (Tk.) = 100 Poisha
Bruttoinlandsprodukt (in Anteilen): Land- und Forstwirtschaft 51 %, industrielle Produktion 14 %, Dienstleistungen 35 %
Wichtigste Handelspartner: EG-Staaten, USA, Japan, Singapur

Bangladesch ist eines der ärmsten Entwicklungsländer der Welt mit schlechter Infrastruktur und Rohstoffmangel. Die Produktivität ist gering, die Industrie unterentwickelt. Das Land ist stark von Finanz- und Entwicklungshilfen des Auslands abhängig. Innenpolitische Unruhen und Überschwemmungskatastrophen verschlimmern die wirtschaftliche Lage immer wieder.

Landwirtschaft

Rund 80 % der Erwerbspersonen sind in der rückständigen Landwirtschaft beschäftigt. Eine Steigerung der Produktivität wird durch den überwiegenden Kleinstbesitz erschwert. Drei Viertel der landwirtschaftlichen Nutzfläche nimmt der Reis ein; die Ernte reicht meist nicht einmal zur Selbstversorgung. Weitere Agrarprodukte sind Tee, Zuckerrohr, Tabak und Baumwolle sowie v. a. Jute – etwa ein Viertel der Welterzeugung kommt aus Bangladesch. In den verzweigten Binnengewässern und vor der Küste wird reger Fischfang betrieben.

Bodenschätze, Energie, Industrie

Nur Erdgas wird in größeren Mengen gefördert. Es soll das importierte Erdöl zur Energieerzeugung teilweise ersetzen. Der wichtigste Energieträger für die Bevölkerung ist Holz.
Vorwiegend Agrarrohstoffe werden in Klein- und Hausbetrieben verarbeitet. Führend ist die juteverarbeitende Industrie, es folgen Baumwolltextil-, Nahrungs- und Genußmittel- sowie chemische Industrie.

Handel

Ausgeführt werden Rohjute und Juteerzeugnisse (über 50 % der Exporterlöse), Fischereiprodukte, Häute, Felle und Tee. Wichtige Einfuhrgüter sind Industrierohstoffe, Maschinen, Fahrzeuge, Nahrungsmittel und chemische Produkte.

Verkehr, Tourismus

Der Kraftfahrzeugverkehr auf den meist schlechten Straßen (rd. 8000 km, mit Wegenetz 25 000 km) ist bedeutungslos. Ein wichtiger Verkehrsträger ist die Eisenbahn (2900 km), die weiter ausgebaut und modernisiert werden soll. Eine bedeutende Rolle spielt die Binnenschiffahrt auf den zahlreichen Wasserwegen (5000–8000 km, je nach Wasserstand). Größte Seehäfen sind Chittagong und Khulna (Jute), internationale Flughäfen Dhaka (Kurmitola) und Chittagong.
Bangladesch wird von wenigen Touristen besucht, eine touristische Infrastruktur ist nicht vorhanden.

Geschichte

Um 1000 v. Chr. ließ sich im Delta von Ganges und Brahmaputra der drawidische Stamm der Banga nieder. Die Geschichte des Tieflands im östlichen Bengalen war über Jahrhunderte eng

mit der Indiens verknüpft. Zeitweise gehörte es zum Maurya-Reich (4. bis 2. Jh. v. Chr.) und zum Reich der Gupta (ab 350 n. Chr.).
Seit 1200 stand Ostbengalen unter muslimischer Oberhoheit; der Islam fand hier in der Folge zahlreiche Anhänger – anders als in der Indischen Union. Der Mogul-Herrschaft ab 1576 folgte Mitte des 18. Jh. die britische Kolonisation. Nach Erringung der Unabhängigkeit wurde bei der Teilung des indischen Subkontinents in einen Hindustaat (Indien) und einen muslimischen Staat (Pakistan) 1947 auch Bengalen geteilt: Westbengalen gehörte fortan zu Indien, das vorwiegend muslimische Ostbengalen wurde östlicher Landesteil Pakistans – 1800 Kilometer von Westpakistan entfernt und sprachlich und kulturell von ihm deutlich unterschieden. Diese Teilung löste die Konflikte zwischen Hindus und Muslimen jedoch nicht: Über eine Million Menschen verloren in den darauffolgenden Kämpfen das Leben und mehrere Millionen ihre Heimat.

Staatsgründung und Sezessionskrieg
Die fortwährende Benachteiligung des ostpakistanischen Landesteils stieß auf den Widerstand der dortigen

Vielverzweigte Dschungelflüsse, Haupttransportwege auch für den wichtigsten Energieträger Holz.

Bevölkerung. 1970 gewann die Awami-Liga unter Scheich Mujib ur-Rahman bei den Parlamentswahlen für ganz Pakistan eine erdrückende Mehrheit. Am 26. 3. 1971 (Nationalfeiertag) rief Mujib ur-Rahman daraufhin die unabhängige Republik Bangladesch aus. Dies führte zum Bürgerkrieg mit Westpakistan, den Indien durch Anerkennung von Bangladesch und militärische Intervention entschied. 1,5 Mio. Menschen wurden dabei getötet, 10 Mio. zu Flüchtlingen im eigenen Land.
Mujib ur-Rahman, unter dem 1972 eine Verfassung mit stark sozialistischen Tendenzen verabschiedet worden war, wurde 1975 von putschenden Offizieren ermordet. Neuer Machthaber wurde General Zia ur-Rahman. Nachdem er 1979 das Kriegsrecht aufgehoben und eine Liberalisierung eingeleitet hatte, wurde er 1981 ebenfalls von Putschisten in Uniform ermordet. Nach einem weiteren Staatsstreich übernahm 1982 der Armeechef Mohammad Ershad die Macht. Er rief erneut das Kriegsrecht aus und stattete sich mit diktatorischen Vollmachten aus. Ershad sieht sich seitdem einer erstarkenden Opposition gegenüber. Geführt wird die Opposition von zwei populären Frauen: Hasina Wajed, Tochter des ermordeten Staatsgründers Mujib ur-Rahman, und Khaleda Zia, Witwe von Ershads ermordetem Vorgänger Zia ur-Rahman.
Parlamentswahlen 1986 und Anfang 1988 brachten Ershad bei jeweils geringer Wahlbeteiligung große Stimmenmehrheiten. Überschattet waren beide Wahlen von blutigen Zusammenstößen.
Außenpolitisch sucht Bangladesch in neuerer Zeit Hilfe für seine Wirtschaftsprobleme durch Annäherung an die arabische Welt (Golfstaaten), aber auch an China. Das Verhältnis zu Indien ist gespannt. Anfang 1988 kündigte Indien den Bau einer stark befestigten Grenze zwischen seinem Bundesland Assam und Bangladesch an, um die illegale Einwanderung von Bengalen aus dem übervölkerten Bangladesch zu verhindern.

Kultur

Historisch gesehen kann die Kultur Ostbengalens, des heutigen Bangladesch, nicht vom geschlossenen Entwicklungsgebiet der Ganges-Kultur und Westbengalens getrennt werden.

Literatur, Musik und Tanz
Die buddhistische Liedersammlung »Caryagiti«, 1907 in Nepal gefunden, ist das früheste literarische Zeugnis in der Landessprache Bengali. Nach der Eroberung des Landes durch die Muslime (Anfang des 13. Jh.) wurde die Literatur zunehmend durch den Islam geprägt; die religiöse Dichtung von Sayyid Sultan (gest. 1648) ist jedoch gleichzeitig durch die Aufnahme hinduistischen Gedankengutes gekennzeichnet, das unter der Herrschaft der Engländer dann stark in den Vordergrund trat – verkörpert durch den bekanntesten Dichter des Landes, Rabindranath Tagore (1861–1941).

Erst zu Beginn dieses Jahrhunderts leitete Nazr ul-Islam mit seiner revolutionären Poesie eine Renaissance der islamischen Literaturtradition ein. Sie speist sich auch heute zum Teil aus der reichen Volkspoesie der Bengalen.
In vielen Teilen des Landes haben sich darüber hinaus Tänze erhalten, die auf alte Traditionen zurückgehen.

Bildende Kunst und Malerei
Seit dem 5. Jh. war das Gebiet des heutigen Bangladesch bekannt für seine Bildhauerschulen. Ihr Wirken läßt sich an zahlreichen buddhistischen Stupas ablesen.
Der Einbruch des Islam hatte einen komplizierten Prozeß von Wechselwirkungen zwischen buddhistischen, hinduistischen und muslimischen Kunstauffassungen zur Folge. Das Nebeneinander von monumentalen Kuppeln islamischer Herkunft und figurenreichen Fassaden der altindischen Tempeltradition ist typisch für den indo-islamischen Baustil Bengalens.
Hauptvertreter der Malerei des 20. Jh. ist Zain ul-Abidin (Bilder über die Hungersnot von 1943).

Reise-Informationen

Einreise- und Fahrzeugpapiere
Bürger der Bundesrepublik Deutschland, der Schweiz und Österreichs benötigen für einen Aufenthalt bis zu einem Monat einen gültigen Reisepaß mit Visum. Kinderausweise werden nicht anerkannt.
Zoll
Bei der Einreise sind zollfrei: pro Person ab 18 Jahre 200 Zigaretten oder 50 Zigarren oder 250 g Tabak, 1,5 Liter Spirituosen, ¼ Liter Parfüm und Toilettenwasser sowie Geschenke bis zum Wert von 500 Taka.
Devisen
Bei Ein- und Ausreise dürfen nur bis zu 100 Taka mitgeführt werden. Ausfuhr von Fremddevisen ist nur bis zur Höhe der Einfuhr erlaubt (Deklaration erforderlich).
Impfungen
Gelbfieberimpfung brauchen Reisende aus Infektionsgebieten. Malariaschutz ist ganzjährig erforderlich.
Verkehrsverhältnisse
Mit dem Flugzeug erreicht man alle größeren Städte. Durch Überschwemmung sind während der Monsunzeit die Bus- und Eisenbahnverbindungen häufig unterbrochen. Leihwagen gibt es nur mit Chauffeur (Linksverkehr). Stadtbusse und Taxis verkehren zahlreich, in größeren Orten kann man Motorrad- und Fahrradrikschas anmieten. Es verkehren viele Personenschiffe.
Unterkünfte
In Dhaka und Chittagong gibt es Hotels von internationalem Standard, in vielen Städten auch Tourist Rest Houses.
Reisezeit
Am geeignetsten sind die trockeneren und nicht so schwülen Monate von November bis März.

Ein Relikt kolonialer Architektur in Comilla, dem ländlichen Marktzentrum für Häute, Felle und Baumwolle südöstlich von Dhaka.

Bhutan

Gisela Bonn

Bhutan, das Königreich im Norden des indischen Subkontinents, ist ein Land von faszinierender Schönheit. Die Landschaften wechseln wie Bilder in einem Kaleidoskop: subtropische Fülle im Süden, fruchtbare Täler mit ansteigenden Reisterrassen und reißenden Strömen, dann Hochwälder und schließlich die Region des ewigen Schnees, der Himalaja, die gewaltige Götterburg, an der sich immer wieder Glaube und Aberglaube, Mythos und Legende, Phantasie und Furcht der Menschen entzündet haben.

Dieses Land im politischen Spannungsfeld zwischen Indien und China hat ein großes Erbe bewahrt: die ganzheitliche Kultur des tibetischen Buddhismus. Auch im unvermeidlichen Modernisierungsprozeß gelang es, die Traditionen der Vorfahren lebendig zu erhalten. Die Bhutaner leben im Einklang mit dem Universum, in der Unio mystica von Welt und Überwelt.

Staatsname:	Königreich Bhutan
Amtssprache:	Dzongkha
Einwohner:	1,3 Millionen
Fläche:	47000 km²
Hauptstadt:	Thimphu
Staatsform:	Konstitutionelle Monarchie
Zeitzone:	MEZ +4½ Std.
Geogr. Lage:	Zentralasien, Osthimalaja, grenzt an China (Tibet) und Indien

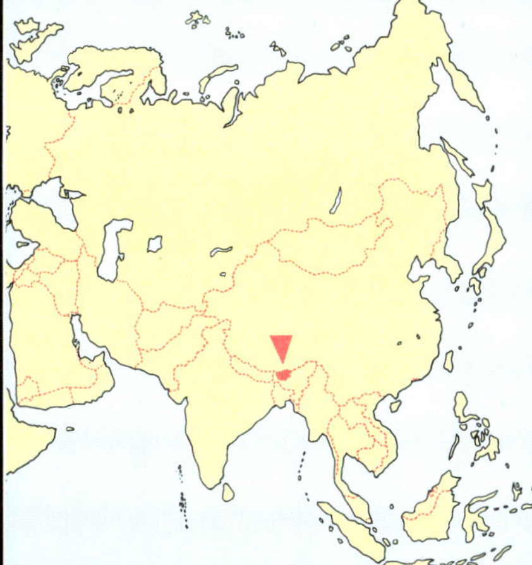

Zur religiösen Erbauung der Bhutaner tragen Laienprediger buddhistische Reliquienschreine durch Dörfer, auf Märkte und Festplätze. Die Wanderchörten umschließen in ihrem pyramidalen Aufbau Abbilder von Buddhas und Bodhisattvas.

Das »Drachenland« – ein Paradies

Jahrhundertelang lag das Himalajareich, das die Bhutaner selbst Druk Yul – »Drachenland« – nennen, im Schatten der Geschichte. Für die Engländer war es einst Protektorat und Pufferstaat zwischen Tibet und ihrer Kronkolonie Indien. Hermetisch verschlossen sie die Grenzen Bhutans. Erst 1974 öffnete König Jingme Singhye Wangchuk das Land für einen beschränkten Tourismus, der nach seinem Willen nicht nur der Devisenbeschaffung, sondern auch der Völkerverständigung dienen soll.

Natürliche Hindernisse für Besucher gab es schon seit 1962 nicht mehr. Damals rollte das erste Auto in der Geschichte Bhutans über die soeben eröffnete kurvenreiche Hochstraße, die von den Indern unter gigantischen Anstrengungen durch Dschungel und über steile Berge gebaut worden war. Vorher mußten Reisende sich auf einem Maultier in einem zehntägigen Ritt mühsam einen Weg nach Thimphu, der heutigen Hauptstadt Bhutans, bahnen. Heute legt ein Jeep die Strecke in sechs bis sieben Stunden zurück.

An der Grenze beginnt das Abenteuer Bhutan, der Zauber eines Landes, von dem die Welt in Wahrheit nichts weiß. Einer der wenigen, die es vor 1974 bereisen durften, war Paul Grimes von der New York Times. Der nüchterne Amerikaner schrieb begeistert, Bhutan sei »Shangri-La«, das verloren geglaubte Paradies, ein Land, das die Geheimnisse ewiger Jugend und unveränderlicher Schönheit bewahrt habe.

Die hermetische Abgeschlossenheit des Landes ist nicht nur mit den nördlichen Barrieren aus Eis und Schnee und mit dem bis in die jüngste Zeit fast undurchdringlichen Dschungel im Süden zu erklären. Was Erforschung und Eroberung ebenso erschwerten, sind die bis auf über 4000 Meter ansteigenden zentralen Bergketten, die sich von Nord nach Süd durch das ganze Land ziehen und bis in die indische Ebene reichen. Selbst in diesen Höhen wachsen noch Kiefern und Korkeichen mit knorrigen Stämmen und bizarren Wurzeln, mit langen Flechten, die an den Zweigen hängen und wie Bärte im Winde wehen. Wer hier wandert, versteht, warum in Bhutan so viele Märchen und Legenden entstanden, unzählige Geschichten von Gnomen, Geistern und Dämonen.

Dzongs – Zentren weltlicher und geistlicher Macht

Zwischen die Berge haben reißende Ströme tiefe Täler eingeschnitten. An strategisch wichtigen Punkten, zumeist auf einer Anhöhe oder an Flüssen, die wichtige Handelsstraßen begleiten, wurden seit dem zwölften Jahrhundert Dzongs errichtet, Klosterburgen, Sitze weltlicher und geistlicher Macht. Fast alle Dzongs sind nach gleichem Muster als Parallelogramme gebaut. Ihre riesigen Innenflächen sind durch Klosterbauten, Tempel und Verwaltungsgebäude so gegliedert, daß mehrere einzelne Höfe entstehen.

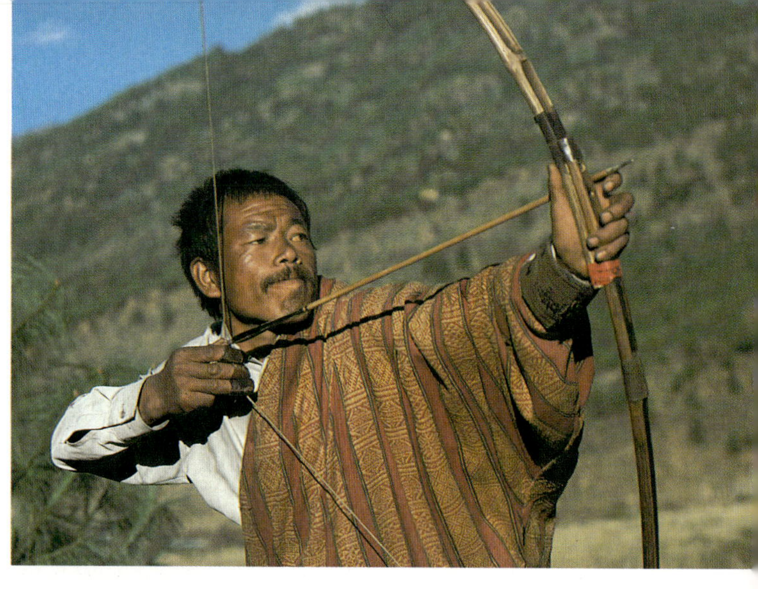

▷ Bogenschießen ist der leidenschaftlich betriebene Nationalsport der Bhutaner. Die treffsicheren Schützen zielen aus fast 150 Meter Entfernung auf die Scheiben.

▽ Dharmapala, Beschützer der buddhistischen Lehre, ist hier mit weiblichem Aspekt im sakralen Liebesakt dargestellt, die Einheit von Welt und Überwelt symbolisierend.

Die Geschichte Bhutans ist vom zwölften bis ins 20. Jahrhundert eine Geschichte der Dzongs und ihrer Fürsten, der Penlops. Das Leben dieser Burgherren war auf die Berge und ihr Tal ausgerichtet. Das Tal war das Erbe der Väter, ihr »Vaterland«, über dessen Eigenständigkeit sie eifersüchtig wachten. 1907 wurde einer der Fürsten, Penlop von Tongsa Ugyen Wangchuk, zum König von Bhutan gewählt und damit die regionale Eigenständigkeit zugunsten einer Zentralgewalt aufgehoben.

Was sich dem Besucher des Landes als Harmonie mitteilt, ist eine kulturelle Identität von besonderem Reiz: Landschaft und Menschen, Architektur, bildende und darstellende Kunst, Sitten, Gebräuche, Religion und Riten bilden eine unverkennbare Einheit.

Mit Padmasambhava, dem großen Lehrer und Tantriker aus Indien, der in Tibet missionierte, kam im achten Jahrhundert der Lamaismus, eine Spielart des Mahayana-Buddhismus, des »Großen Fahrzeugs«, über den Himalaja nach Bhutan.

Rund 900 Jahre nach Padmasambhava erreichte jener Flüchtling und Eroberer das Land, der als erster Gründer eines vereinigten Reiches Bhutan verehrt wird, der Tibeter Ngawang Namgyal. Unter Shabdung Ngawang Namgyal – der Titel weist ihn als höchsten geistlichen und weltlichen Führer aus – erreichte der Dzong-Bau im 17. Jahrhundert seine volle Blüte. Er hat Bhutan zum Land der Burgen gemacht. Wer wissen will, was Ausdruck repräsentativer Macht, tiefer Religiosität und religiöser Kunst ist, sollte einen der Dzongs besuchen, etwa Paro, Thimphu, Punakha, Tongsa, Byakar oder Tashigang.

Die Darstellungen in den Tempeln der Klosterburgen gleichen einander: glänzende Gottheiten neben furchterregenden Dämonen, geschnitzte, grell bemalte Idole, Abbilder aus der nächtlichen Tiefenseele des Menschen, Gestalten einer bizarren Phantasie, Ausdruck der uralten Bon-Religion, die sich dem Mahayana-Buddhismus verschwistert hat.

Die Lehre des Buddha brachte in die Kunst der höchsten Berge der Welt das sanfte Lächeln der Bodhisattvas, die Entrückung, die Gesten des inneren Friedens. Die Darstellungen sakraler Liebesszenen offenbaren die Vorstellungswelt der Bhutaner, die »Große Erfahrung« des Tantrikers: die Auflösung der menschlichen Dualität durch die Vereinigung der Geschlechter, die Mahasukha, »höchste Glückseligkeit«, bedeutet.

Bis in die heutige Zeit haben die Dzongs nichts von ihrer Bedeutung eingebüßt. Sie sind Brennpunkte des sozialen, des religiösen und politischen Lebens der Bhutaner geblieben. Auch heute noch funktionieren die Klosterburgen als Verwaltungszentren und Klöster zugleich. Hinter ihren mächtigen weißen Mauern residieren die weltlichen Beamten und die Statthalter Buddhas.

Die meisten Bewohner Bhutans siedeln im Umkreis der Dzongs. Es sind heitere, gelassene, sehr selbstsichere Menschen, die in einer weitgehend egalitären Gesellschaft leben. Niemand hungert, es gibt keine Bettler, ihre Welt ist intakt – kein Objekt für sozialkritische Skeptiker.

Wichtige Elemente der bhutanischen Gesellschaft stellen Lamas – Mönche und Priester – und die Bauern dar, deren Grundbesitz – wie der aller Bürger – durch die königliche Landreform im Jahre 1956 auf zwölf Hektar beschränkt wurde. Neben der landwirtschaftlichen Tätigkeit üben die bhutanischen Bauern gewöhnlich noch ein Handwerk aus. Als Holzschnitzer, Silberschmiede und Weber wurden sie weltberühmt.

Magische Riten bestimmen das Leben

Im Norden und Süden des Landes sind die Häuser einstöckig, in Zentralbhutan haben sie zwei bis drei Stockwerke. Unten liegen die Vorratsräume. Im ersten Stock beginnt der Wohnbereich. Eine aus Holz geschnitzte Leiter führt empor – sie muß steil sein, um Dämonen und böse Geister abzuhalten, die nach Meinung der Bhutaner nicht klettern können.

Der Feuerplatz im großen Wohnraum neben der rauchgeschwärzten Küche ist der Mittelpunkt des Hauses. Hier treffen sich alle Familienmitglieder, und hier ist das Reich der Frauen, die die Arbeit im Haus und auf den Feldern verrichten. Der einzige, der neben ihnen eine häusliche Tätigkeit ausübt, ist der älteste Sohn, der nach alter bhutanischer Familiensitte Lama wird. Er vollzieht die religiösen Handlungen zu Ehren Buddhas in der kleinen Hauskapelle. Die Männer drehen Gebetsmühlen und meditieren, wenn sie zu Hause sind. Sonst üben sie ein Handwerk aus, roden den Wald, begleiten die Handelskarawanen auf ihren schwierigen Wegen oder lassen sich zu militärischen Übungen verpflichten, und wenn sie einige freie Minuten haben, greifen sie zu Pfeil und Bogen.

▽ Hoch über dem Paro-Tal schmiegt sich Taktsang – das Tigernest-Kloster – an die steile Felswand. Der Legende nach wurde dieses Heiligtum dort erbaut, wo Padmasambhava, der den Lamaismus ins Land brachte, auf einer fliegenden Tigerin landete.

Zu den magischen Riten, die das Leben bestimmen, gehört der Tanz. Es gibt nichts, was die Bhutaner nicht in Rhythmen und Bewegungen ausdrücken können. Sie tanzen Liebe und Haß, Freude und Schmerz, sie beschwören Donner und Regen, Götter und Geister. Sie tanzen den Tod, und sie tanzen das Leben. Auf den Götterfesten tanzen sie den Zauberzirkel des Mandala, den Kreis, in dem die Gottheit beschworen, herbeigerufen, verehrt und dargestellt wird. Sie tanzen die Zeit. Ihr Raum ist das Universum.

Von der Geburt bis zum Tod wird das Leben der Bhutaner von den Zeremonien der Lamas begleitet. Wo immer ein Fest stattfindet, ein Ereignis sich ankündigt, eine Hochzeit gefeiert oder ein Toter verbrannt wird, wo die Götter nach dem Glauben der Menschen Opfer verlangen oder eine Gefahr durch Dämonen und böse Geister droht, erscheinen die Mönche zu ihren großen Reinigungszeremonien.

Es gibt noch etwa 4000 bis 5000 Mönche im Land. Noch vor wenigen Jahren waren es 15000. Der Andrang zum Kloster ließ nach, als die Zuschüsse aus der Staatskasse von 25 auf fünf Prozent des Staatsbudgets gesenkt wurden. Dennoch sind die Mönche ein dominierender Faktor geblieben. Bis heute ist ihre jahrehundertealte Autorität unerschüttert.

Ein junger König zwischen Tradition und Moderne

Neben den Mönchen ist König Jingme Singhye Wangchuk die wichtigste Bezugsperson der Bhutaner. Er gehört zu einer Generation junger asiatischer Intellektueller, die zwischen zwei Zeitaltern groß geworden sind. Im Zeitraffertempo mußten sie die Entwicklung von Jahrhunderten nachholen. Sie alle haben Kraft und Intelligenz eingesetzt, um ihre durch Generationen gesicherte und unzerstörte Welt mit einem Zeitalter in Einklang zu bringen, das nach revolutionären Umbrüchen drängt.

1972 wurde Jingme Singhye Wangchuk – kaum 17jährig – König und übernahm die schwere Aufgabe, im Spannungsfeld zwischen Indien und China die Identität und die Neutralität seines Landes zu wahren, nicht zu dulden, daß Bhutan zu einer beliebig ausspielbaren Karte im asiatischen Poker der Großmächte werden könnte. Seine stärksten Verbündeten findet Jingme Singhye Wangchuk bei den Mönchen und unter den jungen Bhutanern, die – durch das 20. Jahrhundert herausgefordert – eine Synthese zwischen Moderne und Tradition erreichen wollen. Sie sehen im Buddhismus keine Barriere, sondern eine Brücke zwischen Indien und China, ein Instrument der Versöhnung.

Ob ihre Visionen Illusionen sind, werden erst die Historiker beurteilen können. Bhutan jedenfalls setzte bis heute auf sie und überlebte. Es identifizierte sich immer wieder zu seinem Nutzen mit dem Ethos einer 2000jährigen Tradition, mit der Lehre der Mönche, die nicht an Gott, aber an Erkenntnis und Einsicht, an den Fortschritt des Menschen, die Friedenssehnsucht der Völker und an ihre Einbettung in ein universales Geschehen glauben.

Landesnatur

Fläche: 47 000 km² (etwa so groß wie Niedersachsen)
Ausdehnung: West–Ost 320 km, Nord–Süd 180 km
Höchster Berg: Kula Kangri 7554 m
Längster Fluß: Sankosh 250 km

Das strategisch wichtige Bhutan liegt im südöstlichen Himalaja. Es grenzt im Norden und Nordosten an Tibet (China); im Osten, Westen und Süden wird das Königreich von Indien umschlossen.

Naturraum

Bhutan gliedert sich in drei Großlandschaften. Den Norden des Landes, das Grenzgebiet zu China, bildet der stark vergletscherte *Hohe Himalaja* mit seinen über 7000 m hohen Gipfeln (Kula Kangri 7554 m, Chomo Lhari 7313 m). Nach Süden hin schließt sich der *Vorderhimalaja* mit Höhen von 2000 bis 5000 m an. Hier, in Zentralbhutan, liegen die fruchtbarsten Täler; sie sind verhältnismäßig breit und dicht besiedelt. Hochpässe verbinden die Haupttäler miteinander. Ganz im Süden des Landes, an der Grenze zu Indien, liegt die *Duars-Ebene,* ein Ausläufer des Ganges-Brahmaputra-Tieflandes. Dieser 8 bis 13 km lange Streifen bekam seinen Namen aufgrund seiner »Tor«- und Kontrollfunktion für den Zugang zu strategisch wichtigen Pässen und Hochtälern im Landesinnern.

Klima

Der landschaftlichen Dreiteilung Bhutans entsprechen drei Klimazonen. Im

Klosterburgen – Dzongs – waren die Zentren geistiger wie weltlicher Macht in Bhutan.

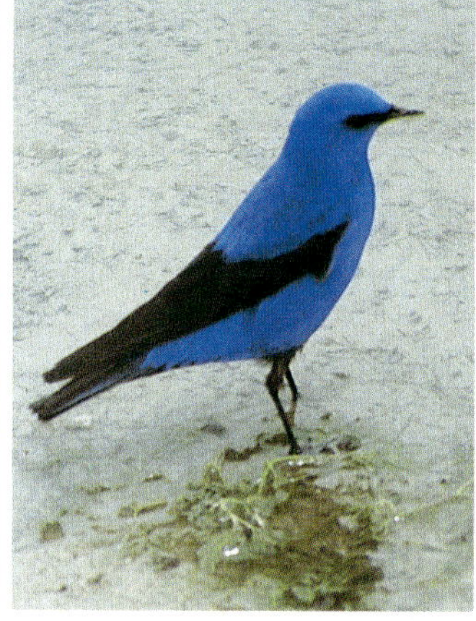

Die Himmelblaue Grandala – hier das Männchen – kommt im Himalaja bis 6000 m Höhe vor.

Norden herrscht extremes Hochgebirgsklima; Zentralbhutan hat kühlgemäßigtes Klima und die Duars-Ebene subtropisches Monsunklima.
Der meiste Regen fällt während des Südwestmonsuns von Juni bis August: Die durchschnittlichen Jahresniederschläge liegen in der Duars-Ebene bei 2000 mm, an den Südhängen des Berglandes um 5000 mm, in Zentralbhutan unter 1000 mm. Im Norden des Landes fallen die Niederschläge ab 5500 m ü. M. als Schnee. In der subtropischen Duars-Ebene liegt die Durchschnittstemperatur im Januar bei 17 °C und im Juni bei 28 °C. Die Hauptstadt Thimphu in Zentralbhutan hat ein Januarmittel von 0 °C und ein Julimittel von 15 °C.

Vegetation und Tierwelt

Mehr als zwei Drittel des Landes sind bewaldet. In der Duars-Ebene wachsen hauptsächlich Monsunwälder; es gibt auch Savannen und Bambuswälder. In den höheren Regionen Zentralbhutans finden sich Laub- und Nadelholzwälder. In den noch höheren Lagen des Nordens wächst bis zur Schneegrenze alpine Vegetation mit Birkenwäldern; auf den Matten der Hochtäler weiden im Sommer die Jaks (Grunzochsen).
Bhutan ist ein Rückzugsgebiet für andernorts schon stark zurückgedrängte Tierarten. Tiger, Leoparden, Elefanten, Hirsche und Nashörner finden hier noch ihnen gemäße Lebensbedingungen.

Politisches System

Staatsname: Druk-Yul
འབྲུག་ཡུལ
Staats- und Regierungsform: Konstitutionelle Monarchie
Hauptstadt: Thimphu
Mitgliedschaft: UN, SARC, ESCAP, Colombo-Plan

Bhutan ist eine Monarchie; es gibt keine schriftliche Verfassung, der König hat jedoch in den letzten Jahren einen Teil seiner Macht an einen Königlichen Rat (zehn Mitglieder) und eine Volksvertretung abgegeben. Die 151 Mitglieder des Parlaments werden für drei Jahre gewählt, 105 direkt durch die Dorfältesten, 12 Sitze sind religiösen Vertretern (Lamas) vorbehalten, die restlichen werden vom König aus den höchsten Rängen von Justiz und Verwaltung berufen. Bhutan gliedert sich in 18 Verwaltungsdistrikte. Die Rechtsprechung erfolgt durch Gemeindegerichte, oberste Instanz ist der König.

Bevölkerung

Einwohnerzahl: 1,3 Millionen
Bevölkerungsdichte: 28 Einw./km²
Bevölkerungszunahme: 2,3 % im Jahr
Größte Städte: Thimphu (20 000 Einw.), Phuntsholing (18 000), Punakha (12 000)
Bevölkerungsgruppen: 65 % Bhotia, 25 % Nepalesen, 10 % tibetische Flüchtlinge u. a. Minderheiten (Inder, Birmanen)

Ein Oberlama bei einer der vielen tantrischen Zeremonien, die das Leben der Mönche tagaus, tagein begleiten.

Die Bevölkerung Bhutans ist durch die verschiedensten historischen Einwanderungsgruppen gekennzeichnet. Probleme bereitet in jüngster Zeit v. a. die Integration der tibetischen Flüchtlinge. 43 % der Bevölkerung sind jünger als 15 Jahre. Landessprache ist Dzongkha, Geschäftssprache Englisch. 75 % der Bevölkerung sind Buddhisten, 25 % Hindus.

Soziale Lage und Bildung

Das Gesundheitswesen ist noch unzureichend, eine staatliche soziale Absicherung besteht kaum. Es gibt keine allgemeine Schulpflicht; der Schulbesuch ist kostenlos. Etwa drei Viertel der Bevölkerung sind noch Analphabeten. Es gibt keine Universität; bhutanische Studenten immatrikulieren sich vorwiegend an indischen Universitäten.

Wirtschaft

Währung: 1 Ngultrum (Nu) = 100 Chetrum (Ch)
Bruttoinlandsprodukt (in Anteilen): Land- und Forstwirtschaft 60 %, industrielle Produktion 18 %, Dienstleistungen 22 %
Wichtigste Handelspartner: Indien, Singapur, Nepal, Bangladesch, Japan

Gemessen am Pro-Kopf-Einkommen ist Bhutan eines der ärmsten Länder der Welt; die existentiellen Bedürfnisse der Bevölkerung sind jedoch weitgehend gedeckt.

Landwirtschaft

Über 90 % der Erwerbstätigen arbeiten in der Landwirtschaft, hauptsächlich in kleinbäuerlichen Selbstversorgerbetrieben. Knapp 10 % der Landesfläche werden für Ackerbau genutzt, besonders für den Anbau von Mais, Reis, Weizen, Früchten und Kartoffeln. Die meist halbnomadische Viehzucht ist von geringer Bedeutung. Die reichen Waldbestände werden forstwirtschaftlich maßvoll genutzt.

Bodenschätze, Energie, Industrie

Die Ressourcen des Landes sind noch kaum erschlossen; abgebaut werden bislang Steinkohle, Kupfererz, Dolomit und Schiefer. Trotz der Inbetriebnahme des Wasserkraftwerks von Chukha wird der Energiebedarf überwiegend noch durch Brennholz gedeckt. Es gibt bislang nur wenige größere Industriebetriebe, u. a. ein Zementwerk und einen holzverarbeitenden Betrieb.

Handel

Hauptexportgüter sind neben Zement Agrarprodukte und Holz. Importiert werden v. a. Maschinen und Industrieausrüstung, Erdölprodukte, Stahlwaren und Kraftfahrzeuge.

Verkehr, Tourismus

Das Straßennetz umfaßt etwa 2000 km, davon sind 1200 km asphaltiert. Größter Flughafen ist Paro Dzong bei Thimphu, der regelmäßig von Kalkutta aus angeflogen wird. Die Entwicklung des Fremdenverkehrs wird gezielt beschränkt.

Daten · Fakten · Reisetips

Bhutan

Geschichte

Das Königreich Bhutan war bis vor wenigen Jahrzehnten eines der abgeschlossensten und am wenigsten bekannten Länder der Erde. Erst 1962 wurde es mit Geländefahrzeugen erreichbar – das Rad war bis dahin in diesem Teil Asiens nicht in Gebrauch. Über die Frühgeschichte Bhutans weiß man bisher wenig. So ist der Zeitpunkt der Einwanderung der Bhotia oder Bhutaner aus Tibet (wohl etwa seit dem 9. Jh.) noch immer nicht belegt. Das erste historisch einigermaßen gesicherte Ereignis ist die buddhistische Missionierung im 8. Jh. Vom 12. Jh. an dehnten offenbar die Lamas der Rotmützensekte ihre geistliche und weltliche Herrschaft – von Westen her – über das Land aus. Die Machtstreitigkeiten verschiedener Fürsten verhinderten jedoch lange Zeit die staatliche Einigung Bhutans. Die endgültige Staatsbildung wird einem tibetischen Lama zugeschrieben, der im 17. Jh. ein theokratisches Regierungssystem errichtete, gestützt auf Klosterburgen (Dzongs) und ein differenziertes Verwaltungssystem.

Die Wangchuk-Dynastie
Die Trennung von geistlicher und weltlicher Macht zog eine Art Doppelherrschaft nach sich und führte darüber hinaus zu wachsender Selbständigkeit der Fürsten (Penlops). Daraus entwickelten sich neue Machtkämpfe, aus denen Ende des 19. Jh. der Fürst von Tongsa, Ugyen Wangchuk, als Begründer des bis heute regierenden Herrschergeschlechts hervorging.
Um die Mitte des 19. Jh. war es, wie bereits 1773, in den Grenzgebieten zu Indien wiederholt zu Konflikten mit der britischen Ostindien-Kompanie gekommen. Obwohl die Briten sich militärisch durchsetzen konnten, blieb ihr Einfluß in Bhutan gering. Seit 1865 waren sie offiziell Schutzmacht und außenpolitischer Vertreter Bhutans, konnten aber im Lande selbst nicht einmal Reisefreiheit erreichen.
Ugyen Wangchuk wurde 1907 als erster erblicher König mit dem Titel Druk Gyalpo (Drachenkönig) inthronisiert und regierte bis zu seinem Tod 1926 als absoluter Monarch, ebenso sein Sohn Jingme Wangchuk (bis 1952). Erst der Enkel Jingme Dorji Wangchuk (1952–1972) beschritt den Weg in die Moderne. Er berief 1953 eine Nationalversammlung ein, die nicht von Parteien, sondern hauptsächlich von Dorfältesten gewählt wird, setzte einen Königlichen Rat ein und erklärte sich selbst für abwählbar. Dieser Übergang von mittelalterlichen Zuständen – erst 1959 wurden 5000 »staatseigene« Sklaven freigelassen – zu vordemokratischen Formen führte 1964/65 zu einem Offiziersputsch. Der Anschlag auf den König schlug jedoch fehl.
Der seit 1972 regierende König Jingme Singhye Wangchuk öffnete sein Land inzwischen vorsichtig: Die ersten Touristen kamen 1974, eine nationale Fluggesellschaft wurde 1983 gegründet. Der König sieht sich innenpolitisch einer im Ausland ausgebildeten neuen Mittelklasse gegenüber, die die Privilegien des Königshauses und anderer herrschender Familien abzuschaffen versucht.
Außenpolitisch verbesserte sich in letzter Zeit das Verhältnis zu Peking, das seit der chinesischen Besetzung Tibets und vor allem durch Chinas 1959 erhobene Ansprüche auf Nordbhutan gespannt war; 1980 wurde ein Grenzvertrag zwischen beiden Ländern abgeschlossen. In der Außen- und Handelspolitik bleibt Bhutan stark von Indien abhängig, das 1949 als Nachfolger Großbritanniens seine Außenvertretung übernahm.

Mandala im Dzong von Thimphu, kosmische Kräfte bei der Entstehung der Erde symbolisierend.

Kultur

Die Lebensweise wie auch Literatur, Musik, Tanz und Baukunst der Bhutaner sind den traditionellen, ganz aus der lamaistischen Religion gespeisten Inhalten verhaftet. Die einzelnen Formen sind dabei maßgeblich von Tibet und Indien beeinflußt.
Da das Land erst seit wenigen Jahren für Ausländer zugänglich ist, steht seine kulturgeschichtliche Erforschung noch am Anfang. Viele Tempel und Sakralbauten sind bis heute nicht datiert; ebenso unbekannt sind Ausmaß und Inhalt mancher privaten und klösterlichen Bibliotheken.

Literatur und Baukunst
Das literarische Schaffen bestand großenteils aus Heldensagen, Märchen und religiösen Legenden, die von wandernden Barden zum Teil noch heute vorgetragen werden. Ein nach dem ersten namentlich bekannten Herrscher Bhutans, Sindhu Raja, benannter Zyklus geht bis ins 8. Jh. zurück; ebenso alt sind die symbolhaften Geschichten vom Großlöwen Gesar. Nur wenige Jahrzehnte später entstanden die Sagen um den Guru Rimpoche.
Aus dieser Zeit der buddhistischen Missionierung im 8. Jh. sind auch Teile der beiden ältesten Tempel des Landes, Kyichu Lakhang und Jampa Lakhang, erhalten. Architektonisch einmalig ist wohl der Tempel Tumshing Lakhang in Ostbhutan: Seine Proportionen entsprechen dem Zwergenwuchs seines Gründers, des späteren Religionslehrers Pämalingpa. Bemerkenswert ist dieses Heiligtum auch wegen seiner Wandmalereien.
Ebenso wie in Nepal finden sich in Bhutan zahlreiche Stupas, kuppelförmige Reliquienschreine mit den »13 Stufen der Erleuchtung« und den aufgemalten Augenpaaren Buddhas. Dem tibetisch-lamaistischen Buddhismus entstammen die religiösen Maskentänze ebenso wie die Thanka-Malereien, Bildrollen aus Seide mit religiösen Motiven.

Reise-Informationen

Einreisepapiere
Bürger der Bundesrepublik Deutschland, der Schweiz und Österreichs benötigen für einen Aufenthalt von mindestens sieben Tagen einen gültigen Reisepaß, ein bhutanisches und – bei der Einreise auf dem Landweg – ein indisches Visum. Touristen dürfen nur in Gruppen von sechs bis 20 Personen und nur in Begleitung eines bhutanischen Führers reisen.
Zoll
Bei der Einreise sind zollfrei: pro Person 200 Zigaretten oder 250 g Tabak, 0,95 Liter Spirituosen, eine kleine Menge Parfüm sowie Waren im Wert von 50 Ngultrum.
Devisen
Die Ein- und Ausfuhr von Ngultrum (Nu) ist verboten; Fremdwährungen dürfen unbegrenzt ein- und ausgeführt werden (Deklaration erforderlich). Indisches Geld und US-Dollars werden problemlos umgetauscht (Belege aufbewahren).

Im Geheimtempel von Thimphu: die mystische Vereinigung von Welt und Überwelt.

Impfungen
Malaria-Prophylaxe wird empfohlen.
Verkehrsverhältnisse
In den für Touristen zugänglichen Gebieten sind die Straßen in gutem Zustand. Man fährt mit dem Reiseführer im Kleinbus durchs Land; es herrscht Linksverkehr.
Unterkünfte
Die Hotels in den Städten, ehemalige königliche Gästehäuser, bieten genügend Komfort. Es gibt auch einfache Gästehäuser und Klosterherbergen auf dem Land.
Reisezeit
Von März bis Mai und von September bis November reist es sich am angenehmsten.

Birma

Dieter Rumpf

Pagoden, deren vergoldete Spitzen sich in den blauen Tropenhimmel recken; Mönche in safranfarbenen Gewändern, die von Haus zu Haus pilgern und die Gunst der Speisenannahme gewähren; Büffelgespanne, die reich verzierte Karren über staubige Pisten ziehen; Mädchen und Frauen, die sich eine gelbe Paste ins Gesicht schmieren, die wie Lehm aussieht und gleichermaßen Schminke und Sonnenschutz ist – Birma, ein Land, in dem mancherorts das Asien vergangener Jahrhunderte lebendig wird.
Stark geprägt von der Lebensform des Buddhismus, verläuft der Alltag der Birmanen im langsamen Rhythmus. Streß und Hetze sind unbekannt, das große Hoffen richtet sich auf eine bessere Wiedergeburt – in den Dörfern entlang dem Irrawaddy, dem Elefantenfluß, genauso wie in den großen Städten Rangun und Mandalay. Der materielle Mangel, der viele bedrückt, ist so leichter zu ertragen. »Glück des einfachen Lebens«, so hat ein Kenner seine Eindrücke von Birma zusammengefaßt. Der Mann hat recht.

Staatsname:	Sozialistische Republik Birmanische Union
Amtssprache:	Birmanisch
Einwohner:	38,4 Millionen
Fläche:	676 552 km²
Hauptstadt:	Rangun (Rangoon)
Staatsform:	Sozialistische Republik
Kfz-Zeichen:	BUR
Zeitzone:	MEZ +5½ Std.
Geogr. Lage:	Südostasien, zwischen Thailand, Laos, China, Indien und Bangladesch

»Herrlich erhob sich die Shwedagon-Pagode, leuchtend in ihrem Gold, wie eine plötzliche Hoffnung in der Seele dunkler Nacht.« So schwärmte William Somerset Maugham von dem prächtigen buddhistischen Heiligtum in der Hauptstadt Rangun.

Das »Goldene Land«

Der Kopf der Frauen thront wie auf einer Messingsäule, weil man einem sonderbaren Schönheitsideal huldigt und an der Länge des Halses den sozialen Status einer Frau ablesen kann. Bereits im Alter von fünf Jahren wird die erste Messingspirale um den Hals der Mädchen gelegt. Den Tag für diese wichtige Zeremonie setzt der Dorfzauberer fest. Jedes zweite Jahr kommt dann ein weiterer Ring hinzu. Bis auf mehr als das Doppelte seiner natürlichen Länge ist der Hals einer erwachsenen Frau gedehnt. Heute kommt das aus der Mode, ebenso wie die fürchterliche Strafe für den Ehebruch: Die Messingspirale wurde entfernt, und die Ungetreue mußte den Rest ihres Lebens liegend verbringen oder ihr Haupt stets abstützen, denn sonst wäre sie wegen des Schwundes der Halsmuskulatur und der deformierten Wirbel erstickt. Die Frauen mit dem Giraffenhals gehören zu dem Stand der Palaung, der an der Grenze zu Thailand siedelt.

Szenenwechsel: Wüßte man es nicht besser, so müßte man annehmen, die junge Frau habe sich Lehm ins Gesicht geschmiert. Wangen und Stirn leuchten in hellem Gelb. Mit den Zähnen eines Kammes hat sie ein kreisrundes geometrisches Muster durch die Schicht auf den Wangen gezogen. In den Ohrläppchen stecken silberne Pflöcke von mehr als einem Zentimeter Durchmesser als Schutz vor bösen Geistern. Die gelbe Paste auf ihrem Gesicht ist Thanaka, das aus dem Holz des gleichnamigen Baumes gewonnen und als billiges Make-up und Sonnenschutz verwendet wird. Die nach Abreiben auf nassen Mahlsteinen gewonnene Paste trocknet rasch auf der Haut und kühlt sie. Die junge Frau ist eine Thet, ein Stamm, der im Norden des Arakan zu Hause ist.

Von den Wa wird berichtet, daß sie von ihren befestigten Dörfern im nordöstlichen Shan-Hochland noch heute zu rituellen Kopfjagden aufbrechen. Die Pao, ihre Nachbarn im Süden, tragen türkisfarbene Turbane als Zeichen dafür, daß sie – ihrem Glauben nach – vom Drachen abstammen. Die Naga im Norden hingegen zeigen seltsam anmutende Tätowierungen auf dem Oberkörper – vielleicht Darstellungen von Menschenköpfen.

Es gibt nur wenig Gemeinsames zwischen diesen Völkern, außer daß sie alle Bürger der »Sozialistischen Republik Birmanische Union« sind. Dazu gehören auch die Shan, die das Land 250 Jahre lang beherrschten. Sie sind eng verwandt mit den Thai, die Arakaner dagegen stammen aus dem Gebiet des heutigen Bangladesch und errichteten prächtige Tempel im Stil Bengalens. Von dem einst großen Kulturvolk der Mon, das vor rund 1000 Jahren seine Blüte hatte und das Birma den Namen »Goldenes Land« gab, haben nur wenige die Zeiten überlebt. Ähnlich könnte es den Karen ergehen, die seit mehr als zwei Jahrzehnten einen blutigen Dschungelkrieg um ihre Unabhängigkeit führen.

Sie alle werden von einem Volk an den Rand gedrückt, das als letztes nach Birma eingewandert ist – von den Birmanen. Sie hatten als Nomaden in der Wüste Gobi und in Tibet gelebt, bevor sie sich ab dem achten Jahrhundert im heutigen Birma festsetzten; sie werden daher auch Tibeto-Birmanen genannt.

Heute sind sie in der Überzahl und sitzen an den Schalthebeln der politischen Macht. Verständlich, daß die Regierung in Rangun unermüdlich um nationales Zusammengehörigkeitsgefühl wirbt und die gemeinsame Zukunft beschwört. Zumal die Aufzählung von Birmas Völkern ohne die Chin, Kayah und Kachin beileibe nicht vollständig ist und auch Inder und Chinesen im Lande leben. Vom Jäger im Dschungel bis zum Manager vor dem ausgetüftelten Computerprogramm – gewaltig ist die Bandbreite nicht nur der Völker, sondern auch der Zivilisationsstufen. Kein Wunder, daß der politische Friede im »Goldenen Land« als wenig stabil gilt.

Touristenroute auf sicherem Terrain

Von Turbulenzen aber bekommen die etwa 40000 Touristen, die man in Birma Jahr für Jahr registriert, kaum etwas mit. Auf die deutet allenfalls die Allgegenwart der Militärs hin, deren man während des siebentägigen Maximalaufenthaltes gewahr wird. Partei- und Regierungsverantwortliche haben die klassische Touristenroute Rangun–Pagan–Mandalay–Taunggyi mit dem Inle-See zu sicherem Terrain gemacht. Hier verschiebt »Tourist Burma«, das einzige und zudem staatliche Reisebüro, gekonnt Gruppen- wie Einzelreisende, zumal sich nur entlang dieser Route jene Hotels befinden, die Ausländern zugemutet werden.

Aber während Gruppentouristen meist geflogen werden – und so wertvolle Zeit für Besichtigungen vor Ort sparen –, transportiert man Einzelreisende oft genug mit Eisenbahn, Bus oder Taxi. In der Hauptsaison von November bis März bleibt meist keine andere Wahl. Sie reisen unbequemer und verlieren Zeit, aber sie sparen Geld und sehen mehr.

Andere Landesteile, wie beispielsweise der Arakan im Westen, dürfen von allen Aus-

▽ ***Golden leuchtet der Dhammayangyi-Tempel in der Abendsonne. Die schweigenden Ruinen der riesigen Tempellandschaft von Pagan gehörten einst zur Königsstadt des ersten birmanischen Reichs. Von den unzähligen Heiligtümern aus dem 11. bis 13. Jahrhundert sind noch ungefähr 1000 erhalten.***

ländern nur mit einer selten erteilten Genehmigung besucht werden. Für die Fahrt nach Twante im Irrawaddy-Delta oder nach Syriam, das man von Rangun aus mit dem Schiff erreicht, sind längere Vorbereitungen erforderlich. Nur wenn man nach Pegu, der alten Hauptstadt der Mon, will, ist es einfach: Man setzt sich ins Taxi und ist in zwei Stunden da.

Lediglich beim Bezahlen könnte es Probleme geben. Es könnte nämlich sein, daß die Kyat-Noten, die man eingetauscht hat, wieder einmal ihre Gültigkeit verlieren. Bereits dreimal, davon zweimal zwischen 1985 und 1987, hat die Nationalbank in Umlauf befindliche Geldscheine für ungültig erklärt, so zum Beispiel 1987 alle Scheine mit einem Wert von mehr als 15 Kyat. Das Fatale für Einheimische und auch für Touristen bei der letzten Aktion: Die von einem Tag auf den anderen wertlos gewordenen Banknoten konnten nicht eingetauscht werden. Man wolle den Schwarzhandel treffen, tönte die gleichgeschaltete Presse zu den fiskalischen Bocksprüngen. Getroffen hat man vor allem den einfachen Mann, der mit einem Schlag sein Geld los war.

Aber Birmas Wirtschafts- und Finanzpolitik scheint von einem geraden Kurs ohnehin nicht viel zu halten. Seitensprünge sind in Mode – Enthusiasmus am Anfang, Gleichgültigkeit wenig später. Das gilt ebenso für industrielle Projekte. Bei den Vereinten Nationen stellte man sich denn auch als eines der am wenigsten entwickelten Länder der Erde dar. Grund für die Bankrotterklärung: Es lockten günstigere Zahlungsbedingungen bei Krediten. Zwei der dafür erforderlichen drei Kriterien erfüllt das Land glatt – die Industrialisierungsrate liegt unter 20 Prozent, das jährliche Pro-Kopf-Einkommen bei 190 US-Dollar. Nur mit dem dritten Kriterium hapert es, weil über zwei Drittel der Staatsbürger lesen und schreiben können – Voraussetzung wäre eine Alphabetisierungsrate von unter 20 Prozent.

Die wirtschaftliche Lage ist hoffnungslos, der »birmanische Weg zum Sozialismus« läßt der Bevölkerung kaum Luft zum Atmen. Die Devisenreserven sind nahezu aufgebraucht, der Schuldenberg wächst, die Einnahmen aus dem Export schrumpfen. 38 Prozent dieser Einnahmen müssen, so offizielle Quellen, für den Zinsdienst der Auslandsschulden aufgewendet werden. Wirtschaftsfachleute sprechen von bis zu 80 Prozent.

Der kleine Händler vor seinem kümmerlichen Warenangebot schimpft: über die galoppierende Inflation, die die Preise allein 1987 um durchschnittlich 20 Prozent hochgeschraubt hat, über die Reisknappheit in einem Land, das bis in die vierziger Jahre der führende Reisexporteur der Erde gewesen ist; und darüber, daß er nichts zu verkaufen hat, weil es nichts gibt außer wertlosem Tand. Denn wer braucht hier Plastikblumen, Golfschläger oder Mützen? Aber die Regierung verspricht, daß alles besser wird. Das allerdings schon seit Jahren.

Das einzige, was sich bislang in Birma von Jahr zu Jahr besser entwickelt hat, ist der Schwarzmarkt. Schmuggelgut wird mit Schmuggelgut bezahlt. Der Staat drückt dabei ein Auge zu. Es bleibt ihm auch nichts anderes übrig, denn ohne Schwarzmarkt liefe gar nichts mehr. Das Land ist reich an Naturschätzen, die als Zahlungsmittel eingesetzt werden: Rubine, Jade, Saphire, Gold und das qualitativ sehr wertvolle Teakholz sind bevorzugte Tauschwaren. Und dann gibt es auch noch Rohopium, das vor allem von den aufmüpfigen Stämmen zum Kauf von Waffen verschoben wird.

◁ ***Der Welt entrückt scheint dieser betende Mönch. Doch die Jünger Buddhas machen in Birma auch Politik: Im Sommer 1988 beteiligten sie sich am Aufstand gegen die Militärdiktatur.***

▽ ***Die Menschen am Inle-See vom Stamme der Inthas haben sich perfekt an ihren Lebensraum angepaßt – selbst der Markt findet auf dem Wasser statt.***

Über die Haare der Frauen ging er ins Gefängnis

Dabei hatte es hoffnungsvoll begonnen mit dem neuen Staat. Am 4. Januar 1948, zu der von den Brahmanen vorausgesagten Glücksstunde, hatte sich der »britische Löwe« endgültig aus Hinterindien zurückgezogen und Birma die Unabhängigkeit gewährt. Vorausgegangen waren Streiks, Unruhen und die japanische Okkupation, die aus dem Land einen der blutigsten Kriegsschauplätze des Zweiten Weltkriegs gemacht hatte.

Schon 1920 war durch den von Studenten organisierten »Dezember-Streik« – die erste landesweite Erhebung gegen die Kolonialherren – der Startschuß gefallen. Zehn Jahre später gründeten der Nationalheld U Aung San und der spätere Ministerpräsident U Nu eine politische Bewegung, die sich Thakin – Meister – nannte. Im Jahre 1931 rief Saya San, ein Mönch, zu bewaffneten Aufständen auf und mußte dafür ins Gefängnis gehen. Vor dem Gefangenen warfen sich Birmaninnen zu Boden und breiteten ihre Haare aus, damit der verehrte Buddhist nicht auf unreinem Boden wandeln mußte.

U Aung San, auf den sich alle Hoffnungen richteten und der in London mit der britischen Regierung die Modalitäten für die Unabhängigkeit des Landes ausgehandelt hatte, fiel 1947 einem Attentat zum Opfer. An seine Stelle trat U Nu, der 1948 erster Premierminister wurde. Überzeugter Buddhist auch er, zog er gelegentlich das Klosterleben dem harten Politgeschäft vor. 1962 hatte die Opposition genug, und ein General putschte sich an die Macht: U Ne Win sollte für die nächsten Jahrzehnte Birmas starker Mann werden: anfänglich an der Spitze eines Revolutionsrates aus 17 Offizieren, dann, ab 1974, als Staatspräsident.

Seit 1981 führte U Ne Win straff die Zügel der sozialistischen Einheitspartei. Im Juli 1988 trat er zurück, als die wirtschaftliche Misere Studenten und Arbeiter auf die Barrikaden trieb. Nach anhaltenden Unruhen putschte sich im September 1988 das Militär an die Macht.

Buddha und die Geister

Marionetten U Ne Wins waren alle Politiker geblieben, die nach 1981 offiziell an die Spitze des strikt planwirtschaftlich ausgerichteten Staates getreten sind. Aber mit Marionetten hat man Erfahrung in Birma. Kaum ein anderes Land dürfte sich einen eigenen Minister für das Marionettenspiel geleistet haben. Bodawpaya, ein ebenso grausamer wie kunstsinniger König (1781–1819), liebte das Spiel mit den beweglichen Puppen, das auch heute noch verbreitet ist. Bis zu 60 Fäden führten Könner an jeder Marionette und bescherten dem prüden Publikum zudem einen erotischen Kitzel: Mann und Frau gemeinsam auf der Bühne, wenn auch nur als Puppen.

»Sie tanzen wie eine Marionette« – ein größeres Kompliment konnte und kann man keinem Tänzer machen. Wissenschaftler haben versucht, die Wurzeln dieser Kunstform in Indien, China oder gar in Japan zu entdekken. Nach neuen Erkenntnissen scheint es jedoch sicher, daß das Marionettenspiel in Birma eine eigenständige Kunstform ist, entwickelt bis zur Perfektion. Eine klassische Vorführung dauert vom Abend bis zum Sonnenaufgang, eingeleitet von einem Opfer aus Früchten und Blumen, mit dem man den Theatergeist gewogen macht. Der sorgt schließlich für den Erfolg der Vorstellung.

△ Im Teakholzhafen von Mandalay ziehen Wasserbüffel schwere Baumstämme aus dem Schlamm. Diese wertvollen tropischen Harthölzer gehören zu den größten Reichtümern des Landes: Birma ist der Welt führender Teakholzlieferant.

Ba Thein wird Mönch

Ein buddhistischer Ritus, der tief verwurzelt ist in Birma und den fast alle Knaben durchlaufen: Shin-byu, die Aufnahme in ein Kloster und die damit verbundene Kopfrasur. Sie macht auch aus Ba Thein ein Mitglied der Sangha, der buddhistischen Mönchsgemeinschaft. Eingebettet in die soziale Tradition dieser Religion, wird Ba Theins weiterer Lebensweg vom Buddhismus begleitet sein, auch wenn er nach einigen Monaten wieder aus dem Kloster austreten und möglicherweise nie mehr dorthin zurückkehren sollte.

Unter vergoldeten Ehrenschirmen sitzt Ba Thein gemeinsam mit 15 anderen Knaben auf einem Podium, das man im Festzelt aufgebaut hat. Mit der rotgoldenen Papierkrone und der mit viel Talmi besetzten Schärpe sehen sie wie zerbrechliche Puppen aus. Ihre Gesichter werden mit Reismehl gepudert, Lippen und Augenbrauen geschminkt. Eine Musikgruppe intoniert feierliche Melodien, während erwachsene Mönche von den Vätern der Knaben bewirtet werden.

Nach dem Festmahl schlägt die große Stunde für Ba Thein. Der Mönch, der ihn in den kommenden Wochen und Monaten im Kloster betreuen wird, zieht ihm die Prunkgewänder aus und schert ihm den Kopf. Vorsorglich haben die Eltern ein weißes Tuch ausgebreitet, in dem sie die Haare sammeln. Dann wird Ba Thein in die safranfarbene Mönchsrobe gekleidet. Er ist nun ein »Sohn Buddhas« und erhält vom Mönch die wenigen Habseligkeiten, die er ins Kloster mitnehmen darf: Sandalen, Fächer, Lackschirm, Schermesser, Wassersieb und die schwarze Almosenschale. Sogar seinen Namen läßt er im stickigen Zelt zurück.

Unter einem neuen Mönchsnamen wird Ba Thein morgen als Pondschi, als Bettelmönch, erstmals das Essen für die Klostergemeinschaft einsammeln: barfuß, wie Buddha, den Blick zu Boden gerichtet.

Dann wird seine Mutter als Zeichen des Respekts und des Dankes vor ihm hinknien und für die Annahme der Gaben danken. Denn der Sohn hat ihr eine gute Tat ermöglicht, die ihr Karma und damit ihre nächste Wiedergeburtsform verbessert.

Er ist aber nur einer von vielen Geistern, die das Leben der Birmanen bestimmen. Sie stehen gleichberechtigt neben dem Hinayana-(oder Theravada-)Buddhismus, der alten Form dieser Religion, zu der sich immerhin über 80 Prozent der Bevölkerung bekennen. Die Geister, die Nat, sind vielmehr integriert in den ursprünglich indischen Glauben an das Wiedergeborenwerden und Wiedersterbenmüssen, an den Kreislauf des Leids, der so lange währt, bis man im Nicht-Sein, im Nirwana verlöscht. Das aber läßt sich nur erreichen durch möglichst viele gute Taten, während mehrerer Existenzformen, durch ein Karma, das sich von Existenzform zu Existenzform qualitativ verbessert. Der Buddhismus mit seiner Ausrichtung auf eine nächste, bessere Wiedergeburt ist wohl der Hauptgrund für die Gleichgültigkeit der Birmanen an materiellem Besitz, Hauptgrund auch für die Toleranz gegenüber Fehlern der politisch Mächtigen.

Die Geister aber behaupteten ihre wichtige Position gegen Buddha seit mehr als 1000 Jahren. Sie sind in ein Pantheon gestellt, das vom Himmelsgott Sakkra an der Spitze herunterreicht zu nur lokal bedeutenden Geistern. Besondere Verehrung wird den 37 höheren Nat zuteil, deren Schreine sich oft im Bereich buddhistischer Tempel befinden. Sie nehmen Einfluß auf das Alltagsleben, so glaubt man – im guten wie im bösen. Unter ihnen in der Hierarchie stehen die Natur-Nat. Auch sie können negative Aspekte zeigen, was bei den Deva, den Himmelswesen, nicht

△ ***Busse sind das übliche Verkehrsmittel in Birma – und stets überfüllt. Wer es sich leisten kann, nimmt ein Taxi oder – für längere Strecken – das Flugzeug.***

△ ***Bei den Palaung herrschte der seltsame Brauch, die Hälse der Frauen durch Messingringe zu verlängern. Heute sind die lebensgefährdenden Giraffenhälse verboten.***

der Fall ist. Sie sind unseren Engeln vergleichbar und entstammen der buddhistischen Vorstellungswelt. Bedeutend aber ist der Haus-Nat. Er gilt als Beschützer der Familie und ist der »Herr des großen Berges«.

Paukenschlag vor 1000 Jahren

Diesem Nat hat man schon im Reich von Pagan gehuldigt. Alle Könige dieses ersten Staates der Tibeto-Birmanen auf birmanischem Boden (1044–1287) pilgerten zum Popa-Berg in der Ebene unweit von Pagan, wo sich der Hauptschrein befand, und erflehten die Zustimmung zur Regentschaft. Auch Aniruddha (oder Anawratha), der erste und berühmteste in der Reihe der Pagan-Regenten. Der »Herr des großen Berges« war ihm gewogen: Aniruddha unterwarf das Reich der Mon im südlichen Birma und legte den Hinayana-(oder Theravada-)Buddhismus als Klammer um das erst seit kurzem seßhafte Volk.

Tausende Tempel und Pagoden zu Ehren Buddhas entstanden, und Pagan wurde zur militärischen und politischen Größe in Südostasien. Den Mongolensturm von 1287 haben viele der prachtvollen Sakralbauten überdauert. Das Pagan-Reich aber ging unter. Für die nächsten 250 Jahre schwangen sich die Fürsten der Shan zu Herren im Land auf, und auch die besiegten Mon im Süden brachten es zu neuer Blüte. Einige Jahre nach dem Auftauchen der Portugiesen als Vorboten Europas kristallisierte sich 1531 im Gebiet von Toungoo am Sittang ein neues Zentrum der Birmanen heraus, das als Toungoo-Dynastie bis 1752 Bestand haben sollte. Die Konbaung-Dynastie, die das dritte und zugleich letzte Reich der Birmanen beherrschte, führte das Land in die koloniale Abhängigkeit.

In drei anglo-birmanischen Kriegen – 1824, 1852 und zuletzt 1885 – hob der »britische Löwe« seine Pranken und zerschlug die Eigenständigkeit der Birmanen. Thibaw, der letzte König, der in der »goldenen Stadt« Mandalay regiert hatte, mußte 1886 ins indische Exil. Myanma, wie die Birmanen ihr Land nennen, wurde zur Provinz Britisch-Indiens degradiert. Als Birma ist es nach dem Zweiten Weltkrieg wiedererstanden.

Vielerorts aber, so scheint es, ist die Zeit stehengeblieben: in den Dörfern, wo die Menschen noch in strohgedeckten Häusern wohnen, ohne Elektrizität, wo sie das Wasser aus dem Dorfbrunnen schöpfen und die schweren Tonkrüge auf dem Kopf nach Hause tragen. Wo wie einst Bambusflöße treiben, auf dem mächtigen Elefanten-Fluß, dem Irrawaddy, an dessen Ufern es aber längst keine Elefanten mehr gibt; in der weiten Zentralebene, wo Reis auf künstlich bewässerten Feldern angebaut wird wie vor Jahrhunderten. Unzugänglich wie je blieben die fast 6000 Meter hohen Gebirge im Norden, die zum Himalaja gehören.

Selbst rund um die Shwedagon-Pagode in der Hauptstadt Rangun scheint die Zeit stillzustehen: Im weichen Licht der Abendsonne knien die Gläubigen vor der über 100 Meter hohen vergoldeten Pagode, dem Wahrzeichen des Landes. Sie übergießen die Buddha-Statuen mit heiligem Wasser, opfern Lotos und werfen sich zu Boden. Dreimal: einmal für Buddha, einmal für die Lehre, das dritte Mal für die Mönchsgemeinschaft. Dann schnüren sie den Wickelrock, den Longyi, enger und machen sich auf die Wanderung um die Pagode. Im Uhrzeigersinn, damit nur die rechte, die gute Körperseite dem Heiligtum nahe ist. Wenn die Sonne untergeht, leuchtet die Pagode in einem goldenen Glanz, der allen Glitter abgelegt hat. Auch das ist unvergänglich in Birma.

Landesnatur

Fäche: 676552 km² (fast dreimal so groß wie die Bundesrepublik Deutschland)
Ausdehnung: West–Ost 900 km, Nord–Süd 2000 km
Höchster Berg: Hkakabo Razi 5881 m
Längste Flüsse: Salween (chinesisch Nu Jiang), birmanischer Anteil 1100 km (Gesamtlänge 2414 km), Irrawaddy 2092 km, Chindwin 800 km, Sittang 560 km

Birma, nach Indonesien das zweitgrößte Land Südostasiens, umfaßt den westlichen Teil Hinterindiens und grenzt an den Indischen Ozean.

Naturraum
Birma gliedert sich in fünf Landschaftszonen: den nördlichen Himalajaanteil, die parallelen Bergzüge im Osten und Westen, das Irrawaddy-Tal und die Küste. Im äußersten Norden liegen die höchsten Berge des Landes. Von hier nach Süden ziehen sich die bis 3800 m hohen Gebirgsketten Pahkaing Bum und Arakan Yoma entlang der Westgrenze. Den östlichen Landesteil nimmt das verkarstete, bis 2500 m hohe Shan-Hochland ein. Dazwischen liegt die fruchtbare Ebene des Irrawaddy-Beckens. Der Irrawaddy hat an seiner Mündung ein 38000 km² großes Delta aufgebaut.

Thanaka-Kosmetik und Eigenbau-Zigarre – Glück einer Birmanin.

Als langer, 80 km schmaler Ausläufer zieht sich die Landschaft Tenasserim nach Süden bis zum Isthmus von Kra (Khokhok Kra). Der Küste ist hier der Mergui-Archipel vorgelagert, eine in das Meer abgesunkene Gebirgslandschaft mit mehr als 800 Inseln.

Klima
Birma gehört zum tropischen Monsungebiet. Die sommerliche Regenzeit des Südwestmonsuns (mit über 5000 mm Jahresniederschlag in Arakan und Tenasserim) dauert von Mitte Mai bis Mitte Oktober, die kühlere Trockenperiode von Dezember bis März. Den Übergang bilden zwei kurze heiße Zwischenzeiten im April/Mai und Oktober/November. Am Westrand des Shan-Hochlandes fallen bis 2000 mm Niederschläge im Jahr, im zentralen Tiefland nur 400 bis 1000 mm.

Zahllose Kultbauten im dichten Monsun-Dunst: die Tempelebene von Pagan.

Die Monatsmittel weisen in Mandalay (April 32 °C, Januar 20,5 °C) größere jahreszeitliche Schwankungen auf als im küstennahen Rangun (April 30,5 °C, Januar 25 °C).

Vegetation und Tierwelt
Im nördlichen Bergland und an den Küstensäumen wächst tropischer Regen- und Monsunwald mit Teak und Bambus. Für das Shan-Hochland sind Kiefern und immergrüne Eichen typisch, im Binnentiefland herrschen Trockenwald und Dornstrauchsavanne vor, im Irrawaddy-Delta gibt es Mangrove. Vor allem hier leben zahlreiche Krokodile und Schlangen, verbreitet sind Elefanten, Tiger, Leoparden, Affen und Rhinozerosse.

Politisches System

Staatsname: Pyidaungsu Socialist Thammada Myanma Naingngandaw
ပြည်ထောင်စု ဆိုရှယ်လစ် သမ္မတမြန်မာနိုင်ငံတော်
Staats- und Regierungsform: Sozialistische Republik
Hauptstadt: Rangun (Rangoon)
Mitgliedschaft: UN, Colombo-Plan, GATT

Nach der Verfassung von 1974 liegt alle Macht beim Volke, das von den 489 für vier Jahre direkt gewählten Mitgliedern des Parlaments vertreten wird. Oberstes politisches Organ ist der 29köpfige, aus den Reihen des Parlaments gewählte Staatsrat, dessen Vorsitzender gleichzeitig Staatspräsident ist. Oberstes Verwaltungsorgan ist der auf Vorschlag des Staatsrats vom Parlament gewählte Ministerrat. Das Land ist in sieben Provinzen und weitere sieben Minderheitenstaaten aufgeteilt. Höchste Gerichtsinstanz ist der Rat der Volksrichter.

Bevölkerung

Einwohnerzahl: 38,4 Millionen
Bevölkerungsdichte: 57 Einw./km²
Bevölkerungszunahme: 2,3 % im Jahr
Größte Städte: Rangun (2,4 Mio. Einw.), Mandalay (533000), Moulmein (220000), Pegu (150000)
Bevölkerungsgruppen: 72 % Birmanen, 9 % Shan, 7 % Karen, 12 % sonstige Minderheiten

Der Großteil der Bevölkerung Birmas lebt im zentralen Tiefland, nur ein knappes Viertel in Städten. 37 % der Bevölkerung sind unter 15 Jahren. Amtssprache ist Birmanisch; Englisch ist im Verkehr mit Behörden nur beschränkt zugelassen, ist aber als Handelssprache von Bedeutung.
Rund 85 % der Bevölkerung gehören zu den Theravada-Buddhisten, 2 % sind Hindus, jeweils etwa 2 bis 3 % Muslime bzw. Christen. Weit verbreitet sind animistische Glaubensvorstellungen.

Soziale Lage und Bildung
Allen Arbeitnehmern steht eine staatliche Rente zu, die Arbeitslosenrate liegt zwischen 10 und 12 %. Das Gesundheitswesen ist nur in den Ballungsgebieten gut entwickelt.
Schulpflicht besteht seit 1985 vom 6. bis 10. Lebensjahr. Der Anteil der Analphabeten beträgt etwa 30 % mit rückläufiger Tendenz. An den 35 Colleges und Hochschulen (1920 Gründung der Universität in Rangun) werden derzeit rund 180000 Studenten unterrichtet.

Wirtschaft

Währung: 1 Kyat (K) = 100 Pyas (P)
Bruttoinlandsprodukt (in Anteilen): Land- und Forstwirtschaft 38 %, industrielle Produktion 16 %, Dienstleistungen 46 %
Wichtigste Handelspartner: Japan, Singapur, EG-Staaten, Thailand

Erst seit Ende der 70er Jahre kam es zu einer langsamen wirtschaftlichen Öffnung der isolierten sozialistischen Planwirtschaft Birmas. Die Konjunktur wurde durch private Investitionen und den Zufluß ausländischer Gelder belebt. Ausgeprägte Schattenwirtschaft, Drogenhandel und Guerillaaktivitäten stellen das Land vor große Probleme.

Landwirtschaft
Birma war vor 1945 das bedeutendste Reisausfuhrland der Erde. Noch heute beansprucht Reis knapp 50 % der landwirtschaftlichen Nutzfläche und ist trotz der Rückgänge wichtigstes Exportprodukt. Durch neue Sorten konnten die Hektarerträge seit den 70er Jahren erheblich gesteigert werden. Die Waldflächen für das zweitwichtigste Exportprodukt, das Teakholz, wurden in den letzten Jahrzehnten erheblich vergrößert.

Bodenschätze, Energie, Industrie
Von den vielfältig vorhandenen Bodenschätzen werden v. a. Blei, Zink und Silber abgebaut. Beim Erdgas, das auch zur Düngerherstellung verwendet wird, sind weitere Lagerstätten entdeckt worden. Die Energiewirtschaft basiert hauptsächlich auf Wasserkraft und Erdgas.
Industriell ist Birma unterentwickelt. Im Konsumgüterbereich sind überwiegend private und genossenschaftliche Klein- und Mittelbetriebe tätig.

Handel
Landwirtschaftliche Erzeugnisse, v. a. Reis, Teakholz und Fisch, erbringen über 50 % der Exporterlöse, Bergbauprodukte etwa 10 %. Illegal wird Opium exportiert. Haupteinfuhrgüter sind Maschinen, Ausrüstungen, Fahrzeuge und Düngemittel.

Verkehr, Tourismus
Es stehen rd. 23000 km Hauptverkehrsstraßen verschiedener Qualität zur Verfügung. Die wichtigste Eisenbahnverbindung besteht zwischen Myitkyina im Norden und Rangun. Binnenschiffahrt auf dem Irrawaddy (schiffbar auf über 1400 km) und Küstenschiffahrt spielen eine große Rolle. Rangun besitzt den wichtigsten Seehafen des Landes und den internationalen Flughafen Mingaladon. Der Tourismus ist noch kaum entwickelt.

Geschichte

Die ersten Völker, von denen es in Birma eindeutige Siedlungsspuren gibt, waren die eng mit den Khmer verwandten Mon und die Pyu. Ab Anfang des 8. Jh. bestimmten die eigentlichen Birmanen die Geschichte. Sie waren von West- und Südchina gekommen und hatten sich in Zentralbirma (um Kyaukse) und südwestlich davon am Irrawaddy niedergelassen, wo sie 847 ihr Zentrum Pagan gründeten. Durch die Eroberung des Mon-Reiches von Thaton dehnte sich das erste birmanische Reich unter König Anawrahta (Aniruddha, 1044–1077) bis nach Südbirma aus. Die Pagan-Dynastie zerfiel 1287, als die Mongolen in Birma einfielen und die Hauptstadt Pagan eroberten. Die Shan drangen aus Nordosten ein. Sie verlegten ihr Herrschaftszentrum nach Ava bei dem heutigen Mandalay (Ava-Periode, 1287–1531).
In den nächsten beiden Jahrhunderten kämpften Birmanen, Mon und Shan um die Vorherrschaft. Erst König Alaungpaya, der Gründer der letzten birmanischen Konbaung-Dynastie (1752–1885), einigte das Reich und besiegte 1758 die Mon endgültig. Militärisch erfolgreich war Birma auch

gegen China (1766–1769) und Siam, das 1767 bis 1776 birmanischer Vasallenstaat war. Als es Assam besetzte und Bengalen bedrohte, kam es in Konflikt mit den Interessen Großbritanniens. Nach drei Kriegen (1824 bis 1826, 1852 und 1885) annektierten die Briten Birma und gliederten es 1886 ihrer indischen Kolonie als Provinz an. Als Reaktion auf die wirtschaftliche Ausbeutung durch indische Geldverleiher und britische Handelshäuser entstand Anfang des 20. Jh. eine birmanisch-nationalistische Unabhängigkeitsbewegung, die trotz verfassungsrechtlicher Zugeständnisse (1923) immer radikaler wurde.
Als Folge des Bauernaufstands von 1931 unter der Führung Saya Sans billigte Großbritannien Birma schließlich eine eingeschränkte Selbstverwaltung zu.
Von 1942 bis 1945 war Birma von Japan besetzt. Nach anfänglicher Kollaboration kämpfte die birmanische Nationalbewegung mit den Alliierten gegen die Japaner. Am 4. 1. 1948 wurde die unabhängige Birmanische Union gegründet. Unter Ministerpräsident U Nu kam es 1948 bis 1952 zu kommunistischen Unruhen und Aufständen ethnischer Minderheiten. 1956 errang die kommunistische Arbeiter- und Bauernpartei eine große Zahl von Parlamentssitzen. U Nu sah sich daher gezwungen, U Ne Win 1958 die Staatsgewalt zu übertragen. 1960 wurde U Nu jedoch mit großer Mehrheit wiedergewählt.
Aufgrund innerer Unruhen und Wirtschaftskrisen stürzte General Ne Win 1962 die Regierung. Unter seiner Führung wurde ein Revolutionsrat gebildet und der »Birmanische Weg zum Sozialismus« verkündet, der umfangreiche Verstaatlichungen von Banken, Industrien und Handelsunternehmen vorsah. 1974 trat eine neue Verfassung in Kraft. Ne Win löste den Revolutionsrat auf und konstituierte eine Volksversammlung. Sozial motivierte Unruhen großer Teile der Bevölkerung führten im Juli 1988 zum Rücktritt Ne Wins von seiner 26jährigen diktatorischen Herrschaft.

Eine Marionette, artistisch an ihren 60 Fäden geführt.

Kultur

Die zentrale Rolle in der Kultur spielt der Buddhismus. Die Mon vermittelten in den ersten Jahrhunderten birmanischer Geschichte den benachbarten Volksgruppen die Kultur Indiens sowie die Lehre des Hinduismus und des Buddhismus.
Die Reste von Bauwerken aus dem 3. bis 9. Jh., die ganz offensichtlich vom indischen Geist geprägt sind, lassen zwei Bautypen erkennen: den Stupa (buddhistischer Sakralbau zur Aufbewahrung von Reliquien) und den Tempel. Die ältesten Stupas (bei Prome) erinnern an die indischen der späten Gupta-Periode (300–500). Sie sind bis 50 m hoch und besitzen einen zylindrischen Baukörper (Anda) mit halbkugelförmiger Kuppel. Die Tempel erheben sich auf einer quadratischen Basis und werden von einem sich verjüngenden Terrassendach mit Tempelturm gekrönt.
Die Baukunst der Birmanen erreichte während der buddhistisch geprägten Pagan-Periode (1044 bis 1287) ihre höchste Blüte. Stupa und Tempel waren oft von einer Mauer umgeben. Neu war der glockenförmige Stupa auf einem mehrstufigen Sockel mit meist begehbaren Terrassen.
Nach dem Niedergang Pagans verfielen auch die Künste. Erst im 16. Jh. setzte eine Renaissance ein; in den königlichen Residenzstädten Ava, Amarapura und Mandalay entstanden zahlreiche Stein- und Holzbauten. Die Meisterschaft der Birmanen im Kunsthandwerk zeigt sich bis heute in ihren Goldschmiedearbeiten und vergoldeten, mit Elfenbein und Spiegelglas ausgelegten Holzschnitzereien.
Literatur und Theater sind in Birma meist religiös geprägt. Die eigentliche birmanische Literatur beginnt mit der Pagan-Dynastie und ist nur in Steininschriften erhalten. Die Prosa, die vor allem naturwissenschaftliche, historische und juristische Werke umfaßte, stand an literarischer Bedeutung weit hinter der Lyrik zurück. Seit dem 14. Jh. setzte sich Birmanisch als Literatursprache mehr und mehr gegenüber der Gelehrtensprache Pali durch. Erst seit der britischen Kolonialherrschaft folgten Schriftsteller abendländischen Vorbildern und etablierten Novelle und Roman als literarische Formen. Die opernhaften Theateraufführungen vereinen Schauspiel, Musik, Tanz und Gesang.

Reise-Informationen

Einreise- und Fahrzeugpapiere
Bürger der Bundesrepublik Deutschland, der Schweiz und Österreichs benötigen für einen (höchstens) siebentägigen Aufenthalt einen gültigen Reisepaß bzw. Kinderausweis und ein Visum. Ein- und Ausreise sind nur auf dem Luft- oder Seeweg möglich, da der Landweg gesperrt ist. Große Gebiete des Landes sind für Ausländer nicht zugänglich.

Zoll
Bei der Einreise sind zollfrei: 200 Zigaretten oder 50 Zigarren oder 225 g Tabak, 1 Liter alkoholische Getränke und ½ Liter Parfüm. Die Mitnahme von Videokameras ist verboten.
Devisen
Kyat (K) dürfen weder ein- noch ausgeführt werden; Fremdwährung muß deklariert werden. Der Pflichtumtausch beträgt 100 US-$ (kein Rücktausch möglich). American-Express-Reiseschecks werden akzeptiert.
Impfungen
Reisende aus Infektionsgebieten benötigen Gelbfieber- und Cholera-impfung. Malariaschutz ist in Gebieten unter 1000 m ganzjährig notwendig.

Verkehrsverhältnisse
Burma Airways Corporation (BAC) verbindet zahlreiche Städte des Landes. Eisenbahn sollte man nur in der ersten Klasse fahren; von Busfahrten ist ganz abzuraten. Auf den schlecht ausgebauten und mangelhaft beschilderten Hauptverkehrsstraßen verkehren Taxis und Sammeljeeps; Leihwagen gibt es nur mit Fahrer.
Unterkünfte
Billige und einfache Unterkünfte gibt es in staatlichen Hotels und Gästehäusern (Buchung bei Burma Tourist).
Reisezeit
Am angenehmsten reist man in der kühleren Trockenperiode ab Dezember bis März.

Brunei

Eberhard Kuhrau

Ein winziges Staatswesen, im Norden der Insel Borneo am Südchinesischen Meer gelegen, umgeben von malaysischem Staatsgebiet, unberührte tropische Wälder, an der Küste und an den Flüssen ein paar Städtchen und – Öl: Das ist das Sultanat Brunei amtlich Negara Brunei Darussalam – »Stätte des Friedens«.
Noch nicht einmal eine Viertelmillion Einwohner hat das Ländchen, und allen geht es aufgrund des reichlich sprudelnden schwarzen Goldes wirtschaftlich gut. Vater Staat in Gestalt des fast absolut herrschenden Sultans sorgt für Schulbildung, Wohnungsbau und medizinische Versorgung, subventioniert die Benzinpreise und gibt Darlehen für den Autokauf. Richtig arbeiten muß hier niemand – außer den Ausländern, die den pompösen Sultanspalast und die große Moschee hochgezogen haben, die gerade den internationalen Flughafen erweitern und die Erdölindustrie in Gang halten. Ein friedlicher freundlicher Flecken Erde mit Menschen, die nicht so leicht aus der Ruhe zu bringen sind.

Staatsname:	Staat Brunei
Amtssprache:	Malaiisch
Einwohner:	225 000
Fläche:	5765 km²
Hauptstadt:	Bandar Seri Begawan
Staatsform:	Sultanat im Commonwealth
Kfz-Zeichen:	BRU
Zeitzone:	MEZ +7 Std.
Geogr. Lage:	Südostasien, an der Nordwestküste von Borneo; grenzt an Malaysia

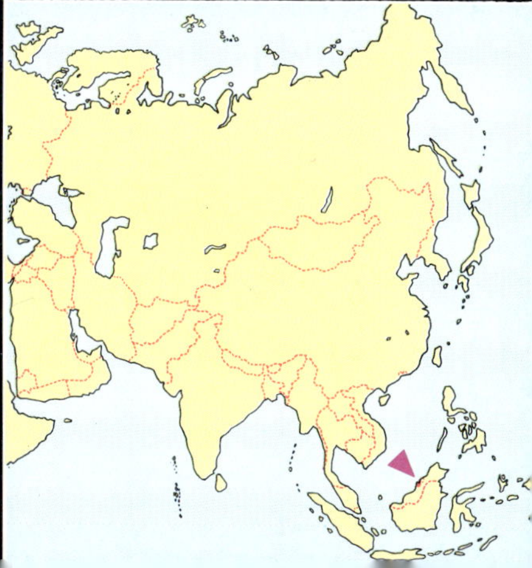

Das heilige Steinboot gehört zum Bezirk der prächtigen neuen Moschee in Bandar Seri Begawan, der Hauptstadt des Sultanats.

Gegenüber die alte, beharrlich verteidigte Welt: die Pfahlbauten des »Wasserdorfes« Kampong Ayer.

Für alle ist gesorgt

Die letzten Minuten des Fluges nach Brunei geben den Blick auf den Urwald frei. Schier endlos dehnen sich unter den Wolken die tropischen Regenwälder Borneos. Dann gelb-braune Flecken, in denen wie schwere, wilde Tiere die Planierraupen wühlen.

Die Landebahn rast heran – eine der längsten Asiens. Der Flughafen in Bandar Seri Begawan, der Hauptstadt Bruneis – obgleich noch im Bau –, kann sich sehen lassen. Strahlend weiß strecken sich die Finger der Flugsteige dem Ankommenden entgegen: »Selamat Datang« – herzlich willkommen – verkündet in der Landessprache Malaiisch eine Aufschrift. Aber stimmt das? Eigentlich wird niemand eingeladen ins Sultanat Brunei. Nirgendwo auf der Welt lockt Werbung Fremde hierher, und alles, was es an Schönem gibt, ist für einheimische Augen gemacht. Das bedeutet aber keineswegs, daß Seine Majestät, Sultan Sir Hassanal Bolkiah Mu'izzadin Waddaulah, fremdenfeindlich wäre. Er hat einen Teil seiner Erziehung in England erhalten, in der angesehenen Militärakademie Sandhurst, und wenn es um den Nutzen des Landes geht, um Experten und Kaufleute also, dann gibt's keinerlei Vorbehalte gegen Ausländer.

Auch die Untertanen seiner Majestät begegnen den neugierigen Fremden mit freundlicher Gelassenheit. Für ein Schwätzchen, Erkundigungen nach dem Wohin und Woher hat man immer Zeit. Jugendliche, die ich am hellen Nachmittag gemütlich vor einem Haus liegend treffe, versichern mir, daß die zwei Flugstunden entfernte Metropole Singapur, aus der ich komme, entsetzlich sei. »Tetapi Brunei bagus« – aber Brunei ist herrlich –, erklärt einer, streckt mir die Faust mit dem Daumen nach oben entgegen und blinzelt in die Sonne. Sieht so das Paradies aus?

Der Flughafen mit der langen Landebahn – für umgerechnet rund 250 Millionen Mark erbaut – dient den etwa 230000 Einwohnern von Brunei. Die meisten von ihnen sind Malaien, rund 50000 sind Chinesen. 25000 dürfen nur zeitweilig die »Stätte des Friedens« bewohnen – die Gastarbeiter. Und damit es so friedlich bleibt, werden hohe Anforderungen an jeden gestellt, den es dazu treibt, Untertan des Sultans zu werden: Moslem muß er sein, und er muß mindestens die letzten drei Jahre in Brunei gelebt haben. Auch eine Prüfung in Malaiisch ist zu bestehen. Schließlich schmälert jeder neue Einwohner das Pro-Kopf-Einkommen von 17000 US-Dollar im Jahr – das höchste in Südostasien.

Der Schulbesuch ist in Brunei selbstverständlich kostenlos, und die Begabteren können ihre Ausbildung mit einem Studium – meist in England – fortsetzen. Kosten im Krankheitsfall trägt Vater Staat, also der Sultan, und für 60 Prozent aller Untertanen auch die Altersversorgung. Denn nur 40 Prozent sind keine Beamten im Dienste des Yang Di-Pertuan, des »höchsten Herrschers«, oder der Brunei Shell Petroleum Company, an der der Staat mit 50 Prozent beteiligt ist.

Über Geld spricht man nicht

Da ist es also heraus, das Zauberwort, der Schlüssel zum Verständnis all der Herrlichkeiten und Seltsamkeiten: Erdöl und Erdgas begründen den Reichtum und die freundliche Zurückhaltung des Sultanats. Die Einnahmen aus den begehrten Rohstoffen belaufen sich zur Zeit auf zwei bis zweieinhalb Millionen US-Dollar pro Tag. Dazu sollen noch einmal vier bis acht Millionen täglich aus den gut angelegten Ölmilliarden früherer Jahre kommen. Wieviel und wo da genau investiert worden ist, bleibt Staatsgeheimnis; denn der Sultan und seine hohen Beamten halten es eisern mit der alten großbürgerlichen Devise: Geld hat man, aber man spricht nicht darüber. Nur manchmal gerät etwas in die Zeitungen, wenn auch keineswegs in die Schlagzeilen.

Auch über die genannten Segnungen hinaus wäre Sultan Hassanal Bolkiah – so hört man – bereit, fast alles für seine Bürger zu tun, was mit Geld getan werden kann. Aber nicht immer sind die Menschen bereit, seinen Vorstellungen zu folgen. So wohnen zum Beispiel immer noch Tausende im sogenannten »Wasserdorf«, einem Teil der Hauptstadt, dessen Holzhäuser auf Stelzen im Fluß stehen: traditionelle malaysische Architektur, die früher vor allem in den Dörfern sehr sinnvoll war. Der Fluß bildet eine natürliche Klimaanlage, er ersetzt die Müllabfuhr und die Kanalisation. Stehen jedoch zu viele Pfahlbauten beieinander oder geht der Wasserstand zurück, dann wird die Sache problematisch.

▷ Seinen Reichtum verdankt Brunei dem Öl. Mächtige Förderanlagen und schlanke Minarette stehen Seite an Seite in diesem Wohlstandsstaat.

Die ältere Generation lebt zwar noch traditionsgebunden, doch die jüngere orientiert sich bereits an den Wertvorstellungen der modernen Welt.

◁ *»Gekrönte Häupter« beim Sport: Der bruneische Sultan Bolkiah und der britische Thronfolger Prinz Charles widmen sich ihrem gemeinsamen Hobby, dem Polospiel – englische Erziehung verbindet eben.*

▽ *Muslime haben sich zum Freitagsgebet vor ihren Nobelkarossen niedergelassen; über die Hälfte der Bevölkerung Bruneis bekennt sich zur Religion Mohammeds.*

sammen. 1906 mußte die Herrscherfamilie einen britischen Gouverneur akzeptieren, der praktisch die Verwaltung des Territoriums übernahm.

Dann wurde Ende der zwanziger Jahre Erdöl gefunden, ausgerechnet in einem der beiden winzigen Zipfelchen des einst so großen Reiches, die dem Sultanat geblieben waren. Die politische Bedeutungslosigkeit und die militärische Ohnmacht des Landes ließen wohl auch den Übergang von der Kolonialzeit in die Unabhängigkeit relativ geordnet und schmerzlos gelingen. Mit dem Beginn des Jahres 1984 erlangte das Sultanat die völlige Unabhängigkeit von Großbritannien, dem es allerdings im lockeren Zusammenschluß des Commonwealth verbunden bleibt.

99 Prozent seiner Exporteinnahmen verdankt das Sultanat dem Erdöl und dem Erdgas. Die Förderung wird zur Zeit gedrosselt, um die Vorräte zu strecken, die jedoch noch mindestens 20 Jahre reichen werden. Den-

Und das ist sie in Bandar Seri Begawan, zumal inzwischen allerlei Zivilisationsmüll zwischen den Häusern treibt. Der Sultan soll den Bewohnern angeboten haben, aufs feste Land zu ziehen, und wollte dafür den sozialen Wohnungsbau erweitern. Aber seine Untertanen denken da offenbar konservativer und möchten im Kampong, im Dorf, bleiben. Also wurden entlang der Stege, die die Häuser verbinden, Wasserleitungen verlegt, und Strom gibt es auch. Die Autos bleiben auf großen Parkplätzen am Ufer zurück, und wer selbst kein Boot mit Außenbordmotor besitzt, läßt sich mit einem Wassertaxi fahren. Bald sollen ausländische Spezialisten auch noch die Rattenplage beseitigen.

Reich und reichlich verschlafen

Man sieht, der Hof besteht nicht auf Modernisierung. Und sicher war es nur vernünftig, den Ölreichtum gewinnbringend irgendwo anders anzulegen, als mit den Milliarden das eigene Ländchen umzukrempeln ohne Rücksicht auf soziale und »kulturelle« Folgen. So bleibt die Hauptstadt ein verschlafenes Provinznest, dem nicht einmal das Sheraton-Hotel am Ort einen Hauch von Internationalität und Luxus vermitteln kann. Und trotz der schönen Moschee und eines eindrucksvollen, aber unbenutzten Parlamentsgebäudes muß man schon ein fanatischer Globetrotter sein, um sich hierher zu verirren. Denn auch Seria und Kuala Belait, die beiden anderen Städte, beherbergen nur Erdölindustrie und sind noch reizloser als der Regierungssitz.

Der moderne Palast der Herrscherfamilie soll ein Märchentraum aus Tausendundeiner Nacht sein, in Marmor, Gold und Edelholz. Nur wenige Auserwählte haben Zutritt. So sieht man nur von ferne eine Kuppel und die in Beton nachempfundene schwungvolle Dachform eines typischen Langhauses der Eingeborenen von Borneo über dem Park aufragen.

Der 1946 geborene Sultan – so versichern übereinstimmend Leute, die ihn kennen – ist ein bescheidener Mann. Sein Hobby, das Polospiel, geht auf seine Zeit in England zurück. Die Familie muß mitregieren und tut das offenbar, ohne daß Spannungen entstehen. Der Sultan selbst übt nicht nur die Funktion des Premierministers aus, sondern hat auch das Verteidigungsministerium übernommen. Der älteste Bruder leitet das Außenministerium, und ein weiterer ist für die Finanzen verantwortlich.

Vom Großreich zum Kleinstaat

Im 16. Jahrhundert war Brunei ein Großreich, das sich vom Norden Borneos bis zu den Philippinen erstreckte. Nach und nach aber zerfiel es im Zuge der Kolonialisierung. 1847 schloß das Sultanat mit der britischen Kolonialmacht, die sich 28 Jahre vorher in Singapur festgesetzt hatte, einen Vertrag zur Förderung des Handels und zur Bekämpfung der Seeräuberei. Das ehemalige Großreich schrumpfte auf seine heutige Größe von knapp 6000 Quadratkilometern zu-

noch möchten der Sultan und seine Verwaltung schon jetzt neue Wirtschaftszweige erschließen – Möglichkeiten dafür gibt es reichlich. Etwa drei Viertel des Landes sind mit Urwäldern bedeckt. Bei sachgemäßer Bewirtschaftung könnten sie langfristig Gewinn bringen, ohne daß nennenswerte Umweltschäden zu befürchten wären.

Brunei deckt nur etwa ein Fünftel seines Bedarfs an Reis und ein Drittel seines Konsums an tropischen Früchten aus eigenem Anbau. Diesen Anteil wenigstens etwas zu erhöhen, ist das Ziel des gegenwärtigen Fünfjahresplans. Ähnliches gilt für die Produktion von Textilien. Theoretisch könnten auch das Bank- und Versicherungswesen weiter ausgebaut und neue Industriezweige angesiedelt werden. Die Finanzierung solcher Projekte wäre kein Problem. Aber es fehlen die Menschen, die Arbeitskräfte, die solche Unternehmen betreiben könnten und wollten. Denn warum sollten Bürger, für die auf absehbare Zeit ohnehin gesorgt ist, wirtschaftlichen Ehrgeiz entwickeln?

Landesnatur

Fläche: 5765 km² (mehr als doppelt so groß wie das Saarland)
Ausdehnung: Ost–West 100 km, Nord–Süd 80 km
Küstenlänge: 160 km
Höchster Berg: Bukit Pagon 1850 m

Indonesien, Malaysia und das Sultanat Brunei teilen sich Borneo, die nach Grönland und Neuguinea drittgrößte Insel der Erde. Das Staatsgebiet Bruneis liegt im Norden Borneos am Südchinesischen Meer und besteht aus zwei unzusammenhängenden Teilen, umschlossen vom malaysischen Gliedstaat Sarawak. Zwischen den beiden Landesteilen liegt das zu Malaysia gehörende Limbangtal.

Naturraum
Drei Landschaftstypen kommen auf dem Staatsgebiet vor: Berg-, Hügel- und Küstentiefland. Der Ostteil des Landes, der Temburong-Distrikt, hat im Süden Anteil an der wild zerklüfteten Berglandschaft der Crocker-Kette. Ein Großteil der westlichen Landeshälfte und der mittlere Teil des Temburong-Distriktes werden vom Hügelland mit mehreren großen Becken eingenommen (100–300 m ü. M.). Das flache Küstengebiet ist sumpfiges Schwemmland mit Mangrovewäldern und Sandstränden.

Klima
Brunei hat tropisches Regenklima mit gleichmäßig hohen Temperaturen, hoher Luftfeuchtigkeit und häufigen Niederschlägen, die sich ziemlich gleichmäßig übers Jahr verteilen. Regen fällt zumeist in wolkenbruchartigen Gewittern und ergibt Jahresmengen von 2500 mm in der Küstenzone und bis 5000 mm im Landesinnern. Der Nordostmonsun herrscht von November bis März mit den feuchteren Monaten November bis Januar, der Südwestmonsun von Mai bis September mit den trockeneren Monaten Juni und Juli.
Die Monatsmitteltemperaturen liegen zwischen 27 °C und 28 °C, nachts sinken sie nur wenig ab.

Im Gefolge neuen Reichtums: Ehedem arme Leute füllen ihre Wohnung mit allem, was als schön und kostbar gilt.

Vegetation und Tierwelt
Drei Viertel des Landes sind mit immergrünem tropischem Regenwald bedeckt. Mangrovedickicht säumt die Küste, Sumpfwald zieht sich entlang der Flußtäler von der Küste bis weit ins Hügelland.
Die Tierwelt Bruneis umfaßt Löwen, Tiger und die zahlreichen Tierarten des Regenwalds, darunter Affen, Eidechsen sowie eine Vielzahl von Schlangen. Besonders ist die »fliegende« Goldschlange zu nennen, die von Bäumen herab auf ihre Opfer zuschnellt. Insekten treten in großer Artenzahl auf. Die unzugängliche Bergregion steht z. T. unter Naturschutz.

1958 in der Hauptstadt im maurischen Stil erbaut: die Omar-Ali-Saifuddin-Moschee.

Politisches System

Staatsname: Brunei Darussalam
Staats- und Regierungsform: Sultanat im Commonwealth of Nations
Hauptstadt: Bandar Seri Begawan
Mitgliedschaft: UN, ASEAN, ESCAP

Die Verfassung des Landes stammt von 1959, Teile sind seit 1962 außer Kraft. Der Sultan hat die absolute Macht; er ist Verteidigungs- und gleichzeitig Premierminister im elfköpfigen Ministerrat. Weitere beratende Gremien sind der Religiöse Rat, der Nachfolgerat und der Geheime Staatsrat. Der Legislativrat mit 21 ernannten Mitgliedern besteht nur noch formal.
Das Land ist in vier Verwaltungsdistrikte aufgeteilt.
Die Rechtsprechung erfolgt durch den Obersten Gerichtshof, durch untergeordnete Gerichte sowie für Heirat und Scheidung zuständige islamische Gerichte.

Bevölkerung

Einwohnerzahl: 225 000
Bevölkerungsdichte: 39 Einw./km²
Bevölkerungszunahme: 2,6 % im Jahr
Größte Stadt: Bandar Seri Begawan (60 000 Einw.)
Bevölkerungsgruppen: 62 % Malaien, 22 % Chinesen, 12 % Ureinwohner

Die Bevölkerung Bruneis nimmt durch das natürliche Bevölkerungswachstum und durch die Einwanderung von Gastarbeitern aus Malaysia, Hongkong und Singapur rasch zu (Ausländeranteil rund 12 %). Etwa 37 % der Bevölkerung sind jünger als 15 Jahre, über 60 % der Einwohner leben in Städten.
Amtssprache ist Malaiisch, als Handels- und Geschäftssprache dient Englisch. Staatsreligion ist der Islam, daneben gibt es Buddhisten, Konfuzianer, Christen und Anhänger von Naturreligionen.

Soziale Lage und Bildung
Die soziale Absicherung in Brunei ist gut, es gibt u. a. Alters- und Invalidenrenten; nennenswerte Arbeitslosigkeit gibt es nur bei Frauen. Das Gesundheitswesen ist sehr gut ausgebaut und steht kostenlos zur Verfügung. Allgemeine Schulpflicht besteht nicht, die Unterrichtsteilnahme ist jedoch kostenlos. Die Analphabetenrate konnte in den letzten 20 Jahren von 60 % auf etwa 18 % gesenkt werden. 1985 wurde eine Universität gegründet.

Wirtschaft

Währung: 1 Brunei-Dollar (BR$) = 100 Cents (c)
Bruttoinlandsprodukt (in Anteilen): Land- und Forstwirtschaft 1 %, industrielle Produktion 74 %, Dienstleistungen 25 %
Wichtigste Handelspartner: Japan, USA, Singapur, Thailand

Die Wirtschaft von Brunei basiert im wesentlichen auf der Förderung von Erdöl und Erdgas. Das nominelle Pro-Kopf-Einkommen gehört zu den höchsten der Welt. Die Handelsbilanz ist positiv, doch wurde Mitte der 80er Jahre erstmals eine Stagnation des realen Wirtschaftswachstums verzeichnet.

Landwirtschaft
Durch den Ausbau der Erdölindustrie hat der Agrarsektor zunehmend an Bedeutung verloren. Die landwirtschaftlich genutzte Fläche entspricht nur etwa 2 % des Staatsgebiets.

Bodenschätze, Energie, Industrie
Brunei konzentriert sich bei der Rohstoffgewinnung auf die Ausbeutung seiner Erdöl- und Erdgasreserven, die frühestens in 20 Jahren erschöpft sein dürften; andere Ressourcen sind bislang kaum erforscht. Die Energieversorgung beruht weitgehend auf Erdgas. Die Industrie ist fast ausschließlich auf die Verarbeitung von Erdöl und Erdgas ausgerichtet; daneben gibt es nur wenige Kleinbetriebe (v. a. Holzverarbeitung und Konsumgüterherstellung).

Handel
Der Anteil von Rohöl, Erdölerzeugnissen und Erdgas an der Gesamtausfuhr macht fast 99 % aus; Hauptabnehmer ist Japan. Importiert werden v. a. Maschinen und Fahrzeuge, Nahrungsmittel und chemische Erzeugnisse.

Verkehr, Tourismus
Das Straßennetz umfaßt etwa 1600 km (rd. 50 % sind asphaltiert); u. a. be-

steht eine Autobahn zwischen Bandar Seri Begawan und Kuala Belait. Der wichtigste Hafen des Landes ist Muara. Der internationale Flughafen liegt nördlich von Bandar Seri Begawan. Der Fremdenverkehr ist bislang nur von geringer Bedeutung.

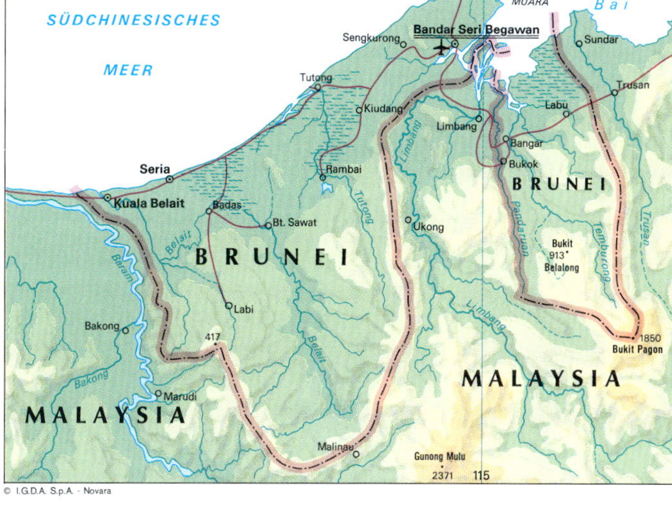

© I.G.D.A. S.p.A. - Novara

Geschichte

Bruneis frühe Geschichte liegt im dunkeln. Ab dem 6. Jh. bestanden offenbar jedoch schon Handelsbeziehungen mit China. Ab dem 9. Jh. ist ein hinduistisches Reich Brunei nachweisbar, das Vasall des Reiches von Srivijaya (auf Sumatra) und im 14. Jh. des Reiches von Majapahit (auf Java) war. Nachdem die Küstengebiete zuvor durch arabische Kaufleute zunehmend mit dem Islam in Kontakt gekommen waren, wurde Brunei um 1400 zu einem unabhängigen Sultanat. Mit der Ausbreitung des Islam konnte es sein Herrschaftsgebiet über große Teile Borneos ausdehnen. Zu Beginn des 16. Jh. erstreckte sich Bruneis Einflußbereich als Seemacht bis zu den südlichen Philippinen.

Die Pfahlbauten der Dayak bieten Raum für ganze Sippen.

Der Niedergang begann mit der Zunahme der Piraterie im Südchinesischen Meer und mit dem Vordringen der europäischen Kolonialmächte. Die Spanier konnten Brunei 1580 einnehmen, wurden aber wieder vertrieben. Ab Ende des 16. Jh. annektierten die Niederländer schrittweise ganz Borneo mit Ausnahme der Nordwestküste, die im 19. Jh. britisches Einflußgebiet wurde.

1841 schenkte der Sultan von Brunei dem britischen Seeoffizier und Abenteurer James Brooke als »weißem Radscha« Sarawak als Dank für dessen Unterstützung beim Kampf gegen rebellische Malaien und Dayak; 1846 überließ er die Insel Labuan den Briten zur Bekämpfung des Piratentums. Die britische Handelsgesellschaft North Borneo Company erwarb 1877 Sabah. Das Restsultanat wurde 1888 unter britischen Schutz gestellt; es behielt zwar auch als Protektorat seine alte Herrschaftsform, unterstand aber der Kontrolle eines britischen Residenten, an dessen Weisung sich der Sultan halten mußte. Erst die Entdekkung von Erdöl (1929) auf dem kleinen Restterritorium hielt den Niedergang Bruneis auf und leitete eine völlig neue Entwicklung ein: Das kleinste Land wurde zum reichsten der Region. 1959 erhielt das Sultanat größere innere Autonomie sowie eine erste Verfassung. Eine Revolte der Anhänger der Volkspartei (angeblich von Indonesien beeinflußt), die die Unabhängigkeit Bruneis innerhalb einer Nordborneo-Föderation (zusammen mit Sarawak und Sabah) zum Ziel hatte, konnte 1962 erst mit Hilfe von britischen Truppen niedergeschlagen werden. Der von Großbritannien unterstützte Beitritt zur Föderation Malaysia im Jahre 1963 kam hingegen nicht zustande, weil Brunei nicht die Kontrolle über seine Erdöl- und Erdgasvorkommen aufgeben wollte. 1971 wurde ihm die volle innere Autonomie zugestanden, es blieb aber auf eigenen Wunsch bis Ende 1983 britisches Protektorat. Am 1. 1. 1984 wurde das Sultanat in die Unabhängigkeit entlassen. Nationalfeiertag ist der 15. 7. (Geburtstag des Sultans).

Kultur

Brunei stand schon im 1. Jahrtausend unter chinesischem und indischem Kultureinfluß, wie Inschriften und Ornamente belegen. Hinduismus und Buddhismus wurden aber im 15. Jh. völlig vom Islam verdrängt. Bedeutendstes muslimisches Bauwerk ist die prächtige Omar-Ali-Saifuddin-Moschee in Bandar Seri Begawan. Der arabisch-islamische Einfluß zeigt sich auch in der maurischen Architektur der Regierungs- und Repräsentationsgebäude.

Der Reichtum durch die Erdöleinnahmen prägt weitgehend das heutige Erscheinungsbild von Brunei. Der Sultanspalast Istana Murul Iman mit seinen 1788 reich ausgestatteten Räumen gilt als der größte Wohnpalast der Erde. Andererseits ist Brunei trotz seiner feudalen Gesellschaftsordnung ein moderner Wohlfahrtsstaat.

In der Hauptstadt findet man neben modernen Großbauten auch noch die traditionelle Form der malaiischen Wassersiedlung (Kampong Ayer); die Häuser des im 16. Jh. gegründeten Altstadtviertels stehen auf Holzpfählen im Gezeitenwasser der Flußmündung. Selten geworden sind die Langhäuser der Iban, einer Volksgruppe der altmalaiischen Dayak; teilweise lebt hier eine Dorfgemeinschaft in einem einzigen langgestreckten Pfahlbau.

Charakteristisch für die Musik in Brunei sind die Schlaginstrumente. Von den in Nordborneo weitverbreiteten Buckelgong-Orchestern ist im Sultanat vor allem das Gulintang-Ensemble bekannt. Es verwendet außer dem eigentlichen Gulintang, einem Gestell mit acht gebuckelten Gongs, auf denen melodische Muster gespielt werden, noch Hängegongs und Röhrentrommeln für die rhythmische Begleitung. Früher erklangen diese Instrumente bei allen Staatsfeierlichkeiten, heute kann man sie noch bei traditionellen Festen hören.

Reise-Informationen

Einreise- und Fahrzeugpapiere
Bürger der Bundesrepublik Deutschland und der Schweiz benötigen für einen Aufenthalt bis zu 14 Tagen einen gültigen Reisepaß bzw. Kinderausweis, sofern sie auf dem Flughafen von Bandar Seri Begawan ankommen. Österreicher brauchen außerdem ein Visum. An anderen Einreisestellen ist grundsätzlich ein Visum erforderlich. Als Fahrerlaubnis ist der internationale Führerschein vorzuweisen.

Zoll
Bei der Einreise sind zollfrei: 200 Zigaretten oder 225 g Tabak, 1 Liter Wein oder Spirituosen und etwas Parfüm.

Devisen
Brunei-Dollars (BR$) sowie ausländische Währungen (außer indischen und indonesischen Rupien) dürfen ohne Beschränkung ein- und ausgeführt werden.

Impfungen
Malariaschutz ist außerhalb der Städte anzuraten.

Verkehrsverhältnisse
Nach Malaysia gibt es regelmäßige Flug- und Schiffsverbindungen. Die einzige Straßenverbindung nach Brunei besteht zwischen Miri in der ostmalaysischen Provinz Sarawak und Kuala Belait. Busse, Taxis und Leihwagen stehen zur Verfügung. Es herrscht Linksverkehr.

Unterkünfte
Die Hotels spiegeln (auch in den Preisen) den Reichtum des Sultanats Brunei wider.

Reisezeit
Die Zeit des Nordostmonsuns (insbesondere von November bis Januar) sollte man meiden.

Zum Kampf wird die messerscharfe Klinge am Fuß des Hahns fixiert.

China

Ferdinand Ranft

Das drittgrößte Land der Erde schickt sich an, in die Reihe der Weltmächte aufzurücken. Umwälzende Reformen, ungewöhnliche wirtschaftspolitische Experimente, Aufbruchstimmung wie in den legendären amerikanischen Goldgräberzeiten bestimmen das Bild Chinas. Und China-Reisende wollen das sehen: die wie Pilze aus dem Boden sprießenden privaten Handwerksbetriebe, die Wirtschaftssonderzonen, in denen Chinesen gemeinsam mit ausländischen Firmen komplizierte elektronische Geräte produzieren, die neuen Hotelpaläste oder die Bauern, die jetzt auf eigene Rechnung wirtschaften und reich werden.

Aber China steht natürlich vor allem für eine jahrtausendealte Kultur und für Naturwunder, die ihresgleichen suchen. Die Große Mauer, die Ming-Gräber und der Kaiserpalast, der Jangtsekiang mit seinen drei großen Schluchten, Seide, Porzellan, Gartenkunst, Malerei und Tempel – welches Land der Erde will mit diesem Reichtum konkurrieren?

Staatsname:	Volksrepublik China
Amtssprache:	Chinesisch
Einwohner:	1,1 Milliarden
Fläche:	9 560 980 km²
Hauptstadt:	Peking (Beijing)
Staatsform:	Sozialistische Volksrepublik
Kfz-Zeichen:	TJ
Zeitzone:	MEZ +7 Std.
Geogr. Lage:	Zentral- und Ostasien; südlich der Sowjetunion und der Mongolischen Volksrepublik, grenzt auch an Afghanistan, Pakistan, Indien, Nepal, Bhutan, Birma, Laos, Vietnam, Nordkorea, Hongkong und Macau

Zahlreiche Seen liegen in den zentralen Bekkenlandschaften der Gebirgsprovinz Yunnan im Südwesten Chinas. Die Fischer dort haben ihre Kormorane zum Fischfang abgerichtet. Ein Ring um den Hals hindert die Vögel, ihre Beute zu schlucken.

Wissensdurst und Schlendrian

Irgend etwas Merkwürdiges ging vor. Ich saß im Restaurant des Renmim-Hotels in Sian (Xian), einem alten Palast, dessen abbröckelnder Charme mir wesentlich sympathischer war als die gesichtslosen Hotelkästen, die jetzt allerorten aus dem Boden gestampft werden. Eine junge Chinesin bediente mich. Während ich mit meinen Stäbchen herumhantierte und sie die zahlreichen Teller mit den Gerichten auf dem Tisch verteilte, war immer ein undefinierbares Geräusch zwischen uns. Schließlich fragte ich meine Serviererin auf englisch, was das zu bedeuten habe. Sie lächelte, zog einen kleinen schwarzen Kasten aus der Schürzentasche und antwortete: »Ich höre den englischen Sprachkurs im chinesischen Rundfunk.«

Sofort fiel mir eine andere Begegnung ein, die ein paar Tage zurücklag und sich in Peking (Beijing) ereignet hatte. Es war spät abends, und ich bummelte mit meinem Dolmetscher in der Nähe des Tiananmenplatzes, auf dem das Mao-Mausoleum steht, eine Seitenstraße entlang. Auf einer kleinen Mauer saß ein junger Mann unter einer großen Bogenlampe, die helles Licht spendete; er war in ein Buch vertieft. Erst als wir ihn ansprachen, schaute er auf. Mein Dolmetscher erfuhr, daß er zu Hause nicht lernen könne, die Geschwister schliefen schon, in dem kleinen Raum sei es sowieso zu eng, und die einzige Lampe sei nur eine Funzel.

Der unbändige Wille der chinesischen Jugend zu lernen, voranzukommen, den Anschluß an die hochgelobten Länder des Westens zu finden, ist für den China-Reisenden nicht zu übersehen, aber er ist bei aller Rührung, die einige dabei empfinden, auch beängstigend. Chinas Jugend ist stark. Mutig probieren die jungen Chinesen ihre gerade erworbenen Englischkenntnisse aus, überall werden die Ausländer angesprochen: »Do you speak English?«

In der Millionenstadt Luoyang, die wegen ihrer Longmen-Buddha-Grotten berühmt ist und deshalb auf keiner Rundreise fehlt, besuchten wir eine Kugellagerfabrik. Nach der üblichen Empfangszeremonie im Besucherraum – rote Plüschsofas mit weißen Häkeldeckchen entlang der Wände, davor kleine Tischchen für den Tee – besichtigten wir die Fabrikationshallen. Ohrenbetäubender Lärm begleitete das Pressen, Stanzen und Schleifen der Kugeln. Aber fast jeder zweite Automat stand still, war – wie wir erfuhren – schon seit Wochen außer Betrieb, Ersatzteile fehlten. Einige Arbeiter schliefen, ließen sich weder durch den Lärm noch durch den vorübergehenden Direktor stören.

◁ ***China ist immer noch Bauernland – vier von fünf Menschen leben und arbeiten auf dem Lande. Die moderne Agrartechnik hält hier nur zögernd Einzug. So bewirtschaftet diese Bäuerin in der Nähe von Kunming, im Süden Chinas, ihr Gehöft noch nach uralten Arbeitsmethoden.***

▽ ***Reis ist das wichtigste Grundnahrungsmittel in China. Die sattgrünen Reisfelder am Er Hai, einem See bei Dali in der Provinz Yunnan, versprechen eine reiche Ernte.***

Auch das ist chinesische Wirklichkeit. Fortschritt und Schlendrian, Bildungseifer und Faulheit, straffe Führung und korruptes Lavieren – sie gehören genauso zum chinesischen Alltag wie Fahrrad und Übervölkerung. Wohin steuert dann aber Chinas Wirtschaft, wie steht es mit Bildung und Ausbildung, wer sind die Manager in den Hotels und Fabriken?

Von den Universitäten kommen zu wenig Führungskräfte

An Arbeitskräften ist in China kein Mangel. So wie in den vergangenen Jahrhunderten, wenn die Dämme des Gelben Flusses brachen, kurzerhand ein paar Millionen Menschen zum Katastrophenort beordert wurden, die sich dann gegenseitig auf die Füße traten, so haben auch die Chinesen des 20. Jahrhunderts kein Verhältnis zum sinnvollen, rationellen Einsatz der menschlichen Arbeitskraft. An vielen Maschinen steht den ganzen Tag eine Reserve-Crew herum. Oder beobachten Sie einmal im innerchinesischen Luftverkehr, wie viele Menschen nach der Landung aus dem Cockpit herausquellen. Chinas großes Problem liegt im Fehlen von geeigneten Führungskräften. 1,7 Millionen Studenten büffeln derzeit an Chinas Universitäten. Wenn man sich dagegen vor Augen hält, daß in der kleinen Bundesrepublik Deutschland über eine Million Studenten an den Hochschulen eingeschrieben sind, dann kann man den Nachholbedarf der Chinesen ermessen. Immer noch leidet das Land an den Folgen der unsäglichen Kulturrevolution, die Bildung und Wirtschaft über zehn Jahre hin blockiert und ruiniert hat. Zu wenig Professoren – zu wenig Studenten – zu wenig Ausbildungsstätten – der Teufelskreis scheint sich nicht durchbrechen zu lassen.

Verstärkt wird dieser Trend durch die mangelhafte Qualität der Ausbildung. Chinesische Universitäten sind weithin wie Paukschulen organisiert. Die Vorlesungen werden mitgeschrieben, der Stoff wird auswendig gelernt, so kommt man durch die Prüfungen. Kein Wunder, daß immer mehr lernwillige Chinesen versuchen, ein Stipendium für ein Auslandsstudium zu erwischen.

Natürlich gehen auch aus dem heutigen chinesischen Bildungssystem vereinzelt Spitzenkräfte hervor. Man weiß von renommierten Kliniken, vom tüchtigen Management der Lokomotivenfabrik in Dalian, von jungen Parteisekretären, die den Apparat aus dem Schlaf gerissen, und von Hoteldirektoren, die ihren Häusern internationalen Standard verschafft haben, etwa im »White Swan Hotel« in Kanton (Guangzhou).

Wie sollte auch ein Volk, das das Porzellan, das Schießpulver und das Papier erfunden hat, nicht in der Lage sein, auf den Zug des Fortschritts aufzuspringen? Und Fortschritte sind ja auch allerorten zu sehen. Die Zeit arbeitet hier ganz eindeutig für China, freilich nicht im Jahresrhythmus, eher in dem von Jahrzehnten.

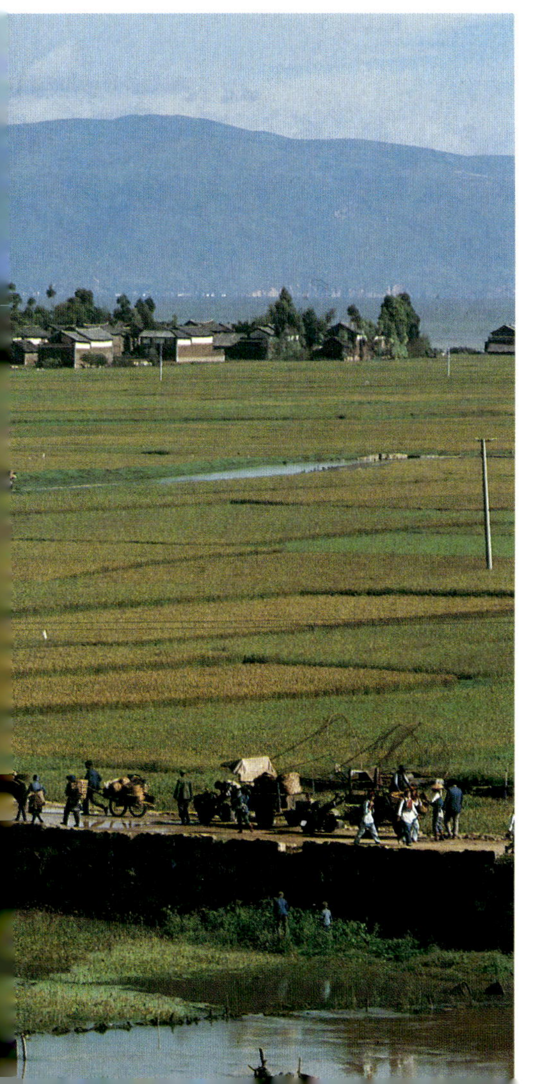

△ *Ein riesiges Labyrinth aus Stein: die bizarre Felslandschaft südöstlich von Kunming. Der Steinwald ist ein beliebtes Ausflugsziel, das zum Teil durch einen abenteuerlichen Weg über unzählige Brücken erschlossen ist.*

Wo das Land am schönsten ist

Die Bewohner Südchinas sind fest davon überzeugt, im schönsten Teil des Landes zu leben. Hier liegen die Reiskammern, hier hat die Natur ihre Schönheiten verschwenderisch ausgebreitet. Die Südchinesen blicken deshalb auf den Norden eher ein wenig mitleidig herab. Er bleibt für sie das karge und kalte Grenzland zur Mongolei, denn dort scheint es an allem zu fehlen, womit der Süden so reich bedacht ist.

Und in der Tat, sogar das meiste von dem, was wir mit »chinesischer Kultur« in Verbindung bringen, ist südchinesischer Herkunft. Hier, nicht im Norden, liegt die Meditations-Landschaft der Naturphilosophen, sind die Weiher, Bäche, Ströme, findet man die Einsamkeit der Gebirge, in denen Maler und Dichter das Antlitz Buddhas suchten. Und hierher haben sich die reichen Kaufleute und hohen Hofbeamten zurückgezogen, um an ihrem Lebensabend in kunstreichen Gärten, Nachbildungen der umgebenden Ideallandschaft, im milden Klima des Südens lustwandeln zu können.

Gerade die Gartenkunst ist ein überwältigendes Beispiel für die Sensibilität und das Raffinement der alten chinesischen Kultur. Als ich mich etwas näher mit den chinesischen Gärten befaßte, die ja Darstellungen einer Landschaft im kleinen sein sollen, also den Versuch unternehmen, die Harmonie von Erde und Himmel, Steinen und Wasser, Gebäuden und Pflanzen darzustellen, da geriet ich an ein Detail, das mir zunächst kaum glaubhaft erschien. Nicht nur Licht und Luft werden bei der Gartengestaltung bewußt einkalkuliert, auch das Geräusch eines Baches und – man muß es zweimal lesen – die unterschiedliche Klangfarbe von Regentropfen auf Bambusblättern und auf Bananenstauden. Entsprechend wurden die Pflanzen im Garten angeordnet. Was der Tourismus heute den Gärten antut, ist deshalb schiere Barbarei. Kein Mensch ist in der Lage, die chinesischen Gärten zu »erleben«, wenn er sich gleichzeitig mit Tausenden von schwatzenden und kichernden Besuchern durch die Anlagen wälzt.

Natürlich gehört auch das weltbekannte chinesische Kunsthandwerk zur Kultur des Südens: hauchdünnes, perlweißes Porzellan oder die eindrucksvollen Lackarbeiten – vom schlichten schwarzen Döschen bis zum farbenprächtigen Lackparavent; und nicht zu vergessen die edle chinesische Seide! Nur: Der Glanz jenes Textils, der einmal kennzeichnend war für die Produkte der Seidenwebereien in Hangzhou und anderen Städten, ist leider verblaßt. Auch die Lackkunst beherrschen nur noch wenige alte Meister, etwa in der Lackfabrik von Fouzhou. Und das heute in den Manufakturen Jingdezhens gefertigte Porzellan läßt sich nicht mehr vergleichen mit den Produkten von früher.

Seit eh und je ist der Süden auch Chinas Reiskammer. Das Klima erlaubt bis zu drei Ernten im Jahr, und bei all diesen Reichtümern ist es nicht weiter verwunderlich, daß die Küche des Südens, insbesondere die kantonesische, als eine der besten der Welt gilt.

Eine solche Fülle prägt die Menschen. Sie erscheinen freier und lebensfroher als die Chinesen des Nordens und auch neugieriger gegenüber den Verlockungen westlicher Konsumgüter, die über die Häfen des Südchinesischen Meeres wie Xiamen (Amoy) oder Schanghai – ohnedies weit geöffnete Tore für alles Neue – ins Land dringen.

So berühmt wie Kanton für seine Küche ist das nur eine Flugstunde davon entfernte Guilin für seine Naturwunder: Die 80 Kilometer lange Bootsfahrt durch die »schönste Landschaft der Erde« auf den kristallklaren Wassern des Li-Flusses von Guilin nach Yangshuo gilt als der Höhepunkt jeder China-Reise. Gemächlich gleiten die Ausflugsboote in sechs Stunden an fast 30 Kalksteinfelsen vorbei, die Wind und Wetter über Jahrtausende modelliert haben. Die Vielfalt der Formen spiegelt sich in ihren plastischen Namen – angefangen beim »Elefantenrüsselberg« noch nahe bei Guilin, vorbei am »Berg der leeren Vase«, dem »Vater-Sohn-Fels« und dem »Berg der wartenden Ehefrau«, zwischen dem »Schreibpinselberg« und dem »Alten Mann am Mühlstein« hindurch zum »Pinselständerberg«, bis dann der »Gipfel des grünen Lotos« Yangshuo ankündigt. Dort sollte, wer immer kann, einen Tag bleiben; Yangshuo ist ähnlich reizvoll wie Guilin, nur lange nicht so überlaufen.

Südchinas Landschaft, von Bergen und Wasser beherrscht, läßt sich zum guten Teil vom Schiff aus erleben. Zu empfehlen ist deshalb vor allem auch eine Flußfahrt von Chongqing bis Wuhan durch die Schluchten des Jangtsekiang oder ein Abstecher nach Leshan am Ufer des Minjiang zur mächtigsten Buddha-Statue Chinas – sie hat eine Höhe von 71 Metern.

Die bedeutendste Wasserstraße des Ostens ist der Kaiserkanal oder Große Kanal, vor rund 2500 Jahren begonnen und später zur Versorgung der Hauptstadt Peking ausgebaut; er war damals, mit all den einbezogenen Seen und Flußabschnitten, rund 2500 Kilometer lang. Im Norden sind große Teile des Kanals verfallen, aber auf dem südlichen Abschnitt herrscht dichter Bootsverkehr wie zu alten Zeiten. Diesen Kanal sollte man ein Stück weit befahren, am besten zwischen Hangzhou und Suzhou, nahe der chinesischen Ostküste. Auch diese beiden Städte selbst sind sehenswert; Suzhou gilt als das »Venedig des Ostens« und besitzt berühmte Gärten.

Das »Licht Buddhas« über den Bergen

Weitaus strapaziöser als die geruhsame Bootsreise ist die Erkundung der Bergwelt, aber die Anstrengungen werden schließlich auch mit ganz besonderen Naturerlebnissen belohnt.

Für die buddhistischen Mönche sind die Berge Orte der Wahrheit und der Erkenntnis. Zur Meditation zogen sie sich in die Einsamkeit der Gipfel zurück. Von den vier heiligen Bergen des Buddhismus liegen drei in der südlichen Hälfte Chinas: der Jinhua Shan in der Provinz Anhwei (Anhui), der Emei Shan in der Provinz Szetschuan (Sichuan) und der Putuo Shan auf der Insel Putuoshan Dao in der Provinz Che Chian (Zhejiang). Der vierte, der Wutai Shan, befindet sich in der nördlichen Provinz Schansi (Shanxi).

Der Aufstieg auf den Emei Shan dauert vom 1020 Meter hoch gelegenen Wannian aus, das man mit dem Bus erreicht, noch etwa zehn Stunden. Einstmals gab es nahezu 200 Klöster am Emei Shan, heute sind es nur noch knapp 20. In acht davon kann man übernachten, wenn man nicht eine Hütte vorzieht. In einer Höhe von 3099 Metern steht man schließlich auf der Goldenen Spitze. Wer Glück hat, erblickt hier oben das »Licht Buddhas«. Was so mystisch gedeutet wird, ist eine fächerförmige Lichterscheinung, die man auch bei uns in weiten Landschaften wahrnehmen kann, wenn die Sonnenstrahlen schräg durch Lükken in der Wolkendecke fallen.

Dieser Aufstieg zur Goldenen Spitze ist gleichermaßen ein Ausstieg: aus dem touri-

◁ Vor der phantastischen Kulisse der kegelförmigen Karstberge bei Yangshuo in der Provinz Guangxi liegen fruchtbare Felder. Doch nicht nur als Agrarland genießt diese Gegend Bedeutung: Maler und Dichter haben sich hier zu wunderschönen Werken inspirieren lassen.

stischen Programm. Und er vermittelt einen Kontakt zu den Einheimischen, wie man ihn sonst kaum auf einer China-Reise bekommen wird. Ähnlich mühsam und doch lohnend ist der Weg, will man den berühmten Sonnenaufgang auf dem 1860 Meter hohen Lotosblütengipfel (Lianhua Feng) in den Gelben Bergen erleben. Aber ohne solche Anstrengungen wird man nie ein tieferes Verhältnis zu diesem Land gewinnen.

Neben den Bergen und Flüssen gehören zu einer Rundreise durch den Süden Chinas meist noch drei eindrucksvolle Stationen: der Steinwald von Kunming mit seinen schroffen Kalksteinablagerungen – Sedimente eines vor 270 Millionen Jahren ausgetrockneten Meeres –, die Buddha-Grotten von Dazhu in der Provinz Szetschuan, eine der bedeutend-

◁ In der Freizeit sind bei den Chinesen Spielbrett oder Karten stets schnell zur Hand: Die Männer an diesem Tisch spielen Schach, für das große Damesteine verwendet werden.

△ Das Trennen von Korn und Spreu wird noch in weiten Landstrichen mit Methoden wie in Urväterzeiten vorgenommen.

sten Kultstätten Chinas, und nicht zuletzt das Grab Chu Yüan-changs (1328 bis 1398), des ersten Kaisers der Ming-Dynastie. Es liegt in der Nähe Nankings, und man sieht hier die gleichen Figuren wie am Heiligen Weg der Ming-Gräber bei Peking. Aber diese Figuren sind keineswegs eine Kopie, vielmehr wurden die steinernen Wächter von Peking nach deren Vorbild geschaffen.

Trotzdem bietet Südchina dem Reisenden heute wohl mehr an landschaftlicher Schönheit als an historischen Zeugnissen aus der Zeit des Kaiserreichs. Viele von ihnen wurden während des großen T'ai-p'ing-Aufstandes um die Mitte des vergangenen Jahrhunderts vernichtet. Mit ihrer blindwütigen Bilderstürmerei wollten die christlichen T'ai-p'ing-Rebellen das Reich Gottes auf Erden erzwingen. Bei den Kämpfen damals wurden im Süden des Landes mehr Kulturgüter zerstört als während der übrigen Bürgerkriege, während des Zweiten Weltkrieges oder der Kulturrevolution unter Mao.

Die Revolutionen der vergangenen 150 Jahre hatten ihren Ausgangspunkt immer im Süden Chinas. Von hier aus wurde zu Beginn unseres Jahrhunderts der letzte Kaiser gestürzt. In Nanking wurde Sun Yat-sen zum ersten Provisorischen Präsidenten der jungen Republik gewählt. Die bürgerliche Revolution Chiang Kai-sheks begann in Südchina. Die kommunistische Partei Chinas wurde in Schanghai gegründet. Und in der Provinz Kiangsi (Jiangxi) bei den Jinggang-Bergen brach schließlich Maos Rote Armee zu ihrem Langen Marsch auf. Mao wurde übrigens auch im Süden Chinas geboren. Er stammt aus dem Dorf Shaoshan in der Provinz Hunan. Zu seinem Geburtshaus und einem kleinen Museum dort, in dem Bilder und Schriften ausgestellt sind, pilgern die Chinesen in Scharen.

Der Süden blickt nach Westen

Wie in früheren Zeiten herrschen im Norden noch immer eher Zurückhaltung, ja Verschlossenheit vor, wogegen sich im Süden die Öffnung nach außen, nach Westen hin, mit Eifer und großer Beweglichkeit vollzieht. Kaum hat man hier gemerkt, daß die Besucher aus dem Westen ihr Interesse insbesondere den Zeugnissen vergangener Zeiten, pittoresken Ortsbildern, Tempeln und überhaupt dem alten China zuwenden, macht man sich auch schon eilig daran, zu restaurieren und zu reproduzieren. Schließlich geht es um Devisen. Und so werden Millionen Yuan in alte – und neugebaute – Tempel, Gärten, in Kaisergräber und den Kaiserkanal, in Buddha-Grotten und in längst totgeglaubte Zweige des Kunsthandwerks gesteckt. Zugleich aber wird eine Unzahl von Hotels hochgezogen. Die Erwartungen in den westlichen Tourismus sind von unbegrenztem Optimismus getragen. Den Chinesen selbst liegt dagegen weit weniger an der eigenen Vergangenheit als an einer Zukunft in materiellem Wohlstand. Die Zeiten spartanischer Enthaltsamkeit wirken deutlich nach, und sie wurde ja auch beileibe nicht freiwillig geübt. Nun gilt es, allerhand nachzuholen: Fernsehgeräte, westliche Radios, Kassettenrecorder, Kühlschränke, Armbanduhren, Taschenrechner – aber auch Cola, Jeans und Turnschuhe. Die Konsumgüter locken.

△ Den »Pavillon im Herzen des Sees«, ein Teehaus in Schanghai, erreicht man nur über Zickzack-Brücken: Die Chinesen glauben, daß die Dämonen nur geradeaus gehen können.

▷ Als Lastensegler immer noch im Einsatz: alte Dschunken im Hafen von Schanghai.

Doch sie sind bisher nur in den sogenannten Freundschaftsläden zu haben, gegen harte West-Währung, wie sie nur Touristen ins Land bringen. Da aber auch die Chinesen in diesen für die währungsstarken Fremden gedachten Läden einkaufen dürfen, hat sich ein reger Schwarzhandel entwickelt. Vor jedem Touristenhotel, vor jedem besseren Restaurant und auf zahlreichen freien Märkten werden dem Besucher aus dem Westen günstige Wechselkurse angeboten, um nur ja in den Besitz der begehrten »Foreign Exchange Certificates« zu kommen. Und wer einen Walkman oder eine auffällige Fotoausrüstung bei sich trägt, kann erleben, daß ihm darauf versessene Chinesen Dollars dafür bieten. Das Händlerherz der Nation beginnt wieder zu schlagen.

Dagegen läßt sich oft ein seltsames Desinteresse, wenn nicht gar eine provozierende Teilnahmslosigkeit gegenüber den eigenen Kulturschätzen beobachten. Wo etwa mitteleuropäische Besucher ergriffen vor einer Buddha-Statue stehenbleiben, haben gerade die jungen, in Maos Schulen erzogenen Chinesen hier oft nur Allotria im Sinn. Vielleicht auch ein Zeichen dafür, daß diese buddhisti-

Die Kulturrevolution

Der Name ist irreführend. Diese letzte große Revolution in China hatte nur am Rande etwas mit Kultur zu tun, sie war in erster Linie eine Umwälzung der chinesischen Gesellschaft. Mao Tsetung, der große chinesische Führer und Gründer der Volksrepublik China, erkannte, daß sich schon nach knapp 20 Jahren kommunistischer Herrschaft wieder »eine dicke Fettschicht« auf der Gesellschaft gebildet hatte.

Im Jahre 1966 formierte Mao seine Gefolgschaft – die Armee und die Parteileitung von Schanghai. Er säuberte das Zentralkomitee der Partei und ließ an alle Parteiorganisationen im Lande ein Rundschreiben versenden, in dem es unter anderem hieß: »Unser Land steht jetzt vor dem Aufschwung in die Große Proletarische Kulturrevolution. Dieser Aufschwung ist ein machtvoller Sturm auf alle ideologischen und kulturellen Positionen der Dekadenz, die noch von der Bourgeoisie und den Überresten des Feudalismus gehalten werden.«

Der Widerstand in der Partei war groß, bedeutete der neue Kurs Maos doch praktisch einen vollständigen Austausch der Führungsschicht. Leiter von Fabriken und Professoren wurden zur Landarbeit in die Provinz geschickt, Arbeiter und Studenten übernahmen deren Positionen. Viele Hochschulen wurden geschlossen, überall brach die Produktion zusammen. Vom Lande strömten Hunderttausende von jungen Leuten, die schon lange mit ihrer schlechten Ausbildung unzufrieden waren, in die Städte und formierten sich zu den sogenannten »Roten Garden«.

Im Zusammenhang mit ihren gewalttätigen Demonstrationen kam es vielerorts auch zur Zerstörung von Kulturdenkmälern und Klöstern, zu Gewalttaten, ja Morden. Die Armee stellte schließlich die Ordnung wieder her. Wenn auch die »heiße« Phase der Kulturrevolution bis zum Jahre 1969 vorbei war, blieben ihre Auswirkungen noch bis zu Maos Tod im Jahre 1976 spürbar. China wurde durch die Unruhen im Lande in seiner wirtschaftlichen und bildungspolitischen Entwicklung um mindestens zehn Jahre zurückgeworfen.

▽ Alte Prachtbauten aus der Kolonialzeit säumen den »Bund« in Schanghai, die Uferstraße am Huangpu. Auch der Name der Promenade weist in die Geschichte: ein englisch-indisches Mischwort für »Damm«.

sche Hochkultur eigentlich nie Sache des Volkes war. Im Gegenteil. Nirgendwo war der Anteil derer, die an der Kultur teilhatten, geringer als im China vor der Revolution. Das alte China verschwindet.

Diese kulturelle Bindungslosigkeit mag auch erklären, weshalb gegenwärtig das alte China im Namen des sogenannten Fortschritts in aller Regel niedergewalzt wird – wenn nicht gerade ein übergeordnetes touristisches Interesse an der Erhaltung pittoresker Einzelheiten besteht. Immer mehr Überbleibsel einer großen kulturellen Vergangenheit verschwinden, und weit und breit scheint es niemanden zu geben, der deshalb Skrupel hätte. Das »Malerische« verschwindet gleich straßenweise, das »Typische« zählt nicht mehr, und nur das »Praktische« findet noch Gnade vor den Augen der Stadtplaner und Architekten. Eine Tendenz, die fatal an die Verfehlungen der westlichen Architektur vor 20, 30 Jahren erinnert. Aber in China, wo es Hunderten von Millionen noch an sanitären Anlagen fehlt, interessiert man sich viel stärker für eine funktionierende Wasserspülung.

Wie lange wird sich wohl bei diesem Fortschrittstempo das Familienleben auf der Straße oder im traditionellen Teehaus noch abspielen können? Hunderttausende von Familien sind bereits in Betonsilos eingepfercht. Wie lange werden sich die Chinesen noch in ihren alten Straßen und Hinterhöfen über die Peking-Wanderoper, den Schlangenbeschwörer oder den Minizirkus freuen können? Das Kino und insbesondere das staatliche Fernsehen, das mittlerweile bis in die letzten Dörfer reicht, stellen zudem eine fast übermächtige Konkurrenz dar.

China ist stolz auf seine modernen Errungenschaften – und wenn es merkt, daß es durch die Nachahmung all der architektonischen Sünden, die man im Westen schon längst wieder bereut, sein Gesicht verloren hat, wird es zu spät sein.

Aber gegenwärtig scheint nichts die Ungeduld aufhalten zu können, mit der in China Städtebau betrieben wird. Die Provinzhauptstadt Fuzhou ist nur ein Beispiel: Bei meinem letzten Besuch machte sie den Eindruck, als lebte man hier in einer Art Goldrausch. Rund um die Hauptstraße wurden gleich ganze Stadtviertel mit modernen Bulldozern abgerissen, um die Straße viermal so breit anlegen zu können. Die Trümmer allerdings sammelten Hunderte von Frauen und Männern wie seit alters in Tragekörbe und trugen die Last, links und rechts an einer Bambusstange baumelnd, auf ihren Schultern fort.

Kapitalismus im Sozialismus

Chinas etwas rabiater Fortschritt auf ökonomischem Gebiet hat sich einen Zaubernamen zugelegt: Wirtschafts-Sonderzone. Und der bedeutet nichts anderes als Kapitalismus mitten im Sozialismus. Die letzte dieser Zonen, bisher sind es vier, entstand in Xiamen (Amoy). Hier werden im Eiltempo Fabriken aus dem Boden gestampft, in denen die Chinesen zusammen mit amerikanischen und japanischen Unternehmen Computer und Fernsehapparate bauen. Hier läßt sich dann auch viel verdienen. So bekommt der Chefkoch im »Xiamen Mandarin«, einem neuen Luxushotel, monatlich gut sechsmal so viel wie ein Angestellter, Arbeiter oder Lehrer, nämlich um die 500 Yuan. Ob das gut gehen wird bei dem bisher so ausgeglichenen Sozialgefüge Chinas?

Die größte dieser Sonderzonen ist freilich Shenzhen, 50 Kilometer nördlich von Hongkong. Sie hat zweierlei Funktionen: eine politische und eine wirtschaftliche. Auf der einen Seite soll sie im Laufe der Jahre ein Entwicklungsniveau erreichen, das demjenigen von Hongkong allmählich gleichkommt, so daß Hongkong im Jahr 1997 problemlos in die Volksrepublik China integriert werden kann. Auf wirtschaftlicher Ebene soll Shenzhen das gleiche leisten wie alle Wirtschafts-Sonderzonen: Gute Investitions- und Produktionsbedingungen sollen ausländische Unternehmen dazu bewegen, in China Unternehmen zu betreiben und hochwertige Exportwaren herzustellen. Sie sollen freilich nicht mit Waren konkurrieren, die China ohnehin schon exportiert. Lockmittel für ausländische Unternehmen sind billige einheimische Arbeits-

Die Chinesische Schrift

Die chinesischen Schriftzeichen haben sich von Bildsymbolen allmählich zu abstrakten Kürzeln entwickelt. Man kann das sehr gut an Beispielen für Sonne, Mond, Pferd oder Fisch erkennen. Eine andere Zeichengruppe sind diejenigen mit einem übertragenen Sinn: Ein Winkelmaß steht für »Arbeit«. Eine weitere Gruppe stellen die Kombinationszeichen: Zwei Bäume bedeuten »Wald«. Kombinationen können aber auch Symbolcharakter erhalten, zum Beispiel bedeutet das Zeichen Sonne hinter dem Zeichen Baum »Osten«. Schließlich hat man auch noch Zeichen mit einer Bedeutung und Zeichen, die einen Lautwert darstellen, kombiniert.

Zur klassischen chinesischen Schrift gehören rund 400 Silbenzeichen; da sie aber in der chinesischen Hochsprache in vier verschiedenen Betonungen ausgesprochen werden können, ergeben 400 Schriftsilben fast 1600 Sprachsilben. Die Betonungen sind: hochbleibend, steigend, fallend-steigend und fallend.

Neue Begriffe werden durch Zusammensetzungen gebildet; so stehen zum Beispiel für »Republik« die Zeichen »gemeinsam«, »Eintracht«, »Staat«.

Seit 1979 gibt es eine international verbindliche Lautumschrift, Pinyin genannt, in der alle chinesischen Wörter ausgedrückt werden können.

		1.	2.	3.	4.	5.
rì	Sonne				日	日
yuè	Mond				月	月
mǎ	Pferd				馬	馬
yú	Fisch				魚	魚

kräfte, eine von den Chinesen bereitgestellte, im großen und ganzen befriedigende Infrastruktur und Steuervergünstigungen.

Das äußere Bild von Shenzhen ist imponierend. Hier steht Chinas höchstes Gebäude, das 33 Stockwerke hohe International Trade Center. Inzwischen hat es Gesellschaft bekommen, Klein-Hongkongs Skyline setzt sich schon aus über 60 Hochhäusern zusammen. Dazwischen entstanden drei- bis vierstöckige Wohnblocks und Grünanlagen. »Die Menschen sollen hier atmen können«, verkündet ein Vertreter der Stadtverwaltung.

Aber der große wirtschaftliche Erfolg blieb bisher aus. Eine ganze Reihe ausländischer Firmen produziert nicht für den Export, sondern direkt für den chinesischen Konsumgütermarkt. Bis vor kurzem waren das – nach einem Bericht der Zeitschrift »China im Aufbau« – 70 Prozent der in Shenzhen hergestellten Produkte. Erschwerend kommt zu dieser Bilanz hinzu, daß in Shenzhen bisher vorwiegend Billigprodukte hergestellt wurden, also Güter mit geringer Wertschöpfung. Vom erhofften »Technologie-Import« konnte schon gar nicht die Rede sein.

So war das ganze kapitalistische Szenarium zunächst ein Schlag ins Wasser. Doch die Chinesen setzen das Experiment fort, wenn auch mit gedrosseltem Tempo. Vor allem fehlen noch die erhofften Devisen, so daß der Transfer der Gewinne an ausländische Gesellschaften auf sich warten läßt.

Übrigens beteiligen sich auch einst als »Kapitalisten« Verfolgte aktiv am wirtschaftlichen Aufbau des Landes. Die Gesellschafter der Shanghaier Patriotischen Aufbaugesellschaft haben zum Beispiel ein Grundkapital von 33 Millionen US-Dollar aufgebracht – aus ehemals beschlagnahmten Vermögen, die inzwischen zurückerstattet wurden. Die Gesellschaft hat Wohnhäuser und Restaurants gebaut, ist an 40 Fabriken beteiligt, betreibt ein Passagierschiff und eine Boutique.

Die neuen Reichen

Auffallendstes Merkmal des neuen Wirtschaftskurses der chinesischen KP aber sind die kleinen Privatbetriebe, die sich mit rasanter Geschwindigkeit im ganzen Land ausbreiten. Nach den jüngsten Statistiken gibt es bereits fast 13 Millionen sogenannter selbständiger Haushalte mit 19 Millionen Beschäftigten. Das sind vor allem Restaurants, aber auch Betriebe von Schneidern, Schustern, Taxifahrern oder Textilhändlern. In diesen kleinen Unternehmen ist eine Aktivität zu spüren, eine Kreativität, wie man sie sich kaum vorstellen kann.

Hier hat die chinesische Regierung auch ein Tabu gelockert, das bisher in sozialistischen Ländern als unantastbar galt: das Verbot abhängiger Arbeit. Durften in privaten Betrieben bisher nur Familienangehörige beschäftigt werden oder mußte die Firma als eine Gesellschaft gleichberechtigter Partner organisiert sein, so ist es jetzt, nach einer Verordnung vom September 1987, Privatbetrieben erlaubt, bis zu zwei Gehilfen und maximal fünf Lehrlinge zu beschäftigen.

Die »neuen Reichen« haben nicht nur zu einer spürbaren Verbesserung der Versorgung der chinesischen Bevölkerung beigetragen, sondern auch neue Qualitätsmaßstäbe im Dienstleistungsbereich gesetzt. Dabei läßt sich gutes Geld verdienen. Der 28-jährige Zhao Weipo zum Beispiel hat in einer mittleren Stadt ein Restaurant mit fünf Tischen aufgemacht. Als er arbeitslos war – »ein auf Arbeit Wartender«, wie die Chinesen sagen –, ließ er sich von seinem Bruder, der in einer großen Hotelküche arbeitete, das Kochen beibringen. Heute kocht Zhao Weipo jeden Tag für rund hundert Gäste, sein monatlicher Reinverdienst liegt bei 700 Yuan (Monatseinkommen eines Facharbeiters etwa 100 Yuan). Davon bezahlt er jedem seiner drei Mitgesellschafter einen entsprechenden Anteil.

▷ Diesen Blick wird nicht jeder genießen können: Der Fotograf ist in einen Ballon gestiegen und schaut hinunter auf eine zauberhafte Landschaft in der Provinz Jiangxi im Südosten Chinas.

Bei solchen Einkommen ist es auch zu erklären, daß sich inzwischen in China ein Markt für Privatwagen entwickeln konnte. Eine Zeitlang war deren Besitz sogar verboten. Jetzt gibt es in einigen Großstädten Autohändler, die nicht nur an Betriebe, sondern auch an Privatpersonen verkaufen dürfen. Die Preise sind allerdings astronomisch hoch, unter 25000 Yuan – etwa der zwanzigfache Jahreslohn eines Facharbeiters – ist kein Wagen zu haben. Eine Autowelle ist deshalb in China in absehbarer Zeit nicht zu erwarten. Die Chinesen sind da realistisch, sie träumen von Mopeds und Motorrädern.

Die privaten Geschäftsleute haben sich auch schon organisiert – in Verbänden mit 50 Fen (ein halber Yuan) Monatsbeitrag. Dafür gibt es eine solide Interessenvertretung; zum Beispiel durch Anwälte, die säumige Kunden mahnen.

Ein klares Wort zu all diesen wirtschaftlichen Reformen ist freilich angebracht: China bleibt nach wie vor ein kommunistisches Land; im Unterschied zur Sowjetunion hat man allerdings nicht die Vernunft der Ideologie geopfert. In der Praxis heißt das: Die Grundstoffindustrien bleiben staatlich; kein privates Eigentum an Grund und Boden, wohl aber Wohnungseigentum; Kontrolle des Arbeitsmarktes, keine freie Arbeitsplatzwahl; Verbot der Beschäftigung von abhängigen Arbeitnehmern, mit Ausnahme der erwähnten Sonderregelung für kleine Privatbetriebe.

◁ Eigeninitiative ist gefragt: Der Schuhmacher zieht heute wieder mit seiner Wanderwerkstatt über Land, ohne sich um einen staatlichen Wirtschaftsplan kümmern zu müssen.

50000 Schriftzeichen – ein Stück bewahrter Tradition

Zur Weiterbildung nutzen die Chinesen zunehmend das zweite Fernsehprogramm. Dort gibt es zum Beispiel regelmäßig einen 30-Minuten-Kurs in Elektronik, einen Japanisch- und einen Englischkurs sowie ein dreiviertelstündiges Seminar über Kleincomputer. Aber es gibt auch ganz praktische Hilfen des Fernsehens zur Alltagsbewältigung, etwa unter dem Motto: »Wie verpacke ich sperrige Güter?« oder »Wie wasche ich Kaschmir-Pullover?«

Was jedoch fast nicht zu fassen ist: In diesem riesengroßen Land, in dem Raketen in den Weltraum geschossen und Computer gebaut werden, wird nahezu der gesamte

△ Die längste Brücke des Landes führt in Nanking über den Jangtsekiang. Sie wurde 1968 ohne ausländische Hilfe vollendet und gilt als Symbol chinesischer Tüchtigkeit.

Schriftverkehr noch handschriftlich bewältigt. Der Durchschnitts-Chinese beherrscht 3000 bis 4000 der komplizierten Schriftzeichen. Die raren Schreibmaschinen mit ihren annähernd 3000 Schriftzeichen sind unmöglich mit unserem Zehnfingersystem zu bedienen. Von »Tippen« kann dabei ohnehin nicht die Rede sein: Es ist schon eher ein vertracktes Suchen nach Zeichen, die dann mit einem Spezialhebel ausgewählt und mit Hilfe eines zweiten Hebels auf die Schreibwalze gedrückt werden, auf der ein Kohlepapier über dem Schreibpapier liegt, um den Abdruck der Zeichen festzuhalten. Eine in diesem Verfahren geübte Sekretärin schafft 40 »Abdrucke« in der Minute – nicht einmal so wenig, wenn man bedenkt, daß jeder Anschlag einer Silbe oder gar einem ganzen Wort entspricht.

Angesichts dieser Schwierigkeiten bemüht sich eine eigene Kommission für die Schriftreform schon seit etlichen Jahren um eine Möglichkeit, das traditionelle chinesische Schriftsystem in ein modernes, eher an unser Alphabet angelehntes System umzuwandeln. Aber hier hat es – ganz im Gegensatz zur Entwicklung in der Architektur – den Anschein, als wollten sich die Chinesen dieses letzte Stück Tradition nicht so schnell nehmen lassen.

Landwirtschaft als Gartenbau

Erste Erfolge beim Aufbau eines neuen Wirtschaftssystems hat es in der chinesischen Landwirtschaft gegeben. Ein riskantes Unterfangen, denn die Regierung ließ nach Jahr und Tag von der starren Planung ab – doch plötzlich schnellte die Reisproduktion in die Höhe, war die Ernte größer als der Verbrauch. Wann hatte es das schon gegeben? Gleich hieß es, manche Bauern seien dabei so reich geworden, daß sie sich Privatautos leisten könnten. Eine kühne Behauptung, wenn man bedenkt, daß ein Facharbeiter gut zwei Jahrzehnte für ein Auto arbeiten müßte. In Wirklichkeit aber hatten sich die Bauern für ihre Produkte Transporter gekauft, und die gibt es auf den ländlichen Automärkten auch gebraucht.

Wenn wir von Landwirtschaft in China sprechen, müssen wir unsere Vorstellungen von modernen bäuerlichen Betrieben über Bord werfen. Gewiß, fast jeder erinnert sich an bekannte Bilder: Da stehen Männer und Frauen im knöcheltiefen Wasser und stecken Reispflanzen in den Boden; auf einem anderen sieht man einen Bauern mit einem archaischen Pflug, den ein Wasserbüffel durch den Acker zieht; und wieder ein anderes zeigt Frauen, die in langen Reihen Strohballen auf dem Kopf balancieren. Landwirtschaft in China heißt immer noch zuallererst Handarbeit; erst allmählich hält die Technik in Form von Traktoren – wie sie zum Beispiel in Chinas größter Traktorenfabrik in Luoyang gebaut werden – Einzug auf dem Lande.

Und Chinas Landwirtschaft ist weit davon entfernt, in unserem Sinne rationalisiert zu sein. Wozu auch? Arbeitskräfte sind in Hülle und Fülle vorhanden. Ich denke, ein Vergleich zwischen einem deutschen und einem chinesischen Betrieb veranschaulicht das. Ich kenne einen landwirtschaftlichen Großbetrieb mit etwas über 600 Hektar Fläche in Niedersachsen, der auf guten Böden vor allem Zuckerrüben und Saatweizen anbaut. Der Hof ist vollmechanisiert und wird meist mit weniger als 20 Arbeitskräften betrieben. In der Nähe von Lanzhou besuchte ich einen chinesischen landwirtschaftlichen Großbetrieb, der schon aus dem Korsett der Volkskommune entlassen war. Die Anbaufläche

▽ ***Aller Anfang ist schwer: Der Junge macht seine ersten Übungen im Taijiquan, dem Schattenboxen, einer Mischung aus körperlichem Training, geistiger Konzentration und taoistischer Philosophie.***

Die Große Mauer

Amerikanische Astronauten haben es entdeckt: Die chinesische Große Mauer ist das einzige Bauwerk auf der Erde, das man vom Mond aus sehen kann. Kein Wunder, möchte man hinzufügen, es ist ja auch das längste. Die Angaben über die Länge schwanken freilich; die Chinesen nennen das Wunderwerk »10 000-Li-Mauer«, was bedeuten würde, daß sie 5000 Kilometer lang wäre – ein Li entspricht etwa 500 Metern. In Wirklichkeit ist sie, mit allen Abweichungen, wohl noch um einiges länger.

China-Reisende werden die Große Mauer meist bei Badaling besichtigen, rund 70 Kilometer nördlich von Peking. Touristen- und Linienbusse, Taxis und Sonderzüge schaufeln die Besucher an den Sightseeing-Platz Nummer eins in China. Die Mauer ist hier rund 8 Meter hoch, am Fundament 6,50 Meter und oben, auf dem Fußweg, 5,80 Meter breit. Auf diesem Patrouillenweg hatten fünf Pferde nebeneinander Platz.

Ursprünglich sicherten rund 20 000 Wachtürme, meist im Abstand von 140 Metern, das gewaltige Bollwerk. Begonnen wurde die Große Mauer bereits um 656 v. Chr. Zunächst entstanden Teilstücke, für die schon Hunderttausende von Arbeitskräften eingesetzt werden mußten. Zur Zeit der Ming-Dynastie wurden die Teilstücke miteinander verbunden, streckenweise liefen sogar mehrere Mauern parallel nebeneinander her.

Heute kann man der Mauer vom Shanhaiguan-Paß an der Ostküste bis zum Jiayuguan-Paß im Westen folgen. An den meisten Stellen ist sie verfallen, nicht überall ist sie so gewaltig wie nördlich von Peking, wo sie 1957 wieder instand gesetzt wurde. Ihren Zweck hat die Große Mauer freilich verfehlt: Die Einfälle von Tataren und Mongolen aus dem Norden und Chinas Eroberung durch die Mandschuren konnte sie nicht verhindern.

Wohlstand ist ein relativer Begriff

Freilich sind in den letzten Jahren – bedingt durch eine Lockerung der Preiskontrolle und durch den Abbau staatlicher Zuschüsse – die Preise für landwirtschaftliche Erzeugnisse zum Teil erheblich gestiegen, in Ausnahmefällen bis zu 50 Prozent. Von den Zeiten relativer Preisstabilität mußte sich China damit verabschieden. In der Folge sah sich die Regierung aufgrund lebhafter Klagen aus der Bevölkerung gezwungen, die Löhne zu erhöhen. Ein chinesischer Arbeitnehmer verdient durchschnittlich zwischen 70 und 100 Yuan im Monat – davon läßt sich ordentlich leben, und langsam beginnt sich auch ein bescheidener Wohlstand zu entwickeln, denn die Lebenshaltungskosten sind gering: 30 bis 40 Yuan braucht man fürs Essen, nur fünf bis sieben für die Miete, drei bis vier für Strom – und für die Kleidung genügen gut und gern 15 Yuan. Der Rest wird gespart. Ein Fahrrad kostet um die 200 Yuan. Und manchmal reicht es auch zu einer Waschmaschine für 500 oder gar zu einem Farbfernseher für 1000 Yuan.

Läßt man die Wirtschafts-Sonderzonen und die am Ende doch sehr geringe Zahl von »neuen Reichen« außer acht, so existiert in China eine noch wirklich klassenlose Gesellschaft. Die weitgehende Gleichheit zeigt sich schon im Straßenbild. Wer etwa Fahrrad fährt, muß meist mit der Marke »Fliegende Taube« vorliebnehmen. Weit seltener sieht man die Prestigeräder Marke »Phoenix«. Alle sind schwarz und ohne Beleuchtung. Aber was will man mehr – man kommt voran. – Und die Mode? Im Sommer trägt man mehr weiße Hemden und Blusen zu Hosen in Grau, Schwarz, Blau oder Grün. Noch empfindet das niemand als Mangel. Bescheidene Veränderungen diesbezüglich mag es in Schanghai oder Kanton geben, wo der westliche Einfluß besonders groß ist. Doch dort wie anderswo in China haben in den Städten alle gleichermaßen unter einem krassen Mangel an Wohnraum zu leiden, dagegen wirkt die Landbevölkerung wegen ihrer geräumigeren Wohnungen vielfach geradezu privilegiert.

war etwas größer, etwa 800 Hektar, Maschinen waren kaum vorhanden, dafür waren auf den Feldern gut und gerne 3000 Arbeitskräfte im Einsatz. So ist es kein hinkender Vergleich, wenn man behauptet: Landwirtschaft wird in China vielfach wie Gartenbau betrieben.

Dieser Tatsache kommt ungeheure Bedeutung zu, wenn man sich vor Augen hält, daß China immer noch ein Land der Bauern ist: 800 Millionen von etwas über einer Milliarde Chinesen leben – zum Teil dicht gedrängt – auf dem Lande. Nun leben diese Menschen nicht alle gleich, es ist vielmehr so, daß die Bauern in den verschiedenen Regionen Chinas ganz unterschiedliche Bedingungen für ihre Arbeit vorfinden und daß nur 10 Prozent der Landmasse Chinas landwirtschaftlich genutzt werden können. Die reichen Bauern leben im fruchtbaren Osten und Südwesten des Landes sowie in der Umgebung der großen Städte, die ärmsten dagegen in den Dürre- und Hochlandgebieten. Um 1980 waren noch über 2,5 Millionen Bauern auf staatliche Überlebenshilfe angewiesen. Zu dieser Zeit lag das durchschnittliche Pro-Kopf-Einkommen auf dem Lande noch bei 380 Yuan im Jahr; aber zur gleichen Zeit gab es im Südwesten und Osten schon Haushalte – etwa fünf Personen – mit einem jährlichen Einkommen von weit über 10 000 Yuan.

Doch es zeichnet sich eine Wende für die chinesische Landwirtschaft ab. Mitte der achtziger Jahre wurde die Auflösung der Volkskommunen verordnet. Fast 25 Jahre lang waren die Bauern von ihnen geknebelt worden. Volkskommune, das bedeutete: Auflösung der Familienstruktur, Degradierung der Bauern zu unselbständigen Landarbeitern, realitätsferne Planung der Anbauflächen und der anzubauenden Produkte, bürokratische Verteilung der Erzeugnisse, paramilitärische Organisation der Lebensverhältnisse.

Das alles ist vorüber. Geblieben ist lediglich der verstaatlichte Grund und Boden. Privateigentum an Land kennt China auch heute noch nicht. Aber die Bauern dürfen inzwischen Teile der ihnen zugewiesenen Felder nach eigenem Gutdünken bebauen und die dort erwirtschafteten Erträge auf den freien Märkten verkaufen – wenn sie die Planvorgaben des Staates erfüllt haben. Die Bauern sind also gleichzeitig Erfüllungsgehilfen des Staates und Privatunternehmer. Niemanden interessiert es mehr, wann und wie lange jemand auf dem Feld arbeitet, entscheidend ist allein der Erfolg. Das hat die Produktivität in der chinesischen Landwirtschaft sprunghaft nach oben schnellen lassen.

△ ***»Rush-hour« auf dem Kaiserkanal: Noch heute ist die historische Wasserstraße, deren Anfänge ins fünfte Jahrhundert vor Christus zurückreichen, eine der wichtigsten Verkehrsadern Chinas; sie verbindet Peking mit Hangzhou.***

▷ ***In einem Drachenboot auf dem Kaiserkanal durch Suzhou zu gondeln, das gehört zu einer Reise ins »Venedig des Ostens«, wie man die Stadt wegen ihrer vielen Kanäle nennt.***

Ich habe chinesische Freunde in ihrem winzigen Zuhause in Peking besucht. Ein Ehepaar, Großmutter und zwei Kinder – der eine Sohn wohnte zeitweise in einem Studentenheim – leben zusammen in zwei Räumen mit insgesamt 31 Quadratmetern; Küche, Bad und WC teilen sie mit einer anderen Familie, die im dritten Zimmer wohnt. Das Haus ist ein rohverputzter dreistöckiger, kasernenähnlicher Bau. Die Treppe besteht aus rohem Beton, hat kein Geländer. In allen Türrahmen hängen nur Laken, vor dem WC keines. Das Mobiliar ist einfach, in jedem der beiden Räume steht ein großes Doppelbett. Und in jedem Raum hängt von der Decke eine nackte Glühbirne.

Kein Wunder, daß lernbesessene junge Leute aus dieser fürchterlichen Enge in die Parks und unter helleuchtende Straßenlaternen flüchten, um noch bis in die Nacht englische Vokabeln zu büffeln. Und dennoch: Für viele Chinesen ist das bereits ein Fortschritt, haben sie doch ein Dach über dem Kopf.

Der Norden ist das politische Zentrum

Ist der Süden der schönste Teil Chinas, so ist der Norden das politische Zentrum. Hier residierten vier Fünftel aller Kaiser. Die früheren Hauptstädte Sian, Luoyang und Kaifeng waren zu ihren Zeiten Zentren des geistigen Lebens und des Handels, wie auch heute der politische und kulturelle Schwerpunkt der Volksrepublik China in der Hauptstadt Peking liegt. Auch wenn der Süden das klassische Kulturland ist – ganz ohne Tradition war auch der Norden nie.

Im Norden wurden die ersten Schriftzeichen niedergeschrieben, hier standen die frühesten Paläste und die ältesten Städte. Im Norden lebte und lehrte Konfuzius, hier entstand der chinesische Zentralstaat.

In den Nordprovinzen befinden sich auch eindrucksvolle Zeugnisse einstiger Religiosität: Die gewaltigen Grabtempel der Ming-Kaiser bei Peking und die der Mandschu-Kaiser bei Schenjang dokumentieren Ahnenkult und Jenseitsglauben. Hier im Norden ragen mit ihren Klöstern vier der fünf heiligen taoistischen Berge auf – nicht zu verwechseln mit den heiligen Bergen der Buddhisten –, allen voran der Taishan in der Provinz Schantung (Shandang) als populärster aller Wallfahrtsorte. Die drei anderen nördlichen heiligen Berge sind der Hengshan in der Provinz Schansi (Shanxi) – ein gleichnamiger, ebenfalls heiliger Berg liegt im Süden in der Provinz Hunan –, der Huashan in der Provinz Schensi (Shaanxi) und der Songshan in der Provinz Honan (Henan). Und im Norden schufen buddhistische Künstler die bedeutendsten Grottentempel.

Der Norden Chinas steht aber auch für die Schattenseiten des Landes. Das Klima ist hier hart und unwirtlich. Schreckliche Dürren und Heuschreckenplagen haben die Menschen immer wieder heimgesucht. Noch schlimmer waren Erdbeben von unvorstellbarer Gewalt – das letzte, im Jahre 1976, forderte allein in der Millionenstadt Tangshan 242000 Menschenleben. Und immer wieder zeigte der Hwangho – der Gelbe Fluß – seine gefährliche Seite.

An seinen Ufern entstanden in der Jungsteinzeit wahrscheinlich die ersten Siedlungen des Homo sapiens in China. Seine Wassermassen und der von ihnen mitgeschwemmte Lößboden befruchten die Landwirtschaft, aber Überschwemmungen und Dammbrüche führten auch zu den schrecklichsten Katastrophen.

Berichte aus den letzten 2000 Jahren bezeugen, daß der Gelbe Fluß, der sich in einer Länge von 5464 Kilometern quer durch Nordchina zum Gelben Meer hinzieht, rund 1500mal die Dämme durchbrach und 26mal seinen Lauf änderte. Im Jahre 1938 ließ Chiang Kai-shek, der Führer der damaligen Kuomintang-(Guomindang-)Regierung, den Deich des Gelben Flusses bei Zhengzhou sprengen, um der japanischen Invasion Einhalt zu gebieten. Fast 900000 Menschen ertranken, mehr als zwölf Millionen wurden obdachlos. Die Japaner aber ließen sich nicht aufhalten.

Doch nichts ist für Nordchina historisch so bezeichnend wie die Große Mauer. Sie steht für die Anstrengungen eines Bauernvolkes und seines Staates, das Land vor den berittenen Nomaden aus der Steppe zu schützen. Dieses Monument staatlicher Energie steht zugleich für das Scheitern dieser Bemühungen. Im Schatten der Großen Mauer verlief die legendäre Seidenstraße, über die auch die Kunde von den unermeßlichen Schätzen Chinas ins Abendland gelangte.

Peking: Eine Hauptstadt aus Beton

In den meisten Fällen ist Peking die erste Station europäischer China-Reisender. Und in den meisten Fällen beginnt der China-Aufenthalt hier mit einer Enttäuschung. Gesichtslos und ein paar Nummern zu groß, präsentiert sich Pekings Flughafen als lieblose Eingangsschleuse ohne einen Funken Atmosphäre. Die einstündige Fahrt mit dem Bus ins Zentrum ändert an diesem Eindruck nicht viel. »Typisch Chinesisches« vermag der angestrengt durch die Busscheiben starrende Reisende nicht zu entdecken, allenfalls vielleicht einen Radfahrer, der ein containergroßes Paket auf seinem Zweirad balanciert.

Dann der große Verkehrskreisel am Ende der Hauptausfallstraße. Von nun an präsentiert sich Peking in hauptstädtischen Dimensionen – aber immer noch gesichtslos. Unendlich breit die Straßen mit prächtigen Bogenlampen, doch dahinter der hinlänglich bekannte sozialistische Einheitsstil. Wer jedoch an der Yongdingmennei Dajie wohnt, kann sich schon glücklich preisen: Er zählt zu den Privilegierten. Ganze Häuserzüge alter Bauwerke mußten dieser und den anderen Paradestraßen weichen, rücksichtslos haben die Pekinger Stadtplaner ihre Schneisen geschlagen. Wie Inseln im brandenden Meer schwimmen im Einerlei alte Tore, Paläste, Gärten.

▽ Mit aufwendigen Paraden wird der Nationalfeiertag begangen, der 1. Oktober, an dem Mao im Jahre 1949 die Volksrepublik ausgerufen hat. Diese Fahnenträger in Peking üben den richtigen Schritt für den großen Auftritt.

Pekings Wirklichkeit erschließt sich nicht vom Bus aus – der käme in die engen Gäßchen, auf die es ankommt, erst gar nicht hinein. Und Pekings Wirklichkeit erschließt sich auch nicht zu den »normalen Besuchszeiten« – das hat es freilich mit allen chinesischen Städten gemein.

Das Leben der Hauptstadt beginnt früh um fünf Uhr. Als erste sind die Alten auf den Beinen. Nicht selten mit einem Vogelbauer in der Hand, gehen sie in die Parks zu ihren Treffpunkten. Dort hängen sie ihre gefiederten Freunde in die Äste, halten einen Plausch, musizieren vielleicht.

Jetzt wird es lebendig im Park. Eine Gruppe führt nach strengen Kommandos jenen genau festgelegten Bewegungsablauf des Schattenboxens (Taijiquan) aus. Woanders haben sich ältere Leute zu Konzentrationsübungen versammelt, dazwischen operieren Einzelkämpfer mit individuellen Programmen. Ein Volk turnt. Aber das tut es beileibe nicht erst seit Maos Tagen, das haben gesundheitsbewußte Chinesen auch schon früher gemacht.

In den traditionellen, engverschachtelten chinesischen Wohnquartieren im Pekinger Altstadtviertel, unweit des Kaiserpalastes, herrscht um diese Morgenzeit quirliges Leben. Die öffentliche Toilette hat Hochbetrieb, weil es in den Häusern keine sanitären Anlagen gibt. Kinder schleppen Wassereimer, tragen mitten durch das Gewühl ihre Frühstückspfannkuchen nach Hause. Blumen werden gegossen, Höfe gefegt.

Schon gegen sechs Uhr beginnt der Marsch zu Schulen und Arbeitsstätten. Hunderttausende von adrett gekleideten Kindern machen sich auf den Weg, bald wird ein Großteil der fünf Millionen Pekinger Radfahrer die Straßen verstopfen und den Autos den Weg versperren. Wie überall in China wird auch in Peking an sechs Tagen in der Woche gearbeitet, und damit die Arbeitnehmer in ihrer Freizeit nicht die Parks überschwemmen, wechseln die arbeitsfreien Tage von Betrieb zu Betrieb.

Doch die Hauptstadt ist auch nach dem Ende des Berufsverkehrs voller Menschen. Kauflustige drängeln sich in der Wangfujing-Straße, gleich hinter dem Peking-Hotel, oder im Kaufhaus am Vorderen Tor. Um die Wägelchen der Eisverkäufer scharen sich Kinder und Erwachsene, vor den privaten Geschäften der Handwerker bilden sich kleine Trauben. Am Mao-Mausoleum hat sich inzwischen eine lange Schlange formiert, und der Straßenverkehr auf der den Tiananmen-Platz kreuzenden Hauptstraße ist erst einmal zusammengebrochen. Die Polizisten in ihren kleinen »Verkehrstempeln« pfeifen vergeblich – nichts geht mehr. Pekings Verkehr hat als erste chinesische Institution westliches Niveau erreicht.

So ist von Exotik auf den ersten Blick wenig zu sehen. Die Touristen werden in zahllosen Gruppen durch den Kaiserpalast geschleust, zur Halle des Volkes, wo die Sitzungen des Nationalen Volkskongresses und Empfänge für ausländische Staatsoberhäupter stattfinden, zum Himmelstempel, dem Wahrzeichen Pekings, und natürlich zum Neuen Sommerpalast, etwa zehn Kilometer nordwestlich der Stadt. Ein Ausflug zur Großen Mauer gehört zum Standardprogramm jeder Peking-Reise wie ein Besuch der Ming-Gräber, etwa 50 Kilometer nördlich der Hauptstadt. 13 der 16 Ming-Kaiser wurden hier in pompösen Grabanlagen beigesetzt. Typisch für die Gelassenheit der Chinesen im Umgang mit ihrer Geschichte und im Umgang mit der Zeit: Geöffnet wurde bisher nur das Ding-Grab aus dem 16. Jahrhundert, ein unterirdischer Palast mit fünf Sälen. In einem Querraum ruhen in drei Särgen der Kaiser, die Kaiserin und die erste Nebenfrau.

Selten nur verirren sich Touristen zu den Ruinen des Alten Sommerpalastes im Nordwesten von Peking, dicht bei der Qinghua-Universität. Die Reste dieses »Chinesischen Versailles« lassen ahnen, welch prächtige Anlage hier einmal gestanden hat, erbaut im 18. Jahrhundert nach Plänen italienischer Jesuiten, die damals großen Einfluß am Hof hatten. Ausgerechnet Europäer, nämlich Engländer und Franzosen, haben den Alten Sommerpalast im Jahre 1860 vollständig zerstört.

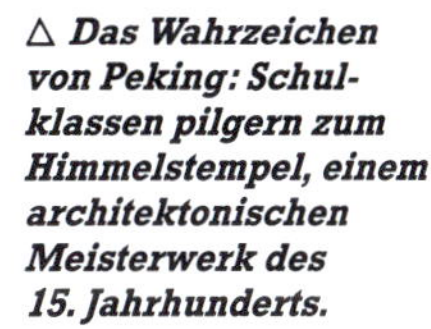

△ ***Das Wahrzeichen von Peking: Schulklassen pilgern zum Himmelstempel, einem architektonischen Meisterwerk des 15. Jahrhunderts.***

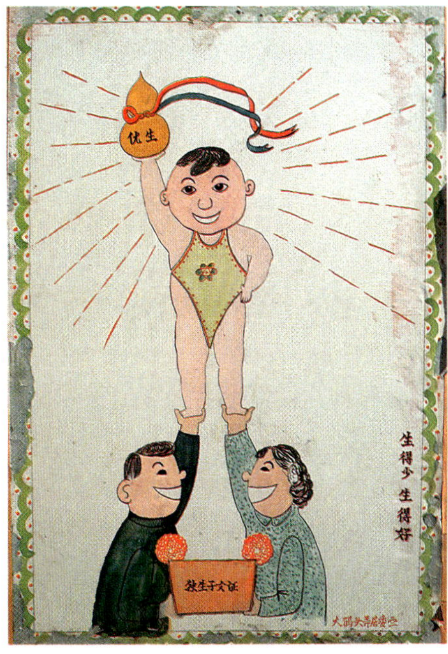

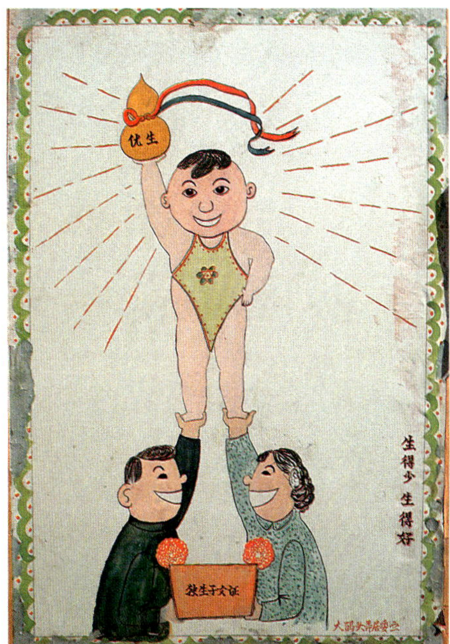

▷ ***Mit 1,1 Milliarden ist China das menschenreichste Land der Erde. Um die Bevölkerungsexplosion zu stoppen, propagiert der Staat die Ein-Kind-Familie.***

Die Verbotene Stadt

Sie hat nicht nur die Phantasie und Neugier der Chinesen beflügelt, die bis zum Jahre 1924, als der letzte Kaiser aus seinem Palast vertrieben wurde, die Verbotene Stadt nicht betreten durften, viel mehr noch hat sie die Europäer in ihren Bann gezogen.

Die Verbotene Stadt ist freilich keine Stadt in unserem Sinn, sondern ein riesiger Palastkomplex im Herzen von Peking. Er bedeckt eine Fläche von etwa einem Quadratkilometer und ist von einer zwölf Meter hohen Mauer umgeben. Man betritt die Verbotene Stadt vom Tiananmen-Platz aus durch das »Tor des Himmlischen Friedens«, von dessen Balustrade Mao Tse-tung im Jahre 1949 die Gründung der Volksrepublik China bekanntgab.

9600 Säle, Torbogen und Alleen umschließen die drei kaiserlichen Gebäude im äußeren Hof: die »Halle der Höchsten Harmonie«, wo der Kaiser gekrönt wurde und wo die wichtigsten Zeremonien stattfanden; die »Halle der Vollkommenen Harmonie«, wo der Kaiser seine Reden bedachte oder das Saatgut für die neue Ernte begutachtete; und die »Halle der Erhaltung der Harmonie« für Bankette. Hinter den großen Repräsentationshallen, in die der Kaiser über die geneigten, drachengeschmückten Marmorplatten getragen wurde, befanden sich die kaiserlichen Privatgemächer.

Bis zur Revolution waren die geschwungenen Ziegeldächer der Paläste die höchsten Dächer Pekings. Noch um die Jahrhundertwende sollen im Kaiserpalast rund 15000 Menschen gewohnt haben: Eunuchen, Sklavinnen, Zofen, minderjährige kaiserliche Prinzen, Konkubinen und Kaiserwitwen. Allein dem Kaiser standen 3000 Eunuchen zur Verfügung. Er war der einzige Mann im Palast: Die Eunuchen waren seine Diener, kosteten zum Beispiel das Essen vor, bekleideten den Kaiser und harrten ständig seiner Wünsche.

Die Pracht und die Verschwendung, die hier einst herrschten, sind kaum vorstellbar, doch manches von dem alten Glanz des Palastes ist auch heute noch zu spüren. Seit 1987 ist die Verbotene Stadt in allen Teilen für Besucher zugänglich.

Das längste Bild der Welt: 230 Meter

Allenfalls am Rande einer Besichtigung des Kaiserpalastes steht meistens leider auch der Besuch des Palastmuseums. Doch gerade hier bietet sich die einmalige Gelegenheit, anhand von Meisterwerken der chinesischen Malerei etwas von den Besonderheiten und dem Zauber dieser Kunst verstehen zu lernen.

Wer waren die Maler im alten China? Sie stammten samt und sonders aus der exklusiven Schicht der Beamten, die sich seit dem ersten Jahrhundert vor unserer Zeitrechnung herausbildete. Wer die Beamtenkarriere einschlagen wollte, mußte sich einem jahrelangen Studium unterziehen. Dazu gehörte auch, daß der Kandidat das Gedichteschreiben und die Kalligraphie erlernte. Beim Großen Staatsexamen im Kaiserpalast wurde vor allem auch die literarische Bildung der zukünftigen Beamten geprüft.

Nach bestandener Prüfung wurden sie auf ihre Stationen, oft Tausende Kilometer von Peking entfernt, geschickt. Diese winzige Eliteschicht hatte vor allem das Privileg, lange Reisen unternehmen zu können. Auf den Bildern sieht man, wie Beamte Ausflüge in die Umgebung ihrer Wirkungsstätten oder zu besonderen Sehenswürdigkeiten und Naturschönheiten unternahmen. Es geht ihnen dabei weniger um eine Ortsbeschreibung als vielmehr um eine Darstellung der Natur an sich, in der sie sich geborgen und aufgehoben fühlen. Dieses für Europäer schwer nachvollziehbare Naturgefühl fand ja auch Ausdruck in den chinesischen Gärten.

Ganz anders die Hofmalerei, von der im Pekinger Palastmuseum ein bedeutendes Zeugnis zu sehen ist: die zwölf monumentalen Querrollen von der zweiten Südreise des Kaisers K'ang-hsi, der von 1662 bis 1722 regierte. Jede dieser Bildrollen ist 68 Zentimeter hoch und 15 bis 26 Meter lang, zusammen sind es 230 Meter.

Der Hintergrund der Reise ist rasch erzählt. K'ang-hsi bestieg den Kaiserthron in Peking gerade 18 Jahre nach der Machtübernahme durch die mandschurische Ch'ing-Dynastie, die die chinesische Ming-Dynastie 1644 abgelöst hatte. Im Süden des Landes hatte es noch lange Zeit Unruhen gegeben, nun wollte der Kaiser eine »Goodwill-Reise« in die inzwischen befriedeten Provinzen machen. Es wurde ein langes Unternehmen: Vom 28. Januar bis zum 8. April 1689 war der kaiserliche Troß unterwegs. Nach der Rückkehr beauftragte der Kaiser ein ganzes Team von Hofmalern, alle Stationen dieser – übrigens erfolgreichen – Reise in Bildern festzuhalten. Die Maler arbeiteten mehrere Jahre. Das Ergebnis kann sich sehen lassen, eine Art Dokumentarfilm, bei dem der Betrachter Stationen chinesischen Lebens, so wie es sich vor 300 Jahren abgespielt hat, in einer unglaublichen Fülle von Figuren an sich vorüberziehen lassen kann.

Affenkönig und Gelehrter: Peking-Oper

Die ersten Anfänge der Peking-Oper gehen auf eine Theaterschule der T'and-Dynastie zurück. Ihre endgültige Form entstand Ende des 18. Jahrhunderts. Mit Oper in unserem Sinne hat die chinesische Variante nichts zu tun. Sie ist volkstümliches Theater, in dem Musik, Gesang, Pantomime und phänomenale Akrobatik eine Einheit bilden. Wer Requisiten, Kostüme, Gesichtsbemalung und Gesten nicht zu deuten vermag, wird sich zwar an dem ungeheuren Wirbel auf der Bühne erfreuen, von der Handlung aber nichts verstehen. Requisiten verwendet die Peking-Oper sparsam: Zwei Stühle, ein Tisch, ein Tor aus zwei Stangen, Tücher und Fahnen genügen. Stehen zwei Stühle zusammen, bilden sie ein Bett; steigt ein Schauspieler auf den Tisch, heißt das, er ist unsichtbar; schwingt er eine schwarze Fahne, bedeutet das Wind; laufen vier Schauspieler mit schwarzen Fahnen auf die Bühne, herrscht Sturm.

Auch die Farben der prachtvollen Kostüme signalisieren bestimmte Funktionen: Gelb ist die Farbe der Kaiser, Rot trägt der gelehrte Adel, in Blau kleiden sich brave Personen, in Schwarz die Gewalttätigen. Farbsymbolik bestimmt auch die Masken der Darsteller: Eine einfache Bemalung weist auf einen Charakter aus dem einfachen Volk, eine komplizierte auf Krieger. Clowns tragen weiße Nasen, ein dreieckig ummaltes Auge zeugt von List. Selbst Bärte und Hüte haben Symbolcharakter: Einen Grobian erkennt man am kurzen Bart.

Ungewohnt für europäische Ohren ist der melodisch-rhythmische Sprechgesang der Darsteller, der Falsettgesang der Männer und der gepreßte, enge und hohe Ton der Frauen. Das Orchester wird von Schlaginstrumenten bestimmt, sie geben Rhythmus und Tempo vor und werden von Mondgitarre, Bambusflöten, Mundorgel und chinesischer Oboe begleitet.

Jeder Schauspieler hat in jahrelangem Training eine bestimmte Rolle studiert und eingeübt – er spielt sie sein ganzes Leben. Für die etwa 1300 Stücke gibt es keine festgelegte Partitur, die Sänger haben durchaus die Möglichkeit, zu improvisieren.

Unter Mao diente die Peking-Oper vorübergehend auch der politischen Agitation. Das ist vorbei, geblieben freilich ist eine Eigenschaft der Peking-Oper, die sie mit deutschen Märchen gemein hat: Das Gute siegt immer über das Böse.

▷ Am beliebtesten Ausflugsziel der Pekinger: Wer vom berühmten Neuen Sommerpalast am Nordrand der Hauptstadt über den Kunming-See hinwegsieht, der erkennt drüben den Hügel des Jadebrunnens mit seiner schlanken Pagode.

Im Norden liegt Chinas »Ruhrgebiet«

Bin ich überhaupt in China? Das mag sich mancher Reisende bei einer Fahrt durch die drei nordöstlichen Provinzen der Volksrepublik – Liaoning, Jilin und Heilongjiang – fragen. Es sind jene Provinzen, die zusammen die Mandschurei bilden, nordöstlich der Großen Mauer gelegen, über die 1644 die Mandschuren nach Süden vorstießen und China eroberten. Das Datum markiert das Ende der Ming-Dynastie und den Beginn der letzten Dynastie, der Ch'ing, die China 267 Jahre, bis 1911, regierte.

Unwirtlich ist die Mandschurei: eiskalt im Winter – manchmal sinkt das Thermometer auf minus 40 Grad Celsius, der Kälterekord wird von Mohe im nördlichen Heilongjiang mit minus 52,3 Grad Celsius gehalten –, staubig und trocken im Sommer, wenn Temperaturen bis 38 Grad gemessen werden. Von ein paar Mittelgebirgen abgesehen, ist die beherrschende Landschaft das mandschurische Tiefland: Wald, Steppe, Ackerland – sozusagen die unterste Stufe der »chinesischen Treppe«. China fällt ja vom Hochland von Tibet – mit Randgebirgen von über 7000 Meter Höhe – in mehreren Stufen bis zu den großen Ebenen um die Deltas von Jangtsekiang und Gelbem Fluß und schließlich zur mandschurischen Ebene ab.

In dieser Gliederung der Landschaft liegt übrigens auch die Erklärung für das atemberaubende Gedränge der Menschen in den östlichen Provinzen: Große Teile Chinas sind unbewohnbar, seien es die Hochgebirge, seien es Wüsten, sei es Steppe; und so wohnen auf einem Sechstel der Fläche der Volksrepublik China rund 80 Prozent der Bevölkerung.

Von den Mandschuren ist freilich nichts mehr zu sehen, sie sind im Laufe der Jahrhunderte vollständig im chinesischen Volk aufgegangen. Umgekehrt drängten chinesische Bauern in großer Zahl nach Norden, nachdem das »Einreiseverbot« und das Verbot von »Mischehen« seitens der Mandschu-Kaiser aufgehoben worden waren. Und natürlich sieht man auch den Zopf nicht mehr, den auf Befehl der Mandschu-Kaiser alle Chinesen tragen mußten. Erst mit der Revolution von 1911 war der Zopf ab.

◁ ***In China ist man schon früh auf den Beinen. Alt und jung beginnen den Tag mit einer Morgengymnastik – so auch hier in einem der vielen Pekinger Parks.***

▽ ***Während der Kulturrevolution geächtet – heute wieder eine Selbstverständlichkeit: Seit eh und je ist das Halten von Sing- und Ziervögeln eine Leidenschaft der Chinesen.***

Die Mandschurei mutet – wiederum untypisch – in ihren großen Städten eher westlich an. Schenjang, Anshan, Lüshun (das frühere Port Arthur) oder Dalian tragen in ihren Innenstädten fast europäischen Charakter. Das hat etwas mit der Geschichte der Mandschurei im 19. und 20. Jahrhundert zu tun und mit den Bodenschätzen, die die Begehrlichkeit von Japanern und Russen weckten.

In der Tat könnte man die Mandschurei als das »Ruhrgebiet« Chinas bezeichnen. Hier liegen reiche Steinkohlelager und bedeutende Erzvorkommen; auch Zink, Gold und Bauxit werden gewonnen. Japaner und Russen begannen 1916 mit dem Aufbau einer gewaltigen Schwerindustrie – allein im Stahlwerk von Anshan stehen zehn riesige Hochöfen –, und sie trieben die verkehrsmäßige Erschließung des Gebiets voran, bauten vor allem Eisenbahnlinien.

Heute konzentrieren sich in der Mandschurei neben Hüttenwerken viele chemische Fabriken, Erdölraffinerien und Werke für Fahrzeug- und Maschinenbau. Eine Pipeline führt zum Ölhafen Dalian, von wo aus China in bescheidenem Umfang Erdöl exportiert. In vielen mandschurischen Städten stehen noch heute Hotels, Banken und Verwaltungspaläste, die einstmals von Russen oder Japanern erbaut worden sind.

Das 19. Jahrhundert: der Ausverkauf Chinas

Keine Epoche war für das stolze chinesische Kaiserreich, für das Selbstverständnis der Chinesen, so demütigend wie das 19. und das beginnende 20. Jahrhundert. Es war aber zugleich eine beschämende Zeit für die Europäer und die Vereinigten Staaten von Amerika, die zur Durchsetzung ihrer imperialistischen Machtpolitik nicht davor zurückschreckten, China mehrmals zu überfallen, um dem Land eine Wirtschaftspolitik aufzuzwingen, die es nicht wollte. Eine »unheilige Allianz« mit wechselnden Rollen zwischen der Queen Victoria, dem deutschen Kaiser Wilhelm II., dem russischen Zaren, später Stalin, dem amerikanischen und dem französischen Präsidenten und schließlich auch dem japanischen Kaiser.

Da waren auf der einen Seite die wirtschaftlich expandierenden Staaten Europas, allen voran Großbritannien. Sie wollten ihre Waren auch nach China exportieren. Doch der chinesische Kaiser winkte ab. Er empfand es bereits als unnötiges Entgegenkommen, den fremden Barbaren zu erlauben, ein wenig Handel in Kanton zu treiben. Umgekehrt jedoch bezogen die Briten große Warenkontingente aus China, vor allem Tee, aber auch Seide und Porzellan. Diese Waren mußten mit harten Silbermünzen bezahlt werden – die Handelsbilanz war alles andere als ausgeglichen.

Der »rettende« Einfall ließ nicht lange auf sich warten: Via Kanton begannen die Briten zunächst über die Ostindien-Kompanie Opium in riesigem Ausmaß nach China zu transportieren. Zwar hatte die chinesische Regierung den Import schon frühzeitig verboten, doch ging man nicht energisch gegen den Schmuggel vor. Im Jahre 1820 kamen bereits 4500 Kisten à 120 Pfund ins Land, im Jahre 1838 hatte sich die Einfuhr sogar verzehnfacht. Abgesehen von der verheerenden Wirkung des Opiums auf die Menschen und ihre Arbeitskraft hatte der zunehmende Rauschgiftimport für China inzwischen fatale Folgen: Die chinesischen Silbervorräte schwanden. Jetzt setzten sich die Kräfte durch, die für ein totales Importverbot eintraten.

»Stellt Euch vor, Ausländer brächten Opium nach England und verführten Euer Volk, es zu kaufen und zu rauchen – sicherlich würde tiefer Haß und bitterer Zorn Euer Herz erfüllen!« Mit diesen Worten wandte sich im Jahre 1839 der kaiserliche Kommissar Lin Tse-hsü an Queen Victoria, um sie zur Einsicht zu bewegen. Vergebens.

Da machte Lin kurzen Prozeß. Er zerschlug die Opiumbasis der Briten in Kanton, setzte über 350 Kaufleute und ihre Gehilfen erst einmal fest und vernichtete sage und schreibe 20000 Kisten mit 1,2 Millionen Kilogramm Opium. Lins Vorgehen war für die Briten zuviel. Im selben Jahr 1841 überfielen sie mit ein paar tausend Mann und einigen Kanonenbooten die Chinesen. Die schlecht ausgebildeten chinesischen Soldaten waren hoffnungslos unterlegen, die chinesischen Dschunken schnell versenkt. Rasch war Schanghai erobert, Nanking stand kurz vor dem Fall. Da lenkte der Kaiser ein.

Der Vertrag von Nanking im Jahre 1842, der erste der sogenannten »ungleichen Verträge«, demütigte den Kaiser auf unglaubliche Weise: China mußte – neben gewaltigen Reparationsleistungen und der Abschaffung des chinesischen Handelsmonopols – Amoy, Fuzhou, Ningbo, Kanton und Schanghai dem

△ ***Das Yak liefert den Tibetern fast alles, was sie brauchen: Milch, Fleisch, Wolle, Häute und Brennmaterial – den getrockneten Dung. Selbst als Last- und Reittier kann man das langhaarige Hausrind in diesen Höhen einsetzen.***

Handel öffnen. Hongkong fiel an Großbritannien, die Ausländer genossen unvorstellbare Privilegien, unterstanden nicht der chinesischen Gerichtsbarkeit, ihre Niederlassungen waren exterritorial. China mußte sich außerdem verpflichten, die Tätigkeit europäischer Missionare zu dulden, eine Vertragsbedingung, deren Zynismus angesichts des Opiumterrors nicht mehr zu überbieten war. Frankreich und die Vereinigten Staaten schlossen kurz darauf ähnliche Verträge mit China.

Das ist der Hintergrund für die bis auf den heutigen Tag sichtbare westliche Architektur etwa in Schanghai und Kanton. Ungeniert errichteten die Ausländer ihre Bank- und Handelspaläste, Kirchen und Clubs, Rennplätze und Villen. Die Chinesen durften die Viertel der Ausländer nicht einmal betreten.

Der außenpolitische Mißerfolg, aber auch die zunehmende Unzufriedenheit der Bevölkerung, die nach politischen und wirtschaftlichen Reformen rief, schwächte das chinesische Kaiserhaus zusehends. Der Aufstand der T'ai-p'ing, einer religiösen Sekte, im Jahre 1850 breitete sich deshalb wie ein Flächenbrand über ganz Südchina aus und führte zu unvorstellbaren Verwüstungen.

Diese günstige Situation nutzten Briten und Franzosen 1857 zum zweiten Opiumkrieg; ihr Appetit war noch lange nicht gestillt. Diesmal wurde Kanton verwüstet, und die überlegenen Alliierten trieben die Chinesen vor sich her. Der Friede von Tientsin im Jahre 1858 traf China noch härter als der von Nanking. Weitere sechs Häfen wurden geöffnet – ihre Zahl stieg später auf 80 an –, ausländische Handels- und Kriegsschiffe durften un-

*◁ **Im Potala-Palast in Lhasa residierte der Dalai Lama – der göttliche Priesterkönig Tibets. Nach der Niederschlagung des Aufstandes von 1959 durch die Chinesen floh er nach Indien.***

*△ **Noch etwa 600 Mönche der lamaistischen Gelugpa-Sekte leben im tibetischen Kloster Tashilunpo bei Xigaze. Dort gelten strikt hierarchische Strukturen, der Tagesablauf ist genau vorgeschrieben.***

gehindert den Jangtsekiang befahren, der Opiumhandel wurde legalisiert, und die Missionare konnten sich fortan in ganz China ungehindert bewegen. Als sich der Kaiser weigerte, die letzte Friedensbedingung zu erfüllen, nämlich das Einrichten ausländischer Gesandtschaften in Peking, zog 1860 eine französisch-englische Armee nach Peking und zerstörte eines der größten Kunstwerke der Welt: den Alten Sommerpalast. Nun war »Friede«. Rußland und Amerika stiegen flugs als Trittbrettfahrer in den von Briten und Franzosen durchgesetzten Vertrag ein.

Rußland und Japan schröpfen China im Norden

Ohnmächtig sah der Kaiser in Peking dem Ausverkauf seines Reiches zu. Jetzt richtete sich das Interesse von Rußland und Japan auf die Mandschurei mit ihren unermeßlichen Bodenschätzen. Im Jahre 1860 – der T'ai-p'ing-Aufstand war noch nicht niedergeschlagen – erhielt Rußland die Gebiete nördlich des Amur und östlich des Ussuri. Frankreich besetzte Südvietnam, England Birma, Japan bemächtigte sich einiger chinesischer Inseln. Von 1894 bis 1895 kam es zum Krieg mit Japan; Formosa (Taiwan) und Korea gingen verloren. Diesmal intervenierten die Russen zugunsten Chinas, dafür durften sie quer durch Nordchina eine Eisenbahnlinie bauen zu ihrem von China gepachteten Hafen Port Arthur. Kurz vor der Jahrhundertwende nahm sich das Deutsche Kaiserreich den Hafen Tsingtau.

Noch einmal kam es zur Konfrontation mit dem Westen, als die »Boxer« – eine chinesische Geheimgesellschaft, die der Hof geschickt von einer antidynastischen in eine fremdenfeindliche Bewegung umfunktioniert hatte – das Gesandtschaftsviertel in Peking besetzten; im Zuge dieser Unruhen wurde der deutsche Gesandte von Ketteler ermordet.

Eine Streitmacht der Westmächte und Japans konnte in letzter Minute die Belagerung des Gesandtschaftsviertels beenden; Peking mit seinen Palästen wurde zur Plünderung freigegeben.

In dieser Situation griffen die Russen zu und besetzten kurzerhand die Mandschurei. Da sie nicht bereit waren, ihre Beute wieder freizugeben, kam es von 1904 bis 1905 zum Russisch-Japanischen Krieg, mit dem Ergebnis, daß die beiden Mächte die Mandschurei unter sich aufteilten. Den Norden nahmen die Russen, den Süden die Japaner.

Der letzte Kaiser

Im Jahre 1908 stirbt die Kaiserinwitwe Tz'u-hsi, und der dreijährige P'u-yi, Sohn eines kaiserlichen Prinzen, wird auf den Thron gehoben. Das Kaiserreich gerät nun auch innenpolitisch zusehends unter Druck. Der von amerikanisch-demokratischen Ideen inspirierte Reformpolitiker Sun Yat-sen ruft schließlich im Jahre 1911 in Nanking die Republik aus, unterstützt von Studenten, Kaufleuten und dem niederen Adel. Der Kaiser und sein Hofstaat bleiben noch bis zum Jahre 1924 in der Verbotenen Stadt, erst dann werden sie vertrieben. P'u-yi geht nach Tientsin ins Exil – dort haben zu jener Zeit die Japaner das Sagen.

In den frühen Jahren der Republik bestimmten in China drei mächtige Gruppierungen das innenpolitische Geschehen: Da war erstens die nationalchinesische Volkspartei des Sun Yat-sen, deren Führung später Chiang Kai-shek übernehmen sollte, die Kuomintang. Zweitens machten sich überall im Lande mächtige Militärbefehlshaber breit, die sogenannten »Warlords«, die in einigen Gebieten ein selbstherrliches, unabhängiges Regiment führten. Die dritte Gruppe waren die Kommunisten. Die chinesische KP konsti-

tuierte sich erst im Jahre 1921 in Schanghai, fand aber schnell Zulauf und rekrutierte ihrerseits aus Sympathisanten und Überläufern der ehemaligen kaiserlichen Truppen bald eine große Armee. Den entscheidenden Rückhalt gewannen die Kommunisten in den folgenden Jahren bei der bäuerlichen Bevölkerung.

Außenpolitisch stellte in jenen Jahren Japan die größte Bedrohung dar. Deshalb kam es unter den drei rivalisierenden chinesischen Machtblöcken zu wechselnden Koalitionen gegen den Erzfeind. Doch das half nicht viel. 1931 eroberten die Japaner die gesamte Mandschurei und gründeten dort 1932 den Staat Mandschukuo. P'u-yi wurde Kaiser dieses Staates von Japans Gnaden.

Die Japaner nutzten die innerchinesischen Wirren und marschierten 1937 in China ein. Sie besetzten nach einem beispiellosen Gemetzel Nanking, die damalige chinesische Hauptstadt, und das ganze östliche China. Die Kuomintang-Regierung mußte nach Chongqing am Jangtsekiang ausweichen. Die Kommunisten führten währenddessen hinter den japanischen Linien einen Guerilla-Krieg.

Die Kuomintang unter Chiang Kai-shek war im nicht besetzten Teil des Landes inzwischen zur beherrschenden Kraft geworden, hatte eine Reihe der widerspenstigen Generäle besiegt und damit begonnen, die stärker werdenden Kommunisten zu bekämpfen. Auf der Flucht vor den Truppen Chiangs führte Mao Tse-tung in den Jahren 1934 und 1935 rund 90000 Angehörige der kommunistischen Armee auf den legendären Marsch. Die Kommunisten hatten unterwegs schwere Verluste zu verzeichnen. Nach 12000 Kilometern erreichten sie endlich die Provinz Shensi, wo sie auf andere kommunistische Verbände trafen und einen neuen Stützpunkt aufbauen konnten.

Chiang gelang es in dieser Zeit nie, mehr als die Hälfte des chinesischen Staatsgebietes unter seine Kontrolle zu bringen. Unter dem Druck seiner eigenen Generäle wurde Chiang Kai-shek im Jahre 1937 gezwungen, gemeinsam mit den Kommunisten Front gegen die Japaner zu machen. Doch dieses ungeliebte Bündnis dauerte nur bis 1941.

Sieg der dynamischen Kommunisten

Das Ende des Zweiten Weltkriegs und die Niederlage des Erzfeindes Japan veränderten das innerchinesische Kräftespiel von Grund auf. Nun standen einander nur noch die Kuomintang und die Kommunisten gegenüber. Der Versuch, 1945 zwischen den beiden Parteien Frieden zu schließen, scheiterte. Chiang ahnte, daß die dynamischen Kommunisten mit ihrem wachsenden Rückhalt im Volk bald die politische Kontrolle erlangen würden. Die Kommunisten ihrerseits weigerten sich, ihre Armee aufzulösen, weil sie wußten, daß dies das Ende ihrer Bewegung bedeuten würde.

So prallten denn nach dem Abzug der Japaner – die Mandschurei war vorübergehend von den Sowjets besetzt worden – die beiden Bürgerkriegsparteien wieder aufeinander. Mit amerikanischer Unterstützung brachte Chiang Kai-shek seine Truppen nach Nordchina und stationierte Kontingente entlang dem Jangtsekiang, die Kommunisten zogen Armeen in der Mandschurei zusammen und besetzten das flache Land.

Schon die erste Runde ging an die Kommunisten: Sie fingen Chiangs Angriff auf die Mandschurei nicht nur auf, sondern vernichteten große Teile der Kuomintang-Truppen. Bei einer zweiten Schlacht in der Mandschurei im Winter 1948/49 verloren Chiangs Truppen noch einmal 500000 Mann, von denen allein 375000 zum Feind überliefen. Die Entscheidung fiel bei Peking und Tientsin. Beide Städte fielen im Januar 1949 an die Kommunisten. Chiang floh schließlich nach Taiwan. Am 1. Oktober 1949 rief Mao Tse-tung vom Balkon des Tors zum Himmlischen Frieden in Peking die Volksrepublik China aus.

Chiang Kai-shek war nicht nur militärisch gescheitert, seine Niederlage war auch eine politische. Sein Regime war korrupt, demokratische Reformen wurden nicht in Angriff genommen, vor allem aber hatte er sich den Haß der Bauern zugezogen, weil er sie 20 Jahre lang mit dem Versprechen einer Bodenreform hingehalten hatte.

Chiang nahm nicht nur die gesamten chinesischen Goldreserven mit nach Taiwan, er ließ auch die Kunstschätze des Palastmuseums nach Taipeh bringen, wo sie heute noch zu besichtigen sind.

China – ein Vielvölker- und Vielmenschenstaat

Die große Entfernung zu China und die scheinbare Uniformität seiner Menschen verstellen uns Europäern den Blick dafür, daß China ein Vielvölkerstaat ist. Gut 90 Prozent der Bevölkerung gehören zwar zur Nationalität der Han-Chinesen, aber der »Rest« setzt sich aus Minderheiten zusammen: knapp 80 Millionen Menschen.

Die Wohngebiete der über 50 anerkannten ethnischen Minderheiten ziehen sich wie ein Gürtel vom Nordosten Chinas an der Nord- und Westgrenze entlang bis zum Südwesten hin: von der Mandschurei über die Innere Mongolei, Sinkiang (Xinjiang), Tibet, Yunnan und Guangxi bis zur Insel Hainan. Doch obwohl diese Minderheiten nur sieben Prozent der chinesischen Bevölkerung ausmachen, bewohnen sie rund die Hälfte der Gesamtfläche Chinas.

Die größte Gruppe bilden die fast 14 Millionen Tschuang, die zum überwiegenden Teil in der Autonomen Provinz Guangxi beheimatet sind. Aber die Tschuang sind ganz und gar nicht typisch für Minderheiten in China; sie unterscheiden sich kaum von den Han-Chinesen; der letzte Hinweis auf ihre Herkunft sind Reste der Thai-Sprache.

Die Mehrzahl der ethnischen Gruppen dagegen unterscheidet sich jedoch deutlich von den Han-Chinesen. Da gibt es Mongolen, Kirgisen, Usbeken, Tataren oder Uiguren. Einige bekennen sich zum Christentum, andere sind Anhänger des Islam, des Lamaismus, des Schamanismus. Damit verbunden sind völlig andere Lebensgewohnheiten und sehr oft auch andere Lebensbedingungen.

Unter den extremsten Bedingungen im Vielvölkerstaat China leben sicherlich die Nomaden Tibets. Sie machen etwa zwei Drittel der rund 3,8 Millionen Tibeter aus. Der

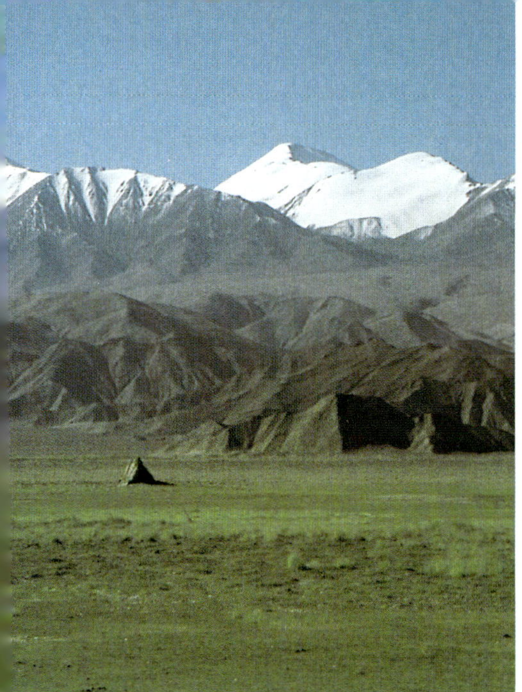

△ *Chinas weiter Westen: Auf über 7000 Meter steigen die Gipfel des Kulun-Gebirges an, das die Grenze zwischen den Provinzen Sinkiang und Tibet bildet.*

▷ *In Sinkiang wohnen 13 Minoritätsgruppen, die traditionelle Lebensweisen, Brauchtum und Tracht bewahrt haben – so auch dieser alte Mann in der Wüste Takla Makan.*

größte Teil Tibets liegt auf einem öden Hochplateau zwischen 4000 und 5000 Meter über dem Meeresspiegel, also in einer Höhe, wo Menschen normalerweise bereits Atembeschwerden bekommen. Hier wächst außer Gras nichts mehr – kein Baum, kein Strauch.

Die tibetischen Nomaden leben in Zelten. Yaks, eine besondere Art von langhaarigen Hochlandrindern, bilden die Lebensgrundlage der Nomaden. Sie liefern die Milch und das Fleisch und vor allem das Heizmaterial: Dung. In einer Gegend, in der es kein Holz gibt, muß man sich mit getrocknetem Mist im Ofen behelfen.

Außerdem halten die Nomaden Schafe, um Wolle zu produzieren. Für ein Kilogramm Wolle erlösen sie ein Kilogramm Gerste – ihr Hauptnahrungsmittel. Im Herbst ziehen kleine Karawanen mit Ballen gesponnener Wolle ins Tal zu den staatlichen Aufkaufstellen, die ihrerseits Teppichmanufakturen beliefern.

Ein Problem, mit dem sich die Han-Chinesen herumplagen müssen, haben die Tibeter freilich nicht: Als ethnische Minderheit unterliegen sie nicht den strengen Bestimmungen zur »Ein-Kind-Familie«. In ihren Zelten tummeln sich um die Eltern oft vier, fünf und mehr Kinder.

Die chinesische KP hat die radikale Familienpolitik nicht ohne Grund verordnet: In knapp 30 Jahren – von 1953 bis 1981 – wuchs die chinesische Bevölkerung von 582 Millionen auf über eine Milliarde Menschen. Wenn das so weitergeht, müssen die Menschen Chinas verhungern – so befürchtet die Regierung. Aber trotz harter Strafen ist inzwischen vielerorts wieder alles beim alten, und das Ziel, die chinesische Bevölkerung auf 1,2 Milliarden Menschen zu begrenzen, wird sich wohl nur schwer erreichen lassen.

Krawalle auf dem Dach der Welt

Im Jahre 1987 erreichten uns Nachrichten von Protesten, Demonstrationen und Krawallen aus Lhasa, der Hauptstadt der Autonomen Region Tibet. Der Widerstand der Tibeter gegen die Chinesen geht nicht von den Nomaden, sondern von den Mönchen in Lhasa aus. Hier sind die Chinesen, die Tibet übrigens schon seit Anfang des 18. Jahrhunderts auf Veranlassung des Kaisers K'ang-hsi kontrollierten, auf eine intakte Gesellschaftsordnung gestoßen, die tief in

religiöser Überzeugung wurzelt. Mit dem Ende des Kaiserreiches im Jahre 1911 erlangte Tibet seine Unabhängigkeit zurück, die freilich nur bis zum Jahre 1950 dauerte. Die Kommunisten besetzten Tibet und zwangen den Dalai Lama, das geistige Oberhaupt Tibets, 1959 zur Flucht nach Indien.

Daß die Demonstrationen der Mönche von Lhasa genau in die Tage der 37. Wiederkehr der Besetzung Tibets durch die Chinesen fielen, war kein Zufall. Spontan waren diese Demonstrationen nicht, deshalb werden sie auch nicht die letzten gewesen sein.

Gewiß, der Potala-Palast in Lhasa ist heute nur noch Museum, von den Tausenden von Mönchen sind nur ein paar hundert geblieben; aber genauso wie die Geschichte Tibets in erster Linie Religionsgeschichte war, so fühlen sich auch die Tibeter bis zum heutigen Tage in erster Linie dem Dalai Lama verpflichtet und nicht einem kommunistischen Generalsekretär im fernen Peking.

Der Besucher kann dieses Spannungsverhältnis nur ahnen, er sieht die Mönche, die seit dem Ende der Kulturrevolution wieder ungehindert ihre Tempelzeremonien feiern können, und er sieht vor allem die Pilger aus allen Schichten des Volkes, die wie eh und je zu den heiligen Stätten strömen. Und er hört, daß die Regierung in Peking große Summen zur Restaurierung von Palast und Klöstern zur Verfügung stellte. Was in der Kulturrevolution an Klöstern zerstört wurde, kann der Besucher ebenfalls nur ahnen; wenn es ihm freilich gelingt, abseits der üblichen Touristenstraßen Tibet zu erkunden, wird er die Ruinen nicht übersehen können.

China hat, daran besteht kein Zweifel, keine glückliche Hand bei der Behandlung seiner Minderheiten. Das war und ist aber nicht in erster Linie eine Frage der Politik, sondern des chinesischen Selbstverständnisses. Die Chinesen, vor allem die Intellektuellen, sind wie zu Zeiten des Kaiserreiches davon überzeugt, »die« Kulturnation und damit das Zentrum der Welt zu sein. Sie blicken mit kaum vorstellbarem Hochmut, manchmal auch mit tiefer Verachtung auf andere Völker herab, insbesondere auf ihre eigenen Minderheiten. Ich erinnere mich mit Betroffenheit daran, mit welcher Geringschätzung bei einem Besuch in Amoy meine Frage nach ein paar Vorübergehenden – Angehörigen einer Minderheit – beantwortet wurde.

Ungewöhnliche Wege nach China: Bahn und Schiff

Unser geographisches Vorstellungsvermögen reicht wohl meistens nicht aus, um die abenteuerlichste Reiseroute nach China nachvollziehen zu können: die Fahrt mit der Eisenbahn. Von Deutschland aus startet jeden Tag ein Zug in Richtung China. Doch will die Reise rechtzeitig gebucht sein. Die erste Etappe ist 2355 Kilometer lang, dauert 40 Stunden und führt über die DDR und Polen nach Moskau. Normalerweise könnte die Fahrt zügig weitergehen, doch die Sowjets möchten die Transitreisenden in Moskau ein wenig »verwöhnen«, deshalb ist meist eine Hotelübernachtung in der Hauptstadt vorgesehen. Vom Moskauer Jaroslavsky-Bahnhof startet die Transsibirische Eisenbahn zweimal in der Woche in Richtung Peking. Das sind – je nach Route – noch einmal 5191 bis 7865 Kilometer. Die reine Fahrzeit beträgt von Moskau nach Peking insgesamt sechs bis sieben Tage.

Die am längsten dauernde Reise nach China ist zugleich die billigste, und sie ist dabei nicht unbequem. Man reist meist in Vier-Personen-Abteilen. Alle, die diese Bahnfahrt erlebt haben, berichten übereinstimmend von einer aufregenden Erfahrung: Man lernt ein neues, ungewohntes Gefühl des Reisens kennen, die Überwindung der Entfernung wird körperlich spürbar, die Annäherung an ein fremdes, weit entferntes Land wird in menschlichen Zeitmaßen nachvollziehbar; wenn der Zug in Peking einfährt, ist der Reisende tatsächlich da.

So wie die Eisenbahn für kontinentüberschreitende Reisen fast vollständig aus unserer Vorstellungswelt verschwunden ist, so auch das Schiff als Linienverbindung zwischen den Erdteilen. Aber es gibt sie nach wie vor, die immer wieder totgesagten Frachtlinien mit festen Fahrplänen und Kabinen für Passagiere, beispielsweise eine Linie zwischen Hamburg und Hongkong. Zeit muß man freilich für eine solche Reise mitbringen und sicherlich eine Portion Gelassenheit – man ist fünf Wochen unterwegs. Einmal im Monat legen die 10000-Tonnen-Stückgut-Frachter der polnischen Staatsreederei in Hamburg ab. Man reist in Doppel- oder Einzelkabinen, auf jeden Fall wesentlich komfortabler als auf den meisten Kreuzfahrtschiffen.

DIE BESONDERE REISE 1

Die Schluchten des Jangtsekiang

▷ ***Zum Mitfahren gehört Organisationstalent: Die Schiffe der Dongfang-Hong (Der Osten ist rot)-Flotte können zwar an die 1200 Passagiere an Bord nehmen, sie sind aber häufig ausgebucht.***

Mit dem Schiff von Chongqing bis Wuhan

Mit 6300 Kilometern Länge ist der Jangtsekiang der drittgrößte Strom der Erde nach Amazonas und Nil. Für den Süden Chinas ist er die zentrale Lebensader. Er ernährt durch die Bewässerung riesiger Agrarflächen die Menschen, er ist lebenswichtige Wasserstraße, größter Stromproduzent des Landes – und Abwasserkanal. Und die drei großen Jangtsekiang-Schluchten zählen zu den eindrucksvollsten Naturwundern der Erde.

Die Chinesen glauben zu wissen, was sie den ausländischen Touristen schuldig sind: Luxus. So bauten sie speziell für Ausflüge auf dem Jangtsekiang den Luxuskreuzer »Emei«, ausschließlich mit Erster-Klasse-Kabinen. Er benötigt für die 1371 Kilometer lange Strecke, einschließlich Ausflügen, fünf Tage. Wer die Fahrt lieber unter Chinesen zurücklegen will, der fährt mit einem der 110 »Der-Osten-ist-rot«-Schiffe der Jangtsekiang-Reederei; sie versehen den Liniendienst – übrigens bis Schanghai –, fahren von Chongqing bis Wuhan drei Tage – und sind fünfundzwanzigmal billiger, in der Deckklasse jedenfalls.

Das Fahrkartenbüro befindet sich in Chongqing am Chaotianmen-Dock, wo auch die Schiffe ablegen. In der Hauptreisezeit muß man entweder Karten vorbestellen oder ein paar Tage Zeit haben, um auf freie Plätze zu warten. Die klassenlose Gesellschaft Chinas hat auf diesen Schiffen nur die erste Klasse abgeschafft, von der zweiten abwärts sind noch verschiedene Klassen vorhanden: bis zur vierten und schließlich zur allerletzten, der Deckklasse. In der zweiten Klasse reist man in einer komfortablen Doppelkabine, in der vierten übernachtet man in Schlafsälen für 24 bis 40 Passagiere.

Chongqing, wo das Schiff morgens um sieben Uhr ablegt, ist eine der unbekannten Millionenstädte Chinas – mit sieben Millionen Einwohnern. Dabei war es ab 1937 und während des Zweiten Weltkriegs vorübergehend sogar die Hauptstadt Chinas. Chongqing liegt auf einem Vorgebirge, von dem aus man auf den Fluß hinunterschaut, der sich dort mit dem Jialing vereinigt.

Am Abend vor der Abreise sollten Sie ein wenig durch die alten Gassen bummeln, durch den Pipa-Shan-Park oberhalb der Stadt, über einen der quirligen Märkte; Fahrräder gibt es hier übrigens kaum – die Straßen sind zu steil.

△ ***In Shuanglong, der Zwei-Drachen-Stadt am Daning, einem Nebenfluß des Jangtse, wird der seltene Besuch von »Langnasen« fast zum Volksfest: Alle kommen zur Begrüßung.***

▷ ***Ein Ausflug mit kleinen Motorbooten in die Schluchtenlandschaft des Daning: zum Drachentor, der Schlucht des wilden Bären und der des eisernen Sarges.***

Am ersten Tag geht die Reise über 327 Kilometer bis Wanxian. Da die Schiffe abends gegen 19 Uhr anlegen und über Nacht in der Stadt bleiben, ist genügend Zeit für einen Landgang. Auch Wanxian zieht sich an einem Berg empor; direkt vom Hafen aus führt eine längere Treppe zu einem nächtlichen Markt hinauf. Dort finden Sie viele kleine Garküchen mit allerlei Köstlichkeiten. Während der Fahrt ißt man im Restaurant auf dem Oberdeck des Schiffes.

Am zweiten Tag beginnt die Reise bereits um vier Uhr morgens. Der Strom der Ruhe ist hier eingebettet zwischen sanften Hügeln; kleine Landhäuser sind zu sehen und immer wieder qualmende Fabriken, die ihre Abfälle direkt dem Jangtsekiang mitgeben. Alles mögliche schwimmt am Schiff vorbei: Flaschen und Dosen, Bretter und Plastik. Braun

◁ ▽ ***Mit 6300 Kilometern ist der Jangtsekiang einer der längsten Ströme der Erde. 600 Millionen Tonnen Schlamm und Geröll schleppt er jährlich mit sich. Hinzu kommt die Belastung durch riesige Industriezentren. Sie wechseln ab mit urtümlich kleinbäuerlich geprägten Regionen.***

und träge ist das Wasser, und immer noch ist der Jangtsekiang breit wie ein See.

Nach Fengjie beginnt die erste der drei großen Jangtsekiang-Schluchten, die acht Kilometer lange Qutang-Schlucht. Hier wird der behäbige Fluß ganz unvermittelt zwischen bis zu 500 Meter hohen Felswänden auf eine Breite von nur 80 Metern zusammengepreßt. Jetzt ist von Behäbigkeit nichts mehr zu spüren, die Wasser dröhnen, und das Schiff tutet unablässig, als wollte es sich selber Mut machen; aber es ist dafür gesorgt, daß kein Schiff entgegenkommt.

In Wushan kann man das Schiff verlassen und in Sampans, kleine Ausflugsboote, umsteigen, um den Nebenfluß Daning zu den drei kleinen Schluchten hinaufzufahren (etwa 50 Kilometer). Wasserfälle stürzen herab, Stromschnellen machen dem Außenborder zu schaffen. In Shuanglong, wo noch nicht so viele Touristen hingeraten sind, kann man übernachten.

Wer auf diesen Ausflug verzichtet, fährt durch die beiden anderen Jangtsekiang-Schluchten – zunächst durch die etwa 40 Kilometer lange Wuxia-Schlucht. Hier sind die auf beiden Seiten aufragenden Felsen noch höher, gut 900 Meter; zwölf von ihnen zählen zu den sogenannten Märchengipfeln.

Die dritte der Jangtsekiang-Schluchten ist mit 66 Kilometern die längste. In der Xiling-Schlucht verengt sich der Fluß stellenweise wieder bis auf 100 Meter. Einige gefährliche Stromschnellen wurden in den letzten Jahren durch Felssprengungen beseitigt.

Unmittelbar hinter der Xiling-Schlucht liegt eines der großen technischen Bauwerke des modernen China: der über 2500 Meter lange Gezhouba-Staudamm mit riesigen Kraftwerken, Schleusen für die Jangtsekiang-Schiffahrt, gewaltigen Schlamm- und Wassertoren. Das Schleusenmanöver lockt natürlich alle Passagiere an Deck.

Nach der Industriestadt Yichang passiert das Schiff bei der Stadt Zhicheng eine 1971 eingeweihte Jangtsekiang-Brücke. Sie hat eine Länge von 1700 Metern und ist für Eisenbahn- und Autoverkehr konstruiert. Die Endstation des zweiten Tages ist dann die Stadt Shashi, ein wichtiges Handelszentrum. Kanäle verbinden Shashi mit dem Dongting-See in der Provinz Hunan.

Am dritten Tag, der letzten Etappe, geht es auf dem immer breiter werdenden Jangtsekiang bis nach Wuhan. Flach ist das Land hier, manchmal ist das Flußufer kaum auszumachen. Der Schiffsverkehr nimmt zu.

In Wuhan, Hauptstadt der Provinz Hubei mit über sechs Millionen Einwohnern, nimmt das Gedränge auf dem Wasser atemberaubende Formen an: Dschunken, Sampans, Passagierschiffe. Die Jangtsekiang-Brücke aus den fünfziger Jahren war die erste, die den Strom überspannte. Das 18 Stockwerke hohe Qingchuan-Hotel ist das neue Wahrzeichen der Stadt, in der im Jahre 1911 die Revolution begann, die zum Sturz der Ch'ing-Dynastie führte.

Ferdinand Ranft

DIE BESONDERE REISE 2

Die großen Buddha-Grotten

Yungang bei Datong, Longmen bei Luoyang und Mogao bei Dunhuang

Diese Reise ist beschwerlich, weil man sowohl die Bahn als auch das Flugzeug benutzen muß und darüber hinaus auf mehreren Flughäfen umzusteigen hat. Doch die Strapazen lohnen sich: Die drei Buddha-Grotten sind die schönsten sakralen Schatzkammern Chinas.

Etwa sieben bis acht Stunden benötigt die Eisenbahn von Peking nach Datong. Die Yungang-Höhlen liegen 16 Kilometer westlich der Stadt in einem kleinen Tal; sie wurden in die Steilhänge des Wuzhong-Berges geschlagen. Die gesamte Anlage, die erst im Jahre 1903 von einem japanischen Wissenschaftler entdeckt wurde, enthält 53 Höhlen und Nischen mit mehr als 50 000 Statuen.

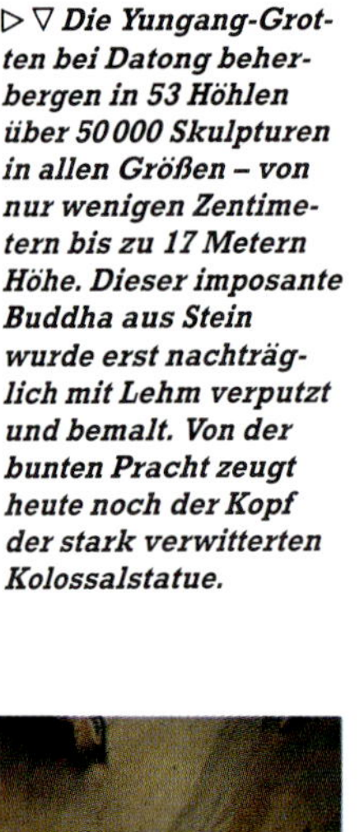

▷▽ Die Yungang-Grotten bei Datong beherbergen in 53 Höhlen über 50 000 Skulpturen in allen Größen – von nur wenigen Zentimetern bis zu 17 Metern Höhe. Dieser imposante Buddha aus Stein wurde erst nachträglich mit Lehm verputzt und bemalt. Von der bunten Pracht zeugt heute noch der Kopf der stark verwitterten Kolossalstatue.

Die Figuren von Datong sind verhältnismäßig wenig beschädigt, einige freilich im Laufe von 1500 Jahren stark verwittert. Innerhalb der ersten Höhlengruppe ist Höhle Nummer drei die höchste. In ihr befinden sich drei Buddhas, von denen der sitzende mittlere, der neun Meter hoch ist, beide Hände in der Gestik der Mudra erhebt. Wahrscheinlich stammt diese Gruppe aus dem siebten Jahrhundert. Die Höhlen 5 bis 13 enthalten die wichtigsten Stücke der Yungang-Kunst, zum Beispiel einen fast 17 Meter hohen sitzenden Buddha, auf dem sogar noch die ursprüngliche Farbgebung der Figuren zu erkennen ist: bronzefarbenes Gesicht, rote Lippen und blaue Haare.

▷ Majestätisch thront der fast 17 Meter hohe Buddha in den Longmen-Grotten bei Luoyang – rechts und links umgeben von je einem Lieblingsschüler, einem Bodhisattva, einem Himmelskönig und einem göttlichen Wächter.

Für alle buddhistischen Plastiken gilt, daß sich die Künstler an einen bestimmten Kanon zu halten hatten. In einem der Lehrbücher, dem Pratima-Mana-Lakshana, das aus dem Sanskrit auch ins Chinesische übersetzt wurde, waren viele dieser Regeln festgelegt. Dem Künstler blieb kein großer Gestaltungsspielraum. Vorgeschrieben waren beispielsweise der Gesichtsausdruck, die Handhaltung (Mudra), die Sitzhaltung (Asana), die Haltung des Körpers oder der zu verwendende Schmuck. Buddha-Figuren tragen im allgemeinen keinen Schmuck, wohl aber die Figuren, die Bodhisattva darstellen, also die Buddha-Schüler, die noch nicht ins Nirwana gelangen, sondern im Diesseits den Menschen helfen, das Leid des irdischen Daseins zu ertragen.

Die Feinheiten der Gestaltung fordern Ruhe und Zeit bei der Betrachtung. Man kann die Buddha-Grotten nicht an einem Tag »abhaken«. Der Datong-Besucher sollte sich deshalb rechtzeitig im Datong Guest House eines der einfachen Quartiere sichern.

Die Stadt Luoyang, in deren Umgebung – 15 Kilometer südlich am Ufer des Yi-Flusses – die Longmen-Grotten liegen, erreicht man mit dem Flugzeug. An diesen teilweise zum Fluß hin offenliegenden Statuen wurde schon im fünften Jahrhundert gearbeitet. In 1352 Höhlen und 750 Nischen standen ursprünglich 97306 Statuen und 39 kleine Pagoden; außerdem waren in die Felswände 3608 Inschriften eingemeißelt. Leider wurde die Anlage bis ins 19. Jahrhundert hinein von skrupellosen Händlern ausgeschlachtet; sie schlugen fast neun Zehnteln der Figuren die Köpfe ab, um sie vor allem ins westliche Ausland zu verkaufen.

Wer die Longmen-Grotten besucht, sollte dies am frühen Morgen tun, dann sind die Lichtverhältnisse besonders eindrucksvoll. Die schönsten und bedeutendsten Buddha-Plastiken der Anlage befinden sich in der Fengxian-Höhle.

Früher standen die fast 17 Meter hohe Figur des Buddha, die seiner beiden Lieblingsschüler und zwei weitere Bodhisattva-Statuen in einer großen Holzhalle von entsprechenden Ausmaßen. Man muß hier verweilen, um die Großartigkeit dieser Kultstätte wirklich zu erfassen. Im Freundschaftshotel können Sie hier gut übernachten.

Auch die dritte große buddhistische Kultstätte, die Mogao-Grotten bei Dunhuang, kann man heute mit dem Flugzeug erreichen, allerdings nur an bestimmten Tagen. Zu den Höhlen, etwa 25 Kilometer südöstlich der Stadt, fährt man per Bus oder Taxi. Es empfiehlt sich, eine Taschenlampe mitzunehmen.

Das Tal mit den Höhlen war seit dem Mittelalter von Sanddünen fast gänzlich verschüttet; erst gegen Ende des 19. Jahrhunderts entdeckte ein Mönch die Grotten wieder.

Seit dem Jahre 353 wurden hier in eine gut 1600 Meter lange Steilwand 492 buddhistische Zellen und Höhlen eingemeißelt. Sie dienten den Mönchen als Unterkunft wie auch zu kultischen Zwecken. Zu den Kunstwerken in den Höhlen zählen einmal Wandmalereien; sie bedecken eine Fläche von fast 45000 Quadratmetern. Zum anderen stehen in den Grotten über 2000 Skulpturen, nicht aus dem Fels gemeißelt, sondern modelliert: Um einen Holzkern schmiegt sich ein Lehmmantel, der wiederum mit einer dünnen Zementschicht bestrichen ist. Die Figuren sind zart bemalt in braunen, gelben, grünen und blauen Tönen.

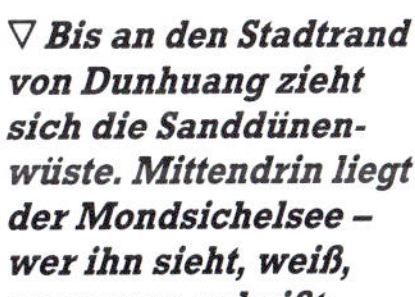

◁ Unter Sanddünen begraben und dadurch über Jahrhunderte erhalten: die gigantischen Mogao-Grotten bei Dunhuang am Rande der alten Seidenstraße. Über diesen wichtigen Handelsweg kam der Buddhismus aus Indien nach China.

▽ Bis an den Stadtrand von Dunhuang zieht sich die Sanddünenwüste. Mittendrin liegt der Mondsichelsee – wer ihn sieht, weiß, warum er so heißt.

Durch ihre Monumentalität beeindrucken hier dagegen zwei Großplastiken: an die 30 Meter hohe sogenannte Maitreya-Buddha-Skulpturen. Sie stehen am Ende einer langen Höhlenwand. Der Buddha Maitreya gilt als Heilsbringer. Über vier Etagen hinweg ragen diese beiden Riesenfiguren empor. Man kann sie von unten, aber auch von einem Fenster aus betrachten – dann schaut man dem gütigen Buddha direkt ins Gesicht.

Ferdinand Ranft

Landesnatur

Fläche: 9 560 980 km² (etwas größer als die USA)
Ausdehnung: West–Ost 4500 km, Nord–Süd 4200 km
Küstenlänge: 14 000 km
Höchster Berg: Mount Everest 8848 m
Längste Flüsse: Jangtsekiang (Chang Jiang; mit Jinsha Jiang) 6300 km, Hwangho oder »Gelber Fluß« (Huang He) 5464 km, Xi Jiang 2129 km, Tarim He (mit Yarkant He) 2030 km
Größte Seen: Qinghai-See (Qinghai Hu) 5000 km², Dongting Hu 3100 km², Poyang Hu 2700 km², Lop Nur 2500 km², Tai Hu 2200 km²

Die Oase Zhongwei im südlichen Bereich der Wüste Gobi.

China nimmt den größten Teil Zentral- und Ostasiens ein und ist nach der Sowjetunion und Kanada das drittgrößte Land der Erde. Im Osten liegt es am Gelben Meer und am Ostchinesischen Meer, im Südosten am Südchinesischen Meer. Landgrenzen hat es im Norden mit der Sowjetunion und der Mongolischen Volksrepublik, im Westen mit Afghanistan und Pakistan, im Süden mit Indien, Nepal, Bhutan, Birma, Laos und Vietnam, im Osten mit der Volksrepublik Korea und der britisch verwalteten Niederlassung Hongkong sowie dem portugiesischen Territorium Macau.

Naturraum

China gliedert sich in drei Großlandschaften: Hochland über 4000 m Höhe mit mächtigen Randgebirgen, Bergländer bis 2000 m und Tiefländer; fast zwei Drittel des Landes liegen höher als 1000 m ü. M.
Der riesige Komplex der zentralasiatischen Gebirge hat im Hauptkamm des Himalaja an der Grenze zu Nepal, Indien und Pakistan die höchsten Berge der Welt: Mount Everest (8848 m), K2 (8611 m), Lhotse (8516 m), Makalu (8463 m), Cho Oyu (8201 m), Gasherbrum I (8068 m), Broad Peak (8047 m), Xixabangma Feng (8046 m), Gasherbrum II (8035 m). Das nördlich anschließende *Hochland von Tibet und Qinghai* ist mit einer mittleren Höhe über 4500 m das höchstgelegene Plateau der Erde. Seine Randgebirge (Kunlun Shan im Norden, Karakorum im Westen, Transhimalaja im Süden) sind 7000 bis 8000 m hoch. Noch über 5000 m Höhe erreichen die Gebirge, die es im Nordosten und Osten umgeben: Altun Shan, Qilian Shan, Anyemaqen Shan, Bayan Har Shan und die von Nord nach Süd ausgerichteten Faltengebirge (Ningjing Shan, Hengduan Shan).
Dieses Hochland ist bogenförmig von *Becken und Plateaus* über 1000 m Höhe umgeben: im Norden das Tarimbecken, hinter der Gebirgsschwelle des Tienschan mit der 154 m u. M. liegenden Turfansenke die Dsungarei, östlich davon der Südteil der Wüste Gobi und das Mongolische Plateau. Gletscherflüsse führen in diesen Trockengebieten ganzjährig Wasser und ermöglichen Siedlungen und Handelswege (Seidenstraße). Nach Süden schließen sich an das Mongolische Plateau die Bergländer der Provinzen Shaanxi (Schensi) und Shanxi mit fruchtbarem Lößboden an. Südlich des Qin Ling liegen das Becken von Szetschuan (Sichuan Pendi) und das Hochland von Yunnan-Quizhou.
In der östlichen Landeshälfte befinden sich neben den mittelgebirgsähnlichen Hügelländern im Norden und dem Südchinesischen Bergland (bis 2000 m) auch weite, *tief gelegene Ebenen,* etwa die Mandschurische Tiefebene im Nordosten, die Nordchinesische Tiefebene, in der Peking liegt, oder das weite Tiefland am Mittel- und Unterlauf des Jangtsekiang. Der teilweise stark gegliederten Küste sind an die 5000 Inseln vorgelagert; die größte ist Hainan Dao.

Klima

Von den kühlgemäßigten, extrem winterkalten Gebieten des zentralasiatischen Hochlandes und der Mandschurei bis zu den subtropischen und tropischen Gebieten im Südosten hat China sehr unterschiedliche Klimazonen. Qin Ling, Daba Shan, Dabie Shan und Huang Shan sind eine Klimascheide zwischen dem polaren Einfluß auf Nordchina und dem tropischen Einfluß auf den Süden. Der Süden erhält durch den Sommermonsun reichliche Niederschläge (1500 bis 2100 mm im Jahresmittel) bei hohen Temperaturen (durchschnittliche Januartemperatur in Kanton 13,5 °C, Julitemperatur 29 °C). Im Herbst treten hier auch tropische Wirbelstürme auf. Der Norden hat gleichfalls warme Sommer, aber kalte Winter (durchschnittliche Januartemperatur in Peking –4,5 °C, Julitemperatur 26 °C) und deutlich geringere Niederschläge (um 750 mm), die ungleichmäßig verteilt sind und dadurch gelegentlich Dürren oder auch Überschwemmungen verursachen. Nach Westen nehmen die Regenmengen generell ab; die Innere Mongolei hat weniger als 100 mm Jahresniederschlag, im Tarimbecken gibt es Jahre ohne jeden Regen, dabei hohe jahreszeitliche Temperaturunterschiede. Auch Tibet ist ein ausgesprochenes Trockengebiet mit Januartemperaturen bis zu –40 °C und wegen der Höhenlage kühlen Sommern.

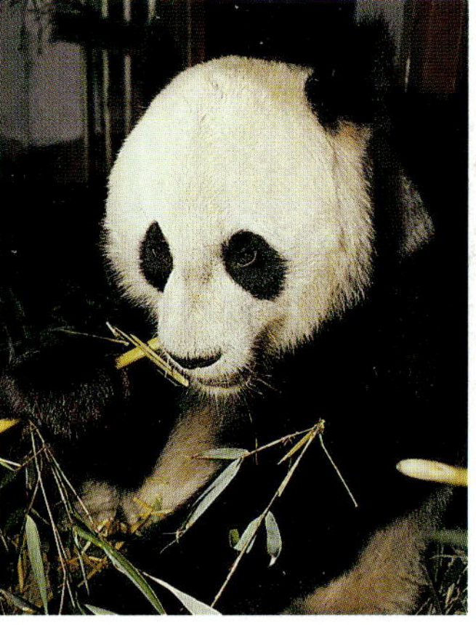

Der Pandabär, Maskottchen der Volksrepublik China, lebt von Bambusblättern und -sprossen.

Vegetation und Tierwelt

Ausgedehnte Wälder, wie sie ursprünglich weite Gebiete Chinas bedeckten, findet man heute noch in den osttibetischen Randgebirgen (Bambus in den Tälern, Misch- und Nadelwälder auf den Höhen) und in der nördlichen Mandschurei (Mischwälder). Im südchinesischen Berg- und Hügelland wächst vielfältige subtropische Vegetation mit immergrünen Laubwäldern (Eichen und Kastanien) sowie mit Zypressen, Pinien und Ölbäumen. Der Maulbeerbaum ist die Voraussetzung für die Seidenraupenzucht in dieser Region.
Mangrove- und tropische Regenwälder, Palmen und Bambus betonen den Tropencharakter von Hainan. Waldsteppe und Zwergsträucher mußten in den Lößbergländern von Shaanxi und Shanxi weitgehend der Landwirtschaft weichen. Im Bergland Mittelchinas gibt es sommergrüne Mischwälder, in denen einzigartig auf der Welt noch der Ginkgobaum wild vorkommt; die Nordchinesische Tiefebene war einst eine Grassteppe mit Baum- und Gebüschgruppen, doch schon seit Jahrhunderten ist sie intensiv kultiviert.
Das Tarimbecken, die östliche Dsungarei und die westliche Gobi sind Vollwüsten; an ihren Rändern gibt es Halbwüsten und Trockensteppen. Das Hochland von Tibet liegt größtenteils oberhalb der Baumgrenze und ist mit Gesteinsschutt oder Gras bedeckt.
Entsprechend den Klimazonen finden sich im Norden Chinas Tierarten der nördlichen Hemisphäre: Hirsche, Elche, Biber und Zobel. In den Steppen der Inneren Mongolei leben die überaus seltenen zweihöckerigen Kamele (Trampeltiere); die letzten Vertreter der Urwildpferde (Przewalski-Pferde) wurden dort im letzten Jahrhundert entdeckt. Da sie auch aus den Steppen Nordchinas und der Mongolei zu verschwinden drohten, versuchte man diese einzig noch lebenden Vorfahren der Hauspferde seit dem Anfang des 20. Jh. in Tiergärten zu erhalten. Dies ist (u. a. im Münchner Tierpark Hellabrunn in einer sehr reinblütigen Zucht) gelungen. 1988 ging man daran, Przewalski-Pferde in der Gegend von Urumtschi wieder in die Wildnis auszusetzen. Im Nordwesten, an der Grenze zu Tibet, kommen Chinesische Tiger vor. Eine Besonderheit Tibets ist der Kiang, ein wilder Pferdeesel, der auf den spärlich bewachsenen Hochsteppen noch genügend Nahrung findet und den die Tibeter als heiliges Tier verehren. Am Rande der tibetischen Gebirge ist auch der Lebensraum der Großen Pandas, die wegen ihrer Seltenheit zum Wappentier des World Wildlife Fund wurden, und der Takins (Rindergemsen). In der nordöstlichen Provinz Heilongjiang kommen die Mandschurenkraniche vor, die als Symbol des Lebens auf vielen bildlichen Darstellungen zu sehen sind. Auch im Stromgebiet des Jangtsekiang leben sehr seltene Tierarten wie die Chinesischen Flußdelphine, die Löffelstöre, die Chinesischen Alligatoren und die Chinesischen Riesensalamander. Für den Schutz ihrer einzigartigen Tierwelt haben die Chinesen über 60 Naturschutzgebiete eingerichtet. Besonderheiten gibt es auch vor den Küsten Chinas, etwa die Molukkenkrebse, bis zu 60 cm lange Meeresbodenbewohner aus der sonst weitgehend ausgestorbenen Familie der Pfeilschwänze.

Die »grüne Mauer« gegen die Gewalt des Windes – ein Bild aus dem Westen Chinas.

Politisches System

Staatsname: Zhonghua Renmin Gongheguo
中华人民共和国
Staats- und Regierungsform: Sozialistische Volksrepublik
Hauptstadt: Peking (Beijing)
Mitgliedschaft: UN, ESCAP

Die Neuformulierung der Verfassung von 1982 betont die »Sozialistische Modernisierung« als eine der höchsten Aufgaben des Staates; Grundlage bilden die demokratische Diktatur des Volkes, die sozialistische Gesellschaft und die Führung der Kommunistischen Partei.

Gesetzgebung und Verwaltung

Höchstes Organ der Staatsmacht und Legislative ist der »Nationale Volkskongreß« (NVK) mit etwa 3000 für fünf Jahre von den Volkskongressen der Provinzen und Vertretern der Streitkräfte gewählten Abgeordneten. Der NVK besitzt außerordentliche Machtbefugnisse, tritt aber für gewöhnlich nur einmal im Jahr zusammen, so daß der jährlich vom NVK neu gewählte 154köpfige Ständige Ausschuß im Grunde die politische Arbeit verrichtet.
Höchstes Verwaltungsorgan des Staates ist der dem NVK verantwortliche Staatsrat, die eigentliche Regierung. Der NVK wählt den Staatspräsidenten, der v. a. als Vorsitzender der Volksrepublik China repräsentative Aufgaben wahrnimmt. Auf Vorschlag des Staatspräsidenten wird ein Mitglied des Staatsrats vom NVK zum Vorsitzenden und damit zum Regierungschef gewählt.
China ist aufgeteilt in 21 Provinzen (hinzu kommen die von China auch als zum Staatsgebiet gehörig betrachteten Gebiete Hongkong, Taiwan und Macau), fünf Autonome Gebiete und drei provinzfreie Städte (Peking, Schanghai, Tientsin). Jede dieser Einheiten hat einen eigenen Volkskongreß und eine Volksregierung und ist ihrerseits wiederum in Regierungsbezirke, Autonome Bezirke und bezirksfreie Städte unterteilt. Der Grad der tatsächlichen Verwaltungsautonomie ist bei den einzelnen Bezirken unterschiedlich. Die unterste Ebene der Verwaltung bilden die Kreise und Gemeinden, an deren Spitze ein Selbstverwaltungsgremium und ein Verwaltungsleiter stehen.

Recht und Justiz

Etwa 30 Jahre lang gab es in China keine formellen Gesetze; erst 1980 traten die ersten sechs Gesetzbücher in Kraft, die fünf Hauptstrafen festlegten, u. a. die Todesstrafe. Es wird unterschieden zwischen einer hohen und einer niedrigen Gerichtsbarkeit (die auch Laienrichter einschließt), Militär- und Sondervolksgerichten sowie einer Gerichtsbarkeit der Sicherheitsbehörden (mit Polizeifunktion). Das Oberste Volksgericht ist dem Nationalen Volkskongreß verantwortlich, die Kontrolle der übrigen Gerichtsinstanzen erfolgt durch die jeweils übergeordnete Rechtsinstanz. Die Verhandlungen der Volksgerichte sind öffentlich, in jüngster Zeit werden auch Rechtsanwälte als Kläger oder Verteidiger zugelassen. Traditionsgemäß wird aber immer noch großer Wert auf eine Schlichtung vor Anrufung der Gerichte gelegt. Durch die Festschreibung neuer Gesetze entstand in den letzten Jahren größere Rechtssicherheit für alle Einwohner.

Kumpel aus den Steinkohlebergwerken von Datong.

Bevölkerung

Einwohnerzahl: 1,1 Milliarden
Bevölkerungsdichte: 115 Einw./km²
Bevölkerungszunahme: 1,3 % im Jahr
Ballungsgebiet: Östliche Küstenregion
Größte Städte (jeweils als Agglomeration): Schanghai (12 Mio. Einw.), Peking (11 Mio.), Tientsin (8 Mio.), Chongqing (7 Mio.), Wuhan (6,2 Mio.), Kanton (5 Mio.), Lüda (5 Mio.), Schenjang (4,3 Mio.)
Bevölkerungsgruppen: 93 % Han-Chinesen, je unter 1 % Tschuang, Hui, Uiguren, Ji, Miao, Tibeter, Mongolen und Mandschu

China ist das volkreichste Land der Erde; 1981 hat die Bevölkerung die Milliardengrenze überschritten. Um das Bevölkerungswachstum zu bremsen, hat der Staat eine breitgefächerte und inzwischen auch wirkungsvolle Familienplanung entwickelt, so daß sich die Bevölkerungszunahme allmählich der westlicher Industrienationen angleicht. Heute sind noch etwa 34 % der Einwohner jünger als 15 Jahre. Die durchschnittliche Lebenserwartung (heute bei 70 Jahren) hat sich innerhalb von 40 Jahren fast verdoppelt. Die Regierung unterstützt Umsiedlungen aus den Ballungsgebieten des Ostens, in denen etwa 80 % aller Chinesen wohnen, in die teilweise fast menschenleeren Westprovinzen. Andererseits drängt die während der Kulturrevolution zwangsumgesiedelte Bevölkerung nun vom Land wieder vermehrt zurück in die Städte und vergrößert dort die Wohnungsknappheit und Arbeitslosigkeit (etwa 5 %). Es sind 56 ethnische Gruppen registriert, die Han-Chinesen sind dabei mit etwa 93 % am weitaus stärksten vertreten.

Die Regierung bemüht sich, die ethnischen Minderheiten durch besondere Bildungsangebote zu fördern, und respektiert dabei in jüngster Zeit auch zunehmend traditionelle Sitten und Gebräuche.

Landessprache

Amtssprache ist der nordchinesische Peking-Dialekt, in den Autonomen Gebieten werden zusätzlich auch die Sprachen der ethnischen Minderheiten anerkannt. Um dem Analphabetentum entgegenzuwirken, entschloß sich die chinesische Führung 1979, die traditionelle Zeichenschrift zu vereinfachen und die leichter erlernbare lateinische Schrift (Pinyin-Umschrift) einzuführen. Allerdings ist die Latinisierung bisher noch stark umstritten, da nur die traditionelle Zeichenschrift von allen Dialekten in gleicher Weise verstanden wird.

Religionen

Die Verfassung Chinas garantiert Religionsfreiheit. Zeitweise versuchte die Kommunistische Partei allerdings, den Einfluß religiöser Richtungen mit scharfen Maßnahmen einzudämmen; eine tolerantere Haltung ist erst seit 1978 wieder erkennbar. Vor der kommunistischen Machtübernahme war der Konfuzianismus die vorherrschende Religion, daneben waren Buddhismus und Taoismus Traditionsreligionen. Heute hat der Buddhismus die meisten Anhänger, die Christen werden auf etwa 20 Millionen geschätzt, der Islam ist vorwiegend bei ethnischen Minderheiten verbreitet.

Soziale Lage und Bildung

Die chinesische Bevölkerung ist in ihren Wohn- und Arbeitsbereich aus alter Tradition fest eingebunden – hier wird z. B. über Streitigkeiten, Heiratserlaubnisse und andere Familienangelegenheiten entschieden. Das Sozialfürsorgesystem steht in engem Zusammenhang mit der Arbeitsgesetzgebung; danach liegt für Männer das Rentenalter bei 60 Jahren, für Frauen bei 50; sowohl Rentenanspruch wie die Versorgung bei Krankheit sind gesetzlich abgesichert. Angesichts steigender Arbeitslosigkeit wurde auch mit dem Aufbau einer Arbeitslosenversicherung begonnen. Urlaubsanspruch besteht für die Erwerbstätigen nicht; es wird an sechs Tagen in der Woche gearbeitet, allerdings soll die Wochenarbeitszeit von derzeit noch 48 Stunden stufenweise auf 40 Stunden verringert werden. Für Arbeiter und Angestellte ist die medizinische Versorgung unentgeltlich, die Kosten werden von den Betrieben und Einheiten (auf Kreisebene angesiedelte Verwaltungsgrößen) übernommen. Bauern müssen, sofern sie nicht Mitglied einer Art Krankenversicherung sind, für medizinische Behandlung und Medikamente selbst aufkommen. Das Gesundheitswesen hat sich vor allem auf dem Land erheblich verbessert, inzwischen sind auch entlegene Gebiete mit Ärzten und Krankenhäusern versorgt. Eine besondere Rolle spielen Vorbeugemaßnahmen, traditionelle Heilmethoden (Heilkräuter, Akupunktur) und die »Barfußärzte« (kurzfristig ausgebildete Sanitäter), die in regelmäßigen Hygienekampagnen die Bevölkerung informieren und aufklären. Daneben findet aber auch zunehmend westlicher Medizinstandard Eingang in die Gesundheitsfürsorge. Die früher üblichen epidemischen Krankheiten konnten durch großangelegte Impfaktionen eingedämmt werden.
1985 wurde eine Reform des Schulwesens beschlossen, die eine Verlängerung der Schulpflicht von sechs auf neun Jahre vorsieht, den beruflichen Ausbildungssektor stärken will und die Forschung an den Universitäten besonders im industriell-technischen Bereich fördern soll. Während die Kinder in den Städten meist schon den Kindergarten besuchen, werden sie in ländlichen Gebieten zu etwa 20 % noch nicht vom Schulsystem erfaßt. Die Lehrkräfte sind zudem häufig kaum ausgebildet und schlecht bezahlt. Die Schwierigkeiten beim Erlernen der chinesischen Schrift und die äußeren sozialen Bedingungen hatten dazu geführt, daß die Analphabetenrate bei Gründung der Volksrepublik noch bei etwa 90 % lag. Nach großen Anstrengungen in der Erwachsenen-

Altarschmuck im Potala, dem Palast von Lhasa: Bilder des im Exil lebenden Dalai Lama.

Östl. L. 85 v. Greenwich
SEMIPALATINSK
UST-KAMENOGORSK
ALMA-ATA
FRUNZE
URUMQI
Turpan
Hami/Kumul
Kashi
Aksu
Kuqa
Korla
Xinjiang Uygur Zizhiqu
ZHONGHUA RENMIN GONGHEGUO
TARIM PENDI
TAKLIMAKAN SHAMO
JUNGGAR PENDI
DSUNGAREI
MONGOL ARD ULS
MONGOLEI
PAMIR
PAKISTAN
SRINAGAR
KARAKORUM
KUNLUN SHAN
QINGZANG GAOYUAN
HOCHLAND VON TIBET
Xizang Zizhiqu
Tibet
HIMALAYA
KATHMANDU
Lhasa
Xigaze
Golmud
QAIDAM PENDI
QINGHAI
GANSU
Xining
LANZHOU
SICHUAN
CHENGDU
KUNMING
Lijiang
Dali
DRUK BHUTAN
BANGLADESH
DHAKA
CALCUTTA
KALKUTTA
LUCKNOW
KANPUR
PATNA
VARANASI
BENARES
ALLAHABAD
JABALPUR
BHARAT
INDIEN
BURMA
MANDALAY
LAOS
VIET NAM
Von China besetztes Gebiet von Indien beansprucht
© I.G.D.A. S.p.A. - Novara

CHOSŎN M.I.K.
DEMOKRATISCHE VOLKSREPUBLIK KOREA
TAEHAN-MIN'GUK
REPUBLIK KOREA
NIPPON
JAPAN
JAPONSKOJE MORE /
TONG-HAE / NIPPON-KAI
JAPANISCHES MEER
Japanisches Becken
HUANG HAI / HWANG-HAE
GELBES MEER
DONG HAI / HIGASHI-SHINA-KAI
OSTCHINESISCHES MEER
TAIWAN
FORMOSA
Taiwan Haixia
Luzonstraße
Bashi Haixia
BATAN ISLANDS
Bohai
Bo Hai
Liaodong Wan
Hangzhou Wan
Korea-Straße
Tsushima-Kaikyō
SATSUNAN-SHOTŌ
NANSEI-SHOTŌ
ŌSUMI-SHOTŌ
TOKARA-RETTŌ
AMAMI-SHOTŌ
KYŪSHŪ
KIUSCHU
HALBINSEL KOREA
JEJU-DO
CHEJU-DO
Nei Mongol Zizhiqu
Innere Mongolei
Guangxi Zhuangzu Zizhiqu
Kwangsi-Tschuang
HEBEI
SHANDONG
JIANGSU
ANHUI
ZHEJIANG
JIANGXI
FUJIAN
GUANGDONG
HUNAN
HUBEI
HENAN
SHANXI
SHAANXI
LIAONING
JILIN
HEILONGJIANG
ZHONGGUO
MONGOL ULS
NEI MONGOL
DA HINGGAN LING
GROSSER CHINGAN
XIAO HINGGAN LING
KLEINER CHINGAN
CHANGBAI SHAN
SIKHOTE-ALIN
CHENTIJN NURUU
JABLONOVY HREBET
ORDOS
MU US SHAMO
HOBQ SHAMO
DABIE SHAN
WUYI SHAN
NAN LING
BEIJING PEKING
TIANJIN TIENTSIN
SHANGHAI SCHANGHAI
NANJING NANKING
WUHAN
SHENYANG
HARBIN
CHANGCHUN
QIQIHAR
DALIAN/ TALIEN (LÜDA)
QINGDAO TSINGTAU
JINAN
SHIJIAZHUANG
TAIYUAN
ZHENGZHOU
XI'AN SIAN
HEFEI
HANGZHOU
NANCHANG
CHANGSHA
FUZHOU
GUANGZHOU KANTON
HONGQING SCHUNGKING
GUIYANG
NANNING
HOHHOT
BAOTOU
DATONG
TANGSHAN
ANSHAN
FUSHUN
JILIN
MUDANJIANG
JIXI
HEGANG
JIAMUSI
SHUANGYASHAN
YICHUN
LUOYANG
KAIFENG
XUZHOU
HANDAN
WUXI
SUZHOU
NINGBO
TAIPEI
KEELUNG
TAICHUNG
TAINAN
KAOHSIUNG
Hong Kong Hongkong (Brit.)
KOWLOON
VICTORIA
NEW KOWLOON
MACAU Macau (Port.)
P'YŎNGYANG
SEOUL SOUL
INCH'ŎN
PUSAN
TAEGU
TAEJŎN
KWANGJU
CH'ŎNGJIN
HAMHŬNG
SINUIJU
KITAKYŪSHŪ
SHIMONOSEKI
FUKUOKA
HIROSHIMA
OKAYAMA
TAKAMATSU
MATSUYAMA
KUMAMOTO
NAGASAKI
KAGOSHIMA
MIYAZAKI
OITA
VLADIVOSTOK
Nahodka
HABAROVSK
Blagoveščensk
ULAN-UDE
ČITA
ULAN-BATOR
HA NOI
HAI PHONG
VIET NAM
HAINAN DAO
Beibu Wan
Golf von Tonkin
Qiongzhou Haixia
Hainanstraße
LEIZHOU BANDAO

bildung konnte sie inzwischen auf etwa 30 % gesenkt werden.
Die über 900 Hochschulen (darunter 38 Universitäten) können nur nach Bestehen einer besonderen staatlichen Prüfung besucht werden; das Studium ist kostenlos bei kostenfreier Wohnung und medizinischer Betreuung. Seit 1978 besitzt China eine Radio- und Fernsehuniversität, die großen Anklang findet.

Wirtschaft

Währung: 1 Renminbi Yuan (RMB.¥) = 10 Jiao = 100 Fen
Bruttoinlandsprodukt (in Anteilen): Land- und Forstwirtschaft 44 %, industrielle Produktion 46 %, Dienstleistungen 10 %
Wichtigste Handelspartner: Japan, Hongkong, Macau, USA, Bundesrepublik Deutschland

Der Kurswechsel der chinesischen Führung nach dem Tod Maos (1976) hat in der Wirtschaft zu einer Annäherung an den Westen geführt. Bis zum Jahr 2000 will man aus der noch überwiegend agrarisch bestimmten Volkswirtschaft einen modernen Industriestaat machen. Chinas zentral gelenkte Planwirtschaft legt mittelfristig ökonomische Ziele in Fünfjahresplänen fest. In den nächsten Jahren soll der Wirtschaftskurs der Liberalisierung und Modernisierung grundsätzlich beibehalten werden. Das jährliche Wirtschaftswachstum pendelte sich bei etwa 7 bis 8 % ein.

Landwirtschaft

Die landwirtschaftliche Nutzfläche ist mit nur 10 % des chinesischen Gebiets gering. Fast die Hälfte des kultivierten Bodens wird bewässert. Ein Großteil der Fläche entfällt auf den Getreideanbau (v. a. Reis, Weizen, Mais), überdies werden Baumwolle, Jute, Hanf, Zuckerrüben, Tee, Tabak, Obst, Gemüse und Heilpflanzen angebaut. Je nach klimatischen Bedingungen sind eine bis drei Ernten im Jahr möglich. Bei der Viehwirtschaft sind vor allem Schweinezucht und Geflügelhaltung bedeutsam. Um seine wachsende Bevölkerung ausreichend ernähren zu können, unternimmt der Staat große Anstrengungen zur Erschließung neuer landwirtschaftlicher Nutzflächen. Den Betrieben und Produktionsgenossenschaften wird im Zuge der Wirtschaftsliberalisierung mehr Freiheit gewährt (z. B. freie Vermarktung der Überschußproduktion).

Die letzte Dampflokfabrik in der Industriestadt Datong.

Bodenschätze, Energie

China besitzt alle für die Industrie notwendigen Bodenschätze. Von besonderer Bedeutung sind Steinkohle, Eisenerz und Erdöl. Seine Phosphat-, Wolfram- und Titanvorkommen sind die größten der Welt.
Bei der Energieversorgung bestehen trotz immenser Kapazitätsausweitungen in den letzten Jahren wegen des wachsenden Bedarfs noch immer Engpässe. Wichtigster Energieträger ist die Kohle, danach die Wasserkraft. Auf dem Land sind Biogasanlagen verbreitet; einige Gebiete sind aber auch noch ohne Stromversorgung.

Industrie

Bis 1979 hatte die Entwicklung der Schwer- und Investitionsgüterindustrie Priorität; erst in den letzten Jahren wächst die Leichtindustrie überdurchschnittlich. Die wichtigsten Industriezweige sind Eisen- und Stahlindustrie, Maschinenbau, Nahrungs- und Genußmittel-, Baustoff-, Textil- und Bekleidungs- sowie chemische Industrie. Besonders die Herstellung von Kraftfahrzeugen und dauerhaften Konsumgütern (Kühlschränke, Waschmaschinen, Fernsehgeräte) wurde gesteigert. Ein großes Problem der Industriebetriebe ist ihre rückständige technische Ausstattung. Die Zahl der Privatbetriebe ist in den letzten Jahren stark gestiegen. Auch chinesisch-ausländische Gemeinschaftsunternehmen entstehen immer häufiger.

Handel

Wichtigste Importgüter sind Eisen und Stahl, Industriemaschinen, Fahrzeuge sowie Informations- und Kommunikationstechnologie. Die wesentlichen Exportgüter sind Erdöl und Erdölprodukte, landwirtschaftliche Erzeugnisse sowie Textilfasern und Bekleidung. Ein Großteil der Importe und Exporte wird über Hongkong und Macau abgewickelt. Der Außenhandel hat noch immer ein relativ geringes Volumen; das Außenhandelsdefizit nimmt jedoch tendenziell ab.

Verkehr, Tourismus

Ein Problem der chinesischen Volkswirtschaft ist ihre schlechte Infrastruktur. Obwohl das Straßennetz inzwischen fast 1 Mio. km lang ist, kann mehr als ein Drittel aller Dörfer immer noch nicht mit dem Auto erreicht werden. Die Personenbeförderung übernimmt in erster Linie die Bahn; außer Tibet sind alle Provinzen an das Schienennetz (Gesamtlänge 52 000 km) angeschlossen. Eine große Rolle spielt die Binnenschiffahrt; die schiffbaren Wasserwege haben insgesamt eine Länge von über 100 000 km. Internationale Flughäfen sind Peking, Schanghai und Kanton. Seit seiner Öffnung Ende der 70er Jahre ist China ein beliebtes Reiseziel westlicher Touristen geworden.

Geschichte

Seit 1964 gilt als gesichert, daß es bereits vor mehr als einer Million Jahren menschliches Leben in China gegeben hat: Dies zeigen Kiefer- und Schädelfragmentfunde aus der Nähe von Lantian (Provinz Shaanxi). Sie deuten auf einen frühen Vertreter der Gruppe des Homo erectus hin, zu der auch der bekanntere sog. Peking-Mensch gehört: Dessen Alter wird auf etwa 500 000 Jahre geschätzt.
Die Besiedlung des Landes erfolgte vermutlich von Süden nach Norden; in der Altsteinzeit dürften bereits in weiten Teilen Chinas Menschen gesiedelt haben. Aus der Jungsteinzeit sind halbmondförmige Steinmesser sowie bemalte Keramik (Yangshao-Kultur, 6. bis 4. Jahrtausend v. Chr.) erhalten. Die folgende Lung-shan-Kultur (3. bis frühes 2. Jahrtausend v. Chr.) leitet in die Bronzekultur und damit in die geschichtliche Periode Chinas über, von der neben einzelnen Funden dynastiegeschichtliche Chroniken Zeugnis ablegen. Diese schriftlichen Belege sind oft Jahrhunderte später entstanden und zumeist recht ungenau.

Bais in Yunnan, eine von vielen nationalen Minderheiten.

Frühgeschichte

Zur Zeit der Shang-Dynastie (nach der Überlieferung 1766–1122 v. Chr.) beherrschten Großkönige mit Priesterfunktion einen Verband offenbar tributpflichtiger Fürstentümer in Mittelchina. Sie stützten sich bereits auf eine Beamtenschaft.
Die Shang-Zeit wurde durch Vasallen aus dem Westen beendet: 1122 v. Chr., vielleicht aber auch etwa 100 Jahre später, stürzte König Wu den letzten Shang-König und errichtete die Westliche Chou-Dynastie, einen auf Adelsclans aufbauenden Lehnsstaat. Das »Mandat des Himmels«, die mythologisch begründete Herrscherlegitimation, die später alle chinesischen Kaiser beanspruchten, war somit auf eine andere Dynastie übergegangen. 771 v. Chr. eroberte das Nomadenvolk der Quanrong (Jung) das Wei-Tal; der neue König P'ing erweiterte das Reich nach Osten und begründete die Östliche Chou-Dynastie. Der Begriff »Reich der Mitte« wurde ursprünglich nur für diese zentralen Feudalstaaten verwendet, bald aber auch für das gesamte Reich. Die folgende sog. Frühling-und-Herbst-Periode (771–481 v. Chr.) ist durch Kämpfe der Lehnsherren gegeneinander und durch die Vernichtung der bereits seit dem 8. Jh. v. Chr. stark eingeschränkten Macht der Chou gekennzeichnet. Sie stellt die Blütezeit altchinesischen Denkens dar (Konfuzius, Lao Tse).
Aus den Kämpfen des Feudaladels ging gegen Ende der »Streitenden Reiche« (481–249 v. Chr.) der Staat Ch'in, das bestgerüstete und -organisierte dieser konkurrierenden Fürstentümer, als Sieger hervor. Die Idee eines geeinten Reiches stand kurz vor ihrer Verwirklichung.

Reichseinigung

Die Ch'in-Dynastie (221–206 v. Chr.) steht für den Anfang der eigentlichen chinesischen Geschichte. Fürst Cheng von Ch'in nahm nach zahlreichen Eroberungen 221 v. Chr. den Titel Shih huang-ti (»erhabener Kaiser des Anfangs«) an und einte das Reich. Alle irdische Macht und himmlische Weisheit konzentrierte sich in seiner Person. Das Reich wurde in 36 Kommanderien eingeteilt, der Feudaladel entmachtet. Im Staatsgebiet wurden alsbald Maße, Geld und Schrift vereinheitlicht, Straßen gebaut und der Bau der »Großen Mauer« zur Sicherung der Nordgrenze fortgeführt (213 v. Chr.). Hauptstadt wurde Ch'ang-an, das heutige Sian; vor den Toren der Stadt liegt Shih huang-tis berühmtes Grab mit rund 7000 überlebensgroßen Kriegern aus Terrakotta. Unter der Ch'in-Dynastie, auf die auch der Name des Landes – China – zurückgeht, wurde die im Grunde bis ins 20. Jh. hinein gültige chinesische Reichsidee realisiert. Die Ch'in-Herrschaft war gleichwohl von kurzer Dauer: Zahlreiche Aufstände im Zuge des Mauerbaus führten 202 v. Chr. zum Sieg des Heerführers Liu Pang, der als Kaiser Kao-Tsu die Han-Dynastie begründete.

Die Han-Dynastie

Die Han-Dynastie herrschte mit kurzer Unterbrechung 426 Jahre (206 v. Chr. bis 220 n. Chr.): 27 Kaiser (»westliche Dynastie«) residierten anfangs in der Hauptstadt Ch'ang-an. Ab 25 n. Chr. regierten die »Östlichen« Han in der Hauptstadt Lo-yang (Luoyang). Im Laufe der Zeit wurden mehr und mehr wichtige Militärämter nur mit Mitgliedern der Kaisersippe besetzt. Die während der Ch'in-Dynastie verbotene Lehre des Konfuzius wurde die Ideologie der sich entwickelnden Beamtenhierarchie, die zum staatlichen Neuordnungskonzept Kaiser Wu-tis (141–87 v. Chr.) gehörte. In diese Zeit fiel auch die Einführung eines staatlichen Examens für Beamte. Wu-ti dehnte das Reich enorm aus, drängte das Steppenvolk der Hsiung-Nu im Nordwesten zurück und öffnete das Tor zur »Seidenstraße«. Über diese Verbindung erschlossen sich China Handelswege mit dem Westen.
Wang Mang (9–23 n. Chr.), gelegentlich als der »erste Sozialist auf dem Thron Chinas« bezeichnet, verstaatlichte Grundbesitz und das Münzwesen, stärkte aber vor allem die kaiserliche Macht und schwächte den Bauernstand durch Wucherzinsen. Der Aufstand der »Roten Augenbrauen«, eine Bauernrevolte, beendete im Jahre 23 die Episode von Wangs Herrschaft. Fast 200 Jahre relativer Ruhe war der Östlichen Han-Dynastie in der Folge beschieden; der Seidenhandel mit dem Abendland blühte. Die chinesischen Bauern freilich wurden zunehmend vom »Neuadel«, meist Beamten, und reichen Händlern, die Grund und Boden aufkauften, unterdrückt: Diese neue Schicht bestimmte die chinesische Landwirtschaft im Grunde bis 1949.
Nach 150 zeigte die Han-Dynastie Verfallserscheinungen; der Aufstand der »Gelben Turbane« (taoistische Sekten, Kleinbauerntum und verarmte mittlere Bürgerschaft) gab der Dynastie 220 den Todesstoß. Gegen Ende des sich anschließenden, knapp 370 Jahre langen Zeitabschnitts, einer Epoche dynastischer Kämpfe und Reichsteilungen, hatten Fremdeinflüsse starke Veränderungen in China bewirkt: Der Buddhismus bestimmte nun das geistige Leben, und im Norden herrschte eine von Mongolen abstammende Dynastie.

Sui- und T'ang-Dynastie

Der nachfolgenden Sui-Dynastie (589–618) gelang erneut die Einigung des ganzen Reiches, dessen Verwaltung reformiert wurde. Vor allem aber wurde der Kaiserkanal (Großer Kanal) im Osten des Landes ausgebaut, der die Täler des Hwangho mit dem Unterlauf des Jangtsekiang verbinden sollte. Außenpolitisch unternahmen die Sui Expansionsversuche nach Innerasien. Die T'ang-Dynastie (618–906) setzte den Expansionskurs und die Politik der Verwaltungsreformen im Innern fort. Vor allem Kaiser T'ai-tsung (»Großer Ahnherr«, 626–649) wurde eine der bedeutendsten Herrschergestalten Chinas. Er dehnte das »Reich der Mitte« im Westen und Süden aus. Seine Nachfolger eroberten Korea und Nordvietnam.
Im Jahre 690 geschah etwas nie Dagewesenes: Wu Tse-t'ien, eine Konkubine des Kaisers Gao-tsung, rief sich zur Kaiserin aus und begründete eine Dynastie (690–705). Ihre Nachfolger führten das T'ang-Reich zu neuer Blüte; besonders die höfische Kultur lebte auf. Bereits seit Mitte des 7. Jh. war China durch den Zustrom ausländischer Kaufleute über die Seidenstraße auch von fremder Kultur und Lebensform beeinflußt worden. 713 erschien die erste Ausgabe des »Staatsanzeigers« (Ching-pao), der ältesten Zeitung der Welt. Sie bestand 1200 Jahre. Nach 750 setzte der Niedergang einer glanzvollen Epoche ein: Aufstände der Grenztruppen und Revolten militärischer Führer, Angriffe der Tibeter, Hungersnöte, die Säkularisierung buddhistischer Klöster, vor allem aber der Volksaufstand unter dem Bauernführer Wang (874–884) bewirkten den Zerfall der T'ang-Dynastie. Die sich ihr anschließende Epoche bezeichnet die chinesische Chronistik als Zeit der (nördlichen) Fünf Dynastien (907–960); im Süden bekämpften sich zehn rivalisierende Staaten (902–979).

Die Sung-Dynastie

Erst der Militärführer Chao K'uang-yin bemühte sich erneut um die Reichseinigung und begründete als Kaiser T'ai-tsu (960–976) die Sung-Dynastie (960–1279). Ein durchorganisierter, auf den Lehren des Konfuzius basierender, ziviler Beamtenstaat entstand. In der Zeit der Nördlichen Sung (960–1127) wirkte der Reformer Wang An-shih als Kanzler des Kaisers Shen-tsung; er betrieb eine Politik gerechterer Besteuerung und staatlicher Handelskontrolle, gewährte den Bauern Darlehen und gründete eine Territorialmiliz. 1076 mußte er dem Druck des reformfeindlichen Beamtentums weichen. Außenpolitisch hatte sich das Sung-Reich mit dem nomadisierenden Reitervolk der Kitan (Kitai) aus dem Norden auseinanderzusetzen, die große Teile Nordchinas beherrschten. In der Epoche der Südlichen Sung (1127–1279) mußte mit dem nach Vertreibung der Kitan im Norden eingefallenen mandschurischen Volk der Dschurdschen (Juzhen) ein demütigender Friede geschlossen werden. Die Dschurdschen regierten in Nordchina bis 1234.

Die Mongolenherrschaft

Der Ansturm der Mongolen, mit denen sich die Sung gegen die Dschurdschen verbündet hatten, bedeutete das Ende für die Sung: Dschingis-Khan (1162–1227) zerschlug nach Eroberungen in Persien und Südrußland Teile des Reiches der Dschurdschen und eroberte 1215 Peking. Um 1250 standen die Mongolen am Jangtsekiang; 1279 unterwarf ihr Führer Kublai Khan den Rest des Sung-Reiches: China war von mongolischen Nomaden beherrscht. Unter der Yüan-Dynastie (1279–1368) gehörte China

Die Ming-Gräber bei Peking: steinerne Würdenträger wachen.

zum mongolischen Weltreich. Der Staat war streng hierarchisch gegliedert: Die Mongolen bildeten das Herrenvolk, darunter rangierten Perser, Syrer, Türken und andere Nicht-Chinesen, die dritte Ebene stellten Nordchinesen dar, auf der vierten und letzten Ebene rangierten die »Südbarbaren« des Sung-Reiches.
Der Venezianer Marco Polo reiste 1271 an den mongolischen Hof; seine Berichte vom Reichtum der Residenz in Peking und der Fabelstadt Quinsai (Hangzhou) lösten in Europa ungläubiges Staunen aus. Man nannte ihn fortan »Messer Milione«, den »Herrn Aufschneider«.

Ming-Dynastie und Beginn der Mandschu-Herrschaft

Aufstände verelendeter Bauern und von Stadtbewohnern beendeten die Mongolen-Zeit: Von 1368 bis 1644 regierten die Ming-Kaiser (ming = hell, klar). Sie errichteten ein autoritäres Regime, beseitigten die politische Macht der Beamten, verstärkten die seit den Sung verbreitete Fremdenfeindlichkeit und erwiesen sich als ausgesprochen reformfeindlich. Unter Kaiser Ch'eng-tsu (1403–1424) kam es zu Erkundungsreisen bis nach Java, Ostafrika und zum Persischen Golf. Der Handel blühte auf, die Große Mauer wurde ausgebaut.
Einfälle des halbnomadischen Volkes der Mandschu seit 1627 sowie Korruption und Ämterpatronage bewirkten das Ende der Ming-Dynastie. 1644 errichteten die Mandschu als Ch'ing-(Qing)-Dynastie eine bis 1911 andauernde Fremdherrschaft auf chinesischem Boden. Die neuen Herrscher führten eine in Militäreinheiten, sog. Bannern, gegliederte Führungsschicht ein. Unter dem K'ang-hsi-Kaiser (1662–1722) wurden Dammbauten und der Ausbau des Kaiserkanals fortgeführt, die Künste gefördert. Der Yung-cheng-Kaiser (1723–1735) bildete einen Staatsrat und erließ gerechtere Steuern; das Reich der Mitte, das 1683 Taiwan einnahm und 1751 Tibet zum Protektorat machte, blühte erneut auf.

Die Neuzeit

Nachdem sich seit dem ersten Drittel des 16. Jh. – trotz der Fremdenfeindlichkeit der Ming – bereits Handelsverbindungen mit Portugal, Spanien, den Niederlanden und England entwickelt hatten, drängten vor allem seit Beginn des 19. Jh. zunehmend europäische Mächte auf den chinesischen Markt. Als Großbritannien seine seit Jahren schwunghaft betriebenen illegalen Opiumexporte massiv ausweitete, schritt die chinesische Regierung 1839 ein. In dem sich hieraus entwikkelnden Opiumkrieg (1840–1842) unterlag China den Briten; im Vertrag von Nanking mußte es Hongkong an Großbritannien abtreten, eine hohe Entschädigung zahlen und mehrere Häfen, darunter Schanghai und Kanton, für den britischen Handel öffnen. 1850 erschütterte der T'ai-p'ing-Aufstand den Ch'ing-Staat: Hung Hsich'üan hatte die Geheimsekte »Gesellschaft der Gottesverehrer« geschaffen und mit seinen Anhängern einen auf urchristlichen Gleichheitsprinzipien gegründeten Staat mit der Hauptstadt Nanking geschaffen. 1864 wurde die Rebellion blutig beendet.
In diese Zeit fielen auch weitere Auseinandersetzungen mit auswärtigen Mächten: Britische und französische Truppen eroberten 1857 Kanton. Im Frieden von Tientsin 1858 wurde China gezwungen, weitere Häfen zu öffnen, den Kolonialmächten freie Schiffahrt auf den Flüssen zu gewähren, christliche Missionen und diplomatische Vertretungen zu akzeptieren und schließlich enorme Reparationen zu zahlen.
Die Schwäche der Zentralregierung ermunterte die imperialistischen Mächte, weitere »Schutzgebiete« zu beanspruchen: Rußland erpreßte 1860 die Übertragung von Gebieten im Norden (u.a. Port Arthur), Deutschland erzwang 1898 die Verpachtung von Tsingtau für 99 Jahre. Japan eroberte im Chinesisch-Japanischen Krieg 1894/95 Taiwan und verdrängte die Chinesen aus Korea.
Die Aufteilung des Riesenreiches in Interessensphären der Großmächte sowie technisch-industrielle Reformen (Verkehrswesen, Industrialisierung) stießen auf den Widerstand konserva-

Im Himmelstempel von Peking: die Halle der Ernteopfer.

tiver Kräfte unter Führung der Kaiserinwitwe Tz'u-hsi. Der von ihnen geförderte Boxeraufstand 1900 – der Name stammt von der fremdenfeindlichen Geheimorganisation »Faust(kämpfer) für Recht und Einigkeit« – wurde von einem Expeditionsheer der Westmächte und Japans niedergeschlagen. Im »Boxerprotokoll« von 1901 wurden China 450 Millionen Silberdollar Entschädigung und weitere Souveränitätsrechte abgepreßt. Nach großen Gebietsverlusten als Folge des Krieges gegen Japan 1904/05 konnte sich der Kaiserhof Reformen nicht mehr verschließen; das Ende der Ch'ing-Dynastie war gekommen.

Republik China

Revolutionäre Gruppen in Südchina unter Sun Yat-sen (1866–1925) hatten schon seit etwa 1900 Pläne für die Errichtung einer Republik ausgearbeitet. Sun war Christ. Sein »Einheitsbund« organisierte den Aufstand am 10. 10. 1911 (Nationalfeiertag). Am 29. 12. wurde Sun zum Präsidenten der Republik gewählt; er verzichtete aber zugunsten des skrupellosen, den Kaiserthron anstrebenden Generals Yüan Shih-k'ai (1916 ermordet). Suns Nationalchinesische Volkspartei, die Kuomintang (Guomindang), strebte mit ihren »Drei Prinzipien des Volkes« – Nationalismus, Demokratie, Sozialismus – eine parlamentarische Demokratie an; er selbst mußte 1913 nach Japan fliehen. Die Folgezeit war bestimmt vom Zerfall der Zentralgewalt und von zahlreichen Kämpfen regionaler Militärführer, der sogenannten Warlords.

Nach dem Vertrag von Versailles 1919 gingen die ehemaligen deutschen Rechte in China an Japan über (»21 Forderungen«); dagegen erhoben sich am 4. 5. 1919 Studenten, Arbeiter und Kaufleute in Peking. Zugleich wurden eine Schriftreform, Bruch mit dem Konfuzianismus und westliche Wissenschaftsmethoden gefordert. Dieser Aufstand gilt daher als erste »Kulturrevolution« Chinas. In der Folge gründeten Delegierte marxistischer Gruppen, unter ihnen Mao Tsetung (Mao Zedong, 1893–1976), am 1. 7. 1921 in Schanghai die Kommunistische Partei Chinas. Anfängliche Gemeinsamkeiten mit der Kuomintang gingen nach dem Tod Suns 1925 in offene Feindschaft über: General Chiang Kai-shek (1887–1975), der neue Parteiführer, der mit Hilfe der Kommunisten seit 1926 die Warlords im Norden bekämpft hatte, brach 1927 mit der KP, übernahm die Regierung (nun in Nanking) und ermordete zahlreiche Gegner. Unter Maos Führung flüchteten 1934 Zehntausende von Kommunisten vor Chiangs Truppen über 12000 Kilometer nach Norden: Der berühmte »Lange Marsch« kostete enorme Blutopfer, stärkte insgesamt aber die Position der KP. Schon 1931/32 hatten japanische Truppen die Mandschurei erobert, den letzten chinesischen Kaiser P'u-yi als »Herrscher« eingesetzt und große Teile der Bevölkerung ermordet. 1937 begann der Chinesisch-Japanische Krieg, in dem Japan Peking, Schanghai und den Osten des Landes eroberte. China, innerlich zerrissen, leistete kaum Widerstand. Nach der Niederlage Japans im Zweiten Weltkrieg, in dem die Kommunisten weite Gebiete Chinas erobert hatten, scheiterte die Bildung einer Koalitionsregierung zwischen Mao und Chiang. Die kommunistische Rote Armee eroberte daraufhin bis 1949 das gesamte Land, Chiang flüchtete mit seinen Anhängern nach Taiwan. Am 1. 10. 1949 rief Mao vor dem »Tor des Himmlischen Friedens« in Peking die Volksrepublik China aus.

Die Volksrepublik China

Soziale Reformen (Bodenreform, Schulreform, Verstaatlichung der Industrie, Gleichstellung der Frau usw.) sowie große »Säuberungsaktionen« standen am Anfang des neuen Staates. Nach der »Hundert-Blumen-Kampagne« 1956 zur Ermutigung der Kritik an der KP leitete die Partei 1958 die Errichtung von Volkskommunen durch Zwangskollektivierung und eine Industrialisierungskampagne ein (»Großer Sprung nach vorn«). Beides wurden ökonomische Mißerfolge. Zugleich beendete China aus ideologischen Gründen die Bindung an die UdSSR. Das Verhältnis zu den USA war von Beginn an gespannt.

Die Person Maos rückte zunehmend in den Mittelpunkt der KP-Ideologie. In der Kulturrevolution (1966–1976) kam es zu verheerenden Ausschreitungen zumeist junger Mao-Anhänger gegen Intellektuelle, angebliche Konterrevolutionäre und Vertreter traditioneller Kulturwerte.

Maos Tod 1976 leitete die Wende ein: Seine Witwe Ch'iang Ch'ing und drei weitere Hauptinitiatoren der Kulturrevolution (Viererbande) wurden verhaftet. Ab 1977 begann mit der Rehabilitierung von Maos altem Weggefährten Teng Hsiao-p'ing (Deng Xiaoping) die »Öffnung« der Volksrepublik: Förderung von Industrialisierung und Handel mit westlichen Ländern, privatwirtschaftliche Orientierung und ideologisch-kulturelle Liberalisierung bestimmten nun den bis heute gültigen Kurs.

Kunstwerk aus der Ming-Zeit: die Drachenwand von Datong.

Ganz im Stil des sozialistischen Realismus: Denkmal der Revolution in Schenjang.

Kultur

Die chinesische Kultur, insbesondere die Literatur, kann auf eine Tradition von zweieinhalb Jahrtausenden verweisen. Älteste Schriftdenkmäler (Orakel-Inschriften auf Schulterblattknochen) aus der Shang-Zeit sind sogar mehr als 3000 Jahre alt. Ein typischer Zug chinesischer Literatur ist ihre historische Orientierung.

In der feudalistischen Epoche (8. bis 3. Jh. v. Chr.) entstanden die fünf klassischen Bücher (»Ching«), darunter das »I-ching« (Buch der Wandlungen) und das »Shih-ching« (Buch der Lieder). Mit den »Elegien von Ch'u« verbindet sich der Name des ersten namentlich erwähnten Dichters, Ch'ü Yüan (um 300 v. Chr.).

In die Regierungszeit des ersten chinesischen Kaisers Shih huang-ti fiel auch die erste Bücherverbrennung, zumal der konfuzianischen Schriften (213 v. Chr.). Erst in der Han-Zeit gelangten Konfuzius und seine Schüler wieder zu Ansehen. Die nachfolgenden Jahrhunderte waren mehr und mehr durch eine Literatur in aristokratisch elegantem Stil gekennzeichnet, der in Formalismus ausartete.

Erst mit der T'ang-Dynastie brach das »Goldene Zeitalter der Poesie« an: Statt der bisher verbreiteten Naturlyrik stand bei Li Po (701–762) erstmals das lyrische Ich im Mittelpunkt des Schaffens. Lis Zeitgenosse Tu Fu ist als Patriot, Moralist und scharfer Analytiker bekannt geworden. Unter der Ming-Dynastie entstanden die ersten großen epischen Werke, so der historische Roman »Die Geschichte der drei Reiche« von Lo Kuan-chung (um 1350). Berühmt am Übergang zur Mandschu-Zeit ist Li Yü. Aus dieser Dynastie stammt das Meisterwerk »Der Traum der roten Kammer«, ein Sittengemälde der Zeit.

An der Wende zum 20. Jh. fanden soziale Themen Eingang in die Literatur. Lu Hsün (1881–1936) gilt als Vater der modernen chinesischen Literatur. In seinem 1918 veröffentlichten »Tagebuch eines Verrückten« rechnete er hart mit dem Konfuzianismus und der erstarrten Gesellschaft ab. Mao Tun (geb. 1896) gilt als einer der bedeutendsten modernen Romanciers (»Schanghai im Zwielicht«, 1933).

Nach Ausrufung der Volksrepublik China wurde die Literatur in den Dienst des Klassenkampfs gestellt; häufig erhielten Autoren Schreibverbot. Zahlreiche Schriftsteller wurden vor allem in der Kulturrevolution ab 1966 verfolgt, viele kamen ums Leben. Heute blüht die Literatur in vielen Formen auf; sie ist Widerspiegelung der Probleme des neuen China. Am bekanntesten dürfte im Westen der Roman »Schwere Flügel« von Zhang Jie geworden sein.

Sprache und Schrift

Die heutige Sprache ist die Sprache der Han-Chinesen. Das moderne Hochchinesisch (auch »Mandarin« genannt) basiert auf dem nordchinesischen Peking-Dialekt.

Die chinesische Schrift ist eine aus einer Zeichen- oder Bilderschrift hervorgegangene Wortschrift. Einige ihrer Schriftzeichen sind älter als 3000 Jahre. Sie hat sich bis heute wenig verändert: Werke im klassischen Chinesisch (seit 500 v. Chr.) sind im Grunde heute noch verständlich. Im 18. Jh. verzeichnete das »K'ang-hsi-Wörterbuch« 47021 Zeichen. Heute genügen etwa 3000 Schriftzeichen, um eine Zeitung lesen zu können.

Seit 1979 verwenden die Chinesen das »Hanyu Pinyin« als offizielles Transkriptionssystem: die Wiedergabe der Lautung der chinesischen Zeichen auf der Basis des lateinischen Alphabets.

Die Philosophie

Chinesisches Philosophieren ist eher durch das Verlangen nach gesellschaftlicher Harmonie und Einheit dessen, »was unter dem Himmel ist«, als durch metaphysische Spekulationen oder abstrakte Begriffe gekennzeichnet. Nach traditioneller Auffassung beherrschen die mythischen Ursubstanzen der Schöpfung, Yang und Yin – die lichtvolle, schöpferische männliche Urkraft einerseits und das dunkle, empfangende weibliche Prin-

zip andererseits –, das Universum. Ziel der Erziehung sollte deshalb sein, einen harmonischen Gleichgewichtszustand zwischen beiden Prinzipien anzustreben, um so zu einem vollkommenen Leben zu gelangen.
Zwischen 600 und 200 v. Chr. entstanden die wichtigsten philosophischen Schulen Chinas: der Konfuzianismus, der Taoismus und der Mohismus.
K'ung Ch'in aus Ch'ü-fu (522–479 v. Chr.) – latinisiert im 17. Jh. zu Konfuzius – war der einflußreichste unter den chinesischen Denkern. Er wollte die traditionellen Werte wieder zu Ansehen bringen und soziale Gerechtigkeit in einem hierarchisch gegliederten System schaffen, das von der geistigen Elite regiert werden sollte. Beamtenerziehung, Gehorsam, aufrechte Gesinnung, Weisheit, Mut und Treue sowie Ablehnung jeglicher Korruption bei Bewahrung der Ordnung in Staat und Familie waren seine Leitbegriffe. Eine diesseitige, höchst unreligiöse Ethik wird in den »Gesprächen« deutlich. Meng Tzu (374–289 v. Chr.), latinisiert Mencius, erweiterte den Konfuzianismus um den Gedanken, daß der Mensch von Natur aus gut sei und mitleidsvoll handle.
Die Lehren des Konfuzius wurden in der Han-Dynastie zur Staatsdoktrin; während der Kulturrevolution (1966 bis 1976) als reaktionär verdammt, finden sie heute wieder Beachtung.
Der Taoismus ist dagegen metaphysisch orientiert: Sein Begründer Lao Tse lebte wahrscheinlich um 600 v. Chr. und beschrieb im »Tao-te-king« (Buch vom Weg und der Tugend) die Lehre vom Einswerden mit der Natur, den rechten Weg (Tao), die Verschmelzung von Yin und Yang. Das Tao ist immer da und tatenlos, die Dinge gehen ihren Lauf, der Mensch folgt den Gesetzen, göttliche Vernunft waltet. Ein Eingreifen des Menschen brächte Wirrwarr und Chaos; Kontemplation (»Tue nichts und alles ist getan«) ist Erkenntnis.
Der dritte große Denker, Mo Ti (um 420 v. Chr.), trat für die Gleichheit der Menschen und für eine einfache Lebensführung ein. Sein Kampf gegen die hierarchische Gesellschaftsstruktur des Konfuzianismus wurde von den chinesischen Marxisten wieder aufgegriffen.

Musik, Theater, Schattenspiel

Jahrtausende alt ist die chinesische Musiktradition. Wichtige Musikinstrumente waren von alters her Trommeln, Flöten, Glockenspiele und die fünfsaitige Zither.
In der Chou-Zeit sollte die Musik die Harmonie zwischen Mensch, Staat und Kosmos widerspiegeln. In der Ming-Zeit errang die Oper Bedeutung, teilweise unter arabischem Einfluß. Die Peking-Oper (Ende des 18. Jh.) als klassische Form des chinesischen Theaters war als Gesamtkunstwerk konzipiert, zu dem neben Orchestermusik und Singstimmen symbolhafte Masken, Akrobatik und Trommelklang gehören.
Seit der Gründung der Volksrepublik wurden Opern mit vornehmlich revolutionärem Gehalt aufgeführt. In den letzten Jahren hat sich jedoch die Peking-Oper wieder Geltung verschafft. Selbst das Sprechtheater gewinnt an Bedeutung.
Charakteristisch ist daneben das schon seit der Sung-Zeit bekannte Schattenspiel: Die mythologischen Figuren werden aus Leder hergestellt und mit Bambusstöcken hinter einem beleuchteten Schirm bewegt. Dazu singt oder rezitiert der Puppenspieler.

Buddhismus und Tibet

Im 1. Jh. brachten Mönche die buddhistische Lehre von Indien nach China. Unter der T'ang-Dynastie war sie Staatsreligion. Buddhas Lehre vom Leiden und seiner Aufhebung, dem achtteiligen Pfad sowie der Seelenwanderung war besonders während der Kulturrevolution neben den buddhistischen Tempeln Ziel fanatischer Attacken. Heute pilgern wieder Millionen von Chinesen zu den vier heiligen Bergen des Buddhismus: »Neun-Blumen-Berg« in der Provinz Anhwei, »Berg der buschigen Augenbrauen« in der Provinz Szetschuan, »Fünf-Terrassen-Berg« in der Provinz Shanxi und »Potala-Berg« auf der Insel Putuoshan Dao.
In Tibet bildete sich im 7. Jh. der Lamaismus heraus, eine Sonderform des Buddhismus. Die höchsten Priester galten als Inkarnationen buddhistischer Gottheiten, so der Panchen Lama als Inkarnation des Amitabha und der Dalai Lama als die des Avalokiteshvara. Im 17. Jh. sicherten sich Priesterfürsten auch die weltliche Macht mit dem Dalai Lama an der Spitze.
1950 wurde der Mönchsstaat von der Roten Armee erobert. 1959 floh der Dalai Lama nach Indien; der tibetische Widerstand blieb jedoch trotz des Autonomiestatuts 1965 unverändert stark. Peking hofft daher in jüngerer Zeit auf die Rückkehr des derzeitigen tibetischen Oberhauptes.

Baukunst, Plastik, Keramik und Malerei

Die sehr alte Grundform chinesischer Paläste – auch buddhistischer und taoistischer Tempel – ist meist ein hölzerner Hallenbau auf rechteckigem Grundriß. Typisch sind geschwungene, oft mit mythischen Tierplastiken verzierte Dachfirste, z. B. in der Verbotenen Stadt in Peking. Buddhistische Pagoden (z. B. Kleine und Große Wildganspagode in Sian), aus den indischen Stupas entwickelt, haben in China einen eckigen, oft quadratischen Grundriß.
Die 1974 bei Sian entdeckte Terrakotta-Armee aus der Ch'in-Dynastie, die buddhistischen Steinskulpturen der Longmen-Grotten bei Luoyang (5.–7. Jh.) und die Keramikfiguren der T'ang- und Sung-Zeit sind großartige Beispiele der frühen chinesischen Plastik. Berühmt sind die monumentalen Steinfiguren bei den Ming-Gräbern nahe Peking und Nanking. Die Ming-Zeit war auch die große Zeit der Porzellane.
Hohes Niveau wies bereits die Wandmalerei der Han-Zeit auf. Eine spezifisch chinesische Weltauffassung drückt die Landschaftsmalerei in der Zeit der Nördlichen Sung-Dynastie aus. In der Ming-Zeit wurde die Malkunst der Sung-Zeit mit ihrer Tendenz zur Vereinfachung der Naturformen gepflegt und weiterentwickelt. Im Palastmuseum von Peking ist aus der frühen Mandschu-Zeit das längste Bild der Welt (230 m) zu bewundern.

Der Kaiserpalast von Peking mit angeblich 9999 Räumen.

Reise-Informationen

Einreisepapiere
Bürger der Bundesrepublik Deutschland, der Schweiz und Österreichs benötigen für einen Aufenthalt von 30 Tagen (Verlängerung möglich) einen Reisepaß, der noch mindestens zwei Monate gültig sein muß, sowie ein Visum. Für die Hochsaison-Monate Mai, August und September kann ein Einzelvisum verweigert werden, wenn die Kapazitäten überlastet sind. Bei Beantragung des Visums müssen die Orte angegeben werden, die man besuchen möchte.
Zoll
Bei der Einreise sind zollfrei: pro Person 200 Zigaretten und zwei Flaschen Spirituosen. Bei der Ankunft wird eine Zollerklärung über alle mitgeführten Wertsachen verlangt und bei der Ausreise überprüft. Untersagt ist die Einfuhr von antichinesischen Druckerzeugnissen sowie von belichteten, aber noch nicht entwickelten Filmen. Eine Ausfuhrsperre besteht für Gegenstände aus Edelmetall, Antiquitäten, Bücher und Dokumente aller Art, die nicht das zur Ausfuhr berechtigende Siegel tragen.
Devisen
Renminbi Yuan (RMB.¥) dürfen bei der Ein- und Ausreise nicht mitgeführt werden, Fremdwährungen können bei Deklaration unbegrenzt ein- und bis zur Höhe der Einfuhr wieder ausgeführt werden. Internationale Kreditkarten werden in manchen Hotels akzeptiert, Euroschecks nicht. Es empfiehlt sich, US-Dollar- und DM-Reiseschecks mitzunehmen.
Impfungen
Malariaschutz ist in den Tiefebenen vorgeschrieben.
Verkehrsverhältnisse
Alle wichtigen Orte sind durch Fluglinien miteinander verbunden, die meisten werden täglich angeflogen. Auch das Eisenbahnnetz ist ausgezeichnet. Mietwagen werden in der Regel nur mit Chauffeur angeboten, neuerdings kann man aber, nach einer Fahrprüfung, auf einer festgelegten Route einen Leihwagen selbst steuern. Taxis sind knapp, aber problemlos vom Hotel aus anzumieten. Neben den Fahrrädern sind die notorisch überfüllten Busse das wichtigste innerstädtische Verkehrsmittel.
Unterkünfte
Die Hotels in China haben europäisches Preisniveau, erreichen aber in der Ausstattung oft nicht den internationalen Standard. Gebucht werden die Unterkünfte über das chinesische Reisebüro Lüxingshe. Viele Hotels bieten in der Hochsaison billige Betten in Schlafsälen an. In abgelegenen Gegenden stehen auch einfache Gästehäuser zur Verfügung.
Reisezeit
In allen Klimazonen ist es im Sommer heiß, im Süden dazu noch feucht. Die Winter im Norden und Westen sind eiskalt. Die besten Reisemonate sind Mai, August und September.

Wieder ideologiefrei: die symbolträchtige Peking-Oper.

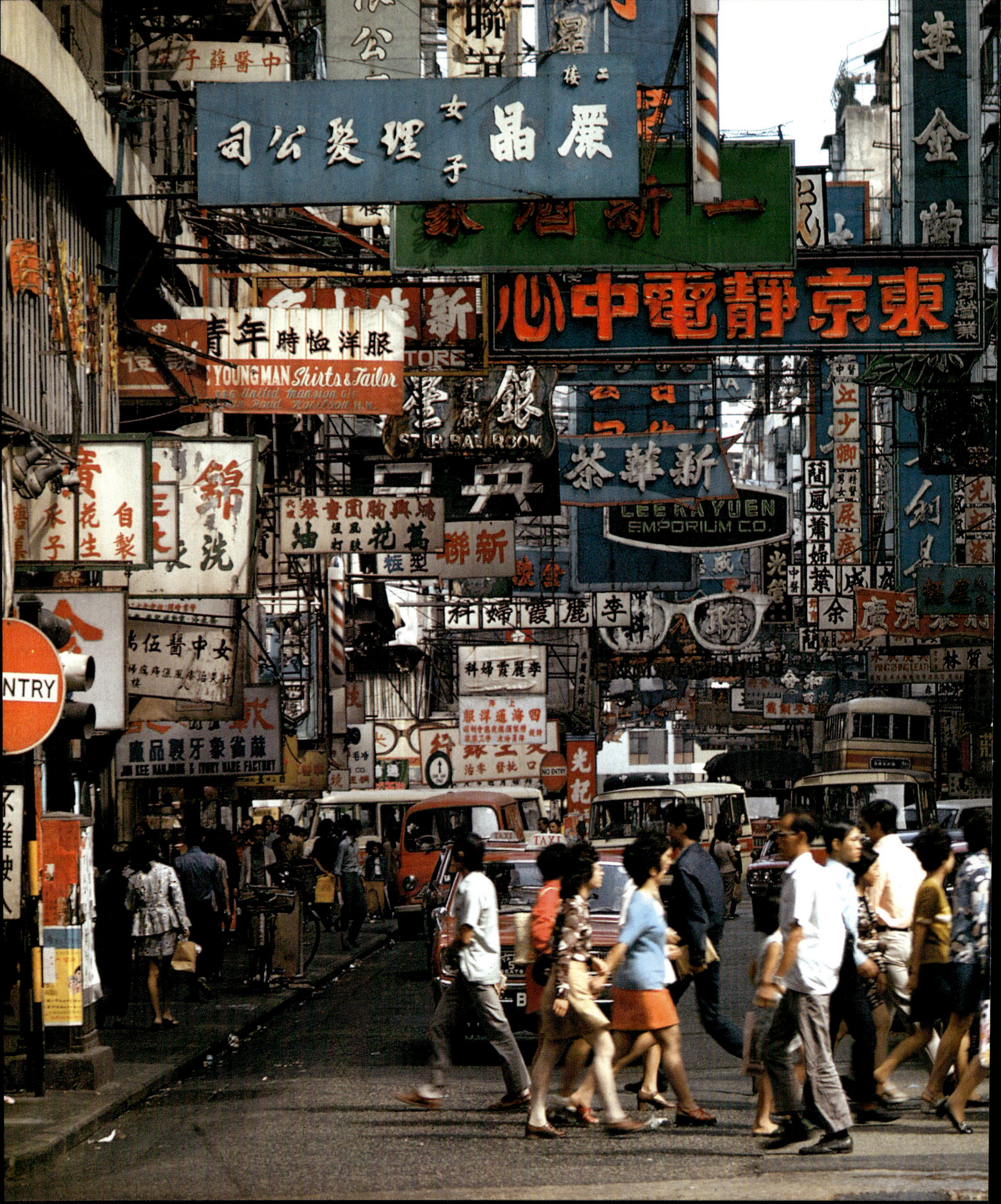

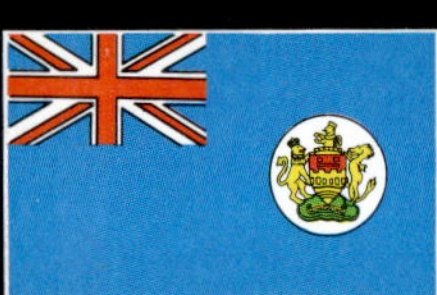

Hongkong

Karl Maute

Die Uhr läuft: 1997 wird Hongkong chinesisch. Eine Stadt, eine Kronkolonie, die ohne allzuviel eigenes Zutun vom Rest der Welt als selbstbestimmt und eigenständig, als Staat beinahe, (miß-)verstanden wurde, wechselt den »Besitzer«. Die Volksrepublik China holt sich das Juwel aus der britischen Krone zurück. Doch die fünfeinhalb Millionen Chinesen und die knapp 200000 »Ausländer«, die zur Zeit in Hongkong leben – auf annähernd 240 Inseln und einem Zipfel Festlandchinas –, hat keiner gefragt. Sie gehören zum Inventar. Der neue Besitzer übernimmt alles. Und die Zeitungen der Welt rätseln: Wird Peking sich an die Vereinbarungen halten?

In der Stadt und auf den Inseln ist von Zukunftsangst nichts zu spüren. Business as usual. Peking und London machen Politik, Hongkong macht Geschäfte. Die Stadt ist hektisch wie immer, chaotisch wie immer, faszinierend – vielleicht die faszinierendste Stadt der Welt. Und eigentlich unbeschreiblich. Dennoch wird fortwährend versucht, Hongkong zu beschreiben . . .

Amtlicher Name:	Hongkong
Amtssprachen:	Chinesisch (Kantonesisch), Englisch
Einwohner:	5,6 Millionen
Fläche:	1068 km² (Landfläche; 2916 km² inkl. Meeresfläche)
Hauptstadt:	Victoria
Polit. Status:	Britisch verwaltete Niederlassung
Kfz-Zeichen:	HK
Zeitzone:	MEZ +7 Std.
Geogr. Lage:	Ostasien, an der Südküste der VR China

Menschenmassen, Autoschlangen, Schilderwälder – ein Schnappschuß von einer Geschäftsstraße in Hongkong zeigt Exotik und Dynamik dieser Stadt in ihrer letzten Phase als britische Kronkolonie.

Bis zur Stunde X: Geschäft geht vor Politik

In Hongkong fragt keiner: »Hallo, wie gefällt es Ihnen hier?« Nicht beim allerersten und auch nicht beim zwanzigsten Mal. Die Frage ist unnütz – Hongkong will nicht gefallen. Auch Romantik ist unnütz. Romantisierte Hongkong-Darstellungen sind von Europäern für Europäer gemacht. Die Menschen in Hongkong reagieren darauf genauso verständnislos, hilflos wie auf Dramatik: Als vor mehr als 20 Jahren James Clavells Hongkong-Roman »Tai-Pan« in die Buchhandlungen kam, kauften vor allem Fremde das Buch. Es war ein gutes Geschäft. Und dafür interessiert man sich: fürs Geschäft. Hongkong lebt vom und fürs Geschäft. Das ist von Anfang an so gewesen: 1840 nahmen sich die Engländer die Insel an der Mündung des Perlflusses – »eine kahle Insel, auf der kaum ein Haus steht« – mit Gewalt, »um ihren Geschäften nachgehen zu können«. Und sie schrieben in den Vertrag, er gelte »auf ewig«.

Die Geschäfte gingen gut. England vergrößerte in den folgenden 60 Jahren seinen Besitz vor der Küste Chinas erst um die Halbinsel Kowloon – auch wieder »auf ewig« – auf fast 100 Quadratkilometer und pachtete dann noch knapp 1000 Quadratkilometer »New Territories« im Hinterland von Kowloon dazu; dieser Pachtvertrag läuft am 30. Juni 1997 ab. Chinas kommunistische Partei hat all diese erzwungenen Abkommen als »ungleiche Verträge« nie anerkannt und schon frühzeitig angekündigt: »Es wird der Tag kommen, da das chinesische Volk diese Territorien zurückgewinnen wird.« Demnächst also.

Das stört einstweilen die Geschäfte nicht, noch nicht. Hongkong baut weiter: Banken, Büros und Hotels. Es gibt natürlich längst keinen Baugrund mehr in der drangvollen Enge von Hongkong Island und Kowloon. Man schafft ihn: reißt Altes ein, baut Neues, höher. Die Skyline verändert sich fortwährend. Das Leben bleibt das gleiche: atemlos. Hongkong »boomt«. Und da hat keiner Zeit, lange darüber nachzusinnen, was nach dem Tage X sein wird. Auch keine Lust, mit Fremden darüber zu spekulieren, ob Peking sich an die Abmachungen halten wird. Niemand weiß es. Und die Einwohner Hongkongs können die Frage eigentlich nicht mehr hören.

Business as usual. Die Mächtigsten hier – das wird schon lange scherzhaft so kolportiert, aber keiner zweifelt am Ernst der Aussage – sind der Royal Hong Kong Jockey Club, der Konzern Jardine, Matheson & Co., die Hong Kong and Shanghai Bank und der Gouverneur – in dieser Reihenfolge. Geld geht klar vor Politik. Demokratie verträgt sich damit nicht. Die Regierungsform in der Kronkolonie ist eine Art wohlwollende Diktatur. Einmalig.

Das ist gut fürs Geschäft. Mit Opium fing es an, damals: Opium für China. Damit verdienten die englischen Händler ihr erstes Geld auf der Insel. Hongkong war vom ersten Tag an ein Umschlagplatz, ein Handelsplatz. Das Tor nach China. Aber ein UN-Embargo brachte 1950 den China-Handel praktisch zum Erliegen. Da stellte sich Hongkong um: auf Produktion. Die billigen Arbeitskräfte fanden sich unter den Hunderttausenden von China-Flüchtlingen. Seither produziert und kopiert Hongkong in Fabriken und Hinterhofwerkstätten. Und es handelt auch wieder – jetzt international.

Vor allem aber ist Hongkong ein Bankenplatz: An die 100 Banken aus Europa, Amerika und Japan sind hier als Auslandsbanken im Finanzgeschäft. Und – chinesische Banken! Die Bank of China hat sich gerade ein Hochhaus errichten lassen, 71 Stockwerke, 315 Meter hoch, der höchste Wolkenkratzer außerhalb der USA. Ein Zeigefinger. Außenhandelsfinanzierung, Leasing und der Handel mit Währungsoptionen sind das Hauptgeschäft der Banken. Und, natürlich, Joint Ventures in China. Die Industrieproduktion aus annähernd 50 000 Betrieben – Textilien, Möbel, Elektronik – geht zu 90 Prozent in den Export. Und der Handel? Hongkong ist die Drehscheibe für den ganzen Fernen Osten. Und: Hongkong ist Freihafen.

▽ Dicht an dicht liegen die Dschunken im Hafen von Aberdeen. Gedrängt leben auch die Menschen auf den Booten, die für Tausende Heimat sind.

Viele Boat People haben inzwischen die »schwimmenden Slums« Hongkongs verlassen und sind in die Wohnsilos an Land gezogen.

Hongkong – ein riesiges Warenhaus

So kennt man Hongkong heute in der Welt: als Einkaufsparadies. Ein riesiges Warenhaus, ein Supermarkt, durchgehend geöffnet. Und verkauft wird einfach alles: die exklusivsten Uhren, wahlweise Original oder Imitation, die gefragtesten Hemden und Pullis mit dem berühmten Markenzeichen, echt oder nachgeschneidert; und das gilt für nahezu alles, auch für Koffer, Schuhe, Schreibgerät und Feuerzeuge: Designer-Artikel aus aller Welt gibt's original und relativ teuer (aber immer noch günstiger als in Europa) oder billig, zu einem Bruchteil des Originalpreises – gefälscht. Und es gibt Schmuck natürlich, Kameras und Computer, das ganze elektronische Equipment, immer die neuesten Modelle, die Modelle von morgen. Es gibt die Schneider: Seidenhemden, Maßanzüge, Smokings, ein weißes Dinnerjakket. Es gibt die »Hawkers«, fliegende Händler, Bauchladenverkäufer, heute am Star Ferry Pier, morgen in der Cameron Road – auch im Verständnis der chinesischen Händler sind das keine Ehrenmänner. Vorsicht! Und es gibt die Gebrauchsanweisungen der »Eitsch-kei-ti-eih« (HKTA: Hongkong Tourist

Association), des Fremdenverkehrsamtes: Vergleichen Sie die Preise in mehreren Geschäften! Kaufen Sie Markenartikel nur mit einer Garantiekarte mit weltweiter Geltung! Bevorzugen Sie Geschäfte, an deren Tür der Schattenriß einer Dschunke im roten Kreis (HKTA-Mitglied) klebt. Bei Beschwerden rufen Sie 5-244 191, Apparat 278 an. Und: handeln Sie!

»Fast geschenkt« ist auch in Hongkong nichts. Superpreise sind Vergangenheit. Inflation (10 Prozent) und Bodenspekulationen haben die Ladenmieten hochgetrieben – und die Preise. Schummerläden haben Shopping Centers Platz machen müssen. Handeln kommt mehr und mehr aus der Mode, der »fixed price« der großen Warenhäuser macht Schule. Aber noch gibt es den »best price« oder »special price«, der etwa zehn Prozent unter dem zuerst genannten Preis liegt. Und da fängt das Handeln dann erst an: 30 Prozent sind für beide Seiten »good business«.

◁ In den New Territories leben die Hakka. Die Frauen dieses alten chinesischen Volksstamms tragen schwarze Pyjamas und traditionelle Gardinenhüte.

▽ Hongkong wächst, doch es fehlt an Raum. In den städtischen Wohnwaben, die sogar in Schicht genutzt werden, leben mehr Menschen als in einer deutschen Kleinstadt.

Im Central District auf Hongkong Island, an der Queen's und der Des Voeux Road zwischen Star Ferry Pier und Macao Ferry Pier, sind die teuren Geschäfte, vis-à-vis in Kowloon die preiswerten. Das ist die grobe Regel – nicht ohne Ausnahmen. Die Nathan Road in Kowloon, zum Beispiel, ist als »Goldene Meile« eine teure Straße und Wanchai auf der Insel ein Bezirk mit günstigen Preisen. Und erst die Straßenmärkte: der Nachtmarkt in der Temple Street (Kowloon) und Stanley's Markt im Süden der Insel. Da wird – außer Ramsch – auch verkauft, was in den Geschäften das Doppelte kostet, und der Verkäufer ist nicht selten derselbe. Mit »heißer Nadel« genähte 24-Stunden-Anzüge sind »good business« nur für den Schneider: gutes Geld für schlechte Arbeit; zwei, besser noch drei Tage und wenigstens zwei Anproben, soviel Zeit muß sein.

Rikschas, Rolls-Royce und andere Klischees

Dreieinhalb Tage bleibt der Besucher im Durchschnitt in der Kronkolonie und gibt bei Einkäufen umgerechnet 1200 bis 1500 Mark aus; das summiert sich – bei rund vier Millionen Besuchern jährlich – zu Milliarden. Tourismus ist für Hongkong zwar bei weitem nicht das größte, aber ein gutes Geschäft. Nur – die Leute sollten länger bleiben, wünscht sich HKTA. Und druckt und verteilt Programmvorschläge für achttägige Aufenthalte. Darin kommen Fischerdörfer vor, Pirateninseln, ländliches Abseits, Pekingenten-Essen und eine Schale Lotusblütenblättertee in einem buddhistischen Kloster, Strandleben und auch ein Ganztagesausflug in die Volksrepublik China; da ist für Einkäufe gerade vor dem Abflug noch Zeit gelassen. Aber die Leute bleiben dreieinhalb Tage. Hongkong ist für die meisten Teil einer Fernostreise, ein kleiner Teil; sie kommen nicht, um Entenfarmen in den New Territories und die Riesenrutschbahn im Ocean Park zu sehen, sie wollen einkaufen. Dreieinhalb Tage, das langt.

Jeder hat so seine Vorstellungen von Hongkong im Kopf, und die meisten gleichen sich: Einkaufen, Hochhäuser, Rikschas und Rolls-Royce, mit Stäbchen essen, jede Menge Chinesen natürlich, sündiges Leben, Superreiche und die armen Boat People in Aberdeen, Eurasierinnen und Spione, Wohnkasernen, vollgestopft mit bedürfnislosen Menschen. Es ist ein Durcheinander von Wahrem und Falschem, von Klischees, ein abstruses

Bild von Hongkong, das Filme als Vorlage hat, Romane – den Rest besorgt die eigene Phantasie.

Seltsam: für Tempel ist in diesen Vorstellungen kein Platz. Ausgerechnet in Hongkong – Asien! – erwarten Besucher keine Tempel. Doch es gibt Hunderte davon. Sie sind kein Blickfang wie die Hochhäuser, wirken verloren in den Wogen aus Beton und Stahl, aber sie behaupten sich. Der Man-Mo-Tempel der Taoisten auf der Insel ist beinahe so alt wie die Kolonie, im Wong-Tai-Sin-Tempel in Kowloon, von Mietskasernen fast erdrückt, sind die Wahrsager zu Hause, hier holt manch einer sich die todsicheren Tips für die Pferderennen am Samstag. Der Tempel der 10000 Buddhas in den New Territories, in Shatin, ist nur über ein paar hundert Treppen zu erreichen. Sehenswerte Details der Tempelanlage: eine neunstöckige rosarote Pagode, der vergoldete Leichnam des Gründers und an Wänden aufgereiht Buddha-Statuen – es sind sogar mehr als 10000.

Auch die paar Plätze, die Hongkong selber mit dem Etikett »Sehenswürdigkeit« versieht, kommen in den Vorstellungen der Besucher nicht vor: Aw Boon Haw Gardens, das vom Tigerbalsam-Millionär Aw Boon Haw gestiftete Disneyland mit Szenen aus der chinesischen Mythologie, schaurige Gestalten; Ocean Park, ein Vergnügungspark auf zwei Ebenen mit Achterbahn und Delphin-Show, ein perfekter Riesenrummelplatz. Und der Peak natürlich: Victoria Peak, 554 Meter hoch, höchster Punkt der Insel und der ganzen Kronkolonie. Beste Wohnlage: Wer hier residiert – bessere Luft, fünf Grad kühler als »unten« –, gehört zu den Reichen und Mächtigen. Die Aussicht von oben (es gibt einen Rundwanderweg) ist einmalig – wenn nicht zwischen Peak und »downstairs« (eine Kabelbahn stellt die Verbindung her) dicke Wolken alles verdecken. Dann rufen die Leute »oben« ihre Büros »unten« an: Wie ist das Wetter in Hongkong?

Arm an Sehenswürdigkeiten? Die Sehenswürdigkeit ist die Stadt Hongkong selbst. Die unvergleichliche Mischung, die Symbiose, in der seit 150 Jahren China und England miteinander leben. »Unter dem Schutz der britischen Regierung wurde Hongkong viel mehr eine chinesische als eine englische Gemeinschaft. Das war einer der Hauptgründe für ihr Gedeihen« – Lord Ripon, 1894. Sir William Robinson widersprach, 1895: »Es ist außerordentlich, um nicht zu sagen schändlich, daß nach 55 Jahren britischer Herrschaft die überwiegende Mehrheit der Chinesen in Hongkong so wenig anglisiert geblieben ist.« Stand heute: zwei Prozent europäische Bewohner, von denen kaum einer Chinesisch (Kantonesisch) spricht, und 98 Prozent Chinesen, von denen nicht sehr viele Englisch sprechen.

Um Hongkong zu »machen«, bedurfte es beider Gruppen: der Engländer, überlegen und überheblich, und der Chinesen, emsig und ehrgeizig. Distanz zueinander haben sie immer bewahrt. Die Engländer mißtrauten den Chinesen, die ihrerseits die »barbarischen Teufel« belächelten, hey-jah. So haben sie, ohne viel voneinander zu halten, anderthalb Jahrhunderte nebeneinanderher gelebt, immer auf den eigenen Vorteil bedacht und darauf, »das Gesicht zu wahren«.

Die Welt der Suzie Wong

Lange Zeit erlaubten die Engländer kein Nachtleben auf der Insel, aber Kowloon war nicht Hongkong, sondern eine andere Welt. In Kowloon gab's Bordelle. Und mit einemmal auch auf der Insel. Wanchai wurde zur Welt der Suzie Wong, die Richard Mason in einem sentimentalen Roman beschrieb, und als der gleichnamige Film mit William Holden, Nancy Kwan spielte das brave chinesische Barmädchen, in Europa anlief – gab's Suzies Welt nicht mehr (es hat sie in dieser idealisierten, malerischen Form sowieso nie gegeben). Aber Hongkong müht sich, den Erwartungen gerecht zu werden mit Topless- und Girlie-Bars, Chinese Ballrooms und Rent-a-Birds. Sie sind teuer (wie überall auf der Welt) und ein bißchen einfältig (wie überall) – und was man sich hier kaufen kann, ist so romantisch wie überall sonst. Die »Luverlies« haben mit Liebe wenig im Sinn, dafür viel mit Business.

»Poor Man's Nightclub«, der Name führt in die Irre. Das ist keine Bar, das sind Buden und Stände, die sich am Abend auf dem Parkplatz vor dem Macao Ferry Pier breitmachen, ein Nachtbasar der fliegenden Händler, Nudelbrater und Krötenröster, ein Rummel, jeden Abend anders und eigentlich ein Relikt, dem über kurz oder lang die moderne Zeit, der Bodenhunger die Lichter ausblasen wird.

Hongkong ist gierig. Und was gestern war – forget it. In der Cat Street, die ganz anders heißt, nämlich Lascar Row, war früher der Diebesmarkt; was einem nachts gestohlen worden war, konnte man hier – mit etwas Glück – am nächsten Tag zurückkaufen; heute sind fragwürdige Antiquitäten und Plunder im Angebot. Hier im Western District tauchen Touristen auf. Weil die Ladder Street in ihren Reiseführern steht und die Jervois Street; Sightseeing: die Schlangenrestaurants. Sightseeing auch im Bezirk Mongkok in Kowloon: der Open-air-Jademarkt am Anfang der Canton Road, täglich von zehn bis zwölf.

Die Insel und Tsimshatsui, die Landspitze von Kowloon – zwischen beiden fährt die Star Ferry im Pendelverkehr –, kennen keine großen Entfernungen, das meiste ist zu Fuß erreichbar. Erst nördlich von Mongkok zieht es sich. Hinter Mongkok fängt auch ein völlig anderes Hongkong an: die New Territories, das bäuerliche Hinterland, ohne das der Rest der Kronkolonie schon lange nicht mehr leben könnte. In den letzten zehn Jahren sind auch hier Satellitenstädte entstanden, notgedrungen, aber die New Territories sind Bauernland geblieben. Jeder Quadratmeter bestellbaren Bodens wird genutzt: Gemüsefelder und Reisterrassen, Fischteiche und Entenfarmen. An der Küste lebt man von Fischerei und Austernbänken. Und die Bauerndörfer sind in ihrem Kern vielfach noch Clan-Siedlungen. Befestigte Dörfer wie Kat Hing Wai oder Marktflecken wie Fanling, wo seit über 20 Generationen der Pang-Clan lebt und auch seine Ahnenhallen hat. Daneben aber wächst die New Town, die Satellitenstadt. Die Gegenwart stellt die Ahnen in den Schatten.

Auch die Inseln (Outlying Islands) verlieren allmählich ihre Unschuld. Country Clubs werden gebaut, Appartements vermietet, und an Wochenenden ergießt sich von den Fähren ein Strom von Ausflüglern über Lantau, Cheung Chau, Lamma und die anderen. Mit ihnen kommen Lärm und Hektik – und gehen wieder mit ihnen. Es gibt Fischmärkte auf diesen Inseln, da läßt man sich aus Zubern und Bassins Fische, Krebse und anderes Meeresgetier in wassergefüllte Plastikbeutel packen. Und es gibt »Restaurants«, denen man diese Früchte des Meeres in die Küche trägt, und der Koch brutzelt, dünstet oder kocht sie. Nach Art des Hauses. Es gibt aber

◁ ***Böse Geister zu vertreiben, ist der ursprüngliche Sinn des Bun-Festivals auf der Fischerinsel Cheung Chau. Heute ist ein Volksfest daraus geworden. Beschriftete Opferbrötchen, zu Tausenden gebacken, gelten als Glücksbringer.***

auch – obwohl HKTA in Prospekten die Island Beaches so hochlobt – verschmutzte Strände.

Leben »am geborgten Ort auf geborgte Zeit« hat Han Suyin (»Alle Herrlichkeit auf Erden«) das Dasein der Hongkong-Europäer genannt. Und es ist ihnen recht so. Hongkong ist nicht ihre Heimat, nur ein »vorübergehender Aufenthaltsort«; und das ändert gar nichts daran: daß für manch einen dieses »vorübergehend« ein halbes Leben und länger dauerte und durchaus angenehm war.

Der Bambusvorhang ist durchlässig geworden

Die Klage Sir William Robinsons, der es schändlich fand, wie wenig Englisches Hongkongs Chinesen angenommen hatten, könnte einer auch heute, fast hundert Jahre später, wieder führen: Die Mehrheit der Chinesen in der Kronkolonie ist wenig anglisiert. Aber der chinesische Einfluß in Hongkong hat in den letzten 20 Jahren

◁ ***Wer unten am Hafen in den Kolossen aus Stahl und Glas das ganz große Geld verdient, kann es sich leisten, oben am Victoria Peak zu wohnen.***

△ ***Auch »Reliquien« aus Rotchina werden an Hongkongs Andenkenständen feilgeboten. Selbst Mao, der Erzfeind des Kapitalismus, darf da als Souvenir nicht fehlen.***

erst unmerklich, dann immer spürbarer und auch sichtbar zugenommen. Nach Maos Machtübernahme in China, 1949, hatte der damalige Gouverneur Ihrer Britischen Majestät eine mit der gebotenen Zurückhaltung vorgebrachte Frage nach einer diplomatischen Vertretung Pekings in der Kronkolonie noch kühl abgewehrt: »Für zwei Gouverneure ist kein Platz in Hongkong.« Es gibt auch heute nur den einen, es ist – angefangen mit Sir Henry Pottinger im Jahre 1842 – der 27. Aber seit 1983 hat die amtliche chinesische Nachrichtenagentur Hsin Hua in Hongkong den Ehrenwerten Xu Jatun zum Direktor. Er ist Pekings inoffizieller Botschafter.

Hongkong ist im Laufe der Jahre abhängig geworden: China liefert Wasser, Energie, über drei Millionen Schweine jährlich, Reis, den meisten Fisch und Eier. Gegen harte Devisen natürlich. Die Volksrepublik gebärdet sich kapitalistisch: Ihre Investitionen in Hongkong sind – nach den amerikanischen und den japanischen – die dritthöchsten, sie kontrolliert rund 400 Unternehmen, ist an Fluggesellschaften beteiligt und im Reederei- und Immobiliengeschäft aktiv, ihre Bankengruppe ist aggressiv und beherrscht etwa 20 Prozent des Marktes. China braucht Hongkong: Von hier kommen 80 Prozent der ausländischen Investitionen in der Volksrepublik. Business überwindet ideologische Barrieren. Das Phänomen eines kommerzialisierten Kommunismus – hier ist es greifbare Realität. Etwa eine Million Chinesen von jenseits der Grenze steht im Lohn Hongkongs. Um billiger produzieren zu können, haben Betriebe ihre Fertigung in die Volksrepublik verlegt und nähen in Hongkong nur noch die Etiketten in die Ware. Weit hinten in den New Territories, quasi an der Nahtstelle, kooperieren Unternehmen grenzüberschreitend. Der Bambusvorhang ist durchlässig geworden.

Wohlgeordnet in eine ungewisse Zukunft

Die Uhr läuft. Am 19. Dezember 1984 unterzeichneten Großbritannien und die Volksrepublik China das Abkommen, nach dem Hongkong am 1. Juli 1997 an China zurückgegeben wird. Peking sichert in diesem Vertrag zu, Hongkong für 50 Jahre den Status einer »besonderen Verwaltungsregion« einzuräumen: mit eigener Zivilverwaltung, Polizei und Gerichtsbarkeit; Hongkong bleibt Freihafen, der Hongkong-Dollar eine frei konvertierbare Währung, der freie Kapitalverkehr wird nicht angetastet – und China erhebt keine Steuern. Die Außen- und die Verteidigungspolitik allerdings werden dann von Peking aus gemacht, und Hongkong erhält eine chinesische Garnison. Wird sich die Volksrepublik an das Abkommen halten?

London übergibt Hongkong in bestem Zustand. Rasantes Wirtschaftswachstum, einige der besten Hotels der Welt, eine moderne Untergrundbahn (MTR = Mass Transit Railway) und ehrgeizige Zukunftsprojekte: neuer Hafentunnel, neuer internationaler Flughafen, Landgewinnung. Ein geordnetes Haus, besenrein sozusagen.

Wird Peking die alten Mieter in diesem Haus weiter ungestört arbeiten und Geschäfte machen lassen und sich auf die Rolle des profitmachenden neuen Vermieters beschränken? Hongkong zittert nicht. Hongkong ist zynisch und vulgär. Hongkong ist eines der größten Finanzzentren der Welt, hat eine der kürzesten Pay-back-Perioden: Investiertes Kapital amortisiert sich innerhalb von fünf Jahren. Schnelles Geld. Und es wird weiter investiert. Jedenfalls bis 1997.

Einige haben sich abgesetzt, Europäer, eine Handvoll Executive Manager, Leute aus dem mittleren Management. Die Quote liegt deutlich unter zehn Prozent. Reiche Hongkong-Chinesen beschaffen sich fremde Staatsangehörigkeiten und Pässe – Kanada steht hoch im Kurs bei ihnen – und haben wohl auch privates Kapital transferiert – für alle Fälle. Aber es ist nur ein kleiner Teil der Bevölkerung, der reagieren könnte: weniger als eine halbe Million. Die anderen müssen bleiben: die Menschen in den Squatter Areas, die zigtausend Boat People in den Taifun-Häfen von Aberdeen, Causeway Bay und Yanmatei, die auf ihren Dschunken und Sampans geboren werden, leben, lieben und sterben, und die Bewohner der Mark-Blocks in Kowloon, wo 200000 auf einem Quadratkilometer leben. Und all die anderen.

Königin Elisabeth II., ihre Queen noch bis 1997, hat ihnen bei einem Besuch im Oktober 1986 tröstliche Worte gewidmet: »Sie schlagen ein neues Blatt auf in der Geschichte Ihrer Entwicklung. Unsere Gedanken werden immer bei Ihnen sein.«

Landesnatur

Fläche: 1068 km² (Landfläche; gut doppelt so groß wie Berlin-West); 2916 km² inkl. Meeresfläche
Ausdehnung: Nord–Süd 43 km, Ost–West 56 km
Höchster Berg: Tai Mo Shan 957 m

Hongkong liegt am Südchinesischen Meer, östlich der Trichtermündung des Perlflusses (Zhujiang Kou) und hat im Norden eine rd. 20 km lange Landgrenze mit der chinesischen Provinz Guangdong.

Naturraum

Hongkong setzt sich zusammen aus der Insel Hongkong (78 km²) mit der Hauptstadt Victoria, der Halbinsel Kowloon (31 km²) mit der gleichnamigen Stadt und den dahinterliegenden New Territories (959 km²) sowie den 236 überwiegend sehr kleinen, meist unbewohnten Inseln. Festland und Inseln bestehen aus Bergen mit oft steilen Abhängen. Typisch für Hongkong sind die tief in das Land einschneidenden, reich gegliederten Meeresbuchten mit schroffen Kliffküsten und die vom Monsunregen ausgewaschenen Flächen. Fruchtbare Böden gibt es nur in den New Territories. Der Hafen zwischen der Insel Hongkong und der Halbinsel Kowloon zählt zu den besten Naturhäfen der Welt. Die durch den starken Gezeitenstrom tief eingeschnittene Wasserstraße erlaubt selbst großen Hochseeschiffen die Zufahrt. Das knappe Siedlungsgebiet der Küstensäume wurde durch Aufschüttungen und Eindeichungen vergrößert; seit den 40er Jahren konnten durch diese Maßnahmen etwa 1800 Hektar gewonnen werden.

Singvögel sind beliebte Hausgenossen der Chinesen: auch die Vogelhändler in Hongkong bieten reiche Auswahl.

Entenfarmen im bäuerlichen Hinterland der New Territories sichern die Versorgung mit den obligaten Peking-Enten.

Klima

In Hongkong herrscht subtropisches Monsunklima mit feuchtheißen Sommern (rd. 80 % Luftfeuchtigkeit) und kühltrockenen Wintern. Die mittlere Temperatur beträgt im Juli 28 °C, im Winter 15 °C.
Der mittlere Jahresniederschlag schwankt zwischen 1250 mm und 2150 mm. 90 % davon fallen von April bis September. In dieser Zeit kommt es gelegentlich zu gewaltigen Wirbelstürmen.

Vegetation und Tierwelt

Der Monsunwald Hongkongs wurde fast völlig abgeholzt oder abgebrannt. Wiederaufforstungen (Kiefern, Palmen, Eukalyptus- und Feigenbäume) und Schutzgesetze sollen zu einem neuen Waldbestand verhelfen. Ödland (Gestrüpp, Gras- und dürftiger Kiefernbewuchs) und Sumpfgebiete mit Mangrove bedecken fast zwei Drittel der Gesamtfläche. Durch Erosion entstanden zahlreiche »Badlands« oder vegetationslose Zonen.
Die Tierwelt Hongkongs weist Stachelschweine, Steppenschuppentiere, Affen, Schlangen, Fledermäuse sowie einen außerordentlichen Reichtum an Vogelarten auf.

Politisches System

Amtlicher Name: Britisch verwaltete Niederlassung an der Südküste Chinas (chinesisch: Xiang Gang)
Politischer Status: Britische Kronkolonie
Hauptstadt (Verwaltungssitz): Victoria

Hongkong ist ein von Großbritannien abhängiges Territorium mit innerer Autonomie. Der von der britischen Krone für jeweils vier Jahre ernannte Generalgouverneur ist Vorsitzender des Exekutivrats, der aus vier Mitgliedern von Amts wegen und zehn auf Vorschlag des Gouverneurs von der britischen Krone ernannten Mitgliedern besteht. Die Legislative liegt beim Legislativrat mit dem Gouverneur und 32 ernannten sowie 24 gewählten Abgeordneten.
Nach dem am 19. Dezember 1984 unterzeichneten britisch-chinesischen Abkommen wird Hongkong am 1. Juli 1997 als »Special Administrative Region« in die Volksrepublik China zurückgegliedert, wobei das bisherige Wirtschafts- und Gesellschaftssystem für mindestens 50 Jahre weiterbestehen soll. Hongkong ist in 19 Distrikte mit beschränkter Selbstverwaltung gegliedert.
Die Richter des Obersten Gerichtshofs und des Appellationsgerichts werden von der britischen Krone ernannt.

Bevölkerung

Einwohnerzahl: 5,6 Millionen
Bevölkerungsdichte: 5300 Einw./km²
Bevölkerungszunahme: 2 % im Jahr
Ballungsgebiete: Insel Hongkong und Halbinsel Kowloon
Bevölkerungsgruppen: 98 % Chinesen, 2 % Briten und andere Minderheiten

Charakteristisch für Hongkong ist der hohe Verstädterungsgrad (über 90 %). In einigen Gebieten beträgt die Bevölkerungsdichte weit über 200 000 Einwohner/km². Amtssprachen sind Englisch und Kantonesisch. Zu den Hauptreligionen gehören der Taoismus und Buddhismus, etwa 400 000 Einwohner sind Christen.

Soziale Lage und Bildung

Die soziale Absicherung der Bevölkerung ist bisher äußerst mangelhaft. Es gibt weder einen gesetzlichen Mindestlohn noch staatliche Altersrenten. Die Arbeitslosenrate liegt bei etwa 2 %. Große Probleme bereitet auch die durch den ständigen Zustrom von Flüchtlingen entstandene Wohnungsnot. Es besteht allgemeine Schulpflicht von 6 bis 12 Jahren, die Analphabetenrate liegt bei etwa 8 %. Hongkong besitzt zwei Universitäten.

Wirtschaft

Währung: 1 Hongkong-Dollar (HK$) = 100 Cents (c)
Bruttoinlandsprodukt (in Anteilen): Land- und Forstwirtschaft 0,5 %, industrielle Produktion 29 %, Dienstleistungen 70,5 %
Wichtigste Handelspartner: VR China, USA, Japan, Taiwan, EG-Staaten

Hongkong – einst Umschlaghafen für den britischen Handel mit China – ist heute eine bedeutende Wirtschaftsmetropole, internationaler Bankenplatz und Touristenzentrum. Eine liberale Wirtschaftspolitik, gekoppelt mit einer exportorientierten Industrialisierung, führte zu einem dynamischen Wirtschaftswachstum.

Landwirtschaft

Schwerpunkte der unbedeutenden Landwirtschaft sind Gemüse- und Obstanbau, Geflügel- und Schweinehaltung. Geringfügig ist die Fischerei. Lebensmittelimporte kommen vorwiegend aus China.

Bodenschätze, Energie

Für die Herstellung von Porzellan werden Feldspat und Kaolin abgebaut. Energie wird importiert (Erdöl, Erdgas, Kohle).

Industrie, Handel

Die Industrie ist fast ausschließlich auf den Export ausgerichtet. Die wichtigsten Branchen sind Textil- und Bekleidungsindustrie, Elektrotechnik, Kunststoff- und Metallverarbeitung sowie feinmechanische und optische Industrie. Hongkong gehört zu den führenden Exporteuren von Radiogeräten, Uhren und Plastikspielzeug. Darüber hinaus verkauft Hongkong in großem Umfang chinesische Produkte auf dem Weltmarkt.
Importiert werden Textilrohstoffe, Maschinen, elektrotechnische Erzeugnisse, Fahrzeuge, Nahrungsmittel, Chemiegüter und mineralische Brennstoffe.

Verkehr, Tourismus

Es gibt rd. 1300 km asphaltierte Straßen, eine 34 km lange Eisenbahnlinie (von Kowloon bis zur chinesischen Grenze) und ein Untergrundbahnsystem von knapp 40 km Streckenlänge. Zwischen dem Festland und den Inseln verkehren Fähren. Hongkong ist drittgrößter Containerhafen nach Rotterdam und New York. Der internationale Flughafen Kai Tak liegt bei Kowloon.
Mit stetig steigenden Besucherzahlen ist der Tourismus eine wichtige Devisenquelle.

Geschichte

Das Gebiet des heutigen Hongkong zeigte lange Zeit nur spärliche Besiedlungsspuren. Nachdem vor allem im 13. Jh. Chinesen vor den Mongolen hierher zurückgewichen waren, siedelten vom 15. Jh. an Hakka von der Insel Taiwan und im 17. Jh. Hoklo, die aus der Provinz Fukien (Fujian) stammten. Bereits im 16. Jh. suchten europäische Kaufleute die Insel auf. Die eigenständige Geschichte Hongkongs begann mit dem sog. »Opiumkrieg« 1839–1842. Der Hintergrund: Großbritannien wollte schon seit längerem indisches Opium auch offiziell – ein illegaler Opiumhandel mit Duldung der Behörden florierte bereits – nach China exportieren, um ein Handelsdefizit diesem gegenüber zu vermeiden. Dabei ging es um die Öffnung der chinesischen Häfen für fremde Schiffe, denn bislang war britischen Kaufleuten nur gestattet, vor den Toren von Kanton (Guangzhou) Lager und Faktoreien zu unterhalten. Das Monopol für den Handel mit China lag in den Händen einer chinesischen Kaufmannsgilde.

Zur China-Oper gehören neben Tanz, Pantomime und Akrobatik solch kunstvolle Masken.

Der Konflikt eskalierte, als 1839 britische Opiumvorräte in Kanton beschlagnahmt und die Briten aus Kanton und Macau ausgewiesen wurden. Der britische Vergeltungskrieg endete 1842 mit dem Vertrag von Nanking (Nanjing), nach dem China nicht nur die bereits 1840 besetzte Insel Hongkong abtreten, sondern auch fünf Häfen für den internationalen Handel öffnen, das Handelsmonopol der Kaufmannsgilde aufheben und Entschädigungen zahlen mußte.

Weltweiter Handelsplatz

Am 26. Juni 1843 wurde Hongkong offiziell unter dem Namen Victoria zur Kronkolonie erklärt; 1860 kamen ein Teil der Halbinsel Kowloon und 1898 – durch einen Pachtvertrag über 99 Jahre – die sog. New Territories hinzu. Aufgrund der offenen Grenzen gegenüber dem Nachbarn wurde Hongkong in der Folge zum wichtigsten Umschlagplatz für den Handel mit China. 1840 betrug die Bevölkerungszahl noch 7200, 1931 bereits 864000 und 1939 1,6 Millionen. Darunter waren viele Flüchtlinge, die in den 20er und 30er Jahren angesichts der Machtkämpfe zwischen den Truppen der Kuomintang (Guomindang) und der Kommunisten nach Hongkong ausgewichen waren.

Während des Zweiten Weltkriegs besetzte 1941 Japan die Insel; das bewirkte einen Stillstand des Handels und dramatische Versorgungsprobleme. Unmittelbar nach der Kapitulation Japans 1945 begannen die Briten mit dem Wiederaufbau, vor allem, um den Bestrebungen der USA zuvorzukommen, die Hongkong an Nationalchina zurückgeben wollten. 1946 wurde die Militärverwaltung von einer Zivilregierung abgelöst. Ab 1950 entwickelte sich Hongkong in rasantem Tempo zu einem bedeutenden Industrie- und Welthandelszentrum. 1956 wurde die Selbstverwaltung eingeführt. Die Bevölkerung vervielfachte sich, hauptsächlich durch Flüchtlinge aus der Volksrepublik.

Hongkongs Karriere als kapitalistische Wirtschaftsmetropole vor den Toren der Volksrepublik China endet offiziell 1997 mit Ablauf des Pachtvertrags. Am 19. Dezember 1984 wurde jedoch ein Vertrag zwischen Großbritannien und der Volksrepublik unterzeichnet, nach dem das Gebiet den Status einer »Besonderen Verwaltungsregion Hongkong« erhalten soll. Nach 1997 sollen für weitere 50 Jahre die innere Autonomie, das bestehende Sozial-, Wirtschafts- und Rechtssystem sowie das Privateigentum garantiert sein. Regierungschef soll ein von Peking ernannter Hongkong-Chinese werden.

Kultur

In Hongkong wie auf Taiwan sind alte chinesische Traditionen nach wie vor lebendig. Die Bewohner halten an Bräuchen und Sitten ihrer Vorfahren fest. So darf der jüngere Bruder nicht vor dem älteren heiraten. Bigamie und Polygamie sind immer noch verbreitet. Und auch die Bestattungsriten des alten China werden aufrechterhalten: Sterbende werden in ein eigens dafür bestimmtes Haus gebracht, denn ein alter Brauch untersagt das Sterben im eigenen Haus. Selbst Ahnenverehrung ist noch immer üblich.

Alle Feste des chinesischen Kalenders werden auch in Hongkong gefeiert. Eine Besonderheit ist hingegen das Bun-Festival auf der Insel Cheung Chau: Drei Tage lang finden ohne Unterbrechung Theatervorführungen (Kanton-Opern) statt. Eingeleitet wird das Fest durch eine große Prozession; am dritten Tag endet es mit der Ersteigung einer 20 m hohen »Kuchenpyramide«, von der aus sog. Buns, brötchenartige Kuchenstücke, die besondere Beschriftungen tragen, in die Menge geworfen werden. Wer eines erwischt, kann dies als glückliches Vorzeichen sehen.

In Hongkong ist es üblich, Vorsätze zum Jahreswechsel auf roten Karton zu schreiben und an die Haustür zu kleben.

Film

Hongkong besitzt eine der mächtigsten Filmindustrien der Welt. Mehrere große Gesellschaften und eine Menge kleiner, relativ unabhängiger Produzenten teilen sich dieses Imperium. Zwei Varianten von Filmen waren in den Jahren 1948/49 erfolgreich und legten den Grundstein für diese Entwicklung: Opern- und Ausstattungsfilme sowie Musik- und Gangsterfilme nach amerikanischem Muster, und zum anderen ein Genre, das in satirischer Form die Sitten des chinesischen Feudalzeitalters behandelt. Ein Großteil der heutigen Produktion (z. B. »Kung Fu«) ist künstlerisch jedoch belanglos.

Reise-Informationen

Einreise- und Fahrzeugpapiere
Bürger der Bundesrepublik Deutschland und Österreichs benötigen für einen Aufenthalt bis zu 30 Tagen (Schweizer bis zu drei Monaten) einen noch mindestens einen Monat gültigen Reisepaß bzw. Kinderausweis. Der internationale Führerschein wird empfohlen.

Zoll
Bei der Einreise sind zollfrei: pro Person ab 16 Jahre 200 Zigaretten oder 50 Zigarren oder 250 g Tabak und 1 Liter alkoholische Getränke. Das Mitführen von Krokodilleder oder Elfenbein ist verboten.

Devisen
Die Ein- und Ausfuhr von Hongkong-Dollar (HK$) und von Fremdwährungen ist nicht begrenzt. Kreditkarten sind willkommen.

Impfungen
Nachweise werden nur von Reisenden aus Infektionsgebieten verlangt; Malariaprophylaxe wird empfohlen.

Verkehrsverhältnisse
Hongkong ist ein Knotenpunkt im internationalen Flugverkehr. Es empfiehlt sich, in Hongkong wegen der großen Verkehrsdichte die öffentlichen Verkehrsmittel zu benutzen. Zwischen Kowloon und Hongkong Island verkehren die unterirdische Mass Transit Railway und die Star Ferry. Nach Macau und Kanton bestehen regelmäßige Verkehrsverbindungen mit Luftkissenbooten.

Unterkünfte
Hongkongs Funktion als internationales Wirtschafts- und Konferenzzentrum wegen sind die meisten Hotels von erstklassigem Standard.

Reisezeit
Als angenehmste Reisezeit gelten die Frühlings- und Herbstmonate.

Nostalgie in Victoria City: Doppeldecker auf Schienen.

Indien

Luise Crome

Sind es die Marmorpaläste der Maharadschas, die sich in Gold und Edelsteinen aufwiegen ließen, oder eher die Hütten von Millionen Menschen, die nur mit Glück einmal am Tage satt werden? Sind es die kilometerhohen eisbedeckten Berge des Himalaja oder die sonnendurchglühten Küsten zweier Ozeane, die wir mit Indien verbinden? Sind es die Yogis in entsagungsvoller Entrücktheit oder die wollüstigen Darstellungen überaus irdischer Freuden? Sind es die heiligen Kühe oder die blutigen Opfer zur Besänftigung der Götter, die religiösen Fanatiker oder die Prediger der Gewaltlosigkeit?

Indien ist all das, eine tausendköpfige Schlange, uralt und träge, unendlich widerstandsfähig – und scheinbar unsterblich: ein Körper, der mit aufreizender Langsamkeit, in zähem Ringen mit sich selbst, seine Hülle wechselt, eine schillernde neue zeigt, wenn er die alte abstreift – und doch immer derselbe bleibt. Stärke oder Schwäche?

Staatsname:	Republik Indien
Amtssprache:	Hindi
Einwohner:	780 Millionen
Fläche:	3 287 590 km²
Hauptstadt:	Neu-Delhi (New Delhi)
Staatsform:	Parlamentarische Bundesrepublik im Commonwealth
Kfz-Zeichen:	IND
Zeitzone:	MEZ +4½ Std.
Geogr. Lage:	Südasien, begrenzt von Pakistan, der VR China, Nepal, Bhutan, Birma und Bangladesch

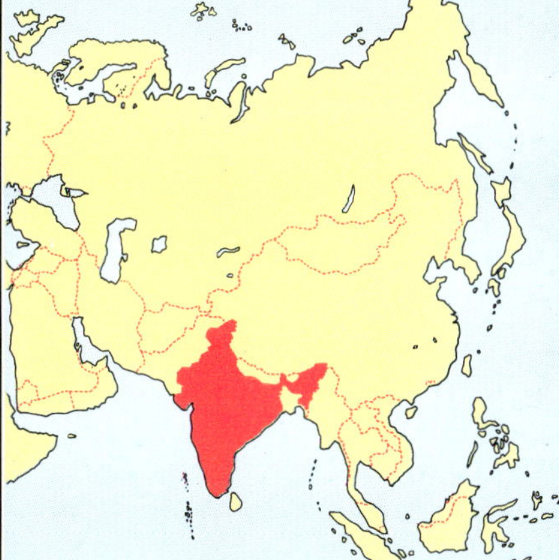

Der Ganges wird von den Indern als heiliger Fluß verehrt. In Benares, dem bedeutendsten Wallfahrtsort der Hindus, führen 47 hundertstufige Treppen zum Gangesufer hinab, wo die Pilger schon am frühen Morgen sitzen und meditieren.

Indiens Götter sind menschlich

Die Schlange hat sich Indiens vielgeliebter Gott Wischnu zu seinem Bett erkoren. Auf ihrem zusammengerollten Körper thront er, sein Haupt von einem Baldachin aus Kobraköpfen beschattet, und blickt auf die Erde und den steten Kampf zwischen Gut und Böse. Immer wenn das Böse zu siegen droht, greift er ein und naht als der große Retter. Kein Wunder, daß Wischnu heutzutage sehr gefragt ist, denn das Ringen auf dem Subkontinent ist noch lange nicht zum Guten entschieden.

Von jeher haben sich die Inder auf die Weisheit und die Macht ihrer Götter verlassen, ergeben hingenommen, was diese bestimmt haben. Doch was ist das Gute – und wem nützt es? Nie ist es diesen Menschen in den Sinn gekommen, daß sie ihr Schicksal mitbestimmen könnten. Bis heute war immer klar, was gut ist und was die Götter bewahren müssen: eine seit Jahrtausenden überlieferte, rigide Gesellschaftsordnung, in der jedermann mit der Geburt seinen Platz zugewiesen bekommt, den er nicht verlassen kann – eine Ordnung, die keine Veränderung und keinen Fortschritt zuläßt: das Kastenwesen.

Zumindest als farbenprächtige Papierbilder prangen sie auch in der winzigsten Hütte jeder Hindu-Familie, täglich mit frischen Blüten, einem Licht oder einem Räucherstäbchen bedacht. Manchmal ist es der große Schiwa, der im kosmischen Spannungsfeld zwischen Schöpfung und Zerstörung wirkt, oder Wischnu, der Retter, der in verschiedene Leiber schlüpfen kann: Mal tritt er als Fisch auf, mal als Eber oder Schildkröte, dann ist er wieder halb Mensch, halb Löwe; häufig erscheint er als der große Volksheld Rama, der seine Frau Sita mit Hilfe des Affengottes Hanuman aus den Klauen der Feinde befreit. Besonders populär ist Wischnu in Gestalt des Gottes Krischna, der als pausbäckiger Baby Krischna oder als verführerischer Playboy die Phantasien beflügelt. Nie sollen die sinnenfreudigen Bilder den Gott selbst darstellen, sie sind immer nur Symbol: ein sichtbares, auch für den einfachen Menschen verständliches Zeichen für den allgegenwärtigen, immerwährenden Geist, der die Welt zusammenhält.

Wie die Menschen leben die Götter in Familien, mit Frau und Kindern. Lakschmi heißt die Frau Wischnus, sie bringt Glück, Schönheit und Reichtum; die holde Parvati ist die Gefährtin Schiwas, die wie ihr Ehemann die kreative und die destruktive Seite der Natur hervorkehren kann. Als Durga bekämpft sie die acht Übel der Welt, als schwarzgesichtige Kali zerstört sie und muß mit blutigen Opfern besänftigt werden. Einer der beiden Söhne des Götterpaares ist der beliebteste Gott Indiens: der fette elefantenköpfige Ganescha, der alle Hindernisse aus dem Weg räumt.

Investitionen für das Jenseits

Dies sind die prominentesten Götter im hinduistischen Pantheon, in dem sich Tausende tummeln. Niemand hat die Namen gezählt, unter denen dieselben Gestalten an verschiedenen Orten, zu verschiedenen Zeiten immer wieder auftauchen. Eingewoben in unendlich viele Geschichten, sind sie Verkünder einer unverrückbaren Moral, die jedes indische Kind mit der Muttermilch einsaugt und verinnerlicht. Sehr oft irren die Götter in diesen Geschichten, das macht sie menschlich, doch letztlich triumphieren sie in ihrer Allmacht, und das macht sie so wunderbar weise, klug und überirdisch. Ständig muß man ihren Rat einholen, der nicht ohne Bezahlung zu haben ist. Mit Rupien – vielen oder wenigen, je nach Finanzkraft – schmeichelt man sich ein, be-

△ Das Gesicht dieser alten Frau ist gezeichnet vom rauhen Klima und harten Leben im Himalaja.

▷ Über den etwa 4000 Meter hohen Fatu-La-Paß erreicht man das ungewöhnliche Kloster von Lamayuru. Vor der Kulisse der schneebedeckten Bergriesen scheint es wie aus den Felsen gewachsen zu sein. Ende des zehnten Jahrhunderts gegründet, ist Lamayuru eines der ältesten Klöster in Ladakh.

Was keiner Macht der Welt – weder den mohammedanischen Herrschern, die über Jahrhunderte das Reich in ihrem Griff hielten, noch der kolonialen Übermacht der Engländer – anzutasten gelang: das Kastensystem, das wird nun von den Lockungen westlicher Zivilisation in Frage gestellt. Immer mehr Inder wollen Wohlstand, Besitz, Bildung, Konsumgüter – gleichgültig, ob sie oben oder noch unten in der Rangordnung angesiedelt sind. Fernsehapparate und Motorroller tragen langsam, aber sicher eine gefährliche Botschaft des Westens ins Land und bringen es in Bewegung: daß alle Menschen gleiche Ansprüche an das Leben stellen dürfen – in Indien noch etwas Unerhörtes, Verwirrendes, ja Beängstigendes. Und so wenden sich die Menschen in ihrem Streben nach dem, was alle wollen, hilfesuchend an ihre Götter – aus Angst vor der eigenen Courage! Die Götter werden es verstehen, denn Indiens Götter sind menschlich.

sticht die Überirdischen und verlangt dafür prompte Gegenleistung.

Indiens Götter fordern nicht, sie schenken, weshalb sie in ihrer Attraktivität auch heute unangefochten sind. Sie machen nicht angst, sondern flößen Respekt ein, sie werden geliebt mit inniger Hingabe und in einer Ungebrochenheit, die für uns westliche, alles hinterfragende Menschen kaum noch vorstellbar, geschweige denn nachvollziehbar ist. In einer Zeitungsnotiz vom 17. Juli 1987

◁ Noch in 3500 Metern Höhe bestellen die Bauern unweit von Leh, dem Hauptort von Ladakh, ihre Felder. Was sie nicht selbst verbrauchen, wird verkauft.

▽ Früher lebten im Kloster von Lamayuru etwa 400 Mönche, heute sind es nur noch knapp 30. Sie gehören den »Rotmützen«, einer Sekte des tibetischen Buddhismus, an.

drückt sich dies so aus: »900 000 Pilger besuchten in dieser Saison bis zum 14. Juli den heiligen Wischnu-Schrein am Fuße des Himalaja, 200 000 mehr als im gleichen Zeitraum des Vorjahres. Gespendet wurden 21,1 Millionen Rupien in bar, 8,38 Kilogramm Gold und 371,7 Kilogramm Silber.«

Nur wenige Inder sind der Meinung, daß dieses Geld, oft das der Ärmsten der Armen, nicht sinnvoll angelegt sei, schließt man mit den höheren Mächten doch lebensnotwendige Geschäfte ab. Zumeist geht es um die Geburt von kraftstrotzenden Söhnen, um wohlhabende Ehemänner für die Töchter, um Arbeit, die regelmäßiges Einkommen garantiert, größere Umsätze oder Regen für eine gute Ernte, vielleicht aber auch um ein Radio, eine gesunde Kuh, einen neuen Sari oder das heißersehnte Stahlgeschirr für die Küche.

Mindestens ebenso wichtig ist die zweite Funktion der Investition. Man wirbt bei den Göttern um Verständnis dafür, daß man an so schnöden diesseitigen Gütern überhaupt hängt, denn höchstes Ziel menschlichen Lebens muß sein, sich von allem irdischen Ballast zu befreien, einzugehen in die universale Seele, ein Teil der Kraft zu werden, die überall waltet – im Menschen selbst, im gesamten Kosmos –, eins zu werden mit dem göttlichen Atem der Schöpfung. Jeder ist dazu fähig, aber nur unter unendlichen Mühen, denn das Ziel ist gar zu hoch gesteckt. Nur wer im diesseitigen Leben Perfektion erreicht, darf nach seinem Tod auf Befreiung hoffen. Wer es in diesem Leben nicht schafft, dem gelingt es vielleicht im nächsten, in das er wiedergeboren wird in neuer Gestalt, in dem er sich aufs neue der Aufgabe stellen kann.

Das große Unheil im Leben der Hindus ist deshalb nicht Sünde oder Schuld, sondern die tiefverwurzelte Furcht, dem Gebanntsein in die Geburtenfolge niemals entrinnen zu können. Die Form des Lebens, in das man hineingeboren wird, ist das Karma, eine Kombination aus dem Walten der kosmischen Ordnung, die jeden Menschen an einen von ihm nicht beeinflußbaren Ort in der Hierarchie der Gesellschaft plaziert, und aus den Früchten all seiner Taten in vorangegangenen Leben. Was er jetzt sät, wird er im nächsten Leben ernten.

Der erste Schritt, um diesem schier hoffnungslosen Kreislauf zu entrinnen, ist die perfekte Erfüllung der Pflichten, die jedem Menschen an seinem Platz auferlegt sind. Wie diese im Detail aussehen, ist minuziös festgelegt durch die Kastenordnung.

△ Im Hochland von Kaschmir Landwirtschaft zu betreiben, ist eine mühevolle Arbeit. Frauen tragen den Mist in Körben auf abgelegene Felder in der Gegend des Zaskar-Flusses, ungefähr 200 Kilometer östlich von Srinagar.

Jedem sein Kästchen

Die Portugiesen, die um 1500 ins Land kamen, waren fasziniert von diesem auf der Welt einzigartigen Phänomen; sie prägten das Wort »Kaste«, von casta – Rasse, Art. Viel treffender ist das so ähnlich klingende deutsche Wort »Kasten«. Stellen Sie sich einen gigantischen Setzkasten aus fünf vertikal übereinandergebauten Teilen vor, in denen wiederum etwa 3000 größere und rund 25000 kleinere Kästchen horizontal eingeordnet sind, jedes aber streng vom anderen getrennt. In ein solches Kästchen – »Jati«, wie die Inder sagen – wird nun jeder Mensch hineingeboren, selbst der Nicht-Kasten-Inder, der Unberührbare – dieser eben ganz unten in das fünfte Schubfach. Im Kastenwesen leben die Menschen in einem in sich geschlossenen System von Traditionen, Tabus, Sitten, Gebräuchen und Vorschriften. Wer mit wem was – und wie zubereitet – essen darf, welchen Schmuck oder Kopfputz man wann tragen muß, welche Riten bei Geburt, Tod oder Hochzeit von wem und wie vollzogen werden, wer wem was vererbt und vieles, vieles mehr ist genau festgelegt. Und niemand kann von einem Kästchen in ein anderes gelangen – allenfalls mal in eines nebenan, aber es gilt als größter Frevel, eine der Schranken, die die fünf Teile trennen, überschreiten zu wollen. Heirat, für uns die einfachste Möglichkeit des Auf- oder Abstiegs, ist nur innerhalb der eigenen Kaste gestattet – eines der wichtigsten Gebote, das bis auf den heutigen Tag von der überwältigenden Mehrheit der Inder streng eingehalten wird.

Die Exklusivität eines solchen Systems erlaubt das Gefühl der Überlegenheit allen Außenstehenden gegenüber, seine Statik vermittelt Ordnung und Geborgenheit nach innen – das Wissen, wohin man gehört. Dieses Selbstbewußtsein und Selbstverständnis wurde erst durch die egalitäre und konsumorientierte Betrachtungsweise des Westens erschüttert, die den Indern die Ungleichheit, den Zwang und die deprimierende Hoffnungslosigkeit des Systems bewußt machte. Auch im Westen hat ja erst der Bruch mit überlieferten Denkweisen und Traditionen jene Dynamik und Mobilität ermöglicht, die die Voraussetzungen für die Entwicklung einer Industriegesellschaft sind – einer Gesellschaft, deren Errungenschaften auch Indern begehrenswert erscheinen.

Das Wasser, das aus einer Leitung fließt, trinken alle gleichermaßen, die Benutzung des Brunnens konnte man jedoch noch kastenspezifisch regeln. Wer aber in einen Bus steigt oder gar in ein Flugzeug, muß schon damit rechnen, daß in derselben Reihe ein Mensch aus einer anderen Kaste sitzt, und wer in einem von der Regierung gebauten Mietshaus in der Großstadt die sehnlichst erwünschte Wohnung erhält, kann sich nicht den Luxus leisten, nur seinesgleichen als Nachbarn zu dulden. Wer einen Fernsehapparat oder Kühlschrank besitzen darf, entscheidet nur noch das Geld, nicht mehr die Kaste. Theoretisch ist also allen alles zugänglich, in der Praxis freilich sieht es noch immer anders aus.

Daß sich das ändert, hat der junge Premierminister Radschiv Gandhi – mit dem großen Mahatma übrigens nicht verwandt – dem Volk bei seinem Regierungsantritt 1984 hoch und heilig versprochen. Er will Indien in ein neues Zeitalter, ins 21. Jahrhundert führen und das Land in einen modernen Industriestaat verwandeln. Die Inkarnation dieses neuen Indien ist er selbst. Als drittes Glied einer Dynastie, die Indien – mit Unterbrechungen – seit der Unabhängigkeit regiert, führt er eine bewährte Tradition fort. Im Bruch mit Althergebrachtem aber wagt er sich weit nach vorn. Sein Großvater Jawaharlal Nehru hielt sich nur heimlich eine weiße Freundin – keine Geringere als Lady Edwina Mountbatten, die Frau des letzten britischen Vizekönigs; seine Mutter Indira heiratete schon

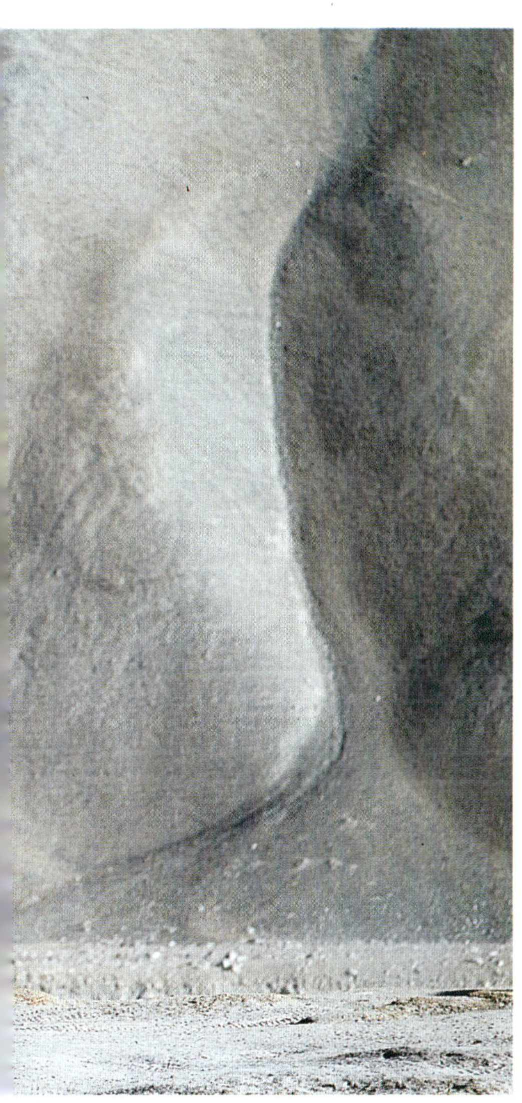

offiziell außerhalb ihrer hochrangigen Kaste einen Parsen – also keinen Hindu –, von dem sie sich auch noch trennte – eine weitere Provokation, denn für Hindus gilt die Ehe als unauflöslich. Ihr Sohn ehelichte gar eine Italienerin, eine Verbindung, die ihm seine Untertanen freilich nie verzeihen werden.

Als Berufspilot repräsentiert Radschiv Gandhi den technischen Fortschritt schlechthin. Ob mit ihm allerdings eine neue Ära begonnen hat, wird die Geschichte zeigen. Die Gegenwart beweist bislang täglich, daß der Aufbruch mit ungeheuren Spannungen verbunden ist, die sich nicht zuletzt gewalttätig entladen.

Die Götter – Reiseziel Nummer eins

Der Reisende, der in einen der vielen tausend Busse steigt, die tagtäglich das dichte Netz der schmalen, aber meist asphaltierten Straßen des Subkontinents befahren, wird von Aufbruch wenig, von Gewalt überhaupt nichts merken. Ganz Indien kann an ihm vorübergleiten wie die Kulisse zu einem orientalischen Märchen. Wer nicht dahinterschauen will, dem mag dies genügen. Um dies Land als einen Teil unserer Welt zu begreifen, in der alle mehr denn je aufeinander angewiesen sind, muß er sich aber wohl der Mühe unterziehen, Indien aus sich selbst zu verstehen.

◁ Eine Großstadt mit angenehmem Klima, inmitten von Bergen und Seen gelegen: Das ist Srinagar. Vor der Altstadtkulisse dümpeln Hausboote auf dem Jhelum-Fluß.

△ Bekannt ist Srinagar für seine Stoffe und Kunstgewerbeartikel – etwa Knüpfarbeiten aus Wolle. Hier betreibt eine Frau Arbeitsvorbereitungen auf eigene Art.

Wer mit der Eisenbahn oder dem Bus fährt, wird vor allem einem Phänomen begegnen: der Übervölkerung. Die Eisenbahnen, die wichtigste Hinterlassenschaft der Briten – die damit die Soldaten überall schnell einsetzen und die Reichtümer des Riesenlandes zu den Küstenstreifen schaffen konnten –, sind, wie auch die Busse, ständig überfüllt. Denn die Inder sind ein zahlreiches und überaus reiselustiges Volk.

Vornehmstes Ziel sind – wie könnte es anders sein – die heiligen Stätten ihrer Götter. Über den ganzen Subkontinent liegen sie verstreut: von der Höhle von Amarnath hoch oben in Kaschmir, wo eingebettet zwischen 6000 Meter hohen Himalaja-Bergen Schiwa als Schöpfergott in Gestalt eines Phallus aus natürlichem Eis jeden Sommer Millionen Menschen anzieht, bis tief in den Süden am Cape Comorin, wo Schiwas Frau Parvati am

»Ende von Indien« über ein einzigartiges Spektakel wacht: Bei Vollmond geht der Mond just in dem Moment auf, wenn die Sonne im Indischen Ozean versinkt. Wem es gelingt – möglichst zu einer von den Sternen bestimmten Stunde –, zu einem der heiligen Orte zu pilgern, der ist dem höchsten Ziel, der Befreiung von der Wiedergeburt, ein gewaltiges Stück näher gerückt. Wer gar in Varanasi, der heiligen Stadt Benares, stirbt, am Ufer des Ganges verbrannt und als Asche in die Fluten des Flusses gestreut wird, der ist endgültig erlöst.

Wo die Götter auf die Erde herabsteigen, versammeln sich außer Millionen von Pilgern auch die Bettler. Während sie im Alltag wenig Beachtung finden – »schlechtes Karma«, sagen die Inder achselzuckend und betrachten den Fall damit als erledigt –, dürfen sie, am Eingang der Heiligtümer fein säuberlich im Staub aufgereiht, auf die Großmut der Pilger rechnen.

Sehr viel malerischer präsentieren sich die Asketen, die Yogis und die Sadhus, auch solche, die es sein oder dafür gehalten werden möchten. Nackt, halbnackt oder in ein orangefarbenes Tuch gehüllt, mit allerlei okkultem Gerät um sich herum, sitzen sie unter heiligen Bäumen, von indischen Gläubigen scheu bewundert – sie haben es schließlich fertiggebracht, sich von den Gütern dieser Welt loszusagen – und von fremden Touristen fotografiert, wofür sie sich, je nach Grad der Heiligkeit, gar nicht bis gut bezahlen lassen.

Noch ehrerbietiger begegnet man den Priestern, unverkennbar gekleidet in ihre weißen Lendentücher, eine Schnur quer über dem nackten Oberkörper als Zeichen ihrer Zugehörigkeit zur höchsten Kaste, zu den Brahmanen. Ihnen ist es vorbehalten, mit den Göttern zu kommunizieren, die Riten zu vollziehen. Sie allein besitzen das Wissen, und Wissen ist auch in Indien Macht. Ihr oft freimütig zur Schau getragener Hochmut und ihr meist wohlgenährtes Aussehen lassen unschwer erkennen, daß sie entsprechend honoriert werden. Auch ihre Kollegen in den Städten, ohne Tempel hinter sich, sind Großverdiener. Für jeden Hausbesuch zu den ständig anfallenden Zeremonien wie Reinigung von allen möglichen Übeln, zu Todestagen, Hochzeiten und dergleichen kassieren sie nicht selten außer einer stattlichen Summe Bargeld auch Naturalien – von Süßigkeiten bis zum Sari für die Ehefrau.

Doch zurück zum Getümmel um die Tempel. Nicht zu übersehen sind die Verkäufer der Opfergaben; die Händler haben sie bereits handlich zurechtgemacht, ein Stückchen Kokosnuß und Blüten fehlen nie. Und dann sind da noch die Andenkenverkäufer, eingeteilt in zwei Klassen. Zur ersten gehören die ambulanten, in deren Masse sich der einzelne nur dadurch profilieren kann, daß er am lautesten schreit und die potentiellen Käufer mit größtmöglicher Hartnäckigkeit verfolgt, was übrigens nur Ausländer lästig finden. Inder verstehen, daß man im täglichen harten Kampf um die Rupien nicht auch noch liebenswürdig und sanft sein kann.

Die Souvenirhändler der zweiten Klasse thronen hoch oben in ihren festen Buden inmitten von Auslagen, die so erbauliche und nützliche Dinge enthalten wie kleine Krischnas aus Bronze, Thermosflaschen und Tonbänder mit Hindi-Filmmusik, deren Klänge aus ausgedienten Lautsprechern die Szene geräuschstark bereichern. Um sich von der anstrengenden Tätigkeit des Feilschens mit den Kunden zu erholen, lassen sie in regelmäßigen Abständen Tee kommen – gute Kunden bekommen auch ein Glas.

Was wäre Indien ohne seine Chaiwallahs, seine Teemacher? Wegen der selbst für indische Verhältnisse nicht sehr großen Investitionskosten – eine Kochstelle, ein Topf und mindestens vier Gläser – und der gewaltigen, absolut krisenfesten Nachfrage brauen Millionen Tag und Nacht jenes Gemisch aus Milch, Zucker und kleingehackten schwarzen Teeblättern, ohne das die Nation zweifellos nicht überleben könnte. Der Tee ist von unterschiedlicher Qualität: Frischmilch oder Milchpulver, ein zusätzliches Gewürz wie eine Prise Kardamom bestimmen die Güte. Der Chai liefert auch das Kriterium, mit dem man in Indien Armut definieren kann: Wer sich nicht wenigstens einmal am Tag ein Glas Tee bereiten kann, der ist wirklich arm – und dazu gehören Millionen.

Die Kinder sind die Träger der Hoffnung

Mit dem Wort Millionen kann man in Indien sorglos umgehen. Wenn man durch das Land reist – ob in die Täler des Himalaja, wo der Durchschnittsmensch bereits nach Luft ringt, in die straßen- und weglosen Wälder von Orissa und Madhya Pradesh, in die Wüste Rajasthans, in die letzten Arme der salzigen Gewässer Keralas –, niemals ist man allein, immer ist man umgeben von Menschen, und man hat den Eindruck, es seien zu viele. Vor allem Kinder, eines hübscher als das andere, tollen in hellen Scharen herum, ohne ein einziges Stück von dem zu besitzen, was in unseren Augen unerläßlich für Kinderglück ist: Spielzeug.

Fast 800 Millionen Menschen leben derzeit in Indien, mehr als doppelt so viele wie 1947, dem Jahr der Unabhängigkeit – um die Jahrtausendwende werden es eine Milliarde sein. Und von einer geradlinig verfolgten Bevölkerungspolitik kann keine Rede sein. Seit der radikale, später tödlich verunglückte Sanjay Gandhi, Sohn der damaligen Regierungschefin Indira Gandhi, in den siebziger Jahren mit seinem Stab über Land zog, Frauen und Männer zur Sterilisation zwang – und völlig verschreckte –, ist diese Form der »Familienplanung« nicht mehr populär. Und wer erklärt sich schon bereit, den langen,

▽ Die Hindus kommen nach Benares, um dort am Ganges zu sterben – im Glauben an eine bessere Wiedergeburt. Die in Tücher gehüllten Toten werden am Ufer verbrannt und als Asche in den heiligen Fluß gestreut.

▷ Seit über 20 Jahren steht dieser Sadhu auf einem Bein, nur gestützt auf ein Brett. Diese Übung der Enthaltsamkeit soll ihn der Erlösung näherbringen. Der von Almosen lebende Asket gilt den Hindus als Heiliger.

entbehrungsreichen und frustrierenden Marsch durch die indischen Dörfer anzutreten, um die Bevölkerung aufzuklären? Da ist es viel einfacher, als Beamter auf einem Bürostuhl zu sitzen und auf dem Papier – aber eben auch nur da – nachzuweisen, wen man überredet hat, auf mehr Kinder zu verzichten.

Drei Viertel aller rund 800 Millionen Inder leben auf dem Land. Die Bauern brauchen Kinder als Arbeitskräfte und nicht zuletzt auch als Garanten für eine von der Regierung nicht vorgesehene Altersversorgung. Und wer in die Städte zieht, entschlossen, es zu etwas zu bringen, kann auf seine Kinder als wichtige Einkommensquelle kaum verzichten. Ganze Industriezweige blühen, weil sie vornehmlich Kinder beschäftigen. Teppiche werden von Kindern geknüpft, Paillettenblusen für amerikanische und europäische Boutiquen von Kinderhand gefertigt, Smaragde, Rubine, Türkise von Halbwüchsigen geschliffen.

So lernt man als ausländischer, von der Misere der arbeitenden Kinder anfänglich erschütterter Beobachter zu differenzieren. Die Stadt Faridabad im Bundesstaat Haryana ist nicht zuletzt deshalb ein modernes, aufstrebendes Gemeinwesen geworden, weil Tausende von Kindern in die Herstellung von billigen Armreifen aus Glas, unerläßlicher Schmuck für jede indische Frau, eingespannt sind. Wer sie schuften sieht, Lasten schleppend, mit gefährlichen Chemikalien hantierend, an offenen Feuern, in Löchern, die mit unserer Vorstellung von Arbeitsplatz kaum etwas gemein haben, aber voller Stolz und mit etwas wie Hoffnung auf Zukunft, hört auf, lauthals die Abschaffung der Kinderarbeit zu verlangen. Da sind die Forderungen moderner indischer Sozialarbeiter nach angemessener, geregelter Arbeitszeit [illegible]er Entlohnung und vor allem nach [illegible]g statt Ausbeutung viel sinnvoller [illegible] auch viel eher zu verwirklichen.

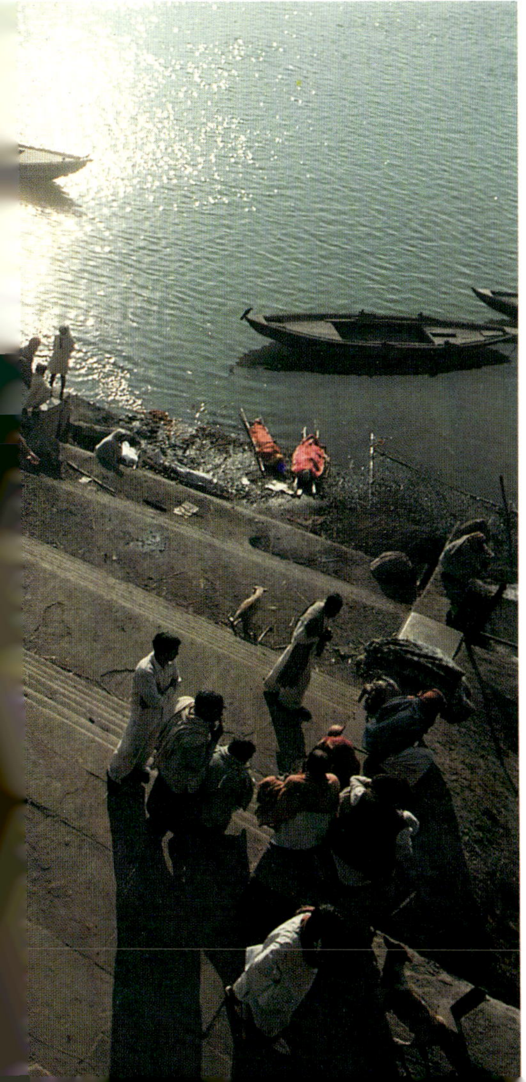

△ ***Die ganze bunte Blumenpracht ist allein für die Götter gedacht: Ihre Statuen wollen die Gläubigen mit den gelben und orangefarbenen Blütengirlanden schmücken, die sie auf dem Opferblumenmarkt in Kalkutta erstanden haben.***

Schule – muß das sein?

Wohlstand ist das beste Verhütungsmittel, da stimmen alle überein – auch die, die immer noch acht und mehr Kinder in die Welt setzen. Aber wie soll man jenen Millionen möglichst gleichzeitig den einzigen Luxus ersetzen, den sie bislang haben: den Reichtum an Kindern? Der westliche Betrachter, der an Scharen von Männern vorüberzieht, die stundenlang, tagelang unter schattenspendenden Bäumen in den Dörfern, an Straßenrändern, in Tempeln, auf Plätzen und in den Basaren der Städte hocken, tatenlos und plaudernd, hat eine Lösung parat: Bildung.

In der Tat, selten sieht man jemanden lesen oder gar lernen, obwohl einer der bemerkenswertesten »Exportartikel« des Landes Wissenschaftler sind, überqualifizierte, glänzende Theoretiker, für die Indien keine Verwendung hat. In der Mehrzahl sind es Brahmanen, deren Kaste seit 3000 Jahren das Vorrecht auf Wissen gepachtet hat; die modernen Nachkömmlinge der Priester wenden sich der neuen Magie und ihren Formeln zu, der Physik, Chemie, Biologie – was gleichzeitig den Vorteil bietet, sich nicht die Hände schmutzig machen zu müssen, denn das verbietet die Kaste. Dies erklärt auch den traurigen Zustand fast aller Maschinen in Indien; zusammengebrochene Lastwagen und Busse auf den Straßen liefern ein beredtes Zeugnis: Bedienung und Wartung muß man lernen, wenn nicht durch Vor- und Nachmachen, dann aus Büchern – aber wer soll die lesen? Und wer lesen kann, macht sich die Hände nicht mehr schmutzig!

»Können Sie mir ein unschlagbares Argument nennen, warum ich meine Kinder zur Schule schicken soll?« fragte mich der Kleinbauer Parwar bei einer Diskussion auf dem gestampften Lehmboden vor seinem Haus in einem abgelegenen Dorf in Maharashtra. Als ich ihm flugs die unsereinem unwiderlegbar scheinenden Argumente hergesagt hatte, erhielt ich eine denkwürdige Lektion:

Die Schule im sieben Kilometer entfernten Dorf ist nur halb fertig geworden, weil die dafür bereitgestellten Gelder ausgingen – im Klartext: in die Taschen der Baufirma und der zuständigen Beamten flossen. Der Lehrer, der vier Altersstufen in einem Raum unterrichtet, ist selten da, weil er so wenig verdient, daß er lieber gegen Entgelt Schreibarbeiten für die Dorfbewohner erledigt. Zur Erntezeit fährt er sowieso nach Hause. Was er unterrichtet, kann keines der Kinder im Alltag anwenden. Mit den paar Rupien Bargeld umzugehen, lernen alle im Handumdrehen – auch ohne Schule; Zahlen über 100 kommen im Dorf nicht vor. Statt etwas zu lernen über gesunde Ernährung, über den richtigen Einsatz von Energie, über Krankheiten von Menschen und vor allem von Tieren, über die bestmögliche Bodennutzung, den Umgang mit Behörden oder gar über die Rechte der Bauern, wissen die Kinder schließlich, wann Kaiser Aschoka herrschte, wer die indische Verfassung entworfen hat und wo Paris liegt. Danach glauben sie, gebildet zu sein und Anspruch auf einen guten Job in der Stadt zu haben – den es nicht gibt. So gesehen ist der hohe Prozentsatz von Analphabeten weniger unverständlich.

Und doch gab es ein Argument, das auch den Bauern Parwar sprachlos machte – nur daß es nicht von mir, sondern von seiner Frau kam: »Wenn wir unsere Söhne in die Schule schicken, können wir mehr Mitgift bei ihrer Hochzeit erwarten.«

Heiraten – die einen ruiniert's, die anderen saniert's

Wieviel hat er gekostet? Das ist in der Tat »die« Frage, die Gäste und Zaungäste stellen, wenn der Bräutigam, geschmückt mit Blumengirlanden um den goldenen Kopfputz, einen kleinen Jungen neben sich zum Zeichen seiner Potenz, unter den schrillen blechernen Klängen der uniformierten Musikanten zu seiner Braut geleitet wird – zu Fuß, per Auto, zu Pferd oder gar auf einem Thron sitzend, umrahmt von blinkenden Glühlampen, die von einem hinterhergeschleppten Generator gespeist werden. Seine Zukünftige hat er höchstwahrscheinlich noch niemals auch nur aus der Ferne gesehen, auf einem Foto vielleicht. Daß es bei dem Bund fürs Leben vornehmlich ganz einfach um Geld geht, verdeutlichen die männlichen Verwandten des Bräutigams im Hochzeitszug drastisch: Sie werfen mit Scheinen und Münzen um sich – mit denen der Brautfamilie natürlich. Ob der Sohn des Maharadschas von Gwalior, heute Bundesminister für Eisenbahnen, seine Tochter an den Sohn des ehemaligen Herrschers von Kaschmir in der glanzvollsten Fürstenhochzeit dieses Jahrzehnts verheiratet oder der Kuli der Howrah-Bahnstation in Kalkutta sich der womöglich schwersten Bürde seines Lebens entledigt, nämlich seine Tochter an den Mann zu bringen – zähe Verhandlungen sind in jedem Fall vorausgegangen. Passen müssen nicht nur die Kaste und die Sterne – das heißt die von Sterndeutern sorgfältig begutachteten astrologischen Daten der Kandidaten –, sondern vor allem die Mitgift, die die Braut einbringen muß. Die Verheiratung des Sohnes ist deshalb eine gottgesandte Möglichkeit, zu Wohlstand zu gelangen, den man sich sonst kaum erwerben kann.

Die Preise sind objektbezogen, variabel und stetig steigend. Jener Kuli verschuldet sich vielleicht bis an sein Lebensende, um

die Feier, den Hochzeitssari, ein einziges Schmuckstück, das die Tochter als verheiratete Frau ausweist, ein paar Teller und Töpfe finanzieren zu können – das Minimum, das die Familie des Bräutigams als Gegenwert für ihren Sohn verlangen wird. In den mittleren Rängen wird es schon teurer. Ein gut verdienender Handwerker, ein Händler oder gar ein Beamter wird für den Sohn Fernsehapparat, Kühlschrank oder Motorroller plus etliche Gramm 22karätigen Goldes fordern.

Nirgendwo führen die wenigen Glücklichen ihren Reichtum plakativer vor als bei einer Hochzeit. Der Minister für Eisenbahnen inszenierte in Gwalior ein Spektakel, das jeden Hollywood-Star vor Neid erblassen lassen müßte. 50000 in den frischgestrichenen Jai-Vilas-Palast geladene Gäste erlebten die Wiedergeburt eines der kuriosesten Symbole jener Maharadscha-Exzentrik, die den Stoff

◁ »Ohne Schmuck ist man nicht richtig angezogen«: Diesem Motto der indischen Frauen folgt auch schon das kleine Mädchen aus der Region Gujarat.

▽ Möglichst farbenprächtig müssen die Turbane sein, welche die jungen Männer kunstvoll auf ihrem Kopf drapieren.

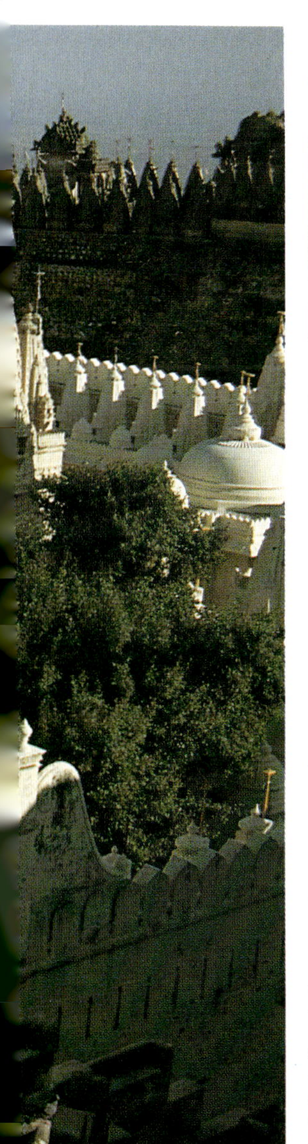

◁ Höhepunkt der religiösen Kunst des Dschainismus: In der Tempelstadt bei Palitana stehen 863 Tempel, und jeder ist ein kleines Kunstwerk für sich. Der Bau der Kultstätte begann vor etwa 1000 Jahren. Die Tempel der heutigen Anlage mit den reich verzierten Türmen, Terrassen und Arkaden stammen aus der Zeit seit dem 16. Jahrhundert. Nach Sonnenuntergang müssen die Pilger und auch die Priester das Dschain-Heiligtum verlassen, denn kein Sterblicher darf die Nachtruhe der Götter stören.

für den Mythos vom »Märchenland Indien« lieferte: die silberne Eisenbahn, die auch schon um die Jahrhundertwende, auf dem überdimensionalen Tisch in der riesigen Speisehalle herumfahrend, dem staunenden Publikum Kognak und Zigarren angeboten hatte. Der Wert des Schmuckes, der auf den Damen in ihren golddurchwirkten Saris bei dieser Gelegenheit lastete, hätte die Staatskasse eines mittleren Entwicklungslandes sanieren können. Vielleicht hat die Hochzeit auch der Kasse der Familie des Bräutigams gutgetan, haben doch nicht alle Maharadschas ihre Millionen retten können, als sie von Indira Gandhi endgültig zu Steuerzahlern deklassiert wurden. Vielleicht hat sich in diesem Fall auch nur ein Politiker via Mitgift die Unterstützung eines anderen erkauft – zum Zwecke der Machtvermehrung.

Ähnliche Motive trieben auch jenen Brautvater in Poona aus der Gruppe der Unberührbaren, der zwar Analphabet ist, aber mit Schläue und Zielstrebigkeit zum Kleinbauunternehmer avancierte. Er verheiratete seine Tochter an einen mittellosen Ingenieur, der nun mit seiner Bildung – erworben über das Quotensystem der Regierung für unterprivilegierte Klassen – das Know-how ins Geschäft einbringt. Daß die frischgebackene Ehefrau erst knapp 14 Jahre alt war, trübte die Freude der beiden Familien nicht im geringsten, war doch beiden gelungen, was das Gesellschaftssystem sonst nicht vorsieht: aufzusteigen.

Kein Wunder, daß Kinderehen wieder en vogue sind. In inflationären Zeiten bekommt man für sein Geld von heute schon morgen vielleicht nur noch die Hälfte. Da die Hochzeitsfeier nun mal das schönste und oft auch das einzige große Ereignis im Leben der Menschen ist, mit Gesang, Tanz und viel gutem Essen, lösen einfallsreiche Familien in Rajasthan ihre Finanzierungsprobleme, indem sie Massenkinderhochzeiten mit einem prächtigen Fest für viele Dörfer feiern – allerdings sorgfältig abgeschirmt gegen ungebetene Gäste: Es könnte ja ein modern denkender Regierungsbeamter darunter sein, und Kinderehen sind seit langem verboten. Bestraft wurde allerdings noch niemand wegen dieses Delikts.

Das Märchen kann im Feuer enden

Eine indische Hochzeit, das ist immer ein Hauch von Tausendundeiner Nacht ob all der Farben der Saris, der Gerüche der Blüten und Räucherstäbchen, der Klänge der Musik, des funkelnden Goldes – und sei es auch noch so unecht. Was mag ein Mädchen bewegen, wenn sie, mit Blumengirlanden geschmückt und mit Henna kunstvoll bemalt, vor Schmuck oder Tand strotzend, einem ihr unbekannten Mann und seiner Familie ausgeliefert wird?

Nicht selten sah ich blanke Angst und Kummer, auch die Furcht vor der nicht nachlassenden Gier nach Mitgift-Nachschub und dabei das Wissen, daß der eigene Vater sich bereits verausgabt hat. Wird sie eines Tages in der Küche beim Kochen sterben, von der Familie mit Kerosin übergossen und angezündet? Im indischen Mittelstand ist das inzwischen kein ungewöhnlicher Vorgang. Das Safdarjung-Hospital in Neu-Delhi hat unlängst eine eigene Station für die Opfer eingerichtet, die überleben.

Da wird sie sichtbar, die Gewalt, in der sich die Spannung einer Gesellschaft entlädt, die sich modernisieren, verändern, einfach reicher werden will – und von Religion und Tradition gemahnt wird, das Diesseits für nichtig zu betrachten. Für moderne Mitgiftjäger ist der Feuertod der Schwiegertochter die makabre Versöhnung zwischen beidem – ihren profanen Gelüsten und den Wünschen der Götter. Denn die junge Frau wird wie die Witwen, die ihrem toten Mann auf den Scheiterhaufen folgen, zur Göttin Sati und damit samt ihrer Familie vor der Wiedergeburt bewahrt. So werden Täter zu Wohltätern. Rechtskräftig verurteilt wurde bisher niemand, in den seltensten Fällen kommt es überhaupt zur Anklage.

Wer an einem späten Nachmittag in Bikaner in Rajasthan am Rande der großen Wüste Thar in eine Pferdedroschke steigt und sich vor die Tore der Stadt kutschieren läßt, der wird bei den Chhatris haltmachen, jenen luftigen, ja graziösen Grabstätten aus zierlichen Säulen, sarazenischen Bogen und Türmchen, in deren Umfriedung die stolzen Radschputen, die Familien der Kriegerkaste, ihre Scheiterhaufen errichteten. Stolz und lachend wird der Tongahwallah, der Kutscher, auf die vielen viereckigen Marmorplatten mit dem Abdruck kleiner weißer Füße deuten – glorreiche Erinnerung an jene Witwen, die sich freiwillig mit ihrem verstorbenen Mann verbrennen ließen.

▷ An hohen Feiertagen schmücken die Hindus ihre heiligen Kühe festlich mit bunten Blumenkränzen und farbenfrohen Decken. Der große Mahatma Gandhi lehrte sie einst, die Kuh als Symbol für Güte und Sanftmut zu verehren.

Wer nur 300 Kilometer weiter im Osten auf der Straße von Jaipur nach Delhi aus dem niemals endenden Konvoi der knatternden Lastwagen ausbricht und in das 10000-Seelen-Städtchen Deorala fährt, der wird dort einen nicht besonders reizvollen, aber funkelnagelneuen Tempel vorfinden, gerade seiner Bestimmung übergeben: Er soll an die 18jährige Roop Kanwar erinnern, die im September 1987 lebendig mit der Leiche ihres Mannes verbrannte – sehr unfreiwillig allerdings, wie sich herausstellte, aber unter den Blicken Tausender hochbefriedigter Zuschauer.

Eine Ausnahme freilich, aber kein Einzelfall, der 32. bekanntgewordene Sati-Tod seit

△ Unvorstellbares Elend herrscht in den zahllosen Slums von Delhi, die über weite Teile des Stadtgebiets verstreut sind. Wohnungsnot und Spekulation haben Grundstückspreise und Mieten in der Sechs-Millionen-Stadt stark in die Höhe getrieben.

der Unabhängigkeit allein in Rajasthan – die Tendenz ist leicht steigend. Die Transportunternehmerstochter hatte eine stattliche Mitgift von Gold bis zum Gasherd mit in die Ehe gebracht, die nach dem in der Kaste herrschenden Recht nach dem Tod des Mannes wieder an ihre Familie zurückgeflossen wäre. Da wurde sie – ja was? Umgebracht oder zur Göttin befördert? Männer und Frauen opfern der Göttin in dem neuen Tempel mit Inbrunst, Menschen, deren persönlicher und kollektiver Wunsch nach Konsum alte Moralgesetze überwuchert und die nun verzweifelt versuchen, dies auszugleichen und wiedergutzumachen mit einem barbarischen Rückgriff auf religiöse Traditionen aus einer ehemals heilen Welt.

Hinduismus – eine Religion wird zur Lebensform

Aber ist der Eindruck nicht doch falsch? Ist sie nicht doch noch heil, die Welt, in der es kein Coca-Cola, keine Hollywoodfilme, keine Levis-Jeans gibt, kein Dallas im Fernsehen, keine Toyotas auf den Straßen? »Be Indian, Buy Indian« – »sei indisch, kauf indisch« – so steht es in großen handgemalten Lettern auf den Lastwagen. Wer importieren will, zahlt bis zu 300 Prozent Schutzzoll, das schreckt ab. »Indigenous«, eingeboren, indisch sein, heißt das Schlagwort, mit dem die Bewohner des Subkontinents seit der Unabhängigkeit versuchen, ein Nationalgefühl aufzubauen. Woher aber soll es kommen, war das Riesenland doch niemals in seiner Geschichte ganz geeint?

Als die hellhäutigen Indogermanen im zweiten Jahrtausend v. Chr. über den Hindukusch einwanderten, fanden sie bereits eine Hochkultur im Industal vor, deren Schrift noch nicht entziffert ist und die aus bis heute mysteriösen Gründen aus der Weltgeschichte verschwand. Die kriegerischen Arier überwanden in zähem Ringen die ansässigen Volksstämme, vor allem dunkelhäutige Drawiden, die in grauer Vorzeit eingewandert waren, vielleicht aus dem Mittelmeerraum, vielleicht aus Australien. Die Arier ließen ihre Überlegenheit deutlich spüren, die Kasten entstanden, die Gesellschaft teilte sich. Ganz oben standen die Priester, die Brahmanen mit ihrem Exklusivwissen vom Umgang mit Göttern wie Agni, Indra und Varuna, die die Indogermanen aus Persien mitgebracht hatten. Dann kamen die Krieger, dann die Bauern und darunter als vierte Kaste alle anderen, die Knechte, die Nicht-Arier und die aus den oberen Kasten Ausgestoßenen. Als fünfter Teil fielen nur die verachteten Berufe ganz aus diesem System heraus wie Leichenwäscher, Henker und Schlächter, die man nicht einmal berührte.

Dieses in viele Stämme und Kleinreiche zersplitterte Volk zu besiegen, zog im vierten Jahrhundert vor der Zeitenwende Alexander der Große aus. Die Statthalter, die er nach seinem Eroberungszug im Lande zurückließ, wurden jedoch schon nach zehn Jahren wieder hinausgeworfen. Erst der heimischen Dynastie der Mauryas gelang es unter ihrem Kaiser Aschoka fast ein Jahrhundert später, einen großen Teil Indiens zum ersten Mal zu einen, wobei die Drawiden in den Süden abgedrängt wurden.

Wie gewalttätig und blutig diese Einigung verlief, bezeugen noch heute in Felsen und Stein gemeißelte Inschriften, in denen der Kaiser bekennt, daß »das Morden, der Tod und die Deportation der Menschen außerordentlich betrüblich für den Göttergleichen (Kaiser) war und schwer auf seiner Seele lastet«. Reumütig wandte sich Aschoka den Lehren eines indischen Adligen namens Gautama Buddha zu, dessen Jünger seit über 200 Jahren durch das Land zogen und von der Entstehung menschlichen Leidens und seiner Überwindung durch Entsagung und sittliches Verhalten predigten. Das Töten, auch von Tieren, galt als größte Sünde, und der bekehrte Aschoka beeilte sich, die blutigen Opferrituale zu verbieten, die bei den Brahmanen zur wichtigsten Kulthandlung geworden waren. Der Glaube der mächtigen Priester erhielt einen schweren Schlag, von dem er sich vielleicht nie wieder erholt hätte, wenn sich die Masse des Volkes nicht anderen, menschlicheren Göttern zugewandt hätte, die in den Wäldern, den Flußtälern, den Ebenen und Ansiedlungen des Kontinents wahrscheinlich schon verehrt wurden, bevor die Indogermanen ihre persischen Götter importierten.

Alte und neue Götter verschmolzen miteinander. Schiwa, Wischnu und all seine Inkarnationen und die vielen anderen, für die im Pantheon noch Platz war, wurden so populär, daß sie zusammen mit dem nie angetasteten Kastenwesen jenes unsichtbare, aber zähe Band woben, das den Koloß Indien über alle Wirren und Anfechtungen hinweg zusammenhielt. Eine Religion wurde zur Lebensform – der Hinduismus. Eine starre Sozialordnung verband sich mit geradezu dynamischen Glaubensvorstellungen, denen jedes Dogma fremd ist. Das Bindemittel sind Mythen und Traditionen, die niemals angezweifelt oder kritisch beleuchtet wurden und ihre Lebendigkeit nie verloren haben.

Das, was wir bis heute Hinduismus nennen, behauptete sich in Indien letztlich gegen jede Konkurrenz: Die Buddhisten wurden Anfang des 13. Jahrhunderts gänzlich aus dem Land vertrieben, die Dschainas, die Christen, die Parsen und später die Sikhs blieben Randgruppen. Und die Muslime, denen es fast gelang, alle indischen Völker unter ihre Herrschaft zu bringen, verfehlten ihr eigentliches Ziel: die Inder zu bekehren. Im Gegenteil: Die Hindus, die nicht missionieren – Hindu kann man nicht werden, als Hindu wird man geboren –, beeinflußten die Mohammedaner so sehr, daß der Islam um eine indische Variante bereichert wurde, eine religiöse Mystik, Sufismus genannt.

Anfechtungen hatten die Hindus reichlich zu bestehen. Immer wieder fielen aus der »Wetterecke«, dem Khyber-Paß im Nordwesten, neue Horden ein, lüstern auf Indiens sagenhaften Reichtum: die Griechen, die Skythen, die Kuschanen. Waren sie besiegt oder vom Riesenreich aufgesogen, zerfiel es gleich wieder in streitende Teile.

▽ Mitten in einem künstlichen See, nur über einen marmornen Steg erreichbar, liegt der Goldene Tempel von Amritsar, das Hauptheiligtum der Sikhs. Im Innern des vergoldeten, überreich verzierten Tempels wird die heilige Schrift der Sikhs aufbewahrt.

Während der Norden im ersten Jahrtausend nur zweimal geeint wurde und goldene Zeiten erlebte, schweißten die aufeinanderfolgenden Dynastien die Drawiden im Süden zu weitaus geschlosseneren Reichen zusammen, die ihre ursprünglichen Sprachen beibehielten, eigene Kunststile entwickelten und bewahrten. Sie bildeten ein fast uneinnehmbares Bollwerk gegen die Abkömmlinge nach furchtbaren Timur, die in großen Wellen nach der Jahrtausendwende das Land mit Feuer und Schwert überzogen und schließlich ihr Mogulreich gründeten.

Ein neuer Glanz – ein neuer Stil

Wie fruchtbar aber das Zusammenleben von Muslimen und Hindus war, läßt sich an all den Herrlichkeiten dieser Zeit ablesen, die die Nachwelt bis heute bestaunt – sei es der Turm des muslimischen Fürsten Kutb-ud-Din, um 1200 errichtet, um den Sieg über den letzten Hindu-König von Delhi zu feiern, sei es die Säulenhalle des weisen Kaisers Akbar in seiner Hauptstadt Fatehpur Sikri bei Agra aus dem 16. Jahrhundert oder der Tadsch Mahal, das Grabmal für die Lieblingsfrau des Schah Dschahan, seines Enkels. In allen paart sich die Strenge und Klarheit islamischer Architektur mit hinduistischer Lust am Verzieren. Die Hindus lernten, Gärten anzulegen mit kunstreich erdachten Wasserspielen, die in der Hitze Kühlung brachten: Die Muslime importierten neue Musikinstrumente und neue Lieder, eine poetische Sprache, das Urdu, das dem heute benutzten Hindi zugrunde liegt, und eine neue Art zu malen, »en miniature«. Sie veränderten die Mode mit geschneiderter Kleidung – die Hindus kannten nur gewickelte Tücher – und der aufsehenerregenden Art, Turbane zu wickeln und Männerbärte zu trimmen. Das Essen verfeinerte sich und mit ihm die Tischsitten. Neuer Glanz überstrahlte das bäuerliche Indien mit der Pracht, der Eleganz und dem Raffinement des höfischen Lebens. Kurzum: Die Verschmelzung von Hinduismus und Islam brachte etwas völlig Neues, originell Indisches hervor, das den Norden grundlegend wandelte und den Süden stark beeinflußte.

Als der bigotte Aurangzeb, der letzte der großen Mogulkaiser, 1707 starb, hatte er den Traum aller indischen Herrscher fast erfüllt: Sein Reich umfaßte den ganzen Subkontinent bis auf die Südspitze und die Berge des heutigen Afghanistan – doch schon bald war alles wieder wie gehabt. Ehemalige Vasallen erklärten sich unabhängig und gründeten eigene Reiche wie der Nizam von Hyderabad, dessen Nachkommen zu den reichsten Männern der Welt wurden. Die Sikhs, Angehörige einer gegen Ende des 15. Jahrhunderts neu entstandenen hinduistischen Sekte, erkämpften sich einen eigenen Staat im Pandschab, den einige von ihnen heute mit den modernen Mitteln des Terrorismus wiedererobern wollen. Die hinduistischen Radschputen scherten aus und wurden zu den Radschas und Maharadschas der kleinen und größeren Fürstentümer, die als weiße Flecken der Eigenständigkeit die Landkarte des späteren Britisch-Indien besprenkelten.

Die Spuren der weißen Herren

Das zerfallende Mogulreich lieferte den Briten der Ostindien-Kompanie dann auch reichlich Bestätigung für ihre von keinerlei Skrupeln angekränkelte Überzeugung, daß das moralisch verkommene Land und seine Menschen dringend der heilbringenden Räson der überlegenen weißen Rasse bedurften – getreu dem imperialistischen Gedankengut ihrer Zeit.

Was ist übriggeblieben von der Herrschaft der Briten? Begonnen hatte sie Anfang des 18. Jahrhunderts, als die Ostindien-Kompanie, eine Aktiengesellschaft mit 24 Direktoren und einem Aufsichtsrat, drei Niederlassungen in Bombay, Kalkutta und Madras gründete. Sie endete in einem der britischen Krone unterstellten Reich, das sich weit über die heutigen Landesgrenzen hinaus auf Pakistan, Bangladesch, Birma und Sri Lanka ausdehnte.

Man findet ihre Überreste auf ein paar verwilderten Friedhöfen, wo zwischen umgefallenen Grabsteinen, von denen jeder eine Geschichte erzählt, Kühe weiden. Oder in den Hill Stations, jenen Bergstädtchen im Himalaja und in den Nilgiris, den blauen Bergen im Süden, in die britische Familien vor der sengenden Sonne in den Ebenen flüchteten. Heute sind sie bevölkert von Schulkindern in englisch aussehenden Uniformen, die – englisch parlierend – den Anspruch erheben, die Elite der Nation zu sein; denn sie sind Zöglinge der sogenannten Klosterschulen, die in mehr oder weniger verfallenden Gebäuden viktorianischen Stils ungebrochen den Geist und die Lehrinhalte britischer Public Schools pflegen.

Dann sind da noch die Cantonments, die ehemaligen Militärbasen oder besser: propere englische Siedlungen vor den Toren der »Eingeborenen«-Städte, wie etwa in Poona oder Hyderabad, heute bevorzugte Wohngegenden des indischen Mittelstands. Geblieben sind auch ein paar Prachtbauten in Delhi, Bombay und Kalkutta, die eher durch ihre Größe als durch ihre Schönheit auffallen, die unsterblichen Geschichten Kiplings natürlich – und die Fotos, auf denen schwitzende rothaarige und blonde Männer im Stehkragen strammstehen neben ihren in Korsett und Krinoline gezwängten bleichen Ehefrauen und ihren schwächlich aussehenden Kindern, über den Köpfen schwere fransengesäumte Tücher, die mittels einer Leine von einem draußen hockenden Dienstboten, dem Punkahwallah, bewegt wurden – die koloniale Klimaanlage.

Gut – ein bißchen mehr ist schon noch übrig. Die Briten hinterließen ein Straßen-, Eisenbahn- und Kanalnetz und ein paar Fun-

Die Mogulmalerei

Als der schlitzäugige Babur, Nachfahr von Timur-Leng und Dschingis-Khan, zu Beginn des 16. Jahrhunderts den Hindukusch überschritt und sein Reich in Nordindien etablierte, brachte er wundersame Neuheiten mit, darunter auch persische Miniaturmalereien. Später holte man auch die Meister, die sie geschaffen hatten. Sie begründeten Malschulen am Hofe der Moguln, in denen mit importierten Techniken indische Themen gestaltet wurden: Eine neue Kunst entstand, die Mogulmalerei.

Zum Handwerkszeug gehörten handgemachtes Papier, Baumwolle oder Seide, Wasserfarben und zierliche Pinsel mit Haaren aus den Achselhöhlen von Kätzchen und Eichhörnchen. Kalkstein lieferte Weiß, gemahlener Malachit und Lapislazuli kostbares Grün und Blau. Aus Ocker gewann man Rot. Gold-, Silber- und Kupferklümpchen wurden zwischen Leder zu dünnen Folien flachgeklopft, mit Salz zerrieben und ausgewaschen, bis ein feines Pulver übrigblieb. Gelb bereitete besonderes Kopfzerbrechen, weil man es in der Natur nicht fand. Man fütterte deshalb Kühe mit getrockneten Mangoblättern, mindestens eine Woche lang, bis sie Gelbsucht bekamen. Mit ihrem Urin getränkter Kalkstein löste das Problem.

Wenn der Chefmaler vom Herrscher einen Auftrag erhielt, fertigte er eine Skizze an, die – nachdem sie das Plazet erhalten hatte – in seiner Werkstatt auf durchsichtige Gazellenhaut übertragen wurde. Die Gehilfen legten die Haut auf den Entwurf und stachen mit einer feinen Nadel die Konturen nach. Diese Schablone konnte bis zu 40mal benutzt werden, spätestens dann waren die Löcher mit der schwarzen Farbe verklebt, die man für das Übertragen auf den Maluntergrund brauchte. Oft gab der Meister Anweisungen für die Farbenwahl, den Rest überließ er seinen Malern, die allesamt Spezialisten waren: Einer malte nur Frauen, ein anderer nur Elefanten. Der letzte in der Reihe war für das Gold zuständig, der Kalligraph fügte die Bildunterschriften hinzu.

War der Auftraggeber mit dem Resultat zufrieden, zeichnete der Meister das Bild mit seinem Namen, ließ es mit Firnis überziehen und übergab es den Buchbindern, die es in einen dekorativen Rahmen spannten, aufzogen oder in Alben oder Bücher banden. Der gesamte Prozeß dauerte oft 50 Tage.

Die soziale Stellung der Künstler war höchst unterschiedlich: vom bescheidenen, aber hoch geachteten Handwerker bei Hofe bis zum Diplomaten und Chefintriganten. Kaiser Akbar (1556 bis 1605) beschäftigte über 100 Maler. Er schätzte vor allem die Hindu-Maler, die er für einfühlsamer hielt als seine muslimischen Glaubensgenossen. Wie sein Großvater Babur war auch er, der als der Weise unter den Mogulkaisern gilt, Analphabet und liebte vielleicht deshalb die bezaubernden Buchillustrationen ganz besonders. Unter seiner Ägide entstanden die 17bändigen »Erzählungen Hamzas«. 1400 Bilder sollen das Mammutwerk geschmückt haben, von denen jedoch nur 150 erhalten sind.

Auch wenn sie von Europäern oft als Handwerker geschmäht wurden: Die Maler waren perfekte Chronisten ihrer Zeit, die auf ihren Bildern die unendliche Vielfalt des Lebens von Menschen, Tieren und Pflanzen wiedergaben – sei es die Geburt eines Prinzen, eine kaiserliche Jagd, die Träume des Herrschers, Hindu-Heilige, Opiumsüchtige, Engländer bei Hofe – oder ein Zebra.

Als Kaiser Jahangir, der Sohn Akbars, dieses in Indien unbekannte Tier geschenkt bekam, brach ein Streit aus über die Frage, ob es sich um ein schwarzes Pferd mit aufgemalten weißen Streifen oder um ein weißes Pferd mit aufgemalten schwarzen Streifen handelte. Der berühmte Tiermaler Mansur löste das Rätsel, indem er das außerordentlich merkwürdige Tier für ein ursprüngliches Geschöpf Gottes erklärte – und es malte, en miniature.

◁ *»Löwenjagd, zu Fuß und mit einem Elefanten«: Diese Miniatur der Mogulmalerei entstand wahrscheinlich zu Beginn des 17. Jahrhunderts in der Werkstatt des Meisters Sur Das; für jeden Arbeitsgang und jeden Figurentyp waren Spezialisten am Werk.*

damente für eine kapitalistische Wirtschaftsordnung, ohne die Indien noch heute keine Industrienation wäre. Sie gaben dem Land eine Rechtsprechung, die damals sogar als unbestechlich galt. Sie vererbten Indien ein Erziehungssystem und damit auch eine Sprache, die als Brückenschlag innerhalb des Subkontinents und nach außen unentbehrlich ist. Und sie vermachten ihren Untertanen eine im Mogulreich unbekannte Selbstverwaltung und damit eine Bürokratie, die noch heute an Macht und Allgegenwart in der Welt ihresgleichen sucht. Auf dem Höhepunkt britischer Herrschaft um die Jahrhundertwende hielten ganze 5000 weiße Beamte eine Viertelmilliarde Inder in eisernem Griff, kräftig unterstützt freilich von 73000 englischen Soldaten und noch einmal so vielen Sepoys, dem indischen Fußvolk im Militär, deren Sprößlinge nun das Rückgrat des als exzellent ausgebildet geltenden Berufsheeres der Indischen Union bilden.

Von Träumen und Alpträumen

Ein Gang in eine indische Amtsstube sagt über das Land zweifellos ebensoviel aus wie ein Tempel- oder Basarbesuch. Als Ausländer die endlos lange Schlange der Bitt-, Verzeihung: Antragsteller kühn überholend, möglichst auch gleich vorbei an den Peons, den Bürodienern, die gemächlichen Schrittes Akten und Teetassen hin und her tragen und Geldscheine einstekken – hängt das Vorgelassenwerden doch von ihrer Gunst ab –, betritt man einen Raum, der vor allem überfüllt ist. Überfüllt mit Schränken, Regalen, Schreibtischen und Stühlen, die allesamt – sagen wir es milde – reparaturbedürftig sind. Dazwischen Männer, aber auch mal eine Frau, deren gewichtige Mienen, deren Gelassenheit und Unerschütterlichkeit unmißverständlich verraten, daß sie hier die Beamten sind.

Sie lehnen sich genüßlich zurück und beschauen die anderen Menschen im Raum, die auf ihre trägen Winke hin in gewaltigen Stößen Papier und Bergen von Folianten wühlen, in denen alle und alles in Indien erfaßt sind. Da Ordner und Locher weitgehend unbekannt sind, werden die eselsohrigen Dokumente unaufhörlich ab- und wieder aufgefädelt, festgezurrt und mit irgend etwas Greifbarem beschwert, um sie vor dem Luftzug der ewig kreisenden Ventilatoren zu schützen. In Abständen werden sie mit elegantem Schwung in Schränke oder Ecken befördert, wo sie aus- und einfliegenden Spatzen als Nistplatz dienen. Wer nun glaubt, hier ginge etwas verloren, der irrt. Was nicht wiedergefunden wird, war nie vorhanden und muß neu beantragt werden.

In sehr fortschrittlichen Behörden entdeckt man bisweilen in dem pittoresken Getümmel sogar einen Computer, der freilich nur auffordernd blinkt, wenn der Strom fließt – und wer wollte sich auf so etwas Unsicheres verlassen! Indiens Bürokratie baut auf die Beharrlichkeit seiner Beamten, die mit rituellen Gebärden Macht zelebrieren über das ihnen hilflos ausgelieferte Volk.

▷ *An eine Theaterkulisse erinnert der berühmte rosafarbene »Palast der Winde« aus dem 18. Jahrhundert in Jaipur, der Hauptstadt von Rajasthan. Tatsächlich besteht der fünfgeschossige Bau nur aus einer Fassade, die durch eine Vielzahl von Erkern gegliedert ist. Dahinter führen Treppen zu den Emporen, von denen aus damals die Haremsdamen des Fürstenhauses ungesehen durch die vergitterten Fenster Feierlichkeiten in der Stadt verfolgen konnten.*

Dem wiederum eilen helle Scharen von Schreibern und Mittelsmännern zur Seite, die im Dunstkreis der Ämter auf Treppenstufen, unter Bäumen, auf Parkplätzen ihre Arbeitsplätze aufgeschlagen haben. Gegen Rupien lösen sie Rätsel wie das Ausfüllen von Formularen, und für noch mehr Rupien verkaufen sie ihr kostbares Wissen: welchem Beamten man sich wann mit welchen Papieren nähern kann, um ihm jene schicksalsträchtigen Stempel zu entlocken, die nicht nur über Wohl und Wehe, sondern über Sein oder Nichtsein entscheiden. Ob es das Gesuch um die Lebensmittelkarte ist, die jedem Bewohner der Republik zusteht, ob Gasanschluß, Paß, Baugenehmigung oder Importlizenz, alles geht seinen für den Außenstehenden unergründlichen Gang durch die Verwaltung – und der ist lang, sehr lang.

Große Schilder in staatlichen Bankfilialen teilen dem werten Kunden genau mit, wie lang: Scheck einlösen acht bis zwölf Minuten, Konto eröffnen zwei Stunden (in Wirklichkeit ein Mehrfaches). Gleich darunter findet man den Hinweis auf das in allen Ämtern ausliegende Beschwerdebuch und genaue Anweisungen, in welcher Form die Klage abgefaßt und an wen sie adressiert sein muß, und zum Schluß heißt es: »Im Fall, daß Ihre Beschwerde zwei Wochen lang unbeantwortet blieb, wenden Sie sich Ende des Monats an ...« – die nächste Instanz usw. usw...

Die Lust des Publikums, die zeitraubenden, nervenverschleißenden Amtswege abzukürzen oder noch lieber zu umgehen, ist allenthalben groß und trifft landauf, landab auf verständnisvolle Staatsdiener, die auch nur Menschen und deshalb bereit sind, Gefälligkeiten zu erweisen. Wie so etwas geht, wissen die Inder seit alters her von ihrem Umgang mit den Göttern.

»Laßt uns den korrupten Beamten finden«, fordert ein verblichenes Pappschild in der Kassenhalle der Elektrizitätsgesellschaft auf, in der ich meine nie stimmende Stromrechnung bezahle. Es wäre falsch zu behaupten, daß alle Beamten bestechlich seien – doch die Mehrheit ist es, in menschlichen Maßen. Eine kleine Minderheit macht den großen Reibach, und eine andere Minderheit stellen die ehrlichen, effizienten Beamten, klassische Vertreter des Indischen Verwaltungsdienstes, der Eliteorganisation, die dem Indian Civil Service aus dem britischen Kolonialreich nacheifern.

Beamter ist ein echter Traumberuf in einem Land, in dem die Bürokratie mit ihren komplizierten Regeln dem Bedürfnis der Menschen nach geheimnisvollen Ritualen so entgegenkommt. Dabei ist sie zweifellos ein unerläßliches Bindeglied zwischen den wieder auseinanderstrebenden Teilen Indiens.

Gewaltlosigkeit – Wille und Wirklichkeit

Zersplitterung ist der alte Alptraum, der wieder Realität werden könnte, nachdem sich Pakistan schon bei der Staatsgründung abgespalten hat. 40 Jahre Unabhängigkeit reichten nicht, um die Tamilen, die Gujaratis, die Gurkhas, die Pandschabis, die Bengalen, die Assamesen, um nur einen Bruchteil der indischen Bevölkerungsgruppen aufzuzählen, in dem Tiegel zu verschmelzen, der sich heute nach dem göttlichen Stammvater aller arischen Familien Bharat nennt.

Sie haben nicht einmal eine gemeinsame Sprache – sieht man vom Englisch der dünnen Oberschicht ab. Der Versuch der Politiker, das nordindische Hindi populär zu machen, ist kläglich gescheitert. Vielleicht hat das staatliche Fernsehen mit seinen überaus beliebten Filmen, Serien und Seifenopern, in denen es – in Hindi – ausschließlich und episch breit exklusiv indisch zugeht, mehr Glück. Noch reden die Inder in vierzehn anerkannten Nationalsprachen mit zum Teil eigenen Schriften und abertausend Dialekten. Wer und was soll sie im 21. Jahrhundert zusammenhalten? Der Wohlstand vielleicht, aber der ist für die meisten noch fern, und die latente Unzufriedenheit wächst. Wird sie in Gewalt enden, ausgerechnet im Land eines Mahatma Gandhi?

Die großen Umwälzungen in der Geschichte Indiens sind allesamt nicht gewaltlos verlaufen, auch nicht die Befreiung vom kolonialen Joch. Die blutige Spur zieht sich von der sogenannten Meuterei der Sepoys im Jahr 1857 über den Marktplatz von Amritsar, wo britische Soldaten 1919 in die demonstrie-

▽ Blaue Pfauen krönen das Eingangstor zum Stadtpalast von Jaipur. Die radschlagenden Vögel gelten in Indien als Symbol für die Sonne wie für den Sternenhimmel.

▷ Je nach Sektenangehörigkeit bemalen die Sadhus ihre Stirn mit verschiedenen Zeichen. Viele der heiligen Männer schneiden ein Leben lang weder Bart noch Kopfhaar.

rende Menge schossen, bis hin zum Gemetzel der Flüchtlinge, die sich 1947 bei der Teilung gegenseitig abschlachteten. Und schon damals waren jene Kräfte am Werk, die sich auch heute bekämpfen: die Progressiven gegen die Orthodoxen, die Habenichtse gegen die Besitzenden.

Indiens langes Ringen um die Unabhängigkeit ist nicht denkbar ohne die in England und Kontinentaleuropa ausgebildete aufgeklärte dünne Schicht politischer Führerpersönlichkeiten der Anglo-Inder – allen voran Jawaharlal Nehru. Und nicht ohne ein Volk, das neues Selbstverständnis und Selbstbewußtsein gewonnen hatte, geleitet von einem kleinen Mann im Lendenschurz mit der Spindel in der Hand – Mohandas Karamchand Gandhi, der große Mahatma. Während Nehru und der Indian National Congress, die Kongreßpartei, Wahlen und Wirtschaftsreformen mit dem ultimativen Ziel der politischen Freiheit forderten, wollte Gandhi die Briten aus Indien vertreiben, um seine Landsleute wieder zu reinen Indern zu machen. Damals glückte es, das Verlangen nach politisch-ökonomischer Revolution mit geistiger Restauration zu verbinden. Der gemeinsame Feind einte sie alle.

Gandhi mahnte zu Gewaltlosigkeit, ein von ihm politisch klug kalkuliertes religiöses Postulat, das er selbst lebte. Es verlieh ihm die Überzeugungskraft und das Charisma, dem sich weder die Inder noch die Engländer entziehen konnten. Er selbst übernahm nie ein politisches Amt, um dieses Ideal vor Konflikten mit der Realität zu bewahren. Der gewaltlose Gandhi starb durch Gewalt, ermordet von einem Hindu hoher Kaste, der sich verraten fühlte von dem einzig Revolutionären, das der Erneuerer hinduistischer Wertvorstellungen verlangte: den Aufstieg der Unberührbaren – er nannte sie Haridschans, Kinder Gottes – aus ihrem Untermenschendasein in eine Kaste. Das System selbst hat Gandhi wohlweislich nie in Frage gestellt – für Nehru aber war es ein Übel, das abgeschafft werden mußte.

Mit Religion auf Stimmenfang

Gesucht wird nun eine Inkarnation von Gandhi und Nehru in einer Person – ein Vertreter Bharats, des jungen Indien, einer, der modernisiert, Fortschritt bringt und doch indisch bleibt. Es gibt sie, solche Inder, junge, nach der Unabhängigkeit herangewachsene, im Lande ausgebildete, nicht korrumpierbare Männer und Frauen, die die Notwendigkeit sozialen Wandels sehen, aber die Wurzeln des Systems nicht ausreißen wollen. Man findet sie verteilt über das ganze Land, versteckt in der Sozialarbeit, in Projekten für die Bauern, die Slumbewohner, die sonst fast vergessenen Ureinwohner und Nomaden, für die Frauen. Auf ihnen und ihrer mühseligen Arbeit lastet die Zukunft Indiens.

Politiker will keiner von ihnen werden. Sie sind enttäuscht von der zäh und um jeden Preis an der Macht klebenden, sich spaltenden und wieder vereinenden Kongreßpartei, die es in den 100 Jahren ihres Bestehens nicht geschafft hat, sich von einer Freiheitsbewegung in eine echte Partei, eine politische Interessenvertretung, zu wandeln. Sie wenden sich ab von den Konservativen, die angesichts wachsender Unsicherheit immer orthodoxer werden, und von den zerstrittenen Kommunisten, die in ihren beiden Hochburgen – im traditionsreichen Bengalen, der Heimat der Dichter und Denker, und im christlich beeinflußten Kerala – letztlich auch keine überzeugenden Lösungen aufweisen können.

Nirgendwo ist der Gegensatz zwischen superreich und bettelarm so kraß wie in Kalkutta, wo sich indische Großindustrielle auf dem getrimmten Rasen englischer Clubs mit eisgekühltem Scotch Whisky zuprosten und ein paar Schritte weiter Mutter Teresa die Sterbenden, Siechen und Verlassenen aus der Gosse aufsammelt. Der Wohlstand in Kerala, dem Bundesstaat mit der höchsten Alphabetenrate, kommt von außen: Petrodollars, brav heimgesandt von Gastarbeitern aus den Ölstaaten.

Übrig bleibt die Versammlung der habgierigen und eitlen Politiker, die zur Erhaltung ihrer liebgewordenen Pfründe die suchenden, fragenden, un- oder halbgebildeten Massen aufstacheln. Dabei geht es allein um das Einheimsen von Wählerstimmen, nicht um Indiens drängendste Fragen wie Umwelt und Energieprobleme, Arbeitsplätze und die Überwindung einer immer noch intakten Feudalstruktur.

Der Stimmenfang funktioniert am besten mit religiöser Agitation: einer Sprache, die wirklich alle verstehen in einer Gesellschaft, in der selbst der extremste Ausdruck verinnerlichten Glaubens akzeptiertes, geachtetes Verhalten ist. Wer in Indien in religiösem Wahn in die Fluten der heiligen Mutter Ganges taucht und darin versinkt, wer in Puri beim Rath-Yatra-Fest unter den Rädern der Riesenkarren, in denen Krischna und seine Geschwister herumfahren, zerquetscht wird, der gilt den Hindus als heilig. Wer in Ajmer am Grab des Sufi-Heiligen Khwaja Muin-ud-Din Chisti in Ekstase und Ohnmacht fällt und sich von dem göttlichen Brei aus Haferflokken, Rosinen und Zucker, der in überdimensionalen Kesseln neben der Moschee gekocht wird, verbrühen läßt, wird von Muslimen bewundert und verehrt.

Wie leicht gedeiht auf solchem Boden die Hetze – in Indien Kommunalismus genannt. Da werden Muslime gegen Hindus, Hindus gegen Sikhs aufgebracht, die allesamt andere Sorgen hätten. Sie brauchten Schulen

◁ ***»Ein Gedicht aus Liebe und Marmor« ist das Grabmal in Agra, das Schah Dschahan im 17. Jahrhundert für seine Lieblingsfrau errichten ließ. Läßt man sich von einem Fährboot auf dem Yamuna in den Osten der Stadt bringen, kann man den Tadsch Mahal aus dieser ungewohnten Perspektive sehen.***

und Arbeitsplätze, Wasser und Saatgut für ihre Äcker, Strom und Kredite für ihre Kleinbetriebe, bessere Wohnungen und gesünderes Essen. Abgespeist und abgelenkt werden sie von Scharfmachern, die ihr Ziel nicht verfehlen. Immer wieder flackern die Feuer pseudoreligiösen Aufruhrs auf, angefacht von verantwortungslosen Politikern. Das macht Schlagzeilen!

Trotzdem leben die Menschen verschiedenster Glaubensrichtungen friedlich miteinander. In und um Hyderabad streichen die, die sich zu Allah bekennen, die Türen und Schwellen ihrer weißgetünchten Häuser grün, die Hindus dazwischen bevorzugen Rot, so daß eine dörfliche Straße vor dem Golkonda Fort wie die indische Nationalflagge aussieht. In den Langars, den Gemeinschaftsküchen der Sikh-Tempel, bekommen auch Muslime und Hindus die tägliche Mahlzeit zum Nulltarif, und in der Freitagsmoschee des Schah Dschahan im alten Delhi schließt der Gehilfe des Imam auch staunenden Hindus das Kästchen mit dem Haar aus dem Barte des Propheten auf.

Das pralle Leben im Basar

An welchen Gott sie auch immer glauben mögen – die Lust am Geschäft vereint sie alle, im Basar, dem Herzen jeden Gemeinwesens. Ob in dem auf Fels gebauten Basar hoch oben in Almora, wo man durch die Schlitze zwischen den dichtgedrängten Häusern die schneebedeckten Himalaja-Gipfel leuchten sieht, ob in Mysore im Bundesstaat Karnataka, zwischen den abbröckelnden Prachtbauten vergangener Maharadscha-Glorie, ob in Ahmadabad in Gujarat, das ein englischer Botschafter vor 350 Jahren sogar schöner als London fand: Überall schwatzen, tratschen, feilschen, diskutieren, lamentieren, lachen und schimpfen, gewinnen und verlieren sie – und genießen das pralle Leben. Es verstummt nur dann, wenn die Obrigkeit Ausgehverbote verhängt, was immer mal wieder vorkommt im Basar von Chandni Chowk im alten Delhi. Seine Bewohner sind allerdings für den einen oder anderen unverhofften Feiertag nicht undankbar.

Geisterhafte Ruhe herrscht im Basar auch dann, wenn das Volk seiner Kollektivlust auf Kricket frönt. Wenn Meisterschaften ausgetragen werden, zieht sich die sonst gleichmäßig verteilte Masse Mensch auf magische Weise zu Knäueln zusammen um die Fixpunkte Radio oder – seltener – Fernsehapparat. Tage können so vergehen, zählt diese von den Briten ererbte Sportart ja nicht gerade zu den schnellsten.

Der Tourist, der zögert, einem der schreiend miteinander konkurrierenden Rikschafahrer auf sein dreirädriges Stahlroß zu folgen – wegen der drangvollen Enge das einzig mögliche Gefährt in Chandni Chowk –, kann sich oben, auf einem der Minarette der Freitagsmoschee Jama Másjid, aus sicherer Entfernung auf das Labyrinth dort unten einstimmen. Vielleicht geht er dann zunächst in das nur zu Fuß erreichbare Gäßchen der Papierverarbeiter, wo sich Werkstatt an Werkstatt reiht. Dort wird auf je fünf bis fünfzehn

▽ Diese Zuschauer haben einen Logenplatz im Baum gewählt beim Pushkar-Fest in Rajasthan. Tausende gläubiger Hindus strömen alljährlich im November zum großen Volksfest und Viehmarkt. Für viele Pilgerfamilien ist das Pushkar-Fest auch feierlicher Anlaß, die Hochzeit ihrer Kinder mit aller Prachtentfaltung zu feiern.

Quadratmetern gedruckt, geschnitten, geheftet, geklebt, von Hand, von Maschinen mit Museumswert, sofern es Strom gibt. Dank der nimmersatten Bürokratie ist der Bedarf enorm; und so arbeiten sich magere, aber durchtrainierte Lastenschlepper in einer nie endenden Schlange – Rohstoffe und Fertigwaren auf dem Kopf balancierend – in leichtem Laufschritt bis zu ihren Kollegen mit den Karren auf der nahen Straße vor. Auf den schmalen zweirädrigen Holzkarren wird die Ware zu mannshohen Türmen gestapelt, bevor zwei ebenso magere, aber muskulöse Männer schiebend und ziehend den Wettkampf mit den übrigen Verkehrsteilnehmern aufnehmen: mit Motorrollern, Fahrrädern, Fahrradrikschas und Menschen.

Viele Menschen: hellhäutige, dunkle, fast schwarze, Männer in Hemd und Hose oder im modernen Transistorradio, von der verrosteten Schraube bis zum Riesentransformator alles zu kaufen gibt, vorbei am Uhrenbasar, an den Fischhändlern, den Hosenverkäufern, den Devotionalienhändlern bis zur großen Straße von dem Roten Fort, wo die inzwischen leicht lädierte Ladung von Lastwagen und ihren ebenfalls mageren, aber zähen Fahrern übernommen wird.

Alle diese Männer schwer definierbaren Alters tragen wie ein Markenzeichen ein Tuch mit sich, das für sie unentbehrlich ist. Es dient als Handtuch nach dem Bad unter der Pumpe am Straßenrand, es trocknet den Schweiß, es mildert den Druck der Lasten auf dem Kopf, es ist Hosenersatz, Turban und Wischlappen, es ersetzt Verbandszeug und Tasche, es repariert, man glaube es oder nicht, im Notfall schon mal einen Lastwagen.

Dhoti, dem weißen um die Beine gebundenen Stück Stoff, mit einer Kurta darüber, dem langen, geschlitzten indischen Hemd mit Seitentaschen, in dem man gesellschaftsfähig ist. Manche tragen dazu Pyjamas, die in der Taille ganz weiten, an den Unterschenkeln hautengen Hosen, von den Engländern zum Schlafanzug umfunktioniert und nach Europa gebracht. Andere kommen im Lungi daher, dem bunten Rock der Südinder, den man um die Hüften schlingen kann. Wie bunte Ostereier dazwischen die diversen Turbane; gelegentlich sieht man jemanden mit dem weißen Schiffchen der Bauern vom Dekkan auf dem Kopf. Dazwischen Frauen, halb oder ganz verhüllt mit den schwarzen Bourkas der Muslime, selten eine schmucklose Witwe im weißen Sari.

Durch dieses Chaos gleiten die Ungetüme der Karren – ohne Bremse, wohlgemerkt – vorbei an den Märkten für Elektro- und Eisenwaren, wo es vom Kabel bis zum

Von der Lust, Geschäfte zu machen

Aber wir waren ja erst am Anfang des Basars. Nach ein paar Irrungen und Wirrungen, hinein in Sackgäßchen und wieder hinaus, gelangt der Besucher in das Viertel mit den Läden für Hochzeits- und Festtagszubehör, wo es verführerisch rotgolden glitzert und schimmert. Am schönsten sind die Geschäfte mit den kostbaren Seidensaris. Geschäfte, in die man hinauf- oder hinabsteigt, die Sandalen hinter sich lassend, wo Großfamilien auf weißbezogenen Kissen und Pfühlen lagern und mit Verkäufern über Bergen von ausgebreiteten Stoffmassen palavern, die von servilen Ladendienern nimmermüde ausgerollt werden.

Ein paar Schritte weiter wird Geschmeide gewogen. Vor der mit einem gewaltigen Handrad versehenen Tür des Tresors informiert ein Schild über den Goldpreis des Tages und garantiert dem ehrenwerten Kunden das Rückgaberecht der erworbenen Kostbarkeiten innerhalb mehrerer Jahre zum Kaufpreis. Ich weiß nicht, ob die indische Sucht nach Gold jemals sozio-psychologisch untersucht wurde – fest steht, daß in den hiesigen Banken und mehr noch in den heimischen Schatzkästchen, deren Schlüssel das weibliche Familienoberhaupt demonstrativ zwischen nacktem Bauch und Sari eingeklemmt bewahrt, mehr Gold gehortet wird als in den Zentralbanken reicher Industrieländer.

Weil solche Transaktionen wohl erwogen sein wollen, haben Kunden und Händler alle Zeit der Welt. Und weil niemand Lust verspürt, seinen Reichtum zu verbergen, finden die Geschäfte vor dem vorbeiströmenden Publikum statt, dessen Anteilnahme durchaus nicht unerwünscht ist. Alle Läden sind nach vorne offen, der Besitzer thront majestätisch hinter seiner Kasse, gut sichtbar auch in den ganz feinen, modernen Etablissements, die eine Glasverkleidung haben – nicht wegen der Diskretion, nur wegen der Klimaanlage.

Im offenen Wartezimmer des Spezialisten für ayurvedische Medizin, der traditionellen indischen Heilkunst, drängen sich die Patienten; gleich nebenan füllt der Apotheker rosa und grüne Tinkturen in mitgebrachte Behälter. Oder ist es vielleicht doch der Parfümhändler? Wie immer lieben es die Inder auch hier kräftig und bunt. Der Astrologe entläßt gerade einen Kunden, der seine Handflächen zum Namaskar-Gruß – von Unkundigen leicht mit Beten verwechselt – zusammenlegt. Die reiche Stuckverzierung des Hauses, von Kabeln fast verhängt, läßt auf alte Familie und Wohlstand schließen.

Weniger gediegen geht es beim Kohlenhändler zu, der seine schwarze Ware pfundweise an die Dienstboten der Großfamilien verkauft, die auf offenen Feuerstellen in den Innenhöfen und auf den Dächern der quadratischen Behausungen bekocht werden müssen. Der Dung der Kühe, immer noch das klassische Brennmaterial Indiens, reicht hier natürlich nicht aus. Die massigen Tiere versperren wie eh und je mit unendlicher Ruhe, friedfertig mit Ziegen wetteifernd, die Gassen, übernehmen dafür aber die Funktion der öffentlichen Straßenreinigung. Indische Kühe fressen fast alles.

Für den großen Einkauf gehen kritische Köche und Hausfrauen auf den Lebensmittelbasar, wo die Muslime auch ausgezeichnetes Ziegen-, Schaf- und Büffelfleisch anbieten, das von der Mehrzahl der Hindus gemieden wird, macht die Religion doch aus der Not eine Tugend: Sie verbietet das, was die meisten sich ohnehin nicht leisten können.

Zum festen Repertoire im Basarangebot gehört noch der Joghurtverkäufer, der täglich in großen, flachen Tonschalen die gekochte Milch ansetzt; als gaumenbesänftigender, kühlender Ausgleich für die feurigen Speisen ist Joghurt aus der indischen Mahlzeit nicht wegzudenken. Dann ist da noch der Panwallah, der Betelverkäufer, der jeden Kunden kennt und ihm seine Spezialmischung aus Blättern und Gewürzen wortlos überreicht, die dann nach längerem Aufenthalt in den Backentaschen und genüßlichem Kauen als rostroter Saft mehr oder minder gekonnt in großem Bogen auf der Straße landet.

Einkehr am Rande des Basars

Nicht zu übersehen sind die Armreif- und Bindiverkäufer, die ihren Kundinnen ruchlos die Hände zusammendrücken, um ihnen möglichst kleine, möglichst viele Armreife überzustreifen, ohne die sich eine indische Frau unvollständig bekleidet fühlt. Davon kann man gar nicht genug haben, denn sie müssen wie der Bindi, der selbsthaftende Punkt auf der Stirn – früher einmal wie der Henna-Streifen auf dem Scheitel das Zeichen für eine verheiratete Frau –, als modisches Accessoire zum Sari passen. Oder zum Salwar Kamiz, dem alternativen Kleidungsstück der Frauen. Westliche Kleidung gilt wie kurzgeschnittenes Haar als verdächtiges Zeichen von Emanzipation und kommt deshalb häufiger nur in dem nach Europa blickenden Bombay vor. Der Salwar- oder Punjabi-Anzug, ein langes Hemd mit einem Schal über einer bequemen Hose, wird auch von den Frauen der Sikhs getragen, die mit ihrer Religion, gegen Ende des 15. Jahrhunderts von Guru Nanak gestiftet, gegen alles, was in Islam und Hinduismus menschenwidrig erschien, protestieren wollten: gegen die Kastentrennung, die Unterdrückung und Verschleierung der Frauen, die Gebetsrituale. Um in der feindlichen Masse nicht unterzugehen, wickelten sie sich als Erkennungszeichen Turbane um den Kopf.

In ihrem Gurdwara, ihrem Tempel, in Chandni Chowk kann sich der inzwischen erschöpfte Tourist erholen. Er zieht, den Regeln folgend, seine Schuhe aus, erfrischt die müden Füße unter kühlem Wasser, greift in einen bereitstehenden Karton mit Kopfbedekkungen und läßt sich auf dem Marmorboden des Tempels nieder, um dem unaufhörlichen Strom der Gläubigen zuzusehen, die kurz hereinschauen, um ein paar Minuten der Lesung aus dem Guru Granth Sahib, dem heiligen Buch der Sikhs, zuzuhören.

Ruhiger ist es im Tempel der Dschainas an der Ecke des großen Basars. Wer vorher die Dschain-Bauten in Jaisalmer oder in Ranakpur bewundert hat oder gar auf den heiligen Berg Palitana in Gujarat gestiegen ist, wo die marmornen Skulpturen der Säulen so lebendig sind, daß sie wie beseelt erscheinen, wird in Chandni Chowk enttäuscht sein. Der Tempel hier ist eher für den Alltag der Dschainas gedacht, die im Basar überrepräsentiert sind. Ihre heiligste Pflicht, nicht zu töten, auch nicht das zarteste Pflänzchen oder das kleinste Insekt, die ihnen ihr Gründer Mahavira auferlegte, prädestiniert sie für »Sitzberufe«. Sie werden Kaufleute. Eiferer unter ihnen binden sich gar ein Tuch vor den Mund und wedeln die Luft vor sich frei von Lebewesen, die sie versehentlich einatmen könnten. Keinem Inder würde es einfallen, solches Verhalten als Marotte zu belächeln.

Vielleicht schlecht, dafür aber indisch

Alles, was es im Basar zu kaufen gibt, ist »made in India«, für ein Land der Dritten Welt etwas eher Ungewöhnliches. Natürlich ist der Staat auf Importe angewiesen, aber der Aufbau einer eigenen Industrie nach der Stunde Null im Jahre 1947 erfüllt die Inder mit verständlichem Stolz. Niemand hat es mir besser klargemacht als der junge Vertreter in Madras, der wegen seiner Geschäftserfolge von seiner Firma gerade mit einer Ledertasche belohnt worden war: »Ich verkaufe Küchenmaschinen, sicher die schlechtesten der Welt – aber sie sind indisch!« Der Mangel an Qualität hat nicht nur Nachteile, er gibt Millionen Arbeit und Brot: Sie reparieren. Als unser fabrikneues indisches Auto ausgeliefert wurde – ein Oldtimer mit Technik und Design der frühen fünfziger Jahre –, fiel der Innenspiegel herunter, die Tür heraus, der Motor lief nur auf drei, statt auf vier Zylindern, im vierten Gang blieb der Schaltknüppel nur, wenn man ihn mit einem Tuch an der wunderbar funktionierenden Klimaanlage (japanische Lizenz) festband. Gottlob waren wir dem Rat landeskundiger Freunde gefolgt: Wir haben ein Auto, das man in jedem Dorf reparieren lassen kann – nun muß es in jedem Dorf repariert werden, in fast jedem.

△ Die Küche Indiens zeichnet sich durch eine große regionale Vielfalt aus. Dieser Händler bietet – liebevoll dekoriert – Gewürze aus dem Südwesten des Landes an, die für die oft sehr scharfen Gerichte benötigt werden.

Um der wachsenden Kritik der Konsumenten an solchen Zuständen zu begegnen, ließ sich die indische Regierung nach langem Zögern auf eine Kooperation mit den Japanern beim Autobau ein. Das neue Produkt ist zwar ein Verkaufsschlager, aber gleichzeitig mußten die Inder zusehen, wie die tüchtigen Teilhaber aus Nippon den Ersatzteilmarkt fest in den Griff nahmen. Die Angst vor Überfremdung, vor neuer Abhängigkeit sitzt tief im postkolonialen Indien. Mehr als 40 Prozent Beteiligung wird deshalb keinem ausländischen Geschäftspartner zugestanden, sei sein Angebot noch so verlockend und noch so bitter nötig.

Die Inder wissen, daß sie alle Kraft darauf verwenden müßten, die Grundbedürfnisse ihrer Menschenmassen vor allem auf dem Lande zu befriedigen: Nahrung, Kleidung, Obdach, Strom, Wasser, Erziehung und ein Mindesteinkommen. Gleichzeitig fordert der noch kleine, aber langsam und stetig wachsende Mittelstand in den Städten mehr und bessere Konsumgüter. Politisch gesehen sind die Städter die Wachsameren und die Ungeduldigeren – noch sind sie es. Sie sind auch die Trendsetter. Soll Ruhe herrschen, müssen die Planer ihren Wünschen nachkommen. So klaffen die Lebensverhältnisse in Land und Stadt immer weiter auseinander, die Armen werden ärmer, die fast Reichen werden reich und die Reichen immer noch reicher.

Längst kann sich Indien selbst ernähren. Aber die Armen haben nicht einmal die paar Rupien, um den Weizen, den die Regierung verteilt, zu bezahlen – wenn er sie überhaupt erreicht. Weitsichtige Inder haben begriffen, daß der Abbau der Feudalstrukturen auf dem Lande dringend notwendig wird, daß es aber volkswirtschaftlich kurzsichtig wäre, den Boden neu zu verteilen und damit aufzusplittern. Die Bauern müßten auf demselben Boden mehr und kostengünstiger produzieren, die Landlosen müßten in Kleinindustrien beschäftigt werden. Das Geld für die nötigen Investitionen wäre durchaus vorhanden – theoretisch, aber praktisch fließt es dank der Steuerpolitik und der wachsenden Korruption als schwarzes Geld ins Ausland oder versikkert in so unproduktivem Prunk wie Hochzeitsfeierlichkeiten.

Der fatale Unterschied zwischen Theorie und Praxis ist in Indien besonders auffällig und – weil so tief begründet – besonders schwer überbrückbar. Die Inder sind glänzende Analytiker. Es ist ein Vergnügen, ihre scharfsinnigen Urteile und Kommentare über sich selbst und ihr Land mit dem köstlichen Hauch Ironie und britischem Understatement in den Zeitungen zu lesen. Sie stehen in krassem Gegensatz zu dem, was geschieht. Nicht von ungefähr blüht die Filmindustrie.

Schlag nach bei Rama und Krischna

Die Inder sind begabte Schauspieler und geborene Geschichtenerzähler. Zwei Epen sind es denn auch, die ihr Leben begleiten, das Ramayana, das Drama von Rama und Sita, und das Mahabharata, mit rund 100000 Strophen ein literarisches Kolossalwerk. In beiden ist so ziemlich alles enthalten, was die Inder seit 2000 Jahren als geistig-seelisches Rüstzeug brauchen. Im Mahabharata, der Geschichte des Kampfes zweier verwandter Familien, der in einer großen, wohl historischen Schlacht endet, tritt der Gott Krischna als weiser Ratgeber und Lehrer auf. Aus der Bhagavadgita, einem eingeschobenen Moralgedicht, bezieht das Volk bis heute seine ethischen Maßstäbe.

◁ An Touristen will diese Souvenirhändlerin in Goa ihre Ware verkaufen: Tücher und Kleider in kräftigem Bunt. Die Traumstrände der ehemaligen portugiesischen Kolonie an der Westküste Vorderindiens locken immer mehr Fremde an.

▽ Eines der größten Tempelfeste in Kerala ist das Puram-Fest in Trichur. Jedes Jahr im April tragen hier reich ausstaffierte Elefanten das Tempelbildnis Schiwas durch die Straßen. Trompeten- und Flötenklänge begleiten die prächtige Prozession.

Alle Kunst, die Indien hervorgebracht hat, illustriert im wesentlichen diese beiden Epen und ihre unzähligen göttlichen Geschichten. Im klassischen Tanz werden ihre Episoden erzählt, in der Musik, in der Malerei und nicht zuletzt in den Skulpturen. Es scheint, als ob indische Tempel nur geschaffen wurden, um die schier unstillbare Lust der Hindus zu befriedigen, diese Geschichten zu bebildern. Ob in Bhubaneswar in Orissa, in Halebid und Belur in Karnataka, ob in Thanjavur in Tamil Nadu, um nur die allerschönsten Beispiele zu nennen: Was man dort bewundert, ist jedem Inder so vertraut, daß seine Begeisterung nicht der vollendeten Form der Darstellung, sondern eigentlich immer dem Inhalt gilt. Wer in Indien reist und nicht irgendwo der Geschichte von Krischna begegnet, wie er seinen badenden Gespielinnen die Kleider raubt und ihrer Verwirrung vom Baum herab zuschaut, oder der Erzählung von der Entführung Sitas durch den bösen Dämonenkönig Ravana, der hat etwas falsch gemacht.

Der bildungsbeflissene Tourist wäre nun schlecht beraten, mutete er sich zu, diese Wälzer – und sei es auch nur in Auszügen – zu lesen. Auch hierzulande liest sie kaum jemand, man erlebt sie.

Zum Beispiel wenn man einer Tänzerin zuschaut. Jede der genau festgelegten Positionen von Kopf, Beinen und Füßen, jeder Gesichtsausdruck und jede einzelne Fingerstellung sind ein Wort. Der gesamte Ablauf aller Bewegungen ist deshalb nichts anderes als das Erzählen einer Geschichte. Was der Fremde nur mit simplem Wohlgefallen betrachtet, eröffnet dem Eingeweihten den Eintritt in die Welt der Mythen und Legenden. Und da bislang kein Import aus dem Westen die klassischen Künste verdrängt hat, kommen die Helden auch noch zu Beginn des 21. Jahrhunderts nicht aus Hollywood, sondern aus dem Himmel über Indien. Da verwundert es nicht mehr so sehr, daß zwei populäre Landespolitiker Schauspieler sind, die als Darsteller Ramas bekannt waren. Aber das gibt es ja auch in anderen Ländern.

Sinnenlust und Prüderie

Die indische Filmindustrie ist eine der größten und routiniertesten der Welt und teilt sich wie überall in Kommerz und Kunst. Wer die Meisterwerke eines Regisseurs wie Satyajit Ray genießen will, sieht sie sich am besten zu Hause in einem Filmkunsttheater an. Wer aber wissen möchte, aus welchem Stoff die Träume sind, in die der indische Kinobesucher aus der Misere seines Alltags flieht, der erkämpfe sich an einem brütend heißen Tag eine Eintrittskarte – für die Frauen gibt es eine eigene Kasse, damit sie nicht hautnah mit dem anderen Geschlecht Schlange stehen müssen – und lasse sich im klimatisierten Filmpalast mit der Masse hinwegtragen in die flimmernde Scheinwelt der dramatischen Auseinandersetzungen zwischen Gut und Böse. Ob der göttliche Rama die bösen Dämonen oder der junge Sohn des Großgrundbesitzers den korrupten Beamten besiegt, es geht vor allem theatralisch zu.

Und weil die überwiegend männlichen Zuschauer etwas sehen wollen für ihr Geld, müssen Frauen vorkommen, stark, aber ergeben, glutäugig, schön und wohlgerundet, die unweigerlich singend und tanzend ihre Bereitschaft für etwas kundtun, was dann auf der Leinwand nicht mehr stattfindet: Die Zensur erlaubt nicht einmal einen Kuß.

Denn im Land, in dem das wohl meistgelesene Liebeslehrbuch der Welt, das Kamasutra, ersonnen wurde, das mit dem Tantrismus einen religiösen Kult erfand, der in ungehemmter Sexualität seinen magischen Höhepunkt erreicht, geht es äußerst prüde zu. Zwar wird in den unzähligen Schiwa-Tempeln der Gott in Form eines Phallus besonders von den Frauen hingebungsvoll mit wohlriechenden Ölen und Ghee, der geklärten Butter, gesalbt, zwar kündet eine ganze Tempelstadt in Khajuraho im wahrsten Sinne des Wortes plastisch und unverhüllt von den erstaunlichsten Formen menschlicher Lust – wenn sich aber auf einem der überdimensionalen Filmplakate ein Busen zu wollüstig reckt, wähnt sich die Nation am Abgrund der Pornographie und steigt auf die Barrikaden.

Sex ist tabu. Statt der Lehre von der Fortpflanzung gibt es in den Schulen Moralunterricht. Im Mangel an Aufklärung haben clevere Unternehmer flugs eine Marktlücke entdeckt und bieten in den Städten ihre »Institute für die gesunde Ehe« an, ein ebenso lukratives wie ehrenwertes Geschäft in einer Gesellschaft, in der Heirat und Kinderkriegen oberstes Gebot sind.

Vielleicht ist die Prüderie ein britisches Erbe aus viktorianischen Zeiten, denn Indien ist ein überaus sinnenfreudiges Land. Augen und Ohren, Mund und Nase werden ständig herausgefordert, Natur und Kultur, Tiere, Menschen und ihr Treiben aufzusaugen.

Natur – schön und gefährdet

Mit Wohlgefallen müssen die Götter auf ihr Werk in diesem Teil der Welt herabblicken: Im Norden türmten sie das gewaltigste Bergmassiv des Planeten auf und legten ihm die Ebenen Hindustans zu Füßen. Das Schmelzwasser des ewigen Eises lenkten sie in gewaltige Flüsse, deren lebenspendende Kraft die Menschen seit Anbeginn magisch anzog. Dazwischen dehnen sich heute die Obstplantagen, die Weizen- und Gemüsefelder, die die Nation ernähren.

Wer täglich ein paar Schluck Gangeswasser trinkt, wird nicht nur strotzen vor Kraft, sondern sogar unsterblich. Nur besorgte Ökologen kratzen an diesem Glauben und versuchen, die Menschen dazu zu bewegen, den Fluß nicht nur zu verehren, sondern ihn zu sanieren, denn industrielle Anrainer haben ihn längst getrübt.

Die Ebenen haben die Menschen hart und zäh gemacht, besonders im Westen, in Rajasthan, wo kein lieblicher Fluß die Wüste und den karstigen Boden bewässert und begrünt. Im Sommer lähmt die Backofenhitze auch die Emsigsten, im Winter verkriechen sich selbst kältegewohnte Europäer an Öfen und Feuer. Sind die Götter wohlgesonnen, schicken sie jedes Jahr dem von der Sonne ausgedörrten Land und seinen Menschen den erquickenden Monsun.

Die Riesenscholle des klimatisch ausgeglicheneren Dekkan – Herzstück des Subkontinents – ist noch stärker darauf angewiesen. Hier wechseln sich in fast endloser Folge Hochebenen mit Tälern ab, durch die sich Flüsse winden – sie trocknen in der Hitze aus, füllen sich in der Regenzeit auf und schwappen über, wenn zuviel vom Himmel kommt. Schöpfer- und Zerstörungskraft liegen hier, wie so oft in Indien, nah beieinander. Zu den Meeresküsten hin bricht das Hochland in Form von Stufen ab, die wie die Treppen an den heiligen Wassern Ghats heißen. Auf den regenreichen Stufen im Westen erstreckt sich das Land, wo der Pfeffer wächst, der Kaffee und Tee und all die exotischen Gewürze, ohne die es vielleicht keine Weihnachtsplätzchen gäbe.

Der schmale tropische Streifen, der die Küste von Goa über den Bundesstaat Kerala zum Cape Comorin säumt, ist wegen seiner Bilderbuchstrände mit weißem Sand und Kokospalmen zunehmend das Ziel europäischer Touristensehnsüchte. Im feuchtheißen Kerala können die Bauern dreimal im Jahr Reis ernten, weshalb sich die Menschen dort am dichtesten drängen. Der trockenere Osten und der Süden bieten weniger pittoreske Natur, dafür aber die Herzstücke drawidischer Kultur.

Die Menschen – welche sind die schönsten? Die kulleräugigen Kinder oder die Männer in ihrer ungebrochenen Männlichkeit? Oder die Frauen, die gleichsam als Ausgleich dafür, daß die Kultur sie zu den am meisten ausgebeuteten und unterdrückten Kreaturen dieser Welt gemacht hat, von der Natur so bevorzugt ausgestattet werden? Damit die Vorteile auch ja nicht unbemerkt bleiben, akzentuieren sie sie mit farbenprächtigen Saris, mit klingendem Schmuck an allen Teilen des Körpers, die man nur irgend behängen kann, mit frischen, duftenden Blumen im geölten Haar. Der matte Einheitsfreizeitlook ihrer westlichen Geschlechtsgenossinnen ringt ihnen denn auch allenfalls ein mitleidiges und enttäuschtes Lächeln ab.

So unerschöpflich die Menschen mit ihren unverbrauchten Instinkten, ihrer alles überstrahlenden Lebensfreude sind, so ausgebeutet erscheint die Natur. Die Wunden, die der Raubbau in den Wäldern vom Hima-

△ Nur etwa 200 asiatische Löwen haben die Zerstörung ihres Lebensraumes durch den Menschen überlebt. Ihre letzte Zufluchtsstätte ist der Gir Lion National Park im westindischen Gujarat. Die Regierung unterstützt die Bemühungen, den winzigen Artbestand dieser fast mähnenlosen Großkatzen zu erhalten.

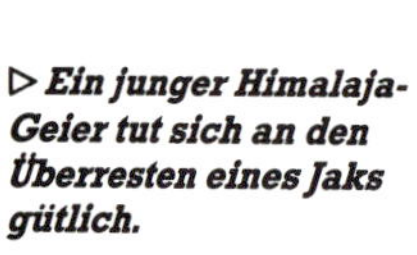

▷ Ein junger Himalaja-Geier tut sich an den Überresten eines Jaks gütlich.

laja bis in die Ost-Ghats geschlagen hat, schwären durch die nachfolgende Erosion immer weiter. Wasser wird knapper und muß teurer denn je erkauft werden.

Proportional zur Steigerung der Produktionsraten der Industrie wächst die Verseuchung der Umwelt. Es gibt viele kleine Bhopal-Katastrophen in Indien. Energiebedarf und -angebot klaffen weit auseinander. Um die Lücke zu schließen, werden Großprojekte erdacht, die wieder ein gefährlich großes Stück Natur zerstören. Die Kritik der wenigen Wachsamen verhallt noch weitgehend ungehört, die Mehrheit ist schlicht überfordert.

Segen und Plage: die heilige Kuh

Nur da, wo für moderne Probleme traditionelle Lösungen in neuem Gewand angeboten werden, können die Inder Erfolge verbuchen. Die meiste Energie wird hierzulande fürs Essenkochen verbraucht. Millionen Frauen gehen täglich auf die Suche nach Brennbarem, am liebsten nach Holz, und nach stundenlangem vergeblichem Herumlaufen ist die Versuchung groß, sich an einem der oft schon numerierten Bäume zu vergreifen. Das Resultat ist ein klägliches Feuer im Chula, dem offenen Lehmofen ohne Abzug, der die Frauen zwingt, den krankmachenden Rauch einzuatmen.

Die heilige Kuh mit ihrem segenbringenden Dung ist das Heilmittel: Biogas. Nach viel Überzeugungsarbeit, daß die Kuh auch wirklich nicht entweiht wird, setzt es sich in Indien langsam durch. Die göttliche Sonne soll als nächstes in Dienst gestellt werden: Solarenergie.

Ist sie nun ein Segen, die heilige Kuh, was kaum ein Hindu anzuzweifeln wagt, oder doch ein Fluch, wie vehemente Landeskritiker behaupten? Volkswirtschaftlich betrachtet ist sie wohl beides. Sie pflügt und düngt den Boden, frißt den Müll der Städte, liefert Milch, aber davon herzlich wenig – nur einen Bruchteil der Leistung einer europäischen Artgenossin. Schuld daran sind das karge Futter und der Mangel an gezielter Auslese und Zucht. Ständig ist sie auf der Suche nach Eßbarem, Äcker müssen verbarrikadiert werden, keine ungeschützte Pflanze hat eine Überlebenschance. Als größter Stolz ihrer Besitzer, als Inbegriff von Fruchtbarkeit wird sie geschmückt, bemalt, umsorgt, in Altersheimen bis zum Tod gepflegt. In Zeiten höchster Not stirbt jeder hinduistische Bauer lieber mit seiner Kuh, als daß er durch sie überlebt. Mahatma Gandhis Predigten sind noch nicht verhallt, in denen er die Mutter Kuh als das wunderbarste Phänomen der Evolution pries und über der leiblichen Mutter ansiedelte.

180 Millionen heilige Kühe ziehen durch das weite Land in trauter Gesellschaft von Ziegen, Schafen, Kamelen, Büffeln, Elefanten, Pfauen, Affen und – Streifenhörnchen. Man mag dieses Land vieler Fehler zeihen, vieler Anachronismen. Man mag verzweifeln an der Übermacht seiner Probleme. Man mag um seine Zukunft bangen. Aber nichts ist so entwaffnend wie der Anblick einer Kuh mit einer Krähe auf dem Rücken, wie sie mitten auf einer großstädtischen Kreuzung im tosenden Feierabendverkehr symbolträchtig dasteht, ein unverwundbarer, unerschütterlicher Felsen im Fluß vergänglicher Zeit: Mutter Indien.

◁ ***Als Jäger zieht der Königstiger durch den Dschungel. Erst mit dem gemeinsamen »Unternehmen Tiger« des World Wildlife Fund und der indischen Regierung gelang es, ihn vor dem Aussterben zu bewahren.***

▷ ***Kopfunter klettert das fünfstreifige Palmenhörnchen behende einen Baum herab. Die flinken Tiere sind in der Savannenregion Indiens heimisch.***

▽ ***Das bis zu zwei Tonnen schwere Indische Panzernashorn ist ein friedfertiger Vegetarier. Fast 1000 Exemplare dieser urtümlichen Riesen leben noch in Indien – im Kaziranga National Park in Assam.***

Wo einst die Karawanen zogen

Eine Rundreise durch Shekavati

▷ *Am Rande einer Landstraße tragen buntgekleidete Frauen auf dem Kopf selbstgebastelte Götterfiguren. Tanzend bitten sie die hinduistischen Götter um den sehnlichst erwarteten Regen.*

Es gibt eine »klassische«, stets überlaufene Strecke im Ausflugsverkehr von Delhi: das Dreieck Delhi–Agra (mit dem Tadsch Mahal)–Jaipur (die rosa Stadt mit dem Palast der Winde) – mit Flugzeug oder vollklimatisiertem Bus in drei Tagen zu bewältigen. Wohl keiner dieser Touristen erfährt, daß er dabei eine der schönsten und interessantesten Provinzen vor der Haustür Delhis links liegen gelassen hat.

△ *Die großen Handelsfamilien des Shekavati ließen ihre Häuser im 19. Jahrhundert mit hübschen Malereien verzieren. Die Themen der Fassadenbilder: Szenen aus der Hindu-Mythologie und aus der Kolonialzeit.*

Denn kaum ein Reiseführer erwähnt das Shekavati, den einstigen Vasallenstaat der Maharadschas von Jaipur und Amber, der im 19. Jahrhundert zu den wohlhabendsten Gebieten Rajasthans – und Indiens überhaupt – gehörte, als in seinen Städten entlang der großen West-Ost-Handelsader um Gewürze, Seide, Edelsteine gefeilscht wurde. Wo Kamelkarawanen zogen, von einem Brunnen zum nächsten – ihre Türmchen und Kuppeln sind in der mit spärlichem Baumwuchs und Dornengestrüpp bestandenen Halbwüste weithin sichtbar –, wo Ziegenherden im Sand zu grasen scheinen und Kamele die Baumkronen abfressen – auf diesen Sandpisten und dünenverwehten Asphaltstraßen, wo jedes Ausweichmanöver in den Treibsand führt, bleiben Luxusbusse rettungslos stecken. Nur der Jeep oder der robuste indische Eigenbau »Ambassador«, den man in Delhi mieten kann, kommt hier durch. Der angeheuerte Fahrer sollte das Rajasthani, die Lokalsprache, beherrschen – dann eröffnet sich der Zugang zu diesen kleinen Städten, in denen die Zeit stehengeblieben ist.

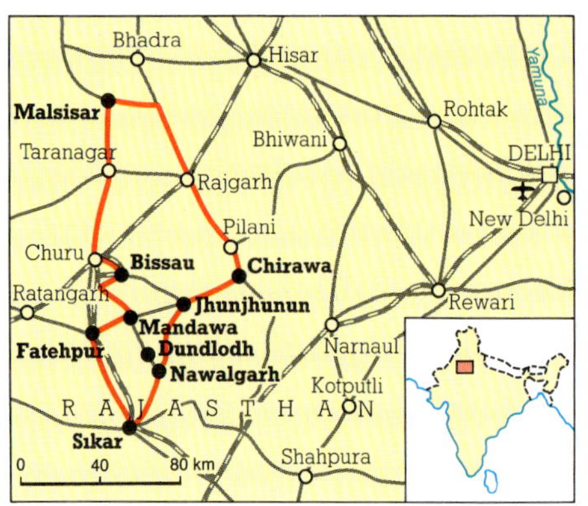

Eine Rundreise beginnen Sie am besten in Sikar. Von dort geht's weiter nach Fatehpur und im Zickzack über Mandawa, Ramgarh und Bissau – nach Churu. Die Fahrt führt Sie auf schwierigen Straßen direkt nach Norden über Taranagar nach Malsisar. Dort halten Sie

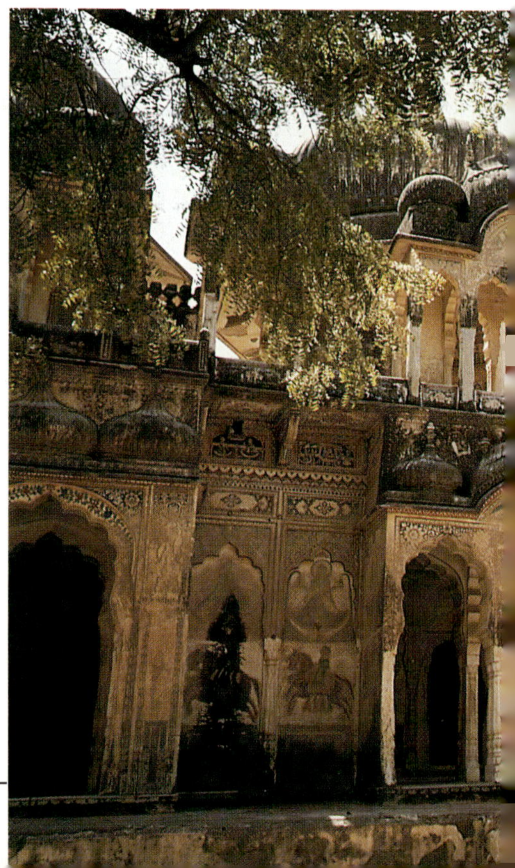

▷ *Die prächtigen Grabdenkmäler der Radschputen sind Relikte aus glanzvollen Zeiten. Die sagenhaft reichen Fürsten Rajasthans umgaben sich selbst im Tode noch mit Luxus.*

sich südöstlich und erreichen über Rajgarh dann Jhunjhunun. Hier wird die Straße wieder besser, die Sie nach Nawalgarh und schließlich zurück nach Sikar bringt.

Aus dem gelben und roten Sandstein der Wüste entstanden die Forts auf den Hügelkuppen, die Paläste in den Altstädten, die kuppelreichen Begräbnisstätten der Radschputen und aus Ziegelsteinen die prachtvollen Wohnhäuser der großen Handelsfamilien des Shekavati. Die Fassaden und balkonreichen Innenhöfe dieser Gebäude sind über und über bemalt mit religiösen Szenen aus der Hindu-Mythologie und mit Alltagsszenen aus der Kolonialzeit: Autos und Eisenbahnen, pfeifenrauchende Soldaten und sonnenschirmtragende Ladies, die von Kavalieren hoch zu Roß höflich begrüßt werden. Manchmal ziehen sich festliche Paraden diamantenbehängter Maharadschas, begleitet von Hunderten von Haremsfrauen, Palastgarden und Dienern, ums ganze Haus herum, während die schönen Eingänge oft von grüßenden Elefanten flankiert sind.

Diese Häuser künden von einer feudalen Vergangenheit, in der die Radschputen, der heute zumeist verarmte Adel Rajasthans, das unumschränkte Sagen hatte. Sie leben noch dort und träumen von vergangener Größe, zurückgezogen in ihren Herrenhäusern, von denen einige in romantische Hotels umgewandelt wurden: in Mandawa, in Dunlodh bei Nawalgarh und in Nawalgarh selbst. Nur so sind die ausgedehnten Gebäudekomplexe mit ihren Zimmerfluchten und Bankettsälen überhaupt instandzuhalten.

Die ehemaligen Zinsbauern und Landarbeiter der Radschputen, die Jats, kauften ihren Grundherren nach der Entmachtung des Adels den Boden ab und übernahmen im nachkolonialen Indien die politische Herrschaft per Wahlzettel. Die reichen Handelsherren aber, die Marwaris, zogen den neuen Handelsströmen folgend nach Bombay und Kalkutta. In ihren verlassenen Häusern wohnen heute Wächterfamilien und einfache Leute, die jeden Besucher willkommen heißen und sich als Fremdenführer und mit Erzählungen aus der guten alten Zeit ein paar Rupien verdienen.

Mit dem politischen und wirtschaftlichen Wandel vereinsamten die Städte des Shekavati. Sitten und Wertvorstellungen blieben hier lebendig, die anderswo längst der Vergangenheit angehören: Hier werden noch Kinderhochzeiten gefeiert, hier verbrennen sich noch Witwen auf den Scheiterhaufen ihrer Männer.

Und in den Sati-Tempeln, den über das ganze Land verstreuten Gedenkstätten für geopferte Witwen – der größte und reichste steht in Jhunjhunun –, geloben sich jungverheiratete Radschputen-Paare – er mit überdimensionalem rotem Turban und Säbel, sie ins blutbesprengte Hochzeitslaken gehüllt – Treue über den Tod hinaus.

Das alles kann man sehen und miterleben auf einer – allerdings strapaziösen – Reise ins heiße, staubige und wunderschöne Shekavati – aber erzählen Sie es bitte nicht weiter, damit nicht zu viele Touristen dorthin kommen.

Peter Krebs

▽ Würde strahlt er aus und Ruhe, der grauhaarige, vollbärtige Sadhu – ein indischer Bettelmönch. Oft sieht man die heiligen Männer regungslos am Wegesrand im Schatten eines Baumes sitzen und meditieren.

△ Ein Wasserkrug aus Messing ist das wichtigste Utensil im Hausrat jeder indischen Familie. Die Basarhändler bieten die Gefäße in allen Größen an.

Eine Reise in den Süden

Zu den Tempeln der Drawiden

Wie wäre es mit einer Reise, die kaum ein Reiseführer beschreibt, obwohl sie doch mitten ins Herz Indiens führt, in den drawidischen Süden und in ein Zentrum hinduistischer Pilgerfrömmigkeit?

Sie nehmen ein Flugzeug nach Tiruchchirappalli – oder Trichi, wie die fixen Südinder sagen. Von dort lassen Sie sich auf die Insel Srirangam im Fluß Cauvery bringen: dem größten Tempelkomplex Indiens. Er wurde zwischen dem 13. und dem 17. Jahrhundert

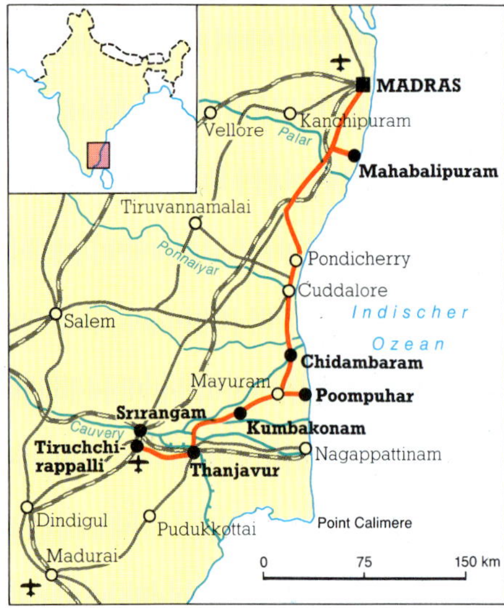

erbaut und dem Gott Wischnu geweiht. Sieben konzentrische Mauern, über denen 21 Tempeltürme mit Hunderten von Figuren thronen, umgeben das innerste Heiligtum. Als Nicht-Hindu dürfen Sie es nicht betreten – aber das ist zu verschmerzen, denn das Schönste am Tempel sind die Säulenhallen mit den steinernen Pferdeskulpturen, die so lebendig wirken, als kämen sie aus den Säulen herausgesprengt. Reizvoll ist auch der Blick von den Tempeldächern – für ein kleines »Bakschisch« führt Sie ein Tempeldiener gern hinauf. Von dort oben sieht man auf die Tore, die Basare und Häuser der Brahmanen in der Tempelstadt; fein säuberlich nach Kasten geordnet, wohnen hier diejenigen, die im und vom Tempel leben. In der Halle vor dem innersten Heiligtum steht ein Elefant, der – mit den Füßen scharrend – um Almosen bittet und dem großzügigen Spender segnend den Rüssel auf den Kopf legt.

Wenn Sie mögen, können Sie die ganze Anlage auch noch von einem 83 Meter hohen Felsen auf der anderen Seite des Flusses, mitten in Trichi, überblicken; dafür müssen Sie allerdings 437 Treppenstufen erklimmen, wieder vorbei an Tempeln und Tempelchen.

Am nächsten Morgen besteigen Sie den Bus nach Thanjavur, wo Sie nach anderthalb bis zwei Stunden eintreffen. Dort erwartet Sie der architektonisch schönste südindische Tempel, der Brihadiswara-Tempel, um die Jahrtausendwende erbaut und dem Gott Schiwa geweiht. Um Nandi, sein Reittier im Hof, einen riesigen steinernen Bullen, versammeln sich die kahlrasierten Frauen und Männer, die ihre Haarpracht gerade im Tempel geopfert haben. Neben dieser Anlage können Sie in Thanjavur noch weitere 70 Tempel besichtigen.

Statt dessen möchte ich lieber die Kunstgalerie empfehlen, die in einem Seitenflügel des Palastes untergebracht ist. Dort finden Sie die schönsten südindischen Bronzeplastiken aus der Chola-Epoche, also dem zehnten bis vierzehnten Jahrhundert – Meisterwerke der Bronzegießerkunst, die auf der Welt ihresgleichen suchen. Ich fand einen Schiwa besonders schön, der aussieht wie ein griechischer Apoll. Vom Kurator hörte ich, daß die Bronzegießer aus dem nahen Dorf Swamimalai vor kurzem eine Kopie gegossen hätten, weil das Original auf eine Rundreise durch die renommierten Museen der Welt gehen sollte.

Also beschlossen wir, die Bronzegießer zu besuchen, und nahmen am nächsten Tag den Bus nach Kumbakonam, nur 36 Kilometer entfernt. Dort fanden wir ein durchaus akzeptables Hotel, und von dort brachte uns ein Taxi nach Swamimalai. Die Bronzegießer arbeiten heute genauso wie ihre Vorfahren vor 1000 Jahren: mit der verlorenen Form, die ein einmaliges Original erbringt – je nach Können hohe Tempelkunst oder Touristenkitsch. Als wir dort waren, wurde gerade eine Kali-Figur – eine Hindu-Göttin – zum Guß vorbereitet, der erst in der kühleren Nachtluft erfolgen kann. Zwei Vertreter des auftraggebenden Tempels warfen geweihte Goldstücke in die Bronzeschmelze – und am nächsten Morgen

▽▷ Eines der größten Wischnu-Heiligtümer Indiens: die Tempelstadt Srirangam bei Tiruchchirappalli. Die meisten Bauten entstanden zwischen dem 13. und 17. Jahrhundert. 21 reich verzierte Tempeltürme, die Gopurams, überragen das goldene Dach des Allerheiligsten. Sie werden immer höher, je weiter sie vom Zentrum entfernt stehen.

erlebten wir gemeinsam, wie der abgekühlte Rohling aus der Gußform befreit wurde: die Geburt eines Götterbildes, das nun vielleicht Jahrhunderte und länger verehrt werden wird.

Von Kumbakonam nehmen Sie den Bus nach Chidambaram, um den ältesten der großen Tempel Südindiens zu bewundern. Chidambaram war von 901 bis 1310 die Hauptstadt des drawidischen Chola-Reiches. Der

Tempel wurde schon vor der Jahrtausendwende gebaut und dem Gott Schiwa als kosmischem Tänzer geweiht: Hier ist der Geburtsort des indischen Tanzes. Wenn Schiwa tanzt, so glauben orthodoxe Hindus, geraten Weltall und Natur in Bewegung. Der tanzende Gott im Feuerkranz: weltweit bekanntes Symbol indischer Kultur.

Wie in nur wenigen anderen Tempeln Indiens kann hier auch der fremde Besucher an den phantastischen Feuer- und Reinigungsriten der Brahmanen-Priester teilnehmen, wenn im Tempel die wilde Musik der Trommeln und Trompeten widerhallt, wenn die Gebete und Gesänge der Hindu-Pilger die weihrauchgeschwängerte Luft erfüllen – wie seit 1000 Jahren. Morgens wird das Götterbild aus dem Schlafgemach geholt und abends zur Ruhe gebettet. Einmal im Jahr, meist im Dezember, gibt es im Tempel ein Fest mit klassischen Tänzen, deren Grundposen am Eingang des Tempels in Stein verewigt sind.

Sollten Sie sich nun, nach so viel Kultur, der ungestalteten Natur hingeben wollen, so nehmen Sie ein Taxi und fahren an die nahe Küste. Lassen Sie sich durch die Mangrovewälder rudern – ein wahres Vogelparadies. Und schließlich können Sie im Indischen Ozean auch baden und fischen: kilometerlange Sandstrände, kaum ein Mensch, heißer Sand und warmes Wasser, auch im Winter, und – Achtung! – starke Strömung. Im Dorf Poompuhar finden Sie ein lustiges Hotel: Die Zimmer sind in überdimensionalen Betonmuscheln versteckt.

Allerdings geht's in der ganzen Gegend sehr indisch zu. Nur in Thanjavur und Trichi gibt's westliches Essen – ansonsten richten Sie sich auf Einheimisches ein: Reis, Fladen-

◁ Die Bronzegießer von Swamimalai sind bekannt für ihre Kunstfertigkeit. Wie schon ihre Vorfahren vor 1000 Jahren schaffen sie Götterstatuen voller Anmut und Schönheit für Tempel und Touristen.

◁ Diese Schiwa-Figur in einem Tempel in Thanjavur hat ein Hindu mit einem Tuch drapiert, um so seine tiefe Ehrerbietung zum Ausdruck zu bringen.

△ Auch in diesem Heiligtum in Thanjavur findet man einen Tempelelefanten. Es soll Glück bringen, wenn man die Bemalungen auf seinem Rüssel berührt.

brot und »heißgekochtes«, das heißt scharf gewürztes Gemüse. Westlichen Luxus finden Sie erst wieder kurz vor Madras: im »Fisherman's Cove«, einem Beach-Hotel der ersten Kategorie. Gleich um die Ecke liegt Mahabalipuram, wo ein König vor 1200 Jahren einen Tempelwettbewerb ausschrieb. Die Kunstwerke warten auf Ihren Besuch und Ihr Urteil.

Peter Krebs

Landesnatur

Fläche: 3 287 590 km²
Ausdehnung: West – Ost 2700 km, Nord – Süd 3200 km
Küstenlänge: 5600 km
Höchste Berge: Kanchenjunga 8586 m, Nanda Devi 7817 m, Kamet 7756 m
Längste Flüsse: Ganges (Ganga), indischer Anteil 2125 km (Gesamtlänge 2511 km), Godavari 1445 km, Yamuna 1400 km

Indien ist der Fläche nach das siebtgrößte Land der Erde. Es ragt als dreieckige Halbinsel in den Indischen Ozean. Im Westen grenzt es an Pakistan, im Norden an die VR China, Nepal und Bhutan, im Osten an Bangladesch und Birma. Der Südspitze der Halbinsel ist in südöstlicher Richtung der Inselstaat Sri Lanka (Ceylon) vorgelagert. Uneinig über den Grenzverlauf ist Indien mit Pakistan und mit der VR China, die Teile des ehemaligen Fürstentums Kaschmir, das von Indien als Unionsstaat Jammu und Kaschmir beansprucht wird, besetzt halten. Zum indischen Staatsgebiet gehören weiterhin drei Inselgruppen: die Lakkadiven vor der Südwestküste sowie die Andamanen und Nikobaren südöstlich des Golfs von Bengalen.

Naturraum

Der indische Subkontinent gliedert sich in drei große Landschaftsräume: die dreieckige Halbinsel des Dekkan-Plateaus, die Indus-Ganges-Tiefebene und den Anteil am Himalaja.

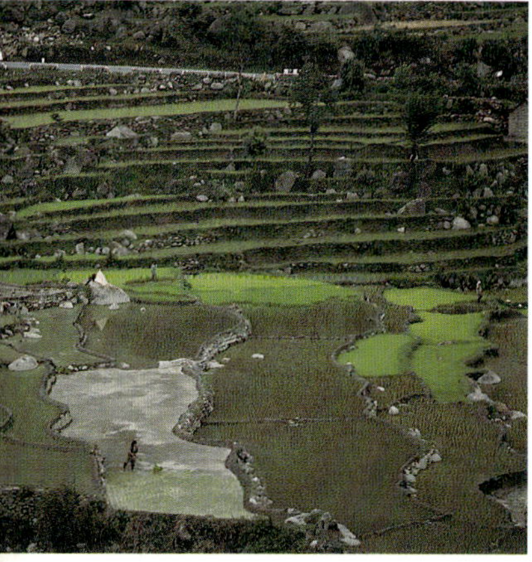

Für den Ackerbau terrassiert sind die Täler von Himachal Pradesh.

Die *Hochfläche von Dekkan,* ein Teil des Urkontinents Gondwanaland, breitet sich über die gesamte Halbinsel aus und wird von Küstengebirgen flankiert. Am Westrand des Dekkan-Plateaus verlaufen die Höhenzüge der Western Ghats. Aus fast 2000 m Höhe (Mulainagiri 1923 m) fallen sie stufenweise steil zur schmalen Küste am Arabischen Meer ab. Die Eastern Ghats (Devodi Munda 1680 m) im Osten trennt dagegen ein breiter Küstenstreifen vom Golf von Bengalen. Nach Süden hin, der Spitze des Dreiecks zu, treffen beide Küstengebirge im 2633 m hohen Doda Betta aufeinander. Hier nehmen die Southern Ghats ihren Ausgang und führen – gleichsam als Anhängsel beider Ketten – über den Anai Mudi (2695 m) bis zur Südspitze Indiens, dem Cape Comorin auf der Höhe Ceylons.

Nicht viel besser als den Hunden geht es den Menschen in den Elendsvierteln von Kalkutta.

Lavaausbrüche im Tertiär schufen im Nordwesten und Westen weite Basaltdecken (Dekkantrapp) mit typischen Tafelbergen. Nordöstlich dieser erstarrten Lavaberge schließen sich das Vindhya-Hochland und Vindhya-Gebirge an.

Den größten Teil Nordindiens nimmt die 650 000 km² große *Tiefebene* ein, die aus dem indischen Teil des Fünfstromlandes Pandschab (Punjab), das nach Süden in die Wüstensteppe Thar übergeht, und dem Ganges-Brahmaputra-Tiefland am Fuße des Himalaja besteht. Der Ganges tritt in der Regenzeit oft über die Ufer und verursacht Überschwemmungen; gleiches gilt für den Unterlauf des Brahmaputra im Nordosten Indiens.

Der Nordwesten und Nordosten des Landes (10 % der Gesamtfläche) wird von den Gebirgszügen des *Himalaja,* des höchsten und längsten West-Ost-Gebirges der Erde, eingenommen, das sich hier in drei Ketten gliedert, in die 800 bis 1200 m hohen Vorberge der Siwalik, den 2000 bis 4000 m hohen Vorderhimalaja und den Hohen Himalaja. Im westlichen Himalaja sind der K 2 (8611 m) sowie der Nanga Parbat (8125 m) – beide in den von Indien beanspruchten Gebieten Jammu und Kaschmir – und der Nanda Devi (7817 m) die höchsten Erhebungen, im östlichen Teil ist der Kanchenjunga (8586 m) der höchste Gipfel.

Gemessen an der Größe des Landes gibt es nur wenige natürliche Seen in Indien; zur regionalen Energieversorgung wurden allerdings riesige Stauseen errichtet (Gandhi Sagar im Staat Madhya Pradesh und Hirakud Sagar in Orissa). Die eindrucksvollsten Wasserfälle des Landes befinden sich in den Western Ghats im Staat Karnataka: Gigantische Wassermassen stürzen – besonders während der Regenzeit – bei den Gersoppa Falls über vier Stufen 253 m in die Tiefe.

Klima

Die klimatischen Verhältnisse Indiens sind vom Monsun geprägt. Es lassen sich für große Teile des Landes vier Jahreszeiten unterscheiden: die kühle Zeit (Dezember bis März), die heiße Zeit (April, Mai), die Regenzeit (Juni bis September) und die Nach-Monsunzeit (Oktober, November). Während in den Wintermonaten kühlere, meist trockene Luftmassen aus Nordosten das Wetter bestimmen, fallen im Sommer, wenn der Südwestmonsun weht, 80 bis 90 % der gesamten Niederschlagsmenge eines ganzen Jahres. Südwestindien am Rande der Western Ghats erhält das ganze Jahr über Regen und gehört mit durchschnittlichen Jahresniederschlägen zwischen 2500 und 3000 mm zu den regenreichen Gebieten Indiens (Höchstwerte über 6000 mm). Der regenreichste Ort des Landes liegt jedoch in Assam: Cherrapunji, am Südrand des Khasi-Jaintia-Gebirges in Nordostindien, verzeichnet Höchstwerte von über 10 000 mm. In trockeneren Gebieten wie dem westlichen und zentralen Dekkan sowie in der Arawalli-Kette fallen 600 bis 1000 mm Niederschlag; das westliche Rajasthan ist mit höchstens 200 mm die trockenste Region Indiens.

Abgesehen vom tropischen Südindien nehmen die jährlichen und täglichen Temperaturschwankungen mit zunehmender geographischer Breite und Entfernung vom Meer zu. Neu-Delhi hat ein Januarmittel von 14 °C und ein Junimittel von 33,5 °C; in Kalkutta ist es im Januar durchschnittlich 19,5 °C und im Mai 30,5 °C warm. In der Wüste Westindiens sind im Winter Nachtfröste möglich.

Klimatisch bedingte Naturkatastrophen sind in Indien recht häufig: Wirbelstürme, Hochwasser und – auch durch den Raubbau an den Wäldern gefördete – Dürreperioden gefährden das Land.

Vegetation und Tierwelt

Indiens Pflanzenwelt ist eine der vielfältigsten der Erde. Sie reicht von der alpinen Vegetation des Himalaja bis zu den tropischen Regenwäldern des Südens. Vorherrschende Pflanzenarten im Himalaja sind Zedern und Koniferen, die in tieferen Lagen von Nebel- und Gebirgswäldern abgelöst werden. Im Tiefland von Bengalen und an der sich südöstlich anschließenden Küste von Orissa wachsen halbimmergrüne Regenwälder, im nordindischen Tiefland und im nordöstlichen Dekkan regengrüne Monsunwälder. Von Nordwesten nach Südosten folgen auf die Sandwüste Thar die Dornsavannen des trockeneren Nordwestens, sodann Savannenvegetation mit Palmen im zentralen Dekkan und schließlich in der südindischen Küstenregion tropische Regenwälder und Mangrove. Nur noch ein Fünftel der Fläche Indiens ist heute bewaldet. Wiederaufforstungsprogramme sollen das ökologische Gleichgewicht wiederherstellen, haben aber bis jetzt wenig Erfolg gezeigt.

Die indische Regierung hat in den letzten Jahrzehnten zahlreiche Nationalparks, Wildreservate und Vogelschutzgebiete eingerichtet, um die einheimischen Tierarten vor dem Aussterben zu bewahren. Zu den gefährdeten Tieren zählen Tiger, Leoparden, Indische Löwen und einhörnige Nashörner. Weniger gefährdet sind Indische Elefanten, Büffel, Antilopen, Wildschafe, Bären, Hyänen, Wölfe, Hirsche und Affenarten. Sehr zahlreich sind Vogel- und Schlangenarten (v. a. Königskobra) vertreten. Elefanten und Kamele dienen als Arbeitstiere. Der Indische Pfau wurde zum Nationaltier erklärt und steht unter besonderem Schutz.

Bekannte Nationalparks sind der Corbett National Park in Uttar Pradesh, der Kaziranga National Park in Assam und der Gir Lion National Park in Gujarat, eines der letzten Reservate des Indischen Löwen.

Politisches System

Staatsname: Bharat Juktarashtra

भारतीय गणतन्त्र

Staats- und Regierungsform: Parlamentarische Bundesrepublik im Commonwealth of Nations
Hauptstadt: Neu-Delhi (New Delhi)
Mitgliedschaft: UN, SARC, ESCAP, Colombo-Plan

Die seit Januar 1950 geltende Verfassung garantiert Grundrechte wie Rede-, Versammlungs- und Religionsfreiheit. Die »Unberührbarkeit«, d. h. die Diskriminierung von als unrein und niedrig geltenden Menschen, wurde offiziell abgeschafft, und entsprechende Handlungsweisen wurden unter Strafe gestellt.

Gesetzgebung und Verwaltung

Legislative ist das aus zwei Kammern bestehende Parlament. Das Oberhaus (Rajya Sabha) hat höchstens 250 Abgeordnete, von denen zwölf Mitglieder vom Präsidenten ernannt werden. Die übrigen werden von den Parlamenten der Einzelstaaten alle zwei Jahre zu je einem Drittel für sechs Jahre gewählt. Das Unterhaus (Lok Sabha) hat höchstens 545 Abgeordnete, die – bis auf zwei vom Präsidenten ernannte – vom Volk direkt für fünf Jahre gewählt werden. Gesetzes-

vorlagen benötigen zu ihrer Verabschiedung die Zustimmung beider Kammern.
Der Staatspräsident wird von einem Gremium des Unionsparlamentes und den Länderparlamenten für fünf Jahre gewählt. Er beruft den Führer der Mehrheitspartei zum Ministerpräsidenten und ist wie dieser mit seinem Kabinett gegenüber dem Unterhaus verantwortlich.
Indien ist aufgeteilt in 25 Bundesstaaten und sechs Unionsterritorien, letztere unterstehen direkt der Zentralregierung. An der Spitze der Bundesstaaten stehen vom Staatspräsidenten für fünf Jahre ernannte Gouverneure und Ein- oder Zweikammerparlamente mit ernannten und direkt gewählten Abgeordneten.

Recht und Justiz

Die auf britischem Recht beruhende Gesetzgebung unterscheidet drei Bereiche: Gesetze unter Zuständigkeit des Zentralparlaments (z. B. internationale Beziehungen, Verteidigung, Verkehr, Atompolitik), Gesetze unter Zuständigkeit der Länderparlamente (z. B. Polizei, Gesundheitswesen, Erziehung) und Gesetze, für die beide Körperschaften zuständig sind (z. B. Straf- und Eherecht).

Geschäftiges Leben auf einer Straße in Bombay, das durch den Baumwollhandel schon früh zu besonderer Bedeutung kam.

Die Rechtsprechung erfolgt durch den Obersten Gerichtshof als Verfassungsgericht und letzte Berufungsinstanz gegen Urteile der Obergerichte der Bundesstaaten. Auf Dorfebene entscheiden die sog. »Panchayat«-Gerichte.

Bevölkerung

Einwohnerzahl: 780 Millionen
Bevölkerungsdichte: 237 Einw./km²
Bevölkerungszunahme: 2,2 % im Jahr
Größte Städte (jeweils als Agglomeration): Kalkutta (10 Mio. Einw.), Bombay (8,5 Mio.), Delhi und Neu-Delhi (6,5 Mio.), Madras (4,6 Mio.), Bangalore (3 Mio.), Hyderabad (2,6 Mio.), Ahmadabad (2,5 Mio.), Kanpur (1,7 Mio.), Poona (1,5 Mio.)
Bevölkerungsgruppen: 72 % Indiden (Indoarier), 25 % Melaniden (Tamilen, Munda u. a.), etwa 3 % mongolische Völker

Die indische Bevölkerung besteht aus einer Vielzahl ethnischer Gruppen. Im Norden und in Zentralindien überwiegen die hellhäutigen Indiden, im Süden die Melaniden (Schwarzinder). Die Ureinwohner Indiens, die Weddiden, wurden in die Berge und Wälder Südindiens zurückgedrängt. Im Himalaja und in Assam leben Gruppen mongolischer Abstammung.
Indien ist nach China das volkreichste Land der Erde, es stellt einen Anteil von 15 % der Weltbevölkerung, nimmt aber nur 2,4 % der Landfläche der Erde ein. Größtes Problem des Landes ist sein Bevölkerungswachstum. Der Kinderreichtum (38 % der Inder sind jünger als 15 Jahre) hat seinen Grund v. a. in der traditionellen Sozialstruktur des Landes, nach der Kinder Garanten für die Versorgung bei Krankheit und im Alter sind. Traditionelle Bindungen, mangelhafte Bildung und Aufklärung sowie geringer Lebensstandard (51 % der ländlichen und 38 % der städtischen Bevölkerung leben unterhalb des Existenzminimums) stehen einer erfolgreichen Familienplanung im Weg.
Etwa fünf Millionen Inder leben im Ausland, die meisten auf Sri Lanka, in Malaysia und als »Gastarbeiter« in den Golfstaaten. Andererseits ist Indien Zufluchtsstätte für etwa fünf Millionen Flüchtlinge, v. a. aus Bangladesch, Sri Lanka und Nepal. Trotz des schnellen Wachstums der Städte gilt Indien als agrarisches Land; nur etwa ein Viertel seiner Bevölkerung lebt in Städten.

Landessprache

Staatssprache ist das von etwa 30 % der Bevölkerung vornehmlich in Nordindien gesprochene Hindi (in Dewanagari-Schrift). Englisch gilt als »assoziierte« Sprache und dient zur Verständigung der einzelnen Sprachgruppen. Indoarische Sprachen werden von etwa 70 % der Bevölkerung gesprochen, drawidische von 25 % und mongolische von 3 %. Nach der Verfassung sind 14 Haupt- und Regionalsprachen zugelassen, verbreitet sind neben Hindi v. a. Bengali und Marathi. Insgesamt sind über 1600 verschiedene Sprachen und Dialekte registriert.

Aus der portugiesischen Ära von Alt-Goa: Luis de Camoes, der große nationale Dichter des 16. Jh.

Religion

In Indien besteht Glaubensfreiheit. 80 % der Bevölkerung sind Hindus, 10 % Muslime (hauptsächlich Sunniten), der Rest verteilt sich auf Christen, Sikhs, Buddhisten, Dschainas, Juden und Parsen.
Mit dem Glauben, daß der Mensch schicksalhaft an eine bestimmte Kaste gebunden ist, wirkt der Hinduismus auch heute noch stark im ökonomischen und sozialen Leben nach. Zu religiös motivierten Spannungen kommt es v. a. mit der Minderheit der Sikhs, deren politisch radikaler Flügel Autonomie fordert.

Soziale Lage und Bildung

Eine soziale Absicherung seitens des Staates gibt es in Indien bisher außer im Staatsdienst bzw. bei großen privaten Firmen kaum. Die Aufstiegschancen der in Armut lebenden Bevölkerungsmehrheit sind gering. Hinzu kommt eine hohe Arbeitslosigkeit, die in Stadtgebieten bis zu 40 % betragen kann. Weitere drängende soziale Probleme sind vollwertige Ernährung für Kinder und Jugendliche, der Wohnungsbau, die Verbesserung der mangelhaften medizinischen Versorgung und die Verringerung der hohen Säuglings- und Kindersterblichkeit, die gemäß offiziellen Angaben 12 % bzw. 18 % beträgt.
Laut Verfassung besteht allgemeine Schulpflicht für 6- bis 14jährige, doch fehlen in einigen Bundesstaaten die entsprechenden Gesetze. Der Aufbau eines einheitlichen Schulsystems wird durch die verschiedenen Sprachen, Religionen und Kasten erschwert. Die Analphabetenrate beträgt noch etwa 60 %. Es gibt über 130 Universitäten, sieben davon unterstehen der Zentralregierung.

Wirtschaft

Währung: 1 Indische Rupie (iR) = 100 Paise (P)
Bruttoinlandsprodukt (in Anteilen): Land- und Forstwirtschaft 33 %, industrielle Produktion 27 %, Dienstleistungen 40 %
Wichtigste Handelspartner: UdSSR, USA, Japan, EG-Länder, Saudi-Arabien

Obwohl der industrielle Sektor in den vergangenen Jahren mit durchschnittlich 6 % (Landwirtschaft nur 1 bis 2 %) außerordentlich gewachsen ist und Indien zu den zehn höchstindustrialisierten Ländern der Erde gehört, weist der Anteil von über 50 % der Beschäftigten in der Land- und Forstwirtschaft Indien als Agrarland aus. Probleme der Wirtschaft sind u. a. die hohe Arbeitslosigkeit (offiziell 10 %) bei weitverbreiteter Kinderarbeit, eine Inflationsrate von etwa 10 % sowie mangelnde Kaufkraft. Das Pro-Kopf-Einkommen ist regional sehr unterschiedlich.

Landwirtschaft

Mehr als die Hälfte der Staatsfläche wird landwirtschaftlich genutzt. Etwa ein Fünftel der Kulturfläche wird künstlich bewässert; hier sind gegenüber der Norm von einer Ernte pro Jahr drei Ernten möglich. Der überwiegende Teil der Landbevölkerung bewirtschaftet Kleinbetriebe mit weniger als 4 ha (63 %) oder ist landlos (27 %); ein Zehntel sind Großgrundbesitzer oder Großbauern mit zusammen über 50 % der landwirtschaftlichen Nutzfläche. 80 % der Anbaufläche dienen der Nahrungspflanzenproduktion (Reis, Weizen, Hirse, Hülsenfrüchte). Auf der restlichen Nutzfläche werden Tee, Kaffee, Jute, Baumwolle, Gewürze, Cashewnüsse und Zuckerrohr für den Export angebaut. Neben großen Rinderbeständen – sie dienen aus religiösen Gründen nur der Milchgewinnung oder als Zugtiere – gibt es Ziegen und Schafe.

Originell die Instrumente, exotisch auch die Tracht: Wandermusikanten in Nordindien.

Bodenschätze, Energie

Es gibt große Vorkommen an Kohle, Erdöl, Eisen-, Chrom-, Mangan-, Kupfer-, Bleierz, Bauxit und Glimmer; daneben werden seltene Erden (Thorium, Yttrium, Zirkon), Baustoffe, Gold und Edelsteine gewonnen.
Indien verfügt über derzeit fünf Kernkraftwerke. Hauptenergieträger ist jedoch die Steinkohle, bei der es wegen Transportschwierigkeiten zeitweise zu Versorgungsengpässen kommt. Die Kapazitäten der Wasserkraftwerke werden oft aufgrund der zu niedrigen Wasserstände der Flüsse in Dürrezeiten nur zum Teil genutzt. Infolgedessen ist die Stromversorgung meist unzureichend. Auf dem Land sind Holz, Dung und Abfälle (Biogas) wichtige Energiequellen.

Industrie

Die Industrie ist trotz einzelner hochmoderner Bereiche (Kernenergie, Raumfahrt) auf dem Weltmarkt kaum wettbewerbsfähig. Die staatliche Politik zielt auf Spitzentechnologien und Prestigeobjekte, während die Versorgung der Bevölkerung mit Verbrauchsgütern teilweise unzureichend ist. Die Schwerindustrie (Eisen und Stahl, Maschinenbau, Chemie) liegt hauptsächlich in Händen des Staates, die Konsumgüterherstellung ist privat. Während der Anteil der traditionellen Textilindustrie an der industriellen Wertschöpfung in den letzten Jahrzehnten geschrumpft ist, expandierten vor allem Maschinenbau, chemische Industrie und die Gewinnung und Verarbeitung von Steinen und Erden.

Im 17. Jh. islamischer Palast, später britische Kaserne: das Rote Fort in Alt-Delhi.

Handel

Wichtigste Exportgüter sind Edel- und Schmucksteine, Bekleidung, Maschinen, Leder, Schuhe, Tee, Eisenerz, Gewürze, Reis und Fischereiprodukte. Obwohl die Regierung den Export fördert, ist die Handelsbilanz weiterhin negativ. Importiert werden vor allem Maschinen, Kraftfahrzeuge, Rohöl und Erdölerzeugnisse, Eisen und Stahl sowie Kunstdünger.

Verkehr, Tourismus

Das indische Verkehrsnetz ist relativ gut ausgebaut. Trotzdem gibt es noch Gebiete, die nicht über Straße oder Schiene erreicht werden können. Etwa 40 % des 1,7 Mio. km langen Straßennetzes sind befestigt; das übliche Fortbewegungsmittel im Nahverkehr ist das Fahrrad. Haupttransportmittel ist hingegen die Eisenbahn, deren Netz (77 000 km) das größte Asiens ist. Die schiffbaren Binnenwasserwege sind für den Gütertransport von Bedeutung. Neben den großen Seehäfen Bombay, Kalkutta und Madras gibt es eine Vielzahl kleinerer Häfen. Der Inlandsflugverkehr spielt eine wichtige Rolle. Internationale Flughäfen sind in Bombay, Kalkutta, Delhi und Madras.
Der Fremdenverkehr soll als wichtiger Devisenbringer verstärkt staatlich gefördert werden.

Geschichte

Die früheste Hochkultur, die Indus- oder Harappa-Kultur (etwa 2300–1750 v. Chr.), entstand im Stromgebiet des Indus und war durch Handelsbeziehungen mit der Mesopotamiens verbunden. Die erst seit 1921 erforschten Ruinenstädte Harappa und Mohendjo-Daro (im heutigen Pakistan) zeigen den hohen städtebaulichen Standard dieser Kultur.

Vedische Periode

Um 1500 v. Chr. eroberten von Nordwesten her indogermanische Indo-iranier, die sich Arier (Edle) nannten, das Industal und drangen von dort in das Gangesbecken und nach Süden vor. Diese Nomaden- und Hirtenvölker begannen erst um 1000 v. Chr. seßhaft zu werden und ihre Lebensweise der Urbevölkerung anzugleichen. Ihre Religion verschmolz allmählich mit der der Urbevölkerung zum Brahmanismus, der zum Entstehen der Kastenordnung führte, die das heutige Indien noch immer prägt. An der Wende vom 6. zum 5. Jh. setzten zwei Erneuerungsbewegungen ein, die Indien nicht nur in sozialer Hinsicht beeinflussen sollten: der Buddhismus des Siddharta Gautama, später genannt Buddha, der Erleuchtete (um 563 bis 483 v. Chr.), und der Dschainismus des Vardhamana Mahavira (um 539 – um 467 v. Chr.).

Das Maurya-Reich

Tschandragupta Maurya (um 321– 300 v. Chr.) gründete von Patna aus das erste Großreich in Indien. Er regierte mittels eines streng gegliederten Beamtenapparats als absoluter Herrscher; dagegen galt sein Enkel Aschoka (273–232 v. Chr.), der sich nach seiner Eroberung von fast ganz Indien zum Buddhismus bekannte, als Vertreter ethischer Prinzipien und religiöser Toleranz. Seine in den Volkssprachen (Prakrit) auf Säulen und in Felsen eingemeißelten Edikte gelten als älteste sicher datierte Dokumente indischer Schrift.
Nach seinem Tod zerfiel das Reich wieder in eine Reihe lokaler Dynastien. Von etwa 80 bis um 250 n. Chr. beherrschten die Kushan den Norden und das obere Gangesbecken.
Erst der Gupta-Dynastie (um 320–um 540) gelang es, ganz Nordindien wieder zu einem Reich zu vereinigen. Die Gupta-Periode, oft als das klassische Zeitalter Indiens bezeichnet, war eine Zeit großer, wohlgeplanter Städte, eines luxuriösen Gesellschaftslebens, einer hochentwickelten Wirtschaft und großer wirtschaftlicher und künstlerischer Leistungen. Nach dem zweiten Ansturm der erstmals seit 455 in Nordindien einfallenden Weißen Hunnen zerfiel das Großreich der Gupta-Dynastie in zahlreiche untereinander zerstrittene kleine Königreiche.
In Südindien lösten Lokaldynastien einander in der Vorherrschaft ab.

Islamische Herrschaft und Mogul-Reich

Ende des 7. Jh. und im frühen 8. Jh. begannen die ersten Invasionen der Araber, die vom Nordwesten her den Sind genannten Teil des heutigen Pakistan besetzten. Zu einer dauerhaften Islamisierung in Nordindien kam es aber erst 1192 unter Mohammed von Ghur. Nach seinem Tod 1206 wurde das in den Folgejahren vor allem durch Türken kontrollierte Sultanat von Delhi gegründet, das der Mongole Timur-Leng 1398 nach Eroberung großer Teile Indiens zerschlug. Sein Statthalter begründete das Delhi-Reich, das erst unter der Lodi-Dynastie (1451 – 1526) Stärke erlangte.
1526 schlug Babur, ein Nachkomme Timur-Lengs, den letzten Lodi, Sultan Ibrahim, entscheidend und wurde damit zum Begründer des Reiches der Moguln. Akbar der Große (1556 bis 1605) dehnte das Reich über ganz Nordindien aus und förderte mit seiner toleranten Politik gegenüber den Hindus eine hinduistisch-muslimische Mischkultur. Das Mogulreich löste sich nach der Eroberung durch die Perser 1739 in einen lockeren Staatenbund auf. 1858 setzten die Briten den letzten Mogul ab und beendeten damit die mehr als 300jährige Herrschaft dieser Dynastie.

KUNLUN SHAN
KARAKORAM
HOH XIL SHAN
ZHONGHUA RENMIN GONGHEGUO
QING ZANG GAOYUAN
HOCHLAND VON TIBET
TANGGULA (DANGLA) SHAN
VOLKSREPUBLIK CHINA
NYAINQENTANGLHA SHAN
GANGDISE SHAN
HIMALAYA
BAYAN HAR SHAN
NINGJING SHAN
Kashmir
Jammu
SRINAGAR
Himachal Pradesh
Punjab
LAHORE
Haryana
DELHI
NEW DELHI
Uttar Pradesh
LUCKNOW
KANPUR
ALLAHABAD
VARANASI BENARES
KATHMANDU
Mount Everest
Sikkim
DRUK BHUTAN
Arunachal Pradesh
Assam
Nagaland
Manipur
Meghalaya
Mizoram
Tripura
BANGLADESH
DHAKA
NARAYANGANJ
CHITTAGONG
KHULNA
West Bengal
CALCUTTA
HOWRAH
Bihar
PATNA
BHARAT
INDIEN
Madhya Pradesh
BHOPAL
JABALPUR
NAGPUR
Maharashtra
Orissa
Cuttack
Bhubaneswar
Andhra Pradesh
HYDERABAD
VISHAKHAPATNAM
VIJAYAWADA
Karnataka
BANGALORE
MADRAS
Tamil Nadu
MADURAI
SRI LANKA
CEYLON
Jaffna
Golf von Bengalen
Gangesmündungen
EASTERN GHATS
Coromandelküste
BIRMA
BURMA
MANDALAY
RANGOON
RANGUN
PEGU
Sittwe (Akyab)
Bassein
Irawadimündungen
ANDAMAN ISLANDS
ANDAMANEN
NICOBAR ISLANDS
NIKOBAREN
ANDAMAN AND NICOBAR
ANDAMANEN UND NIKOBAREN (Indien)
Port Blair
Andamanenbecken
Ten Degree Channel
Zehn-Grad-Kanal
Gulf of Mannar
Cape Comorin
Östl. L. 85 v. Greenw.
Ⓐ Von Pakistan besetztes Gebiet, von Indien beansprucht
Ⓑ Von Indien besetztes Gebiet, von Pakistan beansprucht
Ⓒ Von China besetztes Gebiet, von Indien beansprucht

Im Süden Indiens bestand von 1336 bis 1646 das Königreich von Vijayanagar, das zum Zentrum des Hinduismus wurde.

Die Kolonialzeit

Der Portugiese Vasco da Gama entdeckte 1498 den Seeweg nach Indien und schuf damit die Voraussetzungen für den Handel Europas mit dem Subkontinent. Von den konkurrierenden Mächten – Portugiesen, Niederländer (ab 1600), Engländer (ab 1600) und Franzosen (ab 1664) – gelang es den Engländern, ihre europäischen Rivalen auszuschalten (Britisch-Französischer Krieg in Südindien 1746–1763) und bis Mitte des 19. Jh. über die East India Company ihr Handelsmonopol in Indien auszubauen. Etwa drei Fünftel des indischen Territoriums kamen unter britische Herrschaft, der Rest des Landes wurde weiterhin durch indische Fürsten regiert, die jedoch ihre Hoheitsrechte in der Außen- und Verteidigungspolitik an die Briten abgetreten hatten.

In diesen Jahrhunderten wurde die indische Gesellschaft mit westlichen Einflüssen, technischen Neuerungen und politischen, sozialen und religiösen Reformen konfrontiert, die mit ihrem traditionellen Weltbild unvereinbar waren. Daher kam es 1857/58 zum ersten großen Aufstand gegen die britische Kolonialmacht. Nach seiner Niederwerfung am 1. 9. 1858 wurde die East India Company aufgelöst und Indien der durch einen Vizekönig vertretenen britischen Krone unterstellt.

Die Macht blieb in der Familie: Indira Gandhi vor einem Bild ihres Vaters Pandit Nehru.

Der Kampf um die Unabhängigkeit

Mit der Gründung des Indian National Congress (INC) 1885 nahm die indische Unabhängigkeitsbewegung ihren Anfang. Britische Zugeständnisse wie die Verfassung von 1909 (indisches Parlament neben dem Vizekönig) vermochten den stetig wachsenden Nationalismus nicht mehr zu besänftigen.

Mahatma Gandhi, Führer des gewaltlosen Kampfes für Indiens Einheit und Unabhängigkeit.

Nach dem Ersten Weltkrieg kam es zu lokalen Aufständen und einem Erstarken der Kongreßpartei, deren Führer Mahatma Gandhi (1869–1948) wurde. Er kämpfte ab 1920 für die Befreiung Indiens von der britischen Herrschaft. Beeinflußt von der indischen Idee des Nichtverletzens, den Schriften Tolstois und der Bergpredigt entwickelte er die Praxis der gewaltfreien Aktion durch bürgerlichen Ungehorsam und Verweigerung der Zusammenarbeit mit britischen Behörden.

Erschwert wurden die Bemühungen Gandhis durch die internen Konflikte zwischen Hindus und Muslimen. Die 1906 gegründete Muslim-Liga, die sich als Gegenpol zum INC verstand, forderte unter ihrem Präsidenten Mohammed Ali Jinnah (1876–1948) nach 1935 zunehmend einen eigenen Muslim-Staat. Nach bürgerkriegsähnlichen Unruhen wurde das Land am 15. 8. 1947 (Nationalfeiertag) in die beiden unabhängigen Staaten Indien und Pakistan geteilt. Die Folge waren blutige Unruhen, Massaker und riesige Fluchtbewegungen (10–15 Mio.). Am 30. 1. 1948 wurde Gandhi von einem Hindu ermordet.

Das moderne Indien

Die ersten Wahlen 1952 gewann Jawaharlal Nehru (1889–1964) als Führer der Kongreßpartei. Der Brahmane sah die Zukunft Indiens als »Einheit in der Vielheit« und strebte die Aufhebung aller religiösen Schranken (Kastensystem) an. Außenpolitisch trat er für die Politik der Blockfreiheit ein. Bis heute hat Indien in der Gemeinschaft der blockfreien Staaten eine führende Position inne.

Nach Nehrus Tod 1964 regierte bis 1966 Lal Bahadur Shastri und von 1966 bis 1977 Nehrus Tochter Indira Gandhi. Sie war in wirtschaftspolitischen Entscheidungen sozialistischen Ideen verpflichtet und setzte sich für eine umfassende Industrialisierung und Verbesserung der Ernährungsgrundlage (»grüne Revolution«) ein. Der Streit um die Zugehörigkeit Kaschmirs zur Indischen Union führte 1965 zu bewaffneten Auseinandersetzungen mit Pakistan. Der Indisch-Pakistanische Krieg 1971 endete mit der Niederlage Pakistans und der Proklamierung der Volksrepublik Bangladesch. 1971 schloß Indien einen Freundschaftsvertrag, 1973 einen Vertrag über wirtschaftliche Zusammenarbeit mit der Sowjetunion. Streiks und Proteste wegen Lebensmittelknappheit veranlaßten die zunehmend autoritär regierende Indira Gandhi 1975 zur Verhängung des Ausnahmezustands. Tausende von Oppositionellen wurden verhaftet. Als nach den Neuwahlen 1977 die Kongreßpartei eine vernichtende Niederlage erlitt, trat Indira Gandhi zurück. Doch auch die Ministerpräsidenten der neugegründeten Janata-Partei konnten sich nur kurz an der Macht halten. Bei den Wahlen 1980 erreichte die Kongreßpartei eine überwältigende Mehrheit, Indira Gandhi wurde erneut Ministerpräsidentin.

Bis heute ist Indien geprägt von religiösen Konflikten. Die gewalttätigen Auseinandersetzungen zwischen Hindus und Sikhs eskalierten am 5. 6. 1984, als Armee-Einheiten das Heiligtum der Sikhs im Pandschab, den Goldenen Tempel von Amritsar, stürmten und Hunderte von Anhängern töteten. Daraufhin wurde Indira Gandhi am 31. 10. 1984 von zwei Sikhs ihrer eigenen Leibwache ermordet. Ihr Sohn Radschiv, der noch am selben Tag als Ministerpräsident vereidigt wurde, kündigte in seiner Grundsatzerklärung am 6. 1. 1985 tiefgreifende Reformen sowie Verbesserungen der Beziehungen zu Pakistan an.

Gandhi setzt die Politik einer Einflußnahme Indiens innerhalb der Bewegung der blockfreien Staaten fort und strebt im Inneren die Versöhnung der verfeindeten religiösen und ethnischen Gruppen an.

Kultur

Indien umfaßt zahlreiche voneinander sehr verschiedene Kulturlandschaften. Islamische und westasiatische Einflüsse haben vor allem Nordindien geprägt, das Verbreitungsgebiet der indoarischen Sprachen. Der Süden dagegen ist in Sprache und Kultur drawidisch und fast rein hinduistisch.

Religion und Philosophie

Wie sich das indische Verständnis von Religion entwickelte, läßt sich anhand der literarischen Überlieferung genau verfolgen. Aus den ältesten heiligen Schriften, den »Veden« (entstanden um 1500–1200 v. Chr.), geht hervor, daß die nach Indien eingewanderten indoarischen Stämme vergöttlichte Naturgewalten verehrten (z. B. Indra, den Repräsentanten der elementaren Naturkräfte) oder Gottheiten mit ethisch-sozialer Funktion (z. B. Varuna, den Gott des wahr gesprochenen Wortes, oder Mithra, den Gott des Vertrags). In den »Brahmanas« (entstanden um 900–700 v. Chr.) verstärkt sich die Tendenz, statt eines Götterpluralismus ein einheitliches

Gebetsritual in Ladakh: Ein Mönch wandelt, immer im Uhrzeigersinn, um alte Tschorten – Kultschreine, die Reliquien bergen.

Urprinzip im Kosmos zu sehen. Die älteren »Upanishaden« (entstanden um 700–540 v. Chr.) begründeten die Identität von Brahman (der alles durchdringende Seinsgrund) und Atman (das individuelle Selbst des Menschen). Diese Schriften behandeln in Form von Lehrgesprächen Fragen nach dem Ursprung der Welt, dem Schicksal der Seele, dem Tod und der Wiedergeburt. Kennzeichnend für den Brahmanismus ist die bedeutende Rolle des Rituals und der Opferpriester, der Brahmanen, die die soziale Macht innehatten.

Aus der vedischen Religion und dem Brahmanismus entwickelte sich in den ersten Jahrhunderten v. Chr. der Hinduismus, für den die Autorität der »Veden« und die Teilhabe am sozialen Kastensystem bindend ist. Unter den zahlreichen Göttern ragen Schiwa, das zerstörende und zugleich erneuernde Prinzip, und Wischnu, der oberste Gott und Erhalter der Welt, heraus. Als Reaktion gegen den Ritualismus und die Autorität der vedi-

schen Religion entstanden im 6. Jh. v. Chr. zwei große neue religiöse Bewegungen: Buddhismus und Dschainismus. Beide wurden von Männern der Kriegerkaste begründet, Buddha und Mahavira, die sich aus ihren sozialen Bindungen lösten und als Wanderasketen nach der erlösenden Erkenntnis suchten. Beide Bewegungen gehen von der Erfahrung des existentiellen Leidens sowie der Entdeckung des Ich aus und weisen einen Weg zur Befreiung und Erlösung durch das Eingehen ins Nirwana. Beide lehnen das Kastenwesen ab. Ihr Weg zur Erlösung ist jedem zugänglich, der den irdischen Bedürfnissen entsagt. Während der besonders stark die Gewaltlosigkeit gewichtende Dschainismus zahlenmäßig immer eine untergeordnete Rolle spielte, breitete sich der Buddhismus bis zu seiner Verdrängung durch den Islam nach 1192 über ganz Indien aus und erfaßte große Teile Asiens bis weit nach China hinein. Fast 2000 Jahre nach Buddhismus und Dschainismus entstand gegen Ende des 15. Jh. die Religion der Sikhs, die in einem bildfreien Monotheismus hinduistische und islamische Züge vereint. Die Bewegung breitete sich unter ihren Führern im Pandschab aus und ist heute ein bedeutender politischer Faktor.

Indische Kunst

Der Buddhismus beherrschte die Baukunst viele Jahrhunderte lang. Frühbuddhistische Kulthallen und Klosteranlagen lassen die Übertragung der Holzbauweise in Stein erkennen und erlauben Rückschlüsse auf eine entwickelte Palastkultur. Reliefs der reichgeschmückten Steinzäune der Stupas (Sakralbauten für Reliquien) stellen buddhistische Mythen dar.

Die klassische Periode der Kunst beginnt mit der Gestaltung des buddhistischen Kultbildes im Nordwesten Indiens (Gandhara-Kunst, 1.–7. Jh.) und gipfelt in den buddhistischen und hinduistischen Tempeln und Skulpturen des Gupta-Reichs. Die Fresken in den buddhistischen Höhlenklöstern in Ajanta (nordöstlich von Aurangabad) bezeugen die Blüte der indischen Malerei. Charakteristisch für die mittelalterlichen Tempelbauten (etwa 8.–15. Jh.) sind die hohen Tempeltürme (Shikhara) des nördlichen Stils und die weitläufigen Tempelanlagen mit überragendem Torbau (Gopura) im Süden. Unter den Kultbronzen dieser Zeit sind besonders die des tanzenden Schiwa eindrucksvoll.

In der islamischen Periode ändert sich der Baustil grundlegend, es beginnt eine Epoche indisch-islamischer Mischkultur. Ein Hauptwerk der Mogul-Architektur ist der Tadsch Mahal bei Agra (1630), das berühmte Mausoleum von Schah Dschahan für seine Lieblingsfrau. Aus Persien stammt die Kunst der Miniaturmalerei, die in verschiedenen Schulen zu hoher Blüte gelangte.

Indische Literaturen

Die ersten literarischen Zeugnisse sind religiöser Natur (Veden, Brahmanas, Upanishaden). Im 5. Jh. v. Chr. kodifizierte der Grammatiker Panini das Sanskrit, das als Literatur- und Gelehrtensprache der indoarischen Sprachfamilie – im Süden Indiens ist die drawidische vorherrschend – bis heute fortlebt. Weitere klassische Literatursprachen waren das Pali und das Prakrit.

Die frühesten Werke der Buddhisten (in Pali) und der Dschainas (in Prakrit) lassen schon im 4. Jh. v. Chr. eine volkssprachliche Erzählliteratur erkennen. Als Höhepunkt der reichen lyrischen, epischen und dramatischen Kunstdichtung in Sanskrit gilt die höfische Poesie des Kalidasa (5. Jh. n. Chr.). Im 10. Jh. begann die Entwicklung des Bengali und im 12. Jh. die des Hindi als neuindoarische Sprachen, zu welchen u. a. auch die Zigeunersprache zählt. Mit dem Beginn der Kolonialzeit beeinflußte vor allem das Englische die indische Literatur, die sich seit etwa 1800 weitgehend an westlichen Werten orientierte. Mittler zwischen Indien und Abendland war der 1913 mit dem Nobelpreis ausgezeichnete Dichter Rabindranath Tagore (1861–1941), der in seinen Werken die bengalische Sprache zu einer neuen Blüte führte.

Khajuraho: erotische Kunst mit tief religiösem Hintergrund.

Musik und Tanz

Indische Musik ist meditativ und passiv – sie erlaubt keine unkontrollierten Gefühlsäußerungen. Yehudi Menuhin hat sie beschrieben als »kristalline Ausdrucksform, in der Musiker und Zuhörer gemeinsam der Umwelt entsagen und sich dem Schicksal hingeben«. Neben der klassischen Musik gibt es in Indien eine reiche Volksmusik und eine vielfältige Ritualmusik, die vor allem in den Tempeln Südindiens überliefert wird. Außer Saiteninstrumenten wie Sitar oder Sarod finden Trommeln, Hörner, Tuben und die für das hinduistische Ritual so charakteristischen Muschelhörner und Schneckentrompeten Verwendung.

Der klassische indische Tanz wird auf Tempeltänze zurückgeführt. Später wurden die Tänzerinnen an den Höfen indischer Lokalfürsten zur Unterhaltung der Hofgesellschaft beschäftigt. Tanzen ist Sache des ganzen Körpers. Jede Bewegung der Augenbraue oder des kleinen Fingers ist von Bedeutung und unterliegt strenger Kontrolle. Heute wird die Tanzkunst in Akademien in allen großen Städten des Landes gepflegt.

Die Ornamente der Dschan-Tempel von Mount Abu in Rajasthan sind feinste Filigranarbeit – aus Marmor.

Reise-Informationen

Einreise- und Fahrzeugpapiere

Bürger der Bundesrepublik Deutschland, der Schweiz und Österreichs benötigen für einen Aufenthalt bis zu 90 Tagen einen gültigen Reisepaß bzw. Kinderausweis sowie ein Touristenvisum. Es gibt eine größere Zahl von Sperrgebieten in Indien: Für Reisen in die Grenzgebiete des Himalaja, nach Sikkim, in den Pandschab, in die nördlichen Teile Westbengalens, nach Assam u. a. ist eine Sondergenehmigung erforderlich. Hierfür muß ein »Restricted Area Permit« sechs Wochen vor Reiseantritt über ein indisches Konsulat oder direkt beim Government of India, Ministry of Home Affairs, in Delhi beantragt werden.

Als Fahrerlaubnis ist der internationale Führerschein erforderlich.

Zoll

Zollfrei sind 200 Zigaretten oder 50 Zigarren oder 250 g Tabak, eine Flasche Spirituosen oder 1 Liter Wein und eine kleine Flasche Parfüm. Indischer Goldschmuck darf nur ausgeführt werden, wenn sein Wert unter 10000 Rupien liegt. Die Ausfuhr von Antiquitäten, die älter als 100 Jahre sind, darf nur mit amtlicher Genehmigung erfolgen.

Devisen

Indische Rupien (iR) dürfen weder ein- noch ausgeführt, Fremdwährungen (mit Ausnahme pakistanischer, birmanischer und kuwaitischer Währung) können unbegrenzt mitgenommen werden (Deklaration ab einem Gegenwert von 1000 US-$). Es empfiehlt sich, Reiseschecks in US-$ mitzunehmen.

Impfungen

Die Notwendigkeit einer Choleraimpfung ist umstritten. Malariaschutz ist dagegen ganzjährig für das gesamte Land zu empfehlen.

Verkehrsverhältnisse

Die inländischen Flugverbindungen sind ausgezeichnet. Komfortabel reist man mit der Eisenbahn (frühzeitige Platzreservierung ist unbedingt notwendig), auch die klimatisierte erste Klasse ist preiswert. Autobusse ergänzen das Transportnetz. Leihwagen sind nur mit Chauffeur zu mieten. In Indien wird links gefahren.

Unterkünfte

Das Angebot an Hotels von europäischem Standard ist vor allem in Großstädten und Touristenzentren vielfältig. Alle Vier- und Fünf-Sterne-Hotels sind vollklimatisiert. In Indian Style Hotels wird meist nur vegetarisch gekocht. Bequeme Unterkunft mit Mahlzeiten bieten die regierungseigenen Traveller's Lodges und Tourist Bungalows. In der Nähe von Nationalstraßen findet man die hotelähnlichen Rest Houses. Preiswert übernachten kann man in Jugendherbergen und auf Campingplätzen.

Reisezeit

Am angenehmsten reist man während der »kühleren« Jahreszeit, je nach Landesteil von Oktober bis März, ins Himalajagebiet am besten im Mai und Juni.

Indonesien

Eberhard Kuhrau

Mit dem Schlager »Tanah Airku« – »Meine Heimat« – besingen Indonesier ihr Vaterland so schwülstig und sentimental, daß es schon wieder Respekt abnötigt. Aber eigentlich heißt Tanah soviel wie »Erde« oder »Land«, und Air ist »Wasser«. Und keine genauere Bezeichnung als »Wasser-Land« könnte es geben für das südostasiatische Riesenreich, das sich von der Nordwestecke Sumatras bis an die Grenze zu Papua-Neuguinea über mehr als 5000 Kilometer am Äquator hinzieht – eine Strecke wie von Dublin bis Moskau.

Über 13000 Inseln – und zwischen ihnen sehr viel Wasser – bilden ein Staats- und Siedlungsgebiet, das an Vielfalt und Schönheit kaum zu überbieten ist. Fast ungebrochen blieb der Zauber von Namen wie Sumatra, Java, Bali, Borneo und Celebes.

Staatsname:	Republik Indonesien
Amtssprache:	Bahasa Indonesia
Einwohner:	172 Millionen
Fläche:	1904569 km²
Hauptstadt:	Jakarta
Staatsform:	Präsidiale Republik
Kfz-Zeichen:	RI
Zeitzone:	MEZ +6 bis +8 Std.
Geogr. Lage:	Indischer und Pazifischer Ozean, zwischen dem Festland Südostasiens und Australien

Paradiesische Natur auf Sulawesi: Wildromantische Landschaften in allen Grün-Schattierungen kennzeichnen diese große indonesische Insel. Bis hinauf in die Berge ziehen sich die Reisfelder. Fast die Hälfte Sulawesis ist mit tropischen Regenwäldern bedeckt.

Alles drängt sich auf einer Insel

Wie viele von den 13000 Inseln Indonesiens bewohnt sind, vermag bis heute niemand genau zu sagen – rund 6000 schätzt man. Auf manchen leben nur zeitweilig Menschen – während der Fischfangsaison etwa oder zur Zeit der Ernte von Kokosnüssen.

Zu den Unbegreiflichkeiten der Geographie und der Geschichte gehört es, daß von den rund 170 Millionen Indonesiern über 110 Millionen auf Java, Madura und Bali wohnen. Rund 65 Prozent der Bevölkerung auf nur sieben Prozent des Bodens! Java mit der Hauptstadt Jakarta liegt zwar in der weitgeschwungenen Inselkette recht zentral, aber es ist keineswegs die größte der indonesischen Inseln. Das riesige Kalimantan (früher Borneo) mit sieben Millionen und Sumatra mit 30 Millionen Einwohnern sind dagegen vergleichsweise dünn besiedelt.

Was liegt näher als der Gedanke an eine Umsiedlung, Transmigrasi genannt? Schon die Holländer haben als Kolonialmacht zu Anfang unseres Jahrhunderts damit begonnen – ohne Erfolg. Während des Fünfjahresplanes von 1979 bis 1984 sollten sogar 2,5 Millionen Menschen Java verlassen und mit staatlicher Unterstützung in Sumatra, Kalimantan oder West-Irian, ganz im Osten des Landes, Boden urbar machen und bebauen. Es gibt zwar keine Statistik der enttäuschten und gescheiterten Rückwanderer, aber andere Zahlenvergleiche zeigen, daß während der Umsiedlungsaktion nicht einmal so viele Menschen von den Zentralinseln Java und Bali weggezogen, wie im selben Zeitraum von den Außeninseln nach Java eingewandert sind – vom natürlichen Bevölkerungswachstum – 2,3 Prozent im Jahr – ganz zu schweigen. So zielt das Transmigrasi-Programm inzwischen nicht mehr darauf, die Übervölkerung in Java zu mindern, sondern die Außeninseln zu »javanisieren«. Es geht jetzt um eine Art innerer Kolonisation. Denn der ungeheuren geographischen Ausdehnung des tropischen Inselreiches entspricht eine Vielfalt der Volksstämme, Sprachen und Kulturen, die noch größer ist als in Europa.

Wilder Osten und wilder Westen

Da ist zum Beispiel die Provinz Aceh (gesprochen: Atje) im Norden Sumatras, zugleich der westlichste Landesteil Indonesiens. Zu den indischen Nachbarinseln der Nikobaren ist es von hier nur ein Katzensprung und zur Hauptstadt Jakarta ungefähr ebenso weit wie nach Madras auf der anderen Seite des Golfs von Bengalen. Aceh galt noch bis in die siebziger Jahre als einer der rückständigsten Teile Indonesiens.

◁ An ein magisches Zeremoniell erinnern die kunstvollen Schattenspiele auf Bali und Java. Der Puppenspieler, der die kultische Handlung inszeniert, ist die eigentliche Hauptfigur des Spiels.

▽ Übervölkerung in Java: Viele der acht Millionen Einwohner Jakartas leben in den Slums der Außenbezirke. Die Elendsviertel dringen immer weiter in das Umland vor.

Und doch war Banda Aceh, die Hauptstadt, einmal eine der Metropolen des Welthandels. Marco Polo berührte Ende des 13. Jahrhunderts Nordsumatra auf seiner Reise nach China ebenso wie 50 Jahre später der mutige arabische Weltreisende Ibn Battuta.

Der Seehandel mit seinen plumpen Schiffen folgte damals noch weitgehend den Küstenlinien und den zuverlässigen Monsunwinden. Aber Aceh war nicht nur Durchgangsstation für den Handel zwischen China und Indien, sondern hatte selbst Gold zu bieten und vor allem Pfeffer.

Indische und arabische Händler brachten den Islam ins Land, der noch heute in Aceh strenger, fanatischer gepflegt wird als irgendwo sonst in Indonesien. Die Portugiesen vermochten bei ihren kolonialen Beutezügen in Süd- und Südostasien das Sultanat Aceh nicht zu erschüttern, das in der ersten Hälfte des 17. Jahrhunderts seine höchste Blüte erreichte.

Die Holländer verloren in einem blutigen Guerilla-Krieg um den Norden Sumatras bis in unser Jahrhundert hinein Tausende von Soldaten, als sie das übrige Niederländisch-Indien schon fest im Griff hatten. Und nach der Unabhängigkeit Indonesiens 1949, als es auch auf anderen Inseln Widerstand gegen die Zentralregierung in Jakarta und gegen »javanische Bevormundung« gab, hoffte die »Sumatra-Befreiungsfront von Aceh-Suma-

tra«, wieder einen eigenen islamischen Staat durchsetzen zu können – vergeblich, wie anderswo auch.

Am anderen Ende der langen Inselkette hängt – wenn man so will – ein anderes Extrem indonesischer Staatlichkeit: West-Irian, Irian Jaya (gesprochen: Dschaja), wie die Provinz offiziell heißt, deren Zugehörigkeit zu Indonesien nach wie vor völkerrechtlich umstritten ist. Geographisch handelt es sich um den Westteil der Insel Neuguinea, den die Holländer in der ersten Hälfte des 19. Jahrhunderts für sich reklamierten, obwohl sie außer durch Mission und etwas Tauschhandel kaum Einfluß auf das Gebiet nahmen. Eine mit dem Lineal gezogene Grenze erweist sich heute und für die Zukunft als schwere Belastung. Denn die Papuas haben – außer der kurzen holländischen Oberhoheit – mit den anderen Volksgruppen und Inseln Indonesiens nichts gemein.

Bis vor wenigen Jahrzehnten lebten diese Menschen in einer völlig unberührten Steinzeitkultur. Aber die Zeiten sind vorbei, in denen man glaubte, bis auf ein paar Paradiesvogelfedern sei hier nichts zu holen. Heute weiß man, daß die Urwälder Neuguineas nicht nur wertvolle Edelhölzer enthalten, sondern auch über Lagerstätten von Erdöl, Kupfer und anderen Mineralien verfügen.

Totenkult als Touristenattraktion

Die Provinzen Aceh und Irian Jaya am westlichen beziehungsweise am östlichen Ende der indonesischen Inselkette sind – zugegeben – besonders interessant und eigenständig. Aber sie sind nicht untypisch für die Vielfalt der Stämme und Sonderentwicklungen in dem Riesenreich. Da ist zum Beispiel Toraja-Land im Süden Zentral-Sulawesis (früher Celebes) mit einem archaischen Totenkult, dem etwa ein Drittel der Einwohner anhängt. Er macht das Land, das noch vor zwanzig Jahren höchstens Missionare, Regierungsbeamte und Angehörige der Armee »bereisten«, zu einer Touristenattraktion.

Der Vergleich zu Kalimantan drängt sich auf, das früher Borneo hieß. Auch hier eine riesige Insel, deren indonesischer Teil fast ein Drittel des gesamten Staatsgebietes ausmacht, mehr als doppelt so groß wie die Bundesrepublik Deutschland. Auch hier leben noch – wie in West-Irian – zum Teil animistischen Kulten anhängende Stämme, die unter dem Oberbegriff Dayaks zusammengefaßt sind. Auch hier wurden Teile der Insel einem anderen Staat zugeschlagen: Malaysia, in dessen Inselteil zudem das selbständige Ölsultanat Brunei liegt. Auch hier Bodenschätze, die zur Nutzung laden und zum Raubbau verleiten: Erdöl, Edelhölzer und neuerdings Gold und Uran.

Und da ist schließlich Bali, um noch einen besonders farbkräftigen Tupfer auf der indo-

◁ ***Bedeutendes Zeugnis buddhistischer Kultur auf Java: das Heiligtum Borobodur aus dem neunten Jahrhundert. Glockenstupas mit je einer Buddhafigur schmücken die oberen Terrassen des Baus.***

▽ ***Einer bizarren Mondlandschaft gleicht das vulkanische Gebirgsland in Ostjava. Besonders eindrucksvoll ist der Blick vom Vulkan Bromo aus: Hier kann man die urweltliche Umgebung in aller Stille genießen.***

nesischen Palette zu nennen. Fast so übervölkert wie Java, aber durch eine ungebrochene hinduistische Tradition von allen anderen indonesischen Inseln und Provinzen unterschieden. Wann der Hinduismus nach Bali gekommen ist und eine ältere Megalith-Kultur überlagert und aufgesogen hat, darüber stellen Wissenschaftler noch gelehrte Vermutungen an.

Als sich Java im 15. Jahrhundert dem Islam zu öffnen begann, hielt Bali jedenfalls am hindu-javanischen Erbe fest, im 16. Jahrhundert wurde es gar zum Rückzugsgebiet für den Hinduismus. Und ebensowenig wie der Islam konnten später das Christentum und der holländische Einfluß die betörende Mischung aus Religion, Kunst und Natur zerstören. Selbst Elemente des Hinduismus, die manche Europäer in Indien abstoßen – das Kastenwesen und die Totenverbrennung –, stören in Bali den Eindruck der Harmonie nicht. Hier müssen die Armen ihre Toten nicht – wie in Indien – als halbverkohlte Leichname in den Fluß werfen, weil sie mit den letzten paar Rupien nur ein paar unzulängliche Holzscheite für die Verbrennung kaufen können. Auf Bali begraben arme Familien zunächst ihre verstorbenen Angehörigen; wenn dann ein reicher, vornehmer Mann mit dem gebührenden Aufwand seinen Scheiterhaufen erhält, darf auch der Arme mit verbrannt werden. Die Religion und ihre Riten haben hier ihre humane, verbindende Kraft noch nicht verloren.

Wird der neuen Großmacht »Tourismus« gelingen, was den früheren Invasoren versagt blieb? Seit 20 Jahren stellen Bali-Liebhaber und Bali-Kenner immer wieder diese besorgte Frage. Und genauso lange ist schon die Antwort zu hören: An den Rummelplätzen des Tourismus, vor allem in Denpasar und Kuta, ist das alte Bali tot. Aber in den Dörfern wird es, wenigstens noch für ein paar Jahre, weiterleben.

Die indischen Wurzeln

Was hat aus dieser Vielfalt von Inseln, Volks- und Sprachgruppen eine Einheit werden lassen? Die Antwort ist nur durch einen Blick auf die Geschichte zu finden.

Garuda ist nicht nur der Name der staatlich-indonesischen Luftlinie; die Republik führt diesen Riesenvogel der hinduistischen Mythologie auch im Wappen. Und der Spruch unter diesem Wappen ist in der alten heiligen Sprache Indiens abgefaßt, dem Sanskrit: »Bhinneka Tunggal Ika«, das heißt »Einheit in der Vielfalt«. Und damit signalisiert das Staatswappen zweierlei: einmal, daß die Einheit des Riesenreiches tatsächlich keine Selbstverständlichkeit ist, keine durch natürliche Grenzen oder gemeinsame Sprache sich zwingend ergebende Sache, sondern eine politische Aufgabe, ein Auftrag. Und zum anderen knüpfen Garuda-Symbol und Sanskrit-Worte beim hinduistischen Erbe an, bei Einflüssen aus Indien.

Kaufleute und gelehrte Mönche brachten wohl schon zur Zeitenwende erste hinduistische und buddhistische Lehren aus Indien in die Hafenstädte der indonesischen Inseln. Unter ihrem Einfluß begriffen lokale Fürsten zum ersten Mal, daß – über ihre regionalen Traditionen, über Natur- und Ahnenkult hinaus – religiöse Systeme Staaten und Reiche begründen können. Und im siebten Jahrhundert entstand als erste größere politische Einheit auf dem Boden Indonesiens, von der wir sicher wissen, das Srivijaya-Reich. Es hatte sein Zentrum in Ostsumatra, wohl in der Nähe des heutigen Palembang, und konnte sich mit tributpflichtigen Fürsten weit ausbreiten. Schließlich wurde es jedoch von der Sailendra-Dynastie in Mitteljava, der wir den Borobudur-Tempel verdanken, das so herrlich erhaltene größte buddhistische Bauwerk Indonesiens, eine seiner wichtigsten touristischen Attraktionen. Keine 100 Kilometer entfernt liegt der Prambanan-Tempel, nur 50 Jahre später – um 850 – erbaut, der Zeugnis gibt vom hinduistischen Mataram-Reich.

Am Ende des 13. Jahrhunderts entsteht Majapahit, das – mit seinem Zentrum Java – in der zweiten Hälfte des 14. Jahrhunderts zum größten Reich Südostasiens aufsteigt. Hier liegen die hindu-javanischen Wurzeln auch des modernen Indonesien.

Unter islamischer und christlicher Herrschaft

Außer den Tempeln von Borobudur und Prambanan und dem Sultanspalast von Yogyakarta, der von islamischen Einflüssen überformt ist, gibt es wenig Altertümer auf Java. Das tropische Klima zersetzt schnell alle Hölzer und sogar Steine. Aber was an materiellen Zeugnissen der alten Kultur fehlt, läßt sich unschwer in den Herzen der Menschen auffinden. Höflich und leise, mit Würde und Grazie begegnet hier noch der einfachste Bauer dem Gast. Der Reisanbau, dessen komplizierte Bewässerungsanlagen ein hohes Maß an Gemeinsinn und Zusammenarbeit verlangen, hat diese Menschen geprägt. Und bis heute können die Mächtigen diese Sanftheit und Bescheidenheit mißbrauchen in einer Kultur, die nicht Individualität und Durchsetzungswillen bewundert, sondern nach Harmonie strebt.

Auch die Religion des Propheten Mohammed erreichte die indonesischen Inseln – anders als in Süd- und Zentralasien – nicht im Gefolge gewaltiger Reiterheere, sondern als Frucht geduldiger und mutiger Handelsreisen. Aceh in Nordsumatra machte schon Ende des 13. Jahrhunderts den Anfang. Im 15. und 16. Jahrhundert schlossen sich auch immer mehr javanische Fürstenhäuser dem Islam an. Allerdings hat keines die Kraft gefunden, unter dem Halbmond noch einmal ein Großreich zu schaffen.

Das erleichterte jener Kultur das Eindringen, die nun nicht mehr gewissermaßen »absichtslos« mit Händlern und Wandermönchen in den Häfen und an den Höfen Südostasiens aufkreuzte, sondern mit einer handelspolitischen Strategie: den Europäern. Die Portugiesen waren die ersten, die auf den »Gewürzinseln« Ambon, Timor und Sumatra Fuß faßten. Es gelang ihnen damit teilweise, die indisch- und arabisch-islamischen Zwischenhändler auszuschalten. Aber sie konnten sich gegen die nachdrängende niederländische und britische Konkurrenz nicht lange halten.

1596 landeten vier holländische Schiffe im javanischen Hafen von Banten und setzten damit jene Beziehung in Gang, die Hollands Reichtum begründen und erst 350 Jahre später mit der Befreiung von der Kolonialherrschaft ein Ende finden sollte.

1602 wurde die legendäre »Vereinigte Ostindische Kompanie« (VOC) gegründet. Ihr winkten gewaltige Gewinne, denn die niederländische Regierung billigte der VOC exklusiv das Recht zu, mit Ostindien Handel zu treiben, Stützpunkte anzulegen und Verträge zu schließen.

Pfeffer, Nelken, Muskatnuß und Zimt, das waren zunächst die begehrtesten Produkte der Gewürzinseln. Aber es kamen Güter des Ostasienhandels dazu: chinesisches Porzellan, Weihrauch, Silber aus Japan, Gold und Tee. Dies waren in Europa so begehrte und teure Luxusgüter, daß der Handel mit ihnen jeden Aufwand und fast jedes Risiko lohnte.

In rund 150 Jahren wurde das Inselreich unterworfen, und daran änderten auch gelegentliche blutige Aufstände und Rückschläge nichts. Mit einigen der einheimischen Fürsten schloß die VOC Verträge, die diesen formale Regierungsgewalt zubilligte, wobei aber Einfluß und Interesse der Holländer gewahrt

blieben. Doch der gewaltige Aufschwung der privaten Handelsgesellschaft zur Verwaltung eines ganzen Kolonialreiches trug den Keim des Verfalls in das Unternehmen. Immer öfter und mit immer dreisteren Methoden machten die Angestellten der VOC Geschäfte auf eigene Rechnung. Kriege zehrten an der Substanz und erschwerten die Kontrolle. So brach eines der profitabelsten Unternehmen der Handelsgeschichte gegen Ende des 18. Jahrhunderts unter einem Schuldenberg zusammen. Mit dem Beginn des Jahres 1800 mußte der niederländische Staat die Verwaltung der ostindischen Besitzung übernehmen.

Die Holländer konnten ihre Herrschaft dann im 19. Jahrhundert weiter festigen und

◁ ***Kein Fest der Trauer, sondern der Freude ist auf Bali die Totenverbrennung, die ihren Ursprung im Hinduismus hat. Nur den Angehörigen der höchsten Kaste, den Brahmanen, steht ein weißer Sarkophag in Form eines Stieres zu.***

▽ ***Hanuman, der General der Affen, führt sein Heer in die Schlacht gegen Dämonen: eine Szene aus einem balinesischen Tanzspiel, das eine Episode aus dem indischen Ramayana-Epos schildert.***

◁ ***»Garten der Götter« nennen die Balinesen ihre Insel: Kokospalmen, kunstvoll angelegte und künstlich überflutete Reisterrassen bestimmen in weiten Teilen das Landschaftsbild auf Bali. Für den Reisanbau haben die Bauern in vielen Jahrhunderten kunstvolle Bewässerungssysteme entwickelt. An Wasser herrscht kein Mangel – es wird aus den zahlreichen Quellen, Flüssen und Seen abgeleitet und sparsam auf die Terrassenfelder verteilt. Der Naßreisanbau beschert den Balinesen zwei bis drei Ernten im Jahr.***

durch eine neue Abgabenordnung wieder Gewinne aus der inzwischen entstandenen tropischen Agrarwirtschaft ziehen: Der Export von Kaffee, Tee, Tabak und Zucker trat neben den alten Gewürzhandel. Gegen Ende des 19. Jahrhunderts setzte dann die Plantagenwirtschaft ein, die mit Tabakpflanzen, Kautschukbäumen und Ölpalmen bis heute weite Gebiete etwa in Sumatra prägt.

Der schwere Weg zum neuen Staat

Das neue, das 20. Jahrhundert, sah dann schon bald die ersten Vorzeichen einer antikolonialen, einer nationalen Unabhängigkeitsbewegung. Junge Lehrer, Ärzte, Ingenieure waren in der holländischen Sprache und nach holländischen Lehrplänen ausgebildet worden. Sie begannen sich zu fragen, warum die europäischen Ideale der Gleichheit vor dem Gesetz, der Demokratie und Menschenwürde nur für Europäer gelten sollten.

Als erste Massenbewegung meldeten sich islamische Vereinigungen zu Wort, in denen die Händler aus der malaiischen Volksgruppe sich gegen die tüchtigen Chinesen verbündeten. Hier tauchte erstmals wieder die Religion, der Islam, als einigendes Element auf, in dem man auch über die Zentralinsel Java hinaus seine Interessen artikulieren konnte. Noch kurz vor dem Ende des Ersten Weltkrieges ließen die Holländer einen »Volksrat« zu, der jedoch keinerlei Entscheidungsbefugnis besaß. 1920 wurde in Indonesien die erste kommunistische Partei Asiens gegründet. Sie wuchs schnell, obwohl besonders konservative islamische Kreise sie schon damals bekämpften. Es waren Jugendliche, vor allem auch indonesische Studenten in den Niederlanden, die im Begriff der »Nation« das zündende Wort für die Befreiung von der Kolonialherrschaft fanden. In Leiden oder Den Haag war ihre Herkunft aus Java oder Bali, der islamische oder christliche Hintergrund ihrer Familien weniger wichtig als das gemeinsam erfahrene Schicksal politischer und wirtschaftlicher Entmündigung.

»Satu nusa, satu bangsa, satu bahasa« – »Eine Nation, ein Volk, eine Sprache« –, so beschwor es 1928 der Jugendkongreß in Batavia, und vorwiegend junge Leute standen auch hinter der »Partai Nasional Indonesia«, die 1927 gegründet wurde. Nationalismus – nicht Klassenkampf oder Glaubenseifer – war die treibende Kraft in der Befreiungsbewegung, die mit den Namen Achmed Sukarno und Mohammed Hatta verbunden ist.

Sukarno, als Sohn eines Lehrers in Surabaya geboren, hatte sein Studium als Ingenieur an der Technischen Universität in Bandung beendet und schon während der Studienzeit seine politische Begabung, vor allem aber sein Talent als Redner erprobt. Mohammed Hatta, der »Kopf« der Bewegung, hatte in Holland studiert. Die beiden Führer und einige ihrer Mitkämpfer wurden bald von den Holländern verbannt.

Aber der Zweite Weltkrieg beschleunigte auch für Indonesien auf unerwartete Weise das Ende der Kolonialherrschaft. Nicht nur, weil das »Mutterland« durch deutsche Truppen besetzt und militärisch wie politisch geschwächt war.

Niederländisch-Indien fiel in die Hand einer neuen Kolonialmacht, der Japaner, die von einigen Indonesiern zunächst als »asiatische Brüder« und »Befreier« begrüßt wurden, bald aber wegen ihrer brutalen Herrschaftsmethoden auf Ablehnung und Haß stießen. Als Japan dann im August 1945 kapitulieren mußte, erwarteten die indonesischen Nationalisten ganz selbstverständlich, daß ihnen die Unabhängigkeit gewissermaßen »in den Schoß fallen« würde, zumal auch Japan im letzten Kriegsjahr schon entsprechende Zugeständnisse gemacht hatte.

Aber die Niederländer wollten und konnten wohl nicht sehen, daß die Zeit der Kolonien abgelaufen war, und versuchten, dort weiterzumachen, wo sie 1942 durch den Krieg zum Aufhören gezwungen worden waren. Vier bittere Jahre lang, bis zum Souveränitätsvertrag am 27. Dezember 1949, zogen sich die Guerilla-Kämpfe, die politischen und diplomatischen Auseinandersetzungen hin.

Die Säulen der Einheit

Sicher trugen diese Auseinandersetzungen, bei denen die langsam entstehende indonesische Armee auch eine Reihe von Autonomie-Bewegungen bekämpfen mußte, dazu bei, die Rolle des Militärs in der Gesellschaft zu stärken. Nicht nur, daß die Streitkräfte oft über die einzigen funktionierenden Transport- und Kommunikationsmittel verfügten, sie gewannen in diesem Prozeß auch großes politisches Selbstbewußtsein. Sie traten damit neben die Nationalpartei Sukarnos, die islamischen Parteien und die Kommunisten als eine besondere, neue Säule der indonesischen Gesellschaft.

Da rund 90 Prozent der Bevölkerung als Muslime gelten und auch Indonesien von der Welt der islamischen Erneuerung erfaßt wurde, fehlte es nicht an Bestrebungen, das junge Staatsgebilde als »islamische Nation« zu etablieren.

Zwei Faktoren haben dies jedoch bisher verhindert: einmal die Tatsache, daß viele javanische Muslime noch immer einer besonderen hindu-javanischen Tradition verpflichtet sind. Es handelt sich um eine stark mystisch geprägte Religiosität, die auch Naturerfahrungen einbezieht und auf äußere Abgrenzungen so wenig Wert legt, daß die Gläubigen sich manchmal sogar dem Christentum zuwenden, wenn sie sich vom Islam zu sehr bedrängt sehen. Diese starke Minderheit auf der Zentralinsel kann also nur sehr bedingt als »muslimisch« gelten; zu ihr gehören nicht nur Bauern, sondern auch Intellektuelle, Beamte und Offiziere. Zum anderen hatte Sukarno schon 1945, noch bevor die Un-

∇ Menschen, für die der Tod keine Schrecken birgt: Die auf Sulawesi lebenden Toraja, eine der ältesten Volksgruppen Indonesiens, hängen – obwohl in der Mehrzahl christlicher Konfession – einer animistischen Totenverehrung an. Auf Balkonen vor der Familiengruft stehen lebensgroße Holzfiguren mit den Gesichtszügen und Kleidern der Verstorbenen.

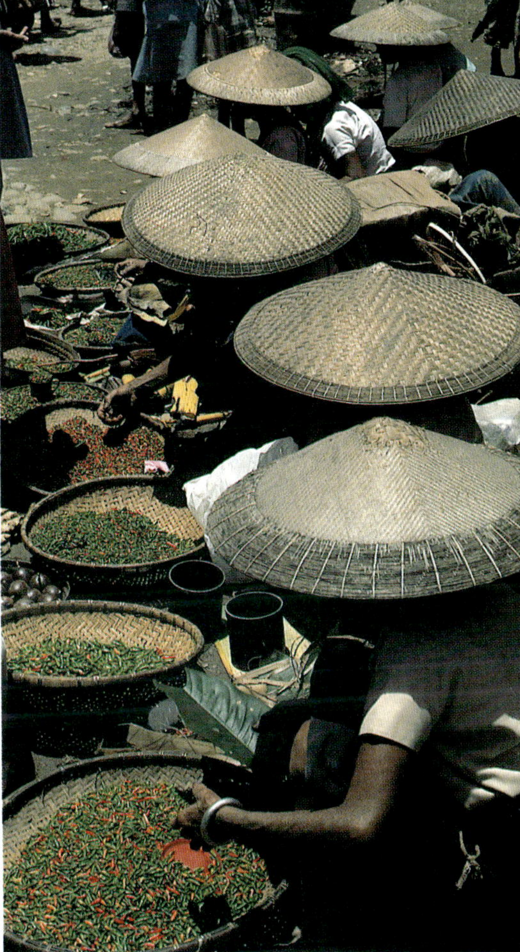

△ ***Ein indonesischer Militärbeamter mit Einheimischen bei einer Brückeneinweihung in Irian Jaya: Der Westteil Neuguineas gehört zwar zu Indonesien; die Papuas haben jedoch mit den anderen indonesischen Volksgruppen nichts gemein.***

▷ ***Unerläßlich für viele Gerichte der abwechslungsreichen Küche des Landes: scharfe Chili-Schoten, die glänzend rot und grün auf jedem Markt angeboten werden.***

abhängigkeit erreicht war, »Fünf Prinzipien« für den neuen Staat als verpflichtend dargestellt, die sogenannte Pancasila: der Glaube an einen allmächtigen Gott, Nationalismus, Demokratie, allgemeine Humanität und soziale Gerechtigkeit.

Muslime wie Christen hatten in der Vergangenheit oft Hemmungen, sich zur Pancasila zu bekennen, bei der ja offen bleibt, ob dieser eine Gott nun Allah ist oder der Vater Jesu Christi. Auch über die Schwammigkeit der übrigen Begriffe ist oft und tiefsinnig diskutiert worden. Aber Pancasila wird in allen Schulen Indonesiens gepaukt und gepredigt, und die geniale Ideologie des Staatsgründers scheint sich neben der Einheitssprache und dem Militär doch als Garant des staatlichen Zusammenhalts und als Bollwerk gegen einen islamischen Staatsfanatismus zu bewähren.

Der hohe Preis der »Neuen Ordnung«

In den fünfziger Jahren und in der ersten Hälfte der sechziger Jahre spitzte sich die Auseinandersetzung zwischen der Armee und der kommunistischen Partei (PKI) immer mehr zu. Die Streitkräfte waren über ihren militärischen Auftrag hinaus auch zu einer Macht in Wirtschaft und Verwaltung geworden, weil ihre Offiziere viele Posten und Ämter besetzten, besetzen mußten, die nach der endgültigen Ausweisung der letzten Holländer 1957 frei geworden waren.

Staatspräsident Sukarno, der sich gern Bung Karno – Bruder Karno – nennen ließ, versuchte mit seinem Rückhalt bei den Massen zwischen Militär und Kommunisten zu vermitteln. Auch sollte die Konfrontation mit Malaysia, dessen koloniale Grenzen in Sarawak und Sabah man nicht respektierte, von den innenpolitischen Schwierigkeiten ablenken, die durch eine wirtschaftliche Misere mit Inflationsraten von über 600 Prozent noch verstärkt wurden.

Im September 1965 entlud sich der untergründige Kampf zwischen PKI und konservativen Kräften des Militärs in einer furchtbaren Explosion. Einzelheiten sind bis heute umstritten. Tatsache aber ist, daß kommunistische Kräfte in der Armee und junge PKI-Mitglieder einen Putsch versuchten. Der Verteidigungsminister und sechs Generäle sollten entführt werden. Der Verteidigungsminister konnte jedoch entkommen, eine seiner Töchter und die sechs Generäle wurden ermordet.

Den Gegenschlag führte der damals weithin unbekannte javanische General Suharto. Der Putsch war rasch niedergeschlagen, und Sukarno wurde praktisch als Gefangener in seinem Palast in einem quälenden, monatelangen Prozeß der Macht entkleidet.

In den Dörfern aber begann ein kollektiver Amoklauf, der gewiß das bisher finsterste Kapitel in der Geschichte des jungen Staates bildet. Die Kommunistische Partei, die älteste und eine der größten in Asien, wurde praktisch weggemordet. Die Schätzungen schwanken zwischen 200000 und 600000 Menschen, die damals in wenigen Wochen den Massakern zum Opfer fielen. Und es wurden nicht nur tatsächliche oder vermeintliche Kommunisten umgebracht, sondern auch alte Rechnungen beglichen mit anderen Außenseitern in den Dörfern, vor allem mit der chinesischen Minderheit.

Seither herrscht die »Neue Ordnung« in Indonesien, die entscheidend von den Streitkräften geprägt wird. Dennoch wäre es eine Vereinfachung, von einer Militärdiktatur zu reden. Immerhin werden alle fünf Jahre Parlamentswahlen abgehalten, an denen sich verschiedene Parteien beteiligen dürfen. Allerdings sorgt die massive Unterstützung des Militärs dafür, daß GOLKAR bisher immer eine satte Mehrheit gewann. GOLKAR ist aber keine Partei im traditionellen Sinn, sondern eine Art ständischer Sammlungsbewegung: Beamte, Frauen- und Jugendverbände sowie verschiedene Berufsorganisationen sind darin zusammengefaßt. Und damit auch kein Restrisiko die Vorrangstellung der Militärs gefährdet, werden 100 der 500 Parlamentsabgeordneten nicht gewählt, sondern vom Präsidenten ernannt, und 75 von ihnen sind Angehörige der Streitkräfte. Dennoch regt sich – besonders in den Zeitungen – immer wieder Kritik an Mißständen, vor allem an Machtmißbrauch und Korruption. Manchmal bringt die Regierung solche kritischen Stimmen zum Schweigen, indem sie den Kritiker verhaften läßt oder eine Zeitung verbietet, manchmal aber werden auch die bösesten Auswüchse beseitigt.

Indonesien, das einzige OPEC-Land Südostasiens, hat dank hoher Deviseneinkünfte aus der Erdölförderung schlimme wirtschaftliche Rückschläge vermeiden können. Es kann sich – seit einigen Jahren – mit dem Grundnahrungsmittel Reis selbst versorgen und die Verkehrsverbindungen zwischen den einzelnen Inseln langsam ausbauen.

Genug Reis zu erschwinglichen Preisen zu bekommen, das ist für fast jeden Indonesier ebenso Ausweis einer guten Regierung wie die Regelmäßigkeit, mit der ein Schiff seine Insel anläuft.

»Apa kabar?« begrüßt man einen Freund oder Bekannten, und das heißt nicht »Wie geht's?«, sondern »Was gibt es Neues?« Denn Insulaner sind sie ja alle, und Teilnahme und Neugier sind ein menschliches Band über gut 5000 Kilometer hinweg.

DIE BESONDERE REISE

Durch den wilden Westen Sumatras

▷ ***Das hohe kunsthandwerkliche Geschick der Bataks wird besonders bei festlichen Gelegenheiten sichtbar: Kostbarer Kopfschmuck und prachtvolle Gewänder dürfen auf keiner traditionellen Hochzeit fehlen.***

Eine Reise zu den Bataks

Gerade eine Stunde braucht die kleine Fokker-Fellowship mit ihren 40 Passagieren von Singapur bis Padang. Die verträumte Provinzkapitale Westsumatras stellt gewiß keine Attraktion für Touristen dar. Vor einigen Jahrzehnten besaß sie allerdings strategische und handelspolitische Bedeutung. Damals, in der Dampfschiff-Ära, konnten die großen Steamer zwischen Kalkutta und China nur in Padang Kohle bunkern. Sie wurde oberhalb der Hafenstadt in den Bergen gefördert und mit einer aus Deutschland importierten Zahnradbahn zur Küste gebracht. Die Linie funktioniert heute noch, und Eisenbahn-Enthusiasten können nach Vorbestellung sogar bis Bukittinggi mitfahren. Zwei Personen finden auf der Lok Platz, ab 15 Personen wird ein Extrawaggon angehängt.

Da ich mir das Vergnügen vor einiger Zeit schon einmal gemacht habe, steht diesmal in Padang nur Schnorcheln auf dem Programm. Von einem Dörfchen aus, 30 Autominuten von Padang entfernt, bringen uns Fischerjungen mit dem Auslegerboot zu einer der vielen Koralleninseln vor der Küste. Im warmen, kristallklaren Wasser werden die Tropenfische fast zu Freunden, die man an ihren Standorten zwischen den prächtigen Korallen immer wieder besuchen und beobachten kann.

Von Padang geht's dann weiter nach Norden an den Danau Toba, den Tobasee, das beliebteste Touristenziel in Sumatra. Erste Station – 90 Kilometer oder knapp zwei Autostunden nördlich von Padang – ist Bukittinggi.

Am Anfang führt die Straße noch durch die schmale Küstenebene. Dann schwingt sie sich empor zwischen den Hügeln und Bergen, die wie ein Rückgrat ganz Sumatra durchziehen. Zwischen zwei fast 3000 Meter hohen Vulkanen, dem Marapi, der noch heute aktiv ist, und dem Singgalang, liegt Bukittinggi.

Einen Tag gönnen wir uns in dem malerischen Städtchen, in dem man schon zur holländischen Kolonialzeit in 900 Meter Höhe

△ ***Das Heimatmuseum in Bukittinggi ist in einem Langhaus untergebracht, das im traditionellen Stil der Minangkabau erbaut wurde. Buntbemalte Schnitzereien zieren das Gebäude, dessen mehrfach geschwungenes Giebeldach Büffelhörnern nachgeformt ist. Das kleinere Haus – links im Bild – dient als Reisscheuer.***

▷ ***Auf der Insel Samosir im Tobasee befinden sich im Dorf Tomok die archaisch anmutenden Königsgräber der Bataks, eines altindonesischen Volkes. Der mächtige Steinsarkophag des Königs Sidabuta trägt an der Frontseite den Kopf eines mythischen Wesens, »Singa« genannt.***

∇ ***Unter der Reklame für einen Gesundheitstrank wird auch für die »5 K« geworben: Sauber, gesund, schön, ordentlich und leise sollen die Dörfer Sumatras sein. Diese Begriffe beginnen im Indonesischen alle mit »K«.***

△ ***Malerisch eingebettet in die Berge Nordsumatras liegt auf 900 Metern Höhe der Tobasee. Die schöne Lage hat den gut 1200 Quadratkilometer großen Kratersee zu einem Touristenmagneten gemacht.***

◁ ***Bambusrohre dienen in Indonesien zu vielerlei Zwecken, so auch zum Garen von Reisbrei oder zum Gären und Transport von Palmwein.***

Frische und Erholung von der schwülen Hitze der Küstenregion suchte. Den traurigen Zoo sparen wir uns diesmal. Aber das Heimatmuseum lohnt immer einen Besuch. Es ist in einem traditionellen, schön geschnitzten Langhaus untergebracht und macht mit der Lebensweise des Minangkabau-Volkes bekannt.

Der Islam hat sich auch hier bei den Minangkabau durchgesetzt. Aber immer noch halten sich Reste der alten Adat, der überlieferten Sitten. Sie bestimmte in der »matrilinearen« Gesellschaft, daß Männer in die Familie der Frau einheiraten und ins Haus der Schwiegermutter ziehen und daß sich das Familiengut von der Mutter auf die Töchter vererbt. Die Adat verlangte auch, daß die jungen Männer auf Wanderschaft gehen. Daher ist der verhältnismäßig kleine Volksstamm weit über das ursprüngliche Siedlungsgebiet hinaus bekannt und stellt tüchtige Händler und Beamte.

Die meist gut ausgebaute Straße führt uns am nächsten Tag mitten hinein in die Bergwelt Westsumatras. Talfahrten zu wilden Flüssen, in denen auch heute noch Goldwäscher ihr Glück oder wenigstens ein bescheidenes Auskommen suchen, wechseln ab mit Steigungen, an deren Ende gelegentlich ein weiter Blick frei wird auf die scheinbar endlos sich reihenden Bergrücken.

Bei Bonjol kreuzt die Straße den Äquator, und das obligatorische Foto entsteht: ein Fuß auf der nördlichen, der andere auf der südlichen Halbkugel.

Überall in den Dörfern mahnen Schilder mit den »5 K«, die Gemeinde sauber, gesund, schön, ordentlich und frei von Lärm zu halten. Die entsprechenden indonesischen Begriffe beginnen alle mit dem Buchstaben »K«, und es blüht und strahlt mancherorts tatsächlich mit Hibiskus, Tagetes und anderen Blumen. Am Straßenrand trocknen die Bauern Kaffee, Reis und Zimt, und einer von ihnen führt uns gern durch seine winzigen Felder und Gärten, die oberhalb des Dorfes am Berghang liegen.

Heiße Quellen bei Panti, nur wenige Meter neben der Straße, erinnern daran, daß Sumatra – wie die meisten indonesischen Inseln – in einer der aktivsten vulkanischen Zonen der Erde liegt.

Die Übernachtung in Padangsidempuan gibt Gelegenheit zu einem Abstecher nach Gunungtua. Dort soll es einige Hindu-Tempel geben, die wir nach holpriger Anfahrt und vielen Fragen auch inmitten von Reisfeldern finden. Aber die Mühe lohnt, denn einer der Tempel ist sachkundig und schön restauriert und erinnert damit eindrucksvoll an die Hochblüte, die die Kultur des fernen Indien auch hier in Sumatra erlebt hat.

Am gleichen Tag noch schaffen wir den Weg bis Sibolga, der Hafenstadt an der Westküste, die einerseits die Insel Nias erschließt und andererseits den Weg ins Herz des Batak-Landes öffnet: zum Tobasee. Immer wieder tauchen hier christliche Kirchen in der Landschaft auf.

Weil ein Feiertag bevorsteht, kochen die Frauen überall in den Dörfern ein besonderes Reisgericht. Mit Kokosmilch vermischt, werden die Körner in grünen Bambusrohren über dem Feuer ganz langsam gesotten. Dazu gibt es das Fleisch jener schwarzen Schweine, für deren Zucht die Bataks berühmt, aber bei ihren islamischen Nachbarn nicht eben beliebt sind.

Abends um halb neun geht die letzte Autofähre von Prapat-Ajibata zur Insel Samosir im Tobasee. Wir wollen sie nicht versäumen und landen pünktlich in einem der schönsten Touristenziele Indonesiens.

Die meisten kommen mit dem Bus über Medan in Nordsumatra hierher. Aber die längere »besondere« Reise hat sich gelohnt. Sie findet ihren Höhepunkt unter uralten Bäumen vor den archaisch anmutenden Gräbern der Fürsten von Tomok.

Eberhard Kuhrau

Landesnatur

Fläche: 1 904 569 km² (etwa achtmal so groß wie die Bundesrepublik Deutschland); 5,2 Mio. km² inkl. Hoheitsgewässer
Ausdehnung: Inselbogen: West–Ost 5100 km, Nord–Süd 1890 km
Höchster Berg: Puncak Jaya 5030 m
Längste Flüsse: Kapuas 1150 km, Barito 900 km, Mahakam 770 km
Größter See: Danau Toba 1264 km²

Der Inselstaat Indonesien erstreckt sich als Rest einer früheren Landbrücke zwischen Südostasien und Australien beiderseits des Äquators. Das Land besteht aus mehr als 13 000 Inseln.

Naturraum
Indonesien ist der flächenmäßig größte Staat im südostasiatischen Raum. Das Land umfaßt die Großen Sundainseln Borneo (Kalimantan) ohne den nordwestlichen Teil, Sumatra, Célèbes (Sulawesi) und Java, ferner die Kleinen Sundainseln (u. a. Bali, Lombok, Sumbawa, Sumba, Flores und Timor), die Molukken, den westlichen Teil von Neuguinea und eine Vielzahl kleiner Inseln.
Der größte Teil der Landesfläche wird von den Gebirgsketten des Sundasystems eingenommen, unterbrochen von Senken und – auf den größeren Inseln – von weiten Sumpfarealen und Schwemmlandebenen. In dem Gebirgsgürtel von Sumatra über Java, die Kleinen Sundainseln, die Molukken bis Nordwest-Célèbes reihen sich über 300 Vulkane aneinander; mehr als 70 von ihnen, darunter der Krakatau (letzter Ausbruch 1973), der Kerinci (1970) und der Semeru (1981), sind noch aktiv. Die Gebirge erreichen auf Célèbes eine Höhe von 3455 m, auf Java 3676 m, auf Sumatra 3800 m und über 5000 m im westlichen Teil Neuguineas.

Im westlichen Staatsgebiet herrscht der feuchte Westmonsun vor; jährlich fallen hier durchschnittlich 2000 bis 4000 mm Niederschlag (im Gebirge bis zu 6000 mm). Im Osten hingegen dominiert der trockene Ostmonsun; die jährlichen Niederschlagsmengen betragen 1000 bis 3000 mm. In weiten Teilen Indonesiens dauert die Hauptregenzeit von November bis April; von Mai bis Oktober ist es relativ trokken. Die durchschnittliche Jahrestemperatur schwankt in den Tiefländern um 27 °C; dort herrscht auch eine gleichbleibend hohe Luftfeuchtigkeit (80 bis 90 %).

Vegetation und Tierwelt
Etwa zwei Drittel der Landesfläche sind bewaldet. An den sumpfigen Flachküsten Ostsumatras und Südborneos gibt es Mangrovewälder und weitflächige Palmenbestände (typisch ist hier die zuckerreiche Nippapalme), die landeinwärts in Sumpfwälder übergehen. In Lagen bis 1000 m Höhe breitet sich tropischer Regenwald aus, der allerdings durch zunehmenden Holzeinschlag und die Ausweitung der Kulturlandschaft (insbesondere auf Java) immer weiter zurückgedrängt wird. Bis etwa 2500 m Höhe wächst immergrüner Bergwald (teils Nadelwald), in höheren Lagen artenarmer niedriger Krüppelwald. Auf den östlichen Inseln dominieren laubabwerfende Monsunwälder (mit Teakbäumen, Kasuarinen, Akazien, Kapokbäumen); in regengeschützten Lagen erstrecken sich Buschwälder und offene Savannen.
In Indonesien gibt es nahezu 30 000 Blütenpflanzenarten, darunter etwa 5000 Orchideenarten sowie die vom Aussterben bedrohte Rafflesie, ein Parasitengewächs mit der größten aller Blüten (bis zu 1 m Durchmesser). Sie schmarotzt auf der Wurzel der Wildrebe und bricht mit ihrer bis zu 6 kg schweren, ziegelroten Blüte aus dem Wirtskörper heraus.

In West-Neuguinea ein Dorf der Papua, deren Lebensform heute stark bedroht ist.

Klima
Trotz ihrer gemeinsamen Lage in der tropischen Zone besitzen die Inseln Indonesiens unterschiedliches Klima.

Die auf den dichtbesiedelten Inseln schon stark zurückgedrängte Tierwelt umfaßt Indische Elefanten, Nashörner, Wasserbüffel, Tapire, Tiger, Schwarze Panther, zahlreiche Affenarten (u. a. Orang-Utans, Gibbons, Nasenaffen, Schopfmakaken, Koboldmakis und Flughunde) sowie Reptilien (Schlangen, Krokodile, Flugdrachen). Auf Komodo und Rinca (zwischen Sumbawa und Flores) leben die letzten Komodowarane, bis zu 3,70 m lange, drachenartige, fleischfressende Echsen. Ebenfalls vom Aussterben bedroht sind u. a. die Javanashörner, von denen es im Naturreservat Ujung-kulon, an der Westspitze von Java, derzeit noch etwa 30 Exemplare gibt. Indonesiens Tierwelt wird von der erdgeschichtlich bedingten sog. Wallace-Linie in eine asiatische und eine australische Tierregion geteilt. Diese Linie verläuft zwischen Borneo und Célèbes bzw. Bali und Lombok. Auf den östlichen Inseln, insbesondere im westlichen Teil Neuguineas, trifft man auf typische Vertreter der australischen Fauna; bei den Säugetieren sind vor allem die Kloaken- und Beuteltiere, bei den Vögeln die Kakadus, Laubenvögel und Paradiesvögel zu erwähnen.

Auf Borneo und Sumatra zu Hause: der Orang-Utan, zu deutsch »Waldmensch«.

Politisches System

Staatsname: Republik Indonesia
Staats- und Regierungsform: Präsidiale Republik
Hauptstadt: Jakarta
Mitgliedschaft: UN, GATT, ASEAN, ESCAP, OPEC, Colombo-Plan

Nach der provisorischen Verfassung von 1945 liegt die Souveränität beim Volk. Das höchste Staatsorgan ist der Beratende Volkskongreß, der aus 920 Mitgliedern besteht und nur alle fünf Jahre anläßlich der Wahl des Staatspräsidenten tagt. Der Staatspräsident führt die vom Volkskongreß beschlossene Politik aus, ist Träger der Exekutivgewalt und leitet das Kabinett.

Gesetzgebung und Verwaltung
Gesetzgebendes Organ ist das Repräsentantenhaus, das sich aus 500 Abgeordneten zusammensetzt. Vier Fünftel von ihnen werden frei gewählt, die restlichen (überwiegend Vertreter des Militärs) werden vom Präsidenten ernannt. Bestimmende politische Kraft ist die GOLKAR-Partei, die sich auf berufsständische Organisationen sowie Frauen- und Jugendverbände stützt. Gewerkschaften spielen nur eine untergeordnete Rolle. Das Land gliedert sich in 27 Provinzen (darunter die Städte Jakarta, Yogyakarta und Aceh), 251 Regierungsbezirke und 55 kreisfreie Städte.

Recht und Justiz
An der Spitze des Gerichtswesens steht der Oberste Gerichtshof in Jakarta. Ihm unterstehen 14 Hohe Gerichte, die ihrerseits den Distriktgerichten übergeordnet sind. Nur das Zivilrecht, nicht aber das Strafrecht unterscheidet zwischen Ausländern und Einheimischen.

Bevölkerung

Einwohnerzahl: 172 Millionen
Bevölkerungsdichte: 90 Einw./km²
Bevölkerungszunahme: 2,3 % im Jahr
Ballungsgebiete: Zentrale Inseln Java, Madura und Bali
Größte Städte: Jakarta (8 Mio. Einw.), Surabaya (2,4 Mio.), Medan (2 Mio.), Bandung (1,8 Mio.)
Bevölkerungsgruppen: 90 % Malaien, 3 % Ureinwohner, 2 % Chinesen

Die Bevölkerung Indonesiens umfaßt mehr als 300 ethnische Gruppen malaiischen, melanesischen und polynesischen Ursprungs mit über 250 Sprachen und Dialekten. Zu den Minderheiten gehören neben Einwanderern (besonders Chinesen) auch die Ureinwohner (z. B. Papua), die in ihrer traditionellen Lebensform stark bedroht sind. Die Bevölkerungsverteilung ist sehr ungleichmäßig: Auf den Inseln Java, Madura und Bali leben 65 % der Bevölkerung auf nur 7 % der Landesfläche, während im westlichen Neuguinea (23 % des Staatsgebietes) nur knapp 1 % der Einwohner lebt. 40 % der Bevölkerung sind jünger als 15 Jahre.
Amtssprache ist Bahasa Indonesia (in lateinischen Schriftzeichen geschrieben), Geschäftssprache ist Englisch. 90 % der Bevölkerung sind sunnitische Muslime, doch gibt sich der Islam in Indonesien liberaler als in den arabischen Staaten.

Soziale Lage und Bildung
Die Arbeitslosenrate wird derzeit auf etwa 15 % geschätzt, Arbeitslosenunterstützung gibt es nur in sehr beschränkter Form, obwohl ein 1977 gegründeter öffentlicher Versicherungsträger neue Impulse setzte. Die medizinische Versorgung ist vor allem auf dem Land unzureichend; der weitere Ausbau des staatlichen Gesundheitswesens soll hier Abhilfe schaffen. Kostenlose allgemeine Schulpflicht besteht für 7- bis 12jährige, etwa 10 % der Kinder verlassen die Schule jedoch vorzeitig. Die Analphabetenrate beträgt etwa 30 %. Das Land besitzt 49 staatliche und 23 private Universitäten.

Wirtschaft

Währung: 1 Rupiah (Rp.) = 100 Sen (S)
Bruttoinlandsprodukt (in Anteilen): Land- und Forstwirtschaft 25 %, industrielle Produktion 36 %, Dienstleistungen 39 %
Wichtigste Handelspartner: Japan, USA, Singapur, EG-Staaten

Indonesien ist nach wie vor überwiegend ein Agrarland. Die Industrialisierung geht nur langsam vonstatten. Nach zunächst beachtlichen Wachstumsquoten durch Erdölexporte bis in die 80er Jahre hinein führte der Preisverfall auf dem Weltmarkt zu einer Rezession, von der sich das Land bislang kaum erholt hat.

Landwirtschaft

Etwa 16 % der Fläche werden landwirtschaftlich genutzt. Indonesien ist heute nahezu Selbstversorger mit Nahrungsmitteln; die Hauptnahrungspflanze ist Reis. Bei einigen Agrarprodukten gehört das Land zu den weltweit führenden Produzenten (Naturkautschuk, Kopra, Palmkerne, Papayas, Pfeffer, Tee, Kaffee). Die zweitwichtigste Devisenquelle des Landes ist die Forstwirtschaft. Vor allem Edelhölzer werden gewonnen.

Beispiel indonesischer Blütenpracht: eine Hibiskus-Variante.

Bodenschätze, Energie, Industrie

Das rohstoffreiche Indonesien gehört bei einigen Bodenschätzen zu den größten Förderländern der Erde (Zinn, Nickel, Mangan, Bauxit). Der wichtigste Wirtschaftszweig ist die Erdöl- und Erdgasgewinnung und -verarbeitung. Künftig soll der Kohle (Steinkohlelager auf Sumatra und Borneo) eine größere Bedeutung bei der Energieversorgung zukommen. Der industrielle Schwerpunkt Indonesiens ist Java. Wichtige Branchen sind neben der Nahrungsmittel-, Textil- und chemischen Industrie die Metallwarenherstellung sowie der Maschinen- und Fahrzeugbau.

Handel

Den überwiegenden Teil der Exporterlöse erbringen Rohöl und Erdgas. Hinzu kommen Holzprodukte, Naturkautschuk und mineralische Erze. Die wichtigsten Importartikel sind Maschinen, Fahrzeuge sowie elektrotechnische und chemische Erzeugnisse.

Verkehr, Tourismus

Für den Verkehr zwischen den Inseln ist die Schiffahrt von großer Bedeutung; in jüngster Zeit hat jedoch der Luftverkehr erheblich zugenommen. Eisenbahnstrecken gibt es nur auf Java, Madura und Sumatra (insgesamt knapp 9000 km). Das Straßennetz (rd. 200 000 km, davon 80 000 km asphaltiert) genügt vielerorts nicht den Anforderungen des motorisierten Verkehrs. Die wichtigsten internationalen Flughäfen sind Jakarta und Medan, die größten Häfen Jakarta, Surabaya und Medan.
Der Tourismus erlebte während der 70er Jahre einen bedeutenden Aufschwung; er soll langfristig zweitwichtigster Wirtschaftsfaktor nach dem Erdöl- und Erdgasexport werden.

Geschichte

Indonesien war bereits in frühester Zeit bewohnt; Überreste des Frühmenschen Pithecanthropus erectus lassen sich mehrere hunderttausend Jahre zurückdatieren. Altmalaiische Völker besiedelten ab etwa 2500 v. Chr. vom asiatischen Festland aus in mehreren Wellen den indonesischen Archipel. In der zweiten Hälfte des 1. Jahrtausends v. Chr. setzte die Einwanderung aus Südchina ein; um Christi Geburt begann die Kolonisation durch Inder, die buddhistische und hinduistische Glaubensinhalte mitbrachten.

Indisch und islamisch geprägte Reiche

In den ersten Jahrhunderten n. Chr. wurden auf den Großen Sundainseln kleine Königreiche gegründet. Sie standen unter indischem Kultureinfluß, unterhielten aber auch Handelsbeziehungen zu China. Das bedeutendste Staatsgebilde war das im 7. Jh. auf Ostsumatra und auf Java gegründete Reich von Srivijaya. Es entwickelte sich zur bedeutendsten See- und Handelsmacht im südostasiatischen Raum und dehnte seinen Einflußbereich über die meisten Inseln des Archipels sowie über die Malaiische Halbinsel aus. 1292 wurde es in der Herrschaft durch das in Zentraljava gegründete Reich von Majapahit abgelöst. Sein Niedergang begann Mitte des 15. Jh., als Malakka zur führenden Handelsmacht in Südostasien aufstieg und gleichzeitig der Islam den Hinduismus verdrängte.
Der Islam war seit dem 13. Jh. mit indischen und persischen Kaufleuten nach Südostasien gelangt und verbreitete sich bis Ende des 16. Jh. über den gesamten indonesischen Inselraum. Mehrere islamische Sultanate wurden gegründet, nur Bali blieb hinduistisch.

Europäische Kolonialherrschaft

Nachdem die Europäer 1498 den Seeweg nach Indien entdeckt hatten, griffen sie auch in den ertragreichen südostasiatischen Gewürzhandel ein. Als erste errichteten die Portugiesen, die 1511 Malakka eroberten, Forts und Niederlassungen auf Sumatra, Timor und den Molukken. Ihnen folgten die Spanier und die Engländer, die jedoch den Niederländern weichen mußten. 1602 gründeten diese die Vereinigte Ostindische Kompanie, die im Namen der Regierung Handelsfaktoreien einrichten durfte. Durch Monopol- und Schutzverträge mit den untereinander zerstrittenen einheimischen Fürsten konnten die Niederländer die portugiesische und englische Konkurrenz ausschalten und von Java aus (1618/19 Gründung von Batavia; heute Jakarta) den wirtschaftlichen Einfluß der Kompanie über den gesamten Archipel ausdehnen. Aber Korruption und Mißwirtschaft führten zum Zusammenbruch der Kompanie; ihre Besitzungen wurden 1800 von den Niederlanden übernommen. Sie blieben fast ohne Unterbrechung bis Mitte des 20. Jh. Kolonialmacht.
Bemühungen Anfang des 20. Jh., die indonesische Bevölkerung durch verstärkte Selbstverwaltung an der Regierungsgewalt zu beteiligen (1916 Errichtung eines Volksrats), konnten das Entstehen von nationalistischen, vorwiegend vom Islam beeinflußten Unabhängigkeitsbewegungen nicht verhindern. So bildete sich 1911 die Interessenvereinigung muslimischer Kaufleute »Sarekat Islam Indonesia«. 1920 wurde die Kommunistische Partei (PKI) gegründet, 1927 von Achmed Sukarno (1901–1970) die Indonesische Nationalpartei (PNI), die 1931 in der Indonesischen Partei aufging. Da Sukarno jede Zusammenarbeit mit der Kolonialregierung ablehnte, wurde er zwischen 1929 und 1942 mehrmals inhaftiert. Die Besetzung durch Japan beendete 1942 die niederländische Kolonialherrschaft in Indonesien.

Das Prachtstück der hinduistischen Tempelanlage von Prambanan in Zentral-Java: der Loro Jonggrang.

Ein Palmblatt dient als Teller für den Reis, Indonesiens Hauptnahrungsmittel.

Indonesien seit der Unabhängigkeit

Nach der japanischen Kapitulation riefen Sukarno und Mohammed Hatta am 17. 8. 1945 (Nationalfeiertag) die Unabhängigkeit Indonesiens aus. Die Niederländer, die nach Kriegsende weite Teile des Landes mit militärischer Gewalt wieder unter ihre Kontrolle brachten, erkannten erst Ende 1949 auf internationalen Druck hin die Souveränität Indonesiens an. Nur der Westen Neuguineas (Irian Jaya) blieb in niederländischem Besitz und wurde erst 1963 administrativ und 1969 offiziell dem indonesischen Staat eingegliedert.
1950 wurde die im Jahr zuvor gebildete Föderation von 16 Staaten in eine zentralistische Republik mit Sukarno als Staatspräsidenten umgewandelt. 1956 endete die Union zwischen den Niederlanden und Indonesien. 1959/60 ersetzte Sukarno den Parlamentarismus durch ein autoritäres Re-

gime (»Gelenkte Demokratie«). Er wurde Präsident auf Lebenszeit, alle Oppositionsparteien wurden verboten. Außenpolitisch verfolgte Sukarno einen antiwestlichen Kurs, der 1963/64 zur Konfrontation mit dem »neokolonialistischen« Malaysia und 1965 zum Austritt aus der UN führte (Wiedereintritt 1966). Ein kommunistischer Putschversuch wurde von der Armee unter General Suharto am 1. 10. 1965 niedergeschlagen, wobei zahllose Kommunisten und deren Sympathisanten (Schätzungen schwanken zwischen 200000 und 600000) den Tod fanden.
Suharto, der in einem allmählichen Prozeß Sukarno entmachtete, wurde 1966 vom Volkskongreß zum provisorischen Präsidenten und 1968 zum Staatspräsidenten gewählt (vierte Amtsperiode seit 1983). Er betreibt eine bündnisfreie, nach innen antikommunistische Politik mit prowestlichem Kurs.
1976 wurde die ehemals portugiesische Kolonie Osttimor nach blutigem Bürgerkrieg und der Intervention indonesischer Truppen gegen das Veto des UN-Sicherheitsrats als Provinz annektiert. Jeder Widerstand der Unabhängigkeitsbewegung auf Osttimor (FRETILIN) wird von der Regierung bis heute gewaltsam unterdrückt.

Kultur

Die Vielfalt von kulturellen Strömungen, die in dem ausgedehnten Inselraum aufeinandertreffen, spiegelt sich auch in der Kunst wider. Sie hat aber die verschiedenen Einflüsse aus China, Indien, dem islamischen Raum und Europa assimilieren und zu eigenständigen Formen verschmelzen können.

Kunst und Literatur

Seit der Zeitenwende prägte der indische Einfluß die Kunst auf den Großen Sundainseln. Diese religiös bestimmte Kunst entfaltete sich im 8. bis 15. Jh. vor allem auf Java. Der indo- oder mitteljavanischen Kunst (rd. 750–900) gelang die Verschmelzung hinduistisch-buddhistischer Elemente mit dem javanischen Ahnenkult. Sichtbarer Ausdruck dafür ist der Candi, eine Kombination aus Tempel und Grabmal mit dreiteiligem Aufbau. Das bedeutendste Bauwerk dieser Epoche ist der um 800 errichtete buddhistische Tempel Borobudur (42 km nordwestlich von Yogyakarta).
Kennzeichnend für die ostjavanische Kunst (930–1525) ist die veränderte Baugestalt der Tempel, die schlanker und höher werden. Eindrucksvolles Beispiel ist die Panataran-Tempelanlage (11 km nördlich von Blitar). Die ostjavanische Kunst endete mit dem Vordringen des Islam, lebt aber noch auf Bali und im indonesischen Kunsthandwerk fort.
Da der Islam Darstellungen von Mensch und Tier verbot, drückte sich die Kunst dieser Epoche (ab 13. Jh.) vor allem in der Architektur aus (Moscheen und Grabmonumente). Die Kolonialzeit führte zu einem Verfall der künstlerischen Tradition; erst seit den dreißiger Jahren findet eine Rückbesinnung statt.
Das indonesische Kunsthandwerk hat eine außerordentliche Vielfalt entwikkelt: Verbreitet sind vor allem Textilkunst (mit besonderen Web- und Färbetechniken wie bei Ikat-Webarbeiten und Batik), Holzschnitzerei (z. B. Verzierung von Häusern) und Metallbearbeitung (Waffen und Schmuck). Der Verzierung von Gegenständen mit Perlen haben sich vor allem die Dayak auf Borneo gewidmet. Die Batak auf Sumatra haben Stoffe mit Perlen oder feingeschliffenen Muschelteilen geschmückt. Auf Java und Bali werden aus Leder und Pergament Figuren für das kultische Schattenspiel (Wayang Kulit) hergestellt.
Eine indonesische Literatur in der malaiischen Nationalsprache Bahasa Indonesia gibt es erst seit 1945; vorher wurden vor allem fremde Kultureinflüsse in der Literatur verarbeitet. Die hinduistisch-javanische Literatur kennzeichnen ab dem 10. Jh. Nachdichtungen der indischen Heldenepen »Mahabharata« und »Ramayana«, die noch heute als Hauptstoffe der Tanz- und Theaterdarstellungen dienen. Mit dem Islam drangen vor allem Sagen und Märchen aus dem arabisch-persischen Kulturraum in die Literatur der Region ein. Ihren Höhepunkt erreichte die islamisch-malaiische Prosa in der Geschichtsschreibung und im historischen Roman. Im Zentrum des literarischen Schaffens stehen heute neben betont sozialkritischen Tendenzen das Ringen um die Selbstverwirklichung sowie die Suche nach einem eigenständigen Weg.

Musik, Tanz und Theater

Am weitesten verbreitet in Indonesien ist die auf Java und Bali entstandene Gamelan-Musik. Ihre Orchester umfassen oft weit über 30 Instrumente (vor allem Schlaginstrumente). Diese Ensembles, zu denen auch ein Chor und Einzelsänger gehören, begleiten rituelle Ereignisse sowie Tanz- und Theaterdarbietungen. Die vom Islam geprägte Musik Sumatras erinnert an nahöstliche Klänge; hier dominieren

© I.G.D.A. S.p.A. - Novara

Saiten- (Zupf- und Spießlaute) und Blasinstrumente (Holzschalmei) über die Schlaginstrumente.
Der Tanz geht auf magisch-kultische Ursprünge zurück. Auf Java und Bali hat er sich zu einer dramatischen Kunstform entwickelt; die verschiedenen Tanzformen zeichnen sich durch eine ausdrucksvolle, streng stilisierte Gestik aus. Die älteste Form des indonesischen Theaters ist das Wayang-Spiel, ein Schattenspiel mit flachen Lederfiguren oder plastischen, mit Stoff bekleideten Holzpuppen. Wichtigster Akteur ist der »Dalang«, der nicht nur die Figuren bewegt, sondern auch als Erzähler die verschiedenen Rollen spricht und die Einsätze für das begleitende Gamelan-Orchester gibt. Im »Wayang-Topeng« treten maskierte Tanzpantomimen an die Stelle der Puppen. Vorläufer des modernen Sprechtheaters ist schließlich das »Wayang-Wong«, in dem die Darsteller ihre Dialoge selbst sprechen und tanzen und der Dalang nur noch verbindende Erklärungen gibt.

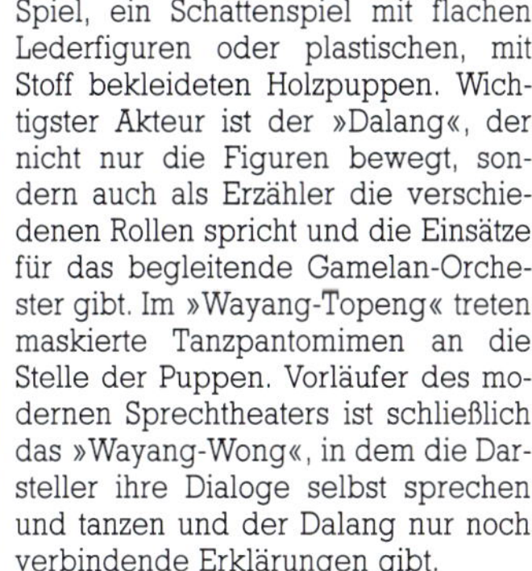

Den gefürchteten Meeresgottheiten haben die Balinesen den Tempel von Tanah Lot geweiht.

Reise-Informationen

Einreise- und Fahrzeugpapiere
Bürger der Bundesrepublik Deutschland, der Schweiz und Österreichs benötigen für einen Aufenthalt bis zu 60 Tagen einen noch sechs Monate gültigen Reisepaß. Die Einreise ohne Visum ist nur über einige Flug- und Seehäfen möglich (z. B. Jakarta, Medan, Surabaya und Bali). Für die Einreise in die Provinz Irian Jaya ist eine Sondergenehmigung erforderlich, die in Jakarta beim »Dinas Intel Pam Pol Mabak« ausgestellt wird.
Als Fahrerlaubnis ist der internationale Führerschein erforderlich.
Zoll
Bei der Einreise sind zollfrei: bei einem Aufenthalt von einer Woche 200 Zigaretten, bei zwei Wochen die doppelte, bei drei Wochen die dreifache Menge; ferner zwei Liter alkoholische Getränke und eine angemessene Menge Parfüm. Der Besitz von Drogen wird streng bestraft.
Devisen
Bei der Ein- und Ausreise dürfen jeweils nur 50 000 Indonesische Rupien (Rp.) mitgeführt werden. Bei Fremdwährungen bestehen keine Beschränkungen. Euroschecks werden nicht akzeptiert.
Impfungen
Dringend empfohlen werden die Impfungen gegen Cholera und Typhus sowie Malaria-Prophylaxe.
Verkehrsverhältnisse
In Indonesien besteht Linksverkehr. Ausgebaute, oft aber schmale und schadhafte Straßen gibt es zwischen allen Städten. Auf den größeren Inseln verkehren Busse. Als öffentliche Verkehrsmittel kommen, regional sehr verschieden, Taxis, Sammeltaxis (Bemos), motorisierte Dreiräder, Fahrradrikschas und Pferdedroschken hinzu. Auf den touristisch frequentierten Inseln stehen Leihwagen zur Verfügung. Auf Java reist man preiswert mit der Eisenbahn. Das innerindonesische Flugliniennetz ist mit rd. 100 staatlich betriebenen Flugplätzen sehr engmaschig. Zwischen Java und Sumatra sowie zwischen Java und Bali verkehren Fähren mehrmals täglich.
Unterkünfte
Indonesien verfügt über zahlreiche Hotels aller Kategorien. Billig und landestypisch wohnt man im weitverbreiteten »Losmen«.
Reisezeit
Die klimatisch günstigsten Reisemonate auf Sumatra, Java und Bali sind Mai bis Oktober. Zwischen November und April bringt der Westmonsun starke Regenfälle.

Irak

Heiko Flottau

Wer heute auf dem Flughafen von Bagdad landet, mit dem Taxi auf der breiten Autobahn in die irakische Hauptstadt fährt und dort eine erste Rundtour macht, der wird recht zwiespältige Eindrücke gewinnen. Keine Spur mehr vom Glanz des in den Geschichtsbüchern verewigten Bagdads der Kalifen. Wer etwas vom traditionellen religiösen Leben der Schiiten zu finden hofft, der muß in die Außenbezirke der Stadt fahren.

Das neue Bagdad unterscheidet sich kaum von europäischen Großstädten, ist geprägt vom oft so langweiligen modernen Baustil unserer Breiten. Markantester Schmuck der Stadt: überlebensgroße Porträts des 1979 an die Macht gekommenen Präsidenten Saddam Hussein. Da drängt sich die Vermutung auf, daß hier die Herrschaftsform der »orientalischen Despotie« noch keineswegs überwunden ist.

Staatsname:	Republik Irak
Amtssprachen:	Arabisch und Kurdisch
Einwohner:	16,6 Millionen
Fläche:	434924 km²
Hauptstadt:	Bagdad
Staatsform:	Demokratische Volksrepublik
Kfz-Zeichen:	IRQ
Zeitzone:	MEZ +2 Std.
Geogr. Lage:	Vorderasien, am Persischen Golf; grenzt an Kuwait, Saudi-Arabien, Jordanien, Syrien, die Türkei und den Iran

Das hochmoderne Kriegerdenkmal in Bagdad erinnert an die irakischen Soldaten, die im Golfkrieg getötet wurden. Die Bilanz des fast achtjährigen Krieges ist für beide Seiten vernichtend: Im Irak kamen schätzungsweise 200000 Menschen ums Leben, im Iran 300000.

Wächter des Heiligtums und sozialistischer Funktionär

In den Städten An Najaf, Karbala und Al Kufah, südlich der Hauptstadt gelegen, kommt man der Tradition des heutigen Irak eher auf den Grund als in Bagdad. In An Najaf liegt angeblich Ali begraben, der Schwiegersohn des Propheten; er war der vierte Kalif und der letzte, den die Schiiten als »rechtgeleitet« anerkannten. So wurde er zum Stammvater dieser islamischen Glaubensrichtung.

In Al Kufah wurde Ali im Jahre 661 christlicher Zeitrechnung von einem enttäuschten Anhänger ermordet, und in der Schlacht von Karbala verlor Hussein, einer seiner Söhne, im Jahre 680 sein Leben.

Rund 60 Prozent aller Iraker bekennen sich zur schiitischen Richtung des Islams – das jedenfalls sagen neuere Statistiken; andere Zählungen sehen noch eine Mehrheit sunnitischer Kurden und Araber. Als die »Sozialistische Partei der arabischen Wiedergeburt«, die Baath-Partei, 1968 die Macht übernahm, versprach sie den Aufbau eines weltlichen Staates nach europäischem Vorbild, in dem Religion Privatsache sein sollte. Als übergeordnete Ideologie importierten die Baathisten den Sozialismus und formierten ihre Gruppe zur mächtigen Einheitspartei.

Bei allen Einwänden, die man – aus europäischer Sicht – gegen autoritäre Herrschaftsformen vorbringen muß, darf man nicht übersehen, daß die Baath-Sozialisten im Irak tatsächlich einen gesellschaftlichen Entwicklungsprozeß in Gang gesetzt haben. Das Konzept eines säkularen Staates soll, so hoffen die Regierenden im Irak – wie auch in Syrien –, die arabische Welt aus ihrer Rückständigkeit befreien. Damit steht der Irak in deutlichem Gegensatz zum Nachbarn Iran, wo der schiitische Klerus die Gesellschaft durch die Rückbesinnung auf islamische Werte und durch den Aufbau eines »Gottesstaates« erneuern will. Und mit diesem weltlichen Staatskonzept unterscheidet sich der Irak auch von Saudi-Arabien, in dem der strenge sunnitische Islam der Wahhabiten Grundlage des gesellschaftlichen Lebens ist.

△ Fast acht Jahre Krieg haben die Wirtschaft des Irak ruiniert. Die militärischen und materiellen Verluste während dieser harten Zeit hielten die Reichen Bagdads jedoch nicht davon ab, rauschende Feste zu feiern – wie diese prunkvoll ausgerichtete Hochzeit zeigt.

Einer der Wächter des Heiligtums von An Najaf ist Hussein ar-Rifai. Er trägt eine Amamah, einen zylinderartigen Hut mit grünem Band – ein Zeichen dafür, daß er seinen Stammbaum bis auf den Propheten zurückführen kann. Sein Zayy, das Gewand aus Jakkett und Rock, ist aus feinstem Baumwolltuch geschneidert, das Nadelstreifenmuster seines Umhanges verleiht dem Mittsechziger die Distinguiertheit eines englischen Gentleman. Hussein ar-Rifai ist nicht nur Imam am Heiligtum von An Najaf, er sitzt auch im Parlament und arbeitet in hoher Position im Ministerium für Kultur und Information. Der Imam zeigt sich – schon deshalb – zufrieden mit der Stellung der Schiiten im Irak: Alle religiösen Gruppen, die Schiiten, die Sunniten und die Christen, genössen völlige Glaubensfreiheit im Irak, der Staat helfe finanziell beim Bau von Moscheen und Kirchen.

Kunstförderung trotz Krieg

Sie steht für den neuen Irak: Layla Attar, eine auffallende Erscheinung. Ihr breit geschnittenes Gesicht umrahmen schwarze Haare, sie trägt ein bodenlanges lila Kleid und rosa Pumps und als Accessoire ein rosa-lila-gestreiftes Halstuch: eine Persönlichkeit, die aus Künstlerkreisen stammt und ihr Künstlertum betont, die gebrochen hat mit der traditionellen Unterordnung der Frau unter den Mann. Layla Attar leitet das Saddam-Kunstzentrum in Bagdad; die Werke vieler irakischer Maler stellt sie hier aus. Nur selten sieht man unter den Bildern platte Nachahmungen europäischer Moderne. Die meisten vereinen westlichen Stil mit einheimischen Motiven.

Hussein ar-Rifai aus An Najaf, Layla Attar aus Bagdad: Sie verkörpern zwei Epochen in der Geschichte des Irak und auch zwei Lebensformen, deren Spielraum aber nur durch die Protektion eines mächtigen Staates, einer mächtigen Partei garantiert ist. Wer – anders als diese beiden – einfach als privater Bürger leben will, benimmt sich unauffällig und zieht sich in seine vier Wände zurück.

Nicht nur der Staat bedroht das private Leben der Iraker, sondern auch das grausame Morden am Golf. Von dem im September 1980 ausgebrochenen Krieg zwischen dem Iran und dem Irak sind über 66 Millionen Menschen betroffen – fast 50 Millionen im Iran, mehr als 16 Millionen im Irak.

Die grausame Schlächterei am Golf hat am 20. August 1988 mit einem Waffenstillstand zunächst ein Ende gefunden. Ob ein

▽ Mit der »Schlacht von Qadisiya« machte die irakische Führung Propaganda für den Golfkrieg: In jener Schlacht von 636 bis 637 eroberten die Araber einen Teil des persischen Reiches, den sie Irak nannten.

▷ Alltägliches mitten im Krieg: Im heftig umkämpften Basra gingen die Schuhputzer weiterhin ihrer Arbeit nach, notdürftig geschützt hinter Sandsäcken.

dauerhafter Frieden zwischen den Nachbarn Iran und Irak, zwischen Persern und Arabern, zwischen Muslimen und Muslimen, zwischen zwei dennoch verschiedenen Kulturkreisen bevorsteht, ist noch lange nicht abzusehen. Auch wenn beide Völker einen Friedensvertrag schließen sollten, wird es unsicher bleiben, ob dieser eine langfristige Lösung der Probleme bringen oder ob er nur wieder eine Zwischenkriegszeit einläuten wird. Zu tief sind die historisch gewachsenen Aversionen zwischen beiden Völkern, als daß sie über Nacht gegenseitigem Verständnis Platz machen könnten.

Formal hatte der Irak den Golfkrieg begonnen, als er seine Truppen in den Iran einmarschieren ließ. Doch vorausgegangen waren ständige Streitigkeiten und lange Auseinandersetzungen über den Grenzverlauf am Shatt al Arab, dem Zusammenfluß von Euphrat und Tigris.

Mit dem mächtigen Schah hatten sich die Iraker 1975 geeinigt, denn der Schah hatte etwas zu bieten: Er versprach, die aufständischen Kurden im Norden des Irak nicht mehr zu unterstützen. Die sunnitischen Kurden stellen etwa 15 Prozent der Bevölkerung. Wie im Iran und in der Türkei bilden sie auch im Irak wegen ihrer Autonomiebestrebungen ein ständiges Unruhepotential, die innere Stabilität des Landes ist nur gewährleistet, wenn sich die Kurden in der Nordregion ruhig verhalten. Nun aber, da der Iran durch die Revolutionswirren geschwächt schien, glaubte der Irak, eine alte Rechnung begleichen zu können. Die Iraker wollten Ayatollah Khomeini stürzen, das »Kurdenproblem« lösen und sich selbst zur Vormacht am Golf aufschwingen.

Der mörderische Garten Eden

Der moderne Irak hat in der Geschichte keine direkten Vorläufer. Die Machtübernahme durch die Baath-Partei im Jahre 1968 beendete eine Zeit innerer Unruhen; vorangegangen waren eine Militärdiktatur unter General Kassem (1958–1963) und die Herrschaft der aus dem heute saudischen Hedschas stammenden Haschemiten-Dynastie (1921–1958).

Davor war das Land nach der Niederlage des Osmanischen Reiches im Ersten Weltkrieg – zu dem es seit 1534 gehört hatte – unter britischen Einfluß geraten. Lange vor der Türkenzeit, 1258, hatte es den Mongolensturm erlebt, dem die glanzvolle Epoche eines muslimischen Vielvölkerstaates unter den Abbasiden-Kalifen (seit 749) vorausgegangen war. Davor wiederum lag die arabische Eroberung ab 634, und noch früher hatte es eine Reihe von Hochkulturen wie die der Babylonier, Akkader und Sumerer gesehen.

Auf dem Gebiet des heutigen Irak wurde zum ersten Mal in der Geschichte der Menschheit Landwirtschaft betrieben, und hier wurde die Keilschrift erfunden; und die Mythe will es, daß auch der Garten Eden hier gelegen habe. Die – oder zumindest eine – Wiege der Menschheit hat sicher hier im Zweistromland gestanden, jenem fruchtbaren Gebiet zwischen den Flüssen Euphrat und Tigris, das eine blühende Zivilisation hervorgebracht hat, bevor von Europa oder dem »Abendland« überhaupt die Rede war.

Doch ein Garten Eden, der dem Menschen ein unschuldiges, paradiesisches Dasein beschert hätte, ist Mesopotamien niemals gewesen. Kulturhistoriker sprechen von der »mörderischen Geographie« des Zweistromlandes. Egon Friedell etwa schreibt in seiner »Kulturgeschichte Ägyptens und des Alten Orients«: »Im Sommer herrscht zwölf Stunden lang eine glühende Hitze von vierzig, fünfzig, ja sechzig Grad.« Dann ist, sagt der Geograph Banse, Mesopotamien eine Hölle: »Gelbe Leichenfarbe lagert sich über Hügel und Ebene ...« »Kein Wunder«, schreibt Egon Friedell weiter, »daß dieses Land immer den Nährboden für eine gewisse Verrücktheit gebildet hat, die die allgemein menschliche noch um ein beträchtliches übersteigt.«

Wer heute durch das Zweistromland reist, wird fast durch nichts daran erinnert, daß hier ein Fundament auch unserer Kultur lag. Nicht daß wieder einmal Krieg Mesopotamien verwüstete, nicht daß »gelbe Leichenfarbe«, die der Geograph Banse ausmachte, jetzt makabere Wirklichkeit ist – deprimierend ist auch etwas anderes. Der Reisende sieht nur wenig bestelltes Land, dafür Steppe und weiße, versalzte Böden.

Was ist geschehen mit dem fruchtbaren Mesopotamien? Seine Kultur beruhte auf einem ausgeklügelten Be- und Entwässerungssystem. Es sorgte dafür, daß die Landwirtschaft auch in der sengenden Hitze reiche Erträge brachte. Zur Zeit der Abbasiden-Kalifen lebten hier bis zu 30 Millionen Menschen. Damals blühte die Religion Mohammeds, islamische Wissenschaften gingen der Welt auf den Grund, arabische Literatur und Kunst schufen Werke ersten Ranges. Hier floß zusammen, was die bedeutendsten Köpfe von Persien, Byzanz, Rom und Hellas hervorgebracht hatten, und von hier ging es auch später weiter nach Europa.

▽ ***Nur noch wenige historische Bauten zeugen vom Glanz Bagdads in vergangenen Zeiten. Die Altstadt der Metropole wurde weitgehend abgerissen und ist heute ein modernes Geschäftszentrum.***

▷ ***Einzigartig ist das Spiralminarett der Freitagsmoschee in der ehemaligen Abbasiden-Residenz Samarra. Es wurde im 9. Jahrhundert im Stil eines altbabylonischen Tempelturms erbaut.***

Das Zweistromland vertrocknet

Die Katastrophe brach 1258 in Gestalt der Mongolen herein; sie traf einen arabisch dominierten muslimischen Vielvölkerstaat, der an seinen inneren Widersprüchen ohnedies zu zerbrechen drohte. Widerstand zu leisten, war ihm kaum möglich. Der Sturm der Reiterheere war von ganz anderer Art als alle Heimsuchungen zuvor: Er machte Mesopotamien bis auf den heutigen Tag den Garaus. Der letzte Kalif wurde hingerichtet; mit ihm starben vielleicht 800000 Menschen, von den Mongolen nach der Plünderung Bagdads hingemordet.

Alle bisherigen Eroberer hatten sich zumindest um das Bewässerungssystem gesorgt, hatten Kanäle erhalten und weiter ausgebaut. Doch die Reiter aus den Steppen Hinterasiens vernichteten diese Arbeit von Jahrhunderten, auf der der Wohlstand des Landes beruht hatte. Die Türken, die sich seit 1534 im Zweistromland einrichteten, zeigten kaum Interesse am Wiederaufbau des Bewässerungssystems, besaßen wohl auch kein Gefühl für die untergegangene muslimische Kultur. Das Land wurde zur Steppe – auch zivilisatorisch. 1927 lebten hier nur noch knapp drei Millionen Menschen. Bis 1947 stieg die Bevölkerungszahl auf etwa fünf Millionen, und heute wohnen immerhin wieder über 16 Millionen Menschen im Irak.

Die Baath-Sozialisten erkannten, wie wichtig die Wiederbelebung der alten landwirtschaftlichen Kultur ist. Sie ließen Dämme bauen, neue Bewässerungskanäle ziehen, beschlossen Landreformen – und das in einer Zeit, als der unermeßliche Ölreichtum ein sorgloses Leben auf lange Sicht versprach.

Aber der Golfkrieg verschlang die Ölmilliarden, Lebensmittelimporte waren kaum mehr zu bezahlen. So nahmen die Bauern weite Flächen des Landes wieder unter den Pflug. Doch noch immer droht mehr als der Hälfte der künstlich bewässerten Felder im Südirak die Versalzung, jedes Jahr werden Tausende Hektar Landes unfruchtbar. Auch die Waldbestände im Norden gehen drastisch zurück: Seit 1970 sind mehrere hunderttausend Hektar verlorengegangen.

Was wird morgen?

Der Irak war wie alle anderen Staaten des unruhigen Nahen Ostens ein Resultat britischer Kolonialpolitik. Weil das Osmanische Reich zu den Verlierern des Ersten Weltkrieges gehörte, ging der Irak als Mandatsgebiet an die siegreichen Briten; ein englischer Hochkommissar führte praktisch die Regierungsgeschäfte. Doch die Revolution von 1920 zwang Großbritannien, eine Erbmonarchie zu gründen. Emir Feisal ibn Hussein wurde König, sein Bruder Abdallah ibn Hussein erhielt den Thron von Transjordanien. Beide waren Söhne des Haschemiten-Scherifs Hussein ibn Ali von Mekka, der im Ersten Weltkrieg mit seinem »Araber-Aufstand« die Briten unterstützt hatte. Als Belohnung hatten sie ihm ein Arabisches Königreich versprochen.

Sie hielten ihr Versprechen nicht, wandten statt dessen die alte Maxime der Kolonialpolitik an: Sie teilten die Region in rivalisierende Staaten auf, um selbst besser Einfluß nehmen zu können. So schufen sie zwei haschemitische Königreiche: Jordanien und den

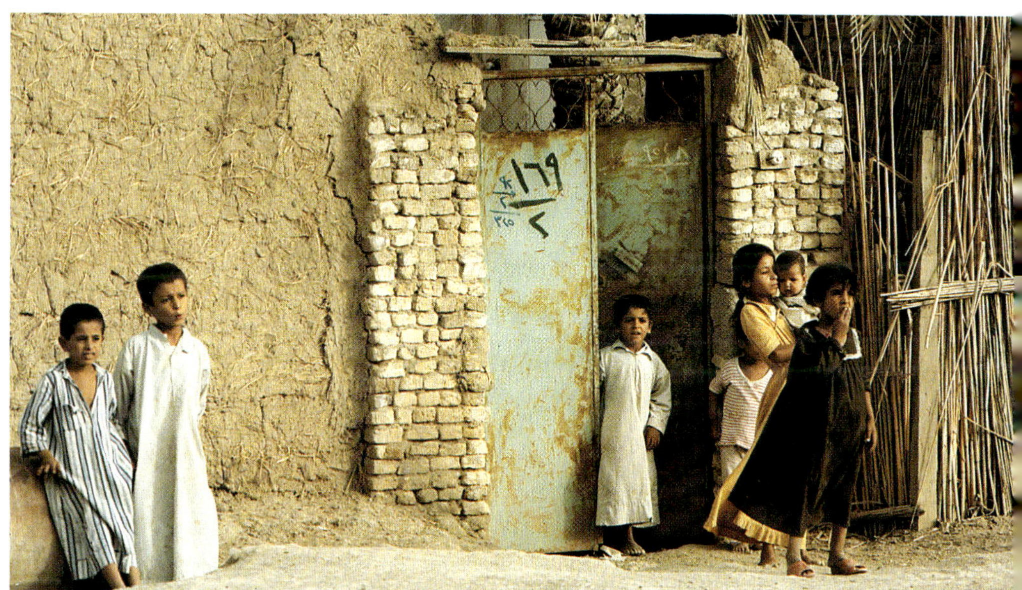

▽ ***Schilfrohrhütten auf kleinen Inseln – so weit das Auge reicht. In den ausgedehnten Sumpfgebieten des Südens, wo Euphrat und Tigris zusammenfließen, leben die Einheimischen vor allem vom Fischfang.***

▷ ***Ernst blicken diese Kinder drein in einem Dorf am Shatt al Arab, wo während des Golfkrieges heftige Kämpfe tobten. Sie werden die schrecklichen Erlebnisse wohl nicht so schnell vergessen.***

Irak. Noch heute herrscht diese Familie in Jordanien. Ihr Traum, aus Syrien, dem Irak, Transjordanien und Palästina doch noch ein einheitliches arabisches Reich zu gestalten, hat sich nicht erfüllt. Angesichts des Palästinenser-Aufstandes in den israelisch besetzten Gebieten muß das letzte Haschemiten-Reich heute sogar um seine Existenz bangen.

Die Zukunft des Irak hängt entscheidend davon ab, wie schnell er die Kriegsfolgen überwinden wird – vorausgesetzt, der Golfkrieg ist mit dem Waffenstillstand vom 20. August 1988 wirklich zu Ende gegangen. Zunächst einmal »nutzte« der Irak die Waffenruhe, mit den rebellischen Kurden im Norden aufzuräumen. Die seit den Kurdenkriegen der sechziger und siebziger Jahre anhaltende Umsiedlung von Kurden aus dem Bergland an die kuwaitische, saudische und jordanische Grenze fand im Spätsommer 1988 ihren grausigen Abschluß. Hunderttausende von Kurden wurden mit Waffengewalt – viele behaupten: auch unter Einsatz chemischer Waffen – aus ihren angestammten Wohnsitzen im kurdischen Bergland vertrieben. Wie viele getötet wurden, weiß niemand genau; Tausende flohen in die Türkei, und wer überlebte, wurde in klägliche neue Dörfer ins Flachland verschleppt, wo die irakische Armee ein wachsames Auge auf die Kurden hat. Das kurdische Bergland ist fast menschenleer. Die Verlierer der Waffenruhe am Golf sind die Kurden, doch Frieden wird es im Irak danach kaum geben. Die Geschichte zeigt, daß die Kurden auch nach schlimmen Niederlagen immer wieder aufbegehren.

Landesnatur

Fläche: 434 924 km² (gut fünfmal so groß wie Österreich)
Ausdehnung: Nord–Süd 1000 km, West–Ost 950 km
Höchster Berg: Keli Haji Ibrahim 3600 m
Längste Flüsse: Euphrat (Al Furat), irakischer Anteil 1100 km (Gesamtlänge 2736 km); Tigris (Dijlah), irakischer Anteil 1450 km (Gesamtlänge 1899 km)
Größter See: Hawr al Hammar 1950 km²

Im Zentrum Vorderasiens liegt der Irak an den zwei Strömen Euphrat und Tigris. Er grenzt im Westen an Jordanien und Syrien, im Norden an die Türkei, im Osten an den Iran und im Süden an Saudi-Arabien und Kuwait; mit 40 km Küste hat er Zugang zum Persischen Golf.

Naturraum
Im Nordosten hat der Irak Anteil an den schroffen und verkarsteten Ketten des Taurus und des Sagrosgebirges, im Süden und Südwesten an der syrisch-arabischen Wüste. Dazwischen liegt das Senkungsgebiet von Euphrat und Tigris: Al Jazirah im Norden ist eine von Trockenrinnen durchzogene, flachwellige Steppenlandschaft. Von Bagdad bis zur Golfküste erstreckt sich die fruchtbare Anschwemmungsebene von Euphrat und Tigris.

Klima
Heiße, trockene Sommer (im Durchschnitt 34 °C, örtlich über 50 °C), aber relativ kalte Winter (4 °C bis 12 °C) kennzeichnen das kontinentale Klima. Hauptsächlich Winterregen erbringt jährliche Niederschlagsmengen von 1200 mm im gebirgigen Nordosten, unter 400 mm in der Euphrat-Tigris-Ebene und weniger als 100 mm in der Wüste. Im Sommer kommt es oft zu Sandstürmen.

Vegetation und Tierwelt
Von früheren Waldbeständen sind nur noch kleinere Gebüsch- und Gehölzformationen mit Eichen, Ahorn, Platanen, Buchen und Robinien im Nordosten übrig. An den sumpfigen Flußunterläufen wächst weitflächig Schilf. Halbwüsten- und Wüstenvegetation findet sich im Süden und Südwesten. Löwen und Strauße wurden ausgerottet. Schakale und Reptilien kommen häufig vor. Groß ist die Insektenplage, vor allem durch Fiebermücken und Heuschrecken.

Politisches System

Staatsname: Al-Jumhuriyah al-Iraqiyah
الجمهورية العراقية
Staats- und Regierungsform: Demokratische Volksrepublik
Hauptstadt: Bagdad
Mitgliedschaft: UN, Arabische Liga, OPEC, OAPEC, Kooperationsvertrag mit COMECON

Höchste Staatsorgane sind der neunköpfige »Kommandorat der Revolution« und die Nationalversammlung. Der Vorsitzende des Rats ist Staatspräsident, Regierungschef und Oberbefehlshaber der Streitkräfte. Die Nationalversammlung besteht aus 250 für vier Jahre gewählten Abgeordneten. Es gibt 18 Provinzen, drei davon bilden die Kurdische Autonome Region. Das Recht ist von ägyptischen und französischen Vorbildern beeinflußt, höchste Instanz ist der Kassationshof.

Bevölkerung

Einwohnerzahl: 16,6 Millionen
Bevölkerungsdichte: 38 Einw./km²
Bevölkerungszunahme: 3,6 % im Jahr
Größte Städte: Bagdad (3,4 Mio. Einw.), Basra (620 000), Mosul (570 000)
Bevölkerungsgruppen: 80 % Araber, 15 % Kurden, 2 % Türken

Der Irak hat mit einem Anteil von über 50 % der unter 15jährigen eine sehr junge und mit 73 % Stadtbewohnern überwiegend städtische Bevölkerung. Amtssprachen sind Arabisch und Kurdisch, daneben werden türkische und kaukasische Dialekte gesprochen. 95 % der Bevölkerung sind Muslime, davon etwa 60 % Schiiten und 40 % Sunniten; 4 % sind Christen.

Soziale Lage und Bildung
Seit 1958 besteht ein Sozialversicherungssystem. Das Gesundheitswesen, dessen Leistungen weitgehend kostenlos sind, ist besonders auf dem Land noch unzureichend. Schulpflicht besteht für 6- bis 12jährige. Das Land besitzt sechs Universitäten, die älteste wurde 1957 gegründet.

Wirtschaft

Währung: 1 Irak-Dinar (ID) = 1000 Fils
Bruttoinlandsprodukt (in Anteilen): Land- und Forstwirtschaft 10 %, industrielle Produktion 47 %, Dienstleistungen 43 %
Wichtigste Handelspartner: EG-Staaten, Türkei, Brasilien, Japan

Die Wirtschaft des Irak leidet seit 1980 (Ausbruch des Golfkrieges) unter dem drastischen Rückgang der Erdölexporte und den hohen Ausgaben für Rüstungsgüter.

Landwirtschaft
Nach der Revolution von 1958 wurde etwa die Hälfte des Ackerlandes umverteilt; es wurden Genossenschaften und Staatsgüter aufgebaut. Angebaut werden v. a. Zuckerrohr, Weizen, Gerste, Baumwolle, Obst und Gemüse. Ausgedehnte Dattelpalmenbestände erbringen das wichtigste landwirtschaftliche Ausfuhrprodukt.

Bodenschätze, Energie, Industrie
Neben den reichen Erdöllagerstätten gibt es bedeutende Schwefel- und Phosphat- sowie Zink-, Blei-, Kupfer-, Chrom-, Mangan-, Eisenerz- und Uranvorkommen. Die Energieversorgung beruht überwiegend auf Erdöl und Erdgas. Wichtig sind die Textil-, Nahrungsmittel-, Maschinen-, Baustoff- und chemische Industrie.

Handel
Importiert werden v. a. Maschinenbau- und elektrotechnische Erzeugnisse, Fahrzeuge und Nahrungsmittel. Exportiert wird fast ausschließlich Erdöl (95 %), ansonsten Datteln und Baumwolle. Die Handelsbilanz ist seit Ausbruch des Golfkrieges defizitär.

Verkehr, Tourismus
Das Straßennetz umfaßt 29 000 km (70 % sind asphaltiert); es hat die Eisenbahn (Streckenlänge 3000 km) als wichtigsten Verkehrsträger abgelöst. Die Binnenschiffahrt auf dem Shatt al Arab sowie Euphrat und Tigris spielt eine wichtige Rolle, ist jedoch durch den Krieg fast völlig zum Erliegen gekommen; bedeutendste Häfen sind Basra und Fao (Al Faw, Erdöl). Internationale Flughäfen gibt es in Bagdad, Basra und Mosul. Der Tourismus ist unbedeutend.

Geschichte

Träger der ältesten belegbaren Hochkultur waren die Sumerer, die etwa ab 3000 v. Chr. im Süden Mesopotamiens zahlreiche Stadtstaaten (Nippur, Uruk, Ur, Lagash, Kish) gründeten. Um 2350 v. Chr. unterwarf der König von Akkad, Sargon I., die sumerischen Stadtkönige und schuf das erste Großreich. Nach dessen Untergang um 2000 v. Chr. entstanden zwei neue Machtzentren: Das Babylonische Reich gewann unter König Hammurabi (1728–1686), der Babylon zur Hauptstadt machte, seine größte Ausdehnung und entwickelte sich unter König Nebukadnezar II. (605–562) noch einmal zur Großmacht, bevor es 539 v. Chr. von dem Perserkönig Kyros II. erobert wurde. Das sich ab etwa 1750 v. Chr. als politische Einheit formierende Assyrische Reich im Nordosten Mesopotamiens mit der Hauptstadt Ninive erstreckte sich im 9./8. Jh. v. Chr. vom Persischen Golf bis zum Mittelmeer, unterlag Ende des 7. Jh. v. Chr. den Medern und Babyloniern und fiel 550 v. Chr. an die Perser.
Mesopotamien wurde 331 v. Chr. von Alexander dem Großen erobert. Nach dessen Tod wurde es Teil des Seleukiden-, dann des Partherreichs; im 2. Jh. n. Chr. kam es unter die Herrschaft der Römer und im 3. Jh. unter die der iranischen Sassaniden.
634 erfolgte die Eroberung des Landes durch die islamischen Araber. Bagdad wurde 762 Hauptstadt des Kalifats der Abbasiden (749–1258) und besonders unter dem Kalifen Harun ar-Rashid im 8. Jh. Zentrum der islamischen Welt. Mit dem Einbruch der Mongolen 1258 setzte der Zerfall der alten Kulturlandschaft ein. Die Jahrhunderte der türkischen Herrschaft (1534–1917) waren geprägt von Revolten im Innern und Invasionen von außen, vor allem der Perser.

Der abendländische Einfluß
Mitte des 17. Jh. begann der Handel im Persischen Golf, der sich mit der Eröffnung des Sueskanals 1869 ausdehnte. Der Bau der Bagdad-Bahn (Beginn 1903) unter maßgeblicher deutscher Beteiligung alarmierte die Briten. Sie besetzten 1917 Bagdad und Ende 1918 den Erdölbezirk im kurdischen Norden.
Nach dem Ersten Weltkrieg wurde der Irak unter der Haschemiten-Dynastie formell eine konstitutionelle Monarchie (1921–1958). In Wirklichkeit sicherte sich das an den Ölvorkommen interessierte Großbritannien als Mandatsmacht des Völkerbundes (seit 1920) auch nach der Unabhängigkeit am 30. 6. 1930 und dem formellen Ende des Völkerbundmandats 1932 die faktische Vorherrschaft. Der britische Einfluß wurde um 1941

Aus der Abbasidenzeit: die Goldene Moschee von Samarra.

durch den vergeblichen Staatsstreich nationalistischer Offiziere unter Führung des Ministerpräsidenten Rashid Ali al-Gailani nur vorübergehend in Frage gestellt.
Nach dem Zweiten Weltkrieg wuchsen die inneren Spannungen: Aufgrund von ethnischen (Kurdenproblem) und religiösen Gegensätzen (zwischen Schiiten und Sunniten) sowie sozialen Mißständen kam es zu Auseinandersetzungen zwischen Nationalisten und der probritischen Oberschicht. Am 14. 7. 1958 (Nationalfeiertag) wurde durch einen Staatsstreich der Armee unter General Abd al-Karim Kassem und Oberst Abd as-Salam Muhammad Arif die Monarchie gestürzt und die Republik proklamiert. Der König und seine Familie sowie der ehemalige Ministerpräsident Nuri as-Said wurden ermordet.

Kurdenaufstand und Golfkrieg
Das neue Regime unter Kassem erklärte 1959 den Austritt des Irak aus dem 1955 mit der Türkei gegen die UdSSR geschlossenen Bagdad-Pakt. Der Kurs seiner Nachfolger schwankte zwischen Neutralität, Panarabismus und Anlehnung an die UdSSR. Der Aufstand der Kurden 1961, die einen autonomen Staat forderten, weitete sich zum jahrelangen Kurdenkrieg (bis 1975) aus. 1968 übernahm die arabisch-sozialistische Baath-Partei die Führungsrolle im Land. Die Flügelkämpfe innerhalb dieser Partei spiegelten sich in aufeinanderfolgenden Regierungswechseln. Am 15. 7. 1979 trat Präsident al-Bakr zurück, neuer Ministerpräsident wurde Saddam Hussein. Dieser löste nach der Aufkündigung des 1975 mit dem Iran abgeschlossenen Grenzvertrages mit der Invasion in Khuzestan am 22. 9. 1980 den iranisch-irakischen Krieg (Golfkrieg) aus. Der Krieg, der sich vom Stellungskrieg mehr und mehr auf die Zerstörung der Erdölanlagen beider Staaten am Golf verlagerte und sich auch auf ausländische Öltanker als Angriffsziele ausweitete, hat erhebliche Opfer an Menschen gefordert. Im Mai 1986 bestätigte ein UN-Bericht den Einsatz von Giftgas durch den Irak, seit April 1987 auch gegen die kurdische Zivilbevölkerung. Gleichwohl scheiterten alle Initiativen zur Beendigung des Krieges von seiten der UN eher an der starren Haltung des Iran, der jedoch im Juli 1988 überraschenderweise ein Einlenken signalisierte.

Kultur

Kunst und Religiosität der Sumerer haben maßgeblich die Kultur des Babylonischen Reiches und des gesamten orientalischen Altertums geprägt. Die Stadtstaaten besaßen ein eigenes Kultzentrum mit einem treppenförmig ansteigenden Hochtempel (Zikkurat, gut erhalten in Ur). Die Sumerer erfanden eine Bildschrift als Vorstufe der Keilschrift. Ihre Standbilder, Stelen, Relief- und Kleinkunst befinden sich vor allem im Irakischen Nationalmuseum in Bagdad.
Die assyrische Kunst erreichte zwischen 900 und 600 v. Chr. ihren Höhepunkt in der Architektur und Reliefkunst. Assurnasirpal II., Sanherib und Assurbanipal ließen ihre Paläste in Nimrud (Kalchu) und Ninive an allen Seiten reich mit Reliefs ausschmücken.
Von der einstigen Pracht und dem Reichtum Babylons zeugen neben Inschriften von König Nebukadnezar II. die Grabungsfunde der Deutschen Orient-Gesellschaft (1899–1917), die vor allem die Stadt Nebukadnezars freigelegt hat. In der Palastanlage sind auch die Reste der vermutlichen »Hängenden Gärten der Semiramis« zu sehen. Von der Stadtmauer ist das monumentale Ischtartor mit farbigen Reliefs aus Glasurziegeln gut erhalten. Durch dieses Tor führte früher eine Prozessionsstraße, die zwischen dem Babylonischen Turm und dem Marduk-Heiligtum verlief.
Die Abbasiden machten Bagdad zur Kalifenresidenz und bauten sie zu einer glanzvollen, befestigten Stadt aus. Von der Hochburg des Islam sind heute noch Ruinen des Abbasidenpalastes (12. Jh.), ein Mausoleum (1202), eine Karawanserei (12. Jh.) sowie zahlreiche Moscheen erhalten.

Reise-Informationen

Einreise- und Fahrzeugpapiere
Bürger der Bundesrepublik Deutschland, der Schweiz und Österreichs benötigen einen Reisepaß (ohne israelischen Stempel) und ein Visum. Für Touristen werden zur Zeit keine Visa ausgestellt. Geschäfts- und Privatreisende brauchen eine irakische Einladung. Der internationale Führerschein ist erforderlich.
Zoll
Bei der Einreise sind zollfrei: 200 Zigaretten, 1 Liter alkoholische Getränke, etwas Parfüm sowie Geschenke im Wert von 10 ID.
Devisen
Bei der Einreise dürfen 25 Irak-Dinar (ID) mitgeführt werden, bei der Ausreise 5 ID. Ausländische Währungen außer der israelischen dürfen unbegrenzt ein- und in deklarierter Höhe wieder ausgeführt werden.
Impfungen
Malariaschutz ist von Mai bis November in der nördlichen Region unter 1500 m erforderlich.
Verkehrsverhältnisse
Kriegsbedingt sind zur Zeit alle inländischen Flug- und viele Eisenbahnverbindungen eingestellt. Taxis stehen zur Verfügung.
Unterkünfte
In Bagdad, Basra und Mosul gibt es Hotels von internationalem Standard, in kleineren Städten Rasthäuser.
Reisezeit
Die angenehmsten Reisemonate sind Oktober bis Mitte Dezember und Mitte Februar bis Mitte April.

Iran

Arnold Hottinger

Finster dreinblickende schiitische Mullahs, der mörderische Krieg gegen den Irak, Raketenanschläge der Revolutionsgarden auf Tanker im Golf: das sind die Aspekte, die bis heute unser Bild vom Iran prägen. Doch sie markieren höchstens die halbe Wahrheit. Persien ist eigentlich kein Land des Fanatismus; tief im Lande und seinen Menschen verwurzelt steckt eher ein schwärmerischer Mystizismus. Er zeigt sich am deutlichsten in den grandiosen Werken der persischen Kultur, in den kostbaren Buchminiaturen und den Gedichten, in der Musik und im Kunsthandwerk.
Auch die Natur präsentiert im Iran ihr vielfältiges Gesicht mit fruchtbaren Küstentiefländern und Flußtälern, aber auch mit faszinierenden riesigen nackten Gebirgsketten und mit menschenfeindlichen, geheimnisvollen Wüsten. Für Touristen ist das begeisternde Land allerdings derzeit praktisch unerreichbar.

Staatsname:	Islamische Republik Iran
Amtssprache:	Persisch
Einwohner:	49,7 Millionen
Fläche:	1 648 000 km²
Hauptstadt:	Teheran
Staatsform:	Islamische Republik
Kfz-Zeichen:	IR
Zeitzone:	MEZ + 2 ½ Std.
Geogr. Lage:	Vorderasien, begrenzt von dem Irak, der Türkei, der UdSSR, Afghanistan und Pakistan

Die Händler in den iranischen Basaren sind eine starke politische Macht. Als sie sich von Schah Reza Pahlawi abwandten, waren seine Tage gezählt. Noch hängen dort Ayatollah-Bilder an der Wand. Die Stimmung könnte jedoch erneut umschlagen.

Das Königsbuch des Firdausi

Das Schah-Name – das »Königsbuch« – gilt als bedeutendstes Werk der persischen Literatur; es ist das Nationalepos schlechthin. Der Dichter Abul Kasim Mansur Firdausi arbeitete um das Jahr 1000 über 30 Jahre an dem kolossalen Buch. Es umfaßt mehr als 50000 Verse. Das Epos schildert die drei Epochen der persischen Geschichte: die mythische Epoche, die Zeit der Helden und die der historisch belegbaren Vorgänge. Sagen, Legenden und geschichtliche Berichte, schriftliche und mündliche Überlieferung verwebt Firdausi zu einem grandiosen Bild voller Schlachten und Gastmähler, aber auch voller Gedanken über den Lauf der Welt. Nicht wenige Perser können das Schah-Name oder doch zumindest Teile davon auswendig. Firdausis Werk ist heute in fast alle Weltsprachen übersetzt; auch eine deutschsprachige Ausgabe liegt vor.

◁ *»Soldaten für Gott« beim Aufmarsch anläßlich der alljährlichen Revolutionsfeier: Die Stirnbänder mit Koranversen signalisieren die Bereitschaft dieser Männer zum Märtyrertod.*

△ *Der Platz der Banknachbarin in einer iranischen Dorfschule bleibt leer: Das gerahmte Foto zeigt eine Mitschülerin, die bei einem irakischen Angriff ums Leben kam.*

Wüsten, Berge und Oasenstädte

Der Iran ist ein riesiges Land, mit seinen über 1,6 Millionen Quadratkilometern umfaßt es die dreifache Fläche Frankreichs. Man kann es sich aus zwei Dreiecken zusammengesetzt vorstellen: Das eine ist das menschenreiche Dreieck, dessen Basis im Norden von den aserbaidschanischen Provinzen über die Südküste des Kaspischen Meeres bis fast hinüber nach Khorasan reicht. Südlich dieser Linie liegt Teheran mit seiner Provinz, in der heute an die acht Millionen Menschen leben, fast 20 Prozent der Gesamtbevölkerung. Die Spitze des Dreiecks liegt im Süden, in der Provinz Khuzestan, wo das Erdöl herkommt – und wo der Krieg gegen den Irak tobte.

Das zweite Dreieck ist größer, doch wesentlich dünner besiedelt: das Wüstendreieck. Seine Basis liegt im Süden, am Persisch-Arabischen Golf, die Spitze zeigt nach Meschhed hinauf, der Hauptstadt von Khorasan. In diesem Bereich liegen die großen Innenwüsten – die Große Salzwüste und die Wüste Lut –, dazwischen einige Oasenstädte wie Kerman und Shiraz sowie die Bewässerungslandschaft von Sistan nahe der afghanischen Grenze.

Nicht nur die Wüsten machen das Land unwirtlich, sondern auch die Berge, oft nackte, schroffe Felsen. Dazwischen erstrekken sich Talgründe, deren helles Grün die Augen labt. Die höchsten Erhebungen liegen im Norden und im Westen des Landes: der weit über 5000 Meter hohe Demawend im Elbursgebirge zwischen der Provinz um Teheran und dem Kaspischen Meer, nordwestlich davon das Sablangebirge, dazu die ebenfalls gewaltigen, bis über 4000 Meter hohen Faltenberge des Sagrosgebirges zwischen dem Persisch-Arabischen Golf und dem Landesinnern. Nur nach Osten hin liegt das Land weitgehend offen da. Doch auch die Gebirgszüge, die das Land im Osten begrenzen, erreichen stellenweise Höhen von über 4000 Metern.

Zwischen den Bergketten des Sagros- und des Kuhrudgebirges liegt das eigentliche Persien, die Provinz Fars, jenes Hochplateau, das dem Land seinen Namen gegeben hat; hier sprechen die Menschen Persisch, das indokeltische Farsi – seit sehr alter Zeit. Rund um die zentrale Hochebene herum leben verwandte Völker mit verwandten Sprachen: die Kurden im Westen, die Belutschen im Südosten und andere. Dazu kommen noch Volksgruppen, deren Sprachen zu anderen Familien gehören: die semitischen Araber im Süden, in Khuzestan und an der Golfküste; oder die zu den Turkvölkern Innerasiens zählenden Aserbaidschaner und Turkmenen am Kaspischen Meer.

Persische Reiche, fremde Herrscher

Seit fast 4000 Jahren leben Perser auf diesem Hochplateau. Sie waren aus Innerasien eingewandert und haben seither ein Imperium nach dem anderen errichtet: Manchmal waren es Weltreiche wie jene der Achämeniden und der Sassaniden, die weit über das persische Kernland hinausgriffen; manchmal waren es nur kleinere Reiche, die Persien und seine Randgebiete umfaßten, wie jenes der Safawiden vom 16. bis zum 18. Jahrhundert oder das ihrer Nachfolger, der Kadscharen. Die Herrscher nannten sich Schahinschah, König der Könige, weil sie über einen Vielvölkerstaat regierten, in dem jedes Volk seinen eigenen König hatte.

Doch zwischen diesen persischen Nationalreichen lagen auch lange Zeiten der Fremdherrschaft. Aus Zentralasien zogen die Parther heran, die Seldschuken, die Mongolen unter Dschingis-Khan, später Timur Leng; sie alle haben im Iran Dynastien gegründet. Aus dem Osten drang Mahmud von Ghasni mit seinem Heer ein. Aus dem Westen kam Alexander der Große, aus dem Westen kam auch jenes Volk, das den Iran lange Zeit beherrschte und bis heute beeinflußt, die Araber. Sie brachten eine neue Religion mit, den Islam; Persien wurde islamisiert.

Trotz der wechselnden Einflüsse durch die unterschiedlichsten Eroberer, trotz der Zerstörungen, die sie über das Land brachten, hat sich eine persische Kultur zäh erhalten. Sie hat die fremden Eroberer immer wieder in ihren Bann gezogen.

Kunst zum Lobe Allahs

Die iranische Kultur hatte und hat ihre Grundlagen bei den Bauern, in den Dörfern. Die Landwirte betreiben seit alters Bewässerungswirtschaft; sie legen ummauerte Gärten an, die sie mit Bäumen bepflanzen. Das Wasser kommt zum Teil durch unterirdische Kanäle, sogenannte Kanate, die an wasserreichen Berghängen ihren Ursprung haben.

In den Städten blüht der Handel; Karawanen verbinden diese handwerklichen und religiösen Zentren. In der Stadtmitte – fast immer um die Hauptmoschee herum – liegt der Basar, eine Ansammlung verschlungener Geschäftsgassen mit offenen Läden.

Neben den Bauern und den Städtern gibt es die Nomaden. Sie ziehen auch heute noch über weite Strecken durch die Berge; im Winter leben sie im Tiefland, im Sommer in den Höhen, wo sie Gras für ihre Herden finden. In der Vergangenheit besaßen sie weit mehr Macht als heute. Ihre Stämme stellten die Reiterheere, die oft das Flachland beherrschten und in die ummauerten Städte einbrachen. Erst die letzte Dynastie Persiens, die der Pahlawi – 1925 bis 1979 –, ging nicht auf einen Nomadenstamm und seine Krieger zurück.

◁ ***Frauendemonstration in der Hauptstadt Teheran: Mit dem Bild des Ayatollah Khomeini in der Hand forderten auch die iranischen Frauen lautstark die Fortsetzung des »heiligen« Krieges – bis zum Sieg über die »teuflischen« Iraker.***

△ ***Die Revolution im Iran war ein Aufstand für soziale Gerechtigkeit. Doch statt Wohlstand für alle gab es Krieg, und die Basare der Reichen bestehen weiter.***

Die Hochkultur entstand fast immer im Umkreis eines städtischen Fürstenhofs. Von den Herrschern kamen die großen Aufträge für die Moscheen und Paläste mit ihren Gärten und Wasserbecken. Sie initiierten und finanzierten kostbare Handschriften, Gedichte und Epen zum Lob des Herrschers und seiner Vorfahren. Sie förderten Musik und Musiker, bestellten Prachtkleider und Prachtgeräte für den Hof und die Moschee. Die Herrscher stifteten auch Schulen für Studenten der Theologie.

Die persische Kultur trägt trotz fremder Einflüsse einige charakteristische Züge. Die Gärten und Teppiche gehören zweifellos zu ihren prächtigsten Zeugnissen. Teppiche gelten als künstliche, aufrollbare Gärten; die schönsten knüpfen und weben die Nomaden.

◁ *Meisterwerk islamischer Kunst: Keramikmosaiken mit üppigen Ornamenten, aber strengen geometrischen Grundmustern verzieren die Fatima-Moschee in Qom, südlich von Teheran. Sie ist eine der drei großen Heiligen Stätten des Iran – im Innern liegt Fatima e Massume, die Schwester des Imams Reza, begraben.*

Die Liebe zur Dichtkunst und den großen Dichtern des Landes, die Pflege der wohlklingenden persischen Sprache tragen zur kulturellen Identität bei. Es gibt eine persische Küche, die zu den wohlschmeckendsten und raffiniertesten des Vorderen Orients gehört. Die Maler schaffen beeindruckende Miniaturen, über denen oft ein Hauch mangelnder Strenggläubigkeit liegt.

Hinter all dem steckt eine Art von Religiosität, die der reinen Gesetzesreligion den Rücken kehrt und in der Schöpfung den Schöpfer verehrt. Alle persische Kunst, auch das bedeutende Kunsthandwerk, hat diesen mystischen Hintergrund: Es geht immer darum, die Harmonie der Schöpfung sichtbar werden zu lassen. Der Künstler spiegelt sie in seinen Bildern, der Dichter in lyrischen Strophen, weil er den Schöpfer selbst nicht abbilden darf und nicht beschreiben kann.

Auf die Berge zu steigen und in den Gärten die Mittage und Nächte zu verbringen, so die herrliche Natur des Hochlandes zu genießen, mit und in ihr zu schwingen: auch das ist wahre mystische Frömmigkeit. Auch die Musik, schwebend und scheinbar endlos, klagend und betörend, läßt mitschwingen, mitfließen.

Revolution und Krieg

Heute freilich sieht der Iran anders aus. Seit 1979 regiert die Revolution, seit 1980 herrschte Krieg. Musik ist verboten, weil sie die Jugend verweichliche; nur Marschmusik ist noch erlaubt. Die Frauen gehen verhüllt, der Wein, der einst reichlich floß, gilt als Sünde. Plastikblumen stehen auf Kriegerfriedhöfen; auf dem berühmtesten, dem Behescht e Zahra bei Teheran, fließt ein »Blutbrunnen« mit rotgefärbtem Wasser, das das strömende Blut der Märtyrer symbolisieren soll. Die Soldaten starben in den Sümpfen Mesopotamiens, wo Truppe nach Truppe gegen die Kanonen und Helikopter vorgeschickt wurde durch Minenfelder und Stacheldrähte. Sind mehr als eine Million Menschen gefallen? Niemand weiß es.

Es gibt keinen Hof mehr. Die islamischen Geistlichen herrschen mit der Begründung, sie wüßten am besten, wie das islamische Gottesgesetz, die Scharia, anzuwenden sei. Das Freitagsgebet auf dem Universitätsgelände von Teheran ist zur großen Staatszeremonie geworden; manchmal kommen viele Hunderttausende in Autobussen hergefahren, um sich anzuhören, wie der Prediger die »Großen Teufel«, Amerika und die Sowjetunion, anklagt und verurteilt.

Wie ist es zu diesem jähen Wandel gekommen? Der letzte Schah trägt weitgehend die Schuld. Zu Beginn der sechziger Jahre hatte der Religionsführer, der Ayatollah Ruhollah Musawi Hendi Khomeini, zum ersten

Die Lehre Zarathustras

Im sechsten Jahrhundert v. Chr. erneuerte Zarathustra die überkommenen Religionen der Iraner. Für ihn ist Ahuramazda, der »Weise Herr«, der Weltschöpfer und alleinige Gott; er tritt an die Stelle einer Vielzahl guter und böser Gestalten und Dämonen. Ihm gegenüber steht Ahriman, der »Böse Geist«. Die Erkenntnis des Dualismus Gott–Teufel ist für diese Zeit neu und fließt über den jüdischen Glauben ins Christentum und in den Islam ein. Zudem findet sich in Zarathustras Schriften erstmals die Vorstellung eines ewigen Lebens im Paradies und einer Strafe in der Hölle.

Heute leben noch rund 40000 Anhänger der Lehre Zarathustras, die Parsen, im Iran und etwa 130000 in Indien. Der Islam toleriert sie, ebenso wie die Juden und die Christen, da sie alle an einen einzigen Gott glauben.

Mal versucht, in Teheran einen Volksaufstand auszulösen und den Schah zu stürzen. Dies mißlang, die Armee schoß die Demonstranten zusammen. Khomeini wurde gefangengenommen und bald darauf ins Ausland abgeschoben.

Doch 1978 war alles ganz anders. Die Demonstrationen begannen im Februar, und sie flammten alle 40 Tage wieder auf. Nach 40 Tagen feiern die Muslime einen Gedenktag für einen Verstorbenen – in diesem Fall durch einen neuen Protestzug, der neue Opfer forderte.

Die Moral der Armee schwand dahin. Alle Perser schienen mitzumachen, Millionen allein in Teheran. Die Soldaten und schließlich auch die Offiziere weigerten sich, auf ihre Mitbürger zu schießen. Das Schah-Regime fiel; Khomeini hatte gesiegt.

Was hatte sich in den siebziger Jahren gegenüber den sechziger Jahren geändert, daß

△ Den 10. Muharram begehen die Schiiten als großen Trauertag. Mit dem Ritual der Selbstgeißelung erinnern sie an den Märtyrertod von Hussein, dem Enkel des Propheten Mohammed.

▷ Das – gut bewachte – Freitagsgebet auf dem Universitätsgelände von Teheran ist mehr als nur eine religiöse Versammlung; die Prediger beschwören hier den Kampf gegen die »satanischen« Großmächte und ihre Helfershelfer.

▽ Die islamische Revolution regiert auch auf dem Kriegerfriedhof Behescht e Zahra vor den Toren Teherans. Die Gräber sind mit Nationalflaggen und Khomeini-Fahnen geschmückt.

sich nun, 1978, die islamische Revolution durchsetzen konnte? Die Reichen waren unglaublich reich und entsprechend protzig geworden; die große Mehrheit jedoch war unerträglich arm, Verzweiflung machte sich breit. Je reichlicher das Geld aus dem Erdölverkauf ins Land floß, desto gigantischer entwickelte sich die Korruption.

Die Stadt Teheran spielte als »Mutter der Revolution« eine entscheidende Rolle. Autos verstopften und verpesteten die Stadt, die Abgaswolken verdüsterten den Blick aufs Elbursgebirge. In der Oberstadt, an den Gebirgshängen, breiteten sich in Gärten die Villen der Reichen aus, prachtvolle Anwesen. In der Unterstadt, im verrauchten und vergifteten Süden, lebten zehn Menschen in einem Zimmer.

Die Preise für landwirtschaftliche Produkte hielt der Staat künstlich niedrig, das Land verödete, die Menschen drängten nach Teheran und in die anderen großen Städte. Über die Hälfte aller Iraner war zu Städtern geworden. Höchstens ein Prozent von ihnen führte ein menschenwürdiges Leben. Doch dieses eine Prozent war steinreich.

Um zu verhindern, daß die Unterschichten aufbegehrten und sich organisierten, hatte das Schah-Regime die Geheimpolizei. Sie sorgte dafür, daß es keinerlei politische oder gewerkschaftliche Gruppierungen gab, die nicht unter staatlicher Leitung oder Kontrolle standen. Die Zensoren behinderten zuerst die Zeitungsredaktionen und sorgten für nichtssagende Blätter, dann dehnten sie ihren Einfluß auch auf die Literatur aus. Es gab ein Justizwesen, formal dem westlichen ähnlich; doch Gerechtigkeit war dort nicht zu finden. Wenn ein Richter ein Urteil fällte, das dem Staat mißfiel, wurde die Gerichtssitzung wiederholt – mit einem Mann der Geheimpolizei als Richter. Und in der Wirtschaft zeichnete sich nach der Ölkrise eine Rezession ab.

So gab es 1978 viele, die bereit waren, ihr Leben aufs Spiel zu setzen, damit ihr Land endlich aufhöre, der Spielball von Kräften und Interessen zu sein, hinter denen man »die Amerikaner« vermutete. Die Geistlichen gewannen eine politische Monopolstellung, hatte doch der Schah alle anderen politischen Kräfte ausschalten lassen. Und die Geistlichkeit verstand diese Position auszunützen. Khomeini, dessen Reden, auf Tonbändern aufgezeichnet, zuerst aus der schiitischen Pilgerstadt An Najaf im Irak, später aus Paris eingeschmuggelt wurden, konnte zum Führer einer riesigen Protestbewegung werden, die sich gegen den Schah und gegen die Art von Amerikanisierung richtete, mit der er sein Land hatte beglücken wollen. Der Islam, die einzige handlungsfähige politische Kraft, trat in den Vordergrund. Er werde sich, so glaubten die Perser damals, als Trutzburg der Tradition den Götzen des Westens entgegenstellen.

Die Kultur wird siegen

Nach dem Sieg des Ayatollah Khomeini im Februar 1979 begannen freilich immer mehr Intellektuelle zu ahnen, daß »die Geistlichen unsere Revolution entführt« hatten.

Schon im August desselben Jahres schickten die neuen Machthaber Schlägertrupps gegen Zeitungsredaktionen los, deren Blätter die Frage aufgeworfen hatten, wie die Islamische Revolution denn konkret aussehen solle. Die Geistlichen wußten es ganz genau:

Die Erdölindustrie

Seit alten Zeiten weiß man, daß in bestimmten Teilen Khuzestans brennbares Erdöl aus Bergritzen austritt. Doch erst im 20. Jahrhundert wurde das schwarze Gold raffiniert und erlangte als Energiequelle weltweit Bedeutung.

Großbritannien hat die iranischen Quellen seit 1911 ausgebeutet; es brauchte das Öl als Treibstoff für seine Kriegsschiffe. Die Anglo-Iranian Oil Company baute die Raffinerie von Abadan, einst die größte der Welt, heute durch den Krieg zerstört. Der persische Staat erhielt zuerst nur eine kleine Prämie für die Fördererlaubnis. 1951 nationalisierte Ministerpräsident Mohammed Mossadegh die Erdölindustrie. Es kam zu einer Kraftprobe mit Großbritannien, in deren Verlauf der Schah den Iran 1953 verließ. Doch ein Staatsstreich mit Hilfe der CIA brachte den Schah zurück und stürzte Mossadegh. Die Erdölindustrie blieb staatlich, doch durften ausländische Konzessionsgesellschaften sie betreiben; neben die Anglo-Iranian, nun British Petroleum (BP) genannt, traten die großen amerikanischen Firmen.

In den frühen siebziger Jahren gelang es dem Schah, den Einfluß der Gesellschaften zurückzudrängen, gleichzeitig vervielfachte sich der Ölpreis im Zusammenhang mit dem arabisch-israelischen Krieg von 1973. Persien wurde plötzlich ungeheuer reich. Der Schah ließ so viel Erdöl fördern, wie nur möglich war, manchmal bis zu 10,5 Millionen Barrels pro Tag. Die Revolution drosselte die Förderung 1979 auf ein Drittel. Der Golfkrieg brachte neue Bedingungen. Da die Waffenkäufe Irans vom Erdöleinkommen abhängig sind, versuchte der Irak, durch Bombardierung der Tanker und der Ladestation auf der Insel Khark die iranische Produktion zu schwächen. 2 bis 2,5 Millionen Barrel pro Tag exportiert Persien dennoch. Ohne diese Ausfuhren könnte sich der Iran den Krieg gar nicht leisten.

▷ Geisterstadt bei Bam: Die befestigte Siedlung aus Lehmziegeln in der Provinz Kerman wurde von den Sassaniden zwischen dem dritten und fünften Jahrhundert gegründet. Die heute noch erhaltenen Bauten wie der mächtige Palastbezirk stammen jedoch aus der Safawiden-Zeit im 16. und 17. Jahrhundert.

◁ *Die iranischen Frauen auf der Insel Lavan im Persischen Golf tragen nach wie vor landesübliche Kleidung. Unter der Regierung des Schahs konnte man vor allem in den großen Städten westliche Mode sehen. Das Tragen des traditionellen Tschadors war verpönt. Mit der Machtübernahme der Mullahs kehrte alles zum alten zurück: Im ganzen Land verhüllen sich die Frauen wieder mit dem weiten, bodenlangen Umhang.*

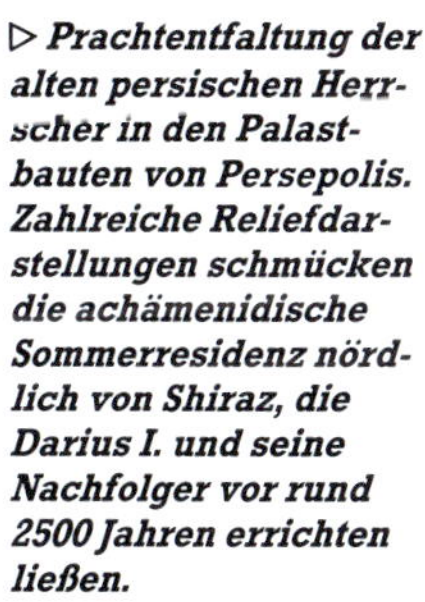

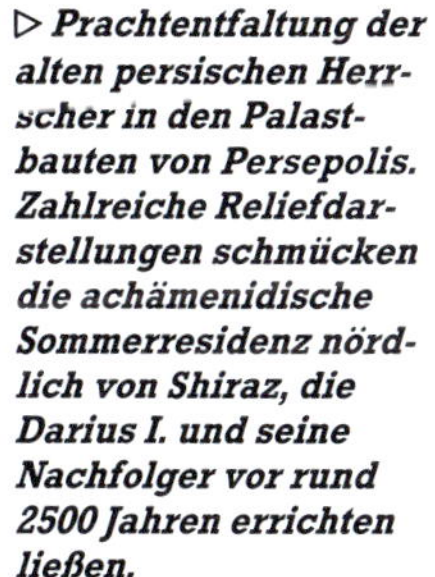

▷ *Prachtentfaltung der alten persischen Herrscher in den Palastbauten von Persepolis. Zahlreiche Reliefdarstellungen schmücken die achämenidische Sommerresidenz nördlich von Shiraz, die Darius I. und seine Nachfolger vor rund 2500 Jahren errichten ließen.*

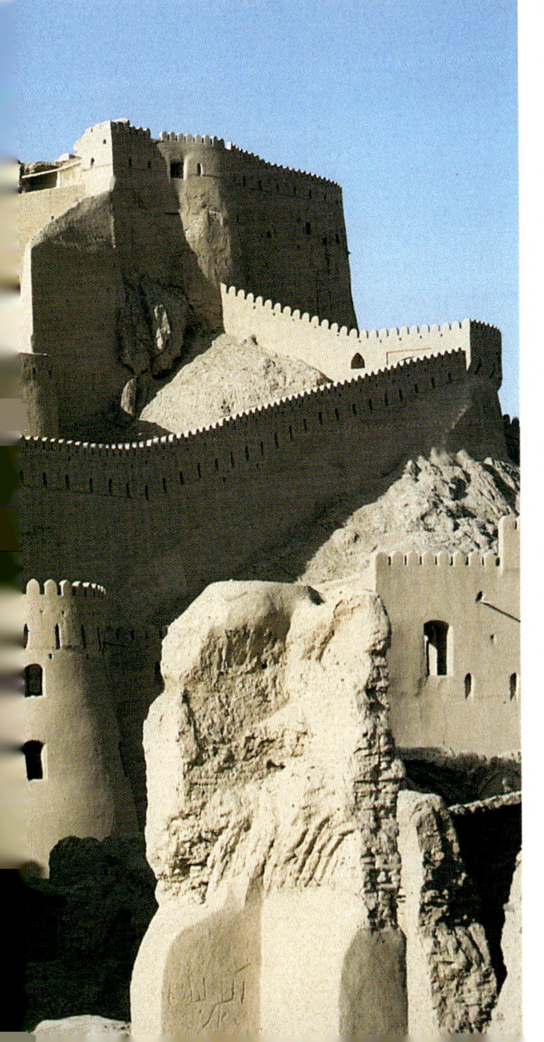

entsprechend dem Gottesgesetz aus dem neunten Jahrhundert n. Chr., so wie sie es auslegen wollten.

Dabei erwiesen sich die islamischen Führer als gewiefte Taktiker. Da auch sie die Grundprobleme des Landes nicht lösen konnten, lenkten sie die Bevölkerung ab. Die Geiselnahme in der amerikanischen Botschaft in Teheran in der Zeit von November 1979 bis Januar 1981 diente zuallererst diesem Zweck.

Gleichzeitig brach der Krieg mit dem Irak aus, und man bedurfte keiner anderen Ablenkung mehr. Khomeini hoffte, daß die Iraner mit Allahs Hilfe doch noch einmal die irakischen Stellungen durchbrechen und die Revolution in die ganze islamische Welt hinaustragen könnten. Der irakische Staatschef, so sagte man in Teheran, müsse für seine Aggression bestraft werden. Hinter dieser Formel stand: Die iranische Führung suchte den Zusammenbruch seines Regimes, denn dadurch wäre der Iran zur Vormacht am Golf sowie in der ganzen östlichen arabischen Welt und die Weltgeltung der Islamischen Revolution endgültig geworden.

Die Geistlichen streiten oft untereinander. Sie haben ganz verschiedene Vorstellungen davon, wie ein islamisches Wirtschaftssystem aussehen solle; ob es eine islamische Landreform geben könne, wieviel oder wie wenig Sozialismus mit dem Islam vereinbar sei oder gar von ihm gefordert werde. Der greise Khomeini ist noch immer der unangefochtene Schiedsrichter. Seine Entscheidung lautete stets: »Streitet euch nicht; gewinnt vor allen Dingen den Krieg!« So dauerte das sinnlose Schlachten fast acht Jahre lang an. Doch im Frühling 1988 wurde klar, daß die Iraner keine Chance mehr hatten, die irakischen Verteidigungslinien zu durchbrechen. Die Iraker trugen eine Kette von Siegen davon und vertrieben ihre Feinde aus allen Gebieten, die sie mit riesigen Blutopfern in den Jahren zuvor erobert hatten. Der begabteste Politiker unter den Geistlichen, Parlamentspräsident Ali-Akbar Haschemi-Rafsanjani, wurde Oberkommandierender der Armee, und er überzeugte Khomeini von der Notwendigkeit, den Krieg zu beenden, wenn er das Regime der Islamischen Revolution im Iran retten wolle. Es kam am 20. August 1988 zu einem Waffenstillstand unter Aufsicht der UNO. Fünf Tage später begannen Friedensverhandlungen in Genf. Dies bietet Hoffnung auf einen wirklichen Frieden.

Auf lange Sicht darf man wohl auf die alte, vielgeprüfte iranische Kultur vertrauen. Sie wird sich wieder durchsetzen und auch die Geistlichen allmählich in ihren Bann ziehen, selbst wenn es ihnen gelingen sollte, an der Macht zu bleiben.

Ein paar Jahrzehnte wird diese uralte Kraft dazu schon brauchen. Doch ihr Geschmack ist so süß, und sie ist so tief im Land verankert, daß sie aus allen Ritzen wieder emporgedrängen wird. Man wird im Iran wieder singen und musizieren, und man wird sogar wieder Wein trinken, Miniaturen malen und mystische Liebesgedichte verfassen.

Landesnatur

Fläche: 1 648 000 km² (mehr als sechsmal so groß wie die Bundesrepublik Deutschland)
Ausdehnung: West–Ost 1700 km, Nord–Süd 1400 km
Küstenlänge: 2650 km
Höchster Berg: Demawend 5604 m
Längster Fluß: Karun 829 km
Größter See: Urmiasee 4000–7500 km² (jahreszeitlich schwankend)

Der Iran – das ehemalige Persien – liegt in Vorderasien, zwischen dem Kaspischen Meer (Darya-ye Mazandaran) im Norden und dem Persischen Golf (Khalij-e Fars) im Süden. Nachbarländer sind der Irak und die Türkei im Westen, die UdSSR im Norden sowie Afghanistan und Pakistan im Osten.

Naturraum
Der Iran ist ein karges Hochland. Mächtige *Randgebirge* umschließen eine ausgedehnte Beckenlandschaft in der östlichen Landeshälfte. Sie sind ein Teilstück des vorderasiatischen Faltensystems, das sich im Tertiär gebildet hat. Im Norden erstreckt sich das steil zum Kaspischen Meer abfallende Elbursgebirge (Reshteh-ye Kuhha-ye Alborz) mit dem höchsten Berg des Landes, dem Demawend (5604 m). Im Osten schließt sich das teils über 3000 m hohe Kopetdaggebirge (Hrebet Kopetdag) an. Von Nordwesten aus in südöstlicher Richtung erstrecken sich das Sabalangebirge (Kuhha-ye Sabalan; bis 4811 m), das Sagrosgebirge (Kuhha-ye Zagros; bis 4548 m) und das parallel dazu verlaufende Kuhrudgebirge (Kuhha-ye Qohrud; bis 4374 m). Im Osten bilden bis zu 4000 m hohe Gebirgszüge die Grenze zwischen dem Iranischen Hochland und dem südafghanischen Wüstenbecken. Die Gebirgsketten im Norden und Nordwesten des Landes sowie am Persischen Golf zählen zu den erdbebengefährdeten Regionen Vorderasiens.

Das *zentrale Hochland* mit einer mittleren Höhe von 1000 bis 1500 m ü. M. gliedert sich in mehrere abflußlose Becken. Die beiden größten sind die Große Salzwüste (Dasht-e Kavir) und im Südosten die Wüste Lut (Dasht-e Lut). Die wenigen, nur kurzzeitig Wasser führenden Flüsse des Iranischen Hochlandes münden zumeist in Salzpfannen (ausgetrocknete Salzseen). Der einzige schiffbare Fluß ist der Karun; er mündet südlich von Abadan in den Persischen Golf. Der größte See des Landes ist der salzhaltige Urmiasee (Daryacheh-ye Orumiyeh) im Nordwesten; seine Fläche schwankt zwischen 4000 und 7500 km².
Die *Tiefländer* des Iran haben große wirtschaftliche Bedeutung. Der 650 km lange Küstenstreifen am Kaspischen Meer bietet mit seinen fruchtbaren Schwemmböden ideale Bedingungen für die Landwirtschaft. Im vegetationsarmen Südwesten hat der Iran Anteil an der mesopotamischen Tiefebene, einem der erdölreichsten Gebiete der Welt.

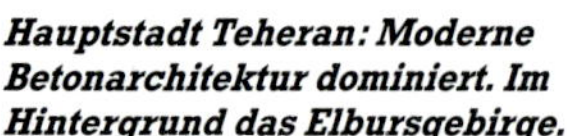

Hauptstadt Teheran: Moderne Betonarchitektur dominiert. Im Hintergrund das Elbursgebirge.

Klima
Das Iranische Hochland gehört zur subtropischen Trockenzone; weite Gebiete des Landes sind folglich wüstenhaft und trocken.
Die Niederschläge nehmen von Nordwesten nach Südosten ab. Im nordwestlichen Bergland fallen jährlich bis 300 mm Niederschläge. Im zentralen Hochland betragen die Niederschlagsmengen bis zu 250 mm (Teheran), in den Wüsten allenfalls 100 mm. Das Tiefland am Kaspischen Meer hingegen ist immerfeucht mit durchschnittlichen Jahresniederschlägen von 1000 bis 2000 mm.
Die jahres- und tageszeitlichen Temperaturschwankungen sind sehr groß. Die Temperaturen nehmen – im Gegensatz zu den Niederschlägen – von Nordwesten nach Südosten zu: Tabriz (Täbris) mit einem Januarmittel von –1 °C und einem Julimittel von 25 °C, Teheran mit 2 °C bzw. 30 °C sowie Bandar Abbas mit 18 °C bzw. 34 °C. In den Wüstengebieten werden im Sommer bis 50 °C, im Winter bis –30 °C gemessen.

Zwischen Isfahan und Nain: ein Dorf in klassischen Bauformen.

Vegetation und Tierwelt
Etwa die Hälfte der Landesfläche besteht aus vegetationsloser Wüste oder Halbwüste mit Zwerg- und Dornsträuchern. Am Kaspischen Meer und an den Nordhängen des Elbursgebirges gedeiht eine üppige subtropische Vegetation; hier gibt es mitunter geschlossene Laubwälder. Im nordwestlichen, westlichen und zentralen Hochland herrschen mediterrane Hartlaub- und Trockenwälder vor.

Südrand der Salzwüste Lut: Der Regen wäscht neues Salz aus.

In den Gebirgen leben Steinböcke und Mufflons, in den Bergwäldern auch Bären, Tiger und Leoparden. In den Steppen und Wüsten trifft man auf Gazellen und Onager (Persische Halbesel). Im ganzen Land gibt es zahlreiche Nagetier- und Schlangenarten. Zur artenreichen Vogelwelt zählen u. a. Möwen, Pelikane, Flamingos, Rebhühner, Fasane und Falken.

Politisches System

Staatsname: Jomhuri-ye Eslami-ye Iran
جمهوری اسلامی ایران
Staats- und Regierungsform: Islamische Republik
Hauptstadt: Teheran
Mitgliedschaft: UN, OPEC, OAPEC, ESCAP

1979 wurde die Monarchie von der Islamischen Republik abgelöst. Nach der Verfassung aus dem gleichen Jahr müssen alle politischen, wirtschaftlichen und sozialen Belange im Islam begründet sein, dessen schiitische Richtung zugleich Staatsreligion ist. Die eigentliche Autorität der Islamischen Republik ist der »Führer der Nation« als höchste religiöse Instanz. Durch ihn ist die Exekutivgewalt des vom Volk gewählten Präsidenten eingeschränkt. Der Staatspräsident ernennt den Ministerpräsidenten, der seinerseits auf das Vertrauen des Parlaments angewiesen ist.

Gesetzgebung und Verwaltung
Die Gesetzgebung liegt bei der Nationalversammlung, die sich aus 270 für vier Jahre gewählten Abgeordneten zusammensetzt. Zum Inkrafttreten bedürfen die Gesetze jedoch der Zustimmung des »Rats der Wächter des Islams«, von dessen zwölf Rechtsgelehrten sechs vom »Führer der Nation« ernannt und sechs von der Nationalversammlung für eine Amtszeit von sechs Jahren gewählt werden. Die Parteien des Landes sind, wie auch die Genossenschaften, islamisch ausgerichtet.
Die Einteilung des Iran in 23 Provinzen mit Regierungsbezirken und

Landkreisen sowie die Verwaltungsstrukturen sind nach der Revolution erhalten geblieben, allerdings wurde das System zugunsten ethnischer Minderheiten etwas dezentralisiert. Die Provinzen können jetzt eigene Räte einsetzen und gewisse soziale und kulturelle Fragen in eigener Verantwortung regeln.

Recht und Justiz

Die Rechtsprechung basiert auf dem islamischen Recht, der Scharia, sowie auf Präzedenzfällen. Die Justiz ist formal unabhängig; der Präsident des Obersten Gerichtshofes sowie der Generalstaatsanwalt müssen islamische Rechtsgelehrte sein. Die 1979 eingerichteten »Revolutionsgerichte« spielen kaum noch eine Rolle.

Bevölkerung

Einwohnerzahl: 49,7 Millionen
Bevölkerungsdichte: 30 Einw./km²
Bevölkerungszunahme: 3% im Jahr
Ballungsgebiete: Südkaspisches Küstentiefland, Zentralprovinz um Teheran
Größte Städte: Teheran (5,7 Mio. Einw.), Meschhed (1,2 Mio.), Isfahan (950 000)
Bevölkerungsgruppen: 65% Perser, 15% Aserbaidschaner, 8% Luren, 6% Kurden, 2% Turkmenen, 2% Araber

Der Iran zeichnet sich durch seine Völkervielfalt aus. Eine besondere Rolle spielen neben den Persern vor allem die Kurden, da sie als ethnische und religiöse Minderheit (Sunniten) seit Jahren für ihre Autonomie kämpfen. Die Bevölkerung ist sehr jung, etwa 57% sind unter 20 Jahren, nur 5% älter als 60. Es herrscht starke Landflucht, rund 55% der Bevölkerung leben in Städten.
Amtssprache ist Persisch (Farsi), die meisten Minderheiten sprechen daneben ihre traditionellen Sprachen.
Über 90% sind schiitische Muslime, daneben gibt es Sunniten, Bahai, Christen und Juden.

Handwerk wie in alten Zeiten: Weberinnen im Sagrosgebirge.

Soziale Lage und Bildung

Nach der Verfassung ist die Regierung verpflichtet, die Bürger mit Kranken-, Arbeitslosen- und Rentenversicherung auszustatten. Geplante Verbesserungen der auf das Jahr 1930 zurückgehenden Sozialgesetzgebung blieben durch die hohen Militärausgaben weit hinter den gesteckten Zielen zurück. Die Arbeitslosenrate stieg nach der Revolution zunächst stark an (30%), ist aber wieder rückläufig. Das Gesundheitswesen ist besonders auf dem Land unzureichend.
Schulsystem und Unterrichtsinhalte wurden nach der Revolution »islamisiert«. Es besteht allgemeine Schulpflicht für Mädchen und Jungen vom 6. bis 14. Lebensjahr; wegen Lehrermangels ist die Schulzeit, besonders auf dem Land, jedoch meist kürzer. Die Analphabetenrate beträgt etwa 40%. Es gibt 22 Universitäten, die im Zuge der Revolution zunächst geschlossen wurden und seit 1983 allmählich wieder geöffnet werden.

Wirtschaft

Währung: 1 Rial (Rl.) = 100 Dinar (D.)
Bruttoinlandsprodukt (in Anteilen): Land- und Forstwirtschaft 13%, industrielle Produktion 35%, Dienstleistungen 52%
Wichtigste Handelspartner: COMECON-Staaten, EG-Staaten, Japan, Türkei

Die Wirtschaft des Iran wird durch die Folgen des Golfkriegs und den Verfall der Erdölpreise beeinträchtigt. Die kriegsbedingte Rezession macht sich durch Unterversorgung, hohe Inflation (über 40%) und Schwarzhandel bemerkbar.

Landwirtschaft

Die Selbstversorgung mit Lebensmitteln konnte trotz großangelegter Agrarreformen nicht verwirklicht werden. Zwar ist fast die Hälfte der Bevölkerung in der Landwirtschaft tätig, doch werden nur etwa 9% (15 Mio. ha) der Gesamtfläche ackerbaulich genutzt. Hauptanbauprodukte sind Weizen, Reis, Gerste, Zuckerrüben, Datteln und Melonen.

Bodenschätze, Industrie

Schwerpunkt des Bergbaus ist nach wie vor die Förderung von Erdöl und Erdgas. Außerdem werden Eisen-, Kupfer-, Blei-, Chrom-, Zink- und Manganerze abgebaut.
Der industrielle Ausbau war nach der islamischen Revolution zunächst ins Stocken geraten, wurde aber inzwischen wieder in Angriff genommen. Die Schlüsselindustrien sind zumeist verstaatlicht, Klein- und Mittelindustrien werden in Lizenz privat betrieben. Die größten Branchen sind die Erdöl- und petrochemische Industrie.

Handel
Hauptexportgüter sind Erdöl und Erdölderivate. In geringem Umfang werden Teppiche und Agrarerzeugnisse (u. a. Datteln, Rosinen) ausgeführt. Der größte Importbedarf besteht bei Maschinen, Kraftfahrzeugen und chemischen Produkten. Außerdem ist der Iran derzeit einer der größten Käufer von Kriegsmaterial auf dem internationalen Markt.

Verkehr, Tourismus
Das Straßennetz ist mit etwa 70000 km noch unzureichend, es soll aber bis zur Jahrtausendwende auf 300000 km ausgeweitet werden. Das Schienennetz (knapp 5000 km) umfaßt sechs Hauptlinien. Die wichtigsten Häfen sind Bandar Abbas an der Straße von Hormus sowie Bushehr, Bandar-e Khomeyni, Khorramshahr und Abadan am nördlichen Persischen Golf. Internationale Flughäfen sind in Teheran, Shiraz, Bandar Abbas und Abadan.
Der Fremdenverkehr ist wegen des Krieges zum Erliegen gekommen.

Geschichte

Im 2. Jahrtausend v. Chr. siedelten sich mehrere iranische Nomadenstämme aus Zentralasien im Hochland des heutigen Iran an.

Das alte Persien
Anfangs noch politisch unter der Herrschaft der Assyrer stehend, befreiten sich zuerst die Meder und gründeten ein Reich (728–550 v. Chr.) mit der Hauptstadt Ekbatana (heute Hamadan). Nach seinem Sieg über den medischen König Astyages 550 v. Chr. legte dann der wohl ruhmreichste Perserkönig, Kyros II., den Grundstein für das Weltreich der Achämeniden (550–330 v. Chr.), das sich von der Ägäis über Ägypten bis zum Indus erstreckte. Unter Darius I. (521–486 v. Chr.) erreichte das persische Reich mit der Hauptstadt Persepolis seine größte Machtentfaltung.
Nach seinem Tode leiteten Thronwirren den inneren und äußeren Verfall ein. In den Perserkriegen (490–448 v. Chr.) wurde die persische Expansion nach Westen durch die Griechen gestoppt; nach einem vorübergehenden Wiedererstarken im 4. Jh. geriet das Land unter Darius III. (336–330 v. Chr.) in die Hand Alexanders des Großen. Unter den Seleukiden, einer Nachfolgedynastie des Alexanderreichs, und den Parthern (ab 247 v. Chr.) zerfiel Persien in Einzelreiche und wurde erst von Ardaschir I. (224 bis 241 n. Chr.), dem König der Sassaniden, wieder geeint. Er gründete das neupersische Reich, das an die Tradition der Achämeniden anknüpfte und bis zum Einfall der Araber den Mittleren Osten beherrschte. Staatsreligion wurde der Zoroastrismus.
Die Araber eroberten 642 Persien. Obwohl das Land islamisiert wurde, konnte sich die persische Kultur behaupten, selbst die Lehre Zarathustras lebte als Unterströmung im Islam weiter. Im Kalifenreich behielt Persien seine Einheit, wenn auch unter Teilfürsten. Im 11. Jh. drang der türkische Stamm der Seldschuken, aus Innerasien kommend, in Persien ein. Mit dem Einfall Dschingis-Khans im 13. und Timur Lengs Ende des 14. Jh. begann die Herrschaft der Mongolen, die raubend und plündernd das ganze Morgenland überschwemmten.
Mit Beginn des 16. Jh. konnte sich für über 200 Jahre die persische Dynastie der Safawiden mit einer starken Zentralgewalt etablieren (1502–1722). Ihr neupersisches Reich mit der Hauptstadt Täbris (später Isfahan) umfaßte Persien und Afghanistan. Die schiitische Richtung des Islam wurde Staatsreligion. Schah Abbas der Große (1587–1629) machte aus Persien eine Großmacht in Vorderasien. Aber nach einer Niederlage gegen die Afghanen (1722) folgten Zeiten innerer Wirren, bis es der Kadscharen-Dynastie (1794–1925) wenigstens gelang, das persische Kernland mit Teheran als Hauptstadt politisch zu einen.
Im 19. Jh. geriet Persien in eine halbkoloniale Abhängigkeit von Großbritannien und Rußland. Außerdem verlor es in zwei Kriegen einen Teil Armeniens, das nördliche Aserbaidschan und Georgien an das nach Süden drängende Rußland. Eine erste Verfassungsbewegung führte 1905 zu einem Aufstand in Teheran und hatte die Errichtung einer formal-konstitutionellen Monarchie zur Folge, die aber außenpolitisch schwach war. 1907 mußte Persien den Russen eine im Norden und den Briten eine im Süden des Landes gelegene Interessensphäre zugestehen.

Fertig gewebte Teppiche werden sorgfältig gewaschen.

Monströses Relikt des Schah-Regimes: der Pfauenthron.

Die Pahlawi-Dynastie
Im Ersten Weltkrieg besetzten türkische, britische und russische Truppen das formell neutrale Persien. Erst nach dem Staatsstreich des persischen Kosakenkommandeurs Reza Khan 1921 entwickelte sich allmählich ein neues zentrales Regierungssystem. Reza Khan stürzte 1925 die Kadscharen-Dynastie und betrieb als Kaiser Reza Schah Pahlawi alsbald eine Politik der Modernisierung des Landes. 1934 wurde in einem ideologischen Rückgriff auf das altpersische Reich der Name Persien in Iran umgewandelt. 1941 dankte der mit Nazi-Deutschland kollaborierende Reza Schah nach dem Einmarsch der Russen und Engländer im Iran zugunsten seines Sohnes Mohammed Reza Pahlawi ab.
Nach dem Zweiten Weltkrieg konnte der Schah die Krise im Zusammenhang mit der Verstaatlichung der Anglo-Iranian Oil Company durch den Ministerpräsidenten Mossadegh (1951–1953), den Führer der »Nationalen Front«, nur mit amerikanisch-englischer Hilfe überstehen.
Westlich gebildet und prowestlich orientiert, leitete Mohammed Reza Pahlawi mit Hilfe der Erdöleinnahmen wirtschaftliche und soziale Reformen ein, die sog. Weiße Revolution (Landreform, Alphabetisierung, Frauenwahlrecht, Gesundheitsfürsorge u. a.), die den unterentwickelten Iran durch eine forcierte Industrialisierung übergangslos ins 20. Jh. versetzen sollte. Seine antikapitalistischen Gegner, die eine Verwestlichung des Iran ablehnten, verfolgte er mittels seines 1957 gegründeten Geheimdienstes Savak rücksichtslos. 1977 führte der Rückgang der Öleinnahmen zu einem großen Haushaltsdefizit. Der Widerstand gegen die mehr und mehr als Diktatur empfundene Herrschaft des Schahs erreichte im Generalstreik am 7. 9. 1978 und den folgenden Massenrevolten seinen Höhepunkt.

Die Herrschaft der Mullahs
Am 16. 1. 1979 mußte der Schah das Land verlassen und machte so das Feld frei für seinen großen Gegenspieler, Schiitenführer Ayatollah Khomeini (geb. 1900), der seit seiner Rückkehr aus dem Exil am 1. 2. 1979 als die höchste Autorität im Iran gilt. In einer Atmosphäre, in der bereits Revolutionsgerichte laufend Todesurteile aussprachen, stimmten am 31. 3. 1979 angeblich 99 % der erwachsenen Bevölkerung über 16 Jahren in einem Referendum für eine »Islamische Republik«, die am 1. 4. 1979 (Nationalfeiertag) gegründet wurde. Khomeinis Ziel ist es, den Iran in eine auf dem Koran beruhende islamische Theokratie (Gottesherrschaft, die in Wirklichkeit eine Herrschaft der Mullahs ist) zu verwandeln und den Prozeß der Verwestlichung zu stoppen.
In die Anfangszeit der »Re-Islamisierung«, ein Prozeß, der sich vor allem auf die verarmten und fanatisierten Massen in den Städten stützt, fiel die spektakuläre Geiselnahme von 52 amerikanischen Botschaftsangehörigen am 4. 11. 1979 in Teheran, die die Beziehungen zu den USA rapide verschlechterte. Es gelang den Mullahs nicht nur, alle innenpolitischen Gegner und Minderheiten zu unterdrükken, sondern auch einen Angriff des Irak am 22. 9. 1980 wegen des Anspruchs auf den Shatt al' Arab aufzuhalten und in dem sich entwickelnden, langjährigen, überaus verlustreichen Krieg häufig sogar die militärische Initiative zu ergreifen.
In jüngerer Zeit verlagerte sich der Schwerpunkt des militärischen Konfliktes zum »Tankerkrieg« im Persischen Golf und zuletzt zum »Raketenkrieg« gegen die Zivilbevölkerung

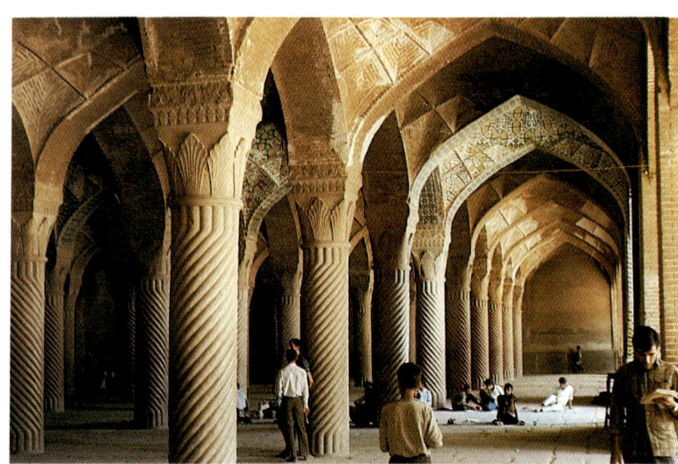
Heimstatt reiner schiitischer Lehre: die historischen Gewölbe der Koranschule von Schiras.

der jeweiligen Hauptstädte. Darüber hinaus veränderte die Islamische Revolution die Situation im Nahen Osten von Grund auf, da der sog. islamische Fundamentalismus auch in den übrigen arabischen Staaten Anhänger fand und zu einer Reihe von Gewalttaten führte. Im August 1988 fand der Golfkrieg mit der Vereinbarung eines durch UN-Vermittlung zustandegekommenen Waffenstillstands überraschend ein vorläufiges Ende.

Kultur

Bis zur Eroberung durch die Araber war in Persien die streng monotheistische Lehre des altiranischen Propheten Zarathustra (griech. Zoroaster) Staatsreligion. Zarathustra (um 630 bis 553 v. Chr.) predigte den Glauben an einen Gott: Ahuramazda, der Schöpfer des Universums und Vertreter des Guten, liegt in ständigem Wettstreit mit dem Geist des Bösen, Ahriman. Beide kämpfen um den Sieg, bis zuletzt vor dem Weltgericht das Gute über das Böse triumphieren wird. Die heutige Form des Zoroastrismus ist der Parsismus, dessen Anhänger außer im Iran in Indien leben. Im 7. Jh. brachten die Araber den Islam nach Persien. Hier entstand jedoch bald eine typisch persische Sonderform, das Schiitentum, dem etwa 10% aller Muslime angehören und das heute vor allem auch im Irak verbreitet ist. Im Unterschied zu den Sunniten, den Angehörigen der Hauptrichtung des Islam, erkennen die Schiiten nur Mohammeds Schwiegersohn Ali und dessen Nachkommen als rechtmäßige Nachfolger des Propheten in der Leitung der islamischen Gemeinde an. Als Verfechter einer reinen Lehre lassen sie nur den Islam und die Worte Mohammeds selbst gelten und lehnen die von der Tradition (Sunna) beeinflußte Glaubensauffassung ab.

Die persische Kunst

Als altes Kulturland besitzt der Iran viele Kunstdenkmäler aus allen Epochen. Schon im 2. Jahrtausend v. Chr. gelangte die Kunst zu hoher Blüte. Bedeutendstes Bauwerk war der reich mit Statuen geschmückte Zikkurat (Tempelturm) von Tschogha Sambil nahe der alten Hauptstadt Susa.

Die Kunst der Achämeniden manifestiert sich am besten in den Bauten in Pasargad, der Königsresidenz von Kyros II. (Burganlage mit Befestigungswall, Residenz- und Audienzpalast, Feuertempel, Grab des Königs), und in dem Königssitz von Darius I. in Persepolis (Paläste des Darius und Xerxes, Propyläen, Bibliothek, Schatzhaus, Thron- und Audienzhalle).

Typisch für die Kunst der Sassaniden ist der »ritterliche Stil«, der sich vor allem an Felsreliefs mit Darstellungen von Reiterkämpfen und Jagdszenen zeigt (Palast von König Ardaschir in Firuzabad). Auch Gold- und Silberschmiede- sowie Textilkunst waren bei den Sassaniden hoch entwickelt.

Die islamische Kunst zeichnet sich aus durch zahlreiche Kult- und Grabbauten mit reichem Fayenceschmuck, Gebetsteppichen zum Ausschmücken der Moscheen und eine bei den Schiiten das islamische Bilderverbot umgehenden Buchmalerei. Typisch für die Sakralbauten sind die Liwan-Moscheen mit offenen Gewölbehallen und arkadengesäumten Innenhöfen (z. B. die Freitagsmoschee in Isfahan aus dem 8./11. Jh.).

Die persische Literatur

Nach den Sprachstufen gliedert sich die persische Literatur in alt-, mittel- und neupersisches Schrifttum. Altpersische Denkmäler sind die Felsinschriften der Achämenidenherrscher, deren umfangreichste auf der Felswand von Behistan (30 km östlich von Kermanshah) von Darius I. stammt.

Die überlieferte mittelpersische Literatur behandelt meist Stoffe der zoroastrischen Religion.

Die neupersische Literatur entwickelte sich im 9./10. Jh. nach einer Erneuerung des nationalen Bewußtseins und setzte gleich mit Meisterwerken wie dem persischen Nationalepos »Schah-Name« des Firdausi (um 940–1020) ein. Dabei haben die persischen Dichter die im Arabischen üblichen Versmaße der neupersischen Sprache angepaßt, soweit sie nicht einheimische verwendeten.

Aus der klassischen Zeit (bis etwa 1250) ist vor allem der Dichter Nizami (um 1140–1209) mit seinem großen Liebesepos »Leila und Madschnun« (dt. 1963) hervorzuheben. Als Dichter von Vierzeilern ist Omar Khayyam (um 1045–1122) berühmt geworden. Aus der nachklassischen Zeit ragt der Lyriker Hafis (um 1324–1390) hervor, dessen Verse auf Natur, Wein und Liebe Goethe zum »West-östlichen Divan« anregten.

Die Kunstprosa im 20. Jh. war stark von europäischer Literatur beeinflußt. In den 70er Jahren entwickelte sich eine sozialkritische Literatur gegen das Pahlawi-Regime. Heute wird meist massenwirksame, islamisch-ideologische Revolutionsliteratur publiziert.

Um den Erzfeind USA zu demütigen, läßt man die Stars and Stripes von Autos überrollen.

Zeitgenössische Kunst im Dienste der Islamischen Revolution.

Reise-Informationen

Einreise- und Fahrzeugpapiere

Bürger der Bundesrepublik Deutschland, der Schweiz und Österreichs benötigen für einen Aufenthalt bis zu 30 Tagen einen gültigen Reisepaß (bei Frauen Foto mit Kopftuch) und ein Touristenvisum. Kinderausweise (mit Foto) werden nicht immer anerkannt. Alle weiblichen Reisenden müssen beim Verlassen des Flugzeugs ein Kopftuch, langärmelige Kleidung und Strümpfe tragen.

Bei der Einreise mit dem eigenen Fahrzeug sind ein Carnet de passages, der internationale Führerschein, die Grüne Versicherungskarte mit dem Vermerk IR und die deutsche Zulassung erforderlich.

Aufgrund des im Land herrschenden Kriegszustands muß gegenwärtig mit Reisebeschränkungen gerechnet werden. Bestimmte Landesteile können kurzfristig zu Sperrgebieten erklärt werden.

Zoll

Bei der Einreise sind zollfrei: 200 Zigaretten und eine angemessene Menge Parfüm. Einfuhrverbot besteht für alkoholische Getränke, Videorecorder und Kassetten sowie für Musikinstrumente. Kunsthandwerkliche Artikel, die aus Münzen gefertigt sind, und Münzen selbst dürfen nicht ausgeführt werden.

Devisen

Bei der Ein- und Ausreise dürfen jeweils maximal 20000 Rials (Rl.) mitgeführt werden. Fremdwährungen unterliegen keiner Beschränkung. Die Ausfuhr muß der deklarierten Einfuhr abzüglich der umgetauschten Beträge entsprechen. Der Mindestumtausch beträgt 150 bis 300 US-Dollars.

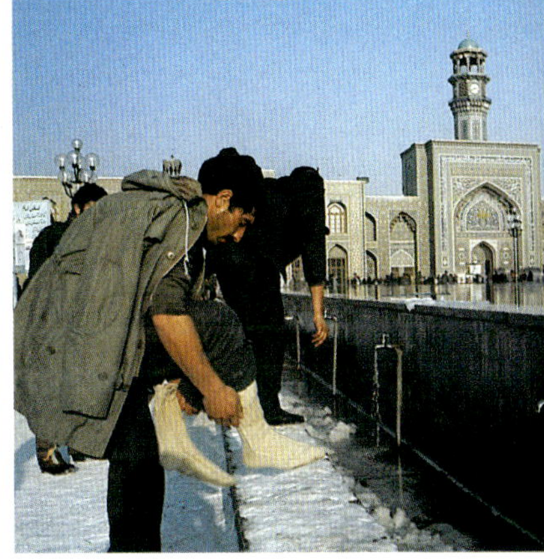

Fußwäsche vor dem Gottesdienst – auch im Winter heilige Pflicht.

Impfungen

Für die südwestlichen Provinzen ist von März bis November Malaria-Prophylaxe erforderlich.

Verkehrsverhältnisse

Das inneriranische Flugnetz und die Hauptlinien des Schienennetzes sind gut ausgebaut. Überlandbusse verbinden die großen Orte. In den Städten verkehren Taxis.

Unterkünfte

Es gibt Hotels aller Kategorien, insbesondere in Teheran. An den großen Verkehrsstraßen kann man auch in Motels übernachten.

Reisezeit

Die günstigsten klimatischen Bedingungen herrschen im Iranischen Hochland während der Monate September/Oktober und April/Mai. Am Kaspischen Meer ist das Klima das ganze Jahr über ausgeglichen. Am Persischen Golf ist es im Sommer sehr heiß und schwül.

Israel

Peter M. Dudzik

Israel, gerade 40 Jahre alt, ein junger Staat in einem uralten Land, in dem man sich noch immer vom bekanntesten Reiseführer der Welt leiten lassen kann: der Bibel. Von Juden, die der Verfolgung entkamen, und von Überlebenden des Holocaust gegründet, wird dieser Staat heute schon überwiegend von »Sabres«, im Lande Geborenen bewohnt. Gleichwohl besteht die Gesellschaft aus Bevölkerungsgruppen verschiedenster Herkunft und Glaubensbekenntnisse, in denen sich zumal der Vordere Orient wie in einem Mikrokosmos spiegelt: Juden und Muslime, Christen und Drusen.

Alle haben sie hier ihre heiligen Stätten, ihr jeweiliges »Heiliges Land«, dessen Propheten zwar die Hoffnung auf Frieden verkündet haben, um das aber bis heute Krieg geführt wird. Doch trotz aller Konflikte will der junge Staat den Anspruch auf das Ziel seiner Gründer, eine neue und bessere Gesellschaft zu schaffen, nicht aufgeben.

Staatsname:	Staat Israel
Amtssprachen:	Neu-Hebräisch (Iwrith) und Arabisch
Einwohner:	4,3 Millionen
Fläche:	20 770 km²
Hauptstadt:	Jerusalem
Staatsform:	Parlamentarische Republik
Kfz-Zeichen:	IL
Zeitzone:	MEZ +1 Std.
Geogr. Lage:	Naher Osten, am Mittelmeer; grenzt an den Libanon, Syrien, Jordanien und Ägypten

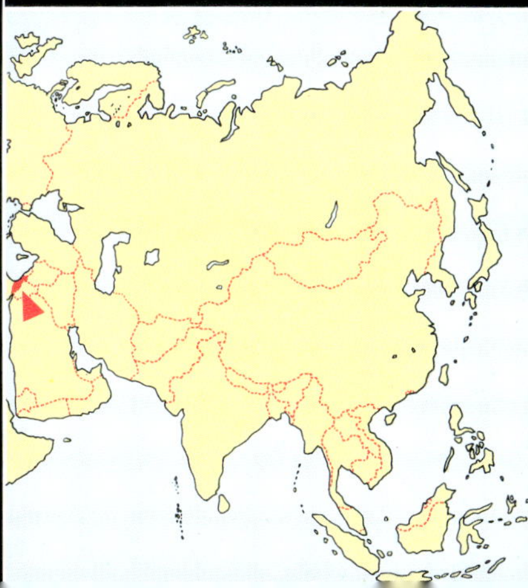

Traditionell gekleidete Juden binden einen Strauß für das Laubhüttenfest, das Sukkot. Es soll an die 40 Jahre dauernde Wüstenwanderung des Volkes Israel erinnern und wird alljährlich im Herbst, zugleich als Erntedankfest, gefeiert.

Die »Erste hebräische Stadt«: Tel Aviv

Israels Lebensart begegnet man am ehesten in Tel Aviv-Yafo, der »heimlichen Hauptstadt« und der kulturellen wie wirtschaftlichen Metropole des Landes. Tel Avivs Geschichte zählt nicht nach Jahrtausenden wie die Jerusalems, und es hat auch kein so malerisches Panorama wie Haifa. Doch ist die Stadt immerhin älter als der Staat, der erst 1948 gegründet wurde, als das britische Mandat in Palästina endete. Mit dem Bau Tel Avivs begannen zionistische Pioniere bereits 1907; damals herrschten noch die Türken über das Land. Lokalpatrioten legen daher Wert auf den Beinamen »Erste hebräische Stadt«. Sein modernes Gepräge erhielt Tel Aviv in den dreißiger Jahren.

Die Vorstellungen der Gründerväter von einer Gartenstadt an der Mittelmeerküste sind jedoch längst in Beton erstarrt. Die früher einmal verträumten Ortschaften der Umgebung, von Rishon Leziyyon im Süden bis Netanya im Norden und auch die alte arabische Nachbarin Jaffa (Yafo), sind eingemeindet oder richten ihr Leben nach der Metropole aus. Im Ballungszentrum wohnen weit über eine Million Menschen, während es in Tel Aviv-Yafo selbst nur 330000 sind.

Jerusalem hat mehr Einwohner und auch den formellen Rang der Hauptstadt, was aber keinen Tel Aviver daran hindert, auf den »Rest des Landes« als Provinz herabzublikken: So mag die Knesset, das Parlament Israels, ihren Sitz zwar in Jerusalem haben, die Geschäftszentralen aller Parteien jedoch stehen in Tel Aviv, ebenso die Zentralredaktionen aller Zeitungen. Und solange der politische Status Jerusalems international umstritten bleibt, werden die Botschaften vieler Nationen weiterhin in Tel Aviv residieren.

Wo sich das Leben ballt, gedeiht auch gern Kultur. Der kulturelle »Pro-Kopf-Bedarf« der Israelis ist hoch und statistisch erfaßt: Das »Volk des Buches« liest mehr als Europäer und Nordamerikaner, und mehr als die Hälfte der Israelis besucht jährlich mindestens einmal eine Theatervorstellung. Das »Israel Philharmonic Orchestra« hat den höchsten Anteil an Abonnenten unter den führenden Orchestern der Welt, und in Tel Aviv findet man gleich vier größere Ballett-Ensembles. Neben der Pflege des klassischen und modernen Repertoires gibt es Versuche, orientalische und westliche Elemente miteinander zu vereinen. Im Tel Aviv Museum und im dazugehörigen Helena-Rubinstein-Pavillon sind die Werke israelischer Maler und Bildhauer, aber auch weltberühmter Künstler anderer Nationen zu sehen. Zum Kulturangebot gehören ferner die zahlreichen Kinos, oft mit einem aktuelleren Programm als in den meisten europäischen Großstädten.

Gewachsene Baukultur gibt es dagegen fast nur im Süden, in und um Jaffa, wo die Stadt noch ihr altes Gesicht zeigt. Verläßt man die malerischen Basargassen in der Nähe des alten Hafens, trifft man auf eine Art ausgefallenen Jugendstils, in der orientalische Handwerker die Vorstellungen osteuropäischer Architekten von Eleganz umgesetzt haben. Doch bald wird auch diese rare Stilart von neuen Büro-Hochhäusern ganz verdrängt sein, deren planlos wirkende Zusammenballung nur ab und zu durch architektonisch interessante Blickfänge aufgelockert ist. »Die gute alte Zeit«, diese kurze »eigene« Vergangenheit, in der Kamelkarawanen das Baumaterial für Tel Aviv durch die Sanddünen schleppten, wird heute zwar noch beschworen, aber kaum durch wirksamen Denkmalschutz gesichert.

Die Enge der Stadt hat viele im vergangenen Jahrzehnt zur Flucht veranlaßt, weshalb die Zufahrtsstraßen nun in den Morgen- und Abendstunden total verstopft sind. Doch hat eine Gegenbewegung eingesetzt: Aus der Stadtflucht ist neuerdings eine Landflucht geworden, die Ex-Bürger zieht es wieder zurück nach Tel Aviv, und je zäher der Verkehr fließt, desto teurer werden die Wohnungen in der Stadt. Den echten Tel Aviver erkennt man heute an seinem Fahrrad, mit dem er die zahlreichen Einbahnstraßen auch gegen die Fahrtrichtung bewältigt.

▷ Die Klagemauer ist ein Rest des im Jahre 70 n. Chr. zerstörten Tempelbezirks von Jerusalem. Heute wird das größte Heiligtum der Juden zur Sicherheit der Gläubigen von Soldaten streng bewacht.

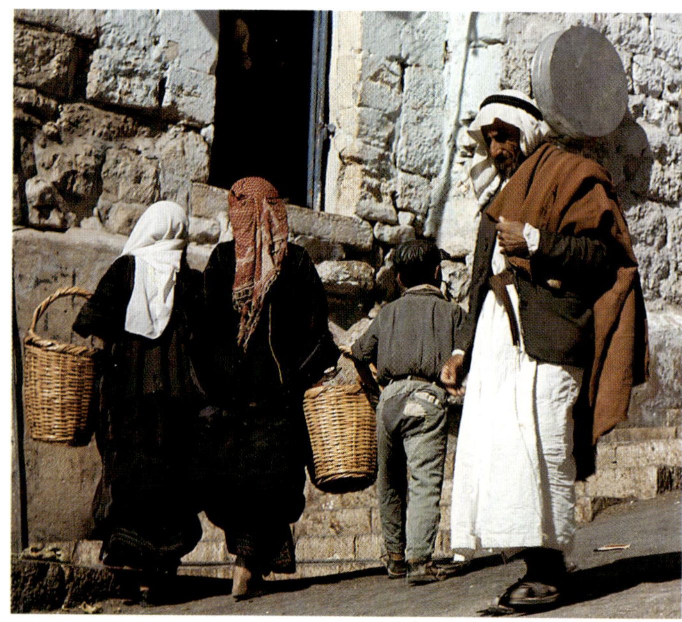

△ In Bethlehem, dem Geburtsort Jesu, bilden heute christliche Araber den Hauptteil der Bevölkerung.

▷ Eines der prächtigsten Bauwerke des Islam steht in Jerusalem: Der achteckige Felsendom wurde in den Jahren 687 bis 691 über dem Opferstein Abrahams errichtet. Seine goldene Kuppel überstrahlt die Altstadt, die trotz der modernen Hochhäuser im Hintergrund noch nichts von ihrem Glanz verloren hat.

Geschichte hinter Mietskasernen

Wen es hinauszieht aus Tel Aviv, der muß sich durch die verstopften Verkehrsadern der Vorstädte mühen, die fast alle im internationalistischen Einheitsstil der fünfziger und sechziger Jahre erbaut wurden – als es hieß, Hunderttausenden von Einwanderern so schnell wie möglich ein Dach über dem Kopf zu schaffen. Aber Sehenswürdigkeiten beschränken sich auch hier nicht nur auf das Offensichtliche wie etwa den Nationalpark von Ramat Gan (Gartenstadt) mit seinem Safari-Bereich und dem Zoo. Versteckt hinter Mietskasernen liegen Ausgrabungshügel (»Tel«) oder auch ansehnliche Ruinen aus der Kreuzfahrer-Epoche. Wer durch Israel reist, muß sich damit abfinden, auf so viele Spuren der Vergangenheit zu stoßen, daß er unmöglich alles ansehen kann.

Hinter Petah Tiqwa, der »Mutter der Ansiedlungen«, einer Stadt, die vor mehr als 100 Jahren mit Rothschildscher Finanzhilfe als Bauerndorf gegründet wurde, stößt die Sharon-Ebene an die Berge Samarias. An dieser Engstelle zwischen den Flüssen der Ebene und den Bergen verläuft eine der ältesten Straßen der Welt – die Via Maris. Schon zur Zeit der Pharaonen zogen hier die Heere entlang, wenn Ägypten und Syrien Krieg gegeneinander führten. An der Afeq-Kreuzung sicherten zwei Burgen – Antipatris und Afeq – den Durchgang zwischen den Yarkon-Quellen und dem Berganstieg. Die Türme der 35 v. Chr. erbauten Antipatris sind vollständig erhalten. Im Lauf der Jahrtausende wurde hier so manche Entscheidungsschlacht geschlagen. Ob Hellenen, Römer, Araber oder Kreuzritter – alle hinterließen sie hier ihre Spuren. Aber ebensowenig wie diese Burgen zählt das vollständig erhaltene römische Mausoleum mit seinen wuchtigen Eingangssäulen etwa vier Kilometer weiter südlich, trotz seines Alters von 1500 Jahren, zu den Touristenattraktionen. So finden sich noch immer ähnlich reizvolle Seitenwege abseits vom Touristen-Trampelpfad.

Südlich von Tel Aviv lagen die Städte der Philister, eines Volkes, das vor über drei Jahrtausenden aus dem Dunkel der Geschichte auftauchte und von dem der Name »Palästina« – Philisterland – abgeleitet ist. Heute sind ihre einstigen Gründungen Gat, Ashqelon und Ashdod typische Beispiele für jene »Entwicklungsstädte«, die in den fünfziger Jahren aus dem Boden gestampft wurden.

Bemerkenswerter sind da schon die Hinterlassenschaften früherer historischer Epochen. Im Nationalpark von Ashqelon, gleich am Strand, hat der Betrachter – wie so oft in Israel – Mühe, sich in der Stilvielfalt der Ruinen römisch-byzantinischer Bauwerke und von solchen der nachfolgenden Araber, Kreuzfahrer oder Türken zurechtzufinden. In Caesarea, nördlich von Tel Aviv, etwa auf halbem Weg nach Haifa, kann man dieses architekturhistorische Detektivspiel fortsetzen. Sehenswert sind der alte Hafen und die am Strand liegende Kreuzfahrerburg. Hochberühmte Namen sind mit der römischen Zeit Palästinas verbunden: Herodes baute Caesarea zu Ehren des Kaisers Augustus großzügig aus, und später hatten hier die römischen Statthalter ihren Sitz. Eine Platte wurde aufgefunden, in der der Name des berüchtigtsten von ihnen verewigt ist – Pontius Pilatus.

Mit der U-Bahn auf den heiligen Berg

Keine andere Stadt Israels bietet ein so schönes Panorama wie Haifa, die Stadt an der Karmel-Bucht, in der es ebenfalls jahrtausendealte Spuren menschlicher Besiedlung gibt; aber Haifa war im Laufe seiner Geschichte nie mehr als ein kleines Fischernest, das immer im Schatten der größeren Hafenstädte Akko und Caesarea stand. Erst im Jahre 1905, noch unter dem türkischen Sultan, begann mit dem Anschluß an das neue Eisenbahnnetz der Umstieg in die Moderne. Der Hafen wurde dann unter britischer Herrschaft erweitert.

Nicht zu übersehen sind in Haifa die Zeugnisse der »Deutschen Kolonie«. Mitte des vergangenen Jahrhunderts begannen Gläubige der Templer-Sekte mit dem Bau schöner Gartenhäuser, die noch heute durch ihre roten Ziegeldächer auffallen. Bis in die dreißiger Jahre lebten sie hier, war es ihr Lebensziel, im Heiligen Land zu siedeln. Als sich aber viele von frommen Christen in aktive Nazis verwandelten, wurden sie von den Briten während des Zweiten Weltkriegs von Palästina nach Australien gebracht und interniert. In Haifa jedoch ist man noch immer stolz auf den »europäischen« Charakter seiner Straßen. Den heiligen Berg Karmel, an dessen Fuß das alte Haifa liegt, kann man mit der »Carmelit«, einer kurios anmutenden einspurigen U-Bahn, emporfahren – oder auch mit einer Drahtseilbahn, die einen gleich an den besten Aussichtspunkt vor dem Karmel-Kloster bringt, das dem katholischen Karmeliterorden seinen Namen gab. »Stella Maris« heißt dieser Punkt, von dem aus sogar die libanesische Küste zu sehen ist. Ebenfalls am Karmel, weiter im Norden, glänzt die goldene Kuppel des Bahai-Tempels.

Die Industriestadt Haifa ist deutlich in Unter- und Oberstadt gegliedert, und je höher es geht, desto gepflegter wird auch die Wohnlage. Außerhalb von Haifa befinden sich Dörfer, in denen Drusen leben. Diese Sekte hat sich im elften Jahrhundert vom Islam abgespalten und hängt einem Glauben ohne Mission an, in den man nur hineingeboren werden kann. Seine geheimen Inhalte kennt nur ein kleiner Kreis ausgesuchter Ältester. Die Drusen verhalten sich jeder Regierung gegenüber loyal, die ihnen ihre Glaubensfreiheit beläßt. So kommt es, daß die jungen Drusen hier – im Gegensatz zu den übrigen arabischen Jugendlichen – in der israelischen Armee dienen, während etwa die Drusen Syriens in der syrischen Armee zu finden sind. Am Osthang des Karmel liegt Bet Shearim, im dritten und vierten Jahrhundert eine Begräbnisstätte für fromme Juden. Ihre Leichen wurden in Karawanen aus fernen Ländern hierhergebracht und in zum Teil prächtigen Grabeshöhlen beigesetzt.

Direkt aus dem Meer steigen die auf die Kreuzfahrerzeit zurückgehenden wuchtigen Stadtmauern von Akko auf. An ihnen scheiterte Napoleon 1799 auf seinem Ägypten-Feldzug. Seit dieser Zeit hat sich die Altstadt von Akko nur wenig verändert. Einzigartig für Israel ist der arabisch-orientalische Charakter der Stadt. Sehr zum Leidwesen der arabischen und jüdischen Bevölkerung gehen die Renovierungsarbeiten nur schleppend voran. Viele Touristen genießen es dagegen sehr, den Basar der Stadt in seiner ganzen Ursprünglichkeit zu durchstreifen.

Nördlich von Akko fährt man durch das Seebad Nahariyya. Es wurde in den dreißiger Jahren von jüdischen Flüchtlingen aus Deutschland und Österreich gegründet. Von hier geht es zur weißen Meeresgrotte von Rosh Haniqra, gleich am Grenzübergang zum Libanon. An dieser Straße liegt auch der Kibbuz Lochamey Hagettaot, der von 200 Überlebenden aus 89 Konzentrationslagern am 19. April 1949 zum 6. Jahrestag des Aufstandes im Warschauer Getto gegründet wurde. Das Museum dort vermittelt mit seiner riesigen Sammlung von Dokumenten über die nationalsozialistischen Konzentrationslager ein erschütterndes Bild über den Holocaust und den jüdischen Widerstand in Polen.

Wo die Wüste grünt

Negev-Wüste? Selbst in den ödesten Teilen des etwa 12500 Quadratkilometer großen Dreiecks zwischen Beer Sheva, Gasa und Elat findet man heute grüne Flecken – überall dort, wo israelische Siedler ihre Dörfer und Städte errichtet haben. Mehr als 200000 Menschen leben inzwischen im Negev, über die Hälfte davon in Beer Sheva. Auch wenn man immer noch weite Gegenden unberührt vorfindet, wird ein großer Teil des Gebietes als Phosphat-Abbaugebiet oder militärisches Übungsgelände genutzt. Der Naturschutzverband kämpft darum, die letzten unberührten Landstriche in Naturschutzparks umzuwandeln.

Nur selten stößt man noch auf Beduinen, die in uralter Nomaden-Tradition mit Zelt und Herde die alten Weidegründe zwischen Beer Sheva und dem Toten Meer durchstreifen. Die »Herren der Wüste« leben heute fast alle im eigenen Haus, in neu eingerichteten Beduinen-Dörfern. Mancher hat sein Zelt noch im Garten stehen – als Erinnerungsstück.

In der Negev-Wüste gab es wie in Galiläa schon vor Jahrtausenden Landwirtschaft: Bis ins 7. Jahrhundert lebten hier die Nabatäer. Die Ruinen ihrer einst blühenden Städte beeindrucken den Wüstenreisenden vor allem in Shivta, Nizzana, Mamshit und Avedat. Am Fuß des Tel Avedat steht jene berühmte Versuchsfarm, in der Agronomen und Archäologen versuchen, die uralten Anbaumethoden dieses Wüstenvolkes neu zu entdecken. Vor 2000 Jahren war man hier bereits imstande, nur unter Ausnutzung des Winterregens und der Taufeuchtigkeit im Sommer fruchtbare Felder zu unterhalten. Bis heute ist die moderne Wissenschaft noch nicht ganz hinter dieses Geheimnis gekommen.

Wer die Wüste in ihrer ganzen Ursprünglichkeit erleben will, fährt am besten zum größten Krater Israels bei Mizpe Ramon, der etwa 35 Kilometer lang und zehn Kilometer breit ist. Die Hänge schimmern wie gigantische Farbskalen von Dunkelbraun bis Grellrot und Weiß. Am Südzipfel des Negev an den zehn Kilometern israelischer Küste am Roten Meer mit Hafen, Badestränden, Hotelpromenaden und einem Taucherparadies liegt Elat, wo es im statistischen Jahresdurchschnitt nur 15 Tage regnet.

Umstrittene Schönheit – das Westjordanland

Im Sechstagekrieg 1967 besetzt und seither von Israel militärisch verwaltet, blieb das Westjordanland bis heute in seinem Status umstritten: Die Palästinenser wollen hier ihren eigenen Staat zusammen mit dem Gasastreifen, der bis 1967 unter ägyptischer Militärverwaltung stand, errichten. Die Jordanier annektierten diesen Teil des Westufers in den fünfziger Jahren – eine Annexion, die international nicht anerkannt wurde.

In den Camp-David-Abkommen, dem israelisch-ägyptischen Friedensvertrag von 1979, ist die Rede von einer anzustrebenden politischen Autonomie für die Palästinenser. Israels Rechtsparteien sehen darin keine Verpflichtung zur Räumung »Judäas und Samarias«, jener biblischen Kernländer, die seit den Zeiten Abrahams, Davids und Salomos weitgehend unverändert geblieben sind. Sie fördern weiter den Bau jüdischer Siedlungen in allen Teilen der besetzten Gebiete. Auf der Linken ist man gegen eine Annexion, durch die der Staat Israel schon bald mehr arabische als jüdische Bürger hätte. Die Palästinenser lehnen eine Autonomie ab, die sich nur auf die Bewohner jenes Gebietes, nicht aber auf das Territorium selbst bezieht. Kommt noch hinzu, daß auch Jordanien seine Machtansprüche nach 1967 niemals ganz aufgegeben hat. Bis heute gilt offiziell jordanisches Recht, nimmt Amman direkten Einfluß auf die Politik der Gemeindeverwaltungen, auf die Schulen und andere öffentliche Einrichtungen.

Bei aller politischen Unsicherheit – die landschaftliche Schönheit des knapp 100 Kilometer langen und 45 Kilometer breiten Gebietes wird seit alters gerühmt. Im Süden erstrecken sich die zum Teil grünen judäischen Berge, die östlich von Hebron und Bethlehem abrupt in die Wüste von Judäa übergehen. Bethlehems Geburtskirche gehört zu den ältesten Kirchenbauten der Welt.

In Hebron, der biblischen Hauptstadt Judas – neben Jerusalem, Zefat und Tiberias eine der vier heiligen Städte der Juden –, überwiegt der muslimische Charakter: keine Kinos, kein Alkohol. Beherrscht wird die Stadt von der vom 12. bis zum 14. Jahrhundert erbauten großen Moschee über den Gräbern der Erzväter und Erzmütter. Abraham, Isaak und Jakob begründeten hier den Glauben an den »Einen Gott«. Wo jahrhundertelang jüdische Riten verboten waren, beten Juden und Muslime heute gemeinsam. Trotz detaillierter Hausvorschriften geht es dabei nicht immer friedlich zu.

Überall am Rande der Straßen Judäas fallen uralte Zisternen, Klöster und Ruinen auf. Hier verliefen die Pfade, auf denen Abraham seine Herden zwischen Beer Sheva, Hebron und Sichem (heute: Nablus) weidete. Um schließlich Jericho zu erreichen, muß man von Jerusalem aus einen Höhenunterschied von 1200 Metern überwinden, denn die am tiefsten gelegene Stadt der Welt findet sich 250 Meter unter dem Meeresspiegel. Jericho erhebt zudem noch den Anspruch, die älteste Stadt der Welt zu sein. Wenn sich beim Abstieg plötzlich das Grün dieser Oase von der Wüste abhebt, möchte man der Theorie glauben, daß sich hier der Übergang vom Nomadentum zur Seßhaftigkeit vollzogen hat. Von Jericho aus ist es nicht mehr weit zu den nördlichen Badestränden des Toten Meeres. Mitten in der Salzwüste dann, südlich des Westjordanlandes, plötzlich ein fruchtbares Paradies: der Kibbuz En Gedi mit dem berühmten Wasserfall Davids. Weiter südlich geht es vorbei an der herodianischen Festung Masada, wo jüdische Aufständische vor rund 1900 Jahren den Tod von eigener Hand der römischen Sklaverei vorzogen.

Im Norden des Westjordanlandes bestimmen die zerklüfteten Bergtäler Samarias das Bild. In einen tiefen Talkessel ist Nablus eingebettet, die größte Stadt in Samaria mit 65000 Einwohnern. Hier lebt immer noch eine kleine Samaritergemeinde, eine Sekte, die sich im 9. Jahrhundert v. Chr. vom Judentum lossagte.

△ Die Felsen von Masada am Toten Meer mit der 73 n. Chr. von den Römern eroberten Festung als Bekrönung. Israels Soldaten schwören heute den Eid: »Masada soll nie mehr fallen.«

▷ In Akko legten vor 800 Jahren die Kreuzfahrerschiffe an. Heute gibt es vor der Seemauer, die auf alten Fundamenten aus der Kreuzritterzeit gründet, nur noch einen Fischerhafen.

Jerusalem – der gespaltene Mittelpunkt

Seit 3000 Jahren ist Jerusalem religiöser und politischer Mittelpunkt des jüdischen Volkes, vor 2000 Jahren stand hier die Wiege des Christentums, und im 7. Jahrhundert wurde Jerusalem nach Mekka und Medina das drittwichtigste Heiligtum des Islam. Heute leben hier orthodoxe, religiöse

▽ *Siegessicher stellen israelische Soldaten das Bild König Husseins von Jordanien auf den Kopf. Das Nationalbewußtsein ist groß. Für Juden – Männer wie Frauen – besteht Wehrpflicht. Doch 90 Prozent würden sich auch freiwillig melden.*

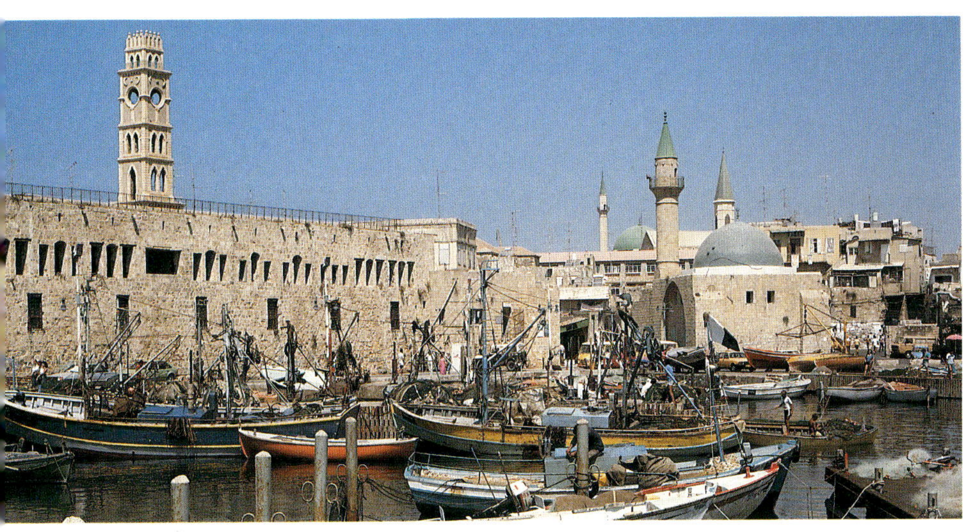

und nicht-religiöse Juden, muslimische und christliche Araber sowie Christen aller Bekenntnisse nebeneinander – nicht immer miteinander, oft auch gegeneinander.

Anders als die militärisch besetzten Gebiete Westjordanland und Gasastreifen wurde der arabische Ostteil Jerusalems nach der Eroberung 1967 von Israel formell annektiert. Doch war mit dieser politischen Maßnahme weder die kulturelle noch die gesellschaftliche Einheit der Stadt herzustellen. Die blieb auf den kommunalpolitischen Bereich beschränkt. So haben die israelischen Bewohner Ostjerusalems ihren israelischen Personalausweis, ohne daß sie dafür auf ihre jordanische Staatsangehörigkeit verzichten. Im Alltag lebten Juden und Araber in den letzten Jahren aber meist reibungslos nebeneinander, was sich erst im Zuge der langanhaltenden jüngsten Palästinenserunruhen und der israelischen Reaktion darauf geändert hat.

Wie problematisch eine zukünftige Friedensregelung ist, zeigt sich gerade in Jerusalem mit aller Schärfe: Israelis wie Palästinenser betrachten es als ihre Hauptstadt, und beide möchten nicht, daß die Stadt wieder durch Stacheldraht geteilt wird. Für den Fall von Friedensverhandlungen schlagen die meisten Experten eine Unterteilung in autonome Verwaltungsbezirke vor, jedoch mit einem gemeinsamen übergeordneten Stadtrat.

Jerusalem hat im Westen wie im Osten eine Fülle von Denkmälern, Museen und Gedenkstätten, darunter die beeindruckende und bedrückende Holocaust-Gedenkstätte »Yad Vaschem«. Im Grunde ist die ganze Stadt wie ein großes Freilichtmuseum, mit dem und in dem man lebt. Bei einem Spaziergang durch die Wohnviertel der strenggläubigen Juden von Mea Schearim ist man aufgefordert, sich »keusch« zu kleiden: keine bloßen Arme bei Frauen, keine kurzen Hosen. Hier sehen die »Frömmsten der Frommen« aus ihrem fundamentalistischen Glaubensverständnis heraus den Staat Israel als unerlaubten Vorgriff auf das messianische Heilswerk. Eine kleine Gruppe kämpferischer Anti-Zionisten unter ihnen lehnt jede Zusammenarbeit mit den offiziellen israelischen Behörden ab.

Den erhabensten Anblick bietet die Altstadt mit ihren Mauern und heiligen Stätten. Aus jedem Blickwinkel entdeckt man neue reizvolle Aspekte – ob man von außen auf die Altstadt schaut oder gar von der Mauer, über die man um das ganze alte Jerusalem gehen kann.

Die Altstadt selbst betritt man durch eines der sieben Tore – die Öffnung des achten, des »goldenen« oder auch des »Tores der Barmherzigkeit«, ist nach alter jüdischer Überlieferung der Zeit vorbehalten, wenn der Messias erscheinen wird. Wer als Fremder in den belebten Basargassen auf der Suche nach den heiligen Stätten – Grabeskirche, Via Dolorosa, Felsendom, Al-Aksa-Moschee und Klagemauer – auch einmal die Übersicht verfehlen mag: über Mangel an Hilfsbereitschaft im gastlichen Jerusalem wird er sich kaum beschweren können. Eher ist der Überschwang Anlaß zur Klage. Ein orientalischer Händler kann seinem Kunden auch schon einmal auf die Nerven gehen. Indessen sollte man die angeborene Scheu vor Seitenpfaden ablegen. Nur wer auch in stille Gassen und Seitenwege abbiegt, lernt den versteckten Charme dieser Stadt kennen – etwa in Deir-es-Sultan, dem stillen Kloster äthiopisch-koptischer Mönche auf dem Dach der Grabeskirche. Den umfassendsten Einblick in die Geschichte Jerusalems verschafft man sich am Südhang des Tempelberges, wo ein neuer archäologischer Park die Ausgrabungen der Öffentlichkeit zugänglich macht.

Der Name Jerusalem enthält die Begriffe Erbe, Einheit und Friede. Über das Erbe ist man seit Jahrtausenden zerstritten, die göttliche Einheit teilen die Religionen an den heiligen Stätten unter sich auf, statt Frieden hat Jerusalem eine lange Geschichte blutiger Kriege hinter sich. Doch kann sich kein Besucher dem Zauber und der Vielfalt dieser Stadt entziehen, von der es heißt, sie sei mit Ewigkeit imprägniert.

DIE BESONDERE REISE

Von Nazareth zum See Genezareth

Mit dem Auto durch eine biblische Landschaft

Das galiläische Bergland im Norden Israels zeigt heute wieder viel von der Ursprünglichkeit, die einst die Propheten und Evangelisten beschrieben haben. Im vergangenen Jahrhundert waren ganze Wälder dem Eisenbahnbau zum Opfer gefallen – weite Gebiete Galiläas begannen zu veröden. Inzwischen sind große Teile des Berglands wieder aufgeforstet oder werden landwirtschaftlich genutzt, was durchaus dem einstigen Landschaftsbild entspricht.

Fast überall trifft man hier auf die Spuren des Galiläers Jesus von Nazareth. In den Gassen seiner Heimatstadt erinnern Marias Brunnen, die moderne Verkündigungsbasilika und das Haus der Heiligen Familie an ihn. Die Nazarener verlachten Jesus, als er plötzlich als Prophet auftrat. Doch bezeichnen Juden und Muslime die Christen heute noch immer als »Nasrani« oder »Nazri«, also Nazarener. Mittlerweile ist die Mehrheit der Bevölkerung Nazareths muslimisch, obwohl es noch immer zahlreiche Klöster und Kirchen gibt. Im Rathaus allerdings haben seit Jahren weder die Priester noch die Kadis einen maßgeblichen Einfluß – das Sagen hat hier die Kommunistische Partei.

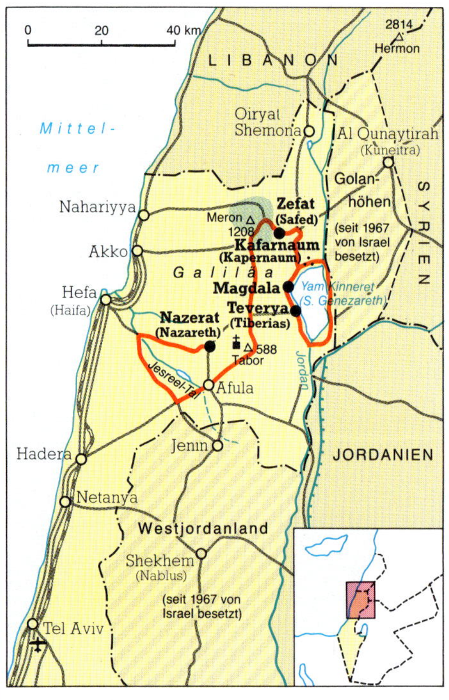

Gleich hinter Nazareth geht es nach Süden hinab ins fruchtbare Jesreeltal. Im Jahre 1922 begannen hier zionistische Pioniere mit der Trockenlegung von Malariasümpfen. Ihre Nachkommen leben heute als Landwirte in einer grünen Ebene. Israelische Bauern haben ähnliche Absatzsorgen wie ihre Kollegen in Europa – Butterberge und Eierschwemmen. Doch gelten sie als dynamischer: Immer wenn die landwirtschaftlichen Institute Neuzüchtungen exotischer Früchte anbieten, können sie mit der Aufgeschlossenheit der Kibbuzim rechnen.

▽ Orangenernte im Kibbuz; 1909 entstand die erste jener legendären Kommunen, mit deren Hilfe das Land urbar gemacht wurde. Heute sind es fast 260.

▷ »Kirche des heranwachsenden Jesus« in Nazareth, wo 20 Gotteshäuser und Klöster an dessen Lebensstationen erinnern.

◁ Der Berg Tabor – ein biblisches Monument im Jesreeltal. Eine enge Straße windet sich zum 588 Meter hohen Gipfel, dem Ort der Verklärung Jesu. In der Bibel heißt es dazu: »Sein Angesicht leuchtete wie die Sonne und seine Kleider wurden weiß wie ein Licht.«

◁ *Der Hügel von Schech Ali, 100 Meter oberhalb des Sees Genezareth, gilt als Ort der Bergpredigt mit ihren neun Seligpreisungen. Die Italiener haben hier 1938 eine Kirche gebaut, von der aus man einen Blick über den ganzen See hat.*

△ *Liegengebliebener syrischer Panzer im Golan als Touristenattraktion. Seit alters ist dies Felsmassiv umkämpft. Wer es besitzt, sagt man, hat auch die Macht, Unglück über seine Nachbarn zu bringen.*

◁ *Nördlich der Golanhöhen entspringt der Jordan, der sich zwischen See Genezareth und Totem Meer ein tiefes Tal gegraben hat.*

Mittlerweile leben kaum noch zehn Prozent der Bevölkerung in solchen landwirtschaftlichen Kommunen. Aber diese zehn Prozent gelten nach wie vor als das »Salz der Erde« und sind überdurchschnittlich häufig in Führungspositionen von Wirtschaft, Politik und Armee vertreten.

Der Besuch in einem Kibbuz, wo man in einem der typischen Gästehäuser übernachten sollte, ist für Israel-Besucher eigentlich ein Muß. Wie eine Gesellschaft mit weitgehendem Verzicht auf Privatbesitz im Alltag funktioniert – mit überraschenden wirtschaftlichen und sozialen Erfolgen, aber auch mit den ihr eigenen Konflikten –, das läßt sich nur in Israel beobachten.

Hier treten die Mitglieder – anders als in den landwirtschaftlichen Genossenschaften des Ostblocks – freiwillig in die Gemeinschaft ein – oder vielmehr, sie dürfen eintreten. Wer übrigens in einem Kibbuz mitarbeiten möchte, kann als Freiwilliger für ein paar Wochen Aufnahme finden.

Unübersehbar ragt der Berg Tabor aus dem Jesreeltal. Gleich zwei Klöster stehen an der Stelle, an der nach dem Neuen Testament die Verklärung Jesu stattgefunden hat. In dieser Umgebung haben sich einige christ-

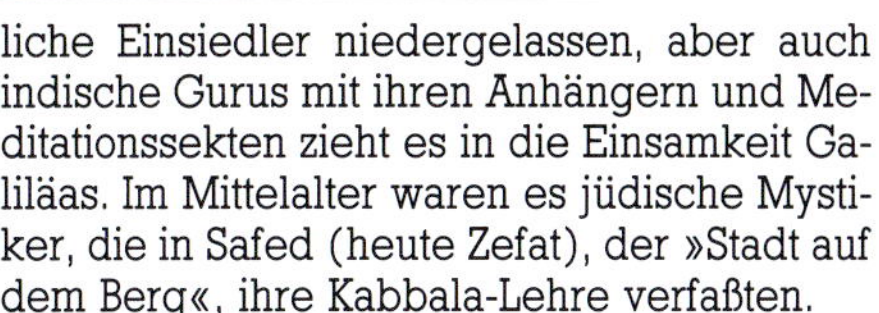

liche Einsiedler niedergelassen, aber auch indische Gurus mit ihren Anhängern und Meditationssekten zieht es in die Einsamkeit Galiläas. Im Mittelalter waren es jüdische Mystiker, die in Safed (heute Zefat), der »Stadt auf dem Berg«, ihre Kabbala-Lehre verfaßten.

Der See Genezareth leuchtet blau wie ein Auge in der obergaliläischen Landschaft. Rund um den See liegen die heiligen Stätten, wie man sie aus den Evangelien kennt: Kafarnaum etwa, wo Jesus zeitweise gewohnt und etliche Wunder getan haben soll, der Berg der Seligpreisungen – so genannt nach der Bergpredigt – und Tabgha, die Kirche der wunderbaren Brotvermehrung, wo ein Fels beim Altar den Ort des Wunders markiert. In dieser Landschaft liegen auch die Dörfer, aus denen die Apostel stammten, und noch immer fahren jeden Morgen die Fischer auf den See hinaus.

Bei klarem Wetter ist von hier auch das Hermon-Gebirge zu sehen. Im Spätwinter oder im Frühjahr kann man am selben Tag die Skihänge am höchsten Berg Israels, dem rund 1200 Meter hohen Meron, aufsuchen und anschließend in Tiberias im bereits angenehm warmen See Genezareth ein Bad nehmen.

Gleich hinter dem östlichen Seeufer steigt die Straße wieder an – auf die Golan-Höhen. Das Nahost-Problem zeigt sich hier überdeutlich. Der Beobachter hat einen ungestörten Ausblick auf ganz Nordisrael. Bis 1967 beschossen syrische Kanonen von hier aus die Dörfer in Galiläa, wann immer jemand in Damaskus den Befehl dazu gab. 1981 wurde der Golan von Israel annektiert. Man wollte der Welt klarmachen, daß dieser Teil der besetzten Gebiete nicht zurückgegeben werden könne. Er sei lebenswichtig für die eigene Sicherheit. Aber 14000 Golan-Drusen halten weiter loyal zu Syrien – wie ihre galiläischen Brüder zu Israel.

Peter M. Dudzik

Landesnatur

Fläche: 20770 km² (mit Ostjerusalem; ungefähr so groß wie Hessen); 28163 km² mit besetzten Gebieten Gasa-(Ghazzah-)Streifen, Golanhöhen und Westjordanland
Ausdehnung: West–Ost 14 bis 116 km, Nord–Süd 410 km
Höchster Berg: Meron 1208 m
Längster Fluß: Jordan 360 km (Gesamtlänge)
Größte Seen: Totes Meer, israelischer Anteil 265 km² (Gesamtfläche 1020 km²), See Genezareth 166 km²

Israel liegt im Nahen Osten, an der Landverbindung zwischen Afrika und Asien. Sein afrikanischer Nachbar im Südwesten ist Ägypten. Im Osten grenzt es an Jordanien, im Nordosten an Syrien und im Norden an den Libanon; aber nur die Grenzen mit dem Libanon und Ägypten sind beidseitig

Doppelstadt am Mittelmeer: Das moderne Handels- und Kulturzentrum Tel Aviv, die »Altstadt« Jaffa.

anerkannt. Im Westen hat es 190 km Mittelmeerküste, im Süden reicht es in einer schmalen Spitze an den Golf von Akaba (Rotes Meer).

Naturraum

Drei parallele Landschaftsstreifen verlaufen von Norden nach Süden: die Küstenebene, das Bergland und der Jordangraben. Im Süden erstreckt sich Wüste.
Hinter der meist flachen Mittelmeerküste mit Dünenwällen, die als Ausgleichsküste kaum zur Anlage von Häfen geeignet ist, erstreckt sich die *Küstenebene.* Im Norden geht diese in die Jesreelebene über. Auf der Höhe von Haifa ragt das schmale Karmelgebirge bis zur Küste vor. Südlich davon setzt sich die Küstenebene in der fruchtbaren Ebene von Sharon fort. Hier ist Israel an seiner schmalsten Stelle nur 14 km breit. Das *galiläische Bergland* im Norden erreicht die größten Höhen des Landes. Der Steilabbruch zum *Jordangraben* führt am See Genezareth schon in eine Tiefe von 208 m unter Meereshöhe; entlang des Jordans liegen im besetzten Westjordanland die sanft gewellten Höhen von Samaria und Judäa. Zum Toten Meer fällt das Bergland schroff ab. Hier ist mit –396 m die tiefste Stelle der Erdoberfläche. Das abflußlose Becken ist mit einem Salzgehalt von 27 bis 31 % das salzigste Gewässer der Erde.
Ein großer Teil Israels ist *Wüste* (Negev). Der nördliche Negev erstreckt sich vom Gasa-Streifen über weite Beckenlandschaften (Beer Sheva) zu hohen Bergzügen mit Erosionskratern im Südosten. Südlich der Senke von Nahal Zin beginnt der zentrale Negev mit kahlen gebirgigen Felswüsten (Hammada) und Sandplateaus.

Klima

Israel liegt – mit dem Meer im Westen und dem asiatischen Kontinent im Osten – im Übergangsgebiet zwischen subtropischem Winterregenklima (Mediterranklima) und Wüstenklima. Die Winter sind kurz und mild, die Sommer lang und heiß. Die Durchschnittstemperaturen betragen an der Küste und im nördlichen Bergland im Januar 13 °C, im Juli 26 °C, in der Wüste 15 °C (Januar) bis 30 °C (Juli). An den Ostflanken des Berglandes und in der Wüstenregion schwanken die Temperaturen zwischen Tag und Nacht (besonders im Winter) stark. An der Küste ist das Klima ausgeglichener. Der meiste Regen fällt von November bis Februar. In Galiläa sind es jährlich etwa 800 mm, südlich von Beer Sheva weniger als 200 mm. An den Westhängen des Berglandes fallen durch Steigungsregen bis zu 900 mm. Hier kann es im Winter auch gelegentlich schneien. Im späten Frühjahr lassen heiße Wüstenwinde (Sharav) die Temperaturen oft auf über 50 °C steigen.

Vegetation und Tierwelt

Mediterrane Vegetation findet sich im Küstengebiet und im Bergland nördlich des Negev. Korkeiche, Lorbeer, Ölbaum, Pinie, Palästinische Terebinthe (Terpentinpistazie) und Wacholder wachsen hier. Die Hula-Ebene nördlich des Sees Genezareth hat teilweise tropische Vegetation. Um Beer Sheva tritt Steppenvegetation auf. Große Flächen nehmen reine Wüstenlandschaften mit spärlichem Pflanzenbewuchs ein. In vielen Landesteilen wird wiederaufgeforstet – über 130 Millionen Bäume (Pinien, Datteln, Zedern) wurden seit der Staatsgründung neu gepflanzt. Im Verhältnis zur geringen Fläche Israels ist der Reichtum an Pflanzenarten (2250) sehr groß.
Selten geworden sind die größeren heimischen Säugetiere, Wildschweine, Gazellen und Hyänen, Schakale, Wölfe; in den Steppengebieten gibt es vor allem Springmäuse. Reich ist die Vogelwelt mit etwa 400 Arten. Im Wildpark Hai Bar im Negev wurden alle Tiere angesiedelt, die aus dem biblischen Israel bekannt sind.

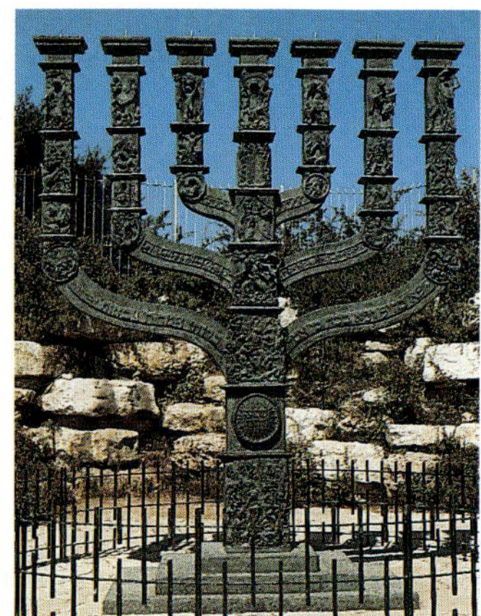

Israels Staatssymbol: die Menora, siebenarmiger Leuchter der Juden.

Politisches System

Staatsname: Medinat Yisra'el
מדינת ישראל
Staats- und Regierungsform: Parlamentarische Republik
Hauptstadt: Jerusalem
Mitgliedschaft: UN, GATT

Israel verfügt bis heute über keine vollständige Verfassung, es sind nur einzelne Grundgesetze sowie die Unabhängigkeitserklärung von 1948 schriftlich festgehalten. Das Einkammerparlament, die Knesset, besteht aus 120 für vier Jahre gewählten Abgeordneten, darunter auch Arabern. Die Exekutivgewalt liegt beim Kabinett unter Führung des Ministerpräsidenten, der mit Mehrheit von der Knesset gewählt wird. Der Staatspräsident als Staatsoberhaupt wird für eine Amtsdauer von fünf Jahren ebenfalls von der Knesset gewählt und ist dieser verantwortlich. Die Politik wird durch die Lage Israels inmitten arabischer Nachbarländer geprägt, v. a. durch die Palästinenserfrage. Das Land ist in sechs Distrikte unterteilt; die Verwaltung der besetzten Gebiete untersteht den Militärbehörden. Von den 31 Stadtverwaltungen sind zwei arabisch regiert.
Die israelischen Gesetze sind von britischer und osmanischer Rechtsprechung beeinflußt; es gibt sowohl zivile wie religiöse Gerichte. Auch christliche Gemeinden unterstehen einer eigenen religiösen Gerichtsbarkeit. Der Oberste Gerichtshof tagt in Jerusalem, er ist zugleich auch Oberstes Verwaltungsgericht.

Bevölkerung

Einwohnerzahl: 4,3 Millionen
Bevölkerungsdichte: 207 Einw./km²
Bevölkerungszunahme: 2,3 % im Jahr, davon zwei Drittel durch Einwanderung
Ballungsgebiete: Küstenebene von Tel Aviv-Yafo bis Haifa, Jerusalem
Größte Städte: Jerusalem (430000 Einw.), Tel Aviv-Yafo (330000; als Agglomeration 1,2 Mio.), Haifa (226000), Holon (134000)
Bevölkerungsgruppen: 83 % Juden (davon etwa 39 % Einwanderer und deren Nachkommen aus Europa und Amerika, 23 % aus Afrika, 21 % aus Asien; 17 % waren bereits vor der Staatsgründung in Palästina ansässig), 15 % Araber, 1,6 % Drusen

Die goldene Kuppel des Bahai-Tempels in den Persischen Gärten ist das Wahrzeichen von Haifa.

Vor der Unabhängigkeitserklärung lebten im Gebiet des heutigen Israel etwa 800000 Araber, von denen nach der Staatsgründung mehr als drei Viertel das Land verließen. Kennzeichnend für die heutige Bevölkerungsstruktur ist der zwar schwankende, aber stetige Zuzug von Juden seit 1949. Insgesamt hat sich die Bevölkerung seit 1948 mehr als verfünffacht, wobei zwei Drittel auf Einwanderung und ein Drittel auf die Geburtenrate zurückzuführen sind. Heute lebt etwa ein Fünftel aller Juden auf der Welt in Israel. Die zweitgrößte Bevölkerungsgruppe sind islamische Araber. Amtssprachen sind Neu-Hebräisch (Iwrith) und Arabisch, Englisch dient als Handelssprache. Viele Einwanderer halten aber auch an ihrer Muttersprache fest. Fast 90 % der Bevölkerung leben in den Städten.

Es sind drei jüdische Glaubensrichtungen zu unterscheiden: die Orthodoxen, die Konservativen, die etwas freier auf dem Gebiet der Bibelauslegung sind, und die liberalen Juden, die sich gegen die gesetzliche Autorität von Thora und Talmud wenden. Konfessionelle Minderheiten sind Muslime (12 %), Christen (2 %) und Drusen (1,6 %).

Soziale Lage und Bildung

Das seit 1954 bestehende Sozialversicherungssystem bietet umfassenden Schutz einschließlich Arbeitslosenunterstützung. Es herrscht nur geringe Arbeitslosigkeit, da der umfassende Wehrdienst (auch für Frauen) regulierend wirkt. Träger der Krankenversicherung sind die Gewerkschaften, denen zwei Drittel der Bevölkerung angehören. Daneben spielen – oft vom Ausland finanzierte – private Wohlfahrtsorganisationen eine große Rolle.

Die medizinische Versorgung ist gut ausgebaut. Allgemeine Schulpflicht besteht für 5- bis 14jährige, doch werden nur etwa 50 % der arabischen Kinder davon erfaßt. Es gibt sieben Universitäten, die erste wurde 1925 gegründet.

Wirtschaft

Währung: 1 Neuer Israel Schekel (NIS) = 100 Agorot (seit 1985); 1000 Israel Schekel (alte Währung) = 1 NIS
Bruttoinlandsprodukt (in Anteilen): Land- und Forstwirtschaft 4 %, industrielle Produktion 29 %, Dienstleistungen 67 %
Wichtigste Handelspartner: USA, EG-Staaten, Schweiz, Japan

Die jahrelangen innen- und außenpolitischen Schwierigkeiten Israels schlagen sich in dem wachsenden Schuldenberg, der defizitären Handelsbilanz, der hohen Inflationsrate und in der Devisenknappheit nieder. Trotz hoher Zuwendungen, insbesondere von den USA, gelingt es Israel nicht, seine Auslandsschulden abzubauen, die v. a. aus dem hohen Verteidigungsetat resultieren.

Landwirtschaft

In der Landwirtschaft werden moderne Maschinen und Anbaumethoden eingesetzt. Typisch sind gemeinschaftliche Arbeitsformen wie im Kibbuz (Kollektivdorf) oder Moschav (kooperatives Dorf). Fast zwei Drittel des gesamten Agrarlandes werden bewässert. Auf diese Weise konnte auch im nördlichen Negev Agrarland erschlossen werden. Die traditionellen Anbaugebiete sind die Küstenebene und der feuchte Norden. Die Araber betreiben zum Teil noch nomadische Viehhaltung (Ziegen, Kamele, Schafe, Maultiere).

Bodenschätze, Energie

Neben Mineralsalzvorräten im Toten Meer ist das Phosphat in der Negevwüste von zentraler Bedeutung. In der Energieversorgung ist Israel fast vollständig auf Kohle- und Erdölimporte angewiesen. Durch Nutzung von Sonnenenergie soll diese Abhängigkeit gemindert werden.

Industrie, Handel

Die industrielle Produktion ist in vielen Branchen auf wenige Großbetriebe konzentriert und stark exportorientiert. Verarbeitung von Agrarprodukten und Düngemittelherstellung dominieren. Neben Metallverarbeitung und Erdölraffination gibt es eine stark wachsende Elektro- und Elektronikindustrie (Präzisionsgeräte, Waffen). Weltbedeutung haben die Diamantenschleifereien.

Israel importiert v. a. Maschinen, Fahrzeuge, Rohdiamanten, Eisen, Stahl und Textilien.

Verkehr, Tourismus

Israel verfügt über ein dichtes Straßennetz (rd. 12500 km) und gute Busverbindungen. Die Eisenbahn (Streckennetz mit knapp 900 km Gesamtlänge) spielt keine große Rolle. Die wichtigsten Häfen sind Haifa, Ashdod (Mittelmeer) und Elat am Roten Meer. Der internationale Flughafen Ben Gurion liegt bei Tel Aviv. Mit den biblischen Stätten Palästinas, Ferienorten an der Mittelmeerküste (Tel Aviv, Herzliyya, Netanya) und am Roten Meer (Elat, seit 1985 Freihandelszone) hat das Land gute Voraussetzungen für den Tourismus. Die entsprechende Infrastruktur ist sehr gut ausgebaut.

Auf den Resten von Kreuzritterbauten errichtet: das griechisch-orthodoxe St.-Georg-Kloster im Wadi-Quelt.

Geschichte

Das Gebiet des heutigen Israel war z. T. bereits zur Altsteinzeit besiedelt. Im 13. Jh. v. Chr. eroberten israelitische Stämme, deren Vorfahren Jahrhunderte zuvor nach Ägypten ausgewandert waren, Kanaan, das »gelobte Land«, das spätere Palästina. Kurz danach ließen sich im Zuge der Expansion der »Seevölker« (um 1200 v. Chr.) die Philister in der südkanaanäischen Küstenebene nieder, die ihren Machtbereich rasch ausdehnten. In Abwehr der Angriffe der Philister gründeten die Israeliten nach schweren Kämpfen (auch untereinander) erstmals ein einheitliches Reich unter König Saul (um 1020 v. Chr.). Unter David (um 1000 v. Chr.) und dem Erbauer des Tempels, des Zentrums der jüdischen Religion, Salomo (um 970 v. Chr.), entstand das jüdische Großreich, das sich bald nach Salomos Tod in das Nordreich Israel mit der Hauptstadt Samaria und das kleinere Südreich Judäa mit der Hauptstadt Jerusalem spaltete.

Wechselnde Fremdherrschaft

Das Königreich Israel wurde von den Assyrern erobert und erlosch 722 v. Chr., als sich Samaria nach dreijähriger Belagerung ergab. Judäa existierte als Vasallenstaat der Assyrer bis 625 v. Chr. und wurde 587 v. Chr. von den Babyloniern eingenommen. Sie zerstörten den Tempel, verwüsteten Jerusalem völlig, töteten einen großen Teil der Bevölkerung und deportierten viele der Überlebenden nach Babylon. Nach dem Sieg der Perser über die Babylonier durften die Deportierten, von jetzt an als Juden bezeichnet, 538 v. Chr. nach dem nun zu Persien gehörenden Judäa zurückkehren und erhielten religiöse Autonomie. 332 v. Chr. wurde Judäa von Alexander dem Großen unterworfen. Nach einer kurzen Zeit der Selbständigkeit wurde Judäa 63 v. Chr. römische Provinz.

Um die römische Fremdherrschaft abzuschütteln, wurden zwei Kriege geführt: Der erste Jüdische Krieg (66–70 n. Chr.) endete mit der Eroberung Jerusalems und der Zerstörung des Tempels durch den späteren Kaiser Titus. Im zweiten Jüdischen Krieg (Bar-Kochba-Aufstand, 132–135) wurden die Aufständischen von den Römern durch Einschließung und Aushungerung ihrer Stützpunkte besiegt. Die Juden, aus Jerusalem verbannt, siedelten sich z. T. in Galiläa an oder zogen nach Spanien und über Babylon nach Osten.
Unter byzantinischer Herrschaft wurde Palästina im 4. Jh. zum Heiligen Land des Christentums.
Nach einer langen Periode des Friedens und des Wohlstands brachte die arabisch-muslimische Eroberung (ab 634 n. Chr.) eine neue Bevölkerung ins Land, die allmählich die Mehrheit bildete und sich insgesamt gegen alle weiteren Eroberer hielt: gegen die Kreuzfahrer (Königreich Jerusalem 1100–1291), die ägyptischen (ursprünglich türkischen) Mamluken (1291–1517) und schließlich die Türken (1517–1918). Unter der Herrschaft des Osmanischen Reiches verödete Palästina nach kurzer Blütezeit.

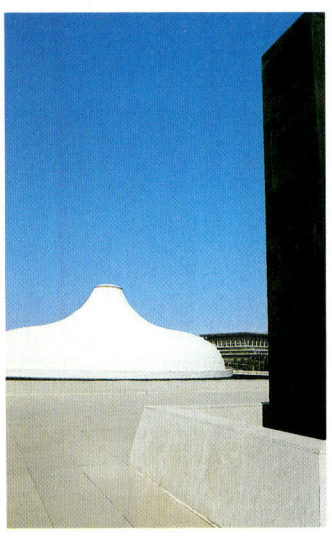

Jerusalem: Der Schrein des Buchs, dem Deckel eines alten Tonkrugs nachgebildet, birgt die älteste Bibelaufzeichnung.

Zu Beginn des 19. Jh. erwachte das Interesse der europäischen Mächte an Palästina. Ab Mitte des Jahrhunderts setzte eine anfangs noch spärliche Besiedlung durch Juden aus Osteuropa ein, die sich aufgrund des anwachsenden Antisemitismus in Europa (vor allem der Judenpogrome in Rußland) immer mehr intensivierte. Aber erst die Forderung von Theodor Herzl im August 1897 auf dem ersten Weltkongreß der Zionisten in Basel erhob die »Schaffung einer öffentlich-rechtlich gesicherten Heimstätte für das jüdische Volk in Palästina« zum Programm. Im folgenden Jahrzehnt entstanden die ersten Kibbuzim.

Rund 500 Jahre lang war Caesarea Provinzhauptstadt der Römer in Palästina.

Erster Weltkrieg und Mandatszeit

Im Ersten Weltkrieg teilten Großbritannien und Frankreich in einem Geheimabkommen vom 9. 5. 1916 den Vorderen Orient unter sich auf. Gleichzeitig versprachen die Briten aber den Arabern für ihre Beteiligung an dem Kampf gegen die Türkei Hilfe bei der Gründung eines großarabischen Reiches und sicherten den Juden Unterstützung bei der Errichtung der »nationalen Heimstätte« zu (Balfour-Deklaration vom 2. 11. 1917). 1918 wurden die Türken besiegt. 1920 erhielt Großbritannien das Mandat über Palästina (1922 durch den Völkerbund bestätigt).
Die Verfolgung der europäischen Juden durch das nationalsozialistische Deutschland 1933 bis 1945 ließ die Zahl der Einwanderer nach Palästina stark anwachsen, wodurch die Spannungen zwischen Juden und Arabern wuchsen. Einwanderungsbeschränkungen der Briten riefen den bewaffneten jüdischen Widerstand hervor. Am 29. 11. 1947 beschlossen die UN die Teilung Palästinas in einen jüdischen und einen arabischen Staat. Die Juden stimmten dem Plan zu, während die Araber ihn ablehnten.

Der moderne Staat Israel

Die Konstituierung des Staates Israel am 14. 5. 1948, einen Tag vor Ende des britischen Mandats, löste den Aufstand der palästinensischen Araber und den Krieg mit den angrenzenden arabischen Staaten und dem Irak aus. Israel konnte Gebiete über die ursprüngliche Teilungsgrenze der UN hinaus erobern, während Ägypten den Gasa-Streifen und Jordanien die sog. Westbank behielten. Ein Großteil der palästinensischen Araber wurde vertrieben und floh in die benachbarten arabischen Länder. In weiteren Kriegen, dem Sinai-Feldzug 1956 und dem Sechstagekrieg 1967, gewannen die Israelis alles Land bis zum Jordan, die Altstadt Jerusalems, die Halbinsel Sinai und die syrischen Golanhöhen dazu.
In der Folgezeit begannen sie damit, das eroberte Gebiet durch Anlage von Wehrsiedlungen systematisch zu »israelisieren«. Das Erstarken der Palästinensischen Befreiungsfront (PLO) unter ihrem Führer Yasir Arafat verschärfte noch die Situation. Im Yom-Kippur-Krieg 1973 versuchten Ägypten und Syrien vergeblich, die verlorenen Gebiete wiederzugewinnen.
Der am 26. 3. 1979 auf Initiative der USA ausgehandelte Friedensvertrag zwischen Ägypten und Israel (Camp-David-Abkommen) führte zur Räumung der Halbinsel Sinai durch Israel (bis 1982), brachte aber nicht den erhofften Frieden.
Im Juni 1982 marschierten die Israelis in den Libanon ein. Sie erreichten zwar die Vertreibung der PLO aus dem Libanon, aber nicht deren Vernichtung. Im Januar 1985 begannen sie deshalb mit dem Rückzug ihrer Besatzungstruppen. Die seit Herbst 1987 anhaltenden Unruhen zumeist junger Palästinenser, vor allem im Gasa-Streifen und im Westjordanland, offenbarten erneut die Ausweglosigkeit der politischen Situation im Nahen Osten.

Wachposten in der Wüste: 1000 km Grenze werden von den israelischen Zahal bewacht, die als tüchtigste Armee der Welt gilt.

Kultur

Die Kultur des israelischen Volkes ist untrennbar mit der jüdischen Religion verbunden. Da sich die kulturelle Entwicklung des Judentums großenteils in der Diaspora vollzog, baut Israel heute auf Traditionen auf, die in anderen Ländern über Jahrhunderte hinweg bewahrt wurden oder dort erst entstanden sind.

Die jüdische Religion

Die Religion der Juden geht auf Abraham, den Stammvater des Volkes, zurück. Danach wurde das jüdische Volk von dem Gott Jahwe auserwählt, Träger und Künder seiner Offenbarungen zu sein. Fundament des jüdischen Glaubens ist der Talmud, eine Sammlung religiöser Lehren und Überlieferungen (3.–6. Jh.), die sich auf die Thora, das in den fünf Büchern Mose enthaltene jüdische Gesetz, gründen. Zentrales Heiligtum war zunächst der Tempel in Jerusalem mit der Bundeslade als Sitz des unsichtbaren Gottes. Nach seiner endgültigen Zerstörung im Jahre 70 durch Titus gilt ein Überrest, die Klagemauer, als das höchste jüdische Heiligtum. Für die Juden in der Diaspora wurde die Synagoge wichtigste Kultstätte.
Wesentliche Elemente der jüdischen Religion sind 248 Gebote und 365 Verbote, darunter Speise- und Bekleidungsvorschriften sowie besondere Bräuche (Sabbatfeier, Beschneidung). Auch die wichtigsten Feste haben religiösen Charakter und erinnern an biblische Ereignisse: Sukkot, das Laubhüttenfest, an den Zug durch die Wüste unter Mose; Chanukka, das Lichterfest, an die Wiedereinweihung

des geschändeten Tempels durch Judas Makkabäus während der hellenistischen Seleukidenherrschaft im 2. Jh. v. Chr.; Purim, das Freudenfest, an die Errettung der Juden im persischen Weltreich durch Ester; Pessach (Passah) an den Auszug der Israeliten aus Ägypten und Schawuot an die Gesetzgebung auf dem Berg Horeb. Der höchste Feiertag ist Yom Kippur (Versöhnungstag).

Architektur und Kunst

Im heute israelisch besetzten Gebiet von Westjordanien liegt Jericho, die älteste bekannte Stadt der Erde; schon um 7000 v. Chr. bestand dort eine Siedlung mit Steinwall und Rundturm. In der Bronzezeit (um 3100 bis 1200 v. Chr.) war das Land von kanaanäischen Völkern bewohnt, die trotz vielfältiger Einflüsse aus Mesopotamien und Ägypten eine eigenständige Kultur (bemalte Keramik) besaßen und befestigte Städte anlegten (u. a. Gezer, Megiddo, Sichem und Hazor).
Seit 3000 Jahren – mit langen Unterbrechungen – ist Jerusalem kulturelles und religiöses Zentrum des Judentums. Nach seiner Zerstörung durch die Römer wurden hier auch nichtjüdische Sakralbauten errichtet: christliche Kirchen in römischer und byzantinischer Zeit sowie der des Kreuzfahrerstaates (z. B. in Akko), Moscheen unter arabischer und osmanischer Herrschaft. Die wichtigsten Zeugnisse hierfür sind die Grabeskirche (1130) sowie aus dem 7. Jh. der Felsendom und die Al-Aksa-Moschee als heilige Stätten von Christentum bzw. Islam.

Literatur und Musik

Die Literaturtradition der Juden fußt im Alten Testament. Aus den Gesetzeskommentaren, der Mischna, einer Sammlung ursprünglich nur mündlich überlieferter Lehren des Judentums, und späteren Ergänzungen entstand der Talmud.
Infolge der Zerstreuung der Juden in alle Welt blieb die jüdische Literatur von christlichen und islamischen Einflüssen nicht unberührt. So blühte im maurischen Spanien eine jüdische Scholastik (Moses Maimonides, 12./13. Jh.), in Südfrankreich die Mystik der Kabbala (12.–14. Jh.). Mit dem Erstarken des jüdischen Nationalismus im späten 19. Jh. wurde Hebräisch auch als Literatursprache neu belebt, vor allem durch den Lyriker Chajim Nachman Bialik (1873–1934). In Osteuropa entwickelte sich die jiddische Literatur (u. a. Scholem Alejchem, 1859–1916), die im 20. Jh. in den USA vor allem durch den in polnisch-jüdischer Kulturtradition stehenden Nobelpreisträger Isaac B. Singer (geb. 1904) fortgeführt wurde. Das jüdische Denken ist besonders durch Martin Buber (1878–1965), den Erforscher des Chassidismus, dargestellt worden. Der aus Polen stammende Samuel Josef Agnon (1888–1970; Nobelpreis 1966), der sich 1924 in Palästina niederließ, zeichnete in seinen Romanen und Erzählungen das Bild des Ostjudentums und die Konflikte zwischen Neueinwanderern und ansässigen Zionisten in Palästina, zwischen der traditionellen alten und einer skeptischen jüngeren Generation. Zu letzterer gehören heute Abraham B. Jehoschua (geb. 1936) und Amoz Oz (geb. 1939), die das Alltagsleben im heutigen Israel schildern. Weltruhm erlangte der Humorist und Satiriker Ephraim Kishon (geb. 1924).
Seit frühester Zeit hatte die Musik bei den Juden eine wichtige religiöse Funktion. Da die Rabbiner außer dem Schofar, einem Horn, alle Instrumente aus der Synagoge verbannten, wurde der stark auf den Text ausgerichtete Gesang zum Kernstück jüdischer Musiktradition. Er lebt auch in der christlichen Liturgie, besonders im Gregorianischen Gesang, fort. Das Liedgut der osteuropäischen Juden, das im 18. und 19. Jh. in den Gettos blühte, hat starken Einfluß auf die heutige israelische Volksmusik genommen, die mit hebräischen Texten weiter gepflegt wird. Das moderne Israel besitzt ein reichhaltiges musikalisches Leben mit ausgezeichneten Interpreten.

Pesah-Fest: Viele Konfessionen scharen sich um den Heiligen Schrein beim Osterzeremoniell.

Totes Meer: ein Salzsee mit komfortablen Herbergen in der tiefsten Region der Erde.

Reise-Informationen

Einreise- und Fahrzeugpapiere
Bürger der Schweiz und Österreichs benötigen für einen Aufenthalt bis zu drei Monaten einen noch mindestens sechs Monate gültigen Reisepaß bzw. Kinderausweis; Bürger der Bundesrepublik Deutschland darüber hinaus noch ein Visum, das alle vor dem 1. 1. 1928 Geborenen bei der israelischen Botschaft beantragen müssen; alle Jüngeren erhalten es kostenlos beim Grenzübertritt. Mit einem israelischen Stempel im Paß ist die Weiterreise in arabische Länder nicht mehr möglich. Kraftfahrzeuge, Anhänger und Boote können für einen vorübergehenden Aufenthalt zollfrei eingeführt werden. Die Grüne Versicherungskarte ist notwendig.

Zoll
Bei der Einreise sind zollfrei: 250 Zigaretten oder 250 g Tabak, 2 Liter Wein, 1 Liter Spirituosen sowie 0,25 Liter Parfüm und Geschenke bis 125 US-$. Einfuhrverbot besteht für Frischfleisch, frische Früchte, Pornographie und in arabischen Ländern (außer Ägypten) herausgegebene Publikationen.

Devisen
Neue Israel Schekel (NIS) dürfen unbeschränkt eingeführt, aber nur bis zum Gegenwert von 100 US-$ zurückgewechselt werden. Fremdwährung kann unbegrenzt eingeführt und bis zur eingeführten Höhe wieder ausgeführt werden. Touristen können in den größeren Hotels, Restaurants und Geschäften meist in Devisen bezahlen.

Verkehrsverhältnisse
Das israelische Straßennetz ist sehr dicht und in gutem Zustand. Leihwagen sind in fast allen Städten anzumieten. Ausgezeichnet funktionieren die Busverbindungen. Taxis fahren auch in kleineren Orten. Zwischen den großen Städten bestehen Flugverbindungen. Am Sabbat ruht der öffentliche Verkehr größtenteils.

Das Rote Meer, ein Dorado für Sporttaucher – hier ein Igelfisch.

Unterkünfte
Hotels stehen in allen Preiskategorien zur Verfügung, außerdem gibt es zahlreiche Kibbuz-Gästehäuser und Jugendherbergen. Hervorragende Unterkünfte findet man auch in den Feriendörfern entlang den Küsten und auf Campingplätzen (mit Bungalows). Christliche Pilger finden überall im Land Kost und Logis zu günstigen Preisen in Hospizen verschiedener Religionsgemeinschaften.

Reisezeit
Die Sommersaison (April bis Oktober) ist heiß und fast ohne Niederschläge, die Wintersaison (November bis März) meist mild, nur in den Bergen zuweilen kühl. Im Roten und im Toten Meer kann man das ganze Jahr baden. Die beste Reisezeit ist zwischen Ende Februar und Mitte April.

Japan

Gerd H. Pelletier

Von kaum einem anderen Land der Erde haben wir Europäer noch heute ein so gespaltenes Bild wie von Japan. Da sind einmal die Autos, Kameras, Radios und Computer, mit denen die zweitgrößte Industrienation der nichtkommunistischen Welt den ganzen Erdball eingedeckt hat – und da ist die Furcht vor der »gelben Gefahr«, die unsere Märkte bedroht.
Doch andererseits gibt es in unserer Vorstellung auch die schroffen Berghänge, von Frühnebel umwallt, da lokken stille Tempel mit der Patina von Jahrtausenden, Zen-Gärten, die aussehen, als würden sie täglich mit Zirkel und Lineal neu angelegt. Und da trippelt in unserem Bild vom fernöstlichen Traumland immer noch die Geisha im Kimono unter einem Dach von Kirschblüten.
Das Faszinierende ist, daß für jedes Urteil, aber auch für jedes Klischee irgendwo auf Nippons Inseln die Bestätigung gefunden werden kann. Japan ist genau so, wie man es sich vorstellt – aber es ist auch ganz anders.

Staatsname:	Japan
Amtssprache:	Japanisch
Einwohner:	123 Millionen
Fläche:	377 765 km²
Hauptstadt:	Tokio
Staatsform:	Parlamentarische Monarchie
Kfz-Zeichen:	J
Zeitzone:	MEZ + 8 Std.
Geogr. Lage:	Pazifik, östlich des asiatischen Festlands

Die hochmoderne Industrienation Japan hat ihre uralten Traditionen bis heute sorgfältig bewahrt. Überliefertes und Neues miteinander zu verbinden, ist im »Land der aufgehenden Sonne« eine Selbstverständlichkeit.

Japan macht seinen Gästen schon die Ankunft nicht leicht

Tokio ist nicht Japan – sowenig wie Paris Frankreich ist oder New York die USA. Für über 90 Prozent aller Japan-Besucher aber ist die – mit Vororten – knapp Zwölf-Millionen-Metropole zumindest das Tor zu dem Inselreich, denn mit dem Schiff landen heute nur die allerwenigsten an Nippons fernen Ufern.

»Tokyo« steht als Zielort auf den Flugscheinen, mit denen Japan-Reisende in aller Welt an Bord der Jumbo-Jets gehen, die sie ins »Land der aufgehenden Sonne« fliegen sollen. Doch schon auf den Gepäckanhängern findet man die Stadt nicht mehr. Dort stehen die Buchstaben NRT, Luftlinienchinesisch für »Narita«, ein kleines Städtchen in der Präfektur Chiba, rund 80 Kilometer von Tokio entfernt.

In der Nähe dieses Ortes, wo auf dem fruchtbarsten Boden der Bucht von Tokio einst die »kaiserlichen Gärten« und die besten Reisfelder des Landes lagen, entstand in den siebziger Jahren der Neue Internationale Flughafen Tokio. Nichts hat seit dem Abwurf der ersten Atombomben auf Hiroschima und Nagasaki Japan auf so traurige Weise in die Weltschlagzeilen gebracht wie der Bau dieses Flugplatzes. Jahrelang dauerte der erbitterte Kampf der zwangsenteigneten Bauern und der ihnen zu Hilfe eilenden radikalen Studenten gegen die »Staatsgewalt«. Wie auf mittelalterlichen Schlachtengemälden rannten die vermummten Scharen der Flughafengegner mit ihren hölzernen Lanzen, mit Feuerbomben und roten Fahnen gegen die wie alte Samurai-Heere aufgetakelte Polizeistreitmacht an. Acht Tote und Tausende von Verwundeten waren die Bilanz der vom Fernsehen in alle Welt übertragenen »Schlacht um Narita«.

Daß noch heute – im zweiten Jahrzehnt nach der Flughafeneröffnung – Demonstrationen sich regelmäßig wiederholen, daß es immer noch zu größeren Sabotageakten am Flugplatz kommt, daß die »Festung Narita« von doppeltmannshohen Stacheldrahtzäunen umgeben ist und rund um die Uhr von 2000 Bereitschaftspolizisten bewacht wird – das alles bemerkt der ankommende Reisende kaum.

Er hat nach dem strapaziösen 13-Stunden-Flug (von Europa, nonstop), nach den 17 Stunden (von Europa, via Alaska) oder den 12 Stunden (von der amerikanischen Westküste) noch eine weitere Strecke vor sich: die Fahrt nach Tokio. Und die kann – auch auf der dreispurigen Autobahn – gut und gerne zwei Stunden oder länger dauern, weil sie unvermeidlich im permanenten Verkehrsstau der Metropole endet.

Aber selbst dort, wo der Flughafenbus seine Fahrgäste endlich ablädt, am City-Air-Terminal von Tokio, ist der müde Weltenbummler dem ersehnten Hotelbett noch nicht nahe. Denn 25 Minuten dauert die anschließende Taxifahrt ins Zentrum, etwa in den Ginza-Distrikt, nun immer noch!

Japan – so sinniert der touristische Neuling wie der erfahrene Geschäftsreisende – macht seinen Gästen schon die Ankunft nicht leicht.

Daß der Flughafen auf der fernen grünen Wiese – wohl der entfernteste Airport irgendeiner Großstadt – das Produkt latenter Fremdenfeindlichkeit sei, ist indes eine böswilligere Unterstellung als die Annahme, daß es sich um die größte Planungspleite des modernen Japan handelt.

Ursprünglich nämlich war vorgesehen, den Flughafen mit einer Stichstrecke des superschnellen Expreß »Shinkansen« an das Herz Tokios anzuschließen. Der hätte die Passagiere mit Geschwindigkeiten bis über 200 Kilometern pro Stunde in 20 Minuten zum Hauptbahnhof befördert. Doch das für die Schnellzugtrasse benötigte Gelände konnte nach der »Schlacht um Narita« bis heute nicht requiriert werden.

Die gemächliche Busfahrt in die Stadt bewahrt jedoch viele der Neuankömmlinge vor einem allzu abrupten Kulturschock. Auf den ersten 25 bis 30 Minuten der Strecke entfaltet sich nämlich hinter den braungetönten Busfenstern eine Szenerie, die noch am ehesten dem Bilderbuch-Japan entspricht, das die meisten in der Seele tragen: Da huschen in der leicht hügeligen Landschaft die kobaltblauen Dachziegel zierlicher Bauernhäuschen vorbei. Da sieht man die Bauern durch den knietiefen Sumpf ihrer kleinen Reisfelder waten. Da glitzern gelegentlich die Plastikplanen, die über Gemüsebeete gespannt sind. Und hin und wieder runden bizarr gewachsene, windzerzauste Pinien oder ein kleiner Bambushain auf einem Hügel am Straßenrand das Bild ab, das dem Klischee so nahe kommt. Wer genau aufpaßt, kann im Hintergrund sogar die siebenstöckige Pagode des Tempels von Narita erblicken, ehe diese Landschaft hinter steilen Böschungen und dann hinter Lärmschutzmauern verschwindet, deren monotones Grau die Aufmerksamkeit erlahmen läßt.

Ein Dickicht aus Stahl und Beton

Erst wenn sich die Autobahn auf Stahlstelzen sieben, zehn Stockwerke hoch über das Häusermeer von Tokio schwingt, ist wieder Ausblick da – doch einer, der zu Entzücken wenig Anlaß gibt! Da streckt sich bis an den Horizont ein trist-verworrenes Gebäudemeer: Fabrikhallen und Lagerschuppen, Wellblechdächer unter einem Gespinst dicker Hochspannungsleitungen. Und wo diese einmal Raum geben: ein Dicht-an-dicht winziger Holzhäuschen im Wechsel mit riesigen, klobigen Blöcken von Mietskasernen. Grün ist nun gar nichts mehr. Nur das aus der Vogelperspektive sichtbare

▽ Tokio – eine bunte, lockende Metropole des Konsums. Hier der »Elektronik-Stadtteil« Akihabara, in dem Touristen steuerfrei Geräte der Unterhaltungselektronik »made in Japan« sehr günstig erstehen können.

Gewirr von Straßen und Gäßchen, das den Häuserdschungel selten geradlinig durchzieht, scheint Luft zum Atmen zu geben.

Dieses Dickicht aus Stahl und Beton, wettergegerbten Holzwänden und hochglanzpolierten Wolkenkratzerfassaden, das nie die ordnende Hand eines Stadtplaners gekannt hat – das ist Tokio. Zusammen mit der sich übergangslos anschließenden Industriestadt Kawasaki und der Hafenstadt Yokohama bildet es eine Stadtlandschaft mit über 30 Millionen Einwohnern – das am dichtesten besiedelte Stück Erde überhaupt, Heimat für ein Viertel aller Japaner.

Hier schlägt das Herz des modernen, des hochtechnisierten und industrialisierten Japan. Nirgendwo sonst auf der Erde wird an einem einzigen Ort so viel geplant, produziert und vermarktet, und nirgendwo wird an dem gleichen Ort so intensiv gelebt, so eng zusammen gewohnt und gearbeitet wie in der größten Ebene Japans: an der Bucht von Tokio.

△ Schwergewicht ist Trumpf beim traditionellen japanischen Ringkampf, dem Sumo. Heute wie vor tausend Jahren beginnt der Ringkampf mit einem komplizierten Begrüßungszeremoniell. Danach versuchen jeweils zwei Kämpfer, sich gegenseitig auf den Boden zu zwingen oder aus dem Kreis zu drängen. Erlaubt sind dabei insgesamt 48 verschiedene Griffe.

Wo kein Reis wächst, gedeiht auch kein Japaner

Wer sich den japanischen Inseln auf der Südroute nähert – also auf dem Fluge von Bangkok, Singapur, Hongkong, Taipeh oder Manila – und wer zudem auf der linken Kabinenseite einen Fensterplatz hat, kann sich die Frage nach dem Warum solcher Menschenballung aus eigener Vorstellungskraft beantworten. Auf dieser Strecke nämlich führt der Flugweg in 10000 Metern Höhe direkt an der Küste von drei der vier japanischen Hauptinseln entlang. Von Kiuschu, Schikoku und der Hauptinsel Honschu erhält der Fluggast bei klarer Sicht einen Überblick, wie ihn kaum eine Landkarte vermitteln kann.

»Das sieht aus«, entfuhr es unlängst bei einem solchen Schönwetterflug meinem Sitznachbarn, »als habe jemand auf der glasklaren Platte des Pazifiks ein total zusammengeknülltes Tischtuch liegenlassen.« Ein schönes Bild. Und doch beschreibt es nur unzulänglich die geographische Wirklichkeit: die in der Längsachse der Inseln sich bis zu Höhen von über 3000 Metern in schroffen Falten auftürmenden Gebirgszüge, die zu beiden Seiten hin abfallen, einem nur schmalen Küstenstreifen Raum lassend, ehe sie bis zu 4000 Meter tief in den Ozean tauchen.

Der schmale Flachlandstreifen, der nur selten – etwa in der Gegend von Kurashiki, bei Osaka und Nagoya, vor allem aber in der Bucht von Tokio – etwas breiter wird, dieser Saum zwischen Gebirgsrand und Meer ist das mit über 120 Millionen Menschen überbevölkerte Japan, von dem wir lesen – und schreiben.

Vom »leeren« Japan, von seinen engen Tälern, dichten Urwäldern, den baumlosen, schroffen Berghängen, hören wir so gut wie nichts: weil es auch für die Japaner von alters her »nichts« ist – »Wüste«, unbewohnbares Land.

Was heute von Nippons Inseln über dem Meeresspiegel aufragt – einschließlich der in Jahrtausenden immer wieder der See abgerungenen Neulandflächen –, ist nur zu etwa 15 Prozent landwirtschaftlich genutzt und zu mehr als 14 Prozent überbaut – mit Städten, Dörfern und Verkehrswegen. Mehr als zwei Drittel der Landfläche Japans, das etwas größer als Italien oder Finnland ist, sind für die Japaner »totes« Land: Berge, Wälder, Wildnis.

Diese dem Außenstehenden nur sehr schwer verständliche Vergeudung oder Verachtung riesiger Landflächen hat ihre guten Gründe.

Erstens: Fast nirgendwo in Ostasien sind Gebirge bewohnt. Sie gelten als rauh und abweisend, bieten keine Nahrung. Hier hausen nur wilde Tiere – und böse Geister. Erst als im sechsten Jahrhundert der Buddhismus von China über Korea auch nach Japan kam, gewann die Welt der Berge für kurze Zeit an Reiz. Die Stille und Weltabgeschiedenheit ihrer unwegsamen Täler kamen dem Einsamkeitsideal der Mönche entgegen. Dort bauten sie Klöster und Tempel. Doch so begierig die Japaner auch sonst den Buddhismus aufnahmen, in die Berge sind die wenigsten ihren Priestern gefolgt.

Zweitens: Das wichtigste Argument gegen die Berge liefert der Reis, das Grundnahrungsmittel der Japaner. Er gedeiht nicht in rauhen Höhen. Reis braucht warme, weite Täler, die tropisch-feuchte Wärme des Südens. Und wo kein Reis wächst, gedeiht auch kein Japaner.

Drittens: Japans »Alpen« haben nur wenige sattgrüne Matten, die als Weideland, als Almen brauchbar wären. Wo nicht der nackte

Stein jede Vegetation unmöglich macht, sind Wald und Buschwerk von zähem, fast unausrottbarem Bambusgras durchsetzt. Dazu kommt, daß die Japaner ein Volk von Ackerbauern und Fischern waren, das Nutztierhaltung kaum kannte. Fleisch war bis in die Neuzeit verpönt, weil Buddhisten keine Tiere töten, erst recht nicht zum Eigenverzehr.

Viertens: Selbst Rohstoffe sind in Japans Bergen kaum zu finden. Zwar gibt es Kupfer-, Zink-, Gold-, Silber- und Bleivorkommen – doch in so kargen Mengen, daß sich die Erschließung der Bergwelt nie gelohnt hat. Kohle, Erdgas und Schwefel sind in dem vulkanischen Gebirgsland zwar reichlich vorhanden, lassen sich aber auch an dessen Rand abbauen – allerdings selbst hier nur unter schwierigsten Umständen, das heißt heute: unrentabel. Japan ist nicht nur ein rohstoffarmes Land, sondern praktisch eines ohne Rohstoffe. Was – betrachtet man seine entlegene Insellage – den Aufstieg zur Wirtschaftsmacht nur noch beeindruckender macht.

Die »Lichtseite« und die »Schattenseite«

»Land der 5000 Inseln« nennen die Japaner – mit leichter Übertreibung – gerne ihr Land. Tatsächlich sind es rund 3900, die vier großen Hauptinseln Nippons mit eingeschlossen, die sich über eine Länge von fast 3000 Kilometern vom 24. bis fast hinauf zum 46. Breitengrad erstrecken.

Diese Ausdehnung beschert dem Land eine Bandbreite von Klimazonen, die von feucht-heiß, subtropisch (Okinawa und Süd-Kiuschu) über schwül-warm, gemäßigt (bis zur Mitte der Hauptinsel Honschu) bis sibirisch-kalt, schneereich (Winter auf Hokkaido und an der Westküste von Honschu) reicht.

Bemerkenswert ist, daß diese gewaltigen Klimagegensätze die Menschen nicht im entferntesten so unterschiedlich geprägt haben wie in den entsprechenden Breiten der westlichen Hemisphäre.

Eher schon als in der Nord-Süd-Richtung läßt sich eine Spannung zwischen der »Vorder-« und der »Rückseite« Japans feststellen, zwischen der »Licht-« und der »Schattenseite«, wie es schon in alten Schriften heißt. Die Trennungslinie verläuft entlang den Bergkämmen in der Längsachse des Landes. Noch heute wird die dem Festland gegenüberliegende »Schattenseite« nicht einfach nur als anders, sondern im Vergleich mit der »Sonnenseite« am Pazifik als minderwertig beurteilt. Das ist eine Einschätzung, die nicht nur die Landschaft meint, die in ihrer herben Schönheit durchaus beeindruckend ist, sondern auch die Menschen, die an der dünn besiedelten Westküste leben. Sie gelten dem Rest der Nation als »zurückgeblieben«, »hinterwäldlerisch«, ja »primitiv«. Tatsächlich gibt es auf der »Rückseite« Japans nur sechs größere Städte und zwei wichtige Häfen: Tsuruga und Niigata.

In alter Zeit waren Reisen über die Berge zur anderen Inselseite extrem beschwerlich, im Winter oft monatelang unmöglich. So gerieten Expeditionen von der dichtbevölkerten »Vorderseite« Japans auf die entlegene »Rückseite« nicht selten zu langwierigen Abenteuerfahrten.

Wirklich wetterfeste und daher auch sehr teure Autobahn- und Schnellzugtrassen quer über die Hauptinsel Honschu sind erst im letzten Jahrzehnt entstanden: so die Verbindungen zwischen Niigata und dem Großraum Tokio. Deshalb besteht heute Hoffnung, daß mit dem »Aneinanderrücken« der beiden Küsten die alte Spannung abgebaut werden kann.

Doch hat sie außer der Unzugänglichkeit der »Schattenseite« sicher auch noch ein anderes Motiv: das zwiespältige Verhältnis der Insulaner zum Festland. Anders als bei Kontinentalvölkern beginnt für die Japaner das andere, das Fremde nämlich nicht nebenan, hinter der nächsten Grenze. Es liegt erst in weiter Ferne: hinter dem Meer, hinter dem Horizont. Selbst die Koreastraße, die Japan von seinen nächsten Nachbarn auf dem Festland trennt, ist noch 180 Kilometer breit.

Das Bild der Außenwelt war – wie es alte Bücher formulieren – »vom Meer verschleiert«. Man wußte von dieser anderen Welt, aber man erwartete von ihr selten Gutes. Da war es eben viel japanischer, der Fremde den Rücken zu kehren, wie es die Menschen auf der »Vorderseite« taten, statt ihr übers Meer entgegenzublicken, wie es die Leute auf der »Rückseite« tun mußten.

Wer solche Denkweise mit überheblichem Achselzucken als »Inselsyndrom« abtun möchte, macht es sich etwas zu leicht und wird Japan schwerlich verstehen lernen. Immerhin ist es noch nicht lange her, daß japanischen Staatsbürgern jeder Kontakt mit dem Ausland bei Todesstrafe untersagt war. Und diese Epoche – etwa von 1640 bis 1850 – war die friedlichste und fruchtbarste in der ganzen japanischen Geschichte.

Ein geschichtsloses Volk?

Wer heute in Japan einen Antiquitätenladen betritt und sich beim Verkäufer nach dem Alter eines wunderschönen Stücks Imari-Porzellan erkundigt, das er im Fenster gesehen hat, oder nach einem Schrank, einem »Tansu«, oder einem verwitterten, kunstvoll geflochtenen Korb, dem schallt nach kurzem Zögern des Verkäufers meist ein Standardsatz entgegen: »Ja, alt. Antik! Garantiert über 80 Jahre.« Oder, wenn der Interessent vermögend genug aussieht, um auch Höchstpreise zahlen zu können: »Sehr alt. Edo-Periode.« Das wäre der oben erwähnte etwa 200 Jahre währende Zeitraum der totalen Isolation Japans, in dem Militärherrscher – die Schogune – in Edo, dem heutigen Tokio, residierten. Der Antiquitätensammler muß sich nach solcher Auskunft also selbst darüber klar werden, ob er nun ein fast 300jähriges oder ein nur knapp 100 Jahre altes Stück erwirbt.

Dem Verkäufer, der Vergangenheit so knapp, aber doch so »weitschweifig« umschrieb, könne man – meinen manche Japanexperten – keinen Vorwurf machen: Die Japaner seien eben ein zutiefst »geschichtsloses« Volk, das nur der Gegenwart, nicht aber der Vergangenheit und Zukunft lebe.

Auch einheimischen Historikern fällt es schwer, ihren Landsleuten Geschichte in einem exakten Zeitraster zu präsentieren. Das westliche System der Zeitrechnung hat sich bis heute noch in keinem japanischen Geschichtsbuch durchgesetzt. In Japan wird nach den völlig unregelmäßig wechselnden Kaiserperioden (Nengo) gezählt. Danach war 1988 zum Beispiel »Schowa 63«, das 63. Jahr der Regentschaft des Kaisers Hirohito also, die unter dem Motto Schowa – »Erleuchteter Frieden« – steht.

Doch welcher Geschichtslehrer will – bei allem Respekt vor der Paukleistung japanischer Schulen – seinen Schülern die Regierungszeiten (und die Regentschaftsdevisen!) der 123 legendären und geschichtlichen Vorgänger des heutigen Tenno einbleuen? Einige haben Monate, andere Jahrzehnte – mal als bedeutende Herrscher, mal als völlig entmachtete Marionetten – regiert. Da ist es kein Wunder, daß sich die Vergangenheit jeder exakten Bestimmung entzieht.

Die Verbindung des Japaners mit den großen Männern und den Ereignissen seiner Geschichte bleibt merkwürdig datenlos. Die Geschichtsforscher haben ihr lediglich einen Rahmen gegeben, in dem die Epochen oder Perioden nach den Namen vorherrschender Schogunats-Familien (»Tokugawa-Periode«) benannt werden oder – wenn auch das zu verworren wurde – nach den Orten, an denen die wahren Machthaber residierten (»Nara-«, »Kamakura-«, »Edo-Periode«).

Man muß – meine ich – diese ausführlichen Vorbemerkungen gemacht haben, ehe man die japanische Geschichte mit einem ihr absolut fremden, nur uns einleuchtenden »Datenraster« überzieht, um sie dem Europäer verständlich zu machen.

Das größte Rätsel ist das um die Entstehung der gerade heute so viel zitierten »japanischen Rasse« geblieben. Doch gilt es als sicher, daß die Vulkaninseln, die in grauer Vor-

◁ *Fast grazil wirkt die im 16. Jahrhundert erbaute Burg in Osaka vor dem Hintergrund der modernen Betontürme. Die Festung mit den verschachtelten Pagodendächern hat manch stürmische Zeit erlebt; nach mehrmaliger Zerstörung wurde sie das letzte Mal im Jahre 1931 wiederaufgebaut.*

zeit vor dem asiatischen Festland aus dem Meer auftauchten, von frühen Jäger- und Sammlerstämmen besiedelt wurden, die aus drei verschiedenen Richtungen kamen.

Das Gros der ersten Siedler kam aus China, der Mandschurei und Korea, vielleicht über eine damals noch bestehende Landverbindung. Eine zweite Gruppe, seefahrende Südostasiaten, stieß über die Riukiuinseln (Okinawa) zu Japans Hauptinseln vor. Die dritte Einwanderungsstraße führte über die Kurileninseln, vielleicht auch Sachalin, aus Sibirien auf Japans Nordinseln.

◁ *Ein Beruf mit jahrhundertelanger Tradition: die Geisha. Kostbar der Kimono und kunstvoll der Kopfputz, so geht die »Person der Künste« ihrer Tätigkeit als Gesellschafterin nach.*

△ *Steingarten in Kioto: mitten im lauten Alltag eine Stätte der Ruhe, geschaffen im Geist des Zen-Buddhismus. Klare Formen fordern auf zur Meditation.*

Obwohl keineswegs feststeht, daß die letztgenannte Gruppe als erste Nippons Inseln bevölkerte, gingen diese Menschen als »Ainu«, die sagenhaften Ureinwohner, in die Literatur ein – und in jedes bessere Kreuzworträtsel. Sicher ist, daß die japanischen »Nordmänner«, die sich durch höheren Wuchs, stärkere Behaarung und »kaukasische« Gesichtszüge deutlich von den anderen Inselbewohnern unterscheiden, bis in die Neuzeit hinein ihr Nomadenleben als Jäger und Sammler fortführten. Den übrigen Japanern blieben sie zivilisatorisch unterlegen, wurden im Laufe der Jahrhunderte immer weiter nach Norden zurückgedrängt und dezimiert. Heute leben noch rund 20000 reinrassige Ainu auf Hokkaido.

Begünstigt vom warmen Klima, waren die weiter südlich an Land gegangenen Einwanderer nämlich schon bald seßhaft geworden, hatten sich dem Reisanbau und der Fischerei zugewandt und sich politisch in Dorf- und Provinzgemeinschaften organisiert. Die Chroniken der chinesischen Frühen Han-Dynastie (206 v. Chr. bis 8 n. Chr.) erwähnen »ein

Land hinter Korea, das in über 100 Gemeinwesen gegliedert ist und Tributmissionen an den Kaiserhof schickte«.

Dies ist das erste schriftliche Zeugnis, das es über Japan gibt, verfaßt zu Beginn des ersten (nachchristlichen) Jahrhunderts. Was die japanischen Gesandtschaften an Tributgaben nach China mitnahmen, ist nicht überliefert. Wohl aber läßt sich anhand von Ausgrabungen nachweisen, was sie aus dem Reich der Mitte auf ihre Inseln zurückbrachten: Bronzespiegel, Bronzewaffen und Jadeschmuck.

Alles importiert – auch die Kaiser?

Im dritten Jahrhundert ist wieder in einer chinesischen Chronik, diesmal der Wei-Dynastie, über das Land Wa (Japan) zu lesen: Dort gebe es viele Gebiete, die von Königen und Königinnen beherrscht würden. Und: Japaner reisten an die südkoreanische Küste, um von dort Eisenerz zur Herstellung von Werkzeugen und Waffen zu importieren.

Bei dieser Praxis sind sie geblieben – bis ins Mittelalter hinein. Alles, was sie kulturell und zivilisatorisch weiterbrachte, haben sie vom Festland eingeführt, aber dann sofort für den eigenen Gebrauch umgeformt und oft entscheidend weiterentwickelt:

Im sechsten Jahrhundert kam aus China über Korea der Buddhismus nach Japan. Er erwies sich der urjapanischen Schinto-Religion, einem bäuerlichen Ahnen- und Götterkult, als weit überlegen, wurde aber alsbald in vielen Sekten so »japanisiert«, daß er bis heute problemlos neben dem alten Schinto-Glauben existiert. Bekanntestes Beispiel hierfür ist der Zen-Buddhismus.

Mit dem Buddhismus zusammen übernahm Japan die chinesische Schrift, die Kanji. Auch sie wurde japanisiert, da die chinesischen Zeichen, die meist für eine kurze Silbe standen, jetzt zweisilbige japanische Wörter oder Wortbestandteile ausdrücken mußten. Später erfanden die Japaner noch zwei eigene »Alphabete«, das Hiragana und das Katakana, hinzu. Heute wird Japanisch meist in einer Kombination aller drei Schriftarten geschrieben. Die Einführung der chinesischen Zeichen aber war wohl die folgenreichste Tat für den Inselstaat: Durch sie hatte Japan teil am Wissen des damals am höchsten zivilisierten Landes der Erde.

Außer Mönchen und Schriftgelehrten holten sich die alten Japaner vom insgeheim bewunderten, aber stets gefürchteten Festland auch Wissenschaftler, Handwerker und Künstler ins Land, die letzteren besonders aus Korea. Von koreanischen Meistern lernten sie die Eisenverarbeitung, die Seidenraupenzucht und vor allem die Töpferei. Auch diese Künste aber wurden schnell so eigenständig perfektioniert, daß schon im Mittelalter ihre Ursprünge vergessen waren. Zum Glück! Denn da hatte sich zu den koreanischen Nachbarn schon ein Verhältnis aus blankem Haß und purer Verachtung entwikkelt, das bis in unsere Tage fortbesteht.

Tieferen Einblick in die verhältnismäßig spärlich dokumentierte Frühgeschichte Japans könnten einige unlängst auf Honschu entdeckte Königsgräber geben. Doch die Archäologen, die zu den aufsehenerregenden Fundstellen aufbrachen, wurden plötzlich von offizieller Seite zurückgepfiffen – in einem aufgeklärten Land der freien Welt ein wohl einmaliges Ereignis.

Der Grund: Bei der Spurensuche in den Gräbern hätte sich mit wissenschaftlicher Exaktheit womöglich beweisen lassen, was viele Altertumsforscher bisher nur vermuten: Japans erste Herrscher, die Könige und Königinnen der Wei-Chronik, kamen aus Korea.

Der Beweis für diese ketzerische These würde ganz Japan in eine tiefe Identitätskrise stürzen: Der Mythos des Kaiserhauses, das in direkter Linie von einem legendären Kaiser Jimmu abstammen soll, der 660 v. Chr. sein Mandat von der Sonnengöttin Amaterasu erhalten haben will, wäre zerstört. Das selbstbewußte Japan, das sich zeit seiner Geschichte – von einem »Sohn des Himmels« regiert – als auserwähltes Volk sah, wäre ein ganz gewöhnlicher Staat, der seine Existenz auch noch den verachteten Koreanern verdankt.

Und weil kein Japaner dies dokumentiert sehen mag, bleiben die Grabhügel unangetastet, haben Wissenschaftler und Zeitungen – ohne jeden Aufschrei über die Zensur der Forschung – sie schlicht wieder der Vergessenheit anheimgegeben.

△ Vulkanlandschaft auf der Insel Hokkaido: Die Japaner sitzen auf einem geologischen Pulverfaß. Ihr Land liegt in einem Gürtel hoher seismischer und vulkanischer Aktivität. Etwa 36 Feuerberge sind noch tätig, und pro Jahr werden durchschnittlich 1500 Erdbeben registriert.

Reisen in die Vergangenheit

Die meisten Japan-Besucher sind nach ein paar Tagen Aufenthalt an ihrem Ankunftsort vom »Moloch Tokio« eher enttäuscht. »Eine westliche, besser amerikanische Großstadt wie viele andere auch. Nur sehr, sehr viel größer«, lautet ein häufiges Urteil. (Wir werden auf Tokio noch zurückkommen.)

»Wo ist eigentlich das ›wirkliche Japan‹?« lautet meist die Anschlußfrage. Und die Antwort: »Da müssen Sie nach Kioto und Nara fahren. Dort liegt das Herz Japans.«

Nara, 40 Kilometer von Kioto entfernt, wurde im Jahre 710 die erste feste Hauptstadt des Landes – und blieb es nur für 74 Jahre. Es war die Zeit, da die China-Euphorie der Japaner ihren Höhepunkt erreichte und der importierte Buddhismus seine Blüte erlebte.

Der Kaiserhof unterstützte den Bau immer neuer, immer gewaltigerer Tempelanlagen. Und von allen diesen Tempeln ist der Todai-ji der größte – in Nara, in ganz Japan. In der Halle, die noch heute als größtes Holzbauwerk der Erde gilt, obwohl ein Brand im 18. Jahrhundert ein Drittel zerstörte, steht ein riesiger Bronze-Buddha. Nicht gerade sehr schön anzusehen – aber sehr gewaltig. Über 16 Meter hoch. Im Jahre 752 wurde das Werk eines koreanischen Bronzebildhauers eingeweiht: in Gegenwart der Kaiserin Kohen und von 10000 Priestern und Adligen. (Nara soll damals schon 200000 Einwohner gezählt haben. Heute hat es 300000.)

Welche Macht – und welchen Reichtum – die Bonzen, die buddhistischen Mönche und Priester, in ihren Tempeln ansammelten, das läßt sich noch heute im Schoso-in, dem Schatzhaus des Todai-ji, sehen: Es enthält die wohl wertvollste Sammlung von Kunstgegenständen des achten Jahrhunderts, bis heute bewahrt durch die ausgeklügelte Bautechnik des Schatzhauses: Bei trockenem Wetter schrumpft das Holz und läßt Luft durch die Ritzen ins Innere, in der hohen Luftfeuchtigkeit des Sommers quellen die Balken auf und lassen kaum Nässe eindringen.

Machtstreben und Einfluß der buddhistischen Mönche, deren Tempelanlagen das Stadtbild beherrschten und sich weit bis in die umliegenden Hügel und Berge ausbreiteten, reichten schließlich auch in die Politik hinein. So weit, daß Kaiser Kammu die Flucht ergriff. Für kurze Zeit residierte er in Nagaoka, einem Ort zwischen dem heutigen Osaka und Kioto. Dann gründete er 794 eine neue Hauptstadt: Heian-kyo, die »Hauptstadt des Friedens und der Stille« – Kioto.

△ Japan gehört zu den bedeutendsten Fischereinationen der Erde. Seine Fangschiffe sind mit modernsten Geräten zur Navigation und zum Aufspüren der Fische ausgerüstet. Im Winter die Netze einzuholen und den Fang zu sortieren, das jedoch ist für die Fischer auf Hokkaido noch immer eine frostige Angelegenheit.

◁ Aus riesigen Eisblöcken entsteht hier die Nachbildung einer englischen Kathedrale, eins der Prunkstücke beim Schneefest in der ehemaligen Olympiastadt Sapporo. Mit der Insel Hokkaido reicht Japan in die kühlgemäßigte Klimazone, kalt genug für solche Eisskulpturen.

Kioto blieb über 1000 Jahre lang kaiserliche Residenz und gilt noch heute – trotz zeitweiliger politischer Bedeutungslosigkeit – als Wiege der japanischen Kultur. Die einzige japanische Stadt mit einem quadratischen Bauplan wurde nach dem Modell der frühen chinesischen Hauptstadt Ch'ang-an angelegt. Doch ausgerechnet hier ging in der Heian-Zeit (794–1185) die Begeisterung für die chinesische Kultur zurück, wurden gar – nach dem Zusammenbruch der chinesischen Tang-Dynastie – alle Kontakte zum Reich der Mitte gekappt.

Am lebens- und genußfreudigen Kaiserhof von Kioto befaßte sich der Adel mit Kunst, Literatur, Kalligraphie – und mit Dichterwettbewerben. Bei alledem wurden die chinesischen Kulturimporte mehr und mehr verfeinert und schließlich ganz japanisiert. Vor allem gebildete Hofdamen schrieben in dieser Zeit Tagebücher und Romane in der japanischen Hiragana-Schrift. Darunter war auch, aus der Feder der Hofdame Murasaki Schikibu, eines der bedeutendsten Literaturwerke Japans, »Genji-monogatari«, die »Erzählungen des Prinzen Genji«.

Der Hofadel, aber auch der buddhistische Klerus, kam in den Besitz immer größerer Ländereien, die vom Kaiser – als Belohnung für irgendwelche Verdienste – zu Lehen gegeben wurden. Doch um das Los der unter erdrückender Abgabenlast immer mehr verarmenden Bauern kümmerten sich die reichen Höflinge von Kioto kaum. Für Ruhe und Ordnung in den Provinzen, für den Schutz der Güter mußten Privatarmeen sorgen, deren Soldaten ihren Herren zu absoluter Loyalität verpflichtet waren. Japans berühmte Kriegerkaste der Samurai ist so entstanden.

Aus einem Streit unter zwei mächtigen Samurai-Familien, den Heike und den Genji, erwuchs Mitte des zwölften Jahrhunderts ein Bürgerkrieg, der fast 40 Jahre dauerte und die friedlich-fröhliche Zeit von Heian-kyo ein für allemal beendete. Die Kaiser blieben als »Gefangene im goldenen Käfig« von Kioto zu einem Schattendasein ohne wirkliche politi-

Das »wahre« Japan

Wenn sich auch der Geist veränderte, Inbegriff des »wahren« Japan ist Kioto bis heute geblieben. Nirgends erschließt sich Nippons Ästhetik, sein Kunstreichtum, seine Religion und seine Architektur so wie in dieser 1000jährigen Kaiserstadt. Daß Kioto überhaupt noch existiert, verdanken die Japaner einem kunstsinnigen US-Offizier, der 1945 in letzter Minute dafür sorgte,

△ Beim traditionellen Kirschblütenfest bringen Schinto-Priester Kirschzweige dar. Solch schlichte, betont ästhetische Kulthandlungen stehen im Mittelpunkt der japanischen Naturreligion.

▷ Zu bestimmten Festtagen tragen junge Männer und Frauen die Schinto-Gottheiten in Zierschreinen durch die Straßen. Die feierliche Prozession wird jedesmal zum lärmenden Volksfest.

sche Macht verurteilt. Lediglich als Symbolfiguren der japanischen Geschichte waren sie, die »Nachfahren der Sonnengöttin«, noch gut. Die wahre Macht im Staate übten an verschiedenen Orten, gelegentlich auch wieder in Kioto, für die nächsten 700 Jahre Militärherrscher aus. Sie ertrotzten sich vom Kaiser den Titel Schogun – Oberbefehlshaber, der die Barbaren unterdrückt – und bauten das japanische Feudalsystem auf. Seine Grundlage war das unerschütterliche Treue- oder Vasallenverhältnis vom Samurai (Krieger, Ritter) zum Daimyo (Lehnsherr, Landesfürst) und vom Daimyo zum Schogun.

Der Samurai-Kodex von 1232 wurde zum ethischen Gesetz Japans – und muß noch heute vielfach zur Erklärung herhalten, wenn man glaubt, sich spezifisch japanische Leistungen, etwa im modernen Industriemanagement, nicht anders erklären zu können. Der Buschido – »Weg des Kriegers« – verlangt Härte gegen sich selbst, eiserne Disziplin und absolute Loyalität gegenüber dem Herrn. Weder die Liebe zu einer Frau noch der drohende Tod dürfen diese Samurai-Tugenden in Frage stellen.

daß die zweite Atombombe nicht wie geplant über Kioto explodierte, sondern das kriegswichtigere Nagasaki mit seinen Werften und Munitionsfabriken dem Erdboden gleichmachte.

Um von den 1600 buddhistischen Tempeln, 300 Schinto-Schreinen, unzähligen Kunstgärten, Villen und Palästen des alten Kioto auch nur die wichtigsten zu sehen, braucht man freilich viel Zeit. Kioto ist heute eine Großstadt mit über 1,5 Millionen Einwohnern und empfängt jährlich um die 30 Millionen Touristen. Es ist deshalb oft schwer – und immer teuer –, eine Unterkunft zu finden.

Unmöglich ist es, hier alle lohnenden Sehenswürdigkeiten zu erwähnen. Doch sollen wenigstens die »Highlights« einer Kioto-Tour genannt werden:

Der Kyomizu-Tempel (Tempel des reinen Wassers) aus dem achten Jahrhundert liegt am Hügel in einer Landschaft, die einem alten japanischen Rollbild entnommen scheint.

bewußt aus Taxis steigen und mit Trippelschrittchen im kostbaren Kimono dem Lokal zueilen, wo ein reicher Geschäftsmann sich eine Geisha-Party leistet. Die aber ist für unter 1000 Mark pro Teilnehmer kaum zu haben.

Der Shinkansen – ein Zug wie ein Geschoß

Der billigste Weg ins »Herz Japans« ist für den Japan-Besucher aus der Ferne, sich den Weiterflug nach Osaka, Japans drittgrößter Stadt, gleich ins Ticket »einbauen« zu lassen. Das ist bei den langen Fernost-Flügen meist ohne Zusatzkosten möglich. Von Osaka geht es mit Nahverkehrszügen in einer knappen Stunde nach Kioto und in weiteren 30 Minuten nach Nara.

In der Hoffnung, mehr vom Land zu sehen, entschließen sich die meisten Touristen jedoch, die Fahrt nach Kioto im Super-Expreß-Zug »Shinkansen« zu buchen. Der Hikari (Blitz) braucht, bei nur zwei Stopps – in Yokohama und Nagoya –, für die 500-Kilometer-Strecke zwischen der neuen und der alten Hauptstadt knapp drei Stunden. Dafür muß

◁ ***Der Kyomizu-Tempel mit seiner markanten dreistöckigen Pagode über Kioto, der alten Kaiserresidenz. Von der Holzveranda der Haupthalle aus hat man einen herrlichen Blick auf die Stadt.***

▽ ***Tätowierungen waren in Japan einst Strafmale für Gesetzesbrecher. Heute sind die kunstvollen Hautgemälde nicht nur in Gangsterkreisen ein beliebter Schmuck.***

Faszinierend die auf 30 Meter hohen Holzstelzen ruhende »Veranda« – eine Bühne für religiöse Tänze. Das genial – nieten-, nagel- und schraubenlos – konstruierte Gerüst hat jedes Erdbeben überstanden.

Der Goldene Pavillon ist eine mit Blattgold verkleidete frühere Adligenvilla, die später zum Zen-Tempel wurde. Er soll die vollkommene Harmonie symbolisieren. Ein junger Mönch konnte so viel Schönheit nicht länger ertragen und legte das Bauwerk 1950 in Schutt und Asche. Einer der großen zeitgenössischen Dichter Japans, Yukio Mishima, nahm den Vorfall zum Stoff seines Romans »Der Tempelbrand«.

Das Nijo-Schloß in der Stadtmitte erbaute der Schogun Ieyasu als seinen Palast am Kaiserhof, während er in Edo, dem heutigen Tokio, regierte. Von seinem Mißtrauen gegenüber jedermann zeugen die Korridore, die mit »Nachtigallen-Parkett« belegt sind, das federnd quietscht, wenn es betreten wird.

Die Sanjusangendo-Halle, äußerlich schlicht, birgt 1001 Statuen der Göttin Kannon, die Glanzstücke japanischer Holzschnitzkunst sind. 70 Künstler haben 100 Jahre lang an diesen Werken gearbeitet.

Und schließlich: der Kaiserpalast von Kioto. Er kann nur nach Voranmeldung beim kaiserlichen Hofamt besichtigt werden (besorgt ein Reisebüro: JTB). Eine schlichte, leider nicht mehr original erhaltene Anlage (1855 wiederaufgebaut) von ästhetischer Eleganz. Sie ist heute noch Krönungsort der Kaiser – auch Tenno Hirohito wurde hier inthronisiert.

Lohnend ist auch ein Abendspaziergang durch Gion, das alte Geisha-Viertel Kiotos. Dicht an dicht schmiegen sich hier noch die alten Holzhäuser, und milchig-schummriges Licht dringt durch die Schoji (papierbespannte Fenster) auf die Straßen. Man könnte meinen, im Japan vergangener Zeiten umherzuspazieren. Nur die Geishas – »Personen der Künste« – kommen nicht mehr in Rikschas und im Gefolge ihrer Lehrlinge (Maikos) daher. Sie sieht man gelegentlich selbst-

man aber auch umgerechnet rund 300 Mark für die Rückfahrkarte ausgeben, wenn man nicht schon zu Hause einen »Japan-Rail-Paß« gekauft hat, der als Wochen- oder Monatskarte erheblich billigeres Reisen gestattet.

Obgleich die Super-Expreß-Züge – vor allem auf dieser vielbefahrenen Südweststrecke – häufiger verkehren als bei uns manche Straßenbahnen (nämlich im 12- bis 15-Minuten-Takt!), empfiehlt sich eine Platzreservierung. Nur einer der zwölf Waggons kann ohne Reservierung benutzt werden, und der ist immer rappelvoll – wie im übrigen meist der ganze Zug.

Auf der knapp 1100 Kilometer langen Strecke von Tokio bis Hakata/Fukuoka auf der Südinsel Kiuschu führt die Shinkansen-Trasse durch Japans dichtestbesiedeltes Gebiet an der Pazifikküste: eine selten unterbrochene Stadtlandschaft, in der fast drei Viertel aller Japaner leben. Deshalb ist, wer »japanische Landschaft« erwartet, gerade von dem Streckenabschnitt Tokio–Kioto meist enttäuscht. Er sieht aus den Zugfenstern mehr Wellblechdächer, graue Fabrikhallen, eng beieinanderstehende Holzhäuschen und monotone Mietskasernen als vermutlich jemals zuvor auf einer anderen Reise.

Mit einer Ausnahme: Bald hinter der Station Yokohama rauscht der Blitzzug mit 200 Kilometern pro Stunde am Fudschijama vorbei, Japans »heiligem Berg«, der vom 100 Kilometer entfernten Tokio aus nur an extrem klaren Wintertagen zu sehen ist.

▷ ▽ Zu den schönsten Kultbauten Japans zählt der 1636 errichtete Toshogu-Schrein, der in der Stadt Nikko auf der Hauptinsel Honschu steht. Im Tempelbezirk blicken an den beiden Seiten eines prachtvoll geschmückten Portals Statuen von Deva-Königen furchterregend drein. Ein paar Schritte weiter, am sogenannten »Heiligen Stall«, begegnet man den drei berühmten Affen, die nichts Böses hören, nichts Böses reden und nichts Böses sehen.

»Ah, Fuji-San«, seufzen dann in immer wiederkehrender Verzückung die Japaner, auch wenn sie Stammgäste auf dieser Strecke sind. Die Ausländer zücken – meist zu spät – ihre Kameras, um vom »Sitz der Götter« wenigstens einen Schnappschuß mit nach Hause zu bringen.

Die meisten sind auch davon enttäuscht. Denn wer kein Teleobjektiv zur Hand hatte, dem verderben Fabrikschlote im Vordergrund das Foto. Japans Papierindustrie hat sich am Fuße des Berges ausgebreitet, um vom klaren Wasser zu profitieren, das der Fudschi in vielen Bächen und Flüßchen zu Tale schickt. Als schmutzige und stinkende Brühe leiten es die Fabriken ins nahe Meer.

Um eine Erfahrung aber ist der Reisende in jedem Fall reicher: Er hat auf seiner Fahrt im Bullet train – dem »Geschoß-Zug« – einen der modernsten, zuverlässigsten, pünktlichsten und saubersten Expreßzüge der Welt kennengelernt – auch wenn der »Shinkansen« der schnellste nicht mehr ist.

Als er 1964 zu den Olympischen Spielen von Tokio aufs Gleis gestellt wurde, war er der Stolz der japanischen Eisenbahn – und der Industrie. An Höchstgeschwindigkeit haben ihn inzwischen auf Teststrecken und im Liniendienst (Frankreichs TGV) andere Züge überholt. In allem anderen aber ist der Shinkansen bis heute Spitze geblieben.

Vor allem in der Pünktlichkeit. Dreimal mindestens ist es vorgekommen, daß Fahrdienstleiter oder Stationsvorsteher Selbstmord begingen, weil sie glaubten, einer der Züge sei durch ihre Schuld verspätet angekommen. »Katastrophen« – wie Verspätungen – dürfen eigentlich nur im Erdbebenfall eintreten. Dann werden alle Züge auf der Strecke automatisch von der zentralen Leitstelle in Tokio gestoppt, weil schon die geringste Gleisverschiebung ein Unglück auslösen könnte. Und ein Unglück hat es bis heute – trotz der dichten Zugfolge und der hohen Geschwindigkeiten – noch nicht gegeben.

Das Abenteuer U-Bahn

Vor roten Zahlen haben aber auch die stets gut ausgelasteten Renommierzüge die Staatsbahn nicht retten können. 1987 wurde die Bahn privatisiert. Viele unrentable kleine Nebenstrecken sollen demnächst stillgelegt werden. Dennoch sind die Bahnen noch immer das beliebteste und zugleich notwendigste Verkehrsmittel im Land. Denn die Schienenwege sind weit besser ausgebaut als das Straßennetz. Im Bereich der Großstädte sind die Straßen chronisch verstopft, im Fernverkehr teuer. Denn alle japanischen Autobahnen sind mautpflichtig. Wer zum Beispiel von Morioka im Norden Honschus auf der Autobahn bis zur Südinsel Kiuschu fährt, zahlt über 450 Mark allein an Mautgebühren. Wer nur die Tokioter Stadtautobahn benutzt, muß pro Fahrt sieben Mark berappen.

Billiger kommt man mit der Bahn voran. Kaum ein Bewohner des Großraums Tokio wohnt weiter als zehn Minuten Fußweg von der nächsten Haltestelle entfernt. In keiner anderen Weltstadt ist das Nahverkehrssystem so vorbildlich, wovon allein schon eine Zahl zeugt: Täglich werden von S- und U-Bahnen, Bussen und Taxen in dieser Metropole 24 Millionen Menschen befördert. In der Rush-hour hat man den Eindruck, die Pendler würden wie am Fließband in die Stadt und wieder hinaus »gebaggert«. Die Bahnen fahren im Zwei-Minuten-Takt – und sind dennoch oft so voll, daß sich die Waggonwände nach außen zu biegen scheinen. Doch sind sie so zuverlässig, sauber, sicher und schnell, daß kaum einer der Fahrgäste das Verlangen spürt, aufs Auto umzusteigen.

Selbst Japan-Besuchern, die in der Heimat eine Abneigung gegen Straßenbahnen und Vorortzüge entwickelt haben, kann man das S- und U-Bahn-System japanischer Großstädte vorbehaltlos empfehlen. Sie müssen ja nicht gerade in den Spitzenzeiten des Berufsverkehrs fahren. Das einzige Problem könnte vor den Fahrkartenautomaten am Bahnhof auftreten: Die sind nur in Kanji beschriftet. Doch wenn man den Namen des Zielbahnhofs nennt, den man im überall erhältlichen englischsprachigen S-Bahn-Plan abliest, wird sich sofort ein freundlicher Helfer finden, der die richtige Fahrscheintaste drückt. Von da an ist alles ein Kinderspiel.

Gegenüber den obligaten Stadtrundfahrten, zu denen man von einem Luxusbus am Hotel abgeholt wird, bietet die private Entdeckungsreise per Bahn mannigfache Vorteile. Der Bus rollt nur über die zwei- bis dreispurigen Haupt- und Prachtstraßen der Metropole. Zum Geschnatter des Fremdenführers umrundet er den Kaiserpalast, fährt langsam über die weltberühmte Kaufhausstraße Ginza, stoppt an einigen der Vorzeigetempel der Hauptstadt (Asakusa-Kannon-Tempel und Meiji-Schrein) und gibt den Fahrgästen allenfalls noch Gelegenheit zum Besuch des Nationalmuseums oder des Kabuki-Theaters. Im Vorbeifahren bestaunt man die Verwaltungspaläste japanischer Weltfirmen und Handelshäuser und sieht die – angeblich wirklich erdbebensicheren – Hochhäuser im Stadtteil Shinjuku. Doch wirklich haften bleiben die einzigen Worte, die man lesen kann: »Coca-Cola«, »McDonald's«, »Kentucky Fried Chicken« und »Soundso-Burger«.

Kein Wunder, daß nach dem Schock dieses »total amerikanisierten Tokio« nun die Fahrkarte nach Kioto gebucht wird oder – wenn die Zeit nicht reicht – in die näherliegenden Tempelstädte Kamakura oder Nikko. Wo aber ist das »wirkliche Japan«?

Der U-Bahn-»Entdecker« kann es an jedem Bahnhof finden, an dem er aussteigt. Auch da gibt es immer die »Ginza« – die örtliche Hauptgeschäftsstraße, die praktisch zu jedem der weit über 500 Bahnhöfe der Metropole führt. Nur: Sie besteht nicht aus modernen Luxuskaufhäusern, in denen Tiffany-Auslagen und Dior-Modellkleider in den Schaufenstern locken. Die »Ginzas« der Vorstädte sind kleine enge Gäßchen, in denen sich ein Tante-Emma-Laden an den nächsten reiht, winzige Geschäfte, oft in windschiefen Holzhäuschen. Doch ob sie nun Gemüse feilbieten oder Fernsehapparate, ob Schneider- oder Metzgerläden, sie wirken allesamt farbenfroher, echter, eben »japanischer« als jedes Haus entlang der Sightseeing-Route. Diese Sträßchen sind oft so eng, daß nicht einmal zwei Fahrräder einander begegnen dürfen. Kein Bus würde hier hineinpassen.

∇ Am Ashinosee, der zwischen bewaldeten Bergen liegt, zeigt sich die Natur von ihrer schönsten Seite. An klaren Tagen spiegelt sich sogar der schneebedeckte Fudschijama in dem tiefblauen Gewässer. Eine Touristenattraktion sind die großen Segelschiffe aus der Feudalzeit, die zu Vergnügungsdampfern umgerüstet worden sind.

Und doch ist der Besucher immer noch mitten in Tokio. Auch wenn er sich seitwärts in die noch engeren Gassen der Wohnviertel schlägt, die winzigen Bonsais in den Blumenkübeln am Hauseingang betrachtet oder die bunten Futons – Schlafmatten – sieht, die vor den Fenstern auf Bambusstangen gelüftet werden. Manchmal erlaubt eine halb offen stehende Schiebetür auch den Blick in eine etwa garagengroße Werkstatt: Da fauchen schwere Eisenpressen oder zirpen Sägen. Da summen Schleifbänke oder dröhnen Hammerschläge auf schwerem Metall.

Gewerbe- und Wohngebiete, lernt der Fremde, sind in Japan selten getrennt. In unzähligen Waschküchen- oder Familienbetrieben wird härter an Japans Wirtschaftswachstum gearbeitet als in den Industrieplantagen vor den Städten. Diese »Heimwerker« sind das Rückgrat der japanischen Industrie: Zulieferer winziger Einzelteile, Subunternehmer, kleinste Rädchen nur im gewaltigen Produktionsapparat Nippons. Ihnen können die Industriegiganten alles diktieren: Fertigung, Löhne – und, wenn es sein muß, auch das Ende der Zusammenarbeit. Von ihnen ist nie die Rede in den Hochglanzbroschüren der japanischen Weltfirmen. Außerhalb der Sozialämter interessiert keinen ihr alltäglicher Überlebenskampf.

Auch dies ist das »wirkliche Japan« – das Japan unserer Tage. Zu erleben für den Preis einer U-Bahn-Fahrkarte!

Kamikaze – der »Götterwind«

Japan liegt genau an der Nahtstelle, wo sich die Philippinische und die Pazifische Platte unter die Eurasische Platte schieben. Jährlich werden 1500 Erdstöße registriert, von denen Menschen allerdings nur 400 bis 500 spüren. Neben den Erdbeben gilt der Taifun als die zweite Naturgeißel, der Nippons Inseln ausgesetzt sind. Und kein Teil Japans wird so sehr von den Wirbelstürmen heimgesucht wie die Südinsel Kiuschu.

Die Stürme haben Japan jedoch zweimal vor einer fremden Invasion und Besetzung bewahrt: Als gegen Ende des 13. Jahrhunderts Mongolenheere des Kublai Khan die Insel angriffen, zerstörten »Götterwinde« – Kamikaze – jedesmal die Flotte der Invasoren – und retteten Japan. Erst bei der vierten Begegnung der Insulaner mit fremden Eindringlingen versagten die Kamikaze. Das war gegen Ende des Zweiten Weltkriegs, als Japans imperiale Regierung sich der anrückenden US-Flotte zu erwehren suchte. Selbstmordpiloten, die sich mit der Bombenlast ihrer Flugzeuge auf die feindlichen Schiffe stürzen mußten, wurden Kamikaze-Flieger getauft. Doch sie starben umsonst. Die Götter halfen Japans größenwahnsinnigen Militärs nicht mehr. Zum ersten Mal in seiner gesamten Geschichte wurde das Inselreich von fremden Truppen besetzt.

Eigene Soldaten hatten das Land in einem fast 100jährigen Bürgerkrieg in die totale Anarchie gestürzt, als die Japaner zum dritten Mal – nach den Versuchen der Mongolen – von ungeliebten Fremden besucht wurden. Portugiesische Seefahrer waren 1543 in Kiuschu gelandet – die ersten Europäer, die ihren Fuß auf die »sagenhaften Inseln Zippangu« setzten, von denen Marco Polo schon zwei Jahrhunderte zuvor in Europa berichtet hatte.

Mit den Handelsschiffen waren, wie damals üblich, Missionare gekommen – und Gewehre. Die Patres hatten schnell Erfolg: Mit Waffengeschenken »bekehrten« sie einige Daimyos (Landesfürsten) und damit automatisch auch deren Untertanen zum Christentum. Bei »ihren« Daimyos mischten die Jesuiten alsbald kräftig in der Politik mit und bauten ihre Macht aus. Doch für damalige japanische Verhältnisse kam der Erfolg zu schnell. Er währte nur knapp 60 Jahre.

Japans neuer starker Mann, Tokugawa Ieyasu (1542–1616), dessen Familie Japan als strikt kontrollierten Polizeistaat einte und für etwa 200 Jahre völlig von der Außenwelt abschloß, wies die Missionare aus und ließ die Christen verfolgen. Nicht ohne Bedeutung dürfte dabei die Tatsache gewesen sein, daß Ieyasu im Jahre 1600 einen englischen Seefahrer, Will Adams, zu seinem Berater machte. Der klärte ihn über den Kolonisationseifer der damaligen europäischen Seefahrtsnationen auf – und auch über den Machtanspruch des Vatikans. Will Adams' Leben in Japan wurde zur Vorlage des Weltbestsellers »Shogun« von James Clavell.

Ein winziges Nadelöhr zum Westen hielten sich die Tokugawa-Schogune auch in der Zeit von Japans totaler Isolation offen: Eine Handvoll holländischer Kaufleute durfte – unter der Bedingung, nicht zu missionieren – auf einer winzigen künstlichen Insel im Hafen von Nagasaki ausharren: auf Dejima.

Westlichen Geschäftsleuten, die heute die »schwierigen Bedingungen des japanischen Marktes« bejammern, wäre ein Besuch Dejimas zu empfehlen, das jetzt mitten in Nagasaki, weit vor dem nach außen gerückten Hafen, liegt. Das kleine Museum im einzigen Holzhaus, das die Zeit überdauert hat, und ein Modell der ganzen Inselanlage legen Zeugnis davon ab, mit welcher Kraft und Selbstverleugnung die holländischen Händler die erniedrigenden Bedingungen der Japaner über 200 Jahre lang erduldeten – nur um des lieben Profits willen.

△ Das Balkentor des Itsukushima-Schreins ist das Wahrzeichen der Insel Miyajima in der Bucht von Hiroschima. Das riesige hölzerne Torii aus dem 16. Jahrhundert steht 160 Meter vor der Küste im Meer und kann nur bei Ebbe besucht werden.

»Schwarze Schiffe« vor Yokohama

Das Ende eines knappen Vierteljahrtausends japanischer Isolation leiteten nicht die Europäer ein – ihre wenigen zaghaften Versuche blieben erfolglos –, sondern die selbst kaum 80 Jahre »jungen« USA.

Amerikanische Walfänger waren, nachdem sie den Atlantik leergefischt hatten, immer weiter in den Pazifik vorgedrungen und suchten dort nach Häfen, in denen sie die Proviant- und Wasservorräte ihrer Schiffe erneuern konnten. Als die Japaner sich mehrfach verweigerten, schickte US-Präsident Millard Fillmore 1853 ein Flottengeschwader unter Befehl von Admiral Matthew C. Perry in die Bucht von Edo. Die »schwarzen Schiffe« – so genannt nach den dunklen Rauchschwaden, die aus ihren Schornsteinen quollen – lösten unter der Bevölkerung Panik aus. Aus ihren drohend auf den Hafen von Yokohama gerichteten Geschützen brauchten die »Barbaren« freilich keinen Schuß abzufeuern. Die über 250jährige Macht der Tokugawa-Schogune war schon zerbröckelt, an einen Widerstand Japans, an Krieg gar gegen die Amerikaner war nicht mehr zu denken. Ein Vertrag, der den Amerikanern einige japanische Häfen öffnete, besiegelte nicht nur das erste Abenteuer der jungen USA auf der weltpolitischen Bühne, sondern auch das Ende der Weltabgeschiedenheit des japanischen Reiches. Bald mußten auch den anderen Seemächten des Westens ähnliche Konzessionen gemacht werden.

Ein gutes Jahrzehnt später dankte der letzte Schogun ab. Mit Mutsuhito bestieg, gerade 15 Jahre alt, ein neuer Kaiser den Thron und machte als Meiji-Tenno (1868–1912) oder Reformkaiser das 700 Jahre lang entmachtete Kaiserhaus wieder zum wirklichen Herrscherhaus. Aus dem alten Kioto, dem »goldenen Gefängnis der Kaiser«, verlegte er den Palast nach Edo, das fortan Tokio – Hauptstadt des Ostens – hieß.

Kein anderes Land, das im 19. Jahrhundert mit dem Westen in Berührung kam, reagierte so geschickt und schnell auf die Herausforderung wie Japan unter dem Regime dieses »aufgeklärten« Kaisers. Wie besessen lernten die Japaner vom Westen, kopierten und adaptierten alles, was ihnen brauchbar erschien. Schließlich hatten sie schon einmal eine andere Kultur erfolgreich aufgesogen: die chinesische.

Eine starke Industrie, mit der Japan zum technologischen Selbstversorger wurde, und eine starke Armee, die den Westen von kolonialen Abenteuern auf den Inseln abhalten sollte, entstanden in wenigen Jahrzehnten.

Als die Industriestaaten Europas um die Jahrhundertwende nach neuen Absatzmärkten für ihre Massenprodukte suchten, richtete sich ihr Interesse in Asien auf die gewaltigen Märkte von Indien und China. Japan war bereits Industrienation und daher als potentieller Abnehmer uninteressant. Und es hatte sich auch schon als Militärmacht behauptet. Seine nach preußischem Vorbild umgemodelte Armee und die nach britischem Muster aufgebaute Marine hatten ihre ersten Schlachten geschlagen – und gewonnen. 1894/1895 wurde das große China von Japans

Soldaten in Korea gedemütigt. Wenig später werden Taiwan und die Pescadoresinseln annektiert. 1904/1905 besiegen Japaner gar das riesige Zarenreich in der Mandschurei. Korea steht jetzt unter japanischer Kontrolle. Als der Kaiser 1912 stirbt, ist Nippon nicht nur als Industrienation anerkannt, sondern hat sich auch unter die Kolonialmächte eingereiht.

Ein beispielloser Aufbruch in die Neuzeit. Aber auch der Anfang einer katastrophalen nationalen Selbstüberschätzung!

»Erleuchteter Friede« – und Krieg

Im Ersten Weltkrieg hatte sich das Inselreich auf die Seite der Alliierten geschlagen. Japanische Truppen eroberten die deutsche Garnison Tsingtau an der Kiautschou-Bucht in China. Auf Beschluß der Friedenskonferenz von Versailles übernahm Japan – als erste nichtwestliche Großmacht anerkannt – die Verwaltung der ehemals deutschen Inselkolonie im Pazifik.

Ende 1926 folgt Hirohito, der Enkel des Meiji-Kaisers, seinem kranken Vater offiziell auf den Thron. Seine Regierungszeit stellt er unter das Motto »Erleuchteter Friede« – Schowa.

Doch des Kaisers – nach den Reformen des Großvaters gewählte – Regierung ist in der Wirtschaftskrise der dreißiger Jahre den Ultranationalisten und den durch ihre Siege selbstbewußt gewordenen Militärs hoffnungslos unterlegen. Die propagieren die Idee vom »Volk ohne Raum und ohne Rohstoffe«. Was sie wirklich wollen, ist Japans Vorherrschaft über große Teile Asiens, vor allem über China.

1931 besetzen die Militärs – gegen den Willen der Regierung – die Mandschurei und gründen den Marionettenstaat Mandschukuo. 1937 brechen sie einen Krieg mit ganz China vom Zaun. Die Greueltaten der japanischen Armee im alten »Reich der Mitte« zählen zu den schrecklichsten der gesamten Kriegsgeschichte. Rund 200000 Menschen werden von den Japanern allein beim berüchtigten »Gemetzel von Nanking« buchstäblich abgeschlachtet.

So sehr beeindruckt der Siegeszug deutscher Armeen in Westeuropa die japanischen Generäle, daß sie ein Jahr nach Ausbruch des Zweiten Weltkriegs mit Hitler und Mussolini den Dreimächtepakt schließen. Japan – so der damalige Ministerpräsident – habe den »göttlichen Auftrag«, eine neue Ordnung in Großostasien zu errichten. Erste Neuordnungsmaßnahme: Kaiserlich-japanische Truppen besetzen Französisch-Indochina.

Nun werden auch die USA wach. Ultimativ fordern sie Japans Rückzug aus China und Indochina. Schließlich antworten sie mit einem Wirtschaftsembargo. Japan ist von allen Öllieferungen abgeschnitten.

Aber die große Stunde der Militärs ist jetzt erst gekommen: General Tojo übernimmt die Macht in Tokio. Am 7. Dezember 1941 tritt Japan mit dem Überfall auf Pearl Harbor in den Zweiten Weltkrieg ein. Und der Siegestaumel will kein Ende nehmen. Innerhalb weniger Monate sind Birma, die Philippinen, Hongkong und Singapur in japanischer Hand. Der Tenno gebietet über ein Reich, in dem die Sonne kaum noch untergeht.

Doch 1943 kommt auch für Japan die Wende. Die Alliierten fügen der dünn über fast ganz Asien verteilten Armee eine Niederlage nach der anderen zu. Zwei Jahre später sind unter den Brandbomben-Teppichen amerikanischer Bomber fast alle japanischen Großstädte mit ihren Holzhäusern in Flammen aufgegangen. Anfang August 1945 fallen die ersten beiden Atombomben auf Hiroschima und Nagasaki: Etwa 300000 Menschen verlieren in Sekunden ihr Leben. Zehntausende sterben noch Tage, Wochen, Jahre später an den Folgen der Strahlung.

▷ Ein Fest für Augen und Ohren: Kabuki. In dieser traditionellen japanischen Theaterform verbinden sich Gesang, Tanz, Pantomime und Rezitation kunstvoll zu einer revuehaften Gesamtwirkung. Die Schauspieler tragen im Gegensatz zum No-Theater keine Masken, sondern sind geschminkt. Frauenrollen werden immer von Männern gespielt.

▽ Stilisiert wie ein Bonsai wirkt diese Kiefer vor dem Schwefeldunst eines Schlammgeysirs in der Nähe von Beppu auf der Insel Kiuschu.

Da endlich – nun hat auch die Sowjetunion Japan noch den Krieg erklärt – greift Hirohito ein: Über die Köpfe seiner Generäle hinweg verkündet er das Ende aller Leiden, das Ende des Krieges. Zum ersten Mal hören die Japaner übers Radio die Stimme ihres Tenno: Er, »der Gottgleiche, der Heilige, der Unverletzliche«, kapituliert vor den Barbaren.

Noch heute streiten Historiker darüber, welchen Anteil der Kaiser am Krieg gehabt hat. War er nur Marionette in den Händen der Militärs? Segnete er mit stummem Kopfnikken ihre Kriegspläne ab? In seinem 1200-Seiten-Wälzer »Japans kaiserliche Verschwörung« zeichnet der Amerikaner David Bergamini ein ganz anderes Bild. In seinen Augen war Hirohito ein starker und intelligenter Führer, der sich wohl durchzusetzen wußte. Allein die »Geschichtsbewältigung« der Japaner habe aus ihm einen »passiven Tölpel« gemacht. Daß er seine Macht zu nutzen wußte – meint der US-Autor –, zeige allein schon seine letzte Entscheidung: die Kapitulation, die er gegen den Willen seiner fanatischen »Endsieg-Generäle« allein, wenn auch viel zu spät, erklärte.

Der Schogun aus Amerika

Im besiegten Japan herrschen Not, Elend und Chaos. Über drei Millionen blieben auf den Schlachtfeldern, sechseinhalb Millionen obdachlose Menschen kehren von den Kriegsschauplätzen Asiens in ihre verwüstete Heimat zurück.

Vor den Toren des Kaiserpalastes von Tokio regiert nun ein neuer »Schogun«: General Douglas MacArthur, der Oberbefehlshaber der amerikanischen Besatzungstruppen. Und im Palast selbst überlebt der Kaiser.

Bereits 1946 verordnen die Amerikaner Japan eine neue Verfassung, die 1947 in Kraft tritt. Darin schrumpft der Kaiser zur Symbolfigur, bar jeder wirklichen Macht. Nippon wird zur Demokratie. Für ewig verzichtet das Land auf das Recht der Kriegsführung und auf eigene Streitkräfte. Es gibt wieder politische Parteien, die Frauen erhalten das Wahlrecht, die Industrie muß Gewerkschaften dulden.

Doch MacArthurs Traum, aus Japan die »Schweiz Asiens« zu machen, währt nur kurz. Bereits bei Ausbruch des Koreakrieges fordert der General die Wiederbewaffnung Japans. Die bei Kriegsende zerschlagenen gewaltigen Familienkonzerne der Mitsui, Mitsubishi und Marubeni sind längst als Aktiengesellschaften neu entstanden und jetzt noch mächtiger als je zuvor.

1952 endet die amerikanische Besatzung Japans durch den 1951 geschlossenen Friedensvertrag von San Francisco, der den USA auch den militärischen Schutz Japans auferlegt. »Zum ersten Mal«, schreibt ein japanischer Soziologe, »erlebt das Land ein gesellschaftliches Klima, in dem Geldverdienen und das Streben nach persönlichem Glück offen als Tugenden anerkannt werden.« Japan ist in kürzester Zeit ein vollwertiges Mitglied im Kreis westlicher, kapitalistisch orientierter Demokratien geworden.

Nur in einem Bereich will das hehre Verfassungswerk »made in USA« in seinem fernöstlichen Umfeld nicht funktionieren: ausgerechnet in der Politik. Da scheinen die Japaner die Maxime von wechselnden Mehrheiten und wechselnder Macht – die Essenz westlicher Demokratien – wieder erfolgreich japanisiert zu haben.

Mit Ausnahme von wenigen Monaten herrscht im Lande seit 1946 eine Partei: die Liberale Partei, die sich 1955 mit der Demokratischen zur Liberaldemokratischen Partei zusammenschloß – ein zum Zwecke des Machterhalts geschmiedeter »Wahlverein« um eine Handvoll konservativer Politiker. Mit der Opposition, die stets Opposition blieb, brauchte noch in keiner Wahl wirklich gekämpft zu werden. Statt dessen vollzogen sich die Auseinandersetzung und der wahre Machtkampf immer innerhalb der LDP – zwischen ihren mächtigen Flügelleuten. Die bauen ihren Einfluß auf ein undurchschaubares Netz von Verbindungen und Verbindlichkeiten, auch – und gerade – mit der erfolgreichen und finanzkräftigen Großindustrie, der Japans Politik vor allem tatkräftig dient. In der Welt fiel Japans Nachkriegspolitik besonders dadurch auf, daß sie nicht auffiel.

Selbst nach einem der Wirtschaftsgipfel, an denen die Großmacht Japan teilnahm, erklärte der damalige US-Außenminister Kissinger, nach der Position der Japaner gefragt: »Wie, waren die auch da? Die müssen unterm Tisch gesessen haben.«

Von den 16 Nachkriegspremiers des Inselstaates wurden der Welt allenfalls zwei Namen vertraut: der des Ministerpräsidenten Shigeru Yoshida (1946–1947 und 1948–1954), weil er den Friedensvertrag mit den USA abschloß, und der von Yasuhiro Nakasone (1982–1987). Im Ausland beklatscht, zu Hause dafür angefeindet, versuchte er seinem Land klarzumachen, daß Japans politische Verantwortung in der Welt nun langsam dem Status der Wirtschaftsmacht zu entsprechen habe.

Lernen, lernen, lernen

Aus dem »ländlichen« Japan war in wenigen Jahrzehnten ein Industriegigant geworden, der – gemessen am Bruttosozialprodukt – heute an zweiter Stelle in der westlichen Welt steht. 1955 noch lebte nicht einmal die Hälfte der Bevölkerung in Städten, jetzt sind es über 80 Prozent, die in den großen Ballungsräumen die »Wirtschaftsmaschine Japan« in Schwung halten.

In den Fabriken und Kontoren des Inselreiches ist der Bildungsstand der Beschäftigten höher als irgendwo sonst auf der Welt. Über die Hälfte aller Berufsanfänger hat mindestens Oberschulabschluß, 20 Prozent kommen von den über 400 Universitäten und Hochschulen des Landes.

Kaum etwas wird im In- und Ausland so heiß diskutiert und kritisiert wie das rigorose japanische Erziehungssystem. Durch eine wahre »Examenshölle« müssen sich die Ehrgeizigen hochpauken, um auf die bessere Oberschule, die allerbeste und angesehenste Universität zu kommen. Neben dem Lernen bleibt da für wenig anderes Platz. Japaner, so lautet eine häufige Kritik, verpassen ihre Jugend auf der Schulbank.

Und lernen dabei vor allem eins: das Lesen und Schreiben ihrer schwierigen Sprache – rund 2000 chinesische Kanji, die 96 Zeichen der japanischen Alphabete Hiragana und Katakana und die 25 Buchstaben der lateinischen Schrift. Das alles ist nötig, um eine Tageszeitung lesen zu können. Erst mit 16 Jahren, also kurz vor dem Oberschulabschluß, haben japanische Schüler dieses Pensum geschafft.

Die schönsten Jahre der Jugendzeit sind für die, die so weit kommen, die Studienjahre an der Universität. Was einer studiert und mit welcher Note er abschließt, ist für den beruflichen Werdegang völlig nebensächlich. Die Ausbildung erhält er ohnehin erst in der Firma. Und da kann es durchaus geschehen, daß ein Musikwissenschaftler im Chemielabor landet oder ein Ingenieur in der Buchhaltung. Zum oft bewunderten Erfolg des japanischen Managementsystems gehört es auch, daß Angestellte oder Arbeiter – in Japan macht man da kaum einen Unterschied – großer Konzerne im Laufe ihres Berufslebens

Made in Japan

Erst war es Kinderkram: billigstes Blechspielzeug, miserabel zusammengehauen, bei dem das Siegel »made in Japan« nur für niedrigste Preise stand – Wegwerfqualität.

Dann kamen Kameras. Auch sie noch um Klassen schlechter als die europäischen und amerikanischen Konkurrenzprodukte, aber entscheidend billiger. »Mistkram, japanischer«, schimpften manche Kunden, aber sie kauften. Des niedrigen Preises wegen. Da schlug Tokios Ministerium für internationalen Handel und Industrie (MITI) Alarm! So könne Japan auf seinen Exportmärkten nicht überleben: Kameras sind gut, aber Qualität muß sein!

Japans Optikindustrie folgte der Weisung. Weltpatente wurden »abgekupfert« oder zu Höchstpreisen gekauft. Egal, sagte das MITI, was das Markenzeichen »made in Japan« trägt, muß Qualität besitzen. In wenigen Jahren waren japanische Kameras genausogut oder besser, aber immer noch billiger als die Apparate der Konkurrenz. Der aber bekam das schlecht. In Deutschland zum Beispiel überlebten nur zwei Firmen: Leica und Minox. Der Markt gehörte weitgehend den Japanern.

Das Erfolgsrezept gefiel den Tokioter Bürokraten: Marktnischen ausspähen, Kundenwünsche erforschen, bauen! Und immer mehr bauen, damit es billiger wird. Forschungsergebnisse sofort in den Markt tragen, ehe die Konkurrenz wach wird. Wo es Kundenwünsche nicht gibt, müssen sie geweckt werden. Größer, kleiner, schneller, feiner – egal. Nach diesem System folgten den Kameras die Radios, Tonbandgeräte, Plattenspieler, Fernseher, Videorecorder, Schreibmaschinen – und Schiffe. Schließlich die Autos, Büromaschinen, Kopiergeräte und Computer. Und immer wieder wiesen die Bürokraten des MITI die Richtung – die Industrie folgte.

»Japan GmbH & Co. KG«, spottete die aufgebrachte Weltkonkurrenz. Doch die Bänder liefen auf Höchstgeschwindigkeit. Als die Arbeitskräfte teurer wurden, rationalisierte man sie weg und ersetzte sie, wo es irgend ging, durch Roboter.

Japans Autoindustrie, die es bei Kriegsende praktisch überhaupt nicht gab, ist heute die größte der Welt. Jahresausstoß: über acht Millionen Personenwagen. Mehr als die USA, fast doppelt so viele wie Deutschland. Zwei Drittel davon für den Export.

Natürlich hat auch Japans Wirtschaft Probleme. Den Stahlwerken und dem Schiffsbau zum Beispiel geht es nicht besser als in anderen Industriestaaten. Außerdem drängt immer mehr Konkurrenz auf den bislang ziemlich abgeschotteten heimischen Markt. Der starke Yen macht Exporte nicht leichter. Auch Japans Weltfirmen müssen jetzt mehr im Inland absetzen.

Doch Japan handelt nicht nur mit Waren, sondern auch mit Geld. Nippon ist dabei, die größte Gläubigernation der Erde zu werden – während die einst mächtigen USA ein Schuldnerland geworden sind. Elf der zwölf größten Banken der Welt sind japanische, und Tokios Aktienbörse, noch die zweitgrößte der Welt, ist kurz davor, die New Yorker Wall Street zu überholen.

das uns Japaner stolz macht, aber auch sehr beunruhigt.«

Vielleicht erklärt das – nach der materiellen Sättigung – den unvergleichlichen Hunger der Japaner nach abendländischer Kultur. Es gibt heute wohl keine Großstadt der Welt, in der mehr westliche Orchester, europäische Operntheater, Ballett-Truppen oder sogar Schauspielensembles Gastspiele geben, als Tokio. Und fast stets zu Höchstgagen vor ausverkauften Häusern, weshalb die Künstler so gerne nach Japan kommen. Nur: Kein Konzert, keine Schauspielaufführung ist in Nippon subventioniert.

Die Besucher zahlen Eintrittspreise zwischen 50 und 350 Mark. Da wundert es nur noch Neulinge, daß Damen im besten Festtagskimono oder Herren im blauen Nadelstreifenanzug – der Angestelltenuniform – Mozartarien heimlich mitsummen oder gar Faustverse mitflüstern.

Bis heute hat Japan noch keine offizielle Nationalhymne. Die heimliche ist der Chor aus Beethovens Neunter: »Freude, schöner Götterfunken ...« Auch wenn sie sonst kein Wort einer Fremdsprache verstehen: Zum Jahresende singen Hunderttausende von Japanern diesen »blind« auswendig gelernten Text.

△ *Japanische Gartenlandschaft im Herbst. Selbst auf kleinstem Raum entstehen durch kunstvoll angeordnete Steine, Sandflächen, Teiche, Büsche und Bäume harmonische Gärten.*

▷ *Vier Frauen bei der Teezeremonie: Chanoyu ist für die Japaner eine »Religion der Lebenskunst«. Der Ablauf und die Dauer sind ebenso vorgeschrieben wie die Haltung und die Sitzordnung.*

permanent von einer Abteilung zur anderen, von einer Konzernsparte zur nächsten rotieren. Und bei jeder Versetzung in der Firmenhierarchie eine kleine Stufe höher klettern.

Allein: Daß Japans Berufstätige generell eine lebenslange und unkündbare Arbeitsstelle hätten, ist eine oft wiederholte, aber leider unwahre Mär. Zum einen gab es dieses Anstellungsverhältnis immer nur in den ganz großen Konzernen, bei denen etwa 35 Prozent der Werktätigen arbeiten. Zum anderen wird es immer mehr in Frage gestellt. Wer – wie neuerdings auch manche japanische Großfirma – ums nackte wirtschaftliche Überleben kämpfen muß, kann sich einen Wasserkopf unbeschäftigten, aber hochbezahlten Personals nicht mehr leisten.

Daß Japans Arbeitslosenquote – mit Ausnahme einer Erhöhung im Frühjahr 1987 – seit Jahren konstant etwa drei Prozent beträgt, liegt freilich nur zum Teil an einer geschönten und mit der anderer Nationen kaum vergleichbaren Statistik. Wesentlicher sind die Flexibilität und die Mobilität der Japaner.

In einem Land, in dem Arbeit nicht als notwendiges Übel, sondern im konfuzianischen Sinne als Inhalt des Lebens empfunden wird, kann es keinen größeren Makel geben, als ohne Arbeit zu sein. So versucht jeder ohne Rücksicht auf Status und niedrigen Lohn, vor allem eine Stelle zu finden. Der Taxifahrer, der auf einer langen Stadtfahrt – wenn es die Sprachbarriere erlaubt – mit dem Ausländer ein Gespräch über Kant oder Kafka beginnt, könnte genausogut in seinem zweiten Berufsleben stehen wie der Hotelportier, der dem deutschen Gast von Beethovens Symphonien oder Schuberts Liederzyklen vorschwärmt.

»Und nichts ist mehr über uns ...«

In technischer Hinsicht glauben die durch den Erfolg äußerst selbstbewußt gewordenen Japaner, vom Westen nicht mehr viel profitieren zu können.

»Immer waren wir gewohnt, nach oben zu schauen«, erklärte mir neulich ein Soziologe, »vom Westen zu lernen. Nun sind wir selbst Spitze, und nichts ist mehr über uns, zu dem wir aufblicken könnten. Das ist ein Gefühl,

Japan ist so unbeschreiblich traditionsbewußt japanisch – an den Schinto-Schreinen etwa, auf dem Fischmarkt, in seinen bescheidenen Wohnverhältnissen, in seinem Gruppendenken, in seiner Art der »Vergangenheitsbewältigung« –, aber auch so vertraut westlich-modern – in seinen Ballungsgebieten, in seinem Wirtschaftsleben, in Architektur, Kulturpräferenzen, in seiner Jugend –, daß es eigentlich das größte Kompliment für das Land ist, von seinen asiatischen Nachbarn als »westlich«, von seinen abendländischen Bewunderern und Konkurrenten aber als »orientalisch« angesehen zu werden.

Das Fatale ist nur: Man braucht wahnsinnig viel Zeit – und noch mehr Geld –, um sich selbst sein korrektes Japan-Bild zu machen. Doch das ist den Japanern, die sich gerne weiter »unverstanden« fühlen, gerade recht.

DIE BESONDERE REISE

Dämonenfest am Rande der Welt

Mit der Bahn in Japans unbekannten Westen

Japan auf eigene Faust zu bereisen ist weniger ein Abenteuer als eine Entdeckung von Kultur und Tradition, verbunden mit dem Erlebnis unendlich schöner Landschaften und fast grenzenloser Gastfreundschaft. Es müssen nicht unbedingt die klassischen Ziele Kioto, Nara und Nikko sein, dachten wir uns, als wir den Zug bestiegen, um den touristisch wenig bekannten Westen der Hauptinsel Honschu zu erkunden.

▷ Die Fischerflotte von Wajima auf der Halbinsel Noto macht in den Küstengewässern des Japanischen Meeres meist reichen Fang. Zum alljährlichen Sommerfest hissen die Fischer auf ihren Booten viele bunte Flaggen.

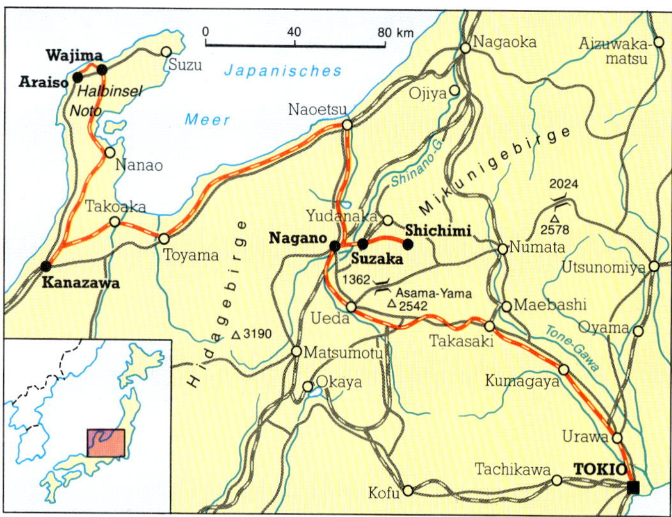

Da japanische Züge pünktlicher sind als der Glockenschlag von Big Ben in London, kann man eine individuelle Reise fast exakt planen. Übernachtungsmöglichkeiten gibt es vom Hotel bis zur gemütlichen Minschuku-Familienpension genügend. Man sollte allerdings schon in Tokio buchen, was einfacher ist, als oft angenommen wird, denn in den meisten Reisebüros spricht man Englisch.

Nach einer mehrstündigen Bahnfahrt durch intensiv grüne subtropische Bergtäler, an alten pittoresken, mit lasurblauen Dachziegeln gedeckten Bauernhäusern und saftigen Reisfeldern vorbei, erreichen wir Nagano. Hier steigen wir um in eine Bimmelbahn, mit der wir zwei Stationen bis Suzaka fahren. Dort bekommen wir zum Glück noch die letzten Plätze im Bus nach Shichimi, unserem Tagesziel und Ausgangsort ins unbekannte Japan.

Wir sind mitten in einem der zahlreichen vulkanischen Gebiete Japans; überall steigen heiße Dampfwolken aus der Erde, es blubbert und zischt, und die Luft ist voll von Schwefelgeruch. Der Empfang in der kleinen Pension ist herzlich; heißer grüner Tee, ein leichter Sommerkimono und ein kühles, mit Reisstrohmatten – Tatami – ausgelegtes Zimmer lassen uns die Anstrengung der recht

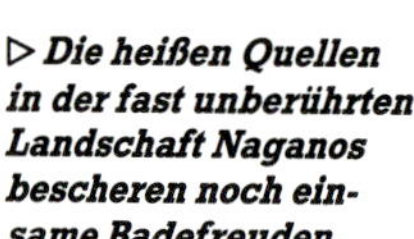

▷ Köstlichkeiten aus dem Meer – kunstvoll arrangiert: In kleinen Mengen wird der morgendliche Fischfang in den Markthallen an Privatleute und Restaurantbesitzer versteigert. Der größere Teil wird sofort verpackt und an Großhändler sowie Fischläden geliefert.

▷ Die heißen Quellen in der fast unberührten Landschaft Naganos bescheren noch einsame Badefreuden.

◁ *Blick in den Speiseraum eines Ryokan: In Japan gibt es mehr als 90 000 dieser kleinen, reizvollen Herbergen. Sie pflegen eine rustikale einheimische Küche und legen Wert auf traditionelle Einrichtung.*

△ *Von wilder Schönheit ist die Küstenlandschaft der Halbinsel Noto. Bizarre Felsformen und steil ins Meer fallende Klippen bieten dem Wanderer ein unvergeßliches Naturerlebnis.*

◁ *Fest der Trommeln und Dämonen in Wajima: Ekstatisch tanzen junge Fischer in Teufelsmasken und mit Seetang im Haar zu dumpfen Trommelklängen. Der Sage nach hat man so vor etwa 400 Jahren einmal übers Meer kommende Feinde erschreckt und zum Rückzug bewegt.*

langen Anreise vergessen. Friedlich liegt die wie mit Pastellfarben gemalte Landschaft im Licht der untergehenden Sonne. Die Hektik des Ungetüms Tokio haben wir hinter uns gelassen, der Reiz des japanischen Landlebens nimmt uns gefangen. Es ist schon Abend, als wir ins traditionelle heiße Bad unter offenem Himmel steigen und die prickelnde Hitze des mineralreichen Wassers genießen. Die Ruhe ist beeindruckend, ein uns fremder pazifischer Abendhimmel öffnet sich über uns.

Wir verbringen die folgenden Tage mit der Suche nach einsamen Quellen – japanisch: Onzen – in den wilden urweltlichen, tief eingeschnittenen Waldtälern Naganos. Hierher verirren sich selbst Japaner, geschweige denn Fremde nur selten.

Schweren Herzens nehmen wir Abschied von den heißen Quellen und der fast unberührten Landschaft, verbringen einen eindrucksvollen Tag mit dem Besuch der alten Fürstenstadt Kanazawa und erreichen von dort mit der Bahn das Endziel unserer Reise, die Fischerstadt Wajima auf der Halbinsel Noto. Auch hier finden wir mühelos ein zauberhaftes Ryokan, eine Landherberge im japanischen Stil. Ein ländliches Abendessen – Fische, Meeresfrüchte, eingelegte Gemüse – und einige Gläser eiskalter Sake bilden den Auftakt zu einer unvergeßlichen Nacht.

In Wajima beginnt gerade das jährliche Fest der Trommeln und Dämonen, die ganze Stadt feiert, Kaskaden eines schier endlosen Feuerwerks lassen die Menschen jubeln. Junge Männer in traditionellen Kimonos tragen prächtige Hoko-Schreine auf ihren Schultern durch die Stadt an das Ufer des Meeres, umrunden einen riesigen Scheiterhaufen zur Läuterung, beginnen ekstatisch zu tanzen und zu singen. Soweit sich der Strand erstreckt, hört man Trommlergruppen in schrecklich schönen Teufelsmasken, die Köpfe mit ellenlangem Seetang bedeckt, bei einem wahrhaft höllischen Konzert. Die Menschen stampfen rhythmisch mit den Füßen, es wird gelacht, geschrien, gesungen und getanzt, jeder freut sich mit jedem, Sakeflaschen werden freigebig umhergereicht. Die Stadt und das Meer beben.

Wir sind die einzigen Nicht-Japaner inmitten dieser Ekstase aus Farben, Lärm und Feuer, tanzen aber gleich im wilden Getaumel mit. Es ist lange nach Mitternacht, als wir in unsere weichen Futon-Betten fallen.

Dann nähert sich das Ende unserer Reise. Die wenigen verbleibenden Tage verbringen wir mit Schwimmen und Schnorcheln im südseewarmen, kristallklaren Japanischen Meer. Wir können uns an der Schönheit der wilden Landschaft Notos nicht satt sehen.

Am letzten Tag, vor der Rückfahrt nach Tokio, machen wir uns zu einer einsamen Wanderung auf: von Wajima nach Araiso, 15 lange, heiße Kilometer. Der Pfad führt fast ständig durch eine Küstenlandschaft mit schroffen Klippen, unter uns brechen sich die Wellen des Pazifiks, die Luft flimmert vor Hitze. Wir können nicht genug bekommen von dieser Landschaft – ein Traum aus Meer und Himmel. Irgendwann versperren uns kirchturmhohe Felsen den Weg, es geht nicht mehr weiter. Wir verstehen diesen Fingerzeig der Natur als das eigentliche Ende unserer Reise in ein unbekanntes Land: Japan.

Peter G. Seroka

Landesnatur

Fläche: 377765 km² (eineinhalbmal so groß wie die Bundesrepublik Deutschland)
Ausdehnung: Nordost–Südwest 3000 km, West–Ost 300 km
Höchster Berg: Fudschijama (Fuji-San) 3776 m
Längste Flüsse: Shinano-Gawa 367 km, Tone-Gawa 298 km
Größter See: Biwa-Ko 675 km²

Der Inselbogen Japans liegt östlich des asiatischen Festlands im Pazifischen Ozean. Er besteht aus über 3900 Inseln; die vier Hauptinseln sind von Nordosten nach Südwesten: Hokkaido (83515 km²), Hondo oder Honschu (230989 km²), Schikoku (18800 km²) und Kiuschu (42130 km²). Zwischen Japan und dem Festland liegt im Norden das Japanische Meer, im Süden das Ostchinesische Meer. Im Norden ist Hokkaido von der sowjetischen Insel Sachalin durch eine 75 km breite Meeresstraße getrennt. Zur sowjetischen Festlandsküste beträgt die Entfernung etwa 300 km; von der kleinen Insel Tsushima in der Koreastraße sind es nur 50 km zur südkoreanischen Küste. Im Süden nähern sich die Riukiuinseln Taiwan bis auf 120 km. Zum japanischen Hoheitsgebiet gehören ferner im nordwestlichen Pazifik die Gruppe der Daito-, Bonin- und Vulkaninseln sowie die Marcusinsel und Parece Vela. Die südlichen Kurilen, die seit 1945 von der UdSSR besetzt sind, werden von Japan beansprucht.

Dieses Bild wurde zum Symbol für Japan: der Fudschijama, davor der Shinkansen-Expreß der 1964 eröffneten Tokaido-Linie.

Naturraum

Sämtliche Inseln Japans sind nur die Spitzen eines aus dem Meer ragenden Gebirges. Der Höhenunterschied zwischen Meeresgrund im Boningraben, weniger als 200 km vor der Ostküste, und Japans höchstem Berg, dem Fudschijama (3776 m), beträgt über 12000 m. Etwa drei Viertel der Gesamtfläche Japans sind gebirgig, über 250 Vulkane bestimmen das Landschaftsbild, während größere Tiefländer die Ausnahme sind.
Der Nordosten *Hokkaidos* wird durch drei Gebirgsregionen geprägt: einen nördlichen (Kitami-Sanchi) und einen südlichen Gebirgszug (Hidaka-Sanmyaku); dazwischen erhebt sich der höchste Berg der Insel (Taisetsu-Zan, 2290 m). Bei Sapporo befindet sich eine größere Tiefebene (Ishikari-Ebene).
Der westliche Gebirgszug Hokkaidos setzt sich auf *Honschu,* der größten Insel, fort. Im Zentrum Honschus befindet sich die Grabenzone der Fossa Magna, zu der u. a. die »japanischen Alpen« (Hida-Sanmyaku) und Vulkane des Fudschi-Gebiets gehören. In dieser erdbebengefährdeten Zone, die sich nach Süden im Izu-Marianen-Bogen fortsetzt, treffen zwei Gebirgssysteme zusammen: die von Norden nach Süden ziehende Gebirgskette (Ou-Sanmyaku) und die mehr in Nordost-Südwest-Richtung verlaufenden Gebirgszüge der Südhälfte, die anschließend *Schikoku* und *Kiuschu* durchqueren und dann mit den Riukiuinseln östlich von Taiwan im Meer versinken.

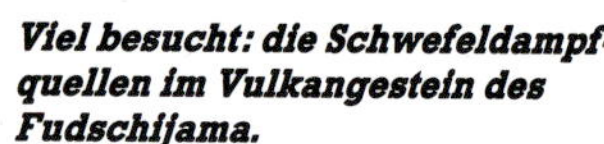

Viel besucht: die Schwefeldampfquellen im Vulkangestein des Fudschijama.

Nordöstlich des Fudschijamas, des kegelförmigen »heiligen Berges«, befindet sich das ausgedehnteste japanische Tiefland mit der Hauptstadt Tokio. Ein weiteres größeres Tieflandgebiet dehnt sich an der schmalsten Stelle der Insel von der Senke des Biwa-Ko im Nordwesten bis nach Nagoya im Südosten aus.
An den japanischen Küsten wurde teilweise Land durch Einpolderung gewonnen. Eine lange Zeit nicht beachtete Umweltgefahr entstand allerdings dadurch, daß hierzu Abfall aus den Ballungsräumen im Meer versenkt wurde. Vergiftungen von Tieren und dann von Menschen, vor allem durch Quecksilber (Minamata-Krankheit), waren die Folge. Heute benutzt man schwimmende Inseln, um der extremen Raumnot Herr zu werden.
Die Flüsse Japans sind alle relativ kurz; ihr Wasserstand unterliegt starken Schwankungen, was zu Problemen bei der Wasserversorgung des Landes führt. Hinzu kommt, daß einige der Flüsse aus den vulkanischen Bergen Hondos säurehaltig sind. Größere Seen finden sich mit Ausnahme des Biwa-Ko hauptsächlich im Nordosten des Landes und oft in Küstennähe. Im Innern des Landes gibt es dagegen, tektonisch bedingt, viele Mineralquellen und weit mehr als 10000 heiße Quellen.
Von den Bewegungen in der Erdkruste zeugen in Japan sowohl die häufigen Erdbeben und gefürchteten Tsunamis – durch Seebeben verursachte riesige Flutwellen, die die Küsten bedrohen – als auch die Anhebung der Ostküste und die Absenkung der Westküste, die heute noch anhalten. Von den Vulkanen des Landes sind etwa 36 noch tätig. Einige (z. B. Showa-Shinzan auf Hokkaido) entstanden erst im 20. Jh.

Klima

Das Klima Japans ist aufgrund der Insellage, der Gebirgsrücken und der großen Nord-Süd-Erstreckung sehr uneinheitlich. Zudem beeinflussen es Meeresströmungen wie der kalte Oyashiostrom an der nördlichen und der warme Kuroshiostrom an der südlichen Ostküste. Das Land hat kühlgemäßigtes bis warmgemäßigt-subtropisches Klima. Infolge des Aufeinandertreffens trockener kontinentaler und feuchter maritimer Luftmassen regnet es häufig und viel. Verstärkt sich der Luftmassenaufprall, kommt es zur Bildung von Wirbelstürmen. Sie treten beim Wechsel von Sommer- zu Wintermonsun, vor allem von Juli bis Oktober, im Südwesten auf.
Die durchschnittlichen Jahresniederschläge – der Sommermonsun bringt besonders den pazifischen Küsten reichlich Niederschlag, der Wintermonsun nur der Westküste Regen und Schnee – nehmen von Norden nach Süden hin zu (Sapporo 1130 mm im Jahr, Tokio 1560 mm, Kagoshima 2340 mm). Genauso verhält es sich mit den Durchschnittstemperaturen (Sapporo Januarmittel – 6 °C und Augustmittel 22 °C, Tokio 4 °C und 26 °C, Kagoshima 7 °C und 27 °C).
Der Winter ist vor allem im Norden Japans strenger, als man es aufgrund der geographischen Breite (die etwa der Spaniens entspricht) vermutet, da der Nordwestwind die kalten kontinentalen Luftmassen nach Japan führt. Vor allem auf Hokkaido fällt viel Schnee, aber auch in Mitteljapan erhalten die Vulkangipfel pittoreske Schneehauben.

Vegetation und Tierwelt

Die unterschiedliche Pflanzenwelt des Landes hängt mit dem Verlauf der Klimazonen und den Höhenlagen zusammen. Etwa zwei Drittel der Gesamtfläche Japans sind bewaldet. Im Süden, auf den Riukiuinseln, herrscht eine

Vom Tourismus lebt dieser alte Ainu auf Hokkaido, Angehöriger eines rätselhaften, von den Japanern verdrängten Volkes.

ausgeprägt tropische Flora mit immergrünem Regenwald, Mangrove, wilden Feigen und Palmen. Nach Norden anschließend nehmen die immergrünen Laubwälder zu; es finden sich auch Stechpalmen und Farne. Der Bambus, ein schnell wachsendes tropisches Gewächs, gedeiht im Süden Kiuschus am besten. Der Mittelgebirgsbereich Honschus (500–1200 m) sowie der südliche Teil Hokkaidos werden von Laub- bzw. Mischwäldern eingenommen, über 1200 m folgen auf Honschu und im südlichen Hokkaido Nadelwälder, über 2000 m finden sich Krummholzgesellschaften und alpine Matten. Der Kirschbaum, dessen Blüte Japaner als Frühlingsbeginn ansehen, wächst fast überall.
Die japanische Tierwelt unterscheidet sich von der des asiatischen Festlandes. Es gibt Bären, Wildschweine, Dachse, Hirsche, Affen (Japanische Makaken) und Riesensalamander. In den höheren Regionen finden sich Antilopen, Wiesel und Hasen. Unter den Reptilien sind Seeschildkröten und Schlangen (auch Seeschlangen) vertreten.
Den größten Tierreichtum weisen die japanischen Gewässer auf mit Walen, Delphinen und zahlreichen Fischen, darunter den 60 cm langen, krebsartigen Pfeilschwänzen und dem hochgiftigen Fugu, der, richtig zubereitet, als Delikatesse gilt. Unter den Vogelarten fallen insbesondere die vielen Wasservögel auf: Kormorane, Albatrosse, Alke und Reiher. Der Kranich und der Ibis sind auch bekannte japanische Symbolfiguren.
Viele Regionen wurden zu Naturschutzgebieten erklärt. Der Daisetsuzan National Park auf Hokkaido liegt in einer Vulkanlandschaft mit Seen, heißen Quellen und Wasserfällen; hier lebt noch der Japanische Pfeifhase. Der Fuji-Hakone-Izu National Park mit dem Fudschijama ist für seine angelegten Gartenlandschaften bekannt.

Ein wichtiges Ritual auch im modernen Japan: Zum Aussetzen der jungen Reispflanzen trägt man traditionelle Kleidung.

Politisches System

Staatsname: Nippon
日本国
Staats- und Regierungsform: Parlamentarische Monarchie
Hauptstadt: Tokio
Mitgliedschaft: UN, OECD, ESCAP, GATT, Colombo-Plan

Die heute geltende, stark amerikanisch geprägte Verfassung ist seit 1947 in Kraft. Nach ihr hat der Kaiser, der Tenno, als »Symbol des Staates und der Einheit des japanischen Volkes« nur mehr repräsentative Aufgaben. Darüber hinaus garantiert sie die grundlegenden Menschenrechte und schreibt vor, daß Japan auf kriegerische Auseinandersetzungen oder deren Androhung zur Lösung internationaler Konflikte verzichtet.

Gesetzgebung und Verwaltung

Legislative ist das aus Unterhaus und Oberhaus bestehende Parlament. Die 511 Abgeordneten des Unterhauses werden für eine Amtszeit von vier Jahren direkt gewählt, die 252 des Oberhauses – 100 über Parteilisten, 152 als Vertreter der Präfekturen – alle drei Jahre je zur Hälfte. Entscheidungen des Oberhauses gegen die des Unterhauses haben lediglich aufschiebende Wirkung, so daß das Unterhaus, das zudem den Staatshaushalt und den Abschluß internationaler Verträge überwacht, politisch die größere Rolle spielt. Die stärkste Partei stellt den Premierminister; er hat das Recht, das Unterhaus vorzeitig aufzulösen und Neuwahlen auszuschreiben – ein häufig gebrauchtes Mittel gegen Oppositionsparteien oder innerparteiliche Gegner.
Das Land gliedert sich in 44 Präfekturen, zwei Stadtpräfekturen und den Hauptstadtbereich. Sie besitzen zwar gewählte Gouverneure und Parlamente, haben jedoch nur begrenzte politische Selbständigkeit.

Recht und Justiz

Höchste Instanz und Verfassungsgericht ist der Oberste Gerichtshof, dessen Präsident auf Vorschlag des Kabinetts vom Kaiser ernannt wird, die weiteren 14 Richter beruft das Kabinett unmittelbar. Diese 14 Richter müssen bei der folgenden Unterhauswahl und danach jeweils alle zehn Jahre von den Wählern bestätigt werden. Die Richter der untergeordneten Instanzen ernennt das Kabinett auf Vorschlag des Obersten Gerichtshofs für jeweils zehn Jahre, eine Wiederernennung ist bis zur Altersgrenze von 70 Jahren möglich.

Pachinko-Salon: Unbezähmbar ist der Spieltrieb der Japaner.

Bevölkerung

Einwohnerzahl: 123 Millionen
Bevölkerungsdichte: 326 Einw./km²
Bevölkerungszunahme: 0,9 % im Jahr
Ballungsgebiete: Kanto-Region (Tokio), Tiefland von Nagoya, Großraum Kioto–Kobe–Osaka
Größte Städte: Tokio (8,4 Mio. Einw.; mit Vororten 11,6 Mio.), Yokohama (3 Mio.), Osaka (2,7 Mio.), Nagoya (2,2 Mio.), Kioto (1,6 Mio.), Sapporo (1,6 Mio.)
Bevölkerungsgruppen: 99 % Japaner, unter 1 % Koreaner, Ainu, Chinesen, Europäer

Rund 10 % der Japaner sind über 65 Jahre alt. Diesem relativ hohen Anteil an Alten stehen nur 22 % Jugendliche unter 15 Jahren gegenüber. Von der knappen Million registrierter Ausländer im Land stellen Koreaner und Chinesen den größten Anteil. Die Auswanderung spielt hingegen wegen des wirtschaftlichen Aufschwungs im Gegensatz zu den vergangenen Jahrzehnten kaum noch eine Rolle. Eines der Hauptprobleme Japans ist seine dichte Besiedlung, da etwa zwei Drittel des Staatsgebietes kaum bewohnbar sind.
Ethnisch ist die japanische Bevölkerung sehr homogen, fast alle Japaner stammen von Früheinwanderern aus Korea, der Mandschurei und China ab. Die Ureinwohner (Ainu), die hauptsächlich auf Hokkaido leben, sind vermutlich Paläosibirier (Altasiaten); ihre traditionellen Lebensformen sind aber stark bedroht.

Mit Hingabe bei der Arbeit: Die Schule ist ein Ausleseprozeß auf dem Weg zum Erfolg.

Landessprache

Landessprache ist ein seit dem 19. Jahrhundert standardisiertes Japanisch, daneben besteht eine Vielzahl von Dialekten. Die Schrift wurde aus China übernommen, doch sind Bestrebungen im Gang, sie durch eine lateinische Buchstabenschrift zu ersetzen, die allerdings von der Bevölkerung nur zögernd angenommen wird.

Religion

In Japan herrscht Bekenntnisfreiheit, es gibt eine Vielzahl unterschiedlicher Religionen. Neben der naturmystisch beeinflußten Schinto-Religion als ältester des Landes spielt heute der Buddhismus eine bedeutende Rolle; etwa 80 % der Japaner gehören beiden Religionen an. Bis 1945 war auch die Verehrung des Kaisers als Gott stark ausgeprägt. Zum Christentum bekennen sich etwa 1,5 Mio. Japaner.

Soziale Lage und Bildung

Seit 1960 ist das staatliche Fürsorgesystem erheblich ausgeweitet worden, es erreicht jedoch noch nicht westeuropäischen Standard. Ein charakteristischer Zug der patriarchalischen Ausrichtung der japanischen Gesellschaft ist die private Aushandlung vieler Regelungen zwischen Arbeitgeber und Arbeitnehmer. Der Arbeitnehmer bleibt nicht selten sein Leben lang an einen Betrieb gebunden, die Lohnhöhe richtet sich oft nach der Zahl der Arbeitsjahre. Dadurch liegen die Arbeitslosenzahlen trotz des wirtschaftlichen Rückgangs der letzten Jahre auch heute noch niedrig (etwa 3 %).

Japans Gesetz zur Krankenversicherung der Arbeiter aus dem Jahr 1922 war das erste Sozialversicherungsgesetz in ganz Asien. Seit 1961 ist das Gesundheitswesen staatlich, Arme und Bedürftige haben Anspruch auf kostenlose ärztliche Versorgung. Als Todesursachen stehen heute ähnlich wie in den westlichen Industrienationen Krebs-, Herz- und Gefäßerkrankungen an erster Stelle. Es gibt ausreichend medizinisches Personal, die Einrichtung der Krankenhäuser wurde in den letzten Jahren stark verbessert und ist heute auf manchem Gebiet sogar richtungweisend. Die durchschnittliche Lebenserwartung der Japaner ist hoch: Sie beträgt für Frauen 80 Jahre, für Männer 74. Damit steht Japan neben Schweden an erster Stelle in der Welt.

Japan verfügt über ein ausgezeichnetes, nach amerikanischem Vorbild gestaltetes Schulsystem, das die Grundlage für den wirtschaftlichen Erfolg des Landes bildet. Analphabeten gibt es schon seit der Jahrhundertwende so gut wie nicht mehr; bezogen auf die Einwohnerzahl liegt der Prozentanteil an Studenten ebenso hoch wie in den USA. Schulpflicht besteht für 6- bis 15jährige. Träger der öffentlichen Schulen sind in der Regel die Präfekturen und Gemeinden, daneben gibt es besonders in den höheren Bildungsstufen auch zahlreiche private Einrichtungen. Japan besitzt etwa 400 Universitäten und Hochschulen, die älteste wurde 1639 gegründet.

Wirtschaft

Währung: 1 Yen (¥) = 100 Sen
Bruttoinlandsprodukt (in Anteilen): Land- und Forstwirtschaft 4 %, industrielle Produktion 42 %, Dienstleistungen 54 %
Wichtigste Handelspartner: USA, EG-Staaten, Saudi-Arabien, Australien, Kanada, Indonesien, Taiwan, Republik Korea, Hongkong

Japan hat seit dem Zweiten Weltkrieg einen unvergleichlichen wirtschaftlichen Aufschwung erlebt und gehört heute zu den führenden Industrienationen der Welt. Die Armut an natürlichen Ressourcen und Energiequellen machte die Entwicklung der Industrie besonders abhängig von einem offenen Weltmarkt. Die wirtschaftlichen Eckdaten weisen auf eine weiterhin gesunde wirtschaftliche Entwicklung bei einem insgesamt verlangsamten Wachstum hin. Eine enorme Staatsverschuldung belastet jedoch den Etat.

Landwirtschaft

Der Anteil des Agrarsektors am Bruttoinlandsprodukt ist im Zuge der Industrialisierung deutlich zurückgegangen. Es gibt nur noch wenige Vollerwerbsbetriebe. Der Mechanisierungsgrad und der Einsatz chemischer Hilfsmittel sind sehr hoch. Etwa 15 % der Landesfläche werden landwirtschaftlich genutzt, zum Teil im Terrassenbau. Der noch überwiegende Reisanbau geht zugunsten anderer Produkte (Weizen, Kartoffeln, Zuckerrüben, Zuckerrohr, Obst, Gemüse) ständig zurück. Den eigenen Lebensmittelbedarf kann Japan nicht decken. Es ist einer der größten Nahrungsmittelimporteure der Welt.

Obwohl zwei Drittel des Landes mit Wäldern bedeckt sind, gehört Japan auch zu den größten Holzimporteuren (Bauholz, Papierverarbeitung) der Erde.

Als führende Fischereination sichert sich Japan auch Fangrechte in fremden Gewässern, stößt aber seit der Ausweisung der 200-Seemeilen-Zone durch Anrainerländer zunehmend auf Schwierigkeiten, neue Fanggründe zu finden.

Japan ist die größte Fischfangnation, und neben Reis ist Fisch das wichtigste Nahrungsmittel.

Im Inari-Schrein wird Ugatama, Schutzgöttin des Ackers, verehrt.

Bodenschätze, Energie

Japan hat zwar eine Vielzahl von Mineralvorkommen, die Lager sind aber wenig ergiebig. Nur bei Schwefel, Kalkstein (Zementindustrie), Kaolin und Silber kann der Eigenbedarf annähernd gedeckt werden.

Rund 85 % des Energieverbrauchs müssen durch importierte Energieträger, vor allem Erdöl, gedeckt werden. In letzter Zeit setzt Japan neben Kernkraft, Kohle und Erdgas verstärkt auf alternative Energietechnologien.

Industrie

Die wichtigsten industriellen, stark exportorientierten Branchen sind Stahlproduktion, Schiff-, Kraftfahrzeug- und Werkzeugmaschinenbau, feinmechanisch-optische Industrie, Herstellung von Pharmazeutika und Papier, Textil- und Bekleidungsindustrie sowie Computer- und elektronische Industrie. Schiffbau, Stahlerzeugung und Autoindustrie haben aber Rückgänge zu verzeichnen.

Insbesondere auf dem elektronischen Sektor wurden anfänglich viele ausländische Erzeugnisse kopiert. Mittlerweile übertreffen die japanischen Produkte vielfach die Konkurrenzprodukte anderer Länder. Riesige Stückzahlen werden zu meist sehr günstigen Preisen auf dem Weltmarkt angeboten. Zentren der industriellen Produktion sind Tokio/Yokohama, Osaka/Kobe, Nagoya und der Norden der Insel Kiuschu.

Handel

Die Expansion der japanischen Exporte bei gleichzeitiger Importbeschränkung führte v. a. zu Spannungen mit den USA, Japans wichtigstem Auslandsmarkt. Deshalb ist die japanische Regierung bemüht, den Binnenmarkt zu stärken sowie Einfuhrerleichterungen und eine Beschränkung der Exporte z. B. in die USA und in die EG zu erwirken.

Verkehr, Tourismus

Japan hat eine gut ausgebaute Verkehrsinfrastruktur. Es gibt 630 000 km befestigte Straßen. Ein Schnellstraßennetz (rd. 3500 km) verbindet die Wirtschaftszentren des Landes miteinander. Eine Konkurrenz zum dichten inländischen Flugverkehr sind die Hochgeschwindigkeitszüge, deren Streckennetz weiter ausgebaut wird. Das Eisenbahnnetz hat insgesamt eine Länge von 27 000 km.

Die Handelsflotte Japans gehört zu den größten der Welt. Die bedeutendsten Überseehäfen sind Kobe, Yokohama, Nagoya und Osaka. In Tokio (Narita) und Osaka (Kansai International) hat Japan internationale Flughäfen. Die meisten von den über 2 Millionen Touristen jährlich kommen aus den USA und Europa.

CHINA
S S S R
UdSSR
Qitaihe
Hulin
Hutou
Dal'nerečensk
Vostrecovo
Amgu
Mishan
Lanzhushan
Hadagang
JIXI
Lesozavodsk
Velikaja Kema
Terney
Xingkai Hu
ozero Hanka
Hanka-See
Kamen-Rybolov
Spassk-Dal'nij
Plastun
Dalnegorsk
Kamenka
Rudnaja Pristan
Pograničny
Suifenhe
Lipovcy
Dongning
Ussurijsk
Arsen'jev
Kavalerovo
Cugujevka
Olga
Artem
Razdol'noje
Sergejevka
Lazo
Uglovoje
Trudovoje
Uglekamensk
Partizansk
VLADIVOSTOK
Slavjanka
Bolšoj Kamen
Nahodka
Preobraženije
Kraskino
Posjet
Petra Velikogo zaliv
Peter-der-Große Bucht
Japanisches Becken
JAPONSKOJE MORE/
TONG-HAE/NIPPON-KAI
Jamatobank
JAPANISCHES MEER
NIPPON
JAPAN
HOK-KAI
OCHOTSKISCHES MEER
Sōya-Kaikyō
Sōya-Misaki
REBUN-TŌ
Rebun
RISHIRI-TŌ
Rishiri
Wakkanai
Hamatonbetsu
Horonobe
Esashi
Teshio
Enbetsu
Ōmu
Okoppe
Monbetsu
Yūbetsu
Bifuka
Nayoro
Haboro
Shibetsu
Engaru
Abashiri
Rausu
Shari
Shiretoko-Misaki
Bihoro
Rumoi
Mashike
ASAHIKAWA
Kitami
Teshikaga
Nakashibetsu
Takikawa
Fukagawa
Akabira
Ashibetsu
Furano
Sunagawa
Bibai
Shibecha
Honbetsu
Kushiro
Atsukeshi
Otaru
Yoichi
SAPPORO
Ebetsu
Mikasa
Iwamizawa
Yūbari
Shintoku
Obihiro
Ikeda
Shiranuka
Iwanai
Kutchan
Eniwa
Chitose
Tomakomai
HOKKAIDŌ
Date
Muroran
Shiraoi
Noboribetsu
Monbetsu
Shizunai
Urakawa
Samani
Erimo-Misaki
Hiroo
OKUSHIRI-TŌ
Okushiri
Esashi
Kamiiso
HAKODATE
Esan-Misaki
Tsugaru-Kaikyō
Fukushima
Ōhata
Mutsu
Shiriya-Zaki
AOMORI
Noheji
Misawa
Goshogawara
Hirosaki
Towada
Hachinohe
Kuji
Noshiro
Odate
Kazuno
Iwaizumi
Miyako
OGA-HANTŌ
Oga
AKITA
Morioka
Yamada
Kamaishi
Ōmagari
Hanamaki
Tōno
Ōtsuchi
Yokote
Kitakami
Esashi
Ōfunato
Honjō
Yuzawa
Mizusawa
Rikuzentakada
Kesen'numa
Sakata
Shinjō
Ichinoseki
Tsuruoka
Furukawa
Ishinomaki
OSHIKA-HANTŌ
SENDAI
Murakami
Yamagata
Natori
SADO-SHIMA
Ryōtsu
NIIGATA
Shibata
Yonezawa
Fukushima
Sōma
Haramachi
Sanjō
Nihonmatsu
Kitakata
Namie
Nagaoka
Aizuwakamatsu
KŌRIYAMA
Kashiwazaki
Ojiya
Sukagawa
IWAKI
Jōetsu
Shirakawa
Kitaibaraki
Takahagi
Hitachi
Wajima
Suzu
NOTO-HANTŌ
Nanao
Himi
Takaoka
TOYAMA
NAGANO
UTSUNOMIYA
Katsuta
Mito
HONSHŪ
HONDO/HONSCHU
KANAZAWA
Komatsu
Ueda
MAEBASHI
Oyama
Takasaki
Tsuchiura
Fukui
Matsumoto
Kumagaya
Chichibu
Ōmiya
URAWA
Matsudo
Chōshi
TŌKYŌ
Funabashi
CHIBA
YOKOHAMA
KAWASAKI
Ichihara
Katsuura
BŌSŌ-HANTŌ
Tateyama
Yokosuka
Odawara
Numazu
Fuji
Shimizu
SHIZUOKA
Shimoda
IZU-HANTŌ
Kōfu
GIFU
Ichinomiya
NAGOYA
Toyota
Okazaki
TOYOHASHI
HAMAMATSU
Ōgaki
Yokkaichi
Tsu
Matsusaka
Ise
Toba
KYŌTO
Ōtsu
NARA
KŌBE
ŌSAKA
SAKAI
Kishiwada
WAKAYAMA
Owase
Kumano
KII-HANTŌ
Shingū
Tanabe
Gobō
Himeji
Akashi
AWAJI-SHIMA
OKAYAMA
KURASHIKI
FUKUYAMA
Onomichi
TAKAMATSU
Tokushima
Anan
Niihama
MATSUYAMA
Imabari
KŌCHI
Nankoku
Muroto
Muroto-Zaki
Susaki
Uwajima
Sukumo
Tosashimizu
Ashizuri-Misaki
SHIKOKU
SCHIKOKU
Tottori
Kurayoshi
Yonago
Matsue
Izumo
Tsuyama
Fukuchiyama
Maizuru
Tsuruga
Obama
Ōda
Gōtsu
Masuda
Miyoshi
HIROSHIMA
Kure
Iwakuni
Tokuyama
Hōfu
Ube
Yamaguchi
Hagi
Nagato
SHIMONOSEKI
KITAKYŪSHŪ
FUKUOKA
Nakatsu
Beppu
ŌITA
Usuki
Saiki
Nobeoka
Hyūga
Saga
Kurume
Ōmuta
KUMAMOTO
Uto
Yatsushiro
Hitoyoshi
Minamata
Izumi
Akune
Sendai
Kobayashi
Saito
Miyazaki
Miyakonojō
Nichinan
Kushima
KYŪSHŪ
KIUSCHU
KAGOSHIMA
OKI-SHOTŌ
DŌGO
Ulleung-do
Taeha-dong
TOK-DO/TAKE-SHIMA
Okirücken
Nankaigraben
Japangraben
Boningraben
IZU-INSELN
IZU-SHOTŌ
Südhondorücken
Ō-SHIMA
MIYAKE-JIMA
MIKURA-JIMA
HACHIJŌ-JIMA
AOGA-SHIMA
BEYONEISU-RETSUGAN
SUMISU-JIMA
Östliche Länge 136 von Greenwich
© I.G.D.A. S.p.A. · Novara
100 km

Die Kameraproduktion – typisches Beispiel für die Leistungsfähigkeit der japanischen Industrie.

Geschichte

Nach wie vor ist nicht geklärt, wann Japan zum ersten Mal besiedelt wurde und woher seine ersten nachgewiesenen Bewohner, die Ainu, d. h. Menschen, stammten. Erste Zeugnisse einer Besiedlung sind Keramikfunde der Jomon-(Schnurmuster-)Kultur aus der Zeit um 4500 v. Chr. Träger der sich anschließenden Yayoi-Kultur (von rd. 300 v. Chr. bis 300 n. Chr.) dürften Einwanderer vom asiatischen Kontinent gewesen sein, die bereits die Metallverarbeitung beherrschten.

Zeitlich fällt in diese Epoche das Entstehen des Yamato-Reichs (im Mythos freilich bereits in das 7. Jh. v. Chr. verlegt), das vom 3. Jh. an versuchte, das Land staatlich zu einigen.

Die moderne japanische Teeplantage: Eine Maschine ersetzt die Pflück-Kolonnen.

Das Yamato-Reich, dessen Zentrum in Süd-Kiuschu lag und dessen Sozialordnung auf losen Geschlechterverbänden beruhte, vereinigte bis gegen 400 eine Fülle kleiner Teilstaaten. In diesem locker gegliederten Staatswesen erlangten chinesische Kultur und Schrift – über Korea nach Japan gebracht – immer stärkeren Einfluß.

Im 6. Jh. erreichten Buddhismus und Konfuzianismus von China aus das Land. Der Übertritt eines Teils des Adels zum Buddhismus führte zu Auseinandersetzungen mit jenen Adelsparteien, die der altjapanischen Naturreligion, dem Schintoismus, weiter anhingen. Im Jahr 587 siegten schließlich die pro-buddhistischen Soga über den schintoistischen Kriegerclan der Mononobe.

Der Staat des Tenno

Unter Kronprinz Shotoku (593–622) wurde der Buddhismus im Yamato-Reich Staatsreligion. 604 verkündete Shotoku die Umwandlung der altjapanischen Sippengesellschaft in einen monarchischen Vasallenstaat. Als Ausdruck seiner göttlichen Legitimation zum Staatsoberhaupt nahm Shotoku den Titel Tenno – Sohn des Himmels – an. Zur Durchsetzung seiner Ziele baute er einen Beamtenapparat nach chinesischem Muster auf. Erst eine Reform aus dem Jahr 646 veränderte in einem 50 Jahre währenden Prozeß die politischen Verhältnisse entscheidend. Macht und Einfluß der Adelsfamilien bestanden aber fort. Der Taiho-Kodex (702) schloß diese Entwicklung vorerst ab. Das Land erhielt neben einer differenzierten Verwaltungsstruktur unter einem Großkanzler die erste kodifizierte Gesetzessammlung.

Nara- und Heian-Periode (710–1185)

710 wurde Heijo, das heutige Nara, Hauptstadt. Die Nara-Zeit, die bis 784 dauerte und auf die ab 794 die Heian-Zeit folgte, war eine Blütezeit der Literatur und bildenden Kunst. Die Besetzung der öffentlichen Ämter wurde – im Unterschied zu China – durch die Herkunft und nicht durch Prüfungen geregelt: Eine erbliche Beamtenaristokratie entstand.

In der Regierungszeit von Kaiser Kammu (781–806) erreichten Macht und Ansehen des Kaiserhauses sowie die aristokratische Kultur Japans einen Höhepunkt. 794 verlegte der Kaiser die Hauptstadt nach Kioto. Diese Stadt, erbaut nach dem Modell der alten chinesischen Hauptstadt Ch'ang-an (heute Sian), blieb über 1000 Jahre kaiserliche Residenz.

Nach Kammus Tod gewann die Fujiwara-Familie zunehmend an Einfluß; in der Folge beanspruchte sie mit Erfolg den erblichen Titel eines kaiserlichen Regenten. Dies führte mehr und mehr zur Entmachtung des Tenno, der schließlich nur noch Repräsentationspflichten innehatte. Ende des 10. Jh. waren die Fujiwara auf dem Höhepunkt ihrer Macht.

Die Kriegerschicht der Samurai erlangte im Laufe des 11. Jh. beträchtlichen Einfluß. Als am Ende der Heian-Periode die Familie Minamoto die Macht an sich riß, unterstellten sich ihr zahlreiche Samurai in einer Art Lehnsverhältnis. Zwei Ziele hatte der Samurai: die Ehre seiner Familie zu wahren und in der Schlacht für seinen Herrn zu sterben. Der Ehrenkodex gebot für den Fall des Normverstoßes den Selbstmord durch Aufschlitzen des Bauches in einer kunstvoll stilisierten Zeremonie, dem Harakiri.

In Japan wurde die Zuchtperle »erfunden«. Hier sammeln Frauen die präparierten Muscheln ein.

Die Herrschaft der Schogune (1192–1868)

Der Samurai Yoritomo aus der Familie Minamoto erhielt 1192 den Titel eines Schoguns (Kronfeldherrn). Die Schogune regierten als Militärherrscher und eigentliche Machthaber von nun an über Jahrhunderte jeweils neben Schattenkaisern. Mit dem Übergang der Macht vom Hofadel (Kuge) zum Schwertadel (Buke) begann Japans Feudalzeit. Nach ihren jeweiligen militärischen Zentren wird die Shogunats-Zeit in drei große Abschnitte, die Kamakura-Zeit (1192–1333), die Muromachi-Zeit (1338–1573) und die Tokugawa-(Edo-)Zeit (1603–1868), gegliedert.

Zweimal, 1274 und 1281, versuchten mongolische Heere unter Kublai Khan, von Korea her die Insel zu erobern. Jedesmal aber wurden ihre Flotten von plötzlich aufkommenden Taifunen zurückgeschlagen, die daraufhin »Götterwinde« (Kamikaze) genannt wurden.

Der Versuch des Tenno Daigo II. (1319–1338), die kaiserliche Gewalt wieder zu stärken, schlug fehl: Ashikaga Takauji, einer seiner Feldherren, setzte einen neuen Tenno ein, Komyo, der ihn zum ersten Schogun der Muromachi-Zeit ernannte. Das Muromachi-Schogunat wurde seit der 2. Hälfte des 15. Jh. zunehmend geschwächt durch einen fast 100 Jahre währenden Bürgerkrieg um die Vormachtstellung der einzelnen Adelsparteien.

Am Ende des Muromachi-Schogunats rief Tenno Ogimachi die drei »Retter mit dem Schwerte« zur Reichseinigung herbei, die Heerführer Oda Nobunaga (1534–1582), Toyomoti Hideyoshi (1536–1598) und Tokugawa Ieyasu (1542–1616). Nobunaga unterwarf 33 der über 60 Provinzen und entmachtete damit einflußreiche Adelsfamilien. Zahlreiche buddhistische Klöster wurden zerstört. Hideyoshi, sein Nachfolger, eroberte weitere Provinzen und begann mit einer Reorganisation des Landes. 1592 versuchte er vergeblich, Korea zu erobern. Der Sieg Ieyasus im Oktober 1600 über seine Rivalen leitete schließlich 1603 die dritte Schogunats-Periode ein. 1543 waren portugiesische Kaufleute im Süden Japans gelandet. Sechs Jahre später hatte mit dem Jesuitenmissionar Francisco de Xavier die Christianisierung des Landes begonnen.

Vom 17. Jh. an entwickelte sich Japan zu einem zentralistisch regierten Staat. Ieyasu verlegte das Zentrum des Schogunats von Osaka nach Edo. Die Künste blühten im Landesinnern auf; Außenkontakte aber wurden, bis auf Ausnahmen, unter Strafe gestellt, die

Die Kolossalstatue des Buddha von Kamakura (13. Jh.) war auch ein Symbol der Staatsmacht.

Europäer vertrieben. Das Christentum wurde rücksichtslos verfolgt, Fremdenfeindlichkeit griff um sich.
Die Gesellschaft war streng hierarchisch gegliedert (mit den Samurai an der Spitze); das brachte dem Land zusammen mit der Selbstisolierung zwei Jahrhunderte wirtschaftlichen Aufstiegs, aber gleichzeitig auch gesellschaftliche Erstarrung.
Am Ende waren das Schogunat und die Samurai, inzwischen von Soldaten zu Beamten geworden, nur noch Bremsfaktoren des wirtschaftlichen Aufstiegs und nicht mehr in der Lage, Japan, das von wachsendem Ausländerhaß und Angst um die Autonomie des Staates geprägt war, vor dem Einfluß fremder Mächte zu bewahren.

Das moderne Japan

Geographische Erkundungen und Bemühungen um Handelskontakte hatten das Interesse der Russen, Briten und Franzosen an Japan seit dem 18. Jh. geweckt. 1853 erschien ein amerikanisches Geschwader unter Admiral Perry in der Tokio-Bucht. In dem von den USA erzwungenen Vertrag von Kanagawa (31. März 1854) mußte das Land der Öffnung zweier Häfen und der Errichtung eines amerikanischen Generalkonsulats zustimmen; ähnliche Verträge mit Rußland, Frankreich, Großbritannien, den Niederlanden, Portugal und Preußen folgten. Japans Abschottung von der Außenwelt wurde brüchig. 1867 trat der letzte Schogun zurück.
Mit Tenno Meiji begann 1868 die Zeit des modernen Japan. Er verlegte die Hauptstadt von Kioto nach Edo, das fortan Tokio hieß, und führte zahlreiche Reformen durch: Anstelle des Feudalstaates wurde eine absolute Monarchie geschaffen. Grundsteuern (anstelle bisheriger Naturalabgaben) schwächten den Samurai-Stand; Heerwesen, Justiz und Verwaltung wurden nach europäischem Vorbild verändert, die allgemeine Schulpflicht und kapitalistische Produktionsweisen eingeführt. Japan übernahm den westlichen Kalender, errichtete ein modernes Postwesen und eröffnete 1872 die erste Eisenbahnlinie. Kaufleute und Techniker reisten in viele Teile der Welt, um neue Industrieverfahren zu studieren und zu Hause zu kopieren.

Am 11. Februar 1889 wurde eine neue Verfassung nach preußisch-deutschem Vorbild erlassen: Japan war fortan eine konstitutionelle Monarchie, freilich mit eingeschränkter Macht des Parlaments. Nur die Männer über 25 Jahre, die eine Mindeststeuer abführten, durften wählen (1890 etwa 1 % der Bevölkerung).
Außenpolitisch wurde Japan imperialistisch: 1894 kam es mit China zum Krieg um Korea, in dem Japan siegte. Im Frieden von Shimonoseki 1895 mußte China Taiwan und die Pescadoresinseln abtreten, die Unabhängigkeit Koreas anerkennen und 300 Mio. Yen Kriegsentschädigung an Japan zahlen. Der Russisch-Japanische Krieg 1904/05 brachte dem Land u. a. die südliche Hälfte der Insel Sachalin ein. 1910 wurde Korea, jahrhundertelang verachteter Gegner, annektiert.

Der Erste Weltkrieg und die Folgezeit

Im Ersten Weltkrieg stand das Land auf der Seite Großbritanniens. Unter Verletzung der chinesischen Neutralität wurde am 7. November 1914 der deutsche Stützpunkt Tsingtau erobert.

1918 besetzte Japan große Teile Sibiriens. Wichtiger aber waren die »21 Forderungen« im Januar 1915 an China, um dieses zum Vasallen zu machen. Die chinesisch-japanischen Spannungen der Folgezeit hatten hier ihre wesentliche Ursache; auch die USA verfolgten seither die japanische Außenpolitik mit Argwohn.
1925 wurde das allgemeine Männerwahlrecht eingeführt; Parteien wurden einflußreich, Industriekonzerne (Mitsubishi, Mitsui) bestimmten die wirtschaftliche Entwicklung.
Am 25. Dezember 1926 folgte Tenno Hirohito seinem Vater Taisho auf dem Thron. Doch die Macht im Staate hatten die Ultranationalisten in den Geheimgesellschaften und der Armee. Japan strebte die Herrschaft über weite Teile Asiens, vor allem aber Chinas, an. Im September 1931 überfiel Japan die Mandschurei und errichtete 1932 den Staat Mandschukuo mit dem letzten chinesischen Kaiser Pu Yi an der Spitze (ab 1934) – als Staatsoberhaupt ganz von den Japanern abhängig. 1933 verließ Japan den Völkerbund, 1936 schloß es mit Deutschland den Antikomintern-Pakt. 1937 brach der Japanisch-Chinesische Krieg aus, der von den Japanern mit großer Grausamkeit geführt wurde (Massaker von Nanking).

Der Zweite Weltkrieg

Das japanische Kaiserreich war Ende der 30er Jahre bereit zum Zweiten Weltkrieg an der Seite Deutschlands und Italiens.
Nach der Niederlage Frankreichs gegen Deutschland 1940 besetzte Japan, dem es um die französischen und auch niederländischen Besitzungen im asiatischen und pazifischen Raum ging, Indochina. Im September 1940 wurde der Dreimächtepakt mit Deutschland und Italien geschlossen, doch im April 1941 folgte – zur Enttäuschung der deutschen Regierung – ein Nichtangriffspakt mit der UdSSR.

Eine Ruine erinnert an den Abwurf der ersten Atombombe auf Hiroschima am 6. August 1945.

Ohne Kriegserklärung überfiel Japan am 7. Dezember 1941 den US-Stützpunkt Pearl Harbor auf Hawaii und vernichtete den Großteil der amerikanischen Pazifikflotte. Vorausgegangen waren amerikanische Embargomaßnahmen. In kurzen Abständen erfolgte nun die Eroberung der Philippinen, Hongkongs, Singapurs und Birmas durch Japan. Doch schon im Juni 1942

Statue im Tempelbezirk von Nikko, eine Schöpfung des »japanischen Barocks«.

(Schlacht bei den Midwayinseln) wurde der japanische Vormarsch im Pazifik durch die USA gestoppt. Ab Februar 1945 eroberten die US-Truppen Iwojima und Okinawa; Tokio wurde trotz der Kamikaze-Taktik japanischer Selbstmordpiloten zerstört. Am 6. bzw. 9. August warfen die USA über Hiroschima bzw. Nagasaki zwei Atombomben ab, obgleich der Krieg bereits entschieden war. Am 14. August befahl Kaiser Hirohito gegen den Protest der Militärs die Kapitulation; am 2. September unterzeichnete Japan die Kapitulationsurkunde. Über drei Millionen Tote waren zu beklagen, das Land lag in Trümmern; verwaltet wurde es von einer Militärregierung unter General MacArthur.

Die Nachkriegszeit

Mit der Verfassung vom 3. Mai 1947 wurde die parlamentarische Demokratie eingeführt; Tenno Hirohito blieb reine Symbolfigur, nachdem er bereits 1946 in einer Rede die altjapanische Auffassung von der »Göttlichkeit« des Tenno verneint hatte. Umerziehung der Bevölkerung, Agrarreform, Entmilitarisierung und eine auf den Trümmern des Landes errichtete moderne Industrie brachten dem Land binnen kurzer Zeit einen bemerkenswerten ökonomischen Aufschwung. Nicht zuletzt MacArthurs weitsichtige Politik während der Besatzungszeit, aber auch die Wiederbelebung traditioneller konfuzianischer Tugenden trugen hierzu bei. Am 8. September 1951 unterzeichneten 49 Staaten (außer der Sowjetunion und der Volksrepublik China) in San Francisco den Friedensvertrag mit Japan; es verlor Korea, Taiwan, Südsachalin, die Kurilen und die Pescadoresinseln.

Zum Gedenken an abgetriebene Kinder stiften Frauen Figuren, die sie liebevoll schmücken.

Seit 1946 regiert die Liberale Partei – ab 1955 mit der Demokratischen Partei zu einem Wahlverein (LDP) vereinigt – ohne nennenswerte Oppositionspartei, woran nicht einmal spektakuläre Bestechungsaffären in den 70er Jahren etwas änderten. Die LDP sieht ihre wichtigste Aufgabe in der Förderung des Wirtschaftswachstums; sie steuert einen prowestlichen Kurs. Immer wieder kam es in der Nachkriegszeit zu antiamerikanischen Kundgebungen, was gleichwohl die Amerikanisierung weiter Teile des japanischen Lebens nicht zurücknimmt. Seit den 70er Jahren hat sich das Verhältnis zur VR China entspannt.

Kultur

Die japanische Kunst war über Jahrhunderte stark von der älteren chinesischen Kunst beeinflußt. Eigenständige Kreationen sind vor allem die Teekeramiken, die Porzellanmalerei in der Nachfolge des großen Malers Kakiemon (17. Jh.), die Lackmalereien, die Seidenstickereien und die Schwertstichblätter.

Architektur

Aus der Zeit des frühen Schintoismus (vor 520) sind hölzerne Pfahlbauten und Schreinhallen auf rechteckigem Grundriß mit weit überstehendem Dach bekannt. Grundprinzipien der Bauten waren Harmonie der Proportionen und Reinheit des Materials. Auf Schnitzwerk und Bemalung wurde, im Unterschied zu China, meist verzichtet. Dies wurde im Regelfall auch bei den späteren buddhistischen Tempelbauten beibehalten, jedoch nicht beim Horyu-ji, der ältesten hölzernen Tempelanlage Japans (7. Jh.) nahe der alten Hauptstadt Nara mit ihrer riesigen Pagode, sowie dem Todai-ji in Nara selbst.

Unübertroffen als Gesamtkunstwerk sind die Bauten im heutigen Kioto: aus früher Zeit (1053) der Byodo-in-Tempel sowie der kaiserliche Palast, aus der Muromachi-Periode der »Goldene Pavillon« und der »Silberne Pavillon«.

Im 20. Jh. versuchten Architekten (Maekawa, Tange) mit bemerkenswertem Erfolg, japanische und westliche Baustile zu vereinen. Die sog. Metabolisten gehören inzwischen zur Weltelite des Städtebaus. Auch die Bauten für die Olympischen Spiele 1964 errangen Bewunderung. Das Friedenszentrum von Hiroschima (1949) und andere Bauten verschafften Kenzo Tange Weltruhm.

Bildende Kunst und Malerei

Aus der Vielzahl buddhistischer Statuen ragen der mächtige vergoldete Bronze-Buddha im Todai-ji-Tempel von Nara (8. Jh.), der Amida-Buddha aus dem Byodo-in-Tempel in Kioto sowie der »Große Buddha« in Kamakura (1252) heraus.

Die buddhistische japanische Malerei unterschied sich in ihren Anfängen wenig von der chinesischen Tuschmalerei. In der Heian-Zeit setzten sich dekorative und ästhetisierende Elemente und japanische, nicht mehr nur religiöse Themen durch. Die Tuschmalerei prägte die bildende Kunst in Japan bis ins 19. Jh. Auch der Farbholzschnitt (Utamaro) wurde berühmt. Moderne Maler von Weltbedeutung sind Kumi Sugai (Wandbild im Nationalmuseum für moderne Kunst in Tokio) oder Shusaku Arakawa; beide leben im Ausland. Andere Künstler sind nach Überseeaufenthalten nach Japan zurückgekehrt (Gruppe Gutai in Osaka) oder versuchen, in Japan östliches Erbe und westliche Maltechniken zu verbinden (Kazuo Yuhara, Mario Shinoda u. a.). Die traditionelle Shodo-Kunst (Kalligraphie) wird heute wieder belebt.

Beispiel für die Harmonie der Kontraste: japanische Landschaftsgärten als Abbilder des Universums.

Literatur

Die klassische japanische Literatur (höfische, aristokratisch-buddhistische sowie bürgerliche) wird vom 8. bis ins 19. Jh. datiert; sie schöpfte ihre Themen aus chinesischen und eigenen Quellen. Im 9. Jh. entstand die erste Erzählung »Geschichte vom Bambussammler« (Taketori-monogatari). Die Literatur war anfangs durch Darstellungen über die Entstehung Japans und die Geschichte der Adelsgeschlechter sowie schintoistische Gebetssammlungen gekennzeichnet; ab dem 12. Jh. – Schogunats-Zeit – dominierten Kriegsepen der Samurai-Familien mit Darstellungen der neuen Werte Ehre, Treue, Mut und Aufopferung. Das aufkommende Stadtbürgertum förderte vom 17. Jh. an Unterhaltungsliteratur. Das Haiku (17. Jh.) wurde in seiner knappen Form zum charakteristischen japanischen Sinngedicht.

Die moderne japanische Literatur (ab 1880) ist ohne westliche Einflüsse nicht denkbar. Bemerkenswert sind Adaptionen der europäischen Romantik (Ogai Mori) und Werke der sozialkritischen realistischen Literatur (Shimazaki Toson). Als Meister der Kurzgeschichte und Novelle trat Ryunosuke Akutagawa hervor (»Rashomon«). Zahlreiche andere literarische Strömungen wurden zu Beginn des 20. Jh. zeitgleich spürbar und brachten bereits um 1914 die Gegenrichtung hervor: Erinnerungen an das alte Japan, Idyllenliteratur, Kriegsverherrlichungen. Nach 1945 wurden wieder zunehmend westliche Themen und Zeitströmungen verarbeitet. Herausragende Autoren des 20. Jh. sind Yukio Mishima, Keiko Ken und Abe Kobo.

Weltweit berühmt wurde der japanische Holzschnitt durch Meister wie Hokusai – hier seine berühmte Woge.

Theater und Film

No- und Kabuki-Theater haben dem Theater Japans weltweit Ruhm eingebracht. Weit älter sind die Kagura-Tänze zur Dämonenbeschwörung (8. Jh.) und die Gigaku- (kunstreiche Musik) und Bugaku- (Tanz und Musik) Tanzspiele.

Als Vorläufer des stilisierten, zeremoniellen und von hoher Künstlichkeit geprägten No-Spiels gelten Volkstänze aus der Heian-Zeit: Sarugaku und Dengaku. »No« (Talent, Fertigkeit) geht auf den Schogun Yoshimitsu (14. Jh.) zurück. Er lud Sarugaku-Spieler an seinen Hof; dort entwickelten

sie ein Gesamtkunstwerk aus Dichtung, Pantomime, Tanz und Musik, das bald zum Symbol höfischer Kunst wurde. No basiert auf dem Ehrenkodex der Kriegerkaste einerseits und dem Zen-Buddhismus andererseits. Die Themen sind aus dem Kriegerleben oder der Geschichte entnommen, die Darstellung ist streng geregelt. Alle Rollen werden von Männern mit Masken gespielt; Ziel ist, den Zuschauer zu Ergriffenheit und Meditation zu bringen und Äußerlichkeiten zu überwinden.
Das Kabuki (Lied, Tanz und künstlerisches Können) ist das klassische japanische Volkstheater. Als »Erfinderin« gilt die ehemalige Schinto-Priesterin Okuni, die 1603 erstmals in Kioto auftrat. Männer spielen Frauenrollen (Onnagata); im Gegensatz dazu steht die bombastische Darstellung der Männer (Aragoto). Gute und schlechte Helden sind an Kleidung

Deutschlands Schlösser stehen hoch im Kurs: Schloß Neuschwanstein als Schaufensterdekoration.

und geschminkten Gesichtszügen zu erkennen; charakteristisch ist die triumphierende Mie-Pose.
Der japanische Film genießt heute Weltruhm. Regisseure wie Akira Kurosawa, der 1951 den »Goldenen Löwen« von Venedig für »Rashomon« erhielt, Yasujiro Ozu (»Eine Geschichte aus Tokio«, »Abschied in der Dämmerung« u. a.) sowie Nagisa Oshima (»Der Junge«, »Die Zeremonie«) haben neben Tsuchimoto und Kon die Film-Avantgarde weltweit beeinflußt.

Religion und Philosophie

Man sagt, daß ein Japaner mit der Geburt der Gottheit des Schinto-Schreins, in dessen Bezirk er geboren ist, vorgestellt wird, sein Leben nach den Normen des Konfuzius organisiert und sein Alter dem Buddhismus und damit der Meditation widmet: »drei Wege« zu einem Berg, von dem aus man den gleichen Mond erblickt, so ein altes japanisches Sprichwort.
Der Schintoismus (shin-to von chinesisch shen, d. h. Naturgeist, Weg der Götter), der auf Animismus, Ahnenkult und sibirisches Schamanentum zurückgeht, ist die alte Nationalreligion Japans: Gottheiten sind Flüsse, Berge, Naturkräfte, Seen und Tiere, später auch Ahnengeister. Nach dem Eindringen des Buddhismus im 6. Jh. fast verdrängt, wurde er unter Kaiser Meiji wieder Staatsreligion. Nach dem Zweiten Weltkrieg stieg die Zahl der schintoistischen Sekten ungeheuer an. Heute werden etwa 140 mit 100000 heiligen Schreinen gezählt; bekannt sind die Tenri- und die Taisha-Sekte.
Der Konfuzianismus, eine traditionsorientierte Sittenlehre und wie der Buddhismus von China über Korea nach Japan vermittelt, breitete sich hier vom 7. Jh. an aus, vor allem unter den höfischen Gelehrten, und prägte den japanischen Volkscharakter mit.
Der japanische Buddhismus ist in über 100 Sekten aufgespalten, deren wichtigste neben der Ritsu-Sekte aus der Nara-Zeit sowie der Tendai- und der Shingon-Sekte aus der Heian-Zeit die Zen-Sekten aus der Kamakura-Zeit sind. Sie gehen auf eine chinesische Meditationsschule zurück; wichtig ist die Rinzai-Sekte (gegr. 1192). Im Zentrum des Zen steht die Meditation mit dem Ziel, das irdische »Verhaftetsein« zu überwinden und die Erleuchtung anzustreben. Dazu dienen das Sitzen in der Lotoshaltung im Zen-do (Meditationshalle) und das Gespräch des Schülers mit dem Zen-Meister (San-zen).
Aus dem Zen-Buddhismus ist der Judosport erwachsen; auch die Teezeremonie und die militärische Schulung der Samurai wie der Kamikaze-Flieger des Zweiten Weltkriegs sind ohne Zen nicht denkbar.

Gartenkultur und Ryokan

Die japanische Gartenbaukultur hat höchsten Rang. Der ästhetisch gestaltete Garten ist im Grunde nicht zum Spazierengehen geschaffen, sondern zur Betrachtung und Kontemplation.
Die charakteristischen Gasthöfe, die Ryokans, haben häufig einen Innengarten und sind Muster japanischer Gastfreundschaft mit Teezeremonie, Hausmusik, Bad und Massage.

Reise-Informationen

Einreise- und Fahrzeugpapiere
Bürger der Bundesrepublik Deutschland, der Schweiz und Österreichs brauchen für einen Aufenthalt von drei Monaten einen gültigen Reisepaß bzw. einen Kinderausweis.
Als Fahrerlaubnis muß in Japan ein japanischer Führerschein beantragt werden.
Zoll
Zollfrei sind: 400 Zigaretten oder 100 Zigarren oder 500 g Tabak, ¾ Liter Spirituosen, eine kleine Menge Parfüm sowie Waren, die den Gesamtwert von 200000 Yen nicht übersteigen. Verboten ist die Einfuhr von Drogen, pornographischen Schriften und Spielgeld.
Devisen
Landeswährung darf bis zu einem Betrag von 5 Mio. Yen (¥) ausgeführt, Fremdwährung unbegrenzt ein- und ausgeführt werden. Kreditkarten werden in der Regel akzeptiert.
Impfungen
Im internationalen Reiseverkehr werden keine Impfungen gefordert.
Verkehrsverhältnisse
In Japan wird links gefahren, die Verkehrsschilder sind japanisch beschriftet. Mietwagen werden nur für ländliche Gebiete empfohlen. Sie können (auch mit Chauffeur) über Hotels und Reisebüros gebucht werden. Auf den Fern- und Schnellstraßen Tokios werden Gebühren erhoben (entsprechender Zuschlag bei Taxifahrten). Das Land hat ein ausgezeichnetes Eisenbahnnetz (Schnellbahn); in Tokio ist die U-Bahn das Hauptverkehrsmittel. Moderne und bequeme Überlandbusse verkehren zwischen den größeren Städten. Alle wichtigen Orte sind durch Fluglinien miteinander verbunden, die meisten werden mehrmals täglich angeflogen. Zwischen den Inseln besteht auch regelmäßiger Schiffsverkehr, z. T. mit Fährschiffen und Tragflügelbooten.
Unterkünfte
Die Auswahl an Hotels von internationalem Niveau ist in den Städten sehr groß. In den Erholungsgebieten, in Nationalparks, am Meer, im Gebirge oder an den Seen kann man auch in Pensionen der »Kokumin Kyukamura« (Volksferiendörfer) übernachten.
Wer jedoch die japanische Lebensweise kennenlernen will, der sollte in einem »Ryokan« oder »Minschuku« wohnen. In den meist kleinen Ryokans sind die Zimmer mit Strohmatten ausgelegt, die Einrichtung ist sparsam und geschmackvoll. Schiebetüren führen oft zu einem schön angelegten Garten.
Minschukus sind die japanischen Familienpensionen; sie finden sich oft in Erholungsgebieten. Die Preise sind bescheiden und schließen meist zwei Mahlzeiten nach Art des Hauses ein.
Eine Besonderheit sind die japanischen Zellenhotels, die es erst seit 1979 gibt. In 2,5 m² großen Kunststoffzellen übernachten meist männliche Geschäftsreisende.

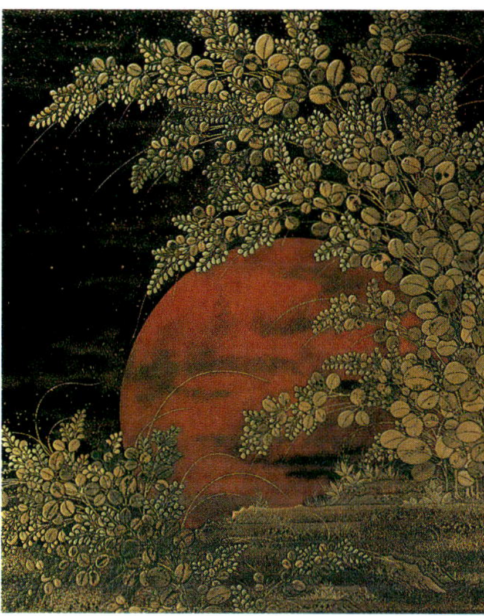

Lackarbeiten sind eine Spezialität der japanischen Kunsthandwerker. Hier der Deckel einer Schreibkassette aus dem 19. Jahrhundert.

Reisezeit
Die schönsten Reisezeiten sind Frühjahr und Herbst. Die Kirschblüte, der japanische Frühlingsanfang, fällt im südlichen Landesteil in die ersten beiden Aprilwochen.

Mit geistvoller Konversation, Tanz und Gesang unterhielt die klassische Geisha bei diversen Anlässen die Gäste.

Jemen Arabische Republik Je[…]

Asien Australien

Von Peking bis Sydney

Afghanistan • Bahrain • Bangladesch • Bhutan • Birma
Brunei • China • Hongkong • Indien • Indonesien
Irak • Iran • Israel • Japan • Jemen (Nord) • Jemen (Süd)
Jordanien • Kamputschea • Katar • Korea (Nord) • Korea (Süd)
Kuwait • Laos • Libanon • Malaysia • Malediven
Mongolei • Nepal • Oman • Pakistan • Philippinen • Saudi-Arabien
Singapur • Sri Lanka • Syrien • Taiwan • Thailand
Vereinigte Arabische Emirate • Vietnam

Australien • Fidschi • Französisch-Polynesien • Kiribati
Mikronesien • Nauru • Neukaledonien
Neuseeland • Papua-Neuguinea • Salomonen • Samoa
Tonga • Tuvalu • Vanuatu

Das Bild unserer Welt

Peter Wald

Obwohl erst seit einem Vierteljahrhundert für die Neuzeit, für das Moderne geöffnet, ist der Nordjemen – die Arabische Republik Jemen – doch das einzige Land im Süden der Arabischen Halbinsel, das individuelles Reisen zuläßt. Die frühere Abgeschlossenheit, erzwungen durch eine theokratische Monarchie und die wehrhaften jemenitischen Bergstämme, hat Land und Volk viele Eigenarten bewahrt. Sie zu suchen, zu spüren, zu sehen, zu erleben kommen immer mehr Reisende aus Europa ins Land.

Erhalten haben sich noch große Teile einer sehr bodenständigen Baukunst, die kühne Architektur mit einem ausgeprägten Sinn fürs Dekorative paart. Bis fast zu den höchsten Gipfeln des Landes bauen die Jemeniten ihre Häuser und betreiben sie Landwirtschaft. Dabei haben sie eine ungewöhnliche Harmonie von Landschaft und Besiedlung geschaffen.

Das Gesamtbild des Landes hat viele Facetten, wenn man von den antiken Stätten am Rande der menschenfeindlichen Wüste – des »Leeren Vierecks« – über die Berg-Hauptstadt Sana bis hinab in die oft glühendheiße Küstenebene am Roten Meer reist.

Staatsname:	Arabische Republik Jemen
Amtssprache:	Arabisch
Einwohner:	9,5 Millionen
Fläche:	195 000 km²
Hauptstadt:	Sana
Staatsform:	Arabisch-islamische Republik
Kfz-Zeichen:	Y
Zeitzone:	MEZ +2 Std.
Geogr. Lage:	Arabische Halbinsel, grenzt an Saudi-Arabien und die Demokratische Volksrepublik Jemen

Eine zeitlose Landschaft – das jemenitische Hochland mit seinen schroffen Gebirgszügen. In jahrtausendelanger Arbeit haben die Bewohner dieses kargen Landes sogar an Steilhängen schmale Terrassen für den Ackerbau geschaffen.

en

Sana – Hauptstadt und Mittelpunkt des Landes

Wer dem Lauf der Geschichte folgen wollte, müßte eine Reise durch den Nordjemen im Osten des Landes, in der Oase Marib, beginnen, denn dort soll die legendäre Königin von Saba ihren Herrschaftssitz gehabt haben. Vor noch nicht einmal 100 Jahren betraten wagemutige Forscher durch diese Hintertür den Machtbereich des jemenitischen Priesterkönigs. Damit ist es jedoch vorbei, seit bei Harib – südlich von Marib – zwei Republiken einander berühren, die sich beide als jemenitisch verstehen und immer wieder die Einheit der Nation beschwören, zwischen denen die Grenze aber nicht festgelegt ist. So weiß man nicht genau, wo die sozialistische Staatsmacht des Südjemen endet und die gemäßigt nationalistisch-islamische des Nordjemen beginnt.

Für die meisten Besucher beginnt also das Erlebnis Jemen auf dem Flugplatz der Hauptstadt Sana, es kann aber auch der von Taizz sein, der weiter südlich gelegenen Wirtschaftsmetropole des Landes. Die wagemutigen Landreisenden unserer Tage kommen – wie schon vor mehr als 200 Jahren der deutsche Arabienforscher Carsten Niebuhr – von Norden über Saudi-Arabien in die Küstenebene am Roten Meer. Doch Sana, die rund 2200 Meter hoch gelegene Stadt als Ausgangspunkt – das ist genauso angemessen, wie Marib es wäre.

▷ ***Wie in biblischen Zeiten treibt das Kamel – im Kreise laufend – die Sesammühle. Im Bauernland Jemen arbeitet man heute noch mit uralten Methoden und Geräten.***

▽ ***Ab Mittag lähmt die grüne Droge Qat das geschäftliche Leben: Auch diese Lkw-Fahrer sitzen am Straßenrand und kauen die Blätter des Qatstrauches. Bald werden sie in einen leichten Rausch verfallen, und dann ist es mit der Arbeit bis zum späten Nachmittag vorbei. 90 Prozent der Bevölkerung frönen dieser großen Leidenschaft der Jemeniten. Sie geben dafür etwa ein Drittel des Familieneinkommens aus.***

Sana – das ist zunächst einmal islamischer Jemen. An der Süd- und Ostseite findet man noch die Reste der Stadtmauer. Es läßt sich erkennen, daß dieses schon stark verfallene Verteidigungswerk aus luftgetrockneten Lehmziegeln bald so spurlos verschwinden könnte wie schon der Teil an der Nord- und Westseite. Verschwunden sind auch die zahlreichen Stadttore – bis auf das Südtor, das unter der osmanischen Besatzung im späten 19. Jahrhundert umgebaute Bab al-Yaman. Trotzdem – die Altstadt von Sana hat dem Ansturm der Moderne bisher standgehalten. Moderne Bauten – oft auch unansehnlicher Art – findet man nur außerhalb der Altstadt.

Altstadtsanierung – ein internationales Projekt

Wie vor Hunderten von Jahren hat Alt-Sana noch einige tausend Wohnhäuser im traditionellen Stil. Über 40 alte Moscheen und ein rundes Dutzend öffentliche Bäder. Gewiß, Telefon- und Lichtleitungen schwingen sich in oft abenteuerlicher Weise von Gebäude zu Gebäude, Wasserleitungen und Abwasserrohre klettern an den Fassaden hinauf und herunter. Doch das Gesamtbild wird dadurch nur wenig gestört.

Die Häuser von Alt-Sana – zwischen 20 und 50 Meter hoch – sind aus grauen Natursteinen und braunen Ziegeln gebaut. Grau und braun sind auch die Farben der nahegelegenen Berge. Durch weiße Stuckornamente werden die Häuser, wird die ganze Stadt farblich vom Landschaftspanorama abgehoben. Oft schlingen sich die Ornamente als schön gearbeitete horizontale Friese zwischen den Geschossen um die Häuserfassaden. Viel Geld und Zeit werden investiert, um diesen Schmuck am Bau zu pflegen, immer wieder nachzukalken, mit Gips und Alabasterzement auszubessern, Backsteinkombinationen bei Bedarf auszuwechseln.

Anfang der achtziger Jahre hatte es so ausgesehen, als wäre das Juwel Alt-Sana nicht zu retten. Damals, ein Jahrzehnt nach dem Ende des Bürgerkrieges, erlebte die Hauptstadt der jungen Republik einen Bauboom, verdrei- und vervierfachte sich die Einwohnerzahl innerhalb kurzer Zeit. Wer zu Geld gekommen war, baute ein neues Haus, einen Bungalow am fernen Stadtrand. Die Söhne der wohlhabenden Bürger wollten eine eigene Familie nicht mehr unbedingt im Stammhaus der Großfamilie gründen. Immer mehr Wohlhabende kehrten der Altstadt den Rücken und zogen in ihre Stadtrand-Villen. Zurück blieben in den äußerlich prächtigen, im Innern jedoch unkomfortablen traditionellen Häusern oft nur die Alten und die Kapitalschwachen. Die Verelendung Alt-Sanas schien vorprogrammiert.

Doch dann stiegen die Preise für Bauland und Bauarbeiten so enorm, daß die Rückkehr in die alten Mauern attraktiv wurde. Man begann wieder in die eigene Tradition zu investieren. Inzwischen sind sogar einige der engen Gassen gepflastert, und es ist ein Kanalisationsnetz gebaut worden. Mit staatlicher und internationaler Hilfe unter der Ägide der UNESCO wird die Altstadtsanierung weiter vorangetrieben.

Der Markt als neutrale Friedenszone

Wer Sana wirklich erleben will, der darf den großen Marktbezirk im Südosten der Altstadt nie auslassen. Sana hat seit dem sechsten Jahrhundert eine führende Rolle gespielt, weil sein Markt von den Stämmen des Hochlandes gut erreicht werden konnte. Damals versuchten die miteinander rivalisierenden Bauern und Krieger, sich gegenseitig an Prunk und Pracht zu übertrumpfen – insbesondere bei der Ausstattung ihrer Waffen. Eine wachsende Schar von ständig arbeitenden Handwerkern und von Händlern war nötig, um diese Ansprüche zu befriedigen. Auch die Waren der Bauern und der Krieger – landwirtschaftliche Produkte und geraubte Güter – mußten vermarktet werden. Dazu war ein Platz nötig, über dem eine starke Autorität waltete, die Burgfrieden unter den verfeindeten und oft sogar in Blutfehde miteinander lebenden Bauern und Kriegern der verschiedenen Stämme halten konnte. Sana mit seinen starken Stadtmauern und seiner den Marktbezirk überragenden Zitadelle war von Anfang an der erwünschte neutrale Treffpunkt.

Heute sind die Stammesgegensätze abgeflacht, und die Regierung vermochte weitgehend durchzusetzen, daß in der Stadt keine Feuerwaffen getragen werden. Moderne Industriewaren, Transistorradios, Digitaluhren, Kassettenrecorder haben Einzug auf dem Markt von Sana gehalten, aber man findet immer noch auch das Traditionelle: in der Keramik, bei Korbwaren und Steintöpfen, bei manchen Textilien und, nicht zu vergessen, die Fülle der Gewürze und Kaffee.

▽ Die berühmte Brücke von Schahara aus dem 17. Jahrhundert führt über eine mehrere hundert Meter tiefe Schlucht. Sie war früher Fluchtweg für die Imame, die sich bei Gefahr in das schwer zugängliche Bergdorf im Norden des Landes zurückzogen.

Der Krummdolch als Statussymbol

Die würdigsten Vertreter des traditionellen Handwerks in den Suks sind die Silberschmiede. Der jemenitische Silberschmuck ist jahrhundertelang überwiegend von Juden hergestellt worden; nur wenige muslimische Familien hatten sich frühzeitig auf das hochentwickelte Kunsthandwerk spezialisiert. Als zwischen 1948 und 1950 fast alle jemenitischen Juden – 50 000 bis 60 000 Menschen – nach Israel auswanderten, drohte die alte Kunst unterzugehen. Der herrschende Imam, der Priesterkönig, verordnete jedoch, daß die führenden jüdischen Silberschmiede vor der Ausreise muslimische Handwerker anzulernen hätten. Bis zu einem gewissen Grad gelang das. Es werden weiter Ringe, Armreifen, Schminkdosen, Amulettkästchen, Dolchscheiden und Messergriffe aus Silber hergestellt. Schöner – und teurer – sind aber immer die älteren Produkte, deren Herstellerstempel jüdische Namen aufweisen.

Größte Sorgfalt wird auf die Ausstattung des Krummdolches, der Dschambiya, verwendet. Den Krummdolch trägt fast jeder Mann zu fast jeder Tageszeit, denn er ist ein Statussymbol. Als Waffe wird er nicht mehr angesehen und deswegen von der Obrigkeit auch nicht beanstandet. (Als »Taschenmesser« dient oft ein kleines stehendes Messer, das an der Innenseite der Dschambiya getragen wird.)

Wer die Liebe jemenitischer Männer zu Waffen erleben will, muß aufs Land fahren. Daß man zumindest einen Karabiner, meistens jedoch eine Maschinenpistole mit sich führt, ist in manchen Regionen selbstverständlich. Diese Waffenliebe stammt aus der alten Zeit, in der die Stämme ihre Autonomie verteidigen mußten; außerdem war Bewaffnung natürlich nötig, um Durchreisenden Tribut abverlangen zu können.

Auf der Straße von Sana nach Marib im Osten, noch vor 15 Jahren eine überaus gefährliche Route, braucht sich heute niemand mehr vor Wegelagerern zu fürchten. Seit 1984 kann man zur Kernoase des antiken Sabäischen Reiches bequem auf einer 135 Kilometer langen, gut ausgebauten Asphaltstraße gelangen. Hier hat die Tatsache, daß eine direkte Verbindung zur Hauptstadt besteht, den regionalen Frieden gefestigt.

Die Reise führt in einem großen Bogen über das vulkanische Hochland nordöstlich von Sana über den 2300 Meter hohen Ibn-Ghaylan-Paß und den 2200 Meter hohen Al-Fardah-Paß. Besonders die Paßhöhe des Al Fardah gewährt eine herrliche Aussicht auf tief eingeschnittene Wadis und auf die sich nach Norden und Osten erstreckenden Wüstengebiete. Am östlichen Ende des Passes biegt dann nach Norden die Piste nach Baraqish und Main ab, zwei antiken Städten, die man nur mit Geländewagen und mit Hilfe arabischsprechender Landeskenner besuchen kann.

Gab es die Königin von Saba?

Ins »Reich der Königin von Saba«, nach Marib, gelangt man hingegen auch per Autobus. Die Araber machten das Gebiet vor über 2500 Jahren zur Flußoase, indem sie dort einen Damm bauten. Es entstand eine Speicher- und Bewässerungsanlage mit Überlauf- und Verteilerkanälen, die den nur ab und zu fallenden Regen optimal nutzte. Schließlich brachte man es auf etwa 9600 Hektar Kulturland und kontrollierte von dieser Großoase aus die mit Weihrauch und Myrrhe durchziehenden Handelskarawanen.

Um 600 n. Chr. brach der Damm und wurde nicht wieder aufgebaut. Doch noch heute sieht der Besucher monumentale Reste der Nord- und der Südschleuse. An anderer Stelle ragen fünf glatte, monolithische Pfeiler in den meist makellos blauen Himmel; sie gehören zu den spärlichen Resten eines dem sabäischen Mondgott geweihten Tempels. Die Überreste eines großen ovalen Tempels, die 1952 von einem amerikanischen Forscherteam freigelegt werden konnten, sind zum großen Teil wieder versandet. Darüber hinaus kann der Besucher im Gebiet von Marib viele Schriftsteine sehen – doch keiner beweist, daß es wirklich eine Königin von Saba gegeben hat, die damals – um 950 v. Chr. – von Marib zu König Salomon nach Jerusalem gereist sein soll.

Bergauf und bergab

Nach Norden, Westen und Süden führen heute von Sana aus ebenfalls gute Asphaltstraßen zu den größeren Städten. Und es gibt viele Städte in diesem Land. Nicht einmal fünf Prozent der Gesamtbevölkerung leben in der Hauptstadt. Urbanes Leben in der Provinz kann man am besten auf der Südstrecke von Sana nach Taizz kennenlernen.

Zuerst überquert man den 2600 Meter hohen Yaslah-Paß. Danach wird das Land karger, es ist vulkanischen Ursprungs. Die Erde arbeitet hier noch: 1982 verwüstete ein Erdbeben Teile dieser Region. Mit Dhamar, damals stark zerstört, und Yarim passiert man zwei Städte mittlerer Größe.

Die mit deutscher Entwicklungshilfe gebaute Straße führt immer noch in rund 2000 Metern Höhe bergauf und bergab. Nach dem 2800 Meter hohen Sumarah-Paß warten gleich zwei schöne Städte auf Besucher: Ibb und Jiblah. In Alt-Ibb, das eine mehrhundertjährige Geschichte besitzt, findet der Reisende ein Dutzend Moscheen, Reste einer über zehn Meter hohen Stadtmauer und enge Gassen mit schönen fünf- bis sechsstöckigen Häusern. Jiblah hat sich auf einem Basaltkegel ausgebreitet, der von zwei Wasserläufen umflossen wird. Neben historischen Moscheen sind die stattlichen Bürgerhäuser und Verteidigungsanlagen auf dem höchsten Punkt des Kegels besonders sehenswert. Die Anlage der Oberstadt am steilen Hang ist ein Meisterwerk der Baukunst.

Mit Taizz hat der Reisende die Wirtschaftsmetropole des Landes und eine andere Klimazone erreicht. Die Stadt liegt in rund 1400 Metern Höhe; noch ist man nicht der oft glühenden Hitze der Küstenebene am Roten Meer ausgesetzt, hat aber das manchmal rauhe Klima des Hochlandes hinter sich. Subtropische Früchte und Gemüse werden auf den Märkten von Taizz reichlich angeboten. Bauliche Schönheiten muß man dagegen in der heute fast 200000 Menschen zählenden Stadt länger als anderswo suchen. Immerhin gibt es in Taizz und Umgebung einige bedeutende Moscheen.

△ *Die Gesichter und die Kleidung der Frauen am Brunnen in der glutheißen Tihamah-Küstenebene lassen erkennen: Afrika ist nicht weit; es liegt nur etwa 30 Kilometer entfernt – jenseits des Roten Meeres.*

Afrika ist nahe

Einen ganz anderen Jemen lernt man schließlich in der Tihamah kennen. Diese Küstenebene am Roten Meer erstreckt sich vom Bab al Mandab im Südjemen über 500 Kilometer nach Norden und bis über die Grenze zu Saudi-Arabien hinaus.

Das flache Land am Meer war stets schlechter zu verteidigen als das Gebirge. So sind in der Tihamah fast überall afrikanische Einflüsse erkennbar – im Äußeren, in der Kleidung und im Verhalten der Menschen ebenso wie an ihren Häusern und Geräten.

Der starke afrikanische Einschlag unter der Bevölkerung ist zum Teil auch auf den Sklavenhandel zurückzuführen, der bis in das 20. Jahrhundert hinein einen Stützpunkt im Jemen hatte. Außerdem haben schon in früheren Jahrtausenden ganze Stämme das Meer zwischen dem afrikanischen und dem arabischen Festland überquert. So vermutet man in den dunkelhäutigen Menschen der Zaranik-Stämme – die größte Stammesföderation der Tihamah – die früheren Ureinwohner des Gebietes; doch war bisher nicht zu klären, ob sie zuerst diesseits oder jenseits des Roten Meeres gelebt haben.

Der Kaffee kam aus Mokka

Die Bewohner des Küstenstreifens standen häufiger und länger unter Fremdherrschaft als die Stämme in den Bergen. Das Osmanische Reich, das zweimal die Oberherrschaft über den Jemen besaß, setzte sich zuerst in der Küstenebene fest, viel später erst im Hochland; Mamlucken, arabische Sekten und die Ägypter kamen, um die Tihamah einzunehmen. Als der Jemen im 17. Jahrhundert als Kaffeelieferant für Europa zum Handelspartner wurde, entstand in dem Tihamah-Hafen Al Mukha – oder Mokka – eine Begegnungsstätte zwischen Einheimischen und fremden Händlern.

Al Mukha besitzt heute einen kleinen, modernen, jedoch uninteressanten Hafen. Sehenswerter sind die Reste der Kaufmanns-Villen, die am Strand nahe dem versandeten alten Hafen stehen. Doch lange braucht man sich auch hier nicht aufzuhalten. Da verdient die Stadt Zabid, etwa auf halbem Wege an der gut ausgebauten Straße von Taizz nach Hodeida, wesentlich mehr Beachtung.

Zabid war früher ein Zentrum islamischer Gelehrsamkeit. Es gibt in der Stadt heute noch rund 80 Religionsschulen. Dennoch sind ihre Bewohner keine religiösen Eiferer – sie gehören einer toleranten Rechtsschule des sunnitischen Islams an. In der Regel helfen sie Fremden gerne dabei, sich in den engen Gassen des Marktes, zwischen den Wohnhäusern, Moscheen und Befestigungsanlagen zurechtzufinden.

Die nächste Stadt an der Tihamahstraße ist Bayt al Faqih mit einem weithin berühmten Freitagsmarkt. Nirgendwo anders in der Tihamah werden noch so viele Produkte des traditionellen Handwerks angeboten wie hier – von Töpferwaren, gewebten Stoffen, Steintöpfen über Körbe und andere geflochtene Behälter bis hin zu hölzernen und schmiede-

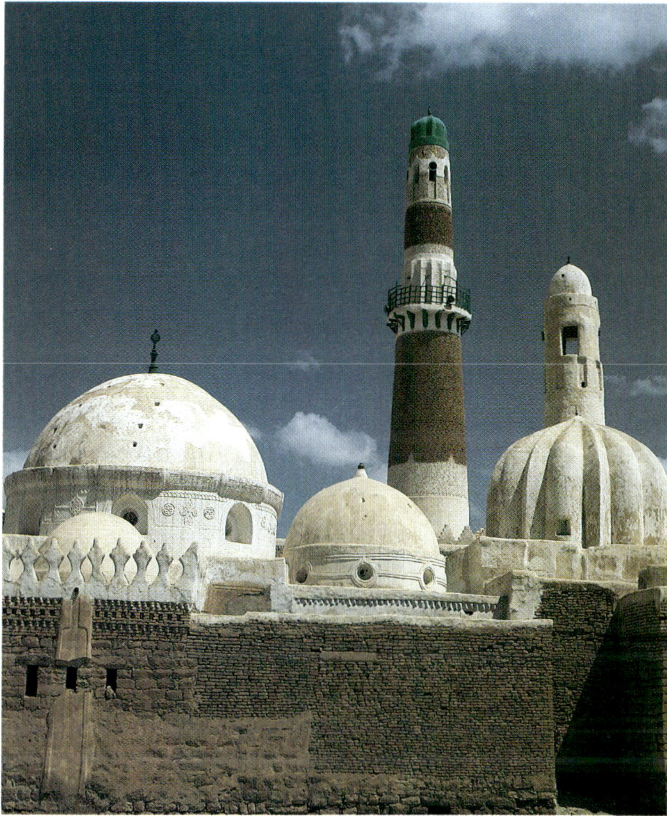

eisernen Geräten. Die Menschen dieser Region sind weniger fotoscheu als die auf den Märkten des Hochlandes.

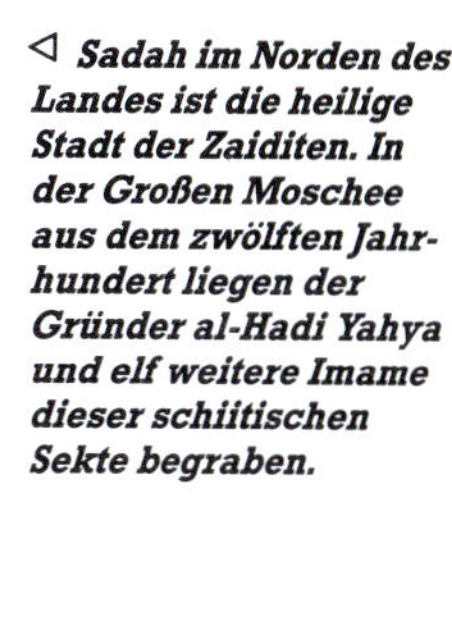

◁ *Sadah im Norden des Landes ist die heilige Stadt der Zaiditen. In der Großen Moschee aus dem zwölften Jahrhundert liegen der Gründer al-Hadi Yahya und elf weitere Imame dieser schiitischen Sekte begraben.*

△ *Im Königreich Saba entstand aus Wüste fruchtbares Kulturland: Ein anschauliches Bild vom hohen Stand der Bewässerungstechnik gibt der Staudamm von Marib, der von den Sabäern vor über 2500 Jahren erbaut wurde und dessen Reste heute noch zu sehen sind.*

Je höher die Berge, desto höher die Häuser

Wer den Jemen nicht unbedingt in allen Einzelheiten kennenlernen will, der läßt die vorwiegend moderne Hafenstadt Hodeida links liegen – buchstäblich, denn er fährt auf der Tihamahstraße in Richtung Nordost an ihr vorbei. Über die Stadt Bajil hinaus erreicht man das Vorgebirge. Jetzt sind es noch 140 Kilometer bis Sana. Bei der Auffahrt vom Hügelland ändert sich allmählich das Erscheinungsbild der Siedlungen – statt der strohgedeckten Hütten sieht man nun Steinhäuser mit Flachdach. Je höher man kommt, desto höher werden auch die Häuser, und vielfach liegen die Dörfer in extremer Lage auf Gipfeln und Graten.

Die Straße tritt zwischen dem Djabal Dahnah und dem Djabal Izzan in die eigentliche Bergregion ein. Sie folgt zunächst dem Wadi Surdud, das hier ständig Wasser führt und damit an seinen Rändern eine intensive Landwirtschaft ermöglicht. Den höchsten Punkt erreicht die Straße mit etwa 2750 Metern zwischen der Stadt Manakhah und Sana. Dann geht es hinunter in das fast 600 Meter tiefer liegende Hochtal der Hauptstadt.

Die Wiege der Monarchie

Das Jemen-Bild des Besuchers bliebe unvollständig, würde er den Norden mit der historischen Stadt Sadah auslassen. Denn »dort oben«, fast 250 Kilometer nördlich der Hauptstadt, ist der theokratisch regierte jemenitische Staat, den 1962 eine Revolution beendete, gegründet worden.

In der Geschichte des islamischen Jemen spielte Sadah seit etwa 900 n. Chr. eine bedeutende Rolle. Zu dieser Zeit machte sich ein Eindringling, al-Hadi Yahya ibn Husayn, als Imam einen Namen und erklärte Sadah zu seiner Hauptstadt. Imam al-Hadi war aus Basra am Persischen Golf in den Norden des Jemen gekommen und hatte eine neue Variante des Islams mitgebracht. Als der Sektenführer im Gebiet von Sadah einen Bund von Stämmen organisierte, dessen weltliche und geistliche Führung bei ihm lag, war der neue Staat im Jemen geboren.

Nach der Revolution von 1962 fand der letzte Imam, Muhammad al-Badr, in den Höhlen nordwestlich von Sadah Unterschlupf und führte von dort aus – allerdings vergeblich – beinahe sieben Jahre lang den Kampf um die Rückkehr auf den Thron.

Sadah kann man heute von Sana aus in vier bis fünf Stunden Autofahrt erreichen. Rund um und in Sadah hinterließ ein Bauboom der frühen achtziger Jahre deutliche Spuren. Die schönen Stampflehm-Häuser haben hier und da Nachbarn aus Beton erhalten. Vor dem Südtor hat sich eine ganze Trabantenstadt mit Garagen, Werkstätten, Hotels und Lokalen angesiedelt. An mehreren Stellen ist die Stadtmauer willkürlich durchbrochen worden. Dennoch: Ein Besuch in Sadah erschließt noch immer eine in ihrer Ganzheit erhaltene, lebendige islamisch-mittelalterliche Stadt – und damit ein Stück Jemen.

Landesnatur

Fläche: 195 000 km² (etwa vier Fünftel der Größe der Bundesrepublik Deutschland)
Ausdehnung: West–Ost 400 km, Nord–Süd 560 km
Höchster Berg: Jabal an Nabi Shuayb 3760 m

Die Arabische Republik Jemen liegt in der südwestlichen Ecke der Arabischen Halbinsel. Im Norden schließt sich Saudi-Arabien, im Osten und Süden die Demokratische Volksrepublik Jemen an. Das Rote Meer, mit einigen zum Staatsgebiet gehörenden Inseln, bildet im Westen die natürliche Grenze (500 km Küstenlänge).

Naturraum

Der Nordjemen ist in drei Großlandschaften gegliedert. Die etwa 50 bis 70 km breite *Küstenebene* der Tihamah steigt zum Landesinnern hin sanft an (bis zu 300 m ü. M.). Dahinter erhebt sich steil das zerklüftete, mehrfach über 3000 m hohe *Randgebirge.* Östlich schließt sich das zentrale Hochland mit Durchschnittshöhen von 2000 bis 2500 m an. Das Hochland fällt nach Osten hin in Stufen zur *Sandwüste* Ar Rub al Khali ab.
Alle Landesteile sind von Wadis (Trockentälern mit nur zeitweise existierenden Flüssen) durchzogen.

Klima

Der Nordjemen liegt im tropischen Klimagürtel. Die Inseln und die Küstenebene sind feuchtheiß mit einer Jahresdurchschnittstemperatur von 30 °C und hoher Luftfeuchtigkeit. Das Randgebirge erhält bis zu 1000 mm Jahresniederschlag, das Hochland noch 300 mm. Der Niederschlag nimmt nach Osten weiter ab und fehlt im Wüstengebiet völlig.

Vegetation und Tierwelt

Im Steppengebiet des Küstenstreifens wachsen salzliebende Gräser und niedere Busch- und Strauchvegetation. An den Wadis dominieren Akazien und Kulturpflanzen wie Feigenbäume und Dattelpalmen. Im überwiegend gerodeten und terrassierten Randgebirge werden Kaffee, Hirse und Qat angebaut; imposant ist der wildwachsende Flaschenbaum. Weiter ostwärts folgt im Hochland Steppe, danach Halbwüste und Wüste.
Gebirgstiere wie der Nubische Steinbock und Steppentiere wie die Oryx-Antilope sind vom Aussterben bedroht. Bemerkenswert ist der große Reichtum des Landes an Greifvögeln.

Politisches System

Staatsname: Al-Jumhuriyah al-Arabiyah al-Yamaniyah
الجمهورية العربية اليمنية
Staats- und Regierungsform: Arabisch-islamische Republik
Hauptstadt: Sana
Mitgliedschaft: UN, Arabische Liga

In der Verfassung von 1974 wird der Nordjemen als »Unabhängige Arabisch-islamische Republik und Teil der Arabischen Nation« bezeichnet. Staatsoberhaupt und Oberbefehlshaber der Streitkräfte ist der von der Nationalversammlung für fünf Jahre gewählte Staatspräsident, der zusammen mit dem von ihm ernannten Kabinett die Exekutive ausübt. Legislative unter Kontrolle des Militärs ist seit 1978 die Verfassunggebende Volksversammlung mit 159 für vier Jahre gewählten Mitgliedern.
Das Land gliedert sich in elf Verwaltungsprovinzen. Laut Verfassung ist islamisches Recht Grundlage aller Gesetze.

Wahrzeichen der 1500 m hoch gelegenen Stadt Taizz: die beiden Minarette der Al-Ashrafiya-Moschee aus dem 13./15. Jahrhundert.

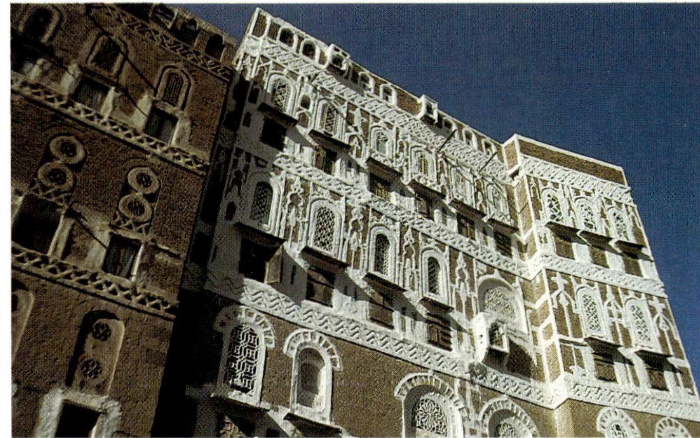

In Sana werden viele Häuserfassaden in traditionellem Stil sorgfältig restauriert.

Bevölkerung

Einwohnerzahl: 9,5 Millionen
Bevölkerungsdichte: 49 Einw./km²
Bevölkerungszunahme: 2,8 % im Jahr
Größte Städte: Sana (430 000 Einw.), Taizz (180 000), Hodeida (160 000)
Bevölkerungsgruppen: 98 % Araber, 1 % Somalier, 1 % Inder

Der Altersaufbau ist durch einen hohen Anteil junger Menschen (46 % sind jünger als 15 Jahre) gekennzeichnet. Die Bevölkerungskonzentration im Lande ist sehr unterschiedlich, im Norden und Osten leben v. a. Nomaden, ein Fünftel der Einwohner wohnt inzwischen in Städten.
Landessprache ist Arabisch, Englisch die wichtigste Handelssprache. Der Islam ist Staatsreligion, es gibt nur ganz wenige Angehörige anderer Religionen.

Soziale Lage und Bildung

Ein Sozialversicherungssystem gibt es nicht, nur Beamte sind rentenversichert. Die medizinische Versorgung ist v. a. auf dem Land unzureichend.
Allgemeine Schulpflicht besteht für 6- bis 12jährige, die noch sehr hohe Analphabetenrate (bei Frauen 95 %) soll durch Erwachsenenbildungsprogramme verringert werden. Die erste Universität des Landes wurde 1970 in Sana gegründet.

Wirtschaft

Währung: 1 Jemen-Rial (Y.Rl) = 100 Fils
Bruttoinlandsprodukt (in Anteilen): Land- und Forstwirtschaft 21 %, industrielle Produktion 16 %, Dienstleistungen 63 %
Wichtigste Handelspartner: EG-Staaten, Saudi-Arabien, Japan, Demokratische Volksrepublik Jemen

Mit fast drei Viertel der Beschäftigten ist die Landwirtschaft die Grundlage der nordjemenitischen Wirtschaft. Der Arbeitskräftemangel, bedingt durch eine starke Abwanderung in die benachbarten Ölförderländer seit den 70er Jahren, und mangelnde Infrastruktur behindern die wirtschaftliche Entwicklung.

Landwirtschaft

In erster Linie werden Hirse, Obst und Gemüse für den Eigenbedarf angebaut. Baumwolle, Kaffee und Rosinen sind wichtige Exportprodukte. Der Kaffeeanbau ist jedoch zugunsten des Anbaus von Qat (Rauschmittel), das von der einheimischen Bevölkerung konsumiert wird, rückläufig. Die wichtigsten Fleischlieferanten sind Ziegen, Schafe und Geflügel.

Bodenschätze, Industrie

Es werden v. a. Salz und Kalk abgebaut. Die Ausbeutung der in letzter Zeit entdeckten Erdölvorkommen hat begonnen.
Es überwiegen private Klein- und Handwerksbetriebe mit oft jahrhundertealter Tradition, die Agrarprodukte, Textilien und Metall verarbeiten. Industriezentrum ist Taizz.

Handel

Es besteht ein gravierender Einfuhrüberschuß. Vor allem werden Nahrungsmittel, Erdöl und Erdölerzeugnisse, Maschinen und Kraftfahrzeuge sowie pharmazeutische Produkte importiert. Neben den traditionellen Exportprodukten Baumwolle, Kaffee und Häute werden Maschinenbauteile ausgeführt.

Verkehr, Tourismus

Die Hauptorte sind durch befestigte Straßen (rd. 2200 km) miteinander verbunden, sonst gibt es nur Naturpisten (rd. 15 000 km) oder Karawanenwege. Die wichtigsten Häfen sind Hodeida und Al Mukha (Mokka). Sana, Hodeida und Taizz haben internationale Flughäfen.
Der Fremdenverkehr hat in den letzten Jahren stark zugenommen.

Geschichte

In der vorislamischen Zeit, unter den Kulturen der Minäer, Sabäer und Himyariten, hatte sich das Gebiet des heutigen Nord- und Südjemen seit dem 2. Jahrtausend v. Chr. zum politischen und kulturellen Zentrum Arabiens entwickelt: nicht nur als Drehscheibe des Fernhandels zwischen Ostafrika, Indien und dem Mittelmeerraum, sondern auch als Hauptlieferant begehrter Erzeugnisse wie Edelsteine, Gewürze, Weihrauch und Myrrhe. Die wirtschaftliche Grundlage des Jemen bildete eine hochentwickelte Bewässerungstechnik, die den Regen aus dem Gebirge nutzbar machte. Die bedeutendste Anlage war der Damm von Marib (8. Jh. v. Chr.).

Unter mehreren regionalen Königreichen übte Saba mit seiner Hauptstadt Marib besonders vom 6. bis 4. Jh. v. Chr. eine gewisse Vormachtstellung aus. Mit der Gründung der neuen Hauptstadt Zafar um 20 v. Chr. begann der Aufstieg des Himyariten-Reichs (bis 525 n. Chr.).

Die Römer nannten den Jemen wegen seiner Reichtümer »Arabia felix«. Ihr Versuch, das Land zu erobern, scheiterte jedoch. Nach ihrer Niederlage gegen die Römer im Ersten Jüdischen Krieg 70 n. Chr. brachten Flüchtlinge das Judentum in den Jemen.

Die Zeit der Spätantike war gekennzeichnet vom Zwist zwischen Sabäern und Himyariten und der Beherrschung von außen durch die Äthiopier (Königreich Aksum, 4. und 6. Jh.). Unter äthiopischem Einfluß verbreitete sich in Teilen Südarabiens das Christentum. Von 570 bis 627 war der Jemen eine Provinz (Satrapie) des Persischen Reiches.

Die Verbreitung des Islam

Im 7. Jh. breitete sich die Lehre des Propheten Mohammed auf der Arabischen Halbinsel aus. Der letzte persische Statthalter im Jemen, Badham, wurde 628 Muslim. Aufgrund religiös-politischer Machtkämpfe zerfiel das Kalifenreich, zu dem auch Südarabien gehörte, in der Folgezeit in Teilstaaten. So wurde, unter den schiitischen

1952 von Amerikanern bei Marib ausgegraben: Reste des »Mondtempels« aus der Sabäerzeit.

Zaiditen, im 10. Jh. auch der Jemen ein vom Kalifenreich unabhängiges Imamat, das rund ein Jahrtausend lang, immer von Phasen der Eigenständigkeit unterbrochen, unter vielerlei Fremdherrschaft Bestand hatte: unter den Fatimiden (11./12. Jh.), den Ayyubiden (12./13. Jh.) und später der osmanischen Herrschaft (16./17. Jh. und 19./20. Jh.).

1839 hatten die Briten Aden besetzt und zum Stützpunkt ihres Seeweges nach Indien gemacht (ab 1937 Kronkolonie). Mit der Eröffnung des Sueskanals 1869 gewann das Land besonders für Großbritannien strategische Bedeutung.

Nach dem Zusammenbruch des Osmanischen Reiches im Ersten Weltkrieg wurde der Jemen 1918 ein unabhängiges Königreich unter dem Imam Yahya. Dies führte zu einem Territorialkonflikt mit Saudi-Arabien, der sich 1934 in einem Krieg zwischen den beiden Monarchien entlud. 1948 wurde der despotisch regierende Yahya von der Oppositionsbewegung der »Freien Jemeniten« ermordet.

Revolution und Teilung des Jemen

Nach dem Tod von Yahyas Sohn, Imam Ahmad, stürzte am 26. 9. 1962 (Nationalfeiertag) eine Gruppe nationalistischer Offiziere unter der Führung von General Abdallah as-Sallal die Monarchie in Sana und rief die Republik aus. As-Sallal wurde erster Präsident (gestürzt 4. 11. 1967). Der letzte zaiditische Imam, Muhammad al-Badr, floh in die Berge zu loyalen Stämmen. Im daraufhin ausbrechenden achtjährigen Bürgerkrieg zwischen Royalisten und Republikanern unterstützte Saudi-Arabien die gestürzte Monarchie, während Ägypten den Republikanern half.

Auch nach der Niederlage von al-Badr blieb die politische Lage instabil, es folgten häufige Regierungswechsel und Attentate (Ermordung des Präsidenten al-Hamadi 1977, des Präsidenten al-Ghashmi 1978). Nach Grenzkämpfen mit Südjemen im September 1972 wurde am 28. 10. 1972 in Kairo ein Abkommen über den Waffenstillstand und die Vereinigung beider Jemen unterzeichnet, von dem Nordjemen jedoch 1973 wieder zurücktrat. Aufgrund des unterschiedlichen Charakters der beiden Staaten ist eine Wiedervereinigung trotz eines neuen entsprechenden Vertrages von 1979 bis heute jedoch nicht in Sicht. Außenpolitisch balanciert Nordjemen zwischen Ost und West.

Kultur

Nach langer Abgeschlossenheit während der Herrschaft der zaiditischen Imame öffnet sich die Arabische Republik Jemen behutsam nach außen und bemüht sich mit ausländischer Hilfe heute verstärkt um die Erforschung und Erhaltung der alten Kulturen.

In Marib, der ehemaligen Hauptstadt des Sabäer-Reiches (120 km östlich von Sana), sind heute noch Reste des berühmten Staudammes sowie eines dem Mondgott Almaqah geweihten Heiligtums zu sehen. 1952 wurde auch der Tempel der Bilqis teilweise freigelegt, der von den Jemeniten der legendären biblischen Königin von Saba und Zeitgenossin des Königs Salomo zugewiesen wird. Bedeutende Zeugnisse der Sabäer sind die Inschriften von Marib und Sirwah (35 km westlich von Marib), die Aufschluß über religiöse Riten, Geschichte und Organisation ihres Reiches geben.

Als eine der schönsten Städte Arabiens und als bedeutendstes Zeugnis eines islamischen Architekturensembles gilt die Altstadt von Sana, die die UNESCO unter ihren Schutz gestellt hat. Ihre 20 bis 50 m hohen graubraunen Steinhäuser sind reich mit weißgekalkten Ornamenten verziert. Sana besitzt über 100 Moscheen.

Das neue Nationalmuseum befindet sich im Dar ash-Shukr, einem der ehemaligen Königshäuser (erbaut 1938), das zum früheren Palastbezirk al-Mutawakkil gehört. Schätze des Museums sind neben einer Antikensammlung, die ständig vergrößert wird, eine Sammlung vorislamischer Stücke, historische Objekte der Königsfamilie sowie eine volkskundliche Sammlung. Auch der Gästeraum des Königs ist im Museum rekonstruiert worden.

Im Palast des Imam Ahmad in Taizz, der heute ebenfalls Museum ist, kann man ein größeres Herrschaftshaus des Jemen von innen kennenlernen. Ausgestellt sind u. a. einige schöne Teppiche, alte Waffen sowie Kostüme.

Reise-Informationen

Einreise- und Fahrzeugpapiere
Bürger der Bundesrepublik Deutschland, der Schweiz und Österreichs brauchen einen gültigen Reisepaß bzw. Kinderausweis und ein Visum. Im Paß dürfen sich keine Stempel von Israel oder der Republik Südafrika befinden.

Als Fahrerlaubnis wird der internationale Führerschein benötigt.

Zoll
Bei der Einreise sind zollfrei: 200 Zigaretten oder 50 Zigarren oder 250 g Tabak, für Nichtmuslime 1 Liter Spirituosen und etwas Parfüm.

Statussymbol: die Dschambiya, ein reich verzierter Krummdolch.

Devisen
Jemen-Rial (Y.Rl) dürfen weder ein- noch ausgeführt werden. Fremdwährungen können unbegrenzt mitgeführt werden (Deklaration ab einem Wert von 3000 US-$ erforderlich).

Impfungen
Malariaschutz ist von September bis Februar erforderlich.

Verkehrsverhältnisse
Zwischen den großen Städten bestehen Flug- und Busverbindungen. Taxis und Mietwagen stehen zur Verfügung.

Unterkünfte
Luxus- und Mittelklassehotels gibt es in den Städten; die landesüblichen Gasthäuser (Funduks) bieten sehr einfache Unterkünfte.

Reisezeit
Am angenehmsten reist man in den Monaten September, Oktober, Januar, Februar und Mai.

Jemen Demokratisc Volksrepubl

Peter Wald

Wie schön wäre es, mit dem Auto von Taizz oder Al Baida aus vom Nord- in den Südjemen zu reisen. Aber den Touristen – nicht den Diplomaten – ist das versagt. Eine Reise durch die einzige Volksrepublik der Arabischen Halbinsel kann immer nur in Aden beginnen. Dabei ist die Hauptstadt des Südjemen – ganz im Gegensatz zur Hauptstadt des Nordens – die geringste Attraktion. Dennoch: Nur in Aden ist die Eingangstür zum Südjemen spaltbreit geöffnet, sei es am Hafen oder auf dem Flugplatz.

Während normalerweise ein einzelner eher durch einen Spalt gelangt als eine ganze Gruppe, ist es hier umgekehrt: Gruppen sind eben leichter zu dirigieren als quirlige Einzelreisende; der organisatorische Aufwand ist für ein Individuum fast derselbe wie für ein Kollektiv von zehn oder zwanzig Menschen. Deshalb muß auch der Einzelreisende – falls ihm der Eintritt gestattet und eine Besuchsgenehmigung für andere Provinzen gewährt wird – die Kosten für ein kleines Kollektiv übernehmen: für einen Wagen mit Fahrer und mindestens zwei Reiseführer.

Staatsname:	Demokratische Volksrepublik Jemen
Amtssprache:	Arabisch
Einwohner:	2,4 Millionen
Fläche:	332 968 km²
Hauptstadt:	Aden (Baladiyat Adan)
Staatsform:	Sozialistische Volksdemokratie
Kfz-Zeichen:	ADN
Zeitzone:	MEZ +2 Std.
Geogr. Lage:	Arabische Halbinsel, grenzt an Saudi-Arabien, die Arabische Republik Jemen und den Oman

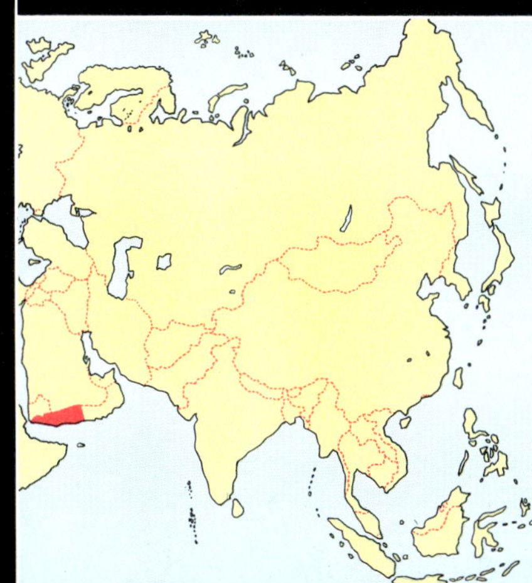

Wolkenkratzer in der Wüste. Bis zu 30 Meter hoch erheben sich die Wohntürme von Shibam im Wadi Hadramaut. Sie sind aus luftgetrockneten Lehmziegeln erbaut und verleihen der Stadt den Charakter einer Festung.

...he ...k Jemen

Kein Zugang zur Antike

Spätestens in Aden erfährt der Reisende, daß er nicht den Spuren der Forscher folgen kann, die erst vor wenigen Jahrzehnten das Land bereisten. Der Deutsche Hans Helfritz, die Briten Harry St. John Bridger Philby und Freya Stark sowie der Amerikaner Wendell Phillips – sie alle gelangten, wenn auch unter großen Mühen, in den dreißiger, vierziger und fünfziger Jahren unseres Jahrhunderts nach Timna und Shabwah, den Hauptstädten antiker Königreiche an der Weihrauchstraße. Die sozialistische Staatsmacht des Südjemen ist, wie wohl alle sozialistischen Mächte, mißtrauisch gegenüber Entdeckungsreisenden. Von Timna und Shabwah ist es nicht weit bis zu der nicht exakt bestimmten Grenze zum Nordjemen und auch nicht bis zu den jüngst erschlossenen Ölquellen. Deshalb müssen die heutigen Reisenden hinter ihren Vorgängern, die in einer von britischen Kolonialbeamten und arabischen Kleinfürsten bestimmten Zeit ins Land kamen, zurückstehen.

▷ ***Habban, eine typische arabische Kleinstadt mit hochaufragenden Häusern aus Stampflehm und luftgetrockneten Ziegeln. Um die Stadt türmen sich die mächtigen Tafelberge des über 2000 Meter hohen jemenitischen Berglandes. Im Tal sorgt ein ausgeklügeltes Bewässerungssystem für Fruchtbarkeit. Hier gedeihen vor allem Hirse, Mais, Weizen, Wassermelonen, Datteln und Baumwolle.***

△ ***Seit der Unabhängigkeit von Großbritannien 1967 ist die Volksrepublik Jemen ein sozialistischer Einparteienstaat. Die militärischen Führer lassen sich auf ebenso martialischen wie naiven Plakaten feiern.***

▷ ***Einheimische in der Küstenstadt Al Mukalla bei Gesang und Tanz. Der negroide Einschlag dieser Menschen ist auf die jahrhundertelangen engen Beziehungen zu den Völkern der afrikanischen Küste zurückzuführen.***

Wer dennoch schon in Aden eine Begegnung mit der Antike sucht, kann die Zisternen von At Tawilah ansehen. At Tawilah nennen die Araber ein Tal, das sich – zum Berg Shamsan hin ansteigend – am nördlichen Ende des Adener Stadtteiles Crater durch die Felsen zwängt. Dort ist unter britischer Herrschaft ein Park entstanden, in dem sich auch Teile des antiken Wasserversorgungssystems befinden. Bassins und Überlaufrinnen, Kanäle und wiederum Bassins sind – flankiert von ausgemauerten Wegen und überspannt von Brük-

ken aus roten Ziegeln – in den Berg geschlagen. 17 Staubecken aus der Zeit des alten Südarabiens reihen sich aneinander. Etwa 45 Millionen Liter kann die ganze Anlage auffangen, wenn es einmal kräftig geregnet hat. Dann werden die am Shamsan fallenden Niederschläge sinnreich gesammelt und kanalisiert.

Aden ist heute allerdings nicht mehr von diesen Zisternen abhängig – das gesammelte Regenwasser dient nur noch der Bewässerung der Gärten.

Ein Tal ohnegleichen: Wadi Hadramaut

Nicht Shabwah, die untergegangene Hauptstadt des alten Hadramaut, aber immerhin das berühmte Wadi Hadramaut ist für den modernen Reisenden erreichbar. Wem die Möglichkeit geboten wird, der sollte die mindestens 14stündige Autofahrt nicht scheuen. Die Straße führt durch eine interessante Landschaft des Südjemen, die sich bei einem Flug ins Wadi Hadramaut nicht so offenbart.

Die Volksrepublik Jemen hat in den siebziger Jahren mit chinesischer Wirtschaftshilfe eine bis Al Mukalla durchgehende Asphaltstraße gebaut. Sie führt ab Aden etwa 100 Kilometer weit in Meeresnähe durch die Küstenregion.

Hier ist seit dem Ende der britischen Oberhoheit im Jahr 1967 die Landwirtschaft stark entwickelt worden. Es werden Baumwolle, Getreide, Tabak und Früchte angebaut. Insgesamt wird jedoch weniger als ein Prozent des Staatsgebietes landwirtschaftlich genutzt: Sand- und Steinwüsten überwiegen. Die Fischerei ist als Erwerbs- und Nahrungsmittelquelle für den Südjemen wichtiger als die Landwirtschaft.

Der Weg nach Al Mukalla führt den Reisenden an zwei Ruinenstätten vorbei: Mayfaah und Qana. Die auf einem Hügel thronende Stadt und Festung Mayfaah beherrschte einst den vom Meer heraufführenden Karawanenweg nach Norden, der sich zu ihren Füßen gabelte.

Qana haben Wissenschaftler inzwischen als antike Hafenstadt identifiziert, dort wurden die Weihrauchharze verladen, die dann auf dem Landweg bis nach Palästina, Ägypten und Europa gelangten.

Hinter Al Mukalla verläuft die Reiseroute nach Norden; bis in das Wadi Hadramaut mit den drei größeren Städten Shibam, Sayyun und Tarim sind es nun noch rund 350 Kilometer. In diesem weiten Tal, das sich bis zu zehn Kilometer breit und knapp 200 Kilometer lang von West nach Ost hinzieht, leben heute etwa 200000 Menschen.

Die Landschaft Hadramaut gewinnt ihren Reiz durch das harmonische Nebeneinander von Gegensätzen: Sie besitzt einen hohen Grad an Urbanität, der jedoch den Bauern und ihren Dörfern den Lebensraum nicht beschnitten hat; und Landwirtschaft wird mit einfachem Gerät so sehr in Übereinstimmung mit der Natur betrieben, daß streckenweise noch die Urlandschaft erhalten ist.

Als städtisches Juwel des Wadis, etwa in der Mitte gelegen, gilt zu Recht die Stadt Shibam. Auf einer Fläche von 400 mal 500 Metern stehen rund 500 Häuser. Das Erstaunliche: Obwohl sie aus Stampflehm oder luftgetrockneten Ziegeln erbaut sind, erreichen die meisten eine Höhe von 30 Metern, und viele der Hochhäuser von Shibam dürften zwischen 100 und 300 Jahre alt sein.

Gerade hier zeigt sich der Südjemen als ein Stück Orient voll Zauber und Ursprünglichkeit. Bisweilen kann eben eine nach unserem Verständnis weltverschlossene, wenig tolerante Politik auch ihre segensreichen Wirkungen haben.

Landesnatur

Fläche: 332 968 km² (etwa um ein Drittel größer als die Bundesrepublik Deutschland)
Ausdehnung: Südwest–Nordost 1150 km, Nordwest–Südost 400 km
Höchster Berg: Jabal Thamir 2513 m

Die Demokratische Volksrepublik Jemen liegt im Süden der Arabischen Halbinsel. Das Land grenzt im Westen an die Arabische Republik Jemen, im Norden an Saudi-Arabien und im Osten an den Oman. Im Süden besitzt das Land eine 1200 km lange Küste am Golf von Aden. Zum Staatsgebiet zählen noch einige Inseln im Roten Meer, in der Meerenge Bab al Mandab und im Arabischen Meer (größte: Sokotra 3600 km²).

Naturraum
Das Land läßt sich in drei große Gebiete, die parallel zum Golf von Aden verlaufen, aufteilen: Die bis zu 70 km breite *Küstenebene* wird vor allem im Westen durch vorstoßende Gebirgsflanken gegliedert. Teilweise finden sich Lavafelder und Vulkankegel, Zeugen von früherem Vulkanismus; die Hauptstadt Aden liegt in einem Doppelkrater.
Zum Landesinneren hin erhebt sich steil das *Randgebirge*, an das sich ein über 2000 m gelegenes Hochland anschließt. Hochland und Gebirge sind von Wadis (nur zeitweise wasserführenden Trockentälern) durchzogen; das bekannteste ist das Wadi Hadramaut (Hadramawt). Nach Norden hin fällt das Hochland auf etwa 500 m ab und geht in die *Sandwüste* Ar Rub al Khali über.

Klima
Das Land hat tropisches Klima mit hohen Temperaturen und geringen Niederschlägen. Der Küstenstreifen ist feuchtheiß (Aden: Januarmittel 25 °C, Junimittel 33 °C, 40 mm Jahresniederschlag). Das Randgebirge erhält mit 500 mm den meisten Regen im Jahr; das trockene Hochland und

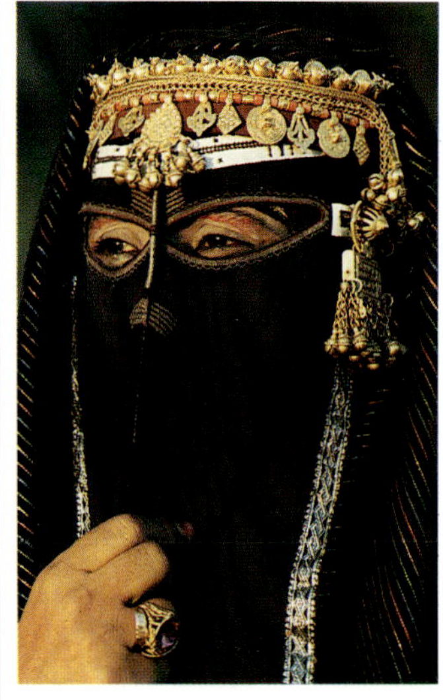

Jemenitin aus dem Wadi Hadramaut: prächtiger Kopfschmuck und dunkler, dichter Schleier.

die anschließende Wüste verzeichnen nur noch selten Niederschläge; die Temperaturunterschiede sind dort sehr groß.

Vegetation und Tierwelt
Auf den Lavafeldern und am sandigen Küstensaum wachsen Dattelpalmen und Myrrhensträucher, im Hochland Akazien und Tamarisken.
Typische Tiere des Landes, der Nubische Steinbock und die Oryx-Antilope, sind vom Aussterben bedroht. Der Golf von Aden ist reich an Fischen, besonders an Sardinen und Haien.

Der Fels im Hintergrund war die Keimzelle der Stadt Aden.

Politisches System

Staatsname: Al-Jumhuriyah al-Yamaniyah ad-Dimuqratiyah ash-Shabiyah
جمهورية اليمن الديمقراطية الشعبية
Staats- und Regierungsform: Sozialistische Volksdemokratie
Hauptstadt: Aden (Baladiyat Adan)
Mitgliedschaft: UN, Arabische Liga, Beobachterstatus im COMECON

Höchstes gesetzgebendes Organ ist der Oberste Volksrat mit 111 Mitgliedern, in den die Jemenitische Sozialistische Partei, die Armee und die Gewerkschaften Delegierte entsenden. Der Volksrat wählt das 15köpfige Präsidium und dessen Vorsitzenden, der dadurch Staatspräsident wird.
Das Land gliedert sich in sechs Provinzen. Die auf der Scharia beruhende Rechtsprechung erfolgt durch den Obersten Gerichtshof und untergeordnete Gerichte.

Bevölkerung

Einwohnerzahl: 2,4 Millionen
Bevölkerungsdichte: 7 Einw./km²
Bevölkerungszunahme: 2,6 % im Jahr
Größte Städte: Aden (370 000 Einw.), Al Mukalla (100 000)
Bevölkerungsgruppen: 90 % Araber, je 3 % Somalier, Pakistaner, Inder

Der Anteil der unter 15jährigen liegt bei der südjemenitischen Bevölkerung mit 44 % sehr hoch. Etwa ein Fünftel der Erwerbstätigen arbeitet im benachbarten Ausland, im Land selbst herrscht Arbeitskräftemangel. Als Folge der Unruhen von 1986 wohnen derzeit noch viele Einwohner in Flüchtlingslagern. Nur etwa 2 % der Landesfläche sind besiedelt; 40 % der Einwohner leben in Städten.
Landessprache ist Arabisch; 90 % der Bevölkerung sind sunnitische Muslime.

Soziale Lage und Bildung
Ein Sozialversicherungssystem besteht nicht, wichtigster Träger der sozialen Absicherung ist nach wie vor der traditionelle Familienverband. Die medizinische Versorgung ist immer noch unzureichend.
Allgemeine Schulpflicht bei kostenlosem Unterricht besteht für 7- bis 14jährige; die Analphabetenrate liegt noch bei etwa 55 %. 1975 wurde in Aden eine staatliche Universität gegründet.

Wirtschaft

Währung: 1 Jemen-Dinar (YD) = 1000 Fils
Bruttoinlandsprodukt (in Anteilen): Land- und Forstwirtschaft 9 %, industrielle Produktion 24 %, Dienstleistungen 67 %
Wichtigste Handelspartner: EG-Staaten, UdSSR, Vereinigte Arabische Emirate, Japan, Arabische Republik Jemen

Die Demokratische Volksrepublik Jemen ist fast vollständig auf Auslandshilfe, v. a. aus arabischen und sozialistischen Ländern, angewiesen. Hinzu kommen umfangreiche Überweisungen von den im Ausland arbeitenden Jemeniten. Seit Ende der 60er Jahre besteht ein sozialistisches Wirtschaftssystem; viele staatliche und halbstaatliche Betriebe arbeiten unter der Rentabilitätsgrenze.

Landwirtschaft
Ackerbau ist trotz Ausweitung der künstlichen Bewässerung nur auf weniger als 1 % der Landesfläche möglich. Die wichtigsten Anbauprodukte sind Hirse, Obst, Gemüse und Baumwolle. Die Viehzucht liegt traditionell in den Händen nomadischer Beduinen. Der Fischfang, insbesondere in den Küstengewässern, hat sich in den letzten Jahren zu einem wichtigen Wirtschaftszweig entwickelt.

Bodenschätze, Industrie
Der Südjemen ist geologisch noch wenig erforscht. Über die Ergiebigkeit der erst kürzlich entdeckten Erdöllagerstätten ist wenig bekannt. Das Land ist weitgehend von Ölimporten abhängig.
Wichtigster Industriezweig ist die Erdölverarbeitung. Die Raffinerie in Aden ist der einzige Großbetrieb des Landes. Daneben werden Konsumgüter, überwiegend für den Inlandsmarkt, hergestellt.

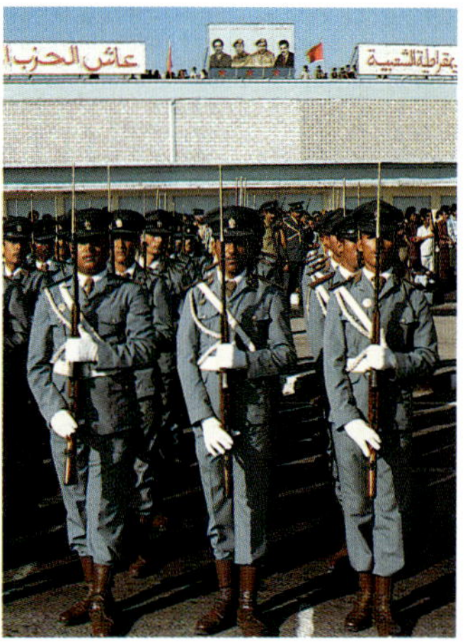

Paraden gehören zum Alltag der Sozialistischen Volksrepublik.

Handel
Die Handelsbilanz ist seit Jahren defizitär. Hauptimportgüter sind Erdöl, Nahrungsmittel, Maschinen und Kraftfahrzeuge. Exportiert werden hauptsächlich Erdölprodukte, in geringem Umfang auch landwirtschaftliche Erzeugnisse.

Verkehr, Tourismus
Das unzureichende Straßennetz (rd. 11 000 km) besteht überwiegend aus Sandpisten; etwa 1900 km sind befestigt. In Aden gibt es einen großen Überseehafen und einen internationalen Flughafen.
Für Tourismus ist kaum eine Infrastruktur vorhanden.

Geschichte

Die Geschichte Südjemens ist mit der des Nordjemen eng verbunden. In ihrem Verlauf waren beide Jemen mehrfach getrennt; eine dauerhafte Auseinanderentwicklung zeichnete sich

seit der britischen Besetzung Adens (1839) ab.
In den 40er Jahren des 20. Jh. bildete Aden (seit 1937 britische Kronkolonie) das Zentrum der Opposition gegen den despotischen Imam Yahya in Sana (Nordjemen). 1944 gründeten im Adener Exil Kaufleute, Intellektuelle und religiöse Führer die Oppositionsbewegung der »Freien Jemeniten«. Diese Gruppe ermordete 1948 Yahya, doch wurde die Revolte wenig später von Yahyas Sohn, Imam Ahmad, niedergeschlagen. Die verbliebenen Anhänger bauten ab 1952 ihre zerschlagene Organisation wieder auf. Ein Putschversuch im März 1955 scheiterte jedoch.
1959 wurde von sechs Sultanaten und Emiraten die Südarabische Föderation geschaffen (1963 traten die britische Kronkolonie Aden und 1965 elf weitere Sultanate dazu) und ein Schutzvertrag mit Großbritannien geschlossen, der militärische und finanzielle Unterstützung zusicherte. Die nationalistische Bewegung in Aden lehnte die Südarabische Föderation ab.

Der Kampf gegen die Kolonialmacht

Nach dem Sturz der Monarchie in Sana durch eine Gruppe nationalistischer Offiziere und der Proklamation der Arabischen Republik Jemen am 26. 9. 1962 verschärfte sich die Situation. Zwischen den von Saudi-Arabien unterstützten Royalisten und den Republikanern, hinter denen Ägypten stand, brach ein Bürgerkrieg aus, der acht Jahre dauerte. Im Oktober 1963 begann die neugegründete »Nationale Befreiungsfront« (NLF) einen Guerillakrieg gegen die Kolonialmacht in Aden. Großbritannien versuchte, die Widerstandsbewegung auszuschalten und die Föderation zu retten.
1966 schlossen sich mehrere Organisationen der nationalistischen Bewegung »Front für die Befreiung des besetzten Südjemen« (FLOSY) an. Derweil kündigte Großbritannien die Unabhängigkeit Südarabiens für den 1. 1. 1968 an. Mit Hilfe der Bevölkerung gelang es der NLF im September 1967, die meisten Fürstentümer unter ihre Kontrolle zu bringen und nach Kämpfen im Oktober/November die FLOSY zu verdrängen. Großbritannien nahm Verhandlungen mit der NLF auf und zog seine Truppen ab. Am 30. 11. 1967 (Nationalfeiertag) wurde von der NLF die unabhängige Volksrepublik Südjemen ausgerufen.

Der sozialistische Kurs Südjemens

Die Regierung des neuen Staates verfolgte von Anfang an einen sozialistischen Kurs und lehnte sich außenpolitisch stark an die sozialistischen Staaten (vor allem UdSSR, VR China, DDR) an. Sie verwirklichte eine grundlegende Landreform, führte das System der Planwirtschaft ein und nationalisierte alle ausländischen Unternehmen.
Das Land erhielt 1970 eine neue Verfassung und wurde in »Demokratische Volksrepublik Jemen« umbenannt. Nach anhaltenden Grenzstreitigkeiten mit Nordjemen 1971/72 schlossen die beiden Jemen am 28. 10. 1972 in Kairo einen Friedensvertrag, der die Vereinigung beider Länder einleiten sollte. Doch obwohl die Führungen beider Staaten immer wieder die Einheit als Ziel deklarierten, scheiterten alle Wiedervereinigungsversuche bisher an den unterschiedlichen Gesellschaftssystemen.

Politische Unruhen

1976 kam es nach wiederholten Zusammenstößen (1969 und 1973) zu einer Aussöhnung mit Saudi-Arabien, das ebenso wie Kuwait umfangreiche Wirtschaftshilfe anbot. Auch die wirtschaftliche Bindung an den Ostblock verstärkte sich.
Die seit 1969 bestehenden Differenzen zwischen den einzelnen Gruppen der NLF entluden sich im Januar 1986 in einem zweiwöchigen Bürgerkrieg, der mehreren tausend Menschen das Leben kostete.

Kultur

Die Demokratische Volksrepublik Jemen mit der noch an die britische Kolonialzeit erinnernden Hauptstadt Aden bleibt Ausländern heute weitgehend verschlossen. Im Vergleich zum Nordjemen sind die Zeugnisse aus der Vergangenheit noch wenig erforscht.

Architektur und Kunst

Neuere Grabungen förderten 1975 die Ruinen des antiken Shabwah (rd. 500 km nordöstlich von Aden) zutage, von dem heute Stadtmauer, Stadttor sowie ein Palast freigelegt sind. Die Sakral- und Profanarchitektur des Südjemen unterscheidet sich kaum von der des Nordens. Besonders eindrucksvoll ist die Stadt Shibam im Wadi Hadramaut (25 km westlich von Sayyun), die man wegen ihrer etwa 500 bis zu 30 m hohen Häuser auch »Chicago der Wüste« nennt. Sehenswert sind auch die neuen Paläste und prächtigen Villen aus dem 19. Jh. sowie das über 50 m hohe Minarett der Al-Mihdar-Moschee in Tarim (30 km östlich von Sayyun). Kleinkunstgegenstände, aber auch Inschriftenstelen des Südjemen werden im Nationalmuseum von Aden aufbewahrt.

Die Literatur des Jemen

Als große jemenitische Dichter der vorislamischen Zeit gelten Imra al-Qays (gest. um 550 n. Chr.) sowie Amr ibn Madikarib (gest. um 641), dessen »Daliya« (Gedicht, das auf den Buchstaben d reimt) Friedrich Rückert übersetzte.
Bedeutendster Schriftsteller des Hochmittelalters war der Gelehrte und Historiker al-Hamdani (gest. 945 n. Chr.), der heute nicht mehr bestehende Städte beschrieb. Der Gelehrte, Historiker, Politiker und Dichter Nashwan al-Himyari (gest. 1178) schuf mit »Himjarische Kasideh«, dem Gedicht über Himyar, eine Art jemenitisches Nationalepos. Von Ahmad ibn Alwan blieb die erste Gedichtsammlung in jemenitischer Umgangssprache erhalten.
Zwischen dem 12. und dem 15. Jh. erreichte die Dichtkunst vor allem mit Sultan al-Malik al-Mujahid (1322 bis 1363) einen neuen Höhepunkt. Herausragender Vertreter der zeitgenössischen jemenitischen Poesie ist der Dichter und Revolutionär Mahmud az-Zubayri (»Schrei an die Schlafenden«, 1945). Lange Zeit kam den Dichtern des Südjemen eine führende Rolle zu, da ihnen der Kolonialstatus ihres Landes Kontakte zu den übrigen islamischen Ländern, aber auch zur westlichen Welt eröffnete.

Sozialistische Massenveranstaltungen bedürfen sorgfältiger Vorbereitung und Einübung.

Reise-Informationen

Einreisepapiere
Bürger der Bundesrepublik Deutschland, der Schweiz und Österreichs benötigen für einen Aufenthalt von einem Monat einen gültigen Reisepaß bzw. Kinderausweis sowie ein Visum (Einladung erforderlich). Im Paß dürfen keine Stempel von Israel und der Republik Südafrika sein.
Zoll
Bei der Einreise sind zollfrei: 200 Zigaretten oder 50 Zigarren oder 225 g Tabak, 2 Liter Spirituosen sowie eine kleine Menge Parfüm.
Devisen
Jemen-Dinar (YD) dürfen weder einnoch ausgeführt werden. Fremdwährungen sind unbeschränkt mitführbar (Deklaration erforderlich).
Impfungen
Außerhalb der Hauptstadt Aden ist Malaria-Prophylaxe erforderlich.
Verkehrsverhältnisse
Die größeren Städte sind von der Hauptstadt aus mit dem Flugzeug erreichbar. Mietwagen gibt es nur mit Fahrer, in den Städten stehen Taxis zur Verfügung.
Unterkünfte
Die drei Hotels in Aden (Gold Mohur, Chalet und Crescent) genügen europäischen Ansprüchen.
Reisezeit
Am angenehmsten reist man von Oktober bis April.

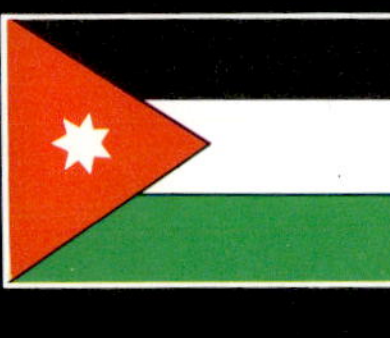

Jordanien

Peter M. Ranke

Ein Wüstenreich nennt man das kleine Land am Jordan. Unter der Herrschaft des tatkräftigen Königs Hussein hat sich das verhältnismäßig junge Jordanien zu einem wichtigen Mitglied der Staatengemeinschaft im Nahen Osten entwickelt. Geschichtliche Zeugen wie die alten Städte Jerusalem, Petra oder Gerasa – das heutige Jarash – künden von einer großartigen Vergangenheit.

Aber auch in den Krisenmeldungen unserer Tage taucht der Name Jordanien immer wieder auf. Im Golfkrieg bildet die jordanische Hafenstadt Akaba die Basis, über die der Irak Nachschub erhält. Die Zukunft des Landes, seiner Menschen – Städter, Bauern, Beduinen – und auch die seines geachteten Königshauses wird jedoch wesentlich vom Verhältnis der arabischen Staatenwelt – und damit auch Jordaniens – zum benachbarten Israel bestimmt werden.

Staatsname:	Haschemitisches Königreich Jordanien
Amtssprache:	Arabisch
Einwohner:	3,9 Millionen (2,8 Millionen ohne Westjordanien)
Fläche:	97 740 km² (90 650 km² ohne Westjordanien)
Hauptstadt:	Amman
Staatsform:	Konstitutionelle Monarchie
Kfz-Zeichen:	JOR
Zeitzone:	MEZ +1 Std.
Geogr. Lage:	Vorderasien, im Nordwesten der Arabischen Halbinsel, begrenzt von Israel, Syrien, dem Irak und Saudi-Arabien

Ebenso malerisch wie zuverlässig: die Patrouille der Wüstenpolizei. Sicherheit und Ordnung werden großgeschrieben im Haschemitischen Königreich. Nicht von ungefähr steht Jordanien in dem Ruf, das Preußen unter den arabischen Staaten zu sein.

Jeder Besucher ist ein Gast des Königs

Alles ist klar und ordentlich. Polizisten und Soldaten tragen saubere Uniformen. Bettelei in den Straßen kennt man nicht. Korruption in der Verwaltung ist selten. Die Hauptstadt Amman mit ihren Sandsteinhäusern wirkt nach einem Winterregen wie frisch gewaschen. Im Sommer brennt hier eine unbarmherzige Wüstensonne auf die verlassenen Straßen nieder und läßt das Wasser knapp werden. Aber in Jordanien hat alles seine Ordnung. Dann wird Wasser eben rationiert oder von Lastwagen herab in Kanistern verkauft. Unter den arabischen Staaten wirkt Jordanien gewissermaßen preußisch. Jeder Besucher fühlt sich sicher und gut aufgehoben, die Gastfreundschaft der Beduinen und ihr Stolz haben sich über das ganze Land verbreitet. In Jordanien ist jeder Besucher ein Gast des Königs.

Braunhäutige Soldaten vom Beduinenstamm der Beni Sakhr oder der Beni Hassan bewachen mit Falkenaugen und Maschinenpistolen die Paläste der Königsfamilie. König Hussein, 1935 in Amman geboren, ist noch immer »ihr« König, ihr Oberbefehlshaber und Führer. Er ist ja auch ein Beduinensproß, tapfer und treu. Ein Sohn der Wüste und Nachkomme des Propheten Mohammed aus dem Haschemiten-Clan.

Erst Anfang der zwanziger Jahre kommt sein Großvater Abdallah, von den Saudis aus dem Hedschas mit den heiligen Stätten Mekka und Medina vertrieben, als Emir nach Transjordanien. Er erhält das von den Engländern aus dem Erbe des Osmanischen Reiches nach 1918 herausgetrennte Steppen- und Wüstengebiet jenseits des Jordans zum Lehen. Im Kampf gegen Räuber und Schmuggler wird unter Führung von Sir John Bagot Glubb die »Arabische Legion« mit englischen Offizieren aufgebaut. 1946 macht Abdallah sich nach der vollen Unabhängigkeit zum König, 1948 schlägt er seinem Reich den arabisch gebliebenen Teil des Mandatsgebietes Palästina und den Ostteil Jerusalems hinzu, die 1950 offiziell eingegliedert werden. Aus dem Emirat Transjordanien wird das Haschemitische Königreich Jordanien.

Am 20. Juli 1951 wird der Staatsgründer Abdallah vor den Augen seines Enkels Hussein am Eingang der Al-Aksa-Moschee in Jerusalem von einem fanatischen Palästinenser ermordet. Zwei Jahre später folgt ihm Hussein als Herrscher nach und wird trotz zahlreicher Mordanschläge der am längsten regierende Monarch im unruhigen Nahen Osten.

▷ Kraft und Genügsamkeit strahlt dieser Wüstensohn aus, der auch zur Festtracht Waffen trägt. Auf die Beduinen kann sich König Hussein verlassen; er gilt als einer der ihren.

▽ Kaiser Hadrian zu Ehren wurde 129 n. Chr. ein Triumphbogen in der römischen Stadt Gerasa, dem heutigen Jarash, errichtet. Vermutlich war das ehemals über 25 Meter breite und 21,5 Meter hohe Monument als prachtvoller Stadteingang gedacht.

Die Gesetze des Korans bestimmen das tägliche Leben

Die Straßen und Gärten in Amman sind grün. Aufforstung ist ein Steckenpferd der Regierung – Beduinen und Türken hatten den reichen Bestand an Kiefern und Korkeichen viele Jahrhunderte lang als Brennholz verbraucht. Die Steppen und Wüstengebiete außerhalb der Hauptstadt, die von den Winterregen des Mittelmeeres nur selten oder gar nicht erreicht werden, lassen nur karge Zwerg- und Dornsträucher und Schirmakazien gedeihen. Doch die Außenviertel von Amman, die mit ihren zahlreichen Villen, Handelshäusern, Geschäften und Banken als Erben des zerstörten Beirut auftreten, gleichen einem grünen, schattigen Gürtel.

Die Hauptstadt als Agglomeration zählt über eine Million Menschen, fast die Hälfte der 2,8 Millionen Jordanier (ohne das besetzte Westjordanien). Das Klima ist angenehm in dieser Höhe um 800 Meter, aber es

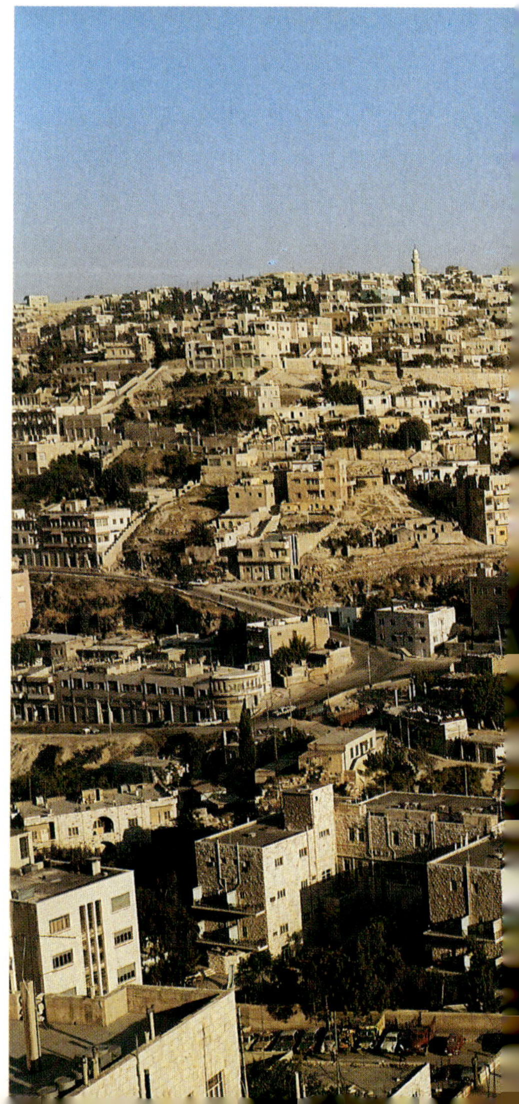

fehlt an Arbeitsmöglichkeiten für die Zuwanderer aus anderen Städten und vom Lande.

Es gibt zahlreiche Sportstätten in öffentlichen und privaten Clubs, aber nur wenige Schwimmbäder: Der wachsende Einfluß des orthodoxen Islam hat zu einer zunehmenden Trennung der Geschlechter geführt – auch Mädchen und Frauen der städtischen Volksschichten zeigen sich nicht in Badeanzügen. Selbst wenn Königin Nur, die vierte Frau Husseins, blond und amerikanischer Abstammung, in einer ärmellosen Bluse im Fernsehen auftritt, empört sich die islamische Geistlichkeit. Doch König Hussein läßt sich weiter bei seinem geliebten Sport – Wasserski im Golf von Akaba – filmen und bewundern.

Wie in jedem islamischen Land wird auch in Jordanien in der Zivilgesetzgebung nach den Vorschriften der Scharia geurteilt, nach den Gesetzen des Korans. Das gilt etwa für Hochzeiten, Erbschaften oder Scheidungen.

Bei einer Hochzeit, die von den Eltern arrangiert wird, geben die reichen Familien des Landes für die Feierlichkeiten in einem der großen Hotels umgerechnet 100000 Mark und mehr aus. Man zeigt, was man hat, und man läßt möglichst viele Freunde daran teilhaben. Das gehört zur arabischen Mentalität und zur Tradition der Beduinen.

Amman bietet – wie viele andere arabische Städte – dem Ausländer nicht viel. Es gibt zwar Restaurants und Kaffeehäuser mit arabischen, europäischen oder amerikanischen Speisekarten, doch bis auf gelegentliche Auftritte europäischer Musikensembles oder Orchester findet ein kulturelles Leben in unserem Sinne kaum statt. Die Gebote des Islam lassen da nicht viel Raum. Nur wer sich für den ewigen Partyreigen der Diplomaten und Industrievertreter oder besser noch für Geschichte interessiert, kann hier auf seine Kosten kommen. Denn schließlich ist Amman das Rabbath Ammon des Ammoniterreiches. Diese Hauptstadt wurde in biblischer Zeit von König David belagert und eingenommen, wobei David den Feldhauptmann Urija in den Tod schickte, um sich dessen schöne Frau Batseba nehmen zu können. Die Stadt, die damals wie die heutige Altstadt in tiefen Felsschluchten verborgen lag, wurde dann von Babyloniern, Assyrern und Persern heimgesucht. In der hellenistischen Periode nach Alexander dem Großen erhielt sie um 270 v. Chr. den Namen Philadelphia. Von der folgenden römischen Zeit kündet noch das große Theater für 6000 Zuschauer, das jetzt wieder genutzt wird. Unter den Byzantinern war die Stadt Bischofssitz, doch nach der Eroberung durch die Araber verlor sie ihre Bedeutung und geriet schließlich in Vergessenheit. Erst 1878 wurde sie von aus Rußland geflüchteten muslimischen Tscherkessen, die die Herrschaft des Sultans der des Zaren vorzogen, neu gegründet. Später machte sie Emir Abdallah zur Hauptstadt Transjordaniens, doch weckt die Bezeichnung Stadt einen ganz falschen Eindruck von dem damals abgeschiedenen, unwirtlichen Nest. Heute ist Amman wirklich eine Hauptstadt.

▽ Wie ein riesiger Krater inmitten der Stadt Amman, dem einstigen Philadelphia, wirkt das römische Theater für den Betrachter. Bis 1957 teilweise verschuttet, liegt das besonders gut erhaltene Bauwerk dem heutigen Besucher wieder in seiner ganzen Schönheit zu Füßen.

Der »Königsweg« – alte Karawanen- und Pilgerstraße

Die Straßen im Lande sind im allgemeinen gut befahrbar, der Standard von Hotels und Rasthäusern ist auch in kleineren Orten durchaus zufriedenstellend, und mit Deutsch oder Englisch kommt man fast überall durch. Mit dem eigenen Wagen kann man über Syrien oder Ägypten einreisen – vom Hafen Nuwaybi al Muzzayyinah an der Sinaiküste gibt es eine tägliche Fährverbindung nach Akaba.

Akaba mit seinen über 90000 Einwohnern ist übrigens der einzige Hafen Jordaniens. Die Seewege führen von dort durch den Sueskanal nach Europa und Amerika, durch das Rote Meer nach Afrika und Asien. Als Ferienziel mit feinen Stränden ist Akaba bei den Jordaniern sehr geschätzt und oft ausgebucht, doch haben die bunten Korallenbänke vor der Küste unter dem Hafenverkehr gelitten. Denn Akaba ist seit 1980 wichtiger Versorgungsstützpunkt für den Irak im Golfkrieg. Manchmal warten im Hafen mehr als zehn Frachter auf Entladung. Von hier aus bringen Hunderte von Lastzügen den Nachschub auf einer neuen, zum Teil vierspurigen Autobahn ins 1400 Kilometer entfernte Bagdad. Tag und Nacht. Man sieht Container mit Bierdosen, graue Kisten mit Munition unter festverschnürten Planen, Holzverschläge mit Maschinen und Ersatzteilen, Kühlwagen mit Fleisch und Fetten. Im Gegenverkehr schaffen Tanklaster irakisches Rohöl zur Verschiffung nach Akaba. Ihre Fahrer sind müde und schmutzig, aber sie verdienen gut. Als Augenzeuge fragt man sich: Wie lange geht das noch? Was kostet das an Geld, das anderswo dringend gebraucht wird? Der Krieg am Golf frißt Menschen und Material, das durch Jordanien an die ferne Front rollt.

Man kann über die Wüstenautobahn von Akaba nach Amman reisen, muß aber dann mit Staus und Unfällen rechnen. Es gibt auch eine tägliche Flugverbindung der jordanischen Fluggesellschaft Alia. Aber das wirkliche Jordanien und seine Menschen lernt man besser auf dem »Königsweg« kennen und schätzen: Diese alte Karawanen- und Pilgerstraße nach und von Mekka verband einst Damaskus mit Arabien und über den Golf von Akaba auch mit Ägypten. Sie führt durch das Bergland und die Ebenen östlich des Jordans und des Toten Meeres. Am »Königsweg« oder nahebei liegen historische Plätze und moderne Städte wie Jarash, Amman, Ma'daba, Al Karak und Ash Shawbak mit einer mächtigen Kreuzritterburg, die Mons Realis oder Montreal – königlicher Berg – genannt wurde. Dieser 5000 Jahre alte Weg, wohl einer der ältesten der Welt, entlehnt seinen Namen Ereignissen in biblischer Zeit, als vier Könige des Nordens mit ihren Heeren gegen fünf Könige des Südens zogen und Lot, den Neffen Abrahams, bei Sodom und Gomorrha gefangennahmen (Genesis 14).

Der Berg Nebo – wo Moses einst stand

Wir stehen mit unserem Fremdenführer und Fahrer Jussuf auf dem Berg Nebo, nicht weit von Ma'daba am »Königsweg« entfernt. Um uns karge Felder mit rotbrauner Erde und alte Olivenhaine. Die Kloster- und Kirchenruinen von Siyaghah mit ihren kostbaren Mosaiken, die von Franziskanern gehütet werden und einst den christlichen Wächtern des unbekannten Moses-Grabes als Wohnstätte dienten, haben wir schon besichtigt. Jetzt schweift der Blick vom Gipfel, von dem Moses das Gelobte Land übersah, weit hinunter ins Jordantal mit dem Toten Meer – in der Ferne die grüne Oase Jericho. In der klaren Luft sind auf der anderen Seite auch Jerusalems Berge mit der russischen Kirche auszumachen. Der Ausblick über diesen Grabenbruch zählt zu den eindruckvollsten Erlebnissen in Jordanien.

Unter uns liegt das Tote Meer mit seinem Salzstrand, 395 Meter unter dem Meeresspiegel, bis zu 16 Kilometer breit und 75 Kilometer lang. Langsam verlandet dieses Gewässer, da der einzige Zufluß, der Jordan, von den Jordaniern und den Israelis drüben auf der anderen Seite extensiv genutzt wird und mit seinem braunen Wasser im Sommer nur noch ein Rinnsal ist. Aus dem Jordantal glitzern die vielen Plastik-Gewächshäuser zu uns herauf – auch auf jordanischer Seite dient das warme Tal dem Anbau von Gemüse, Tomaten, Bananen, Erdbeeren.

Die Wasser des Yarmuk, eines Nebenflusses des Jordans im Norden an der syrisch-jordanischen Grenze, werden durch den Ost-Ghaur-Kanal fast bis zum Toten Meer abgeleitet und bewässern Hunderte von Hektar fruchtbaren Bodens. In den neunziger Jahren soll der Yarmuk durch einen 100 Meter hohen Damm gestaut werden, so daß der Kanal dann für drei statt wie bisher für zwei Ernten sorgen kann. Der Wahda-Damm ist das größte Gemeinschaftsprojekt Jordaniens und Syriens und kann dennoch nicht grundsätzlich dem größten Hindernis für eine weitere Besiedlung des Jordantales abhelfen: der Wasserknappheit.

Vom Berg Nebo aus erkennt man auch die politische Landschaft Jordaniens mit der Krisengrenze. Eine neue Militärstraße zieht sich auf jordanischer Seite des Toten Meeres hin und führt weiter bis hinunter nach Akaba – man darf sie nur mit einer besonderen Erlaubnis befahren. Weite Gebiete des ehemaligen britischen Mandatsgebiets mit den Städten Hebron und Nablus jenseits des Jordans hatte König Abdallah 1950 seinem Reich einverleibt, aber sein Enkel Hussein verlor sie 1967 wieder im Sechstagekrieg gegen Israel. Der Jordan bildet seitdem eine Art offene Grenze, die jeweils bis drei Uhr nachmittags – mit Ausnahme der Wochenenden und der Feiertage – überschritten werden darf. Lastwagen wechseln an den beiden Brückenübergängen die Nummernschilder; mit Ausnahme von Diplomatenfahrzeugen ist Personenwagen die Ein- oder Ausreise verboten. Jährlich überquert aber rund eine Million Menschen die Brücken: Araber auf Verwandtenbesuch, Pilger, Touristen.

Steinerne Zeugen der Geschichte

Wie tief dieses Land, das heute den Namen Jordanien trägt, auch mit der europäischen Geschichte verbunden ist, erleben wir bei der Weiterfahrt auf dem »Königsweg« nach Al Karak. Zunächst geht es durch das verkarstete und 400 Meter tiefe Wadi el Mujib mit seinen felsigen und versandeten Steilhängen. Dies ist der Grand Canyon Jordaniens. In biblischer Zeit verlief hier die Grenze zwischen den Reichen der Edomiter und der Moabiter – schwer überwindbar, denn die Zugänge zu diesem Tal waren leicht zu verteidigen. Überall an der Straße alte Meilensteine aus römischer Zeit, auch Tempel oder Reste von Kirchen der Byzantiner.

Alles aber wird überragt von der Kreuzfahrerburg Al Karak, die hier in der ehemaligen Hauptstadt des Moabiterlandes auf Geheiß König Balduins I. im 12. Jahrhundert errichtet wurde. Die Festung steht auf einem Felsvorsprung; sie war ursprünglich sieben Stockwerke hoch und ist noch heute recht gut erhalten. Hallen und Küchen waren für mehrere hundert Mann Besatzung eingerichtet. Mit Innenhöfen, Treppen und Verliesen hinter dicken Mauern mit Schießscharten für die Bogenschützen bot sie sichere Zuflucht für viele Monate. Einer der berüchtigsten Burgherren auf Al Karak war Rainald von Chatillon, der 1177 die Witwe Stephanie de Placy heiratete. Er hatte die Angewohnheit, seinen Feinden, bevor er sie von den Mauern hinab in die Tiefe stürzte, einen Holzkorb über den Kopf zu stülpen, damit sie bei den mehrfachen Aufschlägen auf die Felsen nicht bewußtlos wurden, ehe der Sturz sie völlig zerschmetterte. Als Saladin nach seinem Sieg über die Kreuzfahrer bei Hittin 1187 Rainald unter den Gefangenen erkannte, schlug er ihm persönlich den Kopf ab. Stephanie, jetzt erneut Witwe, hielt ein Jahr lang die arabisch-türkischen Belagerer fern, dann zwang der Hunger die Besatzung zur Übergabe. Das kleine Museum in der Burg mit seinen Tonscherben und alten Gläsern erinnert allerdings nicht mehr an die blutigen Kriege der Kreuzfahrerzeit. Still und verlassen, kaum besucht und weitgehend verfallen, träumen die einst mächtigen Burgen wie Al Karak, At Tafilah oder Ash Shawbak im Ostjordanland – an der äußersten Grenze der Christenheit gegen den Islam – dem Ende der Tage entgegen.

Petra, die rote Felsenstadt, ist etwas ganz anderes. Einen Tagesritt von Al Karak entfernt ist sie heute mit dem Wagen oder mit Bussen leicht erreichbar. An ihrem schmalen Zugang gibt es nicht nur ein Hotel, hier kann man auch Jeeps, Reitpferde und Fremdenführer mieten. Denn Petra, erst 1812 von dem Schweizer Johann Ludwig Burckhardt wiederentdeckt, ist heute für Jordanier und Ausländer das attraktivste Ausflugsziel. Die einstige Hauptstadt der Nabatäer, eines arabischen Nomadenstammes, der sich hier seit etwa dem vierten Jahrhundert v. Chr. niederließ, ist durch einen Ring unüberwindbarer Felsenberge geschützt. Die abgewanderten Wüstensöhne schufen von dieser sicheren Position aus ein Handelsreich, das zeitweise bis Damaskus reichte und den Karawanenverkehr kontrollierte. Später, unter der Schutzherrschaft Roms, erlebte das Reich der Nabatäer nochmals eine Blütezeit, verfiel dann aber mit dem Niedergang Roms und dem Vordringen des Islam. Geblieben sind die aus dem rötlichen Fels herausgeschlagenen großen und kleinen Grabmäler, die Tempel im nabatäisch-hellenistischen Stil und andere Bauwerke, für deren Besichtigung man Tage brauchte. In geistiger Verbindung zu den damaligen Kulturzentren im Westen haben die Nabatäer sich ein ewiges Denkmal gesetzt, ehe sie wie andere Völker von der Bühne der Geschichte verschwanden.

Der Wille der Krone gibt den Ausschlag

Jordanien ist ein reiches und armes Land zugleich. Der freundliche Stolz und die Hilfsbereitschaft gegenüber Fremden zeichnen die arabische Bevölkerung die-

Jarash

Wir stehen in einer römischen Provinzstadt. Um uns Säulen, Mauern, alte Tempel und Theater mit hohen Sitzreihen. Dieses Gerasa – oder heute Jarash – war seit dem ersten Jahrhundert v. Chr. eine reiche Handelsstadt, das Zentrum fruchtbarer Ackerbaugebiete. Auch heute noch wird hier Wintergetreide angebaut, Gewächshäuser aus Plastik schützen frühe Erdbeeren und Melonen.

Gerasa schloß sich unter römischer Herrschaft nach der Eroberung durch Pompejus 63 v. Chr. dem berühmten Schutzbund der zehn Städte (Dekapolis) an, zu dem auch Philadelphia (Amman), Gadara (Umm Qeis) und Pella im Jordantal gehörten. Sechs dieser zehn Städte liegen im heutigen Nordjordanien – als bewundungswürdige Ruinen.

Jarash mit seiner 700 Meter langen Kolonnadenstraße, mit seinen Tempelruinen und den beiden Theatern ist noch so gut erhalten und zum Teil auch restauriert worden, daß hier alljährlich im August das Jarash-Festival veranstaltet werden kann: mit Konzerten, Theateraufführungen und Folkloreveranstaltungen, die der alten Stadt aus Marmor und rötlich schimmerndem Stein neues Leben einzuhauchen scheinen.

Erst mit dem Niedergang des Römischen Reiches verlor Gerasa seine Bedeutung, erlebte aber in christlicher Zeit zwischen dem vierten und dem siebenten Jahrhundert noch einmal eine Blüte. Damals wurden 14 Kirchen aus dem Material alter Tempel erbaut und mit herrlichen Mosaiken ausgestattet. Doch nach dem Einbruch des Islams und nach dem Erdbeben von 746 wurde die Stadt endgültig verlassen und verfiel. Heute graben und forschen Archäologen in den ausgedehnten Ruinenfeldern von Jarash – den Zeugen der großen Geschichte im kleinen Jordanien.

▷ *Touristen kaufen Souvenirs, hat diese einfache Frau erkannt. Ihr Angebot an die Besucher Petras besteht aus »Antiquitäten«, Nachbildungen antiker Gebrauchsgegenstände.*

▽ *Ebenso eindrucksvoll wie Petra selbst ist die schroffe Landschaft der Umgebung. Eine gewaltige Felsschlucht verwehrt bis zuletzt den Blick auf die rötlich schimmernde Nabatäerstadt.*

ses Staates aus. Aber auch Gegensätze der Natur – etwa zwischen dem herrlich wilden Wadi Ramm im Süden und dem fruchtbarträgen, feuchtheißen Jordantal mit seinen Bauern – prägen Mentalität und Charakter der Menschen hier. Man erlebt es im Alltag, bei Geschäften, im politischen Leben oder auch als Tourist.

Das eher fromme Parlament wird vom Willen der Krone beherrscht – im Grunde bestimmt König Hussein alles. Zeitungen und Fernsehen berichten täglich, was er oder die königliche Familie tun und denken. Das Bild

△ *Das »Schatzhaus des Pharao« in der antiken Felsenstadt Petra gibt den Gelehrten Rätsel auf. War der Bau Grabstätte und Tempel zugleich? War er der ägyptischen Göttin Isis oder der griechischen Schicksalsgöttin Tyche geweiht? Ist er vor oder nach der Zeitenwende entstanden?*

des Herrschers erscheint nach den abendlichen Fernsehsendungen in jeder Stube, in jedem Zelt, in jeder Kaserne auf dem Bildschirm. Seit langem hat König Hussein in seinem jüngeren Bruder, Kronprinz Hassan, einen fähigen Nachfolger bestimmt. Obgleich der König aus vier Ehen elf Kinder hat, besitzt keines einen Anspruch auf den Thron. Denn Husseins Frauen waren Ausländerinnen – eine Ägypterin, eine Engländerin, eine Palästinenserin und jetzt eine Amerikanerin. Sein arabisch-islamisches Land beansprucht nach Meinung des Königs aber einen rein arabischen Herrscher, einen Haschemiten frommen Glaubens. Und das ist Hassan. Der Weg Jordaniens in die Zukunft ist damit bestimmt. Vom Willen Allahs und des Königs.

Landesnatur

Fläche: 97 740 km² (ohne Westjordanien 90 650 km², etwa so groß wie die DDR)
Ausdehnung (einschließlich Westjordanien): West–Ost 400 km, Nord–Süd 400 km
Höchster Berg: Jabal Ramm 1754 m
Größter See: Totes Meer (Al Bahr al Mayyit) 755 km² (einschließlich westjordanischem Anteil 1020 km²)

Jordanien, im Nordwesten der Arabischen Halbinsel gelegen, ist hauptsächlich ein Wüstenland. Seit 1967 wird das besetzte Westjordanien von Israel verwaltet.

Naturraum
Jordanien läßt sich von West nach Ost in vier Großlandschaften gliedern: Das *westjordanische Bergland* erreicht Höhen von über 1000 m. Der von Norden nach Süden verlaufende *Jordangraben* besitzt mit dem Toten Meer den tiefsten Punkt der Erdoberfläche (395 m u. M.). Dieser Grabenbruch setzt sich südlich über den Golf von Akaba ins Rote Meer fort. Das *ostjordanische Bergland* steigt in einer schroffen, zerklüfteten Steilwand über dem Jordangraben auf. Dieses bis 1754 m hohe Faltengebirge gliedert sich durch mehrere Hochebenen. Den nördlichen Teil bildet das Gilead-Gebirge, auf dessen Hochflächen die Städte Amman, Az Zarqa und Irbid liegen. Die im Osten an das Bergland anschließenden *Wüstentafelländer* nehmen etwa zwei Drittel Jordaniens ein.

Klima
Der Nordwesten des Landes hat Mittelmeerklima mit heißen trockenen Sommern und kühlen feuchten Wintern sowie einer jährlichen Niederschlagsmenge von rd. 800 mm. Im Osten und Süden gibt es weniger Niederschläge (100 mm). Im weitaus größten Teil Jordaniens herrscht kontinentales Wüstenklima. Die mittleren Sommer- bzw. Wintertemperaturen liegen in Amman bei 23 bis 25 °C bzw. bei 8 bis 13 °C.

Skorpione leben auf vegetationsarmen Geröllhalden und gehen nachts auf Jagd.

Vegetation und Tierwelt
Die großen Trockengebiete sind nur spärlich mit Dornstrauchvegetation (Tamarisken und Schirmakazien) bewachsen. Ursprünglich war das Land stark bewaldet; heute gibt es jedoch nur noch etwa 500 km² Wald mit Zypressen, Eichen, Akazien und Kiefern. Wiederaufforstungsversuche waren bislang wenig erfolgreich. Die einheimische Tierwelt ist trotz der kargen Vegetation recht vielfältig: Geier und Steinadler finden sich ebenso wie Hyänen, Wildkatzen, Wölfe, Gazellen und Steinböcke. Es gibt verschiedene Eidechsenarten und Skorpione.

Zur Nabatäerzeit aus dem rötlichgelben Fels gehauen: die Höhlengräber und -tempel von Petra.

Politisches System

Staatsname: Al-Mamlakah al-Urdunniyah al-Hashimiyah
المملكة الاردنية الهاشمية
Staats- und Regierungsform: Konstitutionelle Monarchie
Hauptstadt: Amman
Mitgliedschaft: UN, Arabische Liga

Nach der Verfassung von 1952 ist Jordanien konstitutionelle Monarchie der haschemitischen Dynastie. Der König ist Staatsoberhaupt, Oberbefehlshaber der Streitkräfte und ernennt den Ministerpräsidenten sowie den Ministerrat.
Die Nationalversammlung besteht aus den vom König ernannten 30 Mitgliedern des Senats und den für vier Jahre gewählten 60 Mitgliedern des Abgeordnetenhauses (50 Muslime und 10 Christen).
Das Land gliedert sich in acht Distrikte; drei sind von Israel besetzt (Westjordanien).
Das Rechtswesen ist nach britischem Vorbild aufgebaut, daneben gibt es noch eine islamisch-religiöse Gerichtsbarkeit (Scharia).

Bevölkerung

Einwohnerzahl: 3,9 Millionen (ohne Westjordanien 2,8 Millionen)
Bevölkerungsdichte: 40 Einw./km² (31 Einw./km² ohne Westjordanien)
Bevölkerungszunahme: 2,8 % im Jahr
Größte Städte: Amman (820 000 Einw.), Az Zarqa (300 000), Irbid (140 000)
Bevölkerungsgruppen: 98 % Araber, 1 % Tscherkessen

Gut die Hälfte der Bevölkerung Jordaniens ist unter 15 Jahren. Infolge starker Landflucht leben etwa zwei Drittel der Einwohner in Städten, die vor allem im Nordwesten des Landes liegen. Der Bevölkerungsanteil palästinensischer Flüchtlinge, denen Jordanien als einziges Land die Staatsbürgerschaft gewährt, ist beträchtlich. Landessprache ist Arabisch, Geschäftssprache Englisch. Die Muslime sind zu 90 % Sunniten, es gibt etwa 6 % (v. a. griechisch-orthodoxe) Christen.

Soziale Lage und Bildung
1983 trat ein noch lückenhaftes Sozialversicherungsgesetz in Kraft. Die Arbeitslosigkeit ist in jüngster Zeit ansteigend, offizielle Angaben existieren nicht. Das Gesundheitswesen ist in den Städten gut ausgebaut, auf dem Land aber noch unzureichend. Schulpflicht besteht für 6- bis 15jährige; die Analphabetenrate ist hoch (25 %). Die älteste der drei Universitäten ist in Amman (gegr. 1962).

Wirtschaft

Währung: 1 Jordan-Dinar (JD.) = 1000 Fils (FLS)
Bruttoinlandsprodukt (in Anteilen): Land- und Forstwirtschaft 8 %, industrielle Produktion 30 %, Dienstleistungen 62 %
Wichtigste Handelspartner: EG-Staaten, Saudi-Arabien, USA, Japan, Irak

Die jordanische Wirtschaft leidet unter einer anhaltenden Konkurswelle (Einnahmeverluste der Öllander führten zu Kürzungen der Hilfe an Jordanien), steigender Arbeitslosigkeit und einer chronisch defizitären Handelsbilanz. Größter Kreditgeber sind die USA.

Landwirtschaft
Seit dem Verlust Westjordaniens sind noch 5 % der verbleibenden Fläche landwirtschaftlich nutzbar; der Anbau (Getreide, Obst, Gemüse) ist stark bewässerungsabhängig.

Bodenschätze, Industrie, Handel
Wichtigster Wirtschaftszweig ist der Phosphatabbau mit anschließender Verarbeitung zu Düngemitteln. Auch Kupfererze und Kali werden gefördert. Neben einer Erdölraffinerie (Rohöl wird aus Saudi-Arabien importiert) gibt es Zement- und chemische Industrie. Es überwiegen Klein- und Mittelbetriebe. Jordanien importiert Maschinen, Fahrzeuge, Eisen, Stahl, Brennstoffe und Nahrungsmittel. Hauptausfuhrgüter sind Phosphate, Obst und Gemüse.

Verkehr, Tourismus
Die Verkehrsverbindungen sind gut ausgebaut: Eisenbahnnetz 618 km (überwiegend für den Gütertransport), Straßennetz 5200 km. Der Anschluß an den Seeverkehr erfolgt über den Hafen von Akaba. Internationale Flughäfen besitzen Amman und Akaba. Hauptziele des schon früher bedeutenden Fremdenverkehrs sind Petra, Amman, Jarash und Akaba.

Geschichte

Das heute von Israel besetzte Westjordanien (Westbank) war einst der Kernraum des biblischen Palästina mit Bethlehem, Hebron und der Altstadt von Jerusalem. Die etwa 1200 v. Chr. ins Land gekommenen Ammoniter gehörten später dem jüdischen Großreich unter David und Salomo (um 1000 bis 926 v. Chr.) an. Seit etwa dem 4. Jh. siedelten beiderseits des Jordans die von der Arabischen Halbinsel stammenden Nabatäer.
Unter Kaiser Trajan gliederten die Römer das Gebiet 106 n. Chr. ihrem Imperium als Provinz Arabia an. In der Spätantike diente der Westen des heutigen Jordanien dem Römischen Reich als eine Art Militärgrenze gegen die Beduinen. Mit dem Sieg der Muslime über Byzanz am Yarmuk 636 n. Chr. wurde auch Jordanien islamisch und gehörte von 1250 bis 1516 als Teil der Provinz Syrien zum Reich der Mamluken und von 1516 bis 1918 zum Osmanischen Reich. Nur während der Kreuzzüge war der Westteil ins Lateinische Königreich Jerusalem (1115–1187) eingegliedert.
Im Ersten Weltkrieg beteiligten sich jordanische Stämme am Araberaufstand gegen die Osmanen (1916 bis 1918) und schlossen sich nach Kriegsende dem in Damaskus gegründeten Königreich Syrien unter dem Emir Faisal aus dem Hause der Haschemiten an. Aber Großbritannien setzte auf der Konferenz von San Remo 1920 die Angliederung Jordaniens an das britische Mandatsgebiet Palästina durch.

1923 entstand dann durch Abtrennung der Gebiete östlich des Jordans von Palästina das unter britischer Mandatsverwaltung stehende Emirat Transjordanien mit Abdallah ibn Hussein als Staatsoberhaupt. Ihm zur Seite stand der britische General John Bagot Glubb (Glubb Pascha), der 1939 die Arabische Legion als Schutzgarde des Königshauses aufbaute. Am 25. 5. 1946 (Nationalfeiertag) erlosch das britische Mandat, und Transjordanien erhielt seine volle Unabhängigkeit. Abdallah nahm den Königstitel an.

Nach Ausrufung des souveränen Staates Israel 1948 kam es zum ersten israelisch-arabischen Krieg, bei dem die Arabische Legion die östlichen Teile Palästinas und die Altstadt von Jerusalem besetzen konnte. Das Waffenstillstandsabkommen mit Israel von 1949 empfanden die Jordanier als Niederlage, zumal es für Jordanien einen ungünstigeren Grenzverlauf festlegte als im UNO-Teilungsplan von 1947 (Zweiteilung Palästinas bei wirtschaftlicher Einheit und Internationalisierung Jerusalems) vorgesehen.

1950 wurde der Staat in »Haschemitisches Königreich Jordanien« umbenannt. Die 1950 erfolgte offizielle Eingliederung der palästinensischen Gebiete (Westjordanien) lehnten die arabischen Staaten ab. König Abdallah fiel am 20. 7. 1951 in Jerusalem dem Attentat eines palästinensischen Nationalisten zum Opfer. Nachdem sein Sohn und Nachfolger Talal wegen Krankheit 1952 abtreten mußte, wurde 1953 dessen Sohn Hussein (geb. 1935) als Hussein II. König von Jordanien.

Im Sechstagekrieg zwischen Israel und den arabischen Staaten 1967 verlor Jordanien seine gesamten palästinensischen Gebiete an Israel. Und wieder strömten 400000 Palästinenser, vor allem aus der Westbank und dem Gasa-Streifen, ins Land, nachdem Jordanien schon 1949 von 700000 palästinensischen Flüchtlingen 400000 hatte übernehmen müssen. Die Herausforderung durch die Palästinensische Befreiungsfront (PLO), die in den palästinensischen Flüchtlingslagern eine Art »Staat im Staate« bildete und die Monarchie bedrohte, führte 1970 und 1971 zum offenen Bürgerkrieg, in dem König Hussein die militärischen Einheiten der von Syrien unterstützten PLO in Jordanien zerschlug. Aus dem Yom-Kippur-Krieg gegen Israel 1973 hielt sich Jordanien heraus. Auf der arabischen Gipfelkonferenz in Rabat 1974 erkannte Hussein die PLO als alleinige Interessenvertretung aller Palästinenser außer den in Jordanien lebenden an und verzichtete zugunsten eines geplanten palästinensischen Staates auf Westjordanien. 1984 distanzierte sich Hussein wieder von dem von ihm zunächst unterstützten »Reagan-Plan« von 1982, der eine Konföderation zwischen Jordanien und einer palästinensisch regierten Westbank vorgesehen hatte. Mitte 1988 gab Jordanien endgültig seine Ansprüche auf die Westbank auf.

Kultur

Als Grenzland der »zivilisierten Welt« nahm Jordanien viele kulturelle Impulse auf aus dem ägyptischen und babylonischen Reich, aus der hellenistischen Welt und dem römisch-byzantinischen Orient.

Das biblische Rabbath Ammon, das heutige Amman, wurde von den Ammonitern zu ihrer Hauptstadt gemacht. Aus ihrer Zeit stammen vermutlich die ältesten Teile der Zitadelle. Neben römischen Resten (Amphitheater, Forum, Odeum und Tempelruinen) besitzt Amman zahlreiche Gebäude aus islamischer Zeit. Bereits zur Zeit Alexanders des Großen (356–323 v. Chr.) wurde Gerasa, das heutige Jarash (35 km nördlich von Amman), gegründet. Ihre Hochblüte erlebte die Stadt während ihrer Zugehörigkeit zur Dekapolis, einem hellenistischen Städteverband im Ostjordanland. Mit seinen prachtvollen Säulenstraßen auf dem ovalen Forum, zwei gut erhaltenen Tempeln, zwei Theatern, Triumphbogen und Nymphäum sowie zahlreichen frühbyzantinischen Kirchen ist Gerasa das besterhaltene Beispiel einer spätantiken Provinzstadt im Nahen Osten.

1812 entdeckte der Schweizer Johann Ludwig Burckhardt die eindrucksvollen Ruinen von Petra (um 312 v. Chr.). Die Stadt war Hauptstützpunkt und später Königssitz der Nabatäer. Die aus dem roten Felsgestein gehauenen Wohnhöhlen, Häuser, Paläste, Tempel, Grabanlagen und das Theater in Petra bestechen nicht nur durch die ungeheuren Ausmaße, sondern vor allem durch den Schmuck der Prachtfassaden und Baudetails.

Von den zahlreichen, mit kunstvollen Mosaiken geschmückten byzantinischen Kirchen in Jordanien gilt die von Ma'daba als eine der schönsten. Die bedeutendsten Wüstenschlösser aus der Zeit der Umayyaden sind das Qasr al-Mushatta (35 km südlich von Amman), dessen reich dekorierte Fassade sich im Pergamonmuseum in Ost-Berlin befindet, und das Qusayr Amrah (80 km südöstlich von Amman), dessen Bad mit herrlichen Fresken ausgekleidet ist.

Trotz erfolgreicher Bemühungen der Regierung, die Nomaden (Beduinen) mehr und mehr seßhaft zu machen, leben noch viele Wüstenbewohner wie vor Jahrtausenden in hierarchisch gegliederten Stammesverbänden unter Führung eines Scheichs. Wie in alter Zeit erfreuen sich die Kamel-, Schaf- und Ziegenhirten an Liedern und am Erzählen von Geschichten, die der Vortragende auf einem Saiteninstrument begleitet.

Einzige Hafenstadt Jordaniens: Akaba mit Blick auf die israelische Küste.

Stilisierte Klassik: die Abu-Darvish-Moschee in Amman.

Reise-Informationen

Einreise- und Fahrzeugpapiere

Bürger der Bundesrepublik Deutschland, der Schweiz und Österreichs benötigen einen gültigen Reisepaß und ein Visum. Das Visum wird verweigert, wenn der Reisepaß bereits ein (auch abgelaufenes) Visum Israels enthält. Als Fahrerlaubnis ist der internationale Führerschein erforderlich.

Zoll

Bei der Einreise sind zollfrei: 200 Zigaretten, 1 Liter Alkohol in geöffneter Flasche, angebrochenes Parfüm und Geschenke im Wert von 50 JD.

Devisen

Jordan-Dinare (JD.) dürfen mit Deklaration unbegrenzt ein- und bis zu 300 JD. ausgeführt werden. Fremdwährung unterliegt keiner Beschränkung (Deklaration erforderlich), aber die Mitnahme israelischer Schekel ist verboten.

Verkehrsverhältnisse

Der inländische Flugverkehr beschränkt sich auf die Strecke Amman/Akaba. In Überlandbussen reist man angenehm. In großen Städten stehen Leihwagen zur Verfügung. Zu festen Preisen und mit Sitzplatzbuchung fahren »Service-Taxis« über Land.

Unterkünfte

Jordanien verfügt in den Touristenzentren Amman und Akaba über Hotels aller Kategorien.

Reisezeit

Die beste Reisezeit ist Frühjahr und Herbst.

Kamputsche

Rolf Bokemeier

Wenn ein Kamputscheaner seine Leidensgeschichte erzählt, fängt er stets mit dem Ende an: dem Glück, wieder Kinder zu haben. Unter dem Horrorregime der Roten Khmer von 1975 bis 1979 wurden in Kamputschea, dem ehemaligen Kambodscha, kaum Babys geboren – aus Angst, sie sogleich an das Massengrab zu verlieren: Killing Fields. Dieser neue, furchtbare Begriff ist in Kamputschea geprägt worden. Und auch heute, ein Jahrzehnt nach der Vertreibung der Roten Khmer durch die Vietnamesen, gleicht das Land immer noch einem endlosen Schreckensteppich. Es gibt nur wenig Hoffnungsvolles zu berichten, und so gerät ein Besuch in Kamputschea, das von der sogenannten freien Welt und damit von jeglicher Hilfe ausgeschlossen wurde, zwangsläufig zu einer Auseinandersetzung mit der jüngsten Vergangenheit, die noch allenthalben gegenwärtig ist.

Staatsname:	Volksrepublik Kamputschea
Amtssprache:	Khmer
Einwohner:	7,8 Millionen
Fläche:	181 035 km²
Hauptstadt:	Phnom Penh
Staatsform:	Sozialistische Volksrepublik
Kfz-Zeichen:	K
Zeitzone:	MEZ +6 Std.
Geogr. Lage:	Südostasien; grenzt an Thailand, Laos und Vietnam

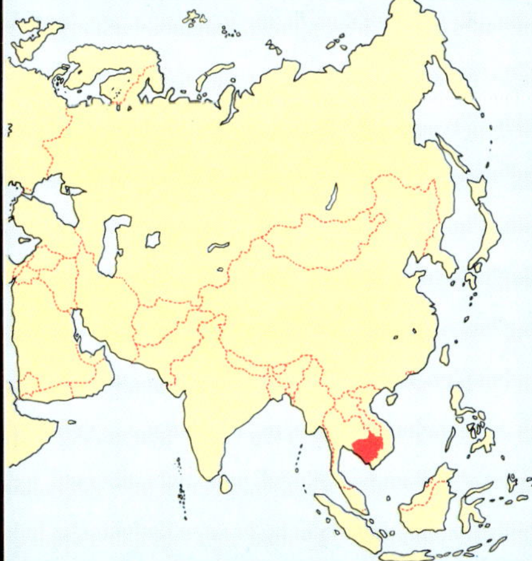

a

Viele Kinder bevölkern heute wieder die Straßen von Phnom Penh, dessen Bewohner unter der Herrschaft der Roten Khmer systematisch aufs Land deportiert wurden. Die Hoffnung des Neubeginns ruht nun auf der jungen Generation.

Mühsame Gewöhnung an den Normalzustand

Auf Phnom Penh lasteten Dunkelheit und Stille – die Ausgangssperre begann um neun Uhr. Die Straßen waren leer und die Lampen gelöscht. Doch vom Geräusch her unterschied sich die Nacht in Kamputscheas Hauptstadt nicht wesentlich von denen des Tages. Der Verkehr rollte tagsüber bis auf wenige motorisierte Ausnahmen lautlos auf Fahrradreifen. Und unterwegs waren nur wenige Menschen. Mühsam nur lernen sie, sich wieder an den Normalzustand, der immer noch nicht Frieden, aber vorerst frei von Gewalt ist, zu gewöhnen.

Kamputschea heute, das kam mir vor wie Deutschland nach 1945. In Phnom Penh, einstmals die schönste Metropole Südostasiens, lag der Schutt in den Straßen; die Kugeleinschläge an den Fassaden und die Bombenkrater in den Hinterhöfen riefen eine Kindheit wach, deren Geschmack mir wie Muckefuck unauslöschlich auf der Zunge liegt. Ich konnte mich nicht, wie meine Tokioer Kollegin Yoshino Oishi, entsetzen über kippensuchende Kinder, über viel zu viele Frauen in zu weiten Kleidern, über viel zu wenige Männer – doch zu viele mit fehlenden Gliedmaßen, die in schäbigen Uniformen teilnahmslos vor den Garküchen auf dem Gehsteig hockten und den leeren Ärmel zu ignorieren suchten oder das über dem Nichts aufgerollte Hosenbein. Was er in Zukunft tun wolle, so fragte ich einen Veteranen der vietnamesisch-kamputscheanischen Trokkenzeitoffensive, der entscheidenden gegen die Roten Khmer im Winter 1984/1985.

»Was soll ich tun, Kamerad?« sagte der junge Mann von höchstens 20 Jahren und zuckte die Achsel mit dem unnütz baumelnden Teil seiner Uniformbluse: »Wir haben Pol Pot aus dem Land geworfen. Das ist genug.«

Pol Pot und immer wieder Pol Pot. Kaum ein Gespräch, das nicht schon nach wenigen Worten das Schreckgespenst für eine ganze Nation beim Namen nannte. Pol Pot, das Phantom – hatte man immer noch Angst vor ihm? »Gehen Sie nach Tuol Sleng, Kamerad. Dort werden Sie ihm begegnen.«

Die Anrede »Kamerad« war weniger soldatisch als sozialistisch gemeint. Das bürgerliche »Monsieur« aus französischer Kolonialzeit gebrauchen nur noch die Älteren gegenüber Europäern. Die Jungen geben sich revolutionär in der 1979 neu gegründeten sozialistischen Volksrepublik Kamputschea. Sie ist freilich keineswegs aus einer Revolution hervorgegangen, sondern aus deren Abschaffung durch die vietnamesische Invasionsarmee, die das rote Revolutionsregime Pol Pots aus Phnom Penh verjagt hat.

Spuren des Grauens

Tuol Sleng, das ehemalige Foltergefängnis der Polpotisten, steht auf dem Pflichtprogramm für ausländische Besucher. Was schließlich könnte überzeugender das Eingreifen Vietnams und seine andauernde Präsenz in Kamputschea verdeutlichen als die Greuel der jüngsten Vergangenheit?

Keine ihrer Spuren ist beseitigt worden in dem einstigen Lyzeum, das die Schergen Pol Pots nach ihrer Machtergreifung zu einer brutalen und raffinierten Folterkammer umgebaut haben. Da sind noch die eisernen Bettgestelle und darunter die retuschierten Blutlachen. Die Stachelketten baumeln am Kopfende, als hätte man sie dem Opfer gerade abgenommen. Und unter einem an die Wand gepinselten Hinweis, es sei »nicht nötig, bei der Bastonade oder der Behandlung mit Elektroschocks laut zu schreien«, liegen die Peitschen und Hochspannungsbatterien.

Die größeren Klassenräume sind heute Museum. Zu Tausenden hängen hier die Fotos der Opfer, die man im Nachlaß der Folterknechte zusammen mit den Akten über jeden einzelnen Gefangenen gefunden hat. Der Terror hatte penibel Buch geführt über alle Stationen der Quälerei bis hin zum Exitus.

14 499 Menschen haben das Martyrium nicht überlebt – eine kleine Zahl freilich verglichen mit der Million – oder noch mehr – Menschen, die das Blutrauschregime der Roten Khmer in drei Jahren, acht Monaten und 20 Tagen ermorden und in mehr als 3000 Massengräbern verscharren ließ.

Wer waren dieser Pol Pot und seine Killerkommandos? Wie hat es zu ihrer Schreckensherrschaft vom 17. April 1975 bis zum 7. Januar 1979 kommen können?

Ein Gedanke kam mir in jener Kammer von Tuol Sleng in den Sinn, in der das Sortiment der Folterwerkzeuge versammelt war: Sensen, Dreschflegel, Mistforken, Äxte, Spaten und Zugketten, wie man sie an Pferdewagen kannte. Mit solchen Instrumenten waren auch Thomas Müntzer und seine durch falsch verstandene Reformlehren entfesselten Haufen vor mehr als 450 Jahren in den thüringischen Bauernkrieg gezogen, hatten die städtische Obrigkeit und die Feudalherren zum Teufel gejagt und an die Stelle der alten Ordnung ein urchristlich-kommunistisches »Tausendjähriges Reich Gottes« gesetzt.

Hatte nicht die Idee vom Urchristentum, von der alles gleichmachenden Gesellschaft jenes Thomas Müntzer, der heute besonders im deutschen Arbeiter- und Bauernstaat als Held verehrt wird, hatte nicht dieser kommunistische Basisgedanke über die Linie Marx–Lenin–Mao Eingang gefunden in Chinas »Große proletarische Kulturrevolution« Mitte der sechziger Jahre? Damals stürmten die Roten Garden die letzten Bollwerke des Bürgertums; und etwa zur gleichen Zeit entstand die Bewegung der Roten Khmer, deren Vorbild wiederum die Roten Garden waren. Ho Chi Minh, der bocksbärtige Übervater der indochinesischen Résistance – erst gegen die Kolonialmacht Frankreich, dann gegen die Hegemonialansprüche der USA –, gewann der rote Bauernguerilla eine glühende Anhängerschaft, auch unter der Jugend des damaligen Kambodschas. Der Zulauf verstärkte sich noch nach Hos Tod im Jahre 1969, besonders unter den halbwüchsigen Jungen. Einer unter ihnen war damals Pho Phorn, kaum daß er mit 15 Jahren ein Gewehr abfeuern konnte.

»Da bin ich mit ihnen gegangen«

Ich begegnete dem ehemaligen Khmer Rouge in der Provinz Kompong Speu westlich von Phnom Penh. Die Landschaft weitab des Mekongflusses sah, trotz der Regenzeit im Juli, dürr und durstig aus. Vereinzelte Zuckerpalmen, Kampu-

schaffen, wie sie in Südostasien nicht ihresgleichen fand: Angkor. Die Ruinen der für lange Zeit vergessenen Tempelstadt nicht weit vom Großen See Bœng Tonle Sab in der Nordwestprovinz Siemreab sind von französischen Archäologen erst vor gut 100 Jahren dem Dschungeldickicht entrissen worden. Die Klosteranlage Angkor Wat gilt als das gewaltigste Monument hinduistischer Kunstarchitektur. Sie wird jetzt von Archäologen und Handwerkern aus Indien, dem einzigen nichtkommunistischen Land mit diplomatischen Beziehungen zu Phnom Penh, restauriert, als Attraktion für den erhofften künftigen Tourismus. Doch zur Zeit gibt es kaum Hotels, geschweige denn eine Infrastruktur in dem zerschlagenen und zerbombten Land.

Prinz Sihanouk hatte als Staatspräsident in den sechziger Jahren während des Krieges zwischen Nordvietnam einerseits und den

△ Die Eltern dieser Kinder in einem Waisenhaus von Phnom Penh wurden von den Roten Khmer ermordet, deren blutige Spur noch überall anzutreffen ist.

◁ ▷ Die unzähligen Porträts von Opfern an den Wänden eines Vernichtungslagers geben einen beklemmenden Eindruck von der Schreckensherrschaft des Pol Pot. Kein Wunder also, daß die abziehenden vietnamesischen Soldaten, die Kamputschea vor zehn Jahren von seiner Tyrannei befreit haben, von der Bevölkerung dankbar verabschiedet werden. Die Menschen schwenken vietnamesische und kamputscheanische Fähnchen. Bis Ende 1988 sollen 50000 Vietnamesen das Land verlassen haben – aber schon geht wieder die Angst um im Land vor der Wiederkehr der Roten Khmer.

tscheas natürliches Charakteristikum, ballten ihre verdorrten Wipfel wie Greisenfäuste gegen den bleigrauen Himmel, aus dem jeden Nachmittag um drei eine Sturzflut in die sandigen Böden fiel und in Minutenschnelle wieder verdampfte. So wie der Regen im Sand war auch die Provinzhauptstadt Kompong Speu 1972 unter den Brandbomben eines amerikanischen Luftangriffs verschwunden. Sie ist fünf Kilometer neben ihrem damaligen Standort neu aufgebaut worden.

Auch Kompong Speu hat seine Killing Fields, seine Massengräber. Auf einem, nahe dem Buddha-Tempel Amper Phnom, sind die Gebeine von 500 Erschlagenen zu einem makabren Mahnmal aufgeschichtet. In seiner Nähe hat Pho Phorn, der ehemalige Khmer Rouge, Feigenschößlinge in einen schattigen Hain gesetzt. Hier ist er vor 34 Jahren geboren worden, und hier lebt er heute, nach seiner »Entpolpotisierung«, als Gemeindegärtner und stolzer Familienvater unter den Angehörigen jener Toten, die einst von seinesgleichen hingemetzelt worden waren – so als wäre nichts geschehen. Wie aber hat es angefangen?

»Eines Tages kamen rote Rebellen ins Dorf und sagten, wir müßten jetzt alle gegen die Imperialisten kämpfen«, sagte Pho Phorn. »Da bin ich mit ihnen gegangen wie viele meiner Altersgenossen.« Der unauffällige Mann sagte das, die zarten Pflänzchen in den Händen, wie ein Schuljunge, der sich wegen unerlaubten Entfernens vom Unterricht entschuldigt. Horror, deine Wurzel ist die Verführung der Jugend!

Der Sturz des »roten Prinzen«

Als Prinz Norodom Sihanouk 1941 den kambodschanischen Thron bestieg, war sein Reich nur noch ein Abglanz des mächtigen alten Königreichs der Khmer, das im 12./13. Jahrhundert von Annam über Laos und Thailand bis zur nördlichen Malaiischen Halbinsel reichte. Dieses Reich hat zwischen 802 und 1432 eine Hochkultur ge-

Vereinigten Staaten an der Seite Südvietnams andererseits strikt die Neutralität Kambodschas gewahrt. Als jedoch die USA ihren Verbündeten Thailand die kambodschanische Westprovinz Batdambang, einen alten Zankapfel zwischen den benachbarten Ländern, attackieren ließen, um Phnom Penh im Vietnamkonflikt auf die westliche Seite zu zwingen, brach Sihanouk 1965 die Beziehungen zu Washington ab und begann – auf Rükkendeckung bedacht – einen verzweifelten Flirt mit Peking, das damals noch Vietnams Kommunisten unterstützte.

Die Amerikaner fürchteten, daß Kambodscha ins feindliche Lager wechseln und damit ganz Indochina einschließlich Laos in die Arme Ha Nois fallen könnte. So stürzten sie mit Hilfe ihrer längst eingeschleusten CIA am 18. März 1970 den ungeliebten »roten Prinzen«, während er sich auf einer Auslandsreise befand.

Sihanouk ging ins Exil nach Peking und später nach Pjöngjang in Nordkorea. Sein General Lon Nol, insgeheim schon eine Marionette in den Händen der USA, übernahm die Regierung in Phnom Penh – Kambodschas Rettung für die westliche Welt, vor allem aber für die Kriegszwecke Amerikas, schien gesichert. Als aber offenbar wurde, daß die Amerikaner im Lande das Sagen hatten, gingen die Roten Khmer – und mit ihnen viele Patrioten quer durch die Stände und Parteien – zum Angriff auf Lon Nols Marionettenstaat über. Die Regierungstruppen gerieten landauf, landab in die Hinterhalte der sogenannten Pyjamapartisanen und wurden in Bataillonsstärke hingemetzelt.

Der bedrängte Präsident Nixon befahl den Luftfeldzug gegen die Roten Khmer. Die fliegenden B-52-Festungen luden über 600000 Tonnen Bomben über Kambodscha ab. Sie trafen Wochenmärkte, Pagoden und oft genug ihre eigenen Verbündeten, aber selten die blitzschnell operierenden Trupps der Dschungelkämpfer.

Und dann geschah das Unfaßliche. Die Kader des soeben ausgerufenen Friedensstaates nutzten den Siegestaumel in den Straßen und trieben die Bevölkerung scharenweise wie Vieh zusammen, um sie auf allem, was Räder hatte, in die ferne Provinz Batdambang zu deportieren. Hier war seit alters die Reiskammer des Landes, und hier sollte auch die Formierung einer neuen Gesellschaft ihren Anfang nehmen.

Die eine halbe Million Einwohner zählende Metropole Phnom Penh verwandelte sich gleichsam über Nacht in eine Geisterstadt. Pol Pot teilte, unterstützt von seinem Chefideologen Ieng Sary, das Land in sieben Zonen auf. Sie sollten Stück für Stück in jenen

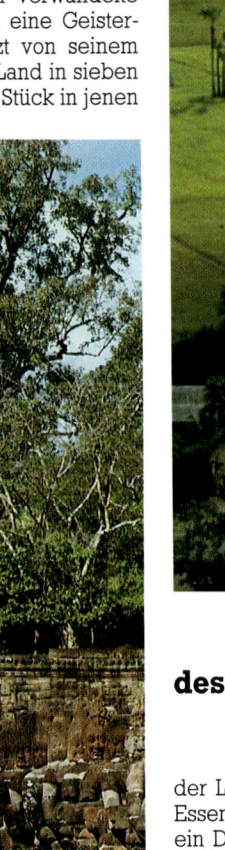

△ Im Tempelbezirk von Angkor Wat, dem gewaltigsten Bauwerk Südostasiens: Bei seinem Aufbau im 12. Jahrhundert sollen 60000 Elefanten im Einsatz gewesen sein. **Angkor Wat gehört zu der vom Khmer-König Jayavarman VII. erbauten Riesenstadt Angkor Thom, die seit dem 15. Jahrhundert vom Dschungel überwuchert war.**

agrarischen Urzustand zurückversetzt werden, in dem die Menschheit vor ein paar tausend Jahren die Wandlung vom Jäger und Sammler zum Pflanzer vollzogen hatte. Pol Pot schickte sich an, die deutsche Bauernrevolution unter Thomas Müntzer rückwärts bis in die Steinzeit zu überholen.

Bis heute hat sich das Land von der agrarischen Gleichschaltung, die nur Reis auf den Feldern duldete, kaum erholt. Fleisch, Gemüse, Früchte sind Mangelware und in der Regel nur auf dem Schwarzmarkt erhältlich. Der freilich blüht im Land, besonders in der Hauptstadt. Ich konnte auf den mit thailändischer Schmuggelware vollgestopften Straßenmärkten Zigaretten aus dem Westen, Tonbandkassetten aus Singapur, Textilien aus Bangkok und Billiguhren aus Hongkong kaufen – alles, was auch die Berater aus dem Ostblock für daheim einhamsterten. Der schwarze Markt ist ein von der Regierung geduldeter Fleischtopf, ohne den Kamputschea verhungern würde und aus dem sich sogar die vietnamesische Besatzung bedient – für die Heimatfront zwischen Ha Noi und Ho-Chi-Minh-Stadt, wo die Menschen beim Wiederaufbau ihres kriegszerstörten Landes noch mehr darben als in Kamputschea.

Ein gewisser Saloth Sar

Die Menschen mußten ohnmächtig der sinnlosen Zerstörung ihres Landes zusehen. Sie wußten nichts von den weltpolitischen Schachzügen in Washington, Moskau, Peking und Ha Noi. Sie begriffen nur eines: Die Regierung Lon Nol, zu deren Stützung dem eigenen Volk fremde Bomben auf den Kopf hagelten, mußte weg. Und das vermochten nur die Roten Khmer, ob man sie liebte oder nicht. Am 17. April 1975, noch zwei Wochen vor der Kapitulation Saigons, war es soweit. Unter dem Jubel der Bevölkerung marschierten die Roten Khmer auf ihren Ho-Chi-Minh-Sandalen in die Hauptstadt ein, und ein gewisser Saloth Sar alias Pol Pot übernahm die Herrschaft über das neue Kamputschea.

Die Erbschaft des Terrors

Der schwarze Markt hat natürlich seinen Preis: US-Dollars, denn mit der Landeswährung Riel kann man nur sein Essen bezahlen. Der bankamtliche Kurs war ein Dollar zu sieben Riel, der schwarze 1 zu 70. So hatte das Zimmermädchen im Hotel Monorom mehr als ihren ganzen Monatslohn von 200 Riel verdient, wenn sie mir privat eine Partie Wäsche für drei Dollar wusch. Solcherart Nebenverdienst ist in der Hauptstadt üblich, auf dem Lande freilich unmöglich.

Ich fuhr mit einem Regierungsauto in die ans südliche Vietnam grenzende Provinz Prey Veng. Die Nationalstraße 1 war von Löchern ausgehöhlt wie ein Schweizer Käse. Die Polpotisten hatten die Verbindung zwischen dem ehemaligen Saigon und Phnom Penh auf ihrem Rückzug vor den vietnamesischen Truppen vermint, und die Explosionsschäden waren längst noch nicht ausgebessert.

Das Land links und rechts des Mekong lag brach bis zum Horizont. Das fruchtbare Überschwemmungsgebiet bot einst besten Reisboden, doch die Agrarexperten des vorherigen Regimes hatten ihn mit untauglichen Bewässerungsmethoden – importiert aus China, wo andere Boden- und Klimaverhältnisse herrschen – auf Jahre hinaus verdorben. Sek Moth, der Chef der Provinzregierung, hatte sich – unter den von der Geschichte überholten Porträts Breschnews und Andropows – mit seinem Kabinett versammelt, um das brennendste Problem zu beraten: Die letzte Ernte war um ein Drittel geringer ausgefallen als die des Vorjahres.

Ironie der Geschichte – die Roten Khmer anerkannt: repräsentiert durch eine exterritoriale Koalitionsregierung Demokratisches Kamputschea (DK). Ihren militärischen Führer Pol Pot hat man offiziell aus dem Verkehr gezogen, um Verhandlungen zwischen Phnom Penh und der Exilregierung zu ermöglichen. Sie fanden zwischen Hun Sen und Sihanouk im Herbst 1987 in Paris statt und endeten mit einem ersten Hoffnungsschimmer: Beide Seiten einigten sich auf eine friedliche Lösung, und Ha Noi hat inzwischen mit dem Abzug seiner 140000 Mann starken Besatzungsarmee begonnen. Ende 1987 trafen sich die Außenminister Chinas und der Sowjetunion in Peking und kamen überein, daß der Chef einer zukünftigen Koalitionsregierung in Phnom Penh nur Norodom Sihanouk heißen könne. Im Hintergrund steht die Friedenspolitik Gorbatschows in Moskau.

Was aber erwartet die Roten Khmer, sollten sie eines Tages in ihre Heimat zurückkehren, die sie in ein Beinhaus verwandelt haben? Darauf wußte Vize-Außenminister Dith Munthy eine klare Antwort: »Generalpardon,

◁ ***Das Landesinnere zeigt sich zur Regenzeit von Mai bis Oktober in sattem Grün. Eine sehr fruchtbare Gegend, die allerdings seit Pol Pot landwirtschaftlich nur noch wenig genutzt wird.***

▽ ***Eine Straße in Phnom Penh: Vor der Revolution galt die Metropole als romantisch, danach als geisterhaft, und heute ist sie eine Stadt des Verfalls.***

Von Jahr zu Jahr mehrt sich das paradoxe Zusammenfallen von Überschwemmung und Dürre. Die von den Roten Khmer gebauten Deiche und Kanäle wirken nämlich entgegen ihrem gewünschten Zweck: In der Regenzeit stauen sie das Wasser zu reißenden Flüssen auf, in der Trockenzeit ziehen sie den letzten Tropfen Wasser aus dem Boden.

Die Frauen und Männer des Provinzkomitees waren unter Pol Pot sämtlich aus ihrer Heimat vertrieben worden. Als sie zurückkamen, konnten nur noch zwölf Prozent der Reisfelder bewirtschaftet werden. Die alten Deichbauer waren – als Intellektuelle – getötet worden, ihre Baupläne sind verschollen. Es gab weder Maschinen noch Kunstdünger noch Vieh: »Alles, was wir besaßen, waren unsere leeren Hände.«

Damit packten sie zwar tapfer an, aber die Not der zurückströmenden Bevölkerung wurde immer größer, der Hunger ist kaum noch zu stillen. »Wenn nicht bald Hilfe von außen kommt, müssen wir die Saat essen und unsere Zugtiere. Was dann?«

Hilfe aus Vietnam, das sich mit seiner überbordenden Bevölkerung von 63 Millionen Menschen auch im dünnbesiedelten Kamputschea einrichtete, dessen Volk inzwischen nicht einmal mehr acht Millionen zählt, kann man nicht erwarten.

Und aus der Sowjetunion kommen hauptsächlich Waffen, die eine ausgemergelte kamputscheanische Restarmee von 25000 »Mann« – meist Kinder und Krüppel – gegen die ehemaligen Roten Khmer aufrüsten sollen, die sich, 60000 Mann stark, hinter die Thaigrenze in Lauerstellung zurückgezogen haben oder in den West- und Nordprovinzen Partisanenanschläge verüben.

Ist eine friedliche Lösung möglich?

Und die übrige Welt, soweit sie nicht zum sozialistischen Block der »Moskauer Kirche« gehört, ignoriert – nach dem mehrheitlichen Willen der Vereinten Nationen – die von Heng Samrin und heute von Hun Sen geführte Volksrepublik Kamputschea (VRK). Statt dessen sind – wenn sie sich zu unserer Verfassung bekennen.« Gälte das auch für Pol Pot? Dith Munthy lächelte völlig unprotokollarisch: »Wissen Sie, was mein achtjähriger Sohn einmal auf diese Frage geantwortet hat? ›Papa‹, sagte er, ›ich würde den bösen Mann an einen Baum binden und ihm jeden Tag ein Korn Reis zu essen geben.‹«

In Kamputschea beginnen alle Geschichten mit dem Ende: dem Glück, wieder Kinder zu haben.

Landesnatur

Fläche: 181 035 km² (mehr als doppelt so groß wie Österreich)
Ausdehnung: West–Ost 550 km, Nord–Süd 430 km
Höchster Berg: Phnum Aoral (1771 m)
Längster Fluß: Mekong, kamputscheanischer Anteil 510 km (Gesamtlänge 4184 km)
Größter See: Bœng Tonle Sab (3000 bis 20 000 km²)

Kamputschea, das kleinste Land Indochinas, besteht zum größten Teil aus einem herzförmigen Tieflandbecken. Seine Nachbarstaaten sind Thailand, Laos und Vietnam. Im Südwesten hat es Zugang zum Golf von Thailand.

Naturraum
Das fruchtbare *zentrale Tieflandbekken* um den Mekong und um den Großen See (Bœng Tonle Sab) nimmt zwei Drittel der Staatsfläche Kamputscheas ein. Der Bœng Tonle Sab ist das größte Binnengewässer Südostasiens. In der Regenzeit, in der vom angeschwollenen Mekong her Wasser entgegen der Flußrichtung in den See strömt, breitet er sich von 3000 km² auf bis zu 20 000 km² aus.
Dieses Tieflandbecken ist von *Bergketten* umgeben: Das Kardamomgebirge (Chuor Phnum Kravanh) im Südwesten hat die höchsten Berge (über 1700 m). Fast 800 m hoch erhebt sich die Dangrek-Kette (Phanom Dong Rak) im Norden, im Osten ragen

Wasserbüffel, wichtige Helfer beim Reisanbau, leben auch noch in freier Wildbahn.

die Ausläufer der Annamitischen Küstenkette (bis 1484 m) in das Land. Im Süden liegt zwischen der buchtenreichen Flachküste und der zentralen Tiefebene das bis auf 1100 m ansteigende Elefantengebirge (Chuor Phnum Damrei).

Klima
Kamputschea hat tropisches Monsunklima mit zwei charakteristischen Jahreszeiten: Von Mai bis Oktober bringt der Südwestmonsun Regen (im Jahresmittel 1500 bis 3000 mm, in den küstennahen Gebirgen bis 5000 mm). Von November bis März weht ein eher trockener Nordostmonsun. Die durchschnittliche Jahrestemperatur beträgt in Phnom Penh 27,5 °C mit geringen jahreszeitlichen Schwankungen.

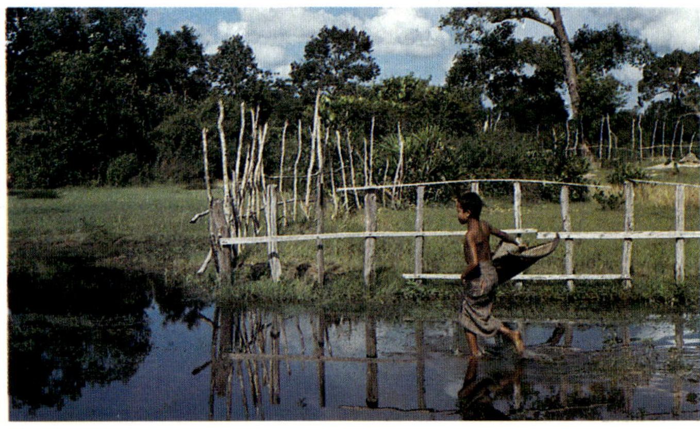

Typische Landschaft in der Nähe des Großen Sees bei Siemreab.

Vegetation und Tierwelt
Fast drei Viertel Kamputscheas sind von Wald bedeckt. Tropische Regenwälder wachsen auf den Regenseiten der Gebirge, Trockenwälder im Landesinneren, Monsunwälder in den Randgebieten des Beckens, Mangrovewälder an der Küste. Im Tiefland gibt es vor allem Ackerbaukulturen (Reis), aber auch Savannen und dünn bewaldete Flächen.
Elefanten, Wildrinder, Tiger, Panther, Leoparden und Bären sind die wichtigsten Großtiere des Landes. Außerordentlich vielfältig ist die Vogelwelt mit Pelikanen, Kormoranen, vielen Entenarten, Kranichen, Reihern, Sumpfhühnern, Pfauen und Fasanen. Es kommen auch Giftschlangen vor, etwa die Kobra (Brillenschlange), die bis 5,5 m lange Königskobra und der gefürchtete Krait, eine Natter mit dem wirksamsten Gift aller Landschlangen. Im 107 km² großen Angkor-Nationalpark findet man die seltenen Sambars (Rusahirsche) und die nur 50 cm großen Muntjakhirsche.

Politisches System

Staatsname: Ravax Samaki Songkruos Cheat Kampuchea
កម្ពុជា ប្រជាធិបតេយ្យ
Staats- und Regierungsform: Sozialistische Volksrepublik
Hauptstadt: Phnom Penh
Mitgliedschaft: UN, Colombo-Plan, ESCAP

Nach der Verfassung von 1981 fällt der Revolutionären Kommunistischen Volkspartei die entscheidende politische Rolle zu. Staatsoberhaupt ist das siebenköpfige Kollegium des Staatsrates, während die 17 Minister in der Regierung die Exekutive bilden. Die 117 Abgeordneten der Nationalversammlung als gesetzgebende Gewalt bestimmen zugleich über die Besetzung der wichtigsten Staatsämter.
Die alte Verwaltungsgliederung in 18 Provinzen und zwei freie Städte wurde beibehalten. Das Rechtswesen liegt in der Hand von Revolutionsgerichten.

Bevölkerung

Einwohnerzahl: 7,8 Millionen
Bevölkerungsdichte: 43 Einw./km²
Bevölkerungszunahme: 1,9 % im Jahr
Größte Stadt: Phnom Penh (720 000 Einw.)
Bevölkerungsgruppen: 93 % Khmer, 4 % Vietnamesen, 3 % Chinesen

Die Bevölkerung in Kamputschea hat unter den Kriegswirren der vergangenen Jahre schwer gelitten. Allein unter dem Pol-Pot-Regime dürften mehr als eine Million Menschen umgekommen sein; der Bevölkerungsanteil der Frauen liegt heute bei fast 70 %. Die Kindersterblichkeit ist enorm hoch (16 % im 1. Lebensjahr), die durchschnittliche Lebenserwartung liegt bei 43 Jahren. Der Anteil der unter 15jährigen ist von 44 % (1962) auf heute 32 % zurückgegangen. Vier Fünftel der Bevölkerung leben im zentralen Tiefland des Mekongdeltas.
Amtssprache ist das in indischer Schrift geschriebene Khmer. Offiziell wird Atheismus propagiert, jedoch bekennen sich 90 % der Bevölkerung zum Buddhismus.

Soziale Lage und Bildung
Die soziale Absicherung der Bevölkerung erfolgt fast ausnahmslos durch die Familien, von denen allerdings viele durch die Kriegswirren auseinandergerissen sind. Die medizinische Versorgung ist unzureichend. Das Primärschulsystem hat sich mittlerweile von den politischen Unruhen der 70er Jahre erholt; etwa 50 % der Erwachsenen sind ohne Schulbildung.

Wirtschaft

Währung: 1 Riel (J) = 100 Sen
Bruttoinlandsprodukt (in Anteilen): Land- und Forstwirtschaft 41 %, industrielle Produktion 16 %, Dienstleistungen 43 %
Wichtigste Handelspartner: UdSSR, EG-Staaten, Japan, Australien

Die sozialistische Wirtschaft des von Krieg und politischen Experimenten schwer betroffenen Landes erholt sich nur langsam. Die Infrastruktur wurde weitgehend zerstört, es fehlt an Kapital und Arbeitskräften. Das Land ist in großem Maße auf internationale Hilfe angewiesen.

Landwirtschaft
Einst Reiskammer Indochinas, kann Kamputschea heute gerade den Reisbedarf für das Inland decken. Die infolge der Kriegszerstörungen zurückgegangene Kautschukgewinnung soll wieder erhöht werden. Daneben werden Mais, Gemüse, Obst und Baumwolle angebaut. Von großer Bedeutung ist die Binnenfischerei. Wertvolle Edelhölzer können aufgrund mangelnder Verkehrserschließung kaum genutzt werden.

Bodenschätze, Energie
Es wird nur Phosphat abgebaut (Düngemittelherstellung). Die Energieknappheit im Land soll mit Hilfe von neu und wieder errichteten Wärme- und Wasserkraftwerken überwunden werden.

Industrie, Handel
Das produzierende Gewerbe ist nur gering entwickelt; hergestellt werden v. a. Nahrungsmittel, Düngemittel, Textilien, Autoreifen, Farben und Papier. Hauptimportgüter sind Maschinen, Geräte und Erdöl aus der UdSSR, an die Kamputschea Rohkautschuk liefert. Ansonsten ist die Ausfuhr sehr gering. Über die thailändische Grenze werden verschiedenste ausländische Produkte illegal eingeführt.

Verkehr, Tourismus
Das gesamte Straßennetz (rd. 13 000 km) befindet sich in einem desolaten Zustand; drei Viertel des Bestandes sind Schotter- oder Erdstraßen. Zwei insgesamt knapp 700 km lange, z. Z. teilweise unterbrochene Eisenbahnlinien verbinden Phnom Penh mit Thailand und dem Seehafen Kampong Saom. Dem Luftverkehr steht der internationale Flughafen bei Phnom Penh zur Verfügung.
Nach Kamputschea sind z. Z. nur Gruppenreisen möglich; seit 1987 kann die Tempelstadt Angkor wieder besucht werden.

Geschichte

Im 1. Jh. n. Chr. entstand im Mekongdelta das erste bedeutende indisch geprägte Königreich Südostasiens: Funan beherrschte neben dem südlichen Kambodscha (heute Kamputschea) und Vietnam auch Teile von Thailand, Birma, der Malaiischen Halbinsel und Java, bevor es im späten 6. Jh. von dessen Vasallenstaat Chenla (mittlerer Mekong und Khorat-Plateau) erobert wurde. Beide Staaten wurden zum ersten Khmer-Reich vereinigt.
Unter der Regentschaft von Jayavarman II. (802–850), der Angkor zum

Zentrum einer bis ins 15. Jh. regierenden Dynastie machte, begann die klassische Periode des Khmer-Reichs. Es dehnte sich im 12./13. Jh. von Annam über Laos und Thailand bis zum nördlichen Teil der Malaiischen Halbinsel aus und erlebte während dieser Zeit seine höchste kulturelle Blüte. Der Niedergang des Khmer-Reiches wurde 1431 durch die Zerstörung Angkors eingeleitet, das die infolge der Mongoleneinfälle seit dem 13. Jh. südwärts vordringenden Thai mehrmals überfallen hatten. 1434 wurde die Hauptstadt aufgegeben und die Residenz nach Phnom Penh verlegt. In den folgenden Jahrhunderten stand das Land unter der wechselnden Oberherrschaft des Königreichs von Siam und der südvietnamesischen Nguyen-Könige. Um von seinen Nachbarn nicht völlig absorbiert zu werden, unterschrieb König Norodom I. 1863 ein Protektoratsabkommen mit Frankreich, das aber Kambodscha 1887 in das neugebildete Französisch-Indochina eingliederte.
Nach dem Zweiten Weltkrieg proklamierte Prinz Norodom Sihanouk im

Vor dem Bildnis Ho Chi Minhs: eine Kundgebung anläßlich des Abzugs vietnamesischer Truppen.

Einverständnis mit der japanischen Besatzungsmacht am 12. 3. 1945 die Unabhängigkeit Kambodschas. Nach der japanischen Kapitulation im September 1945 unterstellte sich Kambodscha jedoch erneut dem Schutz von Frankreich und wurde 1946 als autonomer Staat Teil der Französischen Union. Seine volle Unabhängigkeit erhielt Kambodscha erst am 20. 7. 1954 nach der Genfer Indochinakonferenz. 1955 dankte Sihanouk als Herrscher ab, wurde aber nach dem Wahlsieg seiner Volkssozialistischen Partei im selben Jahr Ministerpräsident und 1960 Staatsoberhaupt.
Im Vietnamkrieg war Sihanouk zunächst um einen neutralen politischen Kurs bemüht. Nach Attacken der USA gegen sein Land mit Hilfe ihres Verbündeten Thailand brach Sihanouk 1965 die diplomatischen Beziehungen zu den USA ab und suchte eine Anlehnung an China. Im März 1970 wurde er mit Unterstützung der USA von innenpolitischen Gegnern unter der Führung von General Lon Nol gestürzt; er ging nach Peking und bildete dort im Mai eine Exilregierung.
Am 9. 10. 1970 wurde die prowestliche Khmer-Republik ausgerufen. Der daraufhin ausgebrochene Bürgerkrieg zwischen Anhängern von General Lon Nol (unterstützt von Südvietnam und den USA) und den kommunistischen Roten Khmer (unterstützt von Nordvietnam und der VR China) endete am 17. 4. 1975 mit der Einnahme von Phnom Penh durch die Roten Khmer. Mit einem blutigen Terrorregime unter ihrem Führer Pol Pot versuchten die Roten Khmer eine radikale Umgestaltung Kambodschas (1976 in Volksrepublik Kamputschea umbenannt) in einen Agrarstaat.
Grenzkonflikte seit 1977 mit dem ein Jahr zuvor offiziell wiedervereinigten Vietnam führten Ende 1978 erneut zum Einmarsch von vietnamesischen Truppen, die zusammen mit Exilkambodschanern am 7. 1. 1979 (Nationalfeiertag) die Roten Khmer aus Phnom Penh vertrieben und eine vietnamfreundliche Regierung unter Heng Samrin einsetzten. Gegen das neue Regime formierten sich drei Widerstandsgruppen (Sihanouk-Anhänger, Rote Khmer und bürgerlich-republikanische Kräfte), die 1982 eine gemeinsame Exilregierung bildeten. Nach Verhandlungen zwischen Ministerpräsident Hun Sen und Sihanouk im Herbst 1987 in Paris begann Vietnam am 30. 6. 1988 mit dem Abzug seiner Truppen, der 1990 beendet sein soll. Der Bürgerkrieg dauert freilich an.

Kultur

Aus der Zeit des Königreichs Funan sind keine Bauwerke, sondern nur Skulpturen (6. Jh.) erhalten. Diese indisch beeinflußte Kunst wurde zwischen 600 und 800 n. Chr. von den Khmer eigenständig weiterentwickelt. Mit dem »Prasat«, einem Turmheiligtum aus Ziegelstein, schufen sie die charakteristische Form ihrer sakralen Architektur. Der Bauschmuck (Reliefs, Säulen, Gesimse und Plastiken) war aus Sandstein gearbeitet.

© I.G.D.A. S.p.A. - Novara

Ihre Blütezeit hatte die Kunst im Khmer-Reich von Angkor (802–1432). Diese ist durch den Bau von monumentalen Tempelkomplexen gekennzeichnet. Die einzelnen Tempel waren durch reichverzierte Galerien und Torgänge verbunden. Die um sie herum geometrisch angelegten künstlichen Stauseen sollten den Monsunregen speichern, um die Reisfelder zu bewässern.
Während der klassischen Periode der Khmer-Kunst entstand im 12. Jh. der »Angkor Wat«, ein riesiger hinduistischer Tempelkomplex, der von fünf Türmen überragt wird. Eine späte Blüte des wiederaufgebauten Angkor nach der Zerstörung durch die Cham 1177 verkörpert die um 1200 errichtete Hauptstadt Angkor Thom. Ihr Wahrzeichen war der Tempelberg Bayon, der den mythischen Weltberg Meru als Zentrum der Welt darstellte. Einzigartig an ihm sind die 24 »Gesichtertürme« seines Zentralbaus. Durch den Krieg 1970–1978 wurden die Monumente von Angkor erheblich beschädigt.

Khmer-Krieger: stilisierte Kampfszenen im riesigen Tempelkomplex von Angkor.

Von der altkambodschanischen Literatur der Angkor-Epoche sind nur Fragmente überliefert: »Ream Ker«, eine dramatische Fassung des indischen Ramayana-Epos, und »Trai Phum«, eine buddhistische Kosmogonie. Die Literatur aus den folgenden Jahrhunderten ist reich an volkstümlichen Romanen, Liedern und Märchen, die alle durch eine buddhistische Grundhaltung geprägt sind.

Reise-Informationen

Einreisepapiere
Bürger der Bundesrepublik Deutschland, Österreichs und der Schweiz benötigen einen gültigen Reisepaß und ein Visum, das nur gegen Vorlage einer Einladung von staatlicher Stelle im Flughafen von Phnom Penh erteilt wird. Reisen nach Angkor sind vorläufig nur als Teil einer kombinierten Vietnam-Kamputschea-Rundreise möglich.
Zoll
Gegenstände für den persönlichen Bedarf sind zollfrei.
Devisen
Die Ein- und Ausfuhr von Riel (j) ist verboten. Fremdwährung kann bei Deklaration unbegrenzt ein- und bis zur Höhe der Einfuhr wieder ausgeführt werden. Man sollte nur US-$ mitnehmen.
Impfungen
Malariaschutz ist für das ganze Land erforderlich.
Verkehrsverhältnisse
Die gebräuchlichsten innerstädtischen Verkehrsmittel sind Fahrräder, seltener sieht man Mopeds. Die wenigen Autos gehören der Regierung. Nach und nach werden die zerstörten Verkehrsverbindungen wieder ausgebaut.
Unterkünfte
Mit Erhalt des Visums wird auch die Unterkunft vermittelt.
Reisezeit
Als beste Reisemonate gelten November bis Februar.

Hans-Werner Rodrian

Arabien – wer denkt da nicht an prächtige Moscheen, exzentrische Scheichs, die mit Dollars um sich werfen, Ölquellen, aus denen das flüssige Gold nur so sprudelt, und fremdartige Basare, die den Besucher direkt ins Mittelalter zurückversetzen?
Klischees?
All das und noch mehr ist in Katar Realität. Zögernder als die Nachbarländer Saudi-Arabien und die Vereinigten Arabischen Emirate hat sich das Scheichtum dem Westen geöffnet. Man pflegt archaische Traditionen und liebt orientalische Prachtentfaltung. Hier sind die Wasserhähne in den Hotelsuiten tatsächlich vergoldet, und gleich nebenan wird Dieben wie vor 1000 Jahren nach dem islamischen Recht der Scharia öffentlich die Hand abgehackt.
Katar ist ein Beduinenstaat geblieben, auch wenn nur noch fünf Prozent der Einwohner Nomaden sind und die Söhne der Wüste heute im Luxusauto über den Highway brausen. Spätestens an der nächsten Kreuzung zeigt sich: Das Kamel hat immer noch Vorfahrt.

Staatsname:	Staat Katar
Amtssprache:	Arabisch
Einwohner:	315000
Fläche:	11427 km²
Hauptstadt:	Doha (Ad Dawhah)
Staatsform:	Absolute Monarchie
Kfz-Zeichen:	Q
Zeitzone:	MEZ +2 Std.
Geogr. Lage:	Halbinsel an der Westküste des Persischen Golfes, grenzt an Saudi-Arabien und die Vereinigten Arabischen Emirate

Im Wüstenstaat Katar hat das Dromedar als Lasttier ausgedient. Die Beduinen, die mit dem Erdöl reich geworden sind, brausen heute in Luxusautos durch das Land. Trotzdem züchten sie weiterhin Kamele – für ihren Lieblingssport, das Dromedarrennen

Düsenjäger und Renndromedare

Scheich Nawaf ist genau so, wie man sich einen Scheich vorstellt: groß, stolz und reich. Der Bruder des katarischen Herrschers Khalifah ibn Hamad Al Thani handelt mit deutschen Nobelklasse-Automobilen, und die gehen in Arabien auch in Krisenzeiten gut. Fast so gut wie Renndromedare, ein anderer Erwerbszweig und nebenbei das Hobby des geschäftstüchtigen Scheichs.

Die schnellen einhöckrigen Kamele züchtet Scheich Nawaf auf seiner »Farm« in der Wüste. Und da er nicht nur reich, sondern auch gastfreundlich ist, hat er uns eingeladen, die Kamele zu besichtigen – und natürlich mit ihm zu speisen.

Da hocken wir nun im Schneidersitz in einem großen kahlen Raum auf Ziegenfellen und Knüpfteppichen, kein Tisch weit und breit. Weißgewandete Bedienstete servieren unablässig frische Datteln und scharfen grünen Kaffee, bis sich die schwere Ebenholztür öffnet und zwei hochgewachsene Schwarze riesige Silberplatten hereinschleppen. Auf jeder liegt ein ganzer Hammel, angerichtet auf Bergen von Safranreis.

Auf Messer und Gabel oder Teller warten wir vergeblich. Scheich Nawaf selbst erlöst uns vom Problem der Etikette, indem er mit geübtem Griff das zarte Fleisch vom Knochen zieht, mit Reis und Soße zu einem Knödel formt und schnurstracks dem erstaunten Gast an seiner Seite in den Mund schiebt. Alles selbstverständlich nur mit der rechten Hand; denn die linke gilt als unrein.

So traditionell gibt sich die herrschende Schicht in Katar gerne auch heute noch, selbst wenn sie daheim natürlich längst mit Mikrowellenherd und Gefrierschrank ausgestattet ist und feinstes belgisches Porzellan im Schrank stehen hat. Das Geld hat die Katarer nicht weich gemacht, sondern selbstbewußt. Wer kommt, muß sich den hiesigen Lebensformen anpassen, nicht umgekehrt.

Nicht von ungefähr genießt die weit in den Persischen Golf hineinragende Kalkstein-Halbinsel den Ruf, den urtümlichsten Staat der ganzen islamischen Welt zu beherbergen. Scheich Khalifah Al Thani orientiert sich streng an den Regeln der sunnitischen Wahhabiten. Ausländer, die sich um ein Visum bemühen, brauchen grundsätzlich einen einheimischen Bürgen – zur Not tut's auch der Hotelier. So hält man sich unliebsame Einwanderer vom Leib.

Das soll jedoch nicht heißen, Katar habe etwas gegen die westliche Welt. Ganz im Gegenteil: Das Militär des Scheichs ist mit modernstem Kriegsgerät aus Frankreich und den USA ausgerüstet. In der Hauptstadt Doha, noch vor gut 30 Jahren ein armseliges Fischerdorf, stehen heute futuristisch anmutende Bürohäuser neben supermodernen Fabrikgebäuden.

Doch ebenso selbstverständlich besteigen die Düsenjägerpiloten ihre Cockpits erst nach einer Verneigung gen Mekka, wurde die neue Erdöl-Raffinerie in Umm Said durch »islamic Banking« ohne Zinsen finanziert. Und die nagelneue Universität von Doha schmücken als architektonische Ausrufezeichen jene bizarren Windtürme, die seit Jahrtausenden das Leben in den Lehmbauten der Wüste erträglich machen – Klimaanlagen ohne jeden Energieverbrauch.

Prestige und Fortschritt ja – doch ohne den Verlust der Identität: Das ist das Motto der regierenden, streng autokratischen Herrscherfamilie. Ist ihr doch vor Augen geführt worden, daß allzu blinder Fortschrittsglaube auch scheinbar festgefügte Herrschaftsstrukturen erschüttern kann. Schließlich liegt der Iran nur 200 Kilometer entfernt.

Diese Vorsicht wird auch beim ehrgeizigsten Entwicklungsprojekt Katars deutlich: der »Corniche« von Doha. Entlang der Küste wird seit Jahren Bauland aufgeschüttet, um die Altstadt nicht zerstören zu müssen und dennoch breite Verkehrswege und großzügige Bauten anlegen zu können.

Wahrzeichen dieses neuen Doha, das aus dem Meer entsteht, ist eine gigantische Hotelpyramide aus Glas und Beton, gekrönt von einem dreieckigen Restaurant in 95 Metern Höhe. Das Doha Sheraton wurde eigens für das letzte Gipfeltreffen der sechs Golfstaaten-Herrscher in Katar errichtet – ein Prestigeobjekt, umgeben von täglich bewässertem sattem Grün, 200 Millionen Dollar teuer und mit einer Emir-Suite, die für umgerechnet 3600 Mark pro Nacht zu haben ist.

Lebensqualität in der Wüste

Doch die neue Herrschergeneration – in Oxford, an der Sorbonne und in Harvard ausgebildet – denkt nicht nur an Prunk und Prestige, sondern durchaus auch ans gemeine Volk. Die medizinische Versorgung selbst im abgelegensten Dorf ist vorbildlich, Schulen und Universität werden mit großzügigen Stipendien attraktiv gemacht. Saftig-grüne Parks und Spielplätze für die Kinder zeigen, was man in der Wüste unter Lebensqualität versteht. Hier sitzen die arabischen Papas im wallenden weißen Gewand und mit dem typischen rotgestreiften Kopftuch abends gemeinsam mit Frauen und Kindern auf der Wiese – ein seltenes Bild arabischer Familienidylle.

Denn häusliches Leben im Kreis der Familie bekommt der Fremde kaum jemals zu sehen. Selbst gute Freunde lädt man nur in die Teestube oder ins Restaurant ein; eine Einladung in die Wohnung ist höchst selten.

Eine Ausnahme wird fast nur bei Hochzeiten gemacht: Streng getrennt feiern Männer und Frauen in verschiedenen Räumen mit Musik und Tanz an reichgedeckten Tafeln. Erst nach dem Schmaus ziehen alle Gäste gemeinsam zum Haus der Braut, wo die eigentliche Zeremonie stattfindet – ein farbenfrohes Erlebnis, das man so schnell nicht vergißt.

Man pflegt also die alten Sitten und Bräuche – doch allzuviel an Tradition gibt es nicht zu bewahren in Katar. Noch vor 50 Jahren bestand das kleine Volk aus kaum mehr als 20000 Menschen – umherziehenden Beduinen oder armen Fischern, die in den seichten Gewässern des Golfs nach Perlen tauchten.

Doch was es an Zeugnissen aus der Vergangenheit noch gibt, wird liebevoll gepflegt. Das Nationalmuseum im alten Emir-Palast beherbergt die schönsten Stickereien und Beispiele der einst berühmten Webkunst der Beduinenfrauen. Dazu kommt eine phantastische Sammlung der prachtvollsten Perlen, die vor dieser Küste gefischt wurden.

Sehenswert ist das Museum allein schon wegen seines Baustils. Wehrhaft liegt es da, das alte Fort, und erinnert an Zeiten, als der Scheich sich noch – oft genug – mit der Flinte seiner Haut wehren mußte. Die Anlage ist bis ins Detail restauriert. Man erkennt deutlich die traditionelle Bauweise aus Mörtel und Korallen; die Decken sind aus Mangrovestangen und Schilfbündeln geflochten.

Malerisch dümpeln im kleinen Hafen vor dem Museum wie einst die Dhaus, jene hölzernen Lastensegler mit dem hohen Heck, die noch vor wenigen Jahrzehnten mit Gewürzen und Spezereien im Golf und bis weit hinein in den Indischen Ozean fuhren – in einer Zeit, als das Leben noch nicht vom Öl bestimmt wurde.

In rasantem Tempo in die Zukunft

Heute versucht das Land zielstrebig, wenn auch mit wechselndem Erfolg, sich nach der politischen Unabhängigkeit (1971) auch die vom Öl zu sichern. Nach Prestigeobjekten wie Flüssiggas-, Dünger- und Stahlfabriken werden zunehmend auch private Kleinbetriebe gefördert.

Noch zeigt der Wüstenstaat keinerlei touristische Ambitionen. Informationsminister Isa

▽ Trotz Fortschrittsgläubigkeit pflegt die herrschende Schicht in Katar auch heute noch ihre traditionellen Lebensformen: Man ißt, nach arabischer Manier auf dem Boden sitzend, die Speisen mit den Fingern – und nur mit der rechten Hand, die linke gilt als unrein! Alkohol und Schweinefleisch sind nach wie vor tabu.

◁ ***Bevor hier Erdöl gefunden und gefördert wurde, war Katar der ärmste und rückständigste aller Golfstaaten. Gegenwärtig ist das Emirat dem Pro-Kopf-Einkommen nach das zweitreichste Land der Erde. Da die Ölquellen nicht unerschöpflich sind, bemüht sich das katarische Herrscherhaus zielstrebig, die industrielle Entwicklung voranzutreiben.***

Ghanim Al Kawari ist da ganz offen: »Wir sind lieber konservativ und lassen Touristen erst in unser Land, wenn es reif dafür ist. Im Augenblick fehlen noch die Hotels außerhalb der Hauptstadt Doha; unsere gesamte Infrastruktur ist noch im Aufbau.«

Dabei mangelt es Katar keineswegs an touristischen Reizen. Wie Fata Morganen tauchen in der flimmernden Hitze pittoreske Dörfer auf, am Horizont ziehen Kamelkarawanen wie vor Jahrhunderten dahin, an der Küste wechseln steile Felsen mit traumhaften Sandbuchten – das Land ist wohl auch landschaftlich noch das ursprünglichste der Golf-Emirate.

»Gewöhnliche« Touristen kommen nur selten ins Land. Ein Problem für manche Gäste: Alkohol ist absolut tabu. Es gibt keinen Wein, kein Bier, selbst Weinbrand-Pralinen sind verboten.

△ ***Zeugnisse aus der Vergangenheit werden im alten Palast »Feriq al Salata« in der Hauptstadt Doha aufbewahrt. Das Fort, in dem einst der Vater des jetzigen Herrschers wohnte, wurde vollständig renoviert und ist seit 1975 Nationalmuseum. Man kann hier vorgeschichtliche und archäologische Funde von der Halbinsel besichtigen oder die Beduinen-, Seefahrer- und Perlenfischertradition der Katarer studieren.***

Nur für nichtmuslimische Ausländer gibt es eine Ausnahmeregelung: In den eigenen vier Wänden dürfen diese monatlich eine bestimmte Menge Alkohol zu sich nehmen. Sogar ein Mann wie Gerhard Foltin, gebürtiger Garmisch-Partenkirchener und Generalmanager des noblen Sheraton Doha, trinkt sein geliebtes bayerisches Bier nur in seinen Privaträumen.

Eine Chance, das Land in seiner ganzen Schönheit zu sehen, haben jedoch nur wenige; vor allem Geschäftsleute, auf deren Kontakte der junge Staat bei seinem rasanten Weg ins 21. Jahrhundert nicht verzichten kann.

Landesnatur

Fläche: 11 427 km² (etwa halb so groß wie Hessen)
Ausdehnung: Nord–Süd 170 km, West–Ost 80 km
Küstenlänge: 380 km

Katar ragt als schmale ovale Halbinsel rund 170 km in den Persischen Golf. Im Süden grenzt es an Saudi-Arabien und an die Vereinigten Arabischen Emirate. Das Staatsgebiet schließt einige Inseln ein.

Naturraum

Salzsümpfe und *Wüstenstreifen* trennen Katar von der Arabischen Halbinsel. Die Salzpfannen (Sebkhas) auf Meeresniveau sind Relikte aus der Zeit, als Katar noch Insel war. Erst durch eine leichte Hebung des Landes entstand die Verbindung zum arabischen Festland. Aus diesen Sümpfen steigt nach Norden das sanft gewellte *Hügelland* empor, das für ganz Katar prägend ist. Im Westen, nahe der Stadt Al Kiranah, erreicht das Gelände mit 106 m seinen höchsten Punkt. Nach Osten fällt das Land sanft zum Meer ab. Sanddünen kommen nur vereinzelt, meist an der Küste im äußersten Südosten, vor. Die *Küste* wird von mehreren langgestreckten Buchten gegliedert. Besonders der Ostseite sind zahlreiche Korallenriffe vorgelagert. Das Grundwasser hat einen hohen Salzgehalt; Trinkwasser wird in Meerwasser-Entsalzungsanlagen gewonnen.

Problemlose Koexistenz: Klassische und moderne Verkehrsmittel.

Klima

Mit dem geringen Jahresniederschlag von unter 100 mm gehört Katar zu den trockensten Landschaften der Erde. Die Luftfeuchtigkeit liegt bei 85 %. Im Sommer sind Temperaturen von 45 °C keine Seltenheit, im Winter sinken sie auf durchschnittlich 17 °C. Häufig weht der trocken-staubige Nordwestwind Shamal.

Vegetation und Tierwelt

Katar ist unfruchtbar und verödet, unwirtlicher noch als die anderen arabischen Wüstenstaaten. Nur im Norden, wo die Niederschläge noch etwas häufiger sind, wachsen Wüstenhyazinthen, Palmen und Dornbüsche. Nach dem seltenen Regen sprießen Gräser und Kräuter hervor, treiben Blüte und Frucht in sehr kurzer Zeit und verdorren sofort wieder. In den Salzpfannen wachsen spärliche salzliebende Gräser und Sträucher (Halophyten).
Nur wenige Tierarten – Wüstenspringmäuse, Igel, Geckos und Warane – können unter den extremen Lebensbedingungen dieser Wüste existieren. Zugvögel rasten im Winter an der nördlichen Küste. Für die gefährdeten Oryx-Antilopen wurde südlich von Doha ein Wildpark errichtet.

Politisches System

Staatsname: Dawlat Qatar

Staats- und Regierungsform: Absolute Monarchie
Hauptstadt: Doha (Ad Dawhah)
Mitgliedschaft: UN, Arabische Liga, OAPEC, OPEC

1971 erklärte Katar sich für unabhängig; die britische Schutzherrschaft war beendet. Schon 1970 hatte das Land sich eine Verfassung gegeben. Nach ihr wird langfristig zwar eine Demokratisierung von Politik und Gesellschaft angestrebt, vorerst ist Katar aber noch Monarchie. Der Emir ist zugleich Staatsoberhaupt und oberster Inhaber von Exekutive und Legislative; auch der Ministerrat ist ihm allein verantwortlich. Ein Parlament oder politische Parteien gibt es nicht.
Das Land gliedert sich in fünf Regionen. Fünf Gerichte urteilen »im Namen des Emirs«, daneben gibt es Gerichte für religiöse Fragen.

Bevölkerung

Einwohnerzahl: 315 000
Bevölkerungsdichte: 28 Einw./km²
Bevölkerungszunahme: 3,8 % im Jahr
Größte Stadt: Doha (217 000 Einw.)
Bevölkerungsgruppen: 30 % geborene Katarer, 29 % Pakistaner, 16 % Inder, 8 % Palästinenser, 7 % Iraner, 10 % unterschiedliche Minderheiten

Zeitweise waren fast 75 % der Einwohner Katars Ausländer, heute ist ihre Zahl rückläufig. Der Anteil der unter 15jährigen beträgt etwa 35 %. Fast 70 % der Bevölkerung leben in der Hauptstadt Doha, der Verstädterungsgrad beträgt 89 %.
Amtssprache ist Arabisch, Handelssprachen sind Englisch und Persisch. Staatsreligion ist der sunnitische Islam. Unter den Ausländern herrschen Schiiten vor; ferner gibt es einen beträchtlichen Anteil an Hindus.

Soziale Lage und Bildung

Als Staat mit einem der höchsten Pro-Kopf-Einkommen der Welt besitzt Katar ein sehr gutes soziales Fürsorgesystem, Hilfsbedürftige erhalten feste monatliche Bezüge. Die medizinische Versorgung ist gut und steht kostenlos zur Verfügung.
Es gibt keine allgemeine Schulpflicht, der Unterricht ist aber auf allen Ausbildungsstufen kostenlos; die Analphabetenrate beträgt gegenwärtig etwa 45 %. Seit 1973 besitzt Katar eine eigene Universität.

Wirtschaft

Währung: 1 Qatar Riyal (QR) = 100 Dirhams
Bruttoinlandsprodukt (in Anteilen): Land- und Forstwirtschaft 1 %, industrielle Produktion 63 %, Dienstleistungen 36 %
Wichtigste Handelspartner: EG-Staaten, Japan, USA

Wie jedes ölexportierende Land wurde auch Katar vom Überangebot und Preisverfall auf dem Erdölmarkt wirtschaftlich nachhaltig getroffen.

Landwirtschaft

Die Landwirtschaft kann trotz ehrgeiziger Regierungsprojekte die Inlandsnachfrage nur zu einem geringen Prozentsatz decken. Lediglich 0,3 % des Staatsgebiets sind als Ackerland ausgewiesen, das künstlich bewässert werden muß. Hauptanbauprodukte sind Tomaten, Kürbisse, Getreide, Datteln, Gemüse und Zitrusfrüchte. Die einst rein nomadische Viehwirtschaft wurde durch den Aufbau von Viehfarmen umstrukturiert. Der Fischfang wird weiter ausgebaut.

Alltäglicher Anblick: traditionelle arabische Kleidung in supermodernen Büros.

Bodenschätze, Energie, Industrie

Neben den reichen Erdöl- und Erdgasvorkommen verfügt Katar über abbauwürdige Kalkstein-, Kies-, Ton- und Gipsvorkommen. Der Energiebedarf wird im wesentlichen durch Erdöl und Erdgas gedeckt. Das Zentrum der erdöl- und erdgasverarbeitenden Industrie ist Musayid. Hier entstanden seit Beginn der 70er Jahre u. a. ein Stahlwerk, eine Düngemittelfabrik, eine petrochemische Anlage, eine Getreidemühle und Meerwasser-Entsalzungsanlagen. Zentrum der Leichtindustrie ist Doha.

Handel

Haupteinfuhrgüter sind Maschinen und Fahrzeuge, langlebige Konsumgüter (Möbel, Bekleidung, Uhren usw.), Nahrungsmittel sowie Holz, Metallwaren, Eisen- und Stahlschrott. Exportiert werden v. a. Rohöl, Erdölprodukte und Flüssiggas sowie Düngemittel und Stahl.

Verkehr, Tourismus

Das gut ausgebaute Straßennetz umfaßt etwa 1300 km. Es bestehen Stra-

Das Doha Sheraton: ein futuristischer »Babylonischer Turm«.

ßenverbindungen mit den V. A. E. und Saudi-Arabien. Wichtigste Häfen sind Doha und Musayid (Erdöl). Der internationale Flughafen von Doha wird täglich von mehreren europäischen Hauptstädten aus angeflogen. Der Tourismus ist volkswirtschaftlich bedeutungslos.

Geschichte

Das Gebiet des heutigen Emirats Katar wies in früheren Jahrtausenden noch eine reichhaltige Vegetation auf und war bereits in der Steinzeit besiedelt. Im 5. Jahrtausend v. Chr. erlebte Katar eine Blütezeit. Klimaveränderungen führten zum Entstehen der heutigen Wüstenlandschaft.
In der Mitte des 18. Jh. zogen nomadisierende Beduinenstämme von ihren angestammten Weidegebieten im Inneren der Arabischen Halbinsel in das Gebiet des heutigen Katar. Zu diesen Beduinen gehörte auch die Sippe der Al Thani, die das Dorf Al Bid gründete, das heutige Doha. Scheich Muhammad Al Thani gewann allmählich Macht über die Wüstenhalbinsel und wurde zum Begründer der Dynastie, aus der der jetzige Emir Khalifah Al Thani stammt.
Die folgenden 100 Jahre waren durch Machtkämpfe mit der Sippe der Al Khalifah gekennzeichnet, die aus dem heutigen Kuwait auf die Halbinsel drang und die Siedlung Az Zubarah gründete. Von hier aus eroberten die Al Khalifah Bahrain.

Perlen und Erdöl

Ende des 18. Jh. fielen saudische Wahhabiten, Anhänger einer streng orthodoxen islamischen Sekte, auf der Halbinsel ein und eroberten zeitweilig Al Bid. Seit dieser Zeit bestehen enge Beziehungen zu Saudi-Arabien.
Bis weit in die 50er Jahre des 19. Jh. war die Küste von Katar wie die der heutigen Vereinigten Arabischen Emirate berüchtigt als »Piratenküste«. Erst das Eingreifen der britischen Ostindien-Kompanie, die ihre Handelswege nach Indien bedroht sah, bereitete der Seeräuberei ein Ende. 1868 wurde Katar, das einige Jahrzehnte zuvor unter die Oberhoheit von Bahrain gelangt war, ein unabhängiges Scheichtum. Der Preis war die Anerkennung Großbritanniens als Ordnungsmacht im Golf.
Von 1872 bis 1913 war die Halbinsel dem Osmanischen Reich angegliedert. Türken und Briten teilten in der Folgezeit den Golf in Interessensphären auf: Der nördliche Teil wurde vom Osmanischen Reich kontrolliert, der südliche von Großbritannien.
Der Erste Weltkrieg veränderte die Machtverhältnisse in dieser Region einschneidend: 1915 verließen die Türken Katar, für das Großbritannien 1916 die Schutzherrschaft übernahm. Die traditionelle wirtschaftliche Grundlage des Landes wurde zerstört, als in den 30er Jahren japanische Zuchtperlen auf den Markt kamen. Kurz darauf eröffneten Erdölfunde eine völlig

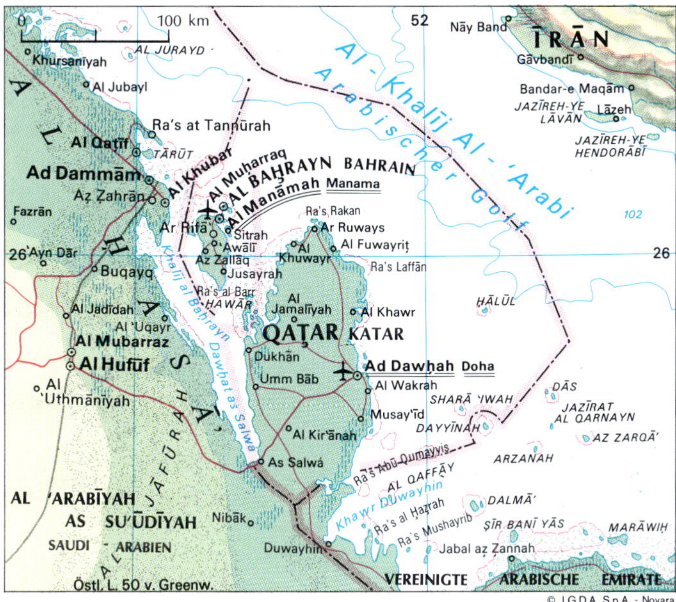

neue Perspektive. Die Förderung setzte jedoch erst 1949 ein. In der Folgezeit ging mit wachsendem Reichtum eine tiefgreifende Modernisierung in Staat und Wirtschaft vor sich. Als Ende der 60er Jahre die Briten den Abzug ihrer Truppen »östlich von Sues« für 1971 ankündigten, verstärkten sich die Bestrebungen der Golf-Scheichtümer zur Bildung einer Föderation. Katar schloß sich dieser jedoch nicht an; es wurde am 1. 9. 1971 unabhängig und schloß einen Freundschaftsvertrag mit Großbritannien.
1977 wurden alle Erdöl- und Erdgasgesellschaften verstaatlicht. 1982 schloß das Emirat ein Sicherheitsabkommen mit Saudi-Arabien.

Kultur

Archäologen fanden in den 60er Jahren dieses Jahrhunderts in Umm al Ma, Umm Bab, Ras Uwaynat und Zakrit Schleifsteine, Feuersteinmesser und Speerspitzen, die aus der Besiedlung in der Steinzeit stammen. Reste von Siedlungen und Grabanlagen sowie Keramikfunde – vor allem in Al Khawr, Az Zubarah und Ad Dasah – deuten auf eine längere Besiedlungsphase im 4. bis 1. Jh. v. Chr. hin.
Die größeren Ansiedlungen der Halbinsel sind Neugründungen, meist mit recht freien Adaptionen arabischer Architektur. Die traditionellen Profanbauten werden wie in vielen anderen arabischen Ländern immer seltener.

Die arabische Profanarchitektur

Das arabische Haus erfüllte von jeher mehrere Funktionen: Es war Wohnstatt, Laden, Werkstatt, Lager und, sofern man Tiere besaß, auch Stall. Die ein- oder mehrstöckigen, flach gedeckten Gebäude hatten in der Regel zur Straße hin eine geschlossene Front, die durch wenige Fenster und oft die sog. Mashrabiyah, mehr oder weniger kunstvoll vergitterte Balkonerker für die Frauen, aufgelockert wurde. Die einzelnen Gebäudeteile gruppierten sich um einen Innenhof mit dem Hausbrunnen.
Eine Besonderheit dieser Region sind die Windtürme, Malqaf oder Badgir genannt. Diese Turmgebilde fangen den Wind aus einer oder mehreren Richtungen ein und leiten die Luft durch den im Inneren befindlichen Schacht nach unten. Sehenswert ist das »Windturmhaus« in Doha.

Vor einem Gemüsemarkt in Doha bieten Schreiber ihre Dienste an.

Lebensweise der Katarer

Die Religions- und Lebensauffassung der Wahhabiten bestimmt das Leben der Katarer. Diese befolgen konsequent die orthodoxen Regeln, wozu das Verbot des Alkoholkonsums zählt. Die meisten Frauen tragen nach wie vor den Schleier; im Stadtbild dominieren die Männer. Üblich ist es immer noch, daß Männer auch im Alter von über 50 Jahren junge Mädchen heiraten.

Reise-Informationen

Einreise- und Fahrzeugpapiere
Bürger der Bundesrepublik Deutschland, der Schweiz und Österreichs brauchen für den Aufenthalt von einem Monat einen gültigen Paß und ein Visum. Touristenvisa werden nur selten ausgestellt, Kinderausweise nicht anerkannt.
Für einen Leihwagen genügt der internationale Führerschein, wenn man den Wagen höchstens eine Woche fährt; sonst ist der Katar-Führerschein notwendig.

Alte hölzerne Dhauen in einem kleinen Lagunenhafen in Doha.

Zoll
Bei der Einreise sind pro Person 450 g Tabakwaren und eine angemessene Menge Parfüm zollfrei. Untersagt ist die Einfuhr von Alkohol und von Schweinefleisch.
Devisen
Die Ein- und Ausfuhr von Qatar Riyal (QR) ist unbegrenzt; Fremdwährung außer israelischem Geld kann bei Deklaration in beliebiger Höhe mitgeführt werden.
Impfungen
Anzuraten sind Impfungen gegen Typhus und Polio.
Verkehrsverhältnisse
Doha ist der einzige Flughafen im Lande. In Katar reist man im Taxi oder im Mietwagen. Öffentliche Verkehrsmittel gibt es keine.
Unterkünfte
Die Hotels entsprechen im allgemeinen europäischem Standard.
Reisezeit
Glühende Hitze und hohe Luftfeuchtigkeit erwarten den Besucher im Sommer; im Winter ist es etwas milder.

Korea Demokratisch Volksrepubli

M. Y. Ch

e
Korea

Sozialistisches Menschenbild – beim Massenspektakel im Kim-Il-Sung-Stadion in Pjöngjang ist der einzelne nur ein winziges Steinchen im riesigen Mosaik.

Korea ist – wie Deutschland – ein geteiltes Land. Die willkürlich entlang dem 38. Breitengrad gezogene Grenze trennt die Menschen eines Volkes, das während seiner über 4000jährigen Geschichte fast immer geein war. Zwischen den beiden Teilen – de Demokratischen Volksrepublik Korea im Norden und der Republik Korea im Süden – gibt es so gut wie keine Gemeinsamkeiten: Der eiserne Vorhang ist hier so undurchlässig wie sonst nirgends mehr auf der Welt.

Das kommunistische Nord-Korea versucht, zwischen der Sowjetunion und der Volksrepublik China, den mächtigen nördlichen Nachbarn, einen eigenen Weg zu gehen: »Dschutsche« heißt der Kurs, den Staatspräsident Kim Il Sung steuert. Der »Große Führer« wie er sich nennen läßt, »genießt« im Lande eine fast bedingungslose Verehrung. Dem Besucher aber erschein Nord-Korea noch keineswegs als »das Paradies des Volkes auf Erden«.

Staatsname:	Demokratische Volksrepublik Korea
Amtssprache:	Koreanisch
Einwohner:	20,5 Millionen
Fläche:	120 538 km²
Hauptstadt:	Pjöngjang (Pyongyang)
Staatsform:	Sozialistische Volksrepublik
Kfz-Zeichen:	Nicht existent
Zeitzone:	MEZ + 8 Std.
Geogr. Lage:	Ostasien, Nordhälfte der Koreanischen Halbinsel, grenzt an die VR China, die Sowjetunion und an Süd-Korea

Wo das Volk auf Edelsteinen wandelt

Um es vorwegzunehmen: Nord-Korea hat erst langsam damit begonnen, sich dem internationalen Tourismus zu öffnen. Seit November 1987 gibt es regelmäßige Flüge zwischen Pjöngjang und Ost-Berlin via Moskau.

Wer seine Reise um den 15. April herum antreten kann, erlebt in Nord-Koreas Hauptstadt nicht nur die schönste Jahreszeit, sondern auch eine Fülle einzigartiger Feste und Szenen zur Geburtstagsfeier des »Großen Führers« (Jahrgang 1912).

Der nord-koreanische Dolmetscher, der westliche Besucher begleitet, pflegt kein Hehl daraus zu machen: »Bei uns werden Sie keinen Luxus finden, aber wir haben alle unser Essen, unsere Arbeit und unsere Wohnung.« Die Nord-Koreaner sind also keineswegs reich, aber was sie brauchen – heißt es –, erhalten sie von ihrem »Großen Führer«: Bettdecke, jedes Paar Schuhe, die Uniform, Kleider für vier Jahreszeiten, beinahe kostenlose Wohnungen, elementare und höhere Ausbildung, ärztliche Betreuung. Seit dem 1. April 1974 – das ist kein Aprilscherz! – muß niemand mehr Steuern zahlen; ganz zu Unrecht singen die Nord-Koreaner also nicht: »Wir sind glücklich und beneiden niemanden in der Welt.«

Wer aus anderen asiatischen Ländern nach Nord-Korea kommt, wird beeindruckt oder gar verblüfft sein, denn diesem Land fehlen die meisten Attribute der sogenannten Entwicklungsländer in Asien, Afrika und Lateinamerika: Schmutz, Gestank und Chaos, Bettler, Hungernde und Prostituierte, Spielhöllen, Kriminalität und Wohnungsnot. Die Hauptstadt ist aufgeräumt, reinlich, ja fast steril. Das gilt auch für die prunkvolle U-Bahn, deren Bahnsteige mit Onyx- und Achatplatten ausgelegt sind, damit »das Volk auf Edelsteinen wandeln kann«.

Wenn Pjöngjang wie ein inszeniertes Schauspiel wirkt, so liegt das unter anderem auch daran, daß die Polizistinnen auf den meist leeren Kreuzungen – Privatautos gibt es in Nord-Korea nicht – einstudierte Winkbewegungen zur Regelung eines quasi-imaginären Verkehrs verrichten wie Figuren in einem absurden Theaterstück.

Personenkult und »Dschutsche«-Propaganda

Der Flughafen von Pjöngjang wirkt provinziell, aber ein moderner »Internationaler Flughafen« ist unter der Regie von Kim Jong Il, dem Sohn und designierten Nachfolger des Staatspräsidenten, in Bau. Von dem Augenblick an, da der Tourist die Gangway hinabsteigt, begleiten ihn auf Schritt und Tritt der Slogan »Dschutsche« und das Porträt des Großen Führers Kim Il Sung. Außer ihm selbst tragen alle Nord-Koreaner sein Bild auf der Brust. Es ist nicht käuflich zu haben wie seinerzeit in China das Mao-Abzeichen, sondern wird auf Antrag verliehen. Die Toilette war, soweit ich feststellen konnte, der einzige Ort ohne den Slogan oder das Porträt des Staatschefs.

Was heißt aber »Dschutsche«? Es ist die nord-koreanische Bezeichnung für die Staatsphilosophie oder -ideologie, den »Kimilsungismus«. In der politischen Praxis bedeutet das Eigenständigkeit in Politik, Wirtschaft und Verteidigung sowohl Moskau als auch Peking gegenüber. Am besten läßt sich die Doktrin mit dem amerikanischen Bastlerslogan »Do it yourself« umschreiben.

In untrennbarem Zusammenhang mit dem »Dschutsche«-Dogma steht die bedingungslose Verehrung des Großen Führers, die Experten des Personenkults wie Stalin, Mao oder Ceausescu als Dilettanten erscheinen läßt. Man beobachte nur den alltäglichen Strom von Männern, Frauen und Kindern, die nach Mangyongdae, dem Geburtsort Kim Il Sungs, wallfahren und sich ehrfurchtsvoll und andächtig durch das Bethlehem Nord-Koreas führen lassen. Das rekonstruierte Vaterhaus des Großen Führers ist ein auffallend bescheidenes, strohgedecktes Häuschen.

Ein merkwürdiger Anblick ist der Triumphbogen, der seit Kim Il Sungs 70. Geburtstag vor dem Stadion in Pjöngjang steht, das seinen Namen trägt. Sein Vorbild in Paris soll er um etliche Meter überragen. Auf der Ostseite des Taedong-Flusses hat man auch ein nord-koreanisches Gegenstück zum Eiffelturm erbaut. Aber kein Vergleich! Nur halb so hoch wie sein Pariser Vorbild, wurde dieser »Dschutsche«-Turm im Jahre 1982 aus sage und schreibe 25 550 Granitblöcken errichtet. Das ist die Zahl der Tage, die Kim Il Sung bis zu seinem 70. Geburtstag gelebt hat.

Gerne läßt sich der Große Führer – oft zusammen mit seinem Sohn – vor der Kulisse des 2744 Meter hohen Baitou Shan in impo-

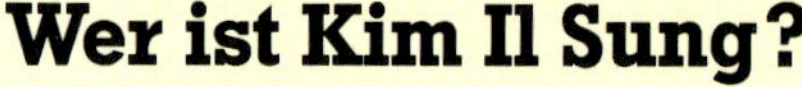

Wer ist Kim Il Sung?

»Nord-Korea ist noch nicht das Ideal eines sozialistischen Staats ›mit menschlichem Gesicht‹, aber es ist immerhin auf dem Wege dazu.« Diese eigenwillige These vertritt Luise Rinser in ihrem »Nordkoreanischen Reisetagebuch«. Die Schriftstellerin hat sich mehrmals im Lande umgesehen und war dabei auch persönlicher Gast des Staatspräsidenten Kim Il Sung.

Wer ist dieser alte Mann? »Man kennt ihn außerhalb seines Landes wenig«, schreibt sein langjähriger enger Freund Prinz Sihanouk von Kambodscha. »Der Grund dafür ist vielleicht zugleich sein größtes Verdienst: Statt durch die Welt zu ziehen und vor Kongressen und Versammlungen Reden zu halten – wie wir es alle getan haben, meine Freunde Sukarno, Nkrumah ... und ich auch –, ist er in Pjöngjang geblieben und hat sich um sein Volk und sein Land gekümmert, was ja die erste Pflicht eines Staatsoberhauptes ist. Damit wurde er zu einem Vorbild an gesundem Menschenverstand, Tüchtigkeit – aber auch politischer Klugheit und Vorsicht ...«

Und er bleibt nach wie vor in Pjöngjang, der fast zwei Millionen Einwohner zählenden Hauptstadt der Demokratischen Volksrepublik Korea. Auf eine kommunistische Familiendynastie von Vater und Sohn gebaut, bezeichnet das Land im Norden der koreanischen Halbinsel sich gern als »Paradies des Volkes auf Erden«.

▽ In der Demokratischen Volksrepublik Korea wird Staatspräsident Kim Il Sung fast bedingungslos verehrt. Sogar dieser Stein, auf dem er einmal saß, ist zur Reliquie und zum Ziel von Führungen geworden.

▷ Den Kleinen gilt die besondere Fürsorge der Volksrepublik. Im Kinderpalast der Hauptstadt können sie sich bei Musik und Tanz vergnügen. Koreas Tradition wird in der Erziehung sorgsam gepflegt.

▽ *An Sauberkeit läßt sich Nord-Korea von kaum einem Land der Welt übertreffen! Ausdauernd und sorgfältig werden die verkehrsarmen Straßen in Pjöngjang gefegt. Der gelb markierte Mittelstreifen wird selbst vom feinsten Stäubchen befreit: Er ist der Staatskarosse Kim Il Sungs vorbehalten!*

santer Größe in Öl verewigen. Die Koreaner verehren den »Berg mit dem weißen Haupt« als heilig. Von seinen Wäldern aus sollen Kim Il Sungs Partisanenaktivitäten gegen die japanische Kolonialherrschaft (1910 bis 1945) ausgegangen sein.

Naturschönheiten und kulturelle Tradition

Da der normale Tourist in absehbarer Zukunft kaum die Möglichkeit haben wird, aus eigener Anschauung zu berichten, ob der Berg an der koreanisch-chine-

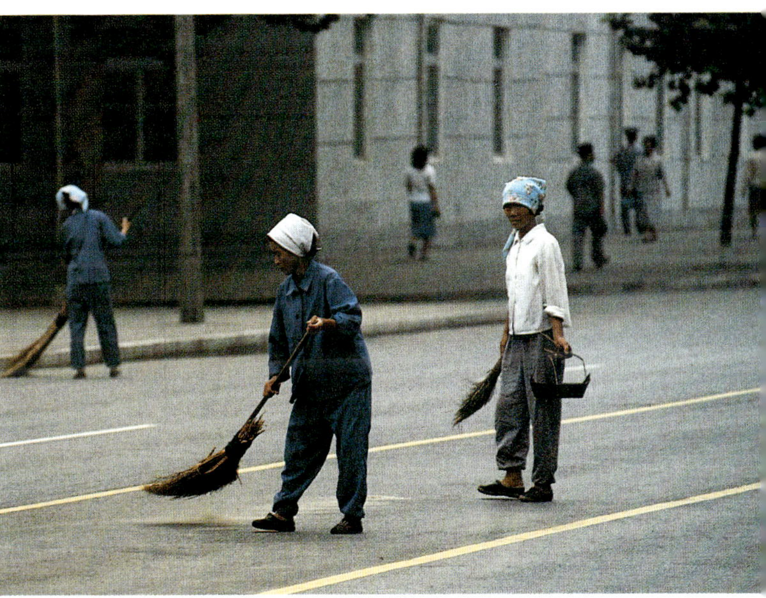

sischen Grenze tatsächlich immer von überirdisch anmutendem Dunst umgeben ist, wie es die überdimensionalen Ölgemälde zeigen, sei ihm ein Besuch des Diamantgebirges (Kumgang-san) an der Ostküste empfohlen. Mit ihren 12000 bizarr geformten Bergspitzen, bläulich-grünen Zirbelkiefern, weißrindigen Silbertannen und sprudelnden Quellen bietet diese Berglandschaft ein so einzigartig schönes Panorama, daß man seit alters in Korea sagt: »Rede nicht über Schönheit, ehe du das Diamantgebirge gesehen hast.« In der Morgensonne funkelt es wie von Edelsteinen.

Man findet hier gut ausgebaute Pfade, unberührte Natur und friedvolle Ruhe. Kaum ein Besucher läßt sich den Ausflug zum Kuryongyon, dem »Neundrachenwasserfall«, entgehen, der 74 Meter in die Tiefe stürzt und einen 13 Meter tiefen See ins Gestein gegraben hat. Über diesen Wasserfall hat einmal ein berühmter Literat gesagt, er sei so herrlich wie »Millionen herabfallender Perlen«.

In dem bis zu 1909 Meter hohen Myohyang-Gebirge nahe Pjöngjang ist die Natur nicht minder bezaubernd: kristallklare Bäche, bis zu 60 Meter hohe Wasserfälle, reine Luft und erholsame Ruhe. Neben einem im traditionellen Stil erbauten Hotel findet man hier auch das »Internationale Freundschafts-Museum«, in dem Geschenke für Kim Il Sung aus 140 Ländern ausgestellt sind. Außerdem werden hier bedeutende nationale Kulturschätze aufbewahrt, etwa die aus 1763 Bänden bestehende Chronik der Yi-Dynastie

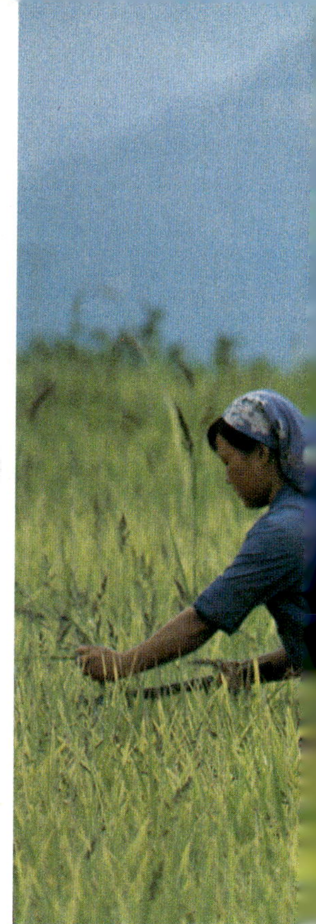

(1392–1910) und die Kopien der 80000 hölzernen Druckstöcke, mit denen die 160000 Seiten der »Tripitaka Koreana« gedruckt wurden – eine 6793 Bände umfassende Sammlung buddhistischer Schriften.

In der Hauptstadt selbst – im Koreakrieg 1950 durch amerikanische Bomben bis auf zwei Häuser zerstört – imponieren breite und gepflegte Alleen. In den Grünanlagen blühen Mandelbäumchen und Azaleen. Viele Parks und das weidenbestandene Ufer des Taedong-Flusses laden zu Spaziergängen ein. Nicht von ungefähr hat Pjöngjang den Beinamen Gartenstadt.

Ginseng – Jugend aus der Wurzel

Rund 150 Kilometer südlich der Hauptstadt, auf dem Boden der historischen Stadt Kaesong – nicht weit von dem verhängnisvollen 38. Breitengrad entfernt, der Korea teilt –, werden Ginsengs gezüchtet, die zu den begehrtesten Sorten der Wunderwurzel zählen.

Einer koreanischen Legende zufolge verirrte sich ein alter Mann vor vielen tausend Jahren im Kieferndickicht des Gebirges, bis er vor lauter Hunger und Erschöpfung schließlich einschlief. Als er erwachte, fand er neben sich ein fünfblättriges weißblühendes Kraut vor. Es hatte eine lange, verzweigte, gelbliche Wurzel, die einer menschlichen Gestalt mit Armen, Rumpf und Beinen glich. Er biß ein Stück davon ab, um seinen Hunger zu stillen, und fühlte sogleich seine Kräfte zurückkehren. Als er nach Hause kam, erkannten ihn weder seine Frau noch die Nachbarn. Dann erblickte er sich in der spiegelnden Wasseroberfläche eines Baches und sah die Gestalt eines Jünglings. Die Wunderkraft der Wurzel, auf koreanisch Insam genannt, hatte

△ ▷ ***Mit militärischen Aufmärschen wird in der Volksrepublik Korea die Entschlossenheit demonstriert, Feinden des Landes mit Waffengewalt zu begegnen. Wo der »arglistige« Gegner vermutet wird, zeigt das untere Bild aus Panmunjom. Der nord-koreanische Wachsoldat im Vordergrund kehrt dem amerikanischen Soldat in Süd-Korea den Rücken zu. Zwischen beiden ist der 38. Breitengrad markiert: seit 1945 die Grenze zwischen Nord- und Süd-Korea, die eine so unterschiedliche Entwicklung genommen haben. In Panmunjom wurde im Jahre 1953 der Waffenstillstand nach dem Koreakrieg geschlossen. Seit 1984 werden hier innerkoreanische Gespräche geführt, aber eine Wiedervereinigung der Volksrepublik mit dem kapitalistischen Süd-Korea scheint nicht in Sicht.***

△ ***Die Reisernte erfordert Großeinsätze. Über fünf Millionen Tonnen dieses Grundnahrungsmittels werden in Nord-Korea jährlich eingebracht.***

▷ ***Koreas Dichter besingen seit alters das Diamantgebirge, das Kumgang-san. Nur vereinzelt hat der Mensch in diese Landschaft eingegriffen – wo es aber geschah, bewies er Takt und Gespür.***

dem Alten die Jugend zurückgegeben – und damit die Potenz, versteht sich. So kommt es, daß besonders große Insamwurzeln früher so kostbar wie Gold waren. Kaiser und Könige erhielten sie zum Geschenk.

Ein sentimentales, wenn auch rauhes Volk

Der sogenannte Kimilsungismus lebt vom Stolz auf das eigene Land und die eigene Nation. Er ist kein abstrakter Begriff, sondern Ausdruck fast grenzenloser Liebe zum Boden, zur Geschichte und Kultur des Heimatlandes. Die bis zum Chauvinismus übersteigerte Staatsideologie hat zur Folge, daß die Nord-Koreaner – anders als viele ihrer Landsleute im Süden – betont die urkoreanische Kultur pflegen, keine chinesischen Schriftzeichen, sondern ausschließlich das aus 24 Buchstaben bestehende rein phonetische koreanische Alphabet »Hangul« verwenden und von der klassischen Nationalmusik zu Tränen gerührt werden können. Überhaupt sind die Koreaner ein sehr »sentimentales, wenn auch rauhes« Volk, um mit »Le Monde« zu sprechen.

Wenn in Nord-Korea Frauen und Männer in der Öffentlichkeit nicht zärtlich zueinander sind, so liegt das nicht – wie ein junger West-Berliner Marxist einst schrieb – an der »sexualfeindlichen kommunistischen Moral des Führerstaats«, in dem »die sexuelle Objektwahl . . . zur Identifizierung mit dem Führer regrediert« sei, sondern daran, daß sich das eben im Fernen Osten, also selbst in den hochkapitalistischen Ländern Japan und Süd-Korea, nicht gehört.

Zu »Königen des heutigen Korea« werden unermüdlich die Kinder hochstilisiert. Westliche Besucher wird es nachdenklich stimmen, wenn im Kindergarten drei- bis vierjährige Mädchen und Jungen vor Fotos des Großen Vaters und Führers Episoden aus seiner schon vom politischen Kampf gekennzeichneten Kindheit wie einen Katechismus auswendig herunterleiern.

Byzantinischer Personenkult um einen größenwahnsinnigen Führer? Stalinistische Diktatur? Asiatische Despotie? Nord-Korea, bisher von der Welt weitgehend abgekapselt, bleibt ein Land der Mythen und Rätsel. Ein westlicher Journalist hat es als eine Welt erlebt, die um so unwirklicher wurde, je näher er ihr kam. So bleibt das Land eine geistige Herausforderung für die Außenwelt.

Landesnatur

Fläche: 120538 km² (knapp halb so groß wie die Bundesrepublik Deutschland)
Ausdehnung: Nord–Süd 540 km, Ost–West 570 km
Höchster Berg: Baitou Shan 2744 m
Längster Fluß: Yalu Jiang 791 km

Nord-Korea liegt auf dem Nordteil der Koreanischen Halbinsel sowie einem Teil des angrenzenden ostasiatischen Festlands. Das Gelbe Meer umgibt den Westen, das Japanische Meer den Osten Nord-Koreas. Im Norden bilden die beiden größten Flüsse, Yalu Jiang und Tuman-gang, die Grenze zu China und das Mündungsgebiet des Tuman-gang die 25 km lange Grenze zur Sowjetunion. Im Süden verläuft die 4 km breite entmilitarisierte Zone zu Süd-Korea.

Hauptstadt Pjöngjang: Nach dem Krieg wuchsen Wolkenkratzer.

Naturraum
Über 80 % der Gesamtfläche sind Gebirgslandschaften. Weite Gebiete erreichen eine Höhe von 1500 m. An der wenig gegliederten Ostküste steigen die Höhen steil an, nach Westen fallen sie über flache Berghänge und weite Ebenen allmählich zur reichgegliederten Küste mit breiten Watten ab. Auffallend ist der Gewässerreichtum Nord-Koreas mit allein 1500 Stauseen.

Klima
In Nord-Korea herrscht ein kühlgemäßigtes, sommerwarmes Klima mit großen Temperaturschwankungen zwischen Sommer und Winter. Der mittlere Jahresniederschlag liegt zwischen 700 und 1300 mm. Etwa 70 % davon fallen unter dem Einfluß des Südostmonsuns zwischen Juni und September. Die mittlere Sommertemperatur bewegt sich zwischen 21 °C und 27 °C. Im Winter kühlen sich die Luftmassen durchschnittlich auf –6 °C, im Norden sogar auf –20 °C ab. Über vier Monate im Jahr liegt dort Schnee.

Vegetation und Tierwelt
Das Bergland bedecken stark gelichtete Mischwälder mit Eiche, Ahorn, Buche, Birke u. a., die ab etwa 1100 m in Nadelwald mit Tanne, Fichte, Kiefer und Lärche übergehen. Ab 2000 m herrscht subalpine Vegetation mit Gräsern, Legföhren und Rhododendren vor. Der ursprüngliche Mischwald in den westlichen Tiefländern mußte landwirtschaftlichen Nutzflächen weichen. Die bekanntesten Bäume sind Magnolie, Insam- und Susambaum.
Reh- und Rotwild, Füchse, Wildschweine, Ziegen und Bergantilopen haben sich in weniger besiedelten Gebieten erhalten, in Rückzugsgebieten sogar noch einige Tiger, Leoparden, Bären und Wölfe. In den besiedelten Ebenen kommen v. a. Vögel – wilde Tauben, Kraniche und verschiedene Wasservogelarten – vor.

Politisches System

Staatsname: Choson Minjujuui Inmin Kongwhaguk
조선민주주의인민공화국
Staats- und Regierungsform: Sozialistische Volksrepublik
Hauptstadt: Pjöngjang (Pyongyang)
Mitgliedschaft: Beobachterstatus im COMECON, im Warschauer Pakt und in den UN

Die Verfassung von 1972 proklamiert die »Diktatur des Proletariats«. Höchstes gesetzgebendes Organ ist die Oberste Volksversammlung mit 615 für vier Jahre direkt gewählten Abgeordneten. Ihr unterstellt ist das Zentrale Volkskomitee als oberstes Führungsorgan. Der von der Volksversammlung gewählte Vorsitzende des Komitees ist Staatspräsident, Oberbefehlshaber der Streitkräfte und Vorsitzender des Verwaltungsrats, bei dem die Exekutivgewalt liegt.
Nord-Korea gliedert sich in neun Provinzen und drei regierungsunmittelbare Städte, darunter in Landkreise und kreisfreie Städte.
Die Rechtsprechung erfolgt durch untergeordnete Volks- und Sondergerichte, Provinzgerichte sowie letztinstanzlich durch den Zentralen Gerichtshof.

Bevölkerung

Einwohnerzahl: 20,5 Millionen
Bevölkerungsdichte: 170 Einw./km²
Bevölkerungszunahme: 2,3 % im Jahr
Größte Städte: Pjöngjang (1,7 Mio. Einw.), Hamhung (775000), Chongjin (500000), Wonsan, Hungnam, Kaesong (jeweils etwa 300000)
Bevölkerungsgruppe: Koreaner

Über 60 % der Bevölkerung leben in Städten, etwa 40 % sind jünger als 15 Jahre. Eine Million Koreaner leben in China, 500000 in Japan und 300000 in der UdSSR. Landessprache ist Koreanisch, als Handelssprachen dienen zum Teil Chinesisch und Russisch. Buddhismus und Konfuzianismus sind die vorherrschenden Religionen.

Grabanlage bei Kaesong, einst Hauptstadt der Koryo-Dynastie.

Soziale Lage und Bildung
Das staatliche Sozialsystem ist gut ausgebaut. Offiziell gibt es keine Arbeitslosigkeit, die Industrie leidet sogar unter Arbeitskräftemangel. Der Schulbesuch und die Gesundheitsfürsorge sind kostenlos.
Die elfjährige Schulpflicht beginnt mit vier Jahren im Kindergarten. Die Analphabetenrate liegt unter 10 %. Nord-Korea besitzt in Pjöngjang mit der 1946 gegründeten Kim-Il-Sung-Universität die einzige Volluniversität.

Wirtschaft

Währung: 1 Won = 100 Chon
Bruttoinlandsprodukt (in Anteilen): Land- und Forstwirtschaft 20 %, industrielle Produktion 36 %, Dienstleistungen 44 %
Wichtigste Handelspartner: COMECON-Staaten, Japan, VR China, Bundesrepublik Deutschland

Das Entwicklungsland Nord-Korea gehört zu den wirtschaftlich fortgeschrittenen sozialistischen Ländern Asiens. In den nationalen Wirtschaftsplänen (seit 1954) hat die Entwicklung der Industrie Priorität. Zudem soll der Export verstärkt werden, um die Auslandsschulden zu verringern.

Landwirtschaft
Die Agrarproduktion erfolgt in Genossenschaften und auf Staatsgütern. Den überwiegenden Teil der Anbaufläche nimmt Reis ein, der Hauptnahrungsmittel und Exportprodukt ist. Viehwirtschaft wird zunehmend wichtiger, daneben sind Seidenraupenzucht und Meeresfischerei bedeutend. Umfangreiche Aufforstungen sollen den durch Ausbeutung und Krieg zerstörten Wald regenerieren.

Chemieunterricht ist wichtig – die Industrie braucht Fachleute.

Bodenschätze, Energie, Industrie
Das Land ist reich an wichtigen Bodenschätzen. Große Vorkommen an Kohle und hochwertigen Eisenerzen sind die Grundlage der Schwerindustrie, die seit der Teilung Koreas im Mittelpunkt des Ausbaus steht. Hingegen gibt es Defizite im leichtindustriellen Bereich. Als moderne Wachstumsbranche ist die Elektronikindustrie (auch Rüstungsindustrie) vertreten. Energie wird aus Wasserkraft und heimischer Kohle gewonnen.

Handel
Wichtige Exportprodukte sind mineralische Rohstoffe und Metalle, Maschinen, Rohseide und chemische Produkte. Importiert werden Erdöl und Erdölprodukte, chemische Erzeugnisse und Technologie.

Verkehr, Tourismus
Wichtigster Verkehrsträger ist die Eisenbahn, deren Streckennetz (rd. 5000 km) vergrößert und weiter elektrifiziert werden soll. Trotz noch geringer Motorisierung gewinnt der Straßenverkehr an Bedeutung. Eine Schnellstraße verbindet Pjöngjang mit Wonsan an der Ostküste. Die Seeschiffahrt und Häfen (Chongjin, Wonsan, Hungnam, Nampo) werden weiter ausgebaut. Nahe der Hauptstadt liegt der einzige internationale Flughafen. Bisher gibt es in Nord-Korea kaum internationalen Tourismus.

Geschichte

In der Zeit der »Drei Reiche« bis ins 7. Jh. bestand schon einmal eine Grenze, die den Süden (die Königreiche Paekche und Silla) und den Norden (Koguryo) voneinander trennte. In der zweiten Hälfte des 7. Jh. vereinte das Silla-Reich die ganze Halbinsel. Die gemeinsame Geschichte, in deren Verlauf sich Korea gegen die Vorherrschaft der Chinesen, der Mongolen, der Mandschu, der imperialistischen Mächte im 19. Jh. und schließlich gegen die japanische Besetzung behaupten mußte, dauerte bis nach dem Zweiten Weltkrieg.

Teilung und Koreakrieg
Die Verdrängung der Japaner und die Unabhängigkeit Koreas waren 1945 auf den Konferenzen in Jalta und Potsdam erklärte Ziele der Siegermächte. Im August 1945 landeten sowohl die Sowjetunion (im Norden) als auch die USA (im Süden) in Korea. Der 38. Breitengrad war als Demarkationslinie festgelegt, wurde aber bald zur politischen Grenze. An freien Wahlen für ganz Korea, wie sie 1947 von den UN beschlossen wurden, war Nordkorea, wo die Sowjets mit Hilfe der koreanischen Kommunisten zügig eine Regierung etabliert hatten, nicht mehr interessiert. Dort wurde Kim Il Sung Parteiführer und 1948, nach der Gründung der Demokratischen Volksrepublik Korea am 9. September (Nationalfeiertag), erster Ministerpräsident.
Mit dem Ziel, Korea unter der Führung der Kommunistischen Partei wiederzuvereinen, begannen nord-koreanische Truppen im Juni 1950 eine Invasion über den 38. Breitengrad. Nach wenigen Tagen war Seoul gefallen und die unvorbereitete süd-koreanische Armee nahezu vernichtet. 16 UN-Mitgliedstaaten sandten, angeführt von den USA, Truppen zur Unterstützung Süd-Koreas. Trotzdem überrannte Nord-Korea den Süden bis auf einen schmalen Landstreifen im äußersten Südosten um die Hafenstadt Pusan. In einem Gegenangriff ab September 1950 konnten die UN-Truppen das Land bis zur Demarkationslinie zurückerobern und kamen sogar bis zur chinesischen Grenze. Durch den Einfall chinesischer Truppen wurden sie wieder zurückgedrängt; in erbitterten Kämpfen bildete sich der 38. Breitengrad schließlich als Grenze heraus. Im Waffenstillstandsabkommen von Panmunjom wurde 1953 die Teilung Koreas mit einer entmilitarisierten Demarkationslinie festgeschrieben.

Personenkult in der Volksrepublik
In den späten 50er Jahren, als sich die Gegensätze zwischen der Volksrepublik China und der Sowjetunion verschärften, wurde für Nord-Korea die politische Orientierung schwierig. Präsident Kim Il Sung suchte nach einem unabhängigen Kurs und strebt bis heute sowohl politisch-ideologische als auch wirtschaftliche und militärische Selbständigkeit für sein Land an. In den über 40 Jahren seiner politischen Führung ist die gesellschaftliche Entwicklung Nord-Koreas durch seine Persönlichkeit, ein Gegenstand eines Personenkults ist, geprägt worden. Inzwischen gewann sein Sohn Kim Jong Il Profil als sein designierter politischer Nachfolger.

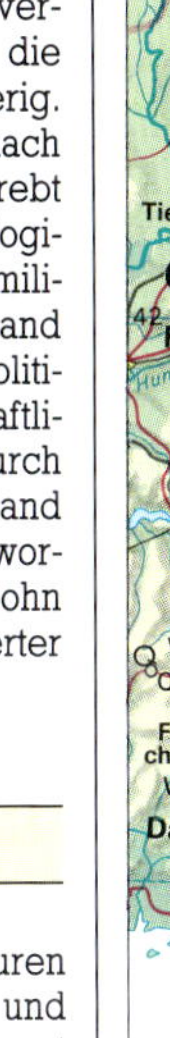

Kultur

Im Norden Koreas sind die Spuren weit zurückreichender Kulturen und uralter Städte aufzufinden. Bekannt sind die Gräberfunde aus der Zeit von 108 v. Chr. bis 313 n. Chr. und die Königsgräber aus dem 4. bis 7. Jh. in der Nähe von Pjöngjang. Seit der Einigung der koreanischen Reiche in der Silla-Epoche (im 7. Jh.) entfaltete sich in Nord- und Südkorea eine gemeinsame Kultur, deren Zentren allerdings eher im Süden lagen als im rauheren und gebirgigeren Norden.

Die Entwicklung nach 1945
Nach der Teilung des Landes ging Nord-Korea auch kulturell einen neuen Weg. Der von der Sowjetunion vorangetriebene Aufbau eines kommunistischen Staates ließ vielen traditionellen Lebensformen keinen Platz mehr. Religion und Familie büßten ihre angestammte Wichtigkeit ein. Die Künste wurden staatlicher Kontrolle unterstellt und erhielten den Auftrag, gesellschaftliches Bewußtsein zu schaffen. Die Literatur wurde dabei mit politisch-gesellschaftlichen Themen, häufig auch mit der Herausstellung Kim Il Sungs als Kultfigur, die herausragende Kunstgattung. Viele Künste (etwa Theater, Tanz und Musik) knüpfen auch an überlieferte folkloristische Formen an: Klassenbewußtsein und Nationalbewußtsein sollen gleichermaßen gefördert werden.

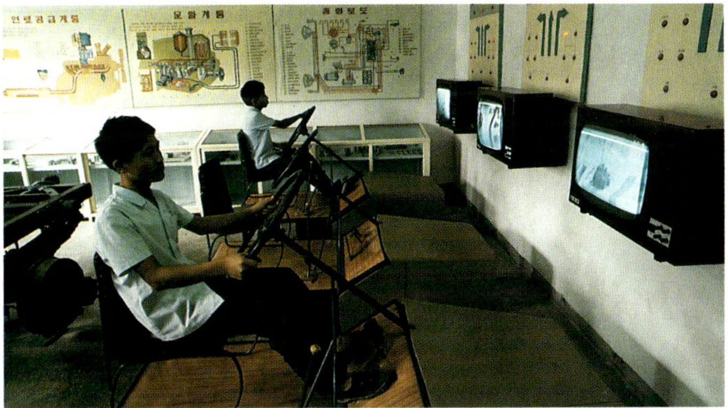

Fahrschüler am Simulator: einer »modernen« Zukunft entgegen?

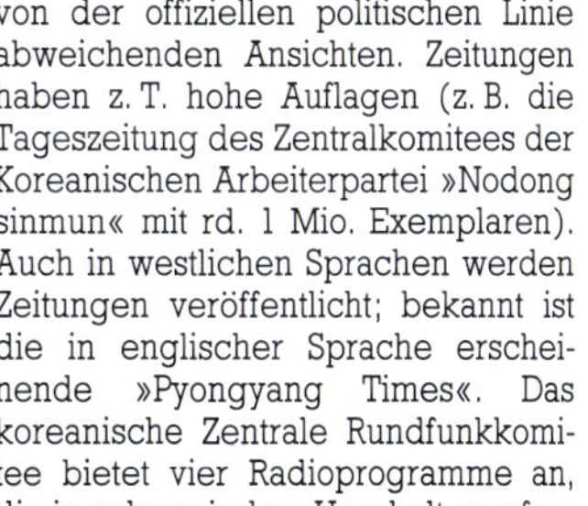

Es besteht nach der Verfassung Pressefreiheit. Die erscheinenden Publikationen veröffentlichen jedoch keine von der offiziellen politischen Linie abweichenden Ansichten. Zeitungen haben z. T. hohe Auflagen (z. B. die Tageszeitung des Zentralkomitees der Koreanischen Arbeiterpartei »Nodong sinmun« mit rd. 1 Mio. Exemplaren). Auch in westlichen Sprachen werden Zeitungen veröffentlicht; bekannt ist die in englischer Sprache erscheinende »Pyongyang Times«. Das koreanische Zentrale Rundfunkkomitee bietet vier Radioprogramme an, die in nahezu jedem Haushalt empfangen werden können. Spezielle Programme werden auch für die Südkoreaner ausgestrahlt.

Reise-Informationen

Einreisepapiere
Bürger der Bundesrepublik Deutschland, der Schweiz und Österreichs benötigen einen gültigen Reisepaß und ein Visum; die Einreise ist nur Teilnehmern von geführten Reisegruppen möglich.
Zoll
Bei der Einreise sind zollfrei: 200 Zigaretten oder 50 Zigarren oder 250 g Tabak und 1 Liter Spirituosen.
Devisen
Die Ein- und Ausfuhr von Won ist verboten. Fremddevisen können ein- und bis zur deklarierten Höhe wieder ausgeführt werden (Umtauschbescheinigungen gut aufbewahren). Beim Umtausch unterscheidet man »blaue Won« für Westtouristen und »rote Won« für Besucher aus sozialistischen Ländern.
Impfungen
Es bestehen keine Impfvorschriften.
Verkehrsverhältnisse
Direkte Flug- und Bahnverbindungen führen nur über die Sowjetunion und über China. Private Kraftfahrzeuge gibt es nicht; man fährt in Nord-Korea mit dem Bus.
Unterkünfte
Die Hotels für Westtouristen halten internationalen Vergleichen stand. Bezahlen kann man nur in »blauen Won«.
Reisezeit
Die beste Reisezeit liegt im Frühjahr und im Herbst.

Personenkult allerorten: der »Große Führer« Kim Il Sung.

Korea

Republik Korea

Gerd H. Pelletier

Im Völkerkunde-Museum von Hamburg hing noch 1975 eine Abbildung, die als »Darstellung der für die Akupunktur entscheidenden Körperstellen« ausgegeben wurde. Ein südkoreanischer Gastprofessor, der sich das Ausstellungsstück genauer ansah, »entlarvte« es als eine Straßenkarte der koreanischen Südwestprovinz Cholla. Solche Irrtümer und Fehldeutungen – selbst an einem »Ort der Wissenschaft« – beweisen, wie fern uns im Westen das »Land der Morgenstille« noch immer liegt.

Erst die Vergabe der Olympischen Sommerspiele von 1988 an Seoul, die Hauptstadt Süd-Koreas, lenkte die Blicke aller Welt auf die Halbinsel »im letzten Eckchen Asiens«: Süd-Korea präsentiert sich als ein moderner Industriestaat, dessen rapides Wirtschaftswachstum selbst das »japanische Wunder« in den Schatten stellt. Daneben aber bewahrt das Land auch das Erbe seiner über 4000jährigen Geschichte und vielhundertjähriger konfuzianischer Kultur.

An Festtagen treffen sich die Männer gern zu einem Plausch. Der ehrwürdige Greis mit schwarzem Hut verkörpert das alte Korea.

Staatsname:	Republik Korea
Amtssprache:	Koreanisch
Einwohner:	42 Millionen
Fläche:	99 143 km²
Hauptstadt:	Seoul (Soul)
Staatsform:	Präsidiale Republik
Kfz-Zeichen:	ROK
Zeitzone:	MEZ +8 Std.
Geogr. Lage:	Südhälfte der Koreanischen Halbinsel, grenzt an Nord-Korea

Im Herbst ist das Land am schönsten

Daß die Olympischen Sommerspiele von Seoul 1988 erst im Herbst – vom 17. September bis zum 2. Oktober – stattfanden, hatte einen guten Grund: Es ist Koreas schönste Jahreszeit. Und die Zeit, da man im Land nach jahrtausendealter Tradition die wichtigsten Feste feiert.

Der 15. Tag im achten Monat – nach dem chinesischen Mondkalender – ist der Tag des Chusok, was »Herbstabend« bedeutet; 1988 war es der 25. September. Er ist der wohl populärste koreanische Feiertag – eine Mischung aus Erntedankfest, Weihnachten und Allerheiligen. Schon Wochen vor dem Tag sind Märkte, Geschäfte und Kaufhäuser in den Städten übervoll von Kunden, die etwas »Gutes« einkaufen wollen.

In den Dörfern trocknen in der warmen Herbstsonne überall die roten Pfefferschoten,

△ ***Schweinsköpfe sind ein wichtiges Requisit schamanischer Opferriten. Trotz Koreas rasantem Aufstieg zur Industrienation hat das Volk seine Vorliebe für alte Zauberbräuche bewahrt.***

▷ ***Vor fast 600 Jahren begann unter König Yi Taejo der Bau des Kyongbok-Palastes in Seoul. Im Park der großartigen Residenz steht dieser »Pavillon des weitduftenden Wohlgeruchs«.***

die so wichtig sind für die Zubereitung des koreanischen Winter-Nationalgerichts Kimchi – scharf eingelegter Weißkohl. Und daneben hängen pralle Maiskolben, türmen sich die Reissäcke und locken Stellagen mit Früchten, die von den Bauern angeboten werden.

Am Vorabend des Festtages beginnt in den Städten der große Exodus. Hunderttausende überfluten die Bahnhöfe und Bus-Terminals, um dahin zurückzukehren, wo sie ihre »Wurzeln« haben, und dort – gemeinsam mit den Verwandten – die Gräber der Ahnen zu besuchen.

Es gehört zu den Lehren des Konfuzius, nach denen kaum irgendwo außerhalb Chinas strenger gelebt wurde – und noch wird – als in Korea, daß die ersten Früchte der neuen Ernte als Opfergaben den Geistern der Ahnen geweiht werden.

Auch wenn heute längst nicht mehr alle aufgeklärten Koreaner an die alten Riten glauben, mag sich doch kaum einer den »Opfergängen« entziehen, die häufig mit einem fröhlichen Familienpicknick vor den Grabhügeln enden.

Auf dem Lande werden die Felder noch immer von der ganzen Dorfgemeinschaft bestellt und abgeerntet. Wollte sich da auch nur einer dem Opferritus des Chusok entziehen, hätte er die Folgen für alle zu verantworten: Die erzürnten Seelen der Verstorbenen und eine ganze Meute aufgebrachter »Erdgeister« würden die nächste Ernte vernichten.

Land der Mythen und Legenden

Es kann nicht verwundern, daß ein Land mit einer über 4000jährigen Geschichte voller Mythen und Legenden ist. Ein solcher Mythos – der von der Gründung Koreas – wird ebenfalls im Herbst, am 3. Oktober, offiziell gefeiert.

In grauer Vorzeit – so die Legende –, als die Welt noch voller himmlischer Geister war, stieg Hwanung, der Sohn des Schöpfers, mit 3000 Gefolgsleuten auf die Erde hernieder. Dort begegneten ihm ein Bär und ein Tiger, die beide Menschengestalt annehmen wollten. Hwanung gab jedem 20 Knoblauchzehen und eine Prise Artemisia und befahl ihnen, sich 100 Tage in einer Höhle versteckt zu halten. Der Tiger hielt nicht durch. Der Bär aber erschien nach den 100 Tagen als wunderschönes Mädchen und bat nun den Gott um einen Sohn.

Tangun, der Sohn der »Bärenfrau«, ist nach der Sage der erste Koreaner und Koreas erster König, der über 1000 Jahre – von 2333 bis 1122 v. Chr. – regiert haben soll. Wahrscheinlicher ist im Lichte archäologischer Forschung, daß etwa um die gleiche Zeit Tungusen-Stämme aus dem Norden die koreanische Halbinsel besiedelt haben.

Doch bis heute überlebt die Legende vom »Bärensohn« Tangun – wie die vom chinesischen Himmelssohn oder vom japanischen Tenno als Nachfahre der Sonnengöttin – als mächtiges Symbol nationalstaatlicher Identität des koreanischen Volkes – und wird alljährlich am »Gründungstag« gefeiert.

Von der Wissenschaft belegt ist die Tatsache, daß die koreanische Nation die längste Zeit ihrer Geschichte geeint gewesen ist. Von drei rivalisierenden Königshäusern wurde die Halbinsel nur zu Beginn regiert (17 v. Chr. bis 668 n. Chr.). Da herrschte im Norden und über einen großen Teil der Mandschurei das Haus Koguryo, im Süden teilten sich die Herrscherhäuser Silla und Paekche die Herrschaft. Das Haus Silla (668 bis 935) einte die Halbinsel durch Unterwerfung der beiden anderen Dynastien und führte Korea zu seiner ersten großen Blütezeit. Der schon im vierten Jahrhundert aus China importierte Buddhismus wurde Staatsreligion, aber man hielt sich

◁ Im Zentrum von Seoul gibt es nur noch wenige alte Geschäftsstraßen mit kleinen Läden und vielen bunten Schildern an niedrigen Häusern. Heute prägen Betonriesen, Luxushotels, Kaufhäuser und unterirdische Ladenpromenaden das Gesicht der modernen Metropole.

auch an die ebenfalls übernommenen Lehren des chinesischen Philosophen Konfuzius.

Wer heute einen umfassenden Eindruck von der Fülle frühkoreanischer Kultur bekommen möchte, muß das »Museum ohne Mauern«, wie die Silla-Königsstadt Kyongju genannt wird, besuchen. »Wer Kyongju nicht gesehen hat«, so ein koreanisches Sprichwort, »sollte nicht sagen, er kenne Korea.«

Zu den sehenswerten Relikten der 1000jährigen Silla-Herrschaft gehören vor allem die Königsgräber von Kyongju, das vermutlich älteste Observatorium der Welt (Chomsongdae) und – im Hofe des Nationalmuseums – die Emille-Glocke, die von Experten wegen ihres Alters, ihrer reichen Verzierungen und ihres reinen Klangs zu den schönsten der Welt gezählt wird. Ein absolutes Muß ist auch ein Besuch des nahen Pulguksa-Tempels, einer im achten Jahrhundert begonnenen Holzkonstruktion am Fuße des Tokam-Berges.

»Korea« kommt von »Koryo«

Der heute gebräuchliche Landesname Korea leitet sich von der Dynastie ab, die im Jahre 935 die zerbröckelnde Silla-Herrschaft übernahm. Fast fünf Jahrhunderte lang, bis 1392, trug das Land den Namen des neuen Herrscherhauses Koryo. Die Hauptstadt wurde nach Kaesong verlegt – heute ein Provinzstädtchen in Nordkorea, gleich hinter der Waffenstillstandslinie am 38. Breitengrad.

Während der Koryo-Epoche hatte sich das Land vieler kriegerischer Barbareneinfälle aus Sibirien zu erwehren und geriet schließlich für längere Zeit unter die Herrschaft der Mongolen. Zeitweilig war das Land auch tributpflichtiger Vasall chinesischer Dynastien. Doch das Koryo-Königshaus – für einige Zeit nach Kangwha geflüchtet – überlebte. Korea verdankt ihm große kulturelle Leistungen.

Weltweit bekannt ist das blaßgrüne Seladonporzellan – ein Musterbeispiel für die eigenständige Weiterentwicklung chinesischer Kultureinflüsse. Fast ebenso berühmt sind die über 80000 hölzernen Druckstöcke der »Tripitaka Koreana«, einer Sammlung buddhistischer Schriften; ein Teil dieser doppelseitig geschnitzten Druckblöcke ist noch heute im Kloster Haein-sa bei Taegu zu sehen. Und schließlich glaubt man, daß die Koreaner schon um 1150, also fast 300 Jahre vor Johannes Gutenberg, den Buchdruck mit beweglichen metallenen Lettern erfunden haben. Leider ist keines der damals gedruckten Bücher erhalten, so daß ein wissenschaftlicher Beweis für diese technische Großtat fehlt.

Als staatspolitisch bedeutsam erwies sich die Einführung eines Leistungs- und Prüfungssystems für den Zugang zu zivilen und militärischen Regierungsämtern in dieser Epoche. Die umfassende Beherrschung der chinesischen Literatur und der konfuzianischen Schriften wurde darin am höchsten bewertet. Es galt sogar die Anordnung, daß jeder Zivilbeamte pro Monat ein Gedicht schreiben müsse, das dem König vorzulegen war.

Als die Koryo-Herrschaft gegen Ende des 14. Jahrhunderts an Erbstreitigkeiten und der Übermacht buddhistischer Mönche im Beamtenapparat und am Hofe endgültig zerbrach, brachte ein militärischer Führer die Macht an sich und hielt den Staat zusammen. Der General Yi Songge entledigte sich der Mönche, indem er statt des Buddhismus die Lehren des Konfuzius zur Staatsreligion erhob. Im Zuge einer Landreform mußte alles Land an die Regierung zurückgegeben werden. Beamte durften ihre als Lehen erhaltenen Ländereien nur für die Dauer ihres aktiven Dienstes behalten und nicht mehr vererben.

Die Yi-Dynastie regierte den Staat, der nun – wie schon in Urzeiten vor den »drei Königen« – Choson hieß, mehr als ein halbes Jahrtausend lang. Noch heute verwenden die Koreaner übrigens die Bezeichnung Choson; so heißt zum Beispiel die größte Zeitung Seouls »Choson-Ilbo«.

Die Hauptstadt Chosons wurde von Kaesong nach Seoul verlegt, das schon einmal Sitz der Paekche-Könige gewesen war.

Kim – der Koreaner

Ob im Fernbus, an einer Autobahn-Raststätte oder im abgelegenen Bergdorf: Die Zeiten, da die »Langnasen« mit Verwunderung oder gar Schrecken betrachtet wurden, sind vorbei, seit 40000 amerikanische Soldaten, zum Teil mit ihren Familien, im Lande leben.

Höflich und freundlich werden die Fremden überall empfangen – aber nie unterwürfig. Die Koreaner sind ein altes und inzwischen wieder sehr selbstbewußtes Volk, das auf seine Leistung und sein Land mit Recht stolz ist.

Dem Besucher, der sich für die erwiesene Gastfreundschaft persönlich bedanken will und nach dem Namen fragt, fällt auf: Fast alle Koreaner scheinen »Kim« zu heißen.

In der Tat gibt es wohl wenige Länder auf dem Globus, die mit so wenigen Familiennamen auskommen. Nicht jeder, aber tatsächlich über ein Viertel aller Koreaner trägt den Familiennamen Kim. Die Hälfte teilt sich die Nachnamen Lee, Park, Choi, Oh, Roh, Shin und Yun. Bis heute existieren im ganzen Land weniger als 200 Familiennamen, die immer als erste genannt werden.

Die nachgestellten, immer zweiteiligen »Vornamen« geben Eingeweihten Auskunft über die »Linie« der Kims, Lees oder Parks, die man vor sich hat, und sagen auch aus, zu welcher Generation der Namensträger gehört.

Wer als Ausländer etwa in einem überfüllten Restaurant lange vergeblich auf den Kellner wartet – was bei dem exzellenten Service im Lande allerdings selten vorkommen dürfte –, hat es einfach: Er braucht nur einmal vernehmlich nach »Mister Kim« zu rufen. Mindestens zwei Kellner werden sich angesprochen fühlen und zu seinem Tisch eilen.

Hangul – ein eigenes Alphabet

Als einer der bedeutendsten Herrscher der Yi-Dynastie gilt König Sejong, der Choson von 1418 bis 1450 regierte. Er war bekannt für seine vollkommene Beherrschung der konfuzianischen Lehren und verhalf durch die Bildung wissenschaftlicher Akademien fortschrittlichen Ideen in Verwaltung, Sprachlehre, Musik, Medizin, ja sogar in der Landwirtschaft zum Durchbruch.

Sejongs größte Kulturleistung aber war zweifellos die Schaffung des koreanischen Alphabets »Hangul«, mit dessen 28, später 24 Zeichen die gesprochenen Laute wiedergegeben werden. Die Idee des Königs war es, statt der Tausende chinesischer Schriftzeichen eine einfache Schrift zu schaffen, damit alle seine Untertanen ohne Schwierigkeiten lesen und schreiben lernen könnten.

Koreas noch heute hohe Alphabetisierungsrate von 99 Prozent ist für ein – in der Mehrheit – armes Bauernvolk ein Rekord und nur durch die Erfindung dieser Schrift zu erklären – und durch den hohen Stellenwert, den Bildung seit Sejongs Zeiten ganz allgemein in Korea genießt.

Während der Yi-Epoche wurde übrigens – seit 1403 – erneut mit beweglichen Metalllettern gedruckt – immer noch ein halbes Jahrhundert vor Gutenbergs »Erfindung«; und diese Bücher – seit 1450 sogar in Hangul gesetzt – sind teilweise erhalten und können Koreas Vorreiterrolle in der Druckkunst belegen.

Außenpolitisch ist der größte Teil der Choson-Ära durch den permanenten Abwehrkampf der Koreaner gegen japanische Invasionsversuche gekennzeichnet. Zuerst mußte man sich gegen japanische Piraten verteidigen, die die Küste unsicher machten, dann gegen Einfälle japanischer Freischärler und 1592 schließlich gegen eine Invasionsarmee des Schoguns Hideyoshi, der Japan kurz zuvor geeint hatte. Mit 150 000 gut gerüsteten Soldaten überfiel er Korea und hatte nach zwei Wochen die Hauptstadt Seoul erobert. Der König floh gen Norden und bat Chinas Ming-Kaiser um Beistand.

Inzwischen aber hatte der koreanische Admiral Yi Sun-sin eine neue »Erfindung«

▷ In der Bibliothek des Klosters Haein-sa bei Taegu werden die über 80 000 hölzernen Druckstöcke aufbewahrt, von denen im 13. Jahrhundert die berühmte »Tripitaka Koreana« gedruckt wurde – eine Sammlung buddhistischer Texte in chinesischer Sprache.

▽ Bestattung in Süd-Korea: Nur Männer tragen den prächtig geschmückten Sarg des Verstorbenen. Weiß ist für die Koreaner die Farbe der Trauer; die Männer mit den tütenförmigen Papiermützen sind Verwandte des Toten.

▷ Von der Anhöhe der Bibliothek der Klosteranlage Haein-sa blickt man auf die »Halle des Großen Lichts« – im Vordergrund. Dahinter liegen die Mönchsquartiere. Aus der Verbindung von Landschaft und Architektur ist hier eine Umgebung entstanden, die zu religiöser Übung förmlich einlädt.

gemacht. Mit »Schildkröten-Schiffen« – Galeeren, die über Deck eine mit Eisenplatten bewehrte Panzerung trugen – schnitt er den Nachschub der Japaner in der Koreastraße ab und verlegte den Invasionstruppen schließlich sogar den Rückzug.

Admiral Yi, der »Sieger über die Japaner«, wird von den Koreanern noch heute hoch verehrt. Auf einer der breiten Hauptstraßen im Zentrum von Seoul steht ein Denkmal des Admirals und seiner »Schildkröten-Schiffe«.

Dahinter aber erhebt sich das von den Japanern errichtete »Kapitol«, von dem aus sie seit 1910 das unterworfene und zur Kolonie gemachte Korea regierten und demütigten. Die Jahreszahl 1910 kennzeichnet denn auch das Ende der Yi-Dynastie.

Frei, aber geteilt

Als Korea nach 35jähriger Unterjochung und Ausbeutung durch das imperialistische Japan nach dessen Niederlage im Zweiten Weltkrieg endlich befreit wurde, war seine Teilung schon beschlossen. Die Alliierten hatten ihre Einfluß- und dann ihre Besatzungszonen durch eine willkürlich am grünen Tisch gezogene Linie markiert: den 38. Breitengrad, der etwa 50 Kilometer nördlich von Seoul über die Halbinsel verläuft.

Schon bald darauf hatten die Sowjets in Nord-Korea mit ihrem Statthalter Kim Il Sung eines der strammsten kommunistischen Regimes des Ostblocks errichtet. Die UN-Kommission, die 1948 »freie Wahlen« im ganzen Land ermöglichen sollte, konnte sich nur in Süd-Korea durchsetzen. Dort ging aus einem tumultuösen Wahlkampf der 73 Jahre alte antikommunistische Widerstandskämpfer Syngman Rhee als Sieger hervor, der sich bald zum Diktator mauserte.

Der nord-koreanische Überfall auf den Süden leitete den Koreakrieg (1950 bis 1953) ein, der das ganze Land verwüstete und die Teilung vollkommen machte.

Zwischen den beiden feindlichen Landeshälften gibt es seitdem nicht den geringsten menschlichen Kontakt: keinen Post-, keinen Telefon- und erst recht keinen Reiseverkehr. Millionen Menschen in beiden Staaten wissen bis heute nicht, ob ihre Verwandten im anderen Landesteil noch leben. Für ein Volk, in dem Familienbande nach konfuzianischer Lehre den allerhöchsten Wert darstellen, eine unglaubliche Bürde.

Rund 40000 US-Soldaten in Süd-Korea – noch immer vordergründig als »UN-Kontingent« bezeichnet – garantieren zusammen mit der hochgerüsteten süd-koreanischen Armee den Frieden auf der Halbinsel gegenüber einer weit stärkeren nord-koreanischen Streitmacht.

Korea in der Hand der Generäle

Ein nahezu psychopathischer Antikommunismus kennzeichnet das politische Leben in Süd-Korea: teilweise entstanden aus berechtigter Furcht vor dem »unberechenbaren kommunistischen Brudervolk«, teils inszeniert als reine Zweckpropaganda, die den Militärs im Süden die Macht erhalten soll.

Aus »Sicherheitsgründen« jedenfalls lösten in Süd-Korea Generäle – nach nur Wochen dauernden zivilen »Zwischenspielen« – einander an der Macht ab. Dem Diktator Syngman Rhee – nach Studentenprotesten gestürzt – folgte der General Park Chung Hee. Als dieser 1979 – nach 19 Jahren autokratischer Herrschaft – von seinem eigenen Geheimdienstchef ermordet wurde, rückte nach kurzer »Zivilzeit« General Chun Doo Hwan durch einen Militärputsch nach.

Gemeinsam war allen Militär-Präsidenten die brutale Unterdrückung jeder demokratischen Opposition, die sie als »Gefährdung der Sicherheit« brandmarkten. Als einziges Zugeständnis an den Zeitgeist – das wachsende Verlangen der teils im Ausland ausgebildeten Technokraten des koreanischen Wirtschaftswunders nach mehr »innerer Freiheit« – versprach Präsident Chun nach Ende seiner siebenjährigen Amtszeit einen »friedlichen Wechsel«. Also – völlig neu für Süd-Korea – seinen planmäßigen Rücktritt im Februar 1988. Doch die Absicht, seinen Freund und Kollegen, den Ex-General Roh Tae Woo, als Nachfolger in gewohnter Manier nachzuschieben, mißlang durch den Studenten- und Volksaufstand des Sommers 1987.

Im Vorfeld der durch die Unruhen gefährdeten Olympischen Spiele erklärte sich Roh bereit, sich einer Wahl zu stellen. Nach einem offenen Wahlkampf – ohne Beispiel in der süd-koreanischen Geschichte – wurde am 16. Dezember 1987 Süd-Koreas Präsident vom Volk gewählt. Die Opposition, gespalten zwischen den Widerstandshelden Kim Young Sam und Kim Dae Jung, erhielt zwar 55 Prozent der Stimmen, doch als Einzelkandidat siegte Roh Tae Woo mit rund 37 Prozent. Sicher nicht ohne gelegentliche »Wahlnachhilfe« des mächtigen Regierungsapparats. Daß sie durch ihre Doppelkandidatur die erste Chance der Geschichte zu einer demokratischen Erneuerung Süd-Koreas selbst verspielt hatten, konnten die Oppositionspolitiker auch durch ihren Vorwurf von »Wahlfälschungen« nicht mehr widerlegen.

Der Ex-General Roh Tae Woo, der Ende Februar 1988 im Zivilrock in das »Blaue Haus« von Seoul, den Regierungssitz, einzog, ist in der Geschichte des Landes immerhin der erste Präsident, der sich auf die »Legitimation durch eine Volkswahl« berufen kann.

Die fleißigsten Menschen der Welt

Wenn sie den kommunistischen »Bruderstaat« im Norden schon nicht militärisch besiegen konnten, so wollte die Reihe der süd-koreanischen Generäle »das andere Korea« doch auf jedem anderen Feld, besonders auf dem der Wirtschaft, ausstechen. Eine wahrhaft gigantische Aufgabe: Denn die wenigen Industrien, die die Japaner hinterlassen hatten und die der Koreakrieg nicht zerstört hatte, lagen hauptsächlich im Norden des Landes. Der Süden mit seinen flacheren Bergen, breiteren Flußtälern und Küstenebenen war traditionell Bauernland, die »Reisschüssel Koreas«.

Noch 1962, zu Beginn des »ersten Fünfjahresplans zur Entwicklung der Wirtschaft«, arbeiteten zwei Drittel aller Süd-Koreaner in der Landwirtschaft. Aus diesem Bauernstaat in nur 25 Jahren eine der am schnellsten wachsenden Industrienationen Asiens, ja der ganzen Welt zu machen, war nur durch den unbeschreiblichen Fleiß und den Einsatz der ganzen Bevölkerung möglich.

Noch heute arbeiten süd-koreanische Arbeitnehmer – nach Ermittlungen des Internationalen Arbeitsamtes – 54,3 Stunden in der Woche und damit fast 13 Stunden länger als die fleißigen Japaner! Im Durchschnitt werden nur drei Urlaubstage pro Jahr genommen.

Den Weg vom Schwellenland in die Riege der Industrienationen wies das Wirtschaftsplanungsamt der Regierung. Und es verteilte auch die anfangs so nötigen Entwicklungshilfe-Kredite, die den Aufbruch aus der Armut erst ermöglichten. Die wichtigsten Geldempfänger freilich waren eine Handvoll riesiger Konzerne, denen – nach japanischem Vorbild – Hunderttausende von Klein- und Waschküchenbetrieben als billige Zulieferer dienen.

Daß die Arbeiter – trotz ihrer Leistungen – vom wachsenden Wohlstandskuchen nicht ihren gerechten Anteil erhielten, lag am Fehlen »freier« Gewerkschaften. Die Funktionäre der erlaubten Einheitsgewerkschaft werden immer noch von der Regierung ernannt. Erst im »Demokratie-Sommer« von 1987 gingen die Arbeiter mit selbstgewählten Führern für ihre Sache auf die Straßen und erkämpften beträchtliche Lohnerhöhungen.

Mit umgerechnet durchschnittlich 500 Mark Monatsgehalt – Frauen in den Textilfabriken verdienen oft immer noch weniger als 300 Mark – behält jedoch der Satz eines koreanischen Professors seine Gültigkeit: »Mit dem Kostenfaktor Löhne haben sich unsere Unternehmen nie aufhalten müssen. Ihre Probleme sind Rohstoff- und Energiepreise sowie Kredite.«

Die Kredite freilich, die Süd-Korea einst in die Spitzengruppe der Schuldnerländer aufsteigen ließen, werden nach den Erfolgen des Landes auf den Exportmärkten inzwischen in Sonderraten zurückgezahlt.

Das »Land der Morgenstille« lebt

Doch allenfalls Geschäftsreisende, die in immer größerer Zahl ins jüngste Industrieland Asiens kommen, interessieren sich für die Fabriken und Werkstätten, auf die die Koreaner so stolz sind.

Andere Besucher, die in Seoul landen, sind vor allem von den modernen Wolkenkratzern, den breiten Boulevards der Hauptstadt, ihrer unerwarteten Sauberkeit, dem dichten Autoverkehr und dem Komfort ihrer Hotels beeindruckt. Und natürlich von den günstigen Einkaufsmöglichkeiten in den schicken Boutiquen und Kaufhäusern sowie auf den bunten, quirligen asiatischen Märkten der Zehn-Millionen-Stadt.

Trotz ihres rasanten Wachstums und ihrer Übervölkerung, des Wirrwarrs der Baustile und mancher häßlicher Industrieviertel ist die süd-koreanische Metropole – im Vergleich mit anderen asiatischen Großstädten – eine schöne Stadt, allein schon der Lage wegen: mit Hügeln und hohen Bergen, die die Stadt umschließen, und dem träge fließenden Han-Strom, der das moderne Seoul teilt.

Von touristischem Reiz ist Seoul aber auch, weil die Relikte der alten Königsstadt liebevoll bewahrt, restauriert oder im Originalstil wiederaufgebaut wurden: etwa das mächtige Südtor (Namdaemun), vor allem aber der Königspalast Changdok-Kung mit seinem Geheimen Garten. Ein Muß für jeden Besucher ist auch das Nationalmuseum mit seinen zum Teil 5000 Jahre alten Schätzen.

△ Die Vier Himmelskönige wachen am Eingang des Tempels Tongdo-sa, zwischen Pusan und Kyongju. Der Ostkönig Dhritarashtra wird stets mit der Laute, der Südkönig Virudhaka mit dem Schwert dargestellt.

▷ Altes Brauchtum lebt wieder auf: Der farbenfrohe Bauerntanz soll eine glückliche Aussaat und reiche Ernte bewirken. Im Volkskundedorf bei Suwon werden traditionelles Handwerk und Lebensweise der Koreaner stilecht vorgeführt.

Das wahre »Land der Morgenstille« – ein letzter touristischer Geheimtip unserer Tage – ist jedoch nur weit außerhalb der Hauptstadt zu entdecken: am besten in einem der zahlreichen Nationalparks des Landes, das zu zwei Dritteln aus bewaldeten Gebirgen besteht. Zu den gigantischen Aufbauleistungen der Koreaner gehört auch, daß sie die von den Feuerwalzen des Koreakrieges größtenteils kahlgebrannten Hänge und Täler komplett wieder aufgeforstet haben. Keine schönere Zeit als den Herbst – etwa von Mitte September bis Mitte November – gibt es, um die überwältigende Farbenpracht des Laubes in den Nationalparks zu genießen.

Freilich braucht man ein paar Tage Zeit. Der größte Park um den 1915 Meter hohen Chii-san, Süd-Koreas zweithöchsten Berg, liegt gut sieben Bus- oder Bahnstunden von Seoul entfernt. Wer genug Abenteuerlust mitbringt und auf gewohnten Komfort verzichten kann, entdeckt hier nach langem mühsamem Aufstieg in einem abgelegenen Bergtal das Dorf Chunghak-Dong – wahrscheinlich der einzige Ort auf der Halbinsel, in dem sich der Lebensstil der Yi-Zeit bis heute erhalten hat. Es gibt hier kein Restaurant und keine Herberge, keine Elektrizität und keine Wasserleitung – aber die Höflichkeits- und Ordnungssitten des Konfuzius in Reinkultur. Ein Ort, an dem die Zeit stehengeblieben ist.

Auch das schon erwähnte Kloster Haeinsa mit seinen berühmten Holzblock-Druckstöcken liegt in einem herrlichen Nationalpark, 60 Kilometer von der Großstadt Taegu entfernt und etwa vier Busstunden von Seoul: im Kaya-san-Nationalpark.

Der zweifellos berühmteste der Parks aber ist der in den Sorak-Bergen an der Ostküste des Landes – etwa fünf bis sechs Autostunden von Seoul: Heiße Quellen und eisige Wasserfälle, versteckte wunderschöne buddhistische Tempel und furchterregende Felsformationen, klare Bergströme und dichte Nebel in den Tälern, über denen schneebedeckte Gipfel aufragen – das alles macht den Sorak-san-Nationalpark zu einem einmaligen Erlebnis.

Zu den inzwischen touristisch voll erschlossenen Gebieten gehört Süd-Koreas größte Insel Cheju-do, ein subtropisches Eiland vor der Südspitze der Halbinsel, das noch vor einem Dutzend Jahren als Geheimtip unter Eingeweihten galt. Heute gibt es auf Cheju-do – eine Flugstunde von Seoul entfernt – drei Luxus-Hotels und unzählige andere Unterkünfte. Immer noch locken – neben dem Halla-san, einem erloschenen Vulkan, dem höchsten Berg des Landes – als Hauptattraktion die »tauchenden Frauen«, die nach alter Sitte Fische, Muscheln und Seegurken vom Meeresgrund heraufholen.

◁ ***Meisterwerk buddhistischer Kunst:*** *Die künstliche Sokkuram-Grotte mit ihren großartigen Skulpturen bei Kyongju wurde 751 geschaffen. Die riesige Granit-Statue gilt als das künstlerisch wertvollste Bildnis Buddhas in Korea.*

▽ ***An Buddhas Geburtstag im Mai wird im Tempel Tongdo-sa ein großes Rollbild des Erleuchteten aufgehängt. Die Gläubigen bringen hier ihre Opfergaben dar.***

Landesnatur

Fläche: 99 143 km² (etwas kleiner als die DDR)
Ausdehnung: Nord–Süd 500 km, Ost–West 300 km
Höchster Berg: Halla-san (auf Cheju-do) 1950 m
Längster Fluß: Naktong-gang 526 km

Süd-Korea umfaßt den Südteil der Koreanischen Halbinsel und etwa 3500 Inseln, die der Küste vorgelagert sind (davon sind etwa 200 bewohnt). Nach Südosten ist es durch die Koreastraße von Japan getrennt, im Westen liegt das Gelbe Meer, im Osten das Japanische Meer; die Nordgrenze bildet die 4 km breite entmilitarisierte Zone zur Demokratischen Volksrepublik Korea.

Naturraum
Süd-Korea ist überwiegend ein Gebirgsland. Von Westen her steigt es langsam an. Tief eingeschnittene Täler durchziehen es; im Osten fällt es steil ab. Die Küste zum Japanischen Meer hat kaum Buchten, Nehrungen oder Inseln und nur einen schmalen Küstenstreifen. Die Süd- und Westküste sind hingegen reich gegliedert. Die Südküste bildet eine sog. Riasküste, deren tief eingreifende Buchten versunkene Täler, deren vorgelagerte Inseln die Gipfel versunkener Berge darstellen. An der Westküste wird die Küstenebene 50 bis 100 km breit. Der Tidenhub an der Westküste beträgt bis zu 9,4 m (an der Bucht Asan-Man), Watten und Dünen sind ausgedehnt.

Klima
Süd-Korea liegt im Bereich des kühlgemäßigten Monsunklimas mit heißen, feuchten Sommern und kalten, trockenen Wintern. Der äußerste Süden jedoch reicht bis in die subtropische Klimazone. Die Temperaturunterschiede zwischen Sommer und Winter nehmen nach Norden hin zu. Die durchschnittliche Temperatur im Sommer beträgt im Süden 26 °C, im Norden 25 °C; im Winter sind die Mittelwerte im Süden um 2 °C, im Norden um −5 °C.

Die mittleren Jahresniederschläge nehmen von Süden (1500 mm) nach Norden (1200 mm) und vor allem nach Osten (950 mm) ab. Über 80 % des gesamten Jahresniederschlags fallen im Sommer.

Auch die pharmazeutische Industrie wächst in diesem asiatischen Wirtschaftswunderland.

Vegetation und Tierwelt
Die üppige Vegetation reicht vom subtropischen bis zum alpinen Bereich. Das ganze Land war ursprünglich mit Wald bedeckt. Im Süden existiert noch ein immergrüner subtropischer Laubwald mit Lorbeerbäumen und Palmen, sommergrüner Mischwald mit Bambus, Styrax, Eiche, Buche, Ahorn im übrigen Land. In höher gelegenen Gebieten befindet sich Nadelwald, und in subalpinen Bereichen wachsen Rhododendren, Legföhren, Gräser, Enzian und Edelweiß. Ursprünglich weitverbreitete größere Säugetiere wie Tiger, Leoparden, Bären, Wölfe und Luchse sind nur noch in Rückzugsgebieten und Reservaten anzutreffen.

Politisches System

Staatsname: Taehan-Minguk
대한민국
Staats- und Regierungsform: Präsidiale Republik
Hauptstadt: Seoul (Soul)
Mitgliedschaft: UN-Sonderorganisationen, Colombo-Plan, ESCAP

Der Staatspräsident wird nach der seit 1980 gültigen Verfassung für eine einmalige siebenjährige Amtszeit direkt gewählt. Er ernennt und leitet den Ministerrat.
Die Legislative liegt bei der Nationalversammlung mit 184 für vier Jahre direkt gewählten und 92 von den Parteien bestimmten Abgeordneten. Das Land gliedert sich in 13 Provinzen, deren Gouverneure der Staatspräsident ernennt.
Oberste Instanz der Rechtsprechung ist der Gerichtshof in Seoul, darunter gibt es drei zugleich als Verwaltungsgerichte tätige Berufungsgerichte und erstinstanzliche Bezirksgerichte.

Seoul – Austragungsort der Olympischen Spiele 1988.

Bevölkerung

Einwohnerzahl: 42 Millionen
Bevölkerungsdichte: 424 Einw./km²
Bevölkerungszunahme: 1,4 % im Jahr
Größte Städte: Seoul (10 Mio. Einw.), Pusan (3,8 Mio.), Taegu (2,2 Mio.)
Bevölkerungsgruppen:
96 % Koreaner, 3 % Chinesen

Das Bevölkerungswachstum konnte inzwischen auf rund 1,4 % gesenkt werden, der damit gestiegene Anteil älterer Menschen wirft zunehmend Probleme in der Sozialgesetzgebung des Landes auf. Mit der raschen Industrialisierung kam es zu Landflucht; etwa 66 % der Bevölkerung wohnen in Städten. Landessprache ist Koreanisch. 38 % der Einwohner sind Buddhisten, 31 % Protestanten; die übrigen 31 % verteilen sich auf Anhänger des Konfuzianismus und der verschiedensten Sekten.

Soziale Lage und Bildung
Seit 1977 existiert ein Krankenversicherungssystem, an dem etwa 40 % der Bevölkerung teilhaben. Die Arbeitslosenrate liegt bei 4 %. Die medizinische Versorgung ist gut; für Bedürftige gibt es ein Beihilfesystem.
Das Schulwesen orientiert sich am System der USA mit allgemeiner Schulpflicht für sechs Jahre Grundschule bei gebührenfreiem Unterricht. Es gibt über 30 Hochschulen, die älteste wurde 1885 gegründet.

Wirtschaft

Währung: 1 Won (₩) = 100 Chon
Bruttoinlandsprodukt (in Anteilen): Land- und Forstwirtschaft 12 %, industrielle Produktion 45 %, Dienstleistungen 43 %
Wichtigste Handelspartner: USA, Japan, EG-Staaten, Hongkong, Kanada

Die Entwicklung zu einer strikt auf den Export ausgerichteten Wirtschaft vollzog sich – mit Hilfe ausländischer Gelder – seit 1960 enorm schnell. Nach anfänglichen Boomjahren stabilisierte sich das Wachstum, seit 1985 sind wieder zweistellige Wachstumsraten zu verzeichnen. Probleme der protektionistischen Wirtschaft Süd-Koreas sind Einfuhrbeschränkungen in den Industrieländern und die zunehmende Konkurrenz neuer Niedriglohnländer.

Landwirtschaft
Bewässerung und starke Düngung erbringen hohe Hektarerträge beim Hauptanbauprodukt Reis, das 45 % der landwirtschaftlichen Nutzfläche einnimmt. Im Zuge veränderter Ernährungsgewohnheiten hat sich die Viehzucht sehr schnell entwickelt.

Bodenschätze, Energie
Abgesehen von kleinen Vorkommen an Steinkohle, Eisen-, Zink-, Blei- und Wolframerzen ist das Land auf Importe angewiesen. Neben dem Hauptenergieträger Erdöl, das verstärkt durch Kohle und Erdgas ersetzt werden soll, gewinnen Kern- und Wasserkraft an Bedeutung.

Industrie, Handel
Nachdem zuerst Konsumgüter- und Schwerindustrie aufgebaut worden waren, wurde in den letzten Jahren die Investitionsgüterindustrie stark gefördert. Sie produziert heute die wichtigsten Exportprodukte – Computer, Unterhaltungselektronik, Fahrzeuge und Schiffe. Importiert werden Maschinen, Zubehör für die Industrie sowie Erdöl und Erdölerzeugnisse.

Verkehr, Tourismus
Straßenverkehr (rd. 53 000 km Straßen, davon 1400 km Schnellstraßen) und Eisenbahn (rd. 6300 km) wurden rasch ausgebaut und modernisiert. Neben dem internationalen Flughafen von Seoul (Kimpo) ist der Bau eines weiteren Großflughafens im Landesinnern bei Taejon geplant. Wichtige Seehäfen sind Pusan, Pohang und Inchon. Mit dem Ausbau der touristischen Infrastruktur ist der Auslandsreiseverkehr ständig gestiegen.

Geschichte

Die Geschichte Koreas ist geprägt durch seine enge Nachbarschaft zu China und Japan. Schon Jahrtausende vor der Gründung des Reiches Choson im Jahr 2333 v. Chr. bevölkerten tungusische Stämme die Halbinsel.

Von etwa 1500 v. Chr. an verschmolzen diese mit Trägern der chinesischen Kultur.
Um 110 v. Chr. wurde das Land der chinesischen Han-Dynastie einverleibt. Die Zeit zwischen 17 v. Chr. bis 668 n. Chr. ist in die Geschichte eingegangen als die Zeit der »Drei Reiche«: im Süden die Königreiche Paekche und Silla, im Nordosten das Reich Koguryo.
Silla unterwarf in der zweiten Hälfte des 7. Jh. die beiden anderen Reiche, zerfiel aber Anfang des 10. Jh. wieder. 918 wurde das Königreich Koryo ausgerufen, von dem sich der heutige, international gebräuchliche Name Korea ableitet. 1231 besetzten Mongolen das Land; sie wurden erst 1356 von dem Koryo-General Yi Songge besiegt. Unter der von ihm gegründeten Yi-Dynastie (1392–1910) kam es zunächst zu einem Aufschwung. Eine japanische Invasion 1592 bis 1598 konnte gestoppt werden. Doch 1627 fielen die Mandschu in Korea ein und erzwangen dessen Unterwerfung. Als Vasallenstaat Chinas betrieb Korea jahrhundertelang eine Politik der Abschließung. Erst gegen Ende des 19. Jh. zwangen die imperialistischen Mächte das Land zur Öffnung nach außen. Als Korea sich wegen innerer Unruhen 1894 an die Chinesen um Hilfe wandte, kam es zum Krieg zwischen China und Japan, das seine Interessen gefährdet sah. 1895 wurde Korea unter japanischer Hegemonie formell unabhängig (seit 1897 Kaiserreich Taehan). Seine Annäherung an Rußland löste den Russisch-Japanischen Krieg 1904/05 aus. Das siegreiche Japan annektierte Korea und beherrschte das Land bis zu seiner eigenen Niederlage im Zweiten Weltkrieg.

Die Teilung
1945 besetzten sowjetische Truppen das Gebiet nördlich des 38. Breitengrades. Die Amerikaner marschierten im Süden ein. Versuche der UN, eine gemeinsame Regierung zu bilden, scheiterten am Widerstand der Sowjetunion. Am 15. August 1948 (Nationalfeiertag) wurde nach Wahlen in Seoul die Republik Korea ausgerufen, wenige Wochen später in Pjöngjang die Demokratische Volksrepublik Korea proklamiert. Nach Abzug der Besatzungstruppen fielen die Nordkoreaner 1950 in den Süden ein: Im Koreakrieg 1950 bis 1953 kämpften nun (vor allem US-)Truppen der Vereinten Nationen auf seiten Seouls. 1953 wurde in Panmunjom ein Waffenstillstand ausgehandelt, der das Land de facto in zwei Staaten teilte.
1954 schloß Süd-Korea ein Verteidigungsabkommen mit den USA. Syngman Rhee, der erste Präsident, führte ein autoritäres Regime ein und wurde 1960 nach Studentenunruhen zum Rücktritt gezwungen. Eine neugewählte, gemäßigte Regierung fiel bereits nach einem Jahr einem Militärputsch zum Opfer. Wenig später wurden die Putschisten von General Park Chung Hee entmachtet, der bis zu seiner Ermordung 1979 regierte. 1980 brachte ein Staatsstreich wiederum einen Diktator, Chun Doo Hwan, an die Macht. Dessen Vertrauter Roh Tae Woo ging als Sieger aus den Präsidentschaftswahlen von 1987 hervor. Im September 1988 wurden die 24. Olympischen Sommerspiele in Seoul ausgerichtet. Eine gemeinsame Veranstaltung mit Nord-Korea kam nicht zustande.

Die grün-graue Glasur in der »Farbe des Herbsthimmels« macht diese Seladonkeramik so kostbar.

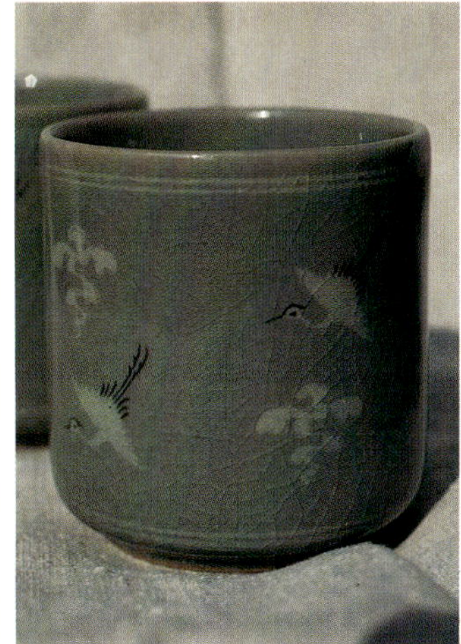

Kultur

Die koreanische Kultur wurde entscheidend von China geprägt und übte wiederum großen Einfluß auf Japan aus. Aber sie leistete auch Eigenständiges. Die Königsgräber bei Pjöngjang in Nord-Korea (4.–7. Jh.) zeigen neben chinesischen erste koreanische Elemente.
Die Baukunst erreichte einen Höhepunkt in der Silla-Epoche (7.–10. Jh.). Die Pulguksa-Tempelanlage in Kyongju (8. Jh.) ist das älteste erhaltene Bauwerk Koreas. Bedeutsam ist auch der Höhlentempel im Sokkuramgebirge mit seinem aus Granit gemeißelten Shakyamuni-Buddha.
Aus der Koryo-Epoche (10.–14. Jh.) sind einige besonders zierliche Pagoden erhalten. In dieser Zeit erreichte die koreanische Töpferkunst ihre Blüte. Mit dem Vordringen des Konfuzianismus gewannen die Profanbauten an Bedeutung. So entstanden im 14. und 15. Jh. das große Südtor und die Königspaläste in Seoul.

Malerei und Literatur
Auch die Malerei auf Papier- und Seidenrollen ist chinesisch geprägt. Ein eigener koreanischer Stil bildete sich erst im 17. Jh. heraus.
Jahrhundertelang hatte die chinesische Sprache in Korea eine ähnliche Bedeutung wie das Lateinische in Europa. Nur mühsam behauptete sich das Koreanische. Die Erfindung der Buchdruckerkunst, noch vor Gutenberg, förderte dann die Entwicklung einer eigenständigen Literatur. Die bedeutendste Epoche war das 17. bis 19. Jh. Aus dieser Zeit stammt der klassische Liebesroman »Die Erzählung von Fräulein Frühlingsduft«.

Die Gegenwart
Trotz der gewaltigen Veränderungen, die sich in Süd-Korea nach der Teilung 1953 vollzogen haben, bestimmen konfuzianische Werte weiterhin das Zusammenleben innerhalb der Familien. Auch die traditionellen Feiertage wie Chusok (eine Art Erntedankfest) und Solnal (Neujahr) werden nach überlieferten Formen gefeiert.

Reise-Informationen

Einreise- und Fahrzeugpapiere
Bürger der Bundesrepublik Deutschland, der Schweiz und Österreichs benötigen für einen Aufenthalt bis zu 90 Tagen einen gültigen Reisepaß bzw. Kinderausweis.
Der internationale Führerschein gilt als Fahrerlaubnis.
Zoll
Bei der Einreise sind zollfrei: 400 Zigaretten oder 50 Zigarren oder 500 g Tabak, 2 Flaschen alkoholische Getränke, eine kleine Menge Parfüm sowie Geschenke bis zu einem Gesamtwert von 100000 Won. Die Einfuhr von Wertsachen erfordert eine schriftliche Zollgenehmigung.

Am 38. Breitengrad, der hermetischen Grenze zwischen Nord- und Süd-Korea, steht dieser so pittoreske wie groteske Wachturm.

Devisen
Landeswährung darf nur bis zu einem Wert von 500000 Won (₩) ein- und ausgeführt werden. Fremdwährung kann bis zu 5000 US-$ eingeführt und in deklarierter Höhe wieder ausgeführt werden.
Verkehrsverhältnisse
Von Seoul aus bieten Flugzeuge, Expreßzüge und Überlandbusse preiswerte und komfortable Verbindungen. Das Nahverkehrssystem in der Hauptstadt ist gut ausgebaut; Leihwagen sind erhältlich.
Unterkünfte
In den großen Städten gibt es Unterkünfte aller Art und für jeden Anspruch. Auf dem Lande stehen preiswerte »Yogwans« (Herbergen) zur Verfügung.
Reisezeit
Beste Reisemonate sind April bis Mitte Juni und September bis Oktober.

Kuwait

Ahmad Ataya

In Sekunden versank die Prachtstraße in der Finsternis. Ein beißender Gestank breitete sich aus, der den Menschen den Atem verschlug. Vermummt suchten sie Zuflucht. Ohne Vorwarnung war die Natur in die mit Milliarden Dollar errichtete Traumwelt der Kuwaiter eingebrochen. Kuwait lag darnieder! Im Staub, stickig, unzugänglich: Eine dichte Sandwolke fegte über die Stadt am Golf hinweg.

At-Toz, des Teufels Wind, nennen die Einheimischen den Sandsturm. Ihm ist das Symbol von Wohlstand und Wohlfahrt am Golf und eine der reichsten Metropolen der Welt schutzlos ausgeliefert – wie ein Lehmdorf in der Wüste. Diesen raschen Wandel fürchten die Kuwaiter am meisten. Nie hat die Angst sie verlassen, daß die ganze Herrlichkeit sich eines Tages als Fata Morgana erweisen könnte.

Architektur der Zukunft soll den Wohlstand demonstrieren: Die Kuwait Towers sind das Wahrzeichen der reichen Handelsmetropole. Einer der Wassertürme beherbergt ein drehbares Panoramarestaurant mit grandiosem Blick auf den Golf.

Staatsname:	Staat Kuwait
Amtssprache:	Arabisch
Einwohner:	1,8 Millionen
Fläche:	17 818 km²
Hauptstadt:	Kuwait
Staatsform:	Erbmonarchie (Emirat)
Kfz-Zeichen:	KWT
Zeitzone:	MEZ +2 Std.
Geogr. Lage:	Vorderasien, am Persischen Golf; grenzt an Saudi-Arabien und den Irak

Al Kuwayt – die kleine Burg

Kuwaits Selbstverständnis und Überleben beruhten stets auf der Überzeugung, daß dieser Landstreifen am nördlichen Winkel des Golfs nur den Alteingesessenen gehöre. Sie nannten ihn Al Kuwayt – im Altarabischen soviel wie »die kleine Burg« – nach dem Fort, das die Portugiesen hier gebaut hatten.

Diejenigen, die die strategische Rolle des Standortes entdeckt hatten, waren jedoch die Griechen gewesen. Sie errichteten ein Handelszentrum und setzten sich vor allem auf den der Küste vorgelagerten Inseln fest. Erst sehr viel später – im 16. Jahrhundert – kamen dann Portugiesen auf ihrem Weg nach Indien in diese Gegend. 1498 hatte ihnen Vasco da Gama den Seeweg zwischen der ostafrikanischen und der indischen Küste gewiesen.

Aber auch der Stern der Iberer sank – sie mußten schon 1551 am oberen Golf den Osmanen weichen. Die sollten sich, trotz gelegentlicher Niederlagen gegen andrängende Beduinenstämme, bis in unser Jahrhundert hinein halten.

Briten und Holländer pflegten seit dem 17. Jahrhundert vor allem ihre wirtschaftlichen Interessen in der strategisch günstigen Region – als Umschlagplatz für Post und Waren, die ihre ostindischen Gesellschaften auf dem Landweg nach Europa schaffen wollten. Politisch und militärisch hielten sie sich jedoch weitgehend zurück – die Niederländer, weil ihre koloniale Macht schnell schwand; die Engländer, weil sie im südlichen Golf bereits genug Ärger hatten und den Norden gerne den – zeitweise mit ihnen verbündeten – Osmanen überließen.

Die Beduinen kommen

Zu Beginn des 18. Jahrhunderts trat dann an der Bucht von Kuwait eine Nomadensippe auf den Plan: die Utub vom Stamm der Anaiza. Ihre früheren Weidegebiete waren verdorrt, die Nomaden wurden seßhaft. Die Osmanen duldeten ihr Vorhaben. Schnell gewann das damals in den Landkarten unter dem Namen Grain verzeichnete Gemeinwesen an Bedeutung, denn seine Bewohner erwiesen sich als geschickte Händler, Perlenfischer, Schiffsbauer und Seeleute. Die Herrschaft über diese seefahrenden Söhne der Wüste Arabiens erlangte bald die Familie Al Sabah – sie hat bis heute die Macht in Kuwait inne.

Es dauerte nicht lange, bis Kuwait den Neid und den Unmut der neuen Herrscher Saudi-Arabiens, der Wahhabiten, und kriegerischer schiitischer Piraten von der anderen Seite des Golfs auf sich zog.

Als sich dann gegen Ende des 19. Jahrhunderts auch ein massiver Zugriff der Osmanen auf das autonome Scheichtum abzeichnete, verhandelten die Kuwaiter mit den Briten, von denen sie sich Schutz erhofften. Deren Interesse an einer Schwächung der Türken war durch die weltpolitische Lage deutlich gestiegen, sie garantierten in einem Geheimvertrag 1899 die relative Selbständigkeit des Landes. Mit dem Ersten Weltkrieg endete das Osmanische Reich, Kuwait gehörte nun gänzlich zum Einflußbereich Großbritanniens, das die Außen- und Sicherheitspolitik des Scheichtums bestimmte.

Dieser Einfluß verstärkte sich, als 1938 erstmals Rohöl aus dem Boden Kuwaits sprudelte. Damit begann ein neues Zeitalter für die Kuwaiter und ihre Nachbarn. 1961 wurde Kuwait unabhängig, aber erst Anfang der siebziger Jahre erlangte das Land die Verfügungsgewalt über seine Außen- und Verteidigungspolitik sowie über seine Ressourcen. Der Wohlfahrtsstaat Kuwait, mit 17800 Quadratkilometern etwas größer als Schleswig-Holstein, wuchs langsam heran.

Kuwait – ein reizvolles Urlaubsziel?

Ein Paradies für Touristen war die 200 Kilometer lange Golfküste Kuwaits nie. Erst als die Petrodollar-Einnahmen drastisch zurückgingen und viele Kuwaiter ihren Sommerurlaub daheim verbringen mußten, entdeckten sie die Vorzüge des eigenen Landes. Allerdings lockten die acht Jahre andauernde militärische Auseinandersetzung am Golf und die davon ausgehende Gefahr für den inneren Frieden Kuwaits ausländische Touristen nicht gerade an. Zudem ist Kuwait für das Touristikgeschäft schlicht noch zu exotisch, zu teuer.

Dabei verfügt das kleine Land über ein attraktives Angebot. Auf der Insel Faylakah, rund 30 Kilometer vor der Küste der Hauptstadt, entstand ein Touristenzentrum. Im Süden der Sandinsel liegen die schönsten und saubersten Strände. Zwischen Festland und Insel verkehren ständig Fähren. Aufwendiger wirkt die neue touristische Oase im Süden: Al Khiran, nahe der Grenze zu Saudi-Arabien gelegen, eine Siedlung für über 100000 Menschen, ein Jachthafen, exklusive Chalets und eine Infrastruktur, die ihresgleichen sucht. Offensichtlich ist Al Khiran dafür gedacht, irgendwann zahlungskräftige Auslandstouristen zu beherbergen. Und 20 Kilometer westlich der Hauptstadt entstand bei Doha eines der größten Unterhaltungszentren der arabischen Welt, ähnlich dem Disneyland Floridas: ein Paradies für Kinder, das viele Sehenswürdigkeiten en miniature zeigt.

△ ***Wer genügend Geld auf seinem Bankkonto hat, kann sich auch kostspielige Hobbys leisten: Luxuslimousinen sind auf Kuwaits Straßen nichts Außergewöhnliches. Einmalig ist jedoch der Gag eines Superreichen, der in Kuwait einen Rolls-Royce als Taxi laufen läßt.***

In den alten Vierteln der Stadt Kuwait, zwischen dem Golf und dem Safat-Platz, pulsiert das orientalische Leben der Handelsmetropole. Die Suks werden seit eh und je nach den Waren bezeichnet, die die Händler anbieten: Suq adh-Dhahab – das ist der Goldmarkt, Suq as-Silah – der Waffenmarkt, Suq as-Safafir – der Kupfermarkt. Der große Reichtum Kuwaits hat jedoch die alten Basare verdrängt. An ihre Stelle traten moderne, klimatisierte Einkaufspaläste. Der Konsumrausch der Kuwaiter kennt kaum Grenzen: In der Stadt am Golf gibt es mehr Rolls-Royce-, Mercedes- und Jaguar-Limousinen als im Rest der arabischen Welt. Kuwait baute rechtzeitig ein leistungsfähiges innerstädtisches Straßenverkehrsnetz, das bald rund 300 Kilometer lang sein wird.

Neu und schon Ruinen

Mit Asphalt und Beton versuchte das superreiche Kuwait den Kampf gegen den Sand zu gewinnen. Die Baumeister planten und bauten – ganze Viertel, ja Städte, dazu Straßen, Prunkgebäude und Marmorpaläste entstanden neu. Die alten Lehmsiedlungen auf dem Gebiet der heutigen Hauptstadt – Al Qiblah, Ash Sharq, Dasman – verschwanden. Nur noch Straßenschilder erinnern daran, daß es sie jemals gegeben hat. So entstand an der Ostküste eine der aufwendigsten und prächtigsten Städte der Arabischen Halbinsel: Kuwait City.

Doch der Glanz verblaßt. Mit der verringerten Ölförderung ging die Zahl der Arbeitsplätze zurück; die Kuwaiter schickten viele Gastarbeiter nach Hause. Ihre Wohnungen stehen leer. Manche Viertel, vor kaum 20 Jahren gebaut, sind heute abbruchreif und verfallen allmählich genauso wie die ungenutzten Bürogebäude.

Mit dem Wissen um die Unsicherheit der Zukunft erinnern sich jetzt die Kuwaiter ihrer Geschichte: Museen tragen seit kurzer Zeit in mühevoller Arbeit die Reste der Vergangenheit zusammen. Die Al-Sabah-Sammlung im Museum für islamische Kunst umfaßt 20000 Exponate und ist damit die größte ihrer Art. Die Stücke wurden auf der ganzen Welt zusammengekauft und oft mit astronomischen Summen bezahlt.

Wird die Geschichte, die Kultur der Vergangenheit einen Halt geben? Konsumrausch und Existenzangst liegen in Kuwait so nahe beieinander, daß kaum Platz für Ruhe und Beschaulichkeit bleibt. Die gehen in der Hektik der Metropole unter. Und wenn die Stadt doch einmal schläft – die Wüste ruht nicht.

◁ Der Freitagsmarkt ist bei den konsumfreudigen Kuwaitern sehr beliebt. Hier werden unter anderem Fernsehapparate angeboten. In Kuwait ist der Freitag Wochenfeiertag.

▽ Das Kamel ist ein seltener Anblick geworden. Seit dem Ölboom bestimmen zunehmend Hochspannungsleitungen und Pipelines das Bild der Wüste.

◁ Kuwait City – eine der modernsten Städte des Vorderen Orients: Die alte typisch arabische Wüstenstadt aus Lehm mußte bis auf wenige Reste Geschäfts- und Wohnvierteln aus Beton und breiten Fahrstraßen weichen. Die »Corniche« – Kuwaits Prachtstraße – zieht sich achtspurig am Meer entlang.

Landesnatur

Fläche: 17818 km² (etwas größer als Schleswig-Holstein)
Ausdehnung: Nord–Süd 175 km, West–Ost 160 km
Küstenlänge: 200 km
Höchster Berg: Ash Shaqaya 290 m

Das kleine Land Kuwait am Persischen Golf besteht vornehmlich aus Trokkensteppe und Wüste. Es grenzt im Norden und Nordwesten an den Irak, im Süden an Saudi-Arabien.

Naturraum
Der Großteil des Landes gehört zu der Wüste Ad Dibdibah. Abgesehen von dem küstenparallelen Höhenstreifen der Zawr-Berge an der Bucht von Kuwait und vereinzelten Hügeln ist das Gelände fast eben. Im Inneren befinden sich einige Oasen. Die 40 km lange Bucht von Kuwait teilt die Küste in zwei Teile. Nach Norden ziehen sich die Schwemmlandablagerungen zum Shatt al Arab. An der Südspitze der Bucht liegt die Hauptstadt Kuwait mit ihrem geschützten Naturhafen. Südlich der Hauptstadt befinden sich die großen Erdölfelder, die mit den saudiarabischen Vorkommen in Verbindung stehen. Nach Südwesten steigt das Land allmählich an. Die höchste Erhebung (290 m) liegt im Sandsteinplateau an der Westspitze des Staatsgebiets. Die Westgrenze zum Irak zieht sich entlang des Wadi al Batin, eines nur zeitweilig wasserführenden Trockenflußtales.

Klima
In der heißen Jahreszeit (Mai bis September) herrschen mittlere Temperaturen um 30 °C; es kann aber bis über 50 °C heiß werden. In den Wintermonaten ist es dagegen milder (13 bis 15 °C), tagsüber bis zu 25 °C, nachts bis unter 0 °C. In dieser Zeit fallen auch die kargen Niederschläge von 10 bis 220 mm im Jahr. Die Wassertemperaturen in der Bucht betragen im Sommer um 30 °C, im Winter 20 °C.

Vegetation und Tierwelt
Abgesehen von einigen Oasen, in denen Dattelpalmen gedeihen, ist das Land Wüste ohne nennenswertes Tierleben und mit nur spärlicher Strauchvegetation. Nur nach den winterlichen Regenfällen wächst für kurze Zeit auch Gras. Die Küstengewässer sind reich an Fischen und Krabben; doch sind diese Bestände von der Wasserverschmutzung bedroht.

Politisches System

Staatsname: Dawlat al-Kuwayt
دولة الكويت

Staats- und Regierungsform: Erbmonarchie (Emirat)
Hauptstadt: Kuwait
Mitgliedschaft: UN, Arabische Liga, GATT, OAPEC, OPEC

Nachdem Kuwait 1961 seine volle Souveränität erlangt hatte, gab es sich 1962 eine Verfassung, nach der das Land erbliches Emirat ist. Der Emir ist weltliches und geistliches Oberhaupt, Vorsitzender des Ministerrats und ernennt den Regierungschef. Legislative ist die Nationalversammlung, deren 50 Abgeordnete von allen männlichen Vollbürgern für vier Jahre gewählt werden. 1986 wurde die Nationalversammlung wegen der bedrohlichen Lage am Golf aufgelöst, seitdem nehmen der Emir und der Ministerrat deren Aufgaben wahr.
Das Land ist in den Stadtbezirk Kuwait und drei weitere Provinzen mit zusammen zehn Distrikten aufgeteilt. Das Rechtswesen ist am Islam und an britischen Vorbildern orientiert.

Bevölkerung

Einwohnerzahl: 1,8 Millionen
Bevölkerungsdichte: 101 Einw./km²
Bevölkerungszunahme: 4,3 % im Jahr
Größte Städte: As Salimiyah (155000 Einw.), Hawalli (146000), Al Jahrah (112000)
Bevölkerungsgruppen: 87 % Araber, 12 % Asiaten

Die Bevölkerungsstruktur Kuwaits ist von dem sehr hohen Anteil ausländischer Arbeitskräfte geprägt (über 50 % der Arbeitnehmer). Der Anteil der Männer übersteigt mit 57 % den der Frauen erheblich, altersmäßig stellen die 20- bis 40jährigen die größte Gruppe. Kuwait ist eines der Länder mit dem höchsten Verstädterungsgrad (93 %). Amtssprache ist Arabisch, daneben ist Englisch weit verbreitet. 91 % der Kuwaiter sind Muslime, 6 % Christen.

Soziale Lage und Bildung
Die Staatsbürger sind durch ein umfassendes Sozialversicherungssystem abgesichert; das kostenlose Gesundheitssystem gilt als eines der besten in der Welt. Es besteht allgemeine Schulpflicht für 6- bis 14jährige bei kostenlosem Unterricht. Die Analphabetenrate ist rückläufig (1980 noch 40 %). Die erste der zwei Universitäten des Landes wurde 1954 gegründet.

Moderne Zeiten auch in der Baukunst, selbst bei Moscheen.

Schwertertanz – Traditionspflege im Zeitalter der Technik.

Wirtschaft

Währung: 1 Kuwait-Dinar (KD.) = 1000 Fils
Bruttoinlandsprodukt (in Anteilen): Land- und Forstwirtschaft 1 %, industrielle Produktion 60 %, Dienstleistungen 39 %
Wichtigste Handelspartner: EG-Staaten, Japan, USA

Als einer der bedeutendsten Erdölexporteure zählt Kuwait zu den reichsten Ländern der Welt. Trotz gedrosselter Produktion und rückläufiger Ausfuhrgewinne ist die Leistungsbilanz weiterhin positiv.

Landwirtschaft
Die Landwirtschaft ist aufgrund der klimatischen Verhältnisse, der Bodenbeschaffenheit und des Wassermangels nur bedingt expansionsfähig. Nur 0,2 % der Staatsfläche werden derzeit über künstliche Bewässerung kultiviert. Angebaut werden für den heimischen Markt Datteln, Melonen und Futterklee. Zur Fleischversorgung werden v. a. Schafe, Ziegen und Rinder gehalten. Die während der letzten Jahre ausgebaute Fischereiflotte deckt den Inlandsbedarf an Fisch; ein beträchtlicher Teil der Fangmengen wird exportiert.

Bodenschätze, Energie, Industrie
Abgesehen von seinen umfangreichen Erdöl- und Erdgasreserven, die auf der Grundlage der jetzigen Fördermengen noch etwa 175 bzw. 100 Jahre ausreichen würden, verfügt Kuwait über keinerlei nennenswerte Bodenschätze. Der Energiebedarf wird fast ausschließlich durch Erdöl gedeckt; die Kraftwerke sind in der Regel mit Meerwasser-Entsalzungsanlagen gekoppelt. Die Verarbeitung von Erdöl und Erdgas bestimmt auch die industrielle Produktion. Einen weiteren Schwerpunkt bildet das Baugewerbe.

Handel
Die kuwaitischen Exporte beschränken sich im wesentlichen auf Rohöl, Erdölprodukte, Flüssiggas und Düngemittel. Die wichtigsten Importgüter sind Maschinen, Fahrzeuge, Nahrungsmittel und chemische Produkte.

Verkehr, Tourismus
Das sehr gut ausgebaute Straßennetz umfaßt etwa 3600 km. Kuwait verfügt über einen Industriehafen sowie drei Erdölhäfen; die Schiffahrt ist jedoch durch den Golfkrieg erheblich beeinträchtigt. Der internationale Flughafen liegt nahe der Hauptstadt. Der Fremdenverkehr ist mangels touristischer Attraktionen ohne Bedeutung.

Geschichte

Die Geschichte dieses kleinen Wüstenstaates liegt bis zum Beginn der Neuzeit weitgehend im dunkeln. Archäologische Funde lassen jedoch vermuten, daß die Insel Faylakah schon im 3. Jahrtausend v. Chr. ein Handelsstützpunkt war und vom 3. Jh. v. Chr. an in der Einflußsphäre des Seleukidenreiches lag. Im 3. Jh. n. Chr. wurde das heutige Kuwait dem Persischen Reich einverleibt; ab 630 gehörte es zum Kalifat der Umayyaden, später der Abbasiden. Mitte des 13. Jh. zerfiel das Reich nach dem Mongoleneinfall.
Im frühen 16. Jh. gelangten Portugiesen in die Region. Im selben Jahrhundert wurde das Gebiet ein wegen seiner Randlage kaum beachteter Teil des Osmanischen Reiches.

1756 gelangte die (bis heute in Kuwait herrschende) Familie Al Sabah aus dem Inneren der Arabischen Halbinsel an die Herrschaft; Kuwait wurde ein von den Türken unabhängiges Scheichtum.

Aufgrund seiner geopolitischen Lage gewann das Emirat in der Folgezeit eine von Türken und Briten umworbene Stellung am Persischen Golf. Als die Bedrohung durch die Osmanen zu groß wurde, stellte Scheich Mubarak Al Sabah 1899 sein Land unter britischen Schutz. Der Preis war die Zusicherung, Beziehungen zu anderen Staaten nur mit britischer Zustimmung anzuknüpfen. Damit erreichte London, daß das deutsch-türkische Projekt der Bagdad-Bahn (1903 begonnen) nicht bis zum Golf weitergeführt werden konnte.

Nach dem Ersten Weltkrieg schirmte die neugeschaffene neutrale Zone, die auf Veranlassung der Briten zustande gekommen war, das Emirat von Saudi-Arabien und vom Irak ab.

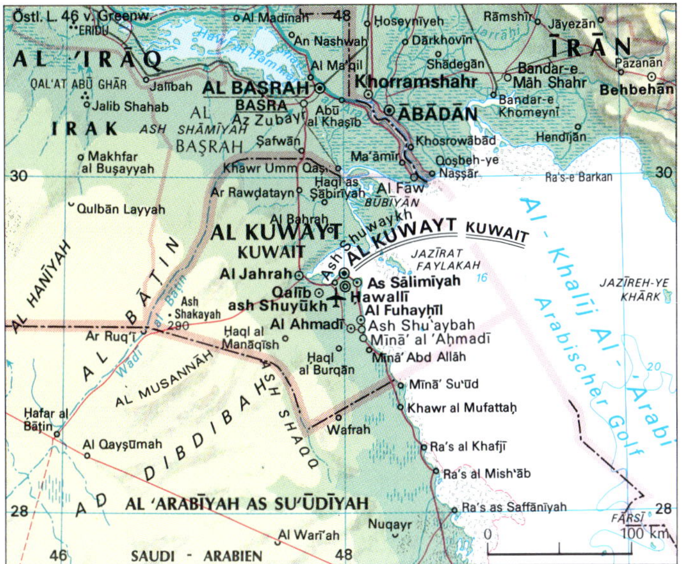

Plötzlicher Reichtum

1938 wurde das erste Erdöl gefunden, und von 1946 an entwickelte sich Kuwait zu einem der größten Erdölproduzenten am Persischen Golf. Große Teile der enormen Einnahmen wurden zur Modernisierung, z. B. zum Ausbau sozialer Einrichtungen, verwendet.

Am 19. 6. 1961 wurde das Land unabhängig. Gebietsansprüche des benachbarten Irak führten zum Abschluß eines Militärabkommens mit Großbritannien (von Kuwait 1971 gekündigt) und 1973 zur Einführung der allgemeinen Wehrpflicht.

Vom Beginn der 60er Jahre an erstarkten auch in Kuwait panarabische Gruppierungen, deren politische Aktivitäten in der Folgezeit jedoch ebenso unterbunden werden konnten wie die anderer radikaler Gruppen, z. B. der Palästinenser. Viele von ihnen wurden ausgewiesen. Nach dem Sechstagekrieg 1967 wandte das Emirat große Summen zur Unterstützung der israelischen Kriegsgegner Ägypten und Jordanien auf.

Der iranisch-irakische Krieg, der 1980 ausgebrochen war, bedrohte im Laufe der Zeit zunehmend den lebenswichtigen Ölexport Kuwaits. Nach wiederholten iranischen Luftangriffen auf kuwaitische Schiffe ließ das Land 1987 seine Tanker »umflaggen«: Sie fahren seitdem unter US-amerikanischer und auch sowjetischer Flagge; der erste Konvoi passierte am 22. 7. 1987 die Straße von Hormus. Seitdem häuften sich iranische Raketenangriffe auf das Emirat; die Entführung einer kuwaitischen Verkehrsmaschine im April 1988 – vermutlich durch schiitische Extremisten – verdeutlichte einmal mehr die Eskalation der Gewalt in der Golfregion.

Vom Beduinenzelt ist hier im Zeichen des Wohlstands nur die Form geblieben.

Kultur

Der durch den Ölexport entstandene Reichtum hat die Lebensweise der Bewohner sprunghaft verändert. In den Städten dominieren moderne Zweckbauten; lediglich einige Ruinenstätten auf der Insel Faylakah, u. a. prähistorische Gebäudereste und Gräber sowie die Ruinen eines hellenistischen Tempels, und die historischen Sammlungen im Kuwait National Museum erinnern an die Vergangenheit.

Sunniten in der Überzahl

Traditionelles und zugleich verbindendes Element ist heute der Islam: Die Vorschriften werden jedoch weniger streng eingehalten als etwa in Saudi-Arabien.

Ein Großteil der Bevölkerung sind Sunniten, zu denen 90 % aller Muslime gehören. Die Sunniten erkennen die ersten vier Kalifen als rechtmäßige Nachfolger Mohammeds an, die Schiiten dagegen nur den Kalifen Ali und seine Nachkommen. Die Sunniten wählen heute ihre Imame, ihre geistlichen und weltlichen Führer, aus ihren eigenen Reihen; die schiitischen Imame sind demgegenüber angeblich blutsverwandt mit dem Propheten Mohammed.

Im Koran sind – für alle Muslime verbindlich – die für die Heilsgewinnung und für ein Zusammenleben in Gerechtigkeit gültigen Normen offenbart, so auch ein Verhaltenskodex für den Alltag der Gläubigen.

Jedem gläubigen Muslim sind fünf Hauptpflichten vorgeschrieben: das Glaubensbekenntnis (Shahadah), das fünfmal täglich zu verrichtende rituelle Gebet (Salat), das Almosengeben (Zakat), das Fasten im Monat Ramadan (Sawm) und die Pilgerfahrt nach Mekka (Hadsch).

Reise-Informationen

Einreise- und Fahrzeugpapiere
Bürger der Bundesrepublik Deutschland, Österreichs und der Schweiz benötigen zur Einreise einen gültigen Reisepaß (auch für Kinder) und ein Visum. Für den Visumantrag ist die Vorlage einer Unbedenklichkeitsbescheinigung erforderlich, die die Geschäftspartner oder zu besuchende Personen beim Innenministerium in Kuwait besorgen müssen. Im Paß darf sich kein Stempel von Israel befinden. Als Fahrzeugpapiere sind der internationale Führerschein und (bei Einreise mit dem eigenen Wagen) ein Carnet de passages erforderlich.

Zoll
Bei der Einreise sind zollfrei: 500 Zigaretten und Geschenke bis 100 KD. Einfuhrverbot besteht für Alkohol und Schweinefleisch.

Devisen
Kuwait-Dinar (KD.) und Fremdwährung können unbegrenzt mitgeführt werden. Israelische und südafrikanische Zahlungsmittel werden in Kuwait weder angenommen noch umgewechselt. Die Hotels akzeptieren die gängigen Kreditkarten.

Durch die Pipelines im Hafen von Kuwait wird auch noch in hundert Jahren Erdöl fließen – falls die Berechnungen stimmen.

Impfungen
Zur Zeit bestehen keine Impfvorschriften. Impfung gegen Cholera, Polio, Tetanus und Typhus wird jedoch empfohlen.

Verkehrsverhältnisse
Das Land besitzt Highways zwischen den Großstädten. Am angenehmsten reist man mit Mietwagen oder Taxi. Busse fahren erst ab, wenn sich genügend Fahrgäste eingefunden haben.

Unterkünfte
Es gibt viele Hotels von internationalem Standard. Rechtzeitige Reservierung ist anzuraten.

Reisezeit
Die günstigste Reisezeit ist zwischen November und März. Im Juli und August herrschen Spitzentemperaturen bis über 50 °C, im September und Oktober ist es feuchtheiß.

Laos

Pierre Simonitsch

Europäer kennen Laos meis nur als Schauplatz der Indochina-Kriege. Eingeklemmt zwischen die mächtigeren Nachbarn Thailand und Vietnam, tragisch verstrickt in weltpolitische Auseinandersetzungen, ist das bitter arme Land, das doch reiche Bodenschätze besitzt, noch immer Spielball fremder Interessen. Sowjets, Chinesen und Amerikaner, Thailänder und Vietnamesen: Sie alle mischen in Laos mit.

Doch die Entspannung beginnt bis hierher zu wirken: Staatsbürgerliche Freiheiten und bescheidenes wirtschaftliches Wachstum lassen die Laoten allmählich aufatmen, die Bergvölker im Norden, die Hauptstädter in der Mitte und die Leute des Mekongtals im Süden. Es wird wieder getanzt und gesungen. Die als behäbig geltender Menschen finden nach und nach zu ihrem gemächlichen, friedlichen Leben zurück. Und jetzt dürfen auch westliche Journalisten und Touristen wieder ins Land. Sie berichten eindrücklich wie sehr Laos auf ausländische Hilfe angewiesen ist, um den Wiederaufbau nach den langen Kriegen zu bewältigen

Staatsname:	Laotische Demokratische Volksrepublik
Amtssprache:	Lao
Einwohner:	3,7 Millionen
Fläche:	236 800 km²
Hauptstadt:	Vientiane
Staatsform:	Demokratische Volksrepublik
Kfz-Zeichen:	LAO
Zeitzone:	MEZ + 6 Std.
Geogr. Lage:	Südostasien, hinterindische Halbinsel, grenzt an Birma, die VR China, Vietnam, Kamputschea und Thailand

Die kommunistischen Propagandaplakate in der Hauptstadt Vientiane beachtet heute kaum jemand mehr. Bescheidener Wohlstand – wie etwa der Besitz eines neuen Fahrrads – ist den Laoten wichtiger als die sozialistischen Ziele der Regierung.

Der Bambusvorhang öffnet sich

In Laos bricht der Tag geräuschvoll an. Um sechs Uhr morgens beginnen überall in den Städten und Dörfern die Lautsprecher zu plärren: Radio Vientiane bringt Nachrichten und spielt traditionelle Musik. Anderthalb Stunden lang, sonntags sind es sogar drei, kommt die Bevölkerung in den Genuß der offiziellen Bekanntgaben; der Funk kündigt aber auch Bälle und Wohltätigkeitsfeste an. Verschont von dem Lärm bleiben nur die Wohngegenden der Ausländer in der Hauptstadt Vientiane (sprich: Wjäntjan).

Es liegt nahe, diese aufdringliche Information als Indoktrination zu werten. In Wirklichkeit jedoch ist das Verhältnis zwischen dem marxistisch-leninistisch ausgerichteten Regime und den Regierten heute von einer gewissen Nonchalance geprägt. Nur etwas mehr als ein Prozent der Bevölkerung sind der Revolutionären Volkspartei beigetreten; die Zahl der aktiven Parteimitglieder liegt bei einigen tausend. Der Staat besitzt weder eine Verfassung – Juristen aus der DDR arbeiten mit an einem Entwurf – noch ein kodifiziertes Straf- oder Zivilrecht.

Nachdem die Kommunisten die Macht übernommen und die Monarchie im Dezember 1975 abgeschafft hatten, riegelte sich das Land von der Außenwelt ab. Schätzungsweise 40 000 vietnamesische Soldaten und 5000 sowjetische Zivilexperten halfen beim »Aufbau des Sozialismus«. »Westler« erhielten hingegen nur selten ein Visum. Über die Hauptstadt Vientiane und die alte Königsresidenz Louangphrabang kam praktisch kein westlicher Besucher hinaus. Erst im Frühjahr 1988 erhielt eine kleine Gruppe europäischer Journalisten die Gelegenheit, sich weiter im Lande umzuschauen. Was die Zeitungsleute, die sich frei bewegen konnten, zu sehen und zu hören bekamen, warf manches Vorurteil über den Haufen.

Wo gibt es ein anderes kommunistisches Land, dessen gängige Währung der US-Dollar ist, ohne daß ein schwarzer Wechselkurs aufkäme, in dem die Geschäfte und Marktstände überquellen von den Produkten der westlichen Konsumgesellschaft? Das Angebot ist entschieden größer als die Kaufkraft, denn am Pro-Kopf-Einkommen gemessen gehört Laos zu den allerärmsten Ländern der Welt. Seit 1986 vollzieht sich hier ein erstaunlicher politischer Wandel. »Lassen Sie sich nicht von Etiketten täuschen«, rät ein hoher Regierungsbeamter. »Was heißt schon Marxismus-Leninismus? Ich selbst bin ein Mann, der unter drei Regimen gedient hat.«

Mit Blick auf die Veränderungen in der Sowjetunion und in China verabschiedete das Zentralkomitee der Einheitspartei im März 1988 die »Resolution Nummer fünf«. Dieses Papier sieht die Förderung der Privatwirtschaft, materielle Anreize und eine Dezentralisierung der staatlichen Wirtschaft vor; die Unternehmen dürfen über ihren Gewinn frei verfügen, exportieren und einführen: Perestrojka auch in Indochina.

Ein neuer Investitionskodex bietet ausländischen Anlegern praktisch alle Betriebe außer der Armee und der Post zum Kauf an. Zu mindestens 30 Prozent müssen sich Ausländer am Firmenkapital beteiligen; nach oben gibt es keine Grenze. Gelockt wird mit zweijähriger Steuerfreiheit. Wer die Aktienmehrheit besitzt, bestimmt auch den Aufsichtsratsvorsitzenden. Einzige Bedingung: Der Vizedirektor muß ein Einheimischer sein.

Auch den Tourismus versucht die Regierung jetzt in bescheidenem Maße anzukurbeln. Die ersten japanischen und italienischen Gruppen machen ihre Runde. Die Reisemöglichkeiten stoßen allerdings schnell auf Grenzen, denn in weite Gebiete von Laos führt kein Weg und kein Steg; die wenigen Straßen sind in einem miserablen Zustand, eine Eisenbahn gibt es nicht. Das einzige brauchbare Fernverkehrsmittel stellt das Flugzeug dar. Einige alte Propellermaschinen, deren Reifen bis aufs Gewebe abgenutzt sind, verbinden die wichtigsten Provinzhauptstädte. In Louangphrabang kann oft wochenlang kein Flugzeug landen, weil Rauchschwaden den Talkessel einhüllen: Jährlich brennen die Bauern in Laos bis zu 300 000 Hektar Wald ab, um Ackerland zu gewinnen. Nach spätestens vier Jahren ist das dünne Erdreich ausgelaugt und unfruchtbar geworden. Solange die Regierung keine Alternative zu bieten hat, steht sie diesen zerstörerischen Gewohnheiten machtlos gegenüber.

Reiches Land – armes Land

Dabei ist das Land von der Natur durchaus nicht benachteiligt. Den schätzungsweise 3,7 Millionen Einwohnern steht ein Lebensraum von etwa der Größe der Bundesrepublik Deutschland zur Verfügung. Laos hat zwar keinen Zugang zum Meer, aber es besitzt Zinn, Eisen, Gold und wertvolle Edelhölzer. Seine Wasserkraftwerke erzeugen mehr Strom, als das Land selbst benötigt; der Überschuß wird an Thailand verkauft. Das Problem liegt in der rentablen Nutzung der Schätze. Wie bringt man Erze oder Baumstämme über Berg und Tal, wenn es keine Straßen gibt?

Von Plakatwänden blicken emsig pflügende Bauern, entschlossene Soldaten und Arbeiter vor rauchenden Fabrikschloten auf die Passanten herab. Einige dieser handgemalten Werke sind von Hammer und Sichel gekrönt. Die Behörden sehen es nicht gern, wenn Ausländer diese Zeugnisse revolutionärer Aufbruchstimmung fotografieren. Der Kontrast zwischen Anspruch und Wirklichkeit fällt zu sehr ins Auge.

Die Laotische Demokratische Volksrepublik hat noch immer keine nennenswerte Industrie. Etwa vier Fünftel der Bevölkerung leben als Bauern von dem, was sie selbst anbauen, und bekommen nie einen Geldschein zu Gesicht. Viele Laoten flohen ins Ausland. Immerhin schaffte es das Regime, daß trotz der Jahrzehnte dauernden Kriege das Land nicht verelendete. Während meines Aufenthalts sah ich keine ausgehungerten Menschen, niemand ging in Lumpen. Aber mehr als ein Dutzend Jahre nach dem Friedensschluß zerfetzen Minen und Blindgänger noch immer pflügende Bauern und spielende Kinder. Auf die »Ebene der Tonkrüge«, dort wo während des Krieges die kommunistische Pathet Lao ihre Stützpunkte hatte und der Ho-Chi-Minh-Pfad vorbeiführte, lud die US-Luftwaffe mehr Bomben ab als auf Hitler-Deutschland.

△ Seit einigen Jahren dürfen die Bauern ihr Obst und Gemüse wieder frei verkaufen. Auf dem privaten Markt in Vientiane bieten sie die ganze Palette ihrer Erzeugnisse an. Auch Schmuggelwaren aus dem benachbarten Thailand finden hier Absatz – mit Duldung der Regierung.

◁ *Der Mekong, der über weite Strecken die Grenze zu Thailand markiert, war nach 1975 Fluchtweg für Hunderttausende, die sich unter dem kommunistischen Regime in Laos verfolgt fühlten.*

△ *Im gebirgigen Norden läßt die Regierung Straßen bauen, um die bislang unwegsame Region wirtschaftlich zu erschließen und die Bergvölker stärker zu integrieren.*

Es weht ein Hauch von Freiheit

Die sprichwörtliche Freundlichkeit der Laoten hat die schweren Zeiten überdauert. Nach langer Isolation läßt die neue politische und wirtschaftliche Freizügigkeit wieder Hoffnung aufkeimen. In der Hauptstadt sitzen die Leute abends vor ihren Fernsehapparaten und verfolgen mit Vorliebe das vom anderen Ufer des Mekong ausgestrahlte thailändische Programm. Zehntausende nagelneuer Fahrräder, aber auch viele Motorräder füllen die Straßen und Parkplätze. Durch Direkteinkauf beim Werk in Thailand konnte die staatliche Handelsorganisation den Stückpreis um die Hälfte auf 55 Dollar senken. Nachts sind die Drahtesel der Schrecken der (wenigen) Autofahrer, denn sie haben keine Beleuchtung.

Die ersten Neureichen fallen auf. Man erzählte mir vom Besitzer einer Schuhfabrik, der sich mit einem Tagesgewinn von 450 Dollar brüstet: ein enormes Einkommen, wenn man bedenkt, daß ein Arzt weniger als zwölf Dollar im Monat verdient – und davon bekommt er nur ein Zehntel auf die Hand, der Rest wird in Form von Bezugsmarken fürs Lebensnotwendigste ausgegeben.

Die wirtschaftliche Stagnation der vergangenen Jahre hatte zur Folge, daß sich das Land kaum veränderte. Vientiane ist eine ruhige Stadt von noch nicht einmal 250 000 Einwohnern geblieben. Vor 1975 gab es mehr Autos, sagte man mir; am Ufer des Mekong standen damals ein paar Bars, und eine heutige Schule war früher ein Bordell für amerikanische Soldaten. Inmitten der Hauptstadt baden weiterhin Kühe in den Bewässerungsgräben der Reisfelder, bauen die Leute Gemüse an. Die Behörden empfinden dieses ländliche Idyll als Schandfleck. 1993 soll hier ein modernes Einkaufszentrum entstehen, sofern Geld dafür vorhanden ist.

Vorläufig kennt die Hauptstadt noch nicht einmal ein Grundbuch. Jeder stellt sein Holzhaus dorthin, wo er Platz findet. Das Geschäftszentrum bilden der zum Teil überdachte »Vormittagsmarkt« und die Samsenthai-Straße. Dort schießen viele kleine Läden und Gaststätten aus dem Boden, seit die Regierung freizügig Lizenzen vergibt. An modernen Gebäuden fallen uns das sowjetische Kulturzentrum und ein ebenfalls von den Sowjets gebautes Spital am Stadtrand auf, das Regierungsbeamten und Offizieren vorbehalten bleibt. Auf der einzigen Großbaustelle der Stadt entsteht ein Zirkus mit 1000 Sitzplätzen – ein Geschenk der UdSSR von zweifelhaftem Sinn.

Die in Wohnblöcken mit Balkonen untergebrachten sowjetischen Experten lauschen dem Unterhaltungsprogramm von Radio Moskau; ihren Frauen begegnet man auf dem Markt bei dem Versuch, sich in eng geschnittene Bluejeans für zehn Dollar zu zwängen.

Die westliche Kolonie besteht aus höchstens 60 Diplomaten und Entwicklungshelfern. Auch sie pflegt ihr Eigenleben – meist im Australischen Klub mit seinem Schwimmbassin.

Wenn gegen Abend die Hitze nachläßt, beherrscht die Jugend das Straßenbild. Scharen hübsch gekleideter Mädchen mit bunten Sonnenschirmen drehen auf Fahrrädern ihre Runden. Boxkämpfe unter freiem Himmel und andere Sportveranstaltungen sollen die Energien der Burschen in gesunde Bahnen lenken. Die Laoten lieben Musik und Tanz. Im Samstagabendfieber füllen sie die neueröffneten Diskotheken. In anderen Lokalen spielen die Orchester Evergreens, zu denen sich die Paare nach den sittsamen Tanzschritten des Lamvong bewegen.

Die Führung regiert diskret

Die politische Führung hält sich im Hintergrund. Am Kilometer sechs der Nationalstraße nach Louangphrabang stehen eingezäunte unauffällige Flachbauten mit Gärten. Bis 1975 residierte dort USAID, die staatliche amerikanische Wirtschaftshilfe-Organisation. Jetzt gilt Kilometer sechs als Symbol der Macht in Laos. Hier wohnen und beraten die Mitglieder des Politbüros und andere Würdenträger. Eine Fahrt im Auto um das Areal bringt keine nennenswerten Erkenntnisse. Kein Wächter hält uns an. Nur einige schwarze Limousinen und hohe Antennenmasten verraten, daß hinter dem Zaun keine gewöhnlichen Bürger logieren.

Man weiß, daß alle Entscheidungen am Kilometer sechs getroffen werden, aber nicht, wie sie zustandekommen. Einheimische mögen Fragen nach den internen Machtverhältnissen nicht und stellen sich zumeist unwissend. Die Büros in Ministerien werden von drei bis zehn Porträts politischer Führer geschmückt, die keinen Aufschluß über die Rangordnung liefern. Die größte Ämterfülle vereinigt auf jeden Fall der Partei- und Regierungschef Kaysone Phomvihan auf sich.

Das frühere Lanchang, das »Land der Million Elefanten«, hat Grund zu Mißtrauen. Von jeher liegt es als Puffer zwischen expansiven Mächten. Eingekeilt zwischen Vietnam und Thailand – die einstigen kriegerischen Reiche Annam und Siam –, mit China als nördlichem und der Reiskammer Kamputschea als südlichem Nachbarn, überlebte das Land, weil es eine Politik des Ausgleichs suchte und an seinen Traditionen festhielt. Zu manchen Zeiten mußte Laos mehreren Königen Tribut zahlen, um unbehelligt zu bleiben. Während der französischen Herrschaft verwalteten ein paar Dutzend Kolonialbeamte das Land nur oberflächlich. Heute ist Laos wirtschaftlich weitgehend von Thailand abhängig, über dessen Territorium der Transitweg zum Meer führt. Der Ausbau der Straße zum vietnamesischen Hafen Da Nang scheiterte bisher an Geldmangel.

Die langen Kriege hinterließen tiefe Wunden in der aus über 60 Volksgruppen zusammengesetzten Bevölkerung. Im gebirgigen Norden schlagen sich noch sporadisch die Regierungssoldaten mit Aufständischen herum. Der legendäre General Vang Pao, der einst im Sold der Amerikaner stand, genießt weiterhin Sympathien unter dem Bergvolk der Hmong und leitet von Thailand aus Gewaltaktionen. Überfälle auf Autobusse oder Dörfer werden hinter vorgehaltener Hand den Chao Fa, den »Himmelsprinzen«, zugeschrieben; diese rührende Bezeichnung stammt aus einer Zeit, als die vom US-Geheimdienst CIA betriebenen Fluggesellschaften Air America und Continental Air Service die Bergbauern aus der Luft mit Waffen und Geschenken eindeckten, um sie als Verbündete gegen die Kommunisten bei der Stange zu halten.

Obwohl verboten, blüht auch das Opiumgeschäft weiter. Seit Urzeiten kultivieren die laotischen Bergvölker den Schlafmohn, der am besten in Höhen um 1000 Meter über dem Meeresspiegel gedeiht und den Grundstoff für die Droge liefert. Das »Goldene Dreieck«, an dem die Grenzen von Birma, Thailand und Laos zusammenlaufen, gilt als klassischer Ausgangspunkt des illegalen Opiumhandels. Die laotischen Behörden wollen diesen Wirtschaftszweig ausrotten, doch ihre Mittel sind beschränkt. Ganz offen erklären Funktionäre, daß man nicht einfach die Mohnfelder vernichten könne, ohne den Bauern eine andere Einkommensquelle zu erschließen. Mit Hilfe des UN-Fonds zur Kontrolle des Drogenmißbrauchs sollen Ersatzkulturen entstehen. Gedacht wird in erster Linie an Kaffee, der in Laos gute Ernten bringt, doch man müßte ihn eben auch vermarkten können.

Ohne ausländische Hilfe geht nichts

In einem abgelegenen Dorf des Yao-Stammes, der vor Jahrhunderten aus der chinesischen Provinz Yunnan einwanderte, erkundigten wir uns, ob der Opiumgenuß noch üblich sei. »Wir haben noch zwei Opiumraucher, ältere Männer«, antwortete der Dorfchef. Die Lebensgewohnheiten dieser Yao haben sich stark verändert, seit sie von den Bergen herabgestiegen sind. Ihr erster Versuch, sich im Tal niederzulassen, scheiterte tragisch: Die Hälfte der Gemeinschaft wurde von Malaria und Darminfektionen dahingerafft. Die Überlebenden schlossen daraus, daß die Gegend von bösen Dämonen bewohnt sei, und zogen wieder bergwärts. Nachdem im Tal von Muang Houn mit Hilfe des Entwicklungsprogramms der Vereinten Nationen (UN Development Programm, UNDP) die Landwirtschaft modernisiert und eine Wasserleitung gebaut worden war, wagten die Yao einen neuen Versuch.

Für die Besucher aus Europa hatten die Dörfler ihre Trachten angelegt: bestickte

△ Auf dem Markt in Louangphrabang verkauft eine Frau Grillen in Käfigen. Die Heuschrecken, deren Zirpen den Menschen erfreuen soll, werden in Laos als Haustiere gehalten.

▷ Beerdigung eines Buddhisten in Laos: Nachdem der Tote verbrannt worden ist, suchen Verwandte mit Stäbchen in der Asche nach Überresten des Verstorbenen, die dann beigesetzt werden.

eine katholische und eine protestantische Kirche aus schlichtem Holz wurden gebaut. Ein Bewässerungssystem sorgt dafür, daß die Bauern mehrmals im Jahr Reis ernten können. Neuerdings pflanzen sie auch Kaffee, Tabak und Kardamom. Das primitive Spital mit drei einheimischen Ärzten erhielt einen von der Bundesrepublik Deutschland gespendeten Operationssaal. Von einem Sägewerk geht das in der Möbelindustrie begehrte tropische Furnierholz zum Stausee von Nam Ngum, von wo es zur Hauptstraße nach Vientiane verschifft wird.

Größere Schiffe können den See allerdings nicht überqueren, weil ein Wald abgestorbener Bäume aus dem Wasser ragt. Den Staudamm bauten die Japaner kurz vor der kommunistischen Machtübernahme, das breite Tal wurde einfach überflutet. Die 25 Kilometer lange Überfahrt machen wir auf einem schmalen Boot mit Außenbordmotor. Zwei Inseln dienen als Lager zur »Umerziehung« hoher Militärs des früheren Regimes und ehemaliger Prostituierter, wurde uns erzählt. Die meisten Umerziehungslager, deren Erwähnung heute kein Tabu mehr ist, liegen aber im abgeschiedenen Norden.

△ Beim laotischen Neujahrsfest im April werden die Buddha-Statuen in den zahlreichen Pagoden gereinigt und poliert. Der alte Neujahrsbrauch will es auch, daß sich die Einheimischen gegenseitig mit dem »Wasser der Fruchtbarkeit« begießen – aus Freude über die kommende Regenzeit.

schwarze Gewänder, die eigentlich auf kühlere Regionen zugeschnitten sind, mit roten Verzierungen und Silberschmuck. Anmutige Mädchen, die unter ihrer Kopfbedeckung schwitzten, servierten Laolao, den starken Reisschnaps; der Becher machte die Runde. Diese Begegnung zweier Welten wurde möglich, weil ein vom UNDP gelieferter Bulldozer eine 20 Kilometer lange Straße durch den Dschungel freigelegt hatte. Auf der Ladefläche eines Lastwagens mit Allradantrieb ging es über Stock und Stein und über Furten, die während der Regenzeit unpassierbar sind.

Mit Entwicklungsprojekten, zum Teil vom Ausland finanziert, versuchen die Behörden, die Gebirgsstämme in die Täler zu locken und größere Ansiedlungen zu gründen. Nach ihrer Ansicht ist wirtschaftlicher Fortschritt nur in erschlossenen Zonen mit einer gewissen Bevölkerungsdichte zu erzielen. Dahinter steckt natürlich auch das Bestreben, die ethnischen Minderheiten einzugliedern; in den Schulen wird ausschließlich die laotische Sprache verwendet. Jeden Morgen, wenn ich in Muang Houn unter meinem Moskitonetz hervorkroch, konnte ich die Ankunft einer weiteren Familie beobachten. Die Männer führten das Vieh, die Frauen und Kinder trugen die übrige Habe auf dem Rücken. Seit sich das UNDP des Projekts angenommen hat, ist der Hauptort von 300 auf 2000 Einwohner angewachsen.

In einem anderen Dorf haben sich zwei christliche Gemeinschaften niedergelassen;

Der Buddhismus kommt wieder

Die Kleinindustrie hat sich im Umkreis der Städte angesiedelt. Wir besichtigen eine Gießerei, eine Pumpenfabrik und eine Textilmanufaktur mit vorwiegend westdeutschen Maschinen. In Heimarbeit bessern Frauen am Webstuhl das Familieneinkommen auf. Improvisation mit bescheidenen Mitteln überall, aber auch asiatischer Fleiß, obwohl die Laoten als gemächlich gelten. Der Mangel an Fachkräften hemmt die Entwicklung; mit dem Flüchtlingsstrom verließ ein großer Teil der gebildeten Schicht das Land. Die Überprüfung von Volksschullehrern hat ergeben, daß die meisten von ihnen lediglich das Alphabet beherrschen. Die 2500 Lehrer, die jedes Jahr die Pädagogische Hochschule von Vientiane verlassen, decken den Bedarf keineswegs.

Jetzt besinnt sich die Regierung wieder einer Kraft, die sie vor einigen Jahren noch verdammte: des Buddhismus. Eingedenk des Marx-Wortes, Religion sei das Opium des Volkes, hatten die Kommunisten bislang die Bräuche unterdrückt. Ihnen mißfiel auch, daß die buddhistischen Mönche ihren Lebensunterhalt zusammenbettelten. Wer nicht arbeitet, soll nicht essen, hieß die Parole.

Diese Auffassung gehört der Vergangenheit an. Die Mönche werden versuchsweise ins Erziehungssystem eingespannt. In einer Pagode in Vientiane unterrichten 35 Lehrer 235 angehende Mönche in 15 Fächern, darunter in den Naturwissenschaften. Die buddhistische Lehre hat mit einer sachlichen Darstellung der Welt keine Probleme. Sie fordert nicht blinden Glauben, sondern lädt zur Prüfung der Wahrheit durch religiöse Praxis und Meditation ein. Man hat sich auf den staatstragenden Kompromiß geeinigt, daß es zwischen Marxismus und Buddhismus keinen grundlegenden Widerspruch gebe, denn beide seien auf ihre Weise um das Wohl der Menschen besorgt.

Landesnatur

Fläche: 236 800 km² (fast so groß wie die Bundesrepublik Deutschland)
Ausdehnung: West–Ost 450 km, Nordwest–Südost 1100 km
Höchster Berg: Phou Bia 2820 m
Längster Fluß: Mekong, laotischer Anteil 1600 km (Gesamtlänge 4184 km)

Das langgestreckte, schmale Binnenland Laos liegt im Zentrum der hinterindischen Halbinsel. An seiner engsten Stelle ist es nur rd. 80 km breit.

Naturraum
Der Norden von Laos ist ein unwegsames *Gebirgsland* mit tiefen Taleinschnitten und Schluchten. Seine Bergketten sind über 2000 m hoch, zwischen ihnen liegen zahlreiche Hochebenen mit Höhen zwischen 1000 und 1500 m, wie etwa das Plateau de Xiangkhoang mit der »Hochebene der Tonkrüge« (Tran-Ninh-Plateau). Von hier nach Südosten verläuft die *Annamitische Küstenkette.* Ihre bis über 2000 m hohen Gipfel markieren

Als Delikatesse hochgeschätzt: Spieße aus Riesenwanzen.

die Grenze zu Vietnam. Von hier fällt das Land terrassenförmig nach Westen auf 500 m Höhe ab. Das Plateau des Bolovens im äußersten Süden allerdings ragt mit 1702 m wie eine Insel aus dem Umland.
Im Südwesten breitet sich das *Tiefland des Mekong* mit weiträumigen fruchtbaren Ebenen aus (etwa die Region um Savannakhet). Im Gegensatz zur Gebirgsgrenze im Osten folgt die laotische Westgrenze zu Birma und Thailand größtenteils dem Verlauf des Mekong. Er ist die wichtigste Wasserstraße des Landes; mit seinem Wasser wird Ackerland bewässert und Strom erzeugt.

Klima
Die Regenfälle der feuchtschwülen Jahreszeit (Mai bis Oktober) bringt der Südwestmonsun (Jahresniederschläge bei 2000 mm, im Gebirge bis 4000 mm). Die Wintermonate (Oktober bis Februar) sind trocken und relativ kühl (durchschnittlich 16 bis 22 °C), die Vormonsunzeit (März bis Mai) ist dagegen heiß (28 bis 32 °C).

Vegetation und Tierwelt
Über die Hälfte des Landes ist mit tropischen Wäldern bedeckt. Im Norden wächst immergrüner Regen- oder Bergwald mit Eiche, Kiefer, Magnolie und Lorbeerbaum. Im Süden herrscht monsunaler Fallaubwald vor (Teak- und Sandelbaum, Ebenholzgewächse und Bambus). Einige Plateaus sind mit Savannen bedeckt.
Elefanten und Tiger, Leoparden, Gaurs (Wildrinder) und Affen kommen in freier Wildbahn vor, Wasserbüffel werden auch als Haustiere gehalten.

Politisches System

Staatsname: Sathamalid Pasathu' paait Pasasim Lao
ສາທາລະນະລັດ ປະຊາທິປະໄຕ ປະຊາຊົນລາວ
Staats- und Regierungsform: Demokratische Volksrepublik
Hauptstadt: Vientiane
Mitgliedschaft: UN, ESCAP, Colombo-Plan

Seit der Ausrufung der Demokratischen Volksrepublik 1975 ist Laos ohne Verfassung. Die »Oberste Volksversammlung« mit 264 Abgeordneten, gewählt über Listen der »Revolutionären Volkspartei«, ernennt 45 Mitglieder in den Obersten Volksrat, der eine neue Verfassung entwerfen und die Regierung beraten soll. Der Vorsitzende des Volksrats ist gleichzeitig Staatsoberhaupt.
Das Land gliedert sich in 16 Provinzen. Die Rechtsprechung erfolgt durch den Obersten Gerichtshof, Appellationsgerichte, Provinztribunale und Friedensgerichte.

Bevölkerung

Einwohnerzahl: 3,7 Millionen
Bevölkerungsdichte: 16 Einw./km²
Bevölkerungszunahme: 2,3 % im Jahr
Größte Städte: Vientiane (225 000 Einw.), Savannakhét (60 000)
Bevölkerungsgruppen: 56 % Lao-Lum, 34 % Lao-Theung, 9 % Lao-Soung, chinesische und vietnamesische Minderheiten

Eine Zigarette in der großen Wasserpfeife – gesteigerter Genuß.

Die Mehrheit der Bevölkerung besteht aus einem den Thai verwandten Volk. 48 % der Einwohner sind jünger als 15 Jahre. Fast 30 % der früheren Bevölkerung sind als Folge der Indochinakriege geflüchtet oder wurden umgesiedelt, außerdem sind viele männliche Arbeitskräfte abgewandert, so daß hoher Frauenüberschuß besteht. Amtssprache ist das dem Thai verwandte Lao. Die meisten Laoten bekennen sich zum Buddhismus, doch hängen viele Einwohner noch Naturreligionen an.

Soziale Lage und Bildung
Ein staatliches Sozialversicherungssystem gibt es nicht. Die Bevölkerung lebt überwiegend traditionell von der Landwirtschaft, wodurch auch die Arbeitslosigkeit nach außen hin verdeckt bleibt. Die medizinische Versorgung ist weiterhin unzureichend. Der Erziehungsbereich wurde stark ausgebaut; die Analphabetenrate beträgt etwa 15 %. In Vientiane besteht seit 1958 eine Universität.

Louangphrabang: Kunstvolles Dekor schmückt die Tempel.

Wirtschaft

Währung: 1 Kip
Bruttoinlandsprodukt (in Anteilen): Land- und Forstwirtschaft 72 %, industrielle Produktion 8 %, Dienstleistungen 20 %
Wichtigste Handelspartner: COMECON-Staaten, Thailand, Japan, EG-Staaten, Malaysia

Laos ist eines der ärmsten Länder der Welt. 1976 begann mit Verstaatlichung und Kollektivierung in allen Wirtschaftsbereichen der Aufbau des Sozialismus. Trotz einer Verbesserung der Wirtschaftslage in den letzten Jahren ist Laos weiter auf Wirtschaftshilfe angewiesen.

Landwirtschaft
Das Rückgrat der laotischen Wirtschaft ist der Agrarbereich. Der Reis als Grundnahrungsmittel macht den größten Teil der Ernte aus, reicht aber nicht zur Versorgung der Bevölkerung. Kaffee, Tabak, Baumwolle und Tee sind teilweise für den Export bestimmt. Trotz offiziellen Verbotes wird weiter Schlafmohn zur Gewinnung von Opium angebaut (»Goldenes Dreieck«).

Bodenschätze, Energie
Es gibt eine Vielzahl von Erzlagerstätten, aber nur der Zinnerzabbau hat bislang Bedeutung. In großem Umfang wird Elektrizität durch Wasserkraft erzeugt.

Industrie, Handel
Die Industrie ist wenig entwickelt. Es werden – zumeist in Kleinbetrieben – Agrarprodukte verarbeitet sowie landwirtschaftliche Geräte und einige Konsumgüter hergestellt. Wichtigster Exportposten ist die nach Thailand gelieferte Elektroenergie. Importiert werden Fahrzeuge, Eisen, Stahl, Metall- und chemische Produkte.

Verkehr, Tourismus
Laos verfügt über ein 10 000 km langes Straßennetz in schlechtem Zustand. Ein bedeutender Verkehrsträger ist der Mekong, auf dem Schiffahrt jedoch wegen Stromschnellen und unregelmäßiger Wasserführung nur abschnittsweise möglich ist. Der Flugverkehr ist wichtig, da nicht alle Gebiete auf dem Landweg erreichbar sind. Einen internationalen Flughafen gibt es in Vientiane. Tourismus spielt in Laos noch keine Rolle.

Geschichte

Die Lao, ein Zweig der Thaivölker, die im 8. Jh. das Königreich Nanchao in Südwestchina gegründet hatten, drangen von dort nach Süden vor. Die Wanderungswelle erreichte ihren Höhepunkt Mitte des 13. Jh., als die Mongolen China eroberten. Mit Hilfe des Khmer-Herrschers in Angkor gründete Fa Ngum 1353 den ersten laotischen Staat Lanchang (Lan Xang) mit

Muong Swa (heute Louangphrabang) als Hauptstadt (1563 nach Vientiane verlegt). Nur unterbrochen von einem Zwischenspiel birmanischer Oberherrschaft (1574–1637), existierte Lanchang bis Anfang des 18. Jh. und zerfiel dann in drei rivalisierende Königreiche: Vientiane, Louangphrabang und Champasak. Im selben Jahrhundert wurden die Regenten der drei Königreiche tributpflichtige Vasallen von Siam (heute Thailand). Ein Versuch des Königs Chao Anou von Vientiane, sein Land von der Besetzung zu befreien, scheiterte. Die Thai zerstörten 1828 Vientiane; 1836 mußte Louangphrabang die Oberhoheit Siams anerkennen, 1860 auch Champasak.
Die französische Kolonialmacht zwang Siam 1885, alle Besitzungen auf dem linken Mekongufer abzutreten. 1893 schlug Frankreich Laos als Protektorat Französisch-Indochina zu. Im Zweiten Weltkrieg mußte Frankreich auf japanischen Druck hin die 1904 erworbenen Gebiete rechts des Mekong an Thailand zurückgeben.
Nach dem Zweiten Weltkrieg wurde Laos erneut von Frankreich besetzt; dabei erhielt der König von Louangphrabang die nominelle Oberhoheit über alle laotischen Gebiete. Eine neue Verfassung führte 1947 die konstitutionelle Monarchie ein. 1949 wurde das Königreich als autonomer Staat Mitglied der Französischen Union. Seine volle staatliche Unabhängigkeit erlangte Laos nach der Genfer Indochina-Konferenz am 20. 7. 1954 unter der Bedingung völliger Neutralität – eine Folge der Niederlage Frankreichs bei Dien Bien Phu (Vietnam).
Die labile innenpolitische Lage blieb bestimmt von dem z. T. auf Laos übergreifenden Vietnamkrieg. 1959 eskalierten die Konflikte zwischen den verschiedenen politischen Lagern, der kommunistisch orientierten Pathet-Lao-Bewegung und den Verfechtern eines konservativen, prowestlichen Kurses, zum offenen Bürgerkrieg. Auch die Genfer Laos-Konferenz 1961/62 brachte nur eine vorübergehende Entspannung.
Die Vertreter des Pathet Lao, der mit nordvietnamesischer Hilfe den Nordosten des Landes kontrollierte, bildeten 1962 mit Repräsentanten einer Neutralitätspolitik eine Koalitionsregierung unter Suvanna Phuma. Doch 1964 verließen sie sie wieder. Im Vietnamkrieg bezog Nordvietnam ab 1964 die kommunistisch kontrollierten Teile von Laos immer stärker in das Nachschubsystem der Nationalen Befreiungsfront (Vietcong) über den sog. Ho-Chi-Minh-Pfad ein. Die USA bombardierten mehrfach die »Ebene der Tonkrüge«, wo der Pathet Lao seine Stützpunkte hatte. Darüber hinaus verstärkten sie ihren politischen Einfluß auf Laos. 1973 wurde für das Land ein Waffenstillstand vereinbart, der den Abzug aller ausländischen Truppen vorsah. Ab Mitte 1975 erlangte der Pathet Lao das politische Übergewicht. Am 2. 12. 1975 (Nationalfeiertag) wurde die Laotische Demokratische Volksrepublik ausgerufen. Partei und Regierung verfolgen seitdem das Ziel der Errichtung eines sozialistischen Staates, wobei die Verbesserung der Lebensverhältnisse als vorrangig betrachtet wird.

Kultur

Seit der Gründung des Staates Lanchang stand vor allem der südliche Teil des Landes unter dem Einfluß des Khmer-Reichs, während der Norden von der birmanischen und der thailändischen Kultur beeinflußt wurde.
Ähnlich wie seine Nachbarn ist Laos stark durch die indische Kunst und den Buddhismus geprägt. Am deutlichsten kommt dies in der sakralen Architektur zum Ausdruck (Pagoden und Tempelanlagen, von denen die meisten in Louangphrabang stehen). Bildhauerei und Holzschnitzkunst sind weitgehend an thailändische Vorbilder angelehnt.
Das Hauptgewicht der klassischen Literatur, die erst nach dem 16. Jh. aufgezeichnet wurde, lag neben Übersetzungen von religiösen Schriften auf Bearbeitungen des indischen Ramayana-Epos. Die volkstümlichen Versromane sind durch stereotype Handlungsschemata gekennzeichnet. Da die laotische Volksdichtung in erster Linie zum Rezitieren verfaßt wurde, werden Legenden, Märchen, Gedichte und Lieder bis in die Gegenwart mündlich vorgetragen.

Jeder Fang ist begehrte Ergänzung der mageren Kost.

Der Gesang der Lao ist sehr eng mit der laotischen Sprache verbunden, die als Tonsprache von Natur aus zu melodischen Mustern neigt.
Weit verbreitet ist »Mohlam«, eine improvisierte Form des Wettsingens zwischen einem Mann und einer Frau.
Das bemerkenswerteste laotische Instrument ist die Mundorgel (Khene), die aus mehreren schmalen Bambuspfeifen besteht und als Soloinstrument oder für die Begleitung von Gesängen und Tänzen eingesetzt wird.
Das traditionelle laotische Theater ist eine Kombination von Rezitation, Pantomime, Musik, Tanz und Gesang. Hauptstoff ist auch hier das Ramayana-Epos in seiner nationalen Fassung. Aus einer im frühen 20. Jh. aus Thailand übernommenen dramatischen Form (Likay) hat sich in Laos eine neue Form des Musiktheaters (Mohlam Luong) entwickelt; dabei ersetzt die Mundorgel die thailändischen Instrumente, und Gesang im Mohlam-Stil tritt an die Stelle von Dialogen und Tänzen.

Reise-Informationen

Einreisepapiere
Geschäftsreisende der Bundesrepublik Deutschland, Österreichs und der Schweiz benötigen für einen Aufenthalt von 15 Tagen einen gültigen Reisepaß (auch für Kinder) mit Visum und eine Einladung. Einzelreisen werden zur Zeit nicht genehmigt.
Zoll
Bei der Einreise sind zollfrei: 400 Zigaretten, 2 Flaschen Wein und 2 Flaschen Spirituosen.
Devisen
Kip dürfen weder ein- noch ausgeführt werden. Die Mitnahme von Fremdwährung ist nicht beschränkt. Nur US-Dollars werden gewechselt.
Impfungen
Malaria- und Choleraschutz ist für ganz Laos erforderlich.
Verkehrsverhältnisse
Reisen durch das Land sind Ausländern nur bedingt möglich; derzeit gibt es nur eine Aufenthaltsgenehmigung für Vientiane und in Ausnahmefällen für Louangphrabang, das per Flugzeug bzw. Überlandbus zu erreichen ist.
Unterkünfte
In der Hauptstadt stehen den Touristen fünf Hotels zur Verfügung, die nur US-Dollars akzeptieren.
Reisezeit
November bis Februar gilt als angenehmste Reisezeit. Zwischen Mai und September ist es heiß und feuchtschwül.

Kostbares Sammelgut: Holzstücke, die der Mekong mit sich führt.

Libanon

Marcel Pott

Seit mehr als einem Jahrzehnt ist der Libanon ein zerrissenes und blutgetränktes Stück Erde, und es würde Jahrzehnte dauern, um allein die äußeren Zerstörungen wieder zu beheben. Wie eine Lawine hat der Krieg den Libanon überrollt und eine furchtbare Leidensspur gezogen. Von den geschätzten 2,8 Millionen Libanesen sind über eine Million zu Flüchtlingen im eigenen Land geworden, über 120000 Menschen mußten als Folge der Kampfhandlungen und Massaker ihr Leben lassen, und etwa 400000 sind heute Kriegsinvaliden – eine Bilanz des Schreckens, die keineswegs als endgültig gelten kann.
Kontinuierlich wurde das Geschehen radikaler und fanatischer. Die Libanesen durchleben einen Konflikt, den sie zwar auch, aber nicht allein zu verantworten haben. Aus eigener Kraft, so scheint es, sind die abgrundtief verfeindeten libanesischen Brüder nicht mehr imstande, diese Tragödie zu beenden.

Staatsname:	Libanesische Republik
Amtssprache:	Arabisch
Einwohner:	2,8 Millionen
Fläche:	10400 km²
Hauptstadt:	Beirut
Staatsform:	Parlamentarische Republik
Kfz-Zeichen:	RL
Zeitzone:	MEZ +1 Std.
Geogr. Lage:	Ostküste des Mittelmeers, grenzt an Syrien und Israel

Wo früher das Leben pulsierte, liegen heute Heckenschützen und zielen auf alles, was sich bewegt. In Beirut ist vom »Modell Libanon« – der Koexistenz verschiedener Religionen und Kulturen – nur mehr diese gespenstische Kulisse übriggeblieben.

Der Libanon – ein Land zwischen allen Fronten

Die libanesische Krise ist Teil des Nahostkonflikts, der sie überlagert. Die Libanesen selbst sind gefangen im Kräftespiel zwischen Israel und Syrien; dabei suchen die Syrer den Gegner zu schwächen, indem sie die libanesischen Rivalen gegeneinander ausspielen. Und der Iran betrachtet den von Anarchie zerfressenen Libanon als Aufmarschgebiet für revolutionäre islamische Massen, die dort einen »Gottesstaat« nach dem Muster des Ayatollah Khomeini errichten sollen.

Die haßerfüllte Konfrontation zwischen Christen und Muslimen, bei der zwei unvereinbare politische und kulturelle Weltsichten aufeinanderprallen, läßt das Blutvergießen als Religionskrieg erscheinen. Dies ist aber nur ein Teil der Wahrheit.

Von Beginn an bestimmte eine Vielfalt von ineinandergreifenden Momenten Charakter und Verlauf der kriegerischen Auseinandersetzungen, die für die kämpfenden Parteien ein jeweils anderes Gesicht hatten. Was sich seit April 1975 im Libanon abspielt, ist auch ein Bürgerkrieg zwischen fordernden Habenichtsen und abwehrenden Besitzenden. Darüber hinaus hatte und hat dieser Konflikt zusätzlich eine arabisch-islamische und eine internationale Dimension.

▽ ▷ Überragt von den Türmen ihrer Kirche: eine christliche Ortschaft in der Bekaa-Ebene. Bis 1964 bildeten die Christen im Libanon noch die Mehrheit, doch inzwischen hat sich das Verhältnis zugunsten der Muslime umgekehrt. Dies ist einer der Gründe für den Bürgerkrieg, in dem oft sogar Kinder zur Waffe greifen: eine »verlorene Generation«, die sich ein Leben ohne Krieg kaum mehr vorstellen kann.

Fünf Jahre nach der israelischen Invasion in den Libanon (1982), deren vorrangiges Ziel es war, die militärische Infrastruktur der PLO im Libanon zu zerschlagen, fallen wieder Katjuscha-Raketen auf nordisraelische Siedlungen; die palästinensischen Kämpfer sind zu Tausenden nach Westbeirut und in den Südlibanon zurückgekehrt. Erneut wollen sie aus dem Libanon ein Konfrontationsland gegen Israel machen, und weder Israel noch die USA oder Syrien haben es bisher vermocht, diesen Sumpf trockenzulegen.

Während die verfeindeten Libanesen mehr denn je unterschiedlichen politischen Visionen folgen, müht sich Syrien inzwischen, den wachsenden Einfluß des revolutionären Iran auf die libanesischen Schiiten einzudämmen. PLO-Chef Yasir Arafat schließlich glaubt, im Libanon, diesem »Land ohne Zaun«, seinen sinkenden Stern bei den Palästinensern wieder aufpolieren und gleichzeitig den Syrern, die ihm feindlich gesinnt sind, eins auswischen zu können.

Ist angesichts dessen eine isolierte Lösung der libanesischen Krise überhaupt denkbar? Wohl kaum. Erst wenn der arabisch-israelische Konflikt ein Ende gefunden haben wird und die palästinensische Frage gelöst ist, kann es auch einen dauerhaften Frieden im Libanon geben.

»Wenn wir uns an die Amerikaner wenden, greifen die Russen den Fehdehandschuh auf und torpedieren jedes Projekt einer Regelung. Wenn wir uns an die Syrer anlehnen, wirft uns Israel Stöcke zwischen die Beine und umgekehrt. Wir sind also mehr oder weniger gefangen zwischen dem israelischen Hammer und dem syrischen Amboß und gleichen in vieler Hinsicht einem minderjährigen Kind, das zwischen seinen geschiedenen Eltern hin- und hergerissen wird. Die natürliche Wahl treibt unsere Regierung immer wieder in die Arme Syriens, weil die Erfahrung gelehrt hat, daß jede Zusammenarbeit mit Israel von Mißerfolg gekrönt wird. Wenn man dieses Dilemma objektiv betrachtet, dann muß man klar erkennen, daß das schädliche Potential, über das Syrien verfügt, für unsere ganze Nation wesentlich destruktiver ist als das des jüdischen Staates.« So der unverhüllte Kommentar eines libanesischen Ministers über die Qual der Wahl von Verbündeten, vor die jede libanesische Regierung gestellt ist.

Der Märtyrer Hussein als Vorbild

Das Chaos, in dem der Libanon seit über einem Jahrzehnt dahinvegetiert, hat den Aufschwung radikaler Bewegungen begünstigt, von denen die extremsten und gefürchtetsten die schiitischen Gruppen sind. Spontane Gewaltaktionen gegen Andersdenkende, Geiselnahmen und Anschläge von Selbstmordkommandos sind nur einige ihrer Manifestationen der Intoleranz. Vor allem der höchste schiitische Feiertag, »Aschura«, ist inzwischen nicht nur im Iran, sondern auch im Libanon zum Forum schiitischer Selbstdarstellung geworden.

»Aschura« heißt »der Zehnte« – gemeint ist der 10. Muharram des Jahres 680 n. Chr., an dem der Prophetenenkel Hussein den Glaubenstod gestorben ist. Die Armee seines Rivalen, des sunnitischen Kalifen Yazid, hatte ihn und seine Männer bei Kerbala im heutigen Irak eingekesselt und niedergemetzelt. Der Tod Husseins war für die Schiiten fortan das Symbol für die Unterdrückung des Glaubens durch die Staatsgewalt. Vor allem im schiitischen Volksislam spielt der Mythos dieses Märtyrertodes eine zentrale Rolle.

Den Schiiten unserer Tage soll das Beispiel Husseins Mut machen, nicht von ihrem Glauben abzulassen und, falls nötig, auch dafür zu sterben. Daß die Treue zu Hussein nicht unbedingt in Resignation und Leid en-

◁ *Gefechtsstand der PLO: Über ein Jahrzehnt – bis 1982 – war der Libanon die Basis der Palästinensischen Befreiungsorganisation.*

△ *Überall gegenwärtig – sogar noch in den Trümmern zerbombter Häuser: das Bild Khomeinis. Der Ayatollah ist die Leitfigur der radikalen schiitischen Gruppen im Libanon.*

den muß, hat man allerdings erst nach der schiitisch-islamischen Revolution im Iran begriffen. Viele gläubige Schiiten sehen seitdem auch im Libanon ihre Pflicht in der aktiven Rebellion – getreu dem Motto des Ayatollah Khomeini: »Der Opfertod Husseins kannte keine Zuschauer.« Dies ist ein deutlicher Aufruf an alle schiitischen Muslime, bei der Ausbreitung der »wahren Religion« nicht abseits zu stehen.

Die Geschichte einer Tragödie

In historischer Zeit ein Exilland für religiös Verfolgte, enstand in unserem Jahrhundert nach dem Willen der Mandatsmächte ein Staat aus der Retorte, in dem eine bunt zusammengewürfelte Bevölkerung miteinander leben sollte. Dabei wurde der neue Staat auf eine politische Basis gestellt, die allenfalls eine Übergangslösung hätte sein können, an der jedoch die Mächtigen im Staat festhielten, als sei sie für die Ewigkeit gemacht. Im ungeschriebenen sogenannten Nationalpakt von 1943 wurde ein konfessionelles Proporzsystem festgelegt.

Damit war man sowohl innen- als auch außenpolitisch einen zerbrechlichen Kompromiß eingegangen, an dessen Nahtstellen die Interessenskonflikte in den siebziger Jahren wieder auseinanderklaffen sollten. Denn 1943, bei der Staatsgründung, wurden sämtliche Ämter im Verhältnis sechs zu fünf zugunsten der christlichen Libanesen verteilt, und in Zukunft bewegte die jeweiligen Amtsinhaber weniger die Wahrnehmung ihrer politischen Verantwortung als vielmehr die Nutzung ihrer Pfründe. Nach außen hin sollte die Vereinbarung die Solidarität der einzelnen Religionsgemeinschaften sicherstellen: Die Christen sollten auf die französische Protektion verzichten, die Muslime dagegen ihre panarabischen Gefühle hintanstellen.

Auf dieser wackligen Grundlage existierte der junge Staat mehr schlecht als recht, bis es schon 1958 zur ersten großen Krise kam. Nachdem sie beigelegt war, hofften die Betroffenen auf Reformen. Die akute Verschärfung der sozialen Gegensätze enthielt einen gefährlichen Sprengstoff, und es schien dringend geboten, einen Prozeß des sozialen Wandels einzuleiten: Bei den Unterprivilegierten begann Unzufriedenheit aufzukeimen.

Dies betraf vor allem die schiitische Bevölkerung, die bis auf den heutigen Tag die »Underdogs« – oder, wie es Schiiten selbst formulieren, die »Neger der libanesischen Gesellschaft« – geblieben sind. Zwar hat die vereinfachende Gleichung »christlich gleich wohlhabend und bevorzugt, muslimisch gleich arm und unterprivilegiert« im Libanon durchaus einen wahren Kern. Doch gibt es ebenso eine muslimische Bourgeoisie und ein christliches Proletariat.

Die Tatsache, daß im Libanon besonders der muslimische Bevölkerungsteil von der wirtschaftlichen und politischen Fehlentwicklung betroffen ist, liegt in einer historischen Gesetzmäßigkeit begründet, ist auf Fakten zurückzuführen, die sich benennen lassen: Die libanesische Wirtschaft, als Finanz- und Handelskapitalismus in den städtischen Metropolen konzentriert, war an den ländlichen Gebieten kaum interessiert; in eine Industrialisierung des libanesischen Südens und der Bergregionen wurde nicht viel investiert.

Die betroffene Bevölkerung verarmte zusehends, und viele entschlossen sich zur Abwanderung in die Städte, wo sie sich bald dem städtischen Proletariat zugesellten. Der Zuzug aus dem Süden wurde um so mehr verstärkt, je häufiger militärische Aktionen Israels gegen die PLO-Kommandos die Grenzgebiete in Mitleidenschaft zogen. Zu der äußeren Misere kam erschwerend hinzu, daß sich die unterprivilegierten Bevölkerungsschichten von ihren politischen Repräsentanten unzureichend vertreten fühlten.

Das libanesische Staatsschiff steuerte also, schon mit starker Schlagseite, in den frühen siebziger Jahren immer tiefer in die große Krise hinein. Viel Zeit war den einzelnen Bevölkerungselementen nicht geblieben, sich aneinander zu gewöhnen und Gemeinsamkeiten zu entwickeln. Um sie herum jagten die Ereignisse einander wie im Zeitraffer. Wollte man in diesem Chaos nicht verlorengehen, mußte man Stellung beziehen.

Da der Begriff von der »Libanesischen Nation« eine leere Hülse war und ist, kann es nicht verwundern, daß sich die Libanesen nach außen orientierten – und so schnell in den Strudel gerissen wurden, den wir »Nahostkonflikt« nennen. Daraus entstanden Rivalitäten, die sich wiederum im Innern des libanesischen Staatsgebäudes festsetzten und es auszuhöhlen begannen.

Den Anforderungen, die der Bürgerkrieg 1975 mit sich brachte, war dieses Gebäude nicht mehr gewachsen. So konnten sich Separatismus, Radikalismus und Anarchie ungehindert ausbreiten. Die Hoffnungslosigkeit der Lage läßt sich unter anderem daran ermessen, daß das libanesische Kabinett seit Jahr und Tag nicht mehr zusammengetreten ist. Grund für dieses Versäumnis: Die Minister, die ja gemäß dem religiösen Proporzsystem verschiedenen religiösen Gemeinschaften angehören, konnten sich auf keinen Tagungsort einigen, an dem sich alle ihres Lebens hätten sicher fühlen können.

Die Mullahs mischen kräftig mit

Inzwischen verkörpert der Libanon die Zerrissenheit der arabischen Welt: Er war über ein Jahrzehnt hinweg die Basis der PLO und hat auf seinem Territorium einen der blutigsten Nahostkriege gegen Israel erlebt. Seine Menschen haben heute mit den Palästinensern die Erfahrung gemeinsam, was es bedeutet, von seiner Scholle vertrieben zu werden oder unter einer Besatzungsmacht zu leben.

Der Libanon beherbergt in seinen Grenzen auch eine christliche Minderheit, die einst in der Mehrheit war und heute ihren Untergang vor Augen zu haben glaubt, wenn sie sich nicht mit allen Kräften zur Wehr setzt. Dabei verweisen die christlichen Maroniten im Libanon gern auf das Beispiel christlicher Gemeinschaften in anderen arabischen Staaten, wo längst der Islam zur Basis des gesamten Lebens geworden ist.

Im Norden ist die sunnitische »Islamische Einheitsbewegung« zu finden, wenn auch oft nur in Restgruppen, da es immer wieder zu schweren militärischen Auseinandersetzungen mit der syrischen Besatzungsmacht kommt. In Westbeirut, in der Bekaa-Ebene und im Südlibanon treffen wir auf schiitische Muslime, die sich sowohl in relativ gemäßigten Gruppen wie der »Amal« – zu deutsch »Hoffnung« – als auch in fanatischen Organisationen wie »Hizbollah« – der »Partei Gottes« – gesammelt haben und von den Mullahs in Teheran gelenkt werden. Die neue Welle des islamischen Fundamentalismus – von Ayatollah Khomeini als Exportgut deklariert – hat den Libanon wie kein anderes Land in der Region überschwemmt.

Schließlich – und auch dies hat das Schicksal des Libanon entscheidend geprägt – stehen sich auf libanesischem Boden die Armeen der beiden härtesten Kontrahenten im Nahen Osten – Israels und Syriens – gegenüber. All diese Konflikte wurden und werden in einem Land ausgetragen, das nur halb so groß ist wie das Bundesland Hessen!

Zynismus »à la libanaise«

Da eine Wendung zum Besseren noch nicht in Sicht ist, bleibt den Libanesen gegenwärtig nichts anderes übrig, als sich mit ihrer bedrückenden Lebensrealität und Perspektivelosigkeit zu arrangieren. Dies tun sie mit beeindruckender Energie und Langmut. Die Probleme, die sich ihnen dabei stellen, bieten oft genug Anlaß zu Verzweiflung und Resignation: Straßenkämpfe, Artilleriebeschuß, der Tod von Angehörigen, Entführungen, wirtschaftliches Chaos, Arbeitslosigkeit, zerstörte Wohnungen, Mangel an Elektrizität, Benzin und Heizöl.

Die Libanesen sind 24 Stunden am Tag damit beschäftigt, sich zu organisieren – und zu überleben. Damit dies immer wieder neu gelingen kann, müssen sie vor allem bestens informiert sein über die neuesten Entwicklungen. Mundpropaganda informiert über die wenigen Stunden am Tag oder in der Nacht, in denen Elektrizität zugeteilt wird, ob Heizöl oder Benzin knapper werden, aber aus dieser Quelle stammen auch die lebenswichtigen Neuigkeiten über umkämpfte Stadtviertel und Straßenzüge. Besucht ein Beiruter Freunde in einem anderen Stadtteil, durchquert er Landesteile, in denen die Sicherheitslage kritisch sein kann; will er das Nachbarland Syrien besuchen und zuvor die unwegsamen libanesischen Gebirgsstraßen überqueren, wird er sich bei Kennern der Region – etwa bei Taxifahrern – erkundigen, ob er seine Reise antreten kann oder nicht.

Doch auch solche Vorsicht ist keine Garantie dafür, daß man nicht in überraschend ausbrechende Kämpfe gerät, einer Bombe oder einem Heckenschützen zum Opfer fällt oder durch direkte Treffer oder die Druckwelle einer Explosion die Wohnung verliert.

▽ Beirut – einst einer der wichtigsten Häfen im östlichen Mittelmeer und wirtschaftliches wie geistiges Zentrum für den ganzen Nahen Osten – ist heute Schauplatz blutiger Kämpfe im libanesischen Bürgerkrieg.

▷ Monumente der Macht: die Tempel von Baalbek. Die Ruinenstadt in der Bekaa-Ebene war einst römische Kolonie und bedeutende Kultstätte. Am besten erhalten ist der Bacchus-Tempel aus dem zweiten Jahrhundert n. Chr. (rechts).

Der Schutz kann nie ausreichend sein, denn potentiell ist jeder gefährdet, und jeder, der einige Jahre im Libanon gelebt hat, weiß Geschichten von einem knappen Entkommen zu erzählen. Vorbeugend werden Fensterscheiben diagonal mit Klebestreifen überzogen: So hofft man, schlimmeren Splitterverletzungen zu entgehen. Wohnungen in der Nähe der umkämpften »Grünen Linie« oder in anderen Gebieten, wo Heckenschützen lauern, sehen häufig wie richtige Festungen aus: Vor Fenstern und Türen sind Backsteinmauern hochgezogen worden, die es den Bewohnern erlauben, sich vorbeizuschlängeln, ohne daß Scharfschützen auf der anderen Seite sie ins Visier nehmen können.

Ein bei internationalen Wettkämpfen startender libanesischer Langstreckenläufer hat einmal in einem Interview gesagt, er habe vorzugsweise in diesem gefährlichen Niemandsland trainiert, denn dort habe ihn die Angst vor den Heckenschützen zu Höchstleistungen angespornt! Wahr oder nicht – dies ist Zynismus »à la libanaise«, der sehr viel über die Lebenssituation der Menschen hier aussagt.

Picknick neben Bombenkratern

Ausländer im Libanon stellen sich oft die Frage, wie die Libanesen ihr auswegloses Dasein am Rande des Bürgerkriegs so lange körperlich und seelisch haben verkraften können. Man ist versucht zu vermuten, daß das Schicksal diese Menschen zur Selbstaufgabe, ja zum Selbstmord treiben müsse. Erstaunlicherweise aber ist die Selbstmordziffer im Libanon extrem niedrig. Fachleute, die dieses Phänomen untersucht haben, glauben, daß übermenschliche Herausforderungen des Alltags die Menschen oft über sich selbst hinauswachsen lassen. Der permanente Kampf gegen Gefahr und Todesangst ist wie ein Stahlgerüst, das die Libanesen aufrecht hält. Sogar die Lebensfreude ist keineswegs völlig verschwunden: Kaum gibt es eine neue wacklige Waffenstillstandsvereinbarung, pulsiert das Leben, streben die Menschen nach draußen und veranstalten Familienpicknicks auf den wenigen Grünflächen der Städte – neben Bombenkratern und abgebrannten Baumstümpfen.

Wann die Libanesen diese Lebensenergie je wieder in den Dienst und den Aufbau ihres Landes stellen können, steht in den Sternen. Wenn es soweit sein wird, dann – so haben Statistiker errechnet – werden 40 Jahre schwerer und konsequenter Arbeit vonnöten sein, um das Land auf den Vorkriegsstand zurückzuführen. Die internationale Bedeutung, die der Libanon vor allem im Wirtschaftsleben hatte, wird er vermutlich nie wieder zurückgewinnen können.

Sehr viel Geduld wird es wohl auch brauchen, um die Menschen der verschiedenen Religionsgruppen wieder zum gegenseitigen Vertrauen zu ermutigen. Denn eines darf man nicht übersehen: So viele Jahre Krieg bedeuten auch, daß sehr viele junge Libanesen in den Krieg hineingeboren oder in ihm aufgewachsen sind und sich an Friedenszeiten nicht erinnern können. Mißtrauen, Angst und Haß sind kontinuierlich gewachsen. Viele der Jungen kennen große Gebiete ihres kleinen Landes nicht aus eigenem Augenschein, denn dort herrscht heute die Miliz der »anderen«. Diese emotionale Kluft wird sich nicht mit einem Federstrich am grünen Tisch beseitigen lassen.

△ ***Phönizischer Streitwagen, um 1300 v. Chr., aus Ton geformt. Die Phönizier waren im zweiten vorchristlichen Jahrtausend die beherrschende Macht im Mittelmeerraum. Im heutigen Libanon gründeten sie wichtige Städte und Handelsniederlassungen, so auch Tyros, Sidon, Beirut, Byblos und Tripoli.***

Landesnatur

Fläche: 10400 km² (etwa halb so groß wie Hessen)
Ausdehnung: Nord–Süd 210 km, West–Ost 80 km
Höchster Berg: Qurnat as Sawda 3083 m
Längster Fluß: Al Litani 150 km

Der Libanon gehört zu den kleinen Ländern der Welt. Er wird im Norden und Osten von Syrien umschlossen; im Süden grenzt er an Israel. Im Westen hat das Land eine 220 km lange Küste am Mittelmeer.

Naturraum
Der Libanon läßt sich in vier Landschaftseinheiten einteilen. Im Westen erhebt sich nach der ziemlich schmalen *Küstenebene* das *Libanongebirge* mit dem höchsten Berg des Landes (Qurnat as Sawda 3083 m). Nach Süden flacht sich das Gebirge ab und geht in das galiläische Bergland Israels über.
Das zweite große Gebirge, parallel zum Libanongebirge, ist der *Antilibanon* im Osten mit Höhen über 2500 m; ihm schließt sich im Süden der Hermon (2814 m) an.

Bischofskirche schon vor den Kreuzzügen: Johannes-Kathedrale von Byblos.

Zwischen beiden Gebirgszügen liegt die etwa 8 bis 15 km breite und 120 km lange Hochebene *Bekaa* (Al Biqa). Hier entspringt der Litani, der längste Fluß des Landes.

Klima
An der Küste des Libanon ist das Klima mediterran mit Durchschnittstemperaturen von 27,5 °C im Juli und 13,5 °C im Januar. Die Bekaa hat dagegen kontinentales Klima, im Norden Wüstenrandklima (Julimittel 32 °C, Januarmittel 7,5 °C). Die Küstenebene und das Libanongebirge erhalten den meisten Regen (Jahresmittel über 700 mm, im Gebirge bis 1200 mm), die Bekaa und der Antilibanon erhalten weniger als 700 mm Jahresniederschlag. Es regnet vor allem im Winter; in den Hochlagen fällt dann Schnee.

An den Westhang des schneebedeckten Libanon-Massivs gebaut: die Ortschaft Bsharri.

Vegetation und Tierwelt
Etwa 7% des ursprünglich stark bewaldeten Landes haben heute noch Wälder. Die berühmte Libanonzeder wächst nur noch in staatlichen Schutzgebieten im Gebirge. Jetzt vorherrschende Bäume sind Pinien, Zypressen und Eichen; ansonsten überwiegt Macchie.
An wildlebenden Säugetieren finden sich Wildkatzen, Hirsche und Marder. Adler, Bussarde und Falken gibt es im Gebirge, Flamingos, Pelikane und Kormorane an der Küste. Im Winter kommen viele europäische Zugvögel ins Land.

Politisches System

Staatsname: Al-Jumhuriyah al-Lubnaniyah
الجمهورية اللبنانية

Staats- und Regierungsform: Parlamentarische Republik
Hauptstadt: Beirut
Mitgliedschaft: UN, Arabische Liga

Das Regierungssystem beruht auf der Verfassung von 1926 und dem Nationalpakt von 1943. Danach gibt es bei der Verteilung der Macht ein ausgeklügeltes Proporzsystem der großen Religionen im Land. Staatsoberhaupt und Inhaber der Exekutivgewalt ist der vom Parlament für sechs Jahre gewählte Staatspräsident, er muß maronitischer Christ sein. Der Ministerpräsident ist ein Sunnit, der Parlamentspräsident Schiit. Auch die Parlamentssitze des Einkammerparlaments mit 99 Abgeordneten werden nach bestimmten konfessionellen Gesichtspunkten vergeben.
Es gibt fünf Verwaltungsbezirke, eine 25 km breite Sicherheitszone an der Grenze zu Israel hat Sonderstatus.
Das Rechtswesen beruht auf einer nach französischem Vorbild modernisierten osmanischen Tradition, derzeit erfolgt jedoch vielfach Rechtsprechung durch die Milizen.

Bevölkerung

Einwohnerzahl: 2,8 Millionen
Bevölkerungsdichte: 269 Einw./km²
Bevölkerungszunahme: 1,4 % im Jahr
Größte Städte: Beirut (900000 Einw.), Tripoli (200000)
Bevölkerungsgruppen: 83 % arabischstämmige Libanesen, 10 % arabisch-palästinensische Flüchtlinge, 5 % Armenier

Die Bevölkerung des Libanon ist gekennzeichnet durch eine Vielfalt von Konfessionen und den Zustrom von Flüchtlingen. Etwa 1,7 Millionen Libanesen haben in den letzten Jahren wegen des Bürgerkriegs ihr Land verlassen. Rund 45 % der Bevölkerung sind jünger als 15 Jahre.
Landessprache ist Arabisch, daneben werden Französisch und Englisch gesprochen. Etwa 55 % der Einwohner bekennen sich zum Islam, 40 % zum Christentum; beide Gruppen bestehen aus vielfältigen Glaubensrichtungen. Die Anzahl der Drusen beläuft sich auf etwa 80000.

Soziale Lage und Bildung
Die Sozialgesetzgebung ist kaum entwickelt, Krankenversicherung und Arbeitslosenunterstützung wurden erst in den letzten Jahren eingeführt; das Gesundheitswesen ist unzureichend. Schulpflicht besteht nicht, doch liegt die Analphabetenrate unter 20 %. Die älteste der fünf Universitäten, die American University of Beirut, wurde 1866 gegründet.

Wirtschaft

Währung: 1 Libanesisches Pfund (L£) = 100 Piastres (P. L.)
Bruttoinlandsprodukt (in Anteilen): Land- und Forstwirtschaft 15 %, industrielle Produktion 20 %, Dienstleistungen 65 %
Wichtigste Handelspartner: Saudi-Arabien, Jordanien, Syrien, EG-Staaten, USA, Kuwait

Der anhaltende Bürgerkrieg hat die einst florierende Wirtschaft in ein Chaos gestürzt. Der Libanon verlor seine Position als führender Finanz- und Umschlagplatz des Nahen Ostens. Banken, Firmen und der internationale Handel verlagerten ihre Aktivitäten in andere Länder.

Landwirtschaft
Neben Obst, Zitrusfrüchten und Gemüse werden Getreide, Zuckerrüben und Kartoffeln angebaut. Trotz offiziellen Verbotes expandiert der Haschisch- und Mohnanbau (Opium) besonders in der Bekaa-Ebene.

Bodenschätze, Energie
Nur Eisenerze, Salz, Kalk und Gips werden in nennenswertem Umfang gewonnen. Wasserkraft- (Litani) und Wärmekraftwerke auf Erdölbasis liefern Energie.

Industrie, Handel
Die vor allem in und um Beirut konzentrierte Industrie ist besonders vom Krieg betroffen (fast drei Viertel der Industrieanlagen sind zerstört).
Exportiert werden bearbeitete Edelmetalle, Textilien, Obst und Gemüse. Die wichtigsten Importgüter sind Maschinen, Fahrzeuge, Halbfabrikate sowie Lebensmittel und Rohöl. Hauptsächlich ausländische, im Libanon registrierte Schiffe bilden die libanesische Handelsflotte.

Verkehr, Tourismus
Das Straßennetz hat eine Länge von etwa 7000 km. Die wichtigsten Seehäfen sind Beirut und Tripoli. Internationaler Flughafen ist Khaldah bei Beirut. Der Fremdenverkehr als wichtiger Wirtschaftszweig kam durch den Krieg zum Erliegen.

Geschichte

Das Gebiet des heutigen Libanon wurde im 3. Jahrtausend v. Chr. von den Phöniziern besiedelt, die mehrere bedeutende Stadtstaaten an der Küste gründeten: Byblos (Jubayl), Berytos (Beirut), Sidon (Sayda) und Tyros (Sur).
Wie die heutigen Staaten Syrien und Irak stand Phönizien in der Antike meist unter der Vorherrschaft verschiedener Großreiche (Ägypten, Assyrien, Babylonien), die von zumeist kurzen Phasen der Unabhängigkeit unterbrochen wurde. In diesen Phasen stellte Phönizien eine bedeutende Seemacht im ganzen Mittelmeerraum dar. Im Perserreich (538–332 v. Chr.) bildeten phönizische Schiffe den Kern der persischen Flotte. 332 v. Chr. eroberte Alexander der Große das Land. Nach dem Zerfall seines Reiches wechselten sich Ptolemäer und Seleukiden mehrfach in der Herrschaft über den Libanon ab.
64 v. Chr. wurde Phönizien ein Teil der römischen Provinz Syria. Auch in der Spätantike war die Geschichte des Landes eng mit der Syriens verknüpft. Das blieb auch so nach der arabisch-muslimischen Eroberung (634 n. Chr.) – mit dem Unterschied freilich, daß das Christentum

im Libanon eine bedeutende Rolle spielte.
Das libanesische Bergland war seit dem frühen Mittelalter Zufluchtsort verfolgter Sekten und Religionsgemeinschaften. So kamen im 9. Jh. christliche Gruppen wie die Maroniten und im 11. Jh. die Drusen, eine vom Islam abgespaltene Sekte. Für diese Flüchtlinge war Jahrhunderte hindurch der religiöse Führer meist zugleich der weltliche Herrscher.
Im Hoch- und Spätmittelalter geriet der Libanon unter die Herrschaft der Kreuzfahrer (12./13. Jh.) sowie der Mamluken (13.–16. Jh.); seit 1516 gehörte er zum Osmanischen Reich (bis 1918). Dennoch regierten bis 1841 einheimische Herrscher weitgehend selbständig. Nach einem Massaker, das fanatische Drusen an maronitischen Christen 1860 verübt hatten, griff Frankreich militärisch ein und setzte durch, daß der Libanon als eigener Bezirk unter einem christlichen Gouverneur eine beschränkte Autonomie innerhalb des Osmanischen Reiches erhielt.
Nach dem Ersten Weltkrieg besetzten alliierte Truppen das Land. Frankreich erhielt 1920 das Völkerbundmandat über den Libanon. In der Folgezeit kam es zu Spannungen zwischen den Religionsgruppen: Die Christen strebten einen unabhängigen Libanon an, während die Muslime den Anschluß an Syrien betrieben. Drei Jahre nach der auf britischen Druck hin erfolgten Entlassung in die Unabhängigkeit am 22. 11. 1943 (Nationalfeiertag) verließen die französischen Truppen das Land.

Nationalpakt und Bürgerkrieg
Entscheidend für die weitere Entwicklung des Libanon wurde der 1943 geschlossene Nationalpakt, der vorsah, die wichtigsten Staatsämter zwischen den Religionsgemeinschaften aufzuteilen. Einige Jahre funktionierte dieses System einigermaßen, und Beirut stieg zum kommerziellen Zentrum des

© I.G.D.A. S.p.A. · Novara

Vorderen Orients auf. Auf Dauer jedoch war der Nationalpakt nicht einzuhalten: 1958 bereits kam es aufgrund der antiarabischen und westlich orientierten Haltung der Regierung zu blutigen Unruhen, die das militärische Eingreifen der USA zur Folge hatten. Vor allem jedoch wirkte sich die Zunahme des nichtchristlichen Bevölkerungsanteils aus, die besonders durch den Zustrom palästinensischer Flüchtlinge im Zuge des israelisch-arabischen Konflikts seit 1948 bedingt war.
Diese Situation, in den 70er Jahren verschärft durch das Eindringen weiterer, aus Jordanien vertriebener Palästinenser, mündete 1975 in den Bürgerkrieg. Christliche Falangisten kämpften gegen Milizen der Muslime und Drusen. Die Palästinensische Befreiungsbewegung (PLO) benutzte den Libanon als Operationsbasis gegen Israel. Die libanesische Regierung, gleichermaßen bedrängt von dem Zwang zu panarabischer Solidarität einerseits und der Angst vor der PLO und vor israelischen Vergeltungsangriffen andererseits, wurde zunehmend handlungsunfähig. Nachdem ab 1976 syrische und ab 1978 israelische Truppen intervenierten, beschloß der Weltsicherheitsrat die Entsendung einer UN-Friedenstruppe in den Libanon. Im Juni 1982 marschierte die israelische Armee auch in den Südlibanon ein und drang bis Beirut vor, um dort das Hauptquartier der PLO zu zerschlagen. Auf amerikanischen Druck hin wurde ein Abkommen geschlossen, das den Abzug der PLO aus dem Libanon und ihre Verteilung auf mehrere arabische Länder vorsah. Im Dezember 1982 verließen der PLO-Führer Yasir Arafat und seine Anhänger unter der Flagge der Vereinten Nationen das Land. Der Bürgerkrieg, in dem Syrien und indirekt der Iran starken Einfluß nehmen, geht jedoch derzeit ohne Aussicht auf ein friedliches Ende weiter.

Geschichtsträchtiges Baalbek: Wo einst dem Gott Baal geopfert wurde, haben heute militante Schiiten ihr Zentrum.

Kultur

Die Kultur des Libanon ist von der Palästinas und Syriens nicht zu trennen. Nur in den Stadtstaaten der Phönizier an der Küste entwickelte sich eine eigenständige Kultur, die allerdings von Ägypten beeinflußt war. Die großen Heiligtümer in Byblos, u. a. der Stadtgöttin Baalat Gebal, stammen aus dem 3. Jahrtausend v. Chr. In einem der tief in die Felsen gehauenen Königsgräber wurde der Sarkophag des Königs Ahiram mit der ältesten phönizischen Grabinschrift gefunden (heute im Nationalmuseum in Beirut). Auch in der Nekropole außerhalb von Sidon fand man mehrere Sarkophage phönizischer Könige aus dem 5./4. Jh. v. Chr., deren berühmtester der Alexander-Sarkophag ist (heute in Istanbul). Bei Sidon stehen auch die Ruinen des Tempels des phönizischen Gottes Eschmun und die von zwei Kreuzfahrerburgen. In Tyros sind Überreste einer phönizischen Stadt erhalten geblieben.
An die Zeit der Römer erinnern vor allem die Ruinen des riesigen Tempelbezirks Baalbek in der Hochebene Bekaa (später Heliopolis) aus dem 1. bis 3. Jh. n. Chr., der dem westsemitischen Gott Baal geweiht war (mehrere Tempel mit reichem Skulpturen- und Ornamentschmuck). In Tyros sind ebenfalls römische Denkmäler erhalten: Säulenstraße mit Triumphbogen, Nekropole, Thermen, Wohnviertel.

Die Kreuzfahrer hinterließen außer in Sidon auch in Byblos, Tripoli und nahe Tyros (Kastell Beaufort) mehrere Festungen.
Die Moscheen von Beirut, wie z. B. die Große Moschee, stehen meist auf Resten christlicher Kirchen. Sie sind wie viele andere Bauwerke der Stadt durch den Krieg stark beschädigt worden.

Reise-Informationen

Einreise- und Fahrzeugpapiere
Geschäftsreisende aus der Bundesrepublik Deutschland, der Schweiz und Österreichs benötigen für einen Aufenthalt bis zu 45 Tagen einen gültigen Reisepaß bzw. Kinderausweis und ein Visum (Einladung erforderlich). Ein israelischer Stempel im Paß oder die Zugehörigkeit zum jüdischen Glauben machen die Einreise unmöglich. Aufgrund der politischen Situation muß mit Behinderungen gerechnet werden. Als Fahrerlaubnis gilt der internationale Führerschein.

Die von den Römern erbauten Hafenanlagen des antiken Sidon, heute Sayda, überdauerten ihre vielen Eroberer.

Zoll
Bei der Einreise sind zollfrei: 400 Zigaretten oder 500 g Tabak, 1 Liter Spirituosen sowie etwas Parfüm für den persönlichen Gebrauch.
Devisen
Die Ein- und Ausfuhr von Libanesischen Pfund (L£) und Fremdwährungen ist unbegrenzt.
Verkehrsverhältnisse
Der Flughafen Beiruts wird oft kurzfristig geschlossen. Taxis und Service-Taxis, auch über Land, sind die gebräuchlichsten Verkehrsmittel.
Unterkünfte
Die internationalen Spitzenhotels in Beirut und der näheren Umgebung genügen den Ansprüchen europäischer Geschäftsreisender.
Reisezeit
Den Libanon besucht man am besten im Frühling oder Herbst.

Malaysia

Wilfried Hahn

Wolkenkratzer und koloniale Prachtbauten, Moscheen und Tempel pulsierende Städte und verschlafene Pfahlbaudörfer, Gummibaum-Planta gen und jungfräulicher Dschungel - Malaysia ist ein Land mit vielen Ge sichtern. Doch die Kontraste sind nich nur auf Architektur und Natur be schränkt. Malaysias Vielfalt ist in erste Linie die Vielfalt seiner Rassen. Ohne die Landesgrenzen überschreiten zu müssen, kann der Besucher in Malay sia von chinesisch geprägten Städter über Siedlungen indischer Plantagen arbeiter in Fischerdörfer reisen, wo es neben Allah keinen anderen Gott gibt Nur wenige Autostunden von de Hauptstadt Kuala Lumpur entfernt, pir schen noch geistergläubige Nomader mit dem Blasrohr durch den Urwald Und in Malaysias »Fernem Osten«, au der Insel Borneo, leben die christiani sierten Nachfahren von Kopfjäger auch heute noch in Langhäusern ab seits aller Straßen. So vielfältig die Kultur, Sprache und Religion der Malaysier, so vielfältig auch die Probleme die sich daraus ergeben.

Staatsname:	Malaysia
Amtssprache:	Malaiisch (Bahasa Malaysia)
Einwohner:	16,5 Millionen
Fläche:	329 749 km²
Hauptstadt:	Kuala Lumpur
Staatsform:	Konstitutionelle Wahlmonarchie im Commonwealth
Kfz-Zeichen:	MAL
Zeitzonen:	MEZ +6½ und 7 Std.
Geogr. Lage:	Südostasien, Südteil der Malaiischen Halbinsel (an Thailand und Singapur grenzend) und Nordteil der Insel Borneo (Kalimantan) mit Grenzen zu Indonesien und Brunei

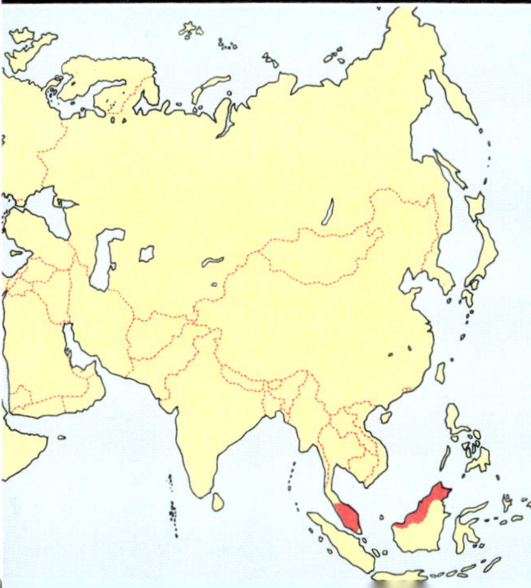

Inmitten der sterilen Betonarchitektur Kuala Lumpurs steht der hinduistische Sri-Maha-Mariamman-Tempel. Besonders sein Torturm mit dem reichen Figurenschmuck und den vergoldeten Ornamenten fällt sogleich ins Auge.

Ein Stück Old England nahe dem Dschungel

Vom Sonnenhütchen bis zu den Segeltuchschuhen weiß gekleidet, vertreiben sich ein paar Ladies vor dem »Selangor Club« die Zeit mit Krocket. Das Spiel mit der Holzkugel auf grünem Rasen ist so britisch wie das mehrgieblige Fachwerk-Clubhaus im Tudorstil: ein Stück Old England wie aus dem Bilderbuch. Aber die Spielwiese der Damenriege liegt nicht in Sussex oder Kent, sondern in Fernost – mitten in Malaysias Hauptstadt Kuala Lumpur.

Vieles hat sich verändert, seit die britischen Kolonialherren im Jahre 1890 den Club erbauen ließen. Längst hat der Bauboom auch hier Bürosilos, Banken und Hotels aufgetürmt, die am Tropenhimmel kratzen und die koloniale Vergangenheit einkesseln. Doch nur wenige Autostunden vom hauptstädtischen Beton-Dschungel entfernt, wuchert im Landesinnern der Urwald, gehen Malaysias Ureinwohner, die kraushaarigen Orang Asli, mit dem Blasrohr auf die Pirsch.

Als Sammler und Jäger haben die Orang Asli, die »ursprünglichen Menschen«, die weißen Herren von einst überlebt – und sind doch Fremde im eigenen Land geblieben. Heute können sie das Tempo nicht mithalten, mit dem sich der 16,5-Millionen-Staat entwickelt. Bulldozer und kreischende Motorsägen machen den Urwald nieder für Straßen, Siedlungen und Fabriken, für Reisfelder, Gummibaum- und Palmenplantagen. Die Orang Asli sind zum Rückzug in immer entlegenere Waldgebiete oder zur völligen Aufgabe ihres Nomadenlebens gezwungen.

Rassenvielfalt birgt Konflikte

Wolkenkratzer und Dschungel – Malaysia ist ein Land der Kontraste, auch und vor allem wegen seiner vielrassigen Bevölkerung. Über 50 ethnische Gruppen listet die amtliche Statistik auf: von den vielen verschiedenen Stämmen der Eingeborenen bis zu den eigentlichen Malaien, zu denen etwa die Hälfte aller Malaysier zählt. Nach der Verfassung ist ein Malaie »eine Person, die der Religion des Islam angehört, die malaiische Sprache spricht und malaiische Gebräuche befolgt«. Diesen Malaien, den Bumiputras (Söhne der Erde), räumt die Verfassung besondere Privilegien ein. Malaien bestimmen denn auch die Politik in einer der ungewöhnlichsten konstitutionellen Monarchien der Welt. In der gewählten Regierung haben Malaien alle Schlüsselpositionen inne. Der König wird jeweils auf fünf Jahre gewählt – nicht vom Volk, sondern von den Sultanen, die neun der 13 Gliedstaaten in Erbfolge regieren. Sie bestimmen jeweils einen der ihren zum Monarchen auf Zeit.

Die politische Vorherrschaft der muslimischen Malaysier ist nicht unbedingt ein Grund zur Freude für die Chinesen, die etwa ein Drittel der Bevölkerung ausmachen und die Wirtschaft des Landes dominieren. Die offizielle Politik versucht nämlich, den Malaien auch wirtschaftlich mehr Einfluß zu verschaffen. Für Chinesen und alle anderen Nicht-Malaien, wie zum Beispiel die Inder, kann dies bedeuten, daß sie ohne malaiischen Strohmann keine Lizenz für eine Geschäftsgründung bekommen.

Das Verhältnis der Rassen zueinander ist ein heikles Thema in Malaysia, über das in der kontrollierten Presse nicht offen geschrieben werden darf. Die ethnische Vielfalt birgt latenten politischen Zündstoff – und ist, neben der Natur, gleichzeitig das größte touristische Kapital Malaysias. Denn für den Besucher ist es ein faszinierendes Erlebnis, von chinesisch geprägten Städten über Siedlungen indischer Teepflücker in muslimische Fischerdörfer reisen und unterwegs auch noch einen Zwischenstopp bei steinzeitlichen Jägern und Sammlern einlegen zu können – und all dies innerhalb der Landesgrenzen.

▽ George Town – das ist unverkennbar Chinatown. Zum Einkauf in dieses Warenhaus des Fernen Ostens laden endlose Reihen chinesischer Reklametafeln ein.

▷ Noch heute leben Restgruppen der Orang Asli unter der Führung eines Häuptlings im tiefen Dschungel Malaysias und jagen mit Blasrohr und giftigen Pfeilen.

George Town – das ist »Chinatown«

Unablässig qualmt es vor dem Tempel Kuan Yin Ting aus den beiden rostigen Öfen, in denen gläubige Chinesen in der Hoffnung auf Wohlstand Wunschzettel verbrennen. Wo Chinesen sind, wie hier in George Town auf der Insel Pinang an der Westküste, ist »Business« angesagt. Und so ist es denn auch typisch, daß die Wunschzettelverbrenner von der »Göttin der Gnade« Beistand für Seele und Geldbeutel erflehen. Die Chinesenstadt des Stadtstaates Singapur besitzt noch einen winzigen Rest von »Chinatown«, George Town aber – zusammen mit Johor Baharu drittgrößte Stadt Malaysias –, das ist Chinatown. Zwar nicht so sündenbeladen wie einst Shanghai, aber ein Hauch von Zwielichtigkeit ist geblieben. Schließlich ist eine Hafenstadt, in Fernost zumal, kein Wallfahrtsort.

Wer nicht gerade in Polizeiuniform durchs Zentrum von George Town läuft, macht bald Bekanntschaft mit Dealern, die einen mit Ganja (Marihuana) oder Opium ködern wollen. Daß auf Drogenhandel die Todesstrafe steht, scheint die Geschäftemacher nicht abzuschrecken. Liebe fürs Geld gibt's in heruntergekommenen Etablissements, die sich in Seitenstraßen in der ganzen Stadt verstecken.

Hier ist der Affe los

Der rote Waldmensch floh gemächlich, scheinbar gelassen. Er schwang sich von einem Ast zum anderen; als der Abstand zum nächsten Baum für das kräftige Tier zu groß wurde, hangelte es sich sogar auf den Boden hinunter, obwohl es sich da gar nicht wohlfühlt. Unsicher hoppelte es auf allen vieren zu einem geeigneten Stamm und kletterte ihn behende hinauf.

Grund seiner Flucht: Menschen. Eigentlich stören ihn die unbehaarten Vettern nicht besonders, aber diese hier kamen mit Baggern und Bulldozern, um den Wald zu roden. Da blieb nur die Auswanderung. Doch die Gegend, in die er nach tagelangem Umherstreifen gelangte, war schon besetzt – andere rote Waldmenschen lebten hier. Die Streitereien um ein gutes Plätzchen kosteten viel Kraft, schmackhafte Früchte, Beeren, Rinden wurden knapp, die Gemeinschaft litt unter Streß. Die Weibchen bekamen nicht mehr alle vier Jahre Nachwuchs, sondern nur noch alle sieben oder acht Jahre. Die Zahl der roten Waldmenschen ging zurück.

Leider keine erfundene Geschichte, sondern bitterer Alltag bei den Orang-Utans – so heißen die Waldmenschen auf malaiisch –, die heute in freier Wildbahn nur noch in Sumatra und – in einer etwas anders aussehenden Unterart – auf der Insel Borneo vorkommen. Insgesamt mögen es, nach Angaben der renommierten Naturschutzorganisation World Wildlife Fund, noch 180000 sein, davon nur 4000 in den malaysischen Landesteilen Sabah und Sarawak auf Borneo.

Noch vor einigen Jahren drohte den Menschenaffen vor allem Gefahr durch die Jagd: Von manchen Völkern wurden sie als Delikatesse geschätzt, im Westen als extravagante Haustiere zu Tode gehätschelt, in Zoos dem Publikum zum Augenschmaus vorgeworfen. Strenge Gesetze und ihre konsequente Anwendung konnten glücklicherweise diesem Treiben Einhalt gebieten – doch die Orangs sind dadurch nicht gerettet. Denn jetzt macht sich bemerkbar, was früher niemand sehen wollte: Ihr Lebensraum, die tropischen Wälder, wird immer kleiner; Quadratkilometer um Quadratkilometer werden die Bäume wegen ihres edlen Holzes und wegen des Platzbedarfs der Landwirtschaft rigoros gefällt.

Die Regierungen sind aufgewacht. Sie haben erkannt, daß auch die Orang-Utans – und mit ihnen die Abertausende anderer Urwaldtiere – ein Lebensrecht haben. Und so richteten auch die malaysischen Behörden Nationalparks und Schutzgebiete ein, die den Affen eine Zukunft in der Wildnis sichern sollen. Der Menschheit ist zu wünschen, daß dies gelingt.

▽ Ausgedehnte Teeplantagen bedecken die Hänge der Cameron Highlands, das »Dach« Malaysias. Hier pflücken vor allem indische Arbeiter die jungen Blätter und sammeln sie in hohen Rückentragen ein.

Der große Saubermann ist wahrlich noch nicht über diese und andere Chinesenstädte an der Westküste gekommen, um die exotische Unordnung wegzufegen, die fremde Besucher so gern mit dem Wort »Atmosphäre« umschreiben. Jedes Jahr blättert in der Chulia Street der Putz ein bißchen mehr von den Säulengängen, unter denen geparkte Mopeds und Fahrräder die Passanten zum Slalom zwingen. Kein Kontrolldienst scheucht die Tellerwäscher von den Gehsteigen, wenn sie vor den zur Straße hin offenen Restaurants zwischen Geschirrstapeln und Wassereimern hocken und die Reste von Nudelsuppen oder Reis mit Hühnchen in die Abwasserrinnen spülen. Abends legt an den Straßenrändern eine Armada von Garküchen an: Mini-Küchen auf Rädern, mit Gaskochern und Glasvitrinen voller Nudeln, Fleischstückchen, Innereien, Krabben, Tintenfische, Gemüse, Eier, Gewürze und weiß der Himmel was alles.

Küste der Ruhe und der Künste

Pralles, geschäftiges Leben allenthalben im Westen der Halbinsel, wo Handel und Gewerbe blühen. Ein ganz anderes Malaysia präsentiert sich jedoch jenseits des dschungelüberwucherten Gebirgszuges, der das Land in Nord-Süd-Richtung teilt. Reiseprospekte lügen nicht, wenn sie die Ostküste als »Meilen goldenen Sandes, gesäumt von Kasuarine-Bäumen und sanft schwingenden Kokospalmen« anpreisen. Von der thailändischen Grenze bis hinunter nach Singapur ist die Ostküste zum größten Teil Sandstrand, 900 Kilometer lang. Der Unternehmergeist und die Geschäftigkeit der Chinesenstädte fehlen hier weitgehend. An der Ostküste besteht die Bevölkerung bis zu 90 Prozent aus Malaien. Ihre Hochburgen sind der an Thailand grenzende Bundesstaat Kelantan und dessen Nachbarstaat Terengganu. Nirgendwo sonst in Malaysia werden die Lehren des Koran strenger befolgt, sieht man so viele verschleierte Frauen auf den Straßen.

Zu einem Kampong, einem Pfahlbaudorf, führt ein Trampelpfad, an dessen Ende eine Welt wartet, in der die Zeit noch nicht nach Minuten oder gar Sekunden gemessen wird. Die Frauen kochen auf offenen Feuern, die sie mit getrockneten Schalen von Kokosnüssen schüren, und holen das Wasser aus dem Ziehbrunnen. Der Fluß, der am Kampong vorbei zum Meer führt, ist Waschhaus, Badezimmer und Verkehrsweg in einem. In solchen Oasen der Ruhe gedeiht auch das Kunsthandwerk, für das die Ostküste berühmt ist.

Der Malaie im Sarong, dem Wickelrock, läßt sich Zeit mit dem Stück Büffelhorn, aus dem ein Löffel werden soll. Immer wieder legt er Schnitzmesser und Feile zur Seite und prüft bedächtig seine Arbeit. Auch der Drachenbauer denkt nicht an Stückzahlen, wenn er aus Bambusstäbchen und buntem Papier einen »Wau Bulan« bastelt, einen sogenannten Monddrachen, der vom Kopf bis zum halbmondförmigen Schwanz dreieinhalb Meter mißt.

△ Langhäuser in Sarawak: In den traditionellen Pfahlbauten am Flußufer wohnen manchmal bis zu 200 Familien der eingeborenen Stämme unter einem Dach.

▷ »Wau« bauen und steigen zu lassen, ist ein beliebter Zeitvertreib der Männer an der Ostküste der Halbinsel Malaysia. Die Drachen gibt es dort in wundervollen Farben und Formen.

Malaysia – Land der Feste

Die Vielfältigkeit der Gesellschaft Malaysias wird besonders an den traditionellen Feiertagen der verschiedenen Völkergruppen offenbar: Jeden Monat gibt es einen offiziellen Feiertag, gar nicht zu sprechen von den unzähligen örtlichen Festen zu allen möglichen Gelegenheiten, den königlichen oder fürstlichen Geburtstagen und den Prozessionen, die den Kalender eines Jahres mühelos zu füllen vermögen. Wer nur einen Bruchteil dieser Ereignisse erleben, die Lebensfreude der Einheimischen mitgenießen, sich an den Riten, Darbietungen, Dekorationen und Farben erfreuen möchte, müßte eigentlich durchs ganze Land eilen.

Eine herausragende Position – und das nicht nur, was Feste anbelangt – nimmt die Insel Pinang, die Perle des Orients, ein. Hier gibt es fast keinen Monat, in dem nicht ein farbenfrohes Spektakel kulturellen oder religiösen Ursprungs stattfindet. Als besonders inseltypisch ist das Fest Pulau-Pinang zu nennen, das jährliche Inselfest, ein sich über den gesamten Dezember hinziehender Karneval mit Musik, Tanz, Theater, Folklore, Märkten und traditionellen Drachenbootrennen.

Das eindrucksvollste und größte der Hindufeste ist das Thaipusam, das zu Ehren von Subramaniam, dem Sohn des Gottes Schiwa, an einem bestimmten Tag im Januar oder Februar stattfindet. Hunderte von Hindus, die Vergebung für ihre Sünden suchen, legen das Gelübde ab, einen Kavadi zu tragen, ein hölzernes, bis zu 70 Kilogramm schweres Gestell, das mit Spießen und Haken am Körper des Trägers befestigt wird. Viele der Kavadi-Träger haben auch ihre Wangen mit Spießchen durchbohrt. Da sie sich zuvor in Trance versetzt haben, spüren sie keinen Schmerz, fließt kein Blut. Da später auch keine Narben zurückbleiben, werten die Gläubigen dies als Zeichen dafür, daß das Opfer angenommen worden ist. In Pinang ziehen die Büßer, begleitet von Tausenden von Gläubigen, vom Wasserfalltempel zur Pinang Street in George Town. Eine weitere eindrucksvolle Thaipusam-Zeremonie findet bei den Batuhöhlen von Kuala Lumpur statt.

Ein weiteres wichtiges Fest der Hindus ist das Deepavali, das Fest des Lichts, im Oktober/November. Es kündigt mit Myriaden von Lichtern das neue Jahr der Hindus an.

Hari Raya Puasa, im Oktober oder November, ist das große Fest der Muslime. Es zeigt das Ende des Fastenmonats Ramadan an und wird mit drei Tagen Fröhlichkeit und Danksagungen gefeiert. Verwandte, Freunde und sogar Fremde sind an diesen Tagen »der offenen Tür« in den Häusern willkommen, es werden kleine Häppchen und ein Meat-and-Curry-Gericht gereicht. In der Nacht sind die Häuser festlich erleuchtet, allerorten knallen Feuerwerkskörper.

Mit besonderem Pomp und Glanz, mit ohrenbetäubendem Lärm und phantastischen Drachengebilden feiern die Chinesen ihre Feste. Hervorzuheben aus der Vielzahl ist das chinesische Neujahrsfest oder, am sechsten Tag des neuen Jahres, das »Choor Soo Kong«, das am Schlangentempel von Pinang begangen wird. Beim Fest der »Hungrigen Geister«, Juli bis August, gibt es einen Monat lang chinesisches Straßentheater, Tempelfeste und Gesangswettbewerbe, und am 15. Tag des achten Monats werden Pinangs Nächte beim »Mondkuchenfest« von bunten Papierlampions in den ausgefallensten Formen und Farben erleuchtet. Das Fest der »Neun Gottheiten« ist, wie bei den Hindus, Gläubigen in Trance vorbehalten, die sich auf scharfen Klingen niederlassen oder eine spektakuläre Feuerlaufzeremonie veranstalten.

Ein großartiges Erlebnis ist der »Merdeka«, der Tag der Unabhängigkeit, der am 31. August im ganzen Land mit großem Aufwand gefeiert wird. Hier zeigt sich der Charakter des Landes und seiner Menschen dem Fremden am deutlichsten.

Beserah, ein Fischerdorf wie viele an der Ostküste: Von Sonne und Regen gebleichte Holzhäuser auf Pfählen ducken sich unter Palmen. Frauen und Männer sitzen Netze flikkend im Schatten, und das warme Südchinesische Meer schwappt an einen Strand wie Puderzucker, der im Nirgendwo endet und so breit ist, daß die Fischer ihren Fang nicht selbst ins Dorf schleppen können. Das Meeresgetier kommt in Körben auf zweirädrige Karren, und dann muß sich ein Wasserbüffel ins Geschirr legen.

Der berühmteste Abschnitt der ganzen Ostküste ist der Strand von Rantau Abang, knapp 60 Kilometer südlich von Kuala Terengganu. Das kleine Nest wird im August von Besuchern überschwemmt, wenn bis zu 600 Kilogramm schwere Lederschildkröten nachts aus dem Meer robben, Löcher in den »Turtle Beach« buddeln und ihre Eier ablegen. Ganz in der Nähe steht das exzellente Hotel »Tanjong Jara Beach« an einer Lagune, über die sich hölzerne Bogenbrückchen schwingen. Es ist im Stil malaiischer Istanas – Fürstenpaläste – ganz aus Holz gebaut und ein Musterbeispiel dafür, wie man Touristenherbergen nach Art des Landes in die Landschaft einfügen kann.

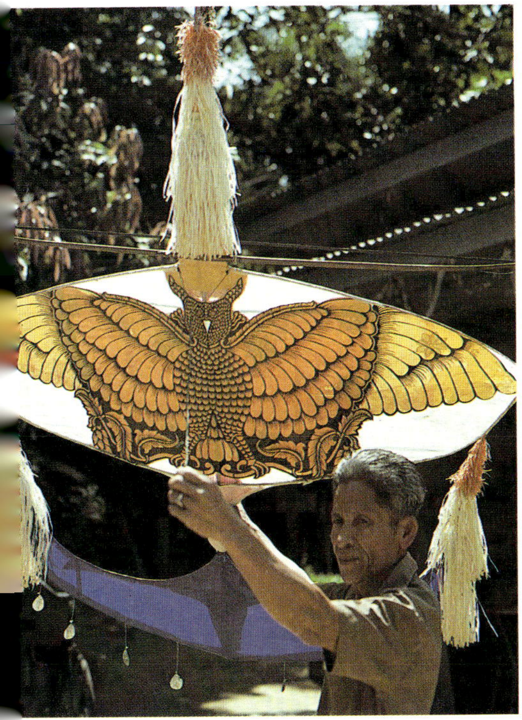

Malaysias »Ferner Osten« auf Borneo

Die Malaiische Halbinsel erschließt sich dem Reisenden problemlos. Mit Englisch kommt er überall durch, und die Verkehrsverbindungen per Flugzeug, Bahn, Bus und Sammeltaxi sind bestens. Etwas mehr Unternehmungsgeist muß mitbringen, wer jenen Teil von Malaysia sehen will, der noch fast vollständig von Dschungel bedeckt ist – gemeint sind die Gliedstaaten Sarawak und Sabah auf der Insel Borneo. Sie traten 1963 der Föderation von Malaysia bei – zusammen mit Singapur, das zwei Jahre später wieder ausschied – und sind mit einer Gesamtfläche von rund 200 000 Quadratkilometern größer als die gesamte Malaiische Halbinsel mit etwas über 130 000 Quadratkilometern.

In Sarawak und Sabah leben allerdings nur etwa 2,6 Millionen Malaysier. Die größte Bevölkerungsgruppe bilden die Ureinwohner, verschiedene, meist christianisierte Stämme. In Malaysias »Fernem Osten«, von der Halbinsel durch das Südchinesische Meer getrennt, sind die Malaien eine Minderheit. Enorme wirtschaftliche Bedeutung für das ganze Land besitzen Sarawak und Sabah, die einen besonderen Autonomiestatus genießen, wegen der reichen Öl- und Gasfelder vor ihren Küsten und wegen ihrer Edelhölzer. Das Landesinnere dieser beiden Staaten ist kaum erschlossen und eines der letzten Zufluchtsgebiete für den Orang-Utan. Hier haben bisher nur wenige Asphaltpisten Breschen in den Dschungel geschlagen. Wer zum Beispiel Sarawaks Langhäuser besuchen will, kommt nur auf den Flüssen vorwärts. Starke Dieselmotoren treiben »Expreß«-Boote weit die Oberläufe hinauf, bis zu den letzten größeren Siedlungen im Regenwald. Eine davon ist Belaga am Rajang-Fluß: ein Marktflecken und Sitz der Distriktverwaltung, in den die Bewohner der umliegenden Langhäuser ihre Kinder zur Schule schicken.

Die Gastfreundschaft der Stämme ist zwar berühmt, aber als selbstverständlich darf man sie trotzdem nicht voraussetzen. Keinesfalls sollte der Fremde ein Langhaus unaufgefordert betreten – und auch nicht mit leeren Händen kommen. Gastgeschenke wie Lebensmittel oder Zigaretten gehören im Urwald zum guten Ton.

△ Im dichten Dschungel Ostmalaysias sind Flüsse oft die einzigen Verkehrsverbindungen. Nur abenteuerliche Motorboot-Expeditionen führen zu den abgelegenen Langhausgemeinschaften im Landesinneren.

Zweihundert Familien unter einem Dach

Oft länger als ein Fußballfeld, stehen die Langhäuser auf Pfählen hoch genug an der Uferböschung, um auch in der Regenzeit nicht vom Hochwasser weggespült zu werden. Gebaut werden sie noch nach demselben überlieferten Plan wie früher, als die Iban und Kayan noch die Schädel getöteter Feinde unters Dach hängten. Doch die Kopfjagd nach alter Väter Sitte ist vorbei, und die Stämme brechen auch beim Baumaterial mehr und mehr mit der Tradition. Statt Dächer aus Palmlaub zu fertigen, greifen sie heute lieber zum Wellblech, das tropischen Regengüssen länger standhält.

Jeder Besucher macht zuerst dem »Tuai Rumah« seine Aufwartung. Er ist das Oberhaupt im Langhaus, in dem bis zu 200 Familien unter einem Dach, aber in eigenen Räumen wohnen. Schwerer Messingschmuck zieht die Ohrläppchen des Häuptlings bis fast auf die Schultern herunter. Bei der Jugend ist ein Schlitz im Ohr nicht mehr gefragt, ebensowenig wie tätowierte Hände und Füße. Die Nachfahren der einstigen Kopfjäger zieht es zunehmend aus dem Dschungel in die Städte, und dort wollen sie nicht schon auf den ersten Blick als »wilde« Hinterwäldler auffallen.

Aber auch das Leben im Dschungel ist nicht mehr so, wie es auf Ansichtskarten in den Souvenir-Shops der wenigen größeren Städte vorgegaukelt wird. Weder laufen die Mädchen barbusig durchs Langhaus, noch führen die Männer Kriegstänze mitten im Frieden auf. Wer darauf Wert legt, sollte besser auf »Safaris« gehen, die von Reisebüros organisiert werden. Auf diesen Trips zu ausgesuchten Langhäusern wird für die Fremden und ihre Kameras eine Extraschau abgezogen, die als »authentisches Borneo« verkauft wird. In Malaysias »Fernem Osten« ist aber selbst im hintersten Urwaldwinkel ein Plastikeimer für die Wirklichkeit von heute authentischer als alle dekorativ aufgehängten Totenschädel zusammen.

Landesnatur

Fläche: 329 749 km² (etwa so groß wie Bundesrepublik Deutschland und Österreich)
Ausdehnung: Westmalaysia: Nord–Süd 600 km, Ost–West 330 km; Ostmalaysia: Nord–Süd 730 km, Ost–West fast 1100 km
Höchste Berge: Gunong Kinabalu 4101 m (in Ostmalaysia), Gunong Tahan 2187 m (in Westmalaysia)
Längste Flüsse: Rajang 560 km (in Ostmalaysia), Pahang 430 km (in Westmalaysia)

Malaysia erstreckt sich über den Südteil der Malaiischen Halbinsel (Malaya/Westmalaysia) und den Nordteil der Insel Borneo (Kalimantan/Ostmalaysia mit den Gliedstaaten Sarawak und Sabah). Beide Landesteile sind durch einen etwa 600 km breiten Meeresarm des Südchinesischen Meeres getrennt.

Naturraum
Mehrere in Nord-Süd-Richtung verlaufende Gebirgsketten bilden das Zentrum der Malaiischen Halbinsel. Zur Küste hin erstrecken sich Hügelländer, breite Schwemmlandebenen und von Flüssen durchzogene weite Sumpfgebiete. Schwemmland breitet sich auch in der Küstenregion Ostmalaysias aus. Landeinwärts steigt die Oberfläche bis zum Grenzgebirge im Süden Sarawaks auf über 2000 m Höhe an. Sabah dagegen wird von stark zergliedertem, über 4000 m hohem Bergland eingenommen.

Klima
In Malaysia herrscht immerfeuchtes tropisches Klima mit Südwestmonsun von Juni bis Oktober und Nordostmonsun von November bis März. Die Temperaturen schwanken im Tages- und Jahresverlauf nur wenig (Jahresmittel in Kuala Lumpur 28 °C).
Von Oktober bis Januar regnet es am meisten. Die Jahresniederschläge betragen bis 4000 mm, in den Gebirgen über 6000 mm.

Der Kautschukbaum kann etwa 30 Jahre lang alle zwei bis vier Tage angezapft werden.

Vegetation und Tierwelt
Üppiger tropischer Regenwald bedeckt rd. 70 % der Landesfläche. Oberhalb 800 m schließen sich tropischer Berg- und Nebelwald an. Ein Fünftel der Landesfläche nehmen Mangrove und Sumpfwälder in Brackwasserzonen und Tiefebenen der Küste ein. Die Gebirgslandschaft um den Gunong Tahan wurde zum Nationalpark erklärt. In Sarawak befindet sich der Bako National Park mit fleischfressenden Pflanzenarten. Zur Tierwelt gehören Elefanten, zweihörnige Sumatra-Nashörner, Tiger, Leoparden, Malaienbären, Tapire, Halbaffen (Gibbons, Makaken), Kobras, Pythons und Krokodile; Nasenaffen und Orang-Utans kommen nur auf Borneo vor. In der Mangrove leben viele Krabbenarten und der auf Bäume kriechende Mangrovefisch.

Politisches System

Staatsname: Persekutuan Tanah Malaysia
Staats- und Regierungsform: Konstitutionelle Wahlmonarchie im Commonwealth of Nations
Hauptstadt: Kuala Lumpur
Mitgliedschaft: UN, ASEAN, Colombo-Plan

Nach der Verfassung von 1963 ist der für fünf Jahre aus dem Kreis der neun Sultane gewählte König (Yang Di-Pertuan Agong) Staatsoberhaupt und Oberbefehlshaber der Streitkräfte.
Die Legislative liegt beim Zweikammerparlament; es besteht aus dem Senat mit 48 teils gewählten, teils ernannten Mitgliedern und dem Unterhaus mit 177 für fünf Jahre gewählten Abgeordneten.
Malaysia besteht aus 13 Gliedstaaten sowie zwei Bundesterritorien (Kuala Lumpur und die Insel Labuan).
Die Rechtsprechung orientiert sich am britischen Recht.

Bevölkerung

Einwohnerzahl: 16,5 Millionen
Bevölkerungsdichte: 49 Einw./km²
Bevölkerungszunahme: 2,3 % im Jahr
Größte Städte: Kuala Lumpur (938 000 Einw.), Ipoh (300 000), George Town (Pinang; 250 000), Johor Baharu (250 000), Kelang (195 000)
Bevölkerungsgruppen: 47 % Malaien, 32 % Chinesen, 8 % Inder, 13 % Urbevölkerung

80 % der Malaysier leben in Westmalaysia (40 % der Staatsfläche); große Teile Ostmalaysias sind dagegen gänzlich menschenleer oder nur dünn besiedelt. Hier stellen die Ureinwohner die Bevölkerungsmehrheit. Restgruppen der Ur- und Altbevölkerung (Orang Asli) lebten bis vor kurzem noch auf einer steinzeitlichen Kulturstufe als Jäger und Sammler. 37 % der Bevölkerung sind unter 15 Jahren. Amtssprache ist Malaiisch (Bahasa Malaysia), in Sarawak auch Englisch. Staatsreligion ist der Islam, zu dem sich fast alle Malaysier bekennen. Zum Christentum bekennen sich 7 %.

Langgezogene Ohrläppchen, früher Stolz der Dayak auf Borneo, heute bei der Jugend verpönt.

Soziale Lage und Bildung
Ein Rentenfonds wird von Arbeitgebern und -nehmern finanziert. Das Gesundheitswesen ist gut entwickelt. Es besteht allgemeine Schulpflicht für 6- bis 15jährige bei kostenlosem Unterricht; die Analphabetenrate liegt bei den Erwachsenen noch bei etwa 35 %. Das Land hat fünf Universitäten, die älteste wurde 1959 in Kuala Lumpur gegründet.

Wirtschaft

Währung: 1 Malaysischer Ringgit (M$) = 100 Sen (c)
Bruttoinlandsprodukt (in Anteilen): Land- und Forstwirtschaft 21 %, industrielle Produktion 38 %, Dienstleistungen 41 %
Wichtigste Handelspartner: Japan, USA, Singapur, EG-Staaten, Australien

Seit Ende der 60er Jahre betreibt Malaysia verstärkt eine exportorientierte Industrialisierung. Dadurch konnte es seine Abhängigkeit von den traditionellen Exportprodukten Kautschuk und Zinn verringern.

Landwirtschaft
Drei Viertel der landwirtschaftlichen Nutzfläche entfallen auf Ölpalmen und Kautschuk – bei beiden Produkten ist Malaysia führender Weltproduzent. In der Flächennutzung folgt das Hauptnahrungsmittel Reis. Aus Sabah stammt der Hauptanteil der Holzausfuhren. Für einige tropische Holzarten besteht jedoch Exportverbot.
Küsten- und Hochseefischerei wurden modernisiert und expandieren.

Bodenschätze, Energie, Industrie
Obwohl Malaysia mit 19 % der Weltproduktion weltgrößter Zinnproduzent ist, stellt das Erdöl den bedeutendsten Bodenschatz für den Export und die eigene Energieversorgung dar. Daneben werden Erdgas, Bauxit, Kupfer, Eisen, Titan, Gold und Silber gewonnen. Wichtigste Industriezweige sind Elektrotechnik, Textil- und Bekleidungsindustrie sowie Maschinenbau. Industriezentren sind die Großräume Ipoh und Kuala Lumpur.

Handel
Ausfuhrgüter sind vor allem Rohöl, Holz, Kautschuk, Zinn, Palmöl und elektrotechnische Erzeugnisse. Importiert werden Maschinen, elektrotechnische Teile, Fahrzeuge, Garne, Gewebe, Eisen und Stahl, Erdölderivate und Lebensmittel.

Verkehr, Tourismus
Von insgesamt rd. 43 000 km Straßen (davon etwa die Hälfte asphaltiert) entfallen rd. 30 000 km auf Westmalaysia (davon zwei Drittel asphaltiert). Im Westteil des Landes umfaßt das Eisenbahnnetz rd. 2100 km, in Ostmalaysia gibt es nur eine Strecke von 148 km. Hier sind Flüsse wichtige Verkehrsträger. In beiden Landesteilen spielt die Küstenschiffahrt eine große Rolle. Der wichtigste der fünf internationalen Flughäfen ist Kuala Lumpur.

Eine imposante Treppe führt zu dem hinduistischen Felsentempel bei Kuala Lumpur.

Seit den 70er Jahren hat sich der Tourismus dank öffentlicher Förderung rasch entwickelt.

Geschichte

Die Malaiische Halbinsel war bereits vor 6000 Jahren bewohnt. Ab dem 2. Jh. wanderten in mehreren Wellen Inder ein, die die zuvor hier ansässigen Protomalaien chinesischen Ursprungs zurückdrängten. Die Inder prägten über 1000 Jahre die Kultur Südostasiens. Politisch gehörte die Malaiische Halbinsel zuerst zum Machtbereich des hinduistischen Königreichs Funan, dessen Zentrum vom 1. bis 6. Jh. im Mekongdelta lag, und kam im 8. Jh. unter die Oberhoheit des

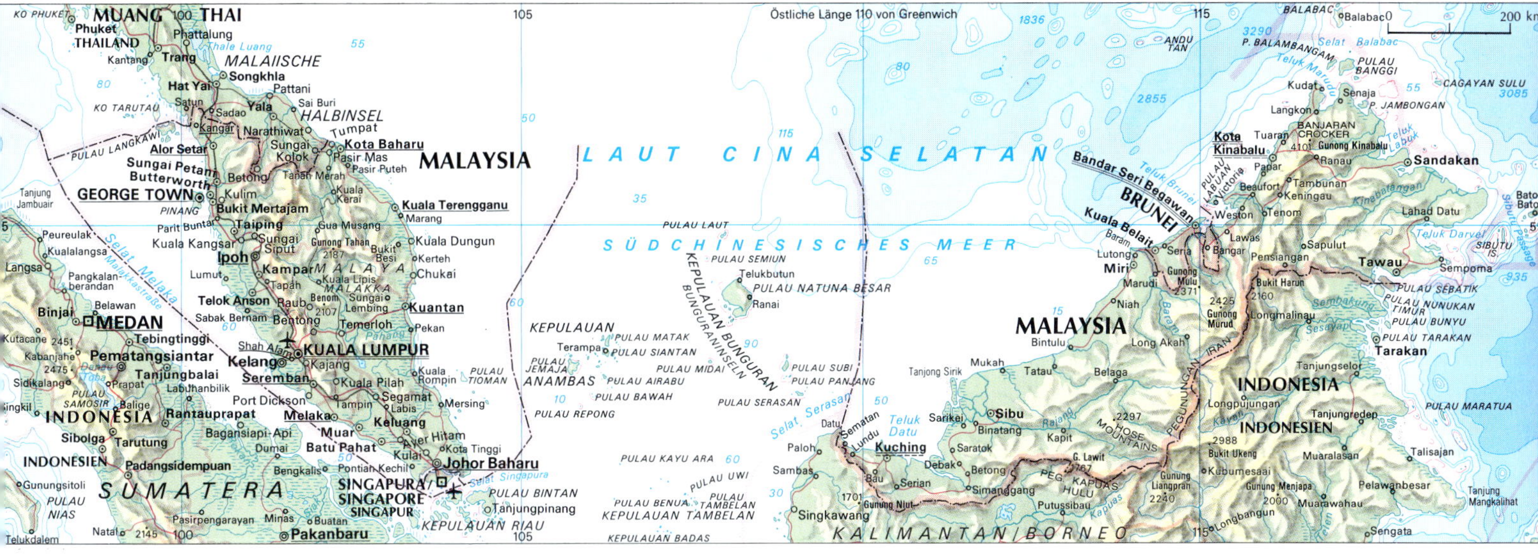

in Ostsumatra gegründeten Großreiches Srivijaya. Der Süden der Halbinsel wurde bis zum 12. Jh. von Srivijaya und bis Ende des 14. Jh. von dem javanischen Großreich Majapahit beherrscht, während der Norden im 12. Jh. an die Khmer fiel und ab dem 13. Jh. von den Thai-Königen kontrolliert wurde. Um 1400 ließ sich Fürst Paramesvara von Palembang (Ostsumatra) im Süden der Halbinsel nieder. Er baute unter dem Schutz von China Malakka zum bedeutenden Handelsplatz aus und verhalf dem Islam zur Ausbreitung. 1414 wurde Malakka Sultanat; bis Ende des 15. Jh. erlangte es fast über die gesamte Malaiische Halbinsel die politische Macht.

Die Europäer kommen

Die Portugiesen eroberten die Stadt Malakka (heute Melaka) 1511, um den Handel mit dem Fernen Osten kontrollieren zu können. 1641 nahmen die Niederländer die Stadt ein und beherrschten fast eineinhalb Jahrhunderte lang die südostasiatischen Seestraßen. Auch die Briten setzten sich auf der Halbinsel fest. Nachdem sie sich mit den Niederländern über die Aufteilung ihrer Machtansprüche in Südostasien verständigt hatten, faßten sie 1826 die Insel Pinang (1786 erworben), Malakka (1795 besetzt) und Singapur (1824 erworben) zu den »Niederlassungen an den Meerengen« (Straits Settlements) zusammen. Diese wurden zunächst von der indischen Kolonialregierung mitverwaltet und ab 1867 britische Kronkolonie.
Zur Sicherung seines Handelsverkehrs schloß Großbritannien zwischen 1873 und 1888 Schutzverträge mit vier Sultanaten auf der Halbinsel. Aus diesen Protektoraten entstanden 1895 die weiterhin britisch beherrschten »Federated Malay States«. Die anderen (bis 1909 unter siamesischer Oberhoheit stehenden) Sultanate bildeten zusammen mit Johore bis 1947 die Gruppe der »Unfederated Malay States«.
Auf Borneo wurden 1888 Sarawak, eine Schenkung des Sultans von Brunei an den britischen Seeoffizier James Brooke (1841), und Sabah, das die North Borneo Company von Brunei erworben hatte, unter britischen Schutz gestellt.

Auf dem Weg zur Unabhängigkeit

Im Zweiten Weltkrieg war Malaya von den Japanern besetzt. Die verstärkten Autonomiebestrebungen der Malaien, die sich auch gegen den Einfluß des bedeutenden chinesischen Unternehmertums richteten, führten nach dem Zweiten Weltkrieg 1946 zur Bildung der Malaiischen Union (mit umfassenden Rechten für alle Rassen); 1948 wurde sie in den von der britischen Krone abhängigen Malaiischen Bund umgewandelt. Dieser schloß die meisten Inder und Chinesen von der Staatsbürgerschaft aus. Daraufhin brachen von der Volksrepublik China unterstützte kommunistische Aufstände aus, die als Dschungelkämpfe noch jahrelang andauerten.

Kontraste in Kuala Lumpur: Betontürme und ein maurisch-englischer Verwaltungsbau.

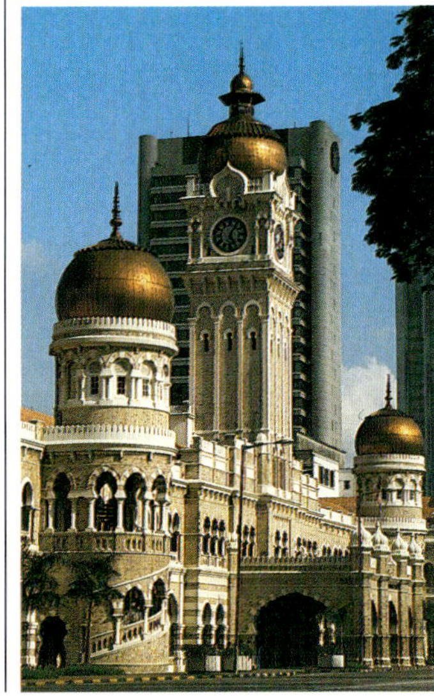

Am 31. 8. 1957 (Nationalfeiertag) erhielt die Föderation ihre Unabhängigkeit, Singapur 1959 Selbstverwaltungsrechte. Am 16. 9. 1963 wurde die Föderation Malaysia gegründet, der neben Britisch-Borneo (Sarawak und Sabah ohne Brunei) auch Singapur angehörte, das jedoch bereits 1965 wieder ausschied. Wegen des Staatsgebiets auf Borneo kam es zu Konflikten mit Indonesien (1963–1966) und mit den Philippinen (1968). 1969, 1978 und 1979 brachen erneut Unruhen zwischen Malaien und Chinesen aus. In den späten siebziger Jahren war Malaysia von einem immensen Flüchtlingsstrom aus Vietnam betroffen. Der seit 1981 amtierende Ministerpräsident Dr. Datuk Seri Mahathir ibn Mohamad vertritt eine gemäßigte neutrale Politik.

Kultur

Die Kultur in Malaysia ist seit dem 15. Jh. vom Islam geprägt, der sich teilweise mit älteren animistischen Vorstellungen sowie hinduistischen und buddhistischen Gebräuchen vermischte.
Die malaiische Literatur besteht zum großen Teil aus mündlich tradierten Erzählungen, Märchen und Rätseln. Lange Zeit stand sie unter indischem und javanischem Einfluß, ehe der Islam auch die literarische Entwicklung prägte (Romane und persische Märchen). Ihren Höhepunkt erreichte die malaiische Prosa in der Geschichtsschreibung sowie im historischen Roman.
Die Musik weist birmanische, thailändische und vor allem indonesische Einflüsse auf. In ihrer Tonsystematik erinnert sie an die arabisch-islamische Musik. Bei den Orchestern, die Theaterdarbietungen begleiten, werden vor allem Fideln und Schalmeien, auf Nordborneo eher Perkussionsinstrumente eingesetzt. Eine Besonderheit des malaiischen Theaters ist das javanisch beeinflußte Schattenspiel, bei dem ein einzelner Spieler bis zu 50 Lederpuppen an Stäben bewegt und dazu die verschiedenen Rollen spricht und singt.

Reise-Informationen

Einreise- und Fahrzeugpapiere
Bürger der Bundesrepublik Deutschland, der Schweiz und Österreichs brauchen für einen Aufenthalt bis zu drei Monaten einen gültigen Reisepaß bzw. Kinderausweis und als Fahrerlaubnis den internationalen Führerschein.
Zoll
Bei der Einreise sind zollfrei: pro Person ab 17 Jahre 200 Zigaretten oder 50 Zigarren oder 225 g Tabak, 0,75 Liter alkoholische Getränke und Geschenke bis 200 Malaysische Ringgit. Drogenhandel wird seit 1983 mit der Todesstrafe geahndet.
Devisen
Bargeld in Ringgit (M$) muß deklariert werden; ausländische Währungen können unbeschränkt ein- und ausgeführt werden.
Impfungen
Für Reisende aus Infektionsgebieten ist Gelbfieberimpfung erforderlich. Beim Besuch von abgelegenen Waldgebieten wird Malaria- und Choleraschutz empfohlen.
Verkehrsverhältnisse
Zwischen Ost- und Westmalaysia bestehen zahlreiche Flug- und Schiffsverbindungen. Für Eisenbahntouristen gibt es in Westmalaysia einen »Railpass«. Leihwagen kann man in größeren Städten mieten. Es herrscht Linksverkehr.
Unterkünfte
Von der einfachen Pension, staatlichen Rasthäusern mit unterschiedlichem Komfort bis zum Luxushotel gibt es alle Preisklassen.
Reisezeit
Die beste Reisezeit ist von Februar bis September. In Westmalaysia sind die Monate November bis Januar die regenreichsten. In Ostmalaysia beginnt die Regenzeit schon im Oktober und endet im Januar.

Malediven

Norbert Schmid

Gallien besteht aus drei Tei-len«, beginnt Julius Cäsar sein be-rühmtes Buch über den Gallischen Krieg. Und genau diese Einführung könnte man auch für die Malediven wählen. Das Inselreich besteht aus drei Teilen – freilich ohne daß eine Grenze sichtbar wäre.

Da gibt es zunächst Male, die Haupt-stadt. Hier hat die Verwaltung ihren Sitz, die Justiz, der Handel. Nichts im Lande von auch nur mittlerer Bedeu-tung läuft ohne Wissen und Billigung Males.

Die zweite Teileinheit sind die Touri-steninseln, 60 an der Zahl, eine En-klave für devisenbringende Auslän-der. Sie sind tabu für Einheimische, die nicht im »Tourist business« mitmi-schen – die islamische Moral könnte ja Schaden nehmen.

Umgekehrt ist es für den Reisenden fast unmöglich, den dritten Teil ken-nenzulernen, den Rest des Landes. Er umfaßt 14 der insgesamt 19 Atolle, die wiederum aus fast 2000 Inseln und un-zähligen Riffen bestehen.

Staatsname:	Republik der Malediven
Amtssprache:	Divehi
Einwohner:	190 000
Fläche:	298 km² (Landfläche; 51 800 km² inkl. Meeresfläche)
Hauptstadt:	Male
Staatsform:	Präsidiale Republik im Commonwealth
Zeitzone:	MEZ +4 Std.
Geogr. Lage:	Indischer Ozean, südwestlich der Südspitze Indiens

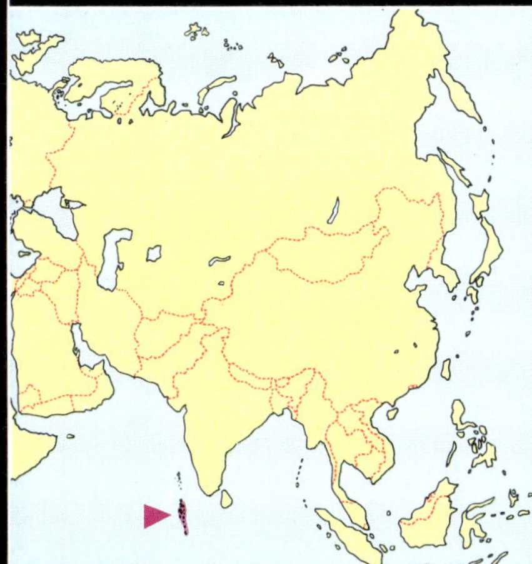

Türkisblaue und grüne Tupfer im tiefblauen Indischen Ozean – wie auf das Meer gemalt wirken die maledivi-schen Atolle aus der Vogelperspektive. Sporttaucher finden hier eine paradiesische Unterwasserwelt.

Ein Archipel wird geboren

Der Anflug auf Male ist faszinierend. Wie aus dem Nichts tauchen unvermittelt Riffe und runde Atolle auf. Wie Rauchkringel scheinen sie auf dem Blau des Indischen Ozeans zu schwimmen. Auf den Riffen sitzen Sandbänke und kleine Inseln, deren Kern von tropischer Vegetation bedeckt und von einem Gürtel aus weißem Korallensand umgeben ist. Wie Spiegeleier mit einem sattgrünen Dotter sehen sie aus.

Wie konnte es zu solch seltsamen Formationen mitten im Ozean kommen? Grob gesprochen: Die »Wiege der Malediven« stand viele hundert Kilometer weiter im Süden, auf halbem Weg zwischen Afrika und Australien. Hier brachen die jetzigen Landmassen Afrikas, Indiens, Australiens und der Antarktis auseinander, und an der Nahtstelle quoll Lava hervor und türmte sich zu unterseeischen Gebirgen auf. Der Driftrichtung des indischen Subkontinents nach Norden folgend, gelangte einer dieser Bergrücken mit einer jährlichen Geschwindigkeit von vier bis sechs Zentimetern an die Stelle der jetzigen Malediven.

Und warum sind die Riffe, die auf ihm sitzen, vorwiegend kreisförmig? Wissenschaftler erklären das durch die sogenannte Senkungstheorie: Ein Atoll sei nichts anderes als das Saumriff eines abgesunkenen Vulkankegels. Aber was das Land dann so formte, waren vor allem die Korallen selbst. Korallen wachsen stets nach oben, zum Licht. Hat ein Korallenbuckel dann die Wasseroberfläche erreicht, setzt sich ihr Wachstum notgedrungen horizontal fort. Mit zunehmender Größe aber wird die Sauerstoffzufuhr im Zentrum schlechter, die Korallen sterben ab, im Laufe der Zeit sackt das Innere des Korallenstocks ein. Übrig bleibt ein Ring aus Korallen, der eine Lagune umschließt.

Ob und wo Inseln auf dem Korallensaum entstehen, entscheiden Wind, Wellen und Strömungen. An geeigneten Stellen lagern sich auf dem Riffdach Geröll und Sand ab. Kokosnüsse und Samen anderer Pflanzen werden angeschwemmt, schlagen Wurzeln, festigen das Erdreich, geben damit einen Ansatzpunkt für neue Sandablagerungen. Es bildet sich eine Humusdecke, die Möglichkeiten für das Wachstum weiterer Pflanzen und Bäume schafft – eine Insel ist entstanden.

Der typische Baum der Malediven ist die Kokospalme. Recht häufig gibt es auch die stelzwurzelige Schraubenpalme; eingeführte Fruchtbäume wie Mangos wachsen nur auf wenigen großen Inseln. Die Tierwelt über Wasser ist recht spärlich: im wesentlichen Eidechsen, Geckos, Raben, Flughunde, Reiher und Möwen. Um so vielfältiger ist das Leben unter Wasser.

Tausende noch nicht vermessene Riffkilometer bieten ideale Lebensmöglichkeiten für Fische; die Strömungen des Ozeans transportieren einen unerschöpflichen Nahrungsvorrat heran, die Nähe zum Äquator sorgt für gleichmäßig warmes Wasser – wichtigste Voraussetzung auch für das Korallenwachstum.

Vom Sultanat zur Republik

Ihren ersten Kontakt mit Europäern hatten die Malediven im Jahre 1503, als der Portugiese Vincente Sodré vier ihrer Segler vor der indischen Küste aufbrachte und niederbrannte. Erst 1558 konnten die Portugiesen die Hauptstadt Male einnehmen.

▷ *Batheli heißen die Lastensegler, die zwischen den Inseln verkehren. An Deck schützen Palmblatthütten die Ware vor Regen und Gischt.*

▽ *Markttag in Male: Nur Kokosnüsse gibt es reichlich. Ansonsten ist die Palette landwirtschaftlicher Produkte auf den Malediven recht schmal. Ein Hühnchen gilt hier als Festessen.*

Aber schon 1573 machten die Malediver gemeinsame Sache mit indischen Piraten und überrannten das Fort. Das war das Ende des portugiesischen Einflusses.

Wegen der ständigen Bedrohung durch Piraten, der das Land praktisch schutzlos ausgeliefert war, suchte man Kontakt mit einer anderen Macht: mit Holland. Auch die französische Trikolore wehte einige Zeit über der Bastion in Male, doch Konsequenzen hatte das alles nicht: Den Malediven fehlt völlig jenes koloniale Gepräge, wie man es von Ceylon oder Indien her kennt.

1887 wurden die Malediven britisches Protektorat. Das heißt, sie gaben die Außen- und Verteidigungspolitik an die Engländer ab und mußten ihre Sultane formell bestätigen lassen, blieben aber weitgehend ihre eigenen Herren.

Die moderne Zeit brach an, als 1932 das Sultanat in eine Wahlmonarchie umgewandelt wurde. 1953 ist das Geburtsjahr der ersten maledivischen Republik, und ihr erster Präsident hieß Muhamad Amin – als Amin Didi heute noch eine Legende. Es gab kaum einen Posten im Lande, den er nicht innegehabt hätte: vom Vorstand der Dichtervereinigung über eine Handvoll Ministerien bis hin zum Mittelstürmer der Fußball-Nationalmannschaft. Ein Jahr nach Amtsantritt war er tot – ermordet. Aber seine kurze Amtszeit hatte aufgrund zahlreicher Reformen große Bedeutung für das Land.

Danach kam wieder ein Sultan an die Macht, Muhamad Farid, doch nur bis zum Jahre 1959, als sich die Atolle Suvadiva, Fua Mulaku und Addu zur »Republik der Vereinigten Suvadiven« erklärten. Premierminister Ibrahim Nasir schlug den Aufstand mit brutaler Gewalt nieder, was ihm einen so großen Machtzugewinn brachte, daß er später Sultan Farid absetzen und sich zum Präsidenten wählen lassen konnte. Er öffnete das Land nach außen, organisierte – nach dem Vorbild Singapurs – die Wirtschaft neu und brachte den Tourismus ins Land: seit der Islamisierung im 12. Jahrhundert wohl der größte Einschnitt in der Geschichte der Malediven. Die Geldquellen, die jetzt so reichlich sprudeln, hat Nasir angebohrt. Sein Ende jedoch ist unrühmlich: Er setzte sich 1978 mit einigen Millionen Dollar aus der Staatskasse nach Singapur ab, wo er heute noch lebt.

Kurumba – die erste Touristeninsel

Neuer Präsident wurde der Transportminister Maumoon Abdul Gayoom. Der Absolvent der Al-Ahzar-Universität in Kairo zeigte bald, woher der Wind wehte. Wurden unter Nasir die Einkünfte möglichst profitbringend angelegt, jagte jetzt eine Moschee-Eröffnung die andere. Ein Umsturzversuch im Jahre 1980 machte auch diese Regierung sehr sicherheitsbewußt. Weil die von den Putschisten angeworbenen Söldner damals mit Waffen im Gepäck als Tauchtouristen getarnt waren und unbehelligt einreisen konnten, gibt es jetzt Zoll- und Paßkontrollen bei der Einreise – bis dahin etwas völlig Unbekanntes.

Politische Parteien hat es auf den Malediven nie gegeben und gibt es auch heute nicht. Das Parlament, die Maylis, das vom jeweiligen Präsidenten kontrolliert wird, stellt alle fünf Jahre einen neuen Kandidaten auf, den das Volk bei einer Abstimmung als Staatsoberhaupt akzeptieren oder ablehnen kann. Die Außenpolitik orientierte sich immer an den Machthabern der Region und traditionell an Großbritannien. Unter Gayoom sind die Malediven auf die politische Linie der arabischen Staaten eingeschwenkt.

Den größten Anteil an der Wirtschaft hat der Tourismus, wenn auch die meisten Gelder wieder ins Ausland fließen. Als erste Touristeninsel entstand 1972 Kurumba, heute sind es 60. Der touristische Aufschwung sucht seinesgleichen, auch heute noch liegen die jährlichen Zuwachsraten bei 20 Prozent. Der neue Flughafen, von der Frankfurter Flughafengesellschaft geplant und 1981 in Betrieb genommen, ermöglicht Landungen von Großraumjets und öffnete die Märkte Europas und Asiens.

Der Katibu sieht alles

Der Tourismus ist wohl die reichste Einnahmequelle, nicht aber die wichtigste. Weil der Löwenanteil von den Geldern ins Ausland fließt oder bei einigen Familien in Male hängenbleibt, merken die Inselbewohner draußen auf den Atollen herzlich wenig vom neuen Segen. Über die Hälfte der Bevölkerung lebt nach wie vor vom Fischfang. Natürlich dient Fisch dem Eigenbedarf, geht aber getrocknet oder gesalzen auch in den Export. Im Lhaviyani-Atoll gibt es sogar eine Thunfisch-Konservenfabrik.

Von den rund 2000 Inseln sind nur 200 bewohnt. Jede dieser Inseln versorgt sich selbst; nur das Grundnahrungsmittel Reis und das Nationalgetränk Tee müssen eingeführt werden. Das Meer liefert Nahrung, Korallenkalk für den Hausbau, und der Umstand, daß alles mit Booten transportiert werden muß, verschafft vielen einen zusätzlichen Verdienst. Palmen liefern Öl, Zucker, Essig, Brennholz, Seile, Bauholz für Boote und Häuser. Wenn die Ernährung auch einseitig ist, Hunger gibt es nicht auf den Malediven, und das ist beileibe keine Selbstverständlichkeit im Asien des 20. Jahrhunderts.

Eine Insel hat im Durchschnitt 200 bis 300 Einwohner. Oberhaupt ist der Katibu, der von der Regierung ernannt wird, ihm zur Seite steht ein Stellvertreter, der Kuda (»Kleine«) Katibu. Der Mudim, der Vorbeter, vervollständigt den bürokratischen Apparat. Sieht man dem Katibu bei seinem nicht allzu anstrengenden Tagewerk zu, begreift man plötzlich, warum die Verwaltung dieser im Indischen Ozean verteilten Republik so überraschend gut funktioniert. Jeden Abend gibt der Katibu per Funk einen detaillierten Bericht über die Ereignisse des Tages an seinen Atoll-Chef. Der wiederum faßt die Berichte seiner Inseln zusammen und übermittelt sie an die zentrale Atoll-Verwaltung in Male, die alle Informationen an die entsprechenden Ministerien weitergibt. So hört man dann täglich in den Spätnachrichten die Fangergebnisse aller Atolle – sogar aufgeschlüsselt nach Fischsorten.

▽ Heftig peitschen Windböen und Regenschauer die Kokospalmen am Strand. Zwischen Mai und September bringt der Südwestmonsun reichlich Niederschläge. Trotzdem überwiegt auch in dieser Zeit der Sonnenschein.

Landesnatur

Fläche: 298 km^2 (Landfläche; 51 800 km^2 inkl. Meeresfläche)
Ausdehnung: Nord–Süd 900 km, West–Ost 150 km

Die Malediven liegen etwa 500 bis 1000 km südwestlich der Südspitze Indiens im Indischen Ozean. Von Indien sind sie durch die Lakkadivensee getrennt, von den Inseln der Lakkadiven im Norden durch den Acht-Grad-Kanal.

Naturraum
Von den etwa 2000 Inseln der Malediven sind nur rund 200 bewohnt. Die Koralleninseln liegen durchweg in Atollgruppen zusammen; einige besitzen Tiefwasserlagunen. Die Inseln ragen selten höher als 2,5 m aus dem Meer, keine ist größer als etwa 13 km^2. Die Fläche der Hauptinsel Male beträgt 1,5 km^2.

Ernte von Taro-Knollen auf Fua Mulaku, eine der wenigen Inseln, wo Ackerbau lohnt.

Die meisten der für Touristen attraktiven Inseln weisen herrliche weiße Sandstrände auf, oft sind sie auch gänzlich mit einer Sandschicht bedeckt. Ständig fließende Gewässer gibt es nicht; das Grundwasser ist von Versalzung durch Meerwasser bedroht.

Klima
Die Malediven haben tropisches Klima mit nur geringen jährlichen Temperaturschwankungen (28 °C bis 31 °C). In der Regenzeit von Mai bis September bringt der Südwestmonsun teilweise heftige Niederschläge (Jahresmittel Male: 2000 mm). Während des Nordostmonsuns von Oktober bis April ist es relativ trocken. Die allgemein hohe Luftfeuchtigkeit auf den Inseln wird durch eine ständig wehende Seebrise gemildert.

Vegetation und Tierwelt
Auf den Sandböden der Inseln wachsen hauptsächlich Kokos- und Schraubenpalmen, Brotfruchtbäume und tropische Buschgewächse.
Die Riffe und Lagunen bilden den Lebensraum für eine reiche tropische Meeresfauna. An den Sandstränden vieler Inseln haben Meeresschildkröten ihre Laichplätze.

Politisches System

Staatsname: Divehi raajje
ދިވެހިރާއްޖެ
Staats- und Regierungsform: Präsidiale Republik im Commonwealth of Nations
Hauptstadt: Male
Mitgliedschaft: UN, ESCAP, SARC, Colombo-Plan

Die Malediven erlangten im Juli 1965 ihre Unabhängigkeit; im November 1968 trat eine Verfassung in Kraft, mit der eine präsidiale Republik proklamiert wurde. Staatsoberhaupt ist der für fünf Jahre direkt gewählte und mit weitreichender politischer Macht ausgestattete Präsident. Er ist gleichzeitig Regierungschef und ernennt die Kabinettsmitglieder.
Das Parlament besteht aus acht vom Präsidenten ernannten und 40 für fünf Jahre direkt gewählten Mitgliedern. Es tagt nur dreimal im Jahr und hat kaum Einfluß auf die Politik.
Das Land ist in 19 Verwaltungsbezirke und den direkt der Regierung unterstehenden Hauptstadtbezirk gegliedert. Die Rechtsprechung beruht auf islamischem Recht.

Bevölkerung

Einwohnerzahl: 190 000
Bevölkerungsdichte: 637 Einw./km^2
Bevölkerungszunahme: 3 % im Jahr
Größte Stadt: Male (48 000 Einw.)
Bevölkerungsgruppen: Mischvolk arabischer, singhalesischer und malaiischer Abstammung; etwa 200 Ureinwohner

Im Hafen von Naifaru: Fischkonserven für den Export.

Die Malediven haben eine sehr junge Bevölkerung, 44 % sind jünger als 15 Jahre. Der seit 1911 bestehende Männerüberschuß (damals 20 % mehr Männer als Frauen) beginnt langsam zu schwinden. Die einzelnen Atolle sind sehr ungleichmäßig besiedelt, etwa ein Fünftel der Einwohner lebt auf der Hauptinsel Male.
Landessprache ist das mit dem Singhalesischen verwandte Divehi, die Schrift ist arabischen Ursprungs.
Staatsreligion ist der sunnitische Islam; Nichtmuslime können keine Staatsbürger werden.

Soziale Lage und Bildung
Die soziale Sicherung beschränkt sich bisher nur auf eine Altersversorgung für die im öffentlichen Dienst Beschäftigten. Die Arbeitslosenrate liegt bei 7 %, die meisten Erwerbslosen leben in der Hauptstadt. Die medizinische Versorgung ist noch unzureichend.
Allgemeine Schulpflicht besteht für 6- bis 15jährige, etwa 15 % der Erwachsenen dürften gegenwärtig noch Analphabeten sein.

Wirtschaft

Währung: 1 Rufiyaa (Rf) = 100 Laari (L)
Bruttoinlandsprodukt (in Anteilen): Land- und Forstwirtschaft 29 %, industrielle Produktion 14 %, Dienstleistungen 57 %
Wichtigste Handelspartner: Singapur, Japan, Thailand, EG-Staaten, Sri Lanka, Indien

Nach den Entwicklungskategorien der UN zählen die Malediven zu den 25 ärmsten Ländern der Welt. Seit Beginn der 80er Jahre wird ein starker Rückgang der Exporterlöse verzeichnet. Die Tourismusbranche hingegen kann mit erheblichen Zuwachsraten aufwarten.

Landwirtschaft
Nur knapp 10 % der Landfläche sind kultivierbar. Die bedeutendste Nutzpflanze ist die Kokospalme (Kokosnüsse und -fasern, Kopra, Nußöl). Weitere pflanzliche Erzeugnisse sind Taro, Südfrüchte, Gemüse, Hirse, Maniok, Süßkartoffeln und Mais. Haupterwerbszweig ist die Fischerei, von dem über die Hälfte der Bevölkerung lebt; ein Großteil der Fänge wird exportiert.

Energie, Industrie, Handel
Die Energieversorgung basiert im wesentlichen auf importiertem Erdöl; Wind- und Sonnenenergie sollen zunehmend genutzt werden.
Im gewerblichen Sektor herrschen handwerkliche Kleinbetriebe (z. B. Bootsbau) vor. In modernen Großbetrieben werden Fischkonserven, Textilien und Kunststoffprodukte, überwiegend für den Export, hergestellt.
Die Handelsbilanz ist chronisch defizitär. Hauptimportgüter sind Erdölprodukte, Nahrungsmittel, Maschinen und elektrotechnische Geräte.

Der Rotfeuerfisch, gefürchtet wegen der Stacheln und Giftdrüsen in seinen Rückenflossen.

Verkehr, Tourismus
Zwischen den Inseln besteht ein Schiffsverkehrsnetz mit dem Zentrum Male. Der internationale Flughafen befindet sich auf der Insel Hulule nahe Male.
Seit Beginn der 70er Jahre hat sich der Tourismus auf den sog. Hotelinseln zu einem bedeutenden Wirtschaftsfaktor entwickelt. Ein Fünftel der Besucher stammt aus der Bundesrepublik Deutschland.

Geschichte

Die Malediven wurden um 500 v. Chr. von Indoariern besiedelt, die aus Südindien oder Ceylon (Sri Lanka) einwanderten. In den ersten nachchristlichen Jahrhunderten dienten die Inseln als Zwischenstation für den Seehandel des Römischen Reichs mit Indien und China. Im Mittelalter verbreiteten arabische und persische Händler die muslimische Religion auf den bis dahin vom Buddhismus geprägten Malediven; 1153 wurde der Islam Staatsreligion.

Korallenkalk wird zu Baumaterial verarbeitet.

Wechselnde Kolonialherrschaft
Die Portugiesen versuchten seit dem frühen 16. Jh. mehrmals vergeblich, die von einem Sultan regierten Malediven zu kolonisieren. Sie konnten zwar 1558 die Hauptstadt Male erobern, wurden aber 1573 wieder verdrängt. Als die Inselwelt in der Folgezeit zunehmend das Ziel von Piraten wurde, die von der Malabarküste her kamen, wandten sich die Malediver nach 1640 um Hilfe an die Niederländer und leisteten ihnen ab 1645 freiwillig Tributzahlungen. Die Niederländer mischten sich jedoch nie in die inneren Angelegenheiten des Sultanats ein. Von 1754 bis 1759 hatten die Franzosen eine kleine Garnison in Male eingerichtet.
Nachdem die Briten 1796 Ceylon besetzt hatten, übernahmen sie von den Niederländern auch die Oberhoheit über die Malediven. 1887 wurde ein offizieller Schutzvertrag abgeschlossen, doch blieb die innere Autonomie auch weiterhin unangetastet. Verwaltungsmäßig wurde das Protektorat der britischen Kronkolonie Ceylon angegliedert.
1932 erhielten die Malediven ihre erste Verfassung, die das Sultanat in eine Wahlmonarchie umwandelte. Nach der Unabhängigkeit Ceylons im Jahre 1948 wurden die Malediven dem Colonial Office in London direkt unterstellt. Die am 1. 1. 1953 von Amin Didi ausgerufene Republik wurde schon ein Jahr später wieder durch das Sultanat abgelöst. Einen Aufstand auf den drei südlichen Atollen, die sich im Jahr 1959 als Republik der Vereinigten Suvadiven abspalteten, schlug die Zentralregierung gewaltsam nieder.

Am 26. 7. 1965 (Nationalfeiertag) wurden die Malediven unabhängig und traten aus dem Commonwealth aus.
Durch einen Volksentscheid wurde 1968 die Monarchie endgültig abgeschafft und in eine Präsidialdemokratie umgewandelt. Präsident der »Republik der Malediven« wurde Ibrahim Nasir. 1976 räumten die Briten die Insel Gan im Addu-Atoll, die sie 1960 als Militärstützpunkt für 30 Jahre gepachtet hatten. Am 11. 11. 1978 wurde Maumoon Abdul Gayoom als neuer Präsident vereidigt (1983 wiedergewählt). 1982 wurden die Malediven abermals Mitglied des Commonwealth of Nations.

Kultur

Obwohl die Malediven bis zum 12. Jh. unter indischem Kultureinfluß standen und stark durch das benachbarte Ceylon geprägt wurden, finden sich heute nur spärliche Zeugnisse aus vorislamischer Zeit (vorwiegend auf den größeren Inseln der südlichen Atolle). Bisher sind die Inseln archäologisch allerdings nur wenig erforscht.
Bei den als »Havita« bezeichneten Ruinenresten handelt es sich um Stupas, buddhistische Reliquienschreine, von denen jedoch nur noch mehr oder minder große Steinhaufen zu sehen sind. Vorislamische Traditionen konnten sich bis in die jüngste Vergangenheit lediglich bei den isoliert lebenden Bewohnern von Giravaru im Male-Atoll erhalten, die aber 1972 wegen Erosionserscheinungen auf ihrer Insel nach Male evakuiert werden mußten.
Die Malediven sind heute hinsichtlich ihrer erhaltenen Kulturdenkmäler fast ausschließlich islamisch geprägt. An der sakralen Architektur zeigt sich eine hochentwickelte Steinmetzkunst. Die Moscheen sind meist aus Korallenkalk erbaut und besitzen im Inneren kunstvolle Schnitzarbeiten. In Male sind vor allem die modernisierte Große Freitagsmoschee mit ihrem charakteristischen Minarett (die Nichtmuslime aber nicht betreten dürfen) und das Museum im Sultanspark sehenswert.

Volkskunst
Im Kunsthandwerk weisen die streng geometrischen Muster der Kokosmatten auf den arabisch-persischen Einfluß hin. Die Kunst der Lackarbeiten (auf Holzdosen und Vasen) hingegen stammt aus China.

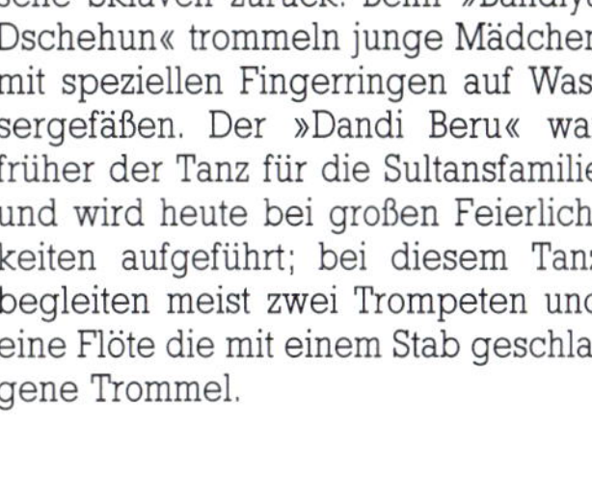

Die ebenfalls arabisch geprägte Musiktradition ist noch im Alltag lebendig, vor allem in den Volksgesängen und Volkstänzen. Der von Männern getanzte und von Trommeln begleitete »Bodu Beru« geht auf afrikanische Sklaven zurück. Beim »Bandiya Dschehun« trommeln junge Mädchen mit speziellen Fingerringen auf Wassergefäßen. Der »Dandi Beru« war früher der Tanz für die Sultansfamilie und wird heute bei großen Feierlichkeiten aufgeführt; bei diesem Tanz begleiten meist zwei Trompeten und eine Flöte die mit einem Stab geschlagene Trommel.

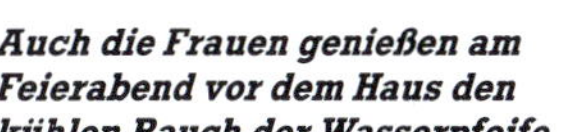

Auch die Frauen genießen am Feierabend vor dem Haus den kühlen Rauch der Wasserpfeife.

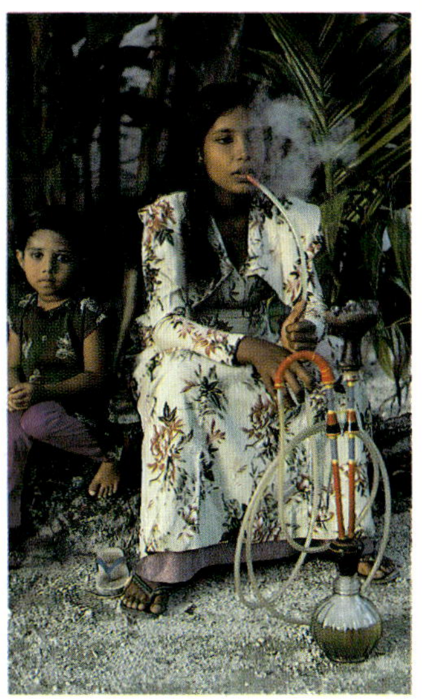

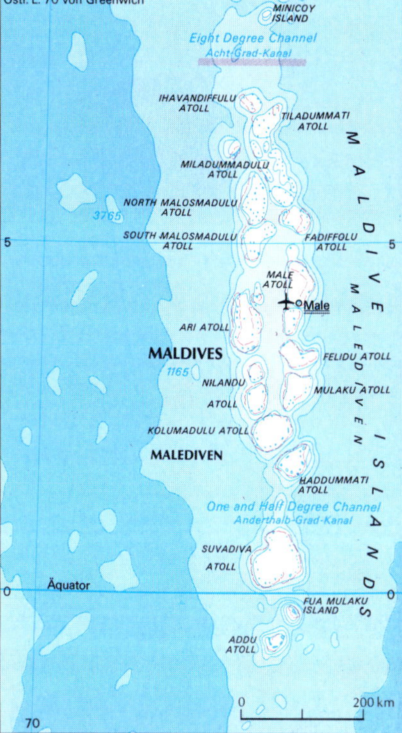

Reise-Informationen

Einreisepapiere
Bürger der Bundesrepublik Deutschland, der Schweiz und Österreichs brauchen für einen Aufenthalt bis zu 30 Tagen einen gültigen Reisepaß und ein Touristenvisum, das bei der Ankunft auf dem Flughafen kostenlos ausgestellt wird.
Zoll
Bei der Einreise sind zollfrei: 200 Zigaretten oder 50 Zigarren oder 250 g Tabak. Verboten ist die Mitnahme von Alkohol und Schweinefleisch sowie von Harpunen und Unterwassergewehren. Schildkrötenprodukte und schwarze Korallen dürfen nicht ausgeführt werden.
Devisen
Rufiyaa (Rf) sind im Ausland nicht erhältlich. »Harte« Währungen und Reiseschecks dürfen unbegrenzt mitgeführt werden. Die Mitnahme von US-$ ist empfehlenswert.
Impfungen
Malariaschutz ist das ganze Jahr über erforderlich.
Verkehrsverhältnisse
Es besteht regelmäßiger Bootsverkehr zu den wichtigsten Inseln. Boote können auch angemietet werden. Verkehrsmittel auf den Inseln ist das Fahrrad, in der Regel geht man jedoch zu Fuß. In Male gibt es auch Taxis.
Unterkünfte
Als Unterkünfte dienen eine begrenzte Anzahl von im allgemeinen eingeschossigen Bungalows; in Male gibt es einige Hotels.
Reisezeit
Die beste Reisezeit ist von Oktober bis April. In dieser Zeit sind nur wenige Regenfälle zu erwarten.

Mongolei

Veronika Veit

»Des Chentei, Changai und Sajan hohe, prächtige Bergrücken, des Nordens Schmuck, die waldigen Höhen, des Menen, Sarga und Nomin weit ausgedehnte Halbwüsten, des Südens Stirn, die sandigen Dünenmeere: Das ist meine Heimat, der Mongolei schönes Land!« So schrieb der Dichter Natsagdorz im Jahre 1933.

Die Mongolei: Da denken wir an Dschingis-Khans Weltreich – das ist die Vergangenheit – und an ein Land zwischen den Großmächten China und Sowjetunion – das ist die Gegenwart. Zwei Assoziationen, die beide bezeichnend sind – doch wie verbindet sich beides? Wie kaum ein anderes Land ist uns die Mongolische Volksrepublik fremd und unbekannt. Es lohnt sich, sie näher zu betrachten.

Die Mongolen also: gestern eine Weltmacht »ex tartaro«, heute in der Gefolgschaft Moskaus?

Staatsname:	Mongolische Volksrepublik
Amtssprache:	Mongolisch
Einwohner:	1,9 Millionen
Fläche:	1 566 500 km²
Hauptstadt:	Ulan-Bator
Staatsform:	Sozialistische Volksrepublik
Zeitzonen:	MEZ +6 bis +8 Std.
Geogr. Lage:	Östliches Zentralasien, begrenzt von der Sowjetunion und der Volksrepublik China

Die Mongolen sind Experten in der Pferdezucht. Mit einem Drahtlasso fängt dieser Reiter ein Mongolenpony ein.

Wie ein Ei zwischen zwei Steinen

Das innerste Asien ist eine Welt für sich, ungleich allen anderen Gebieten auf der Erde. Wo gibt es eine Landschaft, die endlosere Weiten, fernere Horizonte bietet als die gewellten Hochweiden der nördlichen Mongolei, die Steppen- und Sandzonen der Gobi? Wo noch könnte man streifen, ohne – wie es scheint – jemals an ein Ende zu gelangen, an das Ende eines Landes, in dem der Horizont wie auf dem Weltmeer dauernd entschwindet?

Wer in das Grasland reist, dem wird das Herz weit, sagen die Mongolen. Genau dies empfindet der Reisende, der ihr Heimatgebiet besucht. Namen mögen ihm in den Sinn kommen: Dschingis-Khan und Kublai, Marco Polo und Sven Hedin, Bilder von Handelskarawanen mit ihren langen Reihen baktrischer Kamele auf dem Wege nach Peking, Bilder von Reiterheeren, schnell, gefürchtet, tödlich, Bilder von weißen Filzzelten in einer Talmulde, von friedlich grasenden Herden. Der Reisende sieht das Motorrad aufgebockt neben dem Reitpferd mit der traditionellen Dreierfußfessel, die ein freies Weiden erlaubt, aber kein Davonlaufen, ein zweimotoriges Kleinflugzeug inmitten der Steppe neben einem Jurtenlager, unweit eines Schildes, das Parken gestattet.

Ein Besuch bei den Nachfahren Dschingis-Khans ist nicht nur eine Reise in die Vergangenheit: Weder die Schreckensvisionen des europäischen Mittelalters von den wilden »Horden« – dieses Wort ist ein absolutes Mißverständnis: mongolisch Orda bedeutet Heerlager – noch beschauliche Lagerfeuerromantik zeichnen ein treffendes Bild. Die Mongolische Volksrepublik bildet die Pufferzone zwischen zwei Großmächten, der Sowjetunion und China – eine Position, die der 1924 verstorbene achte Jebtsundamba Khutukhtu, das erste Oberhaupt der Autonomen Mongolei, einmal mit der eines Eies verglichen hat, das zwischen zwei Steinen eingeklemmt ist. Diese Position ist aus der langen Auseinandersetzung der zentralasiatischen Hirtennomaden mit den umwohnenden seßhaften Völkerschaften historisch gewachsen, und sie bestimmt auch heute noch weitgehend die Politik des Landes.

Dschingis-Khan und das mongolische Weltreich

»Wenn ihr, wie eben die fünf Pfeile, jeder für sich allein bleibt, werdet ihr wie jene einzelnen Pfeile von jedem Beliebigen leicht zerbrochen werden. Wenn ihr aber wie jenes Bündel Pfeile zusammen in Eintracht bleibt, was könnte euch dann so leicht von irgend jemand geschehen?« So steht es in der Geheimen Geschichte der Mongolen aus dem 13. Jahrhundert.

In der Mongolei, dem traditionellen Heimatgebiet nomadischer Hirten- und Reitervölker, von deren Leben wir durch archäologische Funde und auch durch schriftliche Zeugnisse Kenntnis haben, ist eines der größten Reiche der Weltgeschichte entstanden.

Vom Gelben Meer bis Osteuropa, von Korea bis Sibirien dehnte sich das mongolische Großreich aus. Bis zum Ende des 13. Jahrhunderts war die Pax Mongolica eine Realität, die es erlaubte, daß sowohl Handelsgüter als auch Ideen und Erfindungen von einem Ende der bekannten Welt bis zum anderen gelangten. Venezianische Kaufleute kamen nach Peking, mongolische Gesandte nach Bordeaux und London. Französische Handwerker arbeiteten in Karakorum – bis zu dieser Zeit Hauptstadt des mongolischen Großreiches –, päpstliche und königliche Gesandte machten dort den Großkhanen ihre Aufwartung. Ihren Berichten, etwa dem des flämischen Franziskanermönchs Wilhelm von Rubruck (1253/1254) oder seines Ordensbruders Johann von Plano Carpini (1246), verdanken wir ein lebhaftes und anschauliches Bild des Lebens der Mongolen zu jener Zeit. Marco Polos berühmtes Buch war mehr als ein Katalog von Wundern – es symbolisierte den Anbruch eines neuen Zeitalters.

Der Begründer dieses mongolischen Weltreiches, Dschingis-Khan – mit persönlichem Namen Temudschin, geboren um 1160 –, war geprägt von den feudalen Werten des Clanbewußtseins, der Gefolgschaftstreue und dem aristokratischen Ideal des Kriegerlebens. Dank seiner ungewöhnlichen politisch-militärischen Führungsbegabung gelang ihm zunächst in mehreren Kriegszügen die Einigung der mongolischen wie auch der nichtmongolischen Stämme Zentralasiens. Dies führte dann zu weiteren Eroberungszügen, auch bedingt durch die Spannung zwischen den dynamischen, flexiblen, aber armen Reiternomaden und den weniger beweglichen, aber reichen Seßhaften.

Das Bild von Dschingis-Khans grausamer Kriegführung allerdings ist vor allem von den Besiegten gezeichnet worden. In überzeugendem Gegensatz hierzu stehen seine weisen und weitsichtigen Gesetzesvorschriften wie auch die Worte des Großkhans Möngke, seines Enkels, die uns Wilhelm von Rubruck überliefert hat: »Wir Mongolen glauben, daß es nur einen Gott gibt, durch den wir leben und durch den wir sterben. Aber wie Gott der Hand verschiedene Finger gegeben hat, so hat er den Menschen verschiedene Wege gegeben. Euch nun hat Gott Schriften gegeben, ihr aber befolgt sie nicht; uns hat er Seher gegeben, und wir tun, was sie uns sagen, und leben in Frieden.«

▽ Nicht alle Stadtteile von Ulan-Bator sehen so fortschrittlich aus. Etwa 1950 begann mit Hilfe der Sowjetunion die Modernisierung der Metropole im Norden des Landes. Lebten die Mongolen früher vorwiegend als Nomaden, wohnt heute schon rund ein Viertel in der Hauptstadt.

Die Mongolen verlieren ihre Unabhängigkeit

»Man kann die Welt vom Pferderücken aus erobern, aber man kann sie nicht vom Pferderücken aus regieren.« Mit diesen Worten belehrte ein chinesischer Berater den Großkhan Kublai, den ersten Kaiser der Yüan-Dynastie, einen weiteren Enkel Dschingis-Khans. Als die Verwaltung des Reiches nämlich in die Hände von Beamten aus den Reihen der unterworfenen seßhaften Völker überging, deren Kultur auch für die Mongolen immer verführerischer wurde, hörte das Reich auf, spezifisch mongolisch zu sein, und zerfiel.

In den darauffolgenden rund 300 Jahren bis zur Ausrufung der tungusischen Mandschu zu Kaisern von China unter dem Dynastie-Namen Ch'ing im Jahre 1644 vollzog sich unter den mongolischen Völkerschaften jener Wandel, der ihre Eingliederung in das chinesische Reich einleitete und der ihr Schicksal bis auf den heutigen Tag bestimmen sollte. Keinem der zahlreichen direkten Nachkommen Dschingis-Khans gelang es, den Erfolg des Ahnherrn zu wiederholen und die feudale Zersplitterung zu überwinden.

Der geradezu fatale mongolische Individualismus, der stets persönlicher Loyalität den Vorrang gab vor Loyalität zu politischen oder ideologischen Institutionen im weitesten Sinne, verhinderte zu jener Zeit eine Staatsgründung. Diesen machtpolitisch gesehen »leeren Raum« wollten und konnten sich die Mandschu-Kaiser zunutze machen – wie später Rußland. Sieger blieben zunächst – bis 1911 – die Mandschu und damit China. Die Mongolen verloren ihre Unabhängigkeit: Aus anfänglich Alliierten wurden allmählich Untertanen. Entsprechend ihrer geographischen Lage zu Peking unterteilte man ihr Land in eine »Äußere Mongolei« – sie entspricht etwa dem Gebiet der heutigen Mongolischen Volksrepublik – und eine »Innere Mongolei« – die heutige Autonome Region Innere Mongolei in der Volksrepublik China.

Erwachendes Nationalbewußtsein

»Sage nicht, ein Paß sei unüberwindlich; wenn du hinaufsteigst, kannst du ihn überschreiten. Sage nicht, es ist weit, du kannst es nicht erdulden; wer geht, langt auch an.« (Mongolisches Sprichwort)

Die Jahrhunderte der Teilung und der Fremdherrschaft bewirkten nicht nur eine zunehmende wirtschaftliche Stagnation, sondern auch eine nahezu vollständige politische Isolation der Mongolen. Die Auslandsbeziehungen beschränkten sich auf den Handel zwischen der Äußeren Mongolei und Rußland, dessen Interesse an diesem Raum ständig zugenommen hatte.

So wurde vor allem das 19. Jahrhundert in immer stärkerem Maße von russischer Großmachtpolitik bestimmt. Der Respekt vor dem ehemals starken Mandschu-Reich begann zu schwinden. Der Grenzvertrag von Aigun im Jahre 1858 sicherte zunächst russische Handelsniederlassungen und die Einrichtung von Konsulaten in der Äußeren Mongolei.

Ebenfalls als folgenschwerer kolonisatorischer Rivalitätskampf erwies sich der Russisch-Japanische Krieg 1904/1905, aus dem Japan siegreich hervorging. Tokio und St. Petersburg legten über den Kopf Chinas hin-

◁ ***Mit Leidenschaft betreiben die Mongolen das Bogenschießen. Beim Nadom-Fest in Ulan-Bator kommt dieser Volkssport gebührend zu Ehren. Neben der feierlichen Nationaltracht macht sich in der Kleidung hier und da auch westlicher Einfluß bemerkbar.***

▽ ***Früher war das Gandan-Kloster in Ulan-Bator kultureller und religiöser Mittelpunkt der Mongolei. Heute ist es das einzige noch von Mönchen bewohnte Kloster des Landes und wird als lebendiges Erbstück der lamaistischen Vergangenheit liebevoll gepflegt.***

weg die russisch-japanischen Interessensphären in Nordost- und Zentralasien fest: Die Äußere Mongolei sollte danach zur russischen, die Innere Mongolei zur japanischen gehören.

Mongolische Unzufriedenheit bis hin zu aktivem Widerstand und ein erwachendes Nationalbewußtsein machten sich während des ganzen 19. Jahrhunderts immer wieder bemerkbar. Im Jahre 1911, nach dem Sturz der Mandschu-Dynastie, erklärten die Fürsten der Äußeren Mongolei ihre Unabhängigkeit. Das Loyalitätsverhältnis zum mandschurischen Kaiserhaus betrachteten sie als nicht auf die neue chinesische Republik übertragbar. Damals wurde das geistliche Oberhaupt, der achte Jebtsundamba Khutukhtu – nach dem Dalai Lama und dem Pantschen Lama dritter in der lamaistischen Hierarchie –, auch zum weltlichen Führer der Autonomen Äußeren Mongolei.

Seine Bemühungen, einen Zusammenschluß auch mit den Mongolen der Inneren Mongolei zu erreichen und völlige Unabhängigkeit zu gewinnen, scheiterten jedoch. Sie lagen weder im Sinne der russischen noch der chinesischen Außenpolitik. Zudem verfügten die Mongolen weder über die erforderlichen internationalen Verbindungen noch vor allem über die notwendigen materiellen und militärischen Mittel. Der Dreiervertrag von Kjahta, 1915 zwischen Rußland, China und der Äußeren Mongolei abgeschlossen, sicherte dem Mongolenstaat zwar die Autonomie zu, aber unter chinesischer Oberherrschaft. Der Erfolg der russischen Diplomatie im Kjahta-Abkommen ging in der Folge der Revolution von 1917 zeitweilig wieder verloren. China ersetzte Diplomatie durch Gewalt, besetzte die Äußere Mongolei und erzwang 1919 die Aufgabe der Autonomie.

Die Besatzung war aber nur von kurzer Dauer. Mit Hilfe des weißgardistischen Generals Baron Ungern-Sternberg vertrieben die Mongolen die chinesischen Truppen. Sie waren aber vom Regen in die Traufe geraten: Ungern-Sternberg verfolgte eigene ehrgeizige Ziele mit Willkür und Grausamkeit. Nun hatten nach der Entlassung der Armee im Jahre 1919 auch national gesinnte Mongolen begonnen, Widerstandsgruppen gegen die chinesische Militärherrschaft zu bilden. Daneben gab es eine revolutionäre Gruppe um junge Mongolen, die russische Schulen besucht hatten und mit der Komintern in Verbindung standen. Sie gründeten 1921 eine revolutionäre Volkspartei, schlossen sich mit den Nationalisten zusammen, rekrutierten Partisaneneinheiten, eroberten die Stadt Kjahta, in der sich die letzten chinesischen Truppenverbände verschanzt hatten, und bildeten eine provisorische Regierung. Diese bat die Sowjetunion, die Ungern-Sternberg selbst als Feind betrachtete, um Hilfe bei der endgültigen Vertreibung des Generals.

So marschierten Streitkräfte der Roten Armee zusammen mit den mongolischen Partisanen im Juli 1921 siegreich in Urga ein und benannten die Stadt um in Ulan-Bator – »Roter Held«. Die Mongolen bildeten eine revolutionäre Volksregierung, deren nominelles Oberhaupt der achte Jebtsundamba Khutukhtu blieb. Nach seinem Tod und mit der Verabschiedung der neuen Verfassung wurde 1924 die alte Äußere Mongolei dann als Mongolische Volksrepublik der erste Staat nach der Sowjetunion, in dem die Ideologie des Marxismus-Leninismus zum Grundsatz der alleinregierenden Staatspartei wurde.

Strahlendes Licht – unendliche Weite

»Ihr sollt das Land der Hirten kennenlernen!« Diese Worte aus Schillers Wilhelm Tell könnte man auch dem Reisenden zurufen, der die Mongolische Volksrepublik besucht. Die Faszination des Landes liegt noch immer in seiner großen Stille, im strahlenden Licht, in der unendlichen Weite, in seinem Reichtum an Viehherden und wildlebenden Tieren. Die geringe Einwohnerzahl – 1,9 Millionen – ist gleichzeitig eine Stärke und eine Schwäche. Eine Stärke – denn nichts beengt, nichts bedrängt, nichts verlangt Hast und Eile; eine Schwäche – denn die zahlreichen Aufgaben, vor die das Land sich gestellt sieht, erforderten eigentlich auch ein größeres Reservoir an Menschen. Gemessen an den vor 1924 herrschenden Verhältnissen hat das Land jedoch bemerkenswerte Fortschritte gemacht.

Die allgemeine Schulpflicht, eine Vielzahl weiterführender Schulen und Fachkollegs, die 1942 gegründete staatliche Universität in Ulan-Bator mit nunmehr 26 000 Studenten sowie weitere 11 000 Studenten, die im Ausland studieren, sorgen für den notwendigen Ausbildungshintergrund. Die Eisenbahn durchquert das Land von Nord nach Süd, die Transsibirische mit Peking verbindend, einige kurze Nebenlinien führen zu den aufstrebenden Industriezentren. Andere Entfernungen überbrückt man zu Pferde, auf Lastwagen oder mit Antonow-Flugzeugen, die auf jeder Sandpiste und Grassteppe geschickt und sanft gelandet werden. Mongolen fliegen Flugzeuge, fahren Autos und Motorräder – die modernen Pferde – mit der gleichen lässigen Eleganz, mit der sie reiten!

Die wichtigste Grundlage der mongolischen Volkswirtschaft bildet nach wie vor die Viehhaltung, in der – zusammen mit dem Akkerbau – fast die Hälfte der erwerbsfähigen Bevölkerung beschäftigt ist und der etwa 70 Prozent des Landes als Naturweide zur Verfügung stehen. Es werden Pferde, Kamele, Schafe, Rinder und Ziegen gehalten. In der Industrie überwiegt die Verarbeitung von tie-

△ ***Die Aufgaben der Polizei erfüllt eine 10 000 Mann starke paramilitärische Volksmiliz, in der Frauen ganz selbstverständlich neben den Männern Dienst an der Waffe tun und reiten können wie die Teufel.***

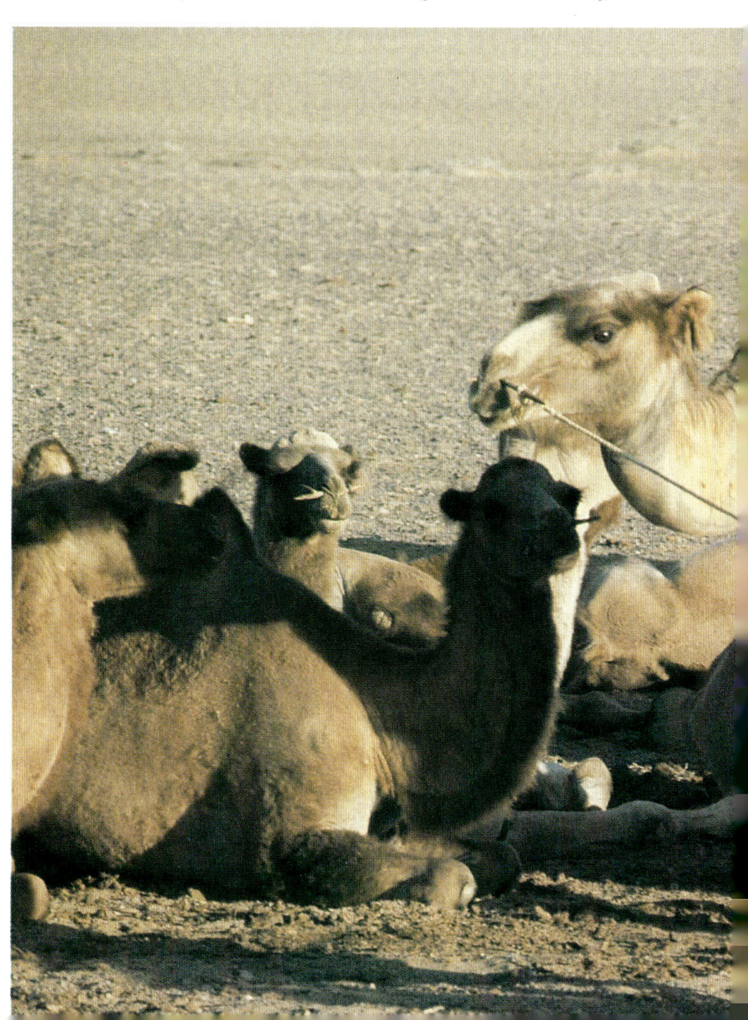

rischen Produkten, aber auch der Abbau der reichen Vorkommen an Bodenschätzen gewinnt zunehmend Bedeutung. Die Mongolische Volksrepublik ist Mitglied des COMECON – aber nicht des Warschauer Paktes.

Auf dem Gebiet der Kultur muß als besonders bemerkenswert die Arbeit der bereits 1921 gegründeten Akademie der Wissenschaften hervorgehoben werden. Ihr Bemühen um Bewahrung, Erforschung und Veröffentlichung des mongolischen Schrifttums ebenso wie der mündlich überlieferten Dichtung kann man nur als vorbildlich bezeichnen.

Gemeinhin ist wenig bekannt, welch reiche literarische Tradition die Mongolen haben, seit Dschingis-Khan im Jahre 1204 die uigurische Schrift, die von oben nach unten und von links nach rechts verläuft, für das Mongolische einführen ließ. Diese Schrift ist auch heute noch in der Autonomen Region Innere Mongolei in Gebrauch, während in der Mongolischen Volksrepublik seit 1941 ein modifiziertes kyrillisches Alphabet verwendet wird. Besonders erwähnen sollte man die traditionelle Geschichtsschreibung in Form von Chroniken und die Heldenepen, deren Vortrag und Weitergabe durch einen Sänger bis heute lebendig geblieben ist. Und geblieben, wenn auch kaum gelesen, sind die umfangreichen religiösen und philosophischen Schriften des im 16. Jahrhundert aufgekommenen Lamaismus.

An diese seit dem 17. Jahrhundert in der Mongolei so mächtige Religion erinnert heute fast nichts mehr. 1200 mit reichem Land- und Viehbesitz ausgestattete Klöster soll es einst in der Inneren, 700 in der Äußeren Mongolei gegeben haben. Lediglich das 1778 erbaute Gandan-Kloster in Ulan-Bator existiert noch. Dort leben zwischen 80 und 90 praktizierende Mönche. Sie halten buddhistische Gottesdienste, betreuen die Bibliothek und leiten eine kleine theologische Fakultät, in der auch lamaistische Novizen aus der Burjatischen und der Kalmückischen Sowjetrepublik studieren dürfen. Die Zahl der mongolischen Gläubigen ist verschwindend klein; nur Angehörige der älteren Generation besuchen das Kloster, manchmal mit ihren Enkeln. Das Interesse der Jugend an der Religion ist praktisch ausgelöscht.

◁ ***Die traditionelle Behausung der Mongolen ist die Jurte. Das runde, mit Filzdecken belegte Zelt hat ein Kuppeldach mit Rauchloch. Auf dem Land ist dies immer noch der Hauptsiedlungstyp.***

△ ***Gemütlich haben sich die Mongolen in der Jurte eingerichtet. Nur die Scherengitterwände erinnern daran, daß der Wohnraum in 20 Minuten abgebrochen werden kann. Dann begeben sich die Hirten mit Familie, Herde und Hausrat nach alter Nomadenart wieder auf Wanderschaft.***

◁ ***In der Wüste Gobi züchten nomadisierende Mongolen das sehr selten gewordene zweihöckrige Kamel, das sogenannte Trampeltier. Es ist extreme Hitze und Kälte sowie beschwerliche Märsche auf heißem Wüstensand gewohnt und daher für die Menschen in der Gobi unentbehrlich.***

Die ursprüngliche Glaubensrichtung der Mongolen, der ekstatische Schamanismus, wurde jedoch nie vollständig vom Lamaismus verdrängt oder durch ihn ersetzt. So sind bis heute einige wenige damit verbundene Rituale und Gebräuche lebendig geblieben, wenn ihre ursprüngliche Bedeutung auch oft in Vergessenheit geraten ist. Dem Reisenden fallen beispielsweise überall im Lande die »Obos« auf – kultische Steinanhäufungen, auf Bergkuppen am Wege errichtet. Sie dienten als Verehrungsstätte für die lokalen Berg- und Erdgeister, aber auch als Wegmarken. Heute noch legt der Reisende drei Steine darauf, damit ihn Glück auf seinem Weg begleite.

Nicht unerwähnt bleiben darf die Liebe der Mongolen zum Lied. Die sehr schönen und anrührenden Melodien sind auch für europäische Ohren außerordentlich wohlklingend und werden in der Regel ohne Instrumentalbegleitung gesungen. Kein Abendessen im Familien- oder Freundeskreis, kein Fest, bei dem nicht bald alle gemeinsam Lieder zum besten geben – der Gast aus Europa eingeschlossen!

Landesnatur

Fläche: 1 566 500 km² (sechsmal so groß wie die Bundesrepublik Deutschland)
Ausdehnung: West–Ost 2400 km, Nord–Süd 1250 km
Höchster Berg: Munh-Hajrhan-Ula 4362 m
Längste Flüsse: Selenga (mit Ider), mongolischer Anteil 1067 km (Gesamtlänge 1476 km), Orhon 1124 km, Kerulen, mongolischer Anteil 1090 km (Gesamtlänge 1254 km)
Größte Seen: Ubsu-Nur 3350 km², Hubsugul-Nur 2620 km², Hirgis-Nur 1360 km²

Die Mongolische Volksrepublik liegt im östlichen Zentralasien. Sie grenzt im Norden an die UdSSR und im Süden an die Volksrepublik China. Das Staatsgebiet ist ein gebirgiges Hochland mit einer mittleren Höhenlage von 1580 m ü. M.

Nationalheld Suhe Bator vor der Hauptpost in Ulan-Bator.

Naturraum
Markante Gebirgszüge – durch Faltungen in der Kreidezeit entstanden – prägen den zentralen und westlichen Teil des Landes; das Changaigebirge, der Mongolische Altai und der Gobi-Altai erreichen Höhen um die 4000 m. Sie umschließen Becken mit abflußlosen, stark salzhaltigen Seen (u. a. Ubsu-Nur, Hirgis-Nur). Die östliche Mongolei ist eine flachwellige Rumpflandschaft (800 m bis 1000 m), gegliedert durch Senken mit Salzseen bzw. -sümpfen; weite Teile davon nimmt im Süden die Wüste Gobi ein. Die Flüsse der nördlichen Mongolei fließen ins Nordpolarmeer bzw. in den Pazifik; alle anderen Wasserläufe enden in abflußlosen Salzpfannen.

Klima
In der Mongolei herrscht extremes Kontinentalklima mit langen, kalten und trockenen Wintern und relativ niederschlagsreichen, warmen Sommern. Die Monatsmitteltemperatur liegt im Norden im Januar bei −35 °C, im Juli bei +10 °C, im Süden im Januar bei −15 °C, im Juli bei +22 °C. In der Wüste Gobi werden im Sommer Höchstwerte von 45 °C gemessen. Von Norden nach Süden nimmt der Jahresniederschlag von 400 mm (Gebirge) auf unter 100 mm (Wüste Gobi) ab.

Vegetation und Tierwelt
Im Norden des Landes kommen ausgedehnte Gebirgsnadelwälder vor. In südlicher Richtung schließen sich verschiedene Steppengürtel an; der zentrale Teil der Wüste ist vegetationslos. In den Wäldern leben Luchse, Schneeleoparden, Bären, Elche und Rotwild, in den Steppen Ziegen, Schafe, Gazellen und Kamele, an den Seen Wasservögel (u. a. Pelikane).

Politisches System

Staatsname: Bügd Nairamdach Mongol Ard Uls

Бугд Найрамдах Монгол Ард Улс

Staats- und Regierungsform: Sozialistische Volksrepublik
Hauptstadt: Ulan-Bator
Mitgliedschaft: UN, COMECON, ESCAP, Beobachterstatus im Warschauer Pakt

Nach der Verfassung von 1960 (mit Änderungen von 1980) ist die Mongolei ein sozialistischer Staat. Oberstes Staatsorgan ist der Große Volks-Chural mit 370 für fünf Jahre direkt aus der Revolutionären Volkspartei gewählten Abgeordneten. Der Vorsitzende des neunköpfigen Präsidiums des Volks-Churals ist Staatsoberhaupt.
Exekutive ist der Ministerrat (Kleiner Volks-Chural) aus den vom Präsidium ernannten Ministern und den Vorsitzenden der Staatskommissionen.
Das Land besteht aus 18 Provinzen (Aimaks) und drei Stadtbereichen.
Das Rechtswesen ist nach sowjetischem Vorbild aufgebaut, höchstes Organ ist der Oberste Gerichtshof.

Bevölkerung

Einwohnerzahl: 1,9 Millionen
Bevölkerungsdichte: 1,2 Einw./km²
Bevölkerungszunahme: 2,8 % im Jahr
Größte Städte: Ulan-Bator (470 000 Einw.), Darhan (64 000), Erdenet (41 000)
Bevölkerungsgruppen: 87 % Mongolen (davon 75 % Chalcha), 7 % Turkvölker (davon 5 % Kasachen), 2 % Russen

Die Mongolei ist sehr dünn besiedelt, über 51 % der Bevölkerung leben in den Städten. Etwa 40 % der Einwohner sind jünger als 15 Jahre. Amtssprache ist Mongolisch, in der westlichen Provinz Bajan-Ulegei auch Kasachisch. Offiziell besteht Religionsfreiheit, in der Praxis ist jede Religionsausübung untersagt. Früher dominierte der lamaistische Buddhismus. Das einzige noch zugelassene Kloster befindet sich in Ulan-Bator.

Soziale Lage und Bildung
Die staatliche Sozialfürsorge umfaßt Invaliditäts- und Altersrenten. Die medizinische Versorgung erfolgt überwiegend kostenlos, ist aber auf dem Land noch unzureichend. Schulpflicht bei gebührenfreiem Unterricht besteht vom 8. bis 14. Lebensjahr. Es gibt acht Universitäten, die erste wurde 1942 in Ulan-Bator gegründet.

Wirtschaft

Währung: 1 Tugrik (Tug.) = 100 Mongo
Bruttoinlandsprodukt (in Anteilen): Land- und Forstwirtschaft 29 %, industrielle Produktion 46 %, Dienstleistungen 25 %
Wichtigste Handelspartner: UdSSR und andere COMECON-Staaten (95 % des Handels)

Die Wirtschaft der Mongolei arbeitet nach Fünfjahresplänen. Der wichtigste Wirtschaftszweig ist nach wie vor die Viehzucht. Industrie und Bergbau haben in neuerer Zeit – v. a. mit sowjetischer Hilfe – an Bedeutung gewonnen.

Landwirtschaft
Der Schwerpunkt der Viehwirtschaft liegt auf der Schafzucht. Trotz Ausweitung seit den 60er Jahren wird weniger als 1 % der Landesfläche ackerbaulich genutzt. Getreide- und Gemüseanbau auf Staatsgütern beschränken sich im wesentlichen auf den Umkreis städtischer Gebiete. Ein großer Teil der Anbaufläche wird von Futterpflanzen beansprucht.

Bodenschätze, Energie
Die an Bodenschätzen reiche Mongolei hat erst in jüngster Zeit den Bergbau intensiviert. Am wichtigsten ist der Abbau von Kupfer und Molybdän im Norden des Landes (mongolisch-sowjetisches Kombinat in Erdenet). Einheimische Braun- und Steinkohle sind Hauptenergieträger. Es besteht ein Verbund mit dem sowjetischen Stromnetz.

Industrie, Handel
Vor allem werden viehwirtschaftliche Erzeugnisse und Bergbauprodukte weiterverarbeitet und teilweise exportiert (Fleisch, Wolle, Leder, Strickwaren, Teppiche, Erze). Hauptabnehmer ist die UdSSR, die ihrerseits Maschinen, Ausrüstungen, Fahrzeuge, Erdöl und Erdölprodukte an die Mongolei liefert.

Verkehr, Tourismus
Das Straßennetz umfaßt 47 000 km (davon 9000 km befestigt). Die mongolische Eisenbahn (1600 km Streckenlänge) hat Anschluß an die Transsibirische Eisenbahn und an das chinesische Eisenbahnnetz. Der internationale Flughafen von Ulan-Bator wird regelmäßig von Moskau, Irkutsk und Peking aus angeflogen.
Die Zahl der Touristen, auch aus westlichen Ländern, steigt langsam.

Geschichte

Die Mongolen gehören zu der großen Völkermasse, die schon vor 3000 v. Chr. von Westen her Zentralasien zu besiedeln begann.
Das Gebiet der heutigen Mongolei wurde wiederholt zum Zentrum großer Nomadenreiche: dem Hunnenreich seit 209 v. Chr., dem Reich der Awaren von 407 bis 552 und dem der Uiguren von 730 an. 840 wurde das Uigurenreich durch die Kirgisen zerstört. Erst 1206 gelang es Dschingis-Khan, alle turko-mongolischen Stämme des Großraums zu unterwerfen und die seit dem Kirgiseneinfall bestehende Aufsplitterung zu überwinden. Der Name Mongolen, ursprünglich nur für einen nomadisierenden Stamm zwischen den Flüssen Onon und Kerulen gebraucht, wurde von nun an für alle diese Völkerschaften verwendet.
Unter Dschingis-Khan bildete sich ein Großreich heraus, das in der Folge in drei Teilreiche unter einem Großkhan aufgegliedert wurde. In seiner Blütezeit reichte dieses Weltreich vom Gelben Meer über Sibirien bis nach Osteuropa; 1241 bedrohten die Mongolen sogar Deutschland.
Kublai Khan, ein Enkel Dschingis-Khans, begründete 1260 die mongolische Yüan-Dynastie in China, die von 1280 bis 1368 das gesamte chinesische Reich beherrschte. Durch Machtstreitigkeiten der Mongolen-Khane untereinander zerfiel das Weltreich in der Folge. Den chinesischen Mandschu-Kaisern gelang es dann im 17. Jh., die Mongolei zu unterwerfen.

Die Unabhängigkeit
Nach der Ausrufung der Republik in China und dem Sturz der Mandschu-Dynastie erklärte sich 1911 die Äußere (nordwestliche) Mongolei als unabhängig – die Innere Mongolei blieb bei China –, lehnte sich jedoch stark an Rußland an. Im Zuge des Ersten Weltkriegs besetzten chinesische

Kamelhaar, auch in den Wüsten Asiens ein begehrtes Produkt.

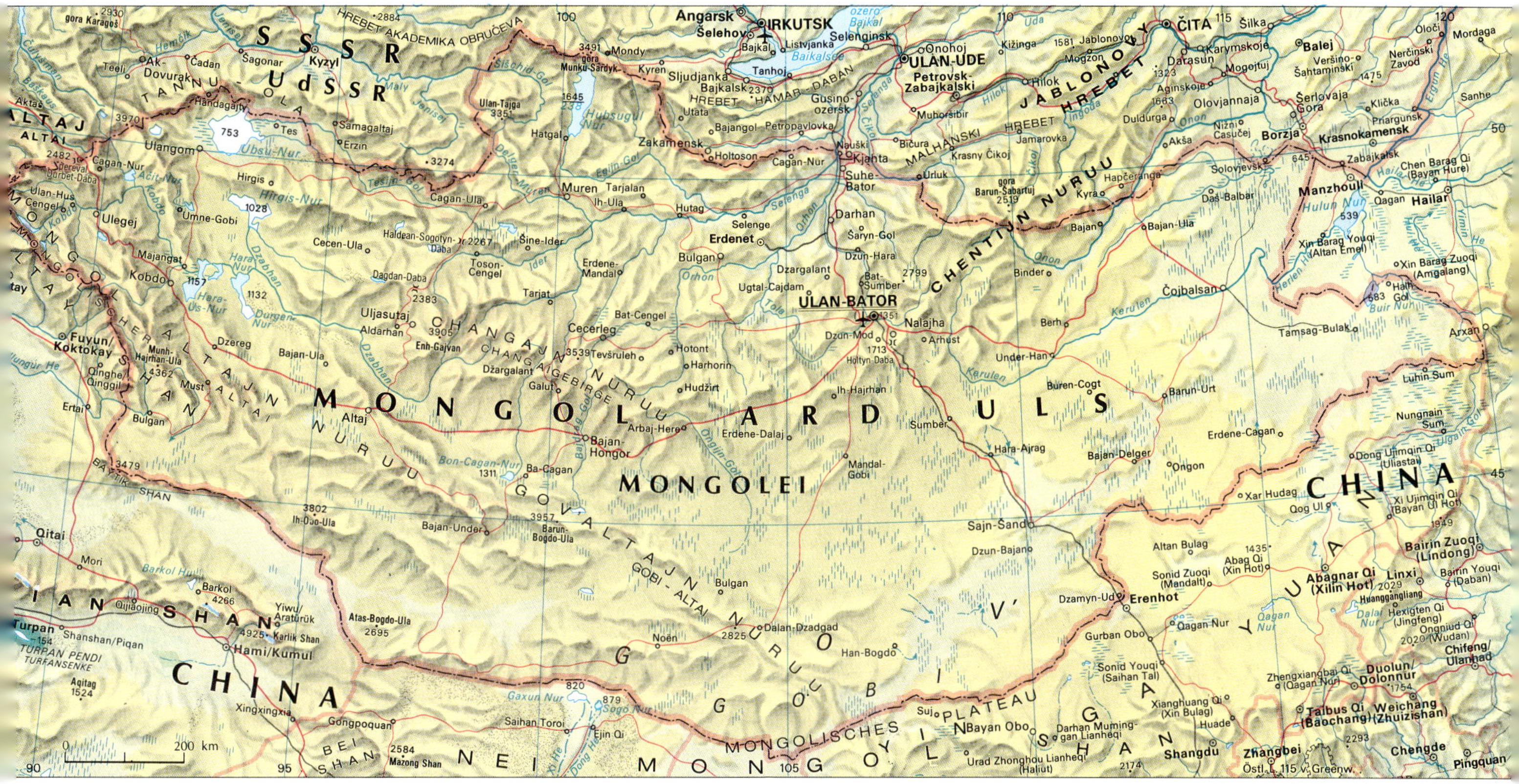

Truppen erneut die Äußere Mongolei, ihnen folgten weißrussische Truppen. Mongolen und Sowjets befreiten das Land 1921 endgültig von der Fremdherrschaft. Am 11. 7. 1921 erklärte die Äußere Mongolei ihre Unabhängigkeit (Nationalfeiertag). Dem Muster der Oktoberrevolution folgend, bildete sich unter Führung des Nationalhelden Suhe Bator eine gegen die Feudalstruktur und die Macht der lamaistischen Geistlichkeit gerichtete revolutionäre Bewegung heraus.
Am 26. November 1924 wurde die Mongolei als zweites Land der Erde nach der Sowjetunion zur Volksrepublik erklärt.
Spiegelbildlich zur Entwicklung in der UdSSR erfolgte die Umgestaltung des Landes mit Zwangskollektivierung, Verstaatlichung der Wirtschaft, Entmachtung des Sippenadels und der lamaistischen Kirche; ebenso folgten Machtkämpfe innerhalb der kommunistischen Partei mit Liquidierungen und »Säuberungs«-Aktionen.
Als Japan in den Jahren 1932 bis 1945 zu einer Bedrohung der Mongolischen Volksrepublik wurde (Schaffung des Staates Manchukuo), bekämpften mongolische und sowjetische Truppen die Eindringlinge. Das wiederum verstärkte die Abhängigkeit des Landes von der UdSSR.
Die Kollektivierung der Landwirtschaft, die in den 40er Jahren wegen des Widerstandes der Bevölkerung abgebrochen worden war, wurde in den 50er Jahren wieder aufgenommen und 1960 abgeschlossen.
In den 60er Jahren wurden die im Land stationierten sowjetischen Truppen erheblich verstärkt, als die sowjetisch-chinesischen Grenzstreitigkeiten zunahmen. 1962 begann eine Politik der Öffnung zum Westen.
Khorloghiyin Choibalsan, von 1924 bis 1930 erstes Staatsoberhaupt der Volksrepublik, war von 1924 bis zu seinem Tod 1952 zugleich Parteichef und Ministerpräsident. Ihm folgten Yumjagin Zedenbal als Ministerpräsident (1952–1974), zeitweise auch Parteichef und von 1974 bis 1984 Präsident, und Schambyn Batmunch, seit 1974 Regierungschef, seit 1984 Parteivorsitzender. 1987 wurde der Abzug der sowjetischen Truppen eingeleitet.

Kultur

Bis zum Anfang unseres Jahrhunderts waren Kultur und Brauchtum der Mongolenvölker von ihrer jahrtausendealten Lebensweise als Hirtennomaden und Steppenkrieger geprägt. Kennzeichnend für die literarische Volkskultur sind die Heldenlieder in Stabreimen mit bis zu 20000 Strophen.
Spuren der schamanistischen Frühzeit lassen sich in der reichhaltigen Zeremonialliteratur erkennen. Seit dem 16. Jh. etwa überwogen jedoch in den religiösen Anrufungen wie auch in den Wunsch- und Segenssprüchen Motive des lamaistischen Buddhismus. In der Folgezeit entstand eine umfangreiche Übersetzungsliteratur. Bedeutend ist die mongolische Geschichtsschreibung. Ihre älteste überlieferte Handschrift, die »Geheime Geschichte der Mongolen«, stammt aus dem Jahr 1241.
In der erzählenden Literatur finden sich Motive aus Indien (Heiligenlegenden) und seit dem 18. Jh. zunehmend auch aus China (Abenteuererzählungen). Im 19. Jh. entstanden Mahn- und Spottgedichte sowie kritische Schelmengeschichten.

Die Gelbmützen-Mönche gehören – wie der Dalai Lama – zur einst größten und einflußreichsten Schule.

Bildende Kunst
Malerei, Bildhauerei, Keramik und Textilkunst waren bis zum 14. Jh. nur wenig ausgeprägt. Sie wurden nach der Eroberung Chinas von dorther stark beeinflußt. Durch das Aufkommen des Lamaismus seit 1578 entwickelten sich die zahlreichen Klöster – wie in Tibet – zu Zentren der Gelehrsamkeit und des religiösen Kunsthandwerks.
Nach der Schaffung der Volksrepublik wurden die Klöster bis auf das in Ulan-Bator bestehende abgeschafft. Es entstand eine kulturelle Infrastruktur nach sowjetischem Muster.

Reise-Informationen

Einreisepapiere
Bürger der Bundesrepublik Deutschland, der Schweiz und Österreichs benötigen einen gültigen Reisepaß bzw. Kinderausweis und ein Visum. Die Einreise mit dem Auto ist nicht möglich.
Zoll
Alle Gegenstände müssen deklariert werden. Ein Einfuhrverbot besteht für 16-mm-Filmkameras und belichtete, aber nicht entwickelte Filme.
Devisen
Die Ein- und Ausfuhr von Tugrik (Tug.) ist verboten. Ausländische Zahlungsmittel können bei Deklaration unbegrenzt eingeführt und in Höhe der eingeführten Summe abzüglich der umgetauschten Beträge wieder ausgeführt werden.
Verkehrsverhältnisse
Von Ulan-Bator aus sind alle Bezirkshauptstädte mit dem Flugzeug erreichbar. Zwar gibt es regelmäßige Bahnverbindungen, doch besteht außer zwei Nebenstrecken nur eine Nord-Süd-Verbindung. Am besten reist man mit dem Auto. Mietwagen (auch Allradfahrzeuge) stehen nur mit Fahrer zur Verfügung.
Unterkünfte
In Ulan-Bator gibt es zwei für Touristen zugelassene Hotels. Preiswerte Unterkünfte bieten die Touristen-Camps.
Reisezeit
Als beste Reisezeit gelten die Monate Juni bis August.

Nepal

Jürgen Schick

Es ist erst wenige Jahrzehnte her, daß eines der abgeschlossensten Länder der Welt seine Tore öffnete. Nach über 100 Jahren strikter Isolation, während der so gut wie kein Fremder die Landesgrenzen überschreiten durfte, öffnete sich Nepal, das Königreich im Herzen des Himalajas, im Jahre 1951 erstmals wieder der Außenwelt.

Ein Land wurde damit zugänglich, das wie kein anderes Schönheit und Geheimnis Asiens verkörperte. In der Abgeschiedenheit seiner Berge hatte sich Nepal das tiefe Wissen, die gesammelte Erfahrung einer der letzten alten Hochkulturen Asiens fast unberührt bis mitten ins 20. Jahrhundert bewahren können. Unberührt waren seine Landschaften, unbezwungen seine Berge, unzerstört seine Kultur, die im Laufe einer über 2000jährigen Geschichte eine tiefe Spiritualität entwickelt und meisterliche Kunstwerke geschaffen hatte.

Staatsname:	Königreich Nepal
Amtssprache:	Nepali
Einwohner:	16,8 Millionen
Fläche:	147 181 km²
Hauptstadt:	Kathmandu
Staatsform:	Konstitutionelle Monarchie
Kfz-Zeichen:	NEP
Zeitzone:	MEZ +4½ Std.
Geogr. Lage:	Südasien, südlicher Himalaja, zwischen Indien und China

Majestätisch und abweisend wirkt der Hohe Himalaja im Norden Nepals. Wen wundert es, daß die Nepalesen die Gipfel des höchsten Gebirges der Erde als Sitz für ihre Götter auserkoren haben?

Ein Märchenland – vom Fortschritt ereilt

Mit Staunen und Begeisterung standen – nach über einem Jahrhundert – die ersten fremden Besucher vor diesem Land, an dem die Zeit vorbeigegangen zu sein schien. »Ein Traumland, ein Märchenland« – so nannten sie es. Und wie in ein Märchen versetzt muß sich in der Tat gefühlt haben, wer, nach langem Marsch von den indischen Ebenen hinauf in die Berge steigend, schließlich das Herz des Landes erreicht hatte. Zu seinen Füßen lag eine der schönsten Kulturlandschaften der Welt: das liebliche Kathmandu-Tal, überragt von den hohen Schneegipfeln des Himalajas, umgeben von sattgrünen Reisterrassen, übersät mit kleinen ockerroten Bauernhäusern, geschmückt mit drei alten Königsstädten und vielen Dörfern. Und überall im Tal glänzten die goldenen Dächer der Tempel und Heiligtümer im klaren Berglicht.

Heute, knapp 40 Jahre nach der Öffnung des Landes, hat sich sein Gesicht sehr verändert. Nepal kannte keine Autos und keine Straßen – heute brausen Autos zu Tausenden wild hupend durch die engen Gassen Kathmandus. Nepal kannte keine Fabriken und Maschinen – heute verpestet Nepals Umweltzerstörer Nummer eins, das Zementwerk von Chobar, übrigens ein Entwicklungshilfegeschenk der Bundesrepublik Deutschland, das gesamte Kathmandu-Tal mit Wolken graubraunen Staubes, durch die nur noch trübe die Schneegipfel am nördlichen Horizont schimmern. Wo früher strohgedeckte Ziegelhäuser und Pagoden mit goldenen Dächern gebaut wurden, da wächst heute die »moderne« Architektur Nepals heran: bunkerähnliche Klötze aus nacktem Beton, mit Wellblech gedeckt, Gebilde von monströser Häßlichkeit, die sich immer tiefer in die grünen Reisfelder um die Städte hineinfressen.

Kein Zweifel: Der »Fortschritt« hat Nepal ereilt. Niemals war »das Land der Götter« im Herzen Asiens, das Land tiefer Gläubigkeit und Spiritualität, kolonialisiert – worauf die Nepalesen stolz sind. Nie wurden seine Geschicke von fremden Mächten gelenkt, und so hat es sich sein unverwechselbares Gesicht bewahren können. Heute aber dringt der Westen mit aller Macht, mit seiner ganz anderen Denk- und Lebensweise, in Nepal ein und verändert es tief. Noch hat das Land in diesem Widerstreit seinen eigenen Standpunkt nicht gefunden. Noch ist ungewiß, ob hier der Materialismus des Westens oder die Spiritualität des Ostens die Oberhand behalten wird; oder ob sich hier – was Nepal wohl am ehesten zu wünschen wäre – vielleicht einmal das Gute aus beiden Welten zu einer harmonischen Einheit verbinden wird.

Der Himalaja bestimmt das Gesicht Nepals

Eingezwängt zwischen den beiden volkreichsten Nationen der Erde, Indien im Süden und der Volksrepublik China im Norden, erstreckt sich das kleine Königreich Nepal fast als ein Rechteck von etwa 800 Kilometern Länge, zwischen 100 und 200 Kilometer breit, auf der Südflanke des Himalajas, des mächtigsten Gebirges der Welt. Wie das Rückgrat eines kolossalen Sauriers zieht sich der gewaltige Gebirgszug 2500 Kilometer von Nordwesten nach Südosten quer durch Asien. An dieser Nahtstelle zwischen dem altasiatischen Festland und dem indischen Subkontinent, an der sich vor Millionen Jahren die höchsten Gipfel der Welt aufgetürmt haben, leben heute die Völker und Stämme Nepals. Ihr Siedlungsgebiet umfaßt die dem Himalaja-Hauptkamm vorgelagerten Gebirge, die – gewaltigen Treppenstufen vergleichbar – von den indischen Tiefebenen hinauf zu den hohen Bergen, den »Wohnsitzen der Götter«, führen.

Der Himalaja ist es, der das Gesicht Nepals bestimmt, die Lebensform seiner Bewohner geprägt hat. Gebirge, Gebirge, wohin man sieht: Fast 90 Prozent Nepals sind hohes Bergland, zerklüftet von den Schluchten, in denen die wilden Himalaja-Flüsse aus den eisigen Höhen hinabstürzen ins indische Tiefland. Außer in den Tälern von Kathmandu und Pokhara findet sich ebenes Gelände nur im Terai, dem 20 bis 40 Kilometer schmalen Streifen im Süden des Landes, mit dem Nepal an den indischen Tiefebenen teilhat.

Wer mit dem Flugzeug von Delhi her nach Nepal, nach Kathmandu, einfliegt – »Fensterplatz, linke Seite, bitte!« –, dem offenbart sich in eindrucksvoller Weise die Landesstruktur Nepals: Dreifach gestaffelt ist der Gebirgswall, der nach Norden hin ansteigt. Die erste Stufe bilden die Siwalik-Berge, etwa 800 Meter hoch; dann folgt die Mahabharat-Kette, die schon bis 4000 Meter Höhe erreicht; und darüber ragt am nördlichen Horizont gewaltig der Hauptkamm des Himalajas empor. Selbst den Besucher aus der nüchternen westlichen Welt wird so etwas wie ein religiöses Gefühl, eine Mischung aus Staunen und Ehrfurcht, ergreifen, wenn er zum ersten Mal dieses Naturwunder, die Riesenberge des Himalajas, in ihrer Wildheit und Schönheit sieht. Zumindest wird er jetzt besser verstehen, warum die Menschen in Indien, Nepal und Tibet seit je diese Berge als die Wohnstätten ihrer Götter ansehen.

Ein Achttausender nach dem anderen zieht auf dem Flug von West nach Ost am Fenster vorbei (von den 14 Achttausendern der Welt stehen acht in Nepal): zunächst der wuchtige Klotz des gefährlichen Dhaulagiri (8167 m); dann das gewaltige Massiv der Annapurna-Gipfel, neun oder zehn an der Zahl,

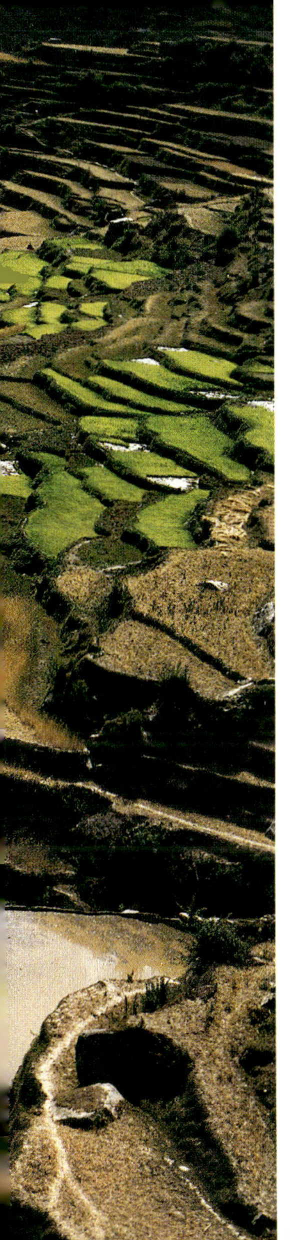

◁ *Eine faszinierende Kulturlandschaft: In jahrhundertelanger Arbeit haben nepalesische Bauern die steilen Berghänge terrassiert. So kann der Regen die Krume nicht wegreißen, und das Wasser bleibt auf den Feldern stehen. Wenn der Monsunregen aber einmal stärker fällt, werden Felder und Dörfer von den Fluten zu Tal gerissen.*

darunter der Annapurna I (8091 m), der im Jahre 1950 als erster Achttausender erstiegen wurde. Dem Annapurna-Massiv vorgelagert ist ein Berg, der nicht zu den höchsten, gewiß aber zu den schönsten der Welt gehört: eine makellose Pyramide mit unglaublich steilen Flanken, eine Art Super-Matterhorn, das sich fast 7000 Meter in den Himmel hebt: der Machhapuchhare, der »Fischschwanz«.

Weiter östlich folgen dann die gewaltigen Schneedome von Manaslu (8156 m) und Himalchuli (7893 m) – bis eine Wendung des Flugzeugs nach Norden anzeigt, daß wir uns unserem Ziel, dem Kathmandu-Tal, nähern. Da liegt es unter uns: das Herz des Himalajas, gerahmt von den Gipfeln des Ganesh Himal und des Langtang-Massivs, das Tal der drei Königsstädte Patan, Bhaktapur und Kathmandu, das »Tal der Hundert Tempel« – mit seinen vielen Heiligtümern eines der berühmtesten Pilgerziele Asiens. Eine sanfte Landung auf dem Tribhuvan Airport, und wir sind da – mitten in Nepal.

In jeder Gebirgsfalte ein anderes Volk

Wer Freude an der bunten Vielfalt fremder Völker hat, wird begeistert sein, wenn er zum ersten Mal durch die Basare Kathmandus schlendert. Halb Asien und alle Stämme und Völker des Himalajas scheinen sich hier ein Stelldichein zu geben. Es ist ein Gewimmel von Völkern und Rassen, wie man es sich bunter nicht denken könnte.

△ *Vor der Kulisse düsterer Bergketten und vergletscherter Gipfel: ein Dorf, dessen rot und weiß gestrichene Häuser sich kontrastreich von der Umgebung abheben.*

◁ *Steinträgerinnen balancieren ihre Last an einem Steilhang des Kali-Gandaki-Tals. Es liegt tief eingeschnitten zwischen den Achttausendern Annapurna und Dhaulagiri. Durch das Tal führt ein Träger- und Karawanenpfad hinauf zum etwa 4500 Meter hoch gelegenen Distrikt Mustang an der chinesischen Grenze. Kein Ausländer darf Mustang betreten.*

Menschen aus Ladakh und Kashmir sind hier ebenso anzutreffen wie Tibeter, die das lange Haar in Zöpfen tragen und ein rotes Band hineinflechten, die Sikhs mit Bart und Turban und die Leute aus Bhutan, das dichte blauschwarze Haar zur Pagenkopffrisur geschnitten. Recht bald lernt man, die vielen Inder von den meist hellhäutigeren Nepalesen zu unterscheiden – allerdings weniger an der Hautfarbe als vielmehr am Gesichtsausdruck: »Sie lachen nie«, so sagen die Nepalesen, denen die Fröhlichkeit meist im Gesicht geschrieben steht.

Männer des Glaubens sind – nicht überraschend in einem tiefreligiösen Land wie Nepal – überall anzutreffen: die indischen Sadhus etwa – Wanderasketen auf der Pilgerschaft, eindrucksvolle Gestalten mit ihrem hoch aufgetürmten Schopf verfilzter, nie geschnittener Haare, den Dreizack Schiwas in der Rechten, in der Linken das Kamandalu, das traditionelle Almosengefäß. Deutlich heben sie sich ab von den vielen buddhistischen Mönchen mit ihrem kurzgeschorenen Haar und der weinroten Toga, charakteristisch für den nördlichen, den tibetischen Buddhismus. Die safrangelben Gewänder dagegen, die gelegentlich im Straßenbild aufleuchten, werden von ihren Glaubensbrüdern aus den südlichen Ländern, aus Sri Lanka, Birma und Thailand, getragen.

Aber auch ohne die vielen Besucher aus den Nachbarländern, die das weltoffene, kosmopolitische Kathmandu besuchen – die meisten auf Pilgerfahrt zu den berühmten Heiligtümern –, böte die außerordentliche Vielfalt der nepalesischen Völker selbst ein faszinierendes Bild. Etwa 35 verschiedene Stämme leben hier, deutlich unterschieden in Rasse und Glauben, Kleidung und Sprache, Schmuck, Sitten und Gebräuchen. In der wild zerrissenen Landschaft Nepals konnte sich im Lauf der Jahrhunderte praktisch in jeder Gebirgsfalte, durch kaum zu überwindende Berge vom Nachbarn getrennt, ein anderes Volk zu seiner Eigenheit entwickeln.

Wer wäre schon imstande, sie alle auseinanderzuhalten: die Magars und Gurungs, die Tamangs und Limbus, die Tharus, Newars, Sherpas, Rais und wie sie alle heißen? Eine Faustregel mag helfen, einen gewissen Überblick zu erhalten: Je weiter man in Nepal nach Norden – in die Berge hinein – in Richtung Tibet geht, desto mehr wird man Stämmen tibetischer Herkunft und buddhistischen Glaubens begegnen, etwa den Tamangs und Sherpas. Je weiter man dagegen nach Süden wandert, desto mehr nimmt das indische Element zu: Man trifft die Stämme der Hindus, wie die Danuwars und die Chhetris.

Im Herzen des Landes, im Kathmandu-Tal, mischen sich diese Elemente, das tibetomongolische und das indokaukasische, in tausend Variationen und Schattierungen; das Ergebnis ist ein oft sehr schöner Menschenschlag. Die nepalesischen Mädchen vor allem sind bezaubernd in ihrer scheuen, zurückhaltenden Schönheit.

Die Newars – Kunst und Land sind ihr Werk

Von all den Völkern Nepals sei hier nur ein einziges hervorgehoben – einmal nicht die Sherpas, die ohnehin schon als die unverzichtbaren Helfer und Gefährten bei der Eroberung der hohen Gipfel weltberühmt wurden; die Eigenschaften, die sie auszeichnen – Freundlichkeit und herzliche Gastfreundschaft, Heiterkeit und Lebensfreude, ruhige Gelassenheit in der Gefahr –, gelten ebenso für alle anderen Bergstämme des Landes: Sie stellen geradezu den Nationalcharakter Nepals dar.

Hier soll indes von einem nicht so bekannten, aber ebenso rühmenswerten Volk die Rede sein: den Newars. Viel zu wenig wissen wir noch über dieses rätselhaft-bedeutende Volk, obwohl es seit je im Kathmandu-Tal lebt und dort die Mehrheit der Bevölkerung stellt. Die Gelehrten streiten sich über seine Herkunft, kaum ein Fremder spricht ihre schwer zu erlernende Sprache. Dabei sind die Newars der eigentlich kulturtragende Stamm Nepals. Newarische Künstler waren es, die die einzigartige Kulturlandschaft des Kathmandu-Tals, die herrlichen Tempel und meisterlichen Götterbildnisse, schufen, die den Ruhm nepalesischer Kunst in alle Welt dringen ließen.

Der künstlerische Genius des newarischen Volkes allein schon zeigt, wie töricht und vermessen es ist, Nepal als ein »unterentwickeltes« Land zu bezeichnen. Nepal ist nicht unterentwickelt, es hat sich anders entwickelt. Nepals Kultur ist eine ihrem Wesen nach spirituelle Kultur und steht damit im Kontrast zur rein materiellen Orientierung, die derzeit die westliche Welt prägt. Herz und Kern dieser Kultur ist die Religion, sind die beiden großen Religionen des Landes, Hinduismus und Buddhismus, die hier seit über zwei Jahrtausenden in friedlichem Miteinander leben. Religionskriege »um des wahren Glaubens willen« hat Nepal nie gekannt.

Zu Recht wird Nepal als »das Land der Götter« bezeichnet: Hier leben sie noch im Herzen der Menschen, und tief ist der Glaube an sie verwurzelt. Die hohen Gipfel des Himalajas tragen ihre Namen, die Kinder werden nach ihnen benannt, und überall im Land werden ihnen zu Ehren große Feste gefeiert.

Jeder Nepalese weiß sein Schicksal geborgen in der Allmacht der Götter. Das ist eine der Quellen seiner angstfrei-gelassenen, seiner grundlegend heiteren Lebenseinstellung – und, nebenbei, einer der Gründe, warum in Nepal psychische Erkrankungen nahezu unbekannt sind.

Das »Rad der Lehre« dreht sich seit 2500 Jahren

Nepals Geschichte geht in graue Vorzeit zurück; eine über zweieinhalbtausendjährige kulturelle Kontinuität ist durch archäologische Funde nachgewiesen.

Vor zweieinhalbtausend Jahren war es auch, daß in Lumbini, im Süden des Landes nahe der Grenze zu Indien, eine der größten Gestalten der Weltgeschichte geboren wurde: Prinz Siddharta Gautama aus dem Geschlecht der Shakya, der später zum Buddha, zum »Erleuchteten«, wurde, ist ein Sohn Nepals. Nach seiner Erleuchtung zog der Weise über 40 Jahre lang lehrend und predigend durch das alte Kulturland der Ganges-Ebenen, bis er im Alter von etwa 80 Jahren starb. Die Lehre, die er hinterließ, die Lehre der Befreiung und Heilung vom Leid der menschlichen Existenz, sollte in den kommenden Jahrhunderten ganz Asien prägen. Wenn der nepalesische Staat heute als oberstes Ziel seiner Außenpolitik anstrebt, von möglichst allen Ländern der Welt als »Zone des Friedens« anerkannt zu werden, dann geht das unmittelbar auf die buddhistische Tradition zurück, die in Nepal nie erloschen ist.

Seit 2500 Jahren dreht sich nunmehr »das Rad der Lehre«, wie es in der blumigen Sprache des Ostens heißt. Und im Lauf der Jahrtausende hat die Lehre Buddhas nichts von ihrer Anziehungskraft verloren. Im Gegenteil: In unserem Jahrhundert schickt sie sich – erstmals in ihrer Geschichte – an, in den Ländern des Westens Fuß zu fassen und sie tiefgreifend zu verändern.

Die Jahrhunderte nach der Zeitenwende sahen in Nepal, meist beschränkt auf das Kathmandu-Tal, viele Herrscherdynastien aufblühen und vergehen – wie die Kiratis, die Licchavis, die Thakuris. Eine Glanzperiode erlebte Nepal vom 13. bis 18. Jahrhundert unter der Regierung der Malla-Könige. Unter

dem Patronat dieser kunstliebenden Herrscher machten die Künstler der Newars das Kathmandu-Tal zu dem einzigartig schönen »Freilichtmuseum«, das heute eine der größten Besucherattraktionen des Landes ist.

Auf diese Blütezeit folgte eine tiefgreifende politische Wende: Während die Malla-Könige noch in ihren drei Königsstädten Patan, Bhaktapur und Kathmandu wetteiferten, wer wohl seine Stadt, seinen Palastbezirk am prächtigsten gestalten könne, nahte ihr Verhängnis in Gestalt von Prithvi Narayan Shah. Der Stammvater der heute noch über Nepal herrschenden Shah-Dynastie machte sich im 18. Jahrhundert aus seinem kleinen, kargen Königreich um das Städtchen Gorkha auf, um das Kathmandu-Tal zu erobern. Zwischen 1756 und 1769 zog er an der Spitze seiner Gurkha-Soldaten – einer Armee, die sich vor allem aus den kriegstüchtigen Bergstämmen der Magars und Gurungs rekrutierte – siegreich in Kathmandu ein. Die Herrschaft des Malla-Geschlechts war zu Ende. Prithvi Narayan wurde der Begründer des modernen Nepals, das er unter einer Zentralgewalt einigte.

Seine Nachfolger indes mußten über 100 Jahre lang eine drastische Einschränkung ihrer Herrschergewalt hinnehmen. Von 1846 bis 1951 waren sie nur »Papierkönige« – die wirkliche Macht im Staate wurde vom Familienclan der Ranas ausgeübt. Begründer dieser Oligarchie war Jung Bahadur Rana, der 1846 den König entmachtete, sich selbst zum Premierminister – später zum Maharadscha von Nepal – ernannte und dieses Amt in seiner Familie erblich machte. 100 Jahre lang lebten und herrschten die Ranas auf Kosten des Volkes in unglaublichem Prunk. Noch heute sind vielerorts in Kathmandu ihre riesigen Paläste mit Hunderten von Zimmern – und einst mit Tausenden von Bediensteten – zu sehen.

Erst 1951, als der Wind der Freiheit aus dem Nachbarland Indien herüberwehte, das 1947 seine Unabhängigkeit wiedererlangt hatte, gelang es den Nepalesen, das Joch der Rana-Herrschaft abzuschütteln. Mit der Wiedereinsetzung Tribhuvans, des rechtmäßigen Königs der Shah-Dynastie, in seine volle Herrschersouveränität und mit der Öffnung des Landes, das über 100 Jahre lang verschlossen gewesen war, begann das jüngste Kapitel in Nepals Geschichte.

◁ ***Mensch und Tier genießen in Nepal gleichen Rang. So kann man – wie dieser Junge in Kathmandu – selbst im Tempel einem Rind begegnen.***

▽ ***Meditierend strebt dieser Hindu-Heilige der Vollendung zu – was ihn nicht daran hindert, sich von Touristen nur gegen einen Obolus fotografieren zu lassen.***

◁ ***Heilige Kühe ersetzen die Müllabfuhr auf einem Gemüsemarkt von Kathmandu: Sie fressen die Abfälle und sorgen so dafür, daß die Hauptstadt des Königreichs mit ihren 800 000 Einwohnern nicht im Dreck erstickt.***

Die Probleme des Landes wachsen

Für die Kräfte des Volkes, die die Ranas vertrieben und dem König wieder zur Macht verholfen hatten – in der Hoffnung auf einen demokratischen Staat und ein Mehrparteiensystem nach indischem Vorbild –, begann die Neuzeit mit einer Enttäuschung: Die Parteien, die unter König Tribhuvan zugelassen waren und 1959 den Premierminister stellten, wurden von seinem Sohn, König Mahendra, kurzerhand wieder verboten. Verboten sind sie noch heute. König Birendra Bir Bikram Shah Dev, der Enkel Tribhuvans, König seit 1972, regiert das Land mit absoluter Herrschergewalt.

Vielfältig sind die Probleme, die sich dem Herrscher über bald 17 Millionen Nepalesen stellen. Eines der schwierigsten ist die rapide zunehmende Bevölkerungszahl. Bisher hat sich Nepal dank des Fleißes seiner Bauern stets selbst ernähren können. Hungersnöte wie in Indien waren unbekannt. Aber jetzt wird es kritisch: Fast alles bebaubare Land, bis hin zu Felderchen von Handtuchgröße, ist schon genutzt. Immer höher hinauf, an immer steileren Hängen versuchen die Bauern, neue Felder anzulegen – was oft zur Folge hat, daß in der nächsten Regenzeit die Monsungüsse ganze Berghänge mit Feldern und Dörfern in die Flüsse reißen. In einer Nacht ertrinken dann oft Hunderte von Menschen.

Das Leben in den Bergen ist hart. Es ist ein ständiger Kampf gegen die Naturgewalten, und der Tod ist dem nepalesischen Bergbauern ein vertrauter Begleiter. In den Bergen gibt es auch keinerlei ärztliche Versorgung. Wer hier ernstlich krank wird, der stirbt.

Die Einrichtung einer ärztlichen Grundversorgung in Nepals Bergen wäre ein Beispiel für eine sinnvolle Hilfe, die der Westen mit seiner Wirtschaftskraft und seinem überlegenen technischen Wissen diesem Lande leisten könnte. Voraussetzung für jede »Entwicklungshilfe« ist indes, daß sie die Eigenheiten des Landes, um das es geht, respektiert. Nepal, dem Bergbauernland im Himalaja, ist nicht damit geholfen, daß man es mit aller Gewalt westlichen Ländern gleichmacht.

Landesnatur

Fläche: 147 181 km²
Ausdehnung: Nord–Süd 250 km, West–Ost 830 km
Höchste Berge: Mount Everest (Saragmatha) 8848 m, Kanchenjunga 8586 m, Lhotse 8516 m, Makalu 8463 m, Cho Oyu 8201 m, Dhaulagiri 8167 m, Manaslu 8156 m, Annapurna 8091 m
Längster Fluß: Kosi, nepalesischer Anteil 350 km (Gesamtlänge 720 km)

Nepal ist ein schmales gebirgiges Land im südlichen Himalaja zwischen der VR China (Tibet) und Indien. Über 65 % seiner Fläche liegen über 1000 m ü. M., 28 % sogar über 3000 m. Nach Norden hin steigt Nepal steil an: von 100 m auf über 8000 m.

Naturraum

Vier parallele Landschaftsstreifen unterteilen Nepal: Mit der südlichen *Ebene von Terai* hat Nepal Anteil am fruchtbaren Tiefland des Ganges. Nördlich davon steigt das Land zum *Vorgebirge* (Siwalik-, auch Churia-Kette) auf. Diese bis 100 km breite Zone hat Mittelgebirgscharakter (bis 2000 m). Der anschließende *Vorderhimalaja* (Mahabharat-Kette) erreicht bis 4000 m Höhe. Weite Hochtäler wie das Pokhara-Tal und – 1350 m hoch, 130 km lang und 25 km breit – das Kathmandu-Tal liegen unmittelbar vor dem *Hochhimalaja* mit den höchsten Erhebungen der Erde. Ihre Gipfel sind das ganze Jahr hindurch mit ewigem Eis und Schnee bedeckt. Alle nepalesischen Flüsse münden in den Ganges. In ihren tiefen Durchbruchstälern verlaufen die einzigen Verbindungswege zum zentralen Himalaja.

Von den vierzehn Achttausendern unserer Erde liegen acht in Nepal, darunter der 8167 Meter hohe Dhaulagiri.

Klima

In der Ebene von Terai ist es tropisch heiß (Jahresmittel bei 25 °C), in den Vorgebirgen herrscht gemäßigt-warmes (subtropisches), in Lagen bis 4000 m gemäßigt-kühles und darüber Hochgebirgsklima: Kathmandu hat ein Januarmittel von 10 °C und Julimittel von 24,5 °C. Die Frostgrenze verläuft bei etwa 2000 m, die Schneegrenze bei 5000 bis 5800 m. Die jährlichen Niederschläge schwanken zwischen 2500 mm in der Tiefebene und 250 mm im Hochhimalaja. Rund 90 % davon bringt der Südwestmonsun von Mai bis September.

Vegetation und Tierwelt

Während im Süden feuchter Monsunwald mit Bambusbeständen und Palmen vorherrscht, wächst in den mittleren Lagen immergrüner Berg- und Nebelwald. Dieser wird mit zunehmender Höhe von Ahorn, Eichen, Kiefern, Rhododendren und schließlich alpinen Matten und Steppen ersetzt. Der Hochhimalaja ist vegetationslos.
In der Ebene von Terai gibt es Tiger, Panther und die seltenen Indischen Panzernashörner. Im höheren Gebirge leben Moschusochsen, Wildschafe und Jaks.

Auch die jüngsten Novizen tragen die weinrote Toga der tibetischen Mönche.

Politisches System

Staatsname: Sri Nepála Sarkár
नेपाल अधिराज्य
Staats- und Regierungsform: Konstitutionelle Monarchie
Hauptstadt: Kathmandu
Mitgliedschaft: UN, Colombo-Plan, SARC

Staatsoberhaupt ist nach der Verfassung von 1962 der König, dem der Staatsrat (Rai Sabha) als Ratgeber zur Seite steht. Volksvertretung und Legislative – der König besitzt Vetorecht – ist der Nationalrat (Rashtriya Panchayat) mit 140 Abgeordneten, davon werden 28 vom König ernannt und 112 für fünf Jahre direkt gewählt. Das Parlament wählt mit mindestens 60 % der Stimmen den Premierminister, andernfalls ernennt der König seinen Kandidaten. Nepal gliedert sich in 14 Verwaltungszonen mit 75 Bezirken. Das Rechtswesen basiert auf britischen, hinduistischen und buddhistischen Grundlagen; höchste Instanz ist der Oberste Gerichtshof in Kathmandu.

Bevölkerung

Einwohnerzahl: 16,8 Millionen
Bevölkerungsdichte: 115 Einw./km²
Bevölkerungszunahme: 2,7 % im Jahr
Ballungsgebiet: Kathmandu-Tal
Größte Städte: Kathmandu (800 000 Einw.), Biratnagar (322 000)
Bevölkerungsgruppen: 73 % indonepalesische und indische Volksgruppen, 26 % altnepalesische Volksgruppen, 0,6 % Tibeter (u. a. Sherpa)

Die Indonepalesen bilden die politische und soziale Führungsschicht. Rund 40 % der Bevölkerung sind unter 15 Jahre, die durchschnittliche Lebenserwartung liegt bei 47 Jahren. Amtssprache ist Nepali, die Oberschicht spricht zum Teil Englisch. Rund 90 % der Bevölkerung sind Hindus, etwa 5 % Buddhisten und 3 % Muslime.

Soziale Lage und Bildung

Nepal gehört zu den ärmsten Ländern der Welt, es gibt kein Sozialversicherungssystem. Über 90 % der Bevölkerung arbeiten in der Landwirtschaft. Das Gesundheitswesen ist völlig unzureichend, Hauptprobleme sind die Trinkwasserversorgung und die Unterernährung.
Die Schulpflicht für 6- bis 11jährige (seit 1975) ist nur schwer durchzusetzen, die Analphabetenrate liegt daher noch bei etwa 75 %. Seit 1959 gibt es in Kathmandu eine Universität.

Wirtschaft

Währung: 1 Nepalesische Rupie (NR) = 100 Paisa (P)
Bruttoinlandsprodukt (in Anteilen): Land- und Forstwirtschaft 61 %, industrielle Produktion 12 %, Dienstleistungen 27 %
Wichtigste Handelspartner: Indien, EG-Staaten, Japan, VR China, USA

Das agrarisch geprägte Nepal, dessen wirtschaftliche Entwicklung durch die verkehrsungünstige Lage beeinträchtigt wird, ist in hohem Maße auf Auslandshilfe angewiesen.

Landwirtschaft

Etwa 16 % der Landesfläche sind Akkerland. Die fruchtbarsten Böden gibt es im Terai- und im Hügelland (Anbau von Reis, Mais, Weizen, Hülsenfrüchten, Hirse, Jute). In der Gebirgsregion ist die Viehzucht (Rinder, Büffel, Schafe) ein wichtiger Erwerbszweig.

Bodenschätze, Energie

Abgebaut werden Glimmer, Kalkstein, Braun- und Steinkohle sowie Ölschiefer. Andere Mineralvorkommen sind bekannt, aber noch nicht erschlossen. Aufgrund des beträchtlichen Wasserkraftpotentials werden weitere Kraftwerke gebaut. Wichtigster Energieträger ist aber nach wie vor das Holz.

Industrie, Handel

Die wenigen Industriebetriebe Nepals verarbeiten im wesentlichen land- und forstwirtschaftliche Erzeugnisse. Ausfuhrgüter sind Reis, lebende Tiere, Jute, Textilien; importiert werden Maschinen, Fahrzeuge, chemische Erzeugnisse, Brennstoffe.

Verkehr, Tourismus

Neben etwa 5800 km Straße (rd. 2300 km asphaltiert) durchziehen das gebirgige Land rd. 10 000 km Pfade, die vornehmlich dem Gütertransport mit Packtieren dienen. Durch den Tourismus hat der Flugverkehr an Bedeutung gewonnen. Internationaler Flughafen ist Kathmandu. Einen hohen Stellenwert in der Volkswirtschaft Nepals nimmt der Trekking- und Bergsteigertourismus ein. Durch den Ausbau der Infrastruktur hofft man, finanzkräftige Urlauber anzulocken.

Geschichte

Nepal wurde in prähistorischer Zeit vermutlich zunächst von Norden her durch Tibetomongolen besiedelt. Vom 10. Jh. v. Chr. an kamen indoarische Einwanderer aus dem Süden. Um 560 v. Chr. wurde im heutigen Südnepal der Religionsstifter Buddha geboren. Als sich im 12. Jh. in Indien der Islam ausbreitete, flüchteten zahlreiche Hindus nach Nepal. Unter der Malla-Dynastie, einem Radschputen-Geschlecht, wurde um 1400 das Land weitgehend hinduisiert, womit auch das die indische Gesellschaft prägende Kastensystem eingeführt wurde.

Das Malla-Reich zerfiel Ende des 15. Jh. in drei Einzelstaaten, die zwischen 1756 und 1769 von den Gurkha, einem anderen Radschputen-Geschlecht, erobert und wieder vereinigt wurden. Gebietsstreitigkeiten in Nordindien zwischen Nepal und der britischen Ostindienkompanie führten 1814 bis 1816 zu kriegerischen Auseinandersetzungen. Großbritannien als Sieger machte das wirtschaftlich unbedeutende Nepal jedoch nicht zum Teil seines Kolonialreiches, sondern übte von 1839 an Kontrolle durch einen ständigen Repräsentanten in Kathmandu aus. Auch rekrutierte es eine Elitetruppe von Gurkha-Söldnern, die noch heute existiert.

1846 wurde die herrschende Shah-Dynastie von der mit den Briten eng verbündeten Rana-Familie entmachtet. Jung Bahadur Rana ernannte sich zum Ministerpräsidenten und erklärte dieses Amt für erblich. In den folgenden 100 Jahren despotischer Rana-Herrschaft war der jeweilige König, in dem das Volk die Reinkarnation des Hindugottes Wischnu sah, praktisch Gefangener in seinem Palast.

Pufferstaat zwischen Indien und China

Nachdem Indien 1947 seine Unabhängigkeit erkämpft hatte, ließen sich freiheitliche Bewegungen auch in Nepal nicht mehr unterdrücken. Sammelbecken wurde die 1950 gegründete Nepali Congress Party, die von Indien und insgeheim auch von König Tribhuvan (1911–1955) unterstützt wurde. Im selben Jahr floh der König nach Indien, kehrte aber schon am 15. 2. 1951 zurück und erklärte Nepal zur konstitutionellen Monarchie.

Tribhuvans Sohn Mahendra gab dem Land 1959 die erste Verfassung, die er jedoch bald wieder außer Kraft setzte. Alle Parteien wurden verboten. 1962 erließ er eine neue Verfassung, die der Monarchie die alleinige Macht im Staat sicherte. Nach dem Tod Mahendras 1972 folgte ihm sein Sohn Birendra auf den Thron. Blutige Unruhen 1979 veranlaßten ihn 1980 zu einer Volksabstimmung, bei der sich nur eine knappe Mehrheit für das bestehende System als Träger der Staatsgewalt entschied. Neue Gesetze schrieben im selben Jahr die Einschränkung der politischen Freiheit fest. Mit zivilem Ungehorsam, aber auch mit Bombenanschlägen versuchen seither oppositionelle Gruppen, eine Liberalisierung des politischen Systems durchzusetzen. Außenpolitisch bemüht sich Nepal neuerdings darum, die Abhängigkeit von Indien durch Zusammenarbeit mit China und einigen kleinen südasiatischen Ländern zu neutralisieren.

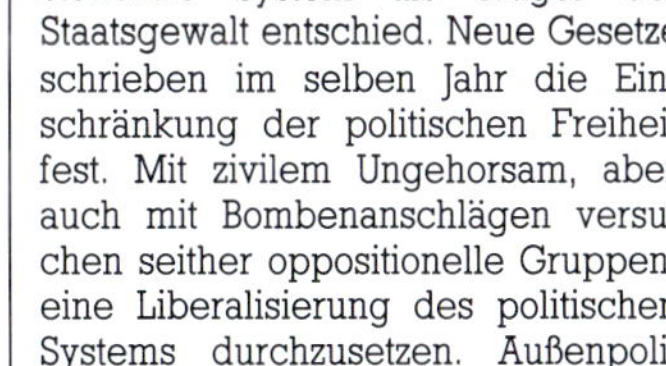

Kultur

Nepal war stets eine wichtige Kontaktzone für Sprachen, Religionen und Kulturen der beiden großen Nachbarn Tibet/China im Norden und Indien im Süden. Typisch für das kleine Land sind dabei das relativ konfliktfreie Neben- und Miteinander von Buddhisten und Hindus und die sozialen und kulturellen Mischformen. Kennzeichnend für die kulturelle Situation ist außerdem, daß Nepal nicht von einer europäischen Großmacht kolonisiert wurde und bis etwa 1950 für Einflüsse aus dem westlichen Ausland praktisch verschlossen blieb.

Literatur

In der nepalesischen Literatur waren bis in die jüngste Zeit fast ausschließlich religiöse Motive vorherrschend. Bis zum Ende des 18. Jh. dominierte als Schriftsprache das Newari. Die ältesten überlieferten Texte stammen vom Ende des 14. Jh.: Es handelt sich um religiöse Anweisungen, medizinische Schriften, geschichtliche Chroniken und Legenden sowie um Kommentare zu bekannten Werken der Sanskrit-Literatur.

Nach der Machtübernahme der Gurkha Mitte des 18. Jh. wurde das Newari vom Nepali verdrängt. Die Themen des 19. Jh. stammten von nun an meist aus Sanskrit-Dichtungen. Bedeutend ist die Sanskrit-Übersetzung des »Ramayana-Epos« durch Bhanu Bhakta, der das klassische Werk durch die Einbeziehung der nepalesischen Volkssprache neu belebte. Erst seit Beginn der Demokratisierung um 1950 gibt es in der Dichtkunst Ansätze zeitkritischer Darstellung.

Architektur und bildende Kunst

Ähnlich wie in Indien wurzelt die Kunst Nepals in der Religion. Die Verehrung buddhistischer und hinduistischer Gottheiten hat eine Vielzahl von Sakralbauten sowie Skulpturen und Malereien hervorgebracht. Bedeutend sind v. a. die Steinskulpturen der Licchavi-Zeit (4.–9. Jh.).

Zentren der Kunst sind die Städte Kathmandu, Patan und Bhaktapur mit zahlreichen Stupas (buddhistischen Sakralbauten) und Klöstern im Pagodenstil sowie großartigen Palastanlagen. Typisch für viele Bauten ist der ästhetische Zusammenklang von Mauerwerk mit verschiedenfarbig gebrannten, kunstvoll behauenen Ziegeln und zierlichen, reich geschnitzten und bemalten Holzaufbauten.

Die Pagodenform der Tempel, deren Ursprung landläufig in China gesehen wird, geht auf Tempeltürme Indiens zurück und hat sich von dort über Nepal und Tibet nach China und Japan verbreitet.

Buddhas allessehende Augen, die hoch oben am Stupa von Bodnath in alle vier Himmelsrichtungen blicken.

Reise-Informationen

Einreise- und Fahrzeugpapiere

Bürger der Bundesrepublik Deutschland, der Schweiz und Österreichs brauchen für einen Aufenthalt bis zu 30 Tagen einen noch drei Monate gültigen Reisepaß bzw. Kinderausweis und ein Visum. Für viele Gebiete, Bergbesteigungen und Trekkingtouren ist noch ein »Trekking Permit« erforderlich. Bei Mitnahme des eigenen Autos ist ein Carnet de passages, der internationale Führerschein und eine internationale Zulassung erforderlich.

Zoll

Bei der Einreise sind zollfrei: pro Person 200 Zigaretten oder 20 Zigarren, 1 Liter alkoholische Getränke und etwas Parfüm.

Devisen

Fremdwährungen (außer der indischen) dürfen unbeschränkt ein- und in der deklarierten Höhe wieder ausgeführt werden. Die Einfuhr Nepalesischer Rupien (NR) ist verboten.

Impfungen

Für Reisende aus Infektionsgebieten ist Gelbfieber- und Choleraimpfung vorgeschrieben. Empfohlen werden außerdem Malariaprophylaxe, Typhus- und Tetanusimpfungen sowie Gammaglobulin gegen Hepatitis.

Gebetsmühlen wirken nur, solange sie sich bewegen.

Verkehrsverhältnisse

Überlandbusse verbinden die größeren Städte des Landes, Mietwagen sind nur mit Chauffeur zu haben. Taxis sowie »Scooters« oder »Tempos« (dreirädrige Fahrzeuge) stehen vor allem in Kathmandu zur Verfügung. Es gibt einige in- und ausländische Flugverbindungen.

Unterkünfte

In den Touristenzentren gibt es Hotels verschiedener Preisklassen, überall findet man auch Lodges, Guest Houses und Privatzimmer.

Reisezeit

Bevorzugte Reisezeit ist Oktober bis April; Trekkingtouren macht man am besten im Oktober, November sowie von Februar bis April.

Oman

Brigitte Scherer

Als Sultan Qabus ibn Said ibn Taimur 1970 mit einer unblutigen Palastrevolte gegen seinen Vater die Macht übernahm, begann der Weg des Sultanats Oman aus mittelalterlicher Rückständigkeit in die Neuzeit. Doch noch immer verschließt sich das Land im Osten der Arabischen Halbinsel weitgehend ausländischen Besuchern. So wird es häufig als Kleinstaat verkannt, wohl auch, weil auf einer Fläche, die annähernd so groß ist wie die Bundesrepublik Deutschland, nicht einmal anderthalb Millionen Menschen leben.

Das hängt wesentlich mit der Landesnatur zusammen: An das majestätische, bis auf mehr als 3000 Meter aufragende Omangebirge im Norden schließen sich schier endlose Wüsten an. Landwirtschaft ist fast nur in der Küstenebene möglich, in einigen Oasen und im Bergland von Dhofar im Süden des Landes. Von dort kommt auch, was einst in aller Welt begehrt war: Weihrauch und Rosenöl. Heute spielt Erdöl die wichtigste Rolle für das Sultanat. Es hat Oman Wohlstand gebracht und seinen Weg in die Moderne erleichtert.

Staatsname:	Sultanat Oman
Amtssprache:	Arabisch
Einwohner:	1,3 Millionen
Fläche:	212 457 km²
Hauptstadt:	Maskat
Staatsform:	Absolute Monarchie (Sultanat)
Zeitzone:	MEZ +3 Std.
Geogr. Lage:	Südosten der Arabischen Halbinsel am Arabischen Meer; grenzt an die Vereinigten Arabischen Emirate, Saudi-Arabien und die Demokratische Volksrepublik Jemen

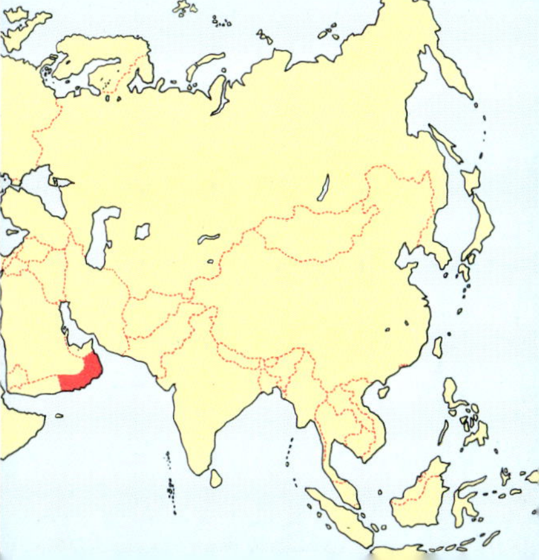

Trotz deutlicher Spuren der Verwitterung immer noch ein respektgebietendes Bauwerk: das gewaltige, aus Lehm errichtete Fort bei Bahla im Hochland Nordomans. Bereits in vorislamischer Zeit begannen lokale Herrscher mit seinem Bau.

Oman sucht die Balance zwischen Orient und Okzident

Vom Sultanat Oman weiß die Welt wenig, und was sie weiß, klingt wie eine Legende: vom Wunder, das der ebenso schöne wie kluge Sultan Qabus ibn Said ibn Taimur an seinem Wüstenreich vollbrachte. Im Jahre 1970, als in Europa die Studenten bei Demonstrationen dem Establishment der Väter den Aufstand androhten, hatte der Prinz von Oman, in England erzogen und später daheim unter Hausarrest, der Revolution in seinem Land bereits unblutig zum Sieg verholfen – als absoluter, jedoch aufgeklärter Herrscher.

Sein Vater, ein starrköpfiger Reaktionär, ging ins Exil nach England. Er hinterließ ein Land, das im Mittelalter stehengeblieben zu sein schien, ohne Zeitung und ohne Rundfunk, in dem sogar das Tragen von Brillen oder Regenschirmen als neumodisch verboten war. Es gab drei Volksschulen für Knaben und rund zehn Kilometer Asphaltstraße. Und es gab Öl: zuwenig für neureichen Größenwahn, doch genug, um das Sultanat in knapp einem Jahrzehnt in ein Schmuckkästchen zu verwandeln.

Wie ein Feinschmecker ging der Sultan vor, als er Menschen und Material vom weltweiten Markt als Zutaten für die Komposition seines Musterstaates auswählte. Er holte aus Großbritannien Offiziere, aus Deutschland Straßenbauer und Fernsehtechniker, aus Schweden Ärzte, aus Zypern Architekten, aus Italien Archäologen – und sogar das komplette London Symphony Orchestra, das dreimal mit 94 Mann im Frack vor Turban- und Krummdolchträgern aufspielte.

Ansonsten verhält sich Sultan Qabus bei der Erteilung der Einreiseerlaubnis so vorsichtig wie auf der internationalen Bühne. Sein Land liegt an der delikaten Meerenge von Hormus, die den Eingang zum arabisch-persischen Golf bildet und zum Krisenherd des Ölzeitalters geworden ist.

Oman hat sich bislang weder in den arabisch-israelischen Konflikt hineinziehen lassen noch in die religiösen Kämpfe zwischen Sunniten und Schiiten innerhalb des Islams. Die Mehrheit der Omaner gehört zu den asketischen Ibaditen, was vor allem in der im Landesinnern gelegenen Stadt Nazwah deutlich wird. Dort sieht man nur streng verschleierte Frauen, jeglicher Ausschank von Alkohol an Einheimische ist verboten. Und was das Öl angeht, befindet sich Oman in der glücklichen Lage, das schwarze Gold des Industriezeitalters weitab vom Schauplatz des Golfkrieges im Hafen von Mina Al Fahl bei Matrah verladen zu können. Geschickt spielt Sultan Qabus seine neutrale Rolle, zu der auch gehört, daß sich Oman nicht dem Ölpreiskartell OPEC angeschlossen hat.

Zwischen Tradition und Postmoderne

Wem das Schicksal mit Hilfe eines einheimischen Fürsprechers ein Einreisevisum beschert, fühlt sich nach der Landung in der Hauptstadt Maskat in eine Welt versetzt, in der Zeit und Raum aufgehoben scheinen: Wie vor Jahrtausenden wird das duftende Harz vom Weihrauchbaum in Dhofar gewonnen, das schon die Königin von Saba dem König Salomo als Gastgeschenk überreicht haben mag; andererseits stehen in Maskat supermoderne Treibhäuser mit Hydrokulturen, in denen die Grünpflanzen für die Gärten des Sultans und des Landes gezogen werden. Die Fischer von Suwayq und Salalah ziehen ihre Leichtmetallboote mit dem Sardinenfang am Seil eines japanischen Geländewagens komfortabel aus dem Wasser, bevor sie zum Fernsehen heimkehren. Aber sie tragen, staatlich verordnet, ihre lange weiße Dishdashah und den Turban wie je.

So ist es im ganzen Land. Alles, was die Zivilisation zu bieten hat, wurde angeschafft. Asphaltstraßen durchziehen Wadis und Wüsten, Leitplanken sichern Gefahrenstellen, und in den Städten Maskat und Matrah ranken bewässerte Pflanzen an grüngestrichenen, bauchigen Gestellen. Schmutzstäubchen, sofern bei den drakonischen Strafen für weggeworfenen Abfall doch einmal vorhanden, werden weggezaubert von einem Heer dienstbarer Geister aus Indien und Pakistan.

Wohnviertel, Geschäftszentren und Ministerien – besonders in der vom Sultan neu geschaffenen Stadt Ruwi – schmeicheln dem Auge in postmodern islamisierender Architektur mit durchbrochenen Spitzbogenfenstern und Ziergittern, mit denen nach dem Dekret des Sultans sogar die Kästen der Klimaanlagen und die Wassertanks verkleidet sein sollen. Auch über die Farbe der Häuser in Erd- und Ockertönen wacht der Herrscher persönlich. Was seinen Sinn für Ästhetik stört, wird so schnell wie möglich geändert.

Zur Feier des 15. Jahrestages seiner Herrschaft krönte der Sultan sein architektonisches Vermächtnis mit dem Bau des al-Bustan-Hotels als Gästehaus für das Treffen der Golfstaaten-Oberhäupter 1985. Der 250 Millionen Dollar teure Palast aus Marmor, Gold und Mosaiken steht in einer ebenso reizvoll wie sicher hinter Bergen versteckten Bucht. Dorthin wurde von der Hauptstadt eine Straße durch den Fels geschlagen, wobei ein Fischerdorf verlegt werden mußte. Den erlauchten Gästen in diesem wohl spektakulärsten Hotel des Nahen Ostens wird nicht vorenthalten, daß die umgesiedelten Fischer heute in einem Prachtexemplar sozialen Wohnungsbaus residieren.

△ ***Noch heute werden in Oman nach alter Manier Dhaus, meist zweimastige Lastensegler, gebaut. Sie besorgen einen Großteil des Frachtverkehrs im Persischen Golf.***

Männer beherrschen die Szene

Dem Betrachter fällt es schwer, der polierten Fassade des neuen Oman ein Stück Wirklichkeit zu entreißen. Das dünnbesiedelte Land wirkt – von den eleganten neuen Ladengeschäften der Hauptstadt bis zu den zierlichen Badehäuschen am leeren Strand von Salalah, 900 Kilometer von Maskat entfernt – mitunter wie eine Bühne, auf der das Stück noch nicht begonnen hat. Gegen Abend allerdings, wenn sich Familien zu einem Stadtbummel per Auto treffen, sind hinter getönten Scheiben, von schwarzen Schleiern umwallt, auch Frauen zu sehen. Aber Männer beherrschen die öffentliche Szene, in Gruppen beim Kartenspiel versammelt oder bei einer winzigen Tasse mit kardamomparfümiertem Kaffee.

In welcher Alltagswelt die im Zeitraffer in die Moderne versetzte Gesellschaft lebt, bleibt dem Besucher verborgen – wie das Koordinatensystem der Werte, das Fremden voller Widersprüche scheint. Einerseits die restriktive Visapolitik, die strengen Gepäckkontrollen, Paßprüfungen und Leibesvisitationen an den Flughäfen, andererseits die überströmende Gastlichkeit, die dem Fremden private Häuser und offizielle Büros gleichermaßen arglos öffnet.

Ehen mit Ausländerinnen sind jetzt mit der Drohung belegt, dadurch die omanische Staatsangehörigkeit zu verlieren. Den schon mit einem Bürger Omans verheirateten Frauen aus westlichen Ländern aber mutet niemand zu, mit der Heirat auch den landesüblichen Lebensstil anzunehmen. So kommt es, daß bei gesellschaftlichen Anlässen das gemischte Paar auftritt wie in der außerarabischen Welt: ein Ausdruck jener Toleranz, mit der Oman die Balance zwischen Orient und Okzident spielerisch einzuüben sucht.

Mit den Schwierigkeiten der weltwirtschaftlichen Situation scheinen die komfortablen Bedingungen, unter denen sich die neue Gesellschaft Omans mit einem sparsam dosierten Einfluß von außen formieren sollte, von einem Tag auf den anderen in Frage gestellt. Ölpreiskrise und Dollarschwäche haben die ersten Spuren hinterlassen. Der omanische Rial wurde abgewertet. Zum ersten Mal in der Geschichte des modernen Oman fehlt es an Geld. Um so mehr bemüht sich die Regierung jetzt, neue Wirtschaftszweige zu fördern.

◁ *Stolz präsentieren sich Dorfhonoratioren und Militärs im Norden Omans den Fotografen: Es ist der 18. November, Nationalfeiertag.*

▽ *Nur zwei Fortbewegungsmittel haben sich in der Wüste Omans wirklich bewährt: das Kamel und der Geländewagen. Sie stehen stellvertretend für das alte und das moderne Oman.*

◁ *Nur selten führen die Wadis in Nordoman Wasser. Trotzdem gedeihen hier Palmen, die das wichtigste landwirtschaftliche Erzeugnis des Landes liefern: Datteln.*

»Omanisierung« heißt das Schlagwort, mit dem der Sultan und seine Berater die Landeskinder aus der Abhängigkeit von ausländischen Arbeitskräften befreien wollen. Doch im Prachtbau der neuen Universität nahe der Hauptstadt beginnt die Arbeit an einer modernen Leistungsgesellschaft nur zögernd und mit wenigen Studenten. Ob Oman für die Zeit nach dem Öl gerüstet sein wird, hängt von einer jungen Generation ab, die vom Mittelalter direkt in den Wohlstand fiel.

Landesnatur

Fläche: 212 457 km² (fast so groß wie die Bundesrepublik Deutschland)
Ausdehnung: Nord–Süd 1000 km, West–Ost 800 km
Küstenlänge: 1600 km
Höchster Berg: Jabal ash Sham 3017 m

Das Sultanat Oman liegt an der Südostecke der Arabischen Halbinsel. Es grenzt im Nordwesten an die Vereinigten Arabischen Emirate, im Westen an Saudi-Arabien und im Südwesten an die Demokratische Volksrepublik Jemen. Zum Staatsgebiet gehört auch die nördlich des Territoriums der Vereinigten Arabischen Emirate an der Straße von Hormus gelegene Halbinsel Ruus al Jibal, außerdem die Gruppe der Kuria-Muria-Inseln und die Insel Masirah vor der Ostküste.

Naturraum
Vier Landschaftstypen prägen Oman: die Küstenebene (Al Batinah) im Norden, das sich anschließende Omangebirge (Al Hajar), die Innere Wüste und das südwestliche Bergland Dhofar (Zufar).
Al Batinah (»niederes Land«), der 250 km lange schmale Küstenstreifen am Golf von Oman zwischen Maskat und Suhar, ist eine fruchtbare, vielfach bewässerte Aufschüttungsebene, deren Grundwasser von den nur zeitweise wasserführenden, schluchtartigen Wadis aus dem Omangebirge gespeist wird. Nach der anderen Seite der 600 km langen, parallel zur Küste verlaufenden Gebirgskette enden die Wadis in der abflußlosen Salzpfanne Umm as Samim. Der zentrale, größte Teil Omans wird von der Inneren Wüste (Jiddat al Harasis) eingenommen. Von der Hochebene Az Zahirah (500 m ü. M.) fällt das Land nach Südwesten zum Rand der Wüste Ar Rub al Khali ab. Die Wüste reicht bis zur ebenen Küste am Arabischen Meer; in Dhofar erhebt sich entlang der Küste der Gebirgszug der Karaberge.

Klima
Passatwinde und Ausläufer des indischen Monsuns sind für das randtropische Klima Omans bestimmend. Im Binnenland ist es sehr heiß und trokken, in den Küstenebenen im Norden und in Dhofar feuchtheiß. Maskat hat im Januar Durchschnittstemperaturen von 22 °C, im Juni um 34,5 °C. Der Gharbi, ein heißer Fallwind aus dem Omangebirge, läßt während der Sommermonate die Temperaturen zeitweise unerträglich werden. Die hohe Luftfeuchtigkeit (vor allem im Sommer) führt zu Nebelbildung und gelegentlich zu Sprühregen. Die jährlichen Niederschlagsmengen betragen in den Küstenregionen um 100 mm, im Omangebirge bis 500 mm.

Vegetation und Tierwelt
In der Inneren Wüste wechseln sich Halbwüsten mit Trockengräsern und Dornsträuchern und vegetationslose Vollwüsten ab. Die feuchten Gebirgshänge werden von Wäldern und Gesträuch mit Akazien, Maulbeerfeigen und Jasmin bedeckt. In den Karabergen überwiegen Trockensträucher, darunter der Weihrauchbaum. In Höhen über 1000 m finden sich Euphorbien, Wacholder, Ölbäume und Zedern.
Unter den wildlebenden Tieren kommt noch das seltene Schwarze Stachelschwein vor; als Haustiere genießen Omans Dromedare einen besonderen Ruf. Vor den Küsten liegen reiche Fischgründe mit Makrelen, Thunfischen, Sardinen und Haien.

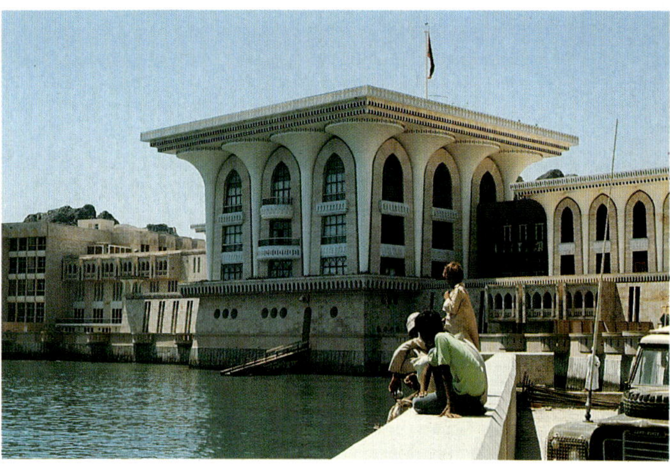

Der Sultanspalast in Maskat – 1001 Nacht in moderner Form.

Politisches System

Staatsname: Saltanat Uman
سلطة عمان
Staats- und Regierungsform: Absolute Monarchie (Sultanat)
Hauptstadt: Maskat
Mitgliedschaft: UN, Arabische Liga

Der Sultan von Oman herrscht unumschränkt als Staatsoberhaupt. Er ist an keine Verfassung gebunden, seit 1972 ist er auch Regierungschef. Die von ihm ernannten Minister haben nur beratende oder administrative Funktionen. Die Gesetzgebung erfolgt durch Dekrete, die seit 1981 bestehende »Nationale Konsultativversammlung« mit 45 vom Sultan ernannten Mitgliedern hat nur beratende Funktion.
Das Land hat 40 Verwaltungsbezirke, an deren Spitze je ein vom Sultan ernannter Gouverneur steht. Die Rechtsprechung erfolgt nach islamischem Recht.

Drei Kinder aus drei Bevölkerungsgruppen: links Negroider, Mitte Araber, rechts Beludschi.

Bevölkerung

Einwohnerzahl: 1,3 Millionen
Bevölkerungsdichte: 6 Einw./km²
Bevölkerungszunahme: 3,6 % im Jahr
Größte Städte: Maskat (60 000 Einw.), Matrah (40 000), Salalah (40 000)
Bevölkerungsgruppen: 75 % omanische Araber, 15 % Inder, 4 % Pakistaner, 2,5 % Bengalen

Oman ist eines der am dünnsten besiedelten Länder der Erde. Etwa 5 % der Bevölkerung leben noch als Nomaden. Zu dem raschen Bevölkerungswachstum trug v. a. der Zuzug ausländischer Arbeitnehmer bei. 44 % der Omaner sind jünger als 15 Jahre, die durchschnittliche Lebenserwartung liegt bei 53 Jahren. Die Verstädterung hat sich zwar beschleunigt, ist aber mit etwa 12 % noch sehr gering. Amtssprache ist Arabisch, daneben werden Persisch und als Handelssprache Englisch gesprochen. 85 % der Einwohner sind Muslime; ferner gibt es Christen, Juden und Hindus.

Soziale Lage und Bildung
Etwa 1970 begann Oman mit dem Aufbau sozialer Einrichtungen, heute gibt es Alters- und Invaliditätsrenten, Witwen- und Waisenunterstützungen. Nennenswerte Arbeitslosigkeit kennt das Land nicht. Das Gesundheitswesen wurde stark ausgebaut, die medizinische Behandlung ist kostenlos. Ein modernes, am britischen System orientiertes Schulwesen befindet sich seit 1970 im Aufbau, Schulpflicht besteht nicht. Etwa 70 % der Erwachsenen sind gegenwärtig noch Analphabeten. Seit 1984 gibt es in Maskat eine Universität.

Wirtschaft

Währung: 1 Rial Omani (R.O.) = 1000 Baizas (Bz.)
Bruttoinlandsprodukt (in Anteilen): Land- und Forstwirtschaft 3 %, industrielle Produktion 58 %, Dienstleistungen 39 %
Wichtigste Handelspartner: Japan, EG-Staaten, USA, Golfstaaten

Oman hat durch die Ende der 60er Jahre einsetzende Förderung von Erdöl eine weitgehende Umstrukturierung von einer agrarisch ausgerichteten Wirtschaft zur exportorientierten Erdölwirtschaft erfahren.

Landwirtschaft
Noch immer ist mehr als ein Drittel der Bevölkerung in der Landwirtschaft und der Fischerei tätig. Etwa 5 % der Staatsfläche werden derzeit landwirtschaftlich genutzt. Hauptanbauprodukte sind Datteln, Limonen, Bananen, Tomaten, Zwiebeln, Mangos, Weizen, Kartoffeln und Tabak. Die Viehzucht wird noch überwiegend von Nomaden betrieben.

Bodenschätze, Energie, Industrie
Neben den reichen Erdöl- und Erdgasfeldern sind v. a. die Kupfervorkommen im Norden des Landes von Bedeutung. Die Energieversorgung basiert im wesentlichen auf Erdöl; sie wurde seit Anfang der 70er Jahre erheblich ausgebaut. Der Industriesektor verzeichnet ein starkes Anwachsen von Kleinbetrieben (u. a. Handwerk, Nahrungsmittel- und Baustoffindustrie). Unter staatlicher Regie wurden eine Erdölraffinerie, eine Gasverflüssigungsanlage und ein Kupferschmelzwerk errichtet.

Handel
Grundlage für die positive Handelsbilanz von Oman sind die Erdölexporte; sie machen über 90 % der Gesamtausfuhren aus. Hauptimportgüter sind Maschinen, Fahrzeuge, Baustoffe und Nahrungsmittel.

Verkehr, Tourismus
Das seit Anfang der 70er Jahre ausgebaute Straßennetz umfaßt etwa 22 000 km (rd. 17 % sind asphaltiert). Der internationale Flughafen befindet sich in Sib nahe Maskat. Die wichtigsten

Häfen sind Mina Qabus (bei Matrah) am Golf von Oman und Raysut.
Der Fremdenverkehr wird neuerdings in bescheidenem Maße gefördert.

Geschichte

Das heutige Oman war bereits in der Steinzeit besiedelt. In vorislamischer Zeit gehörte die Provinz Dhofar zum Reich der Sabäer, das durch die Legende vom Besuch der Königin von Saba bei König Salomo bekannt geworden ist.
Seit dem Mittelalter war Oman eine Seehandelsmacht. Um 630 islamisch geworden, wurde das Land nach der ersten Spaltung des Islam 657 zu einer Basis der radikalen kharijitischen Sekte, der Ibaditen. Um 700 faßte diese Fuß in Oman und gründete im 9. Jh. im Innern des Landes ein unabhängiges Imamat. Teile der omanischen Bevölkerung wichen an den ostafrikanischen Küstensaum aus, wo sie die Vorherrschaft der Araber im westlichen Indischen Ozean begründeten.
Mit der europäischen Geschichte kam Oman (bis 1970 Maskat und Oman) in Berührung, als die Portugiesen Ende des 15. bzw. Anfang des 16. Jh. Hormus einnahmen und ihre Herrschaft bis zu ihrer Vertreibung Mitte des 17. Jh. etablierten. Maskat wurde in dieser Zeit ein bedeutender Handelsplatz zwischen Arabien und Indien.
Um 1730 eroberte Saif ibn Sultan (IV.) aus der Yaruba-Dynastie – inzwischen im Besitz einer eigenen Flotte – Sansibar, das die Portugiesen seit 1503 kolonisiert hatten. Einer seiner Nachfolger machte es 1840 sogar zu seiner Residenz (bis 1856).

Die Macht der Ibaditen

Um 1750 wurde die Al-Bu-Said-Dynastie begründet, die Oman bis heute beherrscht. Im Innern des Landes erstarkten einzelne Stämme unter der Führung der Ibaditen. Von 1798 an erlangte Großbritannien in Oman Einfluß: Ein zwischen dem Sultan von Maskat und der britischen Ostindienkompanie geschlossener Vertrag stärkte die Vorherrschaft der Briten in der Golfregion. Dennoch erlebte Oman in der ersten Hälfte des 19. Jh. den Höhepunkt seiner Macht. Nach dem Verlust Sansibars (1856) und dem Niedergang seines Seehandels fand diese glanzvolle Epoche ein Ende.
1891 wurde das Sultanat britisches Protektorat. Erst ein Freundschafts- und Handelsvertrag mit Großbritannien 1939 leitete zu einer mehr indirekt ausgeübten Schutzherrschaft über, die 1971 mit dem Abzug der britischen Truppen »östlich von Sues« beendet wurde.
Das 1913 von Bergstämmen im Landesinnern ausgerufene Ibaditen-Imamat wurde 1959 von den Truppen des Sultans besetzt und der Imam vertrieben. Die extrem konservative Herrschaft des Sultans Said ibn Taimur von 1932 bis 1970 beließ das Land in seiner Rückständigkeit und außenpolitischen Isolierung: Die Sklaverei wurde aufrechterhalten, hohe Binnenzölle erhoben, das Schulsystem auf Koranschulen beschränkt – mit Ausnahme von drei Grundschulen, an denen jedoch jeglicher Fremdsprachenunterricht verboten war. Erst unter dem gegenwärtig regierenden Sultan Qabus ibn Said, der seinen Vater 1970 absetzte, kam es zu ersten Reformen: Abschaffung der Sklaverei sowie der Ausgangs- und Reisebeschränkungen, Verwendung von Teilen der Erdöleinnahmen für die Verbesserung der Infrastruktur.
In den 60er Jahren erhoben sich in der Provinz Dhofar Rebellen, die z. T. vom Südjemen unterstützt wurden, gegen die Regierung. Beigelegt wurden diese immer wieder aufflackernden Auseinandersetzungen erst 1982. Im Zuge des Golfkriegs verstärkten die USA ihre militärische Präsenz in diesem Teil der Golfregion.

Kultur

Die Ibaditen, zu deren Bastion Oman im 8. und 9. Jh. geworden war, kämpften gegen die Verweltlichung des Islam. Nach Auffassung ihres Begründers Abdallah ibn Ibad sollte nicht die Abstammung (Blutsverwandtschaft) über die Wahl zum Imam entscheiden, sondern rechtes Tun und der Glaube. Ein Imam sollte auch wieder abgewählt werden können.
Zentraloman mit der alten Hauptstadt Nazwah gehört der ibaditischen Richtung des Islam an, während in den Küstenbereichen Sunniten und Schiiten leben (Nationalfeiertag 18. 11.).

Kunsthandwerk und Baukunst

Die Omaner als seehandeltreibendes Volk haben schon früh den Bau von Segelschiffen, besonders hölzerner Dhauen, zur Blüte gebracht. Auch in ihren Holzschnitz- und Silberarbeiten erreichten sie große Meisterschaft. Der omanische Khanjar, ein im unteren Drittel rechtwinklig gekrümmter Silberdolch, wird bei traditionellen Feiern noch heute getragen.
Das Beit-Nadir-Museum in Maskat beherbergt wertvolle Silberschmiedesowie Holzschnitzarbeiten. Sehenswert sind die Forts von Nazwah, Rustaq und Suhar sowie der Palast in Jabrin (Zentraloman), die von Sultan Ibn Saif (I.) und seinen Nachfolgern aus der Yaruba-Dynastie erbaut worden waren.

Reise-Informationen

Einreise- und Fahrzeugpapiere
Bürger der Bundesrepublik Deutschland, der Schweiz und Österreichs benötigen einen gültigen Reisepaß, der keine israelischen, südafrikanischen oder libyschen Eintragungen enthalten darf, eine Unbedenklichkeitsbescheinigung, die vor Antritt der Reise bei den omanischen Behörden zu besorgen ist, sowie ein Visum, das bei der Ankunft auf dem Flughafen Sib bei Maskat erteilt wird. Kinderausweise werden nicht anerkannt. Die Botschaft in Bonn erteilt zur Zeit keine Visa. Als Fahrerlaubnis gilt der nationale zusammen mit dem internationalen Führerschein.
Zoll
Bei der Einreise sind 50 Zigaretten zollfrei. Einfuhrverbot besteht für alkoholische Getränke.

Unterrichtswesen im Aufbau: Wo Schulbauten fehlen – z. B. in den Bergen –, da wird im Zelt gelernt.

Devisen
Die Mitnahme von Rial Omani (R.O.) und Fremdwährung (außer israelischen Schekel) unterliegt keinen Beschränkungen. Kreditkarten werden akzeptiert.
Impfungen
Malaria-, Cholera-, Polio- und Typhus-Prophylaxe werden empfohlen.
Verkehrsverhältnisse
Die größeren Städte sind mit dem Flugzeug erreichbar. Taxis und Mietwagen stehen zur Verfügung.
Unterkünfte
Es gibt Hotels von internationalem Standard.
Reisezeit
Angenehmste Reisezeit sind die Monate Dezember bis März, sonst ist es unerträglich heiß und feucht.

Nach einem uralten, bewährten System wird Wasser aus den Bergen auf die Felder geleitet.

Pakistan

Roshan Dhunjibhoy

Als Staat ist Pakistan noch sehr jung, nur wenig mehr als 40 Jahre alt. Doch als Territorium gehört es zu den ältesten Kulturgebieten der Erde. Viele Völker und Herrscher haben ihre Spuren in diesem nordwestlichen Teil des indischen Subkontinents hinterlassen. Über den Khyber-Paß, für Jahrtausende das Tor nach Südasien, brachen von alters her immer neue Invasionswellen ein, und die Ausgrabungen im Industal zeigen, daß es hier bereits vor nicht ganz 5000 Jahren hochentwickelte Kulturen gegeben hatte.

Dieses Land ist so verschiedenartig und extrem ausgeprägt wie kaum ein anderes: Die Sieben- und Achttausender im Norden gehören ebenso zu seinen Landschaftsformen wie die fruchtbaren Ebenen des Indus oder die glühendheißen Wüsten Belutschistans und des Sind. Ein Land zwischen ewigem Sommer und ewigem Winter, in dem auch Alt und Neu so zu verschmelzen scheinen, daß man oft das Gefühl hat, man wandere durch die Jahrhunderte.

Staatsname:	Islamische Republik Pakistan
Amtssprachen:	Urdu, Sindi
Einwohner:	106 Millionen
Fläche:	803 943 km²
Hauptstadt:	Islamabad
Staatsform:	Föderative Republik
Kfz-Zeichen:	PAK
Zeitzone:	MEZ +4 Std.
Geogr. Lage:	Vorderindien, am Arabischen Meer, begrenzt vom Iran, von Afghanistan, der VR China und Indien

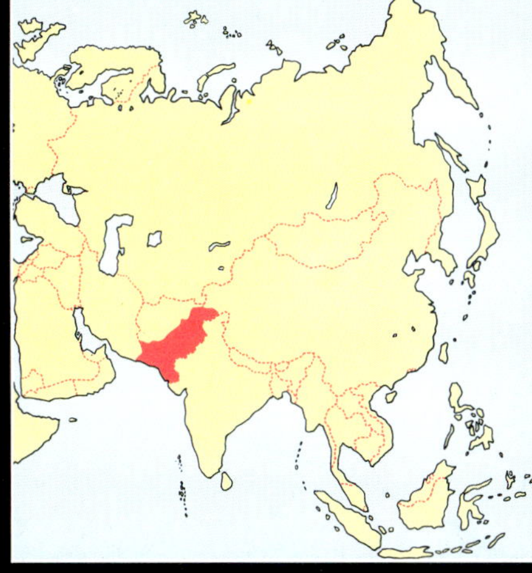

Mitten im Straßengewirr von Peshawar liegt der »Basar der Märchenerzähler«. Auch wenn hier nicht mehr die Karawanen aus Samarkand oder Taschkent einziehen, wirkt das orientalische Treiben in der Innenstadt noch immer wie aus Tausendundeiner Nacht.

Am Anfang war ein Wort

Vor dem Staat war ein Wort: »Pakistan« – ein Kunstgebilde, das soviel bedeutet wie »Land der Reinen«. Zusammengesetzt ist es aus den Elementen »P« für Pandschab (Punjab), »a« für Afghan Province (Nordwestprovinz), »k« für Kaschmir, »i« für Indus (oder auch Islam), »s« für Sind und »tan« für Belutschistan. Diese Wortschöpfung geht auf den bedeutenden pakistanischen Politiker Choudhri Rahmat Ali zurück, der in Cambridge studiert hatte; »sein« Wort präsentierte er zum ersten Mal 1933 in einem Pamphlet der Öffentlichkeit.

Die Idee zu einem eigenen islamischen Staat auf dem indischen Subkontinent war nicht viel älter. Der Dichter und Philosoph Mohammed Iqbal (1873 bis 1938), der ebenfalls in Cambridge, aber auch in London und Berlin studiert und in München promoviert hatte, entwickelte sie 1930. 1940 griff dann die Muslim-Liga, die von Mohammed Ali Jinnah geführte Partei der Muslime in Indien, die Zwei-Staaten-Theorie und den Kunst-Namen wieder auf und verlangte in ihrer Pakistan-Resolution unabhängige Gebiete für die Bereiche Indiens mit islamischer Mehrheit. Sowohl die indische Kongreßpartei als auch die britische Regierung akzeptierten schließlich den Plan einer Teilung Indiens in zwei Staaten. Am 15. August 1947, dem Tag, an dem die britische Kolonialherrschaft über Indien endete, entstand auch der Staat Pakistan. Und er hatte jene demokratische Regierungsform, wie sie immer der Wunsch seines geistigen Vaters und ersten Präsidenten, Mohammed Ali Jinnah, gewesen war.

Das »Dach der Welt«

Pakistan vor der Namensgebung – das ist erst einmal eine bewegte, lange und an Höhepunkten reiche Kulturgeschichte in einer großen Landschaft mit spektakulärem Profil. Hochgebirge, Hochland und Tiefebene teilen sich in die nördliche Hochgebirgsregion, die westliche Gebirgsregion, das Potwar-Plateau, das Belutschistan-Hochland und die Landschaften Pandschab und Sind in der Indus-Tiefebene, die im Osten an die Wüste Thar grenzt.

Die alles überragende nördliche Hochgebirgsregion trennt das Land von Afghanistan und China. Himalaja, Karakorum und Hindukusch treffen im Norden Pakistans in spitzem Winkel aufeinander. Man nennt dieses als »Dach der Welt« berühmte Hochgebirge auch Pamir – nach dem persischen Pai-mir – »Fuß der Bergspitzen«.

Die höchste Erhebung dort oben, der Mount Godwin Austen, meist nur »K2« genannt, galt 1987 nach einer Neuvermessung für ein paar Monate als höchster Berg der Welt, bis im gleichen Jahr mit Hilfe noch genauerer Satellitenvermessung die alte Rangordnung wiederhergestellt wurde: Erster Mount Everest, 8848 Meter (plus/minus 20 m); Zweiter K2, 8611 Meter (plus/minus 7 m). Pakistan hat aber noch vier weitere Achttausender zu bieten – darunter den berühmten Nanga Parbat (8125 m) – und an die 40 Gipfel, die höher als 7000 Meter sind. Doch unterhalb dieser Bergriesenwelt mit ihren gigantischen Gletschern gibt es eine einzigartige Naturentfaltung mit Wiesentälern und dichten Wäldern, vielen Flüssen und Seen, zahllosen Blumen und Obstbäumen.

Die Berge der westlichen Hochgebirgsregion bedecken den Großteil der nordwestlichen Grenzprovinz (»Northwest Frontier«). Nördlich des Kabul-Flusses sind sie nur noch zwischen 1500 und 1800 Meter hoch und bieten einen ausgesprochen trostlosen Anblick: überall ausgetrocknete Flußläufe zwischen steinigen Hügelketten, nur dürftig mit hartem Gras, Gestrüpp und Zwergpalmen bewachsen. Dafür ist hier eine Reihe von Pässen bedeutsam, vor allem der 1067 Meter hoch gelegene Khyber-Paß, der die afghanische Hauptstadt Kabul mit dem fruchtbaren Tal von Peshawar verbindet. Die Menschen dort leben bis heute in ihren ursprünglichen Stammesverbänden – oft auch in Fehde – und pochen auf ihre Unabhängigkeit gegenüber der Zentralregierung.

Das Hochland von Belutschistan, südwestlich dieser Gebirgsregion gelegen, reicht fast hinunter ans Arabische Meer. Zum Großteil besteht es aus Bergketten, Hochebenen und

△ In der Koranschule wird der Islam gelehrt. Die jungen Muslime, die hier lesen dürfen, zählen zu den Auserwählten – denn noch immer sind über 70 Prozent im Land Analphabeten.

▷ In den pakistanischen Teestuben sind die Männer ganz unter sich. Die Frauen müssen zu Hause bleiben – so lautet die islamische Vorschrift.

△ *Eine Kleinkarawane macht sich auf in die unwegsame Wüste von Belutschistan. Das Kamel ist in den Wüstengebieten Pakistans oft das einzige Fortbewegungsmittel, um entlegene Orte zu erreichen. Die großen Karawanen allerdings werden mehr und mehr durch Lastwagen ersetzt.*

Gebirgsbecken, deren fruchtbarste die von Loralai und der Provinzhauptstadt Quetta sind, wo das meiste Getreide Belutschistans wächst, aber auch Obst und Gemüse gedeihen. Belutschistans größtes Wüstengebiet liegt im Westen Pakistans und ist gekennzeichnet durch die vielen ausgetrockneten Seen, die sogenannten Hamuns, deren größter, der Hamun i Mashkel, 87 mal 35 Kilometer mißt. Es regnet hier kaum einmal; das von Bergen umschlossene Sibi südöstlich von Quetta etwa gilt als einer der heißesten Orte auf der Erde – mit Sommertemperaturen bis zu 52 Grad im Schatten! Die wenigen Menschen in dieser Region leben meist als Nomaden und Kamel-, Schaf- oder Ziegenzüchter. Aber Belutschistan hat beträchtliche Vorkommen an Kohle, Chrom, Blei, Schwefel und Marmor – und die Erdgasreserven von Sui gehören zu den größten der Welt.

Auch das Potwar-Plateau unterhalb des nördlichen Hochgebirges, von Indus und Jhelum begrenzt, ist ein eher karges Land, das nur wenig Ackerbau zuläßt, so daß die meisten seiner männlichen Bewohner ihr Auskommen bei der Armee suchen. Von großem touristischen Interesse sind hier die archäologischen Ausgrabungen im Soan-Tal und die Ruinen der buddhistischen Universitätsstadt Taxila. Interessant vielleicht auch die in den sechziger Jahren künstlich geschaffene »Reißbrett«-Hauptstadt Islamabad, bei der allerdings viele Pakistaner beklagen, daß sie an der islamischen Tradition des Landes vorbeigebaut worden sei.

Land zwischen fünf Strömen: der Pandschab

Die Pandschab-Ebene – südlich des Potwar-Hochlands gelegen – ist eine der ältesten Kulturlandschaften überhaupt und gehört zum Herzen Pakistans. Zudem ist der Pandschab die am dichtesten besiedelte, am meisten industrialisierte und daher wirtschaftlich wichtigste Region Pakistans. Ungefähr die Hälfte der Bevölkerung lebt hier. Seinen Namen, übersetzt mit »Fünfstromland« – von persisch Punj ab gleich »fünf Wasser« –, und seine Fruchtbarkeit verdankt er dem Indus und seinen fünf östlichen Nebenflüssen Jhelum, Chenab, Ravi und Sutlej. Ein Netz von Kanälen sorgt für eine ausreichende Bewässerung; ein System, das in letzter Zeit aufgrund des Indus-Wasser-Vertrages zwischen Pakistan und Indien noch erheblich verbessert und erweitert wurde. Auch gibt es sommers wie winters Regenfälle, so daß hier Reis, Baumwolle, Zuckerrohr und insbesondere Weizen gedeihen, was dem Pandschab den Namen »Kornkammer Pakistans« eingetragen hat.

An den Pandschab grenzt südlich die Sind-Ebene an. Sie reicht bis ans Arabische Meer und wird vom Indus durchzogen, auf dessen Westseite sich ein sehr fruchtbares Gebiet ausbreitet, während hinter dem Ostufer die große Wüste Thar beginnt.

Jene üppig grünende Ebene im Westen ist die Kernzone der vorzeitlichen Industal-Kultur, und jedes Jahr kommen Tausende von Touristen aus aller Welt, um die ausgegrabenen Ruinen des annähernd 5000 Jahre alten Moendjo-Daro zu besichtigen.

Die Landschaft ist voll Anmut: viele Seen mit hochwachsenden Wassergräsern und schwimmenden Lotosinseln erfreuen das Auge. Riesige Vogelschwärme aus Zentralasien lassen sich hier zum Überwintern nieder. Weiter im Süden fasziniert die große Wasserwildnis des Indusdeltas mit ihren zahllosen Kanälen, toten Flußarmen und Mangrovesümpfen.

Nahtstelle zwischen Hellas und Indien

In Moendjo-Daro sind wir am Ausgangspunkt der Geschichte Pakistans angelangt. Die Ausgrabungen hier und in Harappa im Pandschab – von dort ist der Begriff »Harappa-Kultur« abgeleitet – haben die wohl frühesten stadtbürgerlichen Hochkulturen zum Vorschein gebracht. Beide Städte hatten einen Umfang von jeweils fünf Kilometern und waren aus gebrannten Ziegeln errichtet, auf deren gewaltige Massen man beim Eisenbahnbau stieß.

Nichts deutet bei diesen Funden auf die Monumentalbauten eines Despoten oder auf höfischen Luxus hin. Dafür lassen andere Entdeckungen darauf schließen, daß es bereits Straßenreinigung und Müllabfuhr sowie – geradezu sensationell – auch ein kunstvolles sanitäres System mit Abwasserröhren gegeben haben muß, an das sogar Wasserklosetts angeschlossen gewesen sein sollen. Man schätzt die Einwohnerzahl des alten Moendjo-Daro auf mehr als 30000 und nimmt auch an, daß es die Städte der Industal-Kultur sind, mit denen die Hymnen des Rigveda in Zusammenhang stehen, jenes zwischen 1500 und 800 v. Chr. entstandene, älteste Literaturdenkmal Indiens, das das Wohlwollen der Götter erwirken sollte.

Um 1500 v. Chr. erlebte das Industal den Ansturm von Nomadenvölkern aus Zentralasien, den Ariern (Arya). Die bisherige Bevölkerung wurde nach Osten ins Gangestal abgedrängt. Ein Jahrtausend später – 518 v. Chr. – erschienen die Perser unter Darius I. im Norden des heutigen Pakistan. Zwei Jahrhunderte darauf (327 v. Chr.) erreichte Alexander der Große auf seinem legendären Eroberungszug den Pandschab. Er machte den mächtigen in Taxila herrschenden König Taxiles zu seinem Vasallen und wollte über den Pandschab weiter nach Osten – wie er meinte, ans Ende der bewohnten Welt – ins Gebiet des heutigen Indien vordringen. Aber er unterlag am fünften Strom, den die Griechen »Hyphasis« nannten und der heute Beas heißt, seinen eigenen Soldaten: Sie verweigerten ihm in der Trostlosigkeit des Monsunregens die Gefolgschaft. Das war im Jahre 326. Alexander mußte sich nach Süden wenden, ließ am Wendepunkt zwölf riesige, turmartige Altäre zurück, fuhr mit einer viele hundert Schiffe zählenden Flotte den Hydaspes (heute Jhelum) hinunter und erreichte über den Indus das offene Meer.

In der heutigen Ruinenstadt Taxila, 35 Kilometer von Rawalpindi entfernt, finden sich Spuren von weiteren zehn Jahrhunderten nordwestindischer Kulturgeschichte: Um 500 v. Chr. hat Taxila zum persischen Achämenidenreich gehört. Die Stadt war in jener Zeit Zentrum der Wissenschaft, in dem Architektur und darstellende Künste, Recht, Medizin und Pharmazie, aber auch Jagd, Bogenschießen und Elefantenkunde gelehrt wurden. Nach Alexanders Auftreten war Taxila die Nahtstelle zwischen Hellas und Indien; zur Zeit der indischen Maurya-Dynastie vollzog sich hier unter dem großen Herrscher Aschoka (273–231 v. Chr.) die Bekehrung zum Buddhismus. Die gegenseitige Durchdringung von Hellenismus und Buddhismus ist vor allem an den Statuen der berühmten Gandhara-Kunst abzulesen, mit denen Buddha zum ersten Mal »leibhaftig« dargestellt wurde.

Taxila blieb noch für lange Zeit ein Zentrum der Philosophie und der Künste und wurde sogar von Reisenden aus China und Griechenland besucht. Erst der Hunnensturm im fünften Jahrhundert bedeutete das Ende. Heute gilt die Ruinenstadt als Fundgrube für die nordwestindische Antike, noch immer voll von Skulpturen und anderen bildhauerischen Zeugnissen in feinster Ausführung.

Der Islam faßt Fuß

Im frühen achten Jahrhundert drangen die Araber von Westen her bis in den Südteil Pakistans vor und hielten ihn rund 200 Jahre lang besetzt. Aber die eigentliche Islamisierung (Nord-)Indiens ging von den muslimischen Invasoren aus, die von Norden her ins Land einbrachen. Das Gebiet des heutigen Pakistan wurde um das Jahr 1000 Bestandteil des Ghasnawiden-Reiches, das sich bis nach Ostafghanistan und Samarkand erstreckte. Unter Sultan Mahmud von Ghasni (971–1030) begann dann die Unterwerfung des Landes unter den Islam, wurde Lahore zum Zentrum der islamischen Verwaltung und Kultur.

Einige Jahrhunderte später setzte die Epoche ein, die als die prunkvollste des indischen Subkontinents gilt. Kaum irgendwo ist islamische Baukunst prachtvoller ausgefallen als im Lahore der Mogulzeit, die 1526 begann und im 17. Jahrhundert ihre Blüte erlebte. Überwältigend ist vor allem die Badshahi-Moschee, eine der größten islamischen Gebetsstätten, die nach nur kurzer Bauzeit 1674 vollendet war und deren mächtiger Innenhof 60000 Gläubige faßt. Diese Moschee ist der letzte Großbau der Mogulzeit und entstand unter dem Großmogul Aurangzeb. Mit dessen Tod 1707 endete auch die große Zeit der Mogul-Dynastie, obwohl sie offiziell noch bis 1858 regierte.

Die politischen Wirren nach dem Tode Aurangzebs, der als strenggläubiger Muslim den Einfluß des Hinduismus vor allem auf die Staatsgeschäfte eingedämmt hatte, nutzten die Briten aus. Deren Versuche, sich über ihre Ostindische Kompanie auf dem Subkontinent zu etablieren, gingen bereits auf das frühe 17. Jahrhundert zurück. Geradezu zwangsläufig wurde Großbritannien während des 18. Jahrhunderts zur beherrschenden Macht in Südasien. Der größte Teil Indiens kam unter seine Herrschaft. Unter den inneren Reformen, mit denen die Kolonialmacht dann Anfang des 19. Jahrhunderts begann, hatten namentlich die indischen Muslime zu leiden: Die Scharia, der islamische Gesetzeskodex, wurde durch das sogenannte Anglo-Mohammedanische Gesetz abgelöst, und Englisch wurde offizielle Landessprache.

Unzufriedene muslimische Soldaten, die ehedem der britisch-indischen Armee angehört hatten, kämpften nun besonders in Nordindien zusammen mit der entmachteten muslimischen Oberschicht gegen die Briten. Die aber hatten in wenigen Monaten den Aufstand niedergeschlagen. Das war im Jahre 1858. Erst seit 1906 – mit der Gründung der Muslim-Liga – besaßen die islamischen Inder ein Forum, auf dem sie sich politisches Gehör verschaffen konnten.

▽ Nach Weizen ist Pakistans wichtigste Nahrungspflanze der Reis. Hier wird er noch von Hand gedroschen. Das Reisstroh ist vielseitig verwendbar, etwa für Flechtwerk oder Zigarettenpapier.

▷ Eine Ansiedlung in Hunza, einer Region im Nordwesten des Karakorum. Die Häuser stehen stets auf kargem Grund. Fruchtbarer Boden ist rar und wird nur landwirtschaftlich genutzt.

Britische Nachklänge und indisches Straßenleben: Karatschi

Wenn in Moendjo-Daro und Harappa früheste menschliche Zivilisationsgeschichte, in Taxila hellenistisch-buddhistische und in Lahore islamische Kultur beispielhaft nachvollziehbar sind, so steht Karatschi für Pakistans jüngste Vergangenheit – die der britischen Kolonialzeit und des beginnenden, unabhängigen Staates. Es liegt am nahezu südlichsten Ende des Landes, an der Küste des Arabischen Meeres und 150 Kilometer westlich der Indusmündung; als ehemalige Regierungsmetropole ist Karatschi noch immer die größte Stadt des Landes und zugleich dessen größter Hafen, dazu die Hauptstadt der Provinz Sind.

Das einst bescheidene Fischerdorf, durch die umliegende Wüste vom Hinterland so gut wie abgeschnitten, gewann erst durch die Herrschaft der Briten an Bedeutung, die diese Stadt wegen ihres geschützten Hafens zur Anlandestelle für den Subkontinent ausbauten und hier das Hauptquartier ihrer Indienarmee einrichteten.

Das ehemalige britische Verwaltungszentrum, »Saddar« genannt, ist heute das Haupt-

▽ *Darra, südlich von Peshawar, ist die Waffenschmiede der Pathanen. Dieser kriegerische Stamm im Nordwesten Pakistans liefert auch Gewehre aller Art an die pathanischen Widerstandskämpfer auf der anderen Seite der Grenze – nach Afghanistan.*

aus Ostpakistan der unabhängige Staat Bangladesch entstand.

Im Jahre 1971 wurde Bhutto pakistanischer Präsident. Doch trotz einiger demokratischer Reformen konnte er die schlechte Wirtschaftslage nicht ändern und sein Versprechen, den Armen bessere Lebensbedingungen zu verschaffen, nicht einlösen. 1977 – nach einem weiteren Militärputsch – kam General Zia ul-Haq an die Regierung. Bhutto wurde wegen – angeblicher – Anstiftung zum politischen Mord zum Tode verurteilt und 1979 hingerichtet.

geschäftszentrum von Karatschi. Seit der Unabhängigkeit im Jahre 1947 hat sich das Wachstum der Stadt noch erheblich gesteigert; damals waren es 400000 Einwohner, 1965 bereits zwei Millionen, und heute dürften es um die siebeneinhalb Millionen sein. Viele Industrie-, Handels- und Wohngebiete sind seit 1947 entstanden, aber der planlose Bauboom hat den stillen Charme der aus Sandstein erbauten Provinzhauptstadt nachhaltig zerstört. Doch findet man in den älteren Stadtteilen Karatschis noch immer buntes Straßenleben: Ambulante Zahnärzte und Friseure, Wahrsager und Wunderheiler bieten hier ihre Dienste an.

Karatschis sonnige, saubere und (noch) nicht überlaufene Strände erstrecken sich meilenweit. Die drei, die am leichtesten zu erreichen sind, haben englische Namen: Hawkes Bay, Sandspit und Paradise Point.

Ein interessantes und seltenes Schauspiel bieten die grünen und olivenfarbenen Riesenschildkröten, die bis zu fünf Zentner schwer werden. Wenn diese Tiere in den Mondnächten des September und Oktober auf einem 20 Kilometer langen Strandabschnitt von Hawkes Bay und Sandspit ihre 60 bis 100 tischtennisballgroßen, elastischen Eier legen, vergießen sie Tränen.

Der neue Staat

Die Anfangsjahre des neuen Staates Pakistan waren schwer. Er bestand zunächst aus zwei kulturell unterschiedlichen Teilen – Ostpakistan (Bengalen) und Westpakistan –, die sich in den fünfziger Jahren politisch auseinanderstritten. 1956 wurde die erste pakistanische Verfassung proklamiert, die das Land zu einer islamischen Republik machte. 1958 übernahm General Ayub Khan mit Hilfe der Armee die Macht. Er setzte eine Anzahl von Reformen durch und versuchte, eine »geführte« Demokratie einzurichten. Gut zehn Jahre später zwang eine breite Opposition Ayub Khan zum Rücktritt.

Bei den Wahlen von 1970 siegte in Westpakistan Zulfikar Ali Bhutto, während in Ostpakistan Scheich Mujib ur-Rahman die weitaus meisten Stimmen auf sich vereinte. Die Frage der Loslösung Ostpakistans war nicht mehr wegzuschieben. Ein kurzer, aber heftiger Bürgerkrieg folgte, als dessen Resultat

Zia ul-Haq hat seine diktatorische Macht bis zu seinem Tod im August 1988 behalten. Die sowjetische Intervention in Afghanistan 1979 hatte seine Position noch gestärkt, da die USA Pakistans Armee mit Geld und Waffen versorgten, um die afghanische Opposition zu unterstützen. Immerhin aber hat Zia ul-Haq Gespräche begonnen, durch die das gespannte Verhältnis zwischen Pakistan und Indien verbessert werden könnte. Die beiden Staaten hatten bereits seit 1947 Auseinandersetzungen, bisweilen sogar kriegerisch ausgetragen, bei denen das zwischen beiden Staaten aufgeteilte Kaschmir ein ständiger Zankapfel war und es bis heute geblieben ist.

Pakistans Wirtschaft wurde unter Zia ul-Haq auf ein islamisches System umgestellt. Ein erster Schritt hierzu war 1981 die Einführung zinsloser Bankkonten, denn Zinsen sind im Islam streng verboten.

Auch kulturell hat der Islam bisher eine dominierende Rolle gespielt. So konnten sich seit der Staatsgründung manche Künste wie Musik, Dichtung und Literatur weiterentwikkeln, aber das Theater und die große Tradition des indischen Tanzes wurden aufgrund der orthodoxen islamischen Einstellung zurückgedrängt. Das Kino, das hier einst so populär war wie in Indien, hat durch Videofilme, die bis in die kleinsten Dörfer gelangen, einen schweren Schlag erlitten. Fernsehen und Film sind zur Prüderie gezwungen. Aber der Regierung ist es bisher nicht gelungen, die unzähligen Videofilme (auch Pornos) zu kontrollieren, mit denen das Land überschwemmt wird: ein Symptom für die Spannungen, die in vielen Lebensbereichen entstehen zwischen den Versuchungen der westlichen Zivilisation und dem rigiden Anspruch der Islamisierung.

Landesnatur

Fläche: 803 943 km² (so groß wie Frankreich und die Bundesrepublik Deutschland zusammen)
Ausdehnung: West–Ost 1400 km, Nord–Süd 1600 km
Küstenlänge: 1400 km
Höchste Berge: K2 8611 m, Nanga Parbat 8125 m, Gasherbrum I 8068 m, Broad Peak 8047 m, Gasherbrum II 8035 m
Längster Fluß: Indus, pakistanischer Anteil 2200 km (Gesamtlänge 2897 km)

Pakistan, das flächenmäßig siebtgrößte Land Asiens, ist ein Land der Übergänge: Es verbindet einerseits den Mittleren Osten mit dem Subkontinent Indien und erstreckt sich vom zweithöchsten Berg der Welt, dem K2 (8611 m), im Norden hinab zum Pandschab (Punjab) und bis zum Arabischen Meer.

Nanga Parbat (8125 m), höchster Gipfel im westlichen Himalaja.

Im Westen grenzt Pakistan an den Iran, im Nordwesten und Norden an Afghanistan; nach einer kurzen gemeinsamen Grenze mit der VR China im Nordosten ist Indien der östliche Nachbar Pakistans.
Der nördliche Teil des ehemaligen Fürstentums Kaschmir (etwa 88 000 km²), den Pakistan im Nordosten besetzt hält, wird auch von Indien beansprucht; Pakistan wiederum beansprucht auch den südlichen Teil, den Indien besetzt hält.

Naturraum
Im Norden Pakistans ragt der Gebirgsknoten von *Himalaja, Hindukusch, Karakorum* und *Pamir* weit über 8000 m empor.
Diesen riesigen Gebirgswall durchbricht der Indus in seinem steilen und engen Tal. Aus dem Hochland von Tibet im Osten kommend, zwängt er sich zwischen Karakorumgebirge und dem westlichen Teil des Himalaja hindurch und biegt dann nördlich des Nanga Parbat und vor dem Hindukusch in einem rechten Winkel nach Süden ab. Südlich von Peshawar öffnet sich das *Tiefland des Indus* mit den vier großen Nebenflüssen Jhelum, Chenab, Ravi und Sutlej; »Fünfstromland« (Pandschab) nennt sich daher auch der nördliche Teil der Tiefebene. Insgesamt umfaßt das Industiefland mehr als die Hälfte der gesamten Staatsfläche. Der Indus mündet mit einem etwa 8000 km² großen Delta ins Arabische Meer. Einziger Naturhafen der 1400 km langen Küste ist Karatschi.
Der Indus zieht eine etwa 40 km breite Flußoase mit sich. Westlich dieser schmalen Zone erheben sich schroff die über 2000 m hohen Randketten des Sulaiman- und Kirthargebirges, an die sich das *Hochland von Belutschistan* mit über 3000 m hohen Bergen anschließt. In seinem Zentrum liegen Sandwüsten.
Sandwüsten mit Dünen und Salzböden bilden die *Wüste Thar,* die den Indus im Osten begleitet und sich weit nach Indien und bis zum 60 000 km² großen Sumpfgebiet am Arabischen Meer erstreckt.

Klima
In Pakistan herrscht subtropisch-kontinentales Klima mit großen jahreszeitlichen und lokalen Unterschieden. Die Sommer sind sehr heiß: In Karatschi an der Küste liegt das Julimittel bei 30 °C, in Lahore im Pandschab bei 32 °C und in den Wüstenregionen bei 35 °C (absolutes Maximum 52 °C). Im Hochgebirge gibt es zur gleichen Zeit Frost. Im Januar betragen die Monatsmittel 19 °C in Karatschi, 12 °C in Lahore und –20 °C in den Hochgebirgsregionen.
Von Juli bis Oktober bringt der Sommermonsun den meisten Regen: im Pandschab bis 700 mm und an den Südhängen des Himalaja bis zu 1500 mm; der untere Indus ist regenarm (130 mm), das Hochland von Belutschistan sogar extrem trocken. Die Regenzeit ist recht unregelmäßig: Zeitpunkt und Wassermenge variieren, Überschwemmungen und Trokkenzeiten sind üblich. Fallwinde aus dem Westen bewirken v. a. im Industiefland plötzliche Temperaturstürze und Staubstürme.

Vegetation und Tierwelt
In Pakistan ist die natürliche Vegetation weitgehend zurückgedrängt; nur noch knapp 3% der Landesfläche sind bewaldet. Die bewässerten, sehr fruchtbaren Böden der Indusebene werden landwirtschaftlich genutzt; auf trockenen Böden wachsen Zwergpalmen, Akazien, Hartgräser und Dornsträucher. Nur an den Berghängen des Nordens gibt es Wälder mit Kiefern, Himalajazedern und Steineichen. In der extrem trockenen Belutschistan-Hochebene wachsen nur mehr Pflanzen, die fast ohne Wasser leben können (Xerophyten), z. B. Kakteen und Ginster. Salzliebende Pflanzen (Halophyten), insbesondere Queller und Strandmelde, gedeihen in den Salzsümpfen südlich der Wüste Thar. Im Indusdelta sind Mangrovewälder verbreitet.
Im Bergland des Nordens gibt es noch zahlreiche wildlebende Tierarten: Braunbären, Tibetanische Kragenbären, Leoparden, Schneeleoparden, Steinböcke, Wildziegen und Antilopen. Im Süden gibt es viele Wassertiere; eine Vielzahl von Vögeln leben in der Indusebene. Im Indusdelta trifft man auf Gaviale (sechs Meter lange Krokodile mit extrem langer Schnauze) und Pythonschlangen.

Eine Guerillaversammlung in Peshawar: Flüchtlinge aus Afghanistan formieren sich zu politischem Widerstand.

Vom kargen Leben gezeichnet: Bergbewohner aus Nordpakistan.

Politisches System

Staatsname: Islami Jamhuriya-e Pakistan
اسلامي جمهوريه پاکستان
Staats- und Regierungsform: Föderative Republik
Hauptstadt: Islamabad
Mitgliedschaft: UN, SARC, GATT, ESCAP, Colombo-Plan

1985 wurde die suspendierte Verfassung von 1973 mit einigen Änderungen wieder in Kraft gesetzt. Der durch ein Referendum bestätigte Staatspräsident ist gleichzeitig Oberbefehlshaber der Streitkräfte; er hat das Recht, den Ministerpräsidenten und die vier ranghöchsten Militärs zu ernennen sowie die Verfassung zu ändern. Im »extremen Notstand« leitet er den Nationalen Sicherheitsrat, der sich aus den obersten Militärs, den Ministerpräsidenten der Provinzen und des Bundes sowie dem Parlamentsvorsitzenden zusammensetzt.

Gesetzgebung und Verwaltung
Legislative ist ein aus zwei Kammern bestehendes Parlament: die Nationalversammlung mit 217 für fünf Jahre direkt gewählten Abgeordneten und der Senat mit 63 indirekt gewählten Mitgliedern. Mit Zweidrittelmehrheit kann die Nationalversammlung gegen einfache Mehrheit des Senats und der Provinzparlamente Verfassungsänderungen rückgängig machen oder beschließen.
Das Land gliedert sich in vier Provinzen mit weitgehender Autonomie, das Territorium der Hauptstadt und das besetzte und von Indien beanspruchte Gebiet »Azad Kashmir« mit eigener Regierung und Verwaltung.

Recht und Justiz
Das Recht beruht teils auf islamischer Überlieferung, teils auf britisch-indischem Common Law. Die Rechtsprechung erfolgt in oberster Instanz durch den »Supreme Court«, untergeordnet sind vier Hohe Gerichte in den Provinzen sowie Stadt- und Bezirksgerichte. Für Familien- und Erbrecht gelten islamische Vorschriften, teilweise gilt islamisches Recht auch bei Straftaten. Der »Federal Shariat Court« überprüft die Vereinbarkeit neu erlassener Gesetze mit dem Koran.

Bevölkerung

Einwohnerzahl: 106 Millionen
Bevölkerungsdichte: 132 Einw./km²
Bevölkerungszunahme: 3,3 % im Jahr
Größte Städte: Karatschi (Karachi, 7,5 Mio. Einw.), Lahore (3 Mio.), Faisalabad (1,2 Mio.), Rawalpindi (820000), Haiderabad (Hyderabad, 800000), Islamabad (400000)
Bevölkerungsgruppen: 66 % Pandschabi, 13 % Sindi, 8 % Urdu, 7 % Pathanen, 3 % Belutschen

Das rasche Bevölkerungswachstum (etwa 50 % der Einwohner sind jünger als 15 Jahre) und die damit zusammenhängende Slumbildung in den Städten sind für Pakistan eine ernste Herausforderung. Etwa die Hälfte der Einwohner lebt in der Provinz Pandschab. In den Grenzprovinzen gibt es Autonomiebestrebungen ethnischer Minderheiten (z. B. der Belutschen). Große Probleme bereiten auch die etwa drei Millionen Flüchtlinge im Land (überwiegend aus Afghanistan) und die damit verbundene Sprachenvielfalt. Amtssprachen sind Urdu und Sindi (in der Provinz Sind). 85 % der Einwohner sind Sunniten, 10 % Schiiten.

Soziale Lage und Bildung
Die Arbeitslosigkeit liegt zwischen 20 und 30 %. Entsprechende Sozialabsicherungen gibt es nicht, jedoch seit 1965 eine Verordnung über Leistungen an Arbeitnehmer bei Arbeitsunfähigkeit, dazu eine Altersversorgung aus verschiedenen staatlichen Fonds und den »National Council of Social Welfare«. Die medizinische Versorgung ist v. a. auf dem Land noch unzureichend. 74 % der Erwachsenen sind Analphabeten. Allgemeine Schulpflicht besteht für 6- bis 11jährige bei kostenfreiem Unterricht, jedoch besucht bisher nur die Hälfte aller schulpflichtigen Kinder die Schule, viele verlassen sie auch wieder vorzeitig. Ein umfangreiches Berufsbildungssystem befindet sich im Aufbau, kommt aber wegen fehlender finanzieller Mittel nur langsam voran. Das Land besitzt 19 Universitäten, die älteste wurde 1882 in Lahore gegründet.

Wichtig für die Bewässerung: Tarbela-Staudamm des Indus.

Wirtschaft

Währung: 1 Pakistanische Rupie (pR) = 100 Paisa (Ps)
Bruttoinlandsprodukt (in Anteilen): Land- und Forstwirtschaft 25 %, industrielle Produktion 27 %, Dienstleistungen 48 %
Wichtigste Handelspartner: EG-Staaten, USA, Japan, Saudi-Arabien

Die pakistanische Wirtschaft ist in den letzten Jahren von einer günstigen Entwicklung geprägt. Trotzdem ist der Lebensstandard gesunken, was mit hohen Raten bei Arbeitslosigkeit, Preisauftrieb und Bevölkerungszunahme begründet wird. Zwar ist die Zahlungsbilanz nach wie vor defizitär, doch wurden v. a. im industriellen Bereich hohe Zuwachsraten erzielt.

Landwirtschaft
Über die Hälfte der Erwerbstätigen sind in der Landwirtschaft beschäftigt. Rund ein Viertel der Staatsfläche wird derzeit kultiviert; 70 % davon müssen bewässert werden. In den Provinzen Sind und Pandschab, den Hauptagrarzonen, werden v. a. Weizen, Reis, Hülsen- und Ölfrüchte, Baumwolle und Zuckerrohr angebaut. Die Viehwirtschaft, überwiegend von Nomaden betrieben, kann nur bei der Kleintierhaltung wachsende Bestände verzeichnen. Die Fischerei ist im Aufbau begriffen.

Bodenschätze, Energie, Industrie
Pakistan verfügt über eine Vielzahl von Bodenschätzen; aufgrund der hohen Förder- und Transportkosten werden allerdings in nennenswertem Ausmaß nur Erdöl, Erdgas, Chromerz, Kalkstein und Kohle gefördert. Die bislang unzureichende Energieversorgung basiert weitgehend auf Wasserkraft, Erdgas und Erdöl. Der Anteil der Kernkraft ist gering, zumal das Kernkraftwerk bei Karatschi seine Leistung um fast 50 % drosseln mußte. Mehrere seit langem geplante Staudammprojekte konnten bislang noch nicht realisiert werden. Die Industrie konzentriert sich in den Großräumen Karatschi und Lahore. Neben der Textilbranche dominieren die Nahrungsmittel-, Mineralöl- und chemische Industrie sowie der Maschinenbau.

Handel
Importiert werden v. a. Erdöl und Erdölerzeugnisse, Nahrungsmittel, Fahrzeuge und elektrotechnische Geräte. Hauptausfuhrgüter sind Reis, Baumwolle, Lederwaren, Teppiche und Textilien.

Verkehr, Tourismus
Wichtigstes Verkehrsmittel ist die Eisenbahn; das Schienennetz umfaßt etwa 8800 km. Das rd. 100000 km lange Straßennetz ist zu einem Drittel asphaltiert; von besonderer Bedeutung sind die Fernstraßen in den Norden. Es gibt 30 Flughäfen, darunter drei internationale (Karatschi, Lahore und Islamabad). Trotz der imposanten Gebirgslandschaften und der historischen Stätten spielt der Fremdenverkehr als volkswirtschaftlicher Faktor bislang keine wesentliche Rolle.

Das Rote Fort von Lahore aus dem 16. Jahrhundert, ein Beispiel für die Architektur der Mogulzeit.

Geschichte

Die Geschichte des 1947 gegründeten Staates Pakistan (»Land der Reinen«) ist eng mit der Indiens verknüpft; beider Wurzel liegt in der Harappa-Kultur (um 2300–1750 v. Chr.) im Industal.

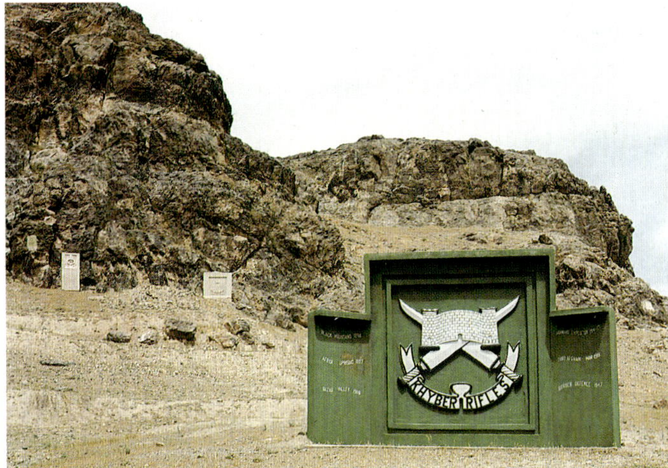

Geschichtsträchtiger Gebirgsübergang nach Afghanistan: der 1067 m hohe Khyber-Paß.

Bereits im 8. Jh. n. Chr. geriet das Gebiet des heutigen Pakistan unter islamischen Einfluß. In den folgenden Jahrhunderten brachten muslimische Herrscherdynastien große Teile des Subkontinents unter ihre Herrschaft (Mahmud von Ghasni, 10./11. Jh.; Lodi-Dynastie, 15./16. Jh.; Mogulreich, 16.–19. Jh.). Erst mit dem wachsenden Einfluß der britischen Kolonialmacht, die 1843 Sind und bis 1856 den ganzen Pandschab eroberte, verloren die Muslime ihre Vormachtstellung über die zahlenmäßig weit überlegenen Hindus. Die Folge waren starke Spannungen zwischen diesen und den Muslimen sowie Kämpfe mit den Briten (Sepoy-Aufstand 1857/58).
Eine 1857 von Sayyid Ahmad Khan (1817–1898) ins Leben gerufene muslimische Erneuerungsbewegung gilt als die Keimzelle des modernen Pakistan. Ziel dieser Bewegung war es, das Bildungsniveau der Muslime zu heben sowie deren rechtliche Stellung durch für sie günstige Wahlgesetze zu sichern, denn ihr Anteil an der Gesamtbevölkerung des 1858 der britischen Krone unterstellten Indien betrug nur 25 %. 1906 wurde die Muslim-Liga gegründet – als Gegengewicht zum 1885 entstandenen Indian National Congress (INC), der heutigen Kongreßpartei, von der sich die Muslime nicht ausreichend repräsentiert fühlten. Ihr Streben ging, anders als das des INC, seit 1940 in Richtung auf die Gründung eines Separatstaates. Ihr Führer Mohammed Ali Jinnah (1876–1948) befürwortete letztlich eine Teilung Britisch-Indiens. Als unter britischer Aufsicht 1946 die erste Zentralregierung eingesetzt wurde, kam es wie schon früher zu blutigen Unruhen zwischen Hindus und Muslimen. 1947 wurde der Subkontinent geteilt. Die Gebiete mit überwiegend muslimischer Bevölkerung gehörten fortan zum neuen Staat und britischen Dominion Pakistan. Die nordwestliche Grenzprovinz, Sind, Belutschistan und – nach einer Volksabstimmung – der westliche Teil des Pandschab bildeten Westpakistan; Ostbengalen und der größere Teil des Sylhet-Distriktes wurden zu Ostpakistan. Die Folge dieser Aufteilung war eine von Gewalttaten begleitete Massenflucht von über zehn Millionen Angehörigen der verschiedenen Religionsgruppen in die ihnen zugeteilten Gebiete. Hunderttausende kamen im Zuge dieser Entwicklung ums Leben.

West- und Ostpakistan
Im Unterschied zu Indien, das die britische Verwaltung übernehmen konnte, stand Pakistan bei der Staatsgründung am Neubeginn. Das einzige, was seine beiden rund 1800 km voneinander entfernten Landesteile miteinander verband, war der islamische Glaube. Nach dem Tod des in beiden Teilen Pakistans akzeptierten Jinnah 1948 entfernten diese sich immer weiter voneinander. Es gelang nicht, einen neuen gemeinsamen Führer zu finden. Am 23. 3. 1956 (Nationalfeiertag) wurde die »Islamische Republik Pakistan« ausgerufen – was nichts daran änderte, daß sich zahlreiche innenpolitische Probleme, die sich aus dem Fortbestand der Machtpositionen von Großgrundbesitzern und religiöser Führung ergaben, in der Folgezeit eher noch verschärften.
1958 putschte das Militär unter General Mohammed Ayub Khan. Er leitete eine Periode relativer Stabilität und allmählicher Industrialisierung ein und beendete außenpolitisch den Kurs der engen Bindung an die USA zugunsten einer Öffnung gegenüber der UdSSR und der VR China. Wichtigstes außenpolitisches Anliegen Pakistans war seit 1947 die Frage nach den Hoheitsrechten über Kaschmir. Nach kriegerischen Auseinandersetzungen mit Indien 1965/66 einigte man sich erst 1972 über eine endgültige Waffenstillstandslinie.
Die Wahlen von 1970 brachten der Awami-Liga von Scheich Mujib ur-Rahman einen überwältigenden Erfolg in Ostpakistan und damit die Mehrheit der Sitze in der Zentralregierung. Mujib ur-Rahman weigerte sich jedoch, mit der in Westpakistan siegreichen Pakistan People's Party unter Führung von Zulfikar Ali Bhutto eine Koalition zu bilden. Die Forderungen nach Loslösung Ostpakistans verstärkten sich. Ein blutiger Bürgerkrieg mit erneutem Flüchtlingselend war die Folge. Indien griff ein und zwang Westpakistan Ende 1971, Ostbengalen (nunmehr Bangladesch) in die Unabhängigkeit zu entlassen.
Bhutto wurde noch im gleichen Jahr Staatspräsident. Er leitete eine Reihe wirtschaftlicher Reformen ein, ohne jedoch die durch Naturkatastrophen noch verschärften Versorgungsprobleme der Bevölkerung lösen zu können. 1972 verließ Pakistan das Commonwealth.

Politik der Islamisierung
1977 übernahm nach einer Phase von Minderheitenunruhen und Oppositionsprotesten General Zia ul-Haq durch einen Putsch die Macht. Er ließ Bhutto 1979 trotz internationaler Proteste hinrichten. Sein streng islamisches Regime lehnte sich nach der Besetzung des benachbarten Afghanistan durch die UdSSR 1979 stärker an die USA an: Das ohnehin von Flüchtlingen überflutete Land mußte in der Folge

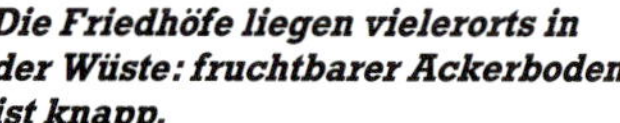

Die Friedhöfe liegen vielerorts in der Wüste: fruchtbarer Ackerboden ist knapp.

weitere drei Millionen Menschen aufnehmen.
1985 fanden unter starken Restriktionen Parlamentswahlen statt; Ende desselben Jahres wurde das Kriegsrecht aufgehoben. Bhuttos Tochter Benazir versuchte seitdem, die zerstrittene Opposition zu einen. Im Juni 1988 verkündete Zia ul-Haq die Abschaffung des bis dahin geltenden britischen Rechtssystems und die Einführung islamischen Rechts für alle Muslime. Am 17. 8. 1988 wurde Zia Opfer eines Flugzeugabsturzes.

Kultur

Die kulturelle Entwicklung des heutigen Pakistan steht in engem Zusammenhang mit der des gesamten Subkontinents. Früheste Zeugnisse sind die noch wenig erforschten Stadtkulturen von Harappa und Moendjo-Daro, Ruinenstätten im Stromgebiet des Indus und zugleich Zentren der Indus-Kultur. Die schachbrettartige Anlage der Großstädte mit Bauten aus gebrannten Lehmziegeln, das wohldurchdachte Kanalisationssystem, die Gestaltung der Badeanlagen, das einheitliche Maß- und Gewichtssystem und die Verwendung einer Schrift lassen auf eine zentrale Verwaltung schließen. Erhalten sind Kleinkunstgegenstände aus verschiedenen Metallen sowie Keramiken.
In Taxila, nordwestlich von Islamabad, haben sich Zeugnisse aus der Zeit der Achämeniden (etwa 700–330 v. Chr.), des Maurya- und des Gupta-Reiches (etwa 321–180 v. Chr. bzw. etwa 320–540 n. Chr.) wie auch der Gandhara-Kunst (1.–7. Jh. n. Chr.), einer hellenistisch-indischen Mischkunst, erhalten. Reste buddhistischer Heiligtümer finden sich v. a. in Nordwestpakistan: hauptsächlich Buddha-Darstellungen im Stil der Gandhara-Kunst.
Lahore als alte Handelsstadt bietet sich noch heute als islamisches Zentrum mit zahlreichen Baudenkmälern dar, u. a. mit der Badshahi-Moschee. In Bhambore, nordöstlich von Karatschi, befindet sich die älteste Moschee Südasiens.

Teppiche werden meist noch in traditioneller Art gewebt.

Literatur

Der sprachliche Pluralismus im Gebiet des heutigen Pakistan prägte auch dessen Literatur. Vom 11. bis ins 18. Jh. hinein war Persisch Literatursprache. Seit dem 16. Jh. gab es daneben literarische Zeugnisse in Urdu, Belutschi, Paschtu, Pandschabi und Sindi. Als wichtigste Vertreter der Urdu-Dichtung gelten Asadullah Khan Ghalib (1797–1869), Atlaf Husayn Hali (1837–1914) und vor allem Mohammed Iqbal (1873–1938), der in seinen Werken islamische Tradition mit modernem Liberalismus verband. Er gilt heute als Nationaldichter Pakistans.
Der Dramatiker Rafi Peerzadi, ein Schüler Max Reinhardts und Brechts, hat sich auch der anderen Landessprachen Sindi und Pandschabi bedient. Die jüngeren Literaten beschäftigen sich mit Gegenwartsproblemen wie der Not der Kleinbauern oder dem Los der Millionen Flüchtlinge.

Reise-Informationen

Einreise- und Fahrzeugpapiere
Bürger der Bundesrepublik Deutschland, der Schweiz und Österreichs brauchen für einen Aufenthalt bis zu 30 Tagen einen gültigen Reisepaß und ein Visum.
Für die Einreise mit dem eigenen Wagen ist ein Carnet de passages, der nationale und internationale Führerschein sowie die internationale Zulassung erforderlich. Auch ist unmittelbar nach der Ankunft in Peshawar, Quetta oder Lahore eine Haftpflichtversicherung abzuschließen.
Zoll
Bei der Einreise sind zollfrei: 200 Zigaretten, etwas Parfüm und Geschenke bis zum Gesamtwert von 2000 Pakistanischen Rupien (pR). Die Mitnahme von alkoholischen Getränken ist grundsätzlich verboten.

Die moderne Zeit hält nur zögernd Einzug in das Straßenbild von Quetta.

Devisen
Pakistanische Rupien (pR) dürfen bei Ein- und Ausreise bis zu 100 pR (nur in Stückelungen bis zu 10 pR) mitgeführt werden. Fremdwährungen können unbeschränkt eingeführt (Deklaration erforderlich) und in Höhe der deklarierten Einfuhr wieder ausgeführt werden.
Impfungen
Malariaschutz ist das ganze Jahr über für alle Gebiete unter 2000 m Höhe erforderlich.
Verkehrsverhältnisse
Es besteht ein dichtes inländisches Flugnetz. Besonders preiswert reist man mit der Eisenbahn. Auf den Straßen herrscht Linksverkehr; die wichtigsten Straßenverbindungen, auf denen regelmäßig Busse verkehren, sind in gutem Zustand. Auf den schlecht ausgebauten Straßen im Norden des Landes stellen Jeeps das Hauptverkehrsmittel dar. Für Kraftfahrer herrscht ein absolutes Alkoholverbot. In den Städten stehen Motorrikschas, Taxis und Leihwagen (nur mit Fahrer) zur Verfügung.
Unterkünfte
Am besten ist das Hotelangebot in Karatschi, wo die Auswahl von Luxushotels bis zu ganz einfachen Unterkünften reicht, allerdings die Preise auch etwas höher liegen als in anderen Städten. In abgelegenen Gebieten kann man Unterkunft in sog. Rest Houses, Cottage-Hotels oder Dak-Bungalows finden (Reservierung empfehlenswert). Im Norden existieren nur einige Motels und Bungalows. Campingplätze befinden sich in Islamabad und Peshawar.
Reisezeit
Beste Reisezeit im Tiefland ist November bis März, im Bergland Mai bis Oktober. Im Pandschabgebiet und in der Gegend von Karatschi fallen von Juni bis August starke Niederschläge. In Lahore herrscht Regenzeit von Juli bis September, in Peshawar von Juli bis August und Januar bis Februar. In den westlichen Gebirgszonen sind die klimatischen Verhältnisse im allgemeinen angenehm.

Raum für 100000 Gläubige: Moschee in Islamabad, der 1961 gegründeten Hauptstadt.

Philippinen

Robert Hetkämper

Die Philippinen: ein wildes Land im Osten. Tausende von Tropeninseln mit wunderschönen stillen Landschaften. Aber auch ein Land dramatischer politischer Entwicklungen, ständiger Krisen und dauernder wirtschaftlicher Misere.

Ein Musterland der Demokratie nannten sich die Philippiner selbst, als sie Anfang des Jahres 1986 in einer unblutigen Revolution den Diktator Marcos verjagt hatten. Sie gaben der Welt ein Beispiel von der Macht gewaltlosen Widerstandes. Aber das Land ist arm geblieben. Es wird seine Probleme nicht los.

Die Philippinen stehen dem Westen nahe wie kein anderes Land in Asien. Ihre Kultur und ihre Menschen sind geprägt von den jahrhundertelangen Beziehungen zu Europa und Amerika. Vielleicht sind die Philippiner die uns am ehesten zugänglichen Menschen Asiens. Und sie haben eine rätselhafte Fähigkeit, mit den gigantischen Schwierigkeiten ihres alltäglichen Lebens fertig zu werden.

Staatsname:	Republik der Philippinen
Amtssprachen:	Pilipino, Englisch
Einwohner:	57 Millionen
Fläche:	300 000 km²
Hauptstadt:	Manila
Staatsform:	Präsidiale Republik
Kfz-Zeichen:	RP
Zeitzone:	MEZ +7 Std.
Geogr. Lage:	Vor der Südostküste des asiatischen Festlands zwischen Taiwan und Indonesien

Das Meer ist ein Stück Lebensraum der Philippiner. Kleinhändler bringen ihre Waren mit dem Boot auf den Markt, der auf dem Wasser abgehalten wird. Das bunte Treiben täuscht allerdings über den harten Existenzkampf der einfachen Leute hinweg.

Istal, der Jeepney-Fahrer

Istal ist ein Grinser. Als ob er alles nicht so ernst nehmen könnte. Dabei ist er mager wie ein Hemd. Und todmüde ist er gerade auch. Es ist zwei Uhr morgens, und Istal hat den ganzen Abend mit den Kumpels aus dem Viertel Mah-Jongg gespielt. Er hat wieder einmal böse verloren.

500 Pesos. Und er kann nicht bezahlen. »Verkauf doch deine Uhr, die aus Bombay«, sagt einer. »Ist schon längst verkauft«, grinst Istal und steht auf.

500 Pesos – dafür muß er eine ganze Woche arbeiten. Die anderen machen noch ein bißchen Geschrei, aber so ganz ernst meinen sie das nicht. Istal wird schon irgendwie bezahlen. Er ist ja einer von ihnen.

Viel besser als in dem heruntergekommenen Hinterzimmer ist die Luft draußen auch nicht: schwül wie immer. Die kleinen ein- oder zweistöckigen Holzhäuser stehen eng verschachtelt. Dabei ist Pasay-City gar nicht so schlecht. Andere Stadtteile von Metro Manila sind schlimmer dran. Hier funktioniert die Kanalisation halbwegs ordentlich, es gibt Wasser und Strom. Meistens jedenfalls.

In Metro Manila leben acht Millionen Menschen. Es werden täglich mehr. Die meisten von ihnen zahlen keine Steuern. Sie wüßten nicht, wovon. Daß die Stadtverwaltung überhaupt noch die Grundversorgung zusammenimprovisiert, grenzt schon ans Wunderbare. Schließlich müssen von dem knappen Staatsgeld auch noch viele Beamte ihr Extraeinkommen abzweigen.

»Korruption beseitigen?« Jetzt muß Istal sogar herzhaft lachen. »Wie denn? Ist doch überall. Ich muß doch auch jeden Tag die Polizisten schmieren.«

Nach Hause sind es nur ein paar Schritte. Aber Istal geht jetzt nicht ins Bett, sondern er geht zur Arbeit. Er ist nämlich Jeepney-Fahrer auf der Strecke Pasay–Blumentritt. Und er hat Nachtschicht. »Nachts ist es besser«, erklärt Istal freundlich, »da sind die Straßen nicht so verstopft.«

Istal heißt mit Nachnamen Munoz. Als im Jahre 1565 die Spanier in Gestalt des Miguel Lopez de Legazpi von Mexiko aus das Land eroberten und es nach ihrem König Philipp benannten, konnten sie mit den Namen der Eingeborenen wenig anfangen. So teilten sie kurzerhand gängige spanische Namen aus. Und da ihnen wohl nicht allzu viele einfielen, ist die Bandbreite der Familiennamen bis heute nicht sehr groß.

Der Professor Blumentritt

Gegen vier Uhr früh quält sich Istal hupend durch das Gewimmel des Marktes von Blumentritt. Kleinhändler kaufen hier von Zwischenhändlern, die für die Bauern Fleisch, Gemüse und Obst nach Manila transportieren. Die Kleinhändler bieten es zwei Stunden später auf anderen Märkten an.

Wenn Istal »Blumentritt« ausspricht, käme kein Mensch auf die Idee, daß es sich um einen deutschen Namen handeln könnte. Ferdinand Blumentritt war Österreicher. Ein Professor der Völkerkunde. Daß ein ganzer Stadtteil nach ihm benannt wurde, verdankt er seiner Freundschaft mit einem Nationalhelden. Er war befreundet mit José Rizal. Dr. José Rizal gilt als Begründer des philippinischen Nationalismus und als Wegbereiter des Freiheitskampfes gegen die spanischen Kolonialherren.

Als 1896 die philippinische Revolution losbrach, saß Rizal schon seit vier Jahren in der Verbannung und hatte private Pläne. Er wollte als Arzt zur spanischen Armee nach Kuba. Aber die spanischen Kolonialbeamten in Manila hatten mit der Verstärkung ihrer Truppen in Mittelamerika nichts im Sinn. Sie brauchten Dr. Rizal hier: als Exempel. 1896 wurde er in Manila öffentlich erschossen – dort, wo heute sein Denkmal steht. Das hielt die Revolution nicht auf. Allerdings gab es dauernd Streit, weil die Revolutionäre natürlich auch ihre eigenen Machtinteressen verfolgten.

Heiligenbildchen und Kinoplakate

Istal hat sich durch den Verkehr gequält. Es wird langsam hell. Seine Route führt jetzt durch Quiapo, einen Stadtteil der ärmeren Leute. Nicht der ganz armen, die haben gar keinen Stadtteil, sondern suchen sich überall Baulücken, Bahndämme und Winkel auf Bürgersteigen. Dort bauen sie dann ihre Hütten aus Pappe und ein bißchen Holz. Miete müssen sie trotzdem zahlen.

Die Kirche von Quiapo ist berühmt wegen der Statue des »Schwarzen Nazareners«, einer Christusfigur mit dem Kreuz. Gefertigt im 17. Jahrhundert von Indios in Mexiko. Anfang Januar wird die Statue durch die Straßen getragen. Dann schwankt ein schwarzer Christus über einem Meer schwarzer Köpfe mit begeisterten braunen Gesichtern.

Jeepney

Der Jeepney ist ein Stück philippinischer Volkskultur. Das grell bemalte und wild dekorierte Auto ist das wirkliche Wahrzeichen des Landes. Jeepneys gibt es überall auf den Inseln des Archipels. Aber besonders typisch sind sie für die Hauptstadt Manila. 50000 dieser offenen Sammeltaxis befördern jeden Tag fast vier Millionen Menschen. Der Jeepney ist das Nahverkehrsmittel der kleinen Leute.

Jeepneys kamen auf, als gegen Ende des Zweiten Weltkriegs die USA die japanischen Truppen zurückdrängten und die Philippinen zurückeroberten. Damals blieben Tausende von Armee-Jeeps im Land. Überschuß des Krieges. Findige Philippiner kauften sie auf und bauten sie um. Die Karosserie wurde verlängert, zwei Bänke an die Längsseiten der Kabine montiert, und fertig war ein brauchbares Gefährt für Taxi-Transporte.

Die Fahrer setzen ihren ganzen Ehrgeiz darein, möglichst auffällige Dekorationen am Wagen zu haben. Das soll Kunden anlocken und das Selbstgefühl der Fahrer heben. Das Schrillste und Kitschigste ist gerade gut genug. Möglichst viele Antennen auf der Kühlerhaube oder eigens dafür produzierte kleine Pferde aus Metall. Lichter und Lämpchen, wo immer sie Platz finden. Bis hinunter zu den Radnaben und dort am liebsten rot, blau und grün blinkend. Ein liebevoll gepflegter Jeepney ist eine Dekorationsorgie.

Als der Vorrat an alten Jeeps für den Umbau erschöpft war, fertigten philippinische Werkstätten eigene Wagen. Noch heute wird jeder Jeepney von Hand gebaut. Die Motoren kommen aus Japan – gebraucht. In liebevoller Kleinarbeit wird jedes Stück gereinigt, geschliffen, geschmiert. Am Ende ist selbst der Motor neuwertig. Und das Ganze ein Stück eigenständiger philippinischer Improvisations- und Erfindungsgabe. Die Philippiner sind stolz darauf.

◁ ***Die Fischfarmen in den Binnenseen und Flüssen des Landes zeugen vom Einfallsreichtum der Philippiner. Da der herkömmliche Fischfang in den Küstengewässern für die Ernährung der rasch wachsenden Bevölkerung nicht mehr ausreicht, haben die Einheimischen in der Fischzucht ein beachtliches Geschick entwickelt.***

Heute ist normaler Betrieb vor der Kirche. Drinnen wird gebetet. Auch wenn gerade keine Messe gelesen wird, knien ständig Gläubige vor den Heiligenfiguren, viele junge Leute. Und draußen in den Winkeln des Kirchenbaus wird gehandelt. Mit herzzerreißendem Kitsch. Christuskinder aus Plastik, händefaltende Jungfrauen und Jesusbildlein, so süß, daß man Zahnschmerzen kriegt. Die Leute von Quiapo meinen das ganz ernst. Für teurere Frömmigkeit haben sie kein Geld. Gleich am selben Stand läßt sich auch Weltliches erwerben. Kräuter gegen Menstruationsbeschwerden oder pulverisierte Wurzeln gegen erlahmende Liebeslust.

◁ ***»Treppen zum Himmel« nennt man die kunstvoll angelegten Reisterrassen im Banawetal auf Luzon, der größten der philippinischen Inseln. Die Reisterrassen sind über 2000 Jahre alt und werden heute noch bestellt.***

△ ***Schöne Muschelschalen sind ein begehrter Artikel. Die Muscheltaucher tragen Wollmasken, um ihr Gesicht vor Sonne und vor Austrocknung zu schützen.***

Aufreizende Wirkung sollen wohl auch die Kinoplakate von Quiapo ausüben. Hoch wie Häuserwände, von Hand gemalt. Fleischfarbe wird am meisten gepinselt. Der Körperhaltung nach zu urteilen, handelt es sich im wesentlichen um gedemütigte Jungfrauen. Gequälte Unschuld auf der schiefen Bahn. Die Philippinen haben eine eigene Filmindustrie. Und die weiß, was ankommt. Melodramen mit viel Sex. Und doch Entrüstung nach dem Motto: Solch schreckliche Dinge wollen wir eigentlich nicht sehen. Da hat man ein besseres Gewissen vor dem Pfarrer.

Der Jeepney knattert über die Quezon-Brücke und kreuzt den Pasig-River. Eine ziemlich trübe Angelegenheit. Der Pasig-River fließt zum Hafen hinunter, in die Manila-Bay: die Bucht mit dem schönsten Sonnenuntergang Südostasiens. Das sagt man jedenfalls den Touristen, die dort im »Manila Hotel« logieren. Ein prächtiges Haus. Berühmt in ganz Asien. Dabei gibt es viele gute Hotels in Manila. Für Touristen und reiche Philippiner. Die ganz Reichen lassen ihre Töchter dort heiraten. Die noch Reicheren durften mit der Familie Marcos auf der Präsidentenjacht hinausfahren und furchtbar schick sein. Und wenn alle ganz ausgelassen waren, dann sang Ferdie Marcos mit: »We are the world.« Am Anfang seiner Präsidentenlaufbahn hatte Marcos sogar Bücher geschrieben über die Unterentwicklung der Dritten Welt. Theorien über die Ursachen der Armut. Die ganz vornehmen Familien mochten ihn nicht. Er und »Meldy« hatten so einen schlechten Stil. Emporkömmlinge eben. Noch schlimmer war, daß er den alten Clans nach und nach ihre Macht wegnahm. Als dann er und seine Kumpane auch noch an ihr Geld gingen und das Land für ihre Kassen plünderten, da platzte den Patriziern der Kragen. Cory Aquino stammt aus einer dieser alten Familien.

Die kleinen braunen Brüder der Amerikaner

Istal unterquert die neue Hochbahn und läßt die große Hauptpost rechts liegen. Die Reiseführer nennen sie »neoklassizistisch«. Ein philippinischer Architekt hat sie gebaut. Als architektonische Verbeugung vor den USA. Mit leicht spanischem Einschlag. Philippiner mögen das Amerikanische. Coca-Cola, McDonald's, Werbefernsehen. Das Schulsystem ist amerikanisch, die politischen Strukturen sind denen der USA nachgebildet. Amerika ist überall. »Come in, we're open«, sagen Schilder im Dorfkramladen. Und wo man getragene Schuhe und lebende Hühner einkauft, bedankt sich im Hochland der Cordilleras ein Schild: »Marlboro. Thank you for coming.«

Philippinische Kleinstädte haben oft wunderschöne alte Kirchen aus der spanischen Zeit. Daneben ein kleiner freier Platz für politische Kundgebungen und die örtliche Miß-Wahl. Am einen Ende steht das Denkmal für José Rizal und am anderen der Mast mit dem Basketballnetz. Basketball ist ein Nationalsport. Einziges Problem der philippinischen Basketballer ist ihre Größe. Philippiner sind eben eher klein.

Das Verhältnis zu den USA hat sich etwas abgekühlt. Aber in den fünfziger Jahren hatten die Philippiner nichts dagegen, wenn sie »braune Amerikaner« genannt wurden. Manch einer hätte es gern gesehen, wenn die »kleinen braunen Brüder« Bürger des einundfünfzigsten Staats der USA geworden wären.

Während 1898 die nationale Revolution nicht so recht vorankam, war die amerikanische Marine vor Manila aufgekreuzt. Schon am Tag ihrer Ankunft schlugen ihre Kanonen die versammelte spanische Flotte in Grund und Boden. Washington stand im Krieg mit Spanien. Es ging um strategische Ziele. In Kuba, der anderen spanischen Kolonie, herrschte Revolution, und die USA unterstützten die kubanischen Aufständischen.

Die Philippiner waren begeistert. Während der Belagerung von Manila standen den Spaniern 11000 Amerikaner und 12000 philippinische Freiwillige gegenüber. Als die Spanier in der ummauerten Altstadt endlich kapitulierten, zogen die US-Truppen im Triumph durch die Stadttore – und machten sie hinter sich zu. Die Philippiner blieben draußen. Das Land blieb eine Kolonie, jetzt eine amerikanische. Die Revolutionäre tobten vor Wut. Enttäuscht und beleidigt. Aber die philippinische Oberschicht merkte schnell, wer jetzt das Sagen hatte. In den großen Clans wurde Englisch gelernt.

William Taft war der erste zivile Gouverneur Amerikas auf den Philippinen, von 1901 bis 1904. Später wurde er Präsident in Washington.

Taft und seine Nachfolger waren in anderen Traditionen aufgewachsen als ihre spanischen Vorgänger. Nach und nach gewährten sie den Philippinern politische Freiheiten bis hin zum eigenen Parlament und einer Regierung. Von 1907 an wurde kein Philippiner mehr wegen nationalistischer Agitation verhaftet. Straßen wurden gebaut, Schulen, Verwaltungen. Die Amerikanisierung wurde von den Philippinern begeistert mitbetrieben. Die sozialen Verhältnisse blieben die alten.

Über 40 Jahre hatten die USA das Sagen auf den Philippinen. Dann kam der Zweite Weltkrieg und die japanische Eroberung. Am Ende kamen die Amerikaner wieder zurück. Ein Jahr später, am 4. Juli 1946, wurde die unabhängige Republik der Philippinen ausgerufen.

Corys Kreuzzug

Über der Taft-Avenue – einer der größten Straßen von Manila – fährt heute auf Betonpfeilern die Manila Rail Transit, die MRT. Die Waggons sind klimatisiert. Und sauber. Unten dröhnen die Jeepney-Diesel und stinken den Fahrgästen ins Gesicht. Die MRT ist auf dieser Route eine böse Konkurrenz für die Jeepneys.

Inzwischen ist die Rush-hour in vollem Gange. Fünf Millionen Menschen fahren in Manila morgens zur Arbeit. Und abends zurück. Unter den Bahnhöfen drängen sich die Jeepneys. Sie warten auf Kunden, die einen Anschluß brauchen.

△ Inmitten eines großen Kratersees liegt Mount Taal, einer der zwölf noch tätigen Vulkane des Inselstaates, etwa 75 Kilometer südlich von Manila.

▷ Ein gigantischer Müllberg schwelt in Manilas Slumviertel Tondo. Die Armen, die hier nach Verwertbarem suchen wollen, brauchen eine Zulassung – gegen Gebühr.

In der einsetzenden Hitze ein ungeheures Geschrei. Junge Männer in Turnhose und T-Shirt brüllen die Fahrziele der verschiedenen Jeepneys und schleppen Fahrgäste heran, bis der Wagen voll ist. Ein Schlag aufs Wagendach und die offene Hand unter die Nase des Fahrers: ein Peso Gebühr. Das ist natürlich viel zuviel für so ein bißchen Arbeit. Der Peso ist auch gar nicht für den »Schlepper« gedacht. Er kriegt nur einen kleinen Anteil. Das Geld geht an den Schutzmann und hinauf zu dessen Vorgesetzten. Denn an den Bahnhöfen der Hochbahn gilt Halteverbot, damit nicht so ein Gedränge entsteht. Natürlich wollen die Jeepneys trotzdem hier halten: Es gibt ja Kundschaft. Darum wird der Peso gezahlt – und der Polizist guckt weg.

Die Betonpfeiler der MRT waren im Februar 1986 mit Wahlplakaten verkleistert: Cory Aquino gegen Marcos. 20 Jahre lang war Ferdinand Marcos Präsident der Philippinen. Weil der Widerstand gegen ihn wuchs und die verbündeten USA unruhig wurden, rief Marcos in jenem Jahr zu vorgezogenen Wahlen. Er war überzeugt, daß es auch diesmal wieder klappen würde. Mit ein bißchen Einschüchterung hier und gekauften Wählern dort.

Daß es dann doch anders kam, lag an einer Frau: Sie schaffte es, mehrere politische

▽ *Schönheitsköniginnen sind auf den Philippinen hoch geachtet. Der Nachwuchs trainiert eifrig – ständig wird irgendwo im Lande eine Miß gewählt. Die Hoffnung auf eine Karriere als Filmstar oder Fotomodell erfüllt sich aber nur selten.*

Faktoren zu bündeln und zu einem Erlösungsfeldzug zu formen: Cory Aquino.

Rund um den Globus liefen die Fernsehbilder ihrer Revolution. Ganze Hundertschaften von Kamerateams verfolgten jede Phase: Da war Weinen und Lachen, bittere Angst und erlösender Jubel, Schmach und Triumph. Die Charakterrollen waren schlicht: das Gute gegen das Böse. Die reine Cory gegen den ruchlosen Marcos. Und das Gute siegte. Die erste politische Seifenoper der Weltgeschichte.

Die USA hatten Angst, Marcos werde das Land nicht halten können gegen die kommunistische Guerilla. Die Großgrundbesitzer fürchteten dasselbe. Die Wirtschaftsbosse von Makati sahen ihre Renditen im Sumpf von Korruption und präsidialer Habgier versacken. Die Kirche mußte etwas tun, weil ihre Priester aus Verzweiflung über wachsendes Elend reihenweise zu den Kommunisten überliefen. Und die jungen Offiziere von Armee und Luftwaffe hatten die Nase voll von Schlamperei und Vetternwirtschaft, die ihre Karrieren bedrohten. Die alten Clans sahen eine Chance, ihre politischen Pfründen zurückzuerobern, und die gemäßigte Linke ging mit, weil sie Demokratisierung und Achtung der Menschenrechte erhoffte.

Corazon Aquino war damals gerade 53 Jahre alt geworden. Mutter von fünf Kindern, Witwe des prominentesten Widersachers von Marcos. Benigno Aquino war knapp drei Jahre zuvor kaltblütig ermordet worden, wahrscheinlich von Marcos' Schergen. Für die frommen Philippiner wurde Corazon Aquino zu einer Art Heiligenfigur. Was dann wie spontane Volksaktion aussah, war wohlvorbereitet. Corys politische Truppen zogen im Hintergrund die Fäden, wenn die Massen durch die Straßen wogten.

Aber es gab wirkliche Helden in diesen Tagen: Rechtsanwälte, die zitternd vor Angst Aquinos Wahlwerber aus den Polizeigefängnissen holten, vor den Knüppeln und Pistolen nur geschützt durch ein ausländisches Fernsehteam, das mit laufender Kamera dabeiblieb und die Polizisten einschüchterte. Nonnen, die sich vor die Panzer knieten und selbst dann nicht wichen, wenn die Ungetüme langsam immer näher rückten, bis sie die Körper der Betenden berührten. »Ave Maria« sangen inbrünstig und vor Angst zitternd die menschlichen Barrikaden. Bis die Panzer zurückwichen.

Zwei Jahre später war viel von dieser Begeisterung verflogen. Cory Aquino, die ihr politisches Weltbild in Amerika geformt hat – als Studentin in New York mit unbegrenztem Taschengeld vom reichen Vater –, hat die Philippinen zu einem der offensten Länder Südostasiens gemacht. Es gibt freie Wahlen, Meinungsfreiheit. Die Presse ist so frei wie nirgendwo sonst in der Region. In den Staaten ringsum gewährten die Machthaber nicht annähernd so viele Freiheiten.

Istal hat Feierabend. Über dem Viertel lastet die Nachmittagshitze. Frauen waschen Wäsche in einem Zuber. Zwei Jungen rollen auf quietschenden Eisenrädern einen Eisblock. Der Kramladen an der Ecke will Coca-Cola kühlen. Istal hockt auf den Brettern einer Veranda und streichelt liebevoll einen Hahn. Ein Kampftier, für die Arena. Solche Biester sind teuer. Aber man kann als Kampfhahnbesitzer ganz gut verdienen – wenn man Glück hat. Istal überlegt, ob er nicht seine Mutter überreden kann, ihm etwas Geld zu leihen. Damit könnte er ins Hahnenkampf-Geschäft einsteigen.

Was Besseres fällt ihm nicht ein? »Was denn?«, und er grinst wieder. »Von einem eigenen Jeepney kann ich nur träumen. Das Geld bring ich nie zusammen.«

Kriegt er eigentlich nie Wut? Auf alles hier, den Hungerlohn, die bestechliche Polizei, das Gewühl und die schlechte Luft auf der Straße? »Vielleicht«, sagt er, »gewinne ich ja im Lotto.« Und dabei lächelt er sogar.

Philippinen — Daten · Fakten · Reisetips

Landesnatur

Fläche: 300 000 km² (etwa so groß wie die Bundesrepublik Deutschland und die Schweiz zusammen)
Ausdehnung: West–Ost 1060 km, Nord–Süd 1850 km
Höchster Berg: Mount Apo 2954 m (auf Mindanao)
Längster Fluß: Cagayan 350 km (auf Luzon)

Begrenzt von der Philippinensee im Osten und dem Südchinesischen Meer im Westen, bilden die Philippinen die nordöstlichste Inselgruppe des Malaiischen Archipels. Von den 7100, oft nur ein paar Quadratkilometer großen Inseln sind etwa 860 bewohnt. Der Archipel gliedert sich in die drei großen Inseln Luzon im Norden, Mindanao im Süden (beide nehmen fast 70 % der Staatsfläche ein), Palawan im Südwesten sowie die Inseln der philippinischen Inlandsee – die sog. Visayas.

Naturraum
Die meisten der größeren Inseln weisen drei Landschaftstypen auf: 65 % der Gesamtfläche nehmen über 1000 m hohe, in Nord-Süd-Richtung verlaufende Gebirgszüge ein; sie werden überragt von etwa 50 Vulkankegeln; 12 Vulkane sind heute noch aktiv, häufig treten auch Erdbeben auf. Am Fuß der Gebirge finden sich sanft geschwungene Hügelländer, die zum Teil in Tiefländer (Ebene von Manila) übergehen.

Klima
Die Philippinen haben tropisches Klima. Von Juni bis November bringt der Südwestmonsun dem ganzen Land reichlich Regen. Während des Nordostmonsuns von Dezember bis Mai ist Trockenzeit, lediglich die Ostküsten erhalten auch dann Niederschlag (Jahresmittel in den westlichen und zentralen Landesteilen 2000 mm, an der Ostküste bis über 3500 mm). Die jahreszeitlichen Temperaturschwankungen sind gering (Mitteltemperatur 27 °C). Vor allem an den Ostküsten treten von Juli bis November die gefürchteten Wirbelstürme (Taifune) auf.

Vegetation und Tierwelt
Von tropischem Regenwald sind heute noch etwa 40 % der Inseln bedeckt. An den Küsten wächst Mangrove, landeinwärts folgen Kokospalmen und Bambus, teilweise Monsunwälder, ab 500 m Höhe auch Kiefernwälder.
Auf den Philippinen lebt eine Reihe außergewöhnlicher Tiere: das kleinste Huftier der Welt, der Kantschil, ein nur hasengroßer Vertreter der Hirschferkel, und der Koboldmaki, der kleinste Affe Asiens. Außerdem gibt es zahlreiche Affen-, Schlangen-, Eidechsen- und Vogelarten. Sehenswert ist der Mount Apo National Park auf Mindanao, das Rückzugsgebiet des nur auf den Philippinen vorkommenden Affenadlers.

Politisches System

Staatsname: Republika ñg Pilipinas
Staats- und Regierungsform: Präsidiale Republik
Hauptstadt: Manila
Mitgliedschaft: UN, ASEAN, ESCAP, GATT, Colombo-Plan

Die Verfassung von 1987 erklärt die Philippinen zu einem unabhängigen demokratischen Rechtsstaat. Der Staatspräsident wird für sechs Jahre direkt gewählt; er ist Oberbefehlshaber der Streitkräfte und ernennt den Führer der Mehrheitspartei zum Premierminister. Legislative ist das Zweikammerparlament; es besteht aus dem Repräsentantenhaus mit 200 gewählten und 25 bis 50 vom Präsidenten ernannten Mitgliedern und dem Senat mit 24 Senatoren.
Das Land gliedert sich in 13 Regionen mit 73 Provinzen. Das Rechtswesen weist neben spanischen und britischen Elementen auch Relikte des alten Stammesrechts auf.

Bevölkerung

Einwohnerzahl: 57 Millionen
Bevölkerungsdichte: 190 Einw./km²
Bevölkerungszunahme: 2,2 % im Jahr
Größte Städte: Manila (2 Mio. Einw.; als Agglomeration 8 Mio.), Quezon City (1,4 Mio.)
Bevölkerungsgruppen: 70 % Jungmalaien (Philippiner), 10 % Altmalaien, 10 % Chinesen, 10 % verschiedene Minderheiten

Die Bevölkerung der Philippinen setzt sich aus über 40 verschiedenen Stämmen zusammen. Etwa die Hälfte der Einwohner ist jünger als 15 Jahre. Insgesamt 37 % der Bevölkerung leben in Städten, die meisten im Großraum Manila.
Amtssprachen sind Pilipino und Englisch, insgesamt werden etwa 105 Sprachen und Dialekte gesprochen. Rund 93 % der Einwohner bekennen sich zum Christentum (davon sind 85 % Katholiken), 4 % zum Islam.

Die Metropole Manila, in der acht Millionen Menschen leben.

Mit Tracht, Schmuck und Lanze: Beschwörung der Vergangenheit.

Soziale Lage und Bildung
Es gibt lediglich Anfänge einer staatlichen Sozialfürsorge. Die Arbeitslosenrate liegt, einschließlich der Gelegenheitsarbeiter, bei 40 bis 45 %. Das Gesundheitswesen wird ausgebaut, die Leistungen sind kostenlos.
Bei kostenfreiem Unterricht besteht 6jährige allgemeine Schulpflicht, die Analphabetenrate liegt bei 12 %. Es gibt 57 Hochschulen, die älteste wurde 1611 in Manila gegründet.

Wirtschaft

Währung: 1 Philippinischer Peso (₱) = 100 Centavos (c)
Bruttoinlandsprodukt (in Anteilen): Land- und Forstwirtschaft 25 %, industrielle Produktion 34 %, Dienstleistungen 41 %
Wichtigste Handelspartner: USA, Japan, EG-Staaten, Malaysia

Mit dem Regierungsantritt von Corazon Aquino 1986 setzte ein bemerkenswerter wirtschaftlicher Aufschwung ein. 1987 betrug das Wirtschaftswachstum bereits 6 %; die Inflationsrate sank auf etwa 5 %.

Landwirtschaft
Etwa die Hälfte der Erwerbstätigen ist in der Landwirtschaft beschäftigt. Die geplante Landreform, die bis 1992 eine Neuverteilung von 5,5 Millionen Hektar (60 % der Anbaufläche) vorsieht, stößt auf heftigen Widerstand seitens der einflußreichen Großgrundbesitzer. Die wichtigsten Agrarerzeugnisse sind Reis, Mais, Kokosnüsse, Zuckerrohr, Knollengewächse und Bananen. Die Forstwirtschaft und die Fischerei sind volkswirtschaftlich von großer Bedeutung.

Bodenschätze, Energie, Industrie
Die Philippinen verfügen über reichhaltige Rohstoffvorkommen; abgebaut werden v. a. Kupfer, Kohle, Nickel, Chrom, Eisenerz, Gold und Silber. Die Energieversorgung beruht auf Erdöl, Erdwärme, Wasserkraft, Kohle und Kernenergie. Die wichtigsten Industriezweige sind das Nahrungsmittel- und Textilgewerbe, die holzverarbeitende sowie die elektrotechnische Industrie.

Handel
Haupteinfuhrgüter sind Erdöl und Erdölerzeugnisse, chemische Erzeugnisse, Maschinen und Nahrungsmittel. Exportiert werden v. a. Nahrungsmittel, elektrotechnische Geräte, Bekleidung, Kupfer und Holz.

Verkehr, Tourismus
Das Straßennetz umfaßt 160 000 km (13 % sind asphaltiert), das Schienennetz rund 900 km. Von großer Bedeutung ist der Schiffsverkehr zwischen den Inseln. Wichtigster Überseehafen ist Manila; der internationale Flughafen von Manila ist Knotenpunkt des ostasiatischen Luftverkehrs.
Die Tourismusbranche mußte während der letzten Jahre aufgrund der gespannten innenpolitischen Lage große Einbußen hinnehmen.

Geschichte

Auf Teilen des philippinischen Archipels gab es wahrscheinlich bereits vor 250 000 Jahren menschliches Leben. Die heute als Urbevölkerung geltenden Aëta wanderten zwischen 25 000 und 10 000 v. Chr. vom asiatischen Festland her ein. Zwischen dem 3. und 1. Jahrtausend v. Chr. siedelten sich in zwei Wanderungswellen protomalaiische Völker, u. a. die Igorot, an; ab dem 3. Jh. v. Chr. drängten weitere Südostasiaten nach.
In den folgenden Jahrhunderten erlangten Hinduismus und Buddhismus nur einen geringen Einfluß. Ende des 14. Jh. verbreitete sich der Islam von Borneo aus über die südlichen Philippinen; von Mitte des 15. Jh. an entstanden auf Mindanao und dem Sulu-Archipel muslimische Sultanate.

Die spanische Kolonialepoche
Die Spanier, die nach der Entdeckung der Philippinen 1521 durch den Portugiesen Magellan erst 1565 auf Cebu Fuß fassen konnten, brachten bis

Ende des 16. Jh. den gesamten Archipel mit Ausnahme des islamischen Südens (1876 endgültig unterworfen) unter ihre Kontrolle. Schon 1543 waren die Inseln nach dem späteren König Philipp II. »Islas Filipinas« genannt worden. Die spanischen Kolonialherren stützten sich vor allem auf den Klerus, besonders auf verschiedene Orden, die die Christianisierung rigoros vorantrieben.

Manila wurde zu einem Umschlagplatz für den ertragreichen Galeonenhandel zwischen China und Mexiko. Im Lande erwarben spanische Aristokraten, aber auch Stammeshäuptlinge, riesigen Grundbesitz. So bildete sich, von der Kirche begünstigt, eine feudale Gesellschaftsstruktur heraus, in der die besitzlosen Eingeborenen die unterste Stufe darstellten. Blutige Aufstände waren die Folge.

Auf dem Weg in die Unabhängigkeit

Der Widerstand der Philippiner gegen das Herrschaftssystem mündete ab 1872 in eine Unabhängigkeitsbewegung, von der die 1896 ausbrechende bewaffnete Revolution getragen wurde. Am 12. 6. 1898 (Nationalfeiertag) erfolgte die Proklamation der Unabhängigkeit von der Kolonialmacht. Nachdem Spanien nach dem Spanisch-Amerikanischen Krieg 1898 die Philippinen an die USA abgetreten hatte, gewährten diese den Philippinern jedoch nicht die versprochene Unabhängigkeit. Nach zweijährigem Freiheitskampf mußten die Philippinen die amerikanische Vorherrschaft anerkennen. 1916 wurde ihnen eine begrenzte innere Autonomie zugestanden, 1935 erhielten sie den Status eines Dominions mit völliger innerer Selbständigkeit. Am 4. 7. 1946 wurden die Philippinen unabhängig, blieben aber weiterhin wirtschaftlich und militärisch eng mit den USA verbunden. Während die Aufstände kommunistisch orientierter Gruppen 1954 mit Waffengewalt niedergeschlagen werden konnten, hielt die Guerillatätigkeit separatistischer Bewegungen im islamischen Süden unvermindert an. Ferdinand Marcos, der 1965 an die Regierung gekommen war, errichtete ein autokratisches Regime und verhängte zwischen 1972 und 1981 das Kriegsrecht. Im Februar 1986 wurde er nach Wahlmanipulationen durch eine gewaltlose Volkserhebung gestürzt. Die Regierung übernahm Corazon Aquino, die Witwe des 1983 ermordeten Oppositionsführers Benigno Aquino, die die bürgerlichen Freiheiten wieder einführte. Anfang 1987 überzeugend von der Bevölkerung in ihrem Amt bestätigt, überstand sie mit Hilfe des Militärs bisher mehrere Putschversuche.

Kultur

Die frühesten Zeugnisse der vielfältigen Kulturen auf den Philippinen, grobe Werkzeuge aus Stein, stammen von den Aëta. Die Nachfahren der protomalaiischen Völker (Igorot u. a.) haben bis heute kulturelle Eigenarten wie Geisterverehrung und Ahnenkult bewahrt. Touristenattraktionen sind die über 2000 Jahre alten Reisterrassen der Ifugao in Nordluzon.

Der Islam hat das Kunsthandwerk geprägt: Bekannt sind die Schmiedearbeiten der Maranao und die Holzschnitzereien der Badjao.

Durch die spanische Kolonisation kam die christliche Kunst auf die Philippinen: In der sakralen Architektur dominierte ein aus Mexiko übernommener Barockstil; bei der Ausschmückung der Fassaden und Innenräume wurden auch orientalisch-fernöstliche Stilelemente verwendet.

Literatur und Musik

Fast das gesamte vorchristliche Schrifttum wurde von den Spaniern vernichtet; nur vereinzelt sind mündlich tradierte, mit indischen und arabischen Motiven durchsetzte Epen und Legenden erhalten. In der spanischen Kolonialzeit entstanden vornehmlich religiöse Werke. Daneben entwickelte sich eine Literatur in philippinischen Idiomen, wie z. B. Tagalog.

Das Theater entlehnte seine Formen oft spanischen Traditionen, so etwa das zur sozialkritisch-politischen Satire umgewandelte Singspiel Zarzuela (ab Mitte des 19. Jh.).

Auch die Musik ist weitgehend durch westliche Einflüsse geprägt. Eigenständige Musiktraditionen mit südostasiatischen Instrumenten – vor allem Gong-Ensembles – und rituelle Tänze findet man lediglich bei den Bergvölkern und den islamischen Stämmen.

Reise-Informationen

Einreise- und Fahrzeugpapiere

Bürger der Bundesrepublik Deutschland, der Schweiz und Österreichs brauchen für einen Aufenthalt bis zu 21 Tagen einen gültigen Paß bzw. Kinderausweis (bei längeren Aufenthalten zusätzlich ein Visum).

Als Fahrerlaubnis gilt der internationale Führerschein.

Zoll

Bei der Einreise sind zollfrei: 400 Zigaretten und 2 Liter Spirituosen.

Devisen

Bei der Ein- und Ausreise dürfen bis zu 500 Philippinische Pesos (₱) mitgeführt werden. Die Mitnahme von Fremdwährungen ist unbeschränkt (ab 3000 US-$ Deklaration erforderlich). US-Dollar-Reiseschecks werden akzeptiert, Euroschecks nicht.

Impfungen

Malariaschutz ist ganzjährig für alle Gebiete unter 600 m erforderlich.

Verkehrsverhältnisse

Reger Flug- und Schiffsverkehr verbindet die Inseln miteinander. Jeepneys (bunte Kleinbusse), Mietwagen und Taxis stehen auf den Hauptinseln zur Verfügung.

Unterkünfte

Hotels aller Kategorien gibt es in großer Zahl zur Auswahl.

Reisezeit

Am angenehmsten reist man von Dezember bis Mai.

Häuptlingsmumien auf der Insel Luzon: über 500 Jahre alt und heute Touristenattraktion.

Saudi-Arabi

Ahmad Ataya

Saudi-Arabien – das ist Texas und Mittelalter zugleich, öde Landstriche und geschäftige Metropolen, eine gelbrote Sandwüste – eintönig, fremd und voller Widersprüche. Hier nisteten sich Sektierertum unmittelbar neben Weltoffenheit ein.

Das Königreich ist Wiege des Islams und Hüter seiner Heiligtümer – fern von allem religiösen Fanatismus. Einst mit dem Anspruch gegründet, Mohammeds Lehre zur Renaissance zu verhelfen, fürchtet es inzwischen nichts mehr als die Drohgebärden der Glaubensbrüder vom anderen Ufer des Golfs.

Saudi-Arabien – fast neunmal so groß wie die Bundesrepublik Deutschland – ist die größte Schatzkammer des industriellen Zeitalters unter einer ausgetrockneten Ziegenweide.

Staatsname:	Königreich Saudi-Arabien
Amtssprache:	Arabisch
Einwohner:	12 Millionen
Fläche:	2 149 690 km²
Hauptstadt:	Riad (Ar Riyad)
Staatsform:	Islamische Monarchie
Kfz-Zeichen:	SA
Zeitzone:	MEZ +2 Std.
Geogr. Lage:	Vorderasien, Arabische Halbinsel, begrenzt von Jordanien, dem Irak, Kuwait, Bahrain, Katar, den Vereinigten Arabischen Emiraten, Oman, der Demokratischen Volksrepublik Jemen und der Arabischen Republik Jemen

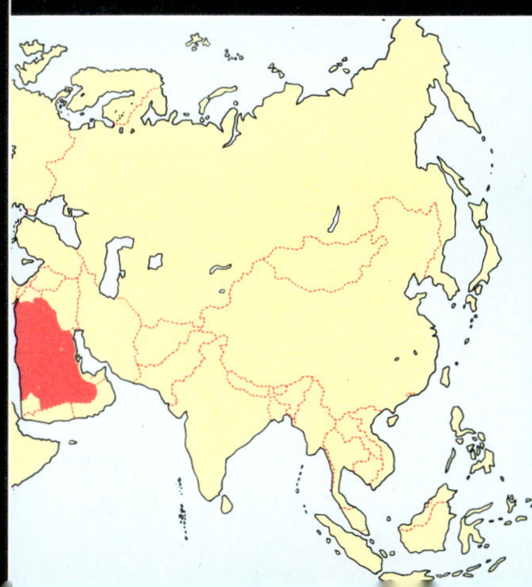

en

Alljährlich zur Zeit der Pilgerfahrt entsteht in der Nähe von Mekka die größte Zeltstadt der Welt. Der Hadsch – die Reise zum heiligsten Ort des Islams – gehört zu den wichtigsten religiösen Pflichten eines gläubigen Muslims.

Reichtum aus der Wüste

Büsche gibt es nicht. Trotzdem brennen die Dünen – unablässig. Ein Ungetüm wütet bedrohlich, als habe die ewige Hölle ihre Tore aufgerissen inmitten der Sandwüste.

Die Wüste: Die natürliche Symmetrie ihrer Dünen inspirierte einst die Dichter Arabiens. Ihre sich ständig verändernde Form war ihnen Symbol für das Streben nach der vollkommenen Harmonie der Elemente. Die brennenden Gasfackeln über den Erdölfeldern verwandelten diese Landschaft und mit ihr die Werte, deren Symbol sie war.

Entlang der saudiarabischen Golfküste zieht sich ein Band glänzender Türme aus Aluminium und Edelstahl hin. Wo einst die Herden der Stämme von Banu Khalid und Banu Hajir weideten, entstanden Al Jubayl, Ad Dammam und Ras at Tannurah: Metropolen der petrochemischen Neuzeit. Diese neuen Industriestädte sind die bestgehüteten Schätze des ölreichen Landes. Ihren Schutz übernahmen bei Ausbruch des Krieges zwischen dem Irak und dem Iran am Shatt al Arab Kampfflugzeuge der saudiarabischen Luftwaffe, unterstützt von zahllosen amerikanischen »Beratern«. Boeing-Maschinen, ausgerüstet mit dem AWACS-Frühwarnsystem, überwachen Tag und Nacht den Luftraum.

Vereinzelt sind aus der Luft hier und da dunkle Flecken zwischen den Dünen auszumachen: Zelte der nomadischen Murrah-Stämme; nur sie erinnern heute daran, daß hier die Weiden arabischer Beduinen liegen. Doch ihr Land hat sich verändert: Über Tausende von Quadratkilometern erstrecken sich die Anlagen der Erdölindustrie.

1933 übertrug der erste König Saudi-Arabiens, Abd al-Aziz ibn Saud, dem neuseeländischen Geologen Frank Holmes und seinem Syndikat die Bohrlizenz für ein riesiges Gebiet. Als Ablauffrist für die Vereinbarung legten sie geschichtsträchtig das »Ende des Jahrhunderts« fest. Niemand, schon gar nicht Ibn Saud, wagte von Reichtum und Überfluß durch Ölfunde zu träumen. Zwar waren die Suchtrupps im benachbarten Bahrain auf Öl gestoßen; alle Bohrungen in den verlassenen Weidegebieten von Al Hasa an der Ostküste erwiesen sich jedoch als Fehlinvestition.

Erst Jahre später – im Bohrfeld Nummer sieben – gelang es der Standard Oil of California, unter dem Wüstensand das wohl ausgedehnteste Öllager der Welt zu erschließen. Ein Meer von Erdöl, rund 50 Kilometer breit und etwa 200 Kilometer lang, lag südlich der Stadt Al Mubarraz verborgen. Seit 1944 besitzt die arabisch-amerikanische Ölgesellschaft ARAMCO die Bohrrechte für das Gebiet an der Ostküste der Arabischen Halbinsel. Eine in sich geschlossene Welt entstand hier in den letzten Jahrzehnten, durch Zäune, Wachposten und Alarmanlagen gesichert.

▽ »Gott hat Euch die Pilgerfahrt vorgeschrieben, nun führt sie durch!« Mit diesen Worten befahl Mohammed einst seinen Anhängern den Hadsch.

▷ Die Behörden vollbringen alljährlich eine Glanzleistung: Sie müssen den Transport und den Aufenthalt von rund zwei Millionen Mekkapilgern organisieren.

Die Verkünder der reinen Lehre

Ein paar hundert Kilometer von dieser amerikanischen Oase inmitten des saudiarabischen Königreichs begann die moderne Geschichte dieses Staates. In der Hochebene der Najd-Wüste lebten zahlreiche arabische Stämme, darunter auch die Sippe der Saudis. In ihrer kleinen Oasensiedlung Ad Diriyah verband sich Mitte des 18. Jahrhunderts die Familie von Muhammad ibn Saud mit einem neuen Verkünder der reinen Lehre des Islams, mit Muhammad ibn Abd al-

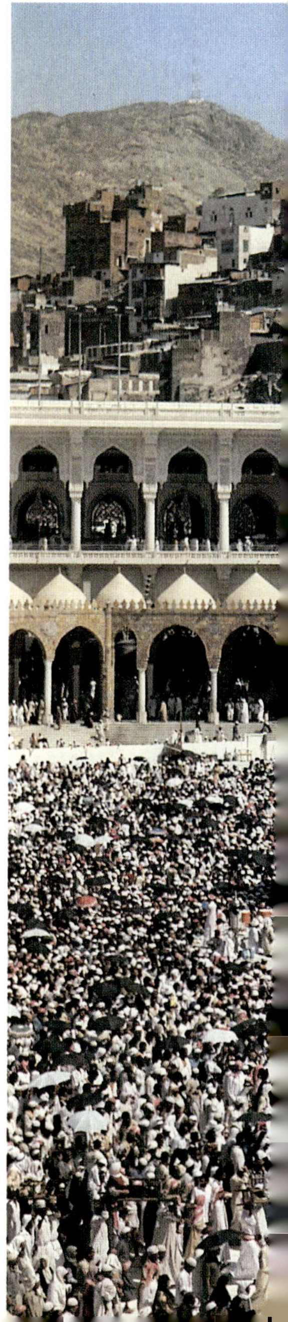

▷ Die große Pilgerreise nach Mekka verläuft nach genau festgelegten Riten. Einen der Höhepunkte des Hadsch bildet das Umschreiten der Kaaba, des islamischen Hauptheiligtums im Hof der Moschee Al Haram. Am ersten und am letzten Tag der einwöchigen Zeremonien in Mekka ziehen die Gläubigen siebenmal um das stoffverhangene, hohe,quaderförmige Bauwerk. Danach versuchen sie, den heiligen schwarzen Stein zu küssen und zu berühren, der in der Südostecke der Kaaba eingemauert ist.

△ Viel Arbeit für die Barbiere: Die Riten schreiben den Pilgern vor, sich gegen Ende der Wallfahrt Haare und Bart schneiden zu lassen. Mit dieser symbolischen Handlung verlassen die Gläubigen den strengen Weihezustand während des Hadsch.

Wahhab. Dessen Gefolgsleute nannte man Wahhabiten. Sie gingen in der Interpretation des Korans, der Heiligen Schrift des Islams, so weit, jede Huldigung heiliger Stätten abzulehnen. Selbst die Grabkammer des Propheten und seiner ersten Getreuen nahmen sie dabei nicht aus. Sie forderten die restlose Zerstörung aller islamischen Heiligtümer. Ihre Radikalität war kompromißlos und gefürchtet. Die Kampfverbände des Ikhwan, der zentralarabischen Muslim-Bruderschaft, galten als tapfer und skrupellos.

Die wahhabitischen Saudis setzten diese Truppen überall dort ein, wo sie sie brauchten. Sie stießen 1802 nach Norden vor, gegen die Türken in Mesopotamien, eroberten Karbala, die heilige Stadt der Schiiten, und zerstörten das Grab Husseins, des Enkels des Propheten. Sie fielen in den Westen der Arabischen Halbinsel ein, der ebenfalls in der Hand der Osmanen und ihrer Verbündeten lag, nahmen At Taif und Mekka. Medina, der Oman und der Norden Jemens folgten. Dann schlugen die Türken zurück: Von Ägypten aus zerschmetterten sie das erste saudische Königreich in Arabien.

Doch bereits 1824 gewannen die Saudis mit Hilfe ihrer wahhabitischen Kämpfer wieder die Oberhand im Najd. Die Türken griffen erneut ein und verschleppten den saudischen Führer nach Ägypten. In den vierziger Jahren des vergangenen Jahrhunderts kehrte er jedoch zurück und stieg schnell wieder zum Herrscher auf.

In den Jahren nach 1870 herrschte Bürgerkrieg, die Saudis zerfleischten sich gegenseitig. Die Dynastie der Rashid übernahm das Reich und trieb die Familie Ibn Sauds 1883 ins Exil nach Kuwait. Von dort brach im Jahr 1902 der gut 20jährige Sohn Ibn Sauds, Abd al-Aziz ibn Saud, auf und eroberte in einer waghalsigen Attacke Riad, die Hauptstadt seiner Vorfahren, zurück. Mit nur etwa 40 Gefolgsleuten überfiel er die Festung der feindlichen Rashid, den Musmalk-Palast, und brachte damit die Wende in der Entwicklung Arabiens.

Die Saudis betrachten die aus Lehm gebaute Burg der Rashid in Riad heute als Denkmal für den Kampf um die Staatsgründung und stellten sie unter Denkmalschutz. Am hölzernen Tor erinnert die Spitze einer Lanze, die ein Mitstreiter Ibn Sauds hineinstieß, an die Vorgänge im Jahr 1902.

Der Aufstieg der Saudis

Von Riad aus ging Ibn Saud an die Vereinigung des Landes. Er schlug die Rashid, vertrieb die Osmanen und blieb schließlich auch gegen die mit den Türken verbündeten Herren von Mekka und Medina, den haschimitischen Husseiniden, siegreich. Vorher hatte er sich schon seiner bisherigen Elitetruppe entledigt. Er brauchte sie nicht mehr, ja sie waren seinem Vormarsch nun im Wege: Diese radikalen Kämpfer verschreckten die Bewohner der großen Städte im Westen, auf deren Unterstützung er jetzt angewiesen war. 1925 fiel die letzte Stadt der Haschimiten, Dschidda. Ibn Saud hatte sein Ziel fast erreicht: die ganze Arabische Halbinsel unter seine Herrschaft zu bringen.

Mittlerweile war eine andere Macht ins Spiel gekommen: Großbritannien. Die Handelsbasen in Basra und Kuwait hatten das Interesse der Briten an dieser Region verstärkt. Zunächst hielten sie sich aus dem Poker heraus; sie unterstützten mal die Haschemiten, um sie gegen den Weltkriegsgegner Türkei aufzuhetzen, mal deren Erzfeinde, die Saudis. Erst als sich abzeichnete, daß Ibn Saud der kommende Mann in Arabien war, gewann er die uneingeschränkte Unterstützung der Engländer. So konnte er sich 1932 zum Herrscher des Königreichs Saudi-Arabien ausrufen.

Als Ibn Saud 1953 starb, hinterließ er mehr als 40 Söhne. Neuer König wurde Saud Abd al-Aziz ibn Saud. Unter seiner Herrschaft drohte Saudi-Arabien alsbald wieder zu zerfallen. Erst dessen Bruder Faisal ibn Abd al-Aziz ibn Saud, der dritte König Saudi-Arabiens, der die Regierungsgeschäfte seit 1958 geführt und seinen unfähigen Bruder 1964 schlicht abgesetzt hatte, hielt die Fäden in der Hand und führte das Land mit vorsichtigen Schritten in die Neuzeit.

Die Geschicke der wichtigsten Einnahmequelle, der Ölwirtschaft, übertrug er einem jungen Rechtsanwalt aus Mekka, Ahmad Zaki al-Yamani. Faisal verstand es, wie schon sein Vater, die Führungspotentiale des Landes zu erschließen und an sich zu binden. Seinen jungen Halbbruder Fahd ibn Abd al-Aziz, den heutigen König, machte er zum Innenminister; ihm gelang es, mit der Reform der inneren Strukturen des Landes die Voraussetzungen für ein modernes Staatswesen zu schaffen. Im Spannungsfeld zwischen arabischem Nationalismus und islamischer Renaissance entschied sich das Land für eine vorsichtige Öffnung. Neue Machtzentren entstanden, die mit den alten, historisch beladenen Metropolen nichts mehr gemeinsam haben.

Saudi-Arabien wird noch Jahrzehnte brauchen, um den schwierigen Anpassungsprozeß zu Ende zu bringen. Seine Einheit beruht auf dem nationalen Konsens, die unterschiedlichsten Herausforderungen von außen und innen anzunehmen, ohne die Grundsätze einer islamischen Gesellschaft zu verlassen. Die islamische Revolution im Iran hat diese Evolution verlangsamt, bisweilen gar ganz gestoppt, zudem vom Krieg am Shatt al Arab politische Instabilität für die ganze Region ausging.

Riad – Metropole im Sand

Die Arabische Halbinsel hat ihr Gesicht gründlich verändert. Erst seit wenigen Jahren beherbergt die Hauptstadt Riad die ausländischen Botschaften und nimmt ihre Aufgabe als Zentrum der Macht uneingeschränkt wahr. Die einstige Oasensiedlung ist heute eine lebendige Metropole, die ihren 1,5 Millionen Einwohnern Wohnung und Arbeitsplätze bieten kann. Ar Riyad nannten es die Beduinen, die »Gärten«, weil dort Blumen und Palmen blühten. Die Wüste war jedoch immer stärker, der Ort verschwand mehrmals unter den vorrückenden Dünen. Erst als die Saudis im 18. Jahrhundert die Oase besiedelten, widerstand sie den Sandstürmen. Straßennamen und Ruinen früherer Stadtmauern erinnern im modernen Riad an die Vergangenheit.

Einen anderen Stammsitz der Saudis restauriert das Land derzeit: die Oasensiedlung Ad Diriyah, knapp 20 Kilometer von Riads Zentrum im Nordwesten gelegen.

Noch 1973 konnte man von der Terrasse des Wasserturms von Riad, dem Wahrzeichen der Hauptstadt, das neue Machtzentrum Saudi-Arabiens überblicken. Zehn Jahre später war das schon nicht mehr möglich; Riad wuchs in die Wüste hinaus und in die Höhe. Vor kurzem wurde die 90 Kilometer lange Ringautobahn fertiggestellt. Der neue Flughafen soll dem bisher größten des Nahen Ostens in Dschidda den Rang ablaufen; beim Bau des Towers gelang den Architekten ein Meisterwerk islamischer Baukunst. Zur Versorgung der rasch wachsenden Hauptstadt wird das Wasser aus über 460 Kilometer entfernten Entsalzungsanlagen am Golf herangeschafft – über ein Rohrleitungssystem, das deutsche Unternehmen errichtet haben.

Riad wächst schneller, als es die Taxifahrer erfassen können; die Suche nach einer Adresse erfordert viel Geduld. Nur wichtige Bauten, Wahrzeichen und Straßen helfen Stadtfremden wie Einheimischen, sich zurechtzufinden. Oft kennen die Taxifahrer nur die alten Bezeichnungen für die Viertel und Straßen der Stadt. Dann wird eben gesucht. Die Angliederung weiterer Stadtteile, in denen neue Einkaufszentren und Behörden untergebracht sind, hat ihre Aufgabe gewiß nicht erleichtert.

▽ Konträre Wirtschafts- und Lebensformen im jungen Industrieland Saudi-Arabien: ein Hirte mit seinen Ziegen auf dem kargen Weideland vor einer Ölraffinerie.

▷ Geschäftiges Treiben in einem Suk in Dschidda: Die traditionellen Geschäftsviertel der Handelsmetropole am Roten Meer sind berühmt für ihr reiches Warenangebot.

Traumstrände im Kriegsgebiet

Nur rund 400 Kilometer liegt Riad von der Golfküste entfernt. Vor allem dort wohnen die schiitischen Untertanen des Königs. Vor der Küste gefährdeten islamische Revolutionäre aus dem Iran die internationale Seefahrt. Obwohl die Schiffe im Golf unter militärischem Begleitschutz fuhren, waren sie nicht sicher.

Am Kai von Ras at Tannurah werden zwar noch Öltanker beladen, ihre Zahl ist jedoch stark zurückgegangen: Die Industrienationen brauchen weniger Rohöl als früher, außerdem zwang die Bedrohung des Schiffsverkehrs im Persisch-Arabischen Golf dazu, möglichst viel Öl über Yanbu am Roten Meer zu verschiffen.

Zwischen Ad Dammam, Al Khubar und Az Zahran konzentriert sich die petrochemische Industrie des größten Erdölexportlandes der westlichen Welt: Der Seehafen von Ad Dammam dient als wichtiger Anladeplatz, in Az Zahran hat sich die amerikanisch-arabische Ölgesellschaft ARAMCO niedergelassen. 25 Kilometer lang sind die Brücken und Dämme, die Arabien mit der Insel Bahrain verbinden.

Nicht weit davon entfernt bietet die »Halbmond-Küste« ungeahnte Erholungsmöglichkeiten. Weil sie jedoch in Sichtweite des unruhigen Geschehens im Golf liegt, nutzt kaum jemand den Strand.

Saudi-Arabien galt jahrzehntelang als traditionelles Importland von Agrargütern. In der Hochebene des Najd nordwestlich von Riad sehen die Verantwortlichen eine große Chance, sich von dieser Abhängigkeit zu befreien. Bereits jetzt exportiert das Land Weizen. Die Felder von Buraydah und Hail sollen die Bevölkerung mit Lebensmitteln versorgen. In den letzten Jahren hat die Regierung ein ehrgeiziges Entwicklungsprogramm für die Landwirtschaft gefördert; zusätzliche 50000 Hektar Land wurden bewässert und konnten bebaut werden.

Die Oasenstädte Hail und Buraydah gehörten schon vor Jahrhunderten zu den wichtigsten Orten des Landes. Hier kreuzten sich Karawanenwege, die von den Weiten der Halbinsel nach Damaskus und Bagdad führten. Das nahezu 1000 Meter hoch gelegene Hail erlebt im Winter übrigens oftmals sogar Schneefälle.

Von Hail aus machten sich die islamischen Eroberer auf den Weg, um Mesopotamien, Persien, Indien, das halbe Mittelmeer und die Türkei in Besitz zu nehmen. Hail war später aber auch das Tor für die osmanischen Eindringlinge.

△ ***Auch im unwegsamen Gelände wollen die Saudis heute nicht mehr auf den Fortschritt verzichten. Für Information und Unterhaltung sorgt hier der Fernsehapparat. Die Antenne ist schnell aufgebaut, die Autobatterie liefert den Strom.***

In den Bergen von Asir

Im äußersten Südwesten des Königreichs an der Grenze zum Jemen befindet sich die Asir-Region, die grüne Lunge am Roten Meer. Ihr Zentrum Abha entwickelt sich zum Touristikzentrum, in dem die Söhne der Wüste schon jetzt immer häufiger ihre Ferien verbringen werden. 2200 Meter über dem Meeresspiegel gelegen, bietet die Stadt günstige klimatische Bedingungen für die hitzegeplagten Saudis. Großzügige Hotels und

Freizeitparks sorgen zusätzlich für einen angenehmen Aufenthalt. Überall zwischen dem Badeort Jizan am Roten Meer, Najran in den Bergen und dem gut 500 Kilometer nördlicheren At Taif findet der Besucher faszinierende Landschaften und reizvolle Erholungsgebiete. Gegen die sich ständig bewegenden Sanddünen des Ar Rub al Khali, der großen, leeren Wüste im Süden, gewähren die Asir-Bergketten sicheren Schutz seit Jahrhunderten.

Die Fahrt zwischen Abha und At Taif führt von einer Schlucht in die nächste; das macht die Route zu einem Erlebnis. Kurvenreich windet sich die neue Verbindung durch die Täler. Oft tauchen Dörfer auf, deren Strohhütten an Afrika erinnern. Andere Stämme dieser Gegend, die Zahran, Qahtan und Ghamid, bevorzugen hingegen Stein- und Lehmbauten. Ihre Frauen bemalen die Innenwände mit farbenfrohen geometrischen Motiven, wie sie sonst nur im südlichen Jemen zu sehen sind. Ihre Namen leiten die Siedlungen häufig von den Tagen ab, an denen die Wochenmärkte stattfinden. So weist der Name des Dorfes Khamis darauf hin, daß hier der Markt am Donnerstag abgehalten wurde, in Sabt war es der Samstag.

△ ***Bollwerk aus Lehm:*** ***die historische Oasenstadt Najran am Rande der großen Wüste Ar Rub al Khali nahe der Grenze zum Nordjemen. Die mächtigen Mauern wurden einst zum Schutz vor den kriegerischen Beduinen errichtet. Für Autos sind diese Städte allerdings nicht gebaut. Sie müssen draußen bleiben.***

1700 Meter über dem Meeresspiegel liegt die alte Sommerresidenz der Könige und Sultane, die die Westküste beherrschten: At Taif nimmt einen besonderen Platz in der Reihe der Sehenswürdigkeiten Saudi-Arabiens ein. Die Stadt ist berühmt für ihre Gärten, ihre Rosen und ihre exotischen Früchte. Wenn die Sonne im Sommer untergeht, wirkt At Taif wie ein Komet, der über der Ebene der Tihamah schwebt.

Seit Jahrhunderten suchten die Söhne der Wüste hier Erholung und Entspannung. Auch die saudiarabische Regierung flüchtet im Sommer aus dem feuchtheißen Riad hierher. Drei Monate im Jahr fungiert At Taif als politische Zentrale des Königreichs. Dichter und Intellektuelle der vorislamischen Zeit gaben sich alljährlich unweit von diesem Ferienort ein Stelldichein: Der Markt von Ukaz, Treffpunkt der politischen und geistigen Führer der arabischen Stämme, lebte von der klimatisch angenehmen Umgebung. Altvater Abraham soll hier gebetet haben.

In den heißen Monaten, besonders wenn die Fastenzeit in den Sommer fällt, lebt die Stadt in der Nacht auf. Auf einer Fläche von mehreren hundert Hektar läßt sich die moderne Jugend Saudi-Arabiens zwischen den großen Felsbrocken im Wadi Aswad – im schwarzen Tal – nieder. Kein Haus, kein Baum, nur riesige kahle Felsen dekorieren den Platz. Scheinwerfer beleuchten das einzigartige Gelände. Auf Matten und wertvollen Teppichen sitzend, verbringen die jungen Leute den Abend, erzählend, dichtend und auch betend. Hier tauschen sie Erlebnisse und Träume aus. Es sind zumeist Kinder der Oberschicht, die sich den Aufenthalt in At Taif leisten können, oder sie stammen aus den wohlhabenden alteingesessenen Händlerfamilien At Taifs. Alkohol ist hier, wie überall, streng verboten.

Für Ungläubige verboten

In der Abendsonne badet das Wadi An Numan in gelbroten Strahlen. Dann zieht der Nebel über das Tal, füllt die Schlucht im Nu. Polizisten versuchen mit Handleuchten, die Autofahrer auf die

◁ ***Von den Einnahmen aus dem Erdölgeschäft kaufen die Saudis vor allem Maschinen, Autos und Metallwaren. Diese Güter kommen in riesigen Containerschiffen ins Land.***

△ ***Ein wichtiger Brauch arabischer Gastfreundschaft ist das Kaffeezeremoniell. Dem Besucher wird der starke schwarze Kaffee ungesüßt und mit reichlich Kardamom gewürzt aus dem Kupferkännchen angeboten.***

lauernde Gefahr aufmerksam zu machen. Die zweispurige Straße zwischen At Taif und Mekka, der heiligsten Stadt des Islams, ist zur Falle geworden. Die breiten amerikanischen Limousinen kommen kaum voran und drängen sich knapp aneinander vorbei. Aus dem Tal herauf hört man ein dumpfes Gemurmel. Halbnackte braungebrannte Menschen huschen durch den Hof einer kleinen Moschee. Die Gläubigen bereiten sich auf den Eintritt nach Mekka vor. Nicht weit von hier mahnt ein Schild, nur Muslimen sei der Zugang gestattet. Dann verkündet auch eine weitere Tafel an der Straße: »Nur für Muslime«. Eine Abzweigung führt die »Ungläubigen« an Mekka vorbei nach Dschidda.

Mekka: »Die Mutter aller Dörfer« nennt der Koran die Stadt. Schon in vorislamischer Zeit besaß der Wallfahrtsort eine besondere Stellung. Um diesen Platz einmal im Jahr aufzusuchen, legten die Araber freiwillig die Waffen nieder.

Mekka war Marktplatz und Knotenpunkt der Karawanen, die ihre Ladung im Jemen aufnahmen und nach Damaskus brachten: Auf dem Landweg, weitab der Küste, waren sie sicher vor Angriffen der zahlreichen Piratenschiffe auf dem Roten Meer. Mekkas Reichtum basierte auf einer klugen und weitsichtigen Politik seiner Handelshäuser. Hier entstanden Lager, wurden Waren gegen Waren getauscht, bald auch mit Geld bezahlt.

Nach der Geburt Mohammeds in dieser Stadt und seiner Berufung zum Propheten des Islams wuchs die Bedeutung Mekkas über die Grenzen Arabiens hinaus, denn die Stadt beherbergt die Kaaba, den heiligen Schrein aller Muslime. Ihm wenden sie sich zu beim Gebet, gleich wo sie sich befinden, fünfmal am Tag.

Es ist die historische Leistung des Islams und seines Propheten Mohammed, die ständig verfehdeten arabischen Stämme unter dem Banner der neuen Religion vereint und ihnen neue Traditionen und Grundsätze gegeben zu haben.

Das Gebet gen Mekka ist sichtbarstes Zeichen. Das Fasten im Monat Ramadan und die Opfergabe an die Armen, die az-Zakat, gehören ebenso zu den Grundpfeilern der islamischen Lehre wie der Hadsch, die Pilgerfahrt nach Mekka. Dieser Verpflichtung kommen jährlich zwei Millionen Menschen aus der ganzen Welt nach. In Mekka und seiner Umgebung verrichten sie ihre Gebete, huldigen Allah und seinen Propheten.

Der saudiarabische Monarch führt in seinem Titel vor allem die Bezeichnung »Diener von Mekka und Medina«. Die Stadt Medina liegt gut 400 Kilometer nördlich von Mekka. Dorthin war Mohammed geflüchtet, nachdem ihm seine Landsleute in Mekka nach dem Leben getrachtet und die neue Religion abgelehnt hatten. In Medina fand er auch nach der Vollendung seines Auftrags zusammen mit zahlreichen Getreuen seine letzte Ruhestätte. Medina ist wie Mekka für Nichtmuslime eine verbotene Stadt. In ihrem Zentrum steht die Moschee des Propheten; er hat sie selbst gegründet.

Millionen für den Denkmalschutz

In Dschidda, der Millionenstadt am Roten Meer, blieb bis heute der türkisch-ägyptische Einfluß in der Architektur zahlreicher Häuser erhalten. Rund 1000 alte herrschaftliche Villen werden restauriert. Das Bayt an-Nasif, das Bayt Nur Wali und das Bayt Binayah sind die markantesten Beispiele der frühen osmanisch-islamischen Baukultur. Herausragendes Element dieser Architektur sind geschmackvoll verzierte hölzerne Fensterläden und vorgezogene Balkone, ebenfalls aus Holz in feinster Bearbeitung. Nur die kühle Brise von der Küste darf durchdringen. Die feinen Fensterlamellen gestatten eine so wohldosierte Luftzirkulation im Hausinneren, wie sie moderne Klimaanlagen auch nicht besser schaffen. Zur Erhaltung historischer Stadtviertel wurde ein Denkmalschutzprogramm mit Millionen ausgestattet.

In der Abd-al-Aziz-Straße und der Medina-Straße liegen die Brennpunkte innerstädtischen Geschehens. Dort und in Suq An Nada sind die meisten Banken und Einkaufsläden konzentriert. Zudem soll eine 75 Kilometer lange Küstenstraße am Roten Meer die Attraktivität Dschiddas als Hafen- und Badeplatz erhöhen.

Kunstvoll gestaltete nabatäische Felsengräber im Nordwesten der Halbinsel zeugen von der hohen Kultur, die in dieser Gegend um die Zeitenwende herrschte. Die großartige Totenstadt Madain Salih, eine archäologische Kostbarkeit, überlebte die Kultur, die sie schuf.

Die Nabatäer verschwanden, wie auch andere Kulturen in der wechselvollen Geschichte dieser Region. Das beständigste Element in diesem Land aber war und bleibt die Wüste. Milliarden investiert Saudi-Arabien, um den Vormarsch der Sanddünen aufzuhalten. Für die Bewässerung des riesigen Staatsgebietes werden größte finanzielle und technische Anstrengungen unternommen. Im äußersten Süden jedoch blieb das »Ar Rub al Khali« unbezwingbar, das »leere Viertel« ist zum Teil noch heute unerforscht.

Saudi-Arabiens Öffnung ist vollzogen, der Wandel geht weiter – unaufhaltsam. Doch nur zu oft ist seine Richtung nicht erkennbar, vor allem seit das Land zwei Widersacher gleichzeitig hat: die ewig fortschreitende Wüste und die Radikalität der islamischen Glaubensbrüder vom anderen Ufer des Golfs. Die Gegner Saudi-Arabiens sind total verschieden. Nur eins haben sie gemeinsam: ihre Unberechenbarkeit.

Landesnatur

Fläche: 2 149 690 km² (etwa neunmal so groß wie die Bundesrepublik Deutschland)
Ausdehnung: West–Ost 1700 km, Nord–Süd 1700 km
Höchster Berg: Abha 3133 m

Saudi-Arabien, das größte Land Vorderasiens, liegt auf der Arabischen Halbinsel. Es reicht vom Roten Meer im Westen bis zum Persischen Golf im Osten. Halbmondförmig schließen sich arabische Nachbarstaaten um das Land. Saudi-Arabiens Grenzen waren in der jüngeren Vergangenheit immer umstritten, zur Zeit gibt es keine eindeutig festgelegten Grenzen im Südosten.

Naturraum
Saudi-Arabien ist hauptsächlich ein Wüstenland. Im Westen an der Küste zum Roten Meer, dessen Name von den dort vorkommenden roten Algen herrührt, erheben sich nach einem schmalen Landstreifen die *Küstengebirge:* Im südlichen Küstenabschnitt hinter dem Schwemmgebiet Tihamah liegt das Asir-Gebirge mit dem höchsten Berg des Landes, dem Abha (3133 m); entlang der Küstenlinie nach Norden verläuft der Hedschas (Al-Hijaz-Gebirge). Hinter dieser langen Kette der Küstengebirge schließen sich halbkreisförmig ausgedehnte *Hochplateaus* (Najd, deutsch: Nedschd) an, die nach Norden und Osten in Stufen abfallen. An den Stufenrändern finden sich die Wadis, Flußtäler, die manchmal jahrelang kein Wasser führen.
Den größten Teil Saudi-Arabiens bedecken *Wüstengebiete.* Halbmondförmig um die Hochplateaus schließt sich die schmale Wüste Ad Dahna an. Sie geht im Norden in die An Nafud über, eine Wüste mit rötlichem Sand. Ar Rub al Khali, die Große Arabische Wüste im Süden, ist eine der größten Sandwüsten der Erde. Charakteristisch für das Wüstengebiet sind die Sanddünen, die in unterschiedlicher Form auftreten: als Sichel-, Wall-, Strich- oder Sterndüne. Die jeweiligen Anordnungen und Wanderungen der Dünen lassen Rückschlüsse auf Windstärke und Windrichtung zu. Es gibt hier nur wenige Oasen. Östlich der Hauptstadt Riad und an der Küste zum Persischen Golf hat das Land Sumpfgebiete. Der Name des Landstrichs Al Hasa heißt übersetzt »der Sumpf«.

Klima
Das Klima des vom Nördlichen Wendekreis geschnittenen Landes ist vorwiegend heiß und trocken. Der größte Teil der spärlichen Jahresniederschlagsmenge von nur 100 mm fällt von November bis Januar. Im Landesinneren kann es auch jahrelang nicht regnen. Einzig die höhergelegenen Küstengebirge erhalten regelmäßig Niederschlag (bis 600 mm).
Die Küstenstreifen sind feuchtschwül, aber regenarm. Das kontinentale Wüstenklima im Landesinneren weist z. T. beträchtliche Temperaturunterschiede, vor allem zwischen Tag und Nacht, auf. Im Winter kann nachts der Gefrierpunkt unterschritten werden; im Sommer sind tagsüber Maximalwerte von 40 °C möglich. Die jährlichen Durchschnittstemperaturen liegen in Riad im nördlichen Landesinneren bei 25 °C (Januarmittel 14,5 °C, Julimittel 33,5 °C) und in Dschidda (Jiddah) an der Westküste bei 27,5 °C (Januarmittel 24 °C, Julimittel 31,5 °C). Im Sommer kommt es häufig zu Sandstürmen.

Zentrum des heiligen Haram-Bezirks von Mekka: die Große Moschee mit der Kaaba.

Vegetation und Tierwelt
Die Vegetation des Landes ähnelt derjenigen Nordafrikas. In den Wüsten wächst während der Trockenzeiten nahezu nichts; nur wenn es regnet, blüht die Wüste für kurze Zeit. Ausnahmen hiervon sind die Oasen und auch die Wadis mit Dattelhainen an den Rändern. Im Hochland gibt es Steppenbewuchs mit Sträuchern. Im feuchten Asir-Gebiet des Südwestens finden sich auch Wälder mit Myrrhe und Indigo. Hier wurden zusätzlich 18 Millionen Bäume gepflanzt, um das Vordringen der Wüste zu verhindern. Im Land leben – z. T. im Nationalpark im Südwesten – Wölfe, Hyänen, Schakale, Füchse, Dachse, Schlangen und verschiedene Vogelarten, darunter Greifvögel, Strauße und an den Küsten Pelikane und Flamingos. Leoparden, Gazellen, Bergschafe und Oryx-Antilopen sind im Aussterben begriffen. Vielfältig sind die tropischen Fischarten im Roten Meer; Taucher treffen z. B. auf Kugelfische, Skorpionfische und Papageifische.

Mit Dolch und Patronengurt: ein Beduine aus der Wüste.

Politisches System

Staatsname: Al-Mamlakah al-Arabiya as-Saudiya
المملكة العربية السعودية
Staats- und Regierungsform: Islamische Monarchie
Hauptstadt: Riad (Ar Riyad)
Mitgliedschaft: UN, Arabische Liga, OAPEC, OPEC

Eine eigentliche Verfassung besitzt Saudi-Arabien nicht, doch vollzieht das Land derzeit einen vorsichtigen Demokratisierungsprozeß, der zumindest ein konstitutionelles »Regierungsstatut« auf islamischer Basis vorsieht. Bislang ist Saudi-Arabien absolute Monarchie, die Macht des Königs, der alle entscheidenden legislativen, exekutiven und richterlichen Funktionen ausübt, ist nur durch den Koran und das islamische Recht beschränkt. Nominell ist der König zugleich geistliches Oberhaupt des Landes. Parteien und Gewerkschaften sind verboten. Im »Inneren Prinzenrat«, dem höchsten Entscheidungsgremium, sitzen neben dem König noch etwa ein Dutzend der einflußreichsten Männer des Landes. Eine streng gegliederte Regionalverwaltung besteht nicht, es werden lediglich fünf historisch gewachsene Verwaltungseinheiten unterschieden, die wiederum in einzelne Emirate unterteilt sind und jeweils von einem dem Innenminister unterstehenden »Amir« geleitet werden. Einige große Gemeinden werden durch vom König ernannte Gemeindepräsidenten und Gemeinderäte regiert.
Grundlage des Rechts ist die islamische Scharia, die durch Stammes- und Gewohnheitsrecht ergänzt wird. Bei der Organisation des Rechtswesens konkurrieren religiöse mit staatlichen Institutionen, wobei eine mangelnde Abgrenzung der Kompetenz mitunter zu Konflikten führt. Sowohl das vom König ernannte Justizaufsichtskomitee wie die obersten geistlichen Richter haben ihren Sitz in Mekka (Makkah).

Bevölkerung

Einwohnerzahl: 12 Millionen
Bevölkerungsdichte: 5,6 Einw./km²
Bevölkerungszunahme: 3,6 % im Jahr
Größte Städte: Dschidda (1,7 Mio. Einw.), Riad (1,5 Mio.), Mekka (700 000)
Bevölkerungsgruppen: 83 % Araber, 15 % ausländische Arbeitnehmer aus arabischen Nachbarstaaten sowie aus Indien und Pakistan, etwa 2 % Fachkräfte aus westlichen Industrienationen

Die saudiarabische Bevölkerung bestand bis zu Beginn des Erdölbooms nur aus Arabern. Das Land zählt etwa 400 Stämme, von denen einige heute noch als Nomaden leben. Ab 1960 setzte eine rasche Verstädterung ein:

Wasser, wichtig für Menschen, Pflanzen und Industrie: Meerwasser-Entsalzungsanlagen.

Lebten bis dahin nur 30 % der Bevölkerung in Städten, sind es heute bereits über 75 %. Obwohl die Säuglingssterblichkeit auf dem Land noch hoch liegt, ist das Bevölkerungswachstum groß; 43 % der Einwohner sind jünger als 15 Jahre. Amtssprache ist das moderne Hocharabisch, das vom Volk in zahlreichen Dialekten gesprochen wird; Handels- und Diplomatensprache ist Englisch.
Religiöses Zentrum des Landes ist die Pilgerstadt Mekka. Der Großteil der Bevölkerung bekennt sich zur sunnitischen Richtung des Islam, lediglich in der Ostprovinz gibt es eine nennenswerte schiitische Minderheit.

Soziale Lage und Bildung
Entsprechend dem hohen Lebensstandard des Landes ist die soziale Absicherung gut. Allerdings lebt die arabische Landbevölkerung, und v.a. die Nomaden, noch in der traditionellen Absicherung durch Familie und Stammesgemeinschaft. Seit dem wirtschaftlichen Aufschwung leidet das Land unter Arbeitskräftemangel und versucht den Bedarf an Fachkräften durch einen raschen Ausbau des eigenen Bildungswesens zu decken. Die Beschäftigungsmöglichkeiten für Frauen (etwa 7 % der Erwerbstätigen) sind nach wie vor sehr gering und beschränken sich v.a. auf die Bereiche Bildung, Soziales und Gesundheitswesen.
Die medizinische Versorgung ist in den Städten sehr gut und steht allen Einwohnern kostenlos zur Verfügung. Die Analphabetenrate ist hoch und beträgt bei den über 15jährigen noch mindestens 50 %. Erst seit etwa 20 Jahren ist das Bildungssystem auch für Mädchen und Frauen geöffnet. Der Schulbesuch ist kostenlos, allgemeine Schulpflicht besteht nicht. Die acht Universitäten des Landes, auf denen v.a. naturwissenschaftlich-technische Inhalte vermittelt werden, wurden erst in jüngerer Zeit gegründet; daneben gibt es die traditionell-religiösen Studiengänge.

Wirtschaft

Währung: 1 Saudi Riyal (S. Rl.) = 20 Qirshes = 100 Hallalas
Bruttoinlandsprodukt (in Anteilen): Land- und Forstwirtschaft 3 %, industrielle Produktion 59 %, Dienstleistungen 38 %
Wichtigste Handelspartner: Japan, USA, EG-Staaten

Immense Erdöl- und Erdgasvorkommen ermöglichten Saudi-Arabien, das einst zu den ärmsten Ländern der Erde gehörte, nach dem Zweiten Weltkrieg die rasche Entwicklung zur Industrienation. Der Ölpreisverfall auf dem Weltmarkt führte allerdings zu einer schon seit einigen Jahren anhaltenden Rezession.

Landwirtschaft
Extremes Klima, wenige fruchtbare Böden und Wassermangel sind die hemmenden Faktoren für die landwirtschaftliche Nutzung. Der Agrarsektor wird von der Regierung subventioniert; mit Hilfe von künstlicher Bewässerung werden die Anbauflächen von Weizen, Hirse, Reis, Gemüse und Datteln erweitert. Bei Weizen werden bereits Überschüsse produziert und trotz hoher Produktionskosten exportiert.

Bodenschätze, Energie
Saudi-Arabien besitzt rd. ein Viertel aller Welterdölreserven und ist größter Erdölproduzent des Nahen Ostens. Über 90 % der Förderung entfallen

allein auf eine einzige Ölgesellschaft (ARAMCO). Die Erdgasreserven werden auf etwa 4 % der Weltvorkommen geschätzt. Erdgas dient auch der eigenen Stromversorgung; Kraftwerke sind oft mit Meerwasser-Entsalzungsanlagen verbunden. Künftig soll die Sonnenenergie stärker zur Energieversorgung beitragen.

Industrie, Handel
Um die Abhängigkeit vom Erdölsektor zu verringern und die Wirtschaft auch in anderen Bereichen auszubauen, fördert die Regierung seit den 70er Jahren die Industrialisierung. In den neuen Industriezentren Al Jubayl und Yanbu sind mit ausländischen Firmen kooperierende Großbetriebe der Petrochemie und Stahlindustrie angesiedelt. Geplant ist zudem der Aufbau einer verarbeitenden Industrie in Händen von Privatunternehmen. Dem Export von Erdöl und Erdgas steht die Einfuhr von Investitions- und Konsumgütern sowie Nahrungsmitteln gegenüber. Exporte und Importe sind seit Jahren rückläufig.

Verkehr, Tourismus
Die Hauptverkehrsstraßen Saudi-Arabiens sind zum Teil autobahnartig ausgebaut. Insgesamt gibt es 72000 km Straße, davon sind 28000 km befestigt. Die einzige Eisenbahnverbindung besteht zwischen Ad Dammam und der Hauptstadt Riad (560 km). Die wichtigsten Häfen sind Dschidda, Yanbu, Jizan am Roten Meer und Ad Dammam und Al Jubayl am Persischen Golf. Der inländische Flugverkehr ist sehr wichtig. Die internationalen Flughäfen Dschidda, Riad und Az Zahran bei Ad Dammam sind Knotenpunkte für den Europa-Asien-Flugverkehr. Die meisten ausländischen Besucher sind Pilger, die zu den islamischen Wallfahrtsorten Mekka und Medina (Al Madinah) reisen. Für nichtmuslimische Reisende ohne Arbeitsvisum ist das Land mit Ausnahme der Städte Dschidda, Az Zahran und Riad nicht zugänglich; Tourismus im üblichen Sinne gibt es auch in diesen Städten nicht.

Daran hängt das Herz jedes Wüstensohns: arabische Vollblutpferde im Galopp.

Geschichte

Bis ins 7. Jh. n. Chr. war das Innere Arabiens von weitgehend unabhängigen semitischen Nomadenstämmen bevölkert; selbst Perser, Griechen und Römer hatten nur den dichter besiedelten West- und Nordsaum Arabiens unter Kontrolle.
Erst durch den Propheten Mohammed (um 570–632) und seine unmittelbaren Nachfolger wurde die Landschaft Hedschas im Westen des heutigen Saudi-Arabien vorübergehend zum geistigen und politischen Zentrum der Araber. Neben der Stiftung einer neuen monotheistischen Religion – der dritten in der Region neben Judentum und Christentum – besteht Mohammeds politische Leistung vor allem in der Zusammenführung der verschiedenen Stämme zu einer politischen Einheit.

Vom Gärtner sorgsam betreut: Anbau von Tomaten im Gewächshaus in der Wüste.

Mekka wurde in der Folge zum religiösen, Medina zum ersten politischen Zentrum des aufsteigenden Islam unter Mohammed selbst und später unter dem Reich der vier »rechtgeleiteten« Kalifen Abu Bakr, Omar, Othman und Ali (632–661). Mit der Herrschaft der Umayyaden (Omaijaden, 661 bis 750), die Eroberungszüge bis nach Europa unternahmen, verlagerte sich der Schwerpunkt des Kalifenreiches allerdings nach Damaskus, und Arabien trat wieder in den Schatten der Geschichte, in einen Zustand wie vor der Islamisierung, als die Halbinsel politisch in zahlreiche lokale Feudalgewalten aufgesplittert war.
In der ersten Hälfte dieses Jahrtausends gliederten dann die Mamluken (1250–1517) den Hedschas vorübergehend ihrem Reich als Vasallenstaat ein. Von der Mitte des 16. Jh. an eroberten die Osmanen den Norden und Westen der Arabischen Halbinsel sowie Mekka und Medina. Ihr Souveränitätsanspruch im Innern der arabischen Welt blieb allerdings stets theoretisch.

Der Staat der Wahhabiten
Im 18. Jh. entstand im Nedschd, dem Zentrum der Halbinsel, der theokratische Staat der Wahhabiten, einer streng orthodoxen Bewegung innerhalb des sunnitischen Islam. Ihr Führer, Abd al-Wahhab (1703–1792), wollte den Islam wieder auf seine ursprüngliche Form, die alleinige Verehrung Allahs, zurückführen und lehnte die Verehrung Mohammeds und der Heiligen sowie jede Art von Totenkult ab.
Abd al-Wahhab gelang es, den Herrscher von Ad Diriyah im Najd, Muhammad ibn Saud, für sich zu gewinnen, und beide schlossen ein Bündnis, um den Kampf für die Rückbesinnung auf den »wahren« Islam aufzunehmen. Abd al-Wahhab bestimmte Ibn Saud, von dem die gegenwärtig herrschende Dynastie in Saudi-Arabien abstammt, zum Imam und Herrscher der bekehrten Gebiete. Dieses Bündnis wurde die eigentliche Geburtsstunde des heutigen Saudi-Arabien.
Die Nachfolger Ibn Sauds eroberten in rascher Folge ganz Zentralarabien und nahmen 1806 Mekka und Medina ein. Damit wurden sie zu einer Bedrohung des Osmanischen Reiches. Erst Mehmed Ali, der osmanische Statthalter von Ägypten, zerschlug 1818 den Wahhabiten-Staat.
In den Emiraten der Ostküste setzten sich in den folgenden Jahren die Briten fest, während sich im Innern der Halbinsel zwei mächtige Beduinenfamilien – die Rashids in Hail und die Sauds in Riad – befehdeten. 1883 mußten die Sauds nach Kuwait flüchten. Im Sommer 1902 durchquerte Abd al-Aziz ibn Saud (1880–1953) die Wüste, nahm Riad wieder in Besitz und verdrängte in der Folge die Rashids aus Innerarabien. Am Ende des Ersten Weltkriegs hatte er mit britischer Unterstützung die türkischen Garnisonen aus dem Nordosten des Landes vertrieben und 1921 die Ostprovinz Al Hasa am Persischen Golf erobert. Zwischen 1924 und 1926 gewann er die Kontrolle über den Hedschas mit den heiligen Städten Mekka und Medina und schon 1923 das Emirat Asir an der Grenze zu Südarabien hinzu. 1926 rief er sich als Ibn Saud zum »König des Najd, des Hijaz und der abhängigen Gebiete« aus (1927 von Großbritannien anerkannt) und ernannte sich 1932 zum König von Saudi-Arabien (Nationalfeiertag 23. September).

Öl als Quelle des Reichtums
Im Innern begründete Ibn Saud eine absolute, theokratisch gefärbte Monarchie. Der wahhabitische Puritanismus der Saudis machte das Land zu einer islamischen Festung, die sich nach außen abschottete und erst in den letzten Jahrzehnten widerwillig und langsam öffnete.
Bis Anfang der 30er Jahre war Saudi-Arabien wirtschaftlich vom Handel und Pilgerverkehr abhängig. Das änderte sich grundlegend, als 1933 kleinere Ölvorkommen gefunden wurden; 1939 stieß man dann auf umfangreiche Lager, deren Ausbeutung in erster Linie die ARAMCO (Arabian American Oil Company) übernahm. Forciert wurde diese Entwicklung jedoch erst nach dem Zweiten Weltkrieg.
Von 1953 an regierte König Saud, der Sohn des Dynastiegründers, der sich aber 1958 zurückzog und die Regierungsgeschäfte an seinen Bruder Faisal weitergab. 1964 mußte er zugunsten Faisals offiziell zurücktreten, der eine konservativ-antirevolutionäre Politik betrieb, sich den USA öffnete und die Kriegsgegner Israels 1967 und 1973 mit Geld und Waffen unterstützte. 1975 von einem Verwandten ermordet, folgte ihm sein Bruder Khalid auf den Thron. Nach dessen Tod wurde 1982 Kronprinz Fahd König von Saudi-Arabien.
Im Innern des Landes ist der Preis des Reichtums heute ein Prozeß der Verwestlichung. Ein zweites Problem sind die über zwei Millionen Gastarbeiter, die zum Teil nicht dem Islam angehören. Die Erstürmung der Großen Moschee von Mekka durch religiöse Fanatiker 1979 war Ausdruck der un-

Vor Hütten, die an Afrika erinnern: Markt in der Oase Abu Arish nahe der Südgrenze.

gelösten Spannungen zwischen Tradition und Moderne. Die iranische Revolution unter Khomeini hat die innerislamische Problematik noch verschärft: Anläßlich der jährlichen Pilgerfahrt nach Mekka wurden am 31. Juli 1987 bei blutigen Zusammenstößen über 400 Menschen getötet, darunter 275 schiitische Pilger aus dem Iran. Im Golfkrieg zwischen dem Iran und dem Irak unterstützte Saudi-Arabien den Nachbarstaat Irak.

Kultur

In vorislamischer Zeit gab es auf der Arabischen Halbinsel zwei Kulturräume: im Nordwesten den Siedlungsraum der Nabatäer, von denen Zeugnisse bei Tayma (6./5. Jh.) und Al Ula erhalten sind, im Süden (»Arabia felix«) u.a. die Reiche der Minäer und Sabäer.

Wiege und Pilgerstätte des Islam

Zu Beginn des 7. Jh. wurde Mekka zur Geburtsstätte des Islam, zu dem sich heute etwa ein Siebentel der Weltbevölkerung bekennt.
Der Legende nach erlebte Mohammed um das Jahr 610 seine Berufung durch den Erzengel Gabriel, den Boten Allahs.
In der Folgezeit stießen seine Offenbarungen, deren Kern die Einzigartigkeit des Schöpfergottes und das Jüngste Gericht sowie die Mahnungen zu Buße und Mildtätigkeit bildeten, auf wachsenden Widerstand der Mächtigen in seiner Heimatstadt.
Im Jahr 622, das seit etwa 638 als erstes Jahr der islamischen Zeitrechnung gilt, entschloß er sich, mit seinen Anhängern nach Yathrib, dem späteren Medina, auszuwandern. Dort wurde er als Prophet anerkannt, und dort entwickelte er seine Lehre weiter. Vor allem bildete er die rechtliche Seite aus und setzte einige Riten fest, die seine Gemeinde immer mehr von Christen, Juden und vom Heidentum abhoben. Hier entstand auch die Idee des Heiligen Krieges (Dschihad), des Glaubenskrieges gegen die Nichtmuslime.
630 konnte Mohammed schließlich als Sieger in Mekka einziehen. Zur Zeit seines Todes bekannte sich fast die gesamte Arabische Halbinsel zu der neuen Lehre.
Gläubige Muslime besuchen heute in Medina vor allem die mehrfach umgebaute Große Moschee mit den Gräbern Mohammeds, seiner Tochter Fatima und der Kalifen Abu Bakr und Omar.
Mittelpunkt von Mekka, der heiligsten Stadt des Islam, ist der heilige Bezirk (Haram) um die Große Moschee mit den sieben Minaretten. Im Innenhof der Moschee steht die Kaaba, ein mit schwarzem Stoff behangener würfelförmiger Bau; der in der Südostecke eingemauerte Schwarze Stein (Hadschar) wird von den Pilgern berührt und geküßt. Der Islam schreibt jedem volljährigen Muslim einmal im Leben die Pilgerreise (Hadsch) nach Mekka vor, sofern er finanziell und körperlich dazu imstande ist. Er darf dann den Titel Hadschi tragen. In der heiligen Stadt muß er ein bestimmtes, auf Mohammed zurückgehendes Ritual befolgen, u.a. siebenmal die Kaaba umschreiten und Wasser aus dem heiligen Brunnen Semsem (Zamzam) trinken, der einst Abrahams verstoßene Nebenfrau Hagar und ihren Sohn Ismael vor dem Verdursten in der Wüste bewahrt haben soll. Beide Gräber liegen neben der Kaaba.

Die Tradition lebt weiter: Tanz mit dem Krummschwert, Symbol der Männlichkeit.

Die Literatur

Die meist mündlich tradierte altarabische Poesie aus vor- und frühislamischer Zeit wurde erst vom 8. Jh. an in Anthologien oder Werksammlungen einzelner Dichter (Diwanen) schriftlich fixiert. Sie spiegelt vorwiegend Lebensstil und -gefühl der Beduinen wider. Die bedeutendste und auch heute noch gepflegte Gedichtform ist die Kasside, die – nach bestimmten Regeln gereimt – einem Gönner schmeicheln oder dessen Feinde herabsetzen soll; gelegentlich wurde die Form der Kasside auch für andere Themen verwendet. Bedeutende Sammlungen der vor- und frühislamischen Dichtkunst sind »Al Muallakat« und »Hamasa«.
Vom 8. Jh. an wurde das dem Volkslied nahestehende Ghasel, ursprünglich eine Gedichtform von beliebiger Länge, im gesamten arabischen Raum verbreitet. Umar ibn Abi Rabiah (644–712) gilt als der erste bedeutende Vertreter des Ghasels, in dem beschaulicher Lebensgenuß und die Liebe besungen werden.
Die Prosaliteratur begann mit den altarabischen Schilderungen von Kampftagen und setzte sich in der islamischen Geschichtsschreibung und in den religiösen Traditionssammlungen (Hadith) fort. Als schöngeistiges Schrifttum kann man die im 8. Jh. aufgekommene rhetorische Epistel, die Allgemeinbildung vermittelnden Werke über Lebensregeln und die seit dem 10. Jh. gepflegte Kunstprosaform der Makame bezeichnen. Das in Europa bekannteste Werk arabischer Literatur ist die erst im 16. Jh. in endgültiger Fassung vorliegende Sammlung von Erzählungen »Tausendundeine Nacht«. Die Werke der modernen arabischen Literatur haben fast durchweg europäische Vorbilder.

Reise-Informationen

Einreise- und Fahrzeugpapiere
Geschäftsreisende aus der Bundesrepublik Deutschland, der Schweiz und Österreich benötigen für einen Aufenthalt von 30 Tagen einen gültigen Reisepaß (auch für Kinder!), ein Visum und den Nachweis der bezahlten Rückreise. Die Erteilung eines Besuchervisums ist von einer Einladung abhängig; Touristenvisa werden zur Zeit nicht ausgestellt. Ein israelischer Stempel im Paß oder die Dokumentation jüdischen Glaubens machen die Einreise unmöglich. Autofahrer sollten sich ihren Führerschein ins Arabische übersetzen lassen. Autofahren ist nur Männern gestattet.
Zoll
Zollfrei sind 600 Zigaretten oder 100 Zigarren oder 500 g Tabak, eine angemessene Menge Parfüm sowie Geschenke bis zu einem Wert von 100 S.Rl. Verboten ist die Einfuhr von alkoholischen Getränken, Schweinefleischprodukten, Pornographie, Drogen, Glücksspielen, Bibeln und christlichen Devotionalien.
Devisen
Saudi Riyal (S.Rl.) und internationale Währungen mit Ausnahme der israelischen dürfen unbegrenzt mitgeführt werden. Reiseschecks kann man problemlos eintauschen.
Impfungen
Malariaschutz wird bei Reisen in südliche Küstenabschnitte empfohlen. Ratsam sind auch Impfungen gegen Cholera, Kinderlähmung und Typhus.
Verkehrsverhältnisse
Viele Städte sind mit dem Flugzeug zu erreichen. Ein Netz von Schnellstraßen verbindet die großen Orte miteinander. In Riad und Dschidda sollte man in erster Linie Taxis benutzen. Zumutbar ist auch der Stadtbusverkehr. Mietwagen sind für Europäer nur mit Chauffeur empfehlenswert. Die Städte Mekka und Medina sind für Nichtmuslime nicht zugänglich. Zwischen Dschidda und Riad sowie zwischen Riad und Ad Dammam fahren Überlandbusse; auf der letztgenannten Strecke kann man auch mit der Eisenbahn fahren.
Unterkünfte
Fast alle Hotels bieten für europäische Ansprüche ein hohes Niveau; sie sind zum Teil überaus teuer. In Riad gibt es neben den internationalen Hotelketten aber empfehlenswerte billigere Unterkünfte.
Reisezeit
Die besten Reisemonate sind Dezember bis März, da im Winter das Klima für Europäer am erträglichsten ist.

Zeugen aus osmanischer Zeit in Dschidda: Fassaden mit holzgeschnitzten Balkonen.

Singapur

Eberhard Kunrau

Wenn man Glück hat und das Flugzeug vor der Landung noch eine Schleife über der Insel zieht, kann man die Mündung des Singapur-Flusses sehen, in der Sir Stamford Raffles von der britischen Ostindien-Kompanie im Januar 1819 landete. Er machte das winzige Fischerdorf zu einem der bedeutendsten Handelsplätze Asiens. Sein Denkmal und die letzten alten Lagerhäuser aus der Kolonialzeit am Flußufer werden heute überragt von den imponierenden Bürotürmen der City: Banken, Versicherungen, Handelsfirmen und Reedereien machen Singapur zum wichtigsten Dienstleistungszentrum der Region. Sein Hafen ist der zweitgrößte der Welt.

Singapur ist dennoch keine Betonwüste geworden. Kleine Parks, Bäume zwischen den Häusern und ein Tropenklima, das selbst noch aus Blumenkübeln ein Stückchen Dschungel grünen läßt, mildern die architektonischen Brutalitäten. Der Vogelpark im Industrieviertel Jurong, der Regenwald von Bukit Timah und einige Inseln bieten nicht nur für Einheimische hübsche Ausflugsziele.

Staatsname:	Republik Singapur
Amtssprachen:	Englisch, Malaiisch, Chinesisch, Tamil
Einwohner:	2,7 Millionen
Fläche:	622 km²
Hauptstadt:	Singapur
Staatsform:	Präsidiale Republik im Commonwealth
Kfz-Zeichen:	SGP
Zeitzone:	MEZ +7 Std.
Geogr. Lage:	Südostasien, vor der Südspitze der Malaiischen Halbinsel

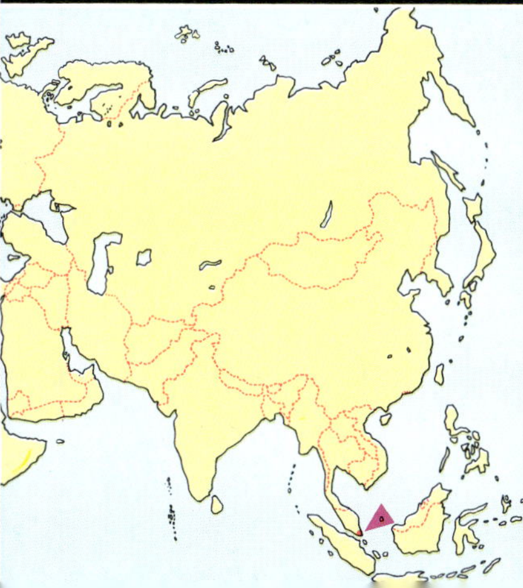

Wolkenkratzer von Banken und Großunternehmen bestimmen das Stadtbild Singapurs. Erst in letzter Zeit beginnt man, die wenigen verbliebenen Gebäude aus der englischen Kolonialzeit zu renovieren.

Eine Insel wird zum Handelszentrum

Am Morgen des 28. Januar 1819 läßt sich Sir Thomas Stamford Raffles an Land rudern. Der 38jährige ist Gouverneur-Leutnant der britischen Ostindien-Kompanie für deren Besitzungen in Sumatra. Er soll einen neuen Handels- und Marinestützpunkt auf der Insel Singapur an der Südspitze der Malaiischen Halbinsel gründen, um den Seeweg britischer Schiffe von Europa nach China zu sichern, den Handel der Gesellschaft in Südostasien zu fördern und vor allem die niederländische Konkurrenz einschüchtern.

Die Schaluppe setzt außer Raffles noch einen Oberst Farquhar und einen mit Muskete bewaffneten Söldner der Handelsgesellschaft an Land. Eingeborene, die als »Seezigeuner« auf kleinen Booten in der Flußmündung leben, fliehen beim Anblick des Trupps. Malaiische Kinder aus der kleinen Ansiedlung über dem Flußufer folgen den Fremden zum Haus des Tumongong. Raffles erklärt diesem lokalen Vertreter des Sultans von Johor seine Wünsche, und man verbringt den Nachmittag damit, dessen juristische und politische Bedenken zu zerstreuen.

Am 30. Januar, nach zweitägigen Verhandlungen, unterschreibt der Tumongong einen Vertrag, durch den Raffles für jährlich 3000 Dollar das Recht erhält, eine Handelsniederlassung zu errichten. Ein weiterer Vertrag, diesmal vom Sultan selbst besiegelt, wird am 6. Februar geschlossen, die britische Flagge gehißt – eine der erfolgreichsten kolonialen Erwerbungen des britischen Empire!

Drei Jahre später hat das Nest schon 10000 Einwohner: Malaien, Chinesen und 74 Europäer. 1823 werden bereits Waren im Wert von fast 8,5 Millionen Spanischen Dollars umgeschlagen; ein Jahr später 16 Millionen. (Für zweieinhalb Dollar bekam man damals in Singapur 1000 bengalische Zigarren, für acht Dollar einen Hut.)

Auch der Sultan profitiert noch einmal. 1824 verkauft er die Insel für 60000 Dollar und eine Jahresrente von 24000 Dollar an die Ostindienkompanie. 1867 geht Singapur als Kolonie in den Besitz der britischen Krone über.

Fast alles funktioniert in Singapur

»Was haben die Matrosen in Singapur gemacht, in Singapur, in Singapur bei Nacht?« So konnte in den zwanziger Jahren noch ein Schlager fragen. Und die Antwort war so klar und so anrüchig wie in allen großen Hafenstädten. Man besuchte und bewunderte die Bugis-Street, eng besetzt mit Lokalen und Imbißständen und abends fest in der Hand der schönsten und schamlosesten Transvestiten Asiens.

Bugis-Street wurde 1985 abgerissen – sie mußte einer modernen U- und S-Bahn weichen. In den siebziger und den frühen achtziger Jahren brüllte der Boom durch China-Town, durch »Little India« und die dörflichen Vorstädte der Malaien. Bei wirtschaftlichen Wachstumsraten von zehn Prozent und mehr pro Jahr begann das große Fressen für die Bagger und Bulldozer. Sie verschlangen das alte Singapur samt seiner Beschaulichkeit und Verkommenheit.

Innerhalb von 25 Jahren zogen 80 Prozent der Bevölkerung um – aus Hütten, Slums und höchstens dreistöckigen Häusern in Hochhauswohnungen, von denen drei Viertel ihren Bewohnern auch gehören. Das Leitungswasser, zum Teil aus dem benachbarten Malaysia herübergepumpt, ist hygienisch einwandfrei, Stromausfälle gibt es praktisch

△ *Im Gewimmel des Markttreibens bietet ein alter Chinese in Chinatown bunte Handpuppen feil. Hier führen zwei traditionell gekleidete Puppen ein kleines Zwiegespräch und werden so dem Käufer vorgestellt.*

nicht, Telefon und Telex funktionieren besser als in Hamburg oder Berlin. Trotz der Zusammenballung von 2,7 Millionen Menschen auf der kleinen Insel und trotz tropischer Regengüsse kommt es kaum zu Verkehrsstaus. Ein in der Welt wohl einzigartiges System entzerrt die Rush-hour am Morgen: Wer zwischen sieben und zehn Uhr mit dem Auto in die Innenstadt fährt und nicht mindestens vier Personen im Wagen hat, muß eine Gebühr von fünf Dollar (etwa 4,50 Mark) zahlen – die Sache funktioniert erstaunlich gut.

Fast alles funktioniert erstaunlich gut: von der vorbildlichen Altersversorgung, aus deren Fonds die neuen Hochhaussiedlungen finanziert werden, über den Gesundheitsdienst und die tägliche Müllabfuhr bis zur Abfertigung am Flughafen, einem der schönsten und modernsten der Welt.

Freilich: Singapur hat für die rasante Entwicklung seinen Preis gezahlt. Die pittoresken Läden unter Arkaden, in deren Schutz man auch noch im tollsten Tropenregen einkaufen konnte, mußten modernen Einkaufszentren weichen. Je nach ihrer Lage und der Kundschaft, die sie anpeilen, gibt es hier alles: den Billigwecker für die Bauersfrau aus dem benachbarten Malaysia ebenso wie den raffinierten Personal-Computer für den durchreisenden Geschäftsmann. Die schönsten dieser Shopping-Centers liegen an dem Prachtboulevard »Orchard Road«. Ein Besuch lohnt; denn was Raffles gegen manchen Widerstand durchsetzte, hat auch das moderne Singapur beibehalten: keine oder nur geringe Steuern. Verlockend ist es aber auch, die Überreste der alten Handelszentren zu besichtigen, die Lagerhäuser am sanierten Singapur-Fluß, die sorgfältig restauriert und zu Restaurants und Andenkenläden umgestaltet wurden.

Die Kulturen der Minderheiten

Die Kultur der Peranakan ist zu besichtigen in einer kurzen Straße, die von der Orchard Road abgeht. Peranakan nannte man die Nachkommen chinesischer Einwanderer in Singapur und Malakka, die sich mit Malaien und Indern vermischten und eine interessante Kultur hervorbrachten. Viele wurden mit dem Gewürzhandel reich und konnten sich Häuser mit balkonverzierten Fassaden leisten und herrliche Interieurs. Nicht zuletzt hat auch die Küche der Peranakan Rezepte und Gewürze aus allen orientalischen Kulturen übernommen und zu einem eigenen Speisezettel vereint.

Spät – manche meinen zu spät – hat die alles planende Regierung auch die Preßlufthämmer im indischen Viertel gestoppt. »Little India« heißen die wenigen Straßenzüge rund um die Serangoon-Road, die verschont geblieben sind. Wäre dieses Viertel etwas größer, es würde sich in nichts von einer indischen Provinzstadt unterscheiden. Indische Restaurants bieten insbesondere vegetarische Spezialitäten zu Preisen an, für die man sie nicht selber kochen könnte. Gewürzmühlen stellen die unentbehrlichen Curries her, und wo immer die etwa sieben Prozent der indischstämmigen Bevölkerung Singapurs inzwischen auch leben mögen in der großen Stadt: Hierher kommen die Frauen in ihren herrlichen Saris, um Spezialitäten einzukaufen, die es in ihrem sterilen Hochhausviertel nicht mehr gibt.

Rund 400 000 Malaien, die Nachkommen jener Siedler, mit deren Sultan Sir Stamford Raffles 1819 seinen folgenreichen Vertrag schloß, machen im heutigen Singapur nur noch 15 Prozent der Bevölkerung aus. Sie sind Anhänger des Islam und wirtschaftlich deutlich weniger erfolgreich als ihre chinesischen oder indischen Mitbürger. Das und eine Reihe anderer Gründe führte zu Spannungen, die sich in Singapur 1964 zum letzten Mal entluden und damals 35 Todesopfer kosteten. Ein Jahr später trennte sich Singapur als selbständiger Stadtstaat von Malaysia.

Malaiische Kultur hat die Stadt am wenigsten geprägt – zwei Moscheen und ein kleiner Sultanpalast sind für den flüchtigen Besucher die einzigen Zeugnisse dieser Vergangenheit. Aber es ist sicher weise von der Regierung, Malaiisch neben Englisch, Chinesisch und Tamil als vierte Verkehrssprache zu fördern und die alten klangvollen Straßennamen ebenso beizubehalten wie den Text der Nationalhymne und des Wappenspruchs in Malaiisch.

Die unterschwelligen Spannungen zwischen den Volksgruppen und das konfuzianisch-autoritäre Erbe der politisch führenden Chinesen tragen dazu bei, daß nur eine moderne Errungenschaft im sonst so vorbildlichen Gemeinwesen nicht recht gedeihen will: die Demokratie nach westlichem Muster. Meinungsstreit, Dialog und Pressefreiheit als notwendige Voraussetzungen dafür werden kleingeschrieben in Singapur.

Abenteuer des Gaumens

Langweile droht, wo keine Abenteuer des Geistes locken und der perfekt organisierte Stadtstaat auch die Alltagsrisiken weitgehend ausschaltet. Suchen deswegen die Bürger so entschlossen nach immer neuen Abenteuern des Gaumens, nach kulinarischen Entdeckungen? Die Hälfte der 2,7 Millionen Einwohner Singapurs ißt regelmäßig auswärts, 14 000 verbringen mehr als 20 Stunden pro Woche in Speisezentren und Restaurants, von denen es rund 45 000 in der Stadt gibt.

Auf, Fremder, tu es den Singapurern nach! Von allem, was Orient und Okzident zu bieten haben, erwartet dich hier das Feinste. Französische Haute Cuisine und amerikanischer Junk food, chinesische Menüs, an die man sich noch nach Monaten erinnert, malaiische, indonesische, vietnamesische Spezialitäten, genossen auf dem Plastikhocker irgendeines Imbißstandes oder im Sessel eines klimatisierten Restaurants im obersten Stockwerk des höchsten Hotels der Welt mit Rundblick über eine faszinierende Kulisse aus Beton und Tropengrün. Empfehlungen werden nicht gegeben: Das einzige Abenteuer, das Singapur zu bieten hat, muß man selbst suchen, erleben – wie alle Abenteuer. Schon der Tumongong bewirtete – wie ein Augenzeuge berichtet – Sir Stamford Raffles am 28. Januar 1819 zur Begrüßung auf der Veranda seines Hauses mit Rambutan und anderen Tropenfrüchten.

▷ Die Tiger Balm Gardens am Stadtrand Singapurs: In den dreißiger Jahren stifteten zwei chinesische Geschäftsleute dieses asiatische Disneyland. Grell bemalte Figuren und Reliefs illustrieren lebendig chinesische Historie und Mythologie.

◁ Überall auf den zahlreichen Nachtmärkten der Stadt trifft man auf die »Foodstalls« – die Mini-Garküchen Singapurs mit einem vielfältigen Angebot der chinesischen, malaiischen und indischen Küche. Ob kalt oder aus brodelnden Töpfen heiß serviert: Allerlei exotische Leckerbissen laden zu einem nächtlichen »Abenteuer des Gaumens« unter freiem Himmel ein.

Singapur — Daten · Fakten · Reisetips

Landesnatur

Fläche: 622 km² (etwas kleiner als das Land Hamburg)
Ausdehnung: Hauptinsel Singapur: West–Ost 42 km, Nord–Süd 23 km
Höchster Berg: Bukit Timah 177 m
Längster Fluß: Seletar 15 km

Zu dem kleinen südostasiatischen Inselstaat Singapur, der vor der Südspitze der Malaiischen Halbinsel liegt, gehören außer Singapur (573 km²) 54 kleinere Inseln, von denen etwa die Hälfte bewohnt ist. Über einen Damm

Das Wahrzeichen Singapurs: der Merlion, Fabelwesen mit Löwenkopf und Fischschwanz.

durch die 1 bis 2 km breite Straße von Johor ist die Hauptinsel im Norden mit dem Festland von Malaysia verbunden. Im Südwesten trennt die Malakkastraße Singapur von der indonesischen Insel Sumatra. Durch Aufschüttung und Trockenlegung wurde die Landfläche des Inselstaats beträchtlich erweitert.

Naturraum
Die Hauptinsel Singapur ist überwiegend flachwellig; zwei Drittel der Fläche liegen niedriger als 16 m ü. M. Es lassen sich drei Regionen unterscheiden: Das zentrale Hügelland mit der höchsten Erhebung (Bukit Timah, 177 m) befindet sich im Innern der Insel; es weist z. T. steile Granitfelsen auf. Nach Südwesten zu werden die Hügel niedriger. Nach Osten hin wird das Land flach, ein unfruchtbares Plateau aus Fluß- und Meeresablagerungen.
Die kurzen Flüsse Singapurs haben nur ein geringes Gefälle und treten oft über die Ufer. Trinkwasser muß zum großen Teil aus Malaysia bezogen werden, da der Bedarf durch die Stauseen der Hauptinsel nicht gedeckt werden kann.

Klima
Singapur hat tropisches Regenklima mit nur geringen jahreszeitlichen Temperaturschwankungen (Januarmittel 26 °C, Maimittel 28 °C). Regen fällt das ganze Jahr über (durchschnittlich 2400 mm), verstärkt aber während des Nordostmonsuns von November bis Januar. Aufgrund der ganzjährig hohen Temperaturen und Niederschläge ist es immer recht schwül.

Vegetation und Tierwelt
Der ursprüngliche tropische Regenwald findet sich nur noch in kleinen Restbeständen im Innern Singapurs, vor allem im Bereich der Trinkwasserreservoire. Auch die Mangrovesümpfe an den Küsten mußten größtenteils der Landgewinnung weichen. Die größten wildlebenden, jedoch nur selten vorkommenden Tiere sind Javaneraffen, Ameisenbären und Plumploris, eine Lemurenart. Es gibt zahlreiche Vögel, Eidechsen und Schlangen (Kobras); im Bereich der Korallenriffe leben tropische Fischarten. 1971 wurde der Jurong-Vogelpark, der zu den größten seiner Art gehört, eröffnet.

Politisches System

Staatsname: Republic of Singapore
Staats- und Regierungsform: Präsidiale Republik im Commonwealth of Nations
Hauptstadt: Singapur
Mitgliedschaft: UN, ASEAN, ESCAP, Colombo-Plan, GATT

Die Verfassung der seit 1965 unabhängigen Republik stammt von 1959. Staatsoberhaupt ist danach der Präsident, der zusammen mit der Regierung unter dem Premierminister auch die Exekutivgewalt ausübt.
Legislative ist das Einkammerparlament mit seinen 79 auf fünf Jahre gewählten Abgeordneten.
Singapur ist in das Stadtgebiet und fünf weitere Verwaltungsbezirke gegliedert.
Rechtsordnung und Gerichtsorganisation sind von der britischen Vergangenheit geprägt.

Victoria Memorial Hall und Theatre – ein Stück Kolonialgeschichte.

Bevölkerung

Einwohnerzahl: 2,7 Millionen
Bevölkerungsdichte: 4341 Einw./km²
Bevölkerungszunahme: 0,9 % im Jahr
Bevölkerungsgruppen: 76 % Chinesen, 15 % Malaien, 7 % Inder und Pakistaner, 1,5 % Europäer

Die Bevölkerungsdichte Singapurs zählt zu den höchsten der Erde. Die Familienpolitik der Regierung hat allerdings das Bevölkerungswachstum erheblich gebremst, so daß der Anteil der unter 15jährigen heute nur noch bei 24 % liegt. Amtssprachen sind Englisch, Malaiisch, Chinesisch und Tamil. Die Chinesen sind überwiegend Taoisten oder Buddhisten, die Malaien und Pakistaner Muslime, die Inder Hindus; fast 3 % der Bevölkerung sind Christen.

Soziale Lage und Bildung
Singapur verfügt über keine umfassende gesetzliche Sozialversicherung, doch gibt es eine Reihe sozialer Hilfsmaßnahmen, die zum Teil von privaten Trägern finanziert werden. Die Arbeitsgesetzgebung ist sozial ausgerichtet. Seit dem Rückgang der Konjunktur in den 80er Jahren gibt es eine Arbeitslosenrate von etwa 4 %. Das Gesundheitswesen gilt als eines der besten in Südostasien.
Die Analphabetenrate liegt bei etwa 13 %. Es gibt keine allgemeine Schulpflicht, jedoch das Recht auf eine neunjährige kostenlose Schulausbildung. Die beiden alten Universitäten wurden 1980 zur National University of Singapore zusammengelegt.

Wirtschaft

Währung: 1 Singapur-Dollar (S$) = 100 Cents (c)
Bruttoinlandsprodukt (in Anteilen): Land- und Forstwirtschaft 1 %, industrielle Produktion 37 %, Dienstleistungen 62 %
Wichtigste Handelspartner: Japan, USA, Malaysia, EG-Staaten, VR China

Aufgrund seiner verkehrsgünstigen Lage entwickelte sich Singapur schon früh zu einem bedeutenden Handels-, Industrie- und Finanzzentrum Südostasiens. Das mittlerweile hohe Lohnniveau, gestiegene Produktionskosten und die Konkurrenz anderer südostasiatischer Schwellenländer führten in den 80er Jahren zu einem deutlich langsameren Wirtschaftswachstum.

Landwirtschaft
Die geringe landwirtschaftliche Nutzfläche Singapurs geht durch die Ausweitung von Industrie- und Wohnbauten noch weiter zurück. Das Land ist weitgehend von Agrarimporten abhängig.

Industrie, Handel
Ein bedeutender, aber mittlerweile rückläufiger Industriezweig des Inselstaates ist die Erdölverarbeitung; Singapur ist drittgrößter Raffineriestandort der Welt. Wachstumsbranchen sind hingegen die chemische, elektrotechnische und elektronische Industrie. Die Hochtechnologie (Mikroelektronik, Bio-, Laser-, Robotertechnologie) soll mit staatlicher Hilfe ausgebaut werden.
Singapur importiert Maschinen, Ausrüstungen, Industrierohstoffe, Erdöl und Nahrungsmittel. Ausgeführt werden Erdölprodukte, Büromaschinen, elektrotechnische Apparate und Fahrzeuge. Hinzu kommen die Reexporte (in Singapur umgeladene oder leicht veredelte Waren) aus den Nachbarländern, die etwa ein Drittel aller Exporte ausmachen.

Verkehr, Tourismus
Singapur hat ein gut ausgebautes Straßennetz. Die Eisenbahnlinie (26 km) ist über den Damm von Johor mit dem malaysischen Schienennetz verbunden. In jüngster Zeit erhielt Singapur eine hochmoderne Metro. Dem Hafen, einem der größten der Welt, ist eine Freihandelszone angeschlossen. Knotenpunkt des Südostasien-Flugverkehrs ist der internationale Flughafen Changi Airport.
Der Tourismus ist ein wichtiger Devisenbringer; Singapur ist als bedeutendes Kongreßzentrum auch Ziel von Geschäftsreisenden.

Geschichte

Als Handelsplatz war von Singapur seit dem 7. Jh. die Rede. Historische Aufzeichnungen, immer wieder blumig zur Legende ausgeschmückt, gibt es seit dem 14. Jh., als die Insel bereits ein blühendes Handelszentrum war. Um 1400 wurde Singapur von siamesischen Eroberern zerstört. Es versank in der Bedeutungslosigkeit; lediglich Seeräuber benutzten die Insel als Zufluchtsort.
Der zweite Aufstieg Singapurs begann 1819, als der Beauftragte der britischen Ostindienkompanie, Sir Thomas Stamford Raffles (1781–1826), eine Handelsniederlassung gründete. Den Briten, die seit 1800 mit den Niederlanden im Gebiet des Malaiischen Archipels in Konkurrenzkampf standen,

ging es dabei um einen Stützpunkt zur Sicherung ihres Chinahandels. Ein geschützter, tiefer Naturhafen und die Nähe zu anderen britischen Niederlassungen begünstigten die Entwicklung Singapurs zu einem der bedeutendsten Handelsplätze und Stützpunkte des Empire.
Im Jahr 1824 erwarb die Kompanie die gesamte Insel von dem Sultan von Johor. Die Einwohnerzahl war inzwischen vor allem durch Zuwanderung chinesischer Kulis und von Indern sprunghaft gestiegen.
Zusammen mit den britischen Besitzungen Pinang, Malakka und Labuan bildete Singapur 1826 den Verband der »Straits Settlements«. In den folgenden Jahrzehnten behielt die Handelsmetropole ihre Bedeutung.

Internationales Handels- und Bankenzentrum
1867 bekamen die Straits Settlements ihren ersten Gouverneur und unterstanden nun als Kronkolonie der direkten Kontrolle Londons. Immer mehr Europäer kamen nach Singapur: Verwaltung und Handel boten genügend Arbeitsmöglichkeiten. Aus Brasilien eingeschmuggelter Gummibaumsamen legte die Basis für Singapurs Position als Umschlagplatz für Naturkautschuk. 1911 wurde bereits über eine Viertelmillion Einwohner gezählt.
Nach dem Ersten Weltkrieg, an dem Singapur nicht beteiligt war, wurden – angesichts der wachsenden Macht Japans – die militärischen Befestigungsanlagen, Flugplätze und Docks für die Royal Navy verstärkt ausgebaut.
Im Dezember 1941 bombardierte Japan die Insel und nahm sie im Februar 1942 vom malaiischen Festland her ein.
Nach der Kapitulation übergab Japan 1945 Singapur wieder an Großbritannien, das der Insel ein Jahr später den Status einer Kronkolonie zuerkannte. 1965 wurde Singapur, nach einer kurzen Zugehörigkeit zur Föderation von Malaysia, unabhängige Republik innerhalb des Commonwealth (Nationalfeiertag 9. August).
Wachsender Kritik an der rein wirtschaftsorientierten Politik der Regierungspartei »People's Action Party« begegnete die Regierung seit den 70er Jahren mit polizeistaatlichen Maßnahmen. Erst seit 1984 ist die Opposition (mit zwei Sitzen) nach 16 Jahren wieder im Parlament vertreten.

Kultur

Singapur ist ein Vielvölkerstaat. Die unterschiedliche kulturelle Herkunft der verschiedenen Bevölkerungsgruppen ist heute jedoch kaum noch spürbar; nur noch auf den kleinen Inseln außerhalb Singapurs haben sich alte Traditionen und Bräuche erhalten. So feiern die Chinesen neben ihrem berühmten Neujahrsfest zweimal im Jahr den Geburtstag des Affengottes. Die traditionelle chinesische Oper erlebte in jüngster Zeit sogar eine Renaissance.

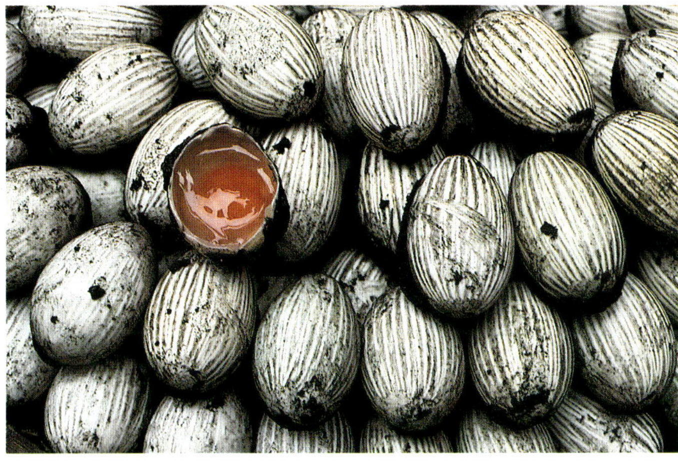

Dürfen in der Stadt der zahllosen kulinarischen Genüsse nicht fehlen: »hundertjährige« Eier nach chinesischem Rezept.

Die Tamilen demonstrieren bei ihrem Thaipusam-Fest den Sieg des Geistes über den Körper durch Zurschaustellung ihrer von Haken und Nägeln durchbohrten Körper.
Die Buddhisten begehen meist im Mai ihren Vesak-Tag zur Erinnerung an Geburt, Erleuchtung und Tod Buddhas.
Das Neujahrsfest der Muslime wird im Oktober gefeiert, und gegen Ende des Jahres kann man dem Loy Krathong, dem ältesten Fest der Thai, beiwohnen.

Sammlungen und Kuriositäten
Im Nationalmuseum befinden sich naturgeschichtliche und ethnographische Objekte. Besonders reichhaltig ist die Sammlung malaiischen Kunsthandwerks: Masken, Götterbilder, Speere, Krise (malaiische Dolche). Zeugnisse der chinesischen Keramik- und Porzellankunst sind ebenso aufbewahrt wie wertvolle Jadeschnitzereien und Kunstwerke aus China, Indien und Südostasien.
Zu den Kuriositäten gehören die »Tiger Balm Gardens«, eine Art fernöstliches Disneyland: Figuren der chinesischen Mythologie, in Gips geformt, säumen die Promenadenwege.

Massenmedien
Offiziell herrscht in Singapur Pressefreiheit. Zeitungen und Zeitschriften, die als extremistisch angesehen werden, sind jedoch verboten. Jeder Herausgeber benötigt für seine Zeitung eine staatliche Konzession. 1986 wurden neue gesetzliche Beschränkungen erlassen. Neben einer staatlichen Rundfunk- und Fernsehstation besitzt der Inselstaat zwei private Rundfunksender.

Reise-Informationen

Einreise- und Fahrzeugpapiere
Bürger der Bundesrepublik Deutschland, der Schweiz und Österreichs brauchen für einen Aufenthalt bis zu 14 Tagen (bei Verlängerung bis zu drei Monaten) einen gültigen Reisepaß bzw. Kinderausweis.
Als Fahrerlaubnis gilt der internationale Führerschein.
Zoll
Es lohnt sich nicht, die Freimengen an Tabak und Alkohol mitzunehmen, da man in Singapur sehr billig einkaufen kann. Vorsicht ist bei der Mitnahme von Medikamenten und Drogen angebracht (ärztliche Verordnung mitführen!). Auf Rauschgiftdelikte steht die Todesstrafe.
Devisen
Singapur-Dollar (S$) und Fremdwährungen dürfen unbeschränkt ein- und ausgeführt werden.
Verkehrsverhältnisse
Es herrscht Linksverkehr. Mietwagen (auch mit Chauffeur) sowie Fahrradrikschas stehen zur Verfügung. Die englisch beschrifteten Busse und die Metro sowie zahlreiche Taxis sind die wichtigsten Verkehrsmittel.
Unterkünfte
Es gibt sehr viele, relativ preiswerte Hotels von internationalem Standard, aber auch zahlreiche kleinere chinesische Hotels ohne besonderen Anspruch.
Reisezeit
Singapur hat das ganze Jahr über ein recht gut verträgliches Klima, auch wenn es manchmal recht schwül sein kann. Mit Regenschauern muß man immer rechnen, vor allem von November bis Januar.

Chinatown heute: Hochhäuser verdrängen viele der alten Stadtviertel von Singapur.

Sri Lanka

Franz-Peter Leibig

Sri Lanka, das frühere Ceylon, ist eines der klassischen Ziele des Ferntourismus – und dies aus gutem Grund. Denn jenseits der obligaten Traumstrände erwartet den Besucher ein Mikrokosmos von verwirrender Vielfalt und exotischer Schönheit. Ein Potpourri aus Farben, Geräuschen und Gerüchen; ein buntes Gemisch der unterschiedlichsten Rassen, Religionen und Kulturen; eine tropische Symphonie von Fauna und Flora, in welcher ein sanftmütiger Menschenschlag den Ton angibt.

Ein paar Probleme sind allerdings eingebaut im Garten Eden: Arbeitslosigkeit, Übervölkerung, Verschuldung und vor allem der Konflikt zwischen Singhalesen und Tamilen, der 1983 zum Bürgerkrieg führte. Nach dem im Juli 1987 geschlossenen Abkommen zwischen Indien und Sri Lanka hofft man zwar auf eine Entspannung der Lage; doch solange die Zwietracht auf der Insel nicht wirklich beseitigt ist, wird ein Schatten über dem »strahlend schönen Land« – so eine der möglichen Übersetzungen des Namens Sri Lanka – liegen.

Staatsname:	Demokratische Sozialistische Republik Sri Lanka
Amtssprachen:	Singhalesisch, Tamil
Einwohner:	16,5 Millionen
Fläche:	65 610 km²
Hauptstadt:	Colombo
Staatsform:	Präsidiale Republik
Kfz-Zeichen:	CL
Zeitzone:	MEZ +4½ Std.
Geogr. Lage:	Im Indischen Ozean, vor der Südspitze Indiens

Unzählige Fackelträger, Trommler und Tänzer begleiten den Perahera-Festzug in Kandy, wenn der stärkste der prächtig geschmückten Tempelelefanten unter einem Baldachin den heiligen Zahn Buddhas durch die Straßen trägt.

Das dröhnende Chaos: die Hauptstadt Colombo

Am Anfang einer Ceylon-Reise steht für gewöhnlich eine Enttäuschung. Sie trägt den klingenden Namen Colombo – und ist die wenig anziehende Hauptstadt dieses an Attraktionen so reichen Landes. Ein hektisches, dampfendes Chaos aus Orient und Okzident, aus Tradition und Moderne, aus Glanz und Elend. Ein graues Meer aus Beton, Wellblech und Palmstroh, überragt von gläsernen Hoteltürmen, überstrahlt von prachtvollen Residenzen im englischen Kolonialstil. Katholische Missionskirchen, buddhistische Klöster, islamische Moscheen zwischen Basaren, Slums und Supermärkten; Hunderttausende von Menschen aller Hautfarben und Gewandungen und dazu jede Menge knatterndes, dröhnendes, hupendes Blech.

Das nervenzerfetzende Getümmel der Innenstadt setzt sich auf der Galle Road nach Süden fort: ein 15-Kilometer-Slalom um Lastwagen, Ochsenkarren, mobile Küchen, Radfahrer und Passanten. Hat man auch dies unbeschadet überstanden, heißt es erst einmal anhalten und tief durchatmen. Kalutara ist nun nicht mehr weit. Dort beginnt eine Badeküste, wie es in Asien kaum eine zweite gibt.

Ein Hauch von Südsee

Palmengesäumte goldgelbe Sandstrände kontrastieren mit dem smaragdgrünen Indischen Ozean. Ein paar Fischer sitzen im Schatten vor ihren Strohhütten und bessern die Netze aus. Wie gestrandete Riesenhummer dümpeln ihre Auslegerboote in der Mittagshitze. Ein Hauch von Südsee weht über der Szene. Ab und zu unterbricht ein Strandhotel das dichte Palmenband, aber es stört das Idyll nur wenig. Auch nicht seine Gäste, denn es sind ihrer nicht allzu viele. Ganze 8000 Hotelbetten hat diese 160 Kilometer lange Traumküste im Südwesten anzubieten. Dabei hat sie bereits drei Jahrzehnte touristischen Wachstums hinter sich: Auf jeden Besucher, der 1960 die Insel bereiste, kommen heute 25. Am meisten – nämlich 400000 – waren es 1982, dem Jahr vor Beginn des Bürgerkrieges. Seitdem ist die Tendenz rückläufig.

Die meisten Hotels wenden sich an den ruhesuchenden Gast mit mittleren Ansprüchen. Animation, Nachtleben und Prostitution sind so gut wie unbekannt. Man genießt das süße Nichtstun und dazu vielleicht einen Arrak-Cocktail. Vorne rauscht das Meer, hinten raschelt der Palmenwald – und zu Hause ist Winter. Das Leben ist schön und der srilankische Alltag meilenweit entfernt. Kritiker sprechen von »Wohlstandsinseln in einem Meer von Armut«, was nicht unbedingt falsch ist, aber relativ: In den meisten Entwicklungsländern ist die Armut größer – und der Luxus der Hotels ebenfalls. Ohnehin beschwert die srilankische Armut das Gewissen der wohlhabenden Gäste nur in Maßen, denn sie kommt mit einem Lächeln daher.

Eine Küste der Kontraste

Man kann sich aber auch ein schlechtes Gewissen holen, wenn man immer nur auf der faulen Haut liegt, während der Nachbar am Swimmingpool kenntnisreich die Schönheiten des Landes preist. Also muß etwas geschehen! Am besten, man fängt klein an, vielleicht mit einer Tagestour per Taxi, Motorrad oder Bus auf der Küstenstraße nach Süden. Man sollte mit der Sonne aufstehen – also um sechs –, denn Morgenstund' hat in den Tropen wirklich Gold im Mund: Die Palmenhaine stehen wie Scherenschnitte im Morgendunst und zeichnen Schatten in die würzige Luft. Ein Palmsaftzapfer klettert auf einem Seil von Krone zu Krone. Zu »Toddy« vergoren, wird der Blütensaft ihm bald aufs angenehmste die Sinne vernebeln.

Die Küstenstraße berührt gleißende Buchten und taucht dann wieder ein in das Mikado der Palmengehölze, wo sich die morgenbleiche Sonne in ein psychedelisches Lichtgewitter verwandelt. Man möchte sein Glück hinausschreien, aber die Schulmädchen in den weißen Kleidchen, die winkend und schnatternd zum Unterricht streben, würden es wohl nicht verstehen.

In Hikkaduwa, einem schmucklosen Straßendorf, ist es mit der Euphorie erst einmal zu Ende. Aus unerfindlichen Gründen war dies früher eine der ersten Hippie-Adressen in Asien. Heute teilen sich alternative und pauschale Touristen, im Gleichklang bürgerlicher Instinkte friedlich vereint, die knappen Strände. Auf der Basarmeile wird um Touristentrödel gefeilscht, als wolle man noch etwas herausbekommen; an den Stränden werden die Bekleidungsvorschriften der Behörden – »no nude bathing!« – möglichst weit ausgereizt, und abends flüchtet man vor der allzu authentischen einheimischen Küche ins Café Wien. Drogen gibt es auch und willige Knaben und andere Spezialitäten westlicher Lebensart. Noch im Dunstkreis dieses »Sündenbabels«, dessen Namensnennung jeden aufrechten Srilanker erschaudern läßt, von Kleinstbauern in ihr halbverfallenes Haus zum Tee eingeladen zu werden, macht sprachlos. Es ist nicht die Armut der Menschen, die uns beschämen sollte.

Auf der Weiterfahrt nach Süden lernt man verschiedene Formen des Fischfangs kennen: In Dodanduwa, wo an einer Lagune Krokodile und Warane zu beobachten sind, versteigern buntberockte Fischer auf einer Landzunge die Beute der letzten Nacht, die sie mit Scheinwerfern angelockt haben. Etwas weiter, bei Galle, wird mit Schleppnetzen vom Land aus gearbeitet; und bei Weligama angeln die Fischer, auf Pfählen sitzend, in der Brandung.

In Galle befindet sich die einzige kulturelle Sehenswürdigkeit der Südwestküste: Auf einer Halbinsel vor der Neustadt umschließt ein holländisches Fort aus dem 17. Jahrhundert die gesamte Altstadt. Eine abendliche Wanderung auf dem Ringwall mit anschließendem Drink in der Kolonialstil-Atmosphäre des Hotels »New Oriental« ist wie ein Ausflug in eine längst vergangene Zeit.

Bevor Sri Lankas spektakuläre Badeküste an der Südspitze, bei Dondra Head – nichts

▷ ***Das zentrale Hochland Sri Lankas mit seiner hohen Luftfeuchtigkeit eignet sich besonders gut für den Anbau von Tee. Er ist das wichtigste Ausfuhrgut des Landes. Für die Pflücker jedoch bedeutet die Tee-Ernte schlecht bezahlte Knochenarbeit.***

als Wasser bis zur Antarktis –, zu Ende geht oder besser gesagt »nachläßt«, bietet sie mit den Traumstränden von Unawatuna und Polhena noch einmal einen Höhepunkt.

Sehr schön sind auch die Strände der Ostküste – Arugam Bay, Kalkudah, Nilaveli. Vor allem in den Sommermonaten, wenn der Monsun das Urlaubsvergnügen an der Südwestküste einschränkt, haben die makellosen Sandbuchten im Osten Saison. Zur Zeit ist die Region wegen der Unruhen allerdings eine »No-go-area«.

◁ ***Bei großen Festen fehlt er nie: der Schlangenbeschwörer. Nur scheinbar regt sein Flötenspiel die Kobra zum Tanzen an. Tatsächlich richtet sie sich nur nach den Bewegungen der Flöte.***

Auch Elefanten haben Probleme

Was für eine Insel! Im Morgengrauen habe ich die schlafende Küste verlassen und bin ins Landesinnere gefahren. Die Strecke steigt allmählich an, und die Vegetation verändert sich mit jedem Kilometer: Kokosplantagen, Gewürzgärten, Gummiplantagen, Reisterrassen. Von den Höhenrücken dräut dichter Regenwald. In Ratnapura, der Edelstein-Metropole, ist die Jagd nach Diamanten, Saphiren und Rubinen bereits in vollem Gange. Die ganze Gegend ist ein einziger Maulwurfshaufen. Nach alter Väter Sitte werden die Schächte von Hand gegraben, das Fördergut in Weidenkörben gesichtet, und selbst die Flüsse werden durchgekämmt. Was dabei hängenbleibt, soll zehnmal mehr sein, als die Statistik ausweist.

▽ ***Wo es Wasser gibt, wird gebadet in Sri Lanka – zu jeder Tageszeit und mit wahrer Hingabe: in den klaren Bächen, die aus den Bergen kommen, oder in den Seen, seien sie noch so zugewachsen.***

Kurz hinter Ratnapura versperrt ein Elefant die Straße. Schnaubend und stöhnend versucht er, mit seinem Rüssel einen Baumstamm auf einen Lastwagen zu schieben. Als er es endlich geschafft hat, neigt sich der Wagen unter der Last zur Seite, und der Stamm fällt krachend zu Boden. Man sagt, die etwa 3000 Arbeitselefanten der Insel seien durch keine Maschine zu ersetzen. Aber wenn dieser so weitermacht . . .

Auf einem rollenden Obststand, an einer Brückenauffahrt, türmen sich die Früchte des Landes: Mangos, Papayas, Königskokosnüsse, Passionsfrüchte. Lange habe ich nicht Zeit, die tropische Pracht zu bewundern. Denn bald schon bin ich umringt von lachenden, staunenden, drängelnden Kindern. Das ist immer so, wenn man irgendwo anhält. Nur selten kommen sie ohne Umschweife zum Thema. Meist wollen sie erst eine kleine Leistung erbringen. Sie besteht dieses Mal darin, daß sie mir einen Baum mit Fliegenden Hunden zeigen. Man soll ihnen kein Geld geben, diesen umtriebigen Landeskindern, mahnt es regierungsamtlich aus Colombo, weil sie sonst mit Betteln mehr verdienen als ihre Eltern mit der Arbeit. Das klingt vernünftig, ist aber nicht so leicht zu beherzigen.

Unter einem kleinen Wasserfall nehmen zwei junge Frauen eine Dusche. Badende sieht man auf Sri Lanka überall, wo Wasser ist: In Flüssen, Teichen, Kanälen und an Brunnen – morgens, mittags und abends – wird gerubbelt, geschäumt, gespült. Die Kleidung wird dabei nicht abgelegt.

Eine Abkühlung nach Art des Landes wäre jetzt nicht schlecht; aber mit nassen Kleidern aufs Motorrad? Tröstlich, daß sich die Straße allmählich in luftigere Höhen windet. Die kunstvoll angelegten Reisterrassen nutzen jede Serpentine, denn in den engen Tälern des Vorgebirges ist der Raum knapp. Auf einigen Feldern pflügen Wasserbüffel den tiefen Schlamm; auf anderen ziehen Pflanzkolonnen ihre grüne Spur; auf wieder anderen arbeiten sich Erntehelfer mit Sicheln durch das gelbe Korn. Im tropischen Sri Lanka hat der Reisanbau keine Saison. Das Wasser strömt das ganze Jahr über so zuverlässig aus den Bergen wie die Sonne vom Himmel scheint. Obwohl zwei bis drei Ernten pro Jahr eingefahren werden, reicht es zur Selbstversorgung nur rechnerisch. Denn die besseren Sorten werden exportiert.

Ein dörflicher Erntetrupp, der sich zum Essen auf einem Damm zwischen den Reisfeldern niedergelassen hat, will alles über Germany wissen. Dazu gibt es »Rice and curry«, das Nationalgericht – ich glaube, es war die Hühnchen-Variante –, stilecht auf einem Bananenblatt serviert und meinerseits ebenso stilgerecht mit der »reinen« Rechten zum Munde geführt.

Was für ein Tag! Mit einer Kaffeefahrt lassen sich die Schönheiten der Insel weiß Gott nicht erschließen. Erschöpft, aber glücklich liege ich nun in einer der schönsten Badewannen südlich von Mandalay: Von oben plätschert ein Gebirgsbach in das Naturbassin aus glattgeschliffenem Stein; und wenn ich mich auf der anderen Seite über den Auslauf beuge, kann ich dem Wasser hinterhersehen, das als Diyaluma-Falls 170 Meter senkrecht in die Tiefe stürzt, derweil sich die dschungelbedeckten Berge – erfüllt von allerlei animalischem Gekrächze – in der Abendsonne rot färben.

»Zwei Blätter und die Knospe«

Ein nicht minder eindrucksvolles Schauspiel ist der Sonnenaufgang am World's End, der Abbruchkante eines 2000 Meter hoch gelegenen Plateaus; mehr als 1000 Meter stürzt die Felswand hier zum südlichen Tiefland hin ab. Wegen des Sonnenaufgangs allein brauchte man die etwas beschwerliche Fahrt zu den Horton Plains freilich nicht auf sich zu nehmen. In dem Naturschutzgebiet ergeben liebliche Elemente – Forellenbäche, Wiesen, Orchideen, Schmetterlinge – zusammen mit eher bedrohlich wirkenden – Nebelwald, Flechten, Bärenaffen – eine traumhaft-unwirkliche Mischung. Wenn gar, nach einer Frostnacht, Rauhreif die Szene verfremdet, während an der Südküste, in Sichtweite, die Quecksilbersäule der 30-Grad-Celsius-Marke entgegenstrebt, versteht der Sri-Lanka-Reisende für einen Moment die Tropenwelt nicht mehr.

Westlich der Hochebene hebt sich der markante Kegel des Adam's Peak aus dem Dunst. Der Wallfahrtsberg ist allen vier in Sri Lanka vertretenen Weltreligionen heilig. Die Pilger besteigen den Berg nachts im Fackelschein über eine Treppe, um dann am Morgen die aufgehende Sonne mit einem vielfachen »Sadhu!« (heilig) wie einen Gott zu begrüßen.

Nördlich der Horton Plains liegt das Hauptgebiet des Teeanbaus. In den höheren Lagen, wo die beste Qualität wächst, mußte der ursprüngliche Berg- und Nebelwald der Monokultur fast vollständig weichen. Die Landschaft ist dennoch von beträchtlichem Reiz, auch wenn Erosionsprobleme nicht zu übersehen sind. Die Teeplantagen befinden sich zum größten Teil in Staatsbesitz. Tee ist der größte Devisenbringer des Landes. Der schnellwüchsige Teestrauch, der eine Höhe von 10 bis 20 Metern erreichen kann, wird immer wieder auf etwa anderthalb Meter zurückgestutzt und alle ein bis zwei Wochen abgeerntet. »Zwei Blätter und die Knospe«, lautet die Regel für die Pflückerinnen.

Die Arbeitskräfte in den Teeplantagen sind fast ausnahmslos Tamilen. Sie wurden im vorigen Jahrhundert von den englischen Plantagenbesitzern aus Südindien angeworben. Sie werden als Indien-Tamilen bezeichnet und spielen im Konflikt mit den Singhalesen keine aktive Rolle.

Mitten im Teeland liegt Nuwara Eliya, eine englisch anmutende Sommerfrische mit Fachwerkhäusern, weißen Gartenzäunen und regnerisch-kühlem Klima. Die Routen von hier nach Kandy gehören zu den schönsten Strecken der Insel. Ein einmaliges Erlebnis ist auch die Bahnfahrt von Badulla nach Kandy. Um eine Vorstellung von der Üppigkeit der Landschaft unterhalb der Teezone zu bekommen, mag man sich an den Film »Die Brücke am Kwai« erinnern. Er wurde in der Umgebung von Kitulgala gedreht, in den westlichen Ausläufern des Hochlandes.

Der Zahn Buddhas und die Wolkenmädchen

Kandy, hübsch zwischen grünen Hügeln an einem Stausee gelegen, ist der vielbesuchte Mittelpunkt einer ganz spezifischen Landschaftsgeometrie: Hier trifft das südliche Naturdreieck (Ratnapura – Wellawaya – Kandy) auf das nördliche Kulturdreieck (Kandy – Anuradhapura – Polonnaruwa). In Kandy überdauerte das letzte singhalesische Königreich 300 Jahre lang die Kolonialherrschaft der Portugiesen und Holländer, bis auch diese Bastion 1815 an die englische Krone fiel. Die Stadt mit 110000 Einwohnern ist das geistig-religiöse Zentrum des orthodoxen Theravada-Buddhismus. In einem Tempel am See wird ein Zahn Buddhas aufbewahrt – ob er »echt« ist, weiß man nicht. Einmal im Jahr, im Juli/August, wird eine Kopie der Reliquie in einer zehntägigen Prozession (Perahera) von batikgeschmückten Tempelelefanten durch die Straßen getragen. Ansonsten kann man ganze Herden der »grauen Riesen« in dem bekannten Elefantenbad am Mahaweli-Fluß beobachten. Einige Kilometer flußaufwärts liegt, malerisch auf einer Halbinsel, der Botanische Garten von Peradeniya. Er gilt als einer der schönsten der Welt.

Die Fahrt von Kandy nach Norden ist ein Ausflug in die Vergangenheit der Insel. Die Natur verliert hier an Reiz, aber eindrucksvolle Zeugnisse einer über 2000jährigen Kulturgeschichte häufen sich: in Dambulla ein Höhlentempel mit Buddha-Figuren und Wandmalereien aus verschiedenen Epochen; in Sigiriya eine Felsenfestung auf einem 200 Meter hohen Monolithen mit den weltberühmten Fresken der ewig jungen »Wolkenmädchen« aus dem fünften und sechsten Jahrhundert; in Mihintale ein heiliger Berg, auf dem laut Überlieferung die Lehre Buddhas um 250 v. Chr. auf der Insel Fuß faßte.

Die Ruinenstadt Anuradhapura war über 1000 Jahre lang Hauptstadt und kultureller Mittelpunkt der Insel. Den Ansturm der südindischen Feinde und des Urwalds überdauerten ausschließlich sakrale Bauwerke. Sie wurden im vorigen Jahrhundert von Archäologen aus aller Welt freigelegt. Weithin sichtbar erheben sich die weißen Kuppeln der Dagobas, der halbkugelförmigen Tempel Sri Lankas, aus dem Trockendschungel. Sie bergen Reliquienkammern, die der Öffentlichkeit nicht zugänglich sind. Die größte dieser »buddhistischen Pyramiden«, die Ruvanveliseya-Dagoba, ist über 2000 Jahre alt und 110 Meter hoch. Noch etwas älter ist der heilige Bodhi-Baum. Er gilt als Ableger jenes Baumes, unter dem Buddha in Indien seine Erleuchtung fand.

Die Ausgrabungen von Anuradhapura erstrecken sich über eine Fläche von 50 Quadratkilometern. Für eine Erholungspause sollte man das Tissawewa Rest House aufsuchen – eine Perle unter den Rasthäusern der Insel. Es liegt in einem von Affen bevölkerten Park in der Nähe eines großen Stausees. Solche »Tanks« (Wewas, Samudras) gibt es zu Tausenden in der trockenen Tieflandzone. Sie wurden während der Anuradhapura-Periode angelegt, um die Wasserversorgung während der langen Trockenzeit zwischen den Monsunen zu sichern. In jüngster Zeit wurden viele dieser Staubecken von Dorfgemeinschaften in mühevoller Handarbeit reaktiviert. Sie sind den lokalen Bedürfnissen besser angepaßt als das milliardenschwere Mahaweli-Staudammprojekt, das allerdings auch der Stromversorgung dienen soll.

△ Küste bei Koggala: An einsamen, palmengesäumten Sandstränden herrscht kein Mangel an der 160 Kilometer langen Südwestküste. Herrliche Bademöglichkeiten bietet auch die Ostküste, von deren Besuch jedoch zur Zeit wegen politischer Unruhen abgeraten wird.

Polonnaruwa, die zweite Hauptstadt der singhalesischen Könige, hatte ihre Glanzzeit vom 11. bis zum 13. Jahrhundert, bevor auch sie im Dschungel versank. Die Anfang unseres Jahrhunderts freigelegten Kulturschätze sind jünger und für den Laien eindrucksvoller als die der Schwesterstadt. Das bekannteste Objekt, eine Felsskulptur, ist eines der am meisten fotografierten Motive der Insel: der Buddha, »ins Nirwana eingehend«.

Der Bürgerkrieg und die Folgen

Die Bewahrung des Buddhismus ist den zwölf Millionen Singhalesen der Insel ein historisches Anliegen. Die knapp drei Millionen Tamilen des Landes aber sind Hindus. In Indien, wo beide Gruppen und beide Religionen ihren Ursprung ha-

◁ ***Nach über 700 Jahren Schlaf unterm Dschungel erst in unserem Jahrhundert freigelegt: die alte Königsstadt Polonnaruwa mit dieser kolossalen Buddha-Statue – Attraktion für Touristen, heiliger Ort für Mönche.***

△ ***Reizvolles Schattenspiel im Abendlicht: die Pfahlfischer auf ihren sechs Meter hohen Stelzen. Noch heute wird bei Weligama an der Südküste so geangelt.***

ben, hat sich jedoch der Hinduismus als die stärkere Religion erwiesen. Hier liegt eine der Wurzeln des Konflikts.

Außerdem bereitet den Singhalesen – in Sri Lanka eine dominierende Mehrheit – die Existenz von 50 Millionen Tamilen in Südindien Unbehagen. Angesichts der Geschichte Sri Lankas ist dies nicht unverständlich. Andererseits bewohnen Tamilen die Insel schon fast ebensolange wie die Singhalesen – ob sie nun als Einwanderer gekommen waren oder als Invasoren.

Auf die Bevorzugung der Tamilen durch die Engländer folgte nach der Unabhängigkeit 1948 postwendend eine institutionalisierte Benachteiligung durch das singhalesische »Staatsvolk«. Seitdem haben sich die verfeindeten Volksgruppen immer wieder blutige Auseinandersetzungen geliefert. Im Jahre 1983 wurde ein vierjähriger Bürgerkrieg daraus, der nach Schätzungen annähernd 10000 Menschen das Leben kostete. Am Ende stand ein Friedensabkommen zwischen Indien und Sri Lanka, das den Tamilen in ihrem Hauptsiedlungsgebiet, der Nord- und der Ostprovinz, eine weitgehende Autonomie gewährt. Ein Schlußpunkt unter die Auseinandersetzungen ist dies sicher nicht; vielleicht aber der Beginn einer indischen Vorherrschaft.

Der Bürgerkrieg hat die hochfliegenden Wirtschaftspläne der Demokratisch-Sozialistischen Republik Sri Lanka jäh zum Absturz gebracht. Ein zweites Singapur wollte man werden, bevor in Colombo die ersten Geschäfte brannten. Gerade hatte sich das Land von den überzogenen Sozialprogrammen der Vorgängerregierung etwas erholt und mit Wachstum, Marktwirtschaft und Steuervorteilen scheues Auslandskapital angelockt. Jetzt dürfte das Vertrauen auf Jahre hinaus zerstört sein – vom materiellen Schaden gar nicht zu reden. Zwar hat Sri Lanka noch immer wichtige Aktivposten aufzuweisen: eine gut funktionierende Demokratie, ein leistungsfähiges Erziehungs- und Gesundheitssystem, eine ausreichende Nahrungsmittelversorgung und ein rückläufiges Bevölkerungswachstum. Aber die Arbeitslosigkeit ist hoch, fast 20 Prozent, die Handelsbilanz chronisch negativ und die Abhängigkeit vom Weltmarkt für Agrarrohstoffe beängstigend: Etwa zwei Drittel der Exporterlöse werden mit Tee, Kautschuk und Kopra erzielt.

Sosehr man diesem »strahlend schönen Land« wünscht, daß es endlich zur Ruhe kommt und wirtschaftlich gesundet: Wenn kein zweites Singapur daraus wird, muß das sein Schaden nicht sein.

Landesnatur

Fläche: 65 610 km² (fast so groß wie Bayern)
Ausdehnung: Nord–Süd 420 km, West–Ost 240 km
Höchster Berg: Pidurutalagala 2524 m
Längster Fluß: Mahaweli Ganga 330 km

Sri Lanka, das frühere Ceylon, ist eine birnenförmige Insel im Indischen Ozean. Der Golf von Mannar (Gulf of Mannar) und die schmale, höchstens 15 m tiefe Palkstraße (Palk Strait) trennen es von Indien. Die Adamsbrücke, eine Reihe von Koralleninseln und Sandbänken, deutet noch auf die frühere Verbindung zum Festland hin.

Naturraum

Sri Lanka gehört zur Masse des indischen Hochlands von Dekkan. Es lassen sich zwei Großlandschaften unterscheiden: Die bis über 2000 m hohen Berge nehmen v. a. im Süden das Innere Sri Lankas ein; mehr als zwei Drittel der Insel bestehen aus Tiefländern. Der Anstieg zum Gebirge erfolgt in zwei markanten Geländestufen, die von den Flüssen in teilweise imposanten Wasserfällen überwunden werden. Lagunen, Nehrungen und Strandseen kennzeichnen vielfach die Küsten.

Klima

Sri Lanka hat Tropenklima mit ganzjährig hohen Temperaturen, geringen Temperaturschwankungen und hoher Luftfeuchtigkeit. Der regenreiche Südwestmonsun (Mai bis September) bringt für den Südwesten (Feuchtzone) hohe Jahresniederschläge (2500–5000 mm). Im Norden und Osten (Trockenzeit bis zu acht Monaten) wirkt sich dieser Südwestmonsun nur als föhnartiger Fallwind aus. Der Nordostmonsun (Dezember bis Februar) bringt nur wenig und unregelmäßig Regen für die Ostküste (1000–1500 mm). Die mittleren Monatstemperaturen betragen im Tiefland 26 °C bis 28 °C, im Bergland 12 °C bis 16 °C.

Eine Vorstufe zum Gummi: der zu »Fellen« ausgewalzte und luftgetrocknete Latex-Milchsaft.

Vegetation und Tierwelt

In der Feuchtzone mußte der ursprüngliche immergrüne Regenwald fast vollständig der Kultivierung weichen. Laubabwerfende Monsunwälder, heute fast nur noch Sekundärwald, wachsen in der Trockenzone. In sehr trockenen Gebieten treten Dornstrauchsavannen und Sukkulentenvegetation auf. Ab 1000 m Höhe trifft man auf Reste von Regenwald, der über 1500 m in Nebelwald oder feuchte Patana (savannenähnliche Grasflur) übergeht. Die verbliebenen Waldflächen werden in Waldreservaten geschützt.
Nationalparks (Yala, Wilpattu) helfen den bedrohten Tierbestand zu schützen. Heute trifft man noch auf einige Elefanten, Lippenbären, Schakale, Wasserbüffel, Hirsche, Mungos und Krokodile, wenige Leoparden, Panther und Zibetkatzen. Affen- und Vogelarten sind hingegen zahlreich vorhanden.

In Reih und Glied, uniform gekleidet – das Schulwesen in Sri Lanka ist straff organisiert.

Politisches System

Staatsname: Sri Lanka Prajathanthrika Samajavadi Janarajaya
ශ්‍රී ලංකා ප්‍රජාතාන්ත්‍රික සමාජවාදී ජනරජය
Staats- und Regierungsform: Präsidiale Republik
Hauptstadt: Colombo (administrative Hauptstadt mit Sitz des Parlaments ist seit 1982 Sri Jayewardenepura, das frühere Kotte, nahe bei Colombo)
Mitgliedschaft: UN, Colombo-Plan, SARC

Der nach der Verfassung von 1978 für sechs Jahre direkt gewählte Präsident ist gleichzeitig Staatsoberhaupt, Regierungschef und Oberbefehlshaber der Streitkräfte. Die 168 ebenfalls für sechs Jahre gewählten Abgeordneten bilden die Nationalversammlung, die der Präsident jederzeit auflösen kann. Das Land ist in neun Provinzen mit insgesamt 25 Distrikten aufgeteilt.
Die Rechtsprechung basiert auf britischem Recht sowie auf Gewohnheits- und Religionsrecht der verschiedenen Bevölkerungsgruppen.

Bevölkerung

Einwohnerzahl: 16,5 Millionen
Bevölkerungsdichte: 251 Einw./km²
Bevölkerungszunahme: 1,8 % im Jahr
Ballungsgebiet: Südwesten mit dem Distrikt Colombo
Größte Städte: Colombo (991 000 Einw., als Agglomeration 1,7 Mio.), Mount Lavinia (181 000), Moratuwa (140 000), Jaffna (128 000)
Bevölkerungsgruppen: 74 % Singhalesen, 18 % Tamilen, 7 % Moors (Nachkommen arabischer Seefahrer)

Das Verhältnis zwischen den Singhalesen und der tamilischen Minderheit, die sich von den Singhalesen als »Bürger zweiter Klasse« behandelt fühlt, ist äußerst gespannt.
Über 35 % der Bevölkerung sind jünger als 15 Jahre. Amtssprachen sind Singhalesisch und Tamil; Englisch ist als Umgangssprache gebräuchlich. Über zwei Drittel der Bevölkerung sind Buddhisten. Zum Hinduismus bekennen sich vor allem die Tamilen, zum Islam die Moors. 7,5 % sind (v. a. römisch-katholische) Christen.

Soziale Lage und Bildung

Über die hohe Arbeitslosigkeit liegen keine offiziellen Angaben vor, geschätzt wird sie auf 18 %. Es gibt keine allgemeine Sozialversicherung, allerdings eine staatliche Altersversorgung. Die medizinische Versorgung ist kostenlos und gut ausgebaut. Schulpflicht besteht vom 6. bis 14. Lebensjahr, die Analphabetenrate liegt bei etwa 12 %. Das Land besitzt neun Universitäten.

Wirtschaft

Währung: 1 Sri-Lanka-Rupie (S. L. Re.) = 100 Sri-Lanka-Cents (S. L. Cts.)
Bruttoinlandsprodukt (in Anteilen): Land- und Forstwirtschaft 27 %, industrielle Produktion 25 %, Dienstleistungen 48 %
Wichtigste Handelspartner: EG-Staaten, USA, Japan, Saudi-Arabien, Irak, Indien

Nach Jahrzehnten staatlicher Reglementierung befindet sich die Wirtschaftspolitik seit Ende der 70er Jahre auf einem eher liberalistischen Kurs. Privatwirtschaft und ausländische Direktinvestitionen werden gefördert. Eckpfeiler der relativ stabilen Wirtschaft sind der Agrarsektor und der Fremdenverkehr.

Landwirtschaft

Die drei Plantagenprodukte Tee, Kautschuk und Kokosnüsse sind Grundlage der Agrarwirtschaft, in der etwa die Hälfte der Erwerbstätigen beschäftigt ist. Die Insel ist nach Indien und China drittgrößter Teeproduzent der Erde. Hinzu kommen Gewürze (Zimt, Kardamom, Nelken, Muskat, Pfeffer) sowie tropische Früchte. Reis ist wichtigstes Grundnahrungsmittel. Mit Teakarten und Eukalyptus werden die Wälder aufgeforstet. Bedeutender als die Binnenfischerei ist der Seefischfang.

Bodenschätze, Industrie

Die Insel ist arm an Bodenschätzen. Am wichtigsten sind Edelstein- und Mineralsandvorkommen. Die teilweise verstaatlichte Industrie wächst langsam. Wichtigste Produkte sind Nahrungsmittel, Textilien, Lederwaren, Zement und Erdölderivate.

Handel

Wichtigste Exportgüter sind zwar noch Agrarprodukte (v. a. Tee mit 30 bis 40 %), der Anteil industrieller Exportgüter steigt jedoch. Importiert werden Maschinen und Fahrzeuge, mineralische Brennstoffe, Textilien und Chemikalien.

Verkehr, Tourismus

Das Straßennetz (rd. 25 000 km) konzentriert sich auf den Südwesten der Insel. Ihm kommt heute größere Bedeutung zu als der Eisenbahn (rd. 1500 km), die über eine Fähre Verbindung mit dem südindischen Schienennetz hat. Unter den acht Seehäfen Sri Lankas ist Colombo der Hauptumschlaghafen. Nördlich von Colombo liegt auch der internationale Flughafen Katunayake. Wegen der blutigen ethnischen Konflikte ist der Fremdenverkehr rückläufig; derzeit darf ein Drittel der Insel (der Norden und Osten) nicht bereist werden.

Geschichte

Die ethnisch-religiösen Gegensätze zwischen Singhalesen und Tamilen, die Sri Lankas unruhige Gegenwart prägen, haben schon seit der Frühzeit die Geschichte des Landes – damals Ceylon – mitbestimmt. Das aus Nordindien stammende indoarische Volk der Singhalesen unterwarf im 5. Jh. v. Chr. die Urbevölkerung, die Wedda, und ergriff Besitz von der Insel. Im 3. Jh. v. Chr. wurde der Buddhismus eingeführt.
Doch schon seit dem 2. Jh. n. Chr., besonders aber vom 7. bis 11. Jh., drangen Tamilen, ein drawidisches Volk hinduistischen Glaubens, aus dem benachbarten Südindien im Norden der Insel ein. Vom 14. Jh. an existierte dort ein Tamilenreich, während sich die Singhalesenkönige im Landesinnern und im Süden behaupteten.
Ceylons Kolonialgeschichte dauerte dreimal rund 150 Jahre: Von 1505 bis 1656 herrschten auf der Insel die Portugiesen, anschließend bis 1796 die Niederländer, danach bis 1948 die Briten. Seit 1802 war Ceylon britische Kronkolonie; die Briten bemühten

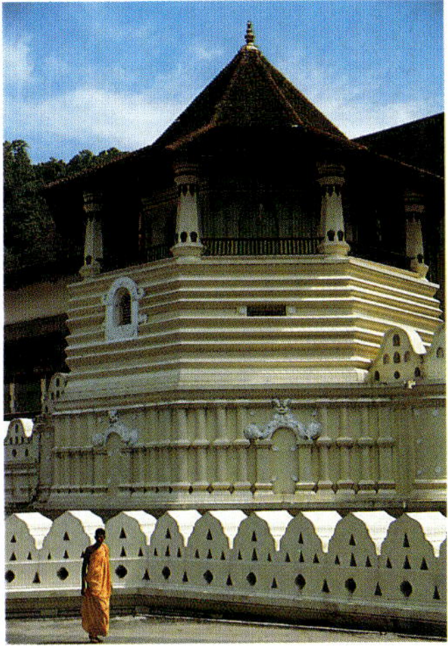

Religiöses Zentrum: der »Tempel des Buddha-Zahns« in Kandy.

sich, die Insel zu einer Art Musterkolonie zu machen. Einheimische waren auf allen Ebenen der Verwaltung und auch in der Legislative (seit 1833) vertreten. Sozialdienste wurden aufgebaut (kostenlose Reisverteilung). So blieben dem Land blutige Unabhängigkeitskämpfe wie in Indien erspart. Am 4. 2. 1948 (Nationalfeiertag) wurde Ceylon unabhängig.

Kampf der Rassen und der Klassen

Die von den Briten ausgebaute Plantagenwirtschaft offenbarte nach der Unabhängigkeit den Klassengegensatz zwischen (singhalesischen, teils auch ausländischen) Großgrundbesitzern und Millionen von armen Landarbeitern, vor allem Tamilen. Sie waren von den Briten seit 1840 in Südindien angeworben worden und bildeten nun

neben den alteingesessenen Ceylon-Tamilen ein neues Minderheitenproblem. Bei den Wahlen 1956 kam auf einer Welle des singhalesisch-buddhistischen Nationalismus Solomon Bandaranaike zur Macht. Nach seiner Ermordung 1959 folgte ihm seine Witwe Sirimavo als Ministerpräsidentin. 1972 gab sich das Land den Namen Sri Lanka und erklärte sich zur Republik.
Die kommunistisch inspirierte, dirigistische und zunehmend repressive Politik Frau Bandaranaikes, der es nicht gelang, die wirtschaftlichen Probleme des Landes zu lösen, führte 1977 zum Wahlsieg der Konservativen unter Junius Richard Jayawardene. Sein pragmatisch-liberaler Versöhnungskurs scheiterte an den sich entladenden Rassenspannungen. Mit Terroranschlägen forderten die von Indien aus unterstützten »Tamilen-Tiger« einen autonomen Tamilenstaat im Norden Sri Lankas. Im Gegenzug zerstörte singhalesischer Mob seit 1983 zahllose Geschäfte und Betriebe im Süden, die Tamilen gehörten. 1987 kam es zu Luftangriffen der Regierungstruppen auf Tamilen-Stützpunkte; indische Schiffe mit Hilfsgütern wurden durch eine Seeblockade gestoppt. Am 29. 7. 1987 unterzeichneten Jayawardene und Indiens Premier Radschiv Gandhi (als Garant für die Tamilen) einen Vertrag, der den Gebieten mit tamilischer Mehrheit weitgehende Selbstverwaltung einräumt. Seitdem breiteten sich die Rassenunruhen jedoch weiter aus; ein Ende des Bürgerkriegs ist nicht abzusehen.

Kultur

In Architektur und Skulptur, Malerei und Dichtkunst besitzt Sri Lanka ein reiches Erbe, das sich aus den Quellen des ceylonesischen Buddhismus speist. Besonders in den drei alten Königsstädten der Singhalesen finden sich Überreste bedeutender Kunstdenkmäler: In Anuradhapura, das um die Zeitenwende seine Blütezeit erlebte, sind es vor allem mächtige Dagobas, über buddhistischen Reliquien errichtete Pagoden. In Polonnaruwa entstanden zwischen dem 8. und 13. Jh. vielstöckige Ziegelbauten (der Lankatilaka-Tempel und das runde Reliquienhaus Vata Daga) sowie eine in den Fels gehauene Dreiergruppe des stehenden, sitzenden und liegenden Buddha. In der Dschungelstadt Sigiriya wurde ein ganzer Burgfelsen bemalt. Einzigartig sind hier die Freskomalereien aus dem 5./6. Jh.

Literatur

Von den zwei Sprachgruppen Sri Lankas hat sich die tamilische literarisch stets nach Südindien ausgerichtet, die singhalesische dagegen eine eigenständige Literatur hervorgebracht.
Religionsgeschichtlich von Bedeutung sind die kanonischen Schriften des Buddhismus in Pali (1. Jh. v. Chr.) und die dazugehörigen Erklärungsschriften aus dem 5. und 6. Jh. Im 14. Jh. entstand eine typisch ceylonesische Form der Dichtkunst, die religiös inspirierte Sandesa-Poesie. Die wissenschaftliche Literatur in Singhalesisch umfaßt Geschichtschroniken (ab 5. Jh.) sowie astrologische und religiöse Schriften. Daneben gibt es eine reiche Volkspoesie. Themen der seit Anfang des 20. Jh. entstandenen Prosa sind der Kampf gegen die Europäisierung des Landes, in der Gegenwart besonders die Rassenkonflikte.

Reise-Informationen

Einreise- und Fahrzeugpapiere
Bürger der Bundesrepublik Deutschland, der Schweiz und Österreichs benötigen für einen Aufenthalt bis zu 30 Tagen einen sechs Monate gültigen Reisepaß bzw. Kinderausweis. Wegen der politischen Unruhen sind Reisen in Gebiete nördlich von Anuradhapura sowie um Trincomalee derzeit nicht möglich. Der internationale Führerschein wird benötigt.
Zoll
Bei der Einreise sind zollfrei: pro Person ab 18 Jahre 200 Zigaretten oder 50 Zigarren oder 375 g Tabak, 2 Flaschen Wein sowie 1½ Liter Spirituosen und Parfüm für den persönlichen Gebrauch.
Devisen
Bis zu 250 Sri-Lanka-Rupien dürfen ein- und ausgeführt werden. Alle anderen Währungen, außer der indischen und pakistanischen, können unbeschränkt ein- und ausgeführt werden (Deklaration notwendig).
Impfungen
Für Reisende aus Infektionsgebieten ist Gelbfieberimpfung vorgeschrieben; Malariaschutz ist in vielen Gebieten ganzjährig erforderlich.
Verkehrsverhältnisse
Das Straßennetz ist gut ausgebaut, jedoch in schlechtem Zustand. Mietwagen (mit Fahrer) stehen zur Verfügung (Linksverkehr). Mit den oft überfüllten Zügen und Bussen kommt man nur langsam vorwärts.
Unterkünfte
Neben Luxushotels in Colombo und Kandy findet man überall gute Mittelklassehotels oder Rest Houses.
Reisezeit
Beste Reisezeit ist für das Bergland April, für die anderen zugänglichen Inselteile Oktober bis April.

Nur eine Großstadt wie Colombo kennt solche Bilder des Elends.

Syrien

Karl Maute

Keine 3000 Kilometer von Deutschland entfernt: Syrien. Es liegt mitten im Krisengebiet Nahost und spielt in dieser Krise eine bedeutende Rolle. Es gibt in der Region keinen Krieg ohne und keinen Frieden gegen den Willen Syriens. Das Land ist so vor Jahren schon in die Schlagzeilen geraten – und dennoch bis auf den heutigen Tag fast unbekannt geblieben. Eine arabische Republik mit volksdemokratisch-sozialistischem Charakter, etwa 5000 Jahre Geschichte, das »andere Land« der Bibel – es ist kein Allerweltsland. Große Namen stehen auf der Landkarte: Damaskus, der Euphrat, Aleppo. Da trotzt der Krak des Chevaliers, die mächtige Burg der Kreuzritter, noch immer der Zeit, da verlief die Weihrauchstraße, auf der Myrrhe und nubische Sklaven transportiert wurden, und noch früher war hier Abraham unterwegs von Ur nach Hauran, eine Rotbunte am Strick. Geschichten liegen am Wege, es braucht sie einer bloß aufzuheben und ein bißchen abzustauben . . .

Staatsname:	Arabische Republik Syrien
Amtssprache:	Arabisch
Einwohner:	11 Millionen
Fläche:	185 180 km²
Hauptstadt:	Damaskus
Staatsform:	Präsidiale Republik
Kfz-Zeichen:	SYR
Zeitzone:	MEZ +1 Std.
Geogr. Lage:	Naher Osten, am Mittelmeer; begrenzt von der Türkei, dem Irak, Jordanien, Israel und dem Libanon

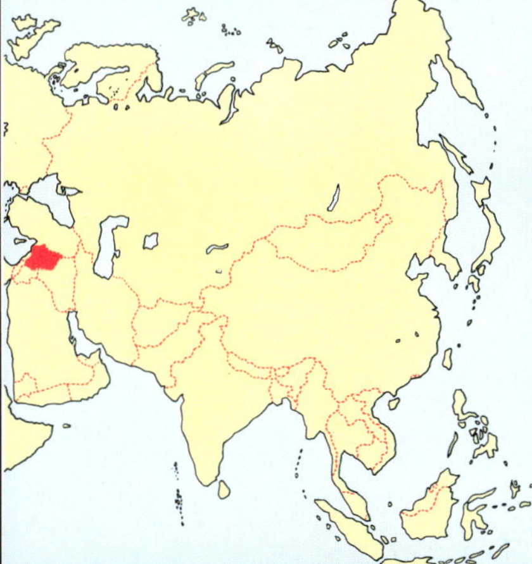

2000 Jahre Geschichte mitten in der Wüste: Die Ruinen von Palmyra erzählen vom wechselvollen Schicksal dieses Landes zwischen Ost und West. Insbesondere die Römer hinterließen hier ihre Spuren.

Damaskus – Neonlicht und Wüstenromantik

Flugzeit vier Stunden zwanzig Minuten. Nonstop von Frankfurt. Ankunft in Damaskus – da wird es gerade dunkel. Letztes Licht liegt auf den Bergen. Es ist eine alles verzaubernde halbe Stunde. Ein anderer Himmel, andere Gerüche, Geräusche und Stimmen – der Orient. Aber wenn der Wagen in die Stadt eintaucht, ist der Zauber verflogen. Die Stadt ist groß, hat etwa 1,3 Millionen Einwohner (genaueres weiß man nicht, die letzte Zählung war 1981). Die Stadt lärmt, der Verkehr stockt, Neon ist eingeschaltet. Und das Hotel zeigt her, was es hat: Wasserspiele in einem Innenhof, internationale Börsenkurse und Weltnachrichten aktuell aus dem Telex in der Halle, und in einer Ecke kocht ein Beduine auf Holzkohle Kaffee, gießt aus der Schnabelkanne kleine Täßchen voll. Kardamom duftet. Wüstenromantik.

Die syrische Hauptstadt liegt am Rande eines großen Trockengebietes; sie ist nicht die Oase selbst, sondern nur ein Teil von ihr, sie profitiert von der Oase, einem mehrere hundert Quadratkilometer umfassenden Bewässerungsland. Das Wasser kommt hauptsächlich aus Karstquellen des nahen Antilibanon. Aus zahllosen Rinnsalen entstehen Flüsse wie der Barada und der A'waj, die sich nach kurzem Lauf schon wieder aufteilen in viele Arme und angezapft werden von Kanälen. Sie bilden – zusammen mit Brunnen – ein traditionelles Bewässerungssystem, das auf alten Wasserrechten beruht und weitgehend mit dem natürlichen Gefälle auskommt. Die Oase lebt sozusagen von »fremdem« Wasser.

Der Standort der Stadt ist kein Zufall: Es gibt zwischen Libanongebirge und Euphrat im ganzen Land keinen anderen Platz mit ähnlich günstigen Voraussetzungen für eine Siedlung. Hier fließt Wasser, ausreichend und das ganze Jahr über. Und Wasser ist Leben. In einem Land, in dem Wüstensteppen mehr als die Hälfte der Fläche ausmachen, sind Bäume und Blüten, Gemüsefelder und Obstplantagen wie ein Vorgeschmack auf das Paradies. Und das »Paradies« taucht als üppige Landschaft auf den Mosaiken der Freitagsmoschee in Damaskus tatsächlich auf. Die »Erde vom Acker«, aus der Gott den Adam erschuf, war – so heißt es – Erde vom Ufer des Barada. Auf einem Hügel über dem Fluß erschlug Kain seinen Bruder Abel, und – auch das erzählt man hier – Mohammed, der Prophet, wandte sein Gesicht ab von Damaskus: »Der Mensch kann nur ein Paradies haben, und meines ist im Himmel.« Das war am Jabal Qasiyun, dem Berg, an dem Damaskus allmählich hochwächst. Man hat von hier oben aus noch immer einen schönen Ausblick auf die Stadt. Auf dem Gipfel steht ein Fernsehturm.

Der »Fruchtbare Halbmond« – Wiege der Zivilisation

In diesem Land, Syrien, geht der »Fruchtbare Halbmond« auf: ein Bogen, der sich von Euphrat und Tigris bis zum Niltal erstreckt und – nach Osten hin offen – die Mittelmeerküste Syriens, des Libanon und Israels mit ihrem Hinterland zum Mittelstück hat.

In diesem Bogen, der trockene Wüstensteppe umschließt, Nomadenland, hatten wahrscheinlich Getreideanbau und Haustierhaltung ihren Ursprung. In diesem Bogen bauten Menschen schon vor etwa 5000 Jahren Städte, schickten sich Nachrichten in Keilschrift – auf einem Tontäfelchen kommt das Wort »Freiheit« vor, auf einem anderen steht ein Gruß: »Deine liebende Gemahlin«. Dieser Bogen, von jeher mit Wasser gesegnet, war eine »Wiege der Zivilisation«.

Die größten, die wichtigsten Städte Syriens liegen auch heute im Streifen des »Fruchtbaren Halbmonds«: Damaskus, Homs, Hamah und Aleppo. Sie bilden – parallel zur Küste, aber zwischen 70 und 110 Kilometer landeinwärts gelegen – eine bedeutungsvolle Nord-Süd-Achse (östlich und westlich dieser Linie haben es nur noch zwei Städte zu einiger Größe und Gewichtigkeit gebracht: Dayr az Zawr am Euphrat und der Mittelmeerhafen Latakia – auch sie im Bogen des Halbmonds). Die Achse ist das Rückgrat des Landes. Die vier Städte sind – und waren immer schon – Verkehrsknotenpunkte, Umschlagplätze; über sie liefen die alten Handelsrouten – die Weihrauchstraße, die Seidenstraße von China her – und Karawanenwege, auch der Fernverkehr über Land von Istanbul nach Kairo und Mekka. Und diese Linie markierte noch vor 100 Jahren scharf die Grenze zwischen dem Siedlungsland im Westen und der Steppe im Osten. Hier berührten sich Seßhafte und Nomaden, hier handelten sie miteinander.

Syrien heute. In Damaskus lebt kein Kalif mehr, die Zeit der Karawanen ist vorbei, Mekkapilger fliegen im Jet. Die große Vergangenheit wurde, wo sie konkret war, als Sehenswürdigkeit eingezäunt oder ins Museum geschafft; man hält sich nicht lange damit auf, baut lieber Staudämme, Autobahnen, Wohnblocks.

Das moderne Syrien ist jung und erst kurze Zeit (seit 1946) formell unabhängig. Es hat nach den unruhigen ersten 20 Jahren, die gekennzeichnet waren durch innere Machtkämpfe – über zwanzig Putsche –, sich zu stabilisieren begonnen. Es hat sich in den letzten 20 Jahren mit Erfolg darum bemüht, Anschluß zu finden an den westlichen Fortschritt. Es ist immer noch ein Entwicklungsland, aber auch schon ein Machtfaktor. Es leidet unter seinem Image, leidet unter den Schlagzeilen der internationalen Presse, in die Syrien immer wieder im Zusammenhang mit den Vorgängen im Libanon, mit Israel, mit Truppenbewegungen und Terrorismus gerät; es nennt vieles davon Verleumdung – und kann manches nicht widerlegen. Es ist ein widersprüchliches Land: Schleier neben Schneiderkostüm, Djellabahs neben Jeans und den Tarnanzügen der Milizen. Es ist so sehr, so atemlos mit seiner Gegenwart beschäftigt, daß am Ende die Zukunft darüber zu kurz kommen könnte.

▽ Damaskus, eine Stadt mit vieltausendjähriger Geschichte, hat ihren ehrwürdigen Charakter längst verloren: Moderne Hochhaus- und Schachtelarchitektur bestimmen das Bild von Syriens Hauptstadt.

▷ Der Euphrat – ein geschichtsträchtiger Strom. Das Kastell aus dem 9. Jahrhundert an seinem Ufer zeigt: Hier gab es ein fruchtbares Land zu verteidigen.

sind Egoisten, Individualisten, Fatalisten: »Allah hat die Probleme gesandt.«

Die Tausendundeinenacht-Erwartungen, die mit dem Namen Damaskus verknüpft sind, erfüllen sich am ehesten in der Altstadt. Da ist die Umayyaden-Moschee – die wichtigste, heiligste nach denen in Mekka, Medina und Jerusalem. Viele Europäer, auch Kunstgeschichtler und Religionslehrer, sehen in ihr gerne eine umgebaute christliche Basilika. Das Wunschdenken ist offensichtlich, die Moschee indes von Grund auf ein islamischer Bau aus dem achten Jahrhundert. Und daß in der Moschee eine christliche Reliquie Platz gefunden hat, das Haupt Johannes des Täufers? Den gläubigen Muslimen ist es das Haupt des Propheten Yahya.

In der Altstadt liegt auch das ehemalige Christenviertel mit der Ananiaskapelle und der Geraden Straße – Ananias suchte im Auftrag Gottes in der Geraden Straße den erblindeten Saulus auf, um ihn zu heilen (Apostelgeschichte 9, 10). Und an der alten Stadtmauer ist das Haus, von dem aus Saulus/Paulus bei seiner Flucht in einem Korb über die Mauer gelassen wurde, in eine Kapelle umgewandelt worden. Historiker lassen die Apostelgeschichte natürlich nicht als Beleg durchgehen, aber: Glaube verlangt nicht nach Beweisen. In der Nähe der Moschee liegt auch das Grabmal des Sultans Saladin, der vor 800 Jahren die Kreuzritter schlug. Kaiser Wilhelm II. ließ nach einem Besuch 1898 das ramponierte Mausoleum restaurieren und einen neuen Sarkophag aufstellen.

△ ***Brunnen im Innenhof der Diami-el-Kebir-Moschee in Aleppo: Der Koran schreibt vor, daß sich jeder Besucher die Füße waschen muß, ehe er dann barfuß den heiligen Boden des islamischen Gotteshauses betritt.***

Damaskus – eine »Mutter der Städte«

Damaskus ist ein strahlender Name – aber nicht der einzige für diese Stadt.

Auf Tontafeln aus dem babylonischen Mari (vor 4000 Jahren) wird sie Apum genannt, bei den Hethitern hieß sie Upi. Pharao Thutmosis eroberte sie als Dmasqu, und sie heißt auch Dimashq ach-Cham. Sie beansprucht für sich, die älteste ununterbrochen bewohnte Stadt der Welt zu sein; zu dem Zeitpunkt, als Rom gegründet wurde, war Damaskus schon über 1000 Jahre alt – eine »Mutter der Städte«.

Das historische Erbe, das sie bewahrt, wird mehr und mehr eingemauert, ist strenggenommen längst ein Opfer moderner Zeiten geworden. Der Verkehr verlangt breite Straßen, die Verwaltung Hochhäuser. Damaskus ist eine Großstadt, europäisch geprägt – und gebärdet sich orientalisch. Eine rührende, hilflose Gebärde. Moderne Sachlichkeit setzt sich durch: Ordnung, Polizei, Sauberkeit. Die politischen Leidenschaften sind abgekühlt, Parolen und Spruchbänder verraten sich selbst als Pflichtübungen, ebenso wie die Porträts des Präsidenten, von farbig und überlebensgroß bis zur handtellergroßen Schablonenzeichnung. Die Syrer sind keine geborenen Revolutionäre und mit Äußerungen zur Politik zurückhaltend – aus gutem Grund: »Sozialismus? Solange wir für uns selbst arbeiten können . . .« Sie sind Händler und Bauern, der Beruf des (Industrie-)Arbeiters hat noch keine Tradition im Land. Sie

Alle Wohlgerüche Arabiens: der Basar

Und dann der Suk, der Basar. Hier ist es laut und eng und schummrig. Hier wird gehämmert, gefeilt und gestichelt, gehandelt, geschachert. Alle Wohlgerüche Arabiens liegen in der Luft. Außerdem stinkt's. Hammelhälften werden geschleppt, Brotfladen gebacken, Teppiche gerollt. Es gibt Plunder und Gold, es gibt überhaupt alles. Der Suk ist viel mehr als nur ein Markt. Er ist nach der Moschee zweites gesellschaftliches Zentrum, und überall in den islamischen Altstädten liegen Suk und Moschee eng beieinander. Der Suk funktioniert nach ungeschriebenen Gesetzen. Die Läden und Werkstätten stehen in einer hierarchischen Ordnung – Buch- und Papierhändler am nächsten zur Moschee. Der Suk ist nur für Fremde ein Labyrinth.

Fremde aber, Reisende, Touristen – vor allem Europäer –, sind noch selten in Syrien. Jordanier und Saudis sieht man, schwere Wagen mit Nummernschildern aus den Golfstaaten und, immer in Gruppen und im Schador, dem schwarzen Überwurf, die Mütter und Töchter der islamischen Revolution aus dem Iran. Sie reisen auf Staatskosten: Das Reisegeld gibt ihnen ihre eigene Regierung, Hotel und Vollpension übernimmt der syrische Staat, der dafür vom Iran Erdöl erhält. Ihr geringes Taschengeld bessern diese »politischen Pilger« durch kleine private Geschäfte auf: Sie verkaufen ihren Reiseproviant – Pistazienkerne etwa (früher waren es Teppiche und Antiquitäten, der Iran hat dann die Ausfuhr dieser Waren verboten).

Gut zwei von drei Besuchern sind Reisende aus arabischen Ländern, die übrigen Geschäftsreisende aus Europa und den USA und seit kurzem erst – und zunehmend – Studienreisegruppen. Die bleiben fünf, sechs Tage im Land und reisen meistens weiter nach Jordanien.

Es gibt deshalb keine ausgetretenen touristischen Trampelpfade in Syrien. Die berühmten Ausgrabungsstätten hat jede Gruppe für sich ganz allein. Und die Menschen unterwegs sind offen und ohne Mißtrauen Fremdem und Fremden gegenüber.

Klöster, Kirchen, Säulenstraßen

Was sehenswert, touristisch interessant ist in Syrien, liegt – mit wenigen Ausnahmen – im alten Siedlungsgebiet, in einem schmalen Streifen Land, keine 150 Kilometer vom Mittelmeer entfernt. Es sind nicht überwältigende landschaftliche Schönheiten, sondern Zeugnisse aus etwa 5000 Jahren Geschichte. Eine einmalige Kulisse. Und davor spielt die Gegenwart, unsentimental, gelegentlich brutal.

Im Grenzgebiet zu Jordanien – das Königreich ist ein unproblematischer Nachbar, nicht unbedingt Freund, aber auch kein Feind – ist es Busra: Aus der großen und einst bedeutenden Stadt ist eine reizlose, langweilige Siedlung geworden, Antikes wurde überbaut und dafür unter anderem eine Kathedrale aus dem sechsten Jahrhundert fast völlig abgetragen. Alles ist nur noch in Bruchstücken vorhanden: römische Säulenstraße, Thermen, alles – bis auf das vergleichsweise gut erhaltene festungsähnliche Amphitheater (2. Jahrhundert v. Chr.) mit 15000 Plätzen. Man sagt, der Prophet sei einst in Busra gewesen, und ein christlicher Mönch habe ihm hier seine spätere Berufung prophezeit.

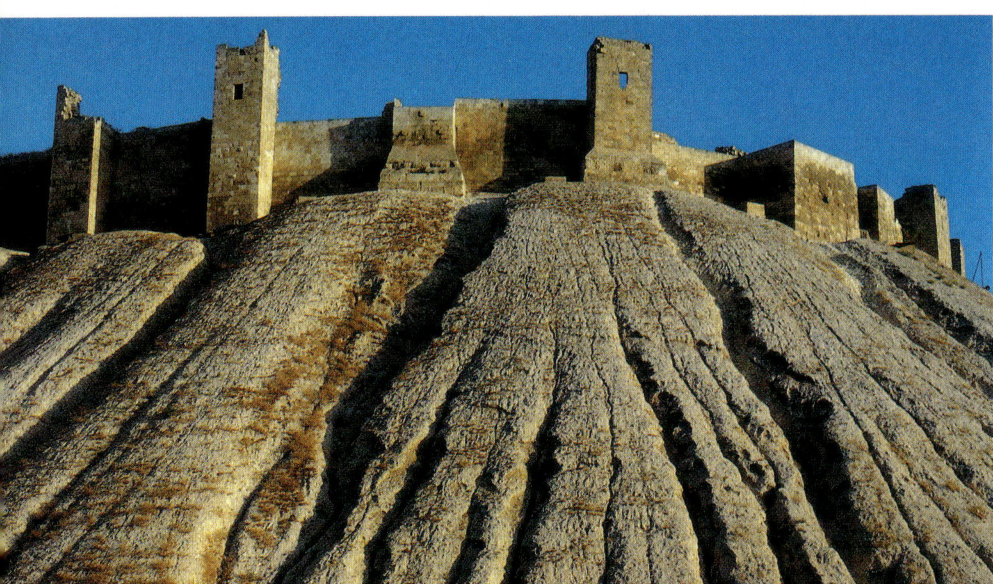

△ Zitadelle bei Aleppo: Von solch erhabenen Festungen aus regierten die arabischen Umayyaden Syrien in seiner zweiten Blütezeit. Unter ihnen wurde Damaskus im Jahr 661 zur Heiligen Stadt des Islam.

▷ Noch heute speisen in Hamah große altertümliche Schöpfräder das traditionelle Bewässerungssystem der Felder. Für die Kinder sind sie Riesenrad und Sprungbrett zugleich.

Es gibt von Busra aus zwei Wege zurück nach Damaskus: die Landstraße durch den Jabal ad Duruz über As Suwayda, durch fruchtbares Land, Drusen-Land, oder die »Schnellstraße«, fast parallel zur nie fertiggebauten Bahnlinie nach Mekka. Abends fahren hier die Fernlastzüge im Konvoi, die vom Fährhafen Tartus kommen und nach Amman unterwegs sind. Und links, ein bißchen abseits, liegt Al Qunaytirah am diesseitigen Fuß der Golanhöhen. Al Qunaytirah ist eine – moderne – tote Stadt, 1974 von israelischen Truppen bei dem von Henry Kissinger ausgehandelten Rückzug auf die Höhen zerstört. Hinter den Höhen liegt das Land, das als einziges der Welt in Syrien keinen Namen hat, auf Landkarten als weißer Fleck existiert, manchmal mit dem Schriftzug »Palästina« versehen – Israel.

Die Damaszener fahren am Wochenende ans Wasser oder in die Berge: in die Gartenlokale im Baradatal oder weiter hinauf in den Antilibanon nach Az Zabdani, eine Sommerfrische auf 1100 Meter Höhe mit Villen, Restaurants und Musik. Oder sie fahren gleich ins Casino – nach Beirut. Aber das liegt in einem anderen Land. In einer ganz anderen Welt liegt Malula: ein kleines Dorf an der Autobahn nach Homs, bunte Würfelhäuser, zwei Klöster und eine Felsenschlucht. Malula ist eine Sprachinsel, hier wird Aramäisch gesprochen – die Sprache Jesu.

Weiter: Homs. Eine Industriestadt. Fabriken, Pipelines, eine Raffinerie. Dann: Hamah. Provinzstadt. Die Freitagsmoschee, reiche Stadtpalais und die Norias, die hölzernen Schöpfräder mit riesigem Durchmesser, die das Wasser des Orontes in Aquädukte leiten, die dann Felder versorgen und Gärten und Moscheen. Das größte der Räder ist fast 600 Jahre alt; es knarrt – es »singt« –, und Jungvolk läßt sich auf den Speichen hochwinden und hechtet im Kopfsprung in den Fluß zurück. Vis-à-vis in den Uferrestaurants sitzen Touristen und fotografieren. Es ist alles so friedlich. Aber 1982 hat hier in Hamah das Militär einen Aufstand der radikalen Muslimbruderschaft blutig niedergeschlagen, drei Wochen lang die Stadt belagert, die Altstadt zerschossen. Man spricht nicht darüber.

△ ***Die moderne Asphaltstraße zwischen Aleppo im Norden und Damaskus im Süden führt durch die Zone des »Fruchtbaren Halbmonds«. Er zieht sich als großer Bogen zwischen den frühen Hochkulturen des Vorderen Orients von Ägypten über Palästina und Syrien nach Mesopotamien.***

Aleppo – die heimliche Hauptstadt

Aleppo ist die Rivalin der Hauptstadt. Aleppo ist weniger traditionalistisch als Damaskus, viel geschäftstüchtiger, eine wohlhabende Stadt, die mindestens ebenso alt sein will wie »Damas« – am liebsten älter. Aleppo hat auch eine Umayyaden-Moschee und einen Suk, reicher, bunter, lebhafter und größer als der von Damaskus – zwölf Kilometer überdachte »Ladenstraße«. Es gibt alte Karawansereien, eine Stadtmauer mit Stadttoren und eine alles beherrschende Zitadelle, eine Art Akropolis, die 50 Meter hoch über der Stadt steht. Aleppo ist großzügiger als Damaskus, auch gelassener; es ist (und bleibt) die heimliche Hauptstadt.

Noch weiter im Nordwesten, in Richtung Türkei, liegen die »toten Städte«. Dörfer von Olivenbauern, die im siebten Jahrhundert aufgegeben wurden und als graue Skelette von Siedlungen bis auf den heutigen Tag erhalten sind. Etwa 500 solcher Ruinenstätten sind bekannt, aus Kalksteinquadern gebaute Häuser, Kirchen und Römerstraßen. In der Blütezeit dieser Kleinbauerndörfer lebte hier Simeon, ein asketischer Mönch und »Säulenheiliger«. Der Platz, damals schon Wallfahrtsort und als Simeonskloster auch heute noch Pilgerziel, birgt in seinen ausgedehnten Ruinen den Sockel der Säule, auf der Simeon die letzten 30 Jahre seines Lebens verbracht haben soll, betend, fastend und Wunder wirkend.

173 Kilometer Mittelmeerküste zwischen der Türkei und dem Libanon sind syrisch. Der nördliche Abschnitt ist Sperrgebiet, der südliche Hafen- und Industriezone, und selbst auf den paar Kilometern bei Latakia, die sich »Beach« nennen, ist der Strand unattraktiv. Syrien ist kein Badeplatz.

Ein paar Kilometer landeinwärts, bei Ras Shamra, liegen die Ruinen von Ugarit; in einem fingerlangen Tontäfelchen mit 30 Keilschriftzeichen, das hier ausgegraben wurde, sehen Wissenschaftler das erste, vor bald dreieinhalbtausend Jahren entwickelte Alphabet.

Die Küste ist Kreuzritterland. Tartus war eine Festung, auf der vorgelagerten Insel Ruad – dem Arwad aus dem Alten Testament – hatten sich Ritter verschanzt, eine ganze Kette von Burgen sicherte die Küste, Marqab zum Beispiel und Safita. Die größte Burg aber, eine Bilderbuchburg und heute die am besten erhaltene Festung der Kreuzritterzeit, ist der Krak des Chevaliers zwischen Tartus und Homs. Aus einer kleinen Kurdenfestung wurde eine christliche Superburg. 4000 Soldaten fanden darin Platz. 162 Jahre hielten die Kreuzritter hier aus: gegen Saladin, gegen die Mamluken. Erst im April 1271 gaben sie auf. Die Besatzung von Ruad kapitulierte 30 Jahre später.

Die Straße von Tartus herauf verläuft ein Stück weit parallel zur syrisch-libanesischen Grenze. Militärkonvois sind unterwegs, Panzerkolonnen. Auf den Hängen des Libanongebirges liegt Schnee. Und kleine Jungen verkaufen am Straßenrand Schmuggelware. Am liebsten gegen Dollars.

Die Zukunft liegt in der Wüste

Syrien will kein Wüstenland sein. Wüste paßt nicht zum Image des modernen, fortschrittlichen Staates, Wüste ist rückständig. Aber die riesige Wüstensteppe ist schön. Und mittendrin liegt Palmyra. Da geht am Morgen die Sonne auf über einem Palmenhain und strahlt einen Baal-Tempel an – oder was von ihm blieb – und die Reste des Palastes der Fürstin Zenobia, die gegen Rom aufbegehrte, auch die Totentürme hinten im Tal und eine arabische Burg, alles in allem gut und gern zehn Quadratkilometer Säulen und Trümmer, gut und gern 2000 Jahre Geschichte. Ein kleiner Junge und seine Freunde nehmen ihren Platz ein am zerbrochenen Triumphbogen des Hadrian; sie hüten das Kamel vom Dienst.

Und die Wüste reicht noch einmal über 200 Kilometer weiter bis Dayr az Zawr. Kein wogendes Sandmeer – eine flache Einöde. In dieser Wüste leben noch über 100 000 (Halb-) Nomaden, Kameltrupps wechseln über die Straße. In dieser Wüste stehen vergessene arabische Festungen und verwehte römische Garnisonen. In dieser Wüste baut Syrien Phosphat ab (von mittelmäßiger Qualität) und fördert Erdöl (von schlechter Qualität – und viel zuwenig). Und: Die Wüste hat keine Ruhe. Bauern, die knapp die Hälfte der arbeitenden Bevölkerung ausmachen, schieben die Grenze des Bewässerungslandes immer weiter hinaus. Nomaden werden unter dem Druck der Regierung seßhaft. Platz bietet nur noch die Wüste. Ihre Ränder sind längst »angenagt«: Völlig neue Siedlungen entstehen da, im Stil (ost-)europäischer Trabantenstädte, zweckmäßig, schnell gebaut – sind das über kurz oder lang die Wohnungen der Leute aus den traditionellen, vielbestaunten »Bienenstockhäusern« der Ackerebene zwischen Homs und Aleppo?

Auch die Armee nimmt sich der Wüste an: Sie forstet auf, Soldaten pflanzen Bäumchen – der Symbolgehalt dieser Arbeit ist sicher gewollt. Für ein Land, das kein Wüstenland sein will, ist Syrien in einer unseligen Lage: Seine Zukunft liegt in der Wüste. Alle anderen Plätze sind schon besetzt.

Der Euphrat soll helfen, Wüste fruchtbar zu machen. Der mit sowjetischer Hilfe bei Al Thaura gebaute Assad-Staudamm liefert nicht nur knapp die Hälfte der im Lande erzeugten Energie, aus dem 80 Kilometer langen Stausee wird auch ein Kanalsystem gespeist, das die Steppe bewässert. Der »Fruchtbare Halbmond« reicht schon lange nicht mehr aus. Der Euphrat muß produktiver werden.

Flußabwärts zwischen Ar Raqqah und Dayr az Zawr sind Landschaft und Szenen wie Illustrationen zum Alten Testament: Bauerndörfer, Baumwollfelder, große Ziegenherden und graue Alte auf dem Esel, dazu der träge fließende Strom ... Noch hinter Dayr az Zawr liegen die Ausgrabungsstätten von Dura-Europos bei As Salihiyah (2000 Jahre Geschichte) und Mari (4000 Jahre Geschichte). Dann sind es noch 300 Kilometer bis Bagdad – in einem anderen Land: Irak. Ein feindlicher Nachbar. Der Euphrat übrigens ist »fremdes Wasser« in Syrien: Er kommt aus der Türkei und fließt weiter in den Irak; und beim Verlassen des Landes führt er weniger Wasser als an der türkischen Grenze: Syrien verbraucht ihn beinahe.

Syrien ist (noch) kein Touristenland. Aber es ist ein interessantes Reiseland, ein bißchen widersprüchlich. Dieses Land, in dessen Hauptstadt Soldaten mit dem blauen Barett der UN und ihre Fahrzeuge zum Straßenbild gehören, führt seit Jahren eine Art unerklärten Krieg – jenseits seiner Grenzen. Diesseits sieht man da und dort die Raketenbatterien; es fehlen einfach die Wälder, in denen man sie verstecken könnte. Der Reisende aber wird nicht behelligt. Er reist in Frieden. Man hat in Syrien viel Erfahrung mit Reisenden: schon von Abraham her ...

Syrien — Daten · Fakten · Reisetips

Landesnatur

Fläche: 185 180 km² (etwa so groß wie die Bundesrepublik Deutschland ohne den Freistaat Bayern)
Ausdehnung: Nord–Süd 520 km, Ost–West 470 km
Höchster Berg: Hermon 2814 m
Längster Fluß: Euphrat, syrischer Anteil 675 km (Gesamtlänge 2736 km)
Größter See: Buhayrat al Asad 600 km²

Syrien liegt im Nahen Osten zwischen Mittelmeer und Mesopotamien sowie Ostanatolien und der Syrischen Wüste.

Naturraum
Syrien ist im zentralen und südlichen Teil ein ebenes Tafelland (Ausläufer der Syrischen Wüste), das nach Osten in die Senke Mesopotamiens übergeht. Im Gegensatz dazu hat Westsyrien ein kräftiges Relief. Zu beiden Seiten des Syrisch-Arabischen Grabenbruchs mit den Flußläufen des Orontes bzw. Jordans ragen Gebirge auf. Auf der Ostseite steigen der Hermon und Antilibanon auf über 2500 m an und setzen sich nach Nordosten als Hügelketten bis zum Jabal Abd al Aziz jenseits des Euphrat fort. Entlang der Mittelmeerküste erstreckt sich eine schmale und fruchtbare Ebene.

Klima
Das Klima in Syrien reicht vom Mittelmeerklima mit trocken-heißen Sommern und feucht-milden Wintern bis zum kontinentalen Trockenklima mit heißen Sommern und kalten Wintern sowie großen tageszeitlichen Temperaturschwankungen. Die durchschnittlichen Januartemperaturen nehmen von der Küste (12 °C) zum Landesinnern (7 °C) hin ab, die Augusttemperaturen dagegen zu (28/33 °C). Die jährliche Niederschlagsmenge verringert sich von über 1000 mm in den Gebirgen im Westen auf unter 100 mm in den Wüstensteppen.

Das Dorf Malula nördlich von Damaskus: Hier spricht man noch Aramäisch wie zu Jesu Zeiten.

Vegetation und Tierwelt
Im Mittelmeerbereich wachsen Nadelwälder mit Restbeständen von Libanonzedern sowie Macchia. Im Landesinnern herrscht baumarme Steppe vor; hier sind die Weidegründe der Nomaden. Nach Südosten geht die Steppe in Wüstensteppe und Vollwüste über. Der natürliche Pflanzenwuchs ist durch Raubbau und Waldweide vielerorts zerstört worden.
Typische Tiere des Landes sind u. a. Schakale, Flamingos, unter den Insekten die Wanderheuschrecken, die zur Landplage werden können.

Der Assad-Staudamm bei Al Thaura staut den Euphrat auf 80 Kilometer Länge.

Politisches System

Staatsname: Al-Jumhuriyah al-Arabiyah as-Suriyah
الجمهورية العربية السورية
Staats- und Regierungsform: Präsidiale Republik
Hauptstadt: Damaskus (Dimashq)
Mitgliedschaft: UN, Arabische Liga, OAPEC, OPEC

Nach der Verfassung von 1973 ist Syrien eine präsidiale Republik mit volksdemokratisch-sozialistischem Charakter. Der Staatspräsident, auch Inhaber der Exekutivgewalt, muß Muslim sein und wird auf Vorschlag der herrschenden Baath-Partei und nach Nominierung durch den Volksrat vom Volk direkt auf sieben Jahre gewählt. Die Legislative liegt beim Volksrat mit 195 für vier Jahre gewählten Abgeordneten und 22 vom Staatspräsidenten ernannten Mitgliedern. Syrien gliedert sich in 14 Provinzen. Das Rechtssystem basiert auf der islamischen Scharia.

Bevölkerung

Einwohnerzahl: 11 Millionen
Bevölkerungsdichte: 60 Einw./km²
Bevölkerungszunahme: 3,2 % im Jahr
Größte Städte: Damaskus (1,3 Mio. Einw.), Aleppo (1,1 Mio.)
Bevölkerungsgruppen: 88 % Araber, 5 % Kurden, 3 % Armenier

Syrien verzeichnet seit 1948 einen steten Zuzug an Flüchtlingen aus Palästina und dem Libanon. Etwa 50 % der Einwohner sind jünger als 15 Jahre; der Anteil der Stadtbevölkerung liegt bei 50 %. Amtssprache ist Arabisch. 90 % der Bevölkerung sind Muslime (zumeist Sunniten), der Anteil der Christen beträgt 10 %.

Soziale Lage und Bildung
Die soziale Lage ist vor allem durch die ständigen kriegerischen Auseinandersetzungen mit Israel belastet. Viele Syrer suchen in Nachbarländern Arbeit. Hauptproblem des Gesundheitswesens ist die schlechte Trinkwasserversorgung. Es besteht Schulpflicht vom 8. bis 14. Lebensjahr, 40 % der Erwachsenen sind Analphabeten. Die älteste der drei Universitäten wurde 1923 in Damaskus gegründet.

Wirtschaft

Währung: 1 Syrisches Pfund (syr£) = 100 Piastres (PS)
Bruttoinlandsprodukt (in Anteilen): Land- und Forstwirtschaft 20 %, industrielle Produktion 26 %, Dienstleistungen 54 %
Wichtigste Handelspartner: EG-Staaten, Iran, UdSSR, Rumänien

Obwohl das Wirtschaftssystem Syriens sozialistisch ist, dominiert in einigen Bereichen (Landwirtschaft, Einzelhandel, Leichtindustrie) der private Sektor. Hohe Rüstungsausgaben und eine seit Jahren defizitäre Handelsbilanz belasten den Staatshaushalt.

Landwirtschaft
Agrarreformgesetze haben seit den 50er Jahren die Besitzverhältnisse stark verändert (Landumverteilung, Gründung von Genossenschaften). Hauptanbauprodukte sind Baumwolle und Getreide.

Bodenschätze, Energie
Die wichtigsten Bodenschätze sind Erdöl, Erdgas und Phosphat. Das geförderte Schweröl wird mit importiertem Leichtöl verarbeitet. Wasserkraft spielt eine bedeutende Rolle bei der Energieerzeugung.

Industrie, Handel
Die Industrie basiert auf der Verarbeitung heimischer Agrar- und Bergbauprodukte. Wichtigste Einfuhrgüter sind Erdöl (teilweise für den Re-Export bestimmt), Maschinen und elektronische Erzeugnisse. Hauptdevisenbringer sind Erdöl und Erdölerzeugnisse, ferner Baumwolle.

Verkehr, Tourismus
Das Verkehrssystem Syriens ist nur unzureichend ausgebaut. Wichtigster Verkehrsträger ist die Straße (rd. 23 000 km). Internationaler Flughafen ist Damaskus. Bisher hat Syrien seine touristische Attraktivität (günstiges Klima, See- und Heilbäder) kaum genutzt, der Reiseverkehr soll aber künftig intensiviert werden.

Geschichte

Vermutlich ist Syrien seit dem 8. Jahrtausend v. Chr. besiedelt. Ab Mitte des 3. Jahrtausends v. Chr. erfolgten die ersten Einwanderungen semitischer Völker von der Arabischen Halbinsel: Amoriter, Kanaaniter und Aramäer. Seine Lage als Verbindungsland zwischen den frühen Hochkulturen (Mesopotamien, Ägypten) bedingte immer wieder wechselnde fremde Oberherrschaft (Akkader, Mitanni, Hethiter, Ägypter, Assyrer und Perser). Von 301 bis 64 v. Chr. gehörte Syrien zum Seleukidenreich. Im Römischen Reich (seit 64 v. Chr.) war Syrien neben Ägypten die reichste Provinz des Imperiums. Später wurde es dem Byzantinischen Reich angegliedert und von Konstantinopel aus verwaltet.
Nach der arabisch-muslimischen Eroberung 634 gewann Syrien unter dem Statthalter und späteren Umayyaden-Kalifen Mu'awiya (661–680) eine zentrale Bedeutung. Er baute als erster eine arabische Flotte auf und verlegte 661 das Kalifat von Medina nach Damaskus, das neben Mekka und Jerusalem zur dritten Heiligen Stadt des Islam wurde. 877 geriet Syrien in Abhängigkeit von Ägypten, die mit Unterbrechungen mehr als 600 Jahre dauerte.
Episode blieben die Kreuzfahrerstaaten auf syrischem Boden, die auch den Norden (Aleppo und Antiochia, das heute türkische Antakya) umfaßten. Der zweite Kreuzzug (1147–1149) mit der gescheiterten Belagerung von Damaskus spielte sich vorwiegend in Syrien ab. 1260 eroberten die Mongolen das Land, erlitten aber eine Niederlage gegen die Mamluken, die Syrien mit Ägypten vereinigten. Die Herrschaft der Mamluken dauerte bis 1516. Dann wurde Syrien Teil des Osmanischen Reichs, zu dem es bis auf eine kurze ägyptische Besetzung (1831–1840) bis 1918 gehörte.
Die erste arabisch-nationalistische Opposition gegen die osmanische Regierung nach 1840 wurde sofort unterdrückt. Nach der Revolution der Jungtürken 1908 verschlechterten sich die Beziehungen zwischen Arabern und

Türken weiter. Die Araber beteiligten sich im Ersten Weltkrieg auf der Seite der Alliierten gegen die Türkei, da ihnen die Briten alle Gebiete, die sie befreien halfen, zugesichert hatten. Die Hoffnung des Haschemiten-Prinzen Faisal, das 1920 ausgerufene Königreich »Großsyrien« zu erhalten, scheiterte an Frankreich, das das Völkerbundsmandat über Syrien und Libanon erhielt und seine Herrschaft in Syrien bis 1946 (17. 4. Tag der Unabhängigkeit) aufrechterhalten konnte.

Die Geschichte Syriens nach dem Zweiten Weltkrieg steht ganz im Zeichen der arabisch-israelischen Konflikte. 1948 endete die syrische Teilnahme am 1. Israelisch-Arabischen Krieg mit einer schweren Niederlage in Nordpalästina. Syrien wurde für über 20 Jahre in eine innere Dauerkrise gestürzt, von der zahlreiche Staatsstreiche Zeugnis ablegen. Der Verlust der Golanhöhen im Sechstagekrieg 1967 (von Israel trotz schärfster Proteste der arabischen Staaten und der UN 1981 annektiert) verschärfte noch die Feindschaft zu Israel.

Im Nationalmuseum Damaskus: Über 4500 Jahre alt ist diese »Beterstatue«.

1970 übernahm Verteidigungsminister Hafez al-Assad (seit 1971 Staatspräsident) die Macht. Er milderte zwar den sozialistischen Kurs der seit 1963 regierenden Baath-Partei, betrieb aber eine ziemlich radikale Außenpolitik (starke Anlehnung an die Sowjetunion, ohne die Bindungen an den Westen wegen der schwierigen Wirtschaftslage ganz abreißen zu lassen; Verbindung mit Libyen; Ablehnung des gemäßigten PLO-Chefs Yasir Arafat). 1976 verhinderte die syrische Intervention im Libanon die Vernichtung der christlichen Milizen, wodurch sich das Verhältnis zu den arabischen Staaten und der PLO weiter verschlechterte. In den Folgejahren griff Syrien immer wieder als selbsternannte Ordnungsmacht im Libanon ein. 1979 und 1982 kam es in Syrien zu bürgerkriegsähnlichen Auseinandersetzungen zwischen der sunnitischen Mehrheit und der ländlichen Minderheit der schiitischen Alawiten, die der Schiite al-Assad nur mit Hilfe ihm ergebener Truppen wieder bereinigen konnte.

Als im Juni 1983 ein Aufstand einiger PLO-Offiziere gegen den moderaten Kurs von Yasir Arafat ausbrach, ergriff Syrien Partei für die Gegner des Palästinenserführers. Die damit verbundene Schwächung der PLO diente ebenso Syriens Machtinteressen wie dessen Engagement im Libanonkonflikt. Seit Mitte der 80er Jahre bemüht sich Syrien um ein besseres Verhältnis zu den arabischen Nachbarstaaten.

Kultur

Ausgrabungsfunde französischer Archäologen (1929) in der alten Stadt Ugarit (heute Ras Shamra, 15 km nördlich von Latakia) lassen in der bereits im 2. Jahrtausend v. Chr. mit Wehrmauern umgebenen Stadt eine hochstehende Zivilisation erkennen, die starke ägyptische, anatolische und babylonische Einflüsse zeigt.

Seine Hochblüte erlebte Ugarit um 1450 bis 1200 v. Chr. Aus dieser Zeit stammen der große Königspalast, verschiedene Tempel und mehrere große Bibliotheken, in denen Texte auf Tontafeln in akkadischer Keilschrift oder in Alphabetschrift gefunden wurden. Mykenisch beeinflußt sind die Familiengräber unter den Häusern und die Töpferware.

Der Palast von Mari (heute Tall al-Hariri bei Abu Kamal) aus dem 2. Jahrtausend v. Chr. galt mit seinen über 300 Räumen seinerzeit als ein wahres Weltwunder. Berühmt sind die Wandmalereien sowie Tausende von Keilschrifttafeln, die über das politische und wirtschaftliche Leben Aufschluß geben.

Als schönste Zeugnisse aus römischer Zeit gelten die Ruinen der Oasenstadt Palmyra (1.–3. Jh.); hervorzuheben sind die Säulenstraße mit doppeltem Triumphbogen, Baal-Tempel und Theater. In der Nekropole außerhalb der Stadt stehen etwa 150 Grabtürme. Während der byzantinisch-christlichen Epoche entstand eine Reihe von Basiliken und Klöstern wie z. B. die Klosterkirche in Qal'at Sim'an nahe Aleppo, in deren Mitte sich die Säule des heiligen Simeon befindet.

Wesentlich wurde die Kultur durch den Einbruch des Islam geprägt. Unter Kalif al-Walid wurde in Damaskus die große Umayyaden-Moschee (705–715) über einem hellenistischen Jupiter-Tempel aus dem 1. Jh. errichtet. Von den einzigartigen Mosaiken sind nach mehreren Bränden nur die am Westportal erhalten. Gut restauriert ist die Zitadelle von Aleppo (10. Jh.), die zu den schönsten arabischen Festungsbauten zählt. Während unter den Mamluken vor allem Kunsthandwerk (Keramik, Glasarbeiten, Holzschnitzereien, Intarsien) und Miniaturmalerei gefördert wurden, hinterließen die Türken typische Moscheen mit »Imarets« (Armenküchen) und den Asim-Palast von Damaskus (1750).

© I.G.D.A. S.p.A. · Novara

Reise-Informationen

Einreise- und Fahrzeugpapiere

Bürger der Bundesrepublik Deutschland, der Schweiz und Österreichs benötigen für einen Aufenthalt bis zu drei Monaten einen gültigen Reisepaß bzw. Kinderausweis (ohne israelische oder südafrikanische Stempel) und ein Visum.

Für Fahrzeuglenker ist der internationale Führerschein erforderlich.

Zoll

Bei der Einreise sind zollfrei: pro Person 200 Zigaretten oder 25 Zigarren oder 50 Zigarillos oder 250 g Tabak, ½ Liter Spirituosen, eine kleine Menge Parfüm sowie Geschenke bis zum Gesamtwert von 200 syr£.

Devisen

Einfuhr von syr£ ist unbegrenzt, Ausfuhr verboten. Fremdwährung kann unbeschränkt ein- und in deklarierter Höhe wieder ausgeführt werden.

Impfungen

Von Mai bis Oktober wird Malariaprophylaxe empfohlen.

Verkehrsverhältnisse

Zwischen den meisten Städten bestehen Bus- und (in Westsyrien) auch Bahnverbindungen. Für Reisen ins Landesinnere sind Taxen das Hauptverkehrsmittel.

Unterkünfte

Es gibt Hotels von internationalem Standard, aber auch einfache Unterkünfte.

Reisezeit

Beste Reisezeiten sind Frühjahr und Herbst.

Fresko in einem der über 300 Räume im Palast von Mari am Euphrat: Opferzug vor 4000 Jahren.

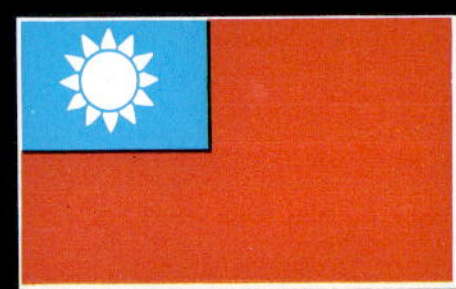

Taiwan

Peter Hornung

Am Anfang stand die totale Trostlosigkeit. Mit dem geschlagenen Feldherrn Chiang Kai-shek kamen im Sommer 1949 zwei Millionen Soldaten und Zivilisten vom chinesischen Festland auf die kleine Insel Taiwan, das ehemalige Formosa. Der Kampf war endgültig verloren, eine Zukunft ohne viel Hoffnung erwartete die Flüchtlinge.

Vier Jahrzehnte danach zählt die »Republik China« auf Taiwan zu den führenden Industriemächten der Welt. Ihre Devisenreserven sind größer als die der Bundesrepublik Deutschland. Sie exportiert weitaus mehr als die riesige Volksrepublik China. Taiwan hat die modernste und schlagkräftigste Armee Asiens aufgebaut, um China zurückzuerobern. Doch nach Jahrzehnten des kalten Krieges und der Scharmützel gehen die beiden China heute vorsichtig aufeinander zu. Seit der Aufnahme der Volksrepublik China in die Vereinten Nationen im Jahre 1971 ist Taiwan politisch isoliert, doch die Handelsbeziehungen blühen.

Landschaftlich und kulturell hat die erstaunliche Inselrepublik mit den »zwei Gesichtern« dem Besucher eine faszinierende Fülle von Reichtümern zu bieten.

Staatsname:	Republik China (Taiwan, Formosa, Nationalchina)
Amtssprache:	Chinesisch
Einwohner:	20 Millionen
Fläche:	36 188 km²
Hauptstadt:	Taipeh (Taipei)
Staatsform:	Präsidiale Republik
Kfz-Zeichen:	RC
Zeitzone:	MEZ +7 Std.
Geogr. Lage:	Westpazifik, vor dem chinesischen Festland

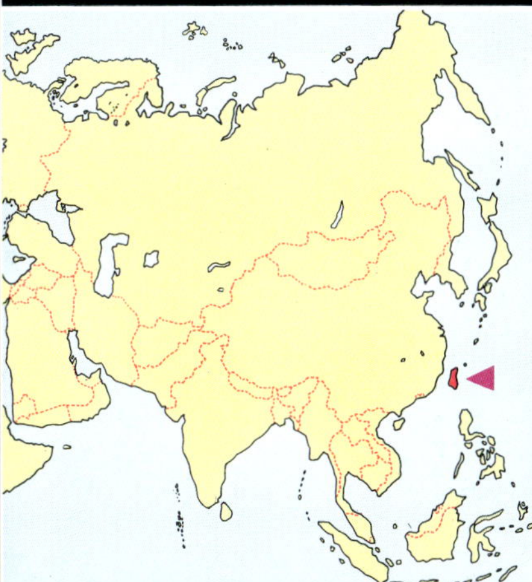

Betender Mönch im Wen-Wu-Tempel beim Sonne-Mond-See. Das taoistische Heiligtum ist dem Philosophen Konfuzius geweiht.

Das Fort der rothaarigen Barbaren

Wie ein schwarzer, schwer lastender Granitblock stand der Höhenzug des Wulai-Gebirges in der Morgendämmerung. Die gedeckte Korvette »Le Savoyard«, mit der Trikolore am Heck, mit 23 mittelschweren Geschützen auf dem Gefechtsdeck und fünf Kanonenbooten im Kielwasser, drosselte leicht die Fahrt. Auf der Brücke beobachteten Schiffsoffiziere die felsige, steil abfallende Küstenlinie Formosas – der »schönen Insel«, wie die Portugiesen sie genannt hatten. Auf einem weit ins Meer hinausragenden Kliff erhoben sich die wuchtigen Bastionen einer Festung: Fort Santo Domingo, 1629 von spanischen Seefahrern erbaut.

Nun hieß es »Hung Mao Cheng«, das »Fort der rothaarigen Barbaren«, und wurde an diesem Morgen des 14. Februar 1884 kommandiert von General Kitaschirakawa, einem Prinzen aus der Dynastie der chinesischen Mandschu-Kaiser. Etwas abseits von den Schiffsoffizieren stand ein hochgewachsener Mann in weißer Tropenuniform: Bataillonskommandant Benno Kratzert vom ersten Marschbataillon des in Tonking stationierten fünften Regiments der französischen Fremdenlegion. Auch nach 26 Jahren Legion versetzten unbekannte Küsten, Urwälder und Wüsten den harten Soldaten mit schöngeistigen Neigungen noch in aufgeregte Unruhe.

Das enge Idyll seiner Donauheimat und die Sehnsucht nach neuen Horizonten hatten den 21jährigen Unterleutnant Kratzert vom ersten königlich-bayerischen Pionierregiment in Ingolstadt bewogen, überraschend seinen Abschied zu nehmen und sich im Legionsfort St.-Jean in Marseille zu engagieren. Der operative Auftrag des Generals Favreau in Tonking für das winzige Expeditionskorps von 210 Legionären, die noch in ihren Kojen im Unterdeck dösten oder ihre Gewehre reinigten, lautete: Nach Bombardement und Fall der Festung Santo Domingo Marsch nach Taipeh, der Residenz des kaiserlichen Prinzen, Einnahme der Stadt, Schleifung des Regierungsviertels und Errichtung eines kleinen Forts.

Um acht Uhr eröffnete die Korvette »Le Savoyard« mit den fünf Kanonenbooten einen Dauerbeschuß. Im ersten Frühlicht des nächsten Tages begann Major Kratzert mit seinen Legionären den Sturmangriff. Nur noch vereinzeltes Gewehrfeuer kam aus den zerborstenen Bastionen. Bei dem dreitägigen Marsch nach Taipeh tauchten nur selten feindliche Späher auf, die sofort wieder im Unterholz verschwanden. Wegen der zwölf Schiffsgeschütze auf fahrbaren Lafetten war die Marschleistung gering.

Militärberichte hatten Taipeh als »bescheidene Residenz« geschildert. Ganz anders notierte Kratzert in sein Tagebuch: »Wir standen am Rande einer weiten, von sumpfigen Flüssen durchzogenen Ebene. Überragt wird sie von einem hohen Gebirgskegel, Yanming genannt. Die Stadt hat keine große Ausdehnung, ist aber mit größter Sorgfalt gegliedert. Die Wohnviertel befinden sich mit ihren Häusern aus Holz und Bambus außerhalb der etwa 20 Meter hohen Stadtmauer, die mit Schießscharten und Geschütztürmen versehen ist. Den Stadtkern bildet der imperiale

△ Der Panoramablick über die Hauptstadt Taipeh zeigt beispielhaft drei Epochen auf engstem Raum: Pavillons im klassischen alten Stil, die Repräsentations-Architektur der kolonialen Vergangenheit und die Hochhäuser einer modernen Metropole.

Palast des kaiserlichen Prinzen. Der Bau hat Fassaden aus schneeweißem Marmor, kunstvoll geschwungene und geschnitzte Dachfirste und vergoldete Dachziegel. Um ihn gruppieren sich Dutzende weiterer Paläste, nur um Nuancen weniger kostbar ausgestattet, inmitten blühender Ziergärten mit künstlichen Seen, graziösen Brückchen und anmutigen Pavillons. Von einer Anhöhe zählte ich 57 verschiedene Tempel (...) mit streng gegliederten Fassaden, die an die Renaissance erinnern, verziert mit steinernen Masken von Ungeheuern und Dämonen. Es ist wirklich eine Traumstadt inmitten der Urwälder.«

Blitzstart in die Moderne

Ehe die Geschütze die erste Bresche in die Stadtmauer schießen konnten, traf ein Melder von der »Savoyard« ein. Chinas Kaiser hatte dem Vertrag von Tientsin zugestimmt und Frankreichs Forderung nach der Abtretung von ganz Indochina akzeptiert.

Die Traumstadt der Paläste und Tempel im subtropischen Urwald, wie sie der genau beobachtende und dennoch poetische deutsche Fremdenlegionär beschrieben hatte, wandelte sich nach 1949, als der Generalissimus Chiang Kai-shek mit seiner von Mao geschlagenen Nationalarmee auf der Insel eintraf, in kurzer Zeit zur Millionen-Metropole Taipeh: mit den Wolkenkratzern der Bank-, Geschäfts- und Hotelviertel, mit einem verwirrenden Geäder von Schnellstraßen durch Straßenschluchten, gesäumt von schwindelerregenden Betonfassaden – ein silbrig glänzendes Bild moderner Perfektion.

In Taipeh ist die erregende Vision von der »unbegrenzten Großstadt« zu verspüren: kühne Raumschöpfungen, die in das nächste Jahrhundert verweisen und doch eingehüllt bleiben in einen Hauch majestätischer Erhabenheit und chinesischer Geschichte. Tausende von bunten Spruchbändern spannen sich über die Straßen, geprägt von der kunstvollen Anmut chinesischer Schriftzeichen. So waren auch die Anfahrten zu den kaiserlichen Palästen geschmückt, nur daß die Schriftbänder die Weisheiten des Konfuzius verkündeten und keine Werbeslogans. Der Fremde fühlt sich in das Feuerwerk der gewandelten Triumphbogen aus Seidenpapier

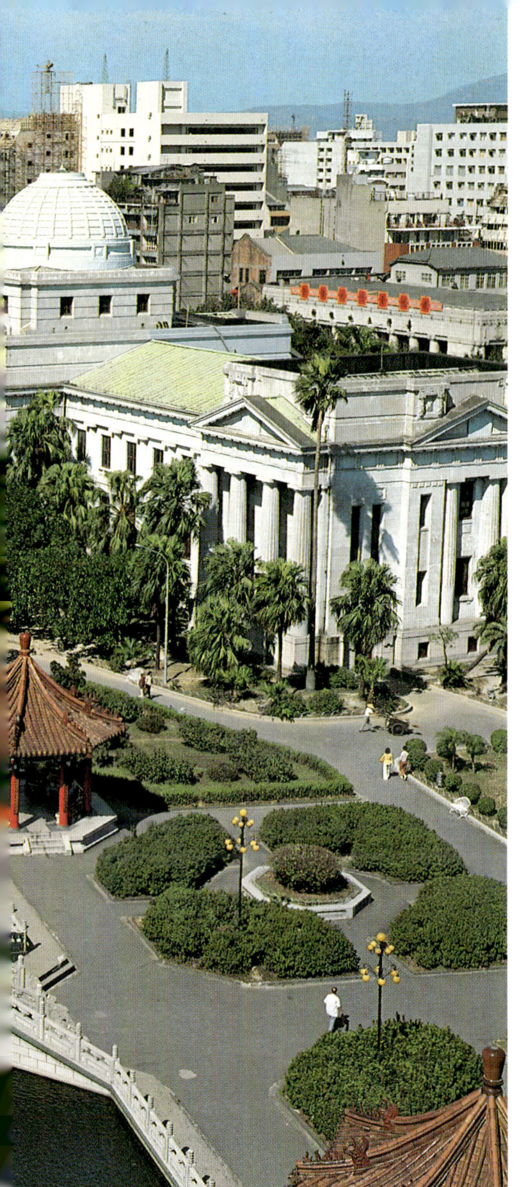

hineingezogen, spürt Magie inmitten schriller Hupkonzerte und erinnert sich an das philosophische Wort von General de Gaulle, China sei »ein Land, älter als die Geschichte«.

Aus dem Gewirr der Wolkenkratzer-Silhouetten heben sich die blauen Ziegeldächer des Mausoleums von Chiang Kai-shek deutlich ab. Und wie ein Kontrapunkt dazu auf einem weiten Platz: der Präsidentenpalast. Im Wald der Hochhäuser ist seine bräunliche Backstein-Neoklassik von seltsamer Fremdartigkeit. Nach einem feierlichen Zeremoniell hielt dort der asketisch-unnahbare Generalissimus hof. Sein ältester Sohn und Nachfolger Chiang Ching-kuo, der Anfang 1988 starb, verstand sich, wie auch der neue Präsident Lee Teng-hui, mit dem erstmals ein Taiwanese Hausherr im Präsidentenpalast wurde, als volksnaher Bürgerpräsident.

△ *Tag und Nacht brennen Räucherstäbchen in den sandgefüllten Becken vor Schreinen und in Tempelhöfen. Dieser Brauch ist bei allen Glaubensrichtungen der chinesischen Volksreligion wichtig: Räucherwerk kostet nicht viel und ist den Seelen der Ahnen genauso angenehm wie den Göttern und Geistern.*

◁ *Ein Schlangenrestaurant auf dem Nachtmarkt in Taipeh hat nichts mit der chinesischen Küche gemein, wie man sie aus deutschen China-Restaurants kennt. Die Bestellung eines Schlangenmahls wird hier zur Attraktion: Vor dem Essen tötet ein Mungo das Reptil, das anschließend für den Gast zubereitet wird.*

Taipeh, Downtown

Es war Chiang Ching-kuo, der verhinderte, daß das alte Taipeh, Downtown genannt, vom Moloch der Neubauten aufgesogen wurde. Es schrumpfte, doch ohne seine Faszination, seinen Charme, seine Heiterkeit und seine Hintergründigkeit zu verlieren.

Abends ist die schönste Zeit für Downtown. Wie ein ungeschliffener Topas voll inneren, bläulichen Feuers steht dann der Gebirgsstock des Yanming gegen einen purpurnen, von feinen weißen Federwölkchen durchzogenen Himmel. Lichter glänzen und kreisen. Das alte China ist allgegenwärtig; man kann es sehen, hören und riechen. Ungebrochen von der maoistischen Revolution leben hier alle Traditionen aus dem Reich der Mitte weiter: die beinahe das Morbide streifende Hochkultur, die klassische Peking-Oper, die Schrift mit ihrem Reichtum und ihrer Schönheit, die konfuzianische Morallehre mit ihrem strengen Humanismus und der alltäglichen Betonung des Wertes, den der Zusammenhalt der Familie darstellt, das taoistische Naturgefühl, das alles und jedes phantastisch beseelt.

Downtown ist ein Stadtteil des Wunderbaren: dunkle Ecken und lichtüberflutete Plätze, Märkte, nach allen Wohlgerüchen der exotischen Küche duftende Lokale, weihrauchdurchwehte Tempel, rot geschmückte Hochzeitsautos, Knallfrösche und Feuerwerksgeknatter, die opulenten Feste für Hunderte von Stadtgöttern mit bunten Umzügen, dröhnenden Pauken, dem Gellen der chinesischen Hörner, drei Meter hohen Geisterfiguren auf Stelzen, zottigen Löwen und phantastischen Drachen, die sich winden und bäumen, von 20 bis 30 Männern auf Stangen über den Köpfen getragen.

Auf einem Nebenplatz spielt eine Operntruppe: Ein König steht auf der Bühne, genüßlich streichelt er seinen langen schwarzen Bart. Ein Dutzend Höflinge und zwei Zeremonienmeister führen dem Herrscher eine neue Konkubine zu, begleitet von jungen Hofdamen, die auf der dreisaitigen Sanxian-Laute leise Melodien spielen. Nur kurz dauert das Glück des Königs. Der Abt des Buddhistenklosters am Großen Fluß kommt an den Hof. Er ahnt sofort etwas von dem in Wahrheit bösen Wesen der Konkubine und warnt den König vor der »Schlange des Bösen«. Der Abt braut in seiner finsteren Klosterküche – bannende Beschwörungsformeln murmelnd – ein Tränklein und verleitet den König dazu, es der Geliebten einzugeben. Daraus folgt dann alles Unheil: eine Kaskade dramatischer Verwicklungen, voller Listen und Ränke, menschlicher Bosheit und Schwäche. Eine bewegte Handlung mit rettender, verzeihender und doch wieder getäuschter Liebe. Und einem bitteren Ende.

Die Peking- oder besser China-Oper ist eine Mischung aus barockem höfischem Zierat, mystischer Bedeutungslehre, Historiendrama, Akrobatik, Ballett, Musik und Gruseleffekten.

Zum Abschluß jedes Besuchs der China-Oper gehört das Tafeln in einem der umliegenden Restaurants. Da tischen Ober geräucherte Karpfen, gepökelte Entenzungen, Muschelsuppe und Haifischflossen mit Krabben auf, sieben verschiedene Fische, süß-saures Schweinefleisch mit Glasnudeln, Chrysanthemenblüten und Sojabohnenquark, Huhn mit Bambussprossen, Ananas und dunklen Pilzen, in Honig gebackene Bananen und den süffigen, heißen Pflaumenwein.

Das wahre China braucht das völlige Vergessen der Zeit. So auch das »National Palace Museum« am nördlichen Stadtrand von Taipeh inmitten von Eukalyptus- und Pinienwäldern. Seine Sammlung chinesischer Kunst aus 4000 Jahren, von Chiang Kai-sheks Armee vor den Roten Garden Maos gerettet, ist so grandios und unvergleichlich, daß immer nur ein Bruchteil der Kunstwerke, der Edelstein-Statuen, Vasen, Wandteppiche, des kaiserlichen Schmucks und der Gemälde ausgestellt werden können. Unvorstellbar der Verlust, wenn dieser unersetzliche Schatz der Menschheit während der Kulturrevolution von den Rotgardisten zerstört worden wäre.

In Wanhua, dem ältesten Bezirk Taipehs, steht auf dem Drachenberg der goldene Lungshan-Tempel. 1738 auf kaiserlichen Befehl erbaut, wurde er 1945 bei einem Luftangriff zerstört und später rekonstruiert. Er hat eine große Haupthalle, Nebenkapellen, Umgänge, Höfe, riesige Eingangstore, Emporen, Steinbalustraden und – umgeben von dreibeinigen Räucherbecken und unter Drachen, die als Zeichen der Stärke und der Königswürde fünf Zehen haben – unzählige goldschimmernde Götterstatuen.

△ Beim Pai-Pai-Fest nahe Tainan wird zu Ehren der regionalen Gottheiten groß aufgetischt. Nach dem Segen der Priester – wenn der Hunger der Götter gestillt ist – nehmen die Gläubigen ihre Opfergaben wieder an sich und veranstalten ein großes Festessen – auch für die Armen.

Mit dem Zug über Land

Ideal zur Erkundung der Insel ist der »Transrapid«, eine Eisenbahn mit zwei stromlinienförmigen Dieselloks und hellblauen Panorama-Aussichtswagen. In wenigen Stunden durchquert er Taiwan von einem Ende zum anderen. Chinas »gute Erde« ist schwer, fruchtbar und rötlich-braun. Zweimal im Jahr kann auf diesen Feldern geerntet werden, geschickte Bauern bringen manchmal sogar bis zu vier Ernten ein. Die Ebenen erstrecken sich im Westen zwischen dem Meer und dem zentralen Gebirgsmassiv. Stundenlang begleiten die Bergketten den Zug, blaugraue oder grüne Wände am Horizont, bis zu knapp 4000 Meter hoch.

Wie eine idyllische, durchsichtige Tuschzeichnung wirkt die Landschaft, mit Ananasplantagen, Reisfeldern, Gemüseäckern und Viehkoppeln. Manchmal ein Gehöft, schneeweiß gestrichen, mit dem traditionellen geschwungenen roten Dach und eingesäumt von Palmen und Bambushecken. Auch das abgelegenste Haus hat elektrisches Licht und eine Fernsehantenne auf dem Dach.

In den silbrig funkelnden Seen der Reisfelder spiegelt sich die Sonne. Gebückt, mit spitzen Strohhüten, arbeiten Männer und Frauen auf ihnen. Aber diese Menschen, die junge Pflanzen in den schlammigen Boden setzen, sind keine Kolchosbauern wie auf dem Festland, keine Kulis, keine Knechte eines Großgrundbesitzers und keine abgestumpften Saisonarbeiter. Sie sind freie Bauern auf eigenem Land, und sie haben erreicht, was noch für viele hundert Millionen in Asiens Dörfern ein ferner Traum ist: Ihr Fleiß und ihre Umsicht auf den Feldern macht sich nach der Ernte bezahlt und füllt das eigene Konto bei der Bank in der nächsten Stadt.

Taiwans Bauern zählen ebenso zum wohlhabenden Mittelstand wie die Büroangestellten mit Eigenverantwortung oder die Techniker und Spezialisten in den Fabriken und Labors. Und die einstigen Großgrundbesitzer trauern in der »Republik China« ihren Feldern und Höfen nicht nach. Sie wurden durch die neuen, als Entschädigung gebauten Fabriken noch ungleich vermögender.

Wie eine weiß flirrende Fata Morgana taucht jenseits der Felder und Alleen das riesige Areal des Chiang-Kai-shek-Flughafens auf, 40 Kilometer von Taipeh entfernt. Er ist, neben Singapur, Hongkong und Tokio, eine der großen Drehscheiben des Flugverkehrs in Asien. Die staatlichen »China Airlines« zählen mit den »Singapore Airlines« und der »Cathay Pacific« zu jenen wenigen Traumfluggesellschaften, die sich mit den modernsten Maschinen und einem Luxus-Bordservice in wenigen Jahren zur Weltspitze des internationalen Luftverkehrs emporarbeiten konnten.

Die Seele baumeln lassen

Eine halbe Stunde nach dieser Vision aus Zukunftstechnik und der ausgefeilten Symmetrie des Notwendigen ein arkadischer Traum: lieblich geschwungene Waldkuppen, Dutzende von kleinen Seen, hell, unergründlich, an Raubtieraugen erinnernd. Aus Parks schimmern die Dächer von Landhäusern und Tempeln. Ständig ändern sich die verwirrenden Luftspiegelungen. Wie vom Tuschpinsel eines genialen Künstlers gezogen sind die Linien der Waldberge um den verästelten »Sonne-Mond-See« und die umliegenden Seen: keine öde Kante, keine falsche Krümmung. Die Landschaft erscheint wie ein poetisches Beispiel der großen chinesischen Gartenkunst. Noch das natürlich Schroffe übt einen kunstvollen Reiz aus.

Unverändert ein Naturwunder ist trotz ihrer Erschließung die Taroko-Schlucht, nicht weit von der Stadt Hualien an der Pazifikküste. Ihre Marmorwände wechseln von makellosem Weiß bis zum Schwarz eines Grabtuchs. Auch der Li-Wa-Fluß tost ungebärdig durch sein schmales Bett. Seitdem aber die Armee eine kühne Straße auf halber Höhe in die Felsen gesprengt hat, begann die touristische Massenvermarktung dieser Gegend.

Unberührt von den Touristenschwärmen ist dagegen das wenige Kilometer entfernte Hafenstädtchen Suao. Es hat nur eine von Pappeln gesäumte Hauptstraße mit behäbigen Handelshäusern, aber zwei Häfen. Im »neuen Hafen« ankern uralte Seelenverkäufer, die Reis, Kartoffeln, Dörrfleisch und Salz laden. Ihr Ziel sind winzige Inselgruppen im Pazifik. Der »alte Hafen« hat zwei Kais und an der Ausfahrt eine große Fischfabrik. Im trüben, brackigen Hafenbecken dümpeln beinahe hundert hochbordige Fischkutter. Sie

haben, wenn auch in Küstennähe, schon manchen Taifun überstanden. Die Kapitäne mit ihren wettergegerbten Gesichtern erkennt man sofort an dicken Strickmützen. Auch bei 40 Grad Celsius im Schatten nehmen sie die nicht ab.

Wenn die Kutter von ihrer nächtlichen Fangfahrt zurückkommen, liegen sie schwer im Wasser. Unerschöpflich scheinen die Fischgründe an dieser Küste. Die Strickmützen-Kapitäne wurden durch die hochmodernen schwimmenden Fischfabriken nicht brotlos. Zentner um Zentner Frischfisch wird ausgeladen. Auf den Kais warten die Köche der Sechssterne-Hotels in Taipeh, die eigens eingeflogen sind, Händler und die Manager der Fabrik. Mittags sitzen die Besatzungen in den kleinen Lokalen gleich hinter den Kais und verspeisen die lukullisch zubereiteten besten Stücke des Fangs.

Hafen-Wirtschaft en gros

Fast dreieinhalb Stunden Fahrt sind es mit dem »Transrapid« zum Kaohsiung-Port: nach Gebirgswäldern und üppigen Zuckerrohrfeldern plötzlich das dämmrige Grau endloser Fabrikhallen und Warendepots. Dahinter zieht sich über Kilometer der Hafen hin, überragt von Containerkränen auf den 84 Kais modernster Konstruktion. 83 Schiffe über 100000 Tonnen und 191 darunter könne der Port gleichzeitig abfertigen, erklärt Hafendirektor Yuan Liu-chiu. In seinem Beobachtungsraum sieht es aus wie im Tower eines Flughafens. Jeder Winkel des Hafens wird von Fernsehkameras kontrolliert, 45 Männer vor den Bildschirmen verfolgen jede Bewegung.

Seinen ersten Platz unter den 20 größten Containerhäfen der Welt kann Rotterdam noch immer verteidigen. Aber der Kaohsiung-Port ist bereits auf Platz drei vorgerückt und hat Singapur und Hongkong überrundet. Er ist der Heimathafen der Reederei »Greenline« mit der größten und modernsten Containerflotte der Welt. Ihre Schiffe sind voll computerisiert, haben nur zehn Mann Besatzung an Bord und sind mit einer Durchschnittsgeschwindigkeit von 24 Knoten schneller als jede Konkurrenz. Mit einem Mittelwert von 18 Stunden hat Kaohsiung-Port die kürzeste Umschlagzeit der Welt.

Vor 15 Jahren bestand die Handelsflotte der »Republik China« aus 115 Schiffen. Inzwischen besitzt sie 472, und keines ist älter als fünf Jahre. In den letzten Jahren haben die Großwerften von Kaohsiung den Einstieg beim Bau von Passagier-Luxuslinern, Forschungsschiffen und Eisbrechern geschafft.

Zum Abschied ein Stück Südsee

Nur 45 Minuten Flug sind es von Taitung an der Pazifikküste bis zur Orchideeninsel Lan Hsu. Sie wird auch »Verwunschene Insel« genannt. Im feinkörnigen Sandstrand vor der smaragdfarbenen See liegen in langer Reihe kunstvoll geschnitzte Kanus mit Göttermasken am weit vorragenden Bug. Mit solchen Booten durchquerten die Polynesier und Melanesier den ganzen Pazifik. Einen Teil des Stammes der Yami verschlug ein Sturm von den polynesischen Tokelau-Inseln auf dieses Eiland. Niemals haben die Yami ihre Gebräuche geändert. Als halbe Gottheiten betrachten sie ihre Kanus. Nur bei einem ganz bestimmten Stand der Sterne fahren sie zum Fischfang weiter hinauf auf das Meer, begleitet von gebetsähnlichen Gesängen. Rot, Gelb und Grün sind die Grundfarben der Kanus. Verziert sind sie mit archaischen, mythischen Symbolen, Schriftzeichen und geheimnisvollen Mustern. Jeden Anschluß an die moderne Zeit lehnen die Yami ab. Zu den abenteuerlichen Tänzen vor meterhohen Feuern tragen die Männer silbrig glänzende Helme und schwere Wurfspeere, die schon der große Entdecker Kapitän Cook fürchtete.

Nach der Rückkehr von den reich geschmückten Geisterkanus der Yami und den Bergen und Bergwäldern voll wilder Orchideen auf Lan Hsu, hat uns die Hektik von Taipeh wieder. Bei einer Peking-Ente in Downtown sagt der Historiker Professor Shi Chihang: »Ich glaube, wir haben hier auf Taiwan bewiesen, wozu China ohne falsche Ideologie fähig ist. Wir beherrschen die neueste Technologie und leben trotzdem noch immer ganz in unserer Geschichte. Nicht umsonst hieß China immer das ›Reich der Mitte‹.«

Draußen, auf dem Weg nach Hause, mitten im Straßenlärm, waren plötzlich die durchdringenden Flöten und Violinen eines Opernensembles zu hören.

◁ An Feiertagen werden Mythos und Geschichte lebendig: Die Prozessionsfigur eines Generals ist erkennbar an den schmetterlingsflügelartigen Wimpeln. Der Bart verkörpert Würde, die Krone Macht.

△ »Hier gehen die Götter spazieren«, sagt man auf Taiwan. Inmitten einer fruchtbaren Berglandschaft im Osten der Insel liegt der noble Höhenkurort Lishan – meist in Nebelschwaden eingehüllt.

Landesnatur

Fläche: 36188 km^2 (etwa so groß wie Baden-Württemberg)
Ausdehnung: West–Ost 140 km, Nord–Süd 390 km
Küstenlänge: 1600 km
Höchster Berg: Yushan 3997 m

Taiwan (Formosa) ist Teil einer Inselgirlande im Westen des Pazifiks. Nachbarinseln sind im Süden die Philippinen, im Nordosten die Riukiu-Inseln; im Westen ist Taiwan durch die Formosastraße vom chinesischen Festland getrennt.
Zu Taiwan gehören insgesamt 85 Inseln, darunter die Pescadores-Inseln (127 km^2) sowie die Inseln Chinmen (Quemoy, 155 km^2) und Matsu Liehtao (26 km^2).

Naturraum

An der Nahtstelle des Philippinen- und des Riukiugrabens, schon auf dem Schelfsockel des asiatischen Kontinents, liegt die erdbebengefährdete Insel. Terrassenförmig steigt Taiwan (chinesisch »Terrassenland«) von der 45 km breiten Küstenebene im Westen nach Osten hin an. Im Innern und im Osten der Insel gibt es drei parallel in Nord-Süd-Richtung verlaufende Gebirgszüge von über 3000 m Höhe, die durch zahlreiche kurze, aber tiefe Quertäler zergliedert sind. Der Taitung-Graben trennt die zentrale Gebirgslandschaft von der östlichsten Gebirgskette, die von ihrer durchschnittlichen Höhe von 1500 m in steilen Stufen zum Pazifik hin abbricht.

Von Bergketten eingerahmt: der Sonne-Mond-See in Zentral-Taiwan und der buddhistische Hsuan-Chang-Tempel (Eingangstor).

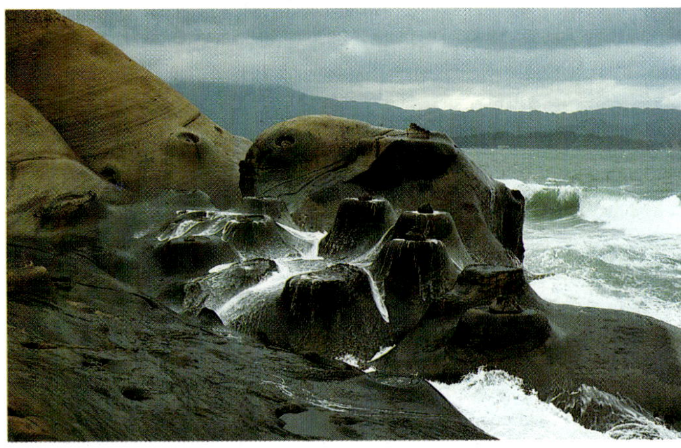

Vom Meer geformt: Sandsteinglocken im Yeh-Liu-Nationalpark.

Klima

Taiwan hat subtropisches bis tropisches Klima mit Jahresmitteltemperaturen von 21 °C im Norden und 25 °C im Süden; im Gebirge ist es entsprechend der Höhe kühler. Die Niederschlagsmenge beträgt im Norden durchschnittlich 3000 mm pro Jahr, im Gebirge sogar bis 6000 mm; der Süden erhält hauptsächlich im Sommer Regen (1500–2000 mm). Taiwan liegt im Monsunbereich und im Durchzugsgebiet von Wirbelstürmen.

Vegetation und Tierwelt

Über die Hälfte des Landes ist bewaldet. An der Küste wachsen Mangrovewälder, in der Küstenebene immergrüne Lorbeerwälder, Bambus und Akazien (bis 1000 m). Subtropische Wälder mit Japanzedern, Kampferbäumen, Palmen und Eichenarten findet man bis zu einer Höhe von 2000 m. Daran schließt sich eine Mischwaldzone mit Buchen, Ulmen und Ahorn an. Zwischen 2600 und 3000 m hält sich nur noch Nadelwald, darüber Krummholz, Gras und Polsterpflanzen. In der Tierwelt Taiwans sind hervorzuheben Hirsche, Bären, Affen, Panther und zahlreiche Vogelarten.

Politisches System

Staatsname: Chung-Hua Min-Kuo

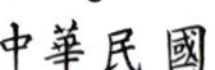

Staats- und Regierungsform: Präsidiale Republik
Hauptstadt: Taipeh (Taipei)
Mitgliedschaft: Sonderorganisationen der UN (IBRD, IDA, IFC)

Der von der Nationalversammlung für sechs Jahre gewählte Staatspräsident besitzt weitreichende Machtbefugnisse. Er nominiert im Einvernehmen mit dem Legislativ-Yuan den Präsidenten des Exekutiv-Yuan (Ministerrat). Führende Partei ist die Kuomintang.

Oberste gesetzgebende Organe sind die für sechs Jahre gewählten Abgeordneten der Nationalversammlung und der Legislativ-Yuan. Ebenfalls direkt gewählt wird der Kontroll-Yuan, der die Tätigkeit von Regierung und Verwaltung überwacht.
Taiwan ist in 16 Kreise und sieben kreisfreie Städte gegliedert.
Die Gerichtsbarkeit untersteht dem Justiz-Yuan, nachgeordnet sind Amts- und Obergerichte.

Bevölkerung

Einwohnerzahl: 20 Millionen
Bevölkerungsdichte: 553 Einw./km^2
Bevölkerungszunahme: 1,4 % im Jahr
Ballungsgebiet: Westliche Küstenebene
Größte Städte: Taipeh (mit Vororten 4,2 Mio. Einw.), Kaohsiung (1,3 Mio.), Taichung (665000), Tainan (635000)
Bevölkerungsgruppen: 98 % Chinesen, etwa 1 % Ureinwohner (Gaoschan)

Taiwan, das zwischen 1946 und 1950 über zwei Millionen Flüchtlinge vom festländischen China aufnahm, gehört zu den am dichtesten besiedelten Staaten der Erde. Zwei Drittel der Bevölkerung leben in Städten; ein Drittel ist jünger als 15 Jahre. Amtssprache ist Chinesisch, Handelssprache Englisch. Der Buddhismus hat 7,5 Millionen Anhänger, der Taoismus 3,3 Millionen. Zum Christentum bekennen sich etwa 600000 Einwohner.

Soziale Lage und Bildung

Das Land besitzt ein gutes Sozialversicherungs- und Sozialhilfesystem, die Arbeitslosigkeit ist gering. Die medizinische Versorgung ist sowohl in den Städten als auch in ländlichen Gebieten gut entwickelt.
Allgemeine Schulpflicht besteht vom 6. bis zum 15. Lebensjahr bei gebührenfreiem Unterricht; die Analphabetenrate liegt unter 10 %. Taiwan besitzt 16 Universitäten.

Wirtschaft

Währung: 1 Neuer Taiwan-Dollar (NT$) = 100 Cents (c)
Bruttoinlandsprodukt (in Anteilen): Land- und Forstwirtschaft 6,5 %, industrielle Produktion 51 %, Dienstleistungen 42,5 %
Wichtigste Handelspartner: USA, Japan, EG-Staaten, Saudi-Arabien, Hongkong

In nur 25 Jahren hat sich die Wirtschaftsstruktur Taiwans grundlegend geändert. Der spektakuläre Aufstieg vom Entwicklungsland zum Schwellenland wurde durch US-Wirtschaftshilfe, Gemeinschaftsunternehmen zwischen Taiwan und dem Ausland und die Ansiedlung fremder Firmen erreicht. Das Land leidet unter starker Umweltverschmutzung.

Landwirtschaft

Etwa ein Viertel der Insel, hauptsächlich der Westen, wird landwirtschaftlich genutzt. Zwei bis drei Ernten jährlich sichern weitgehend die Eigenversorgung und erlauben sogar Agrarexporte. Fischfang (Thun-, Tintenfische) und -zucht (Aale) sind auch für den Export wichtig.

Energie, Industrie, Handel

Erdöl zur Energieerzeugung soll durch importierte Kohle und Kernkraft ersetzt werden. Industrielle Wachstumsbranchen sind der elektronische und elektrotechnische Sektor, die chemische Industrie, die Informationstechnologie und der Maschinen- und Fahrzeugbau. Hauptausfuhrgüter sind elektrotechnische Erzeugnisse, Bekleidung, Schuhe, Metallwaren, Spiel- und Sportartikel sowie Agrarprodukte (Reis, Tee, Zucker, Ananas). Eingeführt werden Industrierohstoffe, elektrische/elektronische Maschinen und Geräte, Fahrzeuge und Erdöl.

Verkehr, Tourismus

Der Bau von Fern- und Schnellstraßen zeigt die wachsende Bedeutung des Straßenverkehrs auf Taiwan (rd. 19000 km Straßen, davon drei Viertel asphaltiert). Das Land hat auch ein gut ausgebautes Eisenbahnnetz (1100 km). Wichtigste See- und Handelshäfen sind Kaohsiung und Keelung, internationale Flughäfen Taoyuan bei Taipeh und Kaohsiung.
Der Fremdenverkehr hat sich seit 1970 rasch entwickelt. Ein mildes Klima, kulturhistorische und landschaftliche Sehenswürdigkeiten begünstigen den Tourismus.

Geschichte

Im 3. Jh. wurde Taiwan in chinesischen Quellen erstmals erwähnt. Aber erst im 12. Jh. begannen chinesische Siedler, kleine Ackerbaukolonien zu gründen. Die ansässige polynesisch-malaiische Bevölkerung, Nachfolger der ausgerotteten Ureinwohner, wurde ins Landesinnere verdrängt.

1590 von den Portugiesen entdeckt und »Ilha Formosa« (schöne Insel) genannt, wurde der Südwesten Taiwans 1624 von den Niederländern und der Norden 1626 von den Spaniern besetzt. 1642 verdrängten die Niederländer die Spanier von der Insel, bis sie 1662 vom Ming-General Koxinga vertrieben wurden. Anfang des 17. Jh. wuchs der Anteil der chinesischen Einwohner sprunghaft: Flüchtlinge aus den chinesischen Südprovinzen, die vor den Angriffen der Mandschu-Dynastie zurückwichen, ließen sich auf der Insel nieder. Auch in den beiden folgenden Jahrhunderten kam es zu neuen Einwanderungsschüben.
1683 geriet die Insel unter die Herrschaft der Mandschu, die den Großgrundbesitz einführten, die Ein- und Ausreise kontrollierten, jeglichen Waffenbesitz verboten und – als Symbol der Unterwerfung – das Tragen des Zopfes verlangten.
Als ein Resultat des Chinesisch-Japanischen Kriegs 1894/95 mußten die Chinesen Taiwan an Japan abtreten. In den 50 Jahren seiner Herrschaft versuchte Japan gewaltsam, die Inselbewohner zu assimilieren.

Ausrufung der Republik

Nach der Kapitulation Japans 1945 wurde Taiwan von den Alliierten wieder China zugesprochen. Nationalchinesische Truppen marschierten ein und unterdrückten die Taiwanesen. Deren Streben nach Unabhängigkeit gipfelte im März 1947 in einem Aufstand, der blutig niedergeschlagen wurde. Über 1700 Aufständische wurden hingerichtet. Aus den ersten allgemeinen Wahlen, die Ende 1947 in China abgehalten wurden, ging die Kuomintang-Partei als Sieger hervor. 1948 wurde Chiang Kai-shek Staatspräsident der von der Kuomintang beherrschten Gebiete; er mußte jedoch 1949 vor der Volksbefreiungsarmee Mao Tse-tungs nach Taiwan fliehen. Mehr als zwei Millionen Kuomintang-Chinesen folgten ihm zwischen 1949 und 1951.
Am 1. März 1950 rief Chiang Kai-shek auf Taiwan die Republik China aus und erklärte sich zum alleinigen Repräsentanten für Gesamtchina (Nationalfeiertag: 10. Oktober). Zum Schutz vor kommunistischen Angriffen entsandten die USA 1950 Marineverbände und gewährten Militärsubventionen. 1954 wurde ein bilaterales Verteidigungsabkommen geschlossen.
Bis 1965 erhielt Taiwan von den USA ferner bedeutende Wirtschaftshilfen, die zusammen mit einer Landreform (1949 bis 1953) die Grundlage für das »taiwanische Wirtschaftswunder« schufen.
1971 wurde Taiwan aus den UN ausgeschlossen und die Volksrepublik China an seiner Stelle aufgenommen. 1975 starb Chiang Kai-shek. Sein Sohn Chiang Ching-kuo (1910–1988) wurde sein Nachfolger als Parteichef und 1978 als Staatspräsident. Seit Mitte der 80er Jahre verstärken sich die Bestrebungen, Taiwan aus seiner außenpolitischen Isolierung herauszuführen, die Konfrontation mit der Volksrepublik China zu beenden und die Wiederaufnahme in die UN zu erreichen. Innenpolitisch führte eine Demokratisierungskampagne Mitte 1987 zur Aufhebung des fast 40 Jahre bestehenden Kriegsrechts.

Allzeit wachsam angesichts des »feindlichen Festlands«: Soldaten auf der Festungsinsel Chinmen.

Kultur

Auf Taiwan existieren zwei Kulturen: die einer nichtchinesischen Minderheit, deren Sprache, Religion und Kunst auf den indonesisch-pazifischen Raum verweist, sowie die der chinesischen Einwanderer.
Nachkommen der polynesisch-malaiischen Bevölkerung leben heute vor allem im bergigen Landesinnern. Jeder der neun Stämme hat seine eigene Sprache, und bis auf einen waren alle Kopfjäger. Berühmt sind die Schnitzereien der Paiwan, die Figuren ihrer Mythen darstellen. Andere Stämme sind bekannt für ihre Gesichtstätowierungen. Neujahrs- und Erntedankfest der Ami sind zu Touristenattraktionen geworden, ebenso das Bootfest der Yami auf der Orchideeninsel (Lan Hsu).

Chinesische Traditionen

Mit dem großen Flüchtlingsstrom 1949 bis 1951 kamen Emigranten vom chinesischen Festland, die sich vehement zu Brauchtum, Ahnenkult und Religion bekannten. So erlebt z. B. der Taoismus, die Lehre vom Welturgrund Tao, auf Taiwan eine Renaissance.
Das chinesische Neujahrs-, das Drachenboot- und Herbstmondfest sind Höhepunkte des Jahres. Das Drachenbootfest bekam seinen Namen nach den Booten, deren Bug und Heck mit Drachenköpfen und -schwänzen verziert sind und mit denen alljährlich Wettrennen zur Herbeiführung von Regen abgehalten werden. Der Drache ist das wichtigste Symbol in der chinesischen Kunst und Mythologie. Beim Herbstmondfest wird das im Mond verkörperte weibliche Yin-Prinzip (im Unterschied zum männlichen Yang, für das die Sonne steht) gefeiert.

Die wenigen Pagoden und Tempel sind fast durchweg aus dem 20. Jh. und meist Nachbildungen.
Eine der größten und vollständigsten Sammlungen chinesischer Kunst befindet sich im National Palace Museum in Taipeh.

Reise-Informationen

Einreise- und Fahrzeugpapiere
Bürger der Bundesrepublik Deutschland, der Schweiz und Österreichs benötigen für einen Aufenthalt bis zu 30 Tagen einen mindestens noch sechs Monate gültigen Reisepaß und ein Visum.
Als Fahrerlaubnis ist der internationale Führerschein erforderlich.
Zoll
Bei der Einreise sind zollfrei: 200 Zigaretten oder 25 Zigarren oder 450 g Tabak, 1 Liter Spirituosen und eine kleine Menge Parfüm.
Devisen
Bei der Ein- und Ausreise dürfen bis zu 8000 Neue Taiwan-Dollar (NT$) und Fremdwährung in unbegrenzter Höhe mitgeführt werden.

Buddhismus, Taoismus und Konfuzianismus – für den weisen Chinesen keine Gegensätze.

Impfungen
Reisende, die aus einem Pocken- oder Choleragebiet kommen, müssen ein Impfzeugnis vorweisen.
Verkehrsverhältnisse
Es besteht ein dichtes inländisches Flugnetz. Komfortabel und schnell (Expreßlinien) reist man mit der Eisenbahn bzw. dem Autobus (dichtes Liniennetz). Taxis sind billig. Wegen der Beschilderung in chinesischer Schrift sind Mietwagen mit Fahrer anzuraten.
Unterkünfte
Hotels von europäischem Standard finden sich überall im Land.
Reisezeit
Die beste Reisezeit ist von April bis Juni und im September und Oktober.

Thailand

Hans Heine

Woran erkennt man den echten Thailänder? Der Fremdenführer, der eine Gruppe von Touristen durch die Ruinen der alten Hauptstadt Ayutthaya führt, stellt diese Frage und gibt auch gleich die Antwort: an seinem strahlenden, herzlichen Lächeln.
Spricht's, verwandelt sein von breiten Backenknochen geprägtes Gesicht in eine Landschaft des Lächelns und läßt die Zähne blitzen, als betreibe er nebenberuflich auch noch Reklame für Zahnpasta.
Thailand, das alte Siam, ein Land des Lächelns, ein tropisches Paradies, widerhallend von Tempelgongs und nahezu ertrinkend im Farbenreichtum von Orchideen und der Fülle exotischer Früchte wie Durians, Orangen, Mangos, Papayas und Mangostanen – solche Bilder werden in vielen lebendig, wenn der Name dieses Landes fällt. Manche Thailänder, auch wenn sie nicht für die Touristenbehörde arbeiten, wirken an derartiger Imagepflege gerne mit. Die thailändische Wirklichkeit indes ist vielfältiger, widersprüchlicher, facettenreicher.

Staatsname:	Königreich Thailand
Amtssprache:	Thai
Einwohner:	54 Millionen
Fläche:	513 115 km²
Hauptstadt:	Bangkok (Krung Thep)
Staatsform:	Konstitutionelle Monarchie
Kfz-Zeichen:	T
Zeitzone:	MEZ +6 Std.
Geogr. Lage:	Südostasien, grenzt an Birma, Laos, Kamputschea und Malaysia

Wandmalereien schmücken die Gänge im Tempel des Smaragd-Buddha. Die Motive stammen aus dem Thai-Epos Ramakien, das vom legendären Prinzen Rama erzählt. Der Tempel im Königspalast in Bangkok ist Heiligtum und Kunstschatz zugleich.

Thailand – das Land der Reisfelder

Beschaulichkeit, Sanftheit und Geduld sind durchaus Merkmale thailändischen Lebens und der Menschen in diesem Land. Doch wer glauben sollte, diese schon bei der Ankunft auf dem Don-Muang-Flughafen in Bangkok spüren zu können, der wird herb enttäuscht. Weltstadtgetriebe herrscht hier: Da quirlen und wirbeln unentwegt Menschentrauben durcheinander, und die Taxifahrer stürzen sich wie Sperber auf die Ankommenden. Ein erster Schock also für den Europäer, der sich anschickt, mit den Besonderheiten und natürlich auch mit den Gegensätzen, die das Land und seine Menschen bieten, vertraut zu werden. Doch die Freundlichkeit und auch die Geduld der Menschen helfen ihm schnell über die Schwierigkeiten der Eingewöhnung hinweg.

Thailand ist mehr als doppelt so groß wie die Bundesrepublik Deutschland. Die Gebirgszüge Hinterindiens greifen von Norden her fächerförmig in das Land. Im Osten erstreckt sich das mit Trockenwald und Baumsavanne bewachsene Khorat-Plateau bis an den Mekong, der hier die Grenze zu Laos bildet. Kernland und landwirtschaftlich bedeutendstes Gebiet ist jedoch die fruchtbare Schwemmlandebene des Menam nördlich der Hauptstadt Bangkok, in der hauptsächlich Reis angebaut wird. Im Süden besteht das Land aus einem schmalen Streifen von etwa 1000 Kilometer Länge auf der Malaiischen Halbinsel, die an ihrer engsten Stelle gerade noch 40 bis 50 Kilometer breit ist. Von ihrer Südspitze zum Äquator sind es noch etwa 600 Kilometer. Thailand liegt damit im Bereich der Monsunwinde.

Mitunter wird das Klima lakonisch als »feucht-heiß-tropisch« bezeichnet. Für die zentrale Ebene, den hügeligen Norden und den flachen, trockenen Nordosten gilt als die heiße Jahreszeit der Zeitraum zwischen März und Mai, wenn die Temperaturen manchmal 40 Grad erreichen. In der übrigen Zeit des Jahres bewegt sich das Thermometer um die 30 Grad, zu denen dann der Südwestmonsun bis Oktober eine Luftfeuchtigkeit beschert, die den Vergleich mit einem wohltemperierten Dampfbad nicht zu scheuen braucht. Monsun, das ist nun aber nicht eine Jahreszeit mit unentwegtem Regen, sondern eine Periode, in der es durchaus klare und sonnige Tage gibt, aber es kann jederzeit regnen – und wenn, dann mit erheblicher Wucht.

Im November wird es im gebirgigen Nordwesten Thailands oft recht kühl. Fallen die Temperaturen auf plus acht Grad, dann schreiben die Zeitungen über einen »nördlichen Kälteeinbruch«. In Südthailand wiederum, dem schmalen Landesteil zwischen dem Golf von Thailand und der Andamanensee, einem Teil des Indischen Ozeans, herrscht wegen der Nähe zum Äquator das ganze Jahr über gleichmäßig feuchtheißes Wetter mit der Möglichkeit, daß es jeden Tag regnen kann – auch ohne Monsun.

Das Bergland im Nordwesten Thailands ist hoch – dicht mit Wäldern bedeckt; die tropischen Regenwälder der tiefer gelegenen Gebiete sind dagegen fast völlig verschwunden. Eine Folge von rücksichtslosem Holzeinschlag aufgrund der Notwendigkeit, immer mehr Land für den Anbau von Reis zu gewinnen. Die Mechanisierung der Betriebe und die Anpflanzung von ertragreicheren Reissorten können sich viele der Reisbauern nicht leisten. Höhere Produktion bedeutet für sie deshalb mehr Land, und Thailands Wälder verschwinden. Der Export von Teakholz ist inzwischen verboten worden, doch der Be-

◁ *In traditionellen Manufakturen werden Papierschirme bemalt. Scheinbar mühelos schöpfen die Handwerker aus einem überquellenden Repertoire an Farben und Motiven: Der Kauf dieser Souvenirs wird zu einem kleinen Erlebnis.*

▷ *Wat Po, der Tempel des Ruhenden Buddha in Bangkok, ist die größte Klosteranlage des Landes. Sie entstand im 16. Jahrhundert als Universität für buddhistische Studien und volkstümliche Medizin. Hauptsehenswürdigkeit des Klosters ist die liegende Kolossalstatue des Buddha.*

▽ *Käufliche Liebe im Schaufenster eines Massagesalons: Viele thailändische Mädchen vom Lande gehen der Prostitution nach, um die Not ihrer Familien zu lindern.*

Die Welt der Geister

Kaum ein Thailänder – und dies gilt auch für Thailänderinnen –, der nicht wenigstens ein Amulett um den Hals trägt. Manche tragen eine ganze Serie. Die Amulette sollen vor Unglück schützen, vor Mißerfolg im Geschäft ebenso wie vor Schlangenbiß oder Autounfall. Solcher Glaube an Geister oder Schutzgötter geht in Thailand Hand in Hand mit dem Buddhismus, den die meisten Thailänder praktizieren.

Astrologen sind in Thailand ebenfalls sehr gefragt, wenn es gilt, den günstigsten Zeitpunkt für eine Geschäftsreise zu bestimmen, Umzugstermine festzulegen oder ein Haus zu kaufen. Es wurde als völlig selbstverständlich empfunden, daß vor der Hochzeit der jüngsten Tochter des Königspaares der Hofastrologe aufgefordert wurde, den Hochzeitstag zu bestimmen; ein Brauch, den auch weniger prominente Brautpaare pflegen. So kann es geschehen, daß Festsäle in Hotels manchmal tagelang hintereinander für Hochzeitsfeiern ausgebucht sind, da die Sterne für viele Paare zum gleichen Termin günstig stehen.

Die Geister, auf thailändisch »Phis« genannt, sind besonders auf dem Lande zahlreich. So wohnt ein besonders verführerischer weiblicher Geist in einer bestimmten Bananenart und quält jeden jungen Mann, der ihr zu nahe kommt.

Überall in Thailand, auch in dem modernen Bangkok, steht vor jedem Haus – Hotels und Bürohochhäuser eingeschlossen – ein kleines »Geisterhaus«, mitunter in Form eines Miniaturtempels. Hier wohnen die Geister, die die Bewohner des Hauses schützen sollen. Sie können aber auch Unheil bringen, und um die Geister freundlich zu stimmen, wird das Geisterhaus ständig frisch geschmückt. Vor allem Jasmin und Räucherkerzen sollen die Geister versöhnen.

stand dadurch noch lange nicht gesichert. Es gibt Geschäftemacher, die sich um das Verbot wenig kümmern und über Mittel und Methoden verfügen, der Strafverfolgung zu entgehen.

Reis, das Hauptnahrungsmittel Thailands, wird vor allem in der zentralen Ebene angebaut, ebenso wie Tapioka, auch Maniok genannt, eine Pflanze, deren stärkehaltige Wurzeln zu den verschiedensten Produkten (etwa Sago) verarbeitet werden, von denen Thailand gern mehr nach Europa exportieren würde, wenn nicht die Quotenbestimmungen der Europäischen Gemeinschaften eine Barriere wären. In großen Plantagen ebenso wie in bäuerlichen Kleinbetrieben werden auch Kokosnüsse, Bananen, Orangen, Limonen, Melonen und strengriechende Durians angebaut – die riesigen Knoblauchfelder im nördlichen Thailand kündigen sich, lange bevor man sie zu Gesicht bekommt, durch ihren durchdringenden Geruch an.

Blütenkränze für die Hausgeister

Orchideen der unterschiedlichsten Arten wachsen wild, werden aber auch gewerblich angebaut, ebenso wie andere Blumenarten – und dieses nicht etwa nur für den Export: Die kleinen, vor fast jedem Thai-Haus stehenden Schreine müssen für die Hausgeister täglich mit einem neuen Blütenkranz geschmückt werden.

Der Vielfalt der Flora entspricht auch Thailands Tierwelt. Frei lebende Elefanten und Affen gibt es zwar kaum noch, aber schillernde Eisvögel, Papageien, Echsen und – eher zu viele – Schlangen, von der ziemlich harmlosen Pythonschlange bis zur Königskobra, der man sich, wenn schon, am besten nur auf einer Schlangenfarm, durch Mauer und Wassergraben getrennt, nähern sollte.

Thailands Hauptfluß ist der durch die zentrale Ebene fließende, Bangkok durchquerende Menam, dessen voller Name Menam Chao Phraya lautet. Auf ihm fahren die Schleppzüge, deren bauchige Barken Reis nach Süden transportieren und deren Bordwände bei der Rückfahrt meterhoch aus dem Wasser ragen. Der Menam ist gleichzeitig Transportweg und Wasserspender für die Reisfelder des Südens. Bis Bangkok ist er auch für Seeschiffe befahrbar. An seinem Ufer liegen Bangkoks Großer Palast und gegenüber Wat Arun, der Tempel der Dämmerung, dessen hochaufragender Haupt-Stupa (buddhistischer Kultbau) eines der Kennzeichen der thailändischen Hauptstadt ist.

Sorgfältig aufgebockt und gepflegt, stehen am Menam auch die königlichen Barken, lange, schmale Prachtboote, goldverziert, Bug und Heck mit geschnitzten Tierköpfen, Drachen, Tigern, Schwänen geschmückt. Nur an hohen königlichen Festtagen werden sie zu Wasser gelassen. Hunderte von Soldaten rudern dann, in historische Uniformen gekleidet, den König oder die ganze königliche Familie über den Menam. Der Menam Chao Phraya – man hat in Thailand übrigens häufig für ein und dieselbe Sache mehrere Namen – heißt nach dem Begründer der seit 1782 herrschenden Chakkri-Dynastie, dem General Chao Phraya Chakkri. Er ging als König Rama I. in die Historie ein.

Ayutthaya – Stadt der 400 Tempel

Ayutthaya, die alte Hauptstadt, etwa 60 Kilometer nördlich von Bangkok gelegen, im 18. Jahrhundert größer als Paris oder London in jenen Tagen, wurde 1767 von den Birmanen erobert und niedergebrannt, wobei mit vielem anderen auch die gesamte geschriebene Geschichte des Landes vernichtet wurde.

Vom 9. Jahrhundert an wanderten die Thai, aus dem südlichen China kommend, auf die indochinesische Halbinsel ein. Um die Mitte des 13. Jahrhunderts errichteten die Thai ihr erstes Königreich, Sukhothai, von dem heute im Norden des Landes nur noch einige Ruinen stehen. In den knapp 200 Jahren der Sukhothai-Periode entwickelte sich die erste reine Thai-Architektur, gekennzeichnet von der erstmaligen Verwendung von Holz für die emporstrebenden mehrfachen Dächer, die Lebensfreude und Phantasie, aber auch Sinn für Macht und religiöse Ernsthaftigkeit ausdrücken.

Vom 14. Jahrhundert an gewann Ayutthaya an Macht, an Pracht und an Glanz, wovon die ersten europäischen Besucher mit Staunen und Bewunderung berichteten. Die Stadt zählte 400 Tempel, goldglitzernd, reich geschmückt mit farbigen Ziegeldächern und Mosaiken. Es gab 55 Kilometer Wasserstraßen und bereits 47 Kilometer gepflasterte Straßen für die Sänften der Hochgestellten und für die Kriegselefanten. 19 Befestigungen schützten die Stadt. Sie galten als uneinnehmbar. Aber ebensowenig wie andere Festungswerke mit solchem Anspruch diesem im entscheidenden Moment gerecht wurden, vermochten die Bollwerke Ayutthayas schließlich die Birmanen aufzuhalten.

Als diese 1767 nach vielen vorangegangenen Auseinandersetzungen wieder einmal anrückten, war Ayutthaya innerlich bereits weitgehend zerfallen. Adelsfamilien rivalisierten um den Thron. Die Birmanen setzten den inneren Kämpfen mit Feuer und Schwert ein grausames Ende.

Nach etlichen wilden Jahren gab es einen neuen König, den schon erwähnten Rama I., eine neue Dynastie, die Chakkri, und eine neue Hauptstadt, Bangkok. Aus einem seiner Feldzüge nach Laos brachte der König den Emerald-Buddha als Kriegsbeute mit, dem er seine neue Stadt weihte.

Buddhas Kleider wechselt nur der König

Der Emerald-Buddha schmückt heute den Tempel Wat Phra Kaeo neben dem großen Königspalast in Bangkok. Die kleine, aus einer Art Jaspis gefertigte Figur ist die am meisten verehrte Buddha-Statue im Land. Ihre juwelenbestickten Gewänder dürfen nur vom König gewechselt werden, und dies geschieht mit viel Pomp in regelmäßigen Abständen. Der König, Rama IX., Bhumibol Adulyadej, ein direkter Nachkomme des ersten Rama, herrscht seit 1946, als er, damals 19 Jahre alt, den Thron bestieg, nachdem sein älterer Bruder unter Umständen, die bis heute nicht völlig aufgedeckt wurden, ums Leben gekommen war.

Die Monarchie ist in Thailand, ebenso wie der Buddhismus, nicht einfach eine staatliche oder religiöse Institution neben anderen. Monarchie und Buddhismus sind vielmehr stark verbunden mit den allgemeinverbindlichen Lebensformen. Ohne die Monarchie, die eine verbindende Klammer um alle Schichten der thailändischen Gesellschaft darstellt, hätte Thailand, das ja nicht gerade frei ist von Spannungen sozialer, wirtschaftlicher und auch politischer Natur, wohl schon längst in diesem Spannungsfeld ernsthaften Schaden erlitten. Das Königshaus bildet ein Element der Kontinuität, ungeachtet mitunter wechselnder Regierungsformen. Die Studentenunruhen von 1973, die schließlich zum Sturz der seit Jahrzehnten autoritär, wenn nicht gar diktatorisch regierenden Militärs führten, hätten leicht im Chaos enden können, wäre nicht der König gewesen, der behutsam, aber mit unanfechtbarer Autorität eine Regierung der Versöhnung zustande brachte und damit eine neue Ordnungsstruktur schuf. Als dann, drei Jahre später, der Versuch einer gewissermaßen totalen Demokratie abermals dazu führte, daß die Militärs nach der Macht griffen, war es wiederum der König, dessen stiller Einfluß die Rückkehr zu einer militärisch geprägten Diktatur verhinderte.

Heute hat Thailand ein gewähltes Parlament und eine Regierung, die von der Mehrheit des Parlaments unterstützt wird. Aber obwohl die Demokratie in der einen oder anderen Form seit über 50 Jahren praktiziert wird, ist sie keine Angelegenheit des Herzens. Respekt genießt nur das Königshaus.

Thailänder, die alle einen ausgeprägten Sinn für Humor haben, denen das Wort »Sanuk« – Spaß – sehr viel bedeutet, verstehen überhaupt keinen Spaß, wenn sie meinen, daß auch nur im entferntesten ihr Königshaus verunglimpft werde. Die Geschichte von jenem Touristen, der festgenommen wurde, weil er einen Geldschein mit dem Fuß festhielt, damit er nicht davonflog, ist nicht erfunden: Auf dem Geldschein war nämlich König Bhumibol abgebildet, und mit dem Fuß auf jemanden zu zeigen oder gar auf ihn zu treten, ist nach thailändischer Auffassung eine der schwersten Beleidigungen.

Die drei Grundwerte, auf denen Thailands Gesellschaft aufgebaut ist, werden von der Monarchie, der Religion (dem Buddhismus) und von der Nation verkörpert. Die Farben der Nationalflagge Thailands, Rot, Weiß und Blau, repräsentieren dies. Rot steht für Blut, die Menschen, die die Nation bilden. Der blaue Streifen steht für die Monarchie, und die weißen symbolisieren den Buddhismus.

Erst Soldat, dann Mönch – in Thailand ganz normal

Für die Thailänder ist alles, was mit ihrer Religion zusammenhängt, eine alltägliche Selbstverständlichkeit und keine Sache theoretischer Diskussionen. Der normale Thai folgt den Überlieferungen ohne Fragen, ohne Zweifel. So selbstverständlich es für die jungen Männer Thailands ist, Militärdienst zu leisten, so selbstverständlich ist es auch, vor dem Eintritt ins Berufsleben einige Monate in einem Kloster als Mönch zu verbringen, um für sich und für die Familie »Gnade« zu gewinnen.

Auf einer Fahrt in den Osten des Landes fragte mich einmal mein Fahrer, ob es mir etwas ausmache, wenn er »einen kleinen Umweg« nehme, denn da stehe ein Tempel in der Nähe, in dem zu beten und zu opfern besonders gnadenreich sei. Für mich werde er dann ebenfalls Segen erbitten. Der Umweg war nicht ganz so klein, aber es war ein lohnendes Erlebnis. An einem ganz normalen Werktag bevölkerten Hunderte das Tempelgelände, steckten ihre Räucherstäbchen in die sandgefüllten bauchigen Messinggefäße vor den Buddha-Statuen, verneigten sich im Gebet, schmückten die Statuen mit hauchdünnen Goldplättchen oder Blumengirlanden. Die Atmosphäre dabei war fröhlich, unbeschwert, gelassen, und niemand nahm Anstoß an dem Fremden, dem Faranghi, der dazwischen herumspazierte.

△ Das »Goldene Dreieck« zwischen Birma, Laos und Thailand – ein Bild vollendeter Harmonie, doch der Ursprung von viel Elend: Hier wird Schlafmohn angebaut.

▷ Im gebirgigen Norden Thailands siedeln die Akha. Sie sind Hackbauern und betreiben Brandrodung. Ohne es zu wissen, tragen sie zur Bodenerosion bei.

Etwa 95 Prozent der Thailänder sind Buddhisten, aber die Vorherrschaft dieser Religion hat nicht etwa zu Intoleranz gegenüber anderen Konfessionen geführt. Die thailändische Religion ist keine Angelegenheit von Feuer und Schwert, sondern eher eine Art Weltanschauung, philosophisch, mythisch und mitunter für den Außenstehenden verwirrend, aber lebendig und von jedermann praktiziert.

Thailänder sind im allgemeinen nicht sehr formell, sondern eher gelassen. Einige Tabus aber sind dennoch zu beachten, sie berühren thailändische Grundüberzeugungen. Ebenso wie das Königshaus außerhalb jeder und besonders kritischer Diskussion steht, ist es auch absolut geboten, beim Betreten eines Tempels die Schuhe auszuziehen. Die Füße gelten in Thailand als der »niedrigste« Teil des Körpers. Es ist daher außerordentlich unhöflich, sich so zu setzen, daß die Füße auf einen anderen zeigen. Der Kopf andererseits ist der »höchste« Körperteil. Die bei uns als freundlich geltende Geste des Kopfstreichelns wird in Thailand als schwere Beleidigung gewertet. Den Gipfel der Unkultur erreichten einige Touristen, die sich gegenseitig in einem Tempel, auf dem Kopf einer Buddha-Statue sitzend, fotografierten. Diese doppelte Beleidigung erweckte echten Volkszorn, dem unbeschadet zu entkommen die Touristen einige Mühe hatten.

▽ Opiumrauchen hat in Thailand Tradition. Die Drogensüchtigen sind eine Herausforderung für die Gesellschaft. Die Versuche des Staates, den Mohnanbau im »Goldenen Dreieck« zu unterbinden, hatten bisher kaum Erfolg.

Exotisches Chaos – die Hauptstadt platzt aus allen Nähten

Bangkoks mitunter hoffnungslose Verkehrssituation, die auch durch die Einführung eines komplizierten Einbahnstraßensystems nicht wesentlich gebessert wurde, ist aber auch ein Zeichen für den Aufschwung, der zwar nur langsam und nicht in allen Landesteilen gleichmäßig erfolgt, doch lagen die wirtschaftlichen Zuwachsraten während der letzten Jahre bei 4 Prozent, und das trotz weltweiter Rezession. Dies bedeutet, daß sich immer mehr Menschen ein Auto kaufen, was übrigens – in Thailand ebenso wie anderswo – auch einige tun, die es sich eigentlich nicht leisten können. Nicht nur die Zahl der Kraftfahrzeuge ist in Bangkok während der letzten zehn Jahre um 75 Prozent gewachsen, auch Bangkok selbst wird immer größer. Niemand weiß genau, wie viele Menschen in der Hauptstadt und an ihren Rändern leben, die Zahl bewegt sich jedenfalls mit steigender Tendenz um die acht Millionen, rechnet man das Einzugsgebiet hinzu. Darin spiegelt sich die Attraktivität der Hauptstadt, die Verwaltungs-, Handels-, Finanz- und Industriezentrum des Landes ist; darin spiegelt sich aber auch die schlechte Lage der kleinen Bauern und Handwerker besonders im Nordosten Thailands. Es braucht nur eine Ernte wegen Trockenheit oder zu viel Regen auszufallen, dann stehen sie vor dem Ruin, können weder neues Saatgut noch die Schulden des Vorjahres bezahlen, und es bleibt ihnen nur die Flucht in die Stadt, in der Hoffnung, irgendeine Arbeit zu finden. Und wenn sie nicht selbst den Weg nach Bangkok antreten, dann schicken sie ihre Kinder. Hier liegen die Ursachen für die trotz mancher Anstrengungen der Behörden anscheinend nicht ausrottbare Kinderarbeit.

Auch die Zerstreuung, die Bangkok bietet und die sich in den Straßen Patpong I und Patpong II konzentrieren, sind nicht das Ergebnis ausgesprochen lockerer Auffassung der Thailänder von Sitte und Moral. Die Mädchen, die mit einem Nummernschild an der spärlichen Bekleidung auf Massagekunden warten, sind nicht selten die einzigen Verdiener einer Großfamilie, die im Norden oder Nordosten des Landes ohne die regelmäßigen Überweisungen aus der Hauptstadt überhaupt nicht existieren könnte.

Thailand, das ist ein Land der Gegensätze. In Bangkok wachsen immer mehr Hotelbauten empor: Häuser, deren Komfort und Ausstattung in Europa schwerlich Vergleichbares finden. Am Ufer des Menam liegt beispielsweise das »Oriental«, das, wenn man einigen amerikanischen Wirtschaftsmagazinen glauben kann, den ersten Platz unter allen Hotels der Welt einnimmt, dem aber selbst ein Skeptiker solcher Klassifizierung den Rang des Außergewöhnlichen zuerkennen müßte. Wo kann man sonst schon zwischen Orchideen und Marmor, zwischen Bambus und Goldverzierung seinen Tee nehmen, während ein Streichquartett gekonnt und verhalten Klassisches zum besten gibt? Und dies in einem Land, wo 75 Prozent der 54 Millionen Einwohner auf dem Lande und von der Landwirtschaft leben, wo in den Dörfern häufig Elektrizität noch unbekannt ist.

Barfuß ins Büro

Wer in Bangkok einkaufen will, der muß gut zu Fuß und obendrein auch behende sein. Die weit auseinandergezogene Stadt hat mehrere Einkaufszentren, in denen dicht aneinandergedrängte Läden die Schätze des Landes offerieren: Seide, Edelsteine, Goldschmuck, die für Thailand typischen ziselierten Silberarmbänder, Buddhas – obwohl deren Ausfuhr aus religiösen Gründen offiziell verboten ist – und eine verwirrende Fülle von Antiquitäten, bei denen Alter und Echtheit häufig zweifelhaft sind.

Viele Läden kann man nur betreten, wenn man vorher eine Mauer übersteigt, die bis zu einem halben Meter hoch sein kann und vor der Eingangstür angebracht ist. Solche Hindernisse sind nicht etwa gegen böse Geister oder sonstige unerwünschte Eindringlinge errichtet, sondern gegen das Wasser. Kommt die Regenzeit mit ihren intensiven Güssen, meldet Bangkok regelmäßig »Land unter«. Viele Straßen stehen dann bis zu einem Meter tief unter Wasser. Der ohnehin chaotische Verkehr bricht fast vollständig zusammen, Mönche waten mit hochgerafften Gewändern durch die Fluten, viele Arbeiter fahren mit dem Boot auf ihre Baustellen, und Sekretärinnen tragen Schuhe und Strümpfe in der Hand, während sie barfuß auf dem Weg ins Büro die Fluten durcheilen.

Zwei Gründe gibt es für dieses alle Jahre wiederkehrende Übel: Die meisten Klongs – Kanäle, die noch vor 30 Jahren Bangkok durchzogen und die als Verkehrswege, aber auch zur Entwässerung dienten – sind mittlerweile zugeschüttet worden, um Platz für Straßen zu schaffen. Noch folgenschwerer als die Einschränkung der Entwässerungsmöglichkeiten aber ist die Tatsache, daß Bangkok langsam versinkt. In den letzten drei Jahrzehnten ist das Niveau der Stadt um einen Meter niedriger geworden. An einigen Stellen, besonders im Osten, hat die Sinkgeschwindigkeit ein Tempo von 12 Zentimeter pro Jahr erreicht. Wasserbauingenieure haben ausgerechnet, daß ganz Bangkok im Jahr 2000 unter der Meereshöhe liegen wird.

Die Stadt ist ein Opfer ihres eigenen Wachstums geworden. Für die ständig zunehmende Einwohnerzahl wurden in den neuen Wohngebieten immer mehr Brunnen gebohrt. In dem Maße aber, in dem Wasser aus dem Kalkgestein, auf dem Bangkok steht, abgepumpt wird, nimmt die Festigkeit und Tragfähigkeit des Gesteins ab. Bangkok sackt immer tiefer und ist dadurch von Hochwasser bedroht. Es gibt Pläne für den Bau großer Entwässerungsanlagen; holländische Wasserbauexperten wurden um Rat gefragt, aber tatsächlich stehen die Gegenmaßnahmen in keinem angemessenen Verhältnis zur Schwere des Problems.

Die chronisch unterfinanzierte Stadtverwaltung von Bangkok hat daneben noch viele andere Probleme: Mehr als eine Million Menschen leben in Slums, in notdürftig zusammengehämmerten Hütten, wo oft bis zu sieben Menschen in einem Raum hausen, ohne Kanalisation, ohne fließend Wasser. Viele Bauarbeiter leben auf der Baustelle in Verschlägen. Ist das Bauvorhaben abgeschlossen, ziehen sie mitsamt ihren Familien auf die nächste Arbeitsstätte.

Man sollte meinen, solche Verhältnisse wirkten abschreckend auf potentielle Zuwanderer. – Mitnichten. Vor allem aus dem armen Nordosten kommen täglich Hunderte per Bus oder mit dem Zug. Rund um den Bahnhof haben private Arbeitsvermittler ihre Stände aufgeschlagen. Haben die Zuwanderer Glück, finden sie Beschäftigung als ungelernte Arbeiter im Hafen oder in einer Fabrik zum gesetzlichen Mindestlohn von umgerechnet etwa sechs Mark pro Tag. Haben sie Pech, geraten sie an einen Vermittler, der die Provision einstreicht und damit auf Nimmerwiedersehen verschwindet.

Bangkok hat schließlich auch sein Kriminalitätsproblem. Die Zahl der Drogenabhängigen wird auf 400000 geschätzt, und in diesem Umfeld gedeiht Gewalttätigkeit. Der Besucher ist gut beraten, auf Geld und Wertsachen stets zu achten. Das gilt besonders für den, der »Bangkok bei Nacht« erleben will und sich zwischen Patpong I und Patpong II unter den Neonreklamen bewegt, die von Go-Go-Dancing über Disco bis zur Massage alles mögliche verheißen.

Schwimmende Märkte für Nikons und Leicas

Aber sogar auf Patpong ist werktags um Mitternacht Polizeistunde, so daß auch den Nachtschwärmern genügend Zeit zum Schlafen bleibt, um am anderen Morgen, möglichst vor sieben Uhr, die schwimmenden Märkte zu besuchen: Sie liegen auf der anderen Flußseite, in Thonburi, auf dem Klong Dao Kanong. Der Schwimmende Markt, wo Händler in ihren Booten Früchte, Gemüse, Süßigkeiten und Nudeln anbieten, hat allerdings in den letzten Jahren viel von seiner Originalität verloren, denn mit den Touristen kam der Massenkommerz. Die Hunderte von Booten, beladen mit allem, was das Land hervorbringt, und ge-

▽ In Nordthailand gibt es noch Arbeitselefanten und traditionelle Feste, bei denen die Dickhäuter im Mittelpunkt stehen wie bei dieser Parade.

▽ Die Nachfrage nach Krokoleder hat dazu geführt, daß die Reptilien zu Tausenden auf Farmen gezüchtet werden. Wer Spaß daran hat, kann bei der Fütterung zusehen.

▽ *Thailandkenner meinen, es gebe mehr Buddha-Statuen als Einwohner im Lande. Diesen Buddha haben Gläubige zum Zeichen ihrer tiefen Verehrung mit hauchdünnen Goldplättchen geschmückt.*

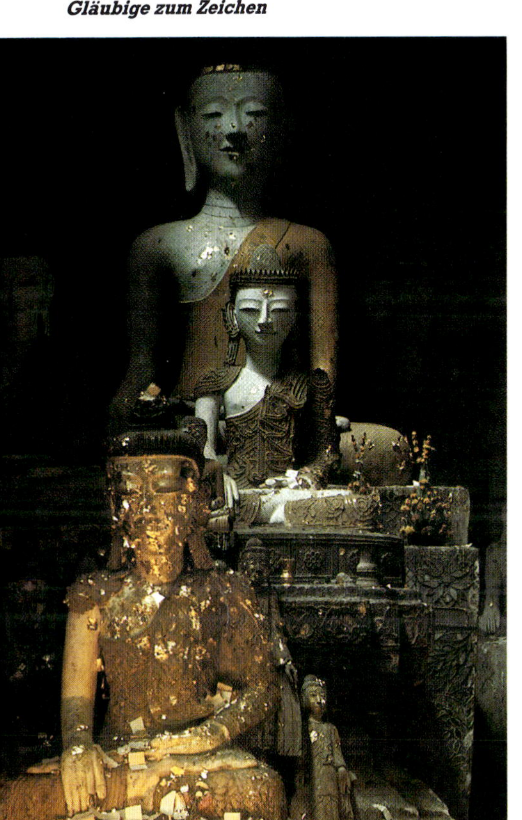

steuert von Thai-Mädchen unter breitkrempigen Hüten, sind aber immer noch einen Abstecher wert.

Ein Experte für thailändisches Essen kennzeichnete die Küche des Landes einmal mit dem einen Satz: Es ist sehr, sehr scharf. Vielfach genutzt werden Chilis, jene roten oder grünen Schoten, die dem, der sie nicht gewohnt ist, das Wasser in die Augen treiben und die Zunge verbrennen. Thailänder lieben ihre Speisen scharf gewürzt, sei es mit Chili oder Zitronengras, das besonders den Fischsuppen ihren eigenartigen Geschmack verleiht. Koriander, Knoblauch, Basilikum und Kardamom werden auch verwendet. Die meisten Gerichte, gleichgültig ob Fleisch oder Fisch, sind weichgekocht oder suppig. So wird in Thailand nicht mit Stäbchen gegessen. Gabel und Löffel sind die üblichen Eßwerkzeuge. Mit der Gabel werden Reis – Hauptbestandteil jeden Mahles – und die Beigaben auf den Löffel geschoben. Im allgemeinen gilt: je weiter nach Süden, desto schärfer die Würze an den Speisen. Chiang Mai im Norden hat die mildeste Küche.

Im Jahr rund 600 Tonnen Roh-Opium aus dem »Goldenen Dreieck«

Chiang Mai, Thailands viertgrößte Stadt, ist das Einfallstor zum »Goldenen Dreieck«, dem Gebiet, wo Thailand, Birma und Laos zusammenstoßen und wo die Bergstämme der Lao, der Lisu und der Karen leben. Sie sind tibetanisch-birmanischer Herkunft, und in ihren Überlieferungen und Gebräuchen spiegeln sich noch starke animistische Überzeugungen. Das »Goldene Dreieck« ist auch unrühmlich bekannt als Anbaugebiet für Mohn, aus dessen Kapseln bekanntlich Roh-Opium, die Basis für Morphium und Heroin, gewonnen wird. Ungeachtet aller Programme, die Mohnkulturen durch den Anbau von Kaffee, Bohnen oder anderer Produkte zu ersetzen, kommen aus dem »Goldenen Dreieck« noch immer zwischen 500 und 600 Tonnen Roh-Opium jährlich. Anbau, Verkauf und Transport des Opiums sind eingebettet in die Auseinandersetzungen zwischen den Karen in Birma, die mehr Autonomie verlangen, den Shans, die ebenfalls mit der birmanischen Zentralregierung in Fehde liegen, der verbotenen kommunistischen Partei Birmas, die sich weitgehend durch Mohnanbau finanziert, und Restbeständen der früheren nationalchinesischen Armee, die sich 1949 vor den anrückenden Truppen Mao Tsetungs nach Thailand retteten.

Keine drei Autostunden südöstlich von Bangkok liegt Thailands Riviera mit Pattaya als Mittelpunkt. Streng genommen besteht Pattaya aus einer einzigen, 4 Kilometer langen Straße, die entlang der See verläuft. Diese Straße aber ist gesäumt von fast 100 Hotels sowie zahlreichen Restaurants und Bars. Die schönsten Strände finden sich auf einigen kleinen, vorgelagerten Inseln.

Phuket, eine Insel in der Andamanensee – mit dem Festland durch einen Damm verbunden – entwickelt sich mehr und mehr zu einer Konkurrenz für Pattaya. Phuket ist noch nicht so kommerzialisiert, hat noch seinen eigenständigen Charme bewahrt, kann mit idyllischen Buchten aufwarten und mit bizarr geformten Felsformationen.

So ist auch der Tourismus eine nicht unwesentliche Deviseneinnahmequelle: Über zwei Millionen Besucher wurden im Jahr gezählt. In Bangkok, in Chiang Mai im Norden, in Pattaya am Golf von Thailand und auf Phuket in der Andamanensee erwarten den Besucher Unterkünfte, die auch dem verwöhntesten Geschmack gerecht werden. Außerhalb solcher Zentren touristischen Verkehrs wird es dann schlicht, aber dafür auch sehr viel billiger.

Ein Stück buddhistischer Philosophie

Aufbruch in eine neue Epoche und Traditionsbewußtsein stehen in Thailand oft nahe beieinander. Aber hier kommt es nicht zur Konfrontation von alt und neu. Im Gegenteil: Das Königshaus mit seiner jahrhundertealten Tradition konnte Thailand bis heute vor den heftigsten politischen Wirren bewahren und dem Land eine in dieser Region seltene Stabilität verleihen.

Der tief verwurzelte Glaube läßt den Thailänder manches Problem der neuen Zeit geduldig ertragen: »Mai pen rai«, frei übersetzt: »Es macht nichts«, sagen die Menschen hier und helfen sich und den fremden Besuchern über manches Mißgeschick hinweg.

Ein Stück buddhistischer Philosophie scheint in diesen Worten zum Ausdruck zu kommen: die Abneigung, sich über etwas Menschliches oder Weltliches allzusehr aufzuregen. Ein Lächeln möchte man sich immer bewahren, und für den Reisenden wird Thailand so das Land des Lächelns bleiben.

Landesnatur

Fläche: 513 115 km² (mehr als doppelt so groß wie die Bundesrepublik Deutschland)
Ausdehnung: West–Ost 800 km, Nord–Süd 1700 km
Höchster Berg: Doi Inthanon 2595 m
Längste Flüsse: Menam (Chao Phraya) 1000 km, Mekong (Mae Nam Khong), thailändischer Anteil 900 km (Gesamtlänge 4148 km)

Thailand, das drittgrößte Land Südostasiens, liegt im zentralen Teil Hinterindiens. Seine Nachbarn sind Birma im Westen und Nordwesten, Laos im Nordosten und Osten, Kamputschea im Südosten und Malaysia im Süden. Zudem wird das Land von der Andamanensee und dem Golf von Thailand begrenzt.

Naturraum
Thailand gliedert sich in vier Landschaftsräume. Die Gebirgsketten des *nördlichen Berglandes* erstrecken sich mit Höhen zwischen 1800 und

Ein Dorf im Überschwemmungsgebiet bei Bangkok; doch dessen »Bewässerung« erlaubt intensive landwirtschaftliche Nutzung.

2500 m in Nord-Süd-Richtung; zwischen ihnen liegen zahlreiche langgezogene Becken (160–460 m ü. M.).
Der Kernraum Thailands besteht aus der fruchtbaren Schwemmlandebene des *Menam-Tieflands* und einem Terrassen- und Hügelland, das diese Schwemmlandebene umgibt. Da der Menam aufgrund seines geringen Gefälles das Land während der Regenzeit regelmäßig überschwemmt und fruchtbaren Schlamm ablagert, gibt es dort die besten Bedingungen für den Reisanbau; das Tiefland wird daher auch die »Reisschüssel« Thailands genannt. Das ausgedehnte Delta des Menam (20 000 km²) wächst jährlich um mehrere Meter und wird intensiv für den Ackerbau genutzt.
An das zentrale Tiefland schließt sich im Osten das *Khorat-Plateau* an, das zwischen 200 und 300 m hoch ist und im Westen und Süden von Höhenzügen bis über 1300 m begrenzt wird. Im südöstlichen Thailand, an der Grenze zu Kamputschea, ragen noch die Ausläufer des Kardamomgebirges (Chuor Phnum Kravanh) herein.
In Südthailand, auf der *Malaiischen Halbinsel*, die im Isthmus von Kra (Khokhok Kra) nur 40 bis 50 km breit ist, bilden die westlichen Gebirgszüge eine Steilküste; vor ihr liegen zahlreiche Inseln. Im Osten erstrecken sich weite Küstenebenen.

Klima
Das tropische Klima Thailands hat drei ausgeprägte Jahreszeiten: Der Nordostmonsun weht in der kühlen Jahreszeit von November bis Februar (Dezembermittel Bangkok: 25,5 °C). März bis Mitte Mai ist die heiße Jahreszeit (Aprilmittel Bangkok: 30,5 °C); bedingt durch den Südwestmonsun dauert die Regenzeit von Mai bis Oktober (durchschnittlicher Jahresniederschlag 1000–2000 mm). Die meisten Niederschläge fallen an den windzugewandten Seiten der Kettengebirge und auf der Malaiischen Halbinsel (bis zu 6000 mm), die auf ihrer Ostseite während des ganzen Jahres Niederschläge erhält.
Die jahreszeitlichen Temperaturschwankungen sind sehr gering. Groß sind hingegen die tageszeitlichen Temperaturunterschiede.
Südthailand wird in der zweiten Jahreshälfte oft von Wirbelstürmen heimgesucht.

Vegetation und Tierwelt
Früher waren fast 40 % der Fläche Thailands mit tropischem Regenwald bedeckt, vor allem die Malaiische Halbinsel und die Ränder des Khorat-Plateaus. Heute gibt es, außer einigen Restbeständen an steileren Berghängen und in höheren Lagen, oft nur noch sog. Sekundärwald, der nach der Rodung wächst. In Gebieten, die der Landreform unterliegen, ist die Wiederaufforstung obligatorisch. Im Innern des Landes wachsen laubabwerfende Monsunwälder, die trotz der Abholzungen zur Gewinnung von

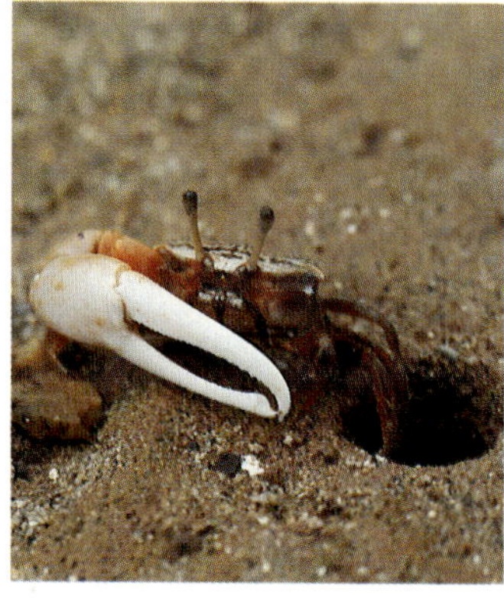

Mit ihren Scheren locken Winkerkrabbenmännchen Weibchen an.

Reisanbauflächen immer noch zwei Drittel der Waldfläche ausmachen. Es finden sich auch Bambus-, Teak- und Palmenbestände. Auf dem Khorat-Plateau gibt es hauptsächlich Savannen und Trockenwälder, an den Küsten wächst Mangrove.
In Thailand finden sich sehr viele Vogel- und Schlangenarten (Python, Königskobra); die Anzahl der wildlebenden Säugetiere, wie etwa Elefanten, Tiger, Affen oder Wildschweine, ist dagegen stark zurückgegangen. Tapire sind ebenso wie die Nashörner fast ausgerottet. Für die Textilindustrie ist die Seidenraupenzucht bedeutend; zur Ledergewinnung werden in Farmen Krokodile gezüchtet.
Thailand hat 1959 zum Schutz der Vegetation und der Tierwelt den Khao Yai National Park eingerichtet, der mit seinen Wasserfällen auch landschaftlich sehr reizvoll ist.

Politisches System

Staatsname: Muang Thai
ราชอาณาจักรไทย
Staats- und Regierungsform: Konstitutionelle Monarchie
Hauptstadt: Bangkok (Krung Thep)
Mitgliedschaft: UN, Colombo-Plan, ASEAN

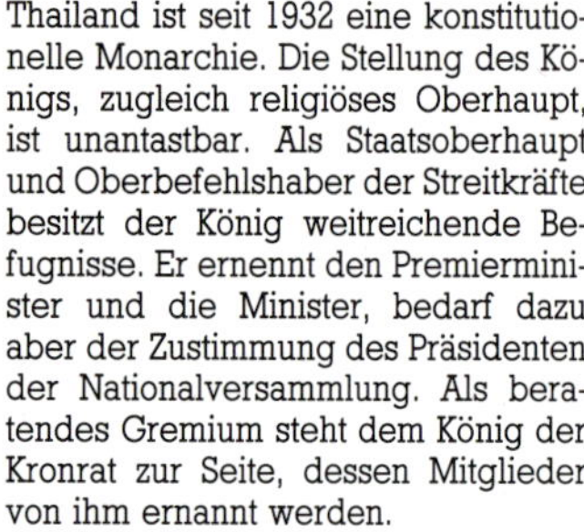

Thailand ist seit 1932 eine konstitutionelle Monarchie. Die Stellung des Königs, zugleich religiöses Oberhaupt, ist unantastbar. Als Staatsoberhaupt und Oberbefehlshaber der Streitkräfte besitzt der König weitreichende Befugnisse. Er ernennt den Premierminister und die Minister, bedarf dazu aber der Zustimmung des Präsidenten der Nationalversammlung. Als beratendes Gremium steht dem König der Kronrat zur Seite, dessen Mitglieder von ihm ernannt werden.
Die Parteienlandschaft ist vielfältig; verboten sind kommunistische Organisationen. Gewerkschaften sind zugelassen, doch ist ihr Handlungsspielraum begrenzt.
Gesetzgebendes Organ ist die aus zwei Kammern bestehende Nationalversammlung mit dem Senat und dem Repräsentantenhaus. Die 244 Mitglieder des Senats werden vom König für sechs Jahre ernannt, die 347 Abgeordneten des Repräsentantenhauses werden für vier Jahre vom Volk direkt gewählt.
Das Land ist in 73 Provinzen eingeteilt, die sich ihrerseits in Kreise und Gemeinden gliedern.
Höchste Instanz ist der Oberste Gerichtshof in Bangkok. Ihm untersteht das Appellationsgericht für alle zivil- und strafrechtlichen Berufungsverfahren der ersten Instanz.

Bevölkerung

Einwohnerzahl: 54 Millionen
Bevölkerungsdichte: 105 Einw./km²
Bevölkerungszunahme: 1,7 % im Jahr
Ballungsgebiet: Region um Bangkok
Größte Städte: Bangkok (5,2 Mio. Einw.; als Agglomeration 8 Mio.), Songkhla (220 000), Chon Buri (150 000), Chiang Mai (120 000), Hat Yai (110 000)
Bevölkerungsgruppen: 85 % Thaivölker (Siamesen, Schan, Lao), 8 % Chinesen, 4 % Malaien, Minderheiten von Mon und Khmer

Für Touristen fast nur auf Elefanten passierbar: tropische Regenwälder im Innern des Landes.

Die chinesische Minderheit lebt vorwiegend im Süden des Landes und im Großraum Bangkok. Ihr Einfluß auf das Bankwesen und den Kleinhandel ist beträchtlich. Im äußersten Süden, auf der Malaiischen Halbinsel, siedeln etwa 1,7 Millionen Malaien. Die in unzugänglichen Gebieten lebenden alteingesessenen Bergstämme der Mon-Khmer-Sprachfamilien machen etwa 1 % der Bevölkerung aus. Über ein Drittel der Einwohner ist jünger als 15 Jahre, nur etwa 6 % sind dagegen älter als 60. Hunderttausende von Flüchtlingen aus Laos, Vietnam und Kamputschea leben im Land.

Amtssprache ist Thai (mit eigener alphabetischer Schrift). Die meisten Geschäftsleute sprechen auch Englisch, daneben ist auch Chinesisch im Gebrauch.

Rund 95 % der Bevölkerung bekennen sich zum Buddhismus, überwiegend zum Therawada-Buddhismus. Die malaiische Bevölkerungsgruppe gehört dem Islam an. Weiterhin gibt es kleine Gemeinschaften von Christen, Sikhs und Hindus.

Soziale Lage und Bildung

Etwa zehn Millionen leben in absoluter Armut, weitere zehn Millionen nur knapp oberhalb der Armutsgrenze. Die Arbeitslosenquote wird auf etwa 7 % geschätzt, Kinderarbeit ist weit verbreitet.

Ein Sozialversicherungssystem besteht noch nicht. Trotz erheblicher Fortschritte ist eine gute Gesundheitsfürsorge nur in Bangkok gewährleistet, auf dem Land ist sie hingegen noch immer unzureichend.

Die sechsjährige Schulpflicht beginnt mit dem 7. Lebensjahr, doch werden nicht alle Kinder davon erfaßt. Rund 10% der Bevölkerung über zehn Jahren sind Analphabeten. Außerhalb der Großstädte behindern Armut und weite Entfernungen den Besuch einer weiterführenden Schule. Rund 14 % der männlichen und 9 % der weiblichen Einwohner besitzen einen höheren Schulabschluß. Zwei technische Hochschulen sowie acht der 14 Landesuniversitäten (darunter die älteste aus dem Jahr 1917) befinden sich in Bangkok.

Wirtschaft

Währung: 1 Baht (฿) = 100 Stangs (St)
Bruttoinlandsprodukt (in Anteilen): Land- und Forstwirtschaft 17 %, industrielle Produktion 30 %, Dienstleistungen 53 %
Wichtigste Handelspartner: Japan, EG-Staaten, USA, Singapur, Malaysia

Der wichtigste Wirtschaftszweig ist nach wie vor der Agrarsektor, von dem drei Viertel der Bevölkerung leben. Neben dem Reis – Thailand ist weltweit größter Reisexporteur – gewinnen auch andere Agrarprodukte zunehmend an Bedeutung. Auf dem Exportsektor treten verarbeitete landwirtschaftliche und mineralische Güter mehr und mehr an die Stelle der Rohstoffe.

Landwirtschaft

Neben dem Reis sind Naturkautschuk (drittgrößter Weltmarktanteil), Mais, Maniok (zur Gewinnung von Stärkemehl), Zuckerrohr, Kaffee, Gemüse und Obst (v. a. Ananas) die wichtigsten Anbauprodukte. Geringe Betriebsgrößen verhindern eine höhere Produktivität der Landwirtschaft. Die forstwirtschaftlich wichtigsten Produkte sind Teak- und Yangholz (Holzölgewinnung). Der Fischfang, der traditionell eine große Rolle spielt, erlangte in den letzten Jahren durch Modernisierungsmaßnahmen auch große wirtschaftliche Bedeutung.

Bodenschätze, Energie

Thailand besitzt eine Vielzahl von Bodenschätzen. Es gehört zu den bedeutendsten Förderländern von Zinn; wegen des Preisverfalls ist der Abbau rückläufig. Die Förderung von Braunkohle und Erdgas (Golf von Thailand) dient vor allem der eigenen Energieversorgung.

Industrie, Handel

Es überwiegen Branchen der Leichtindustrie und Verarbeitung in Kleinbetrieben. Am wichtigsten sind Textilindustrie (Baumwolle, Jute, Seide), Nahrungsmittelherstellung und Elektro-/Elektronikindustrie. Man versucht, die Wirtschaftsmetropole Bangkok durch Industrieansiedlung in den anderen Provinzen zu entlasten. Hauptausfuhrgüter sind landwirtschaftliche Produkte und Zinn; importiert werden v. a. Erdöl sowie Maschinen, Eisen und Stahl. Das Defizit der Handelsbilanz konnte aufgrund der sinkenden Erdölpreise reduziert werden.

Verkehr, Tourismus

Das Straßennetz wurde in den letzten Jahren ausgebaut (36 000 km, davon 30 000 km asphaltiert), in den gebirgigen Landesteilen ist es noch unzureichend. Die wichtigsten Eisenbahnlinien (4000 km Gesamtlänge) gehen strahlenförmig von Bangkok aus. Eine gut entwickelte Binnenschiffahrt (6300 km Wasserwege), vor allem in der Menam-Ebene und auf dem Mekong, ist für den Gütertransport von großer Bedeutung. Bangkok hat einen großen Überseehafen und einen internationalen Flughafen. Im Norden des Landes bei Chiang Mai gibt es einen weiteren Flughafen internationalen Standards. Der Fremdenverkehr ist eine wesentliche Devisenquelle. Touristische Anziehungspunkte sind Tempelbauten, Ruinenstädte und Badestrände sowie die Hauptstadt Bangkok mit ihrem Nachtleben.

Oft noch am Handwebstuhl verarbeitet: Seide in allen Farben.

Reisfelder, wohin man blickt: das regelmäßig in der Regenzeit überschwemmte Menam-Tiefland.

Geschichte

Das erste bekannte Staatswesen in Hinterindien, das auch Gebiete des heutigen Thailand umfaßte, war das stark von Indien beeinflußte Funan-Reich, dessen Machtzentrum im Mekongdelta lag. Vom 3. Jh. an kamen auch der Norden und Zentralthailand, wo sich die aus Westchina stammenden Mon angesiedelt hatten, unter indischen Kultureinfluß.
Die Khmer rückten seit dem frühen 6. Jh. aus Kambodscha in das nordöstliche Thailand vor und dehnten ihr Reich im 12. Jh. bis in den nördlichen Teil der Malaiischen Halbinsel aus. Die Herrschaft der Khmer wurde durch die Thaivölker beendet, die seit dem 9. Jh., verstärkt im 13. Jh. auf der Flucht vor den Mongolen, von Südchina aus nach Indochina und in das Gebiet des heutigen Thailand gezogen waren und hier kleine Fürstentümer gegründet hatten; sie überlagerten dabei allmählich die Bevölkerung der Mon- und Khmer-Staaten, übernahmen aber den Buddhismus als Religion.

Die Reiche Sukhothai und Ayutthaya

Um die Mitte des 13. Jh. gewann Sukhothai (am Oberlauf des Yom) als erstes Thai-Königreich seine Unabhän-

In jedem der reichgeschmückten Miniaturtempel wohnt ein Phi, ein Schutzgeist für Haus und Mensch.

gigkeit von den Khmer. Sein Einflußbereich umfaßte fast ganz Thailand mit Ausnahme des Gebiets östlich des Menam und erstreckte sich im Osten bis zum heutigen Vientiane in Laos, im Süden bis zur Malaiischen

Nicht aus Holz und auch nicht zerstört wie im berühmten Film: die Brücke über den Kwai.

Halbinsel und im Westen bis Pegu in Birma.
Die Vormachtstellung von Sukhothai wurde durch das 1350 gegründete Königreich von Ayutthaya abgelöst; daraus entwickelte sich das Königreich Siam. Der Fürst von U Thong, 1350 zum König Ramathibodi I. gekrönt, machte zuerst Sukhothai zu einem Vasallenstaat (der noch bis 1438 bestand) und erlangte durch die Eroberung von Angkor (1352) die Oberhoheit über das Khmer-Reich. Ab Mitte des 16. Jh. unterwarfen die Birmanen mehrere Thai-Fürstentümer. 1569 nahmen sie auch Ayutthaya ein. Doch konnte König Naresuan 1584 das Reich wiederherstellen und es auf Kosten der Khmer und des Reiches von Pegu erweitern. Im 17. Jh. unterhielt Ayutthaya enge Beziehungen zu England und Holland, die Handelsniederlassungen einrichteten, sowie zu Japan. Nach einer letzten Blütezeit Mitte des 18. Jh. wurde das Reich von Ayutthaya 1767 von dem birmanischen König Alaungpaya erobert.

Thailands Öffnung nach Westen

Aber schon bald darauf gelang es General Paya Tak (Phraya Taksin), die Birmanen zu vertreiben und ein neues siamesisches Königreich mit Thon Buri als Regierungssitz zu errichten. Sein Nachfolger, General Phraya Chakkri, begründete als König Rama I. (1782–1809) die noch heute regierende Chakkri-Dynastie und verlegte die Hauptstadt nach Bangkok.
Unter den nachfolgenden Königen öffnete sich Siam erneut den europäischen Großmächten und den USA (u. a. 1855 Freundschaftsvertrag mit Großbritannien, 1856 Handelsabkommen mit Frankreich und den USA). Unter Rama V. (1868–1910) wurde das staatliche und öffentliche Leben grundlegend nach westlichen Vorbildern reformiert (Abschaffung der Sklaverei, Einführung eines modernen Steuer- und Verwaltungssystems, Straßen- und Eisenbahnbau). Siam mußte zwar seine kambodschanischen und malaiischen Gebiete an Frankreich und Großbritannien abtreten, behielt aber als einziger Staat in Südostasien seine staatliche Unabhängigkeit (1896 durch ein französisch-britisches Abkommen garantiert).

Der schwierige Weg zur Demokratie

Unter dem absolutistischen Regierungssystem schritten Modernisierung und Europaorientierung im 20. Jh. weiter voran, was auf den Widerstand von hohen Armeeoffizieren, Kleinadel und bürgerlichen Radikalen stieß. 1932 wurde Siam durch einen Staatsstreich der Armee in eine konstitutionelle Monarchie übergeführt. Mit Marschall Luang Pibul Songgram begann Ende 1938 eine Zeit der Militärdiktaturen.
Am Zweiten Weltkrieg nahm Siam, das sich seit 1939 Thailand nannte, an der Seite Japans teil. Nach dessen Niederlage errang die antijapanische Widerstandsbewegung die Oberhand. 1946 wurde Staatsoberhaupt König Bhumibol als Rama IX. (geb. 5. 12. 1927; der Geburtstag des 1950 gekrönten Königs ist Nationalfeiertag). Zahlreiche Staatsstreiche verhinderten in der Nachkriegszeit immer wieder einen dauerhaften Demokratisierungsprozeß. Den Kurs bestimmten im ganzen eine antikommunistische Politik und intensive Beziehungen zum Westen, v. a. zu den USA (1954/55 Mitbegründung der SEATO). Diese politische Richtung wurde auch von General Thanom Kittikachorn (1963–1973) verfolgt, der den USA während des Vietnamkriegs Flugbasen zur Verfügung stellte. Die proamerikanische Politik und die großen Wirtschaftsprobleme führten zwischen 1973 und 1976 zu politischen Unruhen und blutigen Studentenrevolten.
Nach zwei weiteren Militärputschen wurde General Kriangsak Chamanand 1977 Ministerpräsident. Er setzte sich für einen neuen demokratischen Beginn ein. Nach Ausarbeitung einer neuen Verfassung wurden 1978 wieder Wahlen abgehalten.
Bei der schwierigen Flüchtlingsfrage (Boat People aus Vietnam und Flüchtlinge aus Kamputschea) legte Kriangsak Chamanands humanitäre Haltung Thailand beträchtliche Lasten auf, gewann ihm aber auch viel Sympathie. Er scheiterte schließlich an der Wirtschafts- und Finanzpolitik und trat 1980 zurück. Sein Nachfolger, General Prem Tinsulanonda, wurde auch in den Wahlen 1983 und 1986 bestätigt. Trotz der Allmacht der Militärs ist König Bhumibol eine wichtige politische Figur im Land, ein ruhender Pol bei allen innenpolitischen Auseinandersetzungen und einigende Symbolfigur der Nation. Im Juli 1988 wurde Chatichai Choonhavan zum neuen Regierungschef nominiert.

Kultur

Dank seiner Lage im Zentrum der südostasiatischen Welt wurde Thailand schon früh zum Sammelbecken für die verschiedensten kulturellen Strömungen. Allen gemeinsam war jedoch, daß sie vom Geist des Buddhismus geprägt waren, daß in der Architektur hauptsächlich Backstein und Stuckdekor Verwendung fanden und die Bildhauer vorwiegend in Bronze arbeiteten.

Architektur und Kunst

Keramikgefäße mit gemaltem Dekor auf hellem Grund in Udon Thani weisen auf eine hochentwickelte bronzezeitliche Kultur hin, die mit China in Verbindung stand. Die von den Mon getragene Dvaravati-Kunst im 6. und 7. Jh. läßt indische Einflüsse erkennen. Die oft riesigen Skulpturen zeigen Buddha meditierend oder als Lehrenden. Architektonische Zeugnisse sind nur wenige erhalten, dagegen keramische Funde (mit Modeln hergestellte Terrakotta-Figuren für den Buddha-Kult) und sparsam verzierter Schmuck.

Klassische Buddha-Statue von Sukhothai aus dem 13./14. Jh.

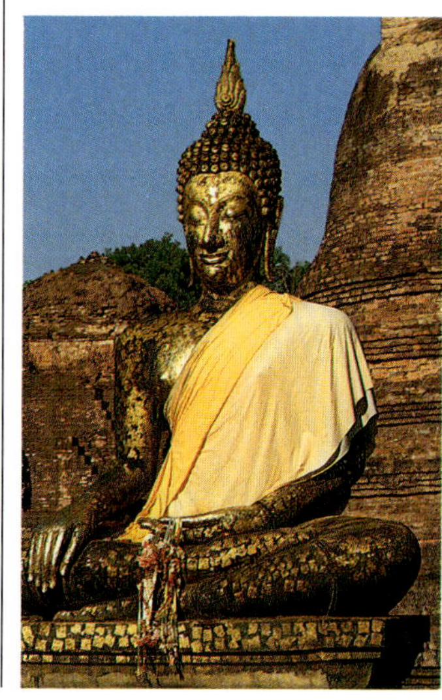

Eine andere Gruppe von Kunstwerken wird mit dem Gebiet von Lop Buri in Zusammenhang gebracht, das vom 11. bis 13. Jh. das Zentrum der von den Khmer besetzten Gebiete bildete. Dort setzten sich neben Buddha-Skulpturen und Baudenkmälern, die reine Khmer-Schöpfungen waren, auch verschiedene lokale Formelemente durch.
Mitte des 13. Jh. entwickelte sich in dem ersten unabhängigen Thai-Königreich von Sukhothai ein genuiner Stil. In Sukhothai fanden sich erstmals neben Buddha-Skulpturen in traditioneller Haltung (sitzend, stehend, ruhend) schwerelos schreitende Buddha-Figuren mit schwungvoller Linienführung des Gewandes.
Im Norden entstand Ende des 13. Jh. die indisch-birmanisch beeinflußte Lan-Na- oder Chieng-Sen-Kunst, die eine Schule bildete und von der kraftvolle Buddha-Statuen vom sog. Löwentyp zeugen.
Die Kunst des Reiches von Ayutthaya (ab 1350) vereinte frühere Stilformen (Khmer- und Sukhothai-Traditionen), ohne eine schöpferische Originalität zu entwickeln. Die Baukunst war

In Thailand allgemein beliebt als Vertilger von Ungeziefer: der Gecko; seinen schlitzförmigen Pupillen entgeht nichts.

durch eine Rückbesinnung auf die Monumentalarchitektur von Angkor gekennzeichnet. Die vom 16. Jh. an spürbare Tendenz zur ornamentalen, barock verspielten Überladenheit in der Plastik leitete den Niedergang der Ayutthaya-Kunst ein. Nach der Zerstörung von Ayutthaya 1767, von dem nur noch Ruinenfelder erhalten sind, wurde Bangkok als Königsresidenz ausgebaut. In der anschließenden Bangkok-Periode (nach 1782) wurde vor allem bei den Profanbauten ein starker europäischer Einfluß spürbar, in der Malerei vor allem ein chinesischer. Der große Königspalast wurde 1882 im europäisch-thailändischen Mischstil erbaut. Krönung der Palastanlage ist der königliche Tempel Wat Phra Kaeo: Marmor, Glasmosaik, Fayence, Perlmutt und Vergoldung geben seinen Türmen, Toren, Wänden und Figuren ein prachtvolles Aussehen. Im ältesten Tempel Wat Po (16. Jh.) sind die Wände mit Bildwerken und Texten aus der buddhistischen Mythologie und Astronomie versehen. Im nördlichen Hof befindet sich eine vergoldete Kolossalfigur des liegenden Buddha. Sehenswert in Bangkok sind auch der königliche Tempel Wat Sutat (um 1800), der Wat Arun (um 1770) und der Wat Benchamopit (um 1900).

Literatur, Theater und Musik
Der Buddhismus prägte auch die Literatur Thailands. Das älteste Buch ist die buddhistische Kosmologie »Traiphum« (Die drei Welten) von König Lithai (1347–1370). Origineller als die Prosaliteratur ist die Versdichtung, die schon früh eigenständige poetische Formen hervorbrachte. Lange Zeit war sie auf höfische Kreise und Themen beschränkt; erst Anfang des 19. Jh. entstand ein volkstümliches Epos (»Khun Chang Khun Pan«). Die Einführung des Buchdrucks (1837) schuf die Voraussetzungen für die stark durch westliche Romane beeinflußte moderne thailändische Literatur.

Das Theater hat seit dem 12. Jh. eine höfische und eine volkstümliche Dramenform entwickelt. Das klassische Drama verbindet Sprechspiel, Musik (Orchester), Gesang (Einzelsänger und Chor), Tanz und Pantomime und setzt häufig Masken ein. Die Themen entstammen meist der indischen Mythologie. Hauptquelle ist das »Ramakien«, die thailändische Version des »Ramayana« (Sage von Rama). Beim thailändischen Schattenspiel werden lebensgroße, aus Tierleder geschnittene Figuren mit oder ohne bewegliche Glieder verwendet.
Die thailändische Musik, die bis in das 20. Jh. ohne Notenschrift tradiert wurde, ist von der chinesischen, indischen und indonesischen und vor allem von der Khmer-Musik beeinflußt. Die Musik, die den Zuhörer in bestimmte emotionale Zustände versetzen soll, wird von Ensembles mit standardisierter Instrumentierung gespielt; typisch ist die Verwendung von Schlaginstrumenten wie Xylophon und Gong sowie speziellen Holzblas- und Saiteninstrumenten.

Chinesisches Symbol auf einer Tür: Yin und Yang, die weibliche und die männliche Urkraft.

Alltagsleben und Sport
Trotz der Öffnung Thailands gegenüber dem Westen, verstärkt noch durch den modernen Massentourismus, steht der Buddhismus heute noch immer im Mittelpunkt des Lebens der Bevölkerung, vor allem in ländlichen Gegenden. Die meisten thailändischen Feste sind buddhistischen Ursprungs. Die sprichwörtliche Lebensfreude der Thai äußert sich auch im Sport, in Sportarten wie Thai-Boxen, Schwerterkampf, Elefantenrennen, Hahnen- und Fischkampf.

Reise-Informationen

Einreise- und Fahrzeugpapiere
Bürger der Bundesrepublik Deutschland, der Schweiz und Österreichs benötigen für einen Aufenthalt bis zu 14 Tagen einen gültigen Reisepaß. Kinderausweise werden nicht anerkannt. Für längere Aufenthalte oder für geschäftliche Reisen braucht man ein Visum, das bei den thailändischen Vertretungen erhältlich ist.
Als Fahrerlaubnis ist der internationale Führerschein erforderlich.
Zoll
Bei der Einreise sind zollfrei: 200 Zigaretten oder 250 Zigarren oder 250 g Tabak, 1 Liter Spirituosen sowie eine kleine Menge Parfüm. Antiquitäten, Kunstgegenstände, Buddha-Figuren u. ä. dürfen nur mit behördlicher Genehmigung ausgeführt werden.
Devisen
Bei der Einreise dürfen 500 Baht (฿) mitgeführt werden. Fremdwährungen können unbeschränkt ein- und wieder ausgeführt werden (Deklaration erforderlich). US-Dollar- und DM-Reiseschecks sowie gängige Kreditkarten werden akzeptiert.
Impfungen
Für Reisende aus Infektionsgebieten ist Gelbfieberimpfung vorgeschrieben. Gegen Cholera wird Schutzimpfung empfohlen. Außer in Bangkok und im Gebirge ist eine Malariaprophylaxe anzuraten.
Verkehrsverhältnisse
Thailand hat ein dichtes inländisches Flugnetz. Eisenbahn (Abteile mit Klimaanlage) und Überlandbusse (z. T. klimatisiert) verbinden fast alle größeren Städte miteinander. Aufgrund der dürftigen Straßenbeschilderung und des chaotischen Verkehrs empfiehlt es sich, bei Leihwagen einen Chauffeur zu nehmen. Es herrscht Linksverkehr. Taxis fahren in allen großen Städten (Preis frei aushandelbar). Für kürzere Strecken gibt es die Dreiradtaxen (Tuk-Tuk). Auf den Binnenwasserstraßen verkehren zahlreiche Passagierschiffe.
Unterkünfte
In den Touristenzentren findet man erstklassige Hotels und Bungalowanlagen; preisgünstige Guest Houses und kleinere Hotels gibt es in der Provinz. Alle Hotels sind klimatisiert.
Reisezeit
Hauptsaison ist die kühle Jahreszeit von November bis Februar, die etwa unserem Hochsommer entspricht. Der Norden ist generell etwas kühler, der Süden dagegen ständig feuchtheiß.

Fotomotiv aller Bangkok-Touristen: der Schwimmende Markt.

Vereinigte Arabis

he Emirate

Für die wohlhabenden Scheichs in Abu Dhabi ist ein Jagdfalke als Statussymbol mindestens so wichtig wie die Luxuslimousine.

Ahmad Ataya

Ruhe kennt die Piratenküste nicht. Spätestens nachdem Vasco da Gama 1498 die Indienroute entdeckt hatte, wetteiferten zahlreiche Eindringlinge um die Vorherrschaft am strategisch bedeutenden Engpaß des Persisch-Arabischen Golfs, der Straße von Hormus. Die persische Großmacht schaffte es nie völlig, der Region ihren Willen aufzuzwingen. Deshalb behandelten die Schahs die unruhigen, seetüchtigen kleinen Araberstämme mit Vorsicht. Zeitweise schien es so, als ob die Piraten die Politik der Perser betrieben.

Dann kamen die Holländer, die Briten, die hier ihre zwischen Indien und dem Shatt al Arab verkehrenden Schiffe verteidigen wollten: Auch sie konnten diese Stämme nicht ganz ausschalten. Die Küste nördlich von Oman gehörte stets vielen, die nie eine einzelne Obrigkeit anerkannten. Das änderte sich auch nicht, als sich in den frühen siebziger Jahren die sieben Scheichtümer Abu Dhabi, Dubai, Schardscha, Ras al Chaima, Umm al Kaiwain, Adschman und Fudschaira zur Föderation der Vereinigten Arabischen Emirate zusammenschlossen.

Staatsname:	Vereinigte Arabische Emirate
Amtssprache:	Arabisch
Einwohner:	1,5 Millionen
Fläche:	83 600 km²
Hauptstadt:	Abu Dhabi
Staatsform:	Föderation von sieben Emiraten
Kfz-Zeichen:	UAE
Zeitzone:	MEZ +3 Std.
Geogr. Lage:	Arabische Halbinsel, zwischen dem Persischen Golf und dem Golf von Oman, grenzt an Katar, Saudi-Arabien und an Oman

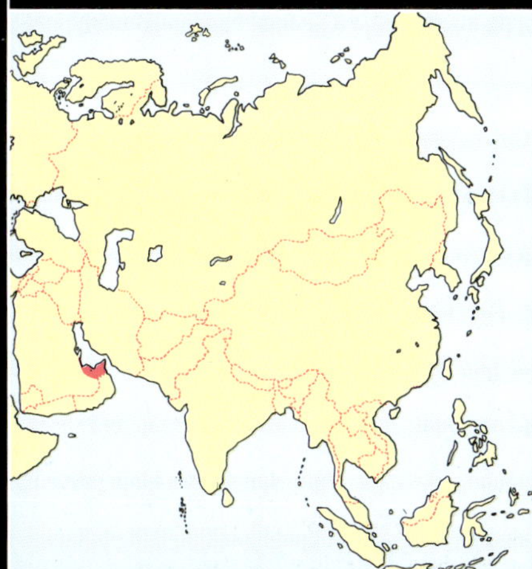

Mit Riesenschritten in die Neuzeit

Ein Hongkong am Golf sollte Dubai werden, mit offenen Grenzen für Waren aus aller Welt und frei von allen Restriktionen. Investoren sollten hier eine Brücke zwischen dem ölreichen Arabien und dem Rest der Welt schaffen. Dubais ehrgeiziger und willensstarker Herrscher Scheich Raschid ibn Said al Maktum ließ sich dabei auch vom größeren Scheichtum Abu Dhabi die Hände nicht binden. Die Dubaier wollten hinter der ölreichen Sippe der Nahayan nicht zurückstehen, die Abu Dhabi regiert.

Dubai baute im Eiltempo seine Häfen aus und wartete auf den Boom der Seeschiffahrt. Eine Zeitlang schien es so, als sei alles zu groß geraten. Nur die Dhaus, die seit Jahrhunderten die beiden Ufer des Golfs miteinander verbinden, waren ausgelastet. Dann brach am Shatt al Arab der Krieg zwischen dem Irak und dem Iran aus.

Plötzlich löschten am Kai von Dubai mehr Schiffe ihre Ladungen als je zuvor. Und als der Krieg auch die Handelsschiffe und Öltanker nicht mehr verschonte, machte sich eine andere Investition Dubais endlich bezahlt: Die riesigen Trockendocks, bis dahin weitgehend ungenutzt, wurden gebraucht – für die von Bomben getroffenen oder auf Minen gelaufenen, herangeschleppten Tanker.

Dubai profitierte auch vom wachsenden Importbedarf der Iraner. Zwischen deren Hafen Bandar Abbas und Dubai blühte der Handel – quer über den Golf. Die irakische Luftwaffe hatte die Luftherrschaft im Nordabschnitt des Golfs an sich gerissen und den Schiffsverkehr zu den iranischen Häfen am Shatt al Arab unterbunden. Bandar Abbas, 800 Kilometer weiter im Süden, wurde zum persischen Hauptanlandehafen. Und Dubai bot sich als Entlastungshafen an. Aber auch Güter, die für den Irak bestimmt waren, wurden in Dubai gelöscht. So war es nicht ungewöhnlich, wenn im selben Hafenschuppen verpacktes Kriegsgerät für die beiden verfeindeten Länder nebeneinander lagerte.

Unbehelligt nutzen iranische Revolutionäre die offene Stadt zum Handel. Dubais Wirtschaft und Politik kam sowieso nie ohne Familien iranischer Abstammung aus. Ihnen verdankt das kleine Scheichtum seinen wirtschaftlichen Aufstieg zur Handelsmetropole. Sie besitzen Banken, Versicherungen und Handelsunternehmen. Spannungen gab es nach Ausbruch des Krieges zwischen Irak und Iran hier und da – sie führten allerdings nie zu offenen Streitigkeiten. Am Ende des achtjährigen Krieges am Shatt al Arab wird diese Rolle Dubais noch wachsen. Die ultramoderne Metropole preist sich inzwischen als Touristenzentrum auf dem Weg zwischen Europa und den Malediven an – die Woche für umgerechnet 1830 Mark.

Die Konkurrenz der Verbündeten

Die rasche wirtschaftliche Entwicklung Dubais wurde mit Skepsis und Neid verfolgt – vor allem in Abu Dhabi, dem größeren und ölreicheren Nachbarn. Seine Ressourcen gestatteten dem Scheichtum alles zu finanzieren, was notwendig oder wünschenswert erscheint. Mehr noch als die Kuwaiter und viel mehr als die Saudis konnten die Scheichs von Abu Dhabi auch zur Befriedigung ihres Hungers nach Luxus ausgeben. Abu Dhabi und die Oasenstadt Al Ayn wirken wie grüne Parks mit ein paar Siedlungen – inmitten der Wüste.

Zwar sitzt in Abu Dhabi die Zentrale der Föderation, doch geht von hier keine Verfügungsgewalt über die anderen Scheichtümer aus. Ein Konkurrenzkampf im stillen kennzeichnet das Nebeneinander der Emirate. Das meiste Geld in der Bundeskasse stammt von den Herrschern von Abu Dhabi; allerdings zweigen sie nur einen Teil ihrer Einkünfte für den gemeinsamen Haushalt ab – alles wollen sie mit den widerspenstigen Vettern nicht teilen.

Abu Dhabi trägt auf jeden Fall die Hauptlast der gemeinsamen Verwaltung der Außenpolitik, das heißt auch die Finanzierung der Hilfeleistungen für islamische und arabische Bruderstaaten.

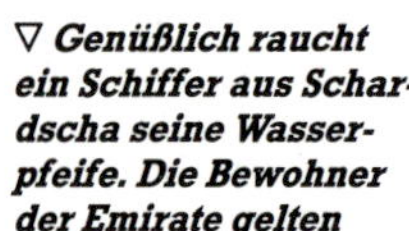

▽ Genüßlich raucht ein Schiffer aus Schardscha seine Wasserpfeife. Die Bewohner der Emirate gelten als geschickte Seefahrer – kein Wunder, waren ihre Vorfahren doch zum guten Teil Piraten.

△ Ein Beispiel moderner islamischer Architektur ist der neue Suk in Schardscha. Das Einkaufszentrum mit seinen Windtürmen und insgesamt 600 Geschäften wurde vom Scheich selbst entworfen. Mit Projekten dieser Art will das ölarme Emirat zum Dienstleistungszentrum der Region aufsteigen.

Über eine Million Menschen wohnt in den sieben Emiraten. Nur noch ein Viertel von ihnen sind Einheimische. Pakistaner, Inder und Palästinenser bevölkern die Baustellen und Dienstleistungszentren.

Kamele, Falken und Raketen

In den weichen Sanddünen ist eine breite Spur zwischen unberührten Hügeln zu erkennen. Aus der Ferne dringt das Dröhnen einer unsichtbaren Meute herüber. Eine Jagdgesellschaft in der Wüste? Die fernen Dünen verschwinden in einer Staubwolke, ein ohrenbetäubender Lärm füllt die Weite der arabischen Ostküste. Junge Reiter peitschen ihre Kamele nach vorne; links und rechts der Piste rast ein dichter Konvoi von Geländefahrzeugen durch die weichen Sandwellen. Schreiend spornen die Insassen die jungen Kamele an, die ein Rennen auf der vier Kilometer langen Bahn in der Wüste bestreiten. Zum Sibaq al-Nahj al-Asli, dem Rennen der Rassekamele, kommen Tausende. Der siegreiche Jockey erhält den Preis des Scheichs. An diesem Morgen macht ein Kamel aus dem Rennstall des Scheichs das Rennen – so bleibt das Geld in der eigenen Tasche. Die wahre Leidenschaft der Herrscher gehört jedoch den Falken, mit denen sie Jagd machen auf die wenigen Kleintiere, die es in der kargen Landschaft gibt.

Zwischen Dubai und Abu Dhabi führt eine vierspurige Autobahn durch die Wüste an Dschebel Ali vorbei. Dort entstand ein Industriezentrum mit Stahlwerk, Erdgasverarbeitungsanlage und Zementfabrik. Auch Hotels schossen aus dem Boden – vor allem für Geschäftsleute. Touristische Möglichkeiten bietet eigentlich nur das Emirat Schardscha. Der erhoffte Boom ist allerdings ausgeblieben; Billigflüge, auf die der Scheich von Schardscha gebaut hat, werden nicht angeboten. Der architektonisch reizvolle Flughafen, einer Moschee nicht unähnlich, bleibt fast ungenutzt. Nur wenige Kilometer entfernt liegt der International Airport von Dubai: Das Flugverkehrsaufkommen auf der Route Europa–Fernost reicht zur Auslastung zweier Flugplätze nicht aus – und es gibt noch zwei weitere in den Emiraten. Der vielleicht schönste Bau der »Piratenküste« steht in Schardscha: das Einkaufszentrum, vom Scheich selbst entworfen.

▷ Fackeln gleich stehen die Erdgasflammen über einem Ölfeld in Abu Dhabi. Die Gasmenge ist zu gering für eine kommerzielle Nutzung. Um Explosionen zu verhindern, wird das Gas angezündet.

▽ Mit den Öldollars änderte sich alles: Gab es in Abu Dhabi 1960 noch kein fließendes Wasser und keine Stromversorgung, so schmückt sich das Emirat heute mit Hochhäusern und Prachtbauten wie dieser neuen Moschee.

Nicht weit von hier führt die Straße weiter nach Ras al Chaima. Mit einem Hubschrauber konnte man früher von dort aus die Straße von Hormus überfliegen, um den Schiffsverkehr zu beobachten. Die amerikanische Marine hatte während der irakisch-iranischen Auseinandersetzungen die Kontrolle des Seewegs übernommen, um die Handelsschiffe vor Angriffen iranischer Schnellboote zu schützen. Nach dem schrecklichen Abschuß einer iranischen Verkehrsmaschine auf dem Weg von Bandar Abbas nach Dubai durch die Amerikaner Mitte 1988, der 290 Menschenleben forderte, wird deren Präsenz allerdings immer fragwürdiger.

Spätestens zu diesem Zeitpunkt wurde klar, wie sehr die Zukunft der Emirate von fremden Mächten abhängt, bis in die Innenpolitik hinein. Saudi-Arabien vereitelte die Pläne der politischen Führung, die konservativen Gesellschaftsstrukturen aufzulockern. Auch der Druck, der von der Islamischen Revolution im Iran ausging, hat die Scheichs veranlaßt, die »grenzenlose« Öffnung ihrer Länder für westliche Sitten aufzugeben.

Landesnatur

Fläche: 83 600 km² (so groß wie Österreich)
Ausdehnung: West–Ost 550 km, Nord–Süd 400 km
Küstenlänge: 750 km
Höchster Berg: Jabal Adhan 1127 m

Der Wüstenstaat der Vereinigten Arabischen Emirate (V.A.E.) liegt im Südosten der Arabischen Halbinsel. Im Norden an Katar grenzend, schmiegt sich das Land an den Südbogen des Persischen Golfs, fast bis zur äußersten (zu Oman gehörenden) Landspitze an der Straße von Hormus. Hier haben die V.A.E. auch Zugang zum Golf von Oman.

Aus einer Oase wurde in wenigen Jahren die Metropole Abu Dhabi.

Die Wüstengrenze zu Saudi-Arabien ist nicht exakt festgelegt; auch die Küstenlinie am Persischen Golf kann nicht genau bestimmt werden, da sie sich durch Verlagerung von Sand und Schlickmassen ständig ändert.

Naturraum
Die V.A.E. sind fast vollständig Wüste; über zwei Drittel des Landes werden von den nördlichen Ausläufern der *Großen Arabischen Wüste* (Ar Rub al Khali) bedeckt. Ihre Sanddünen können oft über Hunderte von Kilometern wandern und Oasen und Städte bedrohen. Großangelegte Bepflanzungen konnten das Vordringen der Wüste nur teilweise stoppen. Die bedeutendsten der wenigen Wüstenoasen sind Al Buraimi im Grenzgebiet zu Oman (nahe der Stadt Al Ayn) und Al Jiwa im Süden.
Zwischen Sandwüste und Nordküste gibt es eine 15 km breite *Salzsumpfebene* mit Salzpfannen (Sebkhas) und brackigem Grundwasser.
Der *Nordküste* sind viele Inseln vorgelagert; noch 100 km vor der Küste ist das Meer hier nur 25 m tief. Die Inseln, Sandbänke, Untiefen und Korallenriffe behindern noch heute die Schiffahrt und boten früher den Piraten günstige Operationsmöglichkeiten (»Piratenküste«).
Im Nordosten, auf der Landspitze zwischen dem Persischen Golf und dem Golf von Oman, erhebt sich steil der nördliche Abschnitt des Omangebirges: Schroff aus der Wüste aufsteigend, erreicht es über 1100 m Höhe. Im Gebirge gibt es nur episodische Flüsse. An der Küste des Golfs von Oman gibt es die einzigen natürlichen Tiefwasserhäfen der V.A.E.

Klima
Das Klima ist subtropisch bis tropisch mit sehr geringen Jahresniederschlägen, die meist im Winter fallen (durchschnittlich unter 100 mm); häufig verdunstet der Regen, bevor er den Boden erreicht. Von Mai bis Oktober ist es extrem heiß und schwül: im Mittel 33 °C bei Tagestemperaturen von über 45 °C und hoher Luftfeuchtigkeit. Vor allem im Winter und frühen Sommer weht der Shamal, ein Nordwestwind, der viel Sand und Staub mit sich bringt.

Vegetation und Tierwelt
In den Oasen wachsen Dattelpalmen und Eukalypten; die Wüste hat äußerst spärliche Vegetation mit Hartgräsern und Dornbüschen.
Die einheimischen Tiere wurden durch intensive Jagd fast ausgerottet. Die wenigen übriggebliebenen Oryx-Antilopen und Leoparden sind geschützt. In den Küstengewässern gibt es v. a. Makrelen, Barsche und Thunfische, selten Haie und Wale; die reichen Fischbestände gehen durch die Verschmutzung rapide zurück.

Die Zukunft soll grüner werden: Aufforstung an einer Autobahn.

Politisches System

Staatsname: Al-Imarat al-Arabiyah al-Muttahidah
دولة الامارات العربية المتحدة

Staats- und Regierungsform: Bundesstaatliche Föderation von sieben Emiraten unter Führung der sieben Scheiche
Hauptstadt: Abu Dhabi
Mitgliedschaft: UN, Arabische Liga, OAPEC, OPEC

Der Föderation gehören die Emirate Abu Dhabi (Abu Zaby), Dubai (Dubayy), Schardscha (Ash Shariqah), Adschman (Ajman), Umm al Kaiwain (Umm al Qaywayn), Ras al Chaima (Ras al Khaymah) und Fudschaira (Al Fujayrah) an. Die Verfassung von 1975 sieht zwar Gewaltenteilung vor, in der Praxis tritt jedoch der »Oberste Rat der Herrscher« als Exekutive auf. Der Rat wählt aus seinen Reihen das Staatsoberhaupt (Amtszeit fünf Jahre), der wiederum das Kabinett ernennt. Die 40 Mitglieder der »Beratenden Versammlung« werden von den Scheichen ernannt.
Die einzelnen Bundesstaaten werden feudal verwaltet, Gesetzgebung und Rechtsprechung orientieren sich am islamischen Recht.

Bevölkerung

Einwohnerzahl: 1,5 Millionen
Bevölkerungsdichte: 18 Einw./km²
Bevölkerungszunahme: 3,5 % im Jahr
Größte Städte: Dubai (300 000 Einw.), Abu Dhabi (280 000)
Bevölkerungsgruppen: Araber 87 %, Pakistaner und Inder 9 %, Perser 2 %

Von 1975 bis 1980 nahm die Bevölkerung durch den Zuzug von Arbeitnehmern aus den Nachbarländern jährlich um 13% zu. Heute sind fast 75 % der Einwohner Ausländer, 29 % der Bevölkerung sind jünger als 15 Jahre. Nur etwa 1 % der Landesfläche ist besiedelt, der Verstädterungsgrad liegt mit 78 % sehr hoch. Etwa 2% der Bevölkerung sind Nomaden. Amtssprache ist Arabisch, Handelssprache Englisch. 95 % der Bevölkerung sind Muslime, überwiegend Sunniten; 4% sind Christen.

Soziale Lage und Bildung
Es besteht ein gut ausgebautes soziales Netz, das allerdings Randgruppen wie die Beduinen nicht erreicht. Das Land besitzt ein modernes, für Staatsbürger kostenloses Gesundheitswesen. Seit 1971 besteht allgemeine Schulpflicht für 6- bis 12jährige, die Analphabetenrate liegt noch bei 25 %. Abu Dhabi hat seit 1974 eine eigene Universität.

Wirtschaft

Währung: 1 Dirham (DH) = 100 Fils
Bruttoinlandsprodukt (in Anteilen): Land- und Forstwirtschaft 1 %, industrielle Produktion 66 %, Dienstleistungen 33 %
Wichtigste Handelspartner: EG-Staaten, Japan, USA, Singapur

Die V.A.E. gehören zu den ölreichsten Staaten der Erde; das Bruttosozialprodukt pro Kopf gehört zu den höchsten der Welt. Die wirtschaftlichen Unterschiede zwischen den Emiraten sind jedoch extrem, da nur drei der sieben Emirate Erdöl fördern. Die Einnahmen aus dem Ölexport schwankten in den letzten Jahren aufgrund des scharfen Wettbewerbs auf dem internationalen Ölmarkt beträchtlich.

Landwirtschaft
Wüstenböden und Wassermangel begrenzen den Anbau. Die Landwirtschaft konzentriert sich auf künstlich bewässerte Gebiete am Fuße des Omangebirges in den Emiraten Ras al Chaima und Fudschaira sowie auf die Oasen. Neben Dattelpalmen gibt es Gemüse-, Früchte- und Tabakanbau. Die Geflügelzucht wurde stark ausgebaut. In den Emiraten Adschman und Umm al Kaiwain ist der Fischfang Haupterwerbsquelle.

Bodenschätze, Industrie
Abu Dhabi fördert mit Abstand die größten Mengen Erdöl und Erdgas; es folgen Dubai und Schardscha. Abgesehen von der Erdöl- und Erdgasverarbeitung gibt es Aluminiumproduktion (Erdgas als Energiebasis), Herstellung von Düngemitteln, Zement und anderen Baustoffen sowie Metallverarbeitung. Abu Dhabi hat die meiste Industrie. Um das Problem des Wassermangels zu lösen, werden verstärkt Meerwasser-Entsalzungsanlagen gebaut. Ausländische Fachkräfte tragen in hohem Maße zur Industrialisierung des Landes bei.

Handel
Importiert werden hauptsächlich Maschinen, elektrotechnische Erzeugnisse und Fahrzeuge sowie Nahrungsmittel und Konsumgüter. Die Exporte setzen sich fast ausschließlich aus Rohöl, Erdgas und Raffinerieprodukten zusammen. Der Exportüberschuß ist derzeit rückläufig.

Verkehr, Tourismus
Das Verkehrssystem ist gut ausgebaut. Die Emirate sind durch Schnell-

straßen miteinander verbunden (insgesamt rd. 5000 km Straßen). Bedeutende Häfen sind Port Rashid und Jabal Ali. Vier der sieben Emirate haben einen internationalen Flughafen.
Nur in Schardscha spielt der Tourismus eine bescheidene Rolle.

Geschichte

Archäologische Funde auf der Insel Umm an Nar bei Abu Dhabi lassen auf eine Besiedlung schon im 4. Jahrtausend v. Chr. schließen; bei Al Ayn, einer Wüstenoase, fanden sich außerdem Zeugnisse einer um 2500 v. Chr. datierbaren Kultur.
Erst im 7./8. Jh. n. Chr. entstanden entlang der Küstenregion kleine Stadtstaaten, die von den Handelswegen der damaligen Großreiche profitierten. Auch die islamische Sekte der Kharijhiten errichtete in dieser Zeit im Süden ein Staatswesen. Vom 9. bis 11. Jh. gehörte das Gebiet zum Staat der schiitischen Qarmaten, vom frühen 16. Jh. an beherrschten es die Portugiesen; diesen folgten schließlich Niederländer und Briten.

Ein Baudenkmal in Schardscha aus der Zeit vor dem großen Ölboom.

Als die Briten Ende des 18. Jh. versuchten, den Seeweg nach Indien zu sichern und Stützpunkte im Süden des Persischen Golfs zu errichten, stießen sie auf den Widerstand der Scheichtümer an der Piratenküste. Zahlreiche militärische Auseinandersetzungen waren die Folge. Ein Vertrag zwischen der britischen Ostindienkompanie und dem Sultan von Maskat 1798 »befriedete« die lokalen Herrscher schließlich – offiziell, um der Piraterie ein Ende zu bereiten, besiegelte das Abkommen faktisch die britische Vorherrschaft in der Golfregion.
Abu Dhabi, heute das größte und reichste Scheichtum, geriet bereits 1820 unter britische Kontrolle. 1833 trennte sich das Herrscherhaus der Maktum von Abu Dhabi und gründete den weiter nördlich gelegenen Hafen Dubai, der sich in der Folge zu einem wichtigen Handelsplatz – auch für alle benachbarten Scheichtümer – und zu einem nicht minder bedeutenden Transithafen für den illegalen Warenverkehr mit Indien und Pakistan entwickelte.
1853 kam es zur »Erklärung des ewigen Waffenstillstandes« zwischen Großbritannien und den sieben heute in den Vereinigten Arabischen Emiraten zusammengeschlossenen Scheichtümern, für die in der Folgezeit die Bezeichnung »Befriedetes Oman« oder »Vertragsstaaten« üblich wurde. Von Staaten kann jedoch kaum gesprochen werden, da die jeweiligen Gebiete nicht klar begrenzt waren. Dies hatte bis weit ins 20. Jh. hinein häufig Grenzkonflikte zur Folge.

Die Bildung der Föderation
Von 1952 an hatte sich eine engere Zusammenarbeit der Scheichtümer entwickelt, verstärkt nach Einsetzen der Erdölförderung Anfang der 60er Jahre.
Anders als sein eher reformfeindlicher Vorgänger nutzte ab 1966 Scheich Said ibn Sultan von Abu Dhabi die Einnahmen aus der Erdölförderung für ein umfangreiches Entwicklungsprogramm, von dem auch die ärmeren Nachbarstaaten profitierten.
Nach dem Rückzug der Briten, der Ende des Jahrzehnts eingeleitet wurde, schlossen sich die nun unabhängig gewordenen Emirate am 2. 12. 1971 (Nationalfeiertag) zusammen – bis auf Ras al Chaima, das der Föderation erst im Februar 1972 beitrat. Der Förderer dieser Entwicklung, Scheich Said ibn Sultan aus Abu Dhabi, ist bis heute Präsident der Föderation; Abu Dhabi wurde Regierungssitz. Trotz des Ölpreisverfalls seit 1982 betreibt das Land seine Modernisierungspolitik weiter. Im Golfkrieg (seit 1980) unterstützte es den Irak.

Kultur

Die Scheichtümer der Föderation sind immer noch stark der arabisch-islamischen Tradition verhaftet, obwohl britisches Erbe wie auch durch den Ölboom bedingte westliche Einflüsse überall spürbar sind. In den Hafenstädten dominieren moderne Zweckbauten. Zeugnisse der Vergangenheit sind die Altstadt von Dubai mit ihren Kaufmannshäusern und aufgesetzten Windtürmen sowie Umm al Kaiwain, außerdem die Ausgrabungsstätten auf der Insel Umm an Nar bei Abu Dhabi und bei Al Ayn. Funde von diesen Ausgrabungsstätten, darunter etwa 5000 Jahre alte Steinwerkzeuge, sind im Al-Ayn-Museum aufbewahrt.

Die Araber
Ein Großteil der Bevölkerung sind Araber. Ursprünglich bezeichnete dieser Name die semitischen Bewohner der Arabischen Halbinsel, heute gilt er im allgemeinen für die Völker Vorderasiens und Nordafrikas, deren Muttersprache Arabisch ist. Neben einem sprachlichen Gegensatz zwischen Nord- und Südarabern gibt es die kulturgeographische Unterscheidung zwischen einer seßhaften Stadtbevölkerung sowie Bauern (Fellachen) und nomadischen Hirtenstämmen (Beduinen).
Die Beduinen leben in großen Ziegenhautzelten; manche Stämme gehen noch auf Jagd, wobei die Falkenjagd ein Privileg der Wohlhabenden ist.
Die Fellachen leben in Dorfgemeinschaften, meist in einstöckigen, flach gedeckten Häusern aus Stein oder Lehmziegeln.
Beiden Gruppen gemeinsam ist das Festhalten an traditioneller Kleidung: Wollhemd, weiter Mantel und Kopftuch mit Stoffreifen. Die Männer tragen meist helle, die Frauen in der Regel dunkle Farben sowie Ohr-, Arm- und Fingerschmuck. Bewahrt werden auch die alten Formen des Zusammenlebens unter Führung eines Ältesten (Scheich), dessen Würde erblich ist, sowie innerhalb der Familien bzw. Sippen unter einem Oberhaupt.

Reise-Informationen

Einreise- und Fahrzeugpapiere
Bürger der Bundesrepublik Deutschland, der Schweiz und Österreichs benötigen einen gültigen Reisepaß und ein Visum. Im Reisepaß darf kein Sichtvermerk von Israel oder Südafrika enthalten sein. Für einen Aufenthalt ist ein »sponsor« (Bürgschaft z. B. durch ein Hotel oder eine Firma in den Vereinigten Arabischen Emiraten) erforderlich.
Notwendig ist der nationale Führerschein.
Zoll
Bei der Einreise sind zollfrei: 200 Zigaretten nach Dubai, 100 Zigaretten nach Abu Dhabi. Alkohol und Videokassetten sind verboten und werden konfisziert.
Devisen
Dirham (DH) und Fremdwährung dürfen unbegrenzt ein- und ausgeführt werden. US-Dollar-Reiseschecks werden eingelöst, Kreditkarten in Hotels akzeptiert.
Impfungen
Anzuraten sind Cholera-, Polio- und Typhusimpfung.
Verkehrsverhältnisse
Die sieben Emirate sind nur durch internationale Flüge zu erreichen. Sie sind aber durch gut ausgebaute Straßen miteinander verbunden. Taxis und Mietwagen sind ausreichend vorhanden.
Unterkünfte
Hotels der gehobenen Klasse und Bungalows stehen zur Verfügung.
Reisezeit
Die angenehmsten Reisemonate sind Dezember bis März. Von Mai bis Oktober ist es sehr heiß.

Kamelrennen, immer noch ein beliebter Volkssport der Araber.

QUÂN VÀ DÂN ĐỒNG - NAI HĂNG HÁI THI ĐUA
CHÀO MỪNG ĐẠI HỘI ĐẢNG TOÀN QUỐC
1981
1985
KHOÁN SẢN PHẨM ĐẾN
NGƯỜI LAO ĐỘNG ĐỂ PHÁT TRIỂN
SẢN XUẤT CỦNG CỐ HỢP TÁC XÃ
QUẢN LÝ THỊ TRƯỜNG
ỔN ĐỊNH GIÁ CẢ
PHÂN PHỐI CÔNG BẰNG HỢP LÝ
60A-72-38
60.0767 X

Vietnam

Winfried Scharlau

Durch Krieg und Katastrophen ist Vietnam der Welt bekannt geworden. 30 Jahre lang, von 1945 bis 1975, haben vietnamesische Nationalisten und Kommunisten zunächst gegen die Kolonialmacht Frankreich und dann gegen die Vereinigten Staaten von Amerika Krieg geführt, um die Unabhängigkeit und die Einheit des Landes zu erringen.

Viele Menschen in Ost und West, in Amerika, aber auch in der Bundesrepublik Deutschland haben sich mit dem vietnamesischen Volk und seinem Kampf solidarisiert, der ihre eigene politische Entwicklung und ihr Weltbild entscheidend beeinflußt hat. Vietnam nimmt bis heute im Bewußtsein der Weltöffentlichkeit einen besonderen Rang ein. Das verschafft den 63 Millionen Menschen des Landes ein Selbstwertgefühl, das alle Besucher nachhaltig beeindruckt.

Staatsname:	Sozialistische Republik Vietnam
Amtssprache:	Vietnamesisch
Einwohner:	63 Millionen
Fläche:	329 556 km²
Hauptstadt:	Ha Noi
Staatsform:	Sozialistische Volksrepublik
Kfz-Zeichen:	VN
Zeitzone:	MEZ +6 Std.
Geogr. Lage:	Südostasien, grenzt an China, Laos und Kamputschea

Plakate mit politischen Parolen gehören zum heutigen Straßenbild Vietnams. Darunter darf das Bildnis Ho Chi Minhs nicht fehlen, dessen Leben ein Kampf für die Einheit und die sozialistische Gesellschaftsordnung des Landes war.

Ein Volk von großer Kraft und Leidensfähigkeit

Das Hauptwerk der vietnamesischen Literatur schlägt einen tiefen Mollton an, der wie Grabesläuten durch das Land klingt. Im populären Versepos »Kim Van Kieu«, das um 1800 entstand, stolpert die Heldin Kieu in eine ganze Serie von Katastrophen, die jede Form von Elend und Erniedrigung sichtbar machen. Um den Vater aus dem Würgegriff korrupter Mandarine zu befreien, entsagt Kieu ihrer großen Liebe zu dem jungen Gelehrten Kim und läßt sich an einen reichen Kaufmann verkaufen, der in Wirklichkeit ein echter Schurke ist. Kieu landet im Freudenhaus, erlebt und erleidet eine schier endlose Kette von Unglücksfällen, bis sie am Ende ihres Lebens in platonischer Liebe zu dem edlen Kim zurückfindet. Das Epos handelt beinahe ausschließlich von Elend, Not, Schmerz und Leid. Glück scheint im Weltenplan für die Menschen dieser Gesellschaft nicht vorgesehen zu sein.

Und doch ist die Gemütsverfassung der Vietnamesen besonders romantisch und empfindsam. Der Agitator und Untergrundagent Ho Chi Minh, der als Präsident seiner Nation Blut, Schweiß und Tränen zumutete, schrieb im Gefängnis Gedichte, die belegen, daß die Brutalität des Lebens die von Harmonie und Schönheit erfüllten Träume nicht hat zerstören können:

Im Gefängnis gibt es weder Blumen
noch Wein.
Was soll man tun, wenn die Nacht so klar ist?
Ich gehe ans Fenster und genieße
den Mondschein.
Durch die Gitterstangen bescheint
der Mond den Dichter.

Vietnam ist bis heute ein Symbol des Leidens geblieben. Dennoch sind die Menschen nie verzweifelt. Sie haben die Welt erstaunt durch eine innere Kraft, die sie befähigte, auch dem schlimmsten Schicksal zu trotzen.

Zwei bis drei Millionen Tote, so wird geschätzt, hat der Krieg gekostet, bis Amerika besiegt war. Jede Nation, so hatten Lyndon B. Johnson, Richard Nixon und Henry Kissinger kalkuliert, habe eine »Bruchstelle«, an der die Moral zusammenbricht und Bombenkrieg, Zerstörung und tödliche Bedrohung den Willen zum Widerstand erlahmen lassen. Die Regierungen in Washington haben die Leistungsbereitschaft und die Leidensfähigkeit der Vietnamesen erheblich unterschätzt. Ein Blick auf die Geschichte des Landes hätte sie lehren können, zu welch unerhörten Opfern und Entbehrungen dieses Volk fähig ist, wenn die Unabhängigkeit und die Einheit der Nation auf dem Spiel stehen.

Schon die Geographie hat es den Menschen nicht leicht gemacht. Die rund 330000 Quadratkilometer Land – was fast der Fläche Japans gleichkommt – ziehen sich über 1600 Kilometer an der Ostküste Hinterindiens entlang von Nord nach Süd. Im Norden öffnet sich das 450 Kilometer breite Tal des Roten Flusses. Das geographische Mittelstück in Zentral-Annam ist dagegen sehr schmal, auf der Höhe der Stadt Hue nur 60 Kilometer breit. Zwei Drittel von Zentral-Annam sind zudem gebirgig. Man spricht von den Annamitischen Kordilleren, die den Menschen nur einen extrem schmalen Streifen von 15 Kilometern zur intensiven landwirtschaftlichen Nutzung gewähren. Das Delta des beherrschenden Mekongflusses im Süden ist 150 Kilometer breit. Der Umriß Vietnams erinnert an einen Bambusstab, an dessen Enden zwei Reiskörbe hängen. Dazu gehört in der Wirklichkeit Asiens ein von der Last gebeugter Rücken – ein Symbol, das Vietnam tatsächlich kennzeichnet.

Das »Land im Süden« – eine expansive Macht

Schon vor und während der Bronzezeit, etwa 3000 Jahre v. Chr., sind polynesische und malaiische Gruppen aus dem heutigen Indonesien im Norden Vietnams seßhaft geworden. Zu Beginn der Bronzezeit kam ein Stamm aus China ins Land, der zuvor südlich des Jangtsekiang gelebt hatte und der von nun an die Geschichte Vietnams bestimmen sollte. Von 111 v. Chr. bis 939 n. Chr. läßt sich der starke Einfluß der chinesischen Kultur auch in schriftlichen Zeugnissen und in der Kunst nachweisen. Vietnam ist dem chinesischen Kaiser tributpflichtig geworden, wird von ihm als ein Teil des Reiches der Mitte betrachtet.

Der Name des Landes, einst Nam Viet, ist chinesischen Ursprungs und bedeutet »Land im Süden«. Aus China haben die Vietnamesen die Technik des Reisanbaus mitgebracht. Von dort stammen die Schriftzeichen und die Grundideen des Konfuzianismus, der insbesondere die staatliche Organisation mit ihrem Mandarin-System prägen sollte. Auch die religiösen Vorstellungen, sofern das Wort Religion dafür überhaupt verwendet werden kann, offenbaren Einflüsse aus China. Der Ahnenkult dominiert. Im Norden Vietnams sind taoistische Elemente lebendig geblieben, im Süden hat der Buddhismus, allerdings in säkularisierter Form, einige Wurzeln geschlagen.

Trotz der starken Einflüsse aus China haben die Vietnamesen ihre Identität bewahrt. Sie besitzen eine eigene Sprache, eine eigene, sehr demokratische Dorforganisation und daraus erwachsend eine Vorstellung von nationaler Freiheit und Unabhängigkeit.

939 n. Chr. ist das Jahr, in dem Vietnam, geführt von Kaiser Ngo Quyen, seine wirkliche Unabhängigkeit von China erkämpft und danach durch die Jahrhunderte nicht aufhört, diese nationale Selbständigkeit durch Revolten und Kriege gegen die Großmacht im Nor-

△ Der Individualverkehr in der Hauptstadt Ha Noi spielt sich immer noch überwiegend »per pedes und Pedale« ab. Und dazwischen rattert die Straßenbahn. Autos sind hier ein seltener Anblick.

▷ Die Schrecken des Krieges – hier sind sie nicht vergessen. Das Armee-Museum von Ha Noi erinnert an den jahrzehntelangen Kampf um die Freiheit.

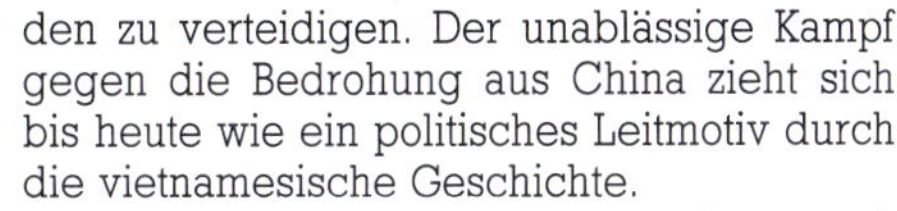

◁ Dieser prächtige Tempel im Mekongdelta erinnert an die reiche buddhistische Tradition Südvietnams. Die Regierenden in Ha Noi setzen indessen auf »wissenschaftlichen Materialismus«, und mancher Vietnamese verehrt inzwischen Ho Chi Minh mehr als die alten Götter.

den zu verteidigen. Der unablässige Kampf gegen die Bedrohung aus China zieht sich bis heute wie ein politisches Leitmotiv durch die vietnamesische Geschichte.

Die zweite Dominante der vietnamesischen Politik weist nach Süden. Nach der Erlangung der Unabhängigkeit im Jahre 939 begann sehr bald ein stetiger Marsch aus dem Delta des Nordens nach Süden. Vietnam eroberte Schritt für Schritt das Königreich von Champa, das in Zentral-Annam, auf der Höhe von Hue, unter kulturellem Einfluß aus Indien eine erstaunliche Blüte erreicht hatte.

Champa ist von den südwärts ziehenden, vitaleren Vietnamesen erobert und sehr bald auch kulturell assimiliert worden. Von Champa zeugte bis Ende der siebziger Jahre unseres Jahrhunderts noch eine kleine Minorität der Cham, die ins benachbarte Kambodscha ausgewichen und dort zum Islam übergetreten war. Unter dem Regime von Pol Pot wurden die letzten Reste von Champa ausgelöscht.

Im 18. und 19. Jahrhundert erreichten die vietnamesischen Siedler oder Kolonisatoren das Mekongdelta, wo sie den Einfluß des Khmer-Königreichs erfolgreich zurückdrängen und schließlich den größten Teil des fruchtbaren Flußtals unter ihre Kontrolle bringen konnten.

Vietnam ist durch die Jahrhunderte eine expansive Kolonialmacht gewesen, die ihre Nachbarn existentiell bedroht hat. Diese Erfahrung aus der Geschichte belastet Ha Nois Verhältnis zu Laos, Kamputschea und Thailand. Die Nachbarn fürchten allesamt das Risiko, von Vietnam erobert zu werden, so wie es Champa geschehen ist.

Die Bilanz der Kolonialzeit liest sich nicht nur negativ

Die Berührung mit Europa und die Einflüsse vor allem französischer Missionare haben Vietnam seit dem 17. Jahrhundert nachhaltig geprägt. Das langsame Wachstum einer christlichen Minderheit hat in der homogenen konfuzianischen Gesellschaft schwere Spannungen ausgelöst, die später, im 19. Jahrhundert, zum Eingreifen französischer Truppen und schließlich zur Kolonisierung und Entmündigung Vietnams geführt haben.

Die positive Wirkung französischer Missionsarbeit bestand in der Stärkung des vietnamesischen Nationalismus. Der Jesuitenpater Alexandre de Rhodes, der – aus Avignon kommend – zur christlichen Gemeinde in Hoi An in Zentralvietnam stieß, ersetzte die chinesischen Schriftzeichen durch lateinische Buchstaben. 1650 veröffentlichte er einen vietnamesischen Katechismus, in dem er lateinische Buchstaben verwendete, die allerdings durch ein kompliziertes Akzent- und Betonungssystem erweitert werden mußten. Die Einführung einer eigenen Schrift war für Vietnam – rückblickend – ein revolutionäres Ereignis. Denn Alexandre de Rhodes' Transkription war erheblich leichter zu erlernen als die bislang verwendeten Schriftzeichen, die Bildung auf eine kleine Elite begrenzt hatten. Durch die neue Schrift wurde das nationale Kulturgut jetzt weiten Kreisen zugänglich. Die Nation fand ein starkes Band, das sie zusammenhielt, einen eigenen, unverwechselbaren Charakter, den zu verteidigen nicht nur der Kaiserhof, sondern das Volk insgesamt bereit und entschlossen waren.

Das wachsende Gefühl einer Schicksalsgemeinschaft hat allerdings nicht verhindert, daß das Land immer wieder in Teile auseinanderfiel, daß die großen Flußtäler im Norden und Süden in die Hände rivalisierender Herrschaftshäuser gerieten. »Eine der schmerzlichsten Epochen der vietnamesischen Geschichte« nennt der Historiker Le

Than Khoi die Teilung des Landes von 1677 bis 1802, als das Geschlecht der Trinh im Norden und die Dynastie der Nguyen im Süden ihre Einflußzonen an einer Linie nördlich von Hue abgrenzten, nicht weit von der Stelle entfernt, an der die Väter des Waffenstillstandsabkommens der Genfer Indochina-Konferenz 1954 das Land noch einmal teilten.

1802 hat Nguyen Anh mit Hilfe französischer Waffen und französischer Landsknechte nach einem 15 Jahre dauernden Krieg das Land wiedervereinigt. Als Kaiser nahm Nguyen Anh den Namen Gia Long an, machte Hue zur neuen Hauptstadt und baute dort einen glänzenden Palast, der noch heute – soweit er die Zerstörungen des amerikanischen Krieges überstanden hat – zu besichtigen ist.

Der Einfluß der französischen Politik ist danach ständig und für den Kaiser unkontrollierbar gewachsen. Die katholische Kirche Frankreichs nahm jede Mißhandlung und Ermordung eines Missionars zum Anlaß, um die Regierung in Paris zur Intervention, zur Annexion, also zur Kolonisierung zu drängen. Die Regierung ihrerseits war seit dem britischen Vordringen nach China, seit dem Opiumkrieg (1840–1842), an einem südlichen Zugang nach China interessiert. Man hoffte, über den Mekong oder über den Roten Fluß einen Wasserweg nach Südchina zu finden. Mehrere geographische Expeditionen haben diese Hoffnung zunichte gemacht. Die wachsende Präsenz Frankreichs hat die Entwicklung dennoch in eine Richtung vorangetrieben, an deren Ende Vietnam entmündigt und entrechtet wurde: Zentral-Annam samt Tonkin im Norden wurde durch »erzwungene Verträge« von 1883 und 1885 Protektorat; Südvietnam, das die Franzosen »Kotschinchina« nannten, wurde Kolonie.

Die Kolonialherrschaft Frankreichs in Vietnam war im Vergleich zu den Methoden und Leistungen der Briten oder Holländer in Südostasien nicht schlechter, wenngleich die amerikanische Regierung, vor allem Franklin Roosevelt, die französische Präsenz als ein besonders abstoßendes Beispiel einer verfehlten Politik dargestellt hat. In einer Periode, die kaum 80 Jahre dauerte, in der Aufstände, Revolten und Streiks, der Erste und der Zweite Weltkrieg hemmende Elemente waren, hat Frankreich eine erstaunliche Entwicklungsarbeit geleistet: Auch das heutige Straßennetz stammt noch fast ausschließlich aus französischer Zeit. Die Ende des 19. Jahrhunderts gebaute 1800 Meter lange »Paul-Doumer-Brücke« über den Roten Fluß vor dem Stadttor Ha Nois sowie die Anlage und die Hauptgebäude der großen Städte – Ha Nois vor allem – sind technische, zivilisatorische Leistungen, die bis heute Bestand haben.

Frankreich hat das Feuer selbst entfacht

Daß sich die selbstbewußten Vietnamesen dennoch nie mit der französischen Kolonialherrschaft abgefunden haben, hat vor allem mit der rassischen Diskriminierung zu tun. Anders als Großbritannien hat Paris auch die mittleren und unteren Stellen der Verwaltung bis hin zum Postbeamten mit Weißen, in erster Linie mit Korsen, besetzt. Für die vietnamesische Intelligenz, die Qualifizierten und Gebildeten blieb in der Verwaltung kein Platz.

Schmerzhaft, revolutionäre Energie freisetzend war zudem die Tatsache, daß jedem Vietnamesen, mochte er auch das Doktordiplom an der Sorbonne erworben haben, das übliche »Vous« der Anrede vorenthalten wurde. Alle Farbigen, ohne Unterschied, wurden wie die Kinder mit »tu« angeredet. Diese subtile Form der Diskriminierung hat der revolutionären Unabhängigkeitsbewegung eine Kraft und Aggressivität verliehen, der am Ende auch das Expeditionskorps der französischen Armee nicht mehr gewachsen war. Von 1946 bis 1954 haben die »Vietminh« unter der Führung von Ho Chi Minh und der kommunistischen Partei die Kolonialmacht Frankreichs zunehmend geschwächt. Ein spektakulärer Sieg über die Bergfestung Dien Bien Phu im Mai 1954 hat Frankreichs Niederlage besiegelt. Eine Konferenz der Großmächte, darunter auch China, hat Vietnam im Abkommen von Genf in den kommunistischen Norden und das westlich orientierte Südvietnam geteilt. Der 17. Breitengrad, am Ben-Hai-Fluß, war die »Demarkationslinie«. Das Wort Grenze wollte Ho Chi Minh nicht akzeptieren.

Von irrigen, aus Vorurteil und Ahnungslosigkeit erwachsenen Prämissen ausgehend, haben die USA sich nach 1954 an die Stelle Frankreichs gedrängt, um in Vietnam einen Damm gegen die »rote Flut« zu errichten, die – wie Eisenhower, Kennedy und später Johnson glaubten – ganz Südostasien zu überspülen drohte. Der Fall Südvietnams, so lautete die Doktrin, werde eine Kettenreaktion auslösen und die Staaten wie Dominosteine umfallen lassen. Über 500000 amerikanische Soldaten sind in den sechziger Jahren für diese weltfremde, die Eigenarten und Eigenständigkeiten der asiatischen Kulturen verkennende Theorie in den Krieg geschickt worden.

Das amerikanische Engagement hat Vietnam in die Schlagzeilen der Weltöffentlichkeit gebracht. Von diesem Interesse und von der Anteilnahme, die eine ganze Generation für die Unabhängigkeitsbewegung unter Führung Ho Chi Minhs gezeigt hat, zehrt das Land noch heute. Aber auch die Probleme, mit denen sich die Regierung in Ha Noi seit dem Sieg über Amerika im Jahre 1975 abmüht, haben mehrheitlich ihre Wurzeln im 30jährigen Krieg um die Unabhängigkeit und Einheit, der Vietnam Millionen Tote und materielle Zerstörungen gekostet hat, die noch heute das ganze Land von der chinesischen Grenze im Norden bis zum Kap Ca Mau, der südlichen Spitze des Landes, kennzeichnen.

Tiefe Armut nach dem Sieg

Früchte des Sieges hat die Bevölkerung nicht genießen können. Der Krieg hat Vietnam eine bittere Armut beschert, die auch dem flüchtigen Besucher in die Augen springt. Das Land hat seit 1945 nur noch Rückschritt, keinen Fortschritt mehr erlebt. Schwere politische und administrative Fehler, die die kommunistische Partei inzwischen selbstkritisch eingesteht, haben die Produktivkräfte des Landes gelähmt, haben wirtschaftliche Initiative durch Bürokratie,

▽ *Von Entbehrungen und leidvollen Erfahrungen scheint das Gesicht dieses alten Vietnamesen zu sprechen. Gerade seine Generation hatte damals erfolgreich einem vielfach überlegenen Gegner widerstanden und ihn zum Rückzug gezwungen.*

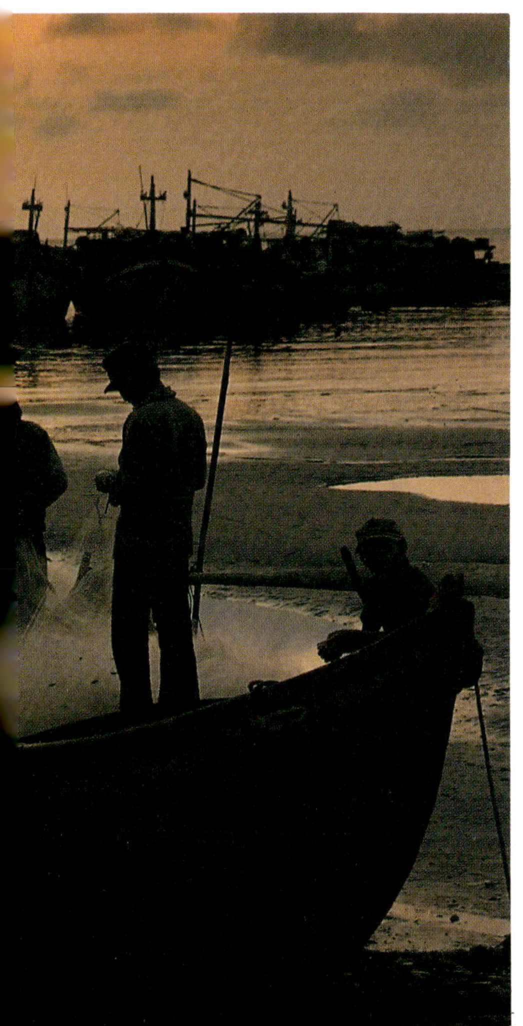

Kaderarroganz und Korruption abgewürgt. Ohne die zwei Milliarden US-Dollar, die Vietnam in jedem Jahr aus Moskau erhält – als Gegenleistung für die Überlassung von Luft- und Seestützpunkten in Da Nang und Cam Ranh –, führen kein Auto und keine Eisenbahn. Hilfe aus COMECON-Ländern hat den Zusammenbruch verhindert.

Als Ziel kann vorerst nur angestrebt werden, den technischen und wirtschaftlichen Standard der vierziger Jahre wieder zu erreichen, also den durch den Krieg bewirkten Rückschritt wettzumachen. Die Eisenbahn zum Beispiel, die von amerikanischen Bombern im damaligen Nordvietnam geradezu pulverisiert worden ist, funktioniert heute wieder auf der Spurbreite und mit der technischen Perfektion von damals. Besucher aus dem Westen erfreuen sich an ihrem Museumscharakter. Auch die meisten Produktionsstätten wirken wie Industriemuseen. In Wahrheit sind solche Bilder der Nachweis einer trostlosen Rückständigkeit, die wenig Hoffnung darauf zuläßt, daß Vietnam wieder Anschluß findet an die inzwischen weit entwickelten, zum Teil blühenden Länder Südostasiens.

Die Spuren des Krieges sind denn auch die Hauptattraktionen, die den Touristen in Ha Noi geboten werden. Nicht weit vom Ho-Chi-Minh-Mausoleum entfernt findet der Tourist an der Dien-Bien-Phu-Straße das weitläufige und eindrucksvolle Armee-Museum, das Kriegsgerät aus 40 Jahren ausstellt und die großen Schlachten erklärt. Nach Dien Bien Phu zu reisen, in die Bergfestung an der nördlichen Grenze zu Laos, über 400 Kilometer von Ha Noi entfernt, lohnt nur dann, wenn die Strecke – selten genug – mit dem Flugzeug bewältigt werden kann.

Auf der Höhe von Dong Hoi, nördlich des 17. Breitengrads, beginnt der Ho-Chi-Minh-Pfad: ein ganzes System von Wegen und Straßen durch den gebirgigen Dschungel, auf dem der Nachschub für den Krieg in den Süden transportiert worden ist. Auch die volle Macht der amerikanischen Luftwaffe hat den Materialfluß nicht unterbrechen können.

In Ho-Chi-Minh-Stadt, dem früheren Saigon, erinnern der Präsidentenpalast und die ganz in der Nähe gelegene amerikanische Botschaft an die Endphase des Krieges, als Hubschrauber der Marines die letzten Evakuierungsmissionen flogen und Stunden später, am Vormittag des 29. April 1975, Panzer der nordvietnamesischen Armee das Haupttor des Präsidentenpalastes niederwalzten, um im Machtzentrum des besiegten Gegners die Fahne des Vietkong zu hissen.

◁ *Fischerei im Südchinesischen Meer ist ein wichtiger Faktor in der Wirtschaft Vietnams. Ein Teil des Fangs wird exportiert, der andere kommt, meist als Nuoc-mam-Soße, auf den Tisch des Volkes.*

△ *Ob die Vietnamesen satt werden, hängt vor allem von der Reisernte ab; rund 80 Prozent der Anbaufläche sind mit diesem Getreide bestellt. Nach der Ernte wird es oft zum Trocknen auf der Straße ausgebreitet.*

30 Kilometer außerhalb von Ho-Chi-Minh-Stadt, an der Straße Nr. 1 nach Kamputschea, liegt die kleine Gemeinde Cu Ci, die sich einer besonders heldenhaften Rolle rühmen darf. Hier haben Partisanen im sogenannten »Eisernen Dreieck« monate- und jahrelang in Stollen und Gräben unter der Erde gelebt. Das Bunkersystem von Cu Ci vermittelt eine Ahnung von der Leistungskraft, aber auch der Leidensfähigkeit der Vietnamesen.

Eine ganz andere Vision von Vietnam vermittelt die Bucht von Ha Long, etwa 70 Kilometer nördlich von Hai Phong gelegen. Mehrere tausend Felsentürme ragen hier steil aus dem Wasser und schaffen eine Szenerie, die ganz unwirklich und traumhaft anmutet. Das romantische und sentimentale Vietnam ist vom schrecklichen Krieg überlagert worden. Es wird wieder ein stärkeres Gewicht bekommen, wenn die Spuren der Verwüstung sich allmählich auflösen und den Blick freigeben auf eine Kultur und Geschichte, die 5000 Jahre alt ist, in der die Heimsuchungen des 19. und 20. Jahrhunderts sich zu einer Episode reduzieren.

Landesnatur

Fläche: 329 556 km² (so groß wie die Bundesrepublik Deutschland und Österreich)
Ausdehnung: Nord–Süd 1600 km, West–Ost 60 bis 600 km
Küstenlänge: 3300 km
Höchster Berg: Fan Si Pan 3143 m
Längste Flüsse: Roter Fluß (Song Hong), vietnamesischer Anteil 495 km (Gesamtlänge 1183 km), Mekong, vietnamesischer Anteil 220 km (Gesamtlänge 4184 km)

Vietnam ist ein schmales Küstenland in Südostasien. Mit Laos und Kamputschea faßt man es als Indochina zusammen. Vietnams lange Küste zum Südchinesischen Meer verläuft in Form eines großen geschwungenen S.

Eine idyllische Landschaft im Norden Vietnams: die Bucht von Ha Long.

Naturraum
In Vietnam lassen sich drei Großlandschaften unterscheiden: Tonkin im Norden, Annam im langgestreckten Mittelabschnitt sowie Kotschinchina im Süden.
Das 22 000 km² große, dichtbesiedelte *Tonkindelta* in Nordvietnam wird von dem zerklüfteten Bergland Bac Phan (mit Fan Si Pan, 3143 m) hufeisenförmig umschlossen. Roter Fluß (Song Hong) und Schwarzer Fluß (Song Da) durchfließen das Gebirge in parallelen Tälern und vereinigen sich vor der Hauptstadt Ha Noi im Zentrum der großen Schwemmlandebene.
Nach Süden schließt sich das schmale, 960 km lange *Bergland von Annam* mit der Annamitischen Küstenkette (bis 2500 m) an. Das im Norden recht schmale Gebirge weitet sich in Südvietnam und wird dort von zahlreichen Hochplateaus durchsetzt.
Die Sümpfe und Sumpfwälder des riesigen *Mekongdeltas* in Südvietnam (70 000 km²) werden von einem Labyrinth von Wasserarmen durchzogen.

Klima
Nordvietnam hat subtropisches Klima mit kühlen Wintern (Nordostmonsun November bis März); der Süden liegt im tropischen Bereich. Im Januar beträgt die durchschnittliche Temperatur in Ha Noi 16,5 °C, im Juli 29 °C. Drei Viertel des jährlichen Niederschlags (Tiefland 1000–1900 mm, Gebirge bis 2500 mm) fallen während des sommerlichen Südwestmonsuns (April bis Oktober). Die Niederschläge am Mekongdelta erreichen bis zu 4000 mm im Jahr. April bis Oktober sind die feuchtheißen Regenmonate. Bei nur wenig schwankenden Temperaturen liegt das Januarmittel in Ho Chi Minh (Saigon) mit 26,5 °C nur um ein Grad niedriger als das Julimittel. Im Spätsommer gibt es oft Wirbelstürme.

Vegetation und Tierwelt
Tropischer Regenwald, laubabwerfender Monsunwald, immergrüner Bergwald und Mangrove an den flachen Küsten des Südens und Nordens sind die ursprünglichen Vegetationsformen des Landes. Bambus ist weit verbreitet. Durch chemische Kampfmittel (Entlaubung) und Flächenbombardements im Vietnamkrieg sowie durch massive Brandrodung und starke landwirtschaftliche Nutzung in den Tiefländern ist die natürliche Vegetation stark geschädigt.
In den Dschungelgebieten Vietnams leben Tiger, Leoparden, Schakale, Gibbons, Pythons, Kobras und Krokodile sowie eine artenreiche Vogelwelt.

Politisches System

Staatsname: Công-hòa xã-hôi chú-nghĩa Việt-Nam
Staats- und Regierungsform: Sozialistische Volksrepublik
Hauptstadt: Ha Noi
Mitgliedschaft: UN, COMECON

Die Verfassung vom 18. 12. 1980 fordert den »Staat der Diktatur des Proletariats« als unitarischen Einheitsstaat unter Führung der Kommunistischen Partei. Die 496 für fünf Jahre gewählten Abgeordneten der Nationalversammlung (»Quoc Hoi«) haben Gesetzgebungs- und Planungsbefugnis. Der 14köpfige »Staatsrat« ist kollektives Staatsoberhaupt; höchste Exekutivgewalt besitzt der Ministerrat.
Das Land hat 36 Verwaltungsbezirke, drei regierungsunmittelbare Stadtbezirke sowie ein Sondergebiet.
Die Rechtsprechung erfolgt durch den Obersten Volksgerichtshof sowie, auf lokaler Ebene, durch Volks- und Militärgerichte.

Bevölkerung

Einwohnerzahl: 63 Millionen
Bevölkerungsdichte: 191 Einw./km²
Bevölkerungszunahme: 2,7 % im Jahr
Ballungsgebiete: Tonkin- und Mekongdelta
Größte Städte: Ho Chi Minh (früher Saigon, 3,6 Mio. Einw.), Ha Noi (2,7 Mio.), Hai Phong (1,2 Mio.)
Bevölkerungsgruppen: 85 % Vietnamesen (Kinh), 2 % Chinesen (Hoa), 2 % Thai, zahlreiche Minderheiten

In Vietnam gibt es an die 60 Minderheiten. Neben den Thai und Chinesen sind die Muong (600 000), Khmer, Nung (je 500 000), Meo und Miao (je 300 000) zahlenmäßig am stärksten vertreten. Seit 1975 haben über 1,5 Millionen Menschen das Land verlassen. Über 40 % der Einwohner sind unter 15 Jahren.
Amtssprache ist Vietnamesisch, viele Einwohner sprechen aber auch Französisch oder Englisch. Vorherrschende Religionen sind der Buddhismus und Taoismus (55 %). Zum Christentum bekennen sich etwa 7 %, zum Kaodaismus 5 % und zur buddhistischen Sekte Hoa Hao etwa 4 %.

Soziale Lage und Bildung
Ein Sozialsystem ist vorhanden, u. a. wird eine Erfassung der Körperbehinderten des Vietnamkrieges angestrebt. Die medizinische Versorgung ist kostenlos und wird auch auf dem Land immer weiter ausgebaut. Schulpflicht besteht für 7- bis 17jährige. Die Analphabetenrate dürfte noch bei 10 % liegen. Vietnam besitzt drei Volluniversitäten und etwa 80 hochschulähnliche Einrichtungen.

Wirtschaft

Währung: 1 Dong (D) = 10 Hào = 100 Xu
Bruttoinlandsprodukt (in Anteilen): Land- und Forstwirtschaft 51 %, industrielle Produktion 29 %, Dienstleistungen 20 %
Wichtigste Handelspartner: COMECON-Staaten, Japan, Hongkong, Singapur, EG-Staaten

Zwei gegensätzliche Wirtschaftssysteme (kommunistischer Norden, kapitalistischer Süden) erschwerten nach der Wiedervereinigung Nord- und Südvietnams (1976) die wirtschaftliche Entwicklung. Trotz massiver Unterstützung durch die UdSSR seit dem Beitritt Vietnams zum COMECON (1978) kennzeichnen ein chronisches Handelsbilanzdefizit, hohe Auslandsverschuldung, ein umfangreicher Schwarzmarkt sowie eine immense Inflationsrate die wirtschaftliche Lage.

Landwirtschaft
Die Landwirtschaft ist mit etwa 70 % der Erwerbstätigen wichtigster Wirtschaftszweig. Vier Fünftel der Anbaufläche entfallen auf die Hauptnahrungspflanze Reis. Die Exportprodukte Tee, Kaffee, Kautschuk und Jute werden überwiegend auf Staatsgütern erzeugt. Als Nahrungsergänzung ist der Fisch wichtig.

Bodenschätze, Energie, Industrie
Erdöl wurde im Off-shore-Bereich entdeckt, wird aber noch nicht gefördert. Wärme- und Wasserkraftwerke bilden die Energiebasis. In Nordvietnam herrscht Schwerindustrie (Verarbeitung von Kohle, Phosphaten, Eisenerzen) vor, im später industrialisierten Süden Leichtindustrie.

Handel
Führender Handelspartner ist die UdSSR. Ausgeführt werden vor allem Agrargüter sowie handwerkliche und leichtindustrielle Produkte. Hauptimportgüter sind Erdöl, Maschinen, Ausrüstungen und Fahrzeuge.

Verkehr, Tourismus
Von insgesamt rd. 80 000 km Straße sind 20 000 km asphaltiert. Die Eisenbahn (insgesamt 3200 km) verbindet die drei größten Städte. In den beiden Deltagebieten ist die Binnenschiffahrt von großer Bedeutung. Die wichtigsten Hochseehäfen sind Hai Phong, Da Nang und Ho Chi Minh. Internationale Flughäfen haben Ha Noi und Ho Chi Minh.
Der Fremdenverkehr hat sich in den letzten Jahren wieder etwas belebt.

Geschichte

Die ursprünglich in China ansässigen Viet-Völker drangen im späten 4. Jh. v. Chr. bis ins Delta des Roten Flusses vor und gründeten dort Mitte des 3. Jh. ihren ersten Staat Aulac. 209 v. Chr. entstand daraus das Reich von Nam Viet, das von 111 v. Chr. bis 939

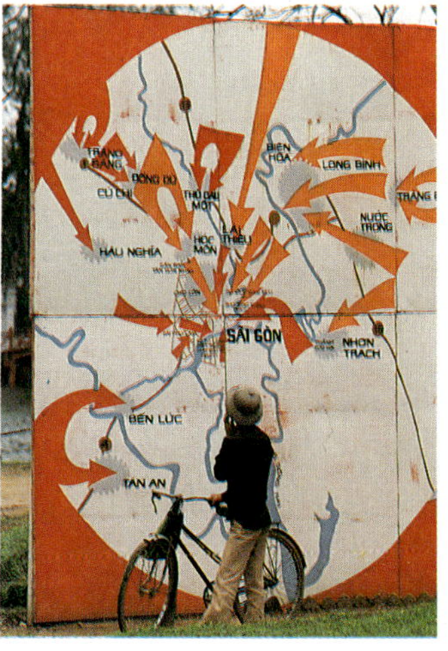

So wurde im Frühjahr 1975 Südvietnams Hauptstadt Saigon erobert.

n. Chr. unter chinesische Herrschaft kam. Der nach der Vertreibung der Chinesen gegründete Staat Dai Viet (mit Ha Noi als Hauptstadt) mußte sich der Angriffe mächtiger Nachbarn erwehren (im 13. Jh. der Khmer und der Mongolen; 1413–1428 erneute chinesische Herrschaft). Die Expansion nach Süden führte 1471 zur endgültigen Unterwerfung des Reiches Champa in Zentralvietnam.
Von der Mitte des 16. Jh. bis zum Ende des 18. Jh. herrschten zwei Feudalgeschlechter, die Trinh im Norden und die Nguyen im Süden. Dies hatte faktisch eine staatliche Zweiteilung zur Folge, die bis ins 20. Jh. bedeutsam blieb.
Nach zahlreichen Bürgerkriegen beseitigte der Tay-Son-Aufstand (1771 bis 1778) die Feudalherrschaft. 1802 wurde das geteilte Land durch General Nguyen Anh mit französischer Hilfe wiedervereinigt.
Frankreich dehnte ab Mitte des 19. Jh. seinen Einfluß in Südostasien aus. 1862 machte es Kotschinchina (die reichsten Provinzen Südvietnams) zu seiner Kolonie und vereinigte es 1887 mit den französischen Protektoraten Annam, Tonkin und Kambodscha in der Indochinesischen Union (1893 kam Laos hinzu). Im Zweiten Weltkrieg besetzte Japan und – nach dessen Kapitulation – Frankreich Indochina. Obwohl Frankreich 1946 die von dem kommunistischen Vietminh-Führer Ho Chi Minh am 2. 9. 1945 (Nationalfeiertag) proklamierte Demokratische Republik Vietnam als autonomen Staat innerhalb der Französischen Union anerkannte, versuchte es eine Rekolonialisierung. Der Befreiungskampf der Vietminh endete mit der militärischen Niederlage Frankreichs (7. 5. 1954 Fall der Dschungelfestung Dien Bien Phu). Auf der Genfer Indochina-Konferenz von 1954 wurde ein Waffenstillstand vereinbart, der Vietnam provisorisch in eine nördliche und eine südliche Zone teilte.

Der Vietnamkrieg und seine Folgen

Während Nordvietnam sich an der UdSSR und der VR China orientierte, unterstützten die USA das antikommunistische Regime in Südvietnam (ab 1962 verstärkte Entsendung von Militärberatern). Die kommunistische Nationale Befreiungsfront (Vietcong) kontrollierte dank ihrer Guerillataktik und der militärischen Unterstützung durch Nordvietnam weite Teile von Südvietnam. Nach dem Tonkin-Zwischenfall im August 1964 griffen die USA auch direkt in den Vietnamkrieg ein. Sie entsandten insgesamt über 500 000 Soldaten, dazu Luftwaffen- und Marineeinheiten nach Vietnam. Nordvietnam und der Vietcong erhielten Nachschub von der UdSSR und der VR China. Flächenbombardierungen (auch Einsatz von Napalm), Verminung der Häfen und Angriffe auf die Nachschubwege in Laos und Kamputschea von seiten der USA erwiesen sich jedoch als aussichtslose Mittel der Kriegführung. Angesichts wachsender Kritik in den USA an der Verwicklung in den Krieg begannen 1968 Friedensverhandlungen. Aber erst das Friedensabkommen von Paris am 27. 1. 1973 führte zum Abzug der amerikanischen Truppen. Der Vietcong und die nordvietnamesische Armee eroberten bis Ende April 1975 ganz Südvietnam. Nach gemeinsamen Wahlen wurde Vietnam am 2. Juli 1976 formell wiedervereinigt.
Ende 1977 kam es zu kriegerischen Auseinandersetzungen mit dem nach China orientierten Kamputschea, das 1979 unterworfen wurde. Nach »begrenzten Strafaktionen« der VR China gegen Vietnam (Invasion im Norden des Landes) flohen von den 1,2 Millionen Angehörigen der chinesischen Minderheit nahezu 200 000 nach China. 250 000 Vietnamesen flüchteten als »Boat People« über See in andere Länder.
Wiederholte chinesisch-vietnamesische Grenzkämpfe seit 1984 verschärften die Spannungen mit China. Mitte 1988 begann Vietnam mit dem ersten Teilabzug seiner Truppen aus Kamputschea.

Kultur

In Zentralvietnam entwickelte sich seit dem 2. Jh. n. Chr. die religiös geprägte, indisch beeinflußte Kultur des Königreichs Champa. In der Architektur gab es seit Anfang des 7. Jh. hauptsächlich drei Bautypen: »Kalan« (Turmheiligtum mit pyramidenförmigem, in Geschosse gegliedertem Bau), sog. Bibliothek (rechteckiger Grundriß) und »Mandapa« (große, freistehende Halle mit Balkendach).
Die Kultur Nordvietnams war seit Ende des 2. Jh. v. Chr. durch die Kunst Chinas und den Buddhismus geprägt. Die sakrale Baukunst nahm dabei ebenso wie die Skulptur auch indische Stilelemente auf; bedeutend ist ferner die hochentwickelte Keramik. Wichtige Stätten vietnamesischer Kunst sind Hue und die Kaisergräber der Nguyen-Dynastie (1802–1945, außerhalb Hue) mit ihren monumentalen, reichverzierten Ahnenschreinen. Heute wird in Vietnam besonders das traditionelle Kunsthandwerk gefördert. Neben der jahrhundertelang nur einer kleinen Oberschicht vorbehaltenen Literatur in chinesischer Sprache gab es in Vietnam auch eine Volksliteratur, die bis zum 13. Jh. nur mündlich tradiert wurde. Beliebt waren vor allem Versromane wie das konfuzianisch geprägte Nationalepos »Kim Van Kieu« (dt. 1964) von Nguyen-Du (1765–1820).
Die Musik in Vietnam basiert auf indischen und chinesischen Musiktraditionen. Erst im 19. Jh. entstand eine eigenständige Musik, für die vor allem das einsaitige Zupfinstrument »Dan Bau« charakteristisch ist.

Reise-Informationen

Einreise- und Fahrzeugpapiere
Bürger der Bundesrepublik Deutschland, der Schweiz und Österreichs benötigen einen gültigen Reisepaß mit Visum (nur Gruppenreisen).
Zoll
Bei der Einreise sind zollfrei: pro Person ab 18 Jahre 200 Zigaretten, 1 Flasche Spirituosen und Parfüm für den persönlichen Gebrauch. Die Ausfuhr von Antiquitäten ist verboten.
Devisen
Die Ein- und Ausfuhr von Dong (D) ist nicht gestattet. Fremddevisen können in deklarierter Höhe ein- und ausgeführt werden. Beim Umtausch von US-$ oder DM erhält man einen Bonus von 20 % gegenüber dem offiziellen Kurs.

Pagodenturm bei Hue in der klassischen Bauform des »Kalan«.

Impfungen
Gelbfieberimpfung brauchen nur Reisende aus Infektionsgebieten. Empfohlen werden Malariaschutz, Cholera- und Typhusimpfung.
Verkehrsverhältnisse
Von Ha Noi aus bestehen regelmäßige Flugverbindungen nach Da Nang und Ho Chi Minh. In den meisten Städten gibt es Rikschas, Taxis werden nur über das staatliche Fremdenverkehrsamt vermittelt. Schiffs-, Eisenbahn- bzw. Autobusreisen sind nur eingeschränkt möglich.
Unterkünfte
Das Angebot an Hotels ist dürftig und weit unter europäischem Niveau. Der Standard der Hotels in Ho Chi Minh ist besser.
Reisezeit
Die beste Reisezeit sind die trockeneren und etwas kühleren Monate von November bis März.

Klaus Viedebantt

Australien und Ozeanien

Die Südsee – fast 10000 Inseln in der Weite des Meeres

Dem »Südseefieber«, das vor 200 Jahren in Europas Salons grassierte, konnte sich selbst Johann Wolfgang von Goethe nicht entziehen: »Man sollte oft wünschen, auf einer der Südseeinseln als sogenannter Wilder geboren zu sein, um nur einmal das menschliche Dasein, ohne falschen Beigeschmack, durchaus rein zu genießen«, meinte der Dichterfürst im Gespräch mit seinem Sekretär und Vertrauten Johann Peter Eckermann.

Seit die ersten weißen Besucher Tahitis, die Kapitäne Samuel Wallis, Louis Antoine de Bougainville und James Cook, die Kunde von den tropischen Inseln und ihren sorglosen Bewohnern, dem exotischen Reiz der bronzebraunen Frauen und ihren scheinbar offenherzigen Sitten in ihre Heimat nach Europa trugen, hatte das ferne Paradies einen Namen – die Südsee.

Doch es dauerte nicht lange, bis genauere Berichte über die Inseln und ihre Bewohner das Bild korrigierten. Zerstörerische Naturgewalten, strenge Tabus, strikte Hierarchien, blutige Stammeskriege, ja sogar Kannibalismus kennzeichneten das Leben auf den Archipelen. Und dennoch – die Fiktion vom Paradies im Pazifik hielt sich wider besseres Wissen bis in unsere Tage: Nach wie vor verbindet man die »Südsee« mit Vorstellungen wie Traumurlaub, Sorglosigkeit und Frieden.

Die Südsee hat diesem Klischee nie entsprochen. Allerdings war sie im Vergleich zu Europa und seinen Menschheitsplagen immer noch eine friedvolle Welt, die erst durch die geostrategische Entwicklung unserer Tage ein Ende zu finden scheint. Als geographische Bezeichnung ist der Begriff »Südsee« eher verschwommen. Ist Hawaii – deutlich im Nordpazifik gelegen – noch ein Teil der Südsee? Und gehört die Südspitze von Neuseeland, das »Sprungbrett in die Antarktis«, noch dazu?

Die Geographen lassen diese Fragen offen. Sie sprechen von der Region »Australien und Ozeanien« und wissen durchaus, daß das nur eine Hilfsbezeichnung ist, um den riesigen Raum zu umschreiben. Australien ist als eigenständiger Inselkontinent genau umrissen, und nur Neuguinea läßt sich – nach erdkundlichen Maßstäben – mit diesem Kontinent in Zusammenhang bringen, da es denselben Festlandsockel mit ihm teilt. Die anderen Inseln im Südpazifik sind geologisch eigenständig.

Die pazifische Inselwelt umfaßt ein Meeresgebiet von etwa 70 Millionen Quadratkilometern. Doch gemessen an ihren jeweiligen Landflächen sind alle diese schätzungsweise 7500 bis 10000 Inseln Winzlinge. Einmal abgesehen von den beiden Inseln Neuseelands und von Neuguinea, liegen sie wie kleine grüne Krümel in der Weite des blauen Meeres verstreut. Neuguinea dagegen, politisch geteilt in die indonesische Provinz Irian Jaya und den unabhängigen Staat Papua-Neuguinea, ist – nach Grönland – die zweitgrößte Insel der Welt.

Polynesier, Melanesier und Mikronesier

Ein wenig Ordnung hat die Gliederung der Inselwelt in Polynesien, Melanesien und Mikronesien gebracht, die nach der ethnischen Zugehörigkeit ihrer Bewohner vorgenommen wurde. Demzufolge ist Polynesien

vornehmlich von bronzefarbigen Menschen mit leicht gewelltem Haar bewohnt, Melanesien von tiefbraunen Eingeborenen mit Kraushaar und Mikronesien von Dunkelhäutigen mit mongoliden Zügen. Obwohl die Wissenschaft inzwischen längst nachgewiesen hat, daß diese Klassifikation kaum haltbar ist, blieb die dementsprechende geographische Grobeinteilung bis heute bestehen.

Zu Melanesien (griechisch: »schwarze Inseln«) zählen Neuguinea, der Bismarckarchipel (Neubritannien, Neuirland), die Salomonen, die Santa-Cruz-Inseln, die Neuen Hebriden, die Loyalitätsinseln, Neukaledonien und die Fidschi-Inseln. Wie problematisch diese stammesgeprägte Unterteilung ist, läßt sich an den wichtigsten Inseln dieser Gruppe beispielhaft zeigen.

Auf Neuguinea sind die ethnischen Unterschiede zwischen den Bewohnern des Hochlands und denen des Tieflands teilweise größer als diejenigen zwischen Melanesiern und Mikronesiern oder Polynesiern. Noch kurioser wird es auf Fidschi; denn abgesehen von dem Umstand, daß mittlerweile mehr als die Hälfte aller Fidschianer indischer Herkunft sind, lassen sich die Ureinwohner stammeskundlich nicht eindeutig zuordnen. Dem Äußeren nach typische Melanesier, sind sie von ihrer Lebensweise her doch polynesisch geprägt.

Der nördlich von Melanesien gelegene Archipel Mikronesien (griechisch: »kleine Inseln«) umfaßt die Marshallinseln, die Karolinen, die Marianen, die Gilbertinseln und die Einzelinseln Nauru und Wake.

Polynesien ist die weitaus größte und in Europa bekannteste der drei pazifischen Inselregionen, deshalb wird der Begriff »Polynesien« (griechisch: »viele Inseln«) bisweilen auch als Synonym für die gesamte Südsee benutzt. Zu den wichtigsten Inseln und Gruppen Polynesiens gehören die Ellice-, Samoa-, Tokelau- und Tongainseln, die Phönixinseln und Line Islands, die Cook-, Tubuaï- und Gesellschaftsinseln, Tuamotu- und Marquesasinseln sowie Pitcairn, die Osterinsel und Sala y Gómez. Ob auch die Hawaii-Inseln, deren Ureinwohner Polynesier sind, dazuzuzählen sind – darüber sind sich die Geographen nicht einig.

Heute gibt es in Polynesien eine Reihe unabhängiger Staaten: Samoa (Westsamoa), Tonga und Tuvalu (Ellice Islands). Die Phönixinseln und die Line Islands gehören gemeinsam mit den Gilbertinseln zum unabhängigen mikronesischen Staat Kiribati. Die Cookinseln und Niue sind souverän, haben sich aber in eine freiwillige Assoziation mit Neuseeland begeben. Die Tokelauinseln gehören unmittelbar zu Neuseeland. Pitcairn steht noch unter der Oberhoheit Großbritanniens, Amerikanisch-Samoa ist ein »unorganized unincorporated territory«, das heißt, es untersteht der Souveränität der USA, hat aber begrenzte lokale Legislativgewalt. Im Osten Polynesiens ist der Einfluß Frankreichs immer noch beherrschend. Paris läßt sich dieses Engagement sehr viel Geld kosten. Grund ist das Atomwaffen-Testgelände auf dem Mururoa-Atoll der Tuamotuinseln – ein Zankapfel für den ganzen Pazifik.

Auch die Australier und die Neuseeländer, die politisch stärksten Kräfte in Westpolynesien, sind strikte Gegner der französischen Atomwaffenversuche im Pazifik. Dementsprechend belastet sind die Beziehungen von Paris zu Canberra und Wellington. Ihren Höhepunkt erreichten die Differenzen, als im Jahre 1985 französische Agenten im Hafen des neuseeländischen Auckland ein Schiff der Umweltschutzorganisation Greenpeace versenkten, das zu einer Protestfahrt in das Seegebiet von Mururoa auslaufen sollte.

Captain Cook sah weiter

Captain Cook notierte über die Tonga-Inseln: »Friendly Islands«. Freundliche Menschen tanzten, scheinbar ohne Sorgen, in sündiger Nacktheit. Zeichner und Kupferstecher machten daraus das Südsee-Klischee vom »Paradies« der »edlen Wilden«. Christliche Missionare verschrieben ihnen Hemd, Rock und Hose; seither ziehen sie ihre traditionellen Taovala-Matten einfach darüber. Heute tanzen sie für Touristen und sind meist abhängig von Hilfsgeldern. Noch einmal Captain Cook: »Es wäre weit besser gewesen für diese Leute, sie hätten uns nie gekannt.« Der Panzer, im Zweiten Weltkrieg bei der Landung der Amerikaner auf der Marianeninsel Saipan im Riff hängen geblieben, bestätigt diesen Satz auf makabre Weise.

Ein Paradies in Menschenhand

Das ist der ewige Traum: unversehrt vom Fluch der Zivilisation, inmitten verschwenderischer Gaben der Natur, einfach in den Tag hineinzuleben. Aber: »Sie gelten als Paradiese, diese Südseeinseln«, schrieb D. H. Lawrence an eine Freundin, »du kannst sie geschenkt haben ...«
Die Artenvielfalt im Korallenriff und die Fauna und Flora des tropischen Regenwaldes sind am ehesten noch Belege für ein »Paradies«; ob unter Wasser – der Juwelenbarsch mit Putzergarnele – oder über Wasser – eine Prachttaube –, es liegt in unserer Hand, ob sie am Fortschritt zugrunde gehen.

Die Abkehr vom Atom

Neuseeland und Australien gelang es kurz darauf, die im »South Pacific Forum« zusammengeschlossenen souveränen Inselstaaten des Südpazifiks auf die Schaffung einer atomwaffenfreien Zone einzuschwören. Vorreiter war Neuseeland, das alle Häfen für atombetriebene oder -bewaffnete Schiffe sperrte. Aus diesem Grund geriet das wichtigste Militärbündnis der Region – der ANZUS-Pakt zwischen Australien, Neuseeland und den Vereinigten Staaten – ins Wanken. 1986 wurde Neuseeland von den USA formell aus dem Bündnis ausgeschlossen. Australien und die Vereinigten Staaten setzen jedoch, wie auch Australien und Neuseeland, ihre Zusammenarbeit im pazifischen Verteidigungsbereich fort.

Diese Haltung der Neuseeländer aber blieb nicht ohne Wirkung auf die kleinen Inselstaaten; seither geht die »neuseeländische Krankheit« in der Region um: die strikte Abkehr vom Atom – eine Entwicklung, die vor allem von den Amerikanern gefürchtet wird.

Die USA sorgen sich um ihre Stärke und Präsenz in einem Teil der Welt, dem in politischen und wirtschaftlichen Analysen ein großer Aufschwung vorhergesagt wird. »Das Mittelmeer«, heißt es in Washington, »ist das Meer der Vergangenheit, der Atlantik ist das Zentrum der Gegenwart, und dem Pazifik gehört die Zukunft.«

Bislang galt der Pazifik immer als »amerikanisches Meer«, eine Einschätzung, die 1941 mit der japanischen Attacke auf Pearl Harbor einen ersten Knacks erlitt. Bei dem Angriff auf den hawaiianischen Kriegshafen war ein Großteil der US-Pazifikflotte zerstört worden. Die USA konnten die Japaner zwar später niederzwingen – unter anderem durch den erstmaligen Einsatz von Atombomben –, aber sie zogen aus dem Überfall eine Reihe von Konsequenzen. Hawaii wurde im Jahre 1959 zum 50. Bundesstaat der Vereinigten Staaten und ist – trotz seines Images als größter Ferienarchipel des Pazifiks – einer der wichtigsten Militärposten der amerikanischen Nation.

Nicht minder stark ist das militärische Engagement der USA in Mikronesien. Am deutlichsten wird das auf Guam, einem Territorium der Vereinigten Staaten mit einer großen Militärbasis. Etwa jeder zehnte Inselbewohner ist amerikanischer Soldat. Dennoch ist Guam eine der meistbesuchten Touristeninseln, es gilt als das »Mallorca der Japaner«. Guam – schon seit 1898 zu den USA gehörend – ist die südlichste Insel der Marianen, die zwei Jahre nach Ende des Zweiten Weltkriegs gemeinsam mit den Karolinen und den Marshallinseln in die Treuhandschaft der USA kamen. Auf den Nördlichen Marianen mit der Hauptinsel Saipan hat die Mehrheit der Bevölkerung 1975 für einen Anschluß an die USA gestimmt, vielleicht werden die Inseln eines Tages zusammen mit Guam zum 51. US-Staat.

Die Marshallinseln – ins Weltbewußtsein gerückt, als 1946 auf dem Bikini-Atoll die Atombombentests begannen – sind zwar eine formal unabhängige Republik, tatsächlich aber von Hilfeleistungen aus Washington abhängig. Eine der Gegenleistungen ist die amerikanische Raketenabwehrbasis auf dem Atoll Kwajalein, dessen Nutzung den USA 1986 für 30 Jahre garantiert wurde.

Ein Teil der Karolineninseln hat sich zu den »Föderierten Staaten von Mikronesien« zusammengeschlossen. Das ist der bescheidene Rest von Plänen der Insulaner, ganz Mikronesien in einem Staat zu vereinen. Dieses Vorhaben

Stämme, bei denen die Zentralgewalt nur bedingte Macht hat und lokale Kriege an der Tagesordnung sind. In Neukaledonien haben sich die einheimischen Kanaken mit der Forderung nach Souveränität gegen die französische Kolonialmacht erhoben, 1988 sollen die Neukaledonier über ihre Unabhängigkeit in einer Volksabstimmung entscheiden. In Fidschi hat das Militär geputscht; dort lagert weiterhin Zündstoff, weil die einst von den Kolonialherren als billige Arbeitskräfte eingeschleusten Inder inzwischen knapp die Bevölkerungsmehrheit stellen und die Melanesier dennoch das Sagen behalten wollen. Die politische Lage in Vanuatu, einst eine gemeinsame Kolonie der Briten und der Franzosen, gilt immer noch als unbeständig, da sich verschiedene Interessengruppen des Inselstaates bis heute nicht wohlgesonnen sind.

In der Vergangenheit konnten die Amerikaner, Australier, Neuseeländer und Franzosen die wirtschaftlichen Schwierigkeiten der häufig nur von der Kopraproduktion lebenden Inseln ausgleichen. In ihren Interessensgebieten kontrollierten sie die politischen Zustände und verhinderten unliebsame Entwicklungen.

scheiterte zwar auch an den großen Entfernungen, aber gleichermaßen an den Eigeninteressen der unterschiedlichen Stämme. Selbst innerhalb der Karolinen war keine Einigung möglich: Die Inselgruppe von Palau erklärte sich 1981 zur Unabhängigen Republik, wird aber von den USA nicht anerkannt. Auch hier wird das wirtschaftliche Überleben nur durch die Unterstützung der USA garantiert – eine Hilfe, die Washington gegen das Recht, dort Stützpunkte zu nutzen, gerne bietet.

Ähnlich abhängig vom Wohlwollen und Interesse der westlichen Welt ist Kiribati, seit die Phosphatvorräte auf Banaba erschöpft sind.

Etwas anders stellt sich die Situation dagegen auf der lediglich 21,3 Quadratkilometer großen Koralleninsel Nauru dar, die dank ihres Reichtums, den sie durch das Phosphat erwerben konnte, als »Vogelschiß-Scheichtum« verspottet wird. Da die Vorräte an den jahrtausendealten Hinterlassenschaften der Vögel Ende der neunziger Jahre verbraucht sein werden, versucht die Regierung der Minirepublik, mit Investitionen im ganzen Pazifikraum, beispielsweise in Hotels und Grundstücke, den Wohlstand der rund 8000 Insulaner zu sichern.

Auf der Suche nach nationaler Identität

Stabilere wirtschaftliche Grundlagen können, abgesehen von den Salomonen, alle großen Inselstaaten Melanesiens vorweisen: Papua-Neuguinea und Neukaledonien haben reiche Bodenschätze, Fidschi hat eine starke Landwirtschaft und ein etabliertes Touristikgeschäft, Vanuatu hat vermutlich wirtschaftlich interessante Erzlager und baut bereits Mangan ab.

Dennoch beziehen alle diese Staaten Wirtschaftshilfe; große Entfernungen zwischen den Inseln, schwer zugängliche Inlandsterritorien und zahllose Stammesunterschiede machen es den ehemaligen Kolonien und jungen Staaten schwer, ihre nationale Identität zu finden und wirtschaftlich stabile Verhältnisse zu schaffen.

Entsprechend instabil sind auch die politischen Verhältnisse: Papua-Neuguinea ist zersplittert in zahlreiche

In den achtziger Jahren veränderte sich jedoch die pazifische Szenerie. Erstmals engagierte sich die Sowjetunion im Südpazifik. Sie versucht seither, den Einfluß der USA in der Region zurückzudrängen, und geht dabei gleichermaßen auf die wirtschaftlichen Probleme wie auf die erwachenden Nationalgefühle der Inselstaaten ein. Mit Kiribati und Vanuatu schloß Moskau bereits Fischereiabkommen mit entsprechenden Hafenrechten; politische Beobachter befürchten, die UdSSR suche langfristig auch Standorte künftiger Marinebasen und wolle durch Unterstützung von oppositionellen Gruppen Unruhe in die Region tragen. Dies hat auch schon Libyens Staatschef Gaddafi mit seiner Hilfe für Guerillas auf Neukaledonien versucht.

Zugleich sieht sich Washington mit einer starken Anti-Atom-Stimmung in den pazifischen Staaten konfrontiert. Diese von Neuseeland ausgehende Bewegung hat sich einen atomwaffenfreien Südpazifik zum Ziel gesetzt, ein Ziel, das die Bewegungsmöglichkeiten der pazifischen US-Flotte erheblich einschränken könnte.

Die Südseeszene ist allenthalben in Bewegung geraten. Der landschaftlich bezaubernde und vermeintlich so friedliche Winkel sorgt immer häufiger mit unerfreulichen Schlagzeilen für die Erkenntnis, daß es auf Erden kein Paradies gibt.

CHINA
TAIWAN
New Kowloon
Hong Kong (Brit.)
Victoria
Macao (Port.)
Tainan
Kaohsiung
IŌ / KAZAN-RETTŌ (Japan)
MINAMI-TORI- oder MARCUSINSEL (Japan)
OKINO-TORI (Japan)
FARALLON DE PAJAROS
MAUG ISLANDS
ASUNCION
AGRIHAN
PAGAN
ALAMAGAN
GUGUAN
MARIANEN
ANATAHAN
Verwaltungssitz
SAIPAN
TINIAN
ROTA
Agana
Guam (USA)
Bund der Nördlichen Marianen
WAKE (USA)
Marshallinseln
TAONGI
Luzon-straße
BATANINSELN
BABUYANINSELN
Laoag
Aparri
Baguio
Ilagan
Lingayen
Tarlac
LUZON
Cabanatuan
Olongapo
Quezon City
Manila
San Pablo
Batangas
Philippinensee
Naga
MINDORO
Legazpi
PHILIPPINEN
Calbayog
SAMAR
CALAMIANINSELN
PANAY
MASBATE
Tacloban
SPRATLY-INSELN (China)
Puerto Princesa
Iloilo
LEYTE
Bacolod
Cebu
PALAWAN
NEGROS
BOHOL
Sulusee
Dipolog
Butuan
Balabacstraße
Cagayan de Oro
Iligan
MINDANAO
Zamboanga
Davao
Basilan City
JOLO
General Santos
SULU-ARCHIPEL
Südchinesisches Meer
Kota Kinabalu
Sandakan
MALAYSIA
Tawau
Tarakan
KALIMANTAN / BORNEO
Celebessee
TALAUDINSELN
SANGIHE-INSELN
Manado
Samarinda
Talisajan
Sengata
MINAHASSA
Gorontalo
Ternate
HALMAHERA
MOROTAI
Molukkensee
Teluk Tomini
Palu
Poso
CELEBES
Makassarstraße
Amuntai
Palopo
Majene
Parepare
Kendari
Watampone
Ujung Pandang
Makassar
Baubau
BUTUNG
Bandasee
SULA-INSELN
BURU
Ceramsee
CERAM
Ambon
MOLUKKEN
BACAN
OBI
MISOOL
SALAWATI
WAIGEO
Sorong
Manokwari
BIAK
YAPEN
Waren
Sarmi
Jayapura
Bawe
Nabire
Puncak Jaya 5030
NEUGUINEA
Agats
Mapi
Merauke
INDONESIEN
KAI-INSELN
ARU-INSELN
TANIMBARINSELN
DOLAK
Arafurasee
Floressee
FLORES
Ende
Denpasar
Mataram
BALI
LOMBOK
SUMBAWA
SUMBA
Sawusee
SAWU
ROTI
Kupang
TIMOR
Dili
WETAR
ALOR
OMBLEN
Timorsee
ASHMORE
CARTIER
Föderierte Staaten von Mikronesien
MIKRONESIEN
ULITHI
YAP-INSELN
FAIS
NGULU
SOROL
FARAULEP
GAFERUT
KAYANGEL ISLANDS
BABELTHUAP
PALAUINSELN
Koror
ANGAUR
Palau
SONSOROL ISLANDS
PULO ANNA
MERIR
TOBI
HELEN
KAROLINEN
OLIMARAO
WOLEAI
IFALIK
ELATO
LAMOTREK
SATAWAL
EAURIPIK
NAMONUITO
PIKELOT
PULAP
FAYU
HALLINSELN
TRUK-INSELN
PULUSUK
LOSAP
NAMOLUK
MORTLOCK-INSELN
MINTO
OROLUK
SENYAVIN-INSELN
Kolonia
POHNPEI
NGATIK
MOKIL
PINGELAP
KOSRAE (KUSAIE)
NUKUORO
KAPINGAMARANGI
MARSHALLINSELN
BIKINI
RONGERIK
RONGELAP
AILINGINAE
UTIRIK
BIKAR
ENIWETOK
UJELANG
WOTHO
LIKIEP
AILUK
KWAJALEIN
UJAE
LAE
RALIKGRUPPE
ERIKUB
WOTJE
MALOELAP
RATAKGRUPPE
NAMU
AUR
AILINGLAPALAP
MAJURO
Uliga
ARNO
JALUIT
MILI
NAMORIK
KILI
EBON
BUTARITARI
MARAKEI
ABAIANG
TARAWA
Bairiki
MAIANA
ABEMAMA
KURIA
ARANUKA
NONOUTI
TABITEUEA
ONOTOA
BANABA
NAURU / NAOERO
MELANESIEN
NINIGO GROUP
KANIET ISLANDS
ADMIRALITÄTSINSELN
SAINT MATTHIAS GROUP
NEUHANNOVER
TABAR ISLANDS
LIHIR GROUP
TANGA ISLANDS
FENI ISLANDS
GREEN ISLANDS
BISMARCK-ARCHIPEL
NEUIRLAND
Rabaul
PURDY ISLANDS
Wewak
Sepik
Madang
LONG
UMBOI
Pomio
NEUBRITANNIEN
BUKA
BOUGAINVILLE
Kieta
NUKUMANU ISLANDS
ONTONG JAVA
RONCADOR
Dumpu
Lae
Nomad
Goroka
PAPUA-NEUGUINEA
Kikori
Fly
Papuagolf
Morobe
Salomonensee
Tufi
Port Moresby
Torresstraße
Samarai
TROBRIAND ISLANDS
WOODLARK
D'ENTRECASTEAUX ISLANDS
LOUISIADE ARCHIPELAGO
TAGULA
ROSSEL
SALOMONEN
Panggoe
CHOISEUL
SANTA ISABEL
NEW GEORGIA
Buala
Auki
MALAITA
Honiara
GUADALCANAL
STEWART ISLANDS
Kirakira
SAN CRISTÓBAL
RENNELL
REEF ISLANDS
DUFF ISLANDS
NENDO
SANTA-CRUZ-INSELN
UTUPUA
VANIKOLO ISLANDS
ANUTA
FATAKA
TIKOPIA
INDISPENSABLE REEFS
TUVALU
ELLICE
ILES TORRES
VANOUA LAVA
VÉTAOUNDÉ
ILES BANKS
LAKON
ILE ESPIRITU SANTO
Luganville
MAÉWO
PENTECÔTE
AMBRYM
EPI
MALÉKOULA
VANUATU
NEUE HEBRIDEN
Port-Vila
EFATÉ
ERROMANGO
ANIWA
FOUTOUNA
TANNA
ANEYTIOUM
RÉCIFS HUON
D'ENTRECASTEAUX
ILE DE SABLE
ILES BELEP
RÉCIFS DE L'ASTROLABE
ILES CHESTERFIELD
OUVÉA
LIFOU
Koumac
NEU-KALEDONIEN
Nouméa
MARÉ
ILE DES PINS
RÉCIFS BELLONA
MATTHEW
HUNTER
Neukaledonien (Frankreich)
Korallensee
LIHOU REEFS AND CAYS
FLINDERS REEFS
SWAIN REEFS
CATO
MELVILLE
BATHURST
WESSEL ISLANDS
Cape Arnhem
Darwin
Adelaide River
Nhulunbuy
ARNHEMLAND
GROOTE EYLANDT
Katherine
Carpentariagolf
Weipa
KAP-YORK-HALBINSEL
Cape York
Coen
OSPREY
Joseph Bonaparte Golf
BONAPARTE ARCHIPELAGO
Wyndham
Victoria
Daly
Larrimah
WELLESLEY ISLANDS
Borroloola
Musgrave
Cooktown
Mossman
Cairns
KIMBERLEY
Lake Argyle
Newcastle Waters
Normanton
Ravenshoe
Burketown
Mitchell
King Sound
Derby
Broome
Fitzroy
Halls Creek
Georgetown
Lynd
Ingham
Townsville
Bowen
TANAMIWÜSTE
Tennant Creek
Kajabbi
Cloncurry
Avon Downs
Mount Isa
Charters Towers
Hughenden
Mackay
GROSSE SANDWÜSTE
Barrow Creek
Mount Douglas
Winton
Dajarra
Rockhampton
Port Hedland
Dampier
Lake Mackay
Longreach
Barcaldine
Emerald
Gladstone
Onslow
Nullagine
Alice Springs
Blackall
Bundaberg
North West Cape
Lake Disappointment
AUSTRALIEN
SIMPSONWÜSTE
Diamantina
Cooper Creek
Taroom
Maryborough
Sandy Cape
FRASER
Mundiwindi
GIBSONWÜSTE
Lake Amadeus
Finke
Yaraka
Augathella
Miles
Gympie
Ashburton
Lake McLeod
Gascoyne
Carnarvon
Shark Bay
Lake Carnegie
Kulgera
Charleville
Roma
Toowoomba
Brisbane
Gold Coast
Ipswich
Welbourn Hill
Oodnadatta
Cunnamulla
Dirranbandi
Goondiwindi
Lismore
Meekatharra
GROSSE VIKTORIAWÜSTE
Moree
Glen Innes
Coffs Harbour
Murchison
Marree
Bourke
Walgett
Armidale
Mount Magnet
Leonora
Coober Pedy
Curdimurka
Leigh Creek
Lake Frome
Nyngan
Tamworth
Taree
Lake Barlee
NULLARBOR PLAIN
Ooldea
Kingoonya
Broken Hill
Wilcannia
Maitland
Newcastle
Geraldton
Lake Moore
Kalgoorlie
Port Augusta
Ivanhoe
Parkes
Dubbo
Lithgow
Sydney
Wollongong
Shellharbour
Rawlinna
Eucla
Penong
Lake Gairdner
Port Pirie
Orange
Moora
Southern Cross
Kyancutta
Renmark
Mildura
Hay
Goulburn
Canberra
Perth
Northam
Norseman
Große Australische Bucht
Spencer Golf
Port Lincoln
Elizabeth
Adelaide
Murray
Wagga Wagga
Albury
Mount Kosciusko 2228
Bega
Bunbury
Esperance
Wagin
Hopetoun
ARCHIPELAGO OF THE RECHERCHE
KANGURUH-INSELN
Kingston South East
Bordertown
Horsham
Bendigo
Shepparton
Melbourne
Cape Howe
Geographe Bay
Cape Naturaliste
Augusta
Albany
Mount Gambier
Ballarat
Geelong
Bairnsdale
Morwell
Warrnambool
Bass-Straße
FURNEAUX GROUP
KING
George Town
Smithton
Devonport
Launceston
Zeehan
Hobart
TASMANIEN
South East Cape
Tasmansee
MIDDLETON
ELIZABETH (Australien)
LORD HOWE
BALL'S PYRAMID
Kingston
NORFOLK (Australien)
NEUSEELAND
NORDINSEL
New-Plymouth
Auckland
Whangarei
North Cape
Nelson
Westport
Blenheim
Hokitika
SÜDINSEL
3764 Mount Cook
Haast
Christchurch
Wanaka
Timaru
Manapouri
Dunedin
West Cape
Invercargill
STEWART
Southwest Cape
Foveaux Strait
INDISCHER OZEAN
Östliche Länge 140 von Greenwich
© I.G.D.A. S.p.A. - Novara

PAZIFISCHER OZEAN
HAWAII-INSELN
Hawaii (USA)
Honolulu
Hilo
Hawi
LISIANSKI
LAYSAN
MARO
GARDNER PINNACLES
FRENCH FRIGATE SHOALS
NECKER
NIHOA
NIIHAU
KAUAI
KAULA
OAHU
MOLOKAI
LANAI
MAUI
KAHOOLAWE
HAWAII
JOHNSTON (USA)
Nördlicher Wendekreis
Äquator
Südlicher Wendekreis
KINGMAN (USA)
PALMYRA (USA)
TERAINA (WASHINGTON)
TABUAERAN (FANNING)
KIRITIMATI (CHRISTMAS)
LINE ISLANDS
JARVIS (USA)
HOWLAND (USA)
BAKER (USA)
KIRIBATI
PHÖNIXINSELN
WINSLOW
CANTON
ENDERBURY
BIRNIE
MCKEAN
RAWAKI (PHOENIX)
ORONA (HULL)
MANRA (SYDNEY)
NIKUMARORO (GARDNER)
CARONDELET
MALDEN
STARBUCK
POLYNESIEN
Tokelau (Neuseeland)
TOKELAUINSELN
ATAFU
NUKUNONU
FAKAOFO
SWAINS
SAMOA
SAMOAINSELN
SAVAI'I
Apia
UPOLU
Pago Pago
TUTUILA
MANUA ISLANDS
Amerikanisch-Samoa (USA)
Wallis und Futuna (Frankreich)
Mata-Utu
WALLISINSELN
UVÉA
FUTUNA
HORN-INSELN
ALOFI
TONGA
NIUAFO'OU
TAFAHI
NIUATO PUTAPU
FONUALEI
VAVA'U GROUP
HA'APAI GROUP
TONGA-INSELN
KOTU GROUP
NOMUKA GROUP
Nuku'alofa
TONGATAPU GROUP
ATA
MINERVA REEFS
FIDSCHI
FIDSCHI-INSELN
VANUA LEVU
RINGGOLD ISLES
YASAWA GROUP
KORO
VITI LEVU
Suva
KANDAVU
LAUGRUPPE
VATOA
ONO-I-LAU ISLANDS
Niue (Neuseeland)
Alofi
ANTIOPE
BEVERIDGE
Cookinseln (Neuseeland)
NÖRDLICHE COOKINSELN
PENRHYN
RAKAHANGA
MANIHIKI
PUKAPUKA
NASSAU
SUWARROW
PALMERSTON
AITUTAKI
MANUAE
TAKUTEA
MITIARO
ATIU
MAUKE
SÜDLICHE COOKINSELN
Avarua
RAROTONGA
MANGAIA
CAROLINE
VOSTOK
FLINT
GILBERT-INSELN
NIKUNAU
ARORAE
NIUTAO
NUI
VAITUPU
NUKUFETAU
Fongafale
FUNAFUTI
NUKULAELAE
NIULAKITA
Französisch-Polynesien
MARQUESAS-INSELN
EIAO
NUKU HIVA
UA HUKA
UA POU
HIVA OA
TAHUATA
FATU HIVA
TUAMOTU-INSELN
RANGIROA
MANIHI
ILES DU ROI GEORGES
ILES DU DÉSAPPOINTEMENT
MATAIVA
APATAKI
ARATIKA
TAKUME
FANGATAU
PUKAPUKA
ILES PALLISER
KAUKURA
FAKARAVA
MAKEMO
FAKAHINA
TAHANEA
MOTUTUNGA
MARUTEA
AMANU
TATAKOTO
RAVAHERE
HAO
PUKARUHA
VAHITAHI
REAO
MANUANGI
AHUNUI
ILES DU DUC DE GLOUCESTER
TUREIA
HEREHERETUE
GROUPE ACTEON
MURUROA
TEMATANGI
MARUTEA
MARIA
FAGATAUFA
MORANE
MANGAREVA
GAMBIER-INSELN
TEMOE
MOTU ONE
ILES SOUS LE VENT
MANUAE
MAUPITI
MAUPIHAA
BORA-BORA
HUAHINE
RAIATEA
TETIAROA
MOOREA
Papeete
TAHITI
GESELLSCHAFTSINSELN
MARIA
RURUTU
RIMATARA
TUBUAI
TUBUAI- oder AUSTRALINSELN
RAEVAVAE
RAPA
ILOTS DE BASS
Pitcairn (Brit.)
OENO
HENDERSON
DUCIE
PITCAIRN
Adamstown
RAOUL
MACAULEY
KERMADECINSELN (Neuseeland)
CURTIS
L'ESPERANCE ROCK
ERNEST LEGOUVÉ
MARIA THERESA
GREAT BARRIER
Bay of Plenty
East Cape
Tauranga
Gisborne
Napier
Palmerston North
Wellington
CHATHAMINSELN (Neuseeland)
CHATHAM
PITT
BOUNTY ISLANDS (Neuseeland)
0
500
1000 km
Ost 180 West
170
160
150
140
130
120
110
180
20
10
30

Australien

Klaus Viedebantt

Känguruhs, Koalas und vielleicht noch Krokodile – das ist es, was die Welt von Australien kennt. Der fünfte ist für uns der fernste Kontinent, und entsprechend unbekannt ist er hierzulande. Aber das wenige, was wir von den Antipoden auf der anderen Seite des Globus wissen, ist doch faszinierend genug, um immer mehr Menschen auf die lange Reise dorthin zu locken. Sie wollen das Opernhaus von Sydney sehen, den Sonnenuntergang am Ayers Rock beobachten, in der endlosen roten Weite des Outbacks eines der letzten großen Wildnisgebiete der Welt erleben und am Great Barrier Reef, dem größten Korallenriff unseres Planeten, die submarine Farbenpracht der Südsee genießen.

Hinter diesen verlockenden Bildern bleiben die Probleme des Landes, seine wirtschaftliche Abhängigkeit von den Bodenschätzen und der Landwirtschaft, und die Schwierigkeiten einer Neuorientierung des britisch geprägten Staates in einer asiatisch-pazifischen Welt verborgen. Es sind allerdings lösbare Probleme: Australien bleibt, wie Besucher und Bewohner gleichermaßen empfinden, »The Lucky Country« – das glückliche Land.

Staatsname:	Australischer Bund
Amtssprache:	Englisch
Einwohner:	16 Millionen
Fläche:	7 682 300 km²
Hauptstadt:	Canberra
Staatsform:	Konstitutionelle Monarchie im Commonwealth
Kfz-Zeichen:	AUS
Zeitzonen:	MEZ +7 bis +9 Std.
Geogr. Lage:	Kontinent auf der Südhalbkugel, zwischen Indischem und Pazifischem Ozean

Wie ein gewaltiges, im Sande dösendes Urweltier wirkt Ayers Rock aus der Vogelperspektive. Touristenströme drohten aus dem Heiligtum der Ureinwohner einen Rummelplatz zu machen. Heute werden sie in reglementierte Bahnen gelenkt.

Feiertag für ein Pferderennen

Am ersten Dienstag im November hält alljährlich ein Kontinent für etwa fünf Minuten den Atem an: Es ist »Melbourne Cup Day«, und Australien fiebert dem Ausgang des Pferderennens entgegen. Die Aussies, wie die Australier sich selbst nennen, zelebrieren dann das mutmaßlich einzige Sportereignis der Welt, dem eigens ein Feiertag gewidmet ist. Der australische Bundesstaat Victoria, dessen Hauptstadt Melbourne ist, feiert offiziell. Die anderen Staaten des Commonwealth of Australia geben ihren Bürgern zwar nicht frei, aber längst hat es sich in dem riesigen Land zwischen Perth, Darwin und Hobart eingebürgert, den Cup inoffiziell zu begehen: mit rauschenden Büropartys und Firmenfesten, mit Picknickfahrten in die Berge und Barbecues am Strand.

Und am Ort des Geschehens, auf Melbournes Pferderennbahn, vollzieht sich ein wunderlicher Auftritt. Einerseits ist das Cup Meeting – eines der wenigen gesellschaftlichen Großereignisse Australiens – ein Treff der Reichen und Einflußreichen, ein glitzerndes Festival mit Damen in großem Juwelenschmuck und Herren mit ascotgrauen Zylindern. Andererseits nutzt ein Großteil der Besucher das Turfvergnügen zu einem geradezu karnevalistischen Aufputz und zu einem fröhlichen Volksfest. Wenn aber am Nachmittag die Pferde zum Hauptrennen an den Start gehen, herrscht atemlose Ruhe rings um die Rennbahn, vor den Fernsehern überall im Land und vor den Transistorradios an den Stränden.

Australien im »Pferde-Rausch«. Aber Pferde, Rinder und Cowboys – die in Australien Stockmen heißen – spielten auf dem fünften Kontinent nie dieselbe Rolle wie in den Vereinigten Staaten; Schafe waren in der britischen Kolonie stets wichtiger. Und mit Böcken oder Lämmern läßt sich schwer ein Mythos schaffen.

Die Liebe zum Pferd ist hier eher sportlich begründet, ganz nach englisch-irischem Vorbild: Weit wichtiger als das Rennen selbst sind die Wetten. Allein am Cup Day werden etwa 22 Millionen Australische Dollar verwettet. Diese Wettlust ist ein Beispiel für die immer noch spürbare britische Prägung des Staates, dessen Oberhaupt formal auch heute noch die Königin von Großbritannien ist. Ihrer Majestät Untertanen ganz unten auf dem Globus in »Down under«, wie Australien umgangssprachlich genannt wird, haben sich zwar ansonsten frei gemacht vom »Mutterland«, und der Alltag wird heute eher amerikanisch als britisch beeinflußt; aber der weitaus größte Teil aller Australier ist britischer oder irischer Abstammung, was sich hin und wieder auf kuriose Weise bemerkbar macht: Wenn Weihnachten und somit der Hochsommer auf der Südhalbkugel der Erde naht, dann ziehen die Australier zwar zum Baden, aber immer noch gibt es Familien, in denen zum Fest der heiße Puterbraten und der brennende Plumpudding serviert werden. »Toast to the Queen« – schließlich war es das britische Königreich, das Australien entdeckte. Die 200-Jahr-Feier 1988 erinnerte wieder einmal daran.

»Neuholland« verheißt keine Reichtümer

Vor rund zwei Jahrhunderten lief eine Flotte von elf Segelschiffen in die herrliche Bucht ein, an der heute Sydney liegt. Am 26. Januar 1788 gingen die Ankömmlinge an Land und gründeten die erste Siedlung in Australien, das dieses Datum seitdem als »Australia Day« und Nationalfeiertag begeht. Es war kein strahlender Anfang, denn die Krone in London hatte das ferne Land als Sträflingskolonie auserkoren. Auf den britischen Inseln war seinerzeit kein Platz mehr in den Gefängnissen. Kein Wunder, denn damals landete man schon für geringe Vergehen hinter Gittern, etwa für Lebensmittelraub aus Hunger oder für aufmüpfige Reden gegen die Obrigkeit. Eigentlich hatte London vor, die Häftlinge in Englands amerikanische Kolonien zu verbannen. Aber diese hatten sich 1781 im Unabhängigkeitskrieg die Eigenständigkeit erkämpft. Da entsann sich der Kronrat jener Entdeckung, die James Cook 1770 für England gemacht und als britischen Besitz beansprucht hatte.

Dem Kapitän der Royal Navy, einem genialen Seefahrer, wird seither der Ruhm zugesprochen, der »Entdecker Australiens« zu sein. Das ist dem Landarbeitersohn aus Yorkshire ob seiner sonstigen Entdeckungen und Leistungen zwar zu gönnen, aber historisch ist es falsch. Vor Cook waren schon Seefahrer mehrerer Nationen in Australien. Vermutungen, nach denen bereits im frühen Mittelalter arabische Segler bis zu diesem Kontinent gelangt sein könnten, blieben bislang unbewiesen.

Wahrscheinlicher ist hingegen, daß der Portugiese Godinho de Eredia als erster namentlich bekannter Europäer im Jahre 1601 Arnhem Land erreichte und australischen Boden betrat. Etwa fünf Jahre später steuerte der Holländer Willem Janszoon sein Schiff »Duyfken« in den Carpentariagolf, und sein Landsmann Dirk Hartog landete mit der »Eendracht« weitere zehn Jahre später in der Shark Bay an Australiens Westküste. »Neuholland«, wie die Niederländer ihre Entdekkung nannten, verhieß aber weder Gold noch Gewürze, deshalb brachten sie ihm nur wenig Interesse entgegen. Einen weiteren Zipfel des Kontinents kartierte 1642 ein anderer Niederländer, Abel Janszoon Tasman. Er nannte seine Entdeckung, die er noch nicht

▽ In den Pioniertagen Australiens diente dieser hohle Affenbrotbaum eine Zeitlang als Gefängnis. Natürlicher Zweck der voluminösen Stämme ist es, Wasser zu speichern, damit die Bäume längere Trockenperioden überstehen können.

◁ *Ein Bild aus den neunziger Jahren des vorigen Jahrhunderts. Aus den wettergegerbten Gesichtern dieser Männer sprechen Mut, Ausdauer und Genügsamkeit – Tugenden, die bei der Erschließung Australiens bitter nötig waren, um überleben zu können.*

▽ *In Port Arthur auf Tasmanien wurde 1830 eine britische Sträflingskolonie errichtet. Noch bis 1877 mußten hier Tausende von Gefangenen Zwangsarbeit leisten. Die pittoresken Ruinen der damals berüchtigten Anlage sind heute eine Sehenswürdigkeit.*

ges Land auf der Südhalbkugel geben müsse – aus Gründen der Balance, als Gegengewicht zu den Landmassen der Alten Welt in der nördlichen Hemisphäre.

So naiv diese These mittlerweile klingen mag, die Erdgeschichte liefert scheinbar sogar einen Beweis dafür. Australien ist ein Teil jenes Urkontinents Gondwana, zu dem vermutlich auch die Antarktis, Afrika, Südamerika und Vorderindien gehört haben. Eine Reihe von geologischen Untersuchungen belegt diese These. So gut wie sicher ist, daß in grauer Vorzeit eine Landbrücke zwischen Australien und Südostasien bestand, aus denen sich die Archipele von Indonesien und Papua-Neuguinea entwickelt haben. Über diese Land- und Inselbrücke sind wahrscheinlich die Vorfahren der Aborigines eingewandert.

Es gab sie also tatsächlich, die Terra australis incognita. Doch dieses »unbekannte südliche Land« wurde von den ersten Seefahrern vor Australiens Gestaden nicht mit ihren Entdeckungen in Zusammenhang gebracht, wahrscheinlich, weil sie auf der Suche nach einem wunderbar reichen Erdteil waren und das unwirtliche Neuholland davon nichts hatte. Auch Cook suchte den sagenhaften Südkontinent auf den ersten beiden seiner drei pazifischen Reisen östlich von Neuseeland. Seine Fahrten brachten den Beweis, daß das Wunderland nicht zwischen Neuseeland und Südamerika liegen konnte. Aber die wahre Größe Australiens erkannte selbst Cook nicht. Er hatte auch andere Ziele als seine Vorgänger. Während die Portugiesen und Niederländer auf ihren Entdeckungsfahrten vornehmlich Bodenschätze und andere Reichtümer gesucht hatten, gingen Cooks Expeditionen schon mit moderneren Absichten und Aufgaben auf große Fahrt.

Selbstverständlich verfolgten Englands Herrscher ebenso wie die anderen Monarchen jener Zeit kommerzielle und imperiale Absichten. Aber zugleich hatte in Cooks Tagen die Epoche der Aufklärung ihren Höhepunkt erreicht. Das läßt sich an der Liste der Gäste auf der »Endeavour« während Cooks erster Fahrt in den Pazifik ablesen: An Bord

als Insel erkannte, Van-Diemens-Land; heute trägt sie seinen Namen: Tasmanien.

Sogar ein Brite war schon vor Cook in diesem Winkel der Welt gewesen: Der königliche Freibeuter William Dampier hatte 1688 erstmals den Nordwesten Australiens umsegelt. Cook wußte von diesen Vorgängern, sein Verdienst war es, die bewohnbare Ostküste Australiens zu finden und diese für Britannien zu reklamieren.

Keiner von all den frühen Seefahrern vor Cook ahnte, daß die Küstenabschnitte, die sie aufgezeichnet hatten, zu einer großen zusammenhängenden Landmasse gehörten. Dabei waren alle europäischen Seefahrtsnationen jener Zeit davon überzeugt, daß es ein riesi-

Buddeln nach dem »Feuerstein«

Das schillerndste, aber gewiß nicht billigste Souvenir, das man von Australien heimtragen kann, ist ein Opal. Das faszinierend die Farben brechende Kieselsäuremineral gehört zu den teuersten Edelsteinen, weil es nur wenige Fundstätten auf dem Globus gibt und der »Feuerstein« selbst dort schwer aufzuspüren ist.

In Coober Pedy, einem staubigen Nest mitten in der Backofenwüste von Südaustralien, wird dies deutlich. Hier wird der Boden quadratmeterweise nach der Preziose durchwühlt, der Fleck gleicht aus der Luft einer Mondlandschaft. Früher mußte man ihn per Kleinflugzeug ansteuern, wenn man die lange Fahrt auf der Waschbrettpiste vermeiden wollte. Aber zum 200. Staatsjubiläum im Jahre 1988 wurde die transkontinentale Straße von Adelaide nach Darwin auch auf den letzten Metern asphaltiert. Puristen meinen, damit habe Coober Pedy viel von seinem Wildwestcharme verloren, zumal nun auch Touristenbusse kommen. Dennoch trifft man noch skurrile Glücksritter, die unverdrossen nach dem großen Fund buddeln.

In den Großstädten ist der Opalhandel ganz auf Touristen ausgerichtet, die sogar gratis im Hotel abgeholt werden. Seriöse Händler erklären die unterschiedlichen Qualitäten und Verarbeitungsarten. Der populärste Opal zeigt sein Farbspiel auf milchhellem Untergrund.

Die bekanntesten Förderstätten sind Coober Pedy, Andamooka und Lightning Ridge. Letzteres ist der einzige Ort, an dem es die seltenen, sogenannten schwarzen Opale gibt. Der dunkle Untergrund läßt die Farben um so leuchtender hervortreten.

Aber Opale mit dunklem Grund können auch »Triplets« sein, dünne Scheiben aus hellem Opal, die auf schwarzen Halbedelstein geklebt und mit klarem Mineral bedeckt sind. Sie sind weniger wertvoll, funkeln aber ebenfalls verführerisch – für ein paar Handvoll Dollar weniger.

waren nicht nur Offiziere und Mannschaften, sondern auch Wissenschaftler, beispielsweise der schwedische Botaniker Daniel Carl Solander und der britische Naturforscher Joseph Banks. Letzterer sollte für die Geschichte Australiens ebenso wichtig werden wie James Cook.

Die Soldaten machen den Rum zur Währung

Am Sonntag, dem 29. April 1770, lief die »Endeavour« in eine Bucht an der Küste Australiens ein. Cook, der eigentlich Tasmanien ansteuern wollte, aber von widrigen Winden nach Norden abgetrieben worden war, ahnte, daß er vermutlich die Ostküste von Neuholland erreicht hatte. Ein freundliches Willkommen war den Europäern nicht beschieden. Im Gegenteil, einige Aborigines traten ihnen feindselig entgegen, wurden aber schließlich mit ein paar Warnschüssen vertrieben.

Der Ort des ersten Landgangs – nicht weit von Sydney entfernt, aber etwas umständlich zu erreichen – trägt heute einige Denkmäler, die an den historischen Augenblick erinnern. Der Landeplatz ist Teil eines kleinen Naturreservats, und das ist auch bitter nötig. Von allen Seiten drängen sich nämlich die häßlichen Tanks der Raffinerien und andere Industrieanlagen an die Bucht heran, in die auch die Piste des Flughafens von Sydney hinausgebaut worden ist.

Vor gut 200 Jahren sah diese Landschaft anders aus. Cook beschrieb sie recht verheißungsvoll: »... die Wälder sind ohne jegliches Unterholz, und die Bäume wachsen in solch großem Abstand voneinander, daß das ganze Land oder wenigstens ein großer Teil des Landes kultiviert werden könnte, ohne daß man auch nur einen Baum fällen müßte.«

Auch Banks und Solander waren begeistert, vor allem von der Vielzahl unbekannter Pflanzen, aber auch vom Nutzwert der Natur für eventuelle Siedler. Den Wissenschaftlern und ihren reichen Funden zu Ehren nannte Cook die Bucht Botany Bay.

Banks, ein Sohn aus vornehmem Haus und einflußreich beim englischen Hof, votierte einige Jahre später für Neusüdwales – wie Cook die Küste getauft hatte – als Standort der notwendigen neuen Häftlingskolonie. Seine Beschreibung eines fruchtbaren Landes gab der Admiralität die – trügerische – Gewißheit, daß sich die Deportierten und ihre Bewacher binnen kurzer Zeit selbst ernähren könnten. So stach am 13. Mai 1787 die »First Fleet« mit elf Schiffen in See, an Bord knapp 1500 Gefangene, Wächter und Seeleute. Kommandeur der Flottille und erster Gouverneur der Kolonie war Captain Arthur Phillip, der Sohn eines nach England ausgewanderten Lehrers aus Frankfurt am Main. Im Januar 1788 warf seine Flotte in der Botany Bay die Anker. Aber Phillip war nicht zufrieden mit den örtlichen Gegebenheiten; er segelte in eine benachbarte Bucht, die ihm für eine Siedlung besser geeignet schien. Am 26. Januar ließ Phillip den Union Jack an einem Platz hissen, den er Sydney Cove nannte.

Die ersten Jahrzehnte waren unglaublich hart. Hunger und Brutalität regierten die Kolonie, in der mittlerweile zwei weitere Häftlingsflotten angekommen waren. Auch als 1793 die ersten freien Siedler eintrafen, änderte sich nichts an der Situation. Im Gegenteil: Nachdem Phillip schon 1792 zurückgereist war und die zuvor zivile Verwaltung den Militärs übergeben hatte, machten die Soldaten den Rum quasi zur Währung, und unter dem Regime des »Rum Corps« ging in der Kolonie alles drunter und drüber. Korruption und Trunksucht bestimmten den Alltag. Mehrere Gouverneure waren der verwilderten Sitten nicht mehr Herr geworden, und so entsandte die Admiralität einen Mann, dem der Ruf großer Willenskraft vorauseilte: William Bligh. Der Kapitän der »Bounty« war einige Jahre zuvor von seiner meuternden Mannschaft mit wenigen Getreuen in einem kleinen Boot mitten in der Südsee ausgesetzt worden und hatte die Nußschale bis zu den holländischen Besitzungen in Indonesien navigiert. Doch selbst dieser eisenharte Offizier konnte sich in Australien nicht durchsetzen. Er unterband zwar den illegalen Rumhandel, aber die Militärs fürchteten um ihre Pfründe und zettelten einen Aufstand gegen Bligh an.

Ein »schwarzes Schaf« führt die Merinoschafe ein

In all den Wirren mischte John MacArthur fleißig mit, ein ehemaliger Zahlmeister im Rum Corps, der zu Ländereien, einem Handelsunternehmen und manch anderem Besitz gekommen war. Der Schotte versuchte, die Befehle der Gouverneure zu unterlaufen und das Geschehen in der Kolonie zu bestimmen – zu seinem Vorteil, versteht sich. Er steckte auch hinter der Rebellion gegen Bligh und hinter der monatelangen Inhaftierung des Bounty-Helden. Erst Gouverneur Lachlan Macquarie machte 1810 dem Ganzen ein Ende. Der erfahrene Heerführer hatte seine eigenen Truppen als Ersatz für das verlotterte Rum Corps mitgebracht und sorgte für Ordnung. MacArthur setzte sich nach England ab, aber die von seiner Frau geführte Farm florierte dank der Schafzucht. Ausgerechnet MacArthur, das »schwarze Schaf«, hatte die ersten Merinoschafe eingeführt und damit den Grundstein für den Wohlstand der schrecklichen Kolonie auf der anderen Seite der Erde gelegt.

◁ ▽ An vielen Stellen wird in Australien die Erde durchwühlt – der Boden steckt voller Schätze. Mit dem Schaufelbagger gewinnt man Eisenerz im Tagebau, unter Tage werden Opale aus dem Felsen gesprengt. Mangel an Ressourcen scheint es in diesem Land nicht zu geben.

◁ An den südlichen Ausläufern des künstlich gestauten Lake Argyle in der Kimberley-Region liegt die Argyle Mine. Hier werden seit 1983 Industriediamanten in großem Stil gewonnen. Kein Land fördert größere Mengen des begehrten und unübertroffen harten Minerals als Australien, und keines hat größere Reserven: Man schätzt, daß in der Erde des fünften Kontinents über 50 Prozent der Industriediamanten und etwa zwölf Prozent der Schmuckdiamanten der Welt lagern.

Der Handel mit Schafwolle war der erste Exporterfolg Australiens. Aber ehe die Kolonie dieses Geschäft groß aufziehen konnte, mußte sie ihr dringendstes Problem lösen: Die zu geringe landwirtschaftliche Fläche führte zu ständigem Nahrungsmittelmangel. Die Siedlung war eingeschnürt zwischen dem Meer und den nahen Blue Mountains, einer seinerzeit schier unüberwindlichen Barriere. Die Gebirgskette ist Teil der Great Dividing Range, die sich an der gesamten australischen Ostküste entlangzieht und das einzige nennenswerte Gebirge des Kontinents ist. Im Süden erhebt sich, inmitten des einzigen alpinen Skigebiets, der höchste Berg des Landes, der 2228 Meter hohe Mount Kosciusko. Außergewöhnlich hoch ist die Kette also nicht, aber sie ist dank steiler Schluchten und dichter Urwälder bis heute schwer zugänglich.

Das rote, scheinbar tote Herz des Kontinents

Gouverneur Macquarie erkannte die Gefahren und förderte Expeditionen, die einen Weg durch die Berge finden sollten. 1813 gelang es drei Forschern, und Macquarie ließ auf ihrer Route in Rekordzeit eine Straße bauen. So erschlossen sich die reichen Weidegründe an der Westflanke des Gebirgszugs, und Australien wurde binnen weniger Jahrzehnte zu einer führenden Agrarnation.

Mit dieser Expedition begann aber auch der Vorstoß in das Innere des unwegsamen Hinterlandes, die Erforschung des knapp 7,7 Millionen Quadratkilometer großen Kontinents. Australien ist damit größer als Europa ohne die Sowjetunion, es ist der flachste Kontinent und der einzige, der nur von einer Nation besiedelt wird. Die größte Ausdehnung beträgt von West nach Ost 4500 Kilometer, von Nord nach Süd 3900 Kilometer. Rund vier Stunden dauert der Jetflug von Perth nach Sydney, er führt über drei Zeitzonen hinweg und über ein kaum besiedeltes Wüsten- und Steppenland.

Traumzeit und Todesknochen

Ein poetisches Wort für einen geheimnisvollen Zustand: Die »Dreamtime« der Aborigines bedeutet vieles gleichzeitig, die Erschaffung der Welt und ihrer Kreaturen, die Regeln für die Lebenden und die Toten. Die Traumzeit ist aber auch das Reich der Ungeborenen wie der Toten und ist verzahnt mit der Alltagswelt. Die Lebenden erweisen ihm scheinbar träumende Verehrung vor heiligen Stätten oder Objekten, seien es Tiere, Pflanzen oder Gegenstände.

Diese meist stumme Form der Anbetung kontrastiert mit den rhythmischen Riten des Corroborees, eines Tanzes, der auf traditionellen Instrumenten wie Didgeridoos, dumpfen Blasrohren, begleitet wird. Corroborees können aber auch Tanzfeste ohne spirituellen Hintergrund sein, an denen Fremde teilhaben dürfen.

Manche Riten der Aborigines sind strikt den Männern vorbehalten, die bereits an der Reifefeier teilgenommen haben. Mittelpunkt solcher Zeremonien sind oft Tjurungas, mythische Kultgegenstände, die Frauen und Kinder bei Todesandrohung nie sehen dürfen. Es gibt Tjurungas, die an einer Leine durch die Luft geschleudert werden und laute Warntöne erzeugen, um Unbefugte vor versehentlichem Zutritt zu warnen.

Ein besonders geheimnisumwitterter Ritus ist das Bone Pointing, eine Todesbeschwörung, die in der Regel von einem Medizinmann für schwere Vergehen vorgenommen wird. Dabei zeigt er mit einem Ritualknochen in Richtung des zu Bestrafenden, der diese Zeremonie nicht bemerken darf, aber natürlich davon erfahren muß, damit die suggestive Kraft des Fluches wirkt.

Beweise für die Wirkung des Bone Pointing gibt es in großer Zahl, meist in Form von Selbstmord der »Ausgedeuteten«. So ist es nicht erstaunlich, daß viele Aborigines noch heute an solchen Zauber glauben, selbst wenn sie in den Städten leben.

Das hitzeflimmernde »rote Herz Australiens«, so benannt nach dem charakteristischen roten Sand, ist eine der größten und großartigsten Einöden der Welt. Sie zu durchmessen und zu erforschen war eine gewaltige Leistung. Nachdem Matthew Flinders in den frühen Jahren des 19. Jahrhunderts als erster Australien umsegelt und die Küsten kartiert hatte, unternahmen verschiedene Forscher unterschiedlich erfolgreiche Vorstöße in das Land. Von besonderer Bedeutung war die Expedition von Charles Sturt, der 1829/1830 die Flußsysteme des Murray und des Darling erforschte: Wasserwege, die der Landwirtschaft gleichermaßen Transport und Bewässerung ermöglichten. Der deutschstämmige Ludwig Leichhardt entdeckte 1844 Weideland im heutigen Nordterritorium; 1847 brach er zur ersten Durchquerung des Kontinents vom Pazifik zum Indischen Ozean auf. Die Expedition verschwand spurlos in der Wildnis. Australiens Literatur-Nobelpreisträger Patrick White setzte Leichhardt in seinem »Voss« ein Denkmal.

Robert O'Hara Burke und William John Wills gelang 1860/1861 die Durchquerung Australiens von Melbourne zum Golf von Carpentaria im Norden, beide überlebten die Reise aber nicht. Die gesunde Rückkehr gelang erst MacDouall Stuart, der sich 1861/1862 von Adelaide im Süden bis zur Nordküste durchschlagen konnte. Seine Leistung war besonders wichtig, weil sie die Route für den ersten Überland-Telegraphen erschloß, der in Darwin den Anschluß an ein Unterseekabel von Java und damit eine Verbindung an das bis London reichende Weltnetz ermöglichte; 1872 konnten die ersten Meldungen nach Australien telegraphiert werden. Jedoch sollte es noch drei weitere Jahre dauern, ehe Ernest Giles die erste Ost-West-Durchquerung gelang. Im Jahr darauf schaffte Giles auch den Rückweg.

Der Weg durch die Wüste war diesen Männern nur möglich, weil in Australien Kamele eingeführt worden waren. Nur mit Hilfe dieser genügsamen Tiere konnte es auch gelingen, in dieser Wildnis Eisenbahnen zu verlegen und das riesige Land zu erschließen. Den »Wüstenschiffen« hat man es wenig gedankt: Als die Bahn rollte, jagte man die Tiere in die Wüste, wo sie wider Erwarten überlebten. Deshalb gibt es heute Herden wilder Kamele im Landesinnern, die sich als touristische Attraktion neuer Wertschätzung erfreuen. Inzwischen ist Australiens einstiger

◁ ***Katajuta – viele Köpfe – heißt bei den Eingeborenen die Felsengruppe der »Olgas«. Für ihren Entdekker Ernest Giles, der als erster Australien in ost-westlicher Richtung durchquert hat, waren es »Monumente aus der Urzeit der Erde«. Gut 30 Kilometer von den Olgas entfernt liegt – am Horizont erkennbar – Ayers Rock.***

Import sogar als Export geschätzt – die Kamele werden auf Farmen bei Alice Springs gezüchtet und in die arabischen Länder exportiert, wo sie zur Blutauffrischung bei der Zucht sehr begehrt sind.

Staatliche Prämie für eine goldene Zukunft

Nur ein Ereignis hatte auf die Entwicklung Australiens eine ähnlich weitreichende Wirkung wie die Einfuhr der ersten Merinoschafe: die Entdeckung von Gold im Jahre 1851. Inzwischen war die

◁ △ ***Alkohol und eingeschleppte Krankheiten, Verfolgung und Bevormundung haben die Aborigines zu einer verelendeten Minderheit gemacht. In jüngster Zeit kämpfen sie verstärkt um das angestammte Land und besinnen sich auf ihre kulturelle Identität.***

Kolonie Neusüdwales kräftig gewachsen und geteilt worden: Tasmanien war nun die zweite eigenständige Kolonie, Victoria die dritte. Melbourne, Victorias Hauptstadt, hatte sich allmählich zu einer Konkurrenz für Sydney entwickelt. Da meldete sich in Sydney der Engländer Edward Hargraves, der schon in Kalifornien Erfahrungen als erprobter Goldsucher gesammelt hatte, und beanspruchte die Prämie, die die Regierung von Neusüdwales für die Entdeckung von Gold in ihrer Kolonie ausgesetzt hatte.

Die Funde Hargraves im Bathurst District lösten einen Goldrausch aus, unter dem vor allem das benachbarte Victoria litt, da seine Bürger nun in großer Zahl zu den neuentdeckten Goldfeldern strömten. Daher setzte auch Victoria Prämien aus und hatte Erfolg: Noch im selben Jahr wurden die ergiebigen Goldadern von Ballarat – heute ein interessantes Goldgräberlager für Touristen – entdeckt. Der Rückstrom aus Neusüdwales setzte ein, aber auch aus dem Ausland, vor allem aus Kalifornien, Großbritannien und China, fluteten Einwanderer in das Land. Binnen drei Jahren vervierfachte sich die Einwohnerzahl von Victoria. Melbourne prosperierte, die großen Bergwerksunternehmen, die Banken und zahlreiche andere Unternehmen ließen sich in der Stadt am Yarra River nieder.

Auf dem ganzen Kontinent wurde schließlich Gold gefunden; sensationell war in den neunziger Jahren des letzten Jahrhunderts die Entdeckung der reichen Lagerstätten von Coolgardie und Kalgoorlie mitten in der Wüste von Westaustralien. Während Coolgardie seinen Goldrausch hinter sich hat und nun eine Art Geisterstadt für Touristen ist, liefert das nur wenige Kilometer entfernte Kalgoorlie immer noch reiche Mengen des Edelmetalls. Die Hälfte der gesamten australischen Goldproduktion stammt aus diesen Minen, von denen eine auch Besuchern offensteht. Kalgoorlie ist außerdem eine der größten Nikkel-Lagerstätten in Australien – nur ein Beweis für den unermeßlichen Reichtum an Bodenschätzen, der in diesem Kontinent ruht.

Australiens Boden birgt noch reiche Schätze

Dieser Reichtum war relativ früh bekannt. Bereits 1791 wurde in Neusüdwales Kohle entdeckt, acht Jahre später ging der erste Kohleexport nach Indien. Der Brennstoff ist bis heute eines der wichtigsten Ausfuhrgüter. Asiens Stahlwerke werden meist mit australischer Kohle befeuert. Auch die verhütteten Erze kommen häufig aus Australien, vor allem die Eisenerze, denn an der Nordwestecke des Kontinents werden reiche Eisenlager ausgebeutet. Australien ist aber auch einer der großen Kupferlieferanten und einer der führenden Exporteure für Bauxit, den Rohstoff zur Aluminiumgewinnung. Die großen Blei-, Zink- und Silberlager bei Broken Hill führten zur Gründung des australischen Bodenschatzmultis Broken Hill Proprietary Company.

So reich das Land an Erzen und an Kohle ist – die einst großen Hoffnungen auf ebenso üppige Erdöllager haben sich nicht erfüllt. Zwar fördert Australien Öl für den eigenen Bedarf, aber noch ist es auf zusätzliche Importe angewiesen; allerdings stieß man bei der Exploration auf ausgedehnte Erdgasfelder. Überreich versorgt ist der Inselkontinent dagegen mit einem anderen Energieträger, mit Uran. Im eigenen Land wird das Erz – wegen seines Aussehens »Yellow Cake« genannt – kaum genutzt, da Australien zwar Kernreaktoren für wissenschaftliche Zwecke, aber keine Atomkraftwerke hat. Dennoch ist das Uran seit langem ein Zankapfel: Viele Australier meinen, man solle den gefährlichen Stoff in der Erde lassen. Andere befürworten den Export, weil das Land die Devisen und die Bevölkerung die Arbeitsplätze brauche und weil es überdies auf dem Weltmarkt nicht an dem atomaren Grundstoff mangele. Wenn Australien nicht liefere, dann übernehme eben ein anderes Land, beispielsweise Kanada, den Auftrag. Der Riß, den die Uranfrage aufwirft, geht nicht nur quer durch das Land, sondern auch quer durch die Gewerkschaftsbewegung.

Am Streit um das Uran hat sich auch der lange verdrängte gesellschaftliche Konflikt mit den Ureinwohnern, den Aborigines, wieder entzündet. Im Arnhem Land, einem der größten Aborigines-Reservate, vor allem im östlich von Darwin gelegenen Kakadu-Nationalpark, wurde vor einer Reihe von Jahren ein Uranoxydlager entdeckt, das vermutlich ein Viertel aller weltweiten Uranvorräte birgt. Doch gefördert werden konnte das nur wenige Meter unter der Erdoberfläche liegende Erz nicht, weil in diesem Gebiet grüne Ameisen heimisch sind. Und diese Tiere zeigen, wie die Aborigines glauben, einen heiligen Ort an; folglich wehrten sie sich heftig gegen den Einsatz der Bagger.

Die Gesetzeslage war nicht eindeutig. Im australischen Recht gibt es zwar einen Passus, der alle Bodenschätze zum Staatsbesitz macht und somit auch staatliche Förderung auf Privatgelände erlaubt; andererseits gibt es die »Aboriginal Land Rights«, die den Ureinwohnern weitgehende Rechte in ihren Territorien einräumen. Meist werden Streit-

△ Die Windjammer im Hafen von Sydney locken Besuchermassen an. Für viele Australier symbolisieren die Segler ein Stück Landesgeschichte: Seefahrer haben den Kontinent entdeckt, Schiffe brachten die Siedler ins Land und sorgten lange Zeit für die einzige Verbindung zum Mutterland.

fälle heutzutage zwischen den Vertretungen der Aborigines und der Minengesellschaften ausgehandelt, was den ortsansässigen Stämmen finanzielle Beteiligungen sichert. So wurde auch der Streit im Arnhem Land beigelegt. Unumstritten sind solche Regelungen jedoch weder bei der weißen Bevölkerung noch bei den Aborigines.

Die Ureinwohner kämpfen um ihr Recht

Vor mehr als 30000 Jahren wanderten die Vorfahren der Aborigines, eine urzeitlich wirkende tiefdunkle Rasse, aus Asien nach Australien ein. Bis in die jüngste Vergangenheit hinein führten sie ein Nomadenleben als Sammler und Jäger. Als James Cook in der Botany Bay landete, gab es in Australien schätzungsweise 300000 Aborigines, die dort auf einer sehr niedrigen Zivilisationsstufe lebten. Eingeschleppte Seuchen, Alkohol und die Nachstellungen weißer Siedler und Militärs drohten in den ersten Jahrzehnten dieses Volk auszurotten. Auf der Insel Tasmanien, wo zeitweise regelrechte Treibjagden auf die Ureinwohner veranstaltet und wo sie wie Tiere gehetzt und umgebracht wurden, starben die Aborigines völlig aus. Auf dem Festland hatten die Verfolgten wenigstens die Chance, sich in die für Weiße unzugänglichen Wüsten zurückzuziehen.

In den letzten Jahren konnte dank intensiver medizinischer und sozialer Betreuung die Gefahr der Ausrottung gebannt und ins Gegenteil gewendet werden. Mitte der achtziger Jahre wurden wieder rund 160000 Aborigines und Mischlinge gezählt. Doch viele der dunkelhäutigen Bürger haben sich aus den traditionellen Bindungen ihrer Stämme gelöst und vegetieren in Slums am Rande der Städte, meist dem Alkohol verfallen und auf die Sozialhilfe angewiesen. Ein größerer Teil lebt in den Siedlungen der Reservate, einige Gruppen und Familien durchstreifen noch wie vor Jahrhunderten die Wildnis.

An gutem Willen seitens der weißen Australier gegenüber den Aborigines fehlt es trotz eines latenten Rassismus nicht, wohl aber an Verständnis für deren Lebensweise, die keinen individuellen Besitz akzeptiert, nicht in den üblichen Zeitmaßstäben denkt und Arbeit nur zum Zweck der momentanen Bedarfsdeckung, nicht aber als dauerhafte, planende Tätigkeit kennt. Deutlich wurde der – auch aus schlechtem Gewissen geborene – gute Wille im Jahre 1967, als die Australier in einer Volksabstimmung mit überwältigender Mehrheit eine Verfassungsänderung annahmen, derzufolge alle Rechte in grundsätzlichen Aborigines-Fragen bei der Zentralregierung in Canberra liegen. Damit wurde eine Grundlage geschaffen, um die Diskriminierung der Ureinwohner in manchen Bundesstaaten zu beenden und Gesetze – wie das zum Landrecht der Aborigines – zu schaffen. Ergänzt wurde dieser Beschluß in der Vergangenheit durch zahlreiche Hilfsprogramme mit Millionenaufwand; viele Zahlungen und Rechte haben sich die Aborigines inzwischen auch durch ihre schlagkräftig gewordenen Interessenvertretungen erkämpft.

Ayers Rock – Naturdenkmal und Heiligtum

In Einzelfällen gibt es aber immer noch Auseinandersetzungen, besonders bei der bergbaulichen oder sonstigen Nutzung von Orten und Landesteilen, die den Aborigines heilig sind. Ein Beispiel, das weltweit Schlagzeilen machte, waren die Differenzen um den Ayers Rock, der einerseits ein Heiligtum der Aborigines, andererseits aber auch Australiens größte Touristenattraktion ist. Uluru, wie die 348 Meter hohe Felskuppe bei den lokalen Aborigines heißt, wird nicht nur wegen der eigentümlichen Form verehrt, sondern auch wegen der Höhlen am Fuße des Felsens, die teilweise mit Zeichnungen geschmückt sind und rituelle Bedeutung haben. Überdies sind an den Flanken des Rocks einige Wasserstellen. Mit zunehmendem Interesse der Touristen an dem aus der Sandebene ragenden Berg und der nahegelegenen Felsformation der Olgas verletzten immer mehr Besucher die heiligen Stätten der Aborigines, vor allem nachdem neben dem Fels eine Flugzeugpiste und mehrere Motels entstanden waren.

Als Pläne für einen neuen Nationalpark rings um den Ayers Rock und die Olgas bekannt wurden, forderten die Aborigines ihren Felsen zurück. Die Bundesregierung entsprach dem Wunsch, was ihr in Australien heftige Kritik eintrug. Daraufhin wurde ein Kompromiß gefunden: Die Aborigines verpachteten das Gebiet auf 99 Jahre an die australische Regierung und sind mit sechs Mitgliedern in einem elfköpfigen Gremium vertreten, das den Park verwaltet. Die örtlichen Stämme sind außerdem an den Einnah-

▷ Meilenweit von der Küste entfernt feiern Opalsucher den Gewinn des America's Cup mit Landesfahne, Bier und einer Kopie des Pokals. Nach 132 Jahren war es 1983 der Crew Australiens erstmals gelungen, die Amerikaner in der bedeutendsten Hochseeregatta der Welt zu schlagen und ihnen den Pokal zu entreißen. Der Jubel im Land war grenzenlos.

▽ Die hohen Brandungswellen an der Ostküste Australiens bieten ideale Bedingungen für das Wellenreiten.

men des Parks beteiligt. Daraufhin wurden alle touristischen Einrichtungen aus dem Park entfernt; statt dessen entstand 14 Kilometer vom Rock entfernt, jenseits der Parkgrenze, die moderne, auch baulich gelungene Touristenstadt Yulara. Sie und ihr neuer Jet-Flughafen sollen nach einem weiteren Ausbau die 1,4 Millionen Besucher betreuen, die noch vor der Jahrhundertwende jährlich erwartet werden.

Die Ranger, die hier Dienst tun, unterrichten Besucher nicht nur über die Fauna und Flora im Park, sondern auch über die Eigenheiten und Lebensumstände der Aborigines. Besonders gefragt sind Vorführungen im Bumerangwerfen. Die Nationalpark-Ranger am Ayers Rock, aber auch in anderen Parks, berichten übereinstimmend, daß es seit einigen Jahren ein neues, wachsendes Interesse ihrer Landsleute an Informationen über ihre dunkelhäutigen Mitbürger gibt. Ein Hoffnungszeichen angesichts der Diskriminierungen, die das weiße Australien seinen Aborigines während der ganzen gemeinsamen Geschichte antat und bisweilen auch heute noch antut.

Am Schürzenband des Mutterlandes

»White Australia Policy« war ein zwar nie offiziell verkündeter, aber jahrzehntelang verfolgter Grundsatz der australischen Politik. Er wandte sich nicht gegen die Aborigines, sondern gegen die asiatischen und polynesischen Nachbarn, die es aus dem eigenen gelobten Land fernzuhalten galt. Australien, das sich zumindest bis zum Ersten Weltkrieg als ein Vorposten Britanniens in der Südsee verstand, ignorierte weitgehend die umliegenden farbigen Völker. Das einzige Interesse an den Nationen der Region entstand aus der Furcht, sie könnten mit ihren Volksmassen das dünnbesiedelte Land überrennen. »Populate or perish«, bevölkere oder gehe unter, war ein gängiger Slogan. Diese Sorge ist bis heute noch nicht ganz überwunden, in den kolonialen Tagen war sie nur ausbalanciert durch das Vertrauen auf England und die Royal Navy.

Die Ausrichtung auf London galt für alle Lebensbereiche, vor allem für die Landwirtschaft, deren Produkte das industrielle England ernährten und Australien ohne Absatzsorgen reich machten, aber auch für die Politik, die in Abstimmung mit der Krone eine eigenständige Nation anstrebte. Dieser Plan wurde von allen australischen Kolonien unterstützt, nur die Westaustralier wollten nicht mitmachen, wurden aber von Minenarbeitern aus den östlichen Kolonien, die im Westen arbeiteten, überstimmt. Eine in Spötteleien spürbare Aversion gegen den Osten blieb im Westen bis in unsere Zeit erhalten.

Am 1. Januar 1901 war es soweit: Das Commonwealth of Australia entstand, ein unabhängiger Staat, gebildet aus den Kolonien Neusüdwales, Tasmanien, Victoria, Queensland, Südaustralien und Westaustralien. Das unter Zentralverwaltung stehende Nordterritorium und das Bundesterritorium um die Hauptstadt Canberra kamen 1911 dazu. Die Einzelkolonien wurden zu Bundesstaaten mit weitgehenden inneren Rechten, auch das Nordterritorium hat mittlerweile fast alle Rechte eines Bundesstaates. Zur »neutralen« Bundeshauptstadt, geographisch zwischen den rivalisierenden Bewerberinnen Sydney und Melbourne gelegen, bestimmten die Politiker Canberra – eine Stadt, die erst noch auf der grünen Wiese entstehen sollte. Zu diesem Zweck schufen die Parlamentarier nach dem Vorbild der US-Administration einen selbstverwalteten Distrikt, das Bundesterritorium oder Australian Capital Territory. Als provisorische Hauptstadt diente Melbourne.

Das pazifische Bewußtsein erwacht

Die Ausrichtung allen nationalen Denkens auf Großbritannien – eine Zuneigung, die den »hinterwäldlerischen Aussies« in London kaum erwidert wurde – hinderte Australien lange daran, eine nationale Identität aufzubauen. So war es selbstverständlich, daß die Australier mit England in jeden Krieg zogen, auch in den Ersten Weltkrieg. Ein in diesen Jahren aufgestelltes Australian-New-Zealand-Army-Corps (Anzac) aus 400000 australischen und 120000 neuseeländischen Freiwilligen wurde 1915 von der britischen Heeresführung bei Gallipoli gegen türkische und deutsche Verbände eingesetzt – eine unsinnige Schlacht, die allein über 8500 australischen und 2700 neuseeländischen Soldaten das Leben kostete. Dieses Ereignis weckte in beiden Ländern erstmals Gefühle einer nationalen Eigenständigkeit. Der 25. April, der Anzac Day, ist seither in beiden Staaten ein Feiertag.

Der Zweite Weltkrieg brachte den endgültigen Umbruch. Die Australier mußten einsehen, daß Großbritannien ihren Schutz nicht mehr garantieren konnte. Erstmals drohte dem Kontinent die Eroberung durch eine fremde Macht. Japanische Flugzeuge warfen Bomben auf Darwin, die Hauptstadt des Nordterritoriums; japanische Klein-U-Boote drangen in die Hafenbucht von Sydney ein und feuerten Torpedos ab. Australien mußte sich eine neue Schutzmacht suchen. Die USA schlugen die Japaner im Pazifik zurück – und Australien wurde sich erstmals richtig bewußt, daß es keine britische, sondern eine pazifische Nation ist.

Einwanderer brachten frischen Wind

Die Jahrzehnte nach dem Zweiten Weltkrieg haben Australien stärker verändert als jede andere Epoche seit der Besiedlung des Kontinents durch Weiße. Gewiß, der Goldrausch, die Eroberung der Wildnis und das schnelle Wachstum der Landwirtschaft, die Entdeckung immer neuer Bodenschätze, aber auch die »Große Depression« in den späten zwanziger und zu Beginn der dreißiger Jahre, die Australien erstmals seit den Anfängen der Kolonie wieder Hunger lehrte – all dies waren tiefe Einschnitte in der kurzen Nationalgeschichte. Aber sie verliefen doch immer vor dem Hintergrund einer nicht in Frage gestellten Orientierung am Mutterland, im Vertrauen auf den König und im Gefühl der sicheren Einbindung in das britische Weltreich. Doch nach dem Zweiten

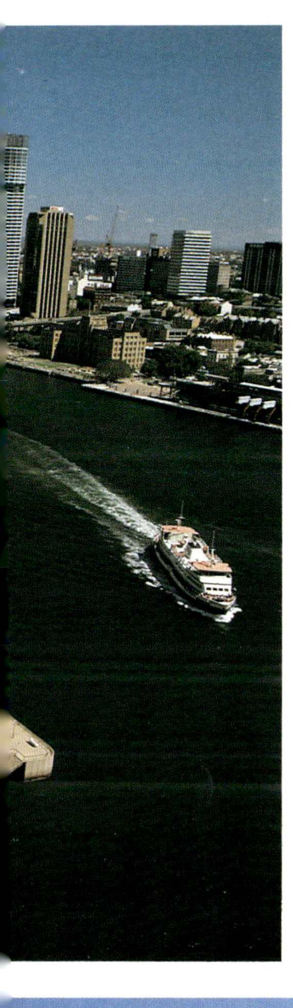

◁ Stolz einer ganzen Nation: das Sydney Opera House. Sieben Millionen australische Dollar sollte der avantgardistische Musentempel kosten, über 100 Millionen sind daraus geworden, doch wen kümmern heute noch die Skandale und Querelen der vierzehnjährigen Bauzeit! Die »London Times« hat das 1973 von Königin Elisabeth eingeweihte Werk des dänischen Architekten Jörn Utzon zum Bauwerk des Jahrhunderts ernannt – Millionen faszinierter Besucher haben sich diesem Urteil inzwischen angeschlossen.

▽ An der Küste bei Kempsey in Neusüdwales: Strände so weit, menschenleer und faszinierend wie der Kontinent selbst.

Weltkrieg ging diese Bindung verloren, Australien mußte sich neu zurechtfinden.

Das erforderte nicht nur eine neue Außenpolitik, sondern auch neue Denk- und Betrachtungsweisen im eigenen Land, wo sich die Verhältnisse schnell und umfassend änderten. Vielem von dem, was da an britischen Traditionen und Werten verlorenging, mag man nachtrauern. Aber generell hat der frische Wind, der durch das weltabgeschiedene und etwas verschlafene Land fegte, nützliche Folgen gehabt. Das gilt besonders für die notwendige Hinwendung zu den zuvor ignorierten asiatischen Nachbarstaaten.

Erste Umwälzungen brachten die amerikanischen Soldaten, die während des Zweiten Weltkriegs in Australien stationiert waren und die »Segnungen« des American way of life vorführten.

Wichtiger noch für die Neuorientierung war die Einwanderungswelle, die in den Nachkriegsjahren einsetzte: Nie zuvor und niemals seither haben in einem vergleichbaren Zeitraum so viele Menschen auf dem fünften Kontinent eine Heimat gefunden. Die großzügig bemessenen Einwanderungsquoten resultierten zwar mit aus der – nach den japanischen Angriffen wieder erwachten – Furcht, zuwenig Menschen im Land zu haben, aber auch aus der Humanität, die die Australier stets ausgezeichnet hat, wenn es galt, in Not geratenen Völkern zu helfen.

Die erste Einwanderungswelle nach dem Krieg endete etwa 1948 und brachte rund 1,7 Millionen Menschen ins Land, eine stattliche Zahl angesichts der damals gerade 7,3 Millionen zählenden Bevölkerung. Eine zweite Welle folgte Ende der sechziger und Anfang der siebziger Jahre. Wenig später erreichte die Zahl der Australier die 14-Millionen-Marke; binnen 25 Jahren hatte sich die Bevölkerung dank der Einwanderer und der hohen Geburtenrate jener Jahre verdoppelt. Aber diese Zahlen allein machen noch nicht deutlich, was sich damals änderte.

Erstmals nämlich durften große Kontingente von Europäern einwandern, die weder britischer noch irischer Herkunft waren, nämlich Südeuropäer, vornehmlich Italiener, Jugoslawen und Griechen. Daneben wurden großzügige Kontingente für Österreicher, Holländer und Deutsche bewilligt. Mit den deutschsprachigen Neubürgern gab es wenig Probleme, sie bemühten sich um ihre schnelle und völlige Integration in die australische Gesellschaft. Anders war es mit den Südeuropäern, die versuchten, ihre angestammte Lebensform möglichst lange zu erhalten. Das galt – und gilt – besonders für die Griechen. Die Neigung, in bestimmten Straßen und Stadtteilen zusammenzuleben, führte zu nationalen Quartieren, etwas völlig Neues in den australischen Städten.

Pasta und Pizza statt Meat Pie

Aber die Einwanderer mit ihren fremden Sprachen brachten auch andere neuartige Erfahrungen für die Australier. Zuerst wurde das in der Gastronomie spürbar. Australiens langweilige Küche – Meat Pie and Tomato Sauce – war bald bereichert durch Pasta und Pizza, Ćevapčići und Slibowitz, Schweinebraten und Sauerkraut. Doch es blieb nicht bei neuen Gewürzen und Gerüchen, die Neubürger brachten auch ihre Vorstellungen von Musik und Mode, von Theater und Malerei mit. Die Kultur, die im Pionierland Australien nur eine Nebenrolle spielen konnte, erhielt neue Anstöße, vor allem von Einwandererkindern, die schon im Land geboren wurden. Andere Lebenseinstellungen mischten sich mit den britischen Attitüden, südländische Lebendigkeit verquickte sich mit der gewohnten tolerierenden Distanziertheit, mediterraner Gefühlsüberschwang mit angelsächsischer Prüderie.

Noch auffälliger waren die neuen Farben und Facetten, die in den achtziger Jahren Vietnamflüchtlinge nach Australien trugen. Befürchtungen, sie könnten rassistische Reaktionen hervorrufen wie einst die Chinesen auf den australischen Goldfeldern, sind nicht ganz von der Hand zu weisen, zumal in den achtziger Jahren generell mehr Asiaten einreisen durften.

▷ Der possierliche Koala ist in den Eukalyptuswäldern Ostaustraliens daheim. Das Junge wird ein halbes Jahr im Beutel getragen und gesäugt, bevor es bei der Mutter huckepack mitklettern kann.

▽ Die Schafzucht hat in Australien eine lange Tradition. Anfang des 19. Jahrhunderts brachte die Einführung des Merinoschafes dem Land einen ersten wirtschaftlichen Aufschwung, und auch heute noch nimmt Australien unter den Wollexporteuren einen Spitzenplatz in der Welt ein.

Selbstverständlich hat bis heute die große Mehrheit der Australier britisch-irische Ahnen, und das angelsächsische Element wird auch in absehbarer Zukunft prägender bleiben als Einflüsse aus anderen Kulturkreisen. Aber die Fremden haben zumindest indirekt sehr geholfen, geistige und ästhetische Verkrustungen zu sprengen. Zynische, aber einst nicht ganz unberechtigte Sprüche wie: »In Australien wird Mode, was in England gerade wieder in Vergessenheit gerät«, stimmen heutzutage nicht mehr. Australiens Großstädte haben in jeder Hinsicht Anschluß an die Welt – und ihre Torheiten – gefunden, eine Entwicklung, die mit der Öffnung für nicht englischsprachige Ausländer eingeleitet wurde.

Innenpolitisch war die Herkunft der südeuropäischen Einwanderer nie ein Thema. Wenn in Canberra um Hebung oder Senkung der Einwanderungsquoten gestritten wurde – und das geschah in schöner Regelmäßigkeit –, dann ging es nur um die Gesamtzahl der Zuwanderer und um die Angst vor Arbeitsplatzverlusten. Wenn die Konjunktur ungünstig stand, forderten die Gewerkschaften stets eine drastische Reduzierung der Quoten. Angesichts der starken Stellung, die sie in Australien haben, verhallten solche Forderungen in der Regel nicht ungehört im Regie-

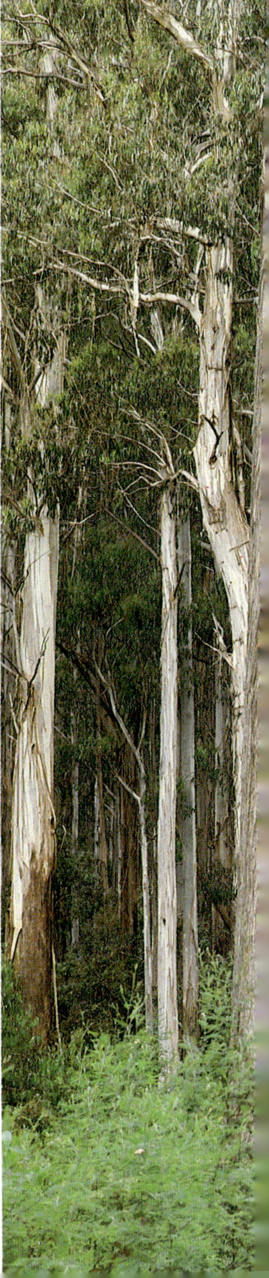

▷ Gigantisch wirken diese Eukalyptusbäume in den Wäldern Victorias. Insgesamt hat der Eukalyptus in Australien über 600 Verwandte aus der Familie der Myrtengewächse – vom struppigen Busch bis zum himmelaufragenden Riesen von über 100 Metern Höhe.

rungslager, gleichgültig, ob Labor oder die konservative Koalition am Ruder war.

Erst Ende der siebziger und in den achtziger Jahren setzte sich eine rationalere Betrachtungsweise durch. Seither dürfen jene Ausländer einwandern, die entweder in Australien investieren und Arbeitsplätze schaffen oder einen der gesuchten Berufe haben. Dazu zählen augenblicklich beispielsweise High-Tech-Experten und Computerspezialisten. Ansonsten ist es inzwischen sehr schwer geworden, eine Einwanderungsgenehmigung für Australien zu ergattern.

Die Arbeit ist kein Wert an sich

Nicht nur bei Einwanderungsfragen haben die australischen Gewerkschaften ein gewichtiges Wort mitzureden, sie sind ein bedeutender Faktor in der Politik überhaupt. Dies gilt generell wegen ihrer engen Anlehnung an die Labor Party, im besonderen aber wegen ihrer aggressiven Streiklust. Insofern sind sie ein getreues Abbild ihrer britischen Ahnen. Kein Wunder, die Trade Unions brachten ihre Ideologie und ihre Arbeitskampfpraxis ja auch mit aus dem Mutterland.

Das hat der Kolonie schon relativ frühzeitig soziale Errungenschaften wie den Achtstundentag gebracht und die Gründung einer politischen Interessenvertretung, der Labor Party, ermöglicht. Aber es führte andererseits auch zur Übernahme des von Feindbildern bestimmten Verhältnisses zwischen Arbeitgebern und Arbeitnehmern, wie es in Großbritannien üblich war. Die Frontstellung löste eine endlose Zahl von Streiks aus. Diese betrafen allerdings häufig nur kleine Bereiche der Produktion oder des Dienstleistungsgewerbes, da die in einem Dachverband zusammengeschlossene Gewerkschaftsbewegung in rund 300 Einzelgewerkschaften aufgesplittert ist, die eine überaus eigenständige Tarifpolitik betreiben.

In jüngster Zeit hat sich die Streiklust der Gewerkschaften etwas vermindert, nachdem die Labor-Regierung unter Robert James Lee Hawke – dem ehemaligen Chef des Dachverbands – erstmals eine Art »konzertierter Aktion« mit den Vertretern von Arbeitgebern und Arbeitnehmern erprobt hat. Die Rekordziffer von 6,3 Millionen Streiktagen, die im Jahr der schlimmsten Arbeitskämpfe erreicht wurde, wird wohl so bald nicht übertroffen werden. Aber immer noch kann – besonders bei öffentlichen Transport- oder Versorgungsbetrieben – aus nichtigen Anlässen ein Streik aufflammen, ein Umstand, dem die Australier inzwischen mit routinierter Lässigkeit begegnen.

Ein Grund für die vielen Arbeitskämpfe ist wahrscheinlich auch in dem entspannten Verhältnis der meisten Australier zur Arbeitswelt zu suchen. Das mit Sonne und Stränden überreich gesegnete Land mißt der Freizeit einen mindestens ebenso hohen Wert bei wie der Arbeit. Die japanische Ethik, nach der die Arbeit ein Wert an sich ist, verstehen die meisten Australier nicht. Für sie ist die Arbeit ein Mittel zum Zweck – um das Leben und die Freuden der Freizeit finanzieren zu können. Das heißt nicht, daß die Arbeitsmoral schlecht wäre, doch es fehlt häufig am Willen, etwas mehr zu leisten, als im Tarifvertrag ausgehandelt ist. Diese Einstellung fördert naturgemäß auch nicht gerade die Bereitschaft, sich dem internationalen Wettbewerb zu stellen.

Die Wirtschaft leidet unter Atemnot

Darunter leidet die australische Industrie, die im Ausland oft als zu wenig konkurrenzfähig und innovativ angesehen wird. Das wurde im eigenen Land lange Zeit nicht als sonderlich problematisch empfunden, da der Inlandsmarkt durch hohe Schutzzölle vor preiswerterer Konkurrenz erfolgreich geschützt wurde. Und die Erträge aus industriellen Exporten waren so lange von geringerer Bedeutung, wie die Agrarprodukte und die Bodenschätze reichlich Geld in die Kassen brachten.

Das änderte sich völlig, als Großbritannien der Europäischen Gemeinschaft beitrat und Australien so den mit Abstand wichtigsten Markt für seine landwirtschaftlichen Produkte verlor. Es mußte sich neue Märkte schaffen, unter anderem in den zuvor vernachlässigten asiatischen Staaten – eine Bemühung, die auch die Richtung der australischen Außenpolitik änderte. Schließlich verfielen überdies die Preise für Erze und Mineralien: Australiens Wirtschaft geriet in Atemnot. Binnen weniger Jahre büßte der australische Dollar gegenüber der Mark und anderen starken Währungen mehr als die Hälfte seines Wertes ein, immerhin eine gute Voraussetzung für eine Exportoffensive.

Nun aber rächte es sich, daß die produzierende Wirtschaft zuwenig exporttaugliche Produkte anbieten und die Einnahmeverluste nicht auffangen konnte. Vor dieser Gefahr hatten Analytiker, Soziologen und Politiker schon seit geraumer Zeit gewarnt. Sie sahen in der Neigung vieler ihrer Landsleute, dem strapaziösen Wettbewerb nach Möglichkeit aus dem Wege zu gehen, einen Trend, der Australiens hohen Lebensstandard bedrohen könnte. Die prominentesten Kritiker waren der Soziologe Donald Horne, der eines seiner populären Bücher programmatisch »Death of the Lucky Country« nannte, und der konservative Regierungschef Malcolm Fraser, der seine Landsleute mahnte: »Life wasn't meant to be easy.« Das wurde zwar zu einem geflügelten und viel bespöttelten Wort, aber da die Australier politisch wenig interessiert sind, verhallte der Appell ohne Echo.

Erst in den letzten Jahren, in denen der Lebensstandard etwas gesunken ist, zeichnet sich eine kleine Wende ab. So wie die Streikwut der Gewerkschaften zurückgegangen ist, werden auch verstärkte Bemühungen der Industrie spürbar, den Rückstand aufzuholen. Ob Australien jedoch der Konkurrenz der asiatischen Niedriglohnländer entgegentreten kann, ist eine Frage der Produktplanung. Innovative Erzeugnisse haben selbstverständlich größere Chancen als Massengüter, deshalb besinnt sich die Wirtschaft jetzt auch stärker auf die wissenschaftlichen Ressourcen an den Universitäten und in den Laboratorien. Gerade im Umfeld der Agrarforschung und der Suche nach Bodenschätzen kann die australische Forschung einige aussichtsreiche Entwicklungen vorweisen.

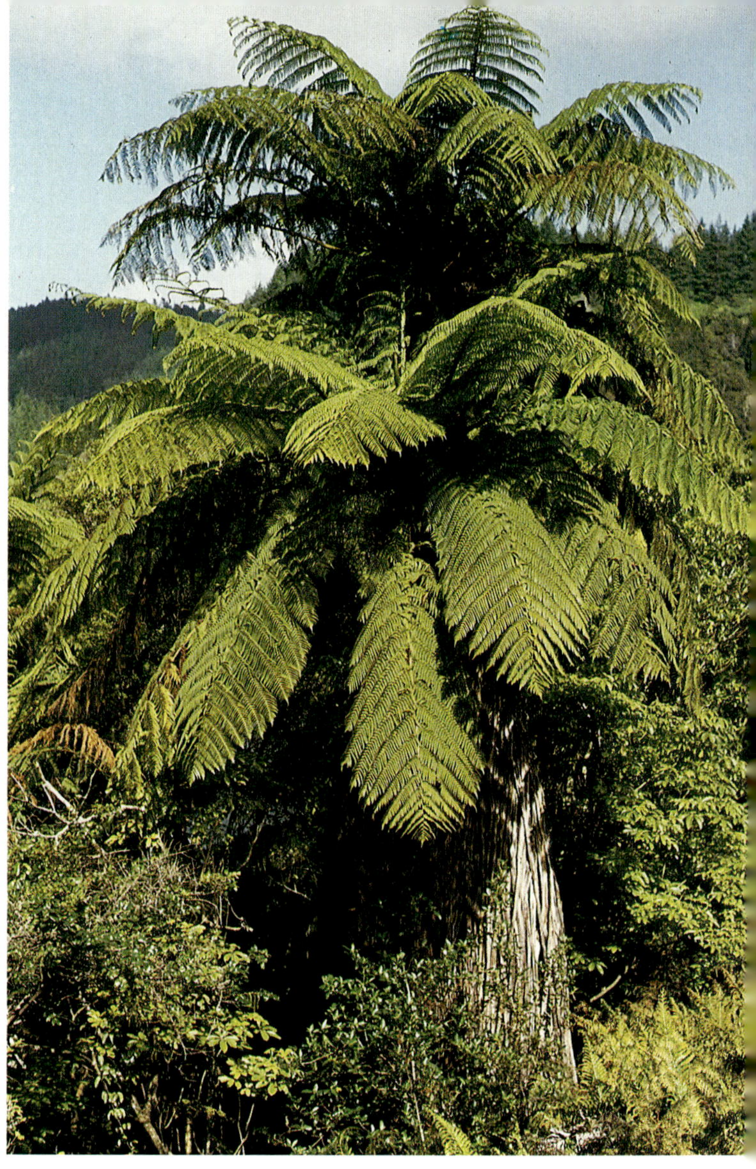

▷ ***Diese üppige Pflanze ist keine Palme, wie man auf den ersten Blick meinen könnte, sondern ein Farn, der in den tropischen Wäldern Nordostaustraliens Baumgröße erreicht.***

▽ ***Fast ausgestorben ist der Beutelteufel. Nur noch auf Tasmanien jagt der bis zu 70 Zentimeter große Raubbeutler nach Vögeln, Reptilien und kleinen Säugetieren.***

Eine weitere Voraussetzung für mehr Wettbewerbsfähigkeit ist allerdings auch, die australischen Arbeitnehmer zu mehr Leistungswillen zu motivieren.

Ein alter Mann läuft allen davon

Mangelnder Leistungswille ist ein in Australien weitverbreiteter Vorwurf – wenn auch nur gegenüber den eigenen Spitzensportlern. Sie hätten, so die Klage, den früheren Weltruhm leichtfertig verspielt. In der Tat, die einstige Großmacht im Sport rangiert heute unter »ferner liefen«, selbst in Sportarten, die einst als australische Domänen galten wie das Schwimmen und die Laufwettbewerbe der Leichtathletik.

Marjorie Jackson, Betty Cuthbert, Ron Clarke, Herb Elliott und John Landy – um nur einige zu nennen – liefen in den fünfziger und sechziger Jahren allesamt Weltrekorde, und hinter ihnen drängte sich damals eine Schar talentierter junger Läuferinnen und Läufer. In den achtziger Jahren blieben auf der internationalen Szene nur noch zwei Marathonstars, nämlich Lisa Martin und Robert de Castella; hinter ihnen klaffte selbst in dieser Paradedisziplin eine gewaltige Lücke. Das wurde auf geradezu kuriose Weise deutlich, als 1983 bei einem »Ultra-Marathon« zwischen Sydney und Melbourne – 890 Kilometer – ein Läufer gewann, der zwar Young hieß, aber doch schon 61 Jahre alt war.

Noch unerfreulicher sieht die Bilanz jedoch für die Schwimmer aus. In den fünfziger und sechziger Jahren waren die paar Millionen Australier im Wasser dem Riesenvolk der Amerikaner durchaus ebenbürtig. Die legendäre Sportlerin jener Jahre war Dawn Fraser, die als erste Frau die Hundertmeterstrecke in weniger als 60 Sekunden schwamm und in ihrer Spezialdisziplin bei drei Olympischen Spielen hintereinander die Goldmedaille gewann.

Bei den Olympischen Spielen von Melbourne im Jahre 1956, dem Höhepunkt der nationalen Sportgeschichte, errangen die Schwimmer des Gastgeberlandes acht Gold-, vier Silber- und zwei Bronzemedaillen. Auch heute noch gilt Australien in den Schwimmstadien als erstklassige Nation.

In einer anderen Sportart beanspruchten und verteidigten die »Aussies« eine ähnliche Vorrangstellung: im Tennis. Die Tage von Wimbledon waren fast immer Freudentage, nicht nur, weil Australiens Asse die Konkurrenten quasi vom Rasen fegten, sondern weil dies im Herzen des Mutterlands geschah und die Damen und Herren von »Down under« es den versnobten Engländern wieder einmal zeigen konnten. Margaret Court-Smith konnte die prestigeträchtigste Trophäe des Tennissports dreimal in Empfang nehmen, Evonne Cawley-Goolagong einmal. Ihre männlichen Kollegen, beispielweise Rod Laver, John Newcombe oder Ken Rosewall, brachten es in den 20 Jahren bis 1971 auf 14 Wimbledon-Meisterschaften im Herreneinzel; in 15 von 20 Jahren nahmen sie auch den Davis-Cup mit auf ihren Kontinent. Danach wartete das Land 15 Jahre lang auf einen neuen Spitzenspieler, bis 1987 mit Pat Cash wieder einmal ein Australier den Silberpokal aus Wimbledon in Empfang nehmen konnte.

Das war zwar Grund zum Jubel, aber nur ein Einzelfall. Das Interesse am Tennis, am Schwimmen, an der Leichtathletik ist immer noch weit verbreitet, doch nur als Ausgleichs- und Freizeitsport. Schinden will sich kaum noch einer im »Land der Glücklichen«, wie es in einer Fremdenverkehrswerbung heißt.

Was nicht heißen soll, daß die Nation nicht mitfiebert, wenn die verbliebenen Sportheroen um höchsten Lorbeer streiten. Als Cash im Wimbledon-Endspiel antrat, hockten trotz der Zeitverschiebung Millionen von Australiern vor den Fernsehschirmen. Und als sich 1983 vor Amerikas Ostküste allmählich ein

Sieg des australischen Millionärs Allen Bond und seines Teams in den Regatten um den »America's Cup« abzeichnete, da drückten alle dem Boot mit dem exzentrisch geschwungenen Kiel und mit dem boxenden Känguruh in der Flagge die Daumen. Als die »Kanne«, wie der Cup respektlos, aber passend genannt wird, schließlich errungen war und zum ersten Mal in ihrer über hundertjährigen Geschichte aus den USA entführt wurde, da geriet Australien in einen wahren Begeisterungstaumel. Schließlich bedeutete dies, daß die Trophäe vier Jahre darauf im eigenen Land, im Indischen Ozean vor Perth, verteidigt werden konnte.

Als dies dann aber schiefging und die mit NASA-Unterstützung präparierten amerikanischen Segler den Cup wieder heimführten, brach dennoch keine kollektive Trauer aus. »Aussies« können auch verlieren, das gehört zu ihrem britischen Verständnis von Sportsmanship, von Fairneß.

Diese Fairneß ist wohl auch ein Grund dafür, daß Australiens wahrer Nationalsport, der »Australian Rules Football«, fast immer ohne ernsthafte Verletzungen abgeht. Dabei gilt diese Mischung aus Rugby und amerikanischem Football – aber ohne die Schutzkleidung und die vielen Spielunterbrechungen – als das mutmaßlich härteste Mannschaftsspiel der Welt. Es ist auch eine Sehenswürdigkeit ersten Ranges: ein gewaltiges Spektakel, insbesondere in Melbourne, in dessen Vororten die meisten der nationalen Spitzenclubs beheimatet sind.

Die Sportbegeisterung der Australier mag dazu beigetragen haben, daß es den australischen Zeitungen so gut geht. Im Vergleich zur relativ geringen Bevölkerungszahl gibt es erstaunlich viele Tageszeitungen, und sie alle räumen dem Sport sehr viel Platz ein. Aber das ist ein Teil des britischen Erbes, wie denn auch die Zeitungen – die Boulevardblättchen wie die seriöse Presse – dem englischen Vorbild folgen. Zum Kummer vieler Engländer blieb es nicht dabei – vielmehr hat sich nun ein Australier in der Londoner Zeitungswelt eingekauft: Rupert Murdoch.

Australiens Medienzar geht außer Landes

In Deutschland war der Name Murdoch lange Zeit nur ein paar Fachleuten bekannt. Das änderte sich erst Ende 1987, als der Zeitungszar einem Offenbacher Druckmaschinenhersteller den »größten Auftrag seit Gutenberg« erteilte. Er orderte Maschinen im Wert von rund 850 Millionen Mark. Zu diesem Zeitpunkt war der Australier in der englischsprachigen Welt längst kein Unbekannter – und auch kein Australier mehr. Einige Jahre zuvor hatte er die amerikanische Staatsbürgerschaft beantragt, um auch zwischen New York und Los Angeles sein Medienimperium ausweiten zu können. Seinen Landsleuten versüßte er den Abschied mit der Stiftung einer Universität.

Die Medienmacht Murdochs blieb in seiner Heimat jedoch auch nach dem Paßwechsel ungebrochen. Seine News Corporation ist einer der beiden Familienmultis, die den australischen Zeitungsmarkt weitgehend beherrschen und eine Reihe privater Rundfunk- und Fernsehanstalten gegen die Stationen der staatlichen Australian Broadcasting Corporation (ABC) senden lassen. Seinen größten Erfolg aber konnte Murdoch in England verzeichnen. Dort erwarb der Mann aus Australien 1981 das Paradestück des britischen Establishments, die »Times«. Seine Landsleute waren damals recht stolz auf Murdoch, hatte es doch wieder einmal ein »Aussie« den »Poms« gezeigt. Inzwischen ist dieser Stolz auch mit Skepsis gepaart, denn immer mehr Zeitungen und Magazine geraten in die Fänge Murdochs oder seines letzten großen Konkurrenten, der Familie Fairfax.

Zum Fairfax-Reich gehört die größte Zeitung Australiens, der sonntags in Sydney mit über 670000 Exemplaren erscheinende »Sun-Herald«. Mit dieser Auflage wird das Blatt in der australischen Presselandschaft nur noch von einer Illustrierten übertroffen, vom Frauenmagazin »Australian Women's Weekly« (über eine Million Exemplare), das bei Australian Consolidated Press erscheint. In demselben Unternehmen wird auch das einflußreiche »Bulletin« gemacht, ein wöchentliches Nachrichtenmagazin nach dem Vorbild von »Time« oder »Spiegel«.

Den größten Einfluß auf Politiker und Öffentlichkeit haben aber neben dem stark amerikanisch geprägten Fernsehen die seriösen Blätter. Sie sind durchweg nur regio-

Immer wieder Streit um das Wappentier

Sie sind das Symbol- und Wappentier Australiens, die Känguruhs. Und dennoch gibt es regelmäßig Streit um diese Beuteltiere. Sie vermehren sich fleißig und fressen, wie die Farmer klagen, den Schafen und Rindern das Futter weg. Grund genug, sie alles andere als waidgerecht zu jagen: Die »Jäger« blenden nachts mit Autoscheinwerfern die Tiere, die dann meist verharren und mühelos abgeschossen werden können.

Australiens Tierschützer protestieren gegen dieses Abschlachten, auch weil sie fürchten, das Urwelttier könne ausgerottet werden. Dem halten die Farmer entgegen, es gebe rund 50 Millionen Känguruhs, mehr als in Cooks Tagen. 45 verschiedene Beuteltierarten leben in Australien, aber nur die drei größten, die Red-, die Grey und die Western-Grey-Känguruhs, sind Gegenstand des Konflikts. Von diesen mannsgroßen Tieren werden nach Schätzungen jährlich fünf Millionen geschossen. Das Fleisch wird als Hunde- und Katzenfutter verwertet, als menschliche Nahrung ist es in Australien nicht geschätzt. Mehrfach gab es jedoch schon Prozesse, weil Fleischfirmen als Rindfleisch deklarierte Exporte mit billigem Känguruhfleisch versetzt hatten.

Die Känguruhs und ihre kleineren Vettern, die Wallabys, sind ausnahmslos Pflanzenfresser. Ihr langer Schwanz hält die Balance, wenn sie hüpfen oder – wie die Baumkänguruhs – auf den Ästen hocken. Känguruhs haben kurze Tragezeiten; das meist einzelne, nur wenige Zentimeter große Junge kommt nach gut einem Monat zur Welt. Die Mutter hilft ihm dann in den Beutel, in dem sich eine Zitze befindet. Im Bauchbeutel bleibt das heranwachsende Junge, von den Australiern »Joey« genannt, für etwa acht Monate.

◁ ***Die weiten Busch- und Grasebenen Australiens sind das Revier des Roten Riesenkänguruhs. Auf der Flucht erreichen die großen Beuteltiere Geschwindigkeiten von 80 Kilometern pro Stunde – dabei können sie bis zu neun Meter weit und drei Meter hoch springen.***

nal verbreitet, lediglich der von Rupert Murdoch gegründete »Australian« wird landesweit vertrieben. Mit dem Titel griff Murdoch einen traditionsreichen Namen auf, denn unter derselben Bezeichnung hatte bereits 1824 der Durchquerer der Blue Mountains, William Charles Wentworth, mit einem Partner eine regierungskritische Gazette gegründet.

Zu jener Zeit gab es bereits eine Reihe von Zeitungen in der jungen Kolonie; Australiens erstes Blatt war schon 1803 erschienen. Sie waren den Gouverneuren meist ein Ärgernis, denn Berichte über Mißstände und unzulängliche Amtsführung der Herrschenden erwiesen sich schon damals als beliebtes Lesefutter. Häufig genug versuchten die Gouverneure und ihre Beamten, die Zeitungen mit Zensurmaßnahmen gefügig zu machen. Das gelang selten, denn viele Verleger stellten Blätter, die der Zensur zum Opfer gefallen waren, schleunigst ein, um nicht minder flink eine neue Zeitung unter neuem Namen, aber mit den alten Vorwürfen auf den Markt zu bringen.

Aus jener bewegten Zeit, aus dem Jahre 1831, stammt auch eine der besten Zeitungen des Kontinents, der »Sydney Morning Herald«. Er wurde einige Jahre später von einem Journalisten und dem Drucker John Fairfax gekauft. Fairfax kaufte seinem Partner die Anteile schließlich ab und legte damit den Grundstein für sein Presse-Imperium. Der »Sydney Morning Herald« ist zwar in seiner Heimatstadt nicht die auflagenstärkste, aber zweifelsohne die wichtigste Zeitung.

Dasselbe gilt in Melbourne für die »Age«, an der die beiden Pressekonzerne beteiligt sind. Alt ist der Streit, welches der beiden Blätter mehr Einfluß auf Politik, Wirtschaft und Kultur ausübt. Er geht wohl unentschieden aus. Die nicht minder eifrig umstrittene Frage nach der »besten Zeitung« wird verständlicherweise in Sydney anders beantwortet als in Melbourne.

Konkurrenz für Rio und San Francisco

Daß Melbourne auf irgendeinem Gebiet die Nase vorn hat, läßt natürlich die alte Rivalin Sydney nicht ruhen: Auch sie hat sich eine Football-Mannschaft zugelegt, die den verschiedenen Melbourner Teams das Abonnement auf die Meisterehre streitig machen soll. Wie üblich im professionellen Sport, ist die Mannschaft zusammengekauft, aber auch das beweist den Melbournern nur, daß sich »ihre« Sportart gegen das zuvor in Sydney bevorzugte Rugby durchgesetzt hat. Die Melbourner brauchen solchen Seelentrost, denn ansonsten hält Sydney wieder eindeutig die Spitzenposition im Wettbewerb beider Metropolen.

Damit ist die historische Rangfolge wiederhergestellt, da Sydney die erste Stadt auf dem fünften Kontinent war und Neusüdwales folglich die erste Kolonie. Deshalb steht dort auch auf jedem Autokennzeichen der stolze Slogan »The Premier State«.

Es begann vor gut 200 Jahren, als Captain Arthur Phillip in Port Jackson, wie die Sydney-Bucht anfangs hieß, Englands Flagge hissen ließ. Das Häftlingslager war die Urzelle der größten Stadt im Südpazifik, und die Melbourner weisen gerne spöttisch auf diese Herkunft hin; denn ihre Stadt ist eine Gründung freier Siedler. Die Sydneysider – wie sie sich nennen – stecken das lächelnd weg, können sie doch mit einer endlosen Liste nationaler Pionierleistungen protzen: die ersten Schulen und Krankenhäuser, Gerichte und Banken, Zeitungen und Theater, aber auch die ersten Steuereintreiber.

Auch diese haben zur raschen Karriere vom Häftlingsnest zur Weltmetropole mit rund 3,4 Millionen Einwohnern beigetragen. Aber nicht nur deshalb kann sich Sydney rühmen – wegen ihrer schönen Lage wird die Stadt in einem Atemzug mit San Francisco oder Rio de Janeiro genannt. Mit letzterer hat sie auch die herrlichen Sandstrände gemein, die in Australien allerdings sicherer und sauberer sind als dort. Weit über 100 Kilometer Uferstrecke im Stadtgebiet bieten trotz enger Bebauung zahlreiche Badeplätze – sowohl in den ruhigen Wassern der Bucht als auch in der Brandung des Pazifiks.

Öffentliche Strände werden von Lebensrettern bewacht und mit Haifischzäunen gesichert. Die beliebtesten Strände liegen am Pazifik, in den Vororten Bondi und Manly; Manly ist vom Circular Quay, dem Verkehrsknotenpunkt in der City, besonders leicht zu erreichen. Hier treffen die Bahn- und Buslinien mit den Hafenfähren zusammen. Die Fahrt mit den Fähren ist eine preiswerte Art, die Bucht kennenzulernen. Per Fährschiff erreicht man auch den Taronga-Zoo, der Tiere aus aller Welt zeigt. Dank seiner Hanglage bietet er einen vorzüglichen Blick über die Stadt. Beliebtes Fotomotiv sind die Giraffen vor der Hochhauskulisse jenseits der Bucht.

Sydneys Oper wurde zum Symbol

Das markanteste Bauwerk zwischen den Wolkenkratzern ist der Centre Point Tower, auch Sydney Tower genannt. Von seinen Beobachtungs- und Restaurantdecks läßt sich aus 325 Meter Höhe ein einzigartiger Blick über die Stadt und ihre Hafenbucht genießen; an schönen Tagen kann man die knapp 100 Kilometer entfernten Blue Mountains sehen.

Trotz seiner Höhe ist der Aussichtsturm nicht das bekannteste Bauwerk Sydneys. Dieser Ruhm gebührte zunächst der gewaltigen Harbor Bridge, die mit einem einzigen Bogen von 134 Metern Höhe mehr als 500 Meter überspannt. Wegen ihres Aussehens wird die Brücke als Coat Hanger – »Kleiderbügel« – verspottet, ein freundlicher Spott, denn seit 1932 schätzen die Sydneysider die so ersparten gewaltigen Umwege. Allerdings hat damals niemand das heutige Ausmaß des Verkehrs voraussehen können: Die mautpflichtige Brücke ist ständig verstopft. Ein zusätzlicher Tunnel soll bald Abhilfe schaffen.

Das nunmehr berühmteste Bauwerk ist ein Symbol für den ganzen Kontinent geworden: das Sydney Opera House. Seine kühne Dachform läßt Assoziationen an jene Schiffe wach werden, die hier einst mit geblähten Segeln ein- und ausliefen. Opernbühne, Konzertsäle, Theaterstätten, Galerien und Restaurants fanden Platz unter der Konstruktion des dänischen Architekten Jörn Utzon. Er reiste übrigens vor der Fertigstellung seines Hauptwerks zornbebend ab, weil der Bau im Innern nicht nach seinen Entwürfen ausgeführt wurde, aber auch weil er den monatelangen Kleinkrieg um die Finanzierung der Oper nicht mehr ertragen konnte. Damals wurde das Vorhaben von der kulturell kaum interessierten Bevölkerung als Verschwendung geschmäht. Nachdem Königin Elisabeth 1973 dieses architektonische Meisterwerk eröffnet hatte und die Australier weltweit gelobt wurden, verstummten die Kritiker schnell. Und heute sind die Australier stolz auf ihre Oper.

Auch ein anderes Projekt, das einst dem Vorwurf der Verschwendung ausgesetzt war, erfreut sich heute großer Beliebtheit bei den Sydneysidern: die Renovierung der »Rocks«. Der älteste Teil der Stadt, benannt nach dem Gründungsfelsen, der auch dem Südträger der Hafenbrücke Halt gibt, hat eine wechselvolle Geschichte als Wohnquartier, Hurenviertel und vergammelndes Warenlager erlebt. In den siebziger Jahren begann man mit der Restaurierung des alten Stadtteils, der heute mit seinen Kneipen und Geschäften ein beliebtes Bummelziel für Einheimische und Touristen bildet, besonders seit der legendäre Ruf von Kings Cross verblaßt ist.

Dieser Distrikt galt einst als »the hottest place in the South Pacific«, eine Mischung aus Bordellen, freizügigen Kabaretts und Künstlerkneipen. Das war allerdings zu Zeiten, da im restlichen Land noch viktorianische Prüderie herrschte. Heute ist Kings Cross zu einem Stadtteil mit Sexshows und

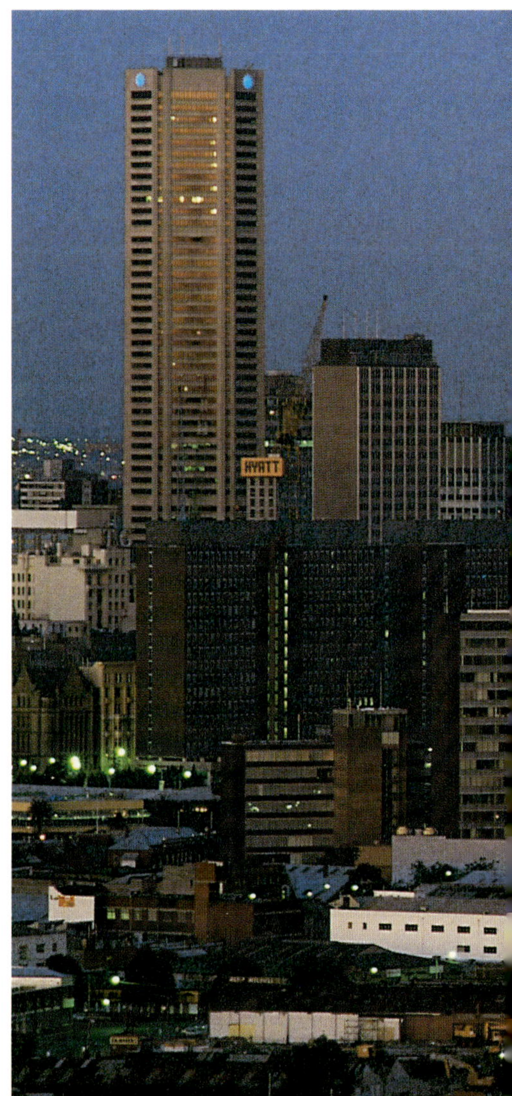

Rauschgifthandel verkommen – der einstige antibürgerliche Charme ist längst verspielt.

Sydneys Stadtverwaltung hofft, eines Tages auch Kings Cross wieder so aufputzen zu können, wie ihr das in der City gelang mit den Einkaufsgalerien im früher verkommenen Victoria Building, mit den verschnörkelten Terrassenhäusern in Paddington, dem Lagerschuppen auf Pier One und schließlich mit dem ungepflegten Gewerbegebiet von Darling Harbor. Statt kaum noch genutzter Lagerschuppen steht dort nun ein funkelnder Kongreßkomplex mit Einkaufszentrum.

Die Verbindung zur nahen Innenstadt besorgt Australiens einzige Einschienenbahn. Als deren hohe Stelzen und Stahlbänder 1987 montiert wurden, gab es monatelang Proteste ob dieser ästhetischen Sünde – für Fremde ein merkwürdiger Streit, denn Downtown Sydney ist zwar quirlig und voller Leben, aber nicht gerade gespickt mit erhaltenswerter Bausubstanz. Der Streit war auch ein Beleg für den – in Australien relativ spät spürbar gewordenen – Konflikt zwischen technischer Entwicklung und historischem Besitz.

Urbanes Gedränge am Rande des Kontinents

Wie Sydney ist auch ganz Neusüdwales stolz auf seine Pionierrolle im australischen Staatenbund. Die Kolonie war, abgesehen von der kurzen Phase des viktorianischen Goldrausches, stets der bevölkerungsreichste Landesteil; auch heute hält der Bundesstaat diese Spitzenposition.

Das ist nicht nur historisch, sondern auch geographisch bedingt. Der größte Teil des Kontinents ist unwirtlich und für eine Besiedelung wenig geeignet. Deshalb hat sich die Bevölkerung von Anfang an auf den Landstreifen entlang der Ostküste und im Südosten konzentriert. Über 80 Prozent aller Australier leben zwischen Brisbane in Queensland und Adelaide in Südaustralien; ansonsten gibt es nur noch eine wirkliche Großstadt in dem heißen roten Land: Perth in Westaustralien, am lebenspendenden Swan River gelegen.

Neusüdwales ist ein gutes Beispiel für diese ungleiche Bevölkerungsverteilung: An der Küste und an den beiden Flanken des von Nord nach Süd verlaufenden Gebirges zeigt die Karte noch zahlreiche Städte und Ortschaften, aber weiter westlich, jenseits der ausgedehnten landwirtschaftlichen Anbauflächen der Western Plains, werden sie rar, obwohl hier noch Straßen hinführen und sogar einige Flüsse für Bewässerung sorgen. Aber im Landesinnern gibt es nur noch eine erwähnenswerte Stadt, das kurz vor der Grenze zu Südaustralien gelegene Broken Hill. Es verdankt seine Existenz den hier gefundenen Erzen.

Die gefragtesten Sehenswürdigkeiten für Touristen liegen alle relativ nahe der Küste und in den Blue Mountains, einem der beliebtesten Ausflugsziele von Sydney. In der schroffen, meist dicht bewaldeten und von großen Canyons durchfurchten Bergwelt sind seit dem vergangenen Jahrhundert einige kleine angenehme Urlaubsorte entstanden. Der bekannteste ist vielleicht Katoomba, weil er in der Nähe der Jenolan-Höhlen und der Felsformation »Three Sisters« liegt.

◁ Australien – Heimat des Rosa Kakadu. Seine prächtige Haube hat ihn zum begehrten Objekt von Papageienhaltern in aller Welt gemacht. Die Ausfuhr ist in Australien deshalb streng geregelt.

▽ Es mag modernere Nahverkehrsmittel geben, aber Melbourne identifiziert sich mit seiner Straßenbahn. Die grüngelben plumpen Wagen sind ein liebenswerter Akzent im Stadtbild.

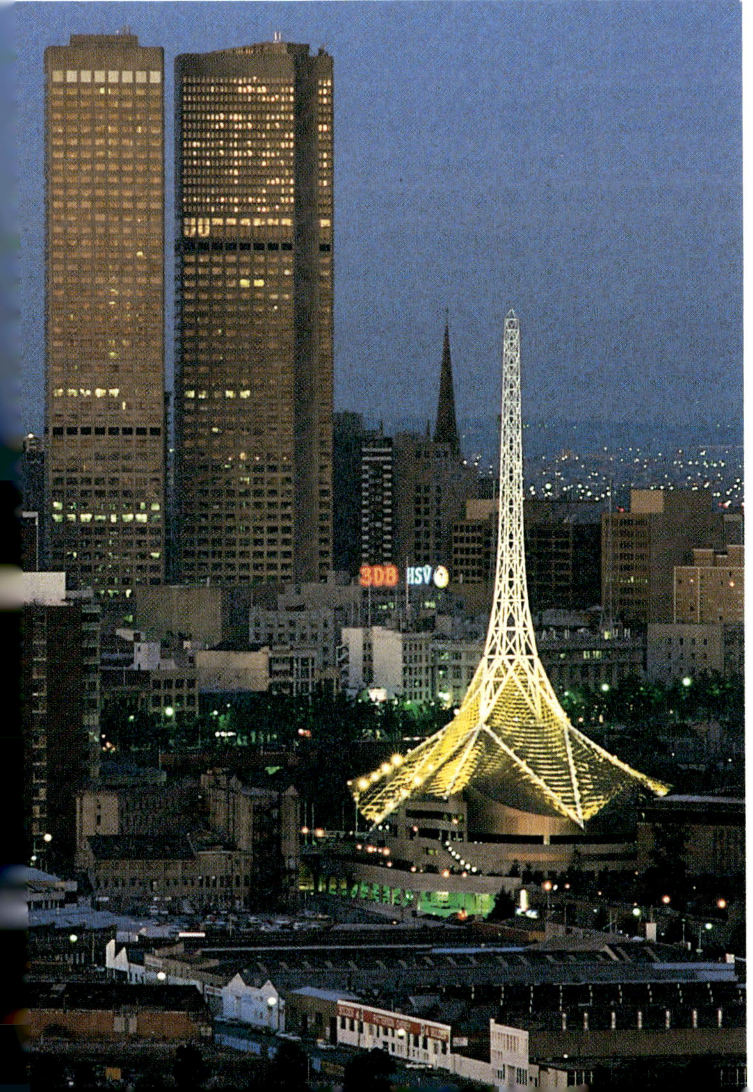

◁ Melbournes Stadtlandschaft mit den Collins Towers – bei Sonnenuntergang ein grandioses Panorama! Tageslicht setzt der Begeisterung dann wieder Grenzen: Die Stadt hat in den vergangenen Jahrzehnten spätviktorianische Bausubstanz und damit viel von ihrer Eigenart geopfert, um Platz für seelenlose Einheitsbauten zu schaffen.

Einige hundert Kilometer weiter südlich, an der Grenze zum Bundesstaat Victoria, erreicht der transaustralische Gebirgszug im Mount-Kosciusko-Nationalpark Höhen von mehr als 2000 Metern. Hier liegen die Wintersportreviere, die den Skifans zwar keine alpinen Dimensionen bieten, aber immerhin Schneevergnügen verheißen, wenn in den Alpen der Enzian blüht.

Der Nationalpark rings um Australiens höchsten Berg, den Mount Kosciusko, ist aber nicht nur das Ziel von Skiläufern im Winter und von Bergwanderern im Sommer, sondern auch von Ingenieuren und Bewässerungstechnikern. In diesem Gebiet hat Australien ein gewaltiges Bewässerungsprogramm durchgeführt, mit dem der Snowy River teilweise »umgedreht« wurde. Seine Wassermassen fließen nicht mehr ausschließlich in den Pazifik; vielmehr wird ein Teil der Fluten in Stollen durch die Snowy Mountains geführt und trägt zur Bewässerung der großen und fruchtbaren Ebene westlich des Gebirgskammes bei.

Rund ein Vierteljahrhundert dauerte die Durchführung des 1949 begonnenen Projekts, gut 800 Millionen Dollar kostete es – damals eine außerordentlich hohe Summe.

△ Zu den markantesten Bewohnern des Großen Barriereriffs gehören die Papageifische mit ihrem typischen »Schnabel«. Damit brechen sie Stücke von Korallenstöcken ab, zermalmen sie und fressen die Polypen.

Es hat sich ausgezahlt, denn das Wasser wird auch über Turbinen geleitet, die Strom für Neusüdwales und Victoria liefern. Die während der Bauarbeiten angelegten Straßen machten es möglich, die Skigebiete zu erschließen. Und die Erfahrungen, die Australiens Ingenieure bei dem Vorhaben erwarben, konnten sie später nutzbringend bei ähnlichen Projekten in mehreren asiatischen Staaten einsetzen.

Victoria unter dem Kreuz des Südens

Der Murray River ist mit etwa 2570 Kilometern Länge der einzige große Strom des Kontinents. Sein Nebenfluß Darling ist zwar noch etwa 200 Kilometer länger, aber in Dürrezeiten trocknet er auf weiten Strecken aus, während der Murray im Sommer zumindest einen niedrigen Wasserstand behält. Er war auch der einzige, auf dem sich im letzten Jahrhundert eine regelmäßige Schiffahrt entwickelte. Anno 1853 schafften es zwei Schiffe, von Südaustralien aus bis zur Einmündung des Darling stromauf zu dampfen. Dies wirkte wie eine Initialzündung: Um 1870 verkehrten bereits rund 100 Dampfschiffe auf dem Murray und dem Darling, Riverboats, die nach dem Vorbild der Mississippi-Dampfer konstruiert waren. Sie transportierten in erster Linie Wolle aus den Weidegebieten im Landesinnern.

Zu jener Zeit war aber das Ende der kurzen Dampfschiffära bereits abzusehen, die Dampflok löste die Schiffe ab. Die Kolonie Victoria hatte schon 1864 den Bau ihrer Eisenbahnlinie von Melbourne bis Echuca am Murray vorangetrieben. Der schnellere Bahntransport ersetzte bald die behäbigen Boote, von denen nur ein paar als Touristenattraktionen übriggeblieben sind.

Daß die Bahnstrecke in Victoria gebaut wurde, war kein Zufall. Die junge Kolonie, die erst 1851 von Neusüdwales getrennt worden war und im selben Jahr auch Goldfunde melden konnte, zeigte sich dem Fortschritt gegenüber aufgeschlossen. Sie konnte ihn auch bezahlen, zum einen des Goldes wegen, zum anderen wegen ihrer prosperierenden Schafzucht. Schon 1854 hatte in Victoria auf der drei Kilometer langen Strecke zwischen Melbourne und seinem Hafen in der Port Phillip Bay die erste Dampfbahn den Verkehr aufgenommen.

Die Bahn war notwendig, weil seinerzeit Tausende von Menschen dem Lockruf des

▷ Durch die Weltausstellung 1988 ist Brisbane, die drittgrößte Stadt Australiens, etwas aus dem Schatten von Sydney und Melbourne getreten. Industrieansiedlung und Fremdenverkehr sorgen für ein rasches Wachstum der Millionenstadt am Brisbane River.

▽ Heron, eine nur zwölf Hektar große Koralleninsel, gehört zu den südlichen Ausläufern des Großen Barriereriffs. Das bis zu 300 Kilometer vor der Küste von Queensland gelegene Riff ist als faszinierendes Naturwunder eine besondere Touristenattraktion. Die Welt unter Wasser zeigt sich hier in schier unerschöpflichem Formen- und Farbenreichtum.

Berühmt ist sie aber für ihre »Pinguin Parade«: Hunderte kleiner Fairy-Pinguine kehren jeweils bei Einbruch der Dunkelheit zu ihren Höhlen zurück. Dabei sammeln sie sich jedesmal zu kleinen Gruppen, in denen sie dann mutig durch die Tribünen der Zuschauer hindurch zu ihren Höhlen wackeln.

Die nach Westen führende Küstenstraße, die »Great Ocean Road«, passiert mehrere Naturparks. Am bekanntesten ist der Port Campbell Nationalpark wegen seiner »Zwölf Apostel«, eine von der Erosion geschaffene Gruppe aus hoch aufragenden Einzelfelsen, die vor der Steilküste malerisch im Meer steht. Ein gutes Stück weiter westlich liegt das Küstenstädtchen Portland. Wo vorher eine Walfangstation war, entstand es 1834 als erste europäische Siedlung in Victoria. Ein Jahr später erst entschloß sich John Batman, am Ufer des Yarra Rivers jene Siedlung anzulegen, die heute Melbourne heißt.

»Altes Geld« und alte Straßenbahnen

Ob John Batman Melbourne je gegründet hätte, wenn er gewußt hätte, welchen Ärger er sich damit einhandelte, ist fraglich. Er »kaufte« 1835 den Aborigines gegen Nahrungsmittel, Textilien und Handwerkszeug ein 240000 Hektar großes Gelände ab, um darauf eine Stadt zu gründen. Der Gouverneur kassierte aber den Vertrag, ließ Batman nur ein kleines Stück Land und beauftragte einen Mitarbeiter, die neue Stadt zu planen. So erhielt Melbourne sein charakteristisches Schachbrettmuster: Das erleichtert Fremden die Orientierung, macht die Stadt aber dennoch nicht langweilig, da in den »goldenen Jahren«, in der zweiten Hälfte des 19. Jahrhunderts, der Reichtum Melbournes in viktorianischen Prachtbauten seinen Ausdruck fand.

Zwischen diesen liebenswerten Schnörkelfassaden ragen jetzt Hochhausgiganten in den Himmel, ein Signum der Wirtschaftsmacht, die in der Metropole mit rund 3 Millionen Einwohnern immer noch geballt ist. Mag Sydney heute auch größer sein, mag es auch attraktive Industrien wie Film und Medien in

Goldes nach Victoria folgten, zu Schiff, wie üblich. Damals war Melbourne bereits ein florierendes Zentrum, obgleich es erst zwei Jahrzehnte zuvor gegründet worden war. Aber die Kunde von den reichen Weidegründen brachte sofort Farmer herbei: 1838 grasten schon 300000 Schafe in den Distrikten westlich der Stadt. Die Goldfunde unterstützten die Entwicklung Victorias. Ballarat und Bendigo, die Hauptfundstätten, blühten auf.

Jetzt ist der Rausch zwar vorüber, sorgt aber immer noch für ein gutes Einkommen, weil beide Städte wegen ihrer goldenen Vergangenheit beliebte Touristenzentren sind. Ballarat hat sogar eine Goldgräberstadt nachgebaut, in der Besucher für ein paar Dollar Gold aus einem Bach waschen können. Drei oder vier Flöckchen des schimmernden Metalls sind immer in der Pfanne, dafür sorgt schon der »Ranger«, der einem das Handwerk zeigt. »Sovereign Hill« nennt sich diese gelungene Attraktion.

Ballarat hat aber nicht nur Gold-Geschichte geschrieben. Die Stadt war 1854 überdies Stätte einer Revolte von Goldgräbern, die auch bescheidene politische Rechte forderten. Sie verschanzten sich damals hinter einer Barrikade, über der erstmals die Flagge mit dem »Kreuz des Südens« wehte. Das Sternbild ziert, gemeinsam mit dem britischen Union Jack, bis heute Australiens Nationalflagge – wenn es auch starke Bestrebungen gibt, sie zu ändern. Der Aufstand begann mit Streit in einem Wirtshaus namens »Eureka«, und so kam das Ereignis zu seinem Namen: »Eureka Stockade«. Militärs machten der Blockade zwar ein Ende, aber die Idee größerer bürgerlicher Rechte fand fortan immer mehr Anhänger.

In die damals unruhigen Landstriche ist wieder pastoraler Friede eingekehrt. Der zweitkleinste Bundesstaat ist ein Riese in der australischen Volkswirtschaft. Er ist der zweitgrößte Agrarproduzent, eine Leistung, zu der rund 30 Millionen Schafe erheblich beitragen. Aber Victoria ist auch einer der wichtigsten Industriestaaten Australiens. Die Produktion, beispielsweise von Automobilen und Elektrogeräten, konzentriert sich auf die Gebiete um Melbourne und auf Geelong, Victorias zweitgrößte Stadt. Sie liegt wie die Hauptstadt selbst an der Port Phillip Bay, die trotz der ausgedehnten Hafenanlagen so weit ist, daß sie eine beliebte Sommerfrische darstellt.

Beiderseits der Bay führen Straßen an schönen Küsten entlang. Gen Osten und durch die beliebte Naherholungsregion der Dandenong Mountains leitet die Uferstraße nach Phillip Island, rund 130 Kilometer von Melbourne entfernt. Die mit dem Festland über eine Brücke verbundene Insel hat einen Koala-Schutzpark und – vorgelagert im Meer – einen Robbenfelsen.

2000 Kilometer Weltwunder

»Flowers turned to Stone!« – zu Stein gewordene Blumen – heißt es in einem Gedicht über das Great Barrier Reef. Eine schöne Beschreibung dieses großartigen Naturwunders, aber eine falsche. Denn die Korallen sind keine Pflanzen, sondern Tiere. Wenn diese Nesseltiere sterben, bleibt ihr Kalksteingehäuse zurück.

Das Great Barrier Reef vor der Nordostküste Australiens ist die größte Korallenformation der Welt, fast 2000 Kilometer lang und von rund 350 Korallenarten gebildet. Zum Riffgebiet, größtenteils Nationalpark, gehören auch etwa 700 Inseln. Die flachen Inseln, Cays genannt, sind aus abgestorbenen, über den Wasserspiegel herausragenden Korallen gebildet, die hohen Inseln sind Spitzen abgesunkener Berge. Eine Reihe von Inseln beider Art tragen heute Ferienhotels.

Das Riff bietet zahllosen Fischen von unglaublicher Farbenpracht eine Heimat, deshalb ist es ein beliebtes Ziel von Tauchern und Schnorchlern. In der Unterwasserszene leben neben allen möglichen Arten von Fischen, Schalentieren, Pflanzen und Schildkröten auch zahlreiche Muschelarten, darunter die über 200 Kilogramm schweren Giant Clams, die größten Muscheln der Welt. Das Riff ist zugleich ein ideales Revier für Seevögel, die hier nicht nur Jagdgründe, sondern auf entlegenen Cays auch ungestörte Brutplätze finden.

Das Great Barrier Reef ist wie alle Korallenkolonien ein empfindliches System. Und es hat zwei gefährliche Gegner: die »Dornenkrone«, eine Seesternart, die das Riff zerstören kann, und – gleich in mehrfacher Hinsicht – den Menschen, wenn er auf dem Küstensockel nach Erdöl oder seltenen Erzen sucht, Abfälle im Meer verklappt oder als Tourist in großen Scharen die empfindsame Natur stört.

seinen Mauern haben und wegen seiner kosmopolitischen Lebensart gerühmt werden – das »alte Geld«, das heißt die großen führenden Gesellschaften und Finanzinstitutionen, sitzt größtenteils noch in Melbourne. Das gibt der Stadt eine gewisse Gelassenheit und einen sehr europäischen Charakter – ein Eindruck, der durch die Straßenbahnen und durch die Parkanlagen rings um die City noch verstärkt wird. Nicht zuletzt deshalb beklagen viele Australier, daß Melbournes Symbol, die nostalgischen grünen Trambahnwagen, allmählich durch neuere, schnellere und komfortablere Waggons verdrängt werden.

In früheren Zeiten verwiesen Melbournes Stadtväter beim Vergleich mit Sydney auch gerne auf das rege kulturelle Leben in ihrer Stadt, auf die Theater und Museen. Das Argument ward aber nicht mehr gehört, seit Sydney seine Oper einweihen konnte und damit so etwas wie eine kulturelle Führung übernahm. Melbourne zog inzwischen nach. Neben seiner sehenswerten Nationalgalerie entstand das Victorian Arts Centre mit Konzertsaal, mehreren Theatern, einem Museum für die Darstellenden Künste und einem Restaurant. Der Komplex am Yarra-Ufer unmittelbar in der Innenstadt wurde gekrönt mit einem hoch aufragenden Stahlgestell aus der Familie der Eiffelturm-Nachfolger. Tagsüber sieht diese Zierde, die der Symbolkraft des Operndachs von Sydney Paroli bieten sollte, ein wenig merkwürdig und überflüssig aus; wenn sie aber nachts angestrahlt ist, gewinnt sie sehr an ästhetischem Reiz.

Das Arts Centre an der Princes Bridge liegt gegenüber dem größten innerstädtischen Park, der Kings Domain. Die Princes Bridge führt geradewegs in die Swanston Street, die Hauptverkehrsader, im hochhausbestückten Herz der Stadt. Die Swanston Street wird ihrerseits nach dem geometrischen Entwurf von zwei eleganten großen Einkaufsstraßen und den entsprechenden Anlieferungsstraßen gekreuzt: von der Collins Street und der Little Collins Street, von der Bourke Street und der Little Bourke Street. Diese quirligen Geschäftsstraßen von Melbourne sind wiederum wie in einem Spinnennetz durch diverse Einkaufsarkaden verbunden. Ihre einst konkurrenzlose Lage ist allerdings dahin, seit sich in einigen Vororten, beispielsweise auf der Toorak Road im gleichnamigen Außenbezirk, die feinen Boutiquen und Restaurants angesiedelt haben.

Trotz seiner kurzen Geschichte und seiner heutigen Bauwut hat Victorias Hauptstadt recht viele Sehenswürdigkeiten, die vom Zentrum aus leicht zu Fuß zu erreichen sind. Die Fitzroy Gardens beispielsweise: In dem Park steht ein kleines Steinhaus aus England, eine Spende zur 150-Jahr-Feier Australiens anno 1938. Es soll das Elternhaus von James Cook sein. Weitaus größer und prächtiger ist das sehenswerte Bauwerk in den nahen Carlton Gardens, das Royal Exhibition Building, detailverliebt zur Weltausstellung von 1880 erbaut. Hier trat 1901 mit dem Ende der Kolonialzeit das erste Parlament des australischen Commonwealth zur konstituierenden Sitzung zusammen, ehe es dann 26 Jahre lang im Parliament House an der Spring Street tagte. So lange war Melbourne die provisorische Hauptstadt des Landes.

Ein Denkmal für James Cook

Erst im Jahr 1927 konnten Australiens Parlamentarier in die neue Bundeshauptstadt Canberra, diplomatisch zwischen den Erzrivalen Sydney und Melbourne plaziert, übersiedeln. Die Kapitale war ihnen schon zur Jahrhundertwende versprochen worden, aber erst 1911 hatte die Regierung einen Wettbewerb für die Planung ausgeschrieben. Den Sieg errang der amerikanische Architekt Walter Burley Griffin mit einem kühnen Grundriß: zwei Stadthälften beiderseits eines künstlich aufgestauten Sees, jede Seite mit konzentrisch angeordneten Straßenringen und strahlenförmig verlaufenden Ausfallstraßen. Von den Aussichtshügeln rings um die Stadt ist dieser Grundriß noch gut zu erkennen. Die architektonische Fluchtlinie verläuft über das Wasser hinweg vom trutzigen Australien War Memorial Museum zum Capital Hill, auf dem 1988 zur 200-Jahr-Feier endlich das neue Parlamentsgebäude bezogen wurde. Der Bau ist in die Hügellandschaft eingepaßt und wirkt dennoch respekteinflößend.

In derselben Fluchtlinie liegt auch das Alte Parlament, dessen Bau 1913 begann und das 1927 beim Einzug der Volksvertreter immer noch nicht fertig war. Aber nicht deshalb galt es gut sechs Jahrzehnte lang als Provisorium – das endgültige Parlament sollte von Anfang an auf dem Capital Hill stehen. Den Uferstreifen am See teilt sich das Alte Parlament mit einigen architektonisch interessanten Bauten: mit der Australian National Gallery, dem Obersten Gerichtshof und der Nationalbibliothek mit ihrer eindrucksvollen Sammlung, zu der auch Bücher, Karten und Pläne aus den Tagen von James Cook gehören. Dem großen Seefahrer ist vor der Bibliothek mitten im See ein meist unübersehbares Denkmal gesetzt worden: eine Fontäne, die mit 140 Metern Höhe zu den größten ihrer Art auf dem Globus zählt.

Canberra wird von welterfahrenen Botschaftern als Posten für die letzten Dienstjahre geschätzt: schön gelegen, politisch

▷ Das Nordterritorium ist ein ausgeprägtes Trockengebiet, aber wenn im Sommer die Monsunstürme aufziehen, ist davon nichts mehr zu bemerken. Düstere Wolkengebilde kündigen Wind und Regen an.

▽ Das andere Australien, der tropische Nordosten des Kontinents mit seinen Regenwäldern. Der Mount Bartle Frere ist mit 1611 Metern die höchste Erhebung in Queensland. Hier stößt die Gebirgskette der Great Dividing Range an die Pazifikküste. Vom Gipfel des Berges bietet sich ein herrlicher Blick hinaus aufs Meer.

meist problemlos und mit einer guten Infrastruktur. Die jüngeren Attachés und die Volksvertreter lästern hingegen gern über die Langeweile und sorgen dafür, daß die Morgen- und Abendmaschinen nach Sydney und Melbourne immer gut besetzt sind. »Aber was kann man schon von einer Stadt erwarten«, meinte einer der Diplomaten-Youngsters, »deren 290000 Einwohner fast alle Beamte sind?« Als ob Diplomaten keine Staatsbediensteten wären.

Weltausstellung im Sonnenschein-Staat

Die Staatsdiener haben in Australien keinen besonders guten Ruf, aber die Reputation der Politiker ist noch geringer. Kein Wunder, daß die Australier immer mit besonderer Skepsis auf Canberra blicken. Das gilt besonders für die Queensländer, die in ihrem Bestreben nach Eigenständigkeit so etwas wie die »Bayern Australiens« sind. Sie pflegen dieses Image besonders in ihrer Hauptstadt Brisbane – einer Stadt, die in den achtziger Jahren einen erstaunlichen Wandel durchgemacht hat. Einst als sonniger Altersruhesitz von Australiens Pensionären geschätzt, hat sich Brisbane inzwischen zu einem veritablen Geschäftszentrum entwickelt. Die Hochhäuser an der Schleife des Brisbane River belegen das ebenso wie die schnell auf 1,2 Millionen Menschen angewachsene Bevölkerungszahl, ein Wachstum, mit dem Brisbanes Überalterungsproblem gelindert werden konnte.

Die Weltausstellung von 1988 gab der Popularität der Stadt weiteren Auftrieb und dem Tourismusgeschäft eine zusätzliche Attraktion, da der Vergnügungspark der Weltschau erhalten blieb.

Eine dauerhafte Investition waren auch die Galerie und das Zentrum der Darstellenden Künste neben dem Weltausstellungsgelände am Flußufer.

Obwohl Brisbane keine Badestrände hat – zum Meer sind es gut 20 Kilometer –, ist die Hauptstadt des »Sunshine State« doch der Ausgangspunkt für Fahrten zu den beliebtesten Stränden der australischen Urlauber: zur Gold Coast im Süden (65 Kilometer) und zur Sunshine Coast im Norden (180 Kilometer).

Die 32 Kilometer lange Goldküste erinnert in manchen Abschnitten an die spanische Küste; vor allem im Hauptort Surfers Paradise, wo die Apartment-Hochhäuser eng an eng stehen und wo natürlich nicht nur am Strand »der Bär los ist«. An der Sunshine Coast geht es etwas ruhiger und familiärer, aber immer noch recht munter zu. Noch weiter nördlich ist der Küste der Archipel der Whitsunday-Inseln vorgelagert – ein touristisches Juwel. Die meisten dieser Insel-Refugien sind recht luxuriös und entsprechend teuer, aber mit Pauschalferien, die vor allem die nationalen Fluglinien Ansett und Australian anbieten, lassen sich die Kosten im Rahmen halten.

△ Das gefährliche, bis zu sechs Meter lange Salzwasser- oder Leistenkrokodil lebt im tropischen Nordaustralien sowohl in Flüssen und Sümpfen als auch an den Küsten. Seinen zweiten Namen hat das Reptil von den zwei perlschnurartigen Höckerleisten, die sich von den Augen zur Nase ziehen.

Die Whitsundays werden häufig dem Great Barrier Reef zugerechnet, sie sind aber eigenständige Inseln. Die Korallenriffe liegen noch ein gutes Stück weiter draußen im Pazifik. Erst im tropischen Norden von Queensland rückt das Riff in manchen Abschnitten näher an die Küste heran.

Fixpunkt für den Outback-Mythos

Statt der Steppe, die ansonsten so typisch ist für Australien, breitet sich hier im Norden eine üppige Pflanzenwelt aus. Feuchtheißes Klima und tropische Vegetation finden sich auch in der Küstenregion des benachbarten Nordterritoriums. Dessen Hauptstadt Darwin liegt an der Nordküste auf einer kleinen Halbinsel und ist ein Musterbeispiel für Überlebenswillen – denn sie liegt auch in einer berüchtigten Wirbelsturmzone. Mehrfach haben schon Willy-Willies die kleine Stadt total zerstört, zuletzt 1974, als der Wirbelsturm »Tracy« sie fast dem Erdboden gleichmachte. Wieder gab es Überlegungen, den Vorposten so hoch im Norden aufzugeben, aber dann entschieden sich doch genug Menschen dafür, in der Stadt zu bleiben. Inzwischen sind es 70000, mehr als vor der Katastrophe. Sie bauten »cycloneproof« wieder auf, mit viel massivem Beton. Dem Stadtbild hat das nicht sonderlich gutgetan, aber die neueren Bauten lassen eine Verbesserung erkennen. Der Spielkasino-Komplex kann selbst gewaltigen Wirbelstürmen standhalten und sieht dennoch recht ansprechend aus.

Darwin selbst ist nicht mit viel Sehenswertem gesegnet, aber ein idealer Ausgangspunkt für ausgedehnte Safaris in das Reich der Büffel und der Krokodile. Darwin ist ferner Endpunkt der transkontinentalen Straße nach Adelaide, einer beliebten Touristenroute. Diese Straße, der Stuart Highway, ist auch die Lebensader des Territoriums, sie verbindet Darwin mit Alice Springs, der zweitgrößten Stadt des Territoriums.

»Alice«, wie sie genannt wird, ist in Australien bekannter als Darwin. Zum einen war die Wasserstelle und Telegraphenstation mitten in der scheinbar endlosen roten Steppe immer ein Fixpunkt für den australischen Outback-Mythos, zum anderen machte das Buch »A Town like Alice« von Nevil Shute, das überwiegend auf der malaiischen Halbinsel spielt, den Ort bekannt. Heute ist Alice Springs ein Touristenzentrum ersten Ranges, Ausgangspunkt für Outback-Touren, sei es zum Ayers Rock, zu den Olgas oder zum Kings Canyon.

»Deutsche« Weinprobe mit »Umpapah-Music«

Alice Springs ist auch Endstation der aus Südaustralien kommenden Eisenbahn, die einst quer durch den Kontinent bis nach Darwin geführt werden sollte. Das bleibt vermutlich – allen gegenteiligen Hoffnungen zum Trotz – ein Wunsch. Vollendet ist dagegen die viel längere Transkontinentalverbindung von Ost nach West. Sie kreuzt im südaustralischen Outback-Nest Tarcoola die Route nach Norden. Die Eisenbahn hat für Südaustralien besondere Bedeutung, da dieser Bundesstaat einer der größten industriellen Produzenten ist. Um die Hauptstadt Adelaide hat sich die Motorenfabrikation konzentriert, bei Whyalla sind die Stahlwerke, Werften und der Maschinenbau angesiedelt.

Südaustralien ist weithin wüstenartig trokken, doch der schmale Streifen, der landwirtschaftlich genutzt werden kann, ist einer der bedeutendsten Lieferanten von Agrarprodukten. Bekannt ist der südaustralische Weinbau, der einst von deutschen Einwanderern im Barossa Valley begründet wurde. Diese sanft gewellte Hochebene unweit von Adelaide ist nicht nur Australiens größtes Weinbaugebiet, sondern inzwischen auch ein beliebtes touristisches Ziel, das mit Weinproben, »Umpapah-Music« und Seppeltrachten ein australisches Rüdesheim verheißt.

Adelaide selbst konnte, obwohl es eine sehr elegante Stadt ist, lange Zeit den Touristen nicht viel bieten. Das änderte sich erst, als 1977 das Festival Centre eröffnet wurde. Es beherbergt alle zwei Jahre das Adelaide Festival der Künste, eine internationale Veranstaltung ersten Ranges. Wie zwei weiße Riesenkäfer liegen die modernen Komplexe des Centres auf der Festival Plaza, einem vom deutschen Künstler Otto Herbert Hajek gestalteten bunten Platz unweit der North Terrace, einem Flanierboulevard.

Die seither herbeiströmenden Kulturtouristen würdigen auch die alten Bauten, die sich zwischen dem parkartig gestalteten Ufer des Torrens River und der North Terrace hinziehen: das jetzt als Museum dienende Alte Parlament, die Art Gallery, das House of Parliament, das Ayers House – einst Residenz des Ministerpräsidenten –, die Universität und das in einem prunkvollen früheren Bahnhofsgebäude eingerichtete Spielkasino.

Das Kasino ist ein Beispiel für die Bemühungen Adelaides um Touristen, ein zweites ist das Autorennen, das Australiens jüngste Millionenstadt seit Mitte der achtziger Jahre in den werbewirksamen Jahreskalender der internationalen Grand-Prix-Veranstaltungen brachte – das einzige Rennen dieser Kategorie in Australien. Zu den größten Attraktionen zählt aber trotz aller städtischen Bemühungen immer noch das Umland, vor allem die schönen Strände am Golf von Saint Vincent und auf der Känguruhinsel, gut 110 Kilometer von Adelaide entfernt. Die Insel, deren größter Teil von zwei Nationalparks eingenommen wird, ist bekannt für ihre Tierwelt; im Cape Gantheaume Conservation Park kann man beispielsweise zwischen den fast zahmen Robben am Strand hindurchspazieren.

Zwischen Adelaide und der Insel gibt es auch historische Bezüge: Eine Gruppe englischer Siedler ließ sich 1836 nach einem ausgearbeiteten Plan auf der Känguruhinsel nieder; später zogen sie um zum heutigen Adelaide. Das Siedlungsvorhaben glückte – im Gegensatz zu einem ähnlichen Projekt, das einige Jahre zuvor in Westaustralien mit einem Mißerfolg geendet hatte.

Millionenstadt – entspannt wie ein Ferienort

Anno 1829 liefen die britischen Schiffe in den Swan River an Australiens Westküste ein; 19 Kilometer stromauf gründeten die Pioniere die Stadt Perth. Doch der Versuch, vom Ackerbau zu leben, verlief nicht günstig. Viele Siedler verließen das Land wieder, andere blieben und versuchten schließlich mit Hilfe von Sträflingen,

△ ***Bäume im Nebel? Nein, eine Fata Morgana! Luftspiegelungen sind keine Seltenheit in den heißen Trokkengebieten Australiens. Die Wildpferde vorne gibt es wirklich.***

▷ ***An den Kopf eines Karpfens erinnert diese skurrile Sandsteinformation in der Schlucht des Murchison River, eine der Attraktionen des Kalbarri-Nationalparks.***

Landwirtschaft zu betreiben. Westaustralien hatte seinen Ruf als kaum bewohnbares Land bestätigt.

Dies war schon das Urteil niederländischer und britischer Seefahrer gewesen, die im frühen 17. und 18. Jahrhundert vor der Westküste geankert hatten. Wenn die frühen Entdecker gewußt hätten, daß die heiße Wüsten- und Steppenlandschaft gewaltige Bodenschätze birgt, wären ihre Berichte wohl anders ausgefallen. Dann wäre vermutlich auch der Westen nicht so viel später als der Osten besiedelt worden, und die heute üblichen Frotzeleien zwischen West und Ost wären gar nicht erst aufgekeimt. Für Fremde hören sich diese Sticheleien oft so an, als schicke Perth sich an, eine eigenständige Republik auszurufen – aber das muß man nicht ganz so ernst nehmen.

Groß genug für einen eigenen Staat wäre Westaustralien wahrhaftig. Es umfaßt ein Drittel der Fläche des Kontinents und ist somit etwa zehnmal so groß wie die Bundesrepublik Deutschland. Aber mit nicht viel mehr als 1,3 Millionen Menschen, die vorwiegend in der Hauptstadt Perth und ihrem Hafen Fremantle leben, läßt sich schlecht Staat machen. Es gibt nur wenige landwirtschaftlich nutzbare Flächen, etwa im Norden die Viehzuchtgebiete des Kimberley Plateaus und die künstlich bewässerte Region von Kununurra, ferner am Lauf des Swan River und in der Südwestecke des Kontinents. Der Reichtum des Westens aber liegt weiterhin unter der Erde.

Seine erste Blüte verdankt der Staat dem Gold, das vor mehr als einem Jahrhundert bei Coolgardie und Kalgoorlie gefunden wurde. Mittlerweile sind die gewaltigen Eisenlager in der Pilbara Region wichtiger als das Gold. Für die Energiewirtschaft waren die Öl- und Erdgasfunde vor der Westküste bedeutsam. Auch Nickel, Bauxit und Uran trugen zum

Boom der siebziger und achtziger Jahre in Perth bei. Alle großen Minengesellschaften ließen sich Hochhäuser errichten, zahlreiche Zulieferer wie die Hersteller von Bergbaumaschinen siedelten sich an.

Perth hat darüber nichts von seiner entspannten Lebensart verloren – die Millionenstadt wirkt trotz der Wolkenkratzer immer noch fast wie ein Ferienort. Dazu mag das stets sonnenreiche Klima ebenso beitragen wie der Swan River, der sich hier zum See erweitert und dem Stadtbild einen heiteren, urlaubshaften Charakter gibt.

△ ***Wer ins Innere des trockensten aller Kontinente mit dem Auto vordringen will, muß Pisten wie diese in Kauf nehmen. Staub, Bodenwellen und Schlaglöcher sowie endlos lange, eintönige Geraden fordern alles von Fahrer und Wagen.***

Die hohe Abhängigkeit von den Bodenschätzen und ihren schwankenden Preisen ließ die Westaustralier nach anderen Einkommensquellen suchen. Sie wurden im Tourismus fündig, bauten wie fast jeder australische Staat flugs ein Spielkasino und hofften auf die belebende Wirkung der Regatten um den »America's Cup«. Das größte Ereignis der Segelwelt bescherte Perth und Fremantle zwar den erwarteten Besucherandrang, aber da die Trophäe wieder nach Amerika ging, erfüllten sich die Hoffnungen auf eine regelmäßige Einnahmequelle nicht. Seither besinnt sich Perth wieder auf seine natürlichen Attraktionen in der Stadt selbst und in der weiteren Umgebung.

Drei attraktive Ziele bieten sich an für Ausflüge von Perth aus: Rottnest Island, knapp 20 Kilometer vor Fremantle im Meer gelegen und bekannt für seine Quokkas, die kleinen Kurzschwanzkänguruhs; Pinnacles Desert, eine nördlich der Stadt gelegene Region voll bizarrer, aus dem Sand ragender Felsnadeln; schließlich der landeinwärts bei Hyden gelegene Wave Rock, der wie eine riesige versteinerte Welle aussieht. Für diese Touren muß man jeweils einen vollen Tag einplanen, denn Pinnacles Desert ist rund 250 Kilometer entfernt, der Wave Rock 350 Kilometer – Kurztrips für den bei weitem größten australischen Staat.

Auf der Insel ist der Teufel los

Im kleinsten australischen Bundesstaat, auf der Insel Tasmanien, gelten selbstverständlich andere Maßstäbe. Tasmanien war die zweite australische Kolonie und genoß einen zweifelhaften Ruhm dank eines nahezu ausbruchsicheren Häftlingslagers in Port Arthur. Die Insel wurde zur Verbannungsstätte für besonders schwere Fälle. Heute sind die Gebäude von Port Arthur zum Teil restauriert, teilweise aber auch als pittoreske Ruinen erhalten. Knapp 100 Kilometer sind es von der einst Angst und Schrecken verbreitenden Anlage an der Ostküste bis zur historisch nicht minder interessanten Hauptstadt Hobart.

Die jetzt über 170000 Einwohner zählende Stadt wurde 1804 gegründet und machte sich in den ersten Jahren einen Namen als Walfangstation, da die Hafenbucht im tiefen Süden den Jägern schon zuvor als Anlaufpunkt gedient hatte. Rund um den Hafen gruppieren sich auch die historischen Bauten der Stadt, vor allem am Battery Point, einem Wohnbezirk aus kolonialen Tagen mit einem kleinen Zentrum, wo in alten Sandstein-Lagerhäusern aus den Walfängertagen Galerien, Läden und Restaurants eingerichtet werden.

Der Hafen blieb auch das Herz der Stadt, nachdem gegen 1870 die Waljagd unrentabel wurde. Inzwischen hatte sich auf der Insel eine florierende Landwirtschaft entwickelt, besonders der Obstanbau war sehr erfolgreich. Daher rührt Tasmaniens Spitzname »Apple Island«. Symboltier der Insel ist der Tasmanian Devil, der Beutelteufel aus der Familie der fleischfressenden Raubbeutler. Das gedrungene, kräftige Tier wird bis zu 70 Zentimeter lang und knurrt bösartig, wenn es gestört wird.

Hobart ist eine beschauliche Hauptstadt. Ringsum ragen Berge empor, darunter der Mount Wellington, 1525 Meter hoch. Im Winter ist er schneebedeckt, was an die Lage Tasmaniens erinnert – sie ist der südlichste Fleck Australiens. Deshalb wirken sich hier auch die antarktischen Kaltfronten aus; das Klima erinnert an Mittel- und Nordeuropa.

Große Teile Tasmaniens sind noch reine Wildnis und wegen des bergigen Charakters nur schwer zu erschließen. Das gilt besonders für den »wilden Westen«, der teilweise nur auf dem Seeweg zu erreichen ist, auch wenn jetzt eine Straße durch die Region führt. Diese Verbindung machte den Abbau von Zink und Zinn, Blei und Kupfer möglich.

Bergbau und Industrie finden – dank preiswerter Wasserenergie – gute Voraussetzungen in dem fast 70000 Quadratkilometer großen Inselstaat, haben aber das Problem

△ Saftiggrüne Schafweiden auf Kangaroo Island: Berühmt ist die südlich von Adelaide gelegene drittgrößte Insel vor Australiens Küsten auch wegen ihrer reichen Tier- und Pflanzenwelt, für die hier große Schutzgebiete eingerichtet wurden.

langer Lieferwege – ein Manko, das auch den Obstanbau und die übrige Landwirtschaft belastet. Deshalb unternahm man den Versuch, sich als touristisches Ziel zu profilieren. Erster Schritt dazu war 1973 die – umstrittene – Gründung eines Spielkasinos in Hobart. Damals galten Glücksspiele noch in allen anderen australischen Bundesstaaten als sündig und waren verboten.

Australiens erstes Kasino machte blendende Umsätze – die Spieler kamen mit Sonderflügen auf die etwas abgelegene Insel. Vor allem aber ging die längerfristige Rechnung auf, die mehr Touristen ohne Zockerambitionen verhieß. Tasmanien wurde in Australien auch als exotisches Ferienziel bekannt und hat sich so ein gutverdienendes Touristikgewerbe geschaffen. Dies begrüßen die Tasmanier nicht nur wegen der wirtschaftlichen Vorteile, sie sind auch dankbar für die ständigen Kontakte mit dem Festland, durch die sie in den letzten drei Jahrzehnten zunehmend Anteil an der lebendigen kulturellen Entwicklung haben.

Zu den Lagevorteilen zählt hingegen die Nähe zur Antarktis, die der Insel Chancen für ein Zukunftsgeschäft eröffnet: Über Tasmanien laufen viele der Versorgungslinien für die Stationen im ewigen Eis des Südens, wo sich Australien heftig engagiert hat.

Blick nach Süden: die Antarktis im Visier

Die australische Polarforschung hat eine lange Tradition. Schon an der ersten Expedition von Sir Ernest Henry Shackleton Anfang dieses Jahrhunderts nahmen australische Wissenschaftler teil. Die systematische Erforschung des »benachbarten« weißen Giganten durch Australien begann allerdings erst nach dem Zweiten Weltkrieg, als die Regierung in Canberra grünes Licht gab für das ANARE-Programm, für die Australian National Antarctic Research Expeditions. Zeitweise unterhielt Australien seither vier Stationen gleichzeitig im Eis, drei auf dem südpolaren Festland und eine auf den Macquarie-Inseln.

Die Aktivitäten sind nicht unumstritten unter Australiens Naturschützern. Greenpeace und andere Organisationen fordern, die Exploration des eisigen Kontinents mit seinem empfindlichen Ökosystem einzuschränken, insbesondere jene Erkundungen abzubrechen, die der wirtschaftlichen Ausbeutung der Antarktis und des sie umgebenden Südpolarmeeres dienen.

Die Naturschützer beobachten auch mit Mißtrauen, wie die australischen Basen immer größer und technisch perfekter ausgebaut werden.

Längst ist es üblich, daß in diesen Stationen jeweils eine Mannschaft überwintert, um auch in der Phase der langen kalten Dunkelheit die Experimente und Beobachtungen fortzuführen. Die Wissenschaftler, die dies auf sich nehmen, haben mittlerweile einen

akzeptablen Komfort in ihren für Monate isolierten Lagern.

»Es läßt sich aushalten«, verriet ein Geologe den Rundfunkreportern, die ihn nach der Rückkehr im Frühjahr über seine Erfahrungen befragten. Nur eines habe er vermißt, gestand der Befragte: »Opernbesuche, Theaterabende und den Bummel durch die Gemäldegalerien.« Ein kleiner Hinweis auf Australiens große Entdeckung in jüngster Vergangenheit – Kunst, Kultur und die Freude an beidem.

Im eigenen Lande gilt der Künstler nichts

Jahrzehntelang war Kultur für Australien eine Importware. Das junge Land hatte andere Sorgen, als sich um die Förderung der Künste zu kümmern. Was nicht heißt, daß in Sydney und Melbourne keine großen Konzerte oder Theaterstücke aufgeführt worden wären – aber von herbeigereisten Musikern und Schauspielern. Talente, die im eigenen Land aufwuchsen, mußten ins Ausland gehen, um eine adäquate Ausbildung zu erhalten. Dame Nelli Melba, die bei Melbourne geborene Sängerin, ist das bekannteste Beispiel. Die um die Jahrhundertwende gefeierte Operndiva lernte ihr Metier in Europa. Ein halbes Jahrhundert später mußte die Sopranistin Joan Sutherland denselben Weg gehen.

Das mag bei Opernstars und anderen Musikern notwendig sein, weil ihre Ausbildung viel Erfahrung erfordert, und die ist in der Alten Welt natürlich reichlicher vorhanden als in einem Land, das noch in den Pionierstiefeln steckt. Auch die Schriftsteller folgten diesem Drang ins Ausland noch bis in die siebziger Jahre unseres Jahrhunderts.

Dabei ist die Literatur eine der wenigen Disziplinen, in denen Australien schon im vergangenen Jahrhundert eine eigene Identität entwickeln konnte. Zwei Namen stehen für diese Tatsache: Andrew Barton »Banjo« Paterson, geboren 1864, und Henry Archibald Lawson, Jahrgang 1867. Beide verstanden sich als literarische Widersacher. Paterson schrieb dem Volkstümlichen verhaftete Balladen und Verse, sein bekanntestes Buch ist »The Man from Snowy River« (1895). Lawson, der literarisch bedeutendere, beschrieb das Landleben eher aus der Perspektive der ärmeren Leute. Auch der bedeutendste unter den zeitgenössischen Autoren, der Literatur-Nobelpreisträger Patrick White, blieb stets in Australien ansässig.

Aber er war eine Ausnahme. Seine erfolgreichsten Kollegen der Gegenwart, Morris West, Alan Morehead, Thomas Keneally und Colleen McCullough, gingen allesamt nach Europa oder in die USA. Keneally und McCullough kehrten allerdings in den achtziger Jahren in ihre Heimat zurück, ein Indiz für die gewandelte Einstellung in Australien, für ein spürbar gewachsenes Interesse an kulturellen Themen.

Diese Veränderung kann zeitlich etwa gleichgesetzt werden mit der Eröffnung der Oper in Sydney. Das avantgardistische Gebäude wurde nicht nur bald zu einem Symbol für ganz Australien, sondern auch zu einem Anstoß für größere kulturelle Anteilnahme. Theaterstücke, Operninszenierungen, Gemäldeausstellungen und ähnliche Anlässe wurden nun Themen für Gespräche, die vordem um Sport und Wirtschaft, Kochen und Kindererziehung zu kreisen pflegten.

Alle großen Städte machten in der Folge Pläne für neue Kulturzentren und setzten diese auch in die Tat um. Selbst eine Kleinstadt wie Alice Springs mitten im Outback ließ es sich nun etwas kosten, ein veritables Kulturhaus zu errichten. Ein oder zwei Jahrzehnte zuvor wären solche Ideen noch als verrückte Verschwendung abgeschmettert worden. Die neuen Bühnen, Konzertsäle und Galerien förderten natürlich auch die Künste selbst: In allen Landesteilen bildeten sich neue Ensembles und Künstlervereinigungen. Selten zuvor konnte man wohl so exakt beobachten, was ein – zugegeben: teures – Bauwerk verändern und in Gang setzen kann.

◁ ***Neusüdwales hat sich diese prächtige Pflanze zur Wappenblume erkoren. Die Waratah blüht zur Frühjahrszeit im Unterholz der Hartlaubwälder.***

△ ***Schön anzusehen und ein Wunder an Widerstandskraft sind diese gelb blühenden Akazien im Kalbarri-Nationalpark. Sogar Buschbrände übersteht das zähe Gehölz.***

Im Kino gehen die Lichter wieder an

Eine Kunstrichtung hatte diesen Anstoß scheinbar nicht nötig: der Film. Diese junge Kunst litt in dem jungen Staat nie unter dem Vorurteil, Kunst könne nur aus Europa kommen. Im Gegenteil, in Australien war schon vor der Jahrhundertwende – und 15 Jahre vor der Gründung Hollywoods – der erste Film gedreht worden. Und 1906 entstand »The Story of the Kelly Gang«, der erste abendfüllende Film der Welt. Ned Kelly, ein Bandit, der bis heute zu den Lieblingsgestalten der australischen Folklore gehört, war ein »Bushranger«, einer jener Ganoven und entsprungenen Häftlinge, die in kolonialer Zeit die Pfade unsicher machten und so manche Kutsche ausplünderten.

Der hoffnungsvolle Anfang brach ab, als der teure Tonfilm sich durchsetzte. Den konnten sich die australischen Filmemacher mit ihrem kleinen Publikum nicht leisten. Die Filmwirtschaft Australiens fiel in einen langen Dauerschlaf, aus dem sie erst durch die neue kulturinteressierte Stimmung der siebziger Jahre erwachte: 1970 gründete die Regierung jene Institution, die heute den Namen Australian Film Commission trägt und deren Aufgabe die Förderung von Filmprojekten ist. Überraschend schnell kamen danach sogar internationale Erfolge, allen voran »Picnic at Hanging Rock«, mit dem 1972 für Regisseur Peter Weir eine Weltkarriere begann. Seither sind die australischen Filmemacher selbst in Amerikas Studios begehrte Gäste.

Eine ähnliche Entwicklung steht für die australische Malerei noch aus. Zu Beginn dieses Jahrhunderts hatte sich die »Heidelberger Schule« – benannt nach dem Melbourner Vorort Heidelberg – zusammengetan, um von der traditionellen englischen Landschaftsmalerei abzurücken und eine Stilrichtung zu entwickeln, die der lichten australischen Landschaft entspricht.

Die »Heidelberger« beeinflußten zwar die künftige Darstellungsweise, doch es sollte noch ein halbes Jahrhundert vergehen, ehe künstlerisch eigenständige Maler auftraten: Sidney Nolan, Sir George Russel Drysdale, Arthur Boyd und Sir William Dobell. Aber sie blieben Einzelerscheinungen, eine neue Bewegung ist in der australischen Malerei vorerst nicht auszumachen. Bemerkenswert ist lediglich die ungebrochene Neigung zur Landschaftsmalerei – und zu den Landschaften gehört eine einzigartige Flora.

Die Akazie – der Baum der Australier

Den meisten Besuchern fallen sie schon auf dem Weg vom Flughafen auf – die beiden Bäume, die für Australien so typisch sind. Für den Wattle Tree, die australische Akazie, gilt das besonders, wenn sie in allen denkbaren Gelbschattierungen blüht und Farbkleckse in die Gärten und die Landschaft setzt. Der Eukalyptusbaum fällt auf durch seine lichte Laubkrone und seine helle Borke, die oft ebenso abgeworfen wird wie das Laub und dann fast weiße Stämme mit braunen Flecken zum Vorschein kommen läßt. Beide Gattungen sind nicht nur in zahllosen Exemplaren, sondern auch in einer Vielzahl von Arten über den Kontinent verbreitet.

Die Akazien sind in Australien mit rund 650 verschiedenen Arten vertreten; die Erscheinungsformen variieren stark in den verschiedenen Klima- und Landschaftszonen. Die meisten Arten haben sich gegen hohe Temperaturen, ja selbst gegen Buschbrände als außerordentlich widerstandsfähig erwiesen. Die Australier betrachten die Wattles als ihren Nationalbaum. Das Gelb der Blüten bildet gemeinsam mit dem Grün der Blätter die inoffiziellen Nationalfarben, in denen beispielsweise Australiens Sportler international auftreten. Es gibt starke Bestrebungen, auch die geplante neue Nationalflagge in diesen beiden Farben zu halten.

Wie vom Feuer verbrannt sehen die Grasbäume aus, schwarze und meist niedrige Stämme, auf deren Spitze ein grasartiges Büschel sitzt. Selbst kleine Exemplare können sehr alt sein, da die Grasbäume extrem langsam wachsen. Wie hingezaubert wirken dagegen die Blütenmeere, die nach einem Regenguß in Australiens Wüste sprießen. Als besonders artenreiches Wildblumenrevier gelten die Küstenregionen von Westaustralien.

Tief im Outback, wo nur noch wenige große Pflanzen überleben können, gedeiht der Wichety-Busch, in dessen Wurzeln Maden, die »Wichety Grubs«, leben. Sie sind die eiserne Ration jener wenigen Aborigines, die noch wie einst die Steppe durchstreifen. Die Buschläufer graben diese eiweißreichen Tiere aus, wenn der Hunger groß ist und es nicht einmal mehr einen Goanna gibt.

Lebendige Zeugen der Urwelt

Die Goannas sind trotz ihres furchteinflößenden Aussehens harmlos. Was im übrigen für fast alle der rund 300 australischen Eidechsenarten gilt. Wie überhaupt dem Menschen gefährliche Tierarten, außer den zahlreichen Schlangen, selten sind in Australien – zumindest zu Lande. In Ufernähe allerdings gibt es im tropischen Norden nicht nur die Johnson-Krokodile, die dem Menschen aus dem Weg gehen, sondern an den Meeresküsten auch die bis zu sechs Meter langen Salzwasser- oder Leistenkrokodile. Und die schätzen den Homo sapiens als schmackhafte Beute ebenso wie die vor Australiens Gestaden zahlreichen Haifische. Die Krokodile haben sich immerhin um Australien verdient gemacht: Seit dem Welterfolg des Films »Crocodile Dundee« strömen die Besucher aus allen Kontinenten herbei, um die gepanzerten Echsen zu bestaunen.

Neben diesen Zeugen der Urzeit konnten sich in der Isolation des Inselkontinents zahlreiche Tierarten erhalten, die nur dort und

▽ Aus roter Erde, zerkautem Holz, Speichel und Kot errichten Termiten diese meterhohen, steinharten Bauten mit Gängen, die bis zum Grundwasserspiegel reichen.

▷ 62 Räder hat dieser 50 Meter lange Truck. Mit solchen Ungetümen werden Millionen Stück Vieh aus dem Landesinnern zu den Schlachthöfen gebracht.

bestenfalls noch auf einigen benachbarten Inseln anzutreffen sind. Ein berühmtes Beispiel sind die eierlegenden Kloakentiere, eine urtümliche Unterklasse der Säugetiere, die in Australien, auf Tasmanien und Neuguinea mit sechs Arten Zeit und Entwicklung überdauern konnten. Zu den Kloakentieren gehören der Ameisenigel und das Schnabeltier, die man meist nur in den Tierparks trifft.

Der Ameisenigel ähnelt dem Stachelschwein, auffällig ist aber der röhrenförmig ausgebildete Schnabel, aus dem eine lange klebrige Zunge ausfährt. Mit ihr dringt er in die Gänge der Termitenbauten ein, die Beute bleibt dann an der Zunge kleben. Ganz anders sieht das amphibisch lebende Schnabeltier aus: Zum Rumpf mit dem biberartigen Schwanz gesellt sich ein typischer Entenschnabel.

Die Familie der Beuteltiere, ebenfalls primitive Säugetiere, gibt es nicht nur in Australien. Sie ist hier aber in allen Größen und Arten vertreten, vom nur acht Zentimeter großen Rüsselbeutler bis zum menschengroßen Känguruh, vom kompakten Wombat bis zum vielgeliebten Koala. In freier Wildbahn sind Koalas, diese putzigen, stets schläfrig wirkenden Eukalyptusfresser, nur noch selten anzutreffen, sie werden aber in einer Reihe von Tierparks erfolgreich gezüchtet. Dort sind sie die Attraktion, weil man sich selbstverständlich gern mit solch einem »Teddy« auf dem Arm fotografieren läßt – ein typisches Australien-Souvenir.

Einmalige Arten findet man auch in der australischen Vogelwelt, beispielsweise die hübschen, aber in freier Wildbahn seltenen Leierschwänze, die »lachenden«, mit ihrem Lärm bisweilen lästigen Kookaburras aus der Familie der Eisvögel und natürlich die Emus, Australiens straußenähnliche Laufvogelart, die neben dem Känguruh das Staatswappen ziert.

Solche Ehren bleiben natürlich jenen Tierarten verwehrt, die erst mit den Europäern ins Land kamen und sich – dank des Fehlens natürlicher Feinde – mühelos ausbreiten konnten, ja inzwischen zur Plage wurden. Die Kaninchen sind das bekannteste Beispiel.

Aber nicht alle ehemaligen Nutztierarten haben sich in der Wildnis zu einer Plage entwickelt. Die Wasserbüffel, einst als Arbeitstiere aus Asien eingeführt, hatten sich nicht bewährt und wurden schließlich in die Sümpfe gescheucht. Heute stampfen ihre verwilderten Nachkommen in beachtlicher Zahl durch das Nordterritorium.

Ähnlich erging es den Kamelen, die man einst für Transporte und Passagen durch die Wüsten und Steppen im Landesinnern brauchte. Als dann Autos und Eisenbahnen ein schnelleres und komfortableres Vorwärtskommen ermöglichten, wurden die genügsamen Helfer früherer Tage kurzerhand in die Wüste gejagt. Die Vertriebenen fanden sich über Erwarten gut zurecht, vermehrten sich schnell und bildeten stattliche Herden. Nunmehr sind die Höckertiere eine Touristenattraktion, und die Australier sind sichtlich stolz auf ihre wilden Kamele.

Solche Wertschätzung blieb den anderen Herdentieren versagt, die ebenfalls dem Auto weichen mußten und nun eigene Wege durch die rote Steppe suchen: den Wildpferden. Kein Wunder, denn die ungezähmten Rösser kann man schließlich nicht beim Melbourne Cup einsetzen.

△ ***Das furchterregende Äußere dieses stacheligen Gesellen täuscht: Der Dornteufel mit seinem kräftigen Krötenleib läßt zwar ein dumpfes Zischen vernehmen, wenn er sich bedroht fühlt, aber gefährlich ist das bis zu 20 Zentimeter lange Tier nicht. Es lebt in den Wüstengebieten Süd- und Westaustraliens und ernährt sich ausschließlich von Ameisen, die es in riesigen Mengen verspeist.***

DIE BESONDERE REISE

Quer durch den Kontinent

Mit dem Indian Pacific von Perth nach Sydney

▷ *Nostalgische Architektur und urbanes Leben am London Court in Perth, wo der Indian Pacific zu seiner knapp 4000 Kilometer langen Fahrt durch den Kontinent startet. 65 Stunden sind die Reisenden unterwegs, bevor sie in Sydney wieder den Boden einer Großstadt betreten.*

»Sorry, the bar is closed«, sagte der Barmann, um sogleich mit dem Schaffner die nächste Büchse Bier aufzureißen. Es war knapp nach Mitternacht, und unsere lange Reise quer durch Australien hatte erst begonnen. Also wieder zum Tresen: Ob wir den beiden von der Bahn vielleicht einen ausgeben dürften? »Eine gute Idee. Aber bitte an der Hintertür der Bar.« – So begann die erste Nacht unserer Kontinentdurchquerung. Es wurde sehr spät, schließlich mußten wir lernen, daß jeder »Aussie« auf einen spendierten Drink einen weiteren ausgibt.

Derweil rollte der Indian Pacific durch die Dunkelheit. Alle Plätze waren besetzt, wie bei jeder Abfahrt. Der Zug ist so beliebt, daß er immer auf Wochen hinaus ausverkauft ist. Einige Stunden zuvor waren wir in Perth unweit der Küste des Indischen Ozeans in den Zug gestiegen. Gut 65 Stunden später sollten wir in Sydney am Pazifik wieder aussteigen. Dazwischen liegt eine jener wenigen verbliebenen transkontinentalen Bahnfahrten, ein Erlebnis, das Eisenbahnfreunde aus aller Welt nach Australien reisen läßt. Doch der »Indian Pacific« und sein Schwesterzug »Trans Australian« (Perth – Port Pirie) bieten obendrein einen unerreichbaren Superlativ: Sie befahren die längste absolut geradeaus verlaufende Gleisstrecke der Welt.

»The Long Straight« führt über 528 Kilometer ohne jede Kurve größtenteils durch die Nullarbor-Ebene – der Name ist aus dem Lateinischen abgeleitet und bedeutet: kein Baum. Die Wüste erstreckt sich insgesamt fast 700 Kilometer, und hier wächst in der Tat kein Baum, nur ein wenig Buschzeug konnte sich in der gigantischen Kalksteinplatte festkrallen. Unter der sengenden Hitze scheint sonst alles Leben erstorben zu sein – und dennoch sieht man vom Abteilfenster aus auch Tiere. Vor allem die Emus, die australischen Vettern des Vogel Strauß, fallen auf in dieser Landschaft. Känguruhs sind hier seltener, sie bevorzugen das Buschland, das der »Indian Pacific« an den Rändern der Wüste durchzieht.

Natürlich gibt es einen Stopp auf der scheinbar endlosen Gleisstrecke, schließlich ist der Zug eine Touristenattraktion. Aber die Bahn nutzt den Halt auch, um Heizöl für die Diesellok zu bunkern. Cook heißt der Ort, der nicht nach dem Entdecker, sondern nach einem Politiker benannt wurde: eine Handvoll Häuser, ein »Gefängnis« aus zwei einzeln stehenden Blechzellen, ein Krankenhaus und ein Kiosk, an dem Souvenirs verkauft werden. Der Erlös dient der Klinik, für die der Flecken mit dem Slogan wirbt: »If you're crook come to Cook.« Das heißt übersetzt: Wenn du dich malade fühlst, komm nach Cook. Aber Spötter setzen bisweilen ein kleines »a« vor crook, denn »a crook« ist ein Ganove. So betrachtet, machen die Haftzellen am Rande der Wüste einen Sinn. Aber warum sollten sich Gauner hierher verirren, es sei denn, es wären Eisenbahnfans auf der Durchreise.

△ *Ein Schienenstrang, soweit das Auge reicht. 528 Kilometer mißt diese längste schnurgerade Eisenbahnstrecke der Welt in der Nullarbor-Ebene.*

▷ *»Unser Hospital braucht deine Hilfe, werde krank.« Mit australischem Humor wirbt man im Wüstenstädtchen Cook für das Krankenhaus.*

In Cook hat der Indian Pacific 1525 Kilometer hinter sich, er hat kurz hinter Perth die Darling Range durchquert, ist durch den westlichen Getreidegürtel mit seinen weiten Feldern gestampft und hat bei den Goldminen von Kalgoorlie eine Pause eingelegt, ehe es auf den langen Weg durch die Mitte des Kontinents ging. Weitere 2436 Kilometer lie-

◁ ***Ein Emu in vollem Lauf neben dem Indian Pacific. Überholen wird er den Zug wohl nicht, aber auf über 50 Kilometer pro Stunde bringt es der flugunfähige Laufvogel immerhin.***

▽ ***Zweimal geht die Sonne unter, und dreimal geht sie auf, bevor der Indian Pacific von Perth aus Sydney erreicht. Am Ende der Fahrt hat der Reisende einen ganzen Kontinent im Eilzugtempo gesehen.***

gen jetzt noch vor der bulligen Lok und den silbrig glänzenden Waggons.

Hinter ihrer Aluminiumhaut erwartet den Passagier zwar einiger Komfort, aber der Indian Pacific ist kein Luxuszug. In der ersten Klasse gibt es Zweibettkabinen mit eigener Dusche und Toilette oder pfiffige Einbettkabinen mit einklappbaren Toiletten und Gemeinschaftsdusche. Die Economy Class hat nur etwas schlichter gehaltene Zweibettkabinen. Der Speisewagen ist beiden Klassen zugänglich: Die Mahlzeiten sind reichlich bemessen, aber nicht gerade große Küche.

Rund 400 Kilometer weiter östlich und knapp nach der Hälfte der Strecke rollt der Zug in Tarcoola ein. Hier trifft sich die west-östliche Bahnlinie mit der nord-südlichen, die von Alice Springs kommt und nach Adelaide führt. Bei Port Augusta erreicht die Route erstmals seit Perth wieder das Meer, und bis Port Pirie benutzen beide Strecken denselben Gleiskörper. Nach den beiden Hafen- und Industriestädten führen die Gleise wieder ins

Landesinnere. Kurz vor der Bergbaustadt Broken Hill überquert der Indian Pacific eigentlich die dritte der drei australischen Zeitgrenzen. Weil aber Broken Hill mit seinen Wirtschaftsverbindungen stärker nach Adelaide als nach Sydney orientiert ist, gilt für die Stadt eine Ausnahme: Hier zählt die mittelaustralische Zeit.

Allmählich wird die Landschaft wieder fruchtbarer, bald zieht der Zug seine Spur durch ausgedehnte Landwirtschaftsgebiete, ehe er sich in den Tälern der Blue Mountains durch das große australische Scheidegebirge schlängelt. Von den Gipfeln könnte man hier schon die Wolkenkratzer von Sydney sehen. Noch 100 Kilometer bis zur Endstation. Der Barkeeper räumt im Lounge-Wagen schon auf. »Noch einen Drink?« fragen wir. »Gerne«, antwortet er, »aber auf meine Kosten. Damit ihr nur gute Erinnerungen an den Indian Pacific habt.«

Klaus Viedebantt

Landesnatur

Fläche: 7 682 300 km² (30mal größer als die Bundesrepublik Deutschland)
Ausdehnung: West–Ost 4500 km, Nord–Süd 3900 km
Küstenlänge: 36 700 km
Höchster Berg: Mount Kosciusko 2228 m
Längste Flüsse: Darling (mit Dumaresq, Macintyre und Barwon) 2740 km, Murray 2570 km
Größter See: Eyresee 9500 km²

Australien, der fünfte Kontinent, liegt auf der Südhalbkugel zwischen Pazifischem und Indischem Ozean. Er ist, einschließlich der Insel Tasmanien und einiger kleinerer Inseln, kleinster Erdteil, aber auch sechstgrößtes Land der Erde. Die Timor- und Arafurasee trennen Australien im Norden von Indonesien, im Nordosten bildet die schmale Torresstraße die Grenze zu Papua-Neuguinea, und im Südosten liegt die Tasmansee zwischen Australien und Neuseeland. Die nördliche, westliche und die südliche Küste liegen am Indischen Ozean, die Ostküste grenzt an den Pazifischen Ozean.
Zu den Außengebieten Australiens zählen die Ashmore- und Cartierinseln, die Weihnachtsinsel, Kokosinseln, Heard- und Mcdonaldinseln im Indischen Ozean sowie die Korallensee-Inseln, Norfolkinsel, Lord-Howe-Insel, Ball's Pyramid und Macquarie-Inseln im Pazifik. Das Land erhebt auch Anspruch auf einen Teil der Antarktis.

Naturraum

Erst nach dem Zerbrechen und Auseinandertriften des Urkontinents der südlichen Halbkugel (Gondwanaland) formten sich die Hochebenen

Roter Schnabel und Pinselzunge: Kennzeichen der farbenprächtigen Gebirgsloris.

und Gebirge, die die Oberflächengestalt des Kontinents prägen: der Westaustralische Schild, die Ostaustralischen Kordilleren (Great Dividing Range); dazwischen liegt schüsselförmig eingewölbt das Mittelaustralische Tiefland.

Die Pinnacles im Nambung-Nationalpark nördlich von Perth: eigenartige, von der Natur geschaffene Steinplastiken.

Der *Westaustralische Schild* mit einer Durchschnittshöhe von ungefähr 300 m umfaßt etwa die Hälfte des fünften Erdteils. Größere Erhebungen bilden die Ophthalmia- und die Hamersley-Bergketten (über 1200 m) im Nordwesten, das Kimberley Plateau (bis fast 1000 m) im Norden sowie die Macdonnell- und Musgrave-Bergketten (beide bis etwa 1500 m) im »roten Zentrum« des Kontinents, in dem sich auch die geologischen Wahrzeichen Australiens – vereinzelt hochragende Inselberge – befinden. Der bekannteste unter ihnen ist der Ayers Rock, mit 348 m der größte Monolith der Welt.
Die Landschaft des mittleren Westens bestimmen ausgedehnte Wüsten: Große Sandwüste, Große Viktoriawüste und Gibsonwüste. Charakteristisch für diese Wüstenflächen sind Flüsse mit nur zeitweiser Wasserführung; sie münden nicht ins Meer und bewirken die Bildung von Salzseen und Salzpfannen.
Das *Mittelaustralische Tiefland* bildet die zweite Großlandschaft Australiens. Ausgedehnte flachhügelige Ebenen – zumeist unter 150 m ü. M. – werden von oft trockenen Flußbetten durchzogen. Der 12 m u. M. liegende Eyresee dient als Sammelbecken der nach kurzen Regenfällen anschwellenden Flüsse. Im Gegensatz hierzu münden die Flüsse der Murray-Darling-Ebene ins Meer. In der im mittleren Süden gelegenen baumlosen Nullarbor-Ebene fehlen Flüsse aufgrund der Durchlässigkeit des Karstgesteins sogar völlig.
Entlang der Pazifikküste erheben sich die Berge der 3000 km langen *Ostaustralischen Kordilleren.* Sie erstrecken sich von der Kap-York-Halbinsel im Norden bis zur Insel Tasmanien im Süden, die sich von der Gebirgskette erst in geologisch junger Zeit getrennt hat. Nur ein schmaler flacher Landstreifen liegt zwischen der Pazifikküste und den Kordilleren. Ihre höchste Erhebung haben sie im Süden, im Teilabschnitt der Snowy Mountains (Mount Kosciusko 2228 m). Steilabfälle sowohl zur Küste als auch zum Landesinnern und tief eingeschnittene Flüsse prägen diese Landschaft.
Australiens Küsten weisen einige auffällige Einbuchtungen auf. Im Norden schiebt sich zwischen Arnhem Land und Kap-York-Halbinsel der Carpentariagolf 700 km weit ins Landesinnere, im Süden formt die weitgeschwungene Große Australische Bucht den Kontinent. An der Nordost- und Ostküste liegt die größte Korallenbank der Welt, das Große Barriereriff.

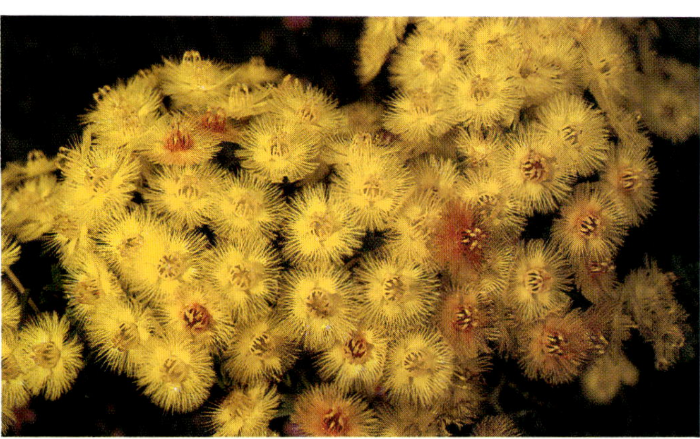

Nach dem Regen: Schnell entsteht und vergeht die Blütenpracht.

Klima

Australien hat im Norden ein tropisches und im Süden ein subtropisches Klima; die Grenze stellt der Südliche Wendekreis dar. Ausnahmen bilden der äußerste Südosten und Tasmanien mit kühlgemäßigtem Klima. Generell läßt sich ein Abnehmen der Niederschläge mit der Entfernung von der Küste feststellen. Daher unterscheidet man für den wärmsten aller Kontinente, wo die Jahresniederschläge geringer als die Verdunstung sind, die halbtrockenen Küstenregionen und die volltrockenen Gebiete im Landesinnern. Tasmanien etwa hat noch ein Jahresmittel von 4500 mm, die Ostaustralischen Kordilleren von 3500 mm, das Gebiet um den Eyresee nur noch von 126 mm. In der Murray-Darling-Ebene kann es auch jahrelang nicht regnen.
Im nördlichen tropischen Gebiet sind die Durchschnittstemperaturen gleichbleibend und hoch (bis zu 30 °C); starke tageszeitliche Schwankungen (bis zu 20 °C Unterschied) finden sich im Landesinnern. Der Hitzepol der Erde liegt bei Marble Bar im Nordwesten; hier herrscht an 161 aufeinanderfolgenden Tagen eine Durchschnittstemperatur von 38 °C. Auch im Südwesten und Südosten treten beträchtliche tageszeitliche Schwankungen (Unterschiede von 8 °C–14 °C) auf. Die jährlichen Durchschnittstemperaturen liegen in Perth bei 18 °C (Januarmittel 23 °C, Julimittel 13 °C), in Sydney bei 17,5 °C (22 °C, 12 °C), in Melbourne bei 15 °C (20 °C, 9,5 °C) und in Tasmanien bei 13 °C (17 °C, 8 °C).
Vor allem im Norden treten während des Sommers Wirbelstürme (Willy-Willies) auf.

Vegetation und Tierwelt

Aufgrund seiner isolierten Lage hat sich in Australien eine eigenständige Pflanzen- und Tierwelt entwickelt. Über vier Fünftel seiner Pflanzenarten kommen nur hier vor. Am häufigsten findet man in Australien Eukalyptus- und Akazienbestände in Hunderten von Arten. Die Eukalyptusbäume werden bis über 75 m hoch.
Im Norden und Osten des Landes und in einigen Tälern der Ostaustralischen Kordilleren gibt es Bestände von tropischem Regenwald, west- und südwärts davon dehnen sich lichte Eukalyptuswälder aus. Die Nordküste säumen Mangrovewälder. Zum Landesinnern hin wird die Bewaldung spärlicher und geht in Savanne mit niedrigen Akazien und Büschelgräsern über. Hier wachsen auch die eigenartigen Grasbäume, die auf ihrem Stamm einen Schopf grasartiger Blätter tragen. Die Trockengebiete Inneraustraliens weisen Zwergsträucher, Akaziengewächse und Igelgrasfluren auf, typisch für den Südwesten sind Eukalyptusbüsche und der sogenannte Malle scrub.
Australien ist das Land der »lebenden Fossilien«. Charakteristisch sind vor allem die Beuteltiere, niedere Säugetiere, die winzige Junge in embryonalem Zustand gebären; diese müssen sich erst in einem Brutbeutel weiterentwickeln. Hierzu zählen u. a. das

Fuchskusu, die Kletterbeutler (z. B. Koalas), das Nordopossum, die Beutelratte, eine Ameisenbeutlerart (Numbat) und mehr als 50 Känguruharten. Die zweite Gruppe niederer Säugetiere bilden die eierlegenden, aber säugenden Kloakentiere: das Schnabeltier und der Ameisenigel; sie kommen nur in Australien vor. Eine Besonderheit stellt auch der Lungenfisch im Nordosten dar, der sich seit Jahrmillionen nicht verändert hat und mit Hilfe von Lungenatmung das zeitweilige Austrocknen der Gewässer überstehen kann. Einmalig ist das fast 2000 km lange Große Barriereriff an der Nordostküste, Lebensraum von rund 14000 verschiedenen Tierarten. Unter den Reptilien fallen vor allem die bis zu 6 m langen Leistenkrokodile an der Nordküste sowie die oft absonderlich gestalteten Agamen (Dornteufel, Kragenechse) auf. Bemerkenswert ist die hohe Anzahl der Giftschlangen im Land. Unter den zahlreichen Vogelarten treten Emus, Papageien und Laubenwallnister hervor.
Australien schützt mittlerweile seine einzigartige Tierwelt in 487 Reservaten. Einige der sehenswertesten Naturschutzgebiete sind der Uluru (Ayers Rock – Mount Olga) National Park, die Reservate des Großen Barriereriffs oder das Corrumbin Bird Sanctuary und Lone Pine Koala Sanctuary.

Politisches System

Staatsname: Commonwealth of Australia
Staats- und Regierungsform: Konstitutionelle Monarchie im Commonwealth of Nations
Hauptstadt: Canberra
Mitgliedschaft: UN, OECD, ANZUS, SPF, ESCAP, GATT, Colombo-Plan

Mit der Verfassung von 1900 schlossen sich fünf britische Kolonien zum selbständigen Commonwealth of Australia zusammen. Die Bundesstaaten haben heute ihre eigene Verfassung, die im Prinzip mit der Verfassung des Commonwealth of Australia im Einklang steht. Staatsoberhaupt und formell Inhaber der höchsten Exekutivgewalt ist der britische Monarch, vertreten durch einen von der australischen Regierung vorgeschlagenen Generalgouverneur. Ihm steht ein Kabinett zur Seite, der Bundesexekutivrat. Der Führer der jeweiligen Parlamentsmehrheit wird zum Premierminister gewählt.

Ein Säugetier, das Eier legt: der urtümliche Ameisenigel.

Die Erosion hat nördlich von Alice Springs aus Granit die »Murmeln des Teufels« geformt.

Gesetzgebung und Verwaltung

Die Legislative liegt beim Bundesparlament, das aus Senat und Repräsentantenhaus besteht. In den Senat werden aus den Bundesstaaten jeweils zwölf Senatoren für sechs Jahre gewählt, die Territorien sind durch je zwei Senatoren vertreten. Das Repräsentantenhaus hat 148 Mitglieder, von denen alle drei Jahre je die Hälfte für sechs Jahre gewählt wird. Die Sitzverteilung erfolgt nach Länderproporz und Wahlstimmenanteilen; es besteht Wahlpflicht.
Australien gliedert sich heute in sechs innenpolitisch unabhängige Bundesstaaten mit eigenen Gouverneuren und Regierungen, hinzu kommen das Nordterritorium, das seit 1978 beschränkte Selbstverwaltung besitzt, und das direkt der Bundesregierung unterstehende Territorium der Hauptstadt Canberra. Außerdem gibt es eine Reihe von Inseln, die als externe Territorien zählen.

Recht und Justiz

Rechtssystem und Rechtsnormen beruhen auf britischem Vorbild. Höchste Instanz ist der Oberste Gerichtshof (Supreme Court), er ist letzte Berufungsinstanz und auch zuständig für Verfassungsfragen und Völkerrecht. Seit 1977 gibt es außerdem einen Bundesgerichtshof als oberste Instanz für Arbeits- und Wirtschaftsrecht. Die Zuständigkeit für die untergeordnete Gerichtsbarkeit liegt bei den Bundesstaaten und Territorien.

Bevölkerung

Einwohnerzahl: 16 Millionen
Bevölkerungsdichte: 2,1 Einw./km²
Bevölkerungszunahme: 0,7 % im Jahr
Größte Städte: Sydney (3,4 Mio. Einw.), Melbourne (3 Mio.), Brisbane (1,2 Mio.), Perth (1,1 Mio.), Adelaide (1 Mio.), Canberra (290000)
Bevölkerungsgruppen: 94 % britischer Herkunft, 1,5 % Italiener, 1,5 % Deutsche, 1 % Griechen; etwa 160000 Ureinwohner (Aborigines) sowie asiatische u. a. Minderheiten

Mit einer Bevölkerungsdichte von 2,1 Einwohnern pro km² zählt Australien zu den am dünnsten besiedelten Ländern der Erde. Die Bevölkerung ist v. a. an der Süd- und Ostküste konzentriert. Die Einwohner Australiens sind fast ausschließlich Weiße, von denen etwa 82 % im Land geboren sind. Die asiatischen Minderheiten sowie die Ureinwohner versuchen sich der australischen Integrationspolitik zu entziehen; die Aborigines sind die am deutlichsten benachteiligte Minderheit des Landes. Australien ist ein klassisches Einwanderungsland, seit 1945 hat es etwa 3,5 Millionen Immigranten aus über 100 Ländern aufgenommen. Wegen der hohen Arbeitslosigkeit (8 %) und um die asiatischen Flüchtlinge abzuwehren, ist die Einwanderungspolitik in jüngster Zeit restriktiv (Einwanderungsquote 0,2 % im Jahr). Die niedrige Geburtenrate und die hohe Lebenserwartung ließen die Anzahl älterer Menschen stark zunehmen. Während der letzten 20 Jahre lag der Anteil der Stadtbewohner an der Bevölkerung konstant bei 70 %.

Landessprache

Landessprache ist Englisch, das einige australische Spracheigentümlichkeiten aufweist; die Muttersprachen der Einwanderer und der Ureinwohner sind in der Öffentlichkeit ohne Bedeutung.

Religion

In Australien besteht Glaubensfreiheit; die Religionszugehörigkeit der Bevölkerung ist durch die Einwanderungsgruppen bestimmt. Je ein Viertel der Einwohner gehört der anglikanischen und der römisch-katholischen Kirche an, 15 % sind Methodisten oder Presbyterianer, etwa 3 % gehören der griechisch-orthodoxen Glaubensrichtung an. Es gibt jüdische und muslimische Minderheiten. Etwa 1,6 Mio. Personen sind konfessionslos.

Soziale Lage und Bildung

Das umfangreichen Schutz bietende Sozialhilfe- und -versicherungssystem wird aus dem Steueraufkommen des Bundes finanziert, es umfaßt u. a. Altersrente, Invaliditäts- und Krankenversicherung. Der Anteil der Frauen im Berufsleben ist hoch; Australien hat in diesem Zusammenhang ein Arbeitsgesetz erlassen, das die Unternehmen verpflichtet, Frauen gleiche Anstellungschancen wie Männern einzuräumen. Das Gesundheitswesen ist gut entwickelt, seine Mittel kommen aus dem 1984 neu organisierten Fonds »Medicare«. Er gewährt z. B. 85 % der Kosten ambulanter Behandlung und kostenlose Behandlung in öffentlichen Krankenhäusern. Eine besondere Einrichtung sind fliegende Ambulanzen, die dünnbesiedelte Regionen betreuen.
Das Schulsystem entspricht weitgehend dem britischen, es besteht allgemeine Schulpflicht vom 6. bis 15. (in Tasmanien bis zum 16.) Lebensjahr. Die Aufsicht über das Bildungswesen liegt bei den Bundesstaaten, jedoch hat die Bundesregierung in Canberra Mitspracherecht und gewährt erhebliche finanzielle Mittel. Der Unterricht an den staatlichen Schulen wie auch an vielen privaten (auch kirchlichen) ist kostenlos. Analphabetismus besteht praktisch nur noch bei der Urbevölkerung. Eine Besonderheit ist die

Der nagetierähnliche Wombat zählt zu den Beuteltieren.

I N D O N E S I A
I N D O N E S I E N
PULAU FLORES
PULAU SUMBAWA
PULAU LOMBOK
PULAU BALI
PULAU SUMBA
PULAU TIMOR
PULAU ROTI
SAWU
Kupang
Dili
A R A F U R A S
A R A F U R A S E E
T I M O R S E A
T I M O R S E E
Timorrinne
Sundagraben
Koronakuppe
D'Artagnanbank
I N D I A N O C E A N
Nordaustralisches Becken
I N D I S C H E R O Z E A N
Exmouthplateau
ASHMORE ISLANDS (Australien)
CARTIER ISLAND
HIBERNIA REEF
SCOTT REEF
SERINGAPATAM REEF
BROWSE ISLAND
ROWLEY SHOALS
LACEPEDE ISLANDS
BATHURST ISLAND
MELVILLE ISLAND
Van Diemen Gulf
Darwin
Katherine
A R N H E M L A N D
Joseph Bonaparte Gulf
BONAPARTE ARCHIPELAGO
Holothurienbanke
Cape Londonderry
Wyndham
Kununurra
K I M B E R L E Y
KIMBERLEY PLATEAU
KING LEOPOLD RANGES
DAMPIER LAND
Derby
Broome
Roebuck Bay
Fitzroy Crossing
Halls Creek
Turkey Creek
EIGHTY MILE BEACH
CANNING BASIN
GREAT SANDY DESERT
GROSSE SANDWÜSTE
TANAMI DESERT
TANAMIWÜSTE
N o r t h e r n T e r r i t o r y
Nordterritorium
Tennant Creek
Port Hedland
DAMPIER ARCHIPELAGO
MONTE BELLO ISLANDS
BARROW ISLAND
Dampier
Roebourne
Marble Bar
Nullagine
HAMERSLEY RANGE
Tom Price
Newman
Onslow
Exmouth
Learmonth
Südlicher Wendekreis
A U S T R A L I A
A U S T R A L I E N
GIBSON DESERT
GIBSONWÜSTE
MACDONNELL RANGES
Alice Springs
Ayers Rock
MUSGRAVE RANGES
W e s t e r n A u s t r a l i a
Westaustralien
Carnarvon
Shark Bay
BERNIER ISLAND
DORRE ISLAND
DIRK HARTOG ISLAND
Meekatharra
Wiluna
Cue
Mount Magnet
Leonora
Laverton
GREAT VICTORIA DESERT
GROSSE VIKTORIAWÜSTE
S o u t h A u s t r a l i a
Südaustralien
Maralinga
Coober Pedy
NULLARBOR PLAIN
Geraldton
HOUTMAN ABROLHOS
Kalgoorlie
Coolgardie
Menzies
Norseman
Esperance
ARCHIPELAGO OF THE RECHERCHE
Eucla
Cook
Forrest
Ceduna
PERTH
Fremantle
Rottnest Island
Rockingham
Mandurah
Bunbury
Busselton
Albany
Northam
Cape Leeuwin
Great Australian Bight
Große Australische Bucht
I N D I A N O C E A N
Südaustralisches Becken
I N D I S C H E R O Z E A N
0 250 500 km
110 115 120 125 130 135
10 15 20 25 30 35
Östliche Länge 130 von Greenwich

PAPUA NEW GUINEA
PAPUA-NEUGUINEA
Port Moresby
SOLOMON ISLANDS
SALOMONEN
SOLOMON SEA
SALOMONENSEE
D'ENTRECASTEAUX ISLANDS
LOUISIADE ARCHIPELAGO
TROBRIAND ISLANDS
WOODLARK ISLAND
NEW GEORGIA ISLAND
Torres Strait
Torresstraße
Thursday Island
Cape York
Gulf of Carpentaria
Carpentaria-golf
CAPE YORK PENINSULA
KAP-YORK-HALBINSEL
CORAL SEA
KORALLENSEE
Korallenbecken
Coral Sea Islands Territory
Territorium Korallensee-Inseln
GREAT BARRIER REEF
GROSSES BARRIERE RIFF
GREAT DIVIDING RANGE
Queensland
PACIFIC OCEAN
PAZIFISCHER OZEAN
Nouvelle-Calédonie
Neukaledonien
(Frankreich)
Cairns
Townsville
Mackay
Rockhampton
Bundaberg
Gladstone
BRISBANE
Gold Coast
Toowoomba
Mount Isa
Cloncurry
Longreach
Charleville
GREAT ARTESIAN BASIN
GROSSES ARTESISCHES BECKEN
STURT DESERT
New South Wales
Neusüdwales
SYDNEY
Newcastle
Wollongong
Canberra
Australian Capital Territory
Broken Hill
Dubbo
Wagga Wagga
Albury
Mildura
RIVERINA
ADELAIDE
Victoria
MELBOURNE
Geelong
Ballarat
Bendigo
Bass Strait
Bass Straße
Tasmania
Tasmanien
Launceston
Hobart
FLINDERS ISLAND
KING ISLAND
KANGAROO ISLAND
Lake Eyre North
Lake Torrens
Coffs Harbour
Port Macquarie
FRASER ISLAND
Östliche Länge 145 von Greenwich
© I.G.D.A. S.p.A. - Novara

»School of the Air«, die den Unterrichtsstoff per Sprechfunk für Kinder in abgelegenen Gebieten vermittelt. Die Hochschulausbildung genießt einen sehr guten Ruf, Australien besitzt 19 Universitäten, die älteste wurde 1890 in Sydney gegründet.

Wirtschaft

Währung: 1 Australischer Dollar ($A) = 100 Cents (c)
Bruttoinlandsprodukt (in Anteilen): Land- und Forstwirtschaft 4 %, industrielle Produktion 23 %, Dienstleistungen 73 %
Wichtigste Handelspartner: Japan, USA, Neuseeland, EG-Staaten

Die Anfänge der australischen Wirtschaft basierten auf dem Export eines einzigen Handelsgutes: der Wolle. Heute ist die Volkswirtschaft zwar vielfältiger strukturiert, das Land ist aber immer noch sehr stark auf den Export von landwirtschaftlichen und bergbaulichen Rohstoffen (zusammen rd. 80 % des Exportvolumens) ausgerichtet. Ein niedriges Weltmarkt-Preisniveau für die traditionellen Exportgüter Australiens sowie die steigende Inflationsrate führten in den letzten Jahren zu einer Verschlechterung der Wirtschaftslage.

Outback – Wüste oder endlose, menschenleere Buschlandschaft mit Büschelgras.

Landwirtschaft

Etwa zwei Drittel der Gesamtfläche Australiens werden landwirtschaftlich genutzt. Davon sind allerdings 90 % Dauerwiesen und -weiden (der größte Teil eignet sich nur für eine sehr extensive Weidewirtschaft) und nur 10 % Ackerland. Hauptanbauprodukte sind Getreide (v. a. Weizen) und Zuckerrohr. Die Landwirtschaft arbeitet hochmechanisiert (z. B. Erprobung von computergesteuerten Schafschermaschinen) und ist auf den Einsatz von Kunstdüngern angewiesen. Wichtigster Zweig der Viehwirtschaft ist die Schafzucht, die v. a. der Produktion von Wolle und Hammelfleisch dient.

Die Eukalyptuswälder (35 Mio. von insgesamt 40 Mio. ha Wald) liefern den Rohstoff für die holzverarbeitende Industrie.

Bodenschätze

Der Kontinent ist reich an Bodenschätzen. Sie umfassen vor allem riesige Vorkommen an Stein- und Braunkohle, Eisenerz und Bauxit; außerdem werden Edelsteine, Blei-, Zink-, Nickel-, Kupfer-, Zinn-, Mangan-, Gold- und Silbererze sowie Phosphate, Asbest, Graphit, Gips und Glimmer gefördert. Neben den großen, leicht abbaubaren Kohlelagerstätten in Neusüdwales und Queensland hat Australien noch weitere Energierohstoffe: Uranerz (Nordterritorium), Erdöl und -gas sowie natürliches Flüssiggas (Nordwestschelf, Bass-Straße).

Energie

Die einzelnen Bundesstaaten decken ihren Energiebedarf aus den jeweils lokal vorhandenen Energieträgern (z. B. Steinkohle in Neusüdwales). Seinen Rohölbedarf kann Australien fast vollständig selbst decken. Neben Steinkohle und Erdöl gewinnt Erdgas als Primärenergieträger an Bedeutung. Rund vier Fünftel des Stroms liefern Wärmekraftwerke, der Rest wird durch Wasserkraft erzeugt.

Industrie

Australien schützte seinen eigenen Markt jahrzehntelang durch Zölle und Einfuhrbeschränkungen. Das Ergebnis ist eine in vielen Bereichen veraltete Industriestruktur und eine zu geringe Spezialisierung. Durch den Abbau der Schutzmaßnahmen soll die Wettbewerbsfähigkeit der Industrie erhöht werden. Neben der Aluminium- und Eisenerzverhüttung sowie der Stahlproduktion gibt es eine große Palette verarbeitender Industrien: Metallverarbeitung, Automobilindustrie, Maschinenbau, chemische und petrochemische Industrie, Holzverarbeitung, Nahrungs- und Genußmittelindustrie sowie Elektro- und Elektronikindustrie. Die Industriestandorte konzentrieren sich vor allem im Südosten des Landes.

Handel

Ausgeführt werden hauptsächlich Kohle, Erze, Metalle, Bauxit, Wolle, Weizen, Zucker, Erdöl, Fleisch und Molkereiprodukte. Nur etwa 20 % der Ausfuhr bestehen aus Industriegütern. Die wichtigsten Importgüter sind Maschinen, elektrotechnische Erzeugnisse, Fahrzeuge sowie Roh- und Halbwaren für die Industrie.

Verkehr, Tourismus

In den dichtbesiedelten Regionen des Kontinents – Osten, Südosten, Südwesten – ist das Verkehrswesen gut ausgebaut. Ein Eisenbahnnetz (insgesamt 40 000 km) verbindet diese Gebiete miteinander. Das Straßennetz (rd. 800 000 km) konzentriert sich auf die Randgebiete des Kontinents. Etwa die Hälfte ist asphaltiert oder geschottert. Der inländische Flugverkehr ist wegen der großen Entfernungen und der

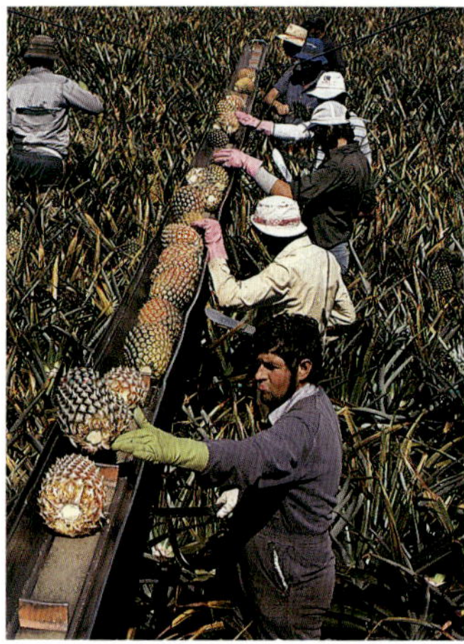

Tropenfrüchte aus dem Norden: Ananasernte bei Brisbane.

Abgelegenheit vieler Gebiete besonders wichtig. Auch Küsten- und Seeschiffahrt mit den Haupthäfen Sydney, Melbourne, Geelong, Newcastle, Adelaide und Darwin sind bedeutend. Internationale Flughäfen gibt es in Brisbane, Sydney, Melbourne, Adelaide, Perth und Darwin. Die unvergleichlichen Landschaften sowie die einzigartige Tier- und Pflanzenwelt ziehen jährlich rd. zwei Millionen Touristen an.

Geschichte

Neuere Forschungen über die ursprüngliche Besiedlung des fünften Kontinents gehen von mindestens zwei Einwanderungswellen im späten Pleistozän aus, also von etwa 35 000 v. Chr. an. Eine verbreitete Theorie besagt, daß Völker, von Südostasien aus, über die damals noch fast geschlossene Landbrücke (Philippinen, Indonesien, Neuguinea) eindrangen: Sie waren von gedrungener Gestalt, dunkelhäutig und kraushaarig und sind später fälschlicherweise Australneger genannt worden. Möglicherweise verdrängten sie ältere, pygmäenhafte Völker. Sie siedelten vornehmlich im Südosten (Tasmanien), wo die weißen Eroberer im 19. Jh. die letzten der noch lebenden Nachfahren töteten. Mit einer zweiten Welle sollen von Osten her die Murraya, den japanischen Ainu verwandt, von etwa 30 000 v. Chr. an auf den Kontinent gelangt sein. Sie ließen sich – so die Theorie – im Westen nieder. Aus der Vermischung beider ethnischer Gruppen soll die australische Urbevölkerung entstanden sein, später Australiden genannt. Knochenfunde belegen deren Existenz seit mehr als 30 000 Jahren. Diese hochgewachsenen Ureinwohner ernährten sich in der wasserarmen Region als Jäger und Sammler und stellten Stein- und später Metallwerkzeuge her. Auch das Kanu war ihnen bekannt.
Durch die isolierte Lage des Kontinents erhielten sich diese urtümlichen Lebensformen bis zur Ankunft der Europäer, teilweise bis in die Gegenwart hinein. Der Name Aborigines wurde erst durch die Europäer geprägt.

Entdeckung und Kolonialisierung

Schon seit der Antike hatte die Existenz eines sagenumwobenen »Südlandes« (Terra australis incognita) die Phantasie mancher Geographen beschäftigt. Möglicherweise war der Entdecker Neuguineas, der Portugiese Jorge de Meneses, oder einer seiner Landsleute im beginnenden 16. Jh. der erste, der die australische Küste sah. Aber erst zu Beginn des 17. Jh. setzte die planmäßige Erkundung des Landes ein, vornehmlich im Auftrag der niederländischen Ostindienkompanie.
Willem Janszoon segelte 1605/06 – auf der Suche nach sicheren Seewegen von »Niederländisch-Indien« nach Rotterdam – an der Küste von Queensland (Carpentariagolf) entlang und betrat an der Westseite der Kap-York-Halbinsel australischen Boden. Fünf Monate später entdeckte der Spanier Luiz de Torres die Meerenge zwischen Australien und Neuguinea (Torresstraße); seine Route blieb jedoch bis ins 18. Jh. ein Geheimnis.
In den folgenden vier Jahrzehnten erkundeten weitere niederländische

Buschfeuer fegen immer wieder über das Land. Einige Akazienarten überleben den Feuersturm.

Seefahrer die Nord-, West- und Südküste des Landes.
Der Gouverneur von Niederländisch-Indien, Anthony van Diemen, beauftragte schließlich 1642 die Kapitäne Abel Janszoon Tasman und Ide Holman, einen Seeweg von Indien nach Chile längs der Passatzone zu finden. Tasman fuhr einen weiten Südkurs, stieß auf eine Insel – später nach ihm Tasmanien benannt – und entdeckte auf einer zweiten Reise, 1644, weitere Teile des schon vorher von einigen seiner Landsleute gesichteten Australien, das »Neu-Holland« genannt wurde. Gold, wie erhofft, fand er hier freilich ebensowenig wie Gewürze und Handel treibende Völker. So erlahmte das Interesse der Niederländer an Australien bald.
Ende des 17. Jh. führten die Engländer die Erforschung des Riesenkontinents fort: William Dampier erreichte 1688 die nordwestliche Küste und erhielt etwa zehn Jahre später den Auftrag, seine Erkundungen an der Westküste fortzusetzen. Danach erlosch jedoch auch das Interesse der Engländer an dem neuen Land.
Erst nach 1760 – Frankreich und Großbritannien stritten um die Vorherrschaft im Indischen und Pazifischen Ozean – begann die zweite Eroberungswelle. 1768 segelte James Cook mit der »Endeavour« um Kap Hoorn nach Tahiti, erreichte Neuseeland und betrat als erster Europäer im April 1770 die australische Ostküste. Cook nannte die Stelle ihrer Blütenpracht wegen »Botany Bay«. Er segelte weiter nach Norden, strandete am Great Barrier Reef und erklärte am 23. August 1770 Ostaustralien als »Neusüdwales« zum britischen Territorium. Der Umriß des Landes, von wenigen Küstenabschnitten im Süden abgesehen, war damit erkundet.
Cooks optimistische Berichte über das neue Land hatten vorerst jedoch eher negative Konsequenzen: Am 6. Dezember 1786 bestimmte Großbritannien Neusüdwales als Ersatz für die verlorengegangenen amerikanischen Kolonien zur Strafkolonie. Kapitän Arthur Phillip, der der erste Gouverneur der Kolonie werden sollte, landete im Januar 1788 in der Botany Bay. Da ihm die Gegend nicht zusagte, fuhr er weiter nach Norden und brachte die über 700 Häftlinge an dem günstiger gelegenen Ort Port Jackson an Land. Dort, »einer der feinsten Häfen, die ich je sah« (Phillip), befindet sich heute Sydney, der Geburtsort des neuen Australien.

Sträflinge als Gründungsväter

Am Anfang der Neuzeit stand eine Meuterei von Matrosen, die zurück nach Großbritannien wollten; eine Polizeitruppe wurde daraufhin nach Neusüdwales entsandt.
Strafgefangene und Meuterer sowie deren Nachkommen wurden die Begründer des heutigen Australien. Wer von den Sträflingen seine Strafe abgedient hatte oder vorzeitig begnadigt wurde, erhielt als sog. Emanzipist in der Folge eigenen Grund und Boden, Grundstock zukünftigen Wohlstands.
Trotz aller Widrigkeiten – die einstigen Sträflinge entstammten meist der städtischen Bevölkerung Großbritanniens und waren anfangs mit der Landwirtschaft nicht vertraut – wuchs Neusüdwales samt seiner schönen Hauptstadt Sydney schnell. Nachrichten von riesigen Ländereien und Reichtum verbreiteten sich in Europa. Die Zahl der Einwohner stieg. Segensreich für das Land wurde die Einfuhr des Merinoschafs, seine Wolle bald einer der begehrtesten Ausfuhrartikel.

High-Tech in der Wüste: Sonnenkraftwerk in Neusüdwales.

Die Erkundung des Landesinneren

Langsamer als die Besiedlung der südlichen und östlichen Küstenregion ging die Erkundung des Landesinneren voran. Forschungsreisen, darunter die der Marineoffiziere Matthew Flinders und George Bass, ließen die Gestalt des Riesenlandes und der Insel Vandiemensland (seit 1853 Tasmanien) im Südosten immer deutlicher werden. Von Flinders stammt auch der heutige Name Australien. Wichtige Entdeckungsreisen unternahmen Charles Sturt um 1830 (Flußgebiete des Darling, Murrumbidgee, Lachlan und Murray), der Pole Edmund Strzelecki 1829, der das Wasserscheidengebirge im Südosten (Ostaustralische Kordilleren) entdeckte und den höchsten Berg nach dem polnischen Freiheitshelden Mount Kosciusko nannte, schließlich der deutsche Arzt Ludwig Leichhardt, der 1844 Queensland und das Nordterritorium erforschte. Bis zum Ende des 19. Jh. waren unter unsäglichen Strapazen Durchquerungen des Kontinents nach Westen und Norden gelungen. Man wußte jetzt, daß die Küsten Australiens zum großen Teil (Osten, Südosten, Südwesten) fruchtbares Land waren, während sich das Landesinnere als weitgehend unbewohnbar erwiesen hatte.

Von Känguruh und Emu flankiert: das Wappen des Commonwealth of Australia.

Einwanderer und Gesetzgebung

Einwanderer aus vielen Staaten Europas waren seit Beginn der 30er Jahre in größerer Zahl in Australien gelandet. Sie folgten den Forschern als zukünftige Landwirte und Viehzüchter ins Landesinnere und raubten den Nachkommen der Ureinwohner weiteres Land, das offiziell der britischen Krone gehörte. Die Eingeborenen wichen vor den Eindringlingen mehr und mehr zurück oder wurden getötet.
1849 beschloß der australische Gesetzgebende Rat, keine weiteren britischen Gefangenen mehr aufzunehmen; 1850 erließ das britische Parlament den »Australian Colonies Government Act«, der den bereits entstandenen Kolonien Neusüdwales, Vandiemensland, Victoria, West- und Südaustralien ein hohes Maß an Selbständigkeit durch eigene Parlamente und Verfassungen einräumte.
Nach 1850 lockte der Goldrausch wieder neue Einwanderer ins Land: Zwischen 1851 und 1880 wuchs die Bevölkerung sprunghaft von gut 400000 auf fast zweieinhalb Millionen Menschen. Erbitterte Kämpfe um Weideland und Ackerbaugebiete entbrannten; Landwirtschaft (Weizen, Wolle) und Industrie (Textil und Maschinenbau) erzielten enorme Zuwachsraten. Australien wurde zum größten Zinnproduzenten der Erde.
Diesem enormen wirtschaftlichen Aufschwung folgte 1893 die schwerste Finanzkrise, die das Land bis heute erlebt hat. Die Gewerkschaften, die nach 1860 immer mehr an politischem Gewicht gewonnen hatten, verloren im Zuge gescheiterter Streikaktionen an Einfluß. Die Zahl ihrer Mitglieder ging daraufhin enorm zurück. An allen diesen Entwicklungen hatten die Nachfahren der Ureinwohner jedoch keinen Anteil.
Zum Ende des Jahrhunderts verstärkten sich die Bestrebungen der bislang autonomen Kolonien zur Schaffung einer Föderation – hervorgerufen durch die gemeinsamen Handelsinteressen und das Bedürfnis nach Schutz gegenüber dem Ausland und weiteren Einwanderungswellen, vor allem aus dem asiatischen Raum. Am 9. Juli 1900 bestimmte die britische Krone durch einen imperialen Erlaß die Vereinigung der bisherigen Kolonien Neusüdwales, Victoria, Tasmanien, Süd- und Westaustralien sowie Queensland zum Commonwealth of Australia; dies wurde am 1. Januar 1901 vollzogen.
1906 wurden Britisch-Neuguinea, 1911 das Nordterritorium und 1914 die Norfolkinsel hinzugefügt. Am 26. September 1907 erhielt das Land den Dominionstatus, der ihm noch mehr Selbständigkeit gegenüber dem Mutterland einräumte. Canberra wurde zur Bundeshauptstadt bestimmt – eine Kompromißlösung angesichts der Rivalität der Städte Sydney und Melbourne – und ab 1913 aufgebaut.

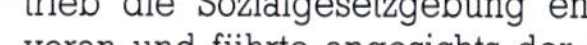

Australien im 20. Jahrhundert

Die seit 1910 regierende Labor Party trieb die Sozialgesetzgebung enorm voran und führte angesichts der drohenden Kriegsgefahr in Europa die Wehrpflicht ein; eine eigene Flotte wurde aufgebaut. Im Ersten Weltkrieg fanden mehr als 60000 australische Soldaten als Verbündete Großbritanniens den Tod.

Rodeo – immer ein Fest im pferdenärrischen Australien.

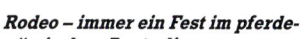

Nach dem Krieg erhielt Australien die deutschen Kolonialbesitzungen im Pazifik (Gebiete im östlichen Neuguinea, den Bismarck-Archipel und Nauru) als Völkerbundmandat. Die Wirtschaft blühte auf, wurde jedoch zwischen 1929 und 1932 voll von den Auswirkungen der Weltwirtschaftskrise (Rezession, hohe Arbeitslosenzahlen) getroffen. Außenpolitisch lehnte sich Australien, bedingt durch den wachsenden Expansionsdrang Japans, stärker an die USA an. Im Zweiten Weltkrieg stand es wieder auf seiten Großbritanniens. Am 3. September 1939 erklärte es dem Deutschen Reich den Krieg und schickte Truppen nach Europa (Tobruk, Kreta, Naher Osten).

Heute gern besucht: die Ruine der Kirche, die zu der berüchtigten tasmanischen Strafkolonie von Port Arthur gehörte.

Am 25. Januar 1942 verkündete Ministerpräsident John Curtin die totale Mobilmachung. Nach einem verheerenden japanischen Luftangriff auf Darwin (19. Februar 1942) kam es zu blutigen Kämpfen mit Japan in Neuguinea und Nordaustralien. In der Folgezeit diente das Land als Operationsbasis der US-Truppen im pazifischen Raum. Im September 1944 waren die Japaner nach hohen Verlusten Australiens vertrieben.

Aufschwung nach dem Zweiten Weltkrieg

In der Nachkriegsphase bemühte sich das Land, eine zunehmend eigenständige Rolle im Weltgeschehen zu spielen. Die Olympischen Spiele von Melbourne 1956 stärkten trotz der politischen Begleitumstände (Ungarnaufstand, Sueskrise) Australiens Ansehen in der Welt; die wirtschaftliche Entwicklung ging zügig voran. Die liberal-konservative Regierung unter Robert G. Menzies (1949–1966) verstärkte die Bindung an das Commonwealth und holte über zwei Millionen Einwanderer ins Land. 1972 wurde der Labor-Politiker Edward G. Whitlam Premierminister (bis 1975): Kontakte zu China und anderen asiatischen Staaten, Bestrebungen nach mehr Unabhängigkeit von den USA und die beginnende Ablösung von Großbritannien kennzeichneten seine Außenpolitik. Die Bundesstaaten wurden in einem gewissen Maße unabhängig von Canberra; für die Aborigines wurden Sozialmaßnahmen eingeleitet. Der Labor-Politiker Robert Hawke, seit März 1983 als Premier im Amt, setzte diese Politik in den Grundlinien fort.

Kultur

Die Kultur der Ureinwohner hat sich über Jahrtausende bis zur Gegenwart erhalten. Als die ersten Europäer das Land besiedelten, gab es etwa 300000 Aborigines, die rund 500 Stämmen angehörten. Ausrottung und Krankheiten führten zu einer stetigen Dezimierung, so daß sie heute nur noch etwa ein Prozent der Gesamtbevölkerung ausmachen. Überdies setzt sich der weitaus größte Teil dieser Gruppe aus Mischlingen zusammen. Sie leben – meist noch befangen in der Vorstellungswelt ihrer Ahnen – am Rande größerer Ansiedlungen, teilweise in den Ghettos der Großstädte; einige hundert führen ein nomadenhaftes Dasein im Landesinneren.

Von deutschen Einwanderern begründet: der Weinbau bei Adelaide in Südaustralien.

Mythische Traditionen

Die Vorfahren der Aborigines waren Jäger und Sammler und lebten in Horden. Sie stellten Waffen, Geräte und Werkzeuge aus Stein, Holz und anderen Materialien (Felle, Knochen, Fasern) her, die sie in ihrer wüstenartigen Umwelt vorfanden, jedoch nicht aus Metallen. Auch der Bumerang, ein flaches, sichelförmiges Wurfholz, wurde von ihnen entwickelt. Im Unterschied zu den einfachen Lebensformen hatten sich komplizierte Ordnungen des Zusammenlebens herausgebildet, die in mythischen Traditionen wurzelten: In der sog. Traumzeit waren nach der Vorstellung der Ureinwohner Schöpfungswesen auf die Erde gekommen und hatten diese mit lebenspendender Kraft erfüllt. Aus dieser Naturbetrachtung heraus war der Boden für sie heilig; er durfte nicht verändert, bepflanzt oder gar weggegeben werden. Verlor ein Stamm seinen Grund und Boden, so war er – so der Mythos – zum Aussterben verurteilt.
Familien- und Gruppenälteste führten Ansehen und Macht auf diese mythischen Ahnen zurück. Eine besondere Rolle spielte der Totemismus: Jeder Lebende fühlte sich einem bestimmten Tier, einer Pflanze oder einer kosmischen Erscheinung verbunden, seinem Totem, das oft als mythischer Ahnen- oder Schutzgeist aufgefaßt und daher ehrfurchtsvoll behandelt wurde. Die Verbundenheit mit einem Totem begründete Verwandtschaftssysteme und Bindungen zwischen anderen Klanen mit gleichem Totem. Angehörige des gleichen Totems durften einander nicht heiraten; das Pflanzen- oder Tiertotem durfte weder getötet noch gegessen werden.
So wie sich der Ureinwohner mit Schöpfung und Natur eins fühlte, war auch sein Kunstverständnis – umfassend, nicht spezialisiert. Alles gehörte zusammen: mythische Gesänge und Tänze, farbenprächtige Malerei auf

Das Brauchtum der Aborigines, der Ureinwohner Australiens, als Touristenattraktion.

Baumrinden, Bemalungen der Tjurungas (Scheiben aus Holz oder Stein für kultische Handlungen) und Botenstäbe, die zur Übermittlung von Botschaften entfernt lebender Stämme dienten, ebenso Schnitzereien an Schilden und Bumerangs, Tätowierungen und Bemalungen der Tanzenden oder das kunstvolle Blasen der Didgerichos (dumpfe Blasrohre).
Bemerkenswert ist der sog. Röntgenstil, bei dem nicht nur das Äußere von Lebewesen und Geistern, sondern auch deren Knochen und innere Organe abgebildet wurden. Die am häufigsten verwendeten Farben waren Gelb und Rot.
Die großartigsten Zeugnisse dieser Kultur sind Felsmalereien, vor allem im Nordterritorium (Arnhem Land) und in Queensland (Laura), deren Alter teilweise auf 20000 Jahre geschätzt wird.
Die Baumrindenmalerei, die Verarbeitung alter Motive in Gemälden und die Tänze leben heute wieder auf. Die Malerin Wanjidaari in Cairus, inzwischen auch in Übersee bekannt, mag als ein Beispiel für die lebendige Traditionspflege gelten.

Kulturen europäischen Ursprungs

Schon bald nach der britischen Eroberung 1788 entwickelten die Einwanderer eine Kultur, die im 19. Jh. noch stark europäisch geprägt war. Die wichtigsten Bereiche sind Literatur, Malerei, Musik und Tanz sowie Architektur.

Literatur

Um 1800 entstanden Memoiren und Tagebücher der Kolonisatoren. Naturlyrik prägte die Mitte des Jahrhunderts: Henry C. Kendall (1839–1882) wurde mit seinen elegischen Gedichten zum Begründer der australischen Nationalliteratur. Die »Nineties«, die Jahre ab 1890, leiteten die moderne australische Literatur ein. Das »Bulletin«, eine in Sydney seit 1880 erscheinende Zeit-

schrift, wurde zum Sprachrohr einer sich zunehmend vom Mutterland distanzierenden, progressiven Gruppe von Schriftstellern wie Henry A. Lawson (1867–1922) oder Joseph Furphy (1843–1912).
Herausragende Figur des 20. Jh. ist der Erzähler Patrick White (geb. 1912), der 1973 den Nobelpreis für Literatur erhielt. Zu seinen bekanntesten, ins Deutsche übersetzten Werken gehören die Romane »Zur Ruhe kam der Baum des Menschen nie« (1957) sowie »Im Auge des Sturmes« (1974). Heute sind daneben der Lyriker Alec Derwent Hope (»New Poems«), die Romanautorin Ruth Park (»Unter Sydneys großer Brücke«, 1961) sowie der seit 1926 in England lebende sozialistische Autor historischer Romane Jack Lindsay (»Die große Eiche«, 1959) von Einfluß.

Malerei
Die erste Malergeneration war der Romantik verpflichtet. Wie Conrad Marten (1801–1878) versuchten auch andere, die typisch australische Landschaft und Tierwelt zu erfassen. Eine Malergruppe um Tom Roberts, nach ihrem Wirkungsort Heidelberg in der Nähe Melbournes »Heidelberg School« genannt, entwickelte die Landschaftsmalerei vor dem Ersten Weltkrieg weiter, indem sie Lichteffekte und Farbenspiele verwendete. Diese Künstler werden auch die »australischen Impressionisten« genannt.
Heute sind in den Galerien von Sydney, Melbourne, Canberra und Adelaide zahlreiche moderne Künstler vertreten, die die Kreativität der australischen Malerei dokumentieren: Russel Drysdale, der Expressionist Albert Tucker, der Porträtist William Dobell, der Surrealist Sidney Nolan und die Schule des Neo-Humanismus (Charles Blackmann, John Brack). Von den Jüngeren sind John Peart und Brett Whiteley wichtig.
Unter den Bildhauern ragen Tina Wentcher und Stephen Walker heraus. Berühmte Galerien sind die »Australian National Gallery« in Canberra, die »National Gallery of Victoria« in Melbourne und die »Art Gallery of New South Wales« in Sydney. Vor allem in Sydney gibt es darüber hinaus zahlreiche kleine Galerien.

Musik und Tanz
Seit Beginn der Regierungszeit von Premierminister Edward G. Whitlam 1972 wurden Musik und Tanz wie alle anderen Künste in bemerkenswerter Weise gefördert. Der Bau der Oper von Sydney hat das australische Musik- und Tanzleben enorm vorangebracht. So wurde 1988 an dieser Oper zum ersten Mal Wagners »Ring des Nibelungen« aufgeführt. Aber schon im 19. Jh. blühte die Opernkultur in Melbourne und Sydney. Der Dirigent Bernhard Th. Heinze gilt auf dem fünften Kontinent als der bedeutendste Dirigent des 20. Jh.; er leitete das Melbourne Symphony Orchestra und arbeitete an der State Opera Company. Berühmt ist die Sopranistin Dame Joan Sutherland.

Im Januar findet jedes Jahr das »Festival of Sydney« statt; im Februar wird das »Festival of Perth« organisiert, im März das »Adelaide Festival of Art«.

Architektur
Erst in jüngster Zeit hat sich die australische Architektur von europäischen Vorbildern gelöst. Das 19. Jh. stand noch ganz im Zeichen des neugotischen Oxfordstils. Beispiele sind die Kathedrale St. Peter in Adelaide und die Universität von Sydney.
Starke Einflüsse hatte die amerikanische Baukunst der Neuen Sachlichkeit:

Das Denkmal für Kapitän James Cook in Sydney: Er erforschte Australiens Ostküste und beanspruchte sie 1770 für England.

In den 20er Jahren entstand nach Plänen des Amerikaners Walter Burley Griffin, eines Vertreters der Schule von Chicago, die Hauptstadt Canberra. Harry Seidlers Konzept des Olympiastadions von Melbourne (1956) war dagegen von der Absicht bestimmt, dem übermächtigen Einfluß Amerikas durch eigene Ausdrucksformen entgegenzutreten. Den größten Anklang fand jedoch der Däne Jorn Utzon mit seinem 1973 vollendeten Bau der Oper von Sydney. Gegenüber der gewaltigen Harbor Bridge gelegen, umschließen segelförmige Dächer das neue Wahrzeichen der schönsten Stadt Australiens: eine Konzerthalle mit 2700 Plätzen, einen Opernsaal mit 1550 Plätzen und ein Schauspielhaus mit 550 Plätzen. Zahlreiche Verwaltungs- und Wohnbauten – auch in Melbourne, Adelaide, Brisbane und der aufstrebenden Stadt Perth an der Westküste – zeugen in der Gegenwart von Kreativität und Lebendigkeit der Architekten und Baumeister. Das Mammutprojekt des neuen Parlamentsgebäudes von Canberra, das 1988 vollendet wurde, soll Australiens Identität als Nation Ausdruck verleihen.

Reise-Informationen

Einreise- und Fahrzeugpapiere
Bürger der Bundesrepublik Deutschland, der Schweiz und Österreichs benötigen für einen Aufenthalt einen gültigen Reisepaß bzw. Kinderausweis sowie ein Touristenvisum. Für einige Gebiete (Weihnachtsinsel, Kokosinseln sowie die Reservate der Ureinwohner) braucht man eine Sondergenehmigung. Bei der Paßkontrolle muß man das Rückreiseticket und genügend Geld vorweisen.
Der nationale Führerschein wird anerkannt; die Mitnahme des internationalen ist allerdings empfehlenswert.
Zoll
Bei der Einreise sind zollfrei: 250 Zigaretten oder 250 g andere Tabakwaren, 1 Liter Spirituosen sowie Geschenke im Wert von 400 $A. Verboten ist die Einfuhr von Tieren, Pflanzen oder Samen, Obst und Lebensmitteln sowie Stroherzeugnissen. Das Mitführen von Drogen wird streng geahndet.
Devisen
Australische Dollar ($A) dürfen unbegrenzt ein- und bis zu 5000 $A ausgeführt werden. Fremdwährungen und Reiseschecks dürfen in unbegrenzter Höhe mitgeführt werden (Deklaration erforderlich). Gängige Kreditkarten werden akzeptiert, Euroschecks dagegen nicht.
Impfungen
Reisende aus Infektionsgebieten benötigen den Nachweis einer Gelbfieber-, Typhus- und Choleraimpfung.
Verkehrsverhältnisse
Australien besitzt eines der dichtesten Flugnetze der Welt; fast alle größeren Orte sind preiswert mit dem Flugzeug zu erreichen. Angenehm reist es sich in den komfortablen Expreßzügen, deren berühmtester, der Indian Pacific, zwischen Sydney und Perth verkehrt (65 Stunden Fahrzeit). Preiswert sind vor allem die bequemen Überlandbusse (auch Safari- und Expreßbusse). Die zahlreichen National Parks erreicht man am besten mit dem Auto. Leihwagen und Wohnmobile kann man problemlos anmieten. In Australien wird links gefahren. In den Städten sind Taxifahrten recht günstig, das Nahverkehrsnetz ist hervorragend. Abenteuerlich sind Fahrten mit dem Schaufelraddampfer, beispielsweise auf dem Murray. Man kann sich auch Hausboote oder Jachten (etwa zum Großen Barriereriff) mieten. Nach Tasmanien gibt es Fährverbindungen.

Der Flying Doctor – im Outback oft der Retter in der Not.

Unterkünfte
Das Land verfügt über ein reichhaltiges Angebot an Unterkünften: Luxushotels, Motels ohne Schanklizenz, die aber meist komfortabler als einfache Hotels sind, Guest Houses, Ferienhäuser oder -appartements, Jugendherbergen. Diejenigen, die eine ländliche Atmosphäre lieben, können auf Bauernhöfen übernachten. Die zahlreichen Campingplätze entsprechen den europäischen Spitzenplätzen.
Reisezeit
Australien hat das ganze Jahr über geeignetes Reisewetter, wobei es allerdings im Norden und im Landesinnern zwischen Oktober und März sehr heiß wird. Im Südosten ist es von Juni bis August recht kühl. Während der australischen Schulferien (Mai, August bis September, Mitte Dezember bis Anfang Februar) empfiehlt es sich, eine Unterkunft vorauszubuchen.

Lederblatt-Fieberbäume (Eucalyptus pauciflora) wachsen bis an die Baumgrenze der Gebirge.

Fidschi

Detlef Kleinert

Blaue Lagunen, weißer Strand, wolkenloser Himmel – so oder ähnlich stellt sich der Mitteleuropäer Fidschi vor: eines der letzten Paradiese auf Erden. Daß es da auch eine andere Seite gibt, haben die beiden Staatsstreiche im Mai und September 1987 drastisch vor Augen geführt: Politischer Streit, Rassengegensätze, soziale Spannungen beherrschen den Alltag in dem vermeintlichen Paradies. Der Südseetraum also ein Traum derer, die nie in der Südsee waren? Auch dies wäre wohl zu vordergründig. Für den Urlauber ist Fidschi auch heute noch ein Traum, in dem der Postkartenkitsch zur Wirklichkeit wird, wo sich der einfache Mensch seine Ursprünglichkeit bewahrt hat, wo die Umwelt von menschlicher Zerstörungswut unberührt zu sein scheint. Zumindest die ländliche Region ist vom zivilisatorischen Fortschritt, der Fidschi zur führenden Nation innerhalb der heute selbständigen Südsee-Kleinstaaten befördert hat, weitgehend verschont geblieben. Und es sind nicht zuletzt die schroffen Gegensätze, die den Reiz Fidschis für den Besucher ausmachen.

Staatsname:	Fidschi
Amtssprache:	Englisch
Einwohner:	725 000
Fläche:	18 274 km² (Landfläche; 104 000 km² inkl. Meeresfläche)
Hauptstadt:	Suva
Staatsform:	Unabhängige Republik
Kfz-Zeichen:	FJI
Zeitzone:	MEZ +11 Std.
Geogr. Lage:	Südwestpazifik, östlich von Australien, nördlich von Neuseeland

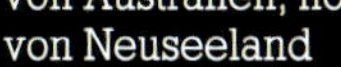

Aus alten Kriegstänzen ist der Meke entstanden. Er wird zu allen Gelegenheiten getanzt und ist allein Sache der Frauen. Heute gehört er zum touristischen Repertoire – vom martialischen Ursprung ist nichts mehr zu spüren.

»Fidschi – so wie die Welt eigentlich sein sollte« ?

Das also soll die vielbesungene Südsee sein? Der Besucher, übernächtigt vom Förderband des internationalen Flughafens Nadi an grimmig schauenden Zöllnern vorbei ins Freie gespuckt, ist enttäuscht: ein Vorplatz, angefüllt mit zum Teil schrottreifen Autos, eine eher triste Pflanzenwelt, Industrieatmosphäre. Ein Schmalspurbähnchen, vollgepackt mit Zuckerrohr, müht sich keuchend zur nahen Raffinerie, beiderseits der schmalen Straße Plastikabfälle und Cola-Dosen, ein paar abgemagerte Hunde, primitive Wellblechhütten.

Nach kurzer Fahrt mit einem klapprigen Taxi das Hotel. Der Gegensatz könnte größer nicht sein: Eingerahmt von einem gepflegten Golfplatz ein elegantes Gebäude inmitten einer Blütenpracht aus Hibiskus-Sträuchern, Frangipani-Bäumen und Bougainvillea-Dolden. Gegensätze dieser Art begleiten den Besucher überall – Fidschi ist das Land der grellen Kontraste. Beispielhaft dafür der Gegensatz zwischen Land und Stadt beziehungsweise Touristenzentrum: Während in der ländlichen Region die Zeit vor Jahrhunderten stehengeblieben zu sein scheint, haben die Städte den Anschluß an das Computerzeitalter erreicht.

Bezeichnend auch der Gegensatz zwischen Fidschianern und Indern, die angeblich und nach außen hin in Frieden und Harmonie miteinander leben. »Fidschi – so wie die Welt eigentlich sein sollte«, wirbt denn auch die Touristikindustrie. Die Wirklichkeit eignet sich weniger fürs Plakative: Beide Gruppen leben nicht miteinander, ja nicht einmal nebeneinander, sondern haßerfüllt gegeneinander. Der Besucher im Hotel merkt davon freilich nichts, er wird – und auch dies ist typisch für Fidschi – herzlich und liebenswürdig verwöhnt. Die Höflichkeit, die frei ist von Servilität, läßt etwas ahnen von dem Selbstbewußtsein, das dieses Volk über die Jahrhunderte hinweg in kriegerischen Auseinandersetzungen entwickelt hat.

Am nächsten Morgen, ausgeruht, Abfahrt in Richtung Suva. Wer Sinn hat für Südseeromantik, sollte früh aufstehen – die Küstenstraße bietet während des Sonnenaufgangs das Feinste vom Feinen: vor der Küste ein Korallenriff, an dem die Gischt weiß hochspritzt, davor in der Lagune das Wasser mal tiefblau, mal türkis, und dahinter – Kontrast zu den Palmen im Vordergrund –, von Violett über Rot bis zum Gelb die Farben des Regenbogens auskostend, der Himmel, bis die Sonne schließlich am Horizont erscheint und alles mit gleißendem Licht erfüllt.

Kawa – fidschianisches Lebenselixier

Wo immer wir auf der Fahrt Menschen sehen: fröhliches Winken – die Inder dabei etwas dezenter, die Fidschianer in ihrer ganzen ungebremsten Urwüchsigkeit. Die beiden Bevölkerungsgruppen leben in getrennten Dörfern, Vermischung gibt es kaum, ist ganz offenbar nicht erwünscht. Auch nicht in Zukunft, denn die Schulen werden von örtlichen Verwaltungsausschüssen betrieben, und die wiederum sorgen dafür, daß man unter sich bleibt. So wird in der Praxis Rassentrennung von Kindesbeinen an eingeübt, während die Propaganda gleichzeitig wortreich von rassischer Harmonie redet.

Wer in einem der fidschianischen Dörfer anhält, findet schnell Kontakt. Und natürlich reicht man dem Besucher sofort eine Kokosschale mit Kawa – auch Yanggona genannt –, die er – will er die Gastgeber nicht beleidigen – in einem Zuge austrinken muß. Oh, dieses Kawa! Spülwasser sieht so ähnlich aus, wird wohl auch so schmecken. Danach hat man ein pelziges Gefühl im Mund, wie beim Zahnarzt. Beruhigend soll das Zeug sein, aber es ist ein leichtes Rauschgift. Zubereitet wird Kawa aus den Wurzeln des Kawa- oder Rauschpfefferbaumes, die zerstoßen in einer hölzernen Schale, der Tanoa, mit Wasser angerührt werden. Der Besucher am Ende des 20. Jahrhunderts ist da vergleichsweise noch gut dran: Früher haben die Jungfrauen des Dorfes die Pfefferwurzeln zerkaut und den Saft dann in die Tanoa gespuckt. Wohl bekomm's!

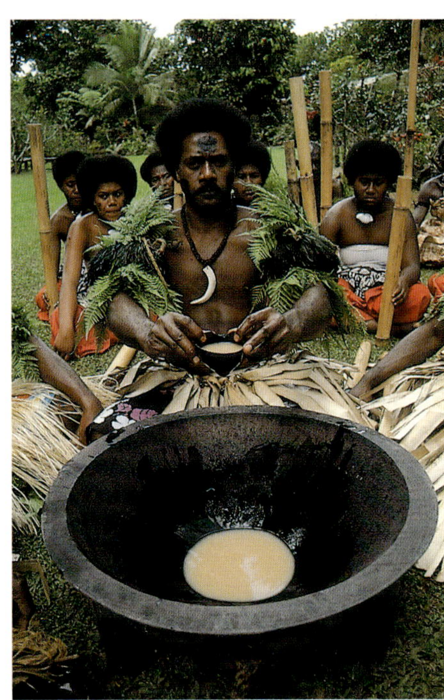

△ Ein Ritual der Gastfreundschaft ist die Kawa-Zeremonie. Mit dem Getränk aus Pfefferwurzeln heißen die fidschianischen Dorfbewohner ihre Besucher willkommen.

▷ Weil ihnen die Gesetze den Landkauf verbieten, haben sich die Inder auf den Handel konzentriert und beherrschen heute die Wirtschaft des Inselstaates.

Wir fahren, an eleganten Hotelanlagen vorbei, weiter auf der Queen's Road in Richtung Suva. Highway nennt sich diese Straße. Mehr noch als auf halsbrecherisch fahrende Omnibusse und Lastwagen muß man hier auf Kühe, Pferde, Ziegen und Hunde achten, die die Fahrbahn für ihr Eigentum halten. Besondere Vorsicht ist nachts geboten – da kann es passieren, daß eine Vollbremsung notwendig wird, weil auf dem Highway zwar nicht die Hölle los, aber ein Kawa-Gelage im Gange ist.

Die Nachfahren der Kannibalen in einer Dancing show

In Pacific Harbour, einem Retortendorf mit vorzüglicher Hotelanlage eine gute halbe Stunde vor Suva, lohnt sich ein Halt. Nicht nur, weil Strand, Golf und Tennis locken, weil in einem Ladenzentrum allerlei Souvenir-Schnickschnack feilgeboten wird, sondern besonders deshalb, weil es hier ein »Kulturzentrum« gibt, ein nachempfundenes traditionelles Dorf, in dem der Besucher per Dancing show in die Vergangenheit Fidschis entführt wird. Wilde Stammestänze mit drohend geschwungenen Speeren und schrillem Kriegsgeschrei vermitteln eine Ahnung vom Fidschi des 18. und 19. Jahrhunderts, jener Zeit, als hier die blutrünstigsten Kanniba-

worden ist, durch zwei Staatsstreiche – im Mai und September 1987 – auch noch aus dem Commonwealth herausgelöst hat.

Anlaß war eine Parlamentswahl, bei der die gemischtrassische Labour Party zusammen mit der indisch dominierten Federation Party eine knappe Mehrheit gewann und die bis dahin regierende Alliance Party ablöste. Obwohl der neue Premierminister wie der alte aus der fidschianischen Häuptlingselite des Landes stammt, glaubte ein wildgewordener Oberstleutnant namens Sitiveni Rabuka, diesen »Ausverkauf fidschianischer Interessen« stoppen zu müssen. Ein zweifacher Militärputsch mobilisierte die Rassisten, es kam zu Exzessen, viele Inder verließen ihre Heimat. Danach ging alles seinen gewohnten Gang: Die Machthaber von früher saßen wieder am Futtertrog und redeten weiter von »Rassenharmonie«. Für die ist in der Tat gesorgt: Der Westentaschen-Rambo Rabuka wurde Innenminister und damit zuständig für Polizei und Geheimdienst.

Kerekere – das traditionelle Handaufhalten

Auf einer Wiese neben dem Parlamentsgebäude spielen Fidschianer Rugby. »Der Kannibalismus des 20. Jahrhunderts«, spottete ein Engländer angesichts der Art und Weise, wie sich die Spieler keilen. Auch das ist typisch: Während die Fidschianer ihre Freizeit gestalten, sind die Inder emsig bei der Arbeit. Sie beherrschen denn auch die Wirtschaft, kaum ein Geschäft ist in fidschianischer Hand.

Dafür gelingt es der fidschianischen Regierung um so besser, Entwicklungshilfegelder ins Land zu holen, von einzelnen Ländern ebenso wie von internationalen Organisationen. Fidschi ist Weltmeister im Handaufhalten, und es tut dies mit größter Selbstverständlichkeit, ohne eine Spur von Dankbarkeit gegenüber den Gebern.

Der Grund dafür liegt in der jahrhundertealten Tradition des Kerekere, die als Basis des fidschianischen Gemeinschaftslebens angesehen werden kann. Kerekere heißt, daß eine Bitte nicht abgewiesen werden kann und daß demzufolge jeder mit jedem teilt, was er besitzt. Und warum sollte, was in der fidschianischen Dorfgemeinschaft so vorzüglich klappt, im Gemeinschaftsleben der Völker nicht auch funktionieren?

Von Suva aus lohnt sich die ein wenig unbequeme, aber landschaftlich reizvolle Fahrt auf der King's Road über Korovou nach Rakiraki (Übernachtungsmöglichkeit) und von dort weiter an der Küste entlang wieder nach Nadi. Etwa 400 Kilometer ist diese Rundreise um die Insel lang, im zweiten Teil (Nadi–Suva) zumeist auf unbefestigter Straße.

Und die Bilderbuchstrände mit weißem Sand? Die sind auf der Hauptinsel Viti Levu kaum zu finden – da muß man wohl oder übel auf eine der kleinen Inseln fahren oder fliegen, am besten auf die Yasawas. Aber bitte nicht gerade in der Hurrikan-Saison zwischen November und April: Dann kann es dort nämlich recht ungemütlich werden. Ansonsten aber: Der Südseetraum ist, trotz mancher Einschränkungen, noch immer ein lohnender Traum.

len der Südsee zu Hause waren, berüchtigt für die Grausamkeit, mit der sie bei Stammesfehden untereinander aufräumten, berühmt für den Mut, mit dem sie ihre Feinde das Fürchten lehrten. Vielleicht hätten sie sich schließlich gegenseitig ausgerottet, wenn Mitte des vorigen Jahrhunderts Oberhäuptling Cakobau – der sich, dem Vorbild europäischer Herrscher nacheifernd, mit einer hölzernen Krone für viereinhalb Dollar zum König krönen ließ – nicht die Idee gehabt hätte, sein chaotisches Land einer Großmacht zu unterstellen.

Einfacher gesagt als getan – Cakobau bot Amerikanern, Deutschen und Engländern seine Inseln an wie saures Bier; nach mehrmaliger Zurückweisung erbarmte sich schließlich 1874 Königin Viktoria. Die königlichen Berater machten fruchtbaren Boden und ein ideales Klima für den Anbau von Zuckerrohr aus. So sammelte die damalige Weltmacht Großbritannien im ebenfalls von ihr kolonisierten Indien Arbeiter und verfrachtete sie nach Fidschi – mit dem Ergebnis, daß heute die Inder in Fidschi die Bevölkerungsmehrheit bilden.

Den Abschluß der Show in Pacific Harbour bildet Meke, eine Art Volkstanz, entstanden aus den Kriegstänzen vergangener Tage. Und spätestens jetzt ist eine weitverbreitete Touristenillusion zerstört: Die Frauen hier sind keineswegs die zierlichen Südseeschönheiten der Reiseprospekte, die Grazien Fidschis bringen leicht zwei Zentner Lebendgewicht auf die Waage. Der Meke dieser Walküren besteht denn auch vorzugsweise aus Armbewegungen und rhythmischem Stampfen – da bebt die Erde. Eindrucksvoll auch die Show der Firewalkers, Fidschianer von der Insel Bega, die – nach einer einstimmenden Meditationsphase – mit bloßen Füßen auf glühenden Steinen herumlaufen.

△ Exotische Insel in der Weite des Südpazifik: Treasure Island. Nur eine Bootsstunde von Lautoka auf der Hauptinsel Viti Levu entfernt liegt das Paradies für Taucher mit einer zwischen Palmen versteckten Bungalow-Anlage und unberührten, einsamen Stränden.

Suva – Metropole der Südsee

Das letzte Teilstück der Straße nach Suva führt durch Regenwälder, deren sattes Grün jeden Gedanken an Waldsterben und Umweltverschmutzung ins Reich der bösen Träume zu drängen scheint. Doch kaum ist die Hauptstadt erreicht, hat die Realität den Besucher schon wieder eingeholt: eine riesige Müllkippe am Meeresrand, ein Ölfilm auf dem Wasser im Hafen, in der Innenstadt ein Bach, der als Abfalldeponie benutzt wird und entsprechend stinkt. Bilder und Gerüche der Zivilisation.

Ohne Zweifel ist Suva die Metropole der Südsee: mit nur wenig mehr als 120000 Einwohnern für Europäer und Amerikaner eine Stadt mittlerer Größe, für den Besucher aus Tonga oder Samoa eine Weltstadt. Hinzu kommt, daß es hier fast alles zu kaufen gibt, aufgrund entsprechender Zollbestimmungen teilweise sogar billiger als in Australien oder Neuseeland. Für die Besucher aus den Nachbarländern ist Fidschi denn auch ein Einkaufs- und Ferienparadies.

Der Westminster-Schlag der Turmuhr am Parlamentsgebäude von Suva mag früher englischen Kolonialbeamten heimatliche Gefühle vermittelt haben – Big Ben im Südpazifik als Symbol englischer Lebensart. Heute wirkt das Ganze ein wenig anachronistisch, nachdem sich das Land, das 1970 von den Engländern in die Unabhängigkeit entlassen

Landesnatur

Fläche: 18 274 km² (Landfläche; knapp halb so groß wie die Schweiz); 104 000 km² inkl. Meeresfläche
Ausdehnung: West–Ost 450 km, Nord–Süd 550 km
Höchster Berg: Tomanivi 1322 m
Längster Fluß: Rewa 120 km

Zum Staatsgebiet von Fidschi gehören 320 größere Inseln (davon 110 bewohnt). Die beiden Hauptinseln Viti Levu (10 027 km²) und Vanua Levu (5342 km²) erbringen zusammen 84 % der Landfläche. In einem Radius von rd. 250 km gruppieren sich die Fidschiinseln in Hufeisenform um die Korosee. Die benachbarten Inselstaaten Tuvalu (im Norden), Samoa (im Nordosten), Tonga (im Osten) und Vanuatu (Neue Hebriden, im Westen) sind jeweils etwa 800 km von Fidschi entfernt. Die Ostseite des Hufeisens bilden die zahlreichen Kleininseln der Laugruppe.

Naturraum
Nur die größeren Inseln bestehen aus vulkanischem Gestein und sind von Korallenriffen umgeben; die übrigen Inseln sind auf Korallenkalken aufgebaut und bilden zumeist Atolle. Die vulkanischen Inseln werden von stark zerklüfteten Gebirgslandschaften und einem schmalen flachen Küstenstreifen geprägt. Sowohl der höchste Berg (Tomanivi) als auch der längste Fluß (Rewa) befinden sich auf der Hauptinsel Viti Levu.

Die größeren Inseln sind vulkanischen Ursprungs und erreichen auf Viti Levu Höhen von mehr als 1300 Metern.

Klima
Das tropisch-maritime Klima der Fidschiinseln wird vorwiegend vom Südostpassat bestimmt. Während der Regenzeit von Dezember bis April erhalten v. a. die Südostflanken der Inseln hohe Niederschläge (über 5000 mm im Jahr). In Nordwestgebieten, die im Windschatten liegen, fällt nur von November bis April Regen (1700–2000 mm im Jahr); während dieser Zeit treten auch häufig verheerende Wirbelstürme und Sturzregen auf. Die mittlere Jahrestemperatur von 25 °C schwankt jahreszeitlich nur wenig.

Vegetation und Tierwelt
Tropischer Regenwald mit Orchideen, Palmen, Farnen und Bambus wächst an den regenreichen Südostseiten der Inseln. Im trockeneren Nordwesten herrscht Savannenvegetation vor, die mit ihrer Braunfärbung einen starken Kontrast zum Wald- und Buschland des Südostens bildet. An den Küsten wächst Mangrove.
Die spärliche Tierwelt weist nur wenige einheimische Arten (Vögel, Reptilien) auf. Die anderen Tierarten wurden ursprünglich als Haustiere eingeführt. Wild leben heute wieder die zur Ratten- und Schlangenbekämpfung aus Indien eingeführten Mangusten (graue Schleichkatzen).

Politisches System

Staatsname: Matanitu Ko Viti
Staats- und Regierungsform: Unabhängige Republik
Hauptstadt: Suva
Mitgliedschaft: UN, SPF, AKP, Colombo-Plan

Die 1987 durch einen Militärputsch suspendierte Verfassung entsprach dem britischen Muster. Legislative war das Zweikammerparlament. Das Repräsentantenhaus hatte 52 gewählte Abgeordnete, der Senat 22 vom »Häuptlingsrat«, Oppositionsführer und »Rotuma Rat« ernannte Mitglieder. Exekutive war das Kabinett unter dem Führer der Mehrheitspartei als Premier. Nach den Vorstellungen des derzeit herrschenden Häuptlingsrates soll der Senat abgeschafft und dafür das Repräsentantenhaus erweitert werden.
Der Inselstaat ist in 14 Provinzen aufgeteilt.
Neben einheimischen Gesetzen ist das britische »Common Law« allgemeine Rechtsgrundlage.

Mangusten, einst gegen Ratten und Schlangen eingeführt.

Bevölkerung

Einwohnerzahl: 725 000
Bevölkerungsdichte: 39 Einw./km²
Bevölkerungszunahme: 1,5 % im Jahr
Größte Städte: Suva (120 000 Einw.), Lautoka (31 000)
Bevölkerungsgruppen: 51 % Inder, 45 % Fidschianer, 4 % Minderheiten

Die Inder, die in der zweiten Hälfte des 19. Jh. von den Engländern als Kontraktarbeiter ins Land geholt wurden, stellen heute den größten Bevölkerungsanteil. Der indische Bevölkerungsanteil lebt überwiegend in Städten, während die Ureinwohner noch weitgehend an der traditionellen hierarchischen Dorfgemeinschaft festhalten. Beide in ihrer Mentalität sehr verschiedenen Volksgruppen rivalisieren um die Vormacht in Politik und Wirtschaft.
Amtssprache ist Englisch; die Inder sprechen auch Hindi, die ursprünglichen Fidschianer Fidschi. Etwa die Hälfte der Bevölkerung bekennt sich zum christlichen Glauben, 40 % sind Hindus und 8 % Moslems.

Soziale Lage und Bildung
Die gesetzliche soziale Absicherung ist nicht sehr weit gediehen, das Gesundheitswesen dagegen gut entwickelt. Das Bevölkerungswachstum geht leicht zurück; fast die Hälfte der Bewohner ist jünger als 20 Jahre.
Es gibt bislang keine Schulpflicht, doch besuchen fast alle 6- bis 16jährigen die Schule. Der Unterricht an Grundschulen ist kostenlos. Fidschi besitzt seit 1968 in Suva eine eigene Universität.

Wirtschaft

Währung: 1 Fidschi-Dollar ($F) = 100 Cents (c)
Bruttoinlandsprodukt (in Anteilen): Land- und Forstwirtschaft 23 %, industrielle Produktion 21 %, Dienstleistungen 56 %
Wichtigste Handelspartner: Großbritannien, Australien, Neuseeland, Japan, USA, Singapur

Landwirtschaft und Tourismus sind die beiden wichtigsten Wirtschaftszweige. Das hohe Handelsbilanzdefizit kann nur durch Einnahmen aus dem Tourismus teilweise ausgeglichen werden. Nach dem Staatsstreich von 1987 stellten die USA, Australien und Neuseeland ihre Wirtschaftshilfe an Fidschi ein.

Landwirtschaft
Wichtigste Exportgüter sind Zuckerrohr, Ingwer und Kopra. Die Viehwirtschaft deckt lediglich den Eigenbedarf; Fisch wird in großen Mengen exportiert.
Die Wälder (65 % der Gesamtfläche) mit großen Edelholzbeständen werden mangels Infrastruktur noch kaum genutzt.

Bodenschätze, Energie
Vorwiegend werden Gold und Silber gewonnen, daneben Mangan-, Kupfer- und Eisenerz. Um die Erdölimporte zu reduzieren, soll die Stromerzeugung aus Wasserkraft, vor allem auf Viti Levu, ausgebaut werden.

Industrie, Handel
Neben der Verarbeitung von Agrarrohstoffen gibt es Industrie für Eisen- und Kunststoffwaren, Schnittholz, Zement, Konserven sowie zur Montage von Maschinen. Landwirtschaftliche Güter machen den Großteil der Exporterlöse aus; Zucker erbringt zwei Drittel des Exportvolumens. Eingeführt werden vorwiegend Erdöl und Erdölprodukte, Nahrungsmittel, Maschinen und Elektroartikel.

Verkehr, Tourismus
Auf den größeren Inseln besteht ein unzureichendes Straßennetz (rd. 4300 km). Zwischen den einzelnen Inseln verkehren zahlreiche Schiffe und Flugzeuge. Internationaler Flughafen ist Nadi auf Viti Levu; die größten Häfen sind Suva, Lautoka und Levuka.
Große Bedeutung hat der Fremdenverkehr vor allem mit Touristen aus Australien, Neuseeland, Japan und den USA.

Geschichte

Archäologischen Funden nach zu schließen wurden die Fidschiinseln im späten 2. Jahrtausend v. Chr. von melanesischen Einwanderern besiedelt, nach 1500 v. Chr. ließen sich auch Polynesier auf dem Archipel nieder. Als erster Europäer sichtete der holländische Seefahrer Abel J. Tasman 1643 die Fidschis. 1774 entdeckte der Engländer James Cook die südliche Insel Vatoa, 1789 Kapitän William Bligh (nach der Meuterei auf der »Bounty«) die Inseln Viti Levu und Vanua Levu. Zu Beginn des 19. Jh. folgten den Entdeckern Siedler, Missionare und Händler. Letztere hatten besonderes Interesse an den wertvollen Sandelholzbäumen der Fidschiinseln. Binnen weniger Jahre waren die Bestände fast ganz abgeholzt.
Im Stammesstreit um die Oberherrschaft über die Inselgruppe siegte 1855 der von Tonga unterstützte Häuptling Cakobau. Der »König von Fidschi« schloß mit den Briten Handels- und Landverträge ab. Er bekannte sich zum Christentum und schaffte den Kannibalismus ab. 1874 übernahm Großbritannien die Fidschiinseln als Kronkolonie. Regierungssitz wurde 1880 die Stadt Suva auf der Insel Viti Levu. Das Interesse der Europäer an Fidschi galt der Baumwolle. Nach dem Verfall der Baumwollpreise um 1870 setzten die Siedler auf den Anbau von Kokospalmen, vor allem aber von Zuckerrohr. Als eine Masernepidemie 1875 über ein Drittel der damals etwa 200000 überwiegend melanesischen Bewohner dahinraffte, wurden für die Arbeit auf den Zuckerrohrplantagen zwischen 1879 und 1916 insgesamt 63000 indische Kontraktarbeiter für 10 Jahre unter Vertrag genommen. Viele Inder blieben aber auch nach Ablauf ihres Vertrages, was zur ethnischen Zweiteilung Fidschis führte. Im Zweiten Weltkrieg war Fidschi von den USA besetzt.
1959 kam es zu schweren Unruhen zwischen den vor allem bei der Bodenverteilung benachteiligten Indern und den Melanesiern. Am 10. 10. 1970 erlangten die Fidschiinseln ihre Unabhängigkeit, blieben jedoch Mitglied des Commonwealth. Bei den Parlamentswahlen im April 1987 wurde die seit 17 Jahren regierende konservative Alliance Party, die den melanesischen Bevölkerungsteil repräsentiert, von einer linksgerichteten oppositionellen Koalition abgelöst. Der neue Ministerpräsident Timoci Bavadra erklärte nach seiner Vereidigung, Fidschi werde künftig seine Häfen US-Kriegsschiffen mit nuklearer Bewaffnung verschließen. Am 14. 5. 1987 wurde Bavadra, der sich für die Rechte der indischen Bevölkerung einsetzte, durch einen Staatsstreich abgesetzt. Am 20. Mai kam es in Suva zu blutigen Zusammenstößen zwischen Mitgliedern der melanesischen und indischen Volksgruppen. Durch einen weiteren Staatsstreich am 25. 9. 1987 kam Oberstleutnant Sitiveni Rabuka an die Macht. Am 7. 10. 1987 wurde Fidschi zur Republik erklärt und am 13. 10. 1987 auf dem Commonwealth-Gipfel in Kanada aus der Gemeinschaft ausgeschlossen.

Seit 1988 wieder an der Macht, wie schon von 1970 bis 1987: Premierminister Ratu Sir Kamisese Mara von der Alliance Party.

Kultur

Seit uralten Zeiten ist die südpazifische Inselgruppe Begegnungspunkt und Schmelztiegel melanesischer wie polynesischer Stämme. Die Fidschiinsulaner leben vorwiegend in Dorfgemeinschaften. Ihre rechteckigen Häuser bestehen aus geflochtenen Bambuswänden: Gras oder Palmblätter bedecken das hohe Firstdach. Die Stellung der Groß- und Dorfhäuptlinge ist bis heute unverändert geblieben. Auch die traditionellen Bräuche der gegenseitigen Hilfe aller Familien-, Dorf- und Stammesmitglieder und der gemeinschaftliche Besitz haben sich erhalten, wenngleich sie durch europäische Konventionen und die industrielle Arbeitswelt modifiziert worden sind.
Unter dem Einfluß der Inder entstanden vor allem in den Städten Tempelbauten. An die altindische Kultur erinnern auch das Hindu-Lichterfest und Zeremonien der Feuerläufer.
Bis zur Ankunft der Europäer Anfang des 19. Jh. pflegte die traditionsbewußte einheimische Bevölkerung eine Reihe von Ritualen und Bräuchen, die heute meist nur noch zu bestimmten kulturellen Anlässen oder Touristenveranstaltungen praktiziert werden. Bei der Meke-Zeremonie führen die Einheimischen singend und tanzend historische Episoden vor, und die wilden Kriegstänze der Männer erinnern an die Zeiten des Kannibalismus.
Im Museum von Suva sind noch die vierzackigen Gabeln zum Verzehr von Menschenfleisch zu sehen. Beim »Feuerlaufen« auf der Insel Bega (Mbengga) tanzen die Männer barfuß über glühend heiße Steine. Polynesisches Erbe ist das Kawa-Willkommens-Ritual: Der Gastgeber reicht ein Getränk aus Pfefferwurzeln (Kawa), das Lippen und Zunge leicht betäubt. Dieses gemeinsame Trinken soll Freundschaften festigen und den Zusammenhalt der Dorfbewohner untermauern. Zum traditionellen Kunsthandwerk gehört die Töpferei. Bei ihrer Keramikarbeit halten sich die Fidschianerinnen streng an lokale Formen und Verzierungen. Charakteristisch sind auch Holzschnitzereien, geflochtene Matten und der Rindenbaststoff »Tapa«.
Durch die Berührung mit der westlichen Welt droht allerdings die traditionelle Inselkultur mehr und mehr verlorenzugehen.

Reise-Informationen

Einreise- und Fahrzeugpapiere
Bürger der Bundesrepublik Deutschland, der Schweiz und Österreichs benötigen für einen Aufenthalt bis zu 30 Tagen (Verlängerung möglich) einen mindestens vier Monate gültigen Reisepaß bzw. Kinderausweis.
Als Fahrerlaubnis ist der internationale Führerschein erforderlich.
Zoll
Bei der Einreise sind zollfrei: pro Person ab 17 Jahre 200 Zigaretten oder 50 Zigarren oder 225 g Tabak und 1 Liter Spirituosen, etwas Parfüm sowie Geschenke bis 30 Fidschi-$.

Martialischer Häuptlingsschmuck: eine aus Pottwalzähnen gefertigte Halskette.

Devisen
Fidschi-$ dürfen in geringen Mengen, ausländische Devisen unbegrenzt ein- und (in deklarierter Höhe) wieder ausgeführt werden.
Impfungen
Gegen Gelbfieber müssen nur Reisende aus Infektionsgebieten geimpft sein.
Verkehrsverhältnisse
Die Inseln werden durch Schiffs- und Fluglinien verbunden. Auf den größeren Inseln verkehren Busse; auf Viti Levu stehen Taxis und Leihwagen zur Verfügung. Es herrscht Linksverkehr.
Unterkünfte
Auf Viti Levu gibt es zahlreiche Hotels von internationalem Standard. Die kleineren Inseln bieten nur wenige Übernachtungsmöglichkeiten.
Reisezeit
Mai bis Oktober sind die klimatisch angenehmsten Monate.

Französisch-P

Dieter Rumpf

…lynesien

Am Anfang waren das Meer und die Vulkane. Jahrtausende machten daraus diesen Edelstein im Stillen Ozean: Moorea.

»Zufrieden mit dieser einfachen Art zu leben, wissen die Bewohner eines so glücklichen Clima nichts von Kummer und Sorgen, und sind bey aller ihrer übrigen Unwissenheit glücklich zu preisen.« Der so im 18. Jahrhundert schwärmte, war der junge deutsche Wissenschaftler Johann Georg Forster. Von Bord der »Resolution« unter dem Kommando des berühmten Weltumseglers James Cook blickte er hinüber auf die immergrünen Vulkanberge Tahitis. Forster war einer der ersten in einer langen Reihe von Bewunderern, die hier das Paradies vermuteten, die am Mythos Tahiti zimmerten und von glücklichen Menschen träumten, »deren einzige Leidenschaft die Liebe ist«, wie der Franzose Bougainville schon vor dem Deutschen in seinem Bordbuch vermerkt hatte.
Tahiti, Moorea, Bora-Bora, Huahine, Raiatea, grüne Juwelen im Blau des Pazifiks – klassische Fernwehziele seit Generationen. Ein klassischer Mythos aber auch, der schon vor zwei Jahrhunderten an der Realität vorbeiging. Denn das Leben war hier nie ohne Probleme. Heute sind es Arbeitslosigkeit – und Angst vor der Bombe.

Amtlicher Name:	Französisch-Polynesien
Amtssprachen:	Französisch, Polynesisch
Einwohner:	183000
Fläche:	4010 km² (Landfläche; 6 Mio. km² inkl. Meeresfläche)
Hauptstadt:	Papeete (auf Tahiti)
Polit. Status:	Französisches Überseeterritorium (T. O. M.)
Kfz-Zeichen:	F
Zeitzone:	MEZ +11 Std.
Geogr. Lage:	Südlicher Pazifik, zwischen Australien und Südamerika

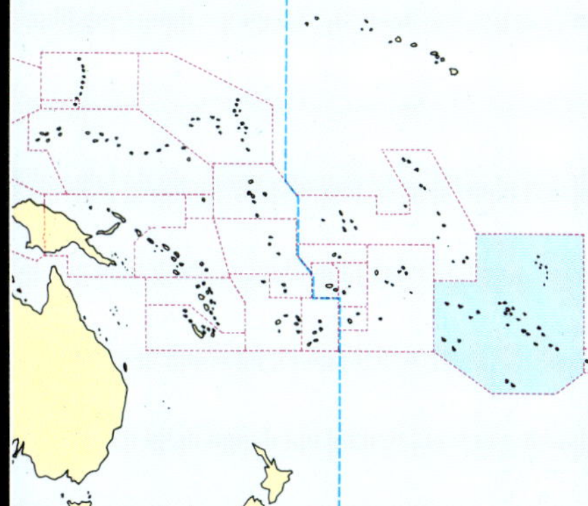

Empfang mit Südsee-Melodien und Tiare-Kränzen

Eine Szene mit Symbolcharakter: Zwei Männer spielen auf Gitarren schwermütige Südsee-Melodien, möglicherweise in Pariser Tonstudios kreiert. Neben ihnen eine Sängerin. Wie ihre Kollegen ist auch sie mit Kränzen geschmückt. Blumenhändlerinnen auf dem Markt von Papeete flechten sie aus den weißen Tiare-Blüten. Tiare duftet wie Jasmin und gilt als süßes Kennzeichen Französisch-Polynesiens. Klar, das Trio präsentiert sich auch im Pareo. Die Herren der Inseln knoten dieses farbige Wickeltuch lässig um die meist zu fülligen Hüften, die Damen drapieren es zu phantasiereichen Formen. Pareo, das ist die »touristische Uniform« auf den unter französischer Oberhoheit stehenden rund 130 Südsee-Inseln. Savoir vivre – Frankreich und ein Schuß Südsee!

Publikum für die musikalischen Bemühungen, dargeboten in einem Winkel der Ankunftshalle des Flughafens, sind jene etwa 200 Passagiere, die – soeben einem Jumbo aus Neuseeland entstiegen – sich jetzt vor den Schaltern der Einreisebehörden stauen. Es ist drei Uhr morgens. Müde blicken sie hinüber zu dem Trio und begegnen erstmals einem jener Trugbilder, von denen sie in den nächsten Tagen oder Wochen noch weitere kennenlernen werden. Denn Schein und Sein sind zwei Paar Stiefel auf den Inseln Französisch-Polynesiens.

Der Grund für die oft nächtliche Ankunft in Faaa, dem 1961 eröffneten Großflughafen bei Papeete auf Tahiti, sind günstige Abflugzeiten der Jets in Neuseeland, Australien und, vor allem, in den USA. Von dort kommt die Mehrzahl jener Touristen, die in Französisch-Polynesien den »Franc Pacifique« rollen lassen. 120000 sind es pro Jahr, mehr werden es trotz aller Bemühungen nicht. Tahiti und die anderen Touristeninseln wie Moorea, Bora-Bora, Huahine oder Raiatea sind zu teuer. Und zu weit weg.

Abfahrt: zum Maeva Beach, Tahara'a oder Beachcomber – Namen, die auf der Zunge zergehen, drei von mehreren Luxusherbergen, die das Südsee-Paradies Tahiti offeriert. Allerdings nur jenen, die sich den Eintrittspreis leisten können. Auch einfachere Hotels sind nicht gerade billig. Sie alle warten auf die Neuankömmlinge, denen man nach der Flughafen-Ouvertüre gleich auch noch einen Tiare-Kranz umgehängt hat und die nun, ob solch intensiver Zuwendung trotz Müdigkeit froh gestimmt, per Bus zu den etwa 3000 Hotelbetten der Inseln verfrachtet werden.

Explosionen im vermeintlichen Paradies

Am Tourismus, der sich ab Mitte der sechziger Jahre zur wichtigsten Einnahmequelle mauserte, verdienen von den über 180000 Einwohnern nur 4000 – die Polynesier meist als Zimmermädchen, Gepäckträger, Fahrer oder Kellner, die Ausländer vorwiegend in Führungspositionen. Die Masse der Einwohner aber hat Existenzsorgen. 85 Prozent aller Lebensmittel müssen importiert werden, und das übers weite Meer. Exorbitant sind denn auch die Preise.

Die können viele nicht mehr bezahlen. Ein Fünftel der fast 80000 Einwohner von Papeete lebt, so schätzt man, zusammengepfercht in Wellblechbuden. Ohne Wasserversorgung und ohne Strom. Viele dieser Zukurzgekommenen haben keine Arbeit. Unmut staute sich auf. »Früher haben sie uns die Frauen genommen, dann unser Land, jetzt nehmen sie uns die Jobs!« Im Oktober 1987 explodierte das vermeintliche Paradies. 150 Häuser brannten. Jugendlicher Mob hatte einen Streik der Hafenarbeiter mit Molotow-Cocktails in die Läden der Chinesen getragen. Diese Minderheit – zehn Prozent der Gesamtbevölkerung –, deren Urgroßväter als Arbeitskräfte nach Tahiti geholt worden waren und die heute den Handel kontrolliert, wurde zum Sündenbock für die Politik des Mutterlandes. Paris hatte zwar alle, ungeachtet ihrer rassischen Zugehörigkeit, zu französischen Bürgern gemacht, aber nicht allen die gleichen Chancen eingeräumt.

Mit Explosionen aber hat man Erfahrung in Französisch-Polynesien. Mururoa und Fagataufa – die Bombe! 1963 hatte General de Gaulle sie angekündigt, drei Jahre danach erschütterte die erste Detonation die Korallenatolle in den Tuamotus, 1300 Kilometer von Papeete entfernt. Seitdem sind mindestens 120 Atom- und Wasserstoffbomben über und unter Mururoa und dem benachbarten Fagataufa explodiert. Kein Problem, sagt Paris. Die Polynesier nehmen es weniger gelassen und verfolgen mit Skepsis die amtliche Krebsstatistik.

»Die gefährlichen Inseln« hatten die Entdecker die Tuamotus genannt. Das aber hatte einen anderen Grund: Die Seeleute bemerkten die flachen Korallen-Eilande manchmal zu spät – die Gegend wurde zum Schiffsfriedhof. Alle anderen Inselgruppen Französisch-Polynesiens sind durch Vulkanismus entstanden, und die zum Teil mehr als 2000 Meter hohen Berge sind nautische Wegweiser durch diesen Teil des Pazifiks.

Ein Traum wird geboren

Im Jahre 1595 navigierte der Spanier Mendaña de Neyra als erster sein Schiff durch das Inselgewirr von Französisch-Polynesien. Nach ihm kam lange Zeit niemand. Dann aber ging es Schlag auf Schlag: 1767 ankerte der Engländer Samuel Wallis, 1768 der Franzose Bougainville und wiederum ein Jahr später der berühmte James Cook vor der großartigen Kulisse des fast 2300 Meter hohen Orohena und des nur unwesentlich niedrigeren Aorai mit ihren dschungelbewachsenen Abhängen.

Die drei Kapitäne und ihre Mannschaften trafen auf scheinbar unbeschwerte Menschen. Man genoß, was einem geboten

▽ ***Auf der Suche nach dem wahren, unverfälschten Südseeparadies verließ der Maler Paul Gauguin 1901 Tahiti und floh auf die unberührte Insel Hiva Oa, wo er 1903 verstarb. Das Paradies ist nicht mehr: Für den Fotografen posieren junge Frauen der Insel an seinem Grab.***

wurde: Mädchen, die sich für einen rostigen Schiffsnagel erkenntlich zeigten; Taro-Knollen, Bananen, Schweine, Fische und Kokosnüsse, von bemalten Kriegern in prächtig geschmückten Kanus zum Tausch gegen billigen Tand angeboten; eine Vegetation mit Brotfruchtbäumen, Feuerakazien, Regenbäumen, Hibiskushecken, Bougainvilleasträuchern und anderen blühenden Pflanzen, für die man im kalten Europa noch nicht einmal einen Namen hatte; Vulkangipfel, die sich in atemberaubender Schroffheit in den blauen Tropenhimmel reckten, und an den feinsandigen Palmenstränden saß man ums Feuer, trank, aß und tanzte. Damals wurde der

◁ ***Die Figur des Tiki – Hauptgott des Archipels – wurde früher auf Kultplätzen aufgestellt. Die schönsten der aus Holz geschnitzten oder aus Basalt gemeißelten Tikis finden sich auf Hiva Oa.***

▽ ***Das Panorama von Tahiti: ein Strand unter Palmen, schilfgedeckte Pfahlbauten, die Stille des Ozeans und am Horizont die Berge von Moorea – Südsee, wie man sie erträumt.***

Blutigen Götterkulten und freizügigen Tänzen (Tamure) haben Missionare vor fast 200 Jahren ein Ende gemacht. Koloniales Machtstreben beförderte 1788 unter König Pomare I. die erste und einzige zentrale Dynastie dieser Eilande an die Macht. Unter seinem Nachfolger setzte sich der Protestantismus durch. Schließlich hatte Frankreich aber doch die Nase vorn im kolonialen Ringen, und 1880 wurden die Inseln französische Kolonie. Als wenig später der berühmte Maler und Schriftsteller Paul Gauguin eintraf, fand er in Papeete schon nicht mehr jenes Paradies, von dem damals er und ganz Europa schwärmten. 1958 rief de Gaulle die Kolonialvölker Frankreichs an die Urnen und ließ sie über ihre politische Zukunft abstimmen. Französisch-Polynesien blieb französisch. Als Übersee-Territorium.

Tahiti, Moorea, Bora-Bora, Huahine, Raiatea, die Marquesas und die Tuamotus, die Austral-Inseln und die Gambier-Gruppe – eine schillernde Perlenkette im Blau des Pazifiks, der Fernwehtraum seit Generationen. Vieles aber stimmt nicht überein mit den

Traum von den glücklichen Inseln, von Menschen im Paradies geboren. »La Nouvelle Cythère«, Neu-Kythera, jubelte Bougainville, »wo Aphrodite die Göttin der Gastfreundschaft ist«. Noch heute wird, ohne Emotion, mit diesem Traum geworben.

Traumbild und Wirklichkeit

Was die Seeleute damals nicht sahen: Häuptlinge, die ihre Dörfer terrorisierten und miteinander in blutiger Fehde lagen; Götterkulte, für die Berufspriester Menschenopfer forderten und erhielten – kurzum: die Realität. Sie blieb indes nicht nur den ersten Besuchern verborgen. Die Wirklichkeit auf den insgesamt rund 4000 Quadratkilometern Französisch-Polynesiens hat sich den Fremden auch später nur schwer erschlossen.

Sehnsüchten derer, die morgens um drei mit Gitarrenspiel und Tiare-Kranz eingestimmt werden auf die Begegnung mit den »glücklichen Inseln«.

Aber dann, am frühen Abend, flanieren sie am Boulevard Pomare, so genannt nach Tahitis letztem König, der sich zu Tode gesoffen hat. Hinter ihnen die Betonburgen des modernen Papeete, das alles Polynesische abgestreift hat wie einen alten Mantel, vor ihnen der Jachthafen. Sie erleben ein Spektakel, das wohl nirgendwo sonst geboten wird: Die untergehende Sonne zerbirst hinter den bizarren Berggipfeln des nahen Moorea, taucht die Felszacken in flammendes Rot, und das Meer färbt sich schwarz; Palmenwedel entlang der Strandpromenade pinseln den Abendhimmel orange an. Und die Mädchen von Tahiti, von den Gambiers, Tuamotus oder Marquesas legen noch eine Schicht Rouge auf und bekränzen sich mit Tiare. Bien …

Landesnatur

Fläche: 4010 km² (Landfläche, rd. eineinhalbmal so groß wie Luxemburg); 6 Mio. km² inkl. Meeresfläche
Ausdehnung: Nord–Süd 2800 km, West–Ost 2500 km
Höchster Berg: Mont Orohena (auf Tahiti) 2241 m
Größte Insel: Tahiti 1042 km²

Französisch-Polynesien besteht aus 130 Inseln in insgesamt fünf Archipelen. Die Inselketten verlaufen fast ausschließlich in Nordwest-Südost-Richtung. Über 40 % der gesamten Landfläche umfaßt allein die Gruppe der Gesellschaftsinseln (Iles de la Société, 1647 km²) mit den meistbesuchten Inseln Tahiti, Moorea und Bora-Bora. Östlich der Gesellschaftsinseln liegen weit verstreut die Tuamotu-Inseln (885 km²) mit dem Mururoa-Atoll im Süden, im Südosten die Gambierinseln (30 km²), im Norden die Marquesasinseln (1274 km²), im Südwesten die Tubuaï- oder Australinseln (174 km²).

Naturraum
Die Archipele lassen sich in zwei Gruppen einteilen, in Vulkaninseln und Koralleninseln. Die Gesellschafts-, Tubuaï-, Marquesas- und Gambierinseln sind vulkanischen Ursprungs mit gebirgiger, zerklüfteter und stark verwitterter Oberfläche. Der Tuamotu-Archipel besteht dagegen ausschließlich aus Koralleninseln, flachen Atollen mit wenig fruchtbarem Boden, selten höher als 50 m.

Kein Südseeparadies, sondern eine moderne Hauptstadt: Papeete auf der Vulkaninsel Tahiti.

Klima
Das Klima ist tropisch. Von Mai bis Oktober beträgt die mittlere Temperatur 25 °C; von November bis April ist Hauptregenzeit bei durchschnittlich 27 °C. Auf den gebirgigen Vulkaninseln erreichen die mittleren Jahresniederschläge 2000 bis 5000 mm, auf den flachen und kleinen Koralleninseln nur 1200 bis 1400 mm. Zwischen Dezember und Februar sind Wirbelstürme keine Seltenheit.

Vegetation und Tierwelt
Tropischer Regenwald bedeckt die Westseiten der Vulkaninseln, Savannen die regenabgewandten Ostseiten. Auf den Tubuaï-Inseln trifft man jedoch nur auf dürftige Vegetation mit Gräsern und Büschen. Buschwald mit Pandanusbäumen (Schraubenpalmen mit Stelzwurzeln) und Kokospalmen wachsen auf den Koralleninseln.
Mehr als 50 Vogelarten bevölkern die Inseln; über die Hälfte ist jedoch in ihrem Bestand bedroht. Säugetiere, die es auf den Inseln ursprünglich nicht gab, wurden als Haustiere eingeführt. Unter den tropischen Fischarten ist der farbenprächtige Drückerfisch hervorzuheben. Mit seinen drei Rückenstacheln, die wie ein Gewehrabzug einrasten (engl. »trigger fish«), verkeilt er sich zwischen Korallen, die er mit seinen meißelförmigen Zähnen sogar zernagt.

Politisches System

Amtlicher Name: Le Territoire de la Polynésie Française
Politischer Status: Französisches Überseeterritorium
Hauptstadt: Papeete (auf Tahiti)

Seit 1977 besitzt Französisch-Polynesien einen Autonomiestatus, der 1984 nochmals erweitert wurde und dem Land weitgehende Selbstverwaltung einräumt. Frankreich ist durch einen Hochkommissar vertreten, der die Bereiche Verteidigung, Außenpolitik und Justiz kontrolliert. Die Territorialversammlung umfaßt 30 für fünf Jahre amtierende Mitglieder; aus ihr wird der Präsident des Ministerrats gewählt. Das Territorium entsendet zwei Abgeordnete in die französische Nationalversammlung und je einen Vertreter in den Senat sowie den Wirtschafts- und Sozialrat.

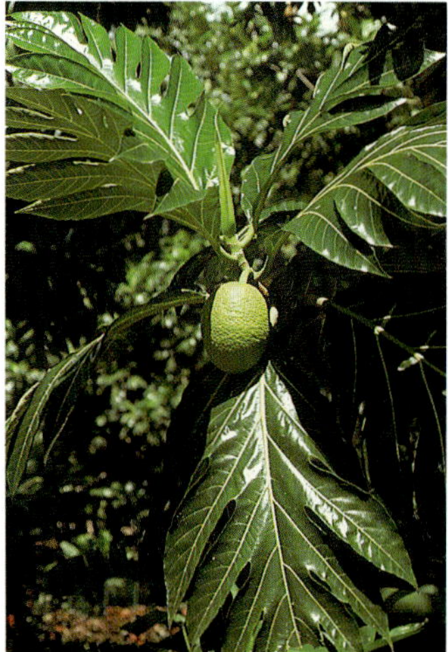

Eine junge Brotfrucht, ausgereift kopfgroß und bis zu zwei Kilogramm schwer.

Die Inselgruppen sind in drei Distrikte unterteilt. Es gilt französisches Recht.

Bevölkerung

Einwohnerzahl: 183 000
Bevölkerungsdichte: 45 Einw./km²
Bevölkerungszunahme: 3,2 % im Jahr
Größte Stadt: Papeete (mit Vororten) 79 000 Einw.
Bevölkerungsgruppen: 65 % Polynesier, 14 % Mestizen, 10 % Asiaten (v. a. Chinesen), 10 % Europäer (v. a. Franzosen)

85 % der Bevölkerung leben auf den Gesellschaftsinseln, größtenteils auf Tahiti. Fast die Hälfte der Einwohner ist jünger als 15 Jahre. Amtssprachen sind Französisch und Polynesisch. Etwa 47 % der Einwohner sind Protestanten, 40 % Katholiken, weitere 3,5 % Mormonen.

Soziale Lage und Bildung
Französisch-Polynesien hat einen relativ hohen Lebensstandard, das Gesundheitswesen ist gut entwickelt, die medizinische Behandlung kostenlos. Schulpflicht besteht vom 6. bis zum 14. Lebensjahr. Die Analphabetenrate liegt noch bei etwa 20 %.

Wirtschaft

Währung: 1 CFP-Franc (Communauté Française du Pacifique) = 100 Centimes (c)
Wichtigste Handelspartner: Frankreich, USA

Die Inseln sind wirtschaftlich vollkommen vom Mutterland abhängig. Ein lebhafter Tourismus trägt zur Reduzierung des Handelsbilanzdefizits bei. Wirtschaftlich von Bedeutung ist auch das französische Atomversuchszentrum auf dem Mururoa-Atoll.

Landwirtschaft
Etwa ein Fünftel der Gesamtfläche der Inseln wird landwirtschaftlich genutzt; davon sind zwei Drittel mit Kokospalmen bepflanzt. Ferner werden Vanille, Kaffee, tropische Früchte und Gemüse angebaut. Neben der traditionellen Perlenfischerei ist die Zucht von Austern und Shrimps bedeutend.

Industrie
Da abbauwürdige Bodenschätze fehlen, müssen Brennstoffe, mineralische Rohstoffe und Metalle importiert werden. Die wenigen Industriebetriebe verarbeiten Nahrungsmittel und stellen Baustoffe, Kupferwaren und Bekleidung her.

Handel
Wichtigster Außenhandelspartner ist Frankreich. Neben den landwirtschaftlichen Produkten – vor allem Kopra – werden Perlmutt und Zuchtperlen ausgeführt. Importiert werden Maschinen, Fahrzeuge, Konsumgüter, Nahrungsmittel und Brennstoffe.

Verkehr, Tourismus
Das Straßennetz umfaßt rd. 800 km, davon sind 250 km asphaltiert. Es bestehen internationale Schiffs- und Flugverbindungen. Der Haupthafen ist Papeete, internationaler Flughafen ist Faaa bei Papeete. Der Tourismus konzentriert sich auf Tahiti.

Geschichte

Die Inseln wurden vermutlich 300 n. Chr. von Polynesiern besiedelt. Als erster Europäer sichtete der Portugiese Ferdinand Magellan 1521 Pukapuka (Tuamotu-Inseln). Die eigentliche Entdeckung und Eroberung der südpazifischen Inselgruppen durch die westlichen Kolonialmächte begann im 18. Jh. 1767 nahm Samuel Wallis Tahiti für Großbritannien in Besitz, 1768 Louis Antoine de Bougainville für Frankreich. Der Engländer James Cook erreichte 1769 Tahiti und gab dem Archipel nach seinem Auftraggeber, der Britain's Royal Society, den Namen »Society Islands«. 1797 begannen die ersten englischen Missionare mit der Christianisierung Tahitis, was einen starken Wandel der traditionellen soziopolitischen Ordnung der Insel zur Folge hatte. Die Dynastie der Pomare beseitigte das Distrikthäuptlingstum und führte ein zentralistisches, freilich von den Missionaren abhängiges Königtum ein.
Ab 1842 wurden die Inseln zunächst französische Protektorate und ab 1880 nach und nach Kolonien. 1885 wurden sie als »Établissements Français de l'Océanie« zusammengeschlossen.
Zu Beginn des 20. Jh. etablierten die Franzosen auf Tahiti eine Plantagenindustrie (Anbau von Kokospalmen), für die bis 1930 Tausende von Chinesen auf die Insel geholt wurden. 1946 erhielt die Inselgruppe den Status eines Überseeterritoriums, der nach einer Volksabstimmung 1958 erneut bestätigt wurde.

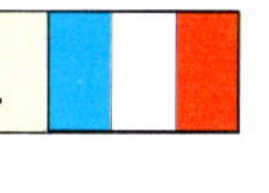

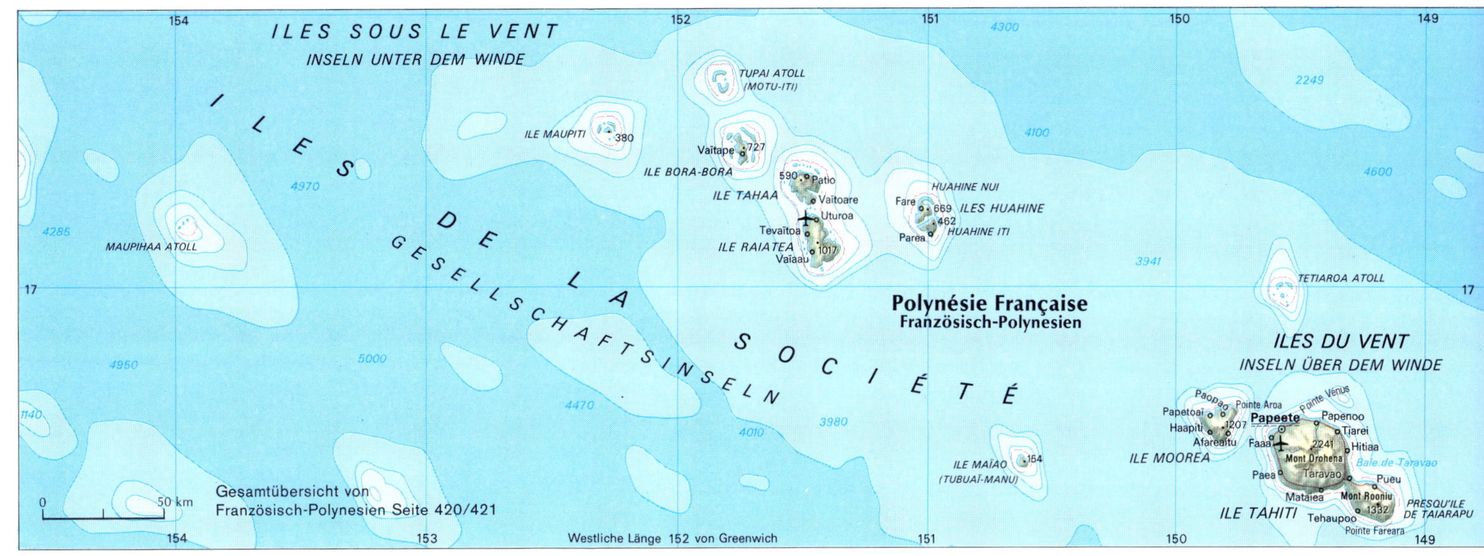

1966 fanden auf dem Mururoa-Atoll erstmals französische Atomwaffentests statt. Trotz heftiger Proteste pazifischer und anderer Staaten und zahlreicher Aktionen der Umweltschutzorganisation Greenpeace setzte Frankreich seine Nukleartests in jüngerer Zeit fort. Der Zustrom von mehreren Millionen Francs und die Schaffung von Arbeitsplätzen für den Aufbau des Atomzentrums »Centre d'Expérimentation du Pacifique« (CEP) erstickten Proteste gegen die Kolonialherrschaft. Aufgrund des wachsenden Wohlstands wurden die Bestrebungen nach Unabhängigkeit einiger polynesischer Gruppen lediglich in eine schrittweise erkämpfte innere Autonomie kanalisiert. Im September 1984 wurden von der Regierung auf den Gebieten Handel und Entwicklung erneut die Befugnisse erweitert und das siebenköpfige Regierungsgremium durch einen Ministerrat ersetzt. Trotz einer für interne Fragen weitgehend unabhängigen Regierung ist die nationalrevolutionäre Szene noch existent, wie einige terroristische Vorfälle 1977 und die gewalttätigen Hotelstreiks von 1985 bewiesen.

Selbst bei der Folklore im Schwinden: Kleidung aus Rindenbast.

Kultur

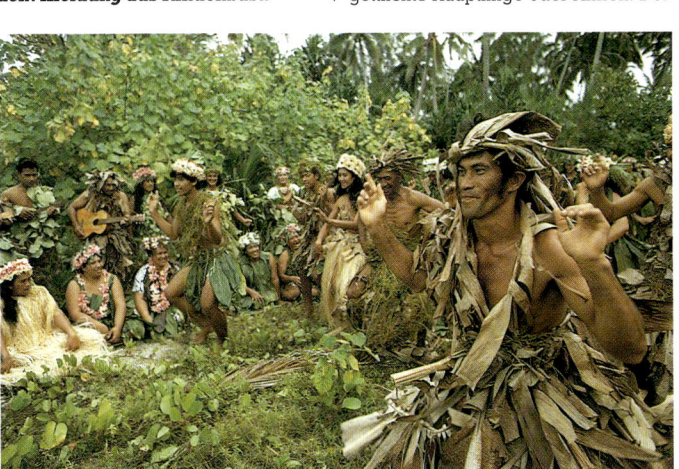

Kulturelles Zentrum sind die Gesellschaftsinseln mit der Insel Tahiti. Allerdings haben Kultur und Lebensweise Frankreichs die polynesische Bevölkerung stark geprägt und Traditionen der Eingeborenen weitgehend verdrängt.

In früheren Jahrhunderten war das gesellschaftliche Leben streng hierarchisch gegliedert. Die herrschende Schicht bildeten die als Nachkommen der Götter geachteten Ari'i. Sie unterjochten brutal die Altbevölkerung, die Manahune. Zentrum des kultischen Lebens der Polynesier waren die Marae, den Göttern geweihte Kultstätten. Weit verbreitet war der Kult des Kriegsgottes Oro, der auch Menschenleben forderte. An der Westküste von Tahiti wurde in jüngerer Zeit der Marae Arahurahu restauriert; dort werden gelegentlich Opferzeremonien von Schauspielern nachgespielt. Im »Musée de Tahiti et des Iles« ist der Oro-Glauben gut dokumentiert.

Die für die kunstvolle Herstellung ihrer Doppelkanus berühmten Polynesier sind hervorragende Holzschnitzer. Die – heute stark stilisierten – Tiki-Figuren verkörperten früher vergöttlichte Häuptlinge oder Ahnen. Der traditionelle Rindenbaststoff Tapa, mit dem sich frühere Generationen bekleideten, wird inzwischen nur noch für künstlerische Zwecke verwendet. Eine der wichtigsten Touristenattraktionen ist das Gauguin-Museum auf Tahiti. Der Maler Paul Gauguin (1848–1903), der mehrere Jahre auf Tahiti lebte und 1903 auf der Insel Hiva Oa (Marquesasinseln) starb, hat wie kein anderer den Zauber Polynesiens in seinen Gemälden eingefangen.

Reise-Informationen

Einreise- und Fahrzeugpapiere

Bürger der Bundesrepublik Deutschland und der Schweiz benötigen für einen Aufenthalt bis zu drei Monaten einen gültigen Reisepaß bzw. Kinderausweis. Reisen zum Hao-Atoll und zu den Gambierinseln sind visumpflichtig. Österreicher brauchen für alle fünf Inselgruppen ein Visum. Als Kfz-Fahrerlaubnis ist der internationale Führerschein nützlich.

Zoll

Bei der Einreise sind zollfrei: pro Person ab 17 Jahre 200 Zigaretten oder 100 Zigarillos oder 50 Zigarren oder 200 g Tabak, 2 Liter Wein und 1 Liter Spirituosen, 50 g Parfüm und ¼ Liter Toilettenwasser sowie Waren bis zu einem Wert von 5000 CFP-Francs. Die Einfuhr von Früchten ist verboten.

Devisen

CFP-Francs dürfen unbeschränkt eingeführt, aber nur bis zum Gegenwert von 12000 Französischen Francs ausgeführt werden. Fremdwährungen müssen deklariert werden.

Impfungen

Für Besucher, die aus Infektionsgebieten einreisen, ist Gelbfieberimpfung vorgeschrieben.

Verkehrsverhältnisse

Es bestehen regelmäßige Flug- und Schiffsverbindungen auf die Hauptinseln. Air Polynésie und zahlreiche Schiffslinien verbinden die touristisch vielbesuchten Inseln mehrmals täglich miteinander. Auf den größeren Inseln stehen Busse (die typisch tahitianischen Busse heißen »le truck«), Taxis, Mietwagen und Fahrräder zur Verfügung. Nur auf der Hauptinsel Tahiti und auf den Inseln Moorea und Bora-Bora führen asphaltierte Ringstraßen entlang dem Ufer rund um die Inseln.

Unterkünfte

Die komfortablen Hotels (mit französischer Küche) verlangen sehr hohe

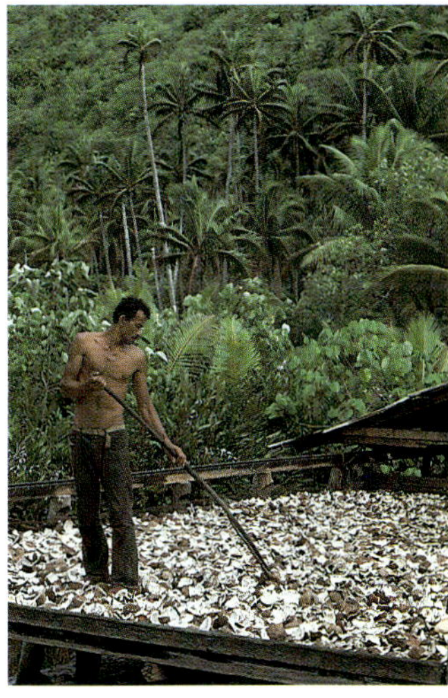

Allenthalben werden aufgeschlagene Kokosnüsse getrocknet, um die fettreiche Kopra zu gewinnen.

Preise. Rechtzeitige Buchungen sind zu empfehlen. Es bestehen auch Unterkunftsmöglichkeiten bei Privatpersonen (v. a. außerhalb der Hauptinseln).

Reisezeit

Die touristische Saison auf den tropischen Inseln dauert von Mai bis Oktober. Die Inseln Französisch-Polynesiens bieten exzellente Wassersportmöglichkeiten. Die Papenoo-Bucht auf Tahiti ist ein Traumplatz zum Brandungssurfen, die Insel Moorea lockt mit glasklarem Wasser, wucherndem Grün und kilometerlangen weißen Sandstränden.

Kiribati

Friedrich Steinbauer

Wenn der Nachrichtensprecher von Radio Kiribati in Tarawa am Westrand des Inselreiches gerade von der Mittagspause zurückkehrt und sein Programm fortsetzt, dann bereitet sich sein Kollege auf Kiritimati, der über 3000 Kilometer weiter im Osten des Staates gelegenen Weihnachtsinsel, langsam auf seinen Feierabend vor. Es klingt unglaublich: Über drei Zeitzonen hinweg dehnt sich das Land; die 33 Inseln Kiribatis liegen verstreut in einer Fläche von rund fünf Millionen Quadratkilometern.

Bloß: Das meiste davon ist Wasser. Die Landfläche macht nur gut 800 Quadratkilometer aus – und noch nicht einmal diese Fläche ist durchweg nutzbar, denn Ackerböden gibt es nur auf wenigen Inseln. So drängen sich die 65000 Kiribatier auf ein paar Atollen, leben kärglich von dem, was der magere Boden hergibt. Palmenbestandene Traumstrände, kristallklares Meerwasser, Dauersonnenschein: die Kulisse für ein Land voller Probleme.

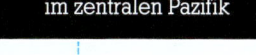

Staatsname:	Republik Kiribati
Amtssprachen:	I-Kiribati, Englisch
Einwohner:	65000
Fläche:	823 km² (Landfläche; 5 Mio. km² inkl. Meeresfläche)
Hauptstadt:	Bairiki
Staatsform:	Präsidiale Republik im Commonwealth
Zeitzonen:	MEZ +11/ –12/ –11 Std.
Geogr. Lage:	Beiderseits des Äquators im zentralen Pazifik

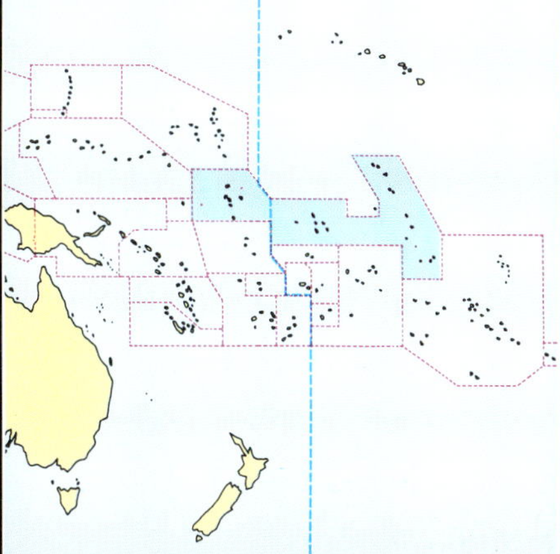

Wenn die Sonne hinter Kokospalmen im Meer versinkt, sind nur noch ein paar Einheimische unterwegs. Fremde sieht man an den Traumstränden Kiribatis nur selten. Der Inselstaat ist auf Tourismus nicht eingestellt.

Ein Land vor dem Konkurs

So manches ist merkwürdig an diesem seltsamen Mikrokosmos von Banaba und den Gilbert-, Phönix- und Lineninseln. Das fängt schon mit dem Namen der Republik an: Man spricht ihn »Kiribas«, denn die Schrift dort kennt den Buchstaben »s« nicht und umschreibt ihn mit »ti«.

Ungewöhnlichkeit Nummer zwei: Selbst in diesem Ländchen gibt es separatistische Bewegungen – die Bewohner von Banaba, die früheren »Zahlmeister« von Kiribati, begehren immer wieder gegen die Zentralregierung auf und möchten ihren eigenen Staat gründen.

Merkwürdigkeit Nummer drei: Beim Stichwort »Südsee« fallen uns menschenleere Strände ein. Irritierende Tatsache in Kiribati: Die Einwohner drängen sich in ein paar kleinstädtischen Zentren; auf dem Inselchen Betio etwa, im Tarawa-Atoll, leben heute mehr Menschen pro Quadratkilometer als im notorisch übervölkerten Singapur.

Aber auch mit der Sowjetunion, deren Fangschiffe 1985 für ein Jahr hier fischen durften, wurden die Kiribatier nicht so recht glücklich.

Bleibt das Exportgut »Mensch«. Die Inselbewohner gelten als hervorragende Seeleute, die Ausbildung der (zivilen) Marineschule auf Betio hat einen guten Ruf. So arbeiten heute schon über 1000 Kiribatier auf ausländischen Schiffen, nicht wenige davon unter deutscher Flagge.

Und wenn die reichen Nachbarn auf Nauru eine rauschende Party feiern, dann lassen sie sich schon auch mal eine ganze Flugzeugladung kiribatischer Tänzer zur Unterhaltung einfliegen.

Wo liegt die Zukunft?

Die ersten fünf Jahre nach der Staatsgründung 1979 beglichen die Briten das Haushaltsdefizit des bettelarmen Commonwealth-Mitglieds – fast 100 Jahre lang hatten sie an ihrer Kolonie schließlich ganz ordentlich verdient. Heute spendieren EG und Weltbank ein paar Dollar für die Entwicklung des Landes, doch das Geld reicht hinten und vorne nicht. Wer Kiribati Kredite gibt, weiß genau, daß er sie nicht wieder zurückbekommen wird. Doch solange die Inseln dem Westen als strategisch wichtig erscheinen, wird dieser Geldhahn weiter tröpfeln.

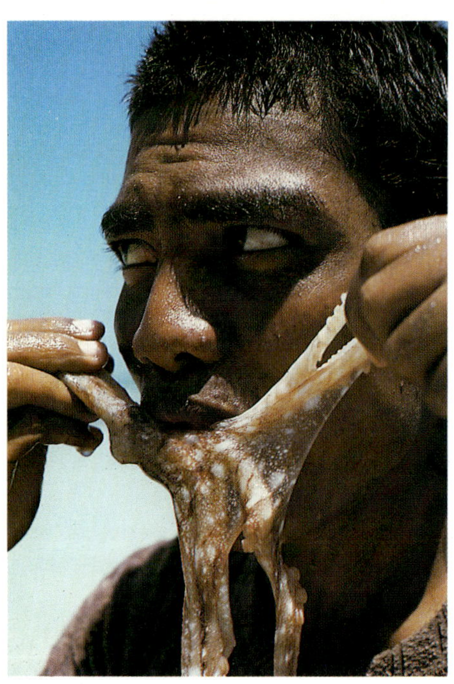

△ Mit einem Biß zwischen die Augen tötet der Fischer den kleinen Kraken – so macht man das hier. Kiribati könnte leicht von den Reichtümern leben, die das Meer birgt. Doch die Fischereirechte haben sich westliche Nationen gesichert; den Kiribatiern bleibt nur das, was sie mit ihren kleinen Auslegerbooten aus dem Pazifik herausholen.

◁ Ein paar dürftige Hütten unter schützenden Palmen – kein Idyll. In den Eingeborenendörfern ist die Armut zu Hause.

Die hohe Bevölkerungsdichte ist noch nicht einmal das größte Problem der Kiribatier; gravierender: Das Land müßte eigentlich Konkurs anmelden. Bis 1979 förderten die Bergwerksarbeiter auf Banaba – früher Ocean Island – Phosphat, dessen Export immerhin 50 Prozent der Steuereinnahmen erbrachte. Doch die Vorräte sind erschöpft, andere Bodenschätze besitzt das Land nicht. Und so beschränken sich die Ausfuhren auf ein paar Kokosnüsse – noch nicht einmal 100 000 Tonnen pro Jahr –, etwas Kopra, Obst und Gemüse.

Der natürliche Reichtum liegt im Meer, doch der Staat hat – fast ist man geneigt zu sagen: natürlich – keine ausreichende Fischfangflotte. So vergab die Regierung Fanglizenzen an »befreundete westliche Nationen« und mußte wenig später feststellen, daß die »Freunde« sie kräftig übervorteilt hatten.

Bietet der Tourismus eine Chance? Wohl kaum: Das Land hat keinerlei Infrastruktur, die größere Einnahmen aus diesem Bereich ermöglichen würde. Zudem liegen die Inseln einfach zu weit »draußen«.

Es gibt Pläne in Kiribati, mit Solartechnik in die Meersalzgewinnung einzusteigen – doch ob daraus etwas wird? Die Japaner denken derzeit intensiv darüber nach, ob das pazifische Weltraumzentrum nicht auf den Inseln entstehen könnte. Kein Mensch weiß, ob – und wenn ja: wann – dieses Projekt verwirklicht werden kann.

Unterdessen mehren sich die Wellblechhütten in den Dörfern, verschandeln Cola-Dosen und Bierflaschen den Strand. Müllentsorgung gibt es nicht. Am Marktplatz der Hauptstadt Bairiki, wo ein riesiger alter Baum Schatten spendet für die Bushaltestelle, sind in den letzten Jahren Läden und Verwaltungsgebäude entstanden – die Bürokratie gedeiht. Vorbei sind die Zeiten, in denen man dem Präsidenten der Republik – in kurzen Hosen und barfuß – in einem Restaurant begegnen konnte.

Schwierigkeiten hat das Land genug, doch die Menschen hier scheinen sich gar nicht so sehr darum zu kümmern. Sie hoffen einfach, daß der Wahlspruch im Staatswappen für alle Wirklichkeit werde: »Te Mauri, Te Raoi Ao Te Tabomoa« – »Gesundheit, Friede und Ehre« –, irgendwoher werden sie schon kommen.

Landesnatur

Fläche: 823 km² (Landfläche; 5 Mio. km² inkl. Meeresfläche)
Ausdehnung: West–Ost 4500 km, Nord–Süd 600 bis 2000 km
Größtes Atoll: Kiritimati (Christmas Island) 359 km²

Kiribati (gesprochen »Kiribass«) ist Teil der mikronesisch-polynesischen Inselwelt im zentralen Pazifik und besteht aus 33 Inseln. Sie gliedern sich in die 16 Gilbertinseln, acht Phönixinseln, acht der elf Linieninseln und die Insel Banaba.
Kiribati besteht ausschließlich aus Korallenriffen. Fast alle Inseln weisen die für Atolle typische Ringform auf. Die Atolle sind kaum höher als 3 m; eine Ausnahme bildet Banaba (höchster Punkt 87 m). Auf den Inseln gibt es keine Flüsse und nur selten Süßwasserseen. Regenwasser wird in Zisternen gesammelt.
Im tropischen Klima Kiribatis treten nur minimale Temperaturschwankungen auf (durchschnittliche Monatstemperaturen 27 °C bis 28 °C). Regen fällt meist von Oktober bis März. Die nördlichsten und südlichsten Inseln erhalten etwa 2500 bis 3000 mm Niederschlag, die mittleren etwa 1000 mm im Jahr.
Die kargen Böden lassen keine große Pflanzenvielfalt zu. Es finden sich Kokospalmen, Schraubenbäume und Brotfruchtbäume. Die Gewässer um die Inseln sind reich an tropischen Fischarten.

Politisches System

Staatsname: Republic of Kiribati
Staats- und Regierungsform: Präsidiale Republik im Commonwealth of Nations
Hauptstadt: Bairiki (auf der Hauptinsel Tarawa)
Mitgliedschaft: AKP, SPF

Der Staatspräsident, zugleich Regierungschef und Außenminister, wird vom Volk direkt gewählt. Die Volksvertretung umfaßt 36 für vier Jahre gewählte Abgeordnete sowie einen ernannten für die Insel Banaba.

Japanische Geschütze rosten auf Tarawa seit der US-Invasion 1943.

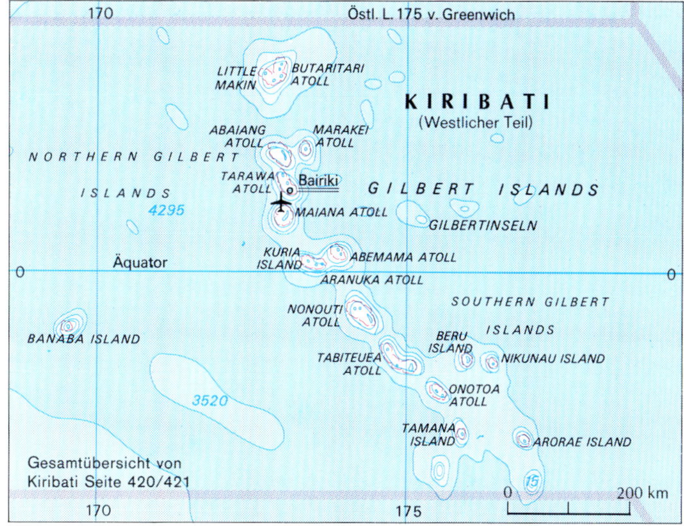

Bevölkerung

Einwohnerzahl: 65 000
Bevölkerungsdichte: 79 Einw./km²
Bevölkerungszunahme: 1,4 % im Jahr
Größter Ort: Bairiki (2100 Einw.)
Bevölkerungsgruppen: 91 % Mikronesier, 4 % Polynesier sowie europäische und chinesische Minderheiten

Über 90 % der Einwohner leben auf den Gilbertinseln, ein Drittel allein auf Tarawa. Die medizinische Versorgung erfolgt kostenlos. Schulpflicht besteht für 6- bis 15jährige. Amtssprachen sind I-Kiribati und Englisch. Die meisten Bewohner sind Christen.

Wirtschaft

Währung: 1 Australischer Dollar/Kiribati ($A/K) = 100 Cents (c)
Bruttoinlandsprodukt (in Anteilen): Land- und Forstwirtschaft 25 %, industrielle Produktion 7 %, Dienstleistungen 68 %
Wichtigste Handelspartner: Australien, Japan, Neuseeland, Großbritannien

Die Haupteinnahmequellen Kiribatis sind Kopraexporte und der Verkauf von Fischereirechten an Japan. Die Phosphatvorkommen sind erschöpft, der früher bedeutende Bergbau wurde 1979 eingestellt. Die meisten Inselbewohner betreiben Landwirtschaft zur Selbstversorgung (Kokosnüsse, Taros, Jamsknollen, Bananen, Früchte des Brotfruchtbaumes) und Fischfang. Importprodukte wie Verkehrsmittel, Maschinen, Nahrungsmittel und Gebrauchsgüter stammen meist aus Australien und Japan.
Einige Atolle sind durch Dämme verbunden (rd. 640 km Straße). Der internationale Flughafen liegt auf Tarawa, mehrere Inseln sind mit Landeplätzen ausgestattet.

Geschichte und Kultur

Erste archäologische Spuren einer Besiedlung durch Austronesier führen in das 1. Jh. n. Chr. zurück. Im 14. Jh. mischten sich Eindringlinge von den Tonga- und Fidschiinseln mit der Urbevölkerung. Im 16. und 17. Jh. sichteten spanische Kapitäne einige der Gilbertinseln, deren eigentliche Entdekkung im 18. Jh. durch Briten erfolgte. Erst Ende des 18. und Anfang des 19. Jh. wurden die Linieninseln entdeckt.
Zwischen 1800 und 1870 waren die Gewässer um die Gilbertinseln begehrte Fanggründe für Pottwale. Ab 1837 ließen sich europäische Kaufleute auf den Gilbertinseln nieder. Sie lebten vom Kokosnußöl-, später vom Koprahandel. 1857 begann die Christianisierung.
1892 machte Großbritannien die Gilbert- und Ellice-Inseln zu seinem Protektorat und 1916 zur Kolonie, der im selben Jahr Banaba, Teraina und Tabuaeran angeschlossen wurden; 1919 kamen Kiritimati und 1937 die Phönixinseln hinzu. 1941 bis 1943 besetzten die Japaner die Gilbertinseln, von denen sie 1943 von den Alliierten vertrieben wurden. Bei den Kämpfen wurde die Insel Tarawa völlig verwüstet.
Am 1. 10. 1975 (faktisch am 1. 1. 1976) trennten sich die Ellice- von den Gilbertinseln. Die Ellice-Inseln wurden unter dem neuen Namen Tuvalu am 1. 10. 1978 unabhängig. Die Gilbertinseln erhielten mit den Phönixinseln, acht der elf Linieninseln und der Insel Banaba am 12. 7. 1979 (Nationalfeiertag) als Republik Kiribati ihre Unabhängigkeit. Präsident ist seit Juli 1979 Jeremiah T. Tabai.
Ursprünglich siedelten die dunkelhäutigen Insulaner in großen Familienverbänden, die wirtschaftlich unabhängig waren. Sie glaubten an die Geister ihrer Ahnen und verehrten die Schädel der Toten. Die Magie spielte eine zentrale Rolle im täglichen Leben.
Die Bewohner der Gilbertinseln galten als sehr kriegsfreudig. Ihre scharfen Hiebwaffen versahen die Männer mit Haifischzähnen. Die Frauen, bekannt für ihre Flechtkunst, fertigten aus Pandanusblättern Matten, Kleidungsstücke und Kopfschmuck. Weil es auf den Inseln keine Erze gibt, dienten den Bewohnern Schalen von Riesenmuscheln, Knochen, Holz und rohe Rochenhaut als Material für Werkzeuge.
Früher trugen die Männer der Gilbertinseln zu zeremoniellen Anlässen Kleidmatten, die mit »Gürteln« aus geflochtenem Frauenhaar zusammengebunden waren. Bei den Ruoia-Tanzfeiern werden noch heute besonders verzierte Matten und Kokosblattschurze getragen. Seit der fortschreitenden Europäisierung der Lebensverhältnisse ist jedoch das alte Brauchtum im Schwinden begriffen.

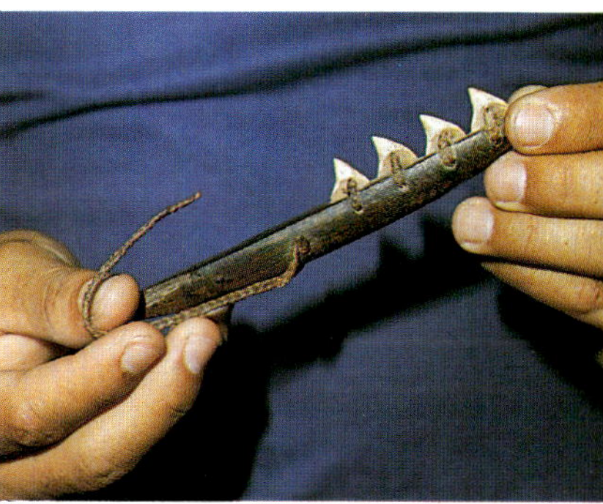

Ein Haifischzahnmesser der einst sehr kampffreudigen Insulaner.

Reise-Informationen

Bürger der Bundesrepublik Deutschland, der Schweiz und Österreichs benötigen für einen Aufenthalt bis zu vier Monaten einen gültigen Reisepaß und ein Visum (als »visitor's permit« bei der Ankunft erhältlich). Schweizer sind für einen Aufenthalt bis zu 30 Tagen von der Visumpflicht befreit.
Bei der Einreise sind zollfrei: 200 Zigaretten sowie 1 Liter Wein und 1 Liter Spirituosen.
Die Einfuhr von Fremdwährung ist unbegrenzt.
Zwischen den Inseln gibt es Flug- und Schiffsverbindungen. Leihwagen (mit Fahrer), Taxis und Fahrräder können gemietet werden. Auf größeren Inseln fahren Busse.
Es gibt nur wenige Hotels und keine Privatunterkünfte.
Kiribati kann das ganze Jahr über bereist werden.

Mikronesien

Ulrich Stewen

Zum »Strategischen Treuhandgebiet« erklärten die Vereinigten Staaten die über 2000 Inseln Mikronesiens, die ihnen von den Vereinten Nationen nach dem Zweiten Weltkrieg überantwortet wurden. Nach der Kolonisierung durch Spanien, Deutschland und Japan prägt der »american way of life« heute vielerorts den Alltag der Insulaner. Für die USA besitzen die Inseln vor allem militärstrategische Bedeutung. Das bekamen die Bewohner der Marshallinseln in den fünfziger Jahren leidvoll zu spüren, als die ersten Atombombenversuche Hunderte heimatlos machten, andere den tödlichen Strahlen aussetzten. Unglück oder Testziel – darüber gehen die Ansichten von Betroffenen und Wissenschaftlern immer noch auseinander.
Inzwischen hat die letzte Treuhandregion der Erde einen neuen Status erhalten: Die Föderierten Staaten von Mikronesien, die Republik Marshallinseln und das Commonwealth der Nördlichen Marianen sind heute mit den USA assoziiert. Nur die Verwirklichung der freien Assoziierung der Republik Palau ist bislang noch nicht endgültig entschieden.

Staatsname:	Föderierte Staaten von Mikronesien
Amtssprache:	Englisch
Einwohner:	95 000
Fläche:	721 km² (Landfläche; 3 Mio. km² inkl. Meeresfläche)
Hauptstadt:	Kolonia
Staatsform:	Parlamentarische Republik
Zeitzonen:	MEZ +9 bis +11 Std.
Geogr. Lage:	Pazifischer Ozean, östlich der Philippinen, nördlich von Papua-Neuguinea

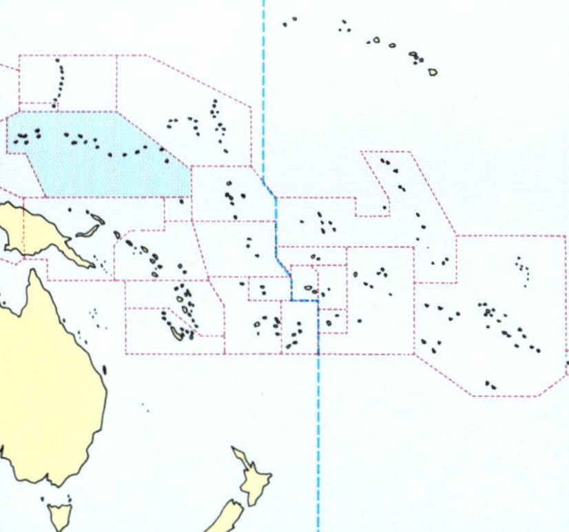

Mit vereinten Kräften schleppen Männer auf Satawal ihr Boot an Land. Für die Eingeborenen der nur 1,3 Quadratkilometer großen »Trauminsel« Mikronesiens ist der Fischfang wichtigste Lebensgrundlage.

Mikronesisches Mosaik

Ganze 28 Jahre hatte Shoichi Yokoi im undurchdringlichen Bambusdickicht auf Guam gelebt. Seine Heimstatt war eine winzige Höhle zwei Meter unter der Erde nahe dem Talofofo-Fluß. Als der japanische Soldat im Januar 1972 entdeckt wurde, mußte er erfahren, daß der Zweite Weltkrieg Jahrzehnte zurücklag und die früheren Kriegsgegner Japan und die USA inzwischen zu Verbündeten geworden waren. Als 70jähriger kehrte Yokoi noch einmal nach Guam zurück, diesmal als Ehrengast von Ben Munoz, dem Manager des Talofofo-Fall-Naturparks.

Freund und Feind, Kolonialherren und Ex-Verwalter haben in den zurückliegenden 100 Jahren die mikronesischen Inseln getauscht, verkauft, erobert und missioniert. Der Spanisch-Amerikanische Krieg brachte 1898 – nach über zwei Jahrhunderte währender Kolonisierung – die spanische Vorherrschaft ins Wanken. Die USA nahmen Guam ein, die größte der mikronesischen Inseln, Madrid

△ Eine Jugendgruppe bereitet sich auf die Parade zur Einweihung des Flughafens von Pohnpei vor. Unverkennbar ist dabei der amerikanische Einfluß.

Seit Ende 1986 sind die Karolinen (ohne Palau), die Marshallinseln und die Nördlichen Marianen mit den USA frei assoziiert.

veräußerte ein Jahr später die damaligen Karolinen und die Nördlichen Marianen für 18 Millionen Goldmark an Deutschland. Die neuen Herren ermunterten die Inselbevölkerungen zur Produktion von Kopra und betrieben einen gewinnbringenden Handel.

Doch ihre Präsenz war nur von kurzer Dauer. Im Ersten Weltkrieg eroberte Japan Teile der deutschen Besitzungen und erhielt 1920 vom Völkerbund das Mandat zur Verwaltung der Inseln. An die Auflage, keine militärischen Anlagen zu errichten, sah sich Nippon nicht lange gebunden. In den zwei Jahrzehnten zwischen 1920 und 1940 stieg die Zahl der Japaner auf den Inseln von knapp 3700 auf 84000 an. Der Sitz der Südseeverwaltung war Koror, heute die Hauptstadt von Palau. Japanern wurde gestattet, Ländereien zu erwerben. Damit untergruben sie nicht nur die überlieferten Besitzverhältnisse, sondern beseitigten vor allem die Balance der sozialen Beziehungen, die sich über den Landbesitz bestimmten.

Der vor 200 Jahren geborene Südsee-Mythos, der seither in stets abgewandelter Form immer wieder aufersteht, das Klischee des zivilisationsenthobenen Urzustands – für die mikronesischen Inseln liegt er lange zurück, vorausgesetzt, die in der Vorstellungswelt Europas geformte Fiktion habe jemals bestanden. Spätestens mit dem Zweiten Weltkrieg hat für die Bevölkerung der Inseln die »Neuzeit« begonnen. Rund 5000 Mikronesier starben beim Kampf fremder Truppen um ihre Inseln, die den kriegführenden Mächten als Stützpunkte und Aufmarschgebiete dienten.

Die Föderierten Staaten von Mikronesien

Inseln, deren Anblick das Herz des zivilisationsmüden Europäers höher schlagen lassen, gibt es auch heute noch: Yap, Truk, Pohnpei und Kusaie. Hier kennt man keinen Autoverkehr, keine Landebahnen für Flugzeuge, keine kommerzielle Gastronomie und keinen Unterschied zwischen reich und arm. Der neuzeitliche Geldverkehr spielt eine Nebenrolle, weil Meer und Boden ausreichend Nahrung spenden. Hier, auf den äußeren Eilanden, geht das Leben seinen mikronesischen Gang, lediglich bestimmt durch den Wechsel von Tag und Nacht.

In der Hauptstadt Kolonia auf Pohnpei und auf den anderen größeren Inseln dagegen ist der »american way of life« zur beherrschenden Lebensart geworden. Während die traditionellen Versammlungshäuser mit reichhaltigem Schnitzwerk langsam verfallen, werden andere Zeugen der Vergangenheit wohl noch für lange Zeit die Neugier der Reisenden auf sich ziehen.

◁ ***Verschwenderische Natur auf den Palauinseln ganz im Westen von Mikronesien: Der tropische Regenwald reicht hier bis nahe an die Korallenbänke im glasklaren Wasser der Südsee.***

▽ ***Kein herkömmliches Zahlungsmittel, sondern eine Dokumentation von Besitz war das traditionelle Steingeld auf Yap: mühlsteingroße Scheiben mit einem Loch für die Tragestange.***

Als der Dollar noch unbekannt war, galt besonders auf Yap Steingeld als Zahlungsmittel. Runde Steinplatten mit einem Loch in der Mitte zum Transport, teils riesige Kolosse, aber auch kleine Stücke, die wegen ihres Alters heute oftmals höheren Wert besitzen, finden sich noch in vielen Dörfern.

Die Ruinen von Nan Madol zählen gewiß zu den eindrucksvollsten Sehenswürdigkeiten Mikronesiens. Im Ostteil von Pohnpei, auf einem Riff gelegen, erstreckt sich eine Anlage aus Steinbauten, großenteils aus riesigen Basaltblöcken geformt. Die Ansiedlung, deren Entstehung bis ins 13. Jahrhundert zurückreicht, läßt auf eine hochentwickelte Zivilisation lange vor der ersten Ankunft europäischer Seefahrer schließen.

Die Marshallinseln – Raketen verdrängen die Menschen

Wie tiefgreifend amerikanische Militärinteressen das Leben der Mikronesier bestimmen und verändern können, zeigt deutlich ein Beispiel aus dem Bereich der Republik der Marshallinseln. Rund 450 Kilometer von der Hauptinsel Majuro entfernt erstreckt sich das größte Atoll der Erde, Kwajalein, und umschließt hufeisenförmig eine Wasserfläche von über 1300 Quadratkilometern. Als die US-Navy hier im Jahre 1961 die Kwajalein Missile Range, eine Raketenabwehrbasis, in Betrieb nahm, siedelte man die Bewohner zahlreicher Inseln der Region nach Ebeye um.

8000 Menschen drängen sich nun auf dem nur 21 Hektar großen Eiland, abhängig von Lebensmittellieferungen aus den USA, von Frischwasser, das mit Schiffen herbeigebracht werden muß, umgeben von einem Gewässer, dessen Bakteriengehalt die von den US-Gesundheitsbehörden noch als zulässig erachteten Werte um ein Vielfaches übersteigt. Etwa ein Viertel der Bewohner hat Arbeit bei den Militärs auf Kwajalein gefunden und muß nach strengen Kontrollen allabendlich die Insel wieder verlassen.

Alles in fremder Hand – die Nördlichen Marianen

Wesentlich enger als die übrigen Territorien Mikronesiens sind die Nördlichen Marianen durch ihren Commonwealth-Status mit den USA verbunden. Die Außen- und Verteidigungspolitik liegt bei Washington. Teile der Insel Tinian wurden für die Dauer von 50 Jahren an die USA zur militärischen Nutzung verpachtet. Hier startete jener B-29-Bomber, der am 6. August 1945 die erste Atombombe über Hiroschima abwarf.

Die Hälfte des Staatshaushalts der Inselgruppe wird von Washington getragen, vornehmlich zur Finanzierung einer aufgeblähten Verwaltung. Die Mehrheit der rund 100 000 Besucher pro Jahr kommt aus Japan; der Touristiksektor – Hotels, Reisebüros und Restaurants – liegt weitgehend in den Händen japanischer Geschäftsleute. Die Einheimischen finden zuweilen Anstellung im Fremdenverkehrsgewerbe, obwohl die Konkurrenz philippinischer Gastarbeiter groß ist. Selbst das Kunsthandwerk – Kokosnußmasken, Schmuck und Puppen – wird überwiegend von Philippinern betrieben. Der Arbeitslosigkeit auf der einen Seite stehen auf der anderen prächtige Gehälter der lokalen Politiker gegenüber. Die neun Senatoren und 15 Abgeordneten im Zweikammerparlament bringen es immerhin auf 31 000 Dollar jährlich.

»Schwimmende Gärten« – die Palauinseln

Als das kleinste der vier früheren Treuhandgebiete sich 1981 eine Verfassung gab, wurde die Republik Palau offiziell zum ersten atomwaffenfreien Staat der Erde. Nukleare, biologische und chemische Waffen dürfen danach weder zu Kriegs- noch zu Testzwecken auf den westlichen Karolinen gelagert werden. Auch die Landung atomgetriebener Schiffe und U-Boote ist untersagt. Seither haben die USA zahlreiche Volksbefragungen mit dem Ziel durchgeführt, über eine Verfassungsänderung die Möglichkeit einer militärstrategischen Verwendung der Palauinseln zu erreichen. Doch stets sprachen sich weniger als die erforderlichen 75 Prozent der Wahlberechtigten für eine Statusänderung aus.

Attraktionen besonderer Art hat Palau dem Besucher zu bieten. Südlich der Hauptstadt Koror erstreckt sich ein Mosaik aus rund 200 Kalksteininseln, dicht bewachsen und von Unterwasserhöhlen mit einzigartiger Fauna durchzogen. Weil diese Rock Islands wie Pilze aus dem Wasser ragen und das weiche Gestein ringsum unterspült ist, haben sie auch die Bezeichnung »Schwimmende Gärten« erhalten. Auf den mit wenigen Ausnahmen unzugänglichen Inseln legen riesige Wasserschildkröten ihre Eier ab. Rund 1500 tropische Fischarten sind in den Gewässern entlang einem über 100 Kilometer langen Riff westlich der Inselkette heimisch. In den Feuchtgebieten der Insel Babelthuap leben Krokodile von beachtlicher Größe. Ein Kuriosum im mikronesischen Raum sind die Affen und Esel, die mit der deutschen Kolonisierung auf der Insel Angaur heimisch geworden sind.

Landesnatur

Fläche: 721 km² (Landfläche; 3 Mio. km² inkl. Meeresfläche)
Ausdehnung: West–Ost 3000 km, Nord–Süd 1500 km

Die östlich der Philippinen zwischen dem Äquator und dem Nördlichen Wendekreis gelegene Inselwelt Mikronesiens wird im wesentlichen von drei Archipelen gebildet: den Marianen, den Marshallinseln und den Karolinen.
Verschiedene Staaten teilen sich in die verstreuten Inseln: Die Gilbertinseln im äußersten Südosten Mikronesiens gehören zu Kiribati, Nauru ist autonome Republik; Guam im Süden der Marianen ist US-amerikanisches Territorium.
Die Staaten des ehemaligen amerikanischen »Treuhandgebiets Pazifikinseln« sind – überwiegend in freier Assoziierung mit den USA – mittlerweile weitgehend selbständig geworden: die Marshallinseln (181 km²), der Bund der Nördlichen Marianen (479 km²), die Republik Palau (487 km²) und die Föderierten Staaten von Mikronesien (721 km²).

Naturraum
Im mittleren und östlichen Teil der Karolinen – von Ngulu und den Yap-

Kanubau auf Satawal: das Innere eines Baumstammes wird mit dem Breitbeil bearbeitet.

inseln im Westen über die Hall-, Truk- und Senyavininseln bis Kusaie – sind die Inseln der Föderierten Staaten von Mikronesien über 2600 km weit verstreut. Die durchweg kleinen Inseln sind teils aus vulkanischem Gestein, teils aus Korallen aufgebaut. Die Koralleninseln sind überwiegend als Atolle ausgebildet; sie ragen mit kargen Böden nur wenige Meter über den Meeresspiegel. Die vulkanischen Inseln erheben sich aus großer Tiefe; keine von ihnen erreicht mehr als 1000 m ü. M. Sie sind stark zerklüftet, mit zahlreichen Schluchten und Riffen.

Klima
Das Klima ist ganzjährig tropisch mild und feucht. Die Temperaturen schwanken nur geringfügig zwischen 27 °C und 29 °C; im Durchschnitt fallen mehr als 2500 mm Niederschlag pro Jahr. Tropische Wirbelstürme (Taifune) fegen häufig über die Inseln hinweg.

Vegetation und Tierwelt
Auf den vulkanischen Inseln wachsen tropische Regenwälder oder Buschsavannen. Die flachen Koralleninseln hingegen sind meist spärlich bewachsen; hier gedeihen fast nur Kokos- und Schraubenpalmen.
Die Küstengewässer sind reich an tropischen Fischarten; ferner gibt es Langusten, Krabben, Meeresschildkröten und Austern.
Auf den Inseln leben Schlangen und Eidechsen. Auch kommen zahlreiche Vogelarten vor: Im Insel- und Küstenbereich leben Fregattvögel und Seeschwalben; vom offenen Meer kommen Albatrosse und Sturmtaucher zum Brüten auf die Inseln.

Politisches System

Staatsname: Federated States of Micronesia
Staats- und Regierungsform: Parlamentarische Republik in freier Assoziierung mit den USA
Hauptstadt: Kolonia (auf Pohnpei, früher Ponape, seit 1984 umbenannt)
Mitgliedschaft: SPF

Seit der einseitigen Aufkündigung der UNO-Treuhandschaft durch die USA Ende 1986 sind die Föderierten Staaten von Mikronesien frei mit den USA assoziiert, die auch deren äußere Sicherheit garantieren.
Der Staatspräsident und die Gouverneure der vier Teilstaaten Yap, Truk, Pohnpei und Kusaie werden für vier Jahre direkt von der Bevölkerung gewählt. Legislative ist das Einkammerparlament mit 14 direkt gewählten Senatoren – vier für vier Jahre, zehn für zwei Jahre.
Das nach amerikanischem Recht gestaltete Gerichtswesen gliedert sich in den Obersten Gerichtshof und die Gerichte der Teilstaaten. Gewohnheitsrecht wird berücksichtigt, soweit es die Verfassung nicht verletzt.

Bevölkerung

Einwohnerzahl: 95 000
Bevölkerungsdichte: 132 Einw./km²
Bevölkerungszunahme: 2,6 % im Jahr
Größte Städte: Moen (10 300 Einw.), Tol (6700), Kolonia (5500)
Bevölkerungsgruppen: Über 95 % Mikronesier

Etwa 46 % der Bevölkerung sind jünger als 15 Jahre; die durchschnittliche Lebenserwartung beträgt für Männer 64, für Frauen 68 Jahre. Die Arbeitslosenrate ist nach offiziellen Angaben

Japanisches Flugzeugwrack auf dem Meeresgrund – die Spuren der Kämpfe im Zweiten Weltkrieg sind noch erhalten.

gering, es herrscht aber vielfach Unterbeschäftigung. Mehr als 20 % der Einwohner leben in Städten.
Amtssprache ist Englisch, daneben werden von der Bevölkerung melanesische Sprachen und Pidgin-Englisch gesprochen. In den Teilstaaten Kusaie, Pohnpei und Truk sind die meisten Einwohner Protestanten, in Yap Katholiken.

Soziale Lage und Bildung
Ein Sozialversicherungssystem besteht nicht. Zur medizinischen Versorgung stehen auf den Hauptinseln Krankenhäuser, auf den bewohnten kleineren Inseln Medizinstationen zur Verfügung.
Allgemeine Schulpflicht bei kostenfreiem Unterricht besteht für alle 6- bis 14jährigen; die Analphabetenrate liegt bei 20 %. Zum Studium werden Stipendien in die USA vermittelt.

Wirtschaft

Währung: 1 US-Dollar (US-$) = 100 Cents (c)
Wichtigste Handelspartner: USA, Japan, Australien, Neuseeland

Die Föderierten Staaten von Mikronesien sind wirtschaftlich unterentwickelt. Die Bevölkerung betreibt Landwirtschaft und Fischfang überwiegend zur Selbstversorgung.

Landwirtschaft
Die wichtigsten Agrarprodukte sind Kokosnüsse, Maniok, Jams, Taro, Süßkartoffeln und tropische Früchte. In der Viehwirtschaft dominieren Schweine- und Geflügelhaltung. Fischfang und Fischzucht werden zum Teil kommerziell für den Export betrieben. Japan hat Fangrechte in den mikronesischen Fischgründen erworben.

Bodenschätze, Industrie
Abbauwürdige Bodenschätze sind nicht vorhanden. Zur Herstellung von Zement und anderen Baustoffen wird Korallenkalk gewonnen. Kleine Betriebe verarbeiten v. a. landwirtschaftliche Produkte und fertigen kunstgewerbliche Gegenstände. In geringem Maße werden Bekleidung, Möbel und Boote hergestellt.

Handel
Die mikronesische Handelsbilanz ist defizitär. Finanzielle Hilfe kommt v. a. aus den USA und Japan. Haupteinfuhrgüter sind Maschinen, Fahrzeuge, mineralische Brennstoffe und Nahrungsmittel. Ausgeführt werden in erster Linie Kopra, schwarzer Pfeffer, Fischprodukte und kunstgewerbliche Arbeiten.

Verkehr, Tourismus
Das Straßennetz (31 km) ist seit dem Zweiten Weltkrieg kaum weiter ausgebaut worden.
Der Tourismus hat mit der Anbindung an den internationalen Flugverkehr zunehmend an Bedeutung gewonnen. Internationale Flughäfen gibt es auf Pohnpei und den Trukinseln.

Geschichte

Erste menschliche Spuren reichen zwar etwa 3000 Jahre zurück, doch wurden viele Inseln Mikronesiens erst ab der Zeitenwende besiedelt. Als erster Europäer landete 1521 der im spanischen Auftrag fahrende Portugiese Magellan auf der Marianeninsel Guam. Sie wurde eine wichtige Zwischenstation für den spanischen Schiffsverkehr zwischen Mexiko und den Philippinen und blieb bis 1898 in spanischem Besitz; nach dem Spanisch-Amerikanischen Krieg fiel sie an die USA.
Auch die Karolinen und die Marshallinseln wurden von spanischen Seefahrern angesteuert, jedoch nicht ständig besetzt. Die Marshallinseln waren ab 1820 Stützpunkt amerikanischer Walfänger. Auf dem Hauptatoll Jaluit ließen sich deutsche Farmer nieder, die Kokospalmen zur Gewinnung

von Kopra pflanzten. Protestantische Missionare aus den USA und von Hawaii begannen ab 1860, die Insulaner zu bekehren.
1885 erklärte das Deutsche Reich die Marshallinseln zu seinem Schutzgebiet. Der Versuch, auch die Karolinen zu erobern, scheiterte am Widerstand Spaniens, das diese Inselgruppe – einschließlich der Palauinseln – zusammen mit den Marianen erst 1899 für 18 Millionen Goldmark an das Deutsche Reich verkaufte.

Von Japan geprägt
1914 wurden die mikronesischen Besitzungen Deutschlands von Japan besetzt und nach 1920 als Völkerbundmandat verwaltet. Die rasche Ansiedlung von Japanern (1940 stellten sie bereits zwei Drittel der Gesamtbevölkerung) zerstörte die alte Gesellschaftsstruktur der Eingeborenen. Die Japaner intensivierten Fischerei und Landwirtschaft, führten den Zuckerrohranbau ein und beuteten die wenigen Rohstoffe für ihre Industrie aus. 1935 begannen sie mit dem Ausbau von Militärbasen.
Im Zweiten Weltkrieg besetzten die Japaner nach dem Angriff auf Pearl Harbor am 12. 12. 1941 Guam. Erst im August 1944 konnten die Amerikaner die Insel zurückerobern. Sie wurde zum Hauptstützpunkt für die amerikanischen Bombenangriffe auf Japan kurz vor Ende des Krieges. 1947 wurden die Marianen, die Karolinen mit Palau und die Marshallinseln Treuhandgebiete der USA. Guam ist seit 1950 amerikanisches Territorium. Die Insel wurde zu einem gigantischen Militärstützpunkt ausgebaut. Von hier aus starteten US-Bomber im Vietnamkrieg ihre Angriffe.
In jüngster Zeit entwickelte sich der Status der unter amerikanischem Einfluß stehenden Inselgruppen Mikronesiens gegenüber den USA unterschiedlich. Die 1979 als Föderierte Staaten von Mikronesien zusammengeschlossenen Karolinen (ohne Palau), die Marshallinseln und die Nördlichen Marianen erhielten Ende 1986 den Status einer (freien) Assoziierung mit den USA. Dieser schließt eine weitgehende Eigenständigkeit ein. Palau, seit 1981 (eine von den USA nicht anerkannte) Republik, strebt diesen Status ebenfalls an.

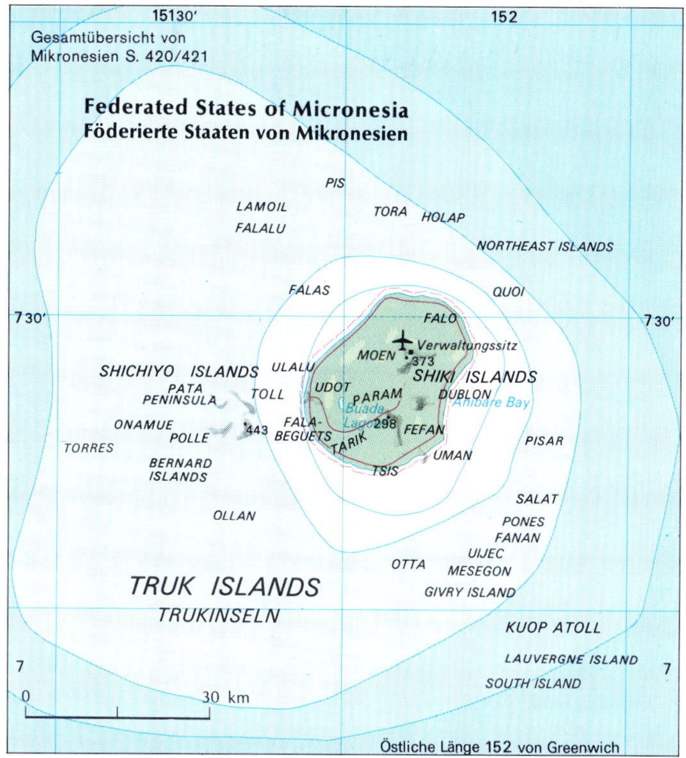

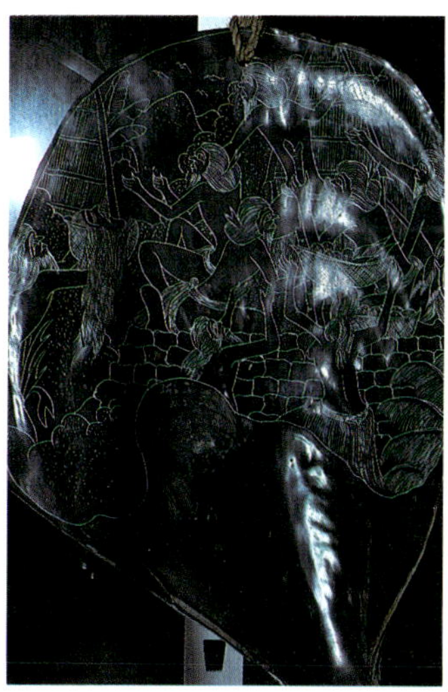

»Affenmenschen« – moderne Ritzgrafik auf einer Muschelschale.

Kultur

Unter dem Einfluß der Europäer, Japaner und Amerikaner sind viele alte Traditionen zerstört worden. Seit der Verbreitung des Christentums im 19. Jh. werden – außer auf den Yapinseln – die ursprünglichen Kulte kaum noch praktiziert.
Die Organisation der frühen mikronesischen Gesellschaft reichte von demokratischen Formen des Zusammenlebens bis hin zum streng hierarchisch gegliederten Stamm, der seinen Häuptling als heiliges Oberhaupt verehrte. Zentrum der altmikronesischen Siedlungen waren ein oder mehrere Gemeinschaftshäuser. Die auf Pfählen stehenden Häuser repräsentieren eine hochentwickelte und für Ozeanien seltene Baukunst. Sie wurden auf den Yap- und Palauinseln sowie den westlichen Atollen meist als Männerhäuser gebaut; nur auf den weiter östlich liegenden Inseln hatten auch Frauen und Kinder Zutritt. In den Männerhäusern wurden Versammlungen abgehalten und die jungen Männer auf ihre Funktion innerhalb der Dorfgemeinschaft vorbereitet.

Kunsthandwerk
Zu den handwerklichen Kunstfertigkeiten der Mikronesierinnen gehört das Weben. Früher webten sie große Matten, die, in Stücke geschnitten, als Kleider oder Gürtel getragen wurden. Zu den schönsten Webarbeiten der Südsee gehören die aus mehrfarbigen Ketten gewebten Tol-Gürtel von Kusaie, der östlichsten Insel der Karolinen. Auf den Marshallinseln war es üblich, die Matten durch eine ausgewogene Ornamentik zu vervollkommnen. Auch Männer trugen diese Kleidmatten über ihrem Bastschurz.
Die Kunst des Schnitzens beherrschten vor allem die Bewohner der Mortlockinseln (Karolinen). Berühmt sind die schlicht gearbeiteten, mit Ruß und Kalk bemalten Masken, die einen guten Geist darstellen.
Zu den wenigen bildhauerischen Werken gehören die Götterstatuen auf dem Nukuoro Atoll (Karolinen). Schmuck wurde aus Muschelschalen hergestellt, Waffen fertigte man aus Knochen.

Kuriose Zahlungsmittel
Neben Sachgütern als Wertausgleich galten früher auf Fäden aufgereihte Dünnschliffe von Muscheln als Währung. Das wohl kurioseste Zahlungsmittel gab es auf den Yapinseln: mühlsteinförmiges Steingeld aus Aragonit; die Platten hatten je nach Ansehen des Besitzers Durchmesser bis zu 4 m. In einem Museum in der Nähe von Kolonia sind die wertvollsten Exemplare zu sehen.

Reise-Informationen

Einreise- und Fahrzeugpapiere
Bürger der Bundesrepublik Deutschland, der Schweiz und Österreichs benötigen für einen Aufenthalt bis zu 30 Tagen einen gültigen Reisepaß.
Der nationale Führerschein wird anerkannt.
Zoll
Bei der Einreise sind 200 Zigaretten zollfrei.
Devisen
US-Dollar (US-$) und Devisen können unbeschränkt ein- und ausgeführt werden.
Impfungen
Ein Cholera- und Gelbfieber-Impfzeugnis wird nur bei der Einreise aus Infektionsgebieten verlangt.
Verkehrsverhältnisse
Es gibt Flug- und Schiffsverbindungen zu den jeweiligen Nachbarinseln. Taxis und Mietwagen (nur auf den größeren Inseln), Mopeds sowie Fahrräder stehen zur Verfügung.
Unterkünfte
Hotels von internationalem Standard, aber auch preiswertere Pensionen stehen zur Verfügung.
Reisezeit
Die mikronesischen Inseln können das ganze Jahr über bereist werden. Von Juli bis September fallen die meisten Niederschläge. Auf den nördlichen Inseln wüten oft verheerende Wirbelstürme.

Einbruch der modernen Zeit auch im Erziehungswesen: Bio-Unterricht in Mikronesien.

Nauru

Hans Dieter Kley

Wie viele andere Kleinstaa
ten und Inselgruppen Ozeaniens muß
man auch Nauru auf einer Weltkarte
mit der Lupe suchen. Aus der Vogel
perspektive erblickt der Flugpassa
gier unter sich in der Wasserwüste des
Pazifischen Ozeans einen kleinen
grün umrandeten Klecks: Nauru, die
Inselrepublik an der Scheidelinie zwi
schen Mikronesien und Melanesien
knapp unterhalb des Äquators gele
gen. Nur 21,3 Quadratkilometer groß
und von weniger als 9000 Menschen
bevölkert, ist dieses Körnchen im Pazi
fik der kleinste Inselstaat der Welt, zu
gleich aber die reichste Insel zwischen
Neuguinea und Hawaii.

Seinen Reichtum verdankt Nauru dem
Phosphat, das als Rohstoff für Dünge
mittel auf dem Weltmarkt begehrt ist
Staat und Bürger teilen sich die Erträge
und können glänzend davon leben –
solange der Vorrat reicht. Doch für die
Zeit nach dem Phosphat, die etwa mi
dem Jahr 2000 beginnen wird, hat man
sich schon ein kräftiges Kapitalpolster
zugelegt.

Staatsname:	Republik Nauru
Amtssprachen:	Nauruisch, Englisch
Einwohner:	8200
Fläche:	21,3 km² (180 000 km² inkl. Meeresfläche)
Hauptstadt:	Yaren
Staatsform:	Parlamentarische Republik im Commonwealth
Kfz-Zeichen:	WAI
Zeitzone:	MEZ +10½ Std.
Geogr. Lage:	Pazifik, östlich von Papua-Neuguinea, rund 50 km südlich des Äquators

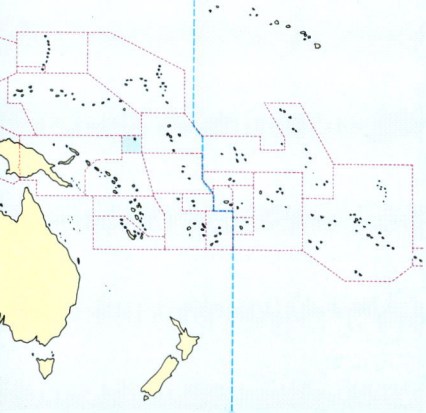

Die kleine Koralleninsel Nauru wird von einem herrlichen Sandstrand gesäumt, der in einen üppigen Vegetationsgürtel übergeht.

Zerklüftete Korallenkalkstöcke an der Küste wie im Landesinnern verleihen dem Eiland ein bizarres Gepräge.

Den Reichtum haben die Vögel hinterlassen

Zwölf Kilometer lang ist die Straße, auf der man die Insel mit dem Auto in einer Viertelstunde umrunden kann. Öffentliche Verkehrsmittel gibt es allerdings keine; auf Nauru hat man Autos in Fülle – die gut 2000 hätten hintereinander gerade Platz auf der Rundstraße –, und Touristen kommen kaum hierher: Die Schönheit der Insel war der Preis, den man für den Reichtum zahlte. Nauru gleicht heute an vielen Stellen einer Mondlandschaft aus Korallenkalkstöcken.

Die Insel ist nämlich zu drei Fünfteln von hochwertigem Phosphat bedeckt, einer rund zehn Meter dicken Schicht von Vogelexkrementen: Guano, der den Raum zwischen den Korallenstöcken füllt. Das gestattet einen leichten, verhältnismäßig billigen Abbau des Phosphats. Das Fördergut wird weiter aufbereitet und dann über zwei lange Verladebrükken zu den Phosphatfrachtern transportiert. Sie müssen weit draußen ankern, denn Nauru ist von einem Korallenriff umschlossen.

Jahr für Jahr werden über zwei Millionen Tonnen Phosphat verschifft, in erster Linie nach Australien, Neuseeland und Japan. Etwa die Hälfte der Einnahmen fließt der Regierung und einem Reservefonds zu; der Rest wird an die Bürger ausbezahlt, die ihren Boden der staatlichen Minengesellschaft überlassen haben. Es ist üblich, daß solche privaten Grundbesitzer diese Einkünfte mit ihren Verwandten teilen; wie sich denn überhaupt die eingeborene Inselbevölkerung, eine Mischrasse polynesischen, mikronesischen und melanesischen Ursprungs, als eine große Familie betrachtet – mit dem Staatspräsidenten und Regierungschef als Oberhäuptling.

△ *Gezähmte Fregattvögel sind der ganze Stolz der Männer von Nauru. Die Tiere werden auf Bambusgestellen am Strand gehalten und zweimal täglich mit frischem Fisch gefüttert. Den »Hinterlassenschaften« dieser und anderer Seevögel verdankt das Land seinen Reichtum – den Guano-Dünger.*

◁ *Die füllige Golfspielerin auf Nauru repräsentiert Schönheitsideal und Wohlstand zugleich.*

Für die Nauruer ergibt sich aus dem Phosphatgeschäft ein jährliches Einkommen von umgerechnet rund 80000 DM pro Kopf. Nur annähernd 5000 der Einwohner sind Einheimische, und die lassen in hohem Maße Ausländer für sich arbeiten. Für die Phosphatförderung wurden Gastarbeiter von den armen Salomoninseln, von Kiribati und Tuvalu, den ehemals britischen Gilbert- und Ellice-Inseln, angeworben. Im Management findet man hauptsächlich Australier und Neuseeländer, die Verwaltungsposten besetzen zahlreiche Chinesen und Vietnamesen, denen auch die meisten Läden, Supermärkte, Restaurants und Amüsierbetriebe gehören.

Pazifisches Schlaraffenland mit Schönheitsfehlern

Überall auf der Insel liegen leere Getränkedosen herum. Mit voll aufgedrehten Radios umkreisen die Nauruer in Autos oder auf Motorrädern – als Sport und aus Langeweile – ihr Inselchen und verwandeln es allmählich in eine riesige Abfallhalde.

Die meisten Nauruer sind von barocker Gestalt, ebenso kaufkräftig wie bequem – sie haben erreicht, was andere Völker sich nur erträumen können: in einer Art Schlaraffenland zu leben. Zudem erfreuen sie sich einer »splendid isolation«: Kein mißgünstiger Nachbar bedroht ihr Inselreich, das im Jahre 1798 von dem britischen Kapitän John Fearn entdeckt worden ist. Die Eingeborenen hatten ihm damals einen so herzlichen Empfang bereitet, daß er Nauru als »pleasant island« pries – als angenehme Insel.

Heute mögen Besucher das kahle Eiland häßlich und die Strände wenig verlockend finden. Doch die Menschen auf Nauru sind noch immer Lebenskünstler, was ihnen allerdings durch ihre Bankkonten erleichtert wird. Sie können es sich leisten, zu einem Vergnügungs- oder Einkaufstrip über ein paar tausend Kilometer nach Japan, Hongkong oder Australien auszuschwärmen, ungeachtet des großen Warenangebots, das die Händler von Chinatown auf Nauru selbst bereithalten. Nauru ist eine teure Insel, denn fast alle Konsum- und Gebrauchsgüter müssen eingeführt werden. Man bezahlt mit australischen Dollars oder in US-Währung.

Das Ende der Phosphat-Ära naht

Wenn um die Jahrtausendwende die Phosphatlager erschöpft sein werden, will man die Krater auf Nauru mit eingeführtem Humusboden auffüllen und eine Landwirtschaft aufbauen. Bis dahin werden sich die Nauruer ein stattliches Kapitalpolster zugelegt haben – schätzungsweise dreieinhalb Milliarden Mark einschließlich Zinsen. Überall im pazifischen Raum treten Nauruer schon heute als Investoren auf. Das »Nauru House« in Melbourne ist eines der höchsten Gebäude der Stadt – alle Bewohner Naurus würden Platz darin finden.

Kein Wunder, daß über die Nauruer zuweilen gespöttelt wird wie in Europa über die arabischen Ölscheichs. Mit Wüstenstaaten wie Abu Dhabi und Katar hat Nauru einiges gemein: Hier wie dort herrschen Dollarschwemme und Süßwassermangel, zahlen die Bürger keine Einkommensteuer und zählt die Geburtenrate zu den höchsten der Welt.

Landesnatur

Fläche: 21,3 km² (Landfläche; 180 000 km² inkl. Meeresfläche)
Ausdehnung: West–Ost 5 km, Nord–Süd 7 km

Nauru ist eine einzelne Koralleninsel im Melanesischen Becken des Pazifiks. Sie liegt in der Nähe des Äquators, 3000 km nordöstlich von Australien. Die ovale Insel besteht aus gehobenem Korallenkalk, der bis zu 65 m über das Meer ragt und größtenteils von mächtigen Phosphatablagerungen (Guano) bedeckt ist. Ein schmales Saumriff umschließt die ganze Insel. An der hafenlosen Küste gibt es Sandstrände und einen etwa 150 bis 300 m breiten, fruchtbaren Küstenstreifen. Im Südwesten liegt ein kleiner Süßwassersee.
Das Klima ist tropisch. Die Insel liegt im Einflußbereich des Passats mit durchschnittlichen Jahresniederschlägen um 2000 mm, die größtenteils zwischen November und Februar fallen. Die Jahresdurchschnittstemperatur liegt bei 27,5 °C.
Im Küstengebiet wachsen Kokos- und Pandanuspalmen sowie Bananenstauden. Jasmin, Hibiskus und Weihnachtsstern vervollständigen das Bild einer tropischen Insel. Im Innern jedoch wächst weder Baum noch Strauch. Es gibt nur wenige Tierarten auf Nauru, darunter die langschnabeligen Fregattvögel.

Politisches System

Staatsname: Republic of Nauru (Naoero)
Staats- und Regierungsform: Parlamentarische Republik im Commonwealth of Nations
Hauptstadt: Yaren
Mitgliedschaft: Einige UN-Sonderorganisationen, SPF

Nach dem Abbau des Phosphats, das aus abgelagertem Seevogelkot entstand, bleibt eine kahle Landschaft aus Korallenfelsen.

Nauru ist die kleinste Republik der Erde. Die Verfassung von 1968 schreibt ein frei gewähltes Einkammerparlament mit 18 Sitzen vor. Das Kabinett mit dem Präsidenten an der Spitze wird aus den Reihen der Abgeordneten gebildet. Das Rechtswesen entspricht dem britischen System.

Bevölkerung

Einwohnerzahl: 8200
Bevölkerungsdichte: 385 Einw./km²
Bevölkerungszunahme: 1,3 % im Jahr
Bevölkerungsgruppen: 57 % Nauruer, 26 % sonstige Polynesier, 8 % Chinesen

Die Nauruer sind ein polynesisch-mikronesisches Volk mit Nauruisch als eigener Sprache. Zwei Drittel der Bevölkerung sind Protestanten, ein Drittel Katholiken. Nauru ist ein wohlhabender Sozialstaat; die medizinische Versorgung ist kostenlos. Schulpflicht besteht vom 6. bis 16. Lebensjahr.

Wirtschaft

Währung: 1 Australischer Dollar ($A) = 100 Cents (c)
Wichtigste Handelspartner: Australien, Neuseeland, Großbritannien, Japan

Nauru gehört, gemessen am Pro-Kopf-Einkommen, zu den reichsten Ländern der Erde. Sein Wohlstand stammt aus dem Phosphatabbau, dem einzig bedeutenden Wirtschaftszweig. Da die Vorräte um die Jahrtausendwende erschöpft sein werden, legt die Phosphatindustrie ihr Vermögen bereits im Ausland an. Der Tourismus, der bislang kaum entwickelt war, soll nun gefördert werden.
Es gibt 20 km Straßen; der internationale Flughafen liegt bei Yaren.

Geschichte

Nauru wurde 1798 von dem britischen Kapitän John Fearn entdeckt. Walfänger, See- und Strandräuber suchten die Insel seit etwa 1830 auf. Zwischen 1878 und 1888 kam es zu bewaffneten Auseinandersetzungen zwischen den eingewanderten Abenteurern und den ihrerseits in Sippenkriege verstrickten Einheimischen, die mit der Inbesitznahme Naurus durch das Deutsche Reich 1888 beendet wurden. 1899 begann die Christianisierung der Inselbewohner. Im selben Jahr wurde auf der Insel Phosphat entdeckt, das eine britische Gesellschaft mit deutscher Beteiligung abbaute. 1914 wurde Nauru von Australien besetzt, 1919 als Völkerbundmandat der gemeinsamen Verwaltung von Australien, Großbritannien und Neuseeland unterstellt.
Von 1942 bis 1945 besetzten die Japaner die Insel und deportierten 1200 Nauruer. Nur etwa die Hälfte konnte nach dem Krieg wieder zurückkehren. 1947 wurde das 1945 von Australien zurückeroberte Nauru zum UN-Treuhandgebiet erklärt; Verwaltungsmacht blieb Australien. Mit der Errichtung eines Legislativrates (erste Wahlen) und eines Exekutivrates erhielt Nauru am 31. 1. 1966 (Nationalfeiertag) seine innere Autonomie. Ab 1967 wurde den Nauruern schrittweise die Verfügungsgewalt über die Phosphatgewinnung übertragen. Am 31. 1. 1968 erlangte die Insel mit dem Status einer »besonderen Mitgliedschaft« im Commonwealth die Unabhängigkeit. Häuptling Hammer DeRoburt wurde erster Präsident (1971, 1978, 1980 und 1983 wiedergewählt).

Kultur

Die Ursprünge der Nauruer liegen weitgehend im dunkeln. Durch die Einführung des Christentums und die fortschreitende Europäisierung der Lebensverhältnisse ist das alte Brauchtum der Inselbewohner, die einst in zwölf Stämme geteilt waren, im Schwinden begriffen.
Der Phosphatabbau, zu dem Anfang des 20. Jh. chinesische Kontraktkulis von Hongkong nach Nauru gebracht wurden, hat das Schwinden von Traditionen erheblich beschleunigt. Dank der Gewinnbeteiligung an der Phosphatindustrie ist die einheimische Bevölkerung von Nauru wohlhabend und zeigt deutliche Züge einer Freizeitgesellschaft.

Reise-Informationen

Bürger der Bundesrepublik Deutschland, der Schweiz und Österreichs benötigen für einen Aufenthalt bis zu 30 Tagen einen gültigen Reisepaß

Vor dem Ersten Weltkrieg: König Auweyida und Häuptlinge vor der Fahne des eher ungeliebten Deutschen Reichs.

bzw. Kinderausweis und ein Visum. Visaanträge sind zu richten an:
Nauru Government Office
Livingstone House
11 Carteret Street
London SW1H 9DJ, England
Dort sind auch Einfuhr- und Devisenbestimmungen sowie Impfvorschriften zu erfahren.
Bis jetzt gibt es in Nauru kaum Einrichtungen für den Tourismus.
Die beste Reisezeit ist zwischen März und Oktober; Niederschläge fallen v. a. von November bis Februar.

Neukaledon

en

Von Südseeromantik keine Spur: Rauchschwaden der Nickelschmelze steigen über der Industriezone der Hauptstadt Nouméa auf.

Peter Hornung

Die spektakuläre Geiselbefreiung im Mai 1988, bei der 19 Mitglieder der »Kanakischen Sozialistischen Nationalen Befreiungsfront« und zwei französische Soldaten ums Leben kamen, war nur einer von vielen Höhepunkten in einem schon lange schwelenden Konflikt. Zwischen den beiden nahezu gleich großen Bevölkerungsgruppen Neukaledoniens – den Franzosen und den Kanaken, wie sich die einheimischen Melanesier nennen – herrschen überwiegend Ungleichheit und Haß.

Neukaledonien ist seit 1853 französischer Besitz und blieb es bis heute nur durch Waffengewalt. 1984 proklamierte die Unabhängigkeitsbewegung die »Republik Konaky« und boykottierte die Wahlen zum Regionalkongreß. Stimmenthaltung der Melanesier erklärt auch die überwältigende Mehrheit, die 1987 für den Verbleib Neukaledoniens bei Frankreich votierte. Inzwischen ist die Gendarmerie nicht mehr in der Lage, die sichere Benutzung der Straßen zu gewährleisten. Gewalt und Gegengewalt beherrschen das Land. Und Paris ist weit.

Amtl. Name:	Territorium Neukaledonien
Amtssprache:	Französisch
Einwohner:	150 000
Fläche:	18 784 km²
Hauptstadt:	Nouméa
Polit. Status:	Französisches Überseeterritorium (T.O.M.)
Kfz-Zeichen:	F
Zeitzone:	MEZ +10 Std.
Geogr. Lage:	Südwestpazifik, rund 1500 km östlich von Australien

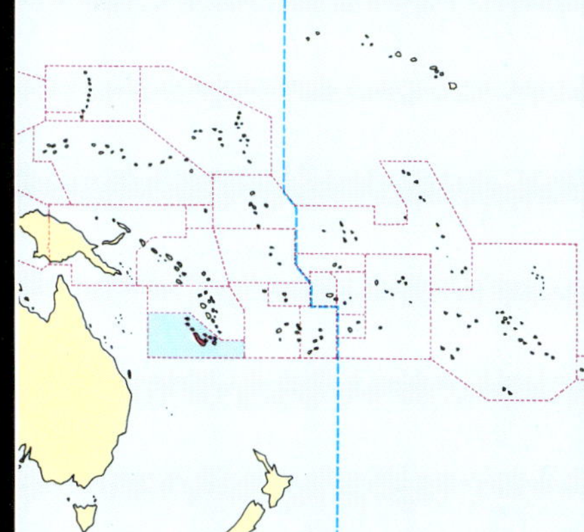

Bergwerksinsel und Militärstützpunkt

Dichter Regen prasselt gegen die Kabinenfenster der Boeing 747. Der Captain drückt die schwere Maschine immer tiefer durch schwarzgraue Gewitterwolken. Als sie aufreißen, nimmt der Jumbo in einer leichten Linkskurve Kurs auf die in trostloses Dämmergrau getauchten Uferberge Neukaledoniens: französisches Überseeterritorium, Bergwerksinsel und Militärstützpunkt. Von sonnendurchfluteter Südseeromantik keine Spur.

Die unnahbaren Nebelberge, der nordisch spröde, melancholische Charakter dieser Landschaft bewogen wohl auch den großen Seefahrer James Cook, die Insel Neukaledonien zu nennen – Neuschottland also, in Erinnerung an das Land mit den kahlen Bergen, den endlosen Hochmooren und der sturmgepeitschten Brandung.

Die Stewardessen schenken nochmals Champagner ein, als wir das Korallenriff überfliegen, das die Küste säumt. Es ist 800 Kilometer lang, 40 Kilometer breit und hat nur wenige Durchfahrten für Schiffe. Die größte markiert ein roter Leuchtturm. Weiße Gischtbänder branden bis kurz vor die im Osten meist steile Felsenküste. Dazwischen schwimmen riesige gelb-grüne Tangfelder.

Dann taucht der Hafen der Hauptstadt Nouméa auf: weit in die See hineinragende Kais, endlose Reihen von Lastkränen, Kolonnen von Lastwagen vor Lagerhallen und Depots und an den Anlagestellen dicht gedrängt die Großfrachter. Weiter hinten im alten Hafen heruntergekommene Seelenverkäufer, Pendler zwischen Inseln, die auf den Landkarten lediglich als winzige Pünktchen vermerkt sind, und sichtlich verwahrloste Küsten-Fischkutter mit skurril zusammengenagelten Kajüten.

Zwischen neuem und altem Hafen steht ein gewaltiger, hochmoderner Schmelzofen für Nickel. Mit diesem wertvollen Metall werden die Stückgutfrachter und Containerschiffe im Akkord beladen. Jenseits des roten Leuchtturms warten schon in Reihe die Neuankömmlinge auf einen Platz am Dock. »Um das Nickel dreht sich auf dieser Insel alles«, sagt der Captain in seiner letzten Durchsage vor der Landung. Beinahe 100 000 Tonnen im Jahr verarbeitet das Werk nach seiner Erweiterung. Neukaledonien ist nach Kanada und der Sowjetunion der drittgrößte Nickelproduzent der Welt.

▽ Die Wirtschaft Neukaledoniens wird weitgehend vom Bergbau bestimmt. Die erzhaltigen Gebirgszüge der Hauptinsel enthalten neben anderen Mineralien über 30 Prozent der gesamten Nickelvorkommen der Welt.

Das Flughafengebäude von Nouméa wurde nach dem gleichen architektonischen Schema gebaut wie die von Marseille, Lyon oder Bordeaux. Und wie im fernen Frankreich flattert über ihm die Trikolore. Vor den Paßschaltern drängen sich lange Schlangen. Nur an den beiden Schaltern mit der Aufschrift »Für Passagiere aus EG-Ländern« fertigt der Polizist von der Gendarmerie Nationale so zügig ab wie in Paris.

In Nouméa leben über 80 000 der 150 000 Insulaner. Die Stadt ist stark französisch geprägt. Im Zentrum eine neugotische Kathedrale, der Gouverneurspalast – heute Sitz des Hochkommissars –, das Rathaus, ein Park mit Springbrunnen und Kinderspielplätzen, der Justizpalast, die Gebäude der Behörden für Bergbau, Landwirtschaft und Fischfang. Alle sind im hoheitsvollen, überladenen Herrschaftsstil der längst vergangenen Epoche Kaiser Napoleons III. erbaut.

In der Mitte des zentralen Boulevards, benannt nach General de Gaulle, wuchsen ursprünglich Palmen. Sie mißfielen einem heimwehkranken Gouverneur. Da er aus Südfrankreich stammte, ließ er an die Stelle der Palmen heimische Platanen pflanzen, die auch im hiesigen tropischen Klima gut gediehen. Hinter den Bäumen reihen sich an der Avenue Charles de Gaulle Banken, Hotels, Kaufhäuser, Kinos und Restaurants.

▷ Von den Menschen der Südsee hatte man im Europa des 19. Jahrhunderts romantisch-exotische Vorstellungen. In Reiseschilderungen wie in völkerkundlichen Büchern wurden sie als »edle Wilde« dargestellt.

Ein zerstörtes Südseemärchen

Kapitän Cook erlebte 1774 noch ein blühendes Ackerland voller Gärten und Felder mit einem raffinierten Bewässerungssystem. Durch jedes Feld zog sich ein schmaler Kanal, der das Erdreich rechts und links durchfeuchtete. Diese sorgfältig angelegten Agrarkulturen sind völlig verschwunden. Rund um die verwahrlost wirkenden Dörfer der Melanesier findet man nur noch einige winzige Felder, die für den Eigenbedarf beackert werden.

Fast baumlos und gesprenkelt von rötlichgelbem Gestein präsentieren sich die beiden größten Höhenzüge der Insel. Dutzende von Bergwerken reihen sich unterhalb des Hauptkammes aneinander. Überall, wo farbiger Lehm zutage tritt, entstanden Schächte für den Abbau. Dort befinden sich die Erzadern. Außer Nickel werden noch Chrom, Kobalt, Mangan und Eisen gewonnen. Groß sind auch die Vorkommen an Jade. Aus diesem Halbedelstein werden in Fabriken Schalen und Vasen geschliffen, die man hauptsächlich nach Singapur, Taiwan und Hongkong exportiert.

Abgelegene Gebirgstäler sind noch von tropischem Urwald bedeckt, in dem auf kleinen Lichtungen die Siedlungen der Melanesier liegen. Doch die ehemals typischen Rundhäuser – um einen Mittelpfahl gebaut, der hoch über das Dach hinausragte und mit kunstvollen Holzverzierungen geschmückt war – sind verschwunden.

Untergegangen sind auch die mythischen Zeremonien der Melanesier und ihr Ahnenkult. Und die durchlochten, auf Schnüre gezogenen, hauchdünnen Perlmuttscheiben – einst Zahlungsmittel der Ureinwohner – haben ebenfalls ausgedient.

Landesnatur

Fläche: 18 784 km²
Ausdehnung: (Hauptinsel Grande Terre) Nordwest–Südost 410 km, Nordost–Südwest 50 km
Höchster Berg: Mont Panié 1628 m
Längster Fluß: Diahot 88 km

Neukaledonien ist eines der drei französischen Überseeterritorien (T.O.M.) im Südwestpazifik, es liegt rd. 1500 km östlich von Australien und umfaßt neben der Hauptinsel Grande Terre (16 750 km²) die Loyalitätsinseln (Iles Loyauté: Ouvéa, Lifou, Maré), die Fichteninsel (Ile des Pins), die Iles Belep sowie zahlreiche kleinere Inseln und Korallenriffe.
Die Hauptinsel Grande Terre ist zigarrenförmig schmal. Eine Gebirgskette durchzieht die Insel ihrer ganzen Länge nach und teilt sie in eine fruchtbare, feuchte Ostseite mit 3000 mm Jahresniederschlägen und eine trokkenere Westseite (bis 1000 mm). Von Dezember bis März ist Regenzeit. Es herrscht subtropisches Klima; die Durchschnittstemperatur von Nouméa beträgt 22,5 °C.
Im zentralen und westlichen Teil von Grande Terre wächst Trockenwald und Savanne, an der Ostküste Mangrove, im Hinterland üppiger tropischer Regenwald. In den Bergen gedeihen tropische Kopalfichten und Araukariengewächse.
Nationalvogel ist der Rallenkranich, ein inzwischen seltener Nachtvogel.

Politisches System

Amtlicher Name: Territoire de la Nouvelle-Calédonie
Politischer Status: Französisches Überseeterritorium (T.O.M.)
Hauptstadt: Nouméa

Der französische Präsident als Staatsoberhaupt ist durch einen Hohen Kommissar vertreten. In dem 46 Abgeordnete umfassenden Kongreß stehen sich die auf Autonomie zielenden Kanaken und die mit Frankreich sympathisierenden Parteien trotz eines 1984 erweiterten Autonomiestatuts weiterhin unversöhnlich gegenüber. 1998 soll in einem Referendum über die Unabhängigkeit oder den Verbleib bei Frankreich entschieden werden.

Bevölkerung

Einwohnerzahl: 150 000
Bevölkerungsdichte: 8 Einw./km²
Bevölkerungszunahme: 2,2 % im Jahr
Größte Stadt: Nouméa (84 000 Einw.)
Bevölkerungsgruppen: 45 % Melanesier, 40 % Europäer, 12 % Polynesier

Die Bevölkerung Neukaledoniens nimmt rasch zu (37 % sind jünger als 15 Jahre). Nachdem die Melanesier als Urbevölkerung von den Europäern nur langsam Gleichberechtigung erfahren, bestehen große soziale Spannungen. Amtssprache ist Französisch, daneben gibt es etwa 24 Eingeborenensprachen. 62 % der Einwohner sind Katholiken, 25 % Protestanten.

Wirtschaft

Währung: 1 CFP-Franc (FCFP) = 100 Centimes (c)
Wichtigste Handelspartner: Frankreich, Japan, USA

Die Wirtschaft Neukaledoniens basiert auf Bergbau und Tourismus.
Die Landwirtschaft dient der Selbstversorgung; ein Großteil der Nahrungsmittel muß jedoch importiert werden. Angebaut werden vorwiegend Jams, Taro, Süßkartoffeln, Getreide und Gemüse.
Der Bergbau wird vom Nickelabbau bestimmt; das Land gehört zu den größten Produzenten. Abbau sowie Verarbeitung der Nickelerze liegen in den Händen französischer und US-amerikanischer Gesellschaften.
Das Straßennetz hat eine Länge von über 5000 km. Der wichtigste See- und Flughafen ist Nouméa.
Der größte Teil der Touristen kommt aus Australien und Japan.

Geschichte und Kultur

Die melanesische Inselgruppe wurde um 1000 v. Chr. von Austronesiern besiedelt. Der Brite James Cook entdeckte 1774 als erster Europäer die Hauptinsel. Ab 1834 kamen britische, ab 1840 französische Missionare. 1853 annektierte Frankreich Neukaledonien und machte es 1864–1896 zur Strafkolonie. Mit der Entdeckung von Nickelvorkommen begann Ende des 19. Jh. die Kolonisierung.
Während des Zweiten Weltkriegs war das Gebiet ein bedeutender Stützpunkt für die Alliierten. 1946 wurde die Inselgruppe französisches Überseeterritorium. Mit Beginn der 70er

Traditioneller Baustil: ein Rundhaus für die Männerversammlung.

Jahre verstärkte sich die Forderung der melanesischen Bevölkerung, der Kanaken, nach Unabhängigkeit von der Kolonialmacht; es kam immer wieder zu schweren Unruhen. Die linksgerichtete Unabhängigkeitsbewegung der Kanaken boykottierte Ende 1984 die Wahl der Regionalversammlung, aus der die rechtsgerichtete Bewegung der Kolonialfranzosen unter Dick Ukéiwé als Siegerin hervorging. Der Führer der kanakischen Separatisten, Jean-Marie Tjibaou, bildete daraufhin eine Gegenregierung.
Bei einer Volksabstimmung im September 1987 entschied sich die Mehrheit für einen Verbleib bei Frankreich. Die meisten Kanaken boykottierten diese Abstimmung, der Kampf ging weiter. In einer spektakulären Aktion befreiten im Mai 1988 französische Sicherheitskräfte 23 von Separatisten verschleppte Gendarmen und töteten 19 Separatisten und zwei Militärangehörige.
Der Konflikt zwischen den ethnischen Gruppen auf Neukaledonien ist größtenteils auf den Zusammenprall zweier unterschiedlicher Kulturen zurückzuführen. Durch den starken Einfluß der französischen Kolonialmacht ist viel von der ursprünglichen Kultur Neukaledoniens verlorengegangen. Nouméa präsentiert sich inzwischen ganz französisch. Nur an der Ostküste der Hauptinsel und auf den äußeren Inseln haben sich noch alte Traditionen erhalten können.
Die Kultur der Kanaken läßt sich am besten im Neukaledonien-Museum in Nouméa studieren, in dem zahlreiche Skulpturen und Holzschnitzereien, ausdrucksstarke Masken sowie Werkzeuge des täglichen Lebens und schöne Beispiele für die sog. Lapita-Keramik ausgestellt sind.

Reise-Informationen

Bürger der Bundesrepublik Deutschland, der Schweiz und Österreichs brauchen für einen Aufenthalt bis zu drei Monaten einen gültigen Reisepaß bzw. einen Kinderausweis (mit Foto). Für Reisende aus Österreich ist außerdem ein Visum erforderlich.
Bei der Einreise sind zollfrei: 1000 Zigaretten, eine Flasche alkoholische Getränke (außer Anisette und Absinth) sowie etwas Parfüm.
Französische Francs (FF) dürfen bei der Einreise unbeschränkt, bei der Ausreise bis zu 5500 FF mitgeführt werden. Fremdwährung ist deklarationspflichtig.
Typhus-Prophylaxe ist angeraten.
Mit Frankreich bestehen regelmäßige Flugverbindungen. Außerdem verkehren Flugzeuge und Schiffe zwischen Nouméa und den anderen Inseln des Territoriums. Mietwagen stehen zur Verfügung.
Die Hotels entsprechen französischem Standard, liegen allerdings weit über deren Preisniveau. Eine Alternative bilden ländliche Unterkünfte in melanesischen Bungalows.
Von Dezember bis März ist es feuchtwarm. Der Zeitraum zwischen April bis November hingegen ist etwas kühler und somit als beste Reisezeit zu empfehlen.

Neuseeland

Karl Johaentges

Genau am anderen Ende des Globus, dort, wo die Sonne von Norden wärmt, leben auf einer Doppelinsel, kaum größer als die Bundesrepublik Deutschland, etwa 3,4 Millionen Menschen – unsere Antipoden: isoliert im Südpazifik, selbst vom nächsten Nachbarn Australien noch fast 2000 Kilometer entfernt, von den 30 Flugstunden nach Frankfurt ganz zu schweigen. Über 1600 Kilometer erstrecken sich die beiden Hauptinseln Neuseelands, vom subtropischen Norden bis zum ewigen Schnee der »Südalpen«.

Ein Land der Gegensätze und der Superlative: Farnwälder und Schafweiden, Gletscher und Geysire und nicht zuletzt mehr als 6000 Kilometer Küste. Neuseeland eilt der Ruf eines Paradieses voraus, aber auch dieses Eden zahlloser Emigrantenträume ist längst in den Sog der kränkelnden Weltwirtschaft geraten – Arbeitslosigkeit und Inflation steigen erschreckend an.

Staatsname:	Neuseeland
Amtssprache:	Englisch
Einwohner:	3,4 Millionen
Fläche:	268 676 km² (mit Außengebieten 683 568 km²)
Hauptstadt:	Wellington
Staatsform:	Parlamentarische Monarchie im Commonwealth
Kfz-Zeichen:	NZ
Zeitzone:	MEZ +11 Std.
Geogr. Lage:	Südwestpazifik, südöstlich von Australien

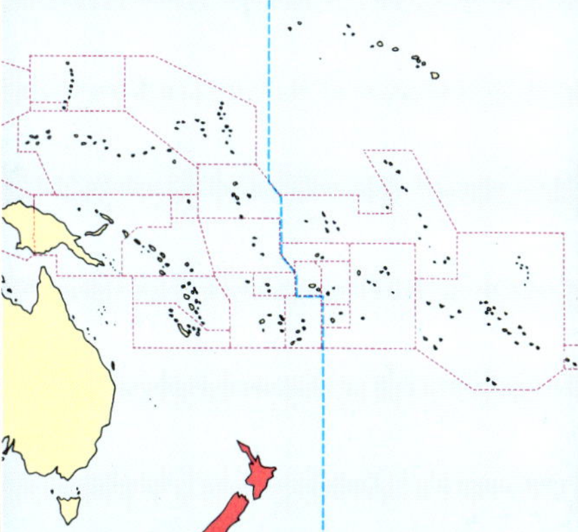

Majestätisch erhebt sich im Nationalpark Tongariro der Vulkankegel des Mount Ngauruhoe über einer zerklüfteten, mit Tussock-Gras bewachsenen Ebene. Natur und Landschaft Neuseelands faszinieren durch Eigenart und Vielfalt.

Ankunft bei den Antipoden

Nur keimfrei dürfen wir Neuseelands Boden betreten. Geruchloser Spray legt sich schon über die Passagiere der Jets aus Übersee. Ob in Wellington oder Auckland, die Quarantänekontrolle erscheint schärfer als die der Pässe. Gefahndet wird nach landwirtschaftlichem »Dreck«, nach guter Muttererde oder Obst, mit denen Schädlinge unbemerkt ihren Weg in das Idyll Neuseelands finden könnten.

Gemessen an europäischen Maßstäben ist Neuseeland trotz seiner Probleme ein geruhsames Land geblieben, ohne viel Streß und abseits der Krisenherde dieses Erdballs, aber auch abseits seiner Kulturströmungen und Trends. Eine Tatsache, die bei vielen Neuseeländern einen »Hinterwäldler-Komplex« auslöst, die Angst, wir »Weltbürger« könnten sie nicht ernst nehmen oder sie könnten gar hinten von der Weltkarte gefallen sein, ohne daß es der Rest der Welt überhaupt bemerkt hätte.

Getrieben von dieser Erkenntnis der begrenzten Möglichkeiten ihres »Paradieses im Südpazifik«, verlassen schon seit Jahren mehr Neuseeländer ihre Heimat – 1986 waren es über 52000 –, als sich Neuankömmlinge durch den engen Türspalt der Einwanderungsbehörden drängen können. Es sind vor allem die Jungen – der akademische Nachwuchs, Musiker, Designer –, denen ein Land mit 3,4 Millionen Menschen und mehr als 70 Millionen Schafen weder Geld noch Karriere versprechen kann und die nun ihr Glück in der Ferne, in Australien oder Großbritannien suchen.

Das alles kann jedoch die Touristenscharen nicht abhalten – im Gegenteil, sie suchen diese Abgeschiedenheit im Südpazifik. Trotz hoher Flugpreise kamen im Jahre 1987 über 800000 Besucher nach Neuseeland – darunter allerdings »nur« 16500 Deutsche. Und die Touristikindustrie des Landes hat mit ihren Gewinnen die Wolle längst von Platz vier der Devisenbringer verdrängt.

Dem Klischee des Farmers im rotkarierten Wollhemd ähnelt der Neuseeländer allerdings kaum. Nur ein Bruchteil der Bevölkerung arbeitet in der Landwirtschaft. Über 80 Prozent aller Kiwis, wie sich die Neuseeländer selbst nach dem berühmten flügellosen Vogel ihrer Urwälder nennen, leben in den Städten.

Am Wochenende und in den berüchtigten großen Ferien – von Weihnachten bis Ende Januar – überschwemmen sie mit Kind und Kegel die Nationalparks, die Ufer der Bergseen und die schönsten Campingplätze an

▽ Für die Polynesierinnen in ihrem weißen Sonntagsstaat bringt der Kirchgang ein wenig Licht in das eher triste Alltagsdasein einer kleinen Minderheit im Lande.

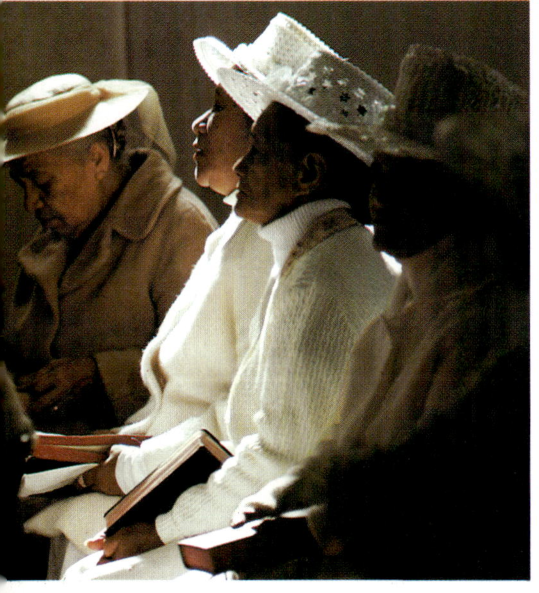

▷ Für die Weißen der Nationalfeiertag, für die Maoris ein Tag des Protests: Der Waitangi-Tag erinnert an den Vertrag von Waitangi, mit dem Neuseeland am 6. 2. 1840 zur britischen Krone kam.

den unendlichen Stränden. Ganze Familienscharen bevölkern die Wochenendhäuser, die »Baches« – liebevoll gepflegte, manchmal auch vernachlässigte Hütten, ausgediente Straßenbahnwaggons oder Überreste der ersten Pionierbehausungen.

Aotearoa – das »Land der langen weißen Wolke«

Kaum mehr als 200 Jahre sind uns Europäern diese beiden immergrünen Inseln zwischen dem 34. und dem 47. Breitengrad in der südlichen Hemisphäre bekannt. 1642 war der Holländer Abel Janszoon Tasman auf der Suche nach dem legendären Südkontinent »Terra australis incognita« bis zum 49. südlichen Breitengrad vorgedrungen und hatte dabei »Van-Diemens-Land«, das heutige Tasmanien, entdeckt. Am 13. Dezember des gleichen Jahres hatte er erneut Festland gesichtet, das er »Statenlandt« nannte, in der Überzeugung, die Küste des unbekannten Südlandes gefunden zu haben. Den Namen »New Zeeland«, wie es später getauft wurde, behielt auch der britische Kapitän James Cook bei, als er das über ein Jahrhundert in Vergessenheit geratene Neuseeland wiederentdeckte. Cook war im Jahre 1769 mit seiner »Endeavour« südlich vom heutigen Gisborne auf der Nordinsel vor Anker gegangen und hatte als erster Europäer Aotearoa, das Land der Maori, betreten.

Die Vorfahren der Maori waren vor mehr als 1000 Jahren mit Segelkanus in das isolierte Paradies der Pflanzen und Vögel gekommen, in dem es außer zwei Fledermausarten keine Säugetiere gab. Die Historiker sprechen von mehreren Einwanderungswellen der aus Polynesien stammenden Maori bis ins 14. Jahrhundert hinein, die Legende erzählt von der Ankunft einer »Großen Flotte« mit sieben Kanus. Die Maori gaben ihrer neuen Heimat den Namen Aotearoa, »Land der langen weißen Wolke«. Die europäischen Neuankömmlinge wurden später von den Inselbewohnern Pakeha genannt, was im übertragenen Sinne »Weißhaut«, genau übersetzt jedoch weniger schmeichelhaft »langes weißes Schweinefleisch« bedeutet. Und so heißen wir bei ihnen noch heute.

Wenige Jahrzehnte nach der Landung Cooks ließen sich die ersten Weißen in Neuseeland nieder: zuerst die Walfischfänger, dann die Siedler und die Händler – auch die Schnapsverkäufer – und in ihrem Gefolge die Missionare. Als immer neue Siedlerscharen unaufhaltsam nach Neuseeland strömten, gab es statt des ursprünglich friedlichen Handels zwischen Maori und Pakeha bald nur noch Haß und Krieg. 1840 gelang es den Vertretern von »Mutter England«, 50 Maori-Häuptlinge zu einem zweifelhaften Vertrag zu überreden, durch den Großbritannien die Souveränität über die Insel behielt. Dieser »Vertrag von Waitangi« gilt der weißen Bevölkerung als Geburtsstunde der Nation, die Maori sehen in ihm ihre größte historische Niederlage.

Die Hauptstadt Wellington an der Cookstraße im Süden der Nordinsel ist mit über 320 000 Einwohnern die zweitgrößte Stadt des Landes, dessen formelles Oberhaupt immer noch Königin Elisabeth II. von England ist. 1984 hat die Labour Party von David Lange die National Party als Regierungspartei abgelöst. Der sozialdemokratische Premierminister machte sich nicht nur durch seine konsequente Anti-Atompolitik im Südpazifik einen Namen. Mit einschneidenden Subventionskürzungen in der Landwirtschaft und Umstrukturierungen der neuseeländischen Exportwirtschaft versucht er, das Land möglichst ungeschoren aus der Sackgasse der Schafwirtschaft herauszuführen.

Begegnung mit den »Locals«

Wir haben in Wellington die 18-Uhr-Fähre hinüber zur Südsel genommen. Die letzten Sonnenstrahlen tauchen die Fjordlandschaft der Marlborough Sounds in ein fast mystisches Licht- und Schattenspiel. Das besonders intensive Licht der südlichen Hemisphäre zeichnet die Landschaften Neuseelands in überraschender Räumlichkeit.

Nach dreieinhalb Stunden Fahrt Ankunft in Picton, einem kleinen Hafenort an der Spitze des Queen Charlotte Sound. Unsere Reisepläne sind skizzenhaft umrissen; zwei Tage haben wir für die Ostküste bis nach Christchurch eingeplant, aber eine Reifenpanne am zweiten Tag bringt alles durcheinander. Dem zehn Minuten dauernden Reifenwechsel folgt eine Einladung zu einer Tasse Tee ins nahe Farmhaus. Wir bleiben hängen. Und das wohl öfter.

Vor allem in den dünnbesiedelten Regionen der Südinsel begegnet man nur selten Menschen. Schnellen Kontakt mit den Einheimischen garantiert der Local Pub, die Dorfkneipe. Nachmittags finden sich hier immer ein paar Farmer oder Vertreter auf ein Gläschen Stout – ein Starkbier – ein. In der Isolation des Landlebens sind neue Gesichter gern gesehen, und spontane Gastfreundschaft ist noch selbstverständlich.

Die Kontaktaufnahme mit den »Locals« klappt natürlich auch bei Getränken wie Milch und Tee. Die Dairy, der örtliche Milch- und Krämerladen, ist an Sonntagen ohnehin die letzte Rettung für den hungrigen Touri-

△ Selbst Aucklands Geschäftszentren haben kein großstädtisches Flair. Die Stadt mit über 800 000 Einwohnern besteht hauptsächlich aus einer Ansammlung freundlicher Vororte, die über eine Landenge wuchern.

◁ Durch saftig-grünes Schichtstufenland windet sich der lachsreiche Rakaia von den schneebedeckten Südalpen bis hin zum Pazifischen Ozean.

sten. Hier gibt's täglich frische Vollmilch in Halbliter-Pfandflaschen für 41 Cents.

Falls an diesem Ort nichts über die lokalen Hits, etwa die nächste Landwirtschaftsschau, über Schafhundewettbewerbe oder Viehmärkte zu erfahren ist, dann sicher in den Tearooms. Sie sind so zahlreich wie die Pubs, meist nicht sehr geschmackvoll eingerichtet, mit Plastiktischdecken und Plastikblumen-Arrangements. Serviert wird nicht nur guter englischer Tee, sondern auch Pie – eine neuseeländische Nationalspeise. Daß diese mit »Hammelfleisch«, »Nierchen und Steak« oder »Hack« gefüllten Teigtaschen zu 75 Prozent aus Fleischsoße bestehen, merkt man erst, wenn einem die Flüssigkeit durch die Finger auf die Hose trieft.

Christchurch – rechtwinklig und sehr britisch

Eine Woche später als geplant erreichen wir das traditionsbewußte Christchurch, mit über 290000 Einwohnern Neuseelands drittgrößte Stadt. Es erstaunt mich immer wieder, wie jung Neuseelands Städte sind. Im Jahre 1850 landeten die ersten vier Segelschiffe im heutigen Hafen Lyttelton. An Bord befanden sich nur ausgesuchte, »tadellose« Passagiere. Sie wollten eine religiöse Modellstadt bauen – die Pläne für die schachbrettartig angelegte Siedlung hatten die Initiatoren schon aus England mitgebracht. Die heutige Universitätsstadt Christchurch ist unübersehbar die am stärksten britisch geprägte Stadt am »schönsten Ende der Welt« geblieben, mit gepflegten Parks, neugotischer Steinarchitektur, Ruderclubs und natürlich auch traditionsreichen Colleges.

Kaum eine Autostunde von Christchurch entfernt, holpert man schon durch verträumte Buchten mit kleinen, fast vergessenen Orten. Banks Peninsula heißt die wilde, sturmzerzauste Gegend, die man über eine labyrinthartige Höhenstraße erobern kann. Das nur spärlich überwachsene Lavagestein verrät den vulkanischen Ursprung dieser sich fingerartig in die See erstreckenden Halbinsel.

Andere Höhepunkte an der Ostküste sind die Hafenstadt Oamaru, bekannt für ihre weiße Kalksteinarchitektur, und – 38 Kilometer weiter südlich – die legendären Moeraki Boulders – tonnenschwere halbkugelförmige Steingebilde mit Durchmessern bis zu vier Metern, die wie 60 Millionen Jahre alte Iglus auf dem Sandstrand des Südpazifiks stehen. Der Maori-Sage nach sind die Moeraki Boulders Vorratskörbe von einem legendären Kanu, das an dieser Küste – aus der Urheimat Hawaiki kommend – zerschellt ist.

Seit meiner ersten Reise durch Neuseeland habe ich eine Vorliebe für das im Abendrot sich magisch gold färbende Büschelgras – Tussock – der Südinsel und auch für die weichen, frischgrünen Hügel der Schafweiden. Und das, obwohl diese Landschaften alles andere als natürlich sind. Vielmehr sind sie das Ergebnis einer Zerstörung der heimischen Wälder durch den Menschen – eine ökologische Katastrophe. Denn früher bedeckten immergrüne Wälder fast die gesamte Doppelinsel, heute sind sie auf ein Drittel der Landesfläche zurückgedrängt.

Schon die polynesischen Einwanderer hatten einen Teil der Urwälder niedergebrannt. Mitte des 19. Jahrhunderts begann dann der Kahlschlag durch die europäischen Siedler. Riesige Waldflächen wurden der Schafsmonokultur geopfert – sie waren der Preis für den Wohlstand, der nun auch wieder dahin ist – wie die Wälder.

Schafe – überall Schafe

Neben acht Millionen Rindern grasen 70 Millionen Schafe auf Neuseelands Weiden. Dicht an dicht stehen die Wolleträger auf den sich sanft wellenden Wiesen der Ebenen. Auf den kargen, braunen Tussock-Matten des Hochlandes hingegen ernähren drei Hektar Weideland gerade zwei dieser Tiere. Jährlich werden etwa 360000 Tonnen Wolle produziert, davon 250000 Tonnen für den Export.

Wie Australien ist auch Neuseeland durch seine Schafe reich geworden. Die ersten beiden von Kapitän Cook zurückgelassenen Testschafe überlebten allerdings nur wenige Tage; erst die im letzten Jahrhundert aus der benachbarten Kolonie Australien importierten Merinoschafe erwiesen sich als Erfolg. Die Merinos, die wegen ihrer hochwertigen, feinen Wolle gezüchtet wurden, sind inzwischen weitgehend durch Romney-, Coopworth- und Perendale-Schafe ersetzt worden.

Diese Mischrassen liefern zwar gröbere Wolle, sie wachsen jedoch erheblich rascher ins schlachtreife Alter. Das ist wichtig für der Welt größten Exporteur von Hammel- und Lammfleisch. 50 Millionen Hammel und Lämmer werden alljährlich in den riesigen Gefrierwerken in tiefgefrorene Fleischpakete verwandelt. Aber wohin mit den abermillionen Lammkeulen?

Die Rolle der »Farm« Großbritanniens in Übersee mit einem sicheren Absatzmarkt hat Neuseeland längst abgeben müssen. Seit dem EG-Beitritt kaufen die Briten bei ihren europäischen Nachbarn – ein Schock, den die »Kiwis« bis heute nicht verwunden haben. Zu unvermittelt mußten sie die Stufenleiter des Wohlstands hinabsteigen. In den fünfziger Jahren galt der Inselstaat im Südpazifik nach den USA und Kanada als drittreichste Nation der Erde. 1965 lagen die Neuseeländer mit ihrem durchschnittlichen Pro-Kopf-Einkommen noch auf Rang 7 der Weltrangliste, 1986 sind sie auf Platz 19 abgerutscht.

Eine Parade von Naturwundern

Was jedoch bleibt, ist der Reichtum des Landes an faszinierenden Landschaften, oft der gegensätzlichsten Art: Geysire, majestätische Fjorde, kilometerlange, weiße und schwarze Sandstrände, schneebedeckte Hochgebirge und fruchtbare Agrarlandschaften.

Milford Sound an der Westküste der Südinsel: »Blauer Himmel und eine ruhige Bootsfahrt – etwas Schlimmeres kann man einem Besucher kaum wünschen«, urteilt der Bootsführer. Er hat recht, denn Sturm und Regen verwandeln die steil aufragenden Felswände

▽ Eine eigenartige Laune der Natur: die Moeraki Boulders am Strand nördlich von Dunedin. Diese tonnenschweren »Riesenmurmeln«, die vor etwa 60 Millionen Jahren entstanden, gelten in den Mythen der Maoris als versteinerte Vorratskörbe.

◁ ***Tausende von Schafen werden an Ostern – bevor der erste Schnee fällt – wie hier in den Gravie Mountains aus den Bergen zu den tiefer gelegenen Farmen getrieben. Eine tagelange, harte Arbeit für die Hirten, für die Schafe im zerklüfteten Gelände ein nicht ungefährlicher Weg.***

des Fjords in ein grandioses Inferno von Wasserfällen. Und die Aussichten, in einen Regenschauer zu geraten, stehen nicht einmal schlecht: 5500 Millimeter Niederschläge fallen hier jährlich.

Von Westport im Nordwesten der Südinsel bis zum 413 Kilometer südlicher gelegenen Haast führt eine zuweilen sehr kurvenreiche, aber gut ausgebaute Straße entlang der Küste durch fette, grüne Weiden, wildes Flachgras und Regenwälder. Wolkenbrüche und Dauerregen bleiben als Erlebnis – wenn auch nicht immer angenehm – in Erinnerung. Während des Goldrausches in den sechziger Jahren des letzten Jahrhunderts lebten hier fast 40000 Menschen – damals rund ein Siebtel der Bevölkerung Neuseelands –, meist Män-

△ ***Schwarz-weiß gestreifte Blazer im Speisesaal des renommierten Christchurch College: Neuseelands Schulsystem ist britisch geprägt. Uniform und gemeinsame Mahlzeiten gehören zum täglichen Leben der Schüler in den meist konfessionellen Privatschulen.***

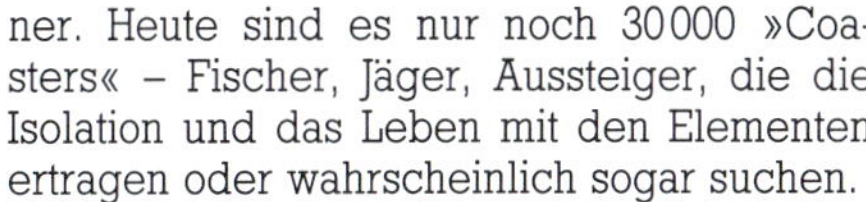

ner. Heute sind es nur noch 30000 »Coasters« – Fischer, Jäger, Aussteiger, die die Isolation und das Leben mit den Elementen ertragen oder wahrscheinlich sogar suchen.

56 Kilometer südlich von Westport stoßen wir auf die Pancake Rocks, eine Felsformation am Dolomite Point, die einer Riesenlage Pfannkuchen gleicht. Wind und Wasser haben mit der Zeit horizontale Schichten des Kalkgesteins herausgearbeitet. Noch bevor man die Felsen sieht, hört man schon das Donnern der Brandung der Tasmansee, die sich in riesigen Höhlen und unterirdischen Grotten bricht und bei Sturm in Fontänen durch die Blowholes – Öffnungen im Gestein – in die Höhe schießt.

Im Lake Matheson, am Fuße des Fox-Gletschers, fasziniert das Element Wasser an

windstillen Tagen auf eine andere Weise: In dem von Algen und Humus fast schwarz gefärbten Wasser des Sees spiegeln sich nicht nur die umliegenden Wälder in unfaßbarer Deutlichkeit, sondern auch noch die dahinter aufragenden Neuseeländischen Alpen Mount Cook und Mount Tasman. Den 3764 Meter hohen Mount Cook kann man in preiswerten Stundenflügen zwar auch von der Westküste aus überfliegen, doch sollte man sich für den höchsten Bergriesen Neuseelands mehr Zeit nehmen. Am besten nähert man sich ihm vom Hooker Valley aus. Die Maori nennen ihn Aorangi, den »Wolkenbohrer«. Viele ihrer Legenden ranken sich um diesen Berg. Eine erzählt von vier Brüdern, Nachkommen des Himmelsvaters Rangi und der Erdmutter Papa, die mit ihrem Kanu zur Erde gekommen waren. Das Boot verwandelte sich in die Südinsel, die vier Ruderer in Berge, der älteste von ihnen in den Aorangi.

Auch die Nordinsel bietet Schnee und ewiges Eis. Den zentralgelegenen Nationalpark Tongariro, dessen 100. Geburtstag 1987 gefeiert wurde, haben vor allem die ausgezeichneten Skiabfahrten bekannt gemacht. Er liegt zu Füßen der noch nicht erloschenen, aber schlafenden Vulkane Tongariro, Ngauruhoe und Ruapehu und ist ein Wanderparadies.

An einem einzigen Tag kann man hier im Nationalpark die Mondlandschaft blutroter Lavaschlacken und gelber Schwefellöcher, dichte Regenwälder, Ebenen, bedeckt von braunem Tussock-Gras, und smaragdgrüne Bergseen erwandern – die Landschaftsvielfalt eines ganzen Kontinents.

Mitten im Vulkangürtel der Nordinsel liegt auch Rotorua, eines der Touristenzentren Neuseelands. Mehr als 60000 Besucher jährlich zieht die Stadt mit ihren Geysiren und Schwefelbädern an. Es blubbert, zischt und riecht hier beängstigend nach Unterwelt.

Im Lande der Maori

East Cape – Maori-Land. In der Abgeschiedenheit des Nordostens haben sie sich der europäischen Eroberung ein wenig besser entziehen können als anderswo in Neuseeland, hier erscheinen sie als selbstbewußte, stolze Bewohner, weniger entwurzelt als in den großen Städten.

Auch in Northland ganz oben auf der Nordinsel haben die Maori, die etwa neun Prozent der Bevölkerung ausmachen, in ihren ländlichen Hochburgen einiges von ihrer Kultur und Lebensweise bewahren können. Aber viel ist nach den langen Jahren der Missionierung und britischer »Monokultur« von ihrer Tradition nicht übriggeblieben. Allerdings erfährt das »Maoritum« seit den sechziger Jahren eine unerwartete Wiederbelebung. Nicht nur des Tourismus wegen werden zum Beispiel die zuweilen heruntergekommenen Versammlungshäuser der Maori wieder renoviert und gestrichen. Ihre bislang unterdrückte und vernachlässigte Sprache wird wieder gelehrt. Selbst viele weiße Neuseeländer strömen zu den Sprachkursen in den Schulen und Universitäten. Maori ist »in«, denn wer möchte nicht zumindest ein wenig von der Sprache verstehen, die so vielen Orten des Landes ihren Namen gegeben hat?

Aber das ist nur eine Seite. Parallel zur Hinwendung zu dieser schon aufgegebenen Kultur entzünden sich aufgrund der steigenden Arbeitslosigkeit – mehr als ein Viertel der Arbeitslosen sind Maori – zunehmend kleine Reibereien zwischen beiden Rassen. Von einem ernsten Rassenproblem kann dennoch nicht gesprochen werden – Neuseeländer waren nie Rassisten.

Auf unserer Fahrt nach Norden können wir die zauberhafte Halbinsel Coromandel nicht einfach rechts liegen lassen. Regungslos, fast wie aus Eis liegen ihre verzauberten Buchten an einem lauen Sommerabend zu unseren Füßen. Thames, der größte Flecken der Halbinsel, ist einer jener Orte, den der Goldrausch 1867 quasi über Nacht auf die Landkarte gesetzt hatte; doch schon bald versank er wieder in geruhsame Bedeutungslosigkeit.

Heute ist Coromandel Heimat für Maler, Holzschnitzer, Weber und Töpfer geworden – Aussteiger, die in versteckten Häuschen oder in einer Kommune irgendwo im Buschland leben. Das milde, winterlose Klima und die Nähe der Weltstadt Auckland, deren Lichter man nachts über die Bai herüberblinken sieht, machen Coromandels Reiz aus.

◁ ***Sorge um jedes Tier:** Neuseelands Rinderfarmen sind überwiegend Kleinbetriebe. Oftmals führen junge Bauern oder Familien einen Hof mit 160 Tieren ganz allein.*

▽ ***Pancake Rocks – wie** Pfannkuchen übereinandergeschichtete Felsformationen an der Küste südlich von Westport. Durch die Öffnungen der Felshöhlen preßt die Brandung das Wasser in die Höhe.*

Auckland – »die Braut mit den hundert Liebhabern«

Auckland, mit 820000 Einwohnern heute die heimliche Hauptstadt Neuseelands, trug diesen Titel einst offiziell – allerdings nur für 25 Jahre. 1865 löste das zentralgelegene Wellington – nicht zuletzt wegen der Goldfunde auf der Südinsel – die nördliche Metropole als Hauptstadt ab.

Für die rivalisierenden Maori-Stämme im Norden waren die weitverzweigten Buchten der Landenge um Auckland über Jahrhunderte hinweg Streitobjekt gewesen, was der Stadt den Namen »Tamaki makau rau« eintrug: »Die Braut mit den hundert Liebhabern«. 1840, nach der Unterzeichnung des Vertrags von Waitangi, kaufte Gouverneur Hobson die Braut für die üblichen kolonialen »Butterbrote« – 56 Pfund in Gold, Äxte, Metalltöpfe, Decken und dergleichen – und legte damit den Grundstein für die pulsierende kosmopolitische Stadt.

◁ *Um den eis- und schneegepanzerten König der Berge Neuseelands, den 3764 Meter hohen Mount Cook zu besteigen, braucht man Kondition, gutes Wetter und einen erfahrenen Bergführer.*

▽ *Ausflugsboote warten auf Passagiere aus aller Welt, um sie durch den Milford Sound zu schippern. Der großartige Fjord, umsäumt von mächtigen Bergriesen, gilt als der schönste des Fiordland Nationalparks.*

Auckland ist heute unumstrittene Königin des Landes, das »San Francisco des Südpazifiks« – eine Ansammlung von Dörfern, die über die Landenge mit ihren über 60 erloschenen Vulkanen wuchern.

Rund um die City lebt im Umkreis von 40 Kilometern mehr als ein Viertel der neuseeländischen Bevölkerung – etwa so viele wie auf der ganzen Südinsel –, angelockt von guten Arbeitsplätzen, Sonne, milden Wintern und einem idealen Freizeitangebot. Vorsichtige Schätzungen sprechen von etwa 70000 Segel- und Motorjachten, die in den geschützten Buchten Aucklands liegen.

Mit über 70000 polynesischen Einwohnern ist Auckland auch die größte Stadt der Polynesier im Südpazifik. Die Karangahape Road – kurz »K-Road« genannt – ist Hauptstraße und Broadway der Menschen aus Tonga und Samoa. Papayas und Mangos, Tintenfische und allerlei anderes exotisches Getier türmen sich vor kleinen Shops zwischen Restaurants, Airline-Büros und Strip-Lokalen. Bunte Gewänder, Hibiskusblüten – kurz: Südsee-Atmosphäre.

Von Auckland erstreckt sich über 440 Kilometer bis zum Cape Reinga die Northland-Halbinsel. Auf dem Weg nach Norden ist die berühmte Bay of Islands nicht zu verfehlen. Und Kerikeri nicht, Neuseelands Zentrum für Zitrusfrüchte, wo man im Herbst auch säckeweise Kiwifrüchte für ein paar Dollars erwerben kann. Ansonsten sind Kiwifrüchte selbst in Neuseeland teuer.

116 Kilometer nördlich von Kaitaia, nach der Fahrt entlang dem »Ninety Miles Beach«, endet der Highway. Wir haben Cape Reinga im äußersten Norden Neuseelands erreicht.

»Reinga« bedeutet Jenseits – für die Maori ist das Kap Endstation der irdischen Welt, hier beginnen die Seelen ihrer Verstorbenen die letzte Reise zurück in die Urheimat Hawaiki, irgendwo in Polynesien. Hier treffen deutlich sichtbar die Brecher des Pazifiks auf die hohen Wellen der Tasmansee. Das Gefühl, am Ende der Welt zu stehen, ist nicht zu unterdrücken. Nur ein paar Schilder weisen mit Kilometerangaben vage in die Richtung des Äquators, nach Sydney, London oder New York. Zu den anderen Enden dieser Welt.

DIE BESONDERE REISE

Zu Fuß auf dem Routeburn Track

Kann Regenwald ohne Regen schön sein?

Die Farbfotos auf der illustrierten Wanderkarte 1:75000 verheißen herrliche Panoramen. Und unser Glaube an den amtlichen Wetterbericht – Anticyclon: »ausgeprägtes Hoch« – ist noch ungetrübt, als wir alles Nötige in den Rucksack packen. Und »für alle Fälle« auch noch Regenkleidung – die wir dann für drei Tage nicht mehr ablegen sollten. Schon als wir den Wagen nach einstündiger Fahrt entlang dem Lake Wakatipu auf einem kleinen Parkplatz hinter Glenorchy abstellen, fallen die ersten Tropfen.

Also nichts wie hinein in den Regenwald! Südbuchen, Farnbäume, moosüberzogene Märchenwälder, das reißende Wasser des Sugar Loaf Stream (Rees River), den wir auf einer schmalen, schwankenden Hängebrücke überqueren. Nach zwei Stunden haben wir die breite, grasbewachsene Ebene des kristallklaren Flüßchens Route Burn erreicht. Der Kaminrauch der ersten Schutzhütte kommt in Sicht. Der »Routeburn Track« ist ein Wanderweg ohne größere Schwierigkeitsgrade durch eine spektakuläre alpine Landschaft zwischen Mount Aspiring und dem Fiordland National Park. Die 39 Kilometer sind bequem in zwölf Gehstunden zu bewältigen, der Laufrekord soll bei drei Stunden liegen.

Wir lassen uns jedoch Zeit in dieser Welt der Moose, Flechten und Farne. Die Wolken reißen nur selten und nur für Minuten auf. Hier wird das Wetter von den Südalpen diktiert. Sie zwingen die feuchten Westwinde der Tasmansee zum Aufsteigen und Abregnen. Nach vier Stunden haben wir die Routeburn-Wasserfälle erreicht – und damit die zweite – wunderbar trockene – Schutzhütte. Alle Hütten sind unerwartet komfortabel ausgestattet und die Matratzen der Bettenlager angenehm hart.

▷ Der Routeburn Track folgt den Spuren der Maori, sie haben vor Jahrhunderten den Pfad durch die einmalig schöne Bergwelt benutzt, um Jadevorkommen am Milford Sound zu erreichen. Heute sind es Naturschönheiten entlang der knapp 40 Kilometer langen Route, die zahllose Wanderer aus aller Welt auf diesen Weg locken.

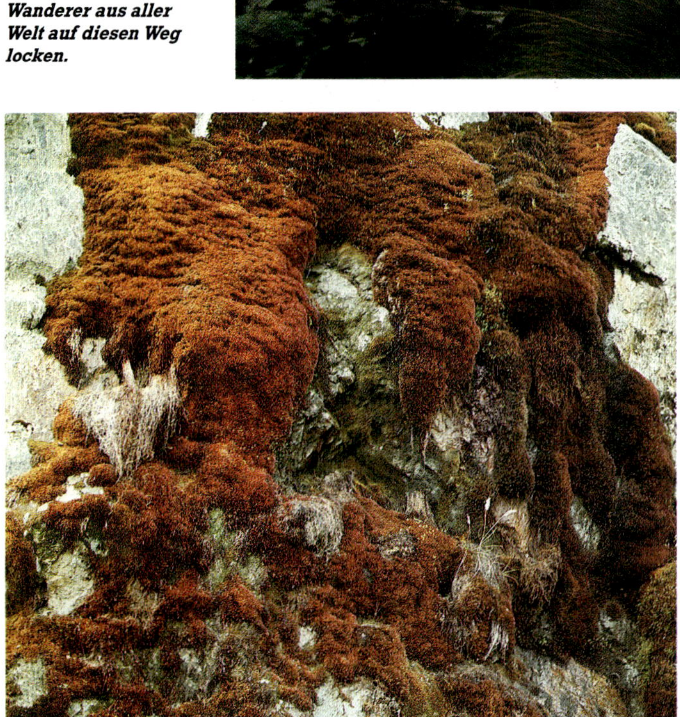

△ Die Landschaft um den Milford Sound und am Routeburn Track gehört zu den regenreichsten Gegenden der Welt. Moose und Flechten gedeihen hier gut.

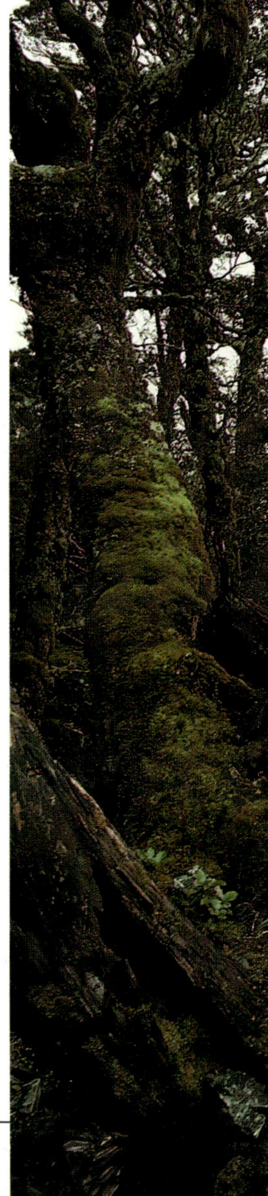

▷ Märchenhafte, verwunschene Bergwälder säumen an vielen Stellen die Pfade des Routeburn Tracks.

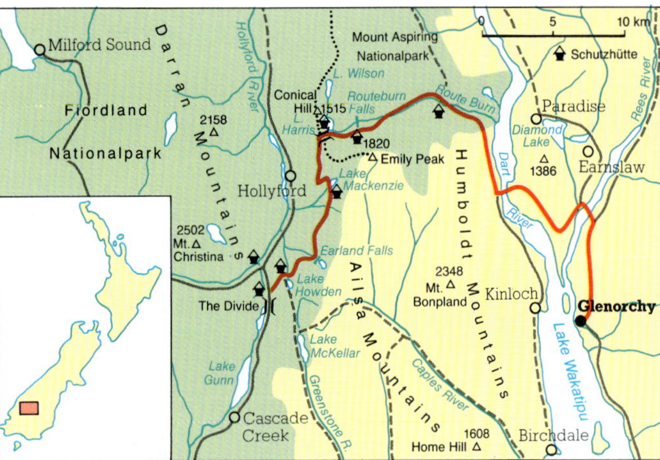

Am nächsten Morgen beginnen wir mit einem beschwerlichen Aufstieg durch Moränenfelder und an steilen Kliffs entlang bis hoch zu der kleinen zeltförmigen Nothütte oberhalb des Lake Harris. Der Bergsattel liegt 1277 Meter über dem Meeresspiegel – der höchste Punkt der Wanderung; es sei denn, man macht noch einen kurzen Abstecher zum Conical Hill – des berühmten Panoramablicks wegen. Aber warum sollten wir? Nebel, der

◁ △ Ein landschaftlicher Höhepunkt jeder Reise durch die Südinsel Neuseelands ist der westlich vom Routeburn Track gelegene Milford Sound. Unter den tief ins Gebirge eingeschnittenen Fjorden der Westküste gilt er als der schönste und imposanteste: Palmenbestandene Uferstücke wechseln hier mit bizarren Bergformationen und senkrecht aus dem Wasser aufsteigenden Felswänden, über die mächtige Wasserfälle tosend in die Tiefe stürzen.

sich nur für Augenblicke verflüchtigen will, umwabert uns. Vom Emily Peak, den Darran Mountains und all den schönen Postkartenbergen keine Spur.

Zwei Japaner, zwei Briten, eine Australierin, ein Deutscher und zwei »Kiwis« mit ihrem einjährigen Baby im Tragegurt haben sich unter dem schrägen Dreiecksdach der Hütte eingefunden. Der Wind rüttelt an der sturmgesicherten Türklappe. Nach einer Handvoll Nüsse und zwei Schnitten Brot mit dicken Scheiben »Cheddar extra tasty« beginnen wir mit dem Abstieg hinunter ins Tal des Hollyford-Flusses. Die Maori unternahmen einst aufwendige Expeditionen hierher – des Jadegesteins wegen. Am Lake Mackenzie legen wir unsere nächste Rast ein. Dann geht es weiter zu den Earland Falls, deren Wasserfahnen uns wie Sprühregen umhüllen. Wir übernachten am Lake Howden und marschieren am nächsten Tag zur Autostraße an der »Divide«, wo jeder hofft, einen vom Milford Sound kommenden Wagen zurück in die Zivilisation zu erwischen.

Drei Tage waren wir durch die tropfenden Märchenwälder gestapft. Meterhohe naßkühle Farnblätter streiften unsere Gesichter, und Rotkehlchen begleiteten uns entlang der kristallklaren Bäche, durch Sümpfe und über schwankende Hängebrücken – überall Nebel und Wasserfälle. Nur manchmal rissen die Wolken auf und gaben einen kurzen Blick über das Tal frei – dorthin, wo wir die Bergriesen vermuteten.

Die Abende in den Hütten: zahllose Wollsocken aufgereiht über dem warmen holzgefeuerten Ofen, knisternde Holzscheite, lange Gespräche bei einer Tasse Lotusblütentee und Kerzenlicht. Die Berge auf den Farbfotos der Wanderkarte haben wir nie gesehen. Trotz alledem: Kann Regenwald ohne Regen schön sein?

Karl Johaentges

Landesnatur

Fläche: 268676 km² (Kerngebiet, etwas größer als die Bundesrepublik Deutschland)
Ausdehnung: Nordinsel: Nordwest-Südost 670 km, Nordost-Südwest 530 km; Südinsel: Nordwest-Südost 270 km, Nordost-Südwest 850 km
Höchster Berg: Mount Cook 3764 m
Längste Flüsse: Waikato 425 km (Nordinsel), Clutha 340 km (Südinsel)
Größter See: Lake Taupo 606 km²

Neuseeland liegt etwa 2000 km südöstlich von Australien im Südwestpazifik. Das Kerngebiet besteht aus zwei Hauptinseln, der Nordinsel (114729 km²) und der Südinsel (einschließlich der Stewartinsel 153947 km²). Zum Staatsgebiet gehören noch die Kermadec-, Chatham-, Bounty-, Antipoden- und Aucklandinseln sowie die Campbellinsel, die 500 bis 1500 km von den Hauptinseln entfernt im Pazifik liegen. Neuseeland besitzt zusätzlich Außengebiete mit innerer Autonomie im Südseeraum: die Tokelauinseln, Niue und die Cookinseln. In der Antarktis beansprucht Neuseeland das Ross-Nebengebiet.

Naturraum

Das »eigentliche« Neuseeland, die beiden Hauptinseln, sind durch die etwa 23 km breite Cookstraße getrennt. Sie bestehen überwiegend aus Gebirgs- und Bergländern, deren Achse in südwest-nordöstlicher Richtung verläuft. Den tiefeingeschnittenen Küsten, denen zahlreiche kleine Inseln vorgelagert sind, fehlen häufig natürliche Häfen; wegen der starken Strömung finden hier auch oft Strandverlagerungen statt.
Auf der *Südinsel* erheben sich entlang der Westküste die über 300 km langen Neuseeländischen Alpen (Southern Alps) mit den höchsten Gipfeln des Landes. Das teilweise vergletscherte Gebirge ist durch tief eingeschnittene Täler und Seen strukturiert. Der Hauptkamm der Alpen zerteilt sich im Norden wie im Süden in mehrere niedrigere Bergketten; im äußersten Südwesten geht das Gebirge in eine Fjordlandschaft über. Auf der Ostseite schließen sich die Canterbury Plains an, das größte neuseeländische Hügel- und Flachland.

Flügel- und schwanzlos mit haarartigen Federn: der Kiwi, Neuseelands Nationalvogel.

Die *Nordinsel* ist etwas weniger gebirgig. Ihr Zentrum wird von dem bis 2797 m hohen vulkanischen Hochland bestimmt, das an der Südseite des Tauposees, einem alten Vulkankrater, steil aufsteigt. In diesem Gebiet liegen einige noch tätige Vulkane, ebenso zahlreiche Geysire und Thermalquellen. An das zentrale Hochland schließen sich von Flüssen durchschnittene Bergländer an, die nach Nordwesten in die Aucklandhalbinsel auslaufen.
Die entfernteren neuseeländischen Inseln sind vulkanischen Ursprungs oder gehobene Atolle, deren einstiger Lagunenboden nun trockenliegt. Die Bewegungen der Erdkruste im Bereich Neuseelands führen oft zu Erdbeben.

Klima

Aufgrund der Insellage ist das Wetter wechselhaft, die Luftfeuchtigkeit hoch. Die Sommer sind nicht übermäßig warm, die Winter mild, in den Höhenlagen kommen Frostperioden und auch Schnee vor; trotzdem ist Neuseeland, vor allem im Winter (zeitgleich mit dem europäischen Sommer), ein sehr sonniges Land.
Wegen der Westwinde und der hohen Gebirge kommt es an den Westküsten zu reichlichen Niederschlägen (Südinsel durchschnittlich bis zu 7500 mm, Nordinsel bis 3000 mm), während die Ostseiten relativ trocken bleiben (500 mm). Die mittleren Temperaturen betragen im Norden (Auckland) 20 °C im Februar und 11 °C im Juli, im Süden (Dunedin) 15 °C bzw. 7 °C.

Das Takahe, eine erst 1948 wiederentdeckte flugunfähige Rallenart.

Vegetation und Tierwelt

Die isolierte Lage Neuseelands trug dazu bei, daß sich hier sehr viele Pflanzen und auch Tierarten entwikkeln konnten, die sonst nirgendwo zu finden sind. Allerdings sind diese durch die Besiedlung und die von den Siedlern mitgebrachten Pflanzen und Tiere stark zurückgedrängt worden. Insgesamt ist über ein Drittel des Landes bewaldet; die Aufforstungen mit der kalifornischen Monterey-Kiefer waren besonders erfolgreich. In den höheren Lagen der Nordinsel herrschen immergrüne Nadelwälder vor; tropische Vegetation mit Palmen und der typischen Kopal- oder Kaurifichte (durch Raubbau stark reduziert) findet sich auf der Aucklandhalbinsel, deren Küsten von Mangrove gesäumt werden. Bemerkenswert sind die baumgroßen Farne. Auf der Südinsel wachsen Buchenwälder, auch Pappeln und Weiden; der östliche Inselteil ist überwiegend Grasland.
Vor der Besiedlung des Landes gab es mit Ausnahme der Fledermäuse keine Säugetiere. Hasen – heute eine Plage –, Hirsche sowie das Opossum wurden eingeführt. Da es ursprünglich keine Raubtiere gab, konnten sich einzigartige, flugunfähige Vogelarten entwickeln, wie etwa die Eulenpapageien (Kakapos), eine Rallenart (Takahe) und die flügellosen Kiwis, die zum Nationalvogel Neuseelands wurden. Diese Tiere haben Rückzugsgebiete im Fiordland National Park. Neuseeland hat zum Schutz seiner Tierarten zehn Nationalparks eingerichtet. Zwei auch landschaftlich sehr reizvolle Tierschutzgebiete finden sich in den Neuseeländischen Alpen: der Mount Aspiring National Park und der Mount Cook National Park.

Omaru auf der Südinsel: Kolonialarchitektur ist ein Stück Heimat im weiten, fernen Land.

Politisches System

Staatsname: New Zealand
Staats- und Regierungsform: Parlamentarische Monarchie im Commonwealth of Nations
Hauptstadt: Wellington
Mitgliedschaft: UN, OECD, ESCAP Colombo-Plan, GATT, SPF

Neuseeland ist eine parlamentarische Monarchie mit einem Einkammerparlament. Staatsoberhaupt ist der britische Monarch, der seit 1967 durch einen Generalgouverneur vertreten wird. Der Führer der Mehrheitspartei bestimmt als Premierminister die Richtlinien der Politik. Exekutive ist der Exekutivrat, dem der Premierminister, die Fachminister und der Generalgouverneur angehören; letzterer ist in der Ausführung seines Amtes an Weisungen und Entscheidungen des Exekutivrats gebunden.

Gesetzgebung und Verwaltung

Legislative ist das Einkammerparlament; die 95 Abgeordneten einschließlich der vier Vertreter der Maori werden für jeweils drei Jahre direkt gewählt, die Maori-Abgeordneten über eigene Listen.
Neuseeland gliedert sich in 90 Counties, 128 Boroughs, drei Town Districts und zehn District Councils.

Recht und Justiz

Die Rechtsprechung basiert auf britischem Recht und alten neuseeländischen Gebräuchen. Seit 1962 gibt es die direkt dem Parlament verantwortlichen »Ombudsmänner«, die zuständig sind für die Entgegennahme von Beschwerden aus der Bevölkerung über Regierungsentscheidungen.

Bevölkerung

Einwohnerzahl: 3,4 Millionen
Bevölkerungsdichte: 13 Einw./km²
Bevölkerungszunahme: 0,7 % im Jahr
Größte Städte: Auckland (820000 Einw.), Wellington (320000), Christchurch (290000)
Bevölkerungsgruppen: 86 % Europäer, 9 % Maori, 2 % Polynesier, 3 % Asiaten

Während zu Beginn der 70er Jahre noch über ein Drittel des Bevölkerungszuwachses auf Einwanderungen beruhte, überwiegen heute wegen der schlechten Wirtschaftslage die Auswanderungen (meist nach Australien). Der Zuzug neuer Einwanderer wird zunehmend erschwert.
Rund 30 % der Bevölkerung sind jünger als 15 Jahre. Die Wachstumsrate der einheimischen Maori ist doppelt so hoch wie der Landesdurchschnitt. 73 % der Gesamtbevölkerung und 94 % der voll gleichberechtigten Maori leben auf der Nordinsel. 84 % der Bevölkerung leben in Städten.
Amtssprache ist Englisch, die Sprache der Maori kann an den Schulen als Zweitsprache erlernt werden. 27 %

NEW ZEALAND
NEUSEELAND
NORTH ISLAND
NORDINSEL
SOUTH ISLAND
SÜDINSEL
STEWART ISLAND
T A S M A N   S E A
T A S M A N S E E
P A C I F I C
O C E A N
PAZIFISCHER OZEAN
Neukaledoniensenke
Chathamschwelle
Bountysenke
0
100
200 km
THREE KINGS ISLANDS
Cape Reinga
North Cape
Cape Maria van Diemen
Te Hapua
Great Exhibition Bay
NINETY MILE BEACH
Te Kao
Cape Karikari
Doubtless Bay
Mangonui
Awanui
Kaitaia
Kaeo
CAVALLI ISLANDS
Bay of Islands
Tauroa Point
Ahipara
Okaihau
Opua
Russell
Cape Brett
Herekino
Rawene
Kaikohe
Kawakawa
POOR KNIGHTS ISLANDS
Hokianga Harbour
Waimamaku
Hikurangi
Kamo
Whangarei
Portland
Dargaville
HEN AND CHICKENS ISLANDS
MOKOHINAU ISLANDS
Waipu
AUCKLAND PENINSULA
TARANGA ISLAND
Te Kopuru
Kaiwaka
LITTLE BARRIER ISLAND
GREAT BARRIER ISLAND
Port Fitzroy
Wellsford
KAWAU ISLAND
Cape Colville
Colville Channel
CUVIER ISLAND
Kaipara Harbour
Warkworth
Orewa
Hauraki Gulf
Coromandel
MERCURY ISLANDS
Helensville
Takapuna
Waitemata
Howick
Whitianga
AUCKLAND
Manukau
COROMANDEL PENINSULA
THE ALDERMEN ISLANDS
Papakura
Pukekohe
Thames
Waiuku
Paeroa
Waihi
MAYOR ISLAND
MATAKANA ISLAND
Te Aroha
Mount Maunganui
WHITE ISLAND
Cape Runaway
Huntly
MOTITI ISLAND
Bay of Plenty
Pukemiro
Ngaruawahia
Morrinsville
Tauranga
MOTUHORA ISLAND
Te Araroa
East Cape
Raglan
Hamilton
Te Puke
Te Kaha
Hikurangi
Tikitiki
Cambridge
Edgecumbe
Whakatane
Kawhia
Awamutu
Putaruru
Te Teko
Opotiki
Waipiro
Albatross Point
Rotorua
Kawerau
Taneatua
Otorohanga
Tokomaru Bay
Mangakino
Tokoroa
Te Kuiti
Atiamuri
Matawai
Tirua Point
Murupara
Te Karaka
Tolaga Bay
Benneydale
Wairakei
Mokau
Taupo
Rotoaira
Patutahi
Ormond
Gisborne
Lake Taupo
North Taranaki Bight
Ohura
Okahukura
Taumarunui
Poverty Bay
Waitara
Urenui
Turangi
Tarawera
Frasertown
Nuhaka
New Plymouth
Inglewood
Ngauruhoe
Makoroko
Tutira
Wairoa
Table Cape
Okato
Mount Egmont
Raurimu
Mohaka
MAHIA PENINSULA
Cape Egmont
Stratford
Raetihi
Ruapehu
Bay View
Hawke Bay
PORTLAND ISLAND
Opunake
Eltham
Ohakune
Waiouru
Napier
Otakeho
Hawera
Taihape
Taradale
Hastings
Cape Kidnappers
Havelock North
Patea
Waitotara
Hunterville
South Taranaki Bight
Wanganui
Waipawa
Turakina
Waipukurau
Marton
Norsewood
Feilding
Dannevirke
Bulls
Woodville
Porangahau
Palmerston North
Foxton
Weber
Cape Turnagain
Shannon
Pongaroa
Levin
Eketahuna
Otaki
Paraparaumu
KAPITI ISLAND
Masterton
Castlepoint
Carterton
Greytown
Upper Hutt
Porirua
Lower Hutt
Eastbourne
WELLINGTON
Cape Palliser
Cook Strait
Cookstraße
Cape Farewell
Farewell Spit
Golden Bay
Cape Stephens
Collingwood
Separation Point
D'URVILLE ISLAND
Cape Jackson
Kahurangi Point
Takaka
Devil River Peak
Tasman Bay
French Pass
Riwaka
Motueka
Karamea
Nelson
Havelock
Picton
Karamea Bight
The Twins
Richmond
Wakefield
Seddonville
Millerton
Mount Richmond
Blenheim
Waimangaroa
Mount Owen
Glenhope
Seddon
Cape Campbell
Westport
Murchison
Ward
Cape Foulwind
Inangahua Junction
Charleston
Kekerengu
Reefton
Mount Travers
Clarence
Barrytown
Ikamatua
Runanga
Ngahere
Kaikoura
Greymouth
Brunner
Hanmer Springs
Kumara
Oaro
Waiau
Hokitika
Parnassus
Otira
Culverden
Ross
Arthur's Pass
Hawarden
Cheviot
Harihari
Mount Murchison
Waipara
Abut Head
Oxford
Amberley
Pegasus Bay
Whataroa
Rangiora
Franz Josef Glacier
Springfield
Kaiapoi
Mount Tasman
Mount Arrowsmith
CHRISTCHURCH
Fox Glacier
Darfield
Lyttelton
Methven
Rolleston
Mount Cook
Mount Somers
Lincoln
Little River
Hermitage
SOUTHERN ALPS
NEUSEELÄNDISCHE ALPEN
BANKS PENINSULA
Akaroa
Jackson Bay
Rakaia
Haast
Lake Ellesmere
Southbridge
Jackson Head
Mount Huxley
Lake Tekapo
Ashburton
Fairlie
Hinds
Cascade Point
Haast Pass
Geraldine
Temuka
Canterbury Bight
Lake Pukaki
Albury
Awarua Bay
Mount Aspiring
Pleasant Point
Timaru
Lake McKerrow
Omarama
Pareora
Otematata
Makikihi
Milford Sound
Tutoko Peak
Lindis Pass
Studholme Junction
Wanaka
Waimate
Glenorchy
Kurow
Glenavy
George Sound
Arrowtown
Duntroon
Queenstown
Cromwell
Ngapara
Pukeuri Junction
Caswell Sound
Omakau
Oamaru
Clyde
Ranfurly
Maheno
Thompson Sound
Kingston
Alexandra
Herbert
SECRETARY ISLAND
Mount Lyall
Hampden
Doubtful Sound
Jane Peak
Dunback
Palmerston
Breaksea Sound
Te Anau
Middlemarch
Waikouaiti
Manapouri
Roxburgh
Port Chalmers
RESOLUTION ISLAND
Beaumont
Waitati
OTAGO PENINSULA
Lumsden
Heriot
Mosgiel
Dunedin
Dusky Sound
Mossburn
Green Island
Ohai
Riversdale
Tapanui
Lawrence
West Cape
Gore
Milton
Cape Providence
Tuatapere
Otautau
Winton
Mataura
Kaitangata
Clinton
Chalky Inlet
Thornbury
Balclutha
Puysegur Point
Orepuki
Invercargill
Wyndham
Nugget Point
Colac
Riverton
Te Waewae Bay
Fortrose
Tokanui
Owaka
Tahakopa
Foveaux Strait
Bluff
Waikawa
SOLANDER ISLAND
CODFISH ISLAND
RUAPUKE ISLAND
Mount Anglem
Oban
Paterson Inlet
Mason Bay
Shelter Point
MUTTON BIRD ISLANDS
Port Pegasus
Southwest Cape
NORTH TRAP
SOUTH TRAP
Östliche Länge 174 von Greenwich

der Bevölkerung sind Anglikaner, 18 % Presbyterianer, 15 % Katholiken, 6 % Methodisten, der Rest bekennt sich zu den unterschiedlichsten Religionen oder ist konfessionslos.

Soziale Lage und Bildung
Neuseeland verfügt über ein ausgezeichnetes Sozialfürsorgenetz. Bereits um 1900 führte es als eines der ersten Länder der Erde eine Altersrente ein. Mit dem Rückgang der Konjunktur seit den 70er Jahren stieg die Arbeitslosigkeit, von der v. a. jugendliche Maori betroffen sind, auf etwa 5 %. Die Gesundheitsfürsorge ist mit der westlicher Industrieländer vergleichbar, sie ist weitgehend kostenlos.

Mobiler Gesundheitsdienst: Behandlung im Caravan.

Der Bildungsbereich weist eine Reihe unentgeltlicher Vorschuleinrichtungen auf; Schulpflicht, schon um die Jahrhundertwende eingeführt (seit 1964 kostenlos), besteht für 6- bis 15jährige, es gibt kaum noch Analphabeten. An die Grundschule schließt sich der zweijährige Besuch einer Förderungs- und Orientierungsstufe an, darauf folgt bei Eignung der Besuch einer höheren Schule.
Die älteste der sechs Universitäten des Landes wurde 1869 in Dunedin gegründet; der Staat gewährt auch Stipendien für ein Studium an ausländischen Universitäten.

Wirtschaft

Währung: 1 New Zealand Dollar (NZ$) = 100 Cents (c)
Bruttoinlandsprodukt (in Anteilen): Land- und Forstwirtschaft 8 %, industrielle Produktion 32 %, Dienstleistungen 60 %
Wichtigste Handelspartner: Japan, Australien, USA, EG-Staaten

Die Landwirtschaft bildet nach wie vor die Grundlage der neuseeländischen Wirtschaft. Ein Reformprogramm der Regierung (z. B. Abbau von Protektionismus und Subventionen, Einkommen- und Mehrwertsteuerreform), das seit 1985 zu Strukturveränderungen in der Volkswirtschaft führte, zeigt noch nicht die gewünschte Wirkung. Derzeit stagniert das Wirtschaftswachstum.

Landwirtschaft
Nur 3 % der landwirtschaftlich genutzten Fläche entfallen auf Ackerland für den Anbau von Weizen, Futtermitteln, Obst (Kiwis, Äpfel), Kartoffeln und Gemüse; der weitaus größte Teil sind Wiesen und Weiden für die hochentwickelte Viehwirtschaft (Schafe, Rinder). Die Fleischproduktion wird gegenüber den traditionellen Produkten (Wolle, Molkereierzeugnisse) zunehmend wichtiger. Schnell wachsende Nadelhölzer werden forstwirtschaftlich genutzt. Die Hochseefischerei ist für den Export von Bedeutung.

Bodenschätze, Energie
Die wichtigsten Bergbauprodukte sind Kohle, Erdgas, Eisensande sowie Baustoffe (Kalkstein, Sand, Kies). Drei Viertel der Elektrizität werden aus Wasserkraft erzeugt, der Rest in Wärmekraftwerken (Kohle, Erdgas, Erdöl) und in geothermischen Anlagen an heißen Quellen.

Industrie, Handel
Die Industrie Neuseelands produziert bislang überwiegend für den Inlandsmarkt. Die führenden Branchen sind Nahrungsmittel-, Textil- und Bekleidungsindustrie, Metallverarbeitung, Maschinenbau, holzverarbeitende Industrie und Kraftfahrzeugmontage. Industrieller Schwerpunkt ist die Nordinsel. Die Ausfuhr besteht zum größten Teil aus land- und fischereiwirtschaftlichen Produkten. Importiert werden vor allem Maschinen, elektrotechnische und chemische Erzeugnisse sowie Erdöl und Erdölprodukte.

Teile der Nordinsel sind vom aktiven Vulkanismus geprägt.

Verkehr, Tourismus
Das Eisenbahnnetz (4400 km) verbindet die wichtigsten Städte miteinander. Über die Hälfte der Straßen (Gesamtlänge rd. 93000 km) ist befestigt. Eisenbahn- und Autofähren verbinden die Nord- mit der Südinsel. Die wichtigsten Häfen (Gütertransport) sind Auckland, Wellington, Lyttelton (bei Christchurch) und Port Chalmers (bei Dunedin). Internationale Flughäfen gibt es in Auckland, Wellington und Christchurch.
Neuseeland bietet gute Voraussetzungen für Aktiv-Urlauber (Wasser-, Skisport, Wandern). Vor allem Australier, Nordamerikaner, Briten und Japaner besuchen das Land.

Geschichte

Die erste Besiedlung Neuseelands erfolgte im 6./7. Jh. von Nordwesten her, vermutlich aus dem indonesischen Raum. Diese ersten Einwohner werden auch Moajäger (Moriori) genannt, weil sie auf der Südinsel Neuseelands den Moa, einen straußenähnlichen Laufvogel, jagten und ausrotteten. Die mit der zweiten Einwanderungswelle – aus Polynesien – im 14. Jh. auf die Inseln gekommenen Maori trieben vor allem Ackerbau.
Neuerdings gehen manche Forscher von nur einer einzigen Einwanderungswelle im 9./10. Jh. aus.

Die Kolonialzeit
1642 entdeckte der Niederländer Abel Janszoon Tasman auf der Suche nach dem idealen Seeweg von Südostasien nach Südamerika auch die Doppelinsel (später nach seiner Heimatprovinz »Nieuw Zeeland« benannt), die er für die sagenumwobene »Terra australis« des Ptolemäus hielt. Dann wurden die Inseln wieder vergessen, bis James Cook auf seiner ersten Südseereise 1769 begann, sie genauer zu erkunden. Nach Cooks zweiter Reise (1772–1775) löste sein Reisebericht von 1777 eine regelrechte Einwanderungswelle – vornehmlich von Briten – aus; später kamen Flüchtlinge aus australischen Strafkolonien hinzu. Vielfach kam es zu Auseinandersetzungen mit den Eingeborenen und unter den Eingewanderten. Zahlreiche Maori traten unter Druck zum Christentum über, was sie jedoch nicht hinderte, weiter ihren Göttern zu huldigen.
1837 wurde die New Zealand Association gegründet, die in den Folgejahren den Maori auf der Nordinsel das Land raubte; die weitgehend unbesiedelte Südinsel wurde im Handstreich annektiert. Im Vertrag von Waitangi vom 6. Februar 1840 (Nationalfeiertag) anerkannten die Maori unter Druck, daß Großbritannien von nun an die Souveränität über die Nordinsel ausüben sollte und Land nur an die Krone verkauft werden durfte; als Gegenleistung wurde ihnen dafür eine Überprüfung früherer »Landverkäufe« eingeräumt. Der Betrug an den Maori ging freilich weiter.
In den zwei Maori-Kriegen (1843 bis 1848 und 1860–1870) versuchten die Inselbewohner vergeblich, ihr Land zurückzugewinnen. Ihre Zahl verringerte sich fortan rasch. Erst ab Ende des Jahrhunderts nahm sie wieder zu.
1852 erließ Gouverneur George Grey eine Verfassung, die ein auf Männer beschränktes Wahlrecht für das Unterhaus vorsah. Die Mitglieder für das Oberhaus sollten von der Krone ernannt werden. 1856 wurde erstmals gewählt, vier Sitze im Unterhaus waren den Maori vorbehalten.
Goldfunde in der Provinz Otago auf der Südinsel (1861) und eine vorausschauende Finanzpolitik waren die Hauptursachen dafür, daß Neuseeland die Wirtschaftskrise der 80er Jahre relativ gut überstehen konnte.

In geothermischen Kraftwerken wird die Erdwärme genutzt.

Steinerne »Haifischflosse« am Cape Kidnappers auf der Nordinsel.

Innerer Ausbau
1891 kam die Liberal Party (dann United Party, von 1931 an National Party) an die Macht. Unter Führung von Richard J. Seddon erhielt das Land eine moderne Sozialgesetzgebung. 1901 annektierte Neuseeland die Cookinseln. 1907 wurde dem Land von der britischen Krone der Status eines Dominions zuerkannt, was praktisch die staatliche Unabhängigkeit bedeutete.
Im Ersten Weltkrieg sandte Neuseeland – wie Australien – Truppen zur Unterstützung Großbritanniens nach Europa; nach Kriegsende erhielt es das Völkerbundmandat über die ehemalige deutsche Kolonie Westsamoa und, zusammen mit Großbritannien und Australien, über Nauru.
Die National Party wurde in den 30er Jahren nicht mehr mit den Auswirkungen der Weltwirtschaftskrise, dem Preisverfall für Rohstoffe und der wachsenden Arbeitslosigkeit fertig. So gewann die Labour Party unter Michael J. Savage die Wahlen 1935. In der Folge verwirklichte sie ein umfangreiches Sozialprogramm.
Im Zweiten Weltkrieg kämpfte Neuseeland gegen Japan im Pazifik und sandte Truppen zur Unterstützung der Alliierten nach Europa.
1945 wurde Neuseeland Gründungsmitglied der Vereinten Nationen; am 25. November 1947 nahm das Parlament das Statut von Westminster (1931) endgültig an, demzufolge das Dominion souveräner Staat innerhalb des Commonwealth wurde.
Der Beitritt Großbritanniens, des Hauptimporteurs neuseeländischer Erzeugnisse, zur Europäischen Wirtschaftsgemeinschaft am 1. Januar 1973 brachte dem Land wirtschaftliche Schwierigkeiten; der Absatz ging zurück. Seither konzentriert sich Neuseeland politisch und teilweise auch wirtschaftlich auf den asiatisch-pazifischen Raum.

Die Anti-Atompolitik
Die von 1972 bis 1975 amtierende Labour-Regierung protestierte u. a. gegen französische Atomversuche auf dem Mururoa Atoll. Zugleich bemühte sie sich um eine Verbesserung der Beziehungen zu den Maori. Diese gründeten 1981 eine eigene Partei, die »Manu Motuhake«.
Am 14. Juli 1984 wurde der Labour-Politiker Sir David R. Lange Ministerpräsident. Am 6. August 1985 unterzeichnete er in Rarotonga (Cookinseln) mit weiteren sieben der dreizehn Mitgliedsstaaten des Südpazifikforums ein Abkommen über die Schaffung einer atomwaffenfreien Zone im Südpazifik. Die Unterzeichner dürfen weder Atomwaffen herstellen noch erwerben oder exportieren; Atomwaffentests oder Atommüllagerung auf ihrem Territorium sind untersagt. Im Juni 1987 erklärte das neuseeländische Parlament das Land zur atomwaffenfreien Zone; bereits seit 1985 durften US-Kriegsschiffe mit Atomwaffen oder -antrieb nicht in neuseeländischen Häfen anlegen, was die USA 1986 veranlaßte, ihre Sicherheitsgarantien für Neuseeland zurückzuziehen. Dessen Anti-Atomkurs führte zu weiteren Spannungen, vor allem mit Frankreich (Versenkung der »Rainbow Warrier« der Umweltschutzorganisation »Greenpeace« durch französische Geheimagenten im Hafen von Auckland).

Kultur

Da der größte Teil der Bevölkerung Nachkommen der eingewanderten Weißen sind, haben deren Lebensweise und Kultur das Gesicht des heutigen Neuseeland mehr und mehr geprägt. Seit Beginn dieses Jahrhunderts gibt es jedoch Bemühungen, das Aussterben der Maori-Kultur zu verhindern.
In deren Sprache war »Maori« die Bezeichnung für »Einheimische«, »Aotearoa« für die von ihnen in Besitz genommene Doppelinsel: »Land der langen weißen Wolke«, wohl der Gletscher wegen. Sie fühlten sich als Kinder des Gottes Maui, der in ihrer Vorstellung die Nordinsel aus dem Meer gefischt hatte: »Te Ika a Maui« (der Fisch des Maui). Der Südinsel dagegen gaben sie den Namen »Te Waka a Maui« (Mauis Kanu).
Die Maori, deren Götter der Natur entstammten (Meeresgott Tangara, Waldgott Tane usw.), waren in ein ungewohnt kühles Land gekommen: Von den mitgebrachten Nutzpflanzen gediehen nur Taro (Wurzel eines Aronstabgewächses) und die amerikanische Süßkartoffel. Sie errichteten Häuser aus dem reichlich vorhandenen Totara-Holz: Die Giebel und Seitenwände der Vorratshäuser wurden mit Schnitzereien verziert und mit rostroter Farbe bestrichen. Umgeben waren die Dörfer mit festen Palisaden für den Kriegsfall.
Dieses Volk gehörte sicher zu den kriegerischsten der Südsee. Erlitt der Stamm Schaden, wurde Vergeltung geübt; unterließ man diese, hatte man seine Ehre und Kraft verspielt.
Die Stammesangehörigen lebten in einer Dreiklassengesellschaft: Häuptlingsfamilien und Zauberer in der ersten, Krieger, Handwerker und Jäger in der zweiten, Kriegsgefangene als Sklaven in der dritten Klasse.
Hausbau und Herstellung von Kanus waren sakrale Handlungen unter priesterlicher Leitung: Die dafür bestimmten Bäume wurden für »tapu« (unberührbar) erklärt. Tabu – das Wort stammt aus dem polynesischen Kulturraum – waren neben bestimmten Orten auch Gebrauchsgegenstände von Persönlichkeiten der Kultgemeinschaft, etwa von Häuptlingen, sogar deren Waffen, Speisen und Exkremente.
Im Unterschied zum kultischen Kannibalismus auf anderen Südseeinseln herrschte bei den Maori ein eher profaner Kannibalismus. Chroniken berichteten noch im 19. Jh. von Menschenfressern.
Die Lehre vom Yo (dem innersten Wesen alles Seienden und auch der Götter) wird bis heute als Geheimlehre gepflegt. Diese Lehre ist hinduistischen und buddhistischen Glaubensvorstellungen erstaunlich ähnlich.

Musik, Literatur und Theater
Die Maori hatten eine bemerkenswerte Musikkultur: Ihr harmonischer Gesang führte häufig zur Ekstase. Bekannt ist vor allem der Wero-Tanz.
Nach der Besetzung der Doppelinsel durch die Briten entwickelte sich eine eher provinzielle Kolonialliteratur (Samuel Butler, Vincent Pyke u. a.). Erst Katherine Mansfield (1888–1923) brachte die neuseeländische Literatur zur Weltgeltung (»The Doll's House«, »Prelude« u. a.).
In den 70er und 80er Jahren entstanden bemerkenswerte Theatergruppen (Downstage in Wellington, Mercury Theatre in Auckland).

Reise-Informationen

Einreise- und Fahrzeugpapiere
Bürger der Bundesrepublik Deutschland, der Schweiz und Österreichs benötigen für einen Aufenthalt bis zu drei Monaten einen gültigen Reisepaß bzw. Kinderausweis (für Außengebiete gelten teilweise Sonderregelungen). Als Fahrerlaubnis reicht der nationale Führerschein aus (zusätzliche Mitnahme des internationalen Führerscheins empfehlenswert).
Zoll
Bei der Einreise sind zollfrei: pro Person 200 Zigaretten oder 50 Zigarren oder 250 g Tabak, 4,5 Liter Wein oder Bier und 1,125 Liter Spirituosen sowie Waren im Wert von 250 NZ$. Die Einfuhr von Pflanzen, Samen, Lebensmitteln und Holzprodukten ist verboten.
Devisen
New Zealand Dollar (NZ$) und alle Fremdwährungen dürfen unbegrenzt ein- und ausgeführt werden. Kreditkarten und Reiseschecks (vor allem in US-$) werden akzeptiert, Euroschecks dagegen nicht.
Impfungen
Im internationalen Reiseverkehr sind keine Impfungen erforderlich.
Verkehrsverhältnisse
Es besteht Linksverkehr. Das Straßennetz ist gut ausgebaut. Touristen finden eine reiche Auswahl an Mietwagen und Wohnmobilen. Zwischen den wichtigsten Städten und Touristenzielen verkehren Busse (Reservierung empfehlenswert). Bequem reist man auch in den Schnellzügen. Das inländische Flugnetz ist ausgezeichnet; es werden auch Rund- und Besichtigungsflüge angeboten.

Geschnitzte Holzfigur auf einem Maori-Versammlungshaus.

Unterkünfte
Entlang den Hauptverkehrsstraßen und in den touristischen Zentren gibt es ein dichtes Netz von Hotels und Motels, die internationalem Standard genügen (Zimmerreservierung zu Weihnachten, im Januar/Februar und zu Ostern empfehlenswert). Neuseeland verfügt auch über zahlreiche Campingplätze, Ferienbungalows und Jugendherbergen. Wer ländliche Umgebung vorzieht, kann Urlaub auf einer Farm machen.
Reisezeit
Reisen sind ganzjährig möglich. Die Hauptsaison ist im Sommer von Dezember bis Februar.

Papua-Neug

uinea

Für das Sing Sing, ein Fest mit rituellen Tänzen, hat sich dieser Chimbu-Mann aus dem Hochland Neuguineas geschmückt.

Dieter Rumpf

Riesige Dschungel, durch die sich breite Flüsse winden; Sümpfe, in denen Krokodile und seltene Vögel leben. Gletscher auf über 4000 Meter hohen Bergen gleich unterhalb des Äquators. Meeresstrände mit blendend weißem Sand, gesäumt von Kokospalmen; davor im Meer die Farbenpracht der Korallenriffe – aber auch Städte mit Hochhäusern, in deren klimatisierten Räumen der Computer die Hauptrolle spielt: Papua-Neuguinea, ein Land der Gegensätze. Hier leben Menschen, die sich erst vor wenigen Jahrzehnten aufmachten zum beschwerlichen Marsch aus der Steinzeit ins Industriezeitalter. Und sie scheinen ihr Ziel fest im Visier zu haben. Bodenschätze wie Kupfer und Gold sorgen dafür, daß im Staatssäckel genügend Kina-Münzen klimpern. Mit diesem Geld finanzieren Politmanager das neue Gesicht eines Staates, der – kaum viel älter als ein Jahrzehnt – in der modernen Welt seinen Platz gefunden hat.

Staatsname:	Papua-Neuguinea
Amtssprache:	Englisch
Einwohner:	3,4 Millionen
Fläche:	461 691 km²
Hauptstadt:	Port Moresby
Staatsform:	Konstitutionelle Monarchie im Commonwealth
Kfz-Zeichen:	PNG
Zeitzone:	MEZ +9 Std.
Geogr. Lage:	Ostteil der Insel Neuguinea im Südwestpazifik, rd. 170 km nördlich von Australien

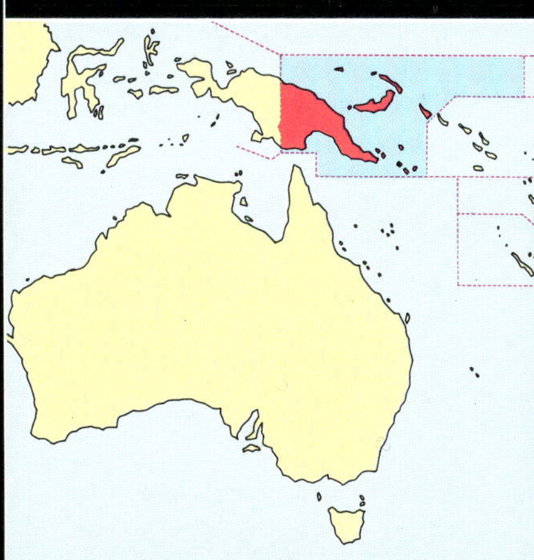

Pisin – eine Sprache als Klammer

Klostu (close to) heißt nahebei, Wantok (one talk, eine Sprache) nennt man den Freund, die Frau ist Meri (Mary), Haus sik (sick) das Krankenhaus, und mit »raus!« meint der Papua: »Hau ab!«

Pisin (Pidgin) mit seinen rund 1400 Wörtern und einer relativ einfachen Grammatik legt sich als sprachliche Klammer um den jungen Staat Papua-Neuguinea, der rund die Hälfte der Insel Neuguinea einnimmt. Pisin hilft, das babylonische Sprachengewirr der rund 700 Stämme und mehr als 700 Sprachen Gesamt-Neuguineas zu überwinden. Englische, deutsche, holländische und sogar chinesische Lehnwörter haben aus dieser Mischsprache eine Lingua franca, eine eigenständige Verkehrssprache, gemacht. »Erfunden« wurde Pisin auf den Plantagen der deutschen und australischen Kolonialherren von den Arbeitern, die gegen Ende des vergangenen und zu Beginn dieses Jahrhunderts aus ganz Melanesien, aus Teilen Polynesiens und auch aus China rekrutiert worden waren, um die Kopraproduktion auf Neuguinea voranzutreiben. Ihr Problem war nicht nur die Verständigung untereinander, sie sollten auch Anweisungen und Befehle der Aufseher verstehen.

Knapp dreieinhalb Millionen Menschen, in der Mehrzahl Papuas, Melanesier und – auf einigen kleineren zum Staatsgebiet zählenden Eilanden – Polynesier, sind Bürger von Papua-Neuguinea. Der seit 1975 unabhängige Staat umfaßt ein Territorium von mehr als 461 000 Quadratkilometern, das bis zum Anfang dieses Jahrhunderts einer der letzten weißen Flecken auf den Landkarten war: moskitoverseuchte Sümpfe, dichte Tieflanddschungel, mächtige Flußsysteme wie jene des Fly River oder des Sepik River und Berge von über 4000 Metern Höhe.

Sing Sing – Heiratsmarkt im Hochland

Ein Dorf im Hochland, durch Berge und Dschungel isoliert und bis vor wenigen Jahren eigentlich nur mit dem Flugzeug zu erreichen, das auf der Stamp – Briefmarke – genannten winzigen Grasfläche landen mußte. Die einzigen Fremden waren damals Missionare, die den Dörflern nicht nur das Christentum, sondern auch neue Techniken der Landwirtschaft und Grundregeln der Hygiene brachten.

Das Dorf feiert ein Sing Sing. Dieses Tanz-, Tausch- und Schlachtfest ist gleichzeitig ein Heiratsmarkt, auf dem junge Mädchen angeboten und gekauft werden. Hartnäckig feilschen heiratswillige Männer um den Brautpreis. Vor allem aber ist das heutige Sing Sing Höhepunkt eines Friedensschlusses mit dem Nachbardorf, mit dem man jahrelang im Streit gelegen hatte.

Etwa 60 Männer haben sich in einer Reihe aufgestellt. Die mit Schweinefett und Asche eingeriebenen, muskulösen Körper glänzen in der Mittagssonne. Um Fußgelenke und Hüfte sind dichte Büschel von Gras gebunden, auf Schnüre gereihte Kaurischnecken baumeln um den Hals eines jeden. Manche der Männer tragen auch die geschliffene, sichelförmige Kaurischnecke auf der Brust, die man als Zahlungsmittel für Schweine und Frauen verwendet – in dieser Reihenfolge, denn das Schwein ist dem Papua wichtiger als die Frau.

△ In der Region der Stadt Mount Hagen im Innern Neuguineas leben die Bergpapuas noch wie in der Steinzeit. Sie wohnen mit ihren meist vielköpfigen Familien in niedrigen strohgedeckten Hütten mitten im Urwald.

Am prächtigsten sind Gesichtsbemalung und Kopfputz. Stirn, Nase, Wangen und Kinn sind in verschiedenen Farben voneinander abgesetzt, was den Gesichtern etwas Maskenhaftes verleiht. Verstärkt wird dieser Eindruck durch Eberhauer oder Stäbe, die an der durchbohrten Nasenscheidewand befestigt sind. Kunst am Körper könnte man das nennen – die einzige erwähnenswerte Kunstform übrigens, die von den Hochland-Papuas entwickelt wurde. Genau in der dreieckigen Form der Admiralshüte, die man auf alten Gemälden sehen kann, sind die Menschenhaarperücken geflochten, die die Köpfe der Krieger schmücken. Darin stecken farbenprächtige Federn des Paradiesvogels, der zum Wappentier des Staates geworden ist.

Dann beginnen die Männer zum Gedröhn der Handtrommeln zu tanzen. Langsame, gemessene Bewegungen wechseln ab mit ruckartigen Drehungen und heftigem Stampfen, wenn der Kriegshäuptling, dessen Körper mit Lehm und Kalk bestrichen ist, vor ihnen auftaucht. Der Big Man, der Dorfhäuptling, hält sich bei dieser Zeremonie im Hintergrund, ebenso die Frauen. Sie verschönern inzwischen die nahezu nackten Körper der Heiratskandidatinnen, die in einem abgelegenen Teil des Dorfes warten, mit letzten Farbtupfern. Die Mädchen sind von Kopf bis Fuß bemalt.

Schließlich zeigt sich beim Sing Sing das uralte Antlitz der Menschheit: Schweine aus dem Nachbardorf, als Geschenk geschickt, werden mit Holzkeulen rituell erschlagen. Dann schlitzt der Kriegshäuptling den Bauch eines Ebers auf und bietet den Ehrengästen die Innereien zum Verzehr. Die Kraft des Tieres soll auf den Menschen übergehen. Die Ritualschlachtung steht in Verbindung zum Kannibalismus, den es heute auch bei den Papuas nicht mehr gibt. Beides hat seine Wurzeln in den einheitlichen Schöpfungsmythen; danach wurden die ersten Menschen von einem Urzeitriesen bedroht, der nach fürchterlichen Kämpfen von einem Zwillingspaar mit einem Bogenschuß getötet wurde. Die beiden zerstückelten den Leichnam – aus dem Blut wurde das Wasser der Erde, aus den Innereien wurden die Feldfrüchte. Dieser Urzeitriese konnte auch die Gestalt eines Ebers annehmen. So haben die Dörfler mit ihrer rituellen Schlachtung nichts anderes getan, als diese Schöpfungslegende nachzuvollziehen, um damit das eigene Fortbestehen zu sichern.

Mit Vollgas aus der Steinzeit

Szenenwechsel: Papua-Neuguinea, bis vor wenigen Jahrzehnten in weiten Teilen auf der Zivilisationsstufe der Steinzeit, ist auf dem Weg ins Industriezeitalter – mit Vollgas! Das beweisen die rasch wachsenden Städte an den Küsten: Port Moresby, die moderne Hauptstadt, Lae, das

nem exakt festgesetzten Kurs das Geld gegen Kaurischnecken ein, die in abgelegenen Dörfern wie ehedem das einzig akzeptierte Zahlungsmittel sind. Dort leben die Papuas nach alten Traditionen in Rundhütten, sammeln Beeren und Pflanzen in den Wäldern, bauen Yams und Bataten an und züchten Schweine. Legenden und Traditionen haben noch Platz im täglichen Leben auch der Chimbu, des größten Stammes im Hochland.

dessen dunkelhäutigen und wilden Einwohnern man nicht über den Weg traute.

Erst in dem kolonialen Wettrennen, zu dem das bis dahin vermeintlich zu kurz gekommene Deutschland in der zweiten Hälfte des vergangenen Jahrhunderts den Startschuß gab, wurde auch die Inselwelt des Pazifiks zum Ziel. Nachdem die Holländer sich schon 1828 im Westteil von Neuguinea festgesetzt hatten, hißten die Deutschen 1884 in Friedrich-Wilhelm-Hafen – im Norden der Insel – ihre Flagge. Damit versuchte man, den wachsenden britischen Einfluß zu neutralisieren, der sich 1883 über Australien nach Neuguinea ausgedehnt hatte.

*△ **Eine traditionelle Wohngemeinschaft:** Diese Papuas teilen den Raum mit ihren Schweinen. So hat man die kostbaren Tiere stets im Auge; obendrein spenden sie Wärme, wenn das Feuer heruntergebrannt ist.*

*◁ **Begegnung zwischen Steinzeit und Moderne:** Die Kukukukus im abgelegenen Hochtal von Marawaka waren einst als kriegerisches Volk gefürchtet. Heute umringen sie friedlich – wenn auch bewaffnet – das allwöchentlich bei ihnen landende Flugzeug.*

neue Wirtschaftszentrum, Madang mit seinen idyllischen Gartenanlagen im schönsten Tropenflor und Wewak, die Stadt ganz im Norden, die im Pazifikkrieg schwer umkämpft war zwischen Japan und den USA.

Auch die Streusiedlungen in den Bergprovinzen haben sich zu respektablen städtischen Zentren entwickelt – allen voran Mount Hagen und Goroka. Aber während in den Geschäften Hifi-Anlagen verkauft werden, gibt es auf dem Markt noch Papuas, die mit dem Kina, der Landeswährung, nicht viel anfangen können. Wenn sie ihr Gemüse und die Knollenfrüchte verkauft haben, tauschen die Händlerinnen in einer Wechselstube zu ei-

Queen Emma, die »Königin der Südsee«

Die Weißen konnten sich erst spät auf Neuguinea festsetzen. Der portugiesische Entdecker Jorge de Meneses hatte 1526 die Nordküste entdeckt, Ortiz de Retez hatte das Gebiet zwar schon zwei Jahrzehnte später »Nueva Guinea« getauft – der Ähnlichkeit mit der Landschaft des afrikanischen Guinea wegen –, und weitere 60 Jahre später hatte der Spanier Luis Várez de Torres festgestellt, daß Neuguinea eine Insel ist. Sie alle aber hielten sich fern vom Landesinnern,

Das war die Zeit, in der Queen Emma, die »Königin der Südsee«, auf den Plan trat. Sie war die Tochter eines Amerikaners und einer samoanischen Adligen, und sie zeigte den Verwaltern der mächtigen deutschen Handelshäuser, was eine Frau in diesem rauhen Land der Fiebersümpfe und der Kannibalen leisten konnte. In Kokopo in der Nähe von Rabaul auf dem Bismarck Archipel – damals ein Zentrum deutscher Kolonisation und heute ein Teil von Papua-Neuguinea – legte sie die größten Kopraplantagen des Landes an.

Wenn deutsche Kriegsschiffe in den Hafen einliefen, feuerten sie vor ihrer Residenz den ersten Salut, erst der zweite gebührte dem Konsul in seinem Palast. Queen Emmas Feste waren in der Südsee berühmt und wohl auch die einzige Abwechslung, die sich Schiffsoffizieren und Kolonialbeamten bot.

Deutschland hatte nach dem Ersten Weltkrieg auch in dieser Region ausgespielt. Australien übernahm das Kommando, das dann – in den blutigen Schlachten des Pazifikkrieges, der auch Neuguinea nicht verschonte – zuerst von den Japanern und schließlich von den Amerikanern übernommen wurde.

1973 aber begann für Papua-Neuguinea die Selbstverwaltung, die nach zwei Jahren in die Selbständigkeit mündete. Mit bislang erstaunlicher Stabilität und bewundernswerter Disziplin versucht sich das Land seitdem in westlicher Demokratie. Der Computer hat die Steinaxt verdrängt, der Sprung über 2000 Jahre Menschheitsentwicklung scheint zu glücken.

Landesnatur

Fläche: 461691 km² (fast doppelt so groß wie die Bundesrepublik Deutschland)
Ausdehnung: West–Ost 1000 km, Nord–Süd 700 km
Höchster Berg: Mount Wilhelm 4509 m
Längste Flüsse: Fly River 1100 km, Sepik 1100 km, Ramu 650 km

Papua-Neuguinea umfaßt den Ostteil von Neuguinea, der zweitgrößten Insel der Welt. Außerdem gehören zum Staatsgebiet über 600 Inseln, darunter der Louisiade-Archipel, die D'Entrecasteaux-Inseln, der Bismarck-Archipel und die Salomoninseln Bougainville und Buka. Im Westen trennt der 141. Längengrad Papua-Neuguinea schnurgerade von Indonesien.

Naturraum
Papua-Neuguinea ist geprägt von den zentralen Gebirgsketten, den Tiefländern auf der Hauptinsel sowie einem Inselbogen. Die *zentralen Gebirgsketten* mit ihren schneebedeckten, teilweise erloschenen Vulkanen verlaufen als Rückgrat der Hauptinsel von Nordwesten nach Südosten; in den Inselketten der D'Entrecasteaux-Inseln und des Louisiade-Archipels setzen sie sich fort. Zu beiden Seiten des zentralen Gebirges erstrecken sich versumpfte *Tiefländer:* im Norden die Sepik-Niederung, im Süden die 450 km breite Schwemmlandebene des Fly River. Entlang dem über 9000 m tiefen Neubritannien-Bougainville-Graben verläuft ein *Inselbogen* aktiver, über 2500 m hoher Vulkane. Die Region ist tektonisch sehr aktiv, fast täglich spürt man Erdstöße.

Klima
In Papua-Neuguinea ist es tropisch feucht und heiß. Sommerlicher Nordwestmonsun und winterlicher Südostpassat bestimmen das Klima. Die Niederschläge verteilen sich übers Jahr ziemlich gleichmäßig; Juni bis September sind etwas trockener. In Port Moresby fallen jährlich 1200 mm, in Madang 3500 mm, im Gebirge bis zu 6000 mm Niederschläge. Die Durchschnittstemperatur schwankt zwischen 26 °C und 28 °C im Tiefland, im Gebirge zwischen 15 °C und 20 °C.

Vegetation und Tierwelt
Rund 70 % der Inselgruppe sind bewaldet, größtenteils mit tropischem Regenwald; über 1000 m Höhe wird er von Nebel- und Bergwald abgelöst. Im Dschungel wachsen rund 2000 Orchideenarten. In trockeneren Regionen findet man Savanne mit Eukalyptus- und Akazienhainen. An sandigen Küstenabschnitten stehen Kokospalmen, an versumpften Teilen erstreckt sich Mangrove; in den Sümpfen des Hinterlandes wachsen Nipa- und Sagopalmen.
Die Tierwelt des Landes wird durch seine Lage zwischen Australien und Asien charakterisiert: Baumkänguruh, Schnabeligel, Kasuar, Leierschwänze und Paradiesvögel sind Verwandte der australischen Nachbarn. Besonders hervorzuheben sind die Helmkasuare, Kletterbeutler und die prächtigen Riesenschmetterlinge. Der Nationalpark des Landes – Waitra National Park – liegt bei Port Moresby.

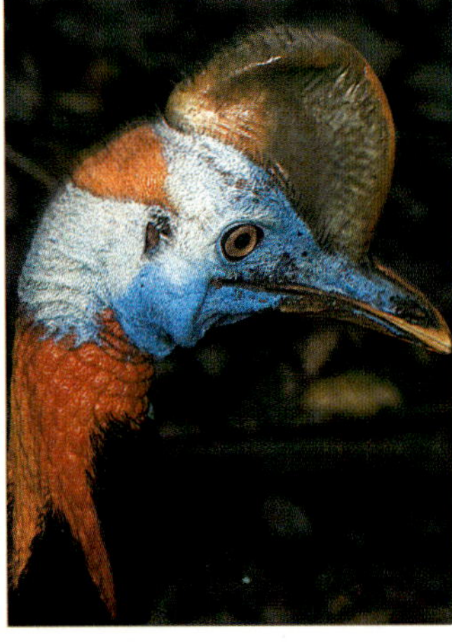

Der Helmkasuar, ein flugunfähiger Riesenvogel des Urwalds.

Politisches System

Staatsname: Papua New Guinea
Staats- und Regierungsform: Konstitutionelle Monarchie im Commonwealth of Nations
Hauptstadt: Port Moresby
Mitgliedschaft: UN, AKP, SPF, ESCAP, Colombo-Plan

Formelles Staatsoberhaupt ist der britische Monarch, vertreten durch einen auf Vorschlag vom Parlament ernannten Generalgouverneur. Die Legislative liegt bei den 109 Mitgliedern der Nationalversammlung, die für jeweils fünf Jahre gewählt werden. Das Parlament wählt den Premierminister, der ihm mit seinem Kabinett verantwortlich ist. Das Land gliedert sich in 19 Provinzen mit eigener Selbstverwaltung. Das Rechtswesen beruht auf britischem Recht (»Organic Law«) und dem aus Stammesrechten bestehenden »Underlying Law«.

Bevölkerung

Einwohnerzahl: 3,4 Millionen
Bevölkerungsdichte: 7,3 Einw./km²
Bevölkerungszunahme: 2,1 % im Jahr
Größte Städte: Port Moresby (144000 Einw.), Lae (73000), Madang (24000)
Bevölkerungsgruppen: 83 % Papua, 16 % Melanesier

Die Bevölkerung besteht aus rund 700 Völkern und Stämmen mit der gleichen Vielzahl unterschiedlicher Sprachen. Einige Stämme stehen noch auf steinzeitlichen Kulturstufen. Amtssprache ist Englisch, Verkehrssprache Neumelanesisch (Pidgin-Englisch).
Die meisten Einwohner bekennen sich zum Christentum, sind aber gleichzeitig noch Anhänger von Naturreligionen.

Soziale Lage und Bildung
Familien- und Stammeszugehörigkeit spielen eine wichtige Rolle; aus diesem Verband herausgelöste Zuwanderer in die Städte sind ein wachsendes soziales Problem. Ein Sozialversicherungssystem ist im Aufbau. Etwa 43 % der Bevölkerung sind jünger als 15 Jahre. Das Gesundheitswesen ist, vor allem auf dem Land, noch immer unzureichend. Nur etwa 36 % aller Kinder besuchen den gebührenpflichtigen Schulunterricht; die Analphabetenrate liegt bei etwa 50 %. Das Land besitzt zwei Universitäten.

Wirtschaft

Währung: 1 Kina (K) = 100 Toea (t)
Bruttoinlandsprodukt (in Anteilen): Land- und Forstwirtschaft 32 %, industrielle Produktion 24 %, Dienstleistungen 44 %
Wichtigste Handelspartner: Australien, Japan, EG-Staaten, Singapur

Tanzfest in der Bergregion: mit Holzmasken, die Körper mit Lehm und Kalk beschmiert.

Papua-Neuguinea ist ein überwiegend agrarisch geprägtes Entwicklungsland. Mit seinem Reichtum an Ressourcen (Bodenschätze, Holz, Energie) hat das Land aber gute Voraussetzungen für eine wirtschaftliche Entwicklung.

Landwirtschaft
Mehr als drei Viertel aller Erwerbstätigen sind in der Landwirtschaft beschäftigt. Plantagen und Kleinbetriebe erzeugen die vorwiegend für den Export bestimmten Güter: Kaffee, Kakao, Kokosnüsse, Palmkerne und Tee. Vorherrschend ist aber die Selbstversorgungswirtschaft, zum Teil noch als Landwechselwirtschaft mit Brandrodung. Die wichtigsten Nahrungsmittel sind Taro, Jams, Bananen, Maniok und Süßkartoffeln. Der Holzeinschlag erfolgt überwiegend zur Brennholzgewinnung. Der Preisverfall für Thunfisch zu Anfang der 80er Jahre führte zu Rückgängen bei den Fängen.

Bodenschätze, Energie, Industrie
Eine bedeutende Rolle spielt der Abbau von Kupfer und Gold. Importiertes Erdöl und Holz sind die wichtigsten Energieträger. Das Land verfügt allerdings über bisher ungenutzte Wasserkraft- und Erdgasressourcen.
Die noch in den Anfängen steckende Industrie verarbeitet landwirtschaftliche Produkte, Holz und Metall. Der kleine Binnenmarkt und die schlechte Infrastruktur wirken sich hemmend aus.

Handel
Haupteinfuhrgüter sind Maschinen, Fahrzeuge, Erdöl und Nahrungsmittel. Exportiert werden hauptsächlich Kupfer, Gold, Kaffee, Kakao, Tee, Kopra und Palmöl.

Verkehr, Tourismus
Der Ausbau der Straßen schreitet langsam voran. Von 19500 km Straße sind nur 900 km asphaltiert. See- und Luftverkehr zwischen den Inseln sind gut entwickelt. Die wichtigsten Seehäfen sind Port Moresby und Lae. In Port Moresby gibt es einen internationalen Flughafen.
In Papua-Neuguinea legen Kreuzfahrtschiffe an. Der Tourismus ist aber bislang wirtschaftlich noch von geringer Bedeutung.

Geschichte

Neuguinea wurde vor etwa 40000 Jahren über die damals noch vorhandene Landbrücke von Südostasien aus besiedelt. Reste jener Stämme, die Tapiro-Pygmäen, leben noch heute auf der Insel. Im Zuge der zweiten Besiedlungswelle kamen um 6000 v. Chr. Papua-Völker nach Neuguinea. Vom 3. Jahrtausend v. Chr. an drangen Melanesier ein, später auch Stämme aus Polynesien. Die schwierigen Lebensbedingungen im unwegsamen Gebirge trugen zur Zersplitterung der Bevölkerung in rund 700 Völker und Stämme bei.

Die Kolonisation

Als erster Europäer betrat der Portugiese Jorge de Meneses 1526 die Nordküste. Ein Spanier, Inigo Ortiz de Retez, gab der Insel 20 Jahre später den Namen Nueva Guinea. Von Beginn des 17. Jh. an erkundeten niederländische Seefahrer, vor allem Abel Janszoon Tasman (1642), die Küstenlandschaften der Insel.
Um 1660 versuchte die niederländische Ostindienkompanie vergeblich, Neuguinea zu okkupieren. Ihr folgte die britische Kolonialmacht, die von 1793 an das Handelsmonopol beanspruchte. Nach Abschluß der Napoleonischen Kriege machten die Niederlande 1816 erneut ihre Besitzansprüche geltend; 1828 gehörte ihnen der gesamte westliche (heute indonesische) Teil der Insel.
Den Ostteil der Insel erforschten etwa gleichzeitig von Beginn der 1840er Jahre an Briten (Owen Stanley, John Moresby), Deutsche (Otto Finsch) und Niederländer (P. van der Crab), gefolgt von Missionaren.
1880 wurde in Berlin die »Deutsche Neuguinea-Gesellschaft« gegründet; 1884 annektierte das Deutsche Reich einen Teil Ostguineas, einigte sich jedoch 1895 mit Großbritannien über eine Grenze am Fly River, wofür es u.a. noch den Bismarck-Archipel erhielt. Der 141. östliche Längengrad bildete seit 1885 die Grenze zum niederländischen Teil der Insel.
Großbritannien verwandelte 1887 sein bisheriges Protektorat in eine Kronkolonie und übertrug das Gebiet 1906 als Territorium Papua Australien, das es bis 1973 verwaltete. Die deutsche Kolonie wurde unmittelbar nach Beginn des Ersten Weltkriegs von australischen Truppen besetzt, 1921 mit dem Namen New Guinea Territory Australien als Völkerbundmandat übertragen. 1946 wurde dieses Gebiet Treuhandgebiet der Vereinten Nationen; mit Billigung der UN schuf Australien die »New Guinea Administration Unit«, in der das Treuhandgebiet und das Territorium Papua seit 1949 gemeinsam verwaltet wurden.

Die Unabhängigkeit

Unabhängigkeitsbestrebungen wurden von Australien unterdrückt, doch nach der Befreiung Westirians durch Indonesien 1963 war die Entwicklung vorgegeben: 1964 trat in Port Moresby das erste gewählte Parlament zusammen. Am 16. 9. 1975 (Nationalfeiertag) wurde Papua-Neuguinea (Name 1971 eingeführt) unabhängig. Seitdem wird das Land immer wieder von Stammeskämpfen, sozialen Unruhen und separatistischen Bestrebungen erschüttert.

Auf den Trobriand-Inseln östlich von Neuguinea: dörfliches Leben noch wie in alten Zeiten.

Kultur

Papua-Neuguinea wird durch eine Vielfalt faszinierender melanesischer und polynesischer Kulturen und Sprachen charakterisiert. Es gibt allein etwa 700 papuanische Sprachen und zahlreiche Dialekte. Bereits die ersten kleinwüchsigen Einwanderer, mit steinzeitlichem Speer, Pfeil und Bogen und Knochendolchen ausgerüstet, kannten den Nutzen der Sagopalme: als Baumaterial und Dachbedeckung, die Fladen als Grundnahrungsmittel.
Bereits vor der Besiedlung durch Melanesier und Polynesier entstanden vielfältige Mythen: Magische Kräfte wurden der Schlange und dem Vogel zugeschrieben; die Natur war immerwährende Fruchtbarkeit, ihre Zerstörung bedeutete Untergang. Ein verstorbener Mensch sollte dem Stamm erhalten bleiben; also präparierte man seinen Kopf, Sitz besonderer Kräfte, und bewahrte ihn auf. Noch wirksamer war der Kopf eines Fremden: Man erbat in langem Beschwörungsritual die Hilfe der Ahnen und Gottheiten, bevor man auf Kopfjagd ging. Eine erfolgreiche Jagd stärkte die Stammesgemeinschaft und die Fruchtbarkeit.

Kunst und Brauchtum

Die faszinierende Kunst der Papua-Völker hat im Mythos ihre Quellen: farbenprächtige Holzmasken oft riesiger Ausmaße, modellierte Ahnenschädel, Zeremonialkeulen und -stühle. Eines der Kultzentren ist der Fluß Sepik mit seinen Nebenarmen (Karawari) im Nordwesten.
Die papuanische Gesellschaft ist noch heute, trotz weitgehender Christianisierung, ihren Riten treu geblieben: Ein junger Mann wird mit einem Initiationsritus in die Gesellschaft der Erwachsenen eingeführt. Im Geister- oder Kulthaus (Tambaran) werden die Urzeitgötter (Dema) und Geister durch Opfer gnädig gestimmt. Totems (Schutzgeister), die in Pflanzen oder Tieren leben, werden als mit Zauberkraft versehene Ahnen verehrt. Tänze werden inszeniert, um die Geister freundlich zu stimmen.
In den Clans leben noch heute Männer und Frauen in getrennten Häusern. Polygamie ist nach wie vor vorhanden; vor der Eheschließung ist ein Brautpreis zu entrichten. Die Gesellschaft ist weiterhin männlich dominiert, obwohl die Gleichberechtigung der Frau verfassungsrechtlich garantiert ist.

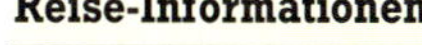

Reise-Informationen

Einreise- und Fahrzeugpapiere
Bürger der Bundesrepublik Deutschland, Österreichs und der Schweiz benötigen für einen Aufenthalt bis zu 30 Tagen einen gültigen Reisepaß. Einreisevisa sind nur am Jackson Airport von Port Moresby erhältlich. An Fahrzeugpapieren ist der internationale Führerschein erforderlich.
Zoll
Bei der Einreise sind zollfrei: 200 Zigaretten oder 250 g Tabak, 1 Liter alkoholische Getränke, etwas Parfüm.
Devisen
Kina (K) dürfen unbeschränkt ein-, aber nicht ausgeführt werden. Die Einfuhr von Fremdwährungen ist unbegrenzt erlaubt, ebenso die Ausfuhr in Höhe der deklarierten Einfuhr.
Impfungen
Malariaschutz ist das ganze Jahr über erforderlich.
Verkehrsverhältnisse
Papua-Neuguinea wird von Schiffs- und Fluglinien regelmäßig bedient. Leihwagen stehen mit und ohne Fahrer zur Verfügung (Linksverkehr). Taxis und Kleinbusse verkehren in den größeren Orten. Es besteht ein dichtes inländisches Flugnetz. Zwischen den Inseln verkehren Frachtschiffe, die auch Passagiere mitnehmen.
Unterkünfte
Nur in größeren Städten findet man Unterkünfte mit einem – trotz hoher Preise – bescheidenen Komfort.
Reisezeit
Beste Reisemonate sind die Monate April bis September.

Salomonen

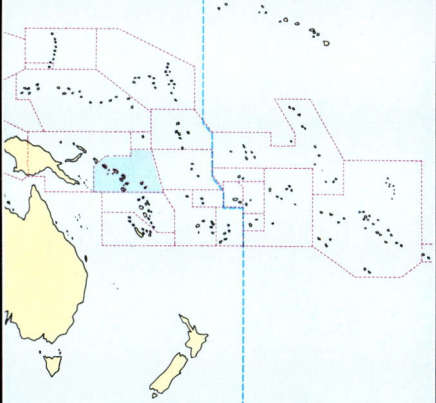

Hans Dieter Kley

Als der spanische Seefahrer Álvaro de Mendaña de Neyra im Jahre 1568 die Inselgruppe im westlichen Pazifik entdeckte, benannte er sie nach dem biblischen König Salomon. Vielleicht glaubte er, dessen legendäre Schatzinseln gefunden zu haben. Wahrscheinlicher klingt eine andere Version, nach der de Mendaña den glanzvollen Reichtum versprechenden Namen wählte, um seinem königlichen Auftraggeber die Entdeckung besser »verkaufen« zu können. Doch die spanische Krone schickte weder Soldaten noch Siedler. Die Salomoninseln blieben noch lange Zeit von europäischen Eindringlingen verschont.

Auch heute ist in Europa von den Salomonen kaum mehr als der Name bekannt. Melanesien, die »Schwarzinselwelt«, wird vom internationalen Tourismus gerade erst entdeckt. Und die Salomonen haben an Sensationellem nicht viel zu bieten. Sie sind ein junger, noch unterentwickelter Staat, der Anschluß an die moderne Welt zu finden hofft.

Staatsname:	Salomonen
Amtssprache:	Englisch
Einwohner:	292 000
Fläche:	28 446 km² (Landfläche; 600 000 km² inkl. Meeresfläche)
Hauptstadt:	Honiara
Staatsform:	Konstitutionelle Monarchie im Commonwealth
Zeitzone:	MEZ +10 Std.
Geogr. Lage:	Inselgruppe im Westpazifik, nordöstlich von Australien, östlich von Papua-Neuguinea

Auf Guadalcanal, der größten Insel der Salomonen, sind die Vorbereitungen zu einem Dorffest in vollem Gange: Die Bauern haben eines ihrer schwarzen Schweine geschlachtet, denn ein Festtagsbraten darf nicht fehlen.

Das »Stalingrad der Japaner im Pazifik«

Schlagzeilen machten die Salomonen im Zweiten Weltkrieg: 1942/1943 stoppten die alliierten Streitkräfte der Vereinigten Staaten, Großbritanniens, Neuseelands und Australiens hier den Siegeszug der Japaner. Die Insel Guadalcanal wurde zum »Stalingrad der Japaner im Pazifik«.

Die sechsmonatige Schlacht hatte vor allem in dem Gebiet zwischen dem Flugplatz Henderson Field und der heutigen Hauptstadt Honiara getobt. Daran erinnern noch immer zerschossene Bunker, verrostende Landungspontons, Geschütze und Panzer, Schiffs- und Flugzeugwracks. In der Mendaña-Avenue in Honiara findet man einige Schilder, die den wechselnden Frontverlauf bezeichnen.

Unter den Besuchern der Insel gibt es viele Kriegsveteranen – vor allem Japaner und Amerikaner – und Angehörige von Soldaten, die hier ihr Leben gelassen haben. 1500 amerikanische Soldaten sind während der Kämpfe auf Guadalcanal gefallen, bei den Japanern waren es zehnmal so viele und dazu noch 9000, die durch Krankheiten dahingerafft wurden. Noch lange nach Kriegsende fand man im Busch und bei Erdarbeiten immer wieder die sterblichen Überreste und die Ausrüstungen gefallener Soldaten.

Andere Touristen finden Vergnügen daran, in den Gewässern rund um Guadalcanal nach Kriegsrelikten zu tauchen: Dutzende von versenkten Schiffen ruhen hier auf dem Meeresboden. Die US-Navy hat bei der Seeschlacht unter anderem auch zwei Flugzeugträger verloren.

Die freundlichsten Menschen der »Schwarzinselwelt«

Wen würde es wundern, wenn die Bewohner der Salomonen, die unschuldig in diesen Krieg hineingerissen wurden, den Fremden mit Verbitterung begegneten? Doch die Menschen hier sind ausgesprochen freundlich – kaum irgendwo in der »Schwarzinselwelt« wird man als Gast liebenswürdiger behandelt.

Auf den Salomonen leben heute mehr als 290000 Menschen, darunter kleine Minderheiten von Polynesiern, Mikronesiern, Europäern und Chinesen. Über 90 Prozent der Insulaner aber sind mehr oder weniger dunkelhäutige Melanesier. Daß ihr Inselstaat zu den ärmsten im pazifischen Raum gehört, sieht man ihnen kaum an: Sie wirken kräftig und gut genährt, vielfach sogar korpulent. Und sie sind fröhliche Menschen. Man lacht gern und viel, raucht – Männer wie Frauen – genüßlich die Pfeife und unterhält sich in einem für uns lustig klingenden Pidgin-Englisch, der Umgangssprache auf den Salomonen.

Die Mehrheit der Eingeborenenbevölkerung lebt als Selbstversorger in den verstreuten, oft abgelegenen Dörfern des Archipels. Die Schicht derer, die sich Kassettenrecorder, Motorräder, vielleicht sogar Autos oder Flugreisen leisten kann, ist auf den Salomonen wesentlich kleiner als etwa in Neukaledonien oder Nauru.

◁ ***Viele Salomoner haben ihre alten Bräuche beibehalten. Beim Mako-Mako-Tanz auf Santa Ana stellen lehmbemalte Männer mit kegelförmigen Masken ein kriegerisches Buschvolk dar.***

▽ ***Künstliche Eilande aus Korallenblöcken und Erde im Westen von Malaita: In der Langa-Langa-Lagune liegen kleine bewohnte Inseln, die von Menschenhand geschaffen wurden.***

Die britischen Protektoratsherren haben in die Wirtschaft des Landes kaum investiert – sie betrachteten die Inseln als Zuschußkolonie. So gibt es heute lediglich Ansätze zu einer Kleinindustrie. Die Kopra- und Palmölproduktion, die Nutzung des Holzreichtums, die geringe Mangan- und Bauxitförderung liegen zum größten Teil in den Händen australischer und japanischer Unternehmen. Die Infrastruktur ist kaum entwickelt, aber es gibt eine recht effektiv arbeitende Verwaltung und ein für diese Weltgegend beachtliches Schulsystem, auch auf dem Lande.

Stammesunterschiede und insulares Denken

Das dörfliche Leben auf den zu 90 Prozent von Regenwäldern bedeckten Inseln ist für den Besucher mindestens ebenso interessant wie die Kriegsschauplätze. Die Bambushütten der Dorfbewohner sind meist von Rudeln schwarzer Schweine umgeben. An die Arbeit christlicher Missionare erinnern die kleinen Kirchen, die man in auffallend vielen Dörfern findet. Wie überall in Ozeanien gibt es auf den Salomonen eine Unzahl religiöser Sekten. Aber auch die alten animistischen Vorstellungen der Melanesier sind in vielen Bräuchen lebendig geblieben.

Bis heute bestehen auf den Salomonen starke Stammesunterschiede und ein ausgeprägtes insulares Denken. Daraus ergaben sich nach der Unabhängigkeit im Jahre 1978 vielerlei Probleme: die Aufsplitterung in zahlreiche streitende Parteien, separatistische Bestrebungen einzelner Inseln, verschärfte Gegensätze zwischen städtischer und ländlicher Bevölkerung. Inzwischen scheint sich der junge Staat jedoch so weit gefestigt zu haben, daß er der Zukunft getrost entgegenblicken kann.

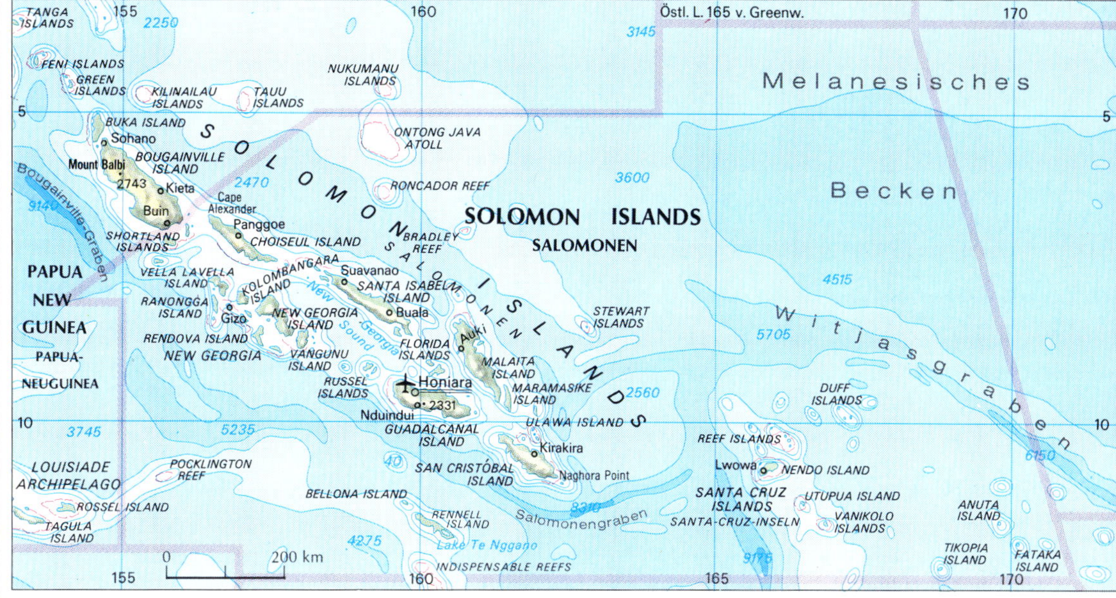

Landesnatur

Fläche: 28446 km² (Landfläche; 600000 km² inkl. Meeresfläche)
Ausdehnung: West–Ost 1450 km, Nord–Süd 750 km
Höchster Berg: Mount Popomanaseu (auf Guadalcanal) 2331 m

Die Salomonen bestehen aus zwei parallelen, 1000 km langen, nordwest-südöstlich gerichteten Inselreihen im Westpazifik. Während die beiden nordwestlichen Salomoninseln Bougainville und Buka zum Nachbarstaat Papua-Neuguinea gehören, schließt das Staatsgebiet der Salomonen neben den vulkanischen Hauptinseln Guadalcanal, San Cristóbal, Santa Isabel, Malaita, New Georgia, Choiseul und zahlreichen Koralleninseln und Atollen auch die 400 km östlich der Gruppe der Salomonen liegenden Santa-Cruz-Inseln mit ein. Auf den Salomonen herrscht tropisches Seeklima mit geringen jahreszeitlichen Schwankungen (jährliche Durchschnittstemperatur 27 °C) und hoher Luftfeuchtigkeit. Der meiste Regen fällt von November bis April (Jahresmittel 3500 mm).
Auf 90 % der Landfläche wächst tropischer Regenwald, an den Küsten Kokospalmen und Mangrove.
An typischen Tieren sind die in den Bäumen lebenden Salomonenriesenskinke und der Kuskus, ein Beuteltier, erwähnenswert. Neben Delphinen und Krokodilen finden sich zahlreiche Wassertiere, z. B. die Dugongs (Gabelschwanzseekühe).

Politisches System

Staatsname: Solomon Islands
Staats- und Regierungsform: Konstitutionelle Monarchie im Commonwealth of Nations
Hauptstadt: Honiara
Mitgliedschaft: UN, SPF, ESCAP

Staatsoberhaupt ist der britische Monarch, vertreten durch einen Generalgouverneur. Das Land gliedert sich in sieben Provinzen und den Hauptstadtbezirk. Das Rechtswesen beruht auf britischem Recht.

Bevölkerung

Einwohnerzahl: 292000
Bevölkerungsdichte: 10 Einw./km²
Bevölkerungszunahme: 3,3 % im Jahr
Größte Städte: Honiara (31000 Einw.), Gizo (4000), Auki (3500)
Bevölkerungsgruppen: 93 % Melanesier, 4 % Polynesier, 1,5 % Mikronesier

Fast die Hälfte der Bevölkerung ist jünger als 15 Jahre. Amtssprache ist Englisch, Umgangssprache Pidgin-Englisch. 95 % der Einwohner bekennen sich zum Christentum. Nur Einheimische haben das Recht, Land zu besitzen, und grundsätzlich ist der Familienverband für seine Angehörigen verantwortlich. Es besteht keine allgemeine Schulpflicht; die Analphabetenrate beträgt fast 50 %.

Wirtschaft

Währung: 1 Salomonen-Dollar (SI$) = 100 Cents (c)
Bruttoinlandsprodukt (in Anteilen): Land- und Forstwirtschaft 47 %, industrielle Produktion 11 %, Dienstleistungen 42 %
Wichtigste Handelspartner: Australien, Japan, Großbritannien

Die wichtigsten Wirtschaftszweige sind Land- und Forstwirtschaft sowie Fischerei. Sie beschäftigen fast drei Viertel der Bevölkerung und liefern auch die in der heimischen Industrie verarbeiteten Exportgüter Fisch, Holz, Kopra und Palmöl. Importiert werden landwirtschaftliche Maschinen und Fahrzeuge, Treibstoffe, Erdölprodukte, Bekleidung und Nahrungsmittel. Von den bekannten Bodenschätzen wird bislang nur Bauxit abgebaut.

Geschichte und Kultur

Vermutlich wurden die Salomonen bereits einige Jahrtausende v. Chr. besiedelt. Ausgrabungen von Resten aus der Fotoruma-Höhle (Guadalcanal) stammen aus der Zeit um 1300 bis 1000 v. Chr. 1568 erreichte der Spanier Álvaro de Mendaña de Neyra die Inseln von Peru aus. Im 18. Jh. begann die Einwanderung europäischer Händler und Missionare. Zwischen 1870 und 1910 wurden etwa 30000 Einheimische als Plantagenarbeiter nach Australien und auf die Fidschiinseln verschleppt.
1885 und 1899 teilten das Deutsche Reich und Großbritannien die Salomonen unter sich auf. Bougainville und Buka wurden dem Protektorat Deutsch-Neuguinea angeschlossen, die übrigen Inseln zu einem britischen Protektorat. 1942 besetzte Japan die Inselgruppe. Als die Amerikaner im August 1942 auf Guadalcanal landeten, begannen die härtesten See- und Luftkämpfe im Pazifikkrieg, die mit der amerikanischen Eroberung der Inseln endeten.
Der Weg in die Unabhängigkeit von Großbritannien vollzog sich schrittweise: 1953 wurde der Sitz der britischen Hohen Kommission für den westlichen Pazifik von Suva (Fidschi) nach Honiara verlegt. 1974 übernahm ein Gouverneur weitgehend die Aufgaben des Hohen Kommissars. Am 2. 1. 1976 erhielten die Salomonen innere Autonomie, am 7. 7. 1978 (Nationalfeiertag) erlangten sie schließlich die Unabhängigkeit als Mitglied des Commonwealth. Premierminister Ezekiel Alebua unterzeichnete im Mai 1987 auf der Jahrestagung des Südpazifikforums auf Samoa den »Vertrag von Rarotonga« über die Schaffung einer atomwaffenfreien Zone im Südpazifik.
Die Salomoner leben überwiegend in kleinen Dörfern. Magie und die Verehrung der Ahnengeister bestimmen das tägliche Leben. Die Inselbewohner waren einst als Kannibalen gefürchtet; Stammesstreitigkeiten arteten oft in Menschenjagden aus.
Die kulturelle Vielfalt der Inselgruppe spiegelt sich im Kunsthandwerk der Insulaner wider. Typisch für die Schnitzkunst der Westsalomonen sind Masken, Kriegsstäbe oder Holzfiguren, sog. Nguzunguzu, die früher am Bug von Kriegskanus befestigt wurden, wenn die Einheimischen auf Kopfjagd gingen. Die Holzschnitzereien sind oft mit Muscheln oder Perlmutt ausgelegt.

Reise-Informationen

Bürger der Bundesrepublik Deutschland und Österreichs benötigen für einen Aufenthalt bis zu 14 Tagen einen gültigen Reisepaß bzw. Kinderausweis mit Visum, das bei den britischen Botschaften erhältlich ist. Schweizer brauchen für einen Besuch bis zu zwei Monaten kein Visum.
Als Fahrerlaubnis dient der internationale Führerschein.
Bei der Einreise sind zollfrei: 200 Zigaretten und zwei Liter alkoholische Getränke.
Landeswährung darf bei der Einreise unbeschränkt, bei der Ausreise bis zu 250 Salomonen-Dollar (SI$) mitgenommen werden. Fremdwährungen dürfen unbeschränkt ein- und ausgeführt werden.
Malariaschutz ist für das gesamte Gebiet vorgeschrieben.
Zu und zwischen den Inseln besteht regelmäßiger Schiffs- und Flugverkehr (internationaler Flughafen in Honiara). Der Besucher kann sich mit Taxis und Leihwagen auf den rd. 2000 Straßenkilometern (davon 25 % asphaltiert) fortbewegen.
Wegen der geringen Anzahl der Hotels empfiehlt es sich, die Unterkunft im voraus zu buchen.
Das tropische Klima hält sich das ganze Jahr über konstant.

Opfer am Begräbnisplatz: Muschelgeld für die verehrten Toten.

Samoa

Roshan Dhunjibhoy

Schon die abendliche Fahrt vom Flughafen zur Hauptstadt Apia ist unvergeßlich. Der Bus braucht für die 35 Kilometer über eine Stunde, und während man aus dem Fenster schaut, erhascht man immer wieder Einblicke in das samoanische Leben; denn die Fales, die Häuser Samoas, sind offen – sie haben keine Wände. Man sieht Familien beim Abendessen oder Frauen, die aus Palmenblättern feine Sitzmatten flechten. In einem anderen Fale sitzen alte Männer im Schneidersitz, den Rücken gegen einen Stützpfosten gelehnt: Dorfhäuptlinge, die Rat halten.
Wenn man am nächsten Morgen die Sonne über dem schmalen Küstenstreifen bei Apia aufsteigen sieht, dann begreift man, warum der Schriftsteller Robert Louis Stevenson seine letzten Jahre hier verbrachte. Er schrieb: »Die erste Liebe, der erste Sonnenaufgang, die erste Südseeinsel, das sind Erinnerungen besonderer Art.«

Staatsname:	Unabhängiger Staat Westsamoa
Amtssprachen:	Samoanisch, Englisch
Einwohner:	161 000
Fläche:	2842 km² (Landfläche; 240 000 km² inkl. Meeresfläche)
Hauptstadt:	Apia
Staatsform:	Konstitutionelle Häuptlingsaristokratie im Commonwealth
Kfz-Zeichen:	WS
Zeitzone:	MEZ –12 Std.
Geogr. Lage:	Zentraler Pazifik, östlich von Australien, nordöstlich von Neuseeland

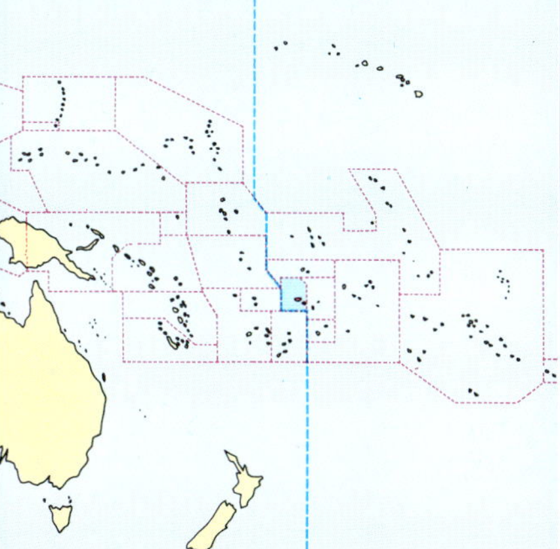

Üppige tropische Regenwälder bedecken weite Teile Samoas. Auch im Innern von Savai'i und Upolu, den beiden Hauptinseln, gibt es kaum Straßen. So ist das Pferd wichtigstes Transportmittel.

Land auf den Spitzen der Vulkane

Die Samoa-Inseln im zentralen Pazifik bilden politisch keine Einheit: Der westliche Teil – zwei größere und sieben kleine Inseln – ist ein unabhängiger Staat, der östliche Teil – Amerikanisch-Samoa – gehört als »nicht eingegliedertes Territorium« zu den Vereinigten Staaten. In West-Samoa – oder einfach Samoa – leben heute etwa 160000 Menschen.

Die Europäer entdeckten die Inselgruppe zwar schon im frühen 18. Jahrhundert, aber erst gegen Mitte des 19. Jahrhunderts ließen sich Missionare und Händler hier nieder. Im Jahr 1899 wurden die westlichen Inseln Deutschland zugeschlagen, die östlichen den Vereinigten Staaten, Großbritannien verzichtete auf Ansprüche. Nach dem Ersten Weltkrieg verwaltete dann Neuseeland die Samoa-Inseln als Mandatsgebiet des Völkerbundes, nach 1946 als Treuhandgebiet der Vereinten Nationen, bis der Westteil schließlich im Jahre 1962 unabhängig wurde.

Die von Korallenriffen umgebenen Inseln des Samoa-Archipels sind die Spitzen einer unterseeischen Vulkankette. Die höchste Erhebung auf den gebirgig zerklüfteten größeren Inseln ist der 1858 Meter hohe Silisili auf Savai'i. Auf der um ein Drittel kleineren Insel Upolu liegt die Hauptstadt Apia.

Upolu und Savai'i – die Hauptinseln

In Apia leben etwa 37000 Menschen. Die Hauptstadt ist eher eine stadtartige Siedlung, die aus einer Gruppe von Dörfern rund um den Hafen von Upolu besteht. Die meisten dieser Dörfer haben ihr eigenes Gotteshaus, und so nennt man Apia auch die »Stadt der Kirchen«.

Ein paar Kilometer landeinwärts steht in Vailima das Haus von Robert Louis Stevenson. Der vor allem durch seinen Roman »Die Schatzinsel« bekanntgewordene englische Schriftsteller lebte hier von 1890 bis zu seinem Tod im Jahre 1894. Heute residiert in seinem Haus das Staatsoberhaupt Samoas. Bei Vailima erhebt sich auch der Mount Vaea, wo sich Stevensons Grab befindet.

Unweit von Apia liegt auf einer kleinen Halbinsel Mulinuu, die alte Hauptstadt von Samoa, mit dem Fale Fono, dem ehemaligen Parlament. Am Ende der Halbinsel gibt es ein Observatorium, das 1902 von Deutschen gegründet wurde, und in der Nähe den heiligen Bezirk Fale-o-Fee mit vielen alten Häuptlingsgräbern.

Die anderthalbstündige Überfahrt von Upolu zu der rund 20 Kilometer entfernten Insel Savai'i kann manchmal recht stürmisch verlaufen. Die Western Samoa Shipping setzt hier als Fähre ein Landungsboot aus dem Zweiten Weltkrieg ein. In der Inselmitte erhebt sich der Mount Silisili, der jedoch so sanft ansteigt, daß man seine Höhe leicht unterschätzt.

Viele Einheimische halten Savai'i für das legendäre Hawaiki – jene Insel, von der aus polynesische Seeleute einst den ganzen mittleren und südlichen Pazifik erkundeten und besiedelten. Man nennt die Insel die »Seele Samoas«. Auf Savai'i hat sich der Faa Samoa, der samoanische Lebensstil, weitgehend erhalten – vom 20. Jahrhundert ist hier kaum etwas zu spüren.

An der Spitze steht der »Staatshäuptling«

Die Menschen auf Samoa sind braunhäutig und großwüchsig. Ihre Sprache hält man für das älteste Polynesisch, das heute noch gesprochen wird. Für diese Sprache gab es keine Schrift, bis Missionare im 19. Jahrhundert das lateinische Alphabet einführten. Obwohl die Samoaner zum Christentum bekehrt wurden, haben sie viele der Glaubensvorstellungen und Riten ihrer alten animistischen Religion beibehalten.

Die Gesellschaftsstruktur Samoas beruht auf den verzweigten Familienclans, die jeweils von einem Matai, einem Häuptling, geführt werden. Er ist für das Wohlergehen des Clans verantwortlich. Die etwa 10000 Matais

Tea – schmerzhaftes Ritual

Eines der wichtigsten Ereignisse im Leben vieler Samoaner ist noch immer die Tea-Zeremonie, bei der große Flächen der Haut tätowiert werden. Mit einem Holzschlegel treibt der Tätowierer einen zugespitzten Eberzahn bis ins Unterhautgewebe; als Farbe wird eine Aschentinte verwendet. Eine vollständige Tätowierung, die den unteren Rükken, den Bauch und Teile der Oberschenkel bedeckt, kann 18 Stunden dauern – allerdings auf mehrere Sitzungen verteilt.

Die Samoaner vergleichen den Schmerz beim Tätowieren mit den Geburtsschmerzen der Frau. Ein Tätowierter sagt: »Einen Monat lang hat man Schmerzen. Man läuft wie ein Krüppel. Wer den Schmerz beim Tätowieren aushält, der hält alle Härten des Lebens aus.«

▽ *Viel Sonne und ausgiebige Regenfälle bescheren den Samoa-Inseln mit ihren fruchtbaren vulkanischen Böden eine tropische Vegetation. Bäche und Flüsse schlängeln sich durch den Urwald und stürzen manchmal tosend zu Tal.*

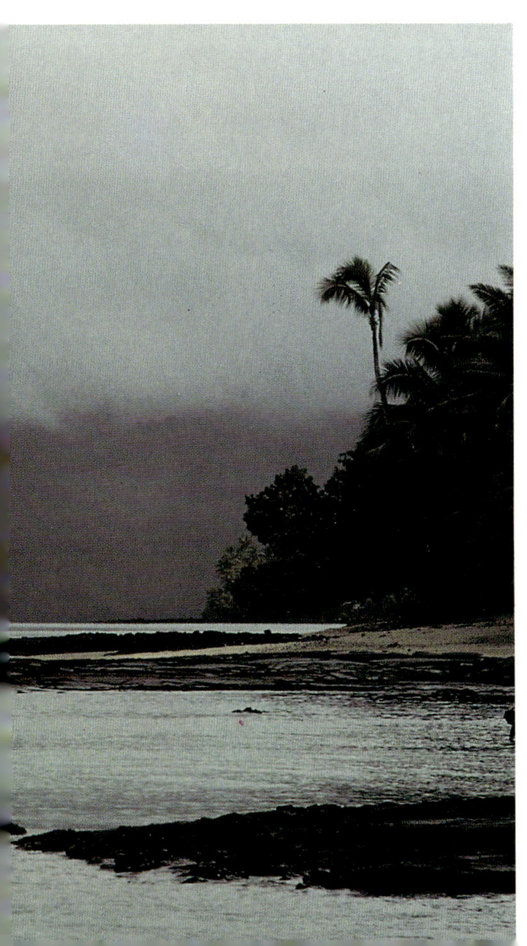

wählen auch 45 der 47 Mitglieder der Gesetzgebenden Versammlung, zwei Sitze stehen den – überwiegend weißen – Samoanern zu, die keinem Clan angehören. Unter den Abgeordneten wählt der Ao o le Malo, der »Staatshäuptling«, den Premierminister und das achtköpfige Kabinett aus. Er ernennt auch den Obersten Richter, der nicht nur für das Rechtswesen, sondern auch für Polizei und Gefängnisse zuständig ist. Die lokalen Angelegenheiten werden von den Matais geregelt.

Landwirtschaft und eine kleine Industrie

Die Landwirtschaft Samoas dient in erster Linie der Eigenversorgung. Angebaut werden vor allem Taro – die »Wasserbrotwurzel«, ein wichtiger Stärkelieferant –, Jamswurzeln, die wie Kartoffeln verwendet werden, Kakao, Bananen, Brotfrüchte und Papayas. In vielfältiger Weise wird die Kokospalme genutzt: Aus Kopra zum Beispiel, der festen Nährsubstanz der Kokosnuß, gewinnt man Kokosöl und Kokosfett; aus den ebenfalls von der Kokosnuß stammenden Kokosfasern werden Matten und Teppiche geflochten oder Bürsten gebunden; und die Stämme der bis zu 30 Meter hohen Kokospalme liefern hervorragendes Nutzholz etwa für den Hausbau.

Die Viehhaltung beschränkt sich im wesentlichen auf Schweine und Geflügel. In manchen Gegenden sieht man auch Rinder – sie sollen aber vor allem das allzu üppige Wachstum von »Unkraut« in den Kokosplantagen verhindern. Der Fischfang hat durch den Ausbau der Fischereiflotte bereits an Bedeutung gewonnen.

Auch eine bescheidene Industrie gibt es in Samoa: Es werden landwirtschaftliche Produkte verarbeitet, Möbel und Werkzeuge hergestellt. In der Nähe von Apia arbeiten eine Kokosnußölfabrik und die Vailima-Brauerei; ein Sägewerk bei Asau auf Savai'i kooperiert sogar mit einer amerikanischen Firma. Mit dem Ausbau des Flughafens und der Förderung des Hotelgewerbes kommt auch dem Tourismus allmählich größere Bedeutung zu.

»Bloody Mary« im Original

Die Samoa-Inseln entsprechen in vielem dem europäischen Klischee von der Südsee: freundliche Menschen, zahllose weiße Sandstrände, kleine Buchten, Palmenhaine, üppig bewachsene Berge mit klaren Kraterseen und romantischen Wasserfällen.

Als Tourist hat man bei einem Samoa-Aufenthalt verschiedene Möglichkeiten: Man kann im mitgebrachten Zelt campen oder eines der Gäste-Fales mieten, man kann sich eine Privatunterkunft suchen – die Ortspfarrer geben gerne Auskunft – oder in einem der nicht allzu zahlreichen Hotels wohnen. Die beiden schönsten Hotels in Apia sind das neue »Tusitala«, eine gelungene Mischung aus dem traditionellen Fale und moderner westlicher Architektur, und das berühmte »Aggie Grey's Hotel«.

Aggie Grey war das Vorbild für die Bloody Mary in James A. Micheners Prosawerk »Die Südsee«. Sie ist heute über 90 Jahre alt und durch einen Gehirnschlag gelähmt, doch ihr Hotel besteht weiterhin, und sie schreibt auch noch Bücher. Dieses Hotel – eines der interessantesten im ganzen pazifischen Raum – scheint völlig in Blumen gebettet zu sein. Und die Küche ist natürlich samoanisch. Einmal wöchentlich veranstaltet Aggie eine Show mit samoanischen Tänzen und samoanischer Musik.

◁ *Samoas Küstenlandschaft hat auch an Regentagen ihre Reize. Von den flachen, weit ins Meer ragenden Klippen fischen die Eingeborenen geschickt mit Netzen und langen Angelruten.*

△ *Samoanische Mädchen bei der Wäsche: Freundlich wird der Fremde begrüßt, und außerdem scheint die Arbeit Spaß zu machen, schafft sie doch ein wenig Abkühlung.*

Landesnatur

Fläche: 2842 km² (Landfläche; etwas größer als das Saarland); 240 000 km² inkl. Meeresfläche
Ausdehnung: Nordwest–Südost 200 km
Höchster Berg: Mauga Silisili 1858 m

Die Samoainseln liegen auf halber Strecke zwischen Hawaii und Neuseeland südlich des Äquators. Die östlichen Inseln der Gruppe bilden das US-Territorium Amerikanisch-Samoa, die westlichen Inseln den Unabhängigen Staat Westsamoa.

Naturraum
Zwischen den beiden großen Inseln Savai'i (1707 km²) und Upolu (1118 km²) liegen die bewohnten Inseln Manono und Apolima. Weitere fünf Inselchen zählen zum Staatsgebiet, auf ihnen leben jedoch keine Menschen.

Vor 150 Jahren wurde Samoa von der London Missionary Society zum Christentum bekehrt.

Alle neun Inseln sind vulkanischen Ursprungs und von Korallenriffen umgeben. Die Vulkankette auf Upolu erreicht eine Höhe von 1100 m, auf Savai'i ist der höchste Gipfel 1858 m hoch. Der immer noch tätige Vulkan Matavanu überzog bei starken Ausbrüchen zu Beginn dieses Jahrhunderts den Nordteil von Savai'i mit einer dichten Lavaschicht. Zwischen den Vulkanen und der schmalen Küstenebene liegt ein niedriges Hügelland. Von den Vulkanhängen fließen kurze, tief eingeschnittene Flüsse herab; prächtige Wasserfälle bereichern das Bild der Landschaft.

Klima
Das warmfeuchte Tropenklima hat durchschnittliche Temperaturen um 26 °C. Der Dezember ist der wärmste Monat, der Juli mit 24 °C der mildeste. Heftige Gewitter während der Regenzeit von November bis April bringen kaum Erleichterung von der unangenehmen Schwüle. Die Winde aus Südost werden an den Bergketten zum Aufsteigen gezwungen. Die Niederschläge liegen hier weit über dem Jahresdurchschnitt von gut 3000 mm. Wirbelstürme haben in dieser Region oft schwere Schäden verursacht.

Vegetation und Tierwelt
An den Berghängen wachsen üppige tropische Regenwälder mit Myrtengewächsen, Muskatnuß- und Banyanbäumen, Bambus und Farnen. Die Küsten werden von Kokospalmen und Brotfruchtbäumen gesäumt.
Wie bei vielen Inseln, die weit entfernt von den Kontinenten liegen, weist die natürliche Tierwelt hauptsächlich solche Arten auf, die im Flug dahin gelangen konnten. Fledermäuse und Vögel sind daher zahlreich. Zwei ungefährliche Boa- sowie einige Eidechsen- und Insektenarten leben außerdem auf den Inseln.

Politisches System

Staatsname: Malotuto 'atasi o Samoa i Sisifo
Staats- und Regierungsform: Konstitutionelle Häuptlingsaristokratie im Commonwealth of Nations
Hauptstadt: Apia
Mitgliedschaft: UN, AKP, ESCAP, SPF

Westsamoa erhielt seine Verfassung mit der Entlassung in die Unabhängigkeit im Jahr 1962. Das jetzige Staatsoberhaupt wurde als traditioneller Führer von der Gesetzgebenden Versammlung auf Lebenszeit eingesetzt, nach seinem Tod wird ein neues Oberhaupt für jeweils fünf Jahre gewählt. Die Exekutive übt der vom Staatsoberhaupt ernannte Premierminister mit seinem Kabinett aus. Die Gesetzgebung erfolgt durch das Parlament, es besteht aus den 45 für drei Jahre von ihren Sippschaften gewählten Häuptlingen und zwei Vertretern der europäischen Minderheit. Außenpolitisch wird Westsamoa von Neuseeland vertreten. Das Land gliedert sich in 21 Verwaltungsdistrikte. Die Rechtsprechung beruht auf einheimischen Traditionen und britischen Einflüssen. Der Gerichtshof »Land and Title Court« entscheidet über die Vergabe von Landeigentum und die samoanischen Titel der Häuptlinge.

Fruchtbarer Boden, warmfeuchtes Klima: üppig sprießt's auf Upolu.

Bevölkerung

Einwohnerzahl: 161 000
Bevölkerungsdichte: 57 Einw./km²
Bevölkerungszunahme: 0,9 % im Jahr
Größte Stadt: Apia (37 000 Einw.)
Bevölkerungsgruppen: 88 % Samoaner, 10 % Euronesier, 1 % Europäer

Die natürliche Wachstumsrate der Bevölkerung liegt mit 2,8 % zwar sehr hoch, doch bleibt die tatsächliche Zuwachsrate wegen der starken Auswanderung gering; viele Samoaner leben wegen fehlender Arbeitsplätze (Arbeitslosenrate etwa 12 %) in Neuseeland und den USA. Fast 45 % der Bevölkerung sind jünger als 15 Jahre. Die Bevölkerung lebt fast ausschließlich auf dem schmalen Küstenstreifen der beiden Hauptinseln.
Amtssprachen sind Samoanisch und Englisch. 50 % der Bevölkerung gehören der anglikanischen Kirche an, je etwa 20 % sind Methodisten und Katholiken, 8 % Mormonen.

Soziale Lage und Bildung
Grundlage der Sozialversorgung sind nach wie vor die Familienclans. Das Gesundheitswesen steht auf hohem Niveau, seine Leistungen sind in der Regel kostenlos. Das Schulwesen ist nach neuseeländischem Muster aufgebaut, Schulpflicht besteht für 6- bis 12jährige. Die Analphabetenrate beträgt nur noch 2 %. In Apia gibt es eine Hochschule mit landwirtschaftlicher Fakultät.

Wirtschaft

Währung: 1 Tala (WS$) = 100 Sene (s)
Bruttoinlandsprodukt (in Anteilen): Land- und Forstwirtschaft 50 %, industrielle Produktion 6 %, Dienstleistungen 44 %
Wichtigste Handelspartner: Neuseeland, USA, Australien, Japan

Gedenktafel von 1913: »Hier wurde am 1. März 1900 die deutsche Flagge gehißt.«

Die Wirtschaft des Inselstaates beruht auf der Landwirtschaft sowie auf dem Tourismus. Die Industrie besteht lediglich aus kleinen Verarbeitungsbetrieben.

Landwirtschaft
Rund 80 % des Landes sind im Besitz von Dorfgemeinschaften. Diese betreiben Viehzucht und erzeugen Jams, Brotfrüchte, Obst und Gemüse für den eigenen Bedarf. Kokospalmen, zum Teil in Plantagen kultiviert, liefern die Ausfuhrgüter Kopra und Kokosnußöl; ebenfalls für den ausländischen Markt werden Taro und Kakao angebaut. Auch die Forstwirtschaft und die Holzverarbeitung (v. a. auf Savai'i) spielen für den Export eine bedeutende Rolle. Das Fischereiwesen wurde in den letzten Jahren intensiv gefördert.

Energie, Industrie
Die Stromerzeugung (über Diesel- und Wasserkraftwerke) ist noch unzureichend. Im gewerblichen Bereich werden größtenteils land- und forstwirtschaftliche Produkte aufbereitet und verarbeitet. Daneben gibt es kleine Industriebetriebe zur Herstellung von Bekleidung, Lederwaren, Papier und Zigaretten sowie eine Brauerei.

Handel
Wichtigste Einfuhrgüter sind Nahrungs- und Genußmittel, mineralische Brennstoffe, Erdölprodukte, Maschinen und Fahrzeuge. Exportiert werden Kokosnußprodukte, Taro, Kakao und Holz.

Verkehr, Tourismus
Die beiden Hauptinseln sind ringförmig durch einfache Straßen erschlossen (insgesamt 2100 km Straße, davon 1180 km Plantagenstraßen). Zwischen den beiden Inseln sowie von Upolu nach Amerikanisch-Samoa verkehren

Fähren. Auf Upolu gibt es westlich der Hauptstadt Apia einen internationalen Flughafen. Der Tourismus soll zur Verbesserung der Zahlungsbilanz noch weiter gefördert werden.

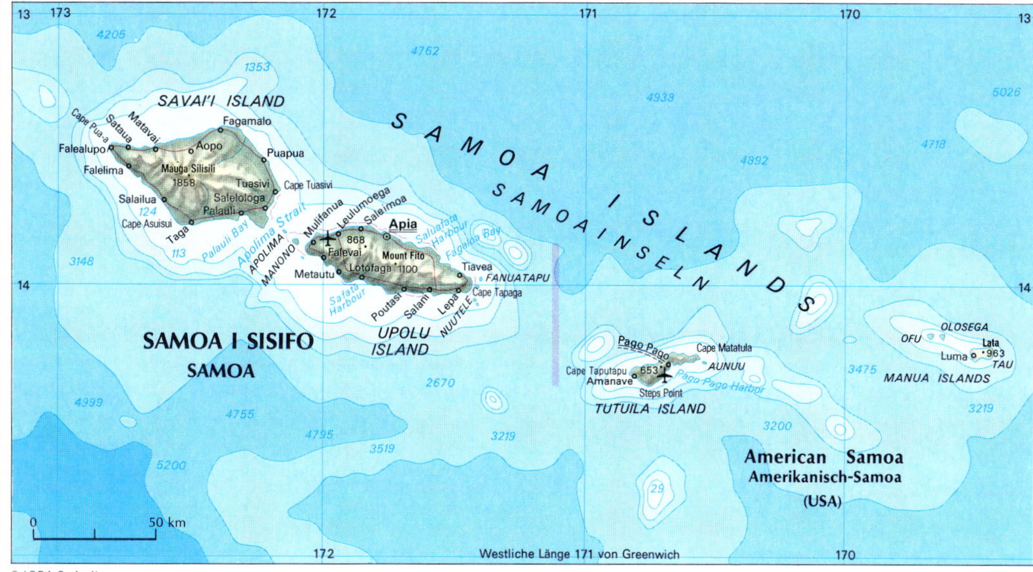

Geschichte

Funde von Lapita-Steingut weisen auf eine Besiedelung der Inseln mehrere Jahrhunderte v. Chr. durch Polynesier hin. 1722 sichtete der Holländer Jacob Roggeveen die Inselgruppe, 1768 besuchte sie der Franzose Louis Antoine de Bougainville, 1787 sein Landsmann Jean François de La Pérouse. 1830 landeten die ersten Missionare von der London Missionary Society auf Savai'i und bekehrten innerhalb von nur zehn Jahren alle Samoaner.

Die Missionstätigkeit führte auch zu einem regen Handel (Baumwolle, Kopra) mit weißen Kaufleuten. Nach 1850 legten deutsche Händler in Samoa Kokosplantagen an und holten Chinesen und Melanesier als Arbeitskräfte ins Land.

Zwischen 1847 und 1861 eröffneten Deutsche, Briten und Amerikaner Konsulate, aber schon bald kollidierten die wirtschaftlichen und politischen Interessen der drei Nationen. Auch die einheimischen Häuptlinge wurden in die Auseinandersetzungen hineingezogen und gegeneinander ausgespielt. 1889 garantierten die drei Mächte die sog. Unabhängigkeit des von ihnen gemeinsam verwalteten neuen »Königreichs Samoa«. Am 2. 12. 1899 schließlich verzichtete Großbritannien auf seine Rechte in Samoa, das zwischen Deutschland (Westsamoa) und den USA (Ostsamoa) aufgeteilt wurde. 1914 besetzten neuseeländische Einheiten Westsamoa. 1920 kam es als Mandatsgebiet des Völkerbundes, 1946 als UN-Treuhandgebiet unter neuseeländische Verwaltung.

Der Weg in die Unabhängigkeit vollzog sich schrittweise: 1949 wurde aus den Reihen der Häuptlinge eine Gesetzgebende Versammlung gewählt, 1960 eine Verfassung angenommen, der das Volk in einer allgemeinen Wahl am 9. 5. 1961 zustimmte. Am 1. 1. 1962 erhielt Westsamoa schließlich als erster polynesischer Staat die völlige Unabhängigkeit. Seitdem steht Malietoa Tanumafili II. auf Lebenszeit als Staatsoberhaupt an der Spitze.

1976 trat Westsamoa den UN bei und schloß mit der Volksrepublik China einen Vertrag über wirtschaftlichen und technischen Beistand. Regierungschef ist seit 1986 Va'ai Kolone.

Kultur

Trotz des einschneidenden Einflusses der westlichen Zivilisation auf die Inselkultur haben die Samoaner viele Sitten und Bräuche besser bewahren können als die übrigen Bewohner Polynesiens. Kern des sozialen Gefüges ist noch heute die »Aiga«, die Großfamilie. Ihr steht ein vom Familienclan gewählter Häuptling vor, der »Matai«, der die Verantwortung hat für das Wohlergehen und den Wohlstand der Aiga-Mitglieder. Zudem vertritt er sie im Bezirks- oder Dorfrat. Einige solcher Großfamilien bilden eine Dorfgemeinschaft (Nu'u), der ein Sprecher (Tulafale) und ein oberster Häuptling (Ali'i) vorstehen.

Noch heute ist die Gesellschaft Westsamoas streng hierarchisch gegliedert. Bei allen Festlichkeiten beanspruchen die Häuptlinge ein besonderes Zeremoniell, um sich von den übrigen Stammesangehörigen abzusetzen. Beide Schichten leben allerdings bis heute in den gleichen Wohnhäusern. Jede Familie hat ihr eigenes Haus (Fale): ein auf hohen massiven Holzpfosten ruhender, mit Palmblättern gedeckter Bau ohne Wände.

Eine sehr wichtige Ausdrucksform samoanischer Kultur ist das Tätowieren (Tea-Zeremonie). Die Kawa-Zeremonie, bei der nach einem Ritual der aus der Wurzel des Kawapfeffers gewonnene Kawa-Trunk bereitet wird, findet nur bei wichtigen Häuptlingstreffen statt. Gesang und Tanz spielen eine zentrale Rolle im Leben der Samoaner. Der Nationaltanz »Siva« ist ein Sitztanz zu melodischen und rhythmischen Gesängen. Nicht ungefährliche Messer- oder Feuertänze führen die Tänzer allein oder in kleinen Gruppen auf.

Eine Spezialität der Samoanerinnen sind die aus den Blättern der Pandanuspalme geflochtenen Matten (Tapas), die früher zur Bekleidung der Insulaner gehörten. Besonders reich gemusterte und farbenfrohe Matten werden häufig an die Nachkommen weitervererbt.

Größte Touristenattraktion der Inseln sind wohl das Haus und das Grab des berühmten Autors der »Schatzinsel«, Robert Louis Stevenson (1850–1894), der hier die letzten vier Jahre seines Lebens verbrachte.

Kokosnüsse aufgeschlagen und zum Trocknen ausgelegt: Kopra ist ein wichtiger Exportartikel.

Reise-Informationen

Einreise- und Fahrzeugpapiere

Bürger der Bundesrepublik Deutschland, der Schweiz und Österreichs benötigen für einen Aufenthalt bis zu 30 Tagen einen gültigen Reisepaß bzw. Kinderausweis. Als Fahrerlaubnis ist der nationale und internationale Führerschein in Verbindung mit einer örtlichen Bestätigung vorzuweisen.

Zoll

Bei der Einreise sind zollfrei: 200 Zigaretten und eine Flasche Spirituosen.

Devisen

Die Ein- und Ausfuhr von Tala (WS$) ist nicht gestattet. Fremdwährung kann bei Deklaration unbegrenzt ein- und bis zur gleichen Höhe wieder ausgeführt werden.

Paradies für Touristen: kleine, verträumte Buchten mit weißem Sandstrand und Palmenhainen.

Verkehrsverhältnisse

Flug- und Schiffsverbindungen bestehen zu den Nachbarinseln. Taxis und Mietwagen sind erhältlich. Bei Bedarf werden auf den beiden Hauptinseln Busrundfahrten veranstaltet.

Unterkünfte

Empfehlenswerte Hotels, die internationalen Ansprüchen gerecht werden, sowie preiswertere Guest Houses gibt es auf Upolu und Savai'i.

Reisezeit

Die besten Reisemonate sind Mai bis Oktober.

Tonga

Dieter Rumpf

Auf dem Flughafen von Tongatapu, der »heiligen Insel«, intoniert die Blaskapelle einen schwungvollen Marsch. Dann wuchtet König Taufa'ahau Tupou IV. seinen schweren Leib die Gangway des Jets herunter und läßt sich geduldig die Blumengirlanden um den Hals hängen, mit denen ihm sein Volk ein herzliches Willkommen bereitet. Im Autokonvoi geht es die rund 20 Kilometer hinüber zum Holzpalast am Rande der Hauptstadt Nuku'alofa, in welchem der gewichtige Monarch residiert.

Tonga, das letzte Königreich im Pazifik; einer Operette würdig, wenn nicht die strategische Bedeutung wäre. Großmächte werben denn auch um die Gunst des Herrschers, damit er ihnen Inseln und Häfen seines Reiches öffne. Arme Inseln, auf denen wenig wächst und es wenig gibt; die viele verlassen, um anderswo – in Neuseeland zum Beispiel – ihr wirtschaftliches Glück zu suchen. Dafür kommen Fremde nach Tonga, weil sie glauben, hier freier atmen zu können. Die meisten bleiben nicht lange.

Staatsname:	Königreich Tonga
Amtssprachen:	Tongaisch, Englisch
Einwohner:	104000
Fläche:	699 km² (Landfläche; 600000 km² inkl. Meeresfläche)
Hauptstadt:	Nuku'alofa
Staatsform:	Konstitutionelle Monarchie im Commonwealth
Zeitzone:	MEZ +12 Std.
Geogr. Lage:	Südlicher Pazifik, nordöstlich von Neuseeland

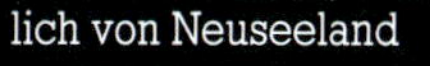

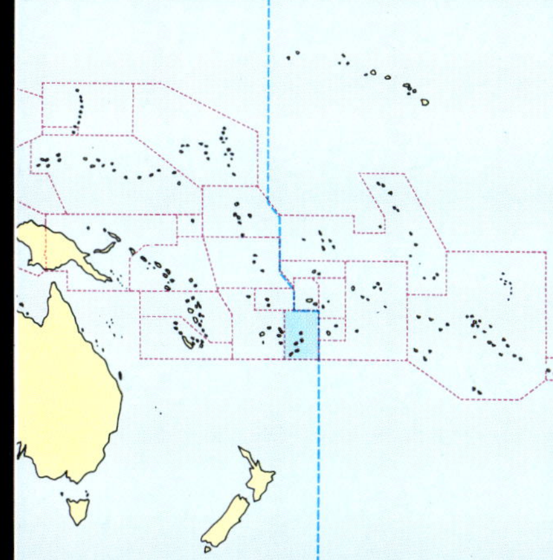

Die zahllosen Korallenriffe Tongas eignen sich vorzüglich zum Schnorcheln und Tauchen. Besonders am Hakauma-mo-Riff nördlich von Tongatapu und am Riff der unweit gelegenen Insel Malinoa tummeln sich Tausende exotischer Südseefische.

Das letzte Königreich Polynesiens

Der Sonntag ist ihnen heilig. Es fahren keine Busse und keine Taxis, die Straßen sind leer. Es landen keine Flugzeuge, der Schiffsverkehr ist eingestellt. Alle Restaurants und Läden sind geschlossen. Selbst im »Dateline Hotel«, der besten Herberge in der Hauptstadt Nuku'alofa, werden die Gäste nur mit dem Nötigsten versorgt. Sport und Tanz sind tabu. Auch das Radio sendet nicht, und sogar das Blumenpflücken hat zu unterbleiben. Nur in den Kirchen darf gesungen werden; das allerdings gleich bei drei Messen in jedem Gotteshaus.

◁ *In Tonga wird das Christentum sehr ernstgenommen. Der Sonntag ist heilig, und außer dem Kirchgang ist der Bevölkerung an Aktivitäten eigentlich nichts erlaubt.*

△ *Schlicht bis dürftig geht es zu auf dem Markt von Nuku'alofa – es wächst nicht viel auf diesen Inseln, und die Lebensfreude ist hier auch nicht gerade zu Hause.*

Tonga, das einzige noch bestehende Königreich in Polynesien, hat seinen etwa 100 000 Einwohnern am heiligen Sonntag fast alles verboten und nichts mehr zu bieten. Auf Betreiben der Methodisten, der mächtigsten christlichen Glaubensgemeinschaft im winzigen, nur rund 700 Quadratkilometer großen Reich der 170 Inseln von König Taufa'ahau Tupou IV. Fast alle Tongaer auf den 37 bewohnten Eilanden bekennen sich zu einer der vielen christlichen Glaubensrichtungen, die im Kampf um die einst heidnischen Seelen erfolgreich waren. Die meisten der jährlich 50 000 Touristen aber verlassen die Inseln, wenn der Sonntag naht. In Richtung Fidschi, Samoa oder Neuseeland.

Das aber heißt nicht, daß an den anderen sechs Wochentagen viel los wäre. Auch Nuku'alofa, der »Platz der Liebe« mit seinen über 20 000 Einwohnern, macht keine Ausnahme. Denn auf Tongatapu, der Hauptinsel, auf den Eilanden der Vava'u- und auf denen der Ha'apai-Gruppe ist die Zeit erstarrt in einer Art polynesischem Biedermeier. »Wir sind konservativ, und wir sind die letzten reinrassigen Polynesier«, so tröstet man sich darüber hinweg, daß nie viel passiert auf den »Friendly Islands«. Wo man lieber im Schatten eines Brotfruchtbaumes sitzt, als unter der heißen Sonne im Schweiß seines Antlitzes irgendeinem Broterwerb nachzugehen: »Nur Narren schwitzen bei der Arbeit!«

Ein Freund der Deutschen

Just dies hatten offenbar jene Deutschen vor, die 1979 nach Tonga gekommen waren, um auf den Freundschaftsinseln Landwirtschaft und Handel zu betreiben. Sie waren einem Aufruf König Tupous gefolgt, den dieser angeblich bei einer seiner Stippvisiten in Bonn verbreitet hatte. Mit Deutschland fühlt sich der Herrscher eingedenk des Bismarckschen Freundschaftsvertrages aus dem Jahr 1876, der 1977 mit der Bundesrepublik Deutschland erneuert wurde, innig verbunden. Wirtschaftlich zumindest. Die Bundesrepublik läßt sich die Zuneigung des beleibten Monarchen denn auch etwas kosten. 1982 lieferte man die auf der Bremer Roland-Werft gebaute »Olovaha« aus, die heute zusammen mit einigen kleinen Schiffen den Verkehr zwischen den Inseln Tongas aufrechterhält. Auch für das Maritime Technical Institute in Tonga griff Bonn tief in die Tasche und gewährte einen Zuschuß von 7,5 Millionen Mark.

Die meisten Deutschen haben den Inseln des unberechenbaren Monarchen mittlerweile wieder den Rücken gekehrt. Das taten auch jene Tongaer, die zu Hause weder Arbeit noch Land bekamen. Seit etwa 140 Jahren, seit dem ersten Tupou, gehört alles Land dem König. Und der jetzige Regent, der Nietzsche und Bismarck verehrt, hält es wie seine Vorgänger: Er gibt der Insel-Aristokratie Ländereien zu Lehen, und die wiederum verteilt es an männliche Untertanen. Aber nur jeder dritte Tongaer kann heute auf eine Zuteilung hoffen. Es ist einfach nicht genug Boden da für alle.

Denen, die bleiben, verordnet Tupou IV., der im hölzernen Königspalast am Rande der Hauptstadt hofhält, nicht nur Sonntagsruhe – dann und wann gibt er ihnen auch Grund zum Feiern. Vor allem, wenn er jemanden aus seinem Clan mit einem Sproß der Aristokratie verheiratet. Dann ertönt die Nationalhymne, die ein Deutscher um die Jahrhundertwende komponierte, und Tupou IV. schreitet an der Spitze einer Prozession von Geladenen zur Zionskirche von Nuku'alofa, einem Hallenbau, in dem die rund 3000 tongaischen Aristokraten Platz haben.

Es ist eine merkwürdige Prozession: vorneweg die Würdenträger des Pazifik-Reiches, eingehüllt in Tapa-Stoffe und in altersteife, aus den Blättern des Schraubenbaumes geflochtene Pandanusmatten, die einst als Rangabzeichen des Adels galten. Hinter ihnen die Delegierten aus den Dörfern. Sie kommen nicht mit leeren Händen. Schweine und Hühner werden als Geschenk für die Hochzeitsparty mitgeschleppt. Typisch polynesisch – und tongaisch – das Ende der Parade: Männer zerren Pfeffersträucher samt Wurzeln über den ebenfalls mit Tapa ausgelegten Prozessionsweg zum Festplatz. Dort preßt man Kawa aus den Wurzeln, ein Ritualgetränk, dessen Genuß das große Gelage nach der Hochzeit einleitet.

Tapa und Kawa gehören zu Tonga. Der Rindenbaststoff mit braunem, geometrischem Dekor, der heute vielfach an Touristen verkauft wird, und das erdig schmeckende Kawa waren schon wesentliche Bestandteile der tongaischen Kultur, als die Krieger von Tongatapu mit ihren großen Doppelbooten über den Pazifik segelten und sogar die Fidschi-Inseln unterwarfen. Tonga war immer noch eine militärische Größe im Pazifik, als die holländischen Schiffe unter den Kapitänen Schouten und Le Maire 1616 vor den Küsten auftauchten und die Inseln für Europa entdeckten. Gut 150 Jahre danach, 1773, kam erstmals James Cook, dem man noch die traditionellen Ringkämpfe vorführte, wohl um ihn zu beeindrucken. Heute hingegen vollführt der angeblich über 200 Kilogramm schwere König einen – allerdings gekonnten – Balanceakt zwischen den Weltmächten, um finanzielle Zuwendungen von möglichst jeder Seite sicherzustellen. Denn: Ein kühles australisches Foster-Bier im Schatten einer Palme schmeckt nun mal besser als schweißtreibende Arbeit.

Landesnatur

Fläche: 699 km^2 (Landfläche; 600 000 km^2 inkl. Meeresfläche)
Ausdehnung: West–Ost 600 km, Nord–Süd 900 km
Höchster Berg: Kao 1031 m

Die Inseln Tongas sind Teil eines Inselbogens im Pazifik, der sich von den Marshallinseln bis nach Neuseeland erstreckt. Sie lassen sich im wesentlichen in drei Hauptgruppen einteilen: Ha'apai (132 km^2), Vava'u (191 km^2) und Tongatapu (346 km^2).
Die Inselgruppen sind die aus dem Meer ragenden Spitzen zweier Bergrücken, die sich in Nord-Süd-Richtung parallel zum über 10 000 m tiefen Tongagraben erstrecken. Die westliche Inselreihe besteht aus hohen, teilweise noch aktiven Vulkanen, die östliche vor allem aus flachen Koralleninseln. Die größte Insel ist Tongatapu, ein gehobenes Atoll mit 257 km^2.
Tonga hat tropisch-feuchtes Klima bei einem Jahresmittel zwischen 21 °C im Süden und 25 °C im Norden und jährlichen Niederschlagsmengen von 1500 bis 2500 mm. Von Dezember bis April ist Regenzeit, in der auch Wirbelstürme drohen.
Auf den Vulkaninseln wachsen teilweise Regenwälder, auf den flacheren Inseln Kokos- und Pandanuspalmen. Als heilige Tiere gelten die Flugfüchse, eine Fledermausart.

Politisches System

Staatsname: Kingdom of Tonga
Staats- und Regierungsform: Konstitutionelle Monarchie im Commonwealth of Nations
Hauptstadt: Nuku'alofa
Mitgliedschaft: SPF, AKP

Das Regierungssystem beruht auf der mehrfach geänderten Verfassung von 1875. Staatsoberhaupt und Inhaber der Exekutivgewalt ist der König, dem ein von ihm ernannter Kronrat zur Seite steht. Legislative ist das Einkammerparlament mit 23 Mitgliedern. Die drei Inseldistrikte sind in Stadt- und Dorfverwaltungen unterteilt. Das Gerichtswesen ist nach britischem Recht gestaltet.

Bevölkerung

Einwohnerzahl: 104 000
Bevölkerungsdichte: 149 Einw./km^2
Bevölkerungszunahme: 2 % im Jahr
Größte Stadt: Nuku'alofa (21 000 Einw.)
Bevölkerungsgruppen: 99 % Polynesier

Ein staatliches Sozialsystem ist nur in Ansätzen vorhanden, jeder männliche Tongaer über 16 Jahre hat Pachtanspruch auf ein Stück Land. Es herrscht hohe Arbeitslosigkeit, zahlreiche Tongaer arbeiten im Ausland. Amtssprachen sind Tongaisch und Englisch. Drei Viertel der Bevölkerung sind Methodisten, etwa 15 % Katholiken. Schulpflicht besteht vom 6. bis 14. Lebensjahr. Tonga hat keine Universität, gewährt aber Stipendien für ein Auslandsstudium.

Wirtschaft

Währung: 1 Pa'anga (T$) = 100 Seniti (s)
Bruttoinlandsprodukt (in Anteilen): Land- und Forstwirtschaft 47 %, industrielle Produktion 11 %, Dienstleistungen 42 %
Wichtigste Handelspartner: Neuseeland, Australien, Japan, Fidschi, EG-Staaten

Wichtigster Wirtschaftszweig ist die Landwirtschaft. Angebaut werden vor allem Kokosnüsse, Vanille und Obst; sie sind auch die wichtigsten Exportgüter. Importiert werden Nahrungsmittel, Brennstoffe, Maschinen und chemische Erzeugnisse. Durch Förderung der Industrie bemüht sich die Regierung, der einseitig landwirtschaftlichen Ausrichtung entgegenzuwirken.
Flugzeug und Schiff sind die wichtigsten Verkehrsmittel. Haupthafen ist Nuku'alofa; internationaler Flughafen: Fua'amotu. Steigende Besucherzahlen lassen den Tourismus zu einer wichtigen Devisenquelle werden.

Geschichte und Kultur

Die Besiedelung der Tongainseln durch Austronesier begann vor etwa 3000 Jahren. Die ersten Könige regierten gegen Ende des 10. Jh. 1616 wurden die nördlichsten Inseln von den Holländern Schouten und Le Maire entdeckt. Ende des 18. Jh. ließen sich

Eine Statue von Tupou IV., regierender König in Tonga, begrüßt die Gäste auf dem Flughafen Fua'amotu.

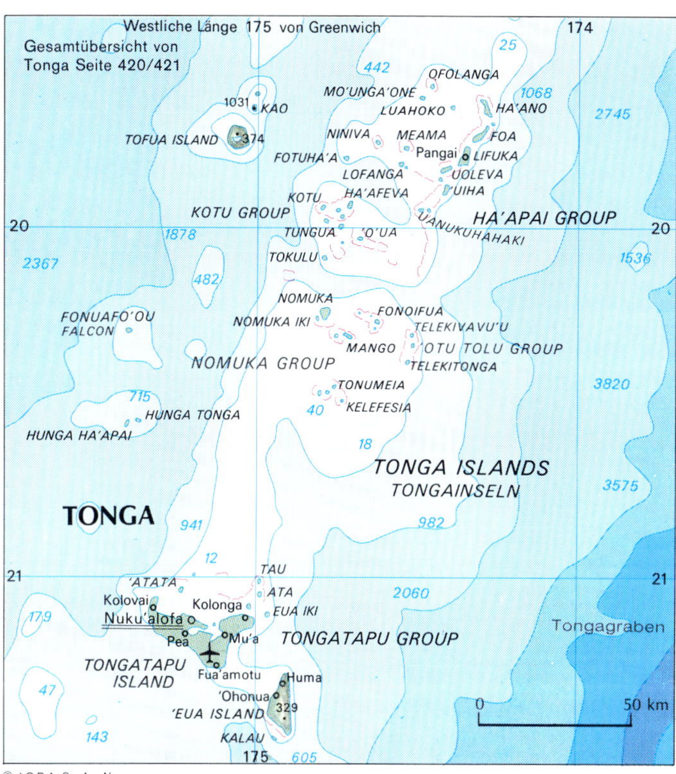

© I.G.D.A. S.p.A. - Novara

die ersten Europäer auf Tonga nieder, denen ab 1826 Methodistenmissionare folgten. Sie bekehrten Häuptling Taufa'ahau zum Christentum.
Aus verschiedenen Bürgerkriegen in der ersten Hälfte des 19. Jh. ging Taufa'ahau als Sieger hervor. Als König George Tupou I. (1845–1893) schuf er die Grundlagen für das moderne Königreich Tonga. 1875 wurde Tonga formell eine konstitutionelle Monarchie nach britischem Vorbild, in der Praxis regierte jedoch der stark von einem britischen Missionar beeinflußte König als Alleinherrscher.
In Freundschaftsverträgen erkannten in den Folgejahren Deutschland, Großbritannien und die USA die Unabhängigkeit des Inselreiches an. Nach innenpolitischen Auseinandersetzungen unterzeichnete Tonga 1900 einen Schutzvertrag mit Großbritannien, der die Briten berechtigte, die Außenpolitik der Inseln zu betreiben und ihre Finanzen zu kontrollieren. Im Rahmen dieses (1958 erneuerten) Protektorats konnten die Tongainseln unter König Tupou II. (1893–1918) und Königin Salote Tupou III. (1918–1965) eine relativ ungestörte Entwicklung nehmen. Seit 1965 regiert König Tupou IV.
Am 4. Juni 1970 (Nationalfeiertag) erhielten die Inseln ihre völlige Unabhängigkeit und traten dem Commonwealth bei.
Die Entwicklung Tongas von einer traditionalistischen Gesellschaft, die noch vor 150 Jahren von ihren Häuptlingen regiert wurde, zu einem vergleichsweise modernen Staatswesen ist stark von der christlichen Missionsarbeit geprägt. Bis heute wetteifern viele Sekten (u. a. Mormonen, Zeugen Jehovas, Mun und Baha'i) um die Seelen der Tongaer. Trotz des Anschlusses an die westliche Welt hat das Königreich gewisse Traditionen wahren können. Im Mittelpunkt kleiner wie großer Feste steht immer noch der zeremonielle Kawa-Trunk, der zur Untermauerung von Freundschaften sowie zur Festigung von Dorfgemeinschaften dient. Bei den traditionellen Tänzen werden Geschichten von Sängern vorgetragen und von Tänzern dargestellt.
Die handwerklichen Fähigkeiten der Tongaer bezeugen Schmuckstücke aus Schneckengehäusen, Vogelknochen und Schildpatt sowie Schmucktaschen aus Kokosfasergeflecht und Wandteppiche aus Rindenbaststoff.

Reise-Informationen

Bürger der Bundesrepublik Deutschland, der Schweiz und Österreichs benötigen für einen Aufenthalt bis zu 30 Tagen einen gültigen Reisepaß bzw. Kinderausweis.
Der Tonga-Führerschein wird gegen Vorlage des internationalen ausgestellt.
Bei der Einreise sind zollfrei: 200 Zigaretten und 1 Liter Alkohol.
Landeswährung darf bei der Einreise unbegrenzt, bei der Ausreise bis zu 250 Pa'anga (T$) mitgeführt werden, Fremdwährung darf in beliebiger Höhe ein- und ausgeführt werden.
Typhusprophylaxe wird empfohlen.
Zwischen den Hauptinseln verkehren zahlreiche Flugzeuge und Fähren. Leihwagen und Taxis gibt es auf Tongatapu.
Hotels und Guest Houses sind nicht sehr zahlreich, aber preiswerter als auf anderen Südseeinseln.
Die angenehmsten Reisemonate sind Juni bis September.

Tuvalu

Friedrich Steinbauer

Wer auf der schmalen Landebahn von Fongafale auf dem Funafuti-Atoll ankommt, muß den Eindruck gewinnen: Hier ungefähr liegt das Ende der Welt. Die ungeteerte Rollbahn hier und da grasüberwachsen, wirk völlig verlassen. So etwas wie eine Zoll- oder Abfertigungshalle gibt es nicht. Für die höchstens 100 Fremden die im Laufe eines Jahres auftauchen reicht es, wenn ein paar Beamte aus dem Ort herüberkommen und nach dem Rechten sehen. Das einzige Hotel »Vaiaku Lagi«, mit seinen zehn Zimmern dient eher den gesellschaftlichen Bedürfnissen der lokalen »oberen Fünfzig« als dem Welttourismus.

Was soll man auch in diesem Land aus neun Inselchen mit zusammen gerade 25 Quadratkilometern Fläche, eingestreut in den südlichen Pazifik? Auch die Tatsache, daß zusammen mit der Meeresfläche 1,3 Millionen Quadratkilometer zum Inselbereich gehören und daß das Staatsoberhaupt Elisabeth II ist, macht Tuvalu nicht attraktiver. Der Tourist scheut die lange und teure Anreise, und der Geschäftsmann weiß, daß hier nicht viel zu holen ist.

Staatsname:	Tuvalu
Amtssprache:	Englisch
Einwohner:	8300
Fläche:	25 km² (Landfläche; 1,3 Mio. km² inkl. Meeresfläche)
Hauptstadt:	Fongafale (auf Funafuti)
Staatsform:	Konstitutionelle Monarchie im Commonwealth
Zeitzone:	MEZ +11 Std.
Geogr. Lage:	Zentraler Pazifik, südlich des Äquators, zwischen Australien und Hawaii

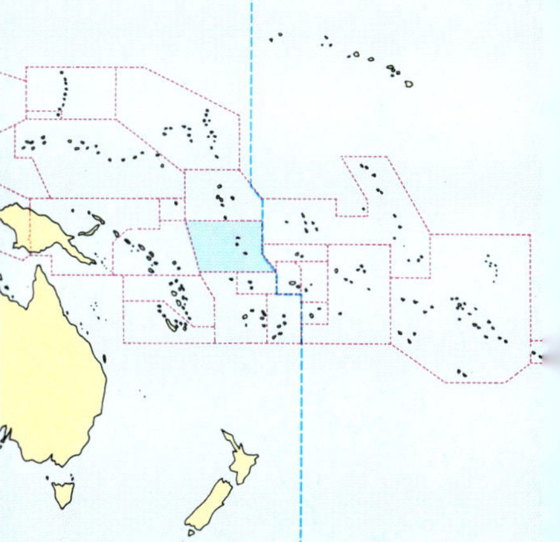

Mit ihrem Boot fahren die Fischer vom Nanumea-Atoll auf das Meer hinaus. Am Bugmast haben sie eine Lampe angebracht, mit deren Hilfe sie nachts Fische an die Wasseroberfläche locken.

Neun Inseln unter falschem Namen

Schon der Name des kleinen Staates ist nicht mehr aktuell – das polynesische Tuvalu heißt auf deutsch »Achter-Gruppe«, tatsächlich gehören aber heute neun Inseln zum Staatsverband. So müßte das Ländchen eigentlich Tuhiva heißen, da »hiva« neun bedeutet.

Aber man bleibt natürlich bei dem einmal gewählten Staatsnamen. Britisch kühle Erziehung, christlich-religiöse Grundhaltung und pazifische Gelassenheit haben die Menschen von Tuvalu geprägt – auch wenn sie, wie heute wohl jedes Volk in der Welt, mehr als einen verstohlenen Blick auf die Errungenschaften moderner Technik werfen: Wer will schon – begafft von der übrigen Welt – ein Leben im »Freilandzoo« führen? Doch die genannten Tugenden sind gefordert – die wirtschaftlichen Verhältnisse, sie sind nicht so.

◁ Ein abgeschossener US-Bomber aus dem Zweiten Weltkrieg: Japaner und Amerikaner kämpften auch hier um die Vormacht im Pazifik.

△ Die Seefahrtschule auf dem Funafuti-Atoll genießt international einen guten Ruf. Die geschickten Seeleute Tuvalus fahren auf allen Weltmeeren.

Für nur etwa eine Million Australische Dollar – das sind etwa 1,4 Millionen Mark – exportiert Tuvalu jährlich Waren, und der Umsatz wird eher geringer als größer. Bis 1984 gab es immerhin ein Produkt, das sich in der Welt großer Beliebtheit erfreute: kleine, bunte, gezackte Papierchen, die hübschen Briefmarken von Tuvalu. In manchen Jahren erbrachte ihr Verkauf drei Viertel der gesamten Exporterlöse. Mit 80 Angestellten war die Postverwaltung der größte Arbeitgeber nach der Regierung. Doch die Sammler haben das Interesse an den philatelistischen Schmuckstücken Tuvalus weitgehend verloren – dieser Devisenbringer büßt seine Bedeutung immer mehr ein.

Die wenigen Tonnen Kokosprodukte, die die Bauern dem kargen Boden abringen, können da kein Ersatz sein. Eine Fischereiflotte, die den Reichtum des Meeres nutzen könnte, fehlt. Bodenschätze gibt es ebensowenig wie Sehenswürdigkeiten, die Touristen anlocken könnten. Trotzdem brauchte keiner der mehr als 8000 Menschen auf Tuvalu zu hungern, wenn man sich – wie zu Vorväters Zeiten – auf Feldfrüchte, Kokosnüsse und Küstenfische beschränken würde. Aber das geht eben nicht mehr. Man braucht heute Telefon, Radio, Fensterglas und viele andere Dinge, die Geld kosten – und das will erst einmal verdient sein.

Viele leben in der Fremde

Fast 2000 Tuvaluer leben und arbeiten im Ausland: als Seeleute auf allen Weltmeeren, als Gastarbeiter beim Phosphatabbau auf Nauru, manche irgendwo in Australien oder Neuseeland – die meisten überweisen einen Teil ihres Lohnes in ihr Heimatland. Und die EG steuert noch ein paar Millionen Entwicklungshilfe-ECU zum Staatshaushalt bei – vor allem für den Küstenschutz und für den Ausbau der Energieversorgung.

Aus ihrer leidvollen Geschichte kennen die Insulaner das Schicksal, in der Fremde leben zu müssen. Ende des 18. Jahrhunderts entdeckt und Ellice-Inseln genannt, begannen 1850 schlimme Zeiten für die Inseln: Skrupellose Menschenhändler verkauften die friedlichen Tuvaluer als Sklaven nach Peru, auf die Fidschiinseln, nach Samoa und Hawaii. Sie verschwanden in den mörderischen Plantagen und Gruben. Dazu kam, daß die Weißen auch bis dahin unbekannte Krankheiten brachten; die Bevölkerungszahl ging rapide zurück.

1892 erklärten die Briten die Inselgruppe zusammen mit den Gilbertinseln – heute ein Teil von Kiribati – zum Protektorat, 1916 dann zur Kolonie. Im Zweiten Weltkrieg waren es wieder Fremde, die die Macht ausübten: Die USA bauten eine Landebahn auf Funafuti.

Vielleicht doch ein Paradies?

Die Epoche des Kolonialismus ging zu Ende, auch die Inseln strebten nach Unabhängigkeit. 1978 war es soweit: Die britischen Herren zogen sich zurück, das von Polynesiern bewohnte Tuvalu trennte sich auch von den ungeliebten mikronesischen Nachbarn im Norden – auf den Gilbertinseln –, die eine andere Sprache sprechen, deren Kultur andere Wurzeln hat.

Jetzt ist das Land frei, lenkt in den engen Grenzen seiner wirtschaftlichen (Ohn-)Macht seine Geschicke selber. Soldaten hat Tuvalu keine, die Straßen teilt sich ein gutes Dutzend Autos; als Dienstfahrzeuge stehen den Regierungsmitgliedern Fahrräder zur Verfügung – der Ministerpräsident und der Generalgouverneur gehören zu den wenigen Autobesitzern.

Man hat in Tuvalu kein großes Interesse daran, die Hektik der Welt da draußen ins Land zu holen. Und: Die Sonne scheint oft, fast das ganze Jahr über ist es um die 30 Grad warm. Vielleicht doch ein Paradies?

Tuvalu

Landesnatur

Fläche: 25 km² (Landfläche; 1,3 Mio. km² inkl. Meeresfläche)
Ausdehnung: West–Ost 1400 km, Nord–Süd 800 km (inkl. Meeresfläche)

Tuvalu liegt im zentralen, tropischen Pazifik, rund 3300 km nordöstlich von Australien, und umfaßt die neun Atolle Nanumea, Nanumanga, Niutao, Nui, Vaitupu, Nukufetau, Funafuti, Nukulaelae und Niulakita.
Die Atolle sind flache, höchstens 5 m hohe Korallenriffe ohne natürliche Gewässer. Zur Trinkwasserversorgung werden die Niederschläge (rd. 3000 mm im Jahr) aufgefangen. Die Regenzeit dauert von Oktober bis März. Die Durchschnittstemperaturen schwanken zwischen 25 °C und 30 °C.
Auf dem kargen Boden wachsen nur wenige Pflanzen, darunter Kokos- und Pandanuspalmen, Brotfruchtbäume und Kasuarinen.
Die Korallenriffe beherbergen viel tropisches Meeresgetier, z. B. fliegende Fische, Blaufische und getupfte Sonnenfische sowie Meeresschildkröten. An Land finden sich wenige Tierarten (Eidechsen, Ratten).

Als Delikatesse gilt diese Taro-Art auf dem Funafuti-Atoll.

Politisches System

Staatsname: Tuvalu
Staats- und Regierungsform: Konstitutionelle Monarchie im Commonwealth of Nations
Hauptstadt: Fongafale (auf Funafuti)
Mitgliedschaft: UN-Sonderorganisationen, SPF, AKP, ESCAP

Nach der Verfassung von 1978 ist der britische Monarch Staatsoberhaupt und Inhaber der Exekutive; er wird durch einen Generalgouverneur vertreten. Die Legislative bildet ein zwölfköpfiges Einkammerparlament.

Bevölkerung

Einwohnerzahl: 8300
Bevölkerungsdichte: 332 Einw./km²
Bevölkerungszunahme: 1,2 % im Jahr
Bevölkerungsgruppen: 95 % Polynesier, 3 % Europäer

Alle Atolle außer Nukulaelae sind ständig bewohnt. Amtssprache ist Englisch, daneben wird Tuvalu (ein polynesischer Dialekt) gesprochen. 97 % der Bevölkerung sind evangelisch. Jede der Inseln besitzt eine Sanitätsstation und eine Volksschule.

Wirtschaft

Währung: 1 Australischer Dollar ($A) = 100 Cents (c)
Bruttoinlandsprodukt (in Anteilen): Land- und Forstwirtschaft 16 %, industrielle Produktion 14 %, Dienstleistungen 70 %
Wichtigste Handelspartner: Fidschi, Australien, Neuseeland

Die kleine Inselgruppe ohne Bodenschätze oder fossile Energiequellen ist auf Auslandshilfe angewiesen. Die meisten Tuvaluer arbeiten in der Landwirtschaft – oder im Ausland. Bedeutung für die Wirtschaft hat nur die Erzeugung von Kopra. Industrie gibt es nicht. Eingeführt werden v. a. Lebensmittel, Öl, Treibstoffe und Fertigwaren, exportiert wird Kopra.
Der Flughafen auf Funafuti hat über die Fidschiinseln Anschluß an das internationale Flugnetz.

Geschichte und Kultur

Polynesische Einwanderer aus Samoa oder Tonga besiedelten zwischen 300 und 500 n. Chr. als erste die Inselgruppe. Der spanische Seefahrer Álvaro de Mendaña de Neira sichtete 1568 die Insel Nui und 1595 Niulakita. Die übrigen Inseln wurden Ende des 18. Jh. und im 19. Jh. meist von Walfängern entdeckt.
Zwischen 1820 und 1870 ließen sich australische, deutsche und amerikanische Händler auf den Inseln nieder, die mit dem Handel von Kopra oder Kokosnußöl begannen.
Sklavenhandel und eingeschleppte Krankheiten dezimierten die Bevölkerung erheblich; 1875 lebten 3000

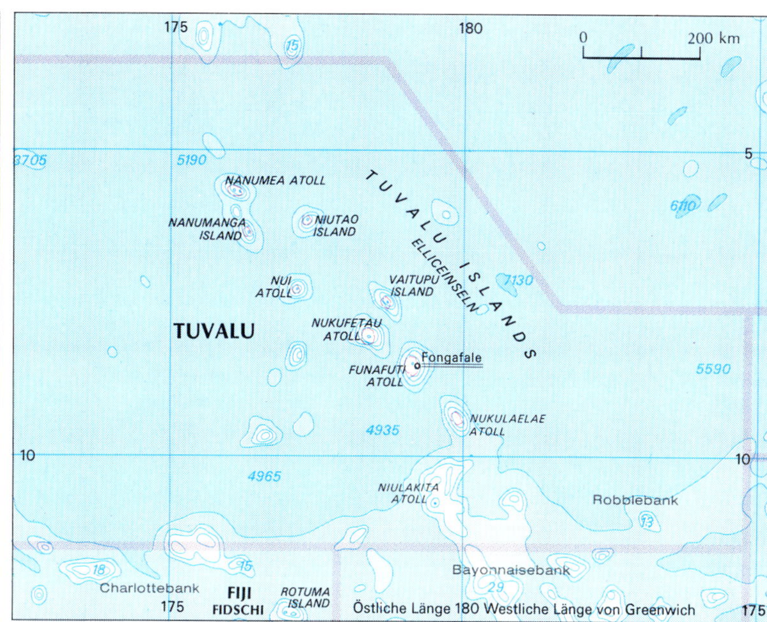

Menschen auf den Inseln, deren Christianisierung durch britische Missionare zehn Jahre zuvor begonnen hatte. 1892 wurden die Ellice-Inseln gemeinsam mit den benachbarten Gilbertinseln britisches Protektorat, 1916 britische Kolonie.
Im Zweiten Weltkrieg verhinderte die Errichtung amerikanischer Militärstützpunkte auf Funafuti, Nukufetau und Nanumea eine Invasion der Japaner. Um Arbeit zu finden, wanderten nach dem Krieg viele Tuvaluer auf die Gilbertinsel Tarawa aus, den Verwaltungssitz der Kolonie, was zu Rivalitäten zwischen beiden Inselgruppen führte.
Bei einer Volksabstimmung (1974) auf den Ellice-Inseln sprachen sich über 90 % der Wähler für einen separaten Status ihrer Inselgruppe aus. Am 1. 10. 1975 (faktisch am 1. 1. 1976) wurde die Trennung vollzogen. Die Ellice-Inseln wurden unter dem neuen Namen Tuvalu am 1. 10. 1978 (Nationalfeiertag) unabhängig. 1983 gaben die USA ihren seit 1856 erhobenen Anspruch auf die vier südlichsten Atolle auf.
Die große Armut auf den Inseln hat die Alltagskultur der Westpolynesier entscheidend geprägt. Weil es kein Metall oder geeignetes Gestein zur Herstellung von Werkzeugen gab, behalf man sich früher mit Klingen aus Muschelschalen und Schildkrötenknochen.
Gesang spielte eine bedeutende Rolle im Alltag der frühen Polynesier, denn im Gesang und Tanz setzten sie sich mit den Mächten auseinander, die ihr Leben bestimmten: den Göttern, Ahnen und Heroen, der Familie und Gemeinschaft sowie der Natur. Trotz der Christianisierung der Inseln und der Europäisierung der Lebensverhältnisse haben sich bis heute bei besonderen Gelegenheiten altpolynesische Tanzbräuche, Wettkämpfe und Spiele erhalten.
Als heimisches Kunstgewerbe werden heute Matten, Taschen, Fächer, Halsketten und Modellkanus hergestellt.

Reise-Informationen

Bürger der Bundesrepublik Deutschland und Österreichs benötigen für einen Aufenthalt einen gültigen Reisepaß mit Visum, Schweizer nur einen Reisepaß.
Bei der Einreise sind zollfrei: 200 Zigaretten oder 225 g Tabak und 2 Liter alkoholische Getränke.
Australische Dollar ($A) dürfen unbeschränkt ein- und bis zu 200 $A ausgeführt werden. Die Mitnahme von Fremdwährungen ist unbegrenzt erlaubt, die Mitnahme von Australischen und US-Dollar empfehlenswert.
Impfungen gegen Tetanus, Hepatitis und Polio sind anzuraten.
Tuvalu wird von den USA aus angeflogen; zwischen den neun Atollen verkehren regelmäßig Wasserflugzeuge und Schiffe. Auf Funafuti fahren Busse und Taxis. Fahrräder stehen zur Verfügung.
An der Funafuti-Lagune übernachtet man im Hotel Vaiaku Lagi. Hier werden auch Privatunterkünfte angeboten. Auf den anderen Inseln gibt es Rest Houses.
Die beste Reisezeit sind die trockeneren Monate von April bis September.

Sternkorallen: Kolonien aus zahllosen Einzelpolypen.

Vanuatu

Ulrich Stewer

Die Moderne geht merkwürdige Wege in Vanuatu. Die neuzeitliche Variante des Brautpreises brachte es mit sich, daß unverheiratete Mädchen »Toyotas« genannt werden. Für Absonderlichkeiten waren die ehemaligen Neuen Hebriden schon immer gut. Frankreich und England besiedelten die Inseln fast gleichzeitig. Das Ergebnis: drei Amtssprachen, eine dreifache öffentliche Verwaltung und ein dreistufiges Rechtswesen. Den Bewohnern waren beide Staatsbürgerschaften versperrt.

Am 30. Juli 1980 wurde Vanuatu – das Land, das sich aus dem Meer erhebt – unabhängig. Seither legt sich die Regierung des anglikanischen Pfarrers Walter Lini mit mächtigen Auslandsinteressen an: mit Frankreich wegen Neukaledonien, mit den USA wegen der Aufrüstung im Pazifik, mit Japan wegen der Versenkung von Atommüll und mit den Staaten der Region um den »Pazifischen Weg«, das Selbstverständnis der südpazifischen Inseln.

Staatsname:	Republik Vanuatu
Amtssprachen:	Bislama, Englisch, Französisch
Einwohner:	145 000
Fläche:	14 763 km²
Hauptstadt:	Port-Vila
Staatsform:	Parlamentarische Republik im Commonwealth
Zeitzone:	MEZ +10 Std.
Geogr. Lage:	Südwestlicher Pazifik, zwischen Australien und den Fidschiinseln

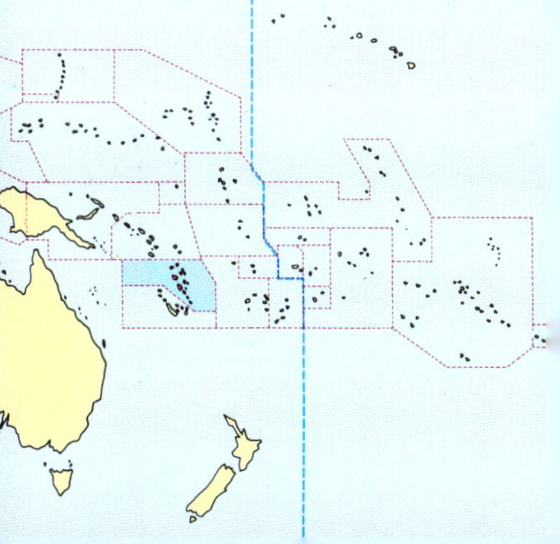

»Kunst am Bau« in der Hauptstadt Port-Vila: Das Fresko am Regierungsgebäude, von Studenten gemalt, stellt in Szenen aus dem Alltag die vielfältige Kultur des Landes dar. Stämme, Kulte und Mythen unterscheiden sich hier von Insel zu Insel.

Menschenraub und Cargo-Kult

Fast einen Tag und eine Nacht benötigt die »Konanda« für die Überfahrt von der Hauptstadt Port-Vila nach Tanna, mit einem kurzen Zwischenaufenthalt auf Erromango. Das größte der drei Schiffe, die die Inseln südlich der Ile Efaté bedienen, ist zwar ein Frachter, doch auf gute Verpflegung und warmes Wasser müssen Passagiere dennoch nicht verzichten.

Tanna: Auf der im äußersten Süden Vanuatus gelegenen Insel leben heute wieder rund 10000 Menschen, immer noch kaum mehr als die Hälfte der Einwohnerzahl, die das Eiland vor gut hundert Jahren hatte. Der Widerstand der Insulaner gegen europäische Holzfäller und Händler, die von den reichen Vorkommen an Sandelholz angelockt worden waren, hatte bereits Opfer gekostet; doch dann kamen die Menschenjäger und entvölkerten Tanna nahezu vollständig. Innerhalb weniger Jahre schrumpfte die Einwohnerschaft auf rund ein Drittel. Mit falschen Versprechungen oder schlicht mit Gewalt wurden die Bewohner nach Australien, Fidschi oder Neukaledonien verfrachtet, wo Arbeitskräfte auf den Plantagen benötigt wurden.

Der Menschenraub hatte Folgen. Wie auf anderen Inseln des melanesischen Raumes entwickelte sich gegen Ende des 19. Jahrhunderts auf der Insel Espiritu Santo, die ebenfalls unter dem »Blackbirding« gelitten hatte, später auch auf Tanna ein Kult, der die Wiederkehr der Entführten – ausgestattet mit reichen Gaben zur Entschädigung für die Leiden der Vergangenheit – erwartete. Voraussetzung war allerdings die Vernichtung der weißen Eindringlinge.

Dieser Cargo-Kult, der seine Wurzeln in den traditionellen Geheimbünden der Region hat, nahm im Lauf der Zeit immer stärker politische Züge an und verband sich mit Unabhängigkeitsbestrebungen.

Getäuschte Hoffnungen

Als amerikanische Soldaten im Zweiten Weltkrieg große Mengen an Kriegsmaterial auf die Insel brachten, glaubten sich die Anhänger des Kults der Erfüllung ihrer Vision nahe. Sie beeilten sich, eine Landepiste für die Militärflugzeuge mit den erhofften Heilsgütern zu bauen. Die Bewegung ging einher mit dem Boykott der europäischen Mission und Verwaltung und griff auch auf andere Inseln der Neuen Hebriden über. Doch die Erwartungen der Menschen wurden nicht erfüllt, und so hält sich der Cargo-Kult in Teilen Vanuatus bis auf den heutigen Tag.

1972 wurde mit Hilfe einsichtiger protestantischer Missionare die Nationalpartei ins Leben gerufen, die sich später in Vanuaaku Pati umbenannte. Ihr Führer, der anglikanische Geistliche Walter Hadye Lini, trat für die Unabhängigkeit des britisch-französischen Kondominiums ein. Dabei wußte er geschickt die unterschiedlichen Interessen der beiden Kolonialmächte auszunutzen. London war bestrebt, seine letzte Pazifikbesitzung möglichst schnell in die Unabhängigkeit zu entlassen, Paris dagegen fürchtete einen Präzedenzfall für seine Territorien Neukaledonien und Französisch-Polynesien.

▽ Waghalsige Mutprobe auf der Insel Pentecôte: Von einem über 20 Meter hohen Gerüst springen die »Landtaucher« kopfüber in die Tiefe. Lianen, die an den Fußgelenken und an der Plattform befestigt sind, verhindern gerade noch den Aufprall auf den Boden.

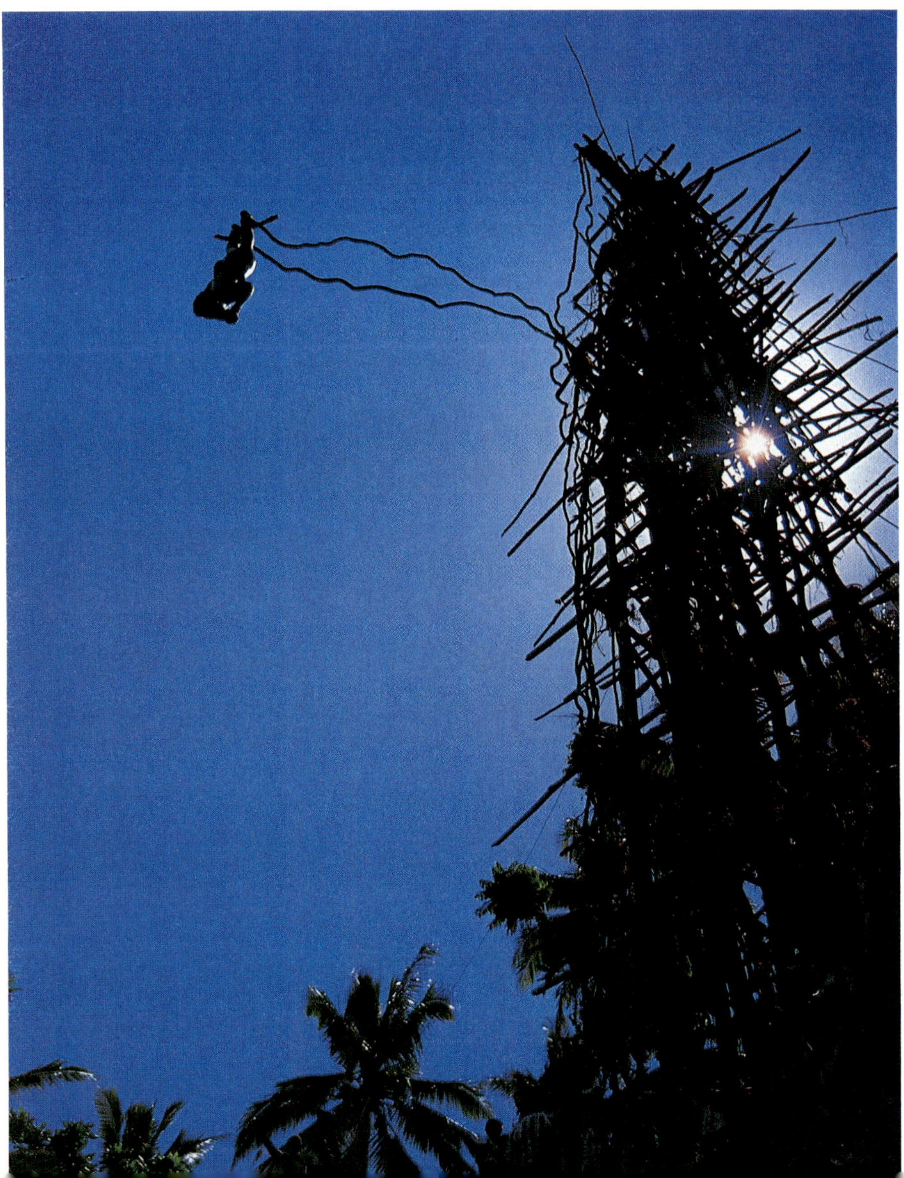

Staatliche Einheit und Eigenständigkeit

Den Unmut Frankreichs bekam Lini zu spüren, als im Jahre 1980 nach zähen Verhandlungen die Loslösung nahte. Eine unselige Allianz französischer Siedler auf Espiritu Santo mit der obskuren rechtsgerichteten Phoenix-Stiftung aus den USA, die die Insel in ein Glücksspielparadies verwandeln wollte, ermunterte den Pflanzer Jimmy Stevens zur Rebellion. Der Führer der Na-Griamel-Bewegung, die sich einmal für die Rückgabe verkaufter Ländereien eingesetzt hatte, proklamierte die unabhängige »Republik Vemarana«, und auf der Insel Tanna riefen Anhänger des Cargo-Kultes ebenfalls die Unabhängigkeit ihres Territoriums aus. Die Neuen Hebriden drohten in Kleinstaaterei zu verfallen. Von England und Frankreich war keine militärische Hilfe zu erwarten. So wandte sich Lini hilfesuchend an Papua-Neuguinea. Dessen Truppen schlugen die Rebellion fast ohne Blutvergießen nieder.

Ihre Frontstellung gegen Frankreich hat die reformerisch gesinnte Regierung Lini bis heute nicht abgelegt. Mit anderen melanesischen Inselstaaten hat sich Vanuatu zur »Melanesian Spearhead Group« zusammengeschlossen. Neben der Rückbesinnung auf kulturelle Gemeinsamkeiten bestimmt sich die Ländergruppe durch ihren Einsatz für die Unabhängigkeit des melanesischen Neukaledoniens.

Der Selbstverpflichtung zu einem atomfreien Pazifik, zur Entkolonisierung und zum propagierten »Pazifischen Weg« der Eigenständigkeit steht ein ausgeprägter Pragmatismus in der Wirtschaft gegenüber. Als internationales Finanzzentrum, das von den rund 100 hier ansässigen ausländischen Gesellschaften und Banken weder Einkommensteuern verlangt noch Kontrollen bei der Devisenausfuhr ausübt, bietet Vanuatu vielen Einheimischen dringend benötigte Arbeitsplätze. Etwa 70 Schiffe ausländischer Reedereien fahren unter der Flagge der Republik und bringen schätzungsweise 300000 Dollar pro Jahr ein. Ein befristetes Fischereiabkommen mit der Sowjetunion und ein politischer Flirt mit Libyen bremsen dagegen das Vertrauen der internationalen Touristik-Manager.

Daten · Fakten · Reisetips

Vanuatu

Landesnatur

Fläche: 14763 km² (Landfläche; etwas kleiner als Schleswig-Holstein; rd. 1 Mio. km² inkl. Meeresfläche)
Ausdehnung (inkl. Meeresfläche): West–Ost 1700 km, Nord–Süd 850 km
Höchster Berg: Tabwemasana 1879 m

Die Republik Vanuatu umfaßt die Inselgruppe der Neuen Hebriden mit über 70 korallengesäumten Vulkaninseln zwischen Australien und den Fidschiinseln. Die größte Insel, Espiritu Santo (3626 km²), wird von dem 1879 m hohen Tabwemasana beherrscht.
Das Klima ist tropisch-feucht. Die Durchschnittstemperaturen liegen bei 26 °C; die jährliche Niederschlagsmenge beträgt im Süden 2200 mm, im Norden 3800 mm.
Im Norden wächst tropischer Regenwald; im Süden herrschen Trockenwälder und Savannen vor. Von der artenreichen Vogelwelt sind besonders Salanganen, Papageien und Honigsauger bemerkenswert.

Politisches System

Staatsname: Ripablik blong Vanuatu
Staats- und Regierungsform: Parlamentarische Republik im Commonwealth of Nations
Hauptstadt: Port-Vila
Mitgliedschaft: UN, AKP, ESCAP, SPF

Staatsoberhaupt ist der für fünf Jahre von Parlament und Regionalräten gewählte Präsident. Die Exekutive liegt beim Ministerpräsidenten und beim Ministerrat. Legislative ist das für vier Jahre direkt gewählte Einkammerparlament.
Das Land gliedert sich in elf Regionen. Es gilt britisches Recht.

Bevölkerung

Einwohnerzahl: 145000
Bevölkerungsdichte: 10 Einw./km²
Bevölkerungszunahme: 2,9 % im Jahr
Größte Stadt: Port-Vila (17000 Einw.)
Bevölkerungsgruppen: 94 % Melanesier, 2,5 % Europäer, 1,5 % Polynesier und Mikronesier

Etwa 45 % der Bevölkerung sind jünger als 15 Jahre. Amtssprachen sind Bislama, Englisch und Französisch. Über 80 % der Einwohner bekennen sich zum Christentum. Die medizinischen Einrichtungen und das Bildungssystem sind gut ausgebaut.

Wirtschaft

Währung: 1 Vatu (VT) = 100 Centimes (c)
Bruttoinlandsprodukt (in Anteilen): Land- und Forstwirtschaft 20 %, industrielle Produktion 15 %, Dienstleistungen 65 %
Wichtigste Handelspartner: Japan, Australien, EG-Staaten

Die Wirtschaftszweige Landwirtschaft und Fischerei liefern die Hauptexportgüter Kopra, Kakao, Rindfleisch und Fisch. Wachsende Bedeutung kommen dem Tourismus sowie dem steuerlich geförderten Finanzsektor zu. Auf den Inseln Efaté und Espiritu Santo gibt es gute Straßen (Straßennetz: 1100 km, 35 km befestigt). Internationale Flug- und Seehäfen gibt es bei Port-Vila und bei Luganville.

Geschichte und Kultur

Die nördlichen Inseln Vanuatus wurden erstmals um 1000 v. Chr. besiedelt. 1706 entdeckte der Spanier Pedro Fernández de Quirós die Inseln. 1774 erforschte James Cook die Inseln und gab ihnen den bis 1980 gebräuchlichen Namen Neue Hebriden. Zwischen 1825 und 1865 wurden diese von Sandelholzhändlern ausgebeutet. Ab Mitte des 19. Jh. wurde die Bevölkerung durch eingeschleppte Krankheiten und den Sklavenhandel stark dezimiert. Bis 1904 wurden etwa 50000 Insulaner als Plantagenarbeiter nach Australien, Fidschi und Neukaledonien verschleppt.
Die ersten Händler und Missionare waren zumeist Briten, doch auch die Franzosen zeigten großes Interesse an den Inseln, um ihre Vormachtstellung in Neukaledonien zu stärken. 1887 schufen Frankreich und Großbritannien gemeinsame Verwaltungseinrichtungen auf den Inseln, 1906 errichteten sie ein Kondominium. Im Zweiten Weltkrieg dienten die Inseln als Nachschubstation. Nach Kriegsende regte sich erstmals Widerstand gegen die europäische Vorherrschaft. 1971 forderte die Na-Griamel-Partei unter ihrem Führer Jimmy Stevens die völlige Unabhängigkeit der Inseln. Als Stevens am 30. 6. 1980 die Abtrennung der Insel Espiritu Santo erklärte und als unabhängige Republik von Vemarana ausrief, sandten die Schutzmächte Streitkräfte. Am 30. 7. 1980 (Nationalfeiertag) wurden die Neuen Hebriden unter dem Namen Vanuatu unabhängige Republik.
Die Urbevölkerung hat trotz der Berührung mit der Zivilisation der Weißen eine bemerkenswerte Vielfalt an Sitten, Mythen und Sprachen bewahrt, v. a. auf den entlegeneren Inseln.
Zur Volkskunst der Inseln gehören u. a. Steinmetzarbeiten und Holzschnitzereien, reich bemalte und verzierte Kriegskeulen, Masken, Keramik, Muschelhalsketten, Schlitztrommeln und Panflöten.

Im Zeichen des wachsenden Tourismus: Lagunenhotel auf Efaté.

Reise-Informationen

Bürger der Bundesrepublik Deutschland, der Schweiz und Österreichs benötigen für einen Aufenthalt bis zu 30 Tagen einen gültigen Reisepaß bzw. Kinderausweis.
Als Fahrerlaubnis gilt der nationale in Verbindung mit dem internationalen Führerschein.
Bei der Einreise sind zollfrei: pro Person 200 Zigaretten, 1,5 Liter Spirituosen und 2 Liter Wein.
Vatu (VT) dürfen in angemessenem Umfang mitgenommen werden; die Einfuhr von Devisen ist unbegrenzt.
Für alle Inseln ist Malaria-Prophylaxe erforderlich.
Zwischen den Inseln besteht regelmäßiger Schiffs- und Flugverkehr. In Port-Vila stehen Busse, Taxis und Mietwagen zur Verfügung. Die gebräuchlichsten Fortbewegungsmittel sind Fahrräder und Mopeds.
Es gibt Hotels aller Kategorien, Gästehäuser und inseltypische Bungalows.
Die beste Reisezeit liegt zwischen Mai und Oktober; die Regenzeit dauert von November bis April.

AKP-Staaten
Bezeichnung für die 66 Entwicklungsländer im afrikanischen, karibischen und pazifischen Raum, die sich 1975 als Organisation konstituiert haben und durch die Konvention von Lomé 1975 den EG-Staaten assoziiert sind.

ANZUS
Bezeichnung für den 1951 zwischen Australien, Neuseeland und den USA geschlossenen Vertrag zur Sicherung des pazifischen Raumes. 1986 wurde Neuseeland wegen seiner Weigerung, atomar angetriebene und bewaffnete Kriegsschiffe der USA in seine Häfen einlaufen zu lassen, aus dem ANZUS-Pakt ausgeschlossen.

Arabische Liga
AL-JAMIA AL-ARABIYAH (AJA). Vereinigung von 22 arabischen Staaten zur politischen, militärischen, wirtschaftlichen und kulturellen Zusammenarbeit. Mitglieder der 1945 gegründeten Organisation sind Ägypten (seit 1979 suspendiert), Algerien, Bahrain, Dschibuti, Irak, Arabische Republik Jemen, Demokratische Volksrepublik Jemen, Jordanien, Katar, Kuwait, Libanon, Libyen, Marokko, Mauretanien, Oman, PLO, Saudi-Arabien, Somalia, Sudan, Syrien, Tunesien, Vereinigte Arabische Emirate. Sitz des Ständigen Sekretariats ist seit 1979 Tunis.

ASEAN
ASSOCIATION OF SOUTH EAST ASIAN NATIONS, Verband Südostasiatischer Nationen. Mitgliedsstaaten sind Brunei, Indonesien, Malaysia, Philippinen, Singapur und Thailand. Ziel der Organisation ist die wirtschaftliche, soziale, militärische und kulturelle Zusammenarbeit sowie die Förderung des Friedens in Südostasien. Sitz des Hauptsekretariats ist Jakarta.

Colombo-Plan
Bezeichnung für den auf der Commonwealth-Konferenz 1950 in Colombo beschlossenen Plan zur Förderung der wirtschaftlichen Entwicklung der Länder Süd- und Südostasiens.

COMECON
COUNCIL FOR MUTUAL ECONOMIC ASSISTANCE, Rat für Gegenseitige Wirtschaftshilfe (RGW). Mitgliedsstaaten der 1949 gegründeten sozialistischen Wirtschaftsorganisation sind Bulgarien, DDR, Kuba, Mongolische Volksrepublik, Polen, Rumänien, Sowjetunion, Tschechoslowakei, Ungarn und Vietnam. Albanien gehörte dem COMECON bis 1962 an; Jugoslawien ist seit 1964 assoziiertes Mitglied. Aufgabe der Organisation ist die wirtschaftliche Integration des Ostblocks (Anpassung der nationalen Wirtschaftspläne; Koordinierung von Produktion und Außenhandel; Zusammenarbeit auf energiepolitischem, technischem und wissenschaftlichem Gebiet).

Commonwealth of Nations
Die 1926 begründete Gemeinschaft des Vereinigten Königreichs Großbritannien und Nordirland, der britischen Kronkolonien und von Großbritannien abhängigen Staaten sowie der folgenden unabhängigen Staaten: Antigua und Barbuda, Australien, Bahamas, Bangladesch, Barbados, Belize, Botsuana, Brunei, Dominica, Fidschi, Gambia, Ghana, Grenada, Guyana, Indien, Jamaika, Kanada, Kenia, Kiribati, Lesotho, Malawi, Malaysia, Malediven, Malta, Mauritius, Nauru, Neuseeland, Nigeria, Papua-Neuguinea, Salomonen, Sambia, Seyschellen, Sierra Leone, Simbabwe, Singapur, Sri Lanka, St. Kitts und Nevis, St. Vincent und die Grenadinen, Swasiland, Tansania, Tonga, Trinidad und Tobago, Tuvalu, Uganda, Vanuatu, Westsamoa und Zypern. Oberhaupt des Commonwealth of Nations ist der britische Monarch, der zugleich von der Mehrzahl der unabhängigen Mitgliedsstaaten als Staatsoberhaupt anerkannt wird. Das Generalsekretariat des Commonwealth befindet sich in London. Die Zusammenarbeit der Mitgliedsstaaten vollzieht sich vornehmlich auf wirtschaftlichem, währungspolitischem und sportlichem Gebiet.

EG
Die EUROPÄISCHEN GEMEINSCHAFTEN, bestehend aus der Europäischen Gemeinschaft für Kohle und Stahl (EGKS), der Europäischen Wirtschaftsgemeinschaft (EWG) und der Europäischen Gemeinschaft für Atomenergie (EURATOM). Die Koordination der 1950 bzw. 1957 gegründeten Teilgemeinschaften erfolgte 1967. Gemeinsame Organe der EG sind das *Europäische Parlament* (Tagungsorte: Straßburg und Luxemburg), der *Ministerrat* (Tagungsorte: Brüssel und Luxemburg), die *Europäische Kommission* (Tagungsort: Brüssel) und der *Europäische Gerichtshof* (Tagungsort: Luxemburg). Mitglieder der EG sind Belgien, Bundesrepublik Deutschland, Dänemark (bis 1985 mit Grönland), Frankreich, Griechenland, Großbritannien, Irland, Italien, Luxemburg, Niederlande, Portugal und Spanien. Langfristiges Ziel der EG ist die Zusammenfassung der Mitgliedsstaaten zu einer politischen und wirtschaftlichen Einheit. Die Vollendung des europäischen Binnenmarktes für den freien Verkehr von Personen, Waren, Dienstleistungen und Kapital ist für 1992 vorgesehen. 1977 wurde hierfür durch die Schaffung einer Zollunion der Grundstein gelegt.

ESCAP
ECONOMIC AND SOCIAL COMMISSION FOR ASIA AND THE PACIFIC, Wirtschaftliche und Soziale Kommission für Asien und den pazifischen Raum. Sitz dieser regionalen Wirtschaftskommission der UN mit derzeit 43 Mitgliedsstaaten ist Bangkok.

GATT
GENERAL AGREEMENT ON TARIFFS AND TRADE, Allgemeines Zoll- und Handelsabkommen. Das GATT wurde 1947 zwischen 23 Staaten mit dem Ziel abgeschlossen, eine Liberalisierung und Ausweitung des Welthandels durch Abbau der Handelsschranken zu bewirken. Seitdem ist das GATT eine autonome Sonderorganisation der UN. Derzeit gibt es 93 Mitgliedsstaaten und 28 De-facto-Mitglieder. Sitz des GATT-Sekretariats ist Genf.

Golfrat
Der GULF COOPERATION COUNCIL (GCC) wurde 1981 infolge des irakisch-iranischen Krieges gegründet. Mitgliedsstaaten sind Bahrain, Katar, Kuwait, Oman, Saudi-Arabien und die Vereinigten Arabischen Emirate. Ziel ist die Zusammenarbeit und Koordination auf politischem, wirtschaftlichem, militärischem, kulturellem und sozialem Gebiet. 1984 wurde die Bildung einer gemeinsamen »Schnellen Eingreiftruppe« beschlossen. Sitz des Golfrats ist Riad.

OECD
ORGANIZATION FOR ECONOMIC COOPERATION AND DEVELOPMENT, Organisation für wirtschaftliche Zusammenarbeit und Entwicklung. Die 1961 gegründete OECD ist die Nachfolgeorganisation der ORGANIZATION FOR EUROPEAN ECONOMIC COOPERATION (OEEC). Mitgliedsstaaten sind Australien, Belgien, Bundesrepublik Deutschland, Dänemark, Finnland, Frankreich, Griechenland, Großbritannien, Irland, Island, Italien, Japan, Kanada, Luxemburg, Neuseeland, Niederlande, Norwegen, Österreich, Portugal, Schweden, Schweiz, Spanien, Türkei und die USA. Wesentliche Aufgaben der OECD sind die Förderung einer gerechten und stabilen internationalen Wirtschaftsordnung, die Ausweitung des Welthandels sowie die Koordinierung der westlichen Entwicklungshilfe. Sitz des Sekretariats ist Paris.

OPEC
ORGANIZATION OF THE PETROLEUM EXPORTING COUNTRIES, Organisation der Erdöl exportierenden Länder. Mitgliedsstaaten der 1960 gegründeten Organisation sind Algerien, Ecuador, Gabun, Indonesien, Irak, Iran, Katar, Kuwait, Libyen, Nigeria, Saudi-Arabien, Venezuela und die Vereinigten Arabischen Emirate. Die Aufgabe der OPEC besteht in der Fixierung der nationalen Förderquoten und des Preises für Rohöl. Innerhalb der OPEC haben sich 1968 die arabischen Staaten zur ORGANIZATION OF ARAB PETROLEUM EXPORTING COUNTRIES (OAPEC) zusammengeschlossen, die insbesondere 1973 nach dem arabisch-israelischen Krieg durch Produktions- und Lieferbeschränkungen politische Ziele durchzusetzen versuchte. Der Sitz des Hauptsekretariats ist in Kuwait; Tagungen finden in Wien statt.

SARC
SOUTH ASIA REGIONAL COOPERATION, Südasiatische Regionale Zusammenarbeit. Mitgliedsstaaten der 1983 gegründeten Organisation sind Bangladesch, Bhutan, Indien, Malediven, Nepal, Pakistan und Sri Lanka. Ziel ist die Förderung der wirtschaftlichen, sozialen, medizinischen, technischen und kulturellen Zusammenarbeit im vorderindischen Raum. Sitz der SARC ist Neu-Delhi.

SPF
SOUTH PACIFIC FORUM, Südsee-Forum. Mitglieder der 1971 gegründeten Organisation sind Australien, Cookinseln, Fidschi, Föderierte Staaten von Mikronesien, Kiribati, Nauru, Neuseeland, Niue, Papua-Neuguinea, Salomonen, Tonga, Tuvalu, Vanuatu und Westsamoa. Ziel des SPF ist die Zusammenarbeit auf wirtschaftlichem, technologischem und kulturellem Gebiet. Ferner wird die baldige Schaffung einer kernwaffenfreien Zone im Südpazifik angestrebt. Sitz des SPF ist Suva (Fidschi).

UN/UNO
UNITED NATIONS (ORGANIZATION), Vereinte Nationen. 1945 als Nachfolgeorganisation des Völkerbunds gegründeter Zusammenschluß von zunächst 51 Staaten zur Förderung der internationalen Zusammenarbeit, zur Sicherung des Weltfriedens und zur gemeinsamen Lösung politischer, wirtschaftlicher und sozialer Probleme – vornehmlich in der Dritten Welt. Derzeit gibt es 159 Mitgliedsstaaten; Generalsekretär ist seit 1981 Javier Pérez de Cuéllar; Sitz der UN ist New York. Wichtigste Organe sind: die *Generalversammlung,* in der jeder Staat ungeachtet seiner Delegiertenzahl nur eine Stimme hat (mit Ausnahme der Sowjetunion aufgrund der Aufnahme der sowjetischen Teilrepubliken Ukraine und Weißrußland); der *Sicherheitsrat,* bestehend aus 15 Mitgliedern, darunter fünf ständige (Frankreich, Großbritannien, USA, UdSSR, Volksrepublik China), die gegen Beschlüsse ein Veto einlegen können; das *Sekretariat* unter Leitung des Generalsekretärs; der *Wirtschafts- und Sozialrat* mit 54 gewählten Mitgliedern, der sich mit wirtschaftlichen, sozialen, kulturellen und medizinischen Fragen befaßt; der *Treuhandrat* mit fünf Mitgliedern, der für die den UN unterstellten Treuhandgebiete zuständig ist; der *Internationale Gerichtshof* mit Sitz in Den Haag, der sich aus 15 gewählten Richtern zusammensetzt und nur von Staaten angerufen werden kann. Offizielle Sprachen sind Englisch, Französisch, Russisch, Spanisch, Chinesisch und Arabisch. Den UN sind zahlreiche Unter- und Sonderorganisationen angeschlossen.

Warschauer Pakt
Bezeichnung für den 1955 geschlossenen militärischen Beistandspakt zwischen Albanien, Bulgarien, DDR, Polen, Rumänien, Sowjetunion, Tschechoslowakei und Ungarn. Beobachterstatus haben die Mongolische Volksrepublik, die Demokratische Volksrepublik Korea und Vietnam. Albanien ist 1968 ausgetreten. Der Warschauer Pakt wurde als Gegenpol zur NATO gegründet; er versteht sich als Militärbündnis zur gemeinsamen Abwehr eines Angriffs auf einen oder mehrere Partner. Das höchste politische Organ ist der *Politische Beratende Ausschuß,* das höchste militärische Organ das *Vereinigte Oberkommando der Streitkräfte.* Sitz des Sekretariats und aller Organe ist Moskau.

Mitarbeiter

Projektleitung: Michael Dultz, Andreas Epple

Redaktionsleitung:
Dr. Bodo Bleinagel, Burkhard Brehm

Textredaktion:
Ulrike Bässler, Siegfried Fischer, Angela Fuchs, Dr. Karlheinz Fuchs, Almut Gaugler, Inge Götze, Ulrich Karl Gohl, Dr. Ursula Kluck, Siegrid Kroeber, Dr. Elfriede Ledig, Werner Lord, Mathias Müller, Dagmar Ortolf, Widmar Puhl, Mariele Radmacher-Martens, Dr. Rainer Redies, Dipl.-Geogr. Marita Rudolphi, Ulrike Scheffold, Helmut E. Scheidler, Andreas Schimkus, Horst Schöck, Dipl.-Geogr. Michael Steuer, Dipl.-Geogr. Immo Straube, Dr. Jörg Theilacker, Dr. Thomas Tilcher, André Wais, Klaus Zippert

Bildredaktion: Eva von Reibnitz

Layout: Ulrich Kolb, Wolfgang Heinz, Augustin Wiesbeck

Kartographie:
© Istituto Geografico de Agostini, Novara; Lexikographisches Institut, München; Gerhard Mauz, Inge Seyffarth, Dipl.-Ing. Jochen Sorg
Graphik: Dušan Kesič

Herstellung: Hans-Joachim Preußer, Augustin Wiesbeck

Schutzumschlag:
Graupner & Partner, München

Satz: Rombach GmbH Druck- und Verlagshaus, Freiburg i. Br.
Repro: Fotolito Longo AG, Frangart (BZ)/Italien
Druck und Bindearbeiten:
Fabrieken Brepols n.v., Turnhout/Belgien

Die Schreibweise der Namen ausländischer Staaten und Hoheitsgebiete sowie davon abgeleitete Begriffe folgen dem amtlichen Länderverzeichnis des Auswärtigen Amtes der Bundesrepublik Deutschland.

Redaktionsschluß: Oktober 1988

Zeichenerklärung zu den Karten

Kontinent- und Länderkarten

Höhenstufen, Tiefenstufen

Farbskala der Höhen- und Tiefenstufen

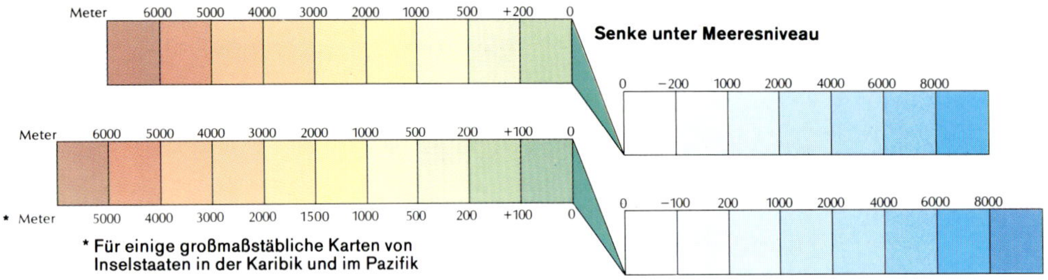

Meter 6000 5000 4000 3000 2000 1000 500 +200 0
Senke unter Meeresniveau
0 −200 1000 2000 4000 6000 8000
Kontinentkarten
Meter 6000 5000 4000 3000 2000 1000 500 200 +100 0
* Meter 5000 4000 3000 2000 1500 1000 500 200 +100 0
0 −100 200 1000 2000 4000 6000 8000
Länderkarten

* Für einige großmaßstäbliche Karten von Inselstaaten in der Karibik und im Pazifik

Gewässer- und Geländeformen

- Ständig wasserführender Fluß
- Zeitweilig wasserführender Fluß
- Versickernder Fluß
- Fluß mit veränderlichem Lauf
- Wasserfall, Stromschnelle, Katarakt
- Kanal
- Schiffbarer Kanal
- Sumpf
- Salzsumpf
- Salzpfanne
- Süßwassersee
- Süßwassersee (zeitweilig)
- Salzsee
- Salzsee (zeitweilig)
- Trockener Seeboden
- Höhe des Seespiegels über Meeresniveau (315)
- Seetiefe (80)
- Sandgebiet, Sandwüste
- Sandbank
- Hafenanlagen
- Klippen, Felsenriffe
- Korallenriff, Atoll
- Mangrove
- Packeisgrenze im Sommer
- Packeisgrenze im Winter
- Treibeisgrenze

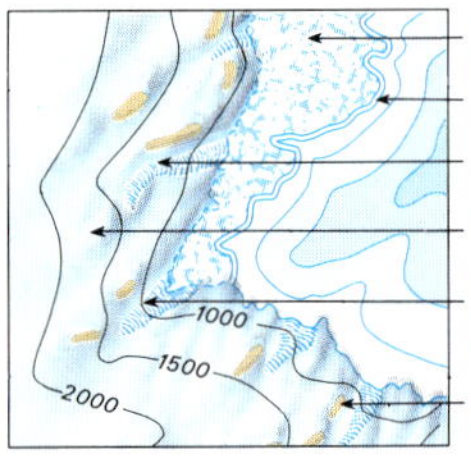

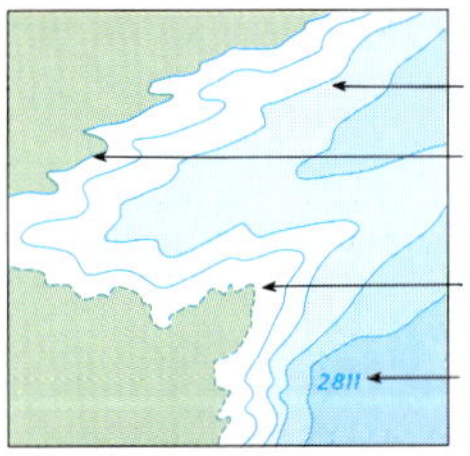

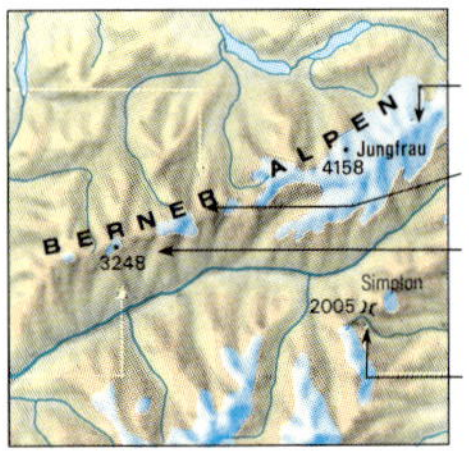

1000
1500
2000
Schelfeis oder Eisschelf
Schelfeisgrenze
Gletscherzunge
Inlandvereisung
Höhenlinie auf vergletschertem Gebiet
Eisfreie Fels-Region (Antarktis)

2811
Tiefenlinie
Küsten- oder Uferlinie
Unbestimmte, veränderliche Küstenlinie
Tiefenzahl

ALPEN
Jungfrau
4158
BERNER
3248
Simplon
2005
Berg, Bergmassiv
Gebirge, Bergkette
Höhenzahl
Paß, Bergsattel

Grenzen, Verwaltungszentren

- Staatsgrenze
- Staatsgrenze (Kontinentkarten)
- Nicht genau festgelegte Staatsgrenze
- Grenze zwischen der Bundesrep. Deutschland und der DDR
- Grenze zwischen Berlin (West) und Berlin (Ost)
- Grenze Provinz, Grafschaft, Bezirk
- Kreisgrenze
- Grenze Gliedstaat oder Region
- ROM — Hauptstadt eines Staates
- BOSTON — Hauptstadt Gliedstaat oder Region
- Gent — Hauptstadt Provinz, Grafschaft, Bezirk
- Anadyr — Hauptstadt Nationalkreis (UdSSR)

Vertraglich festgelegte Staatsgrenze im Meeresgebiet
Staatsgrenze im Meeresgebiet
Unbestimmte Staatsgrenze im Meeresgebiet

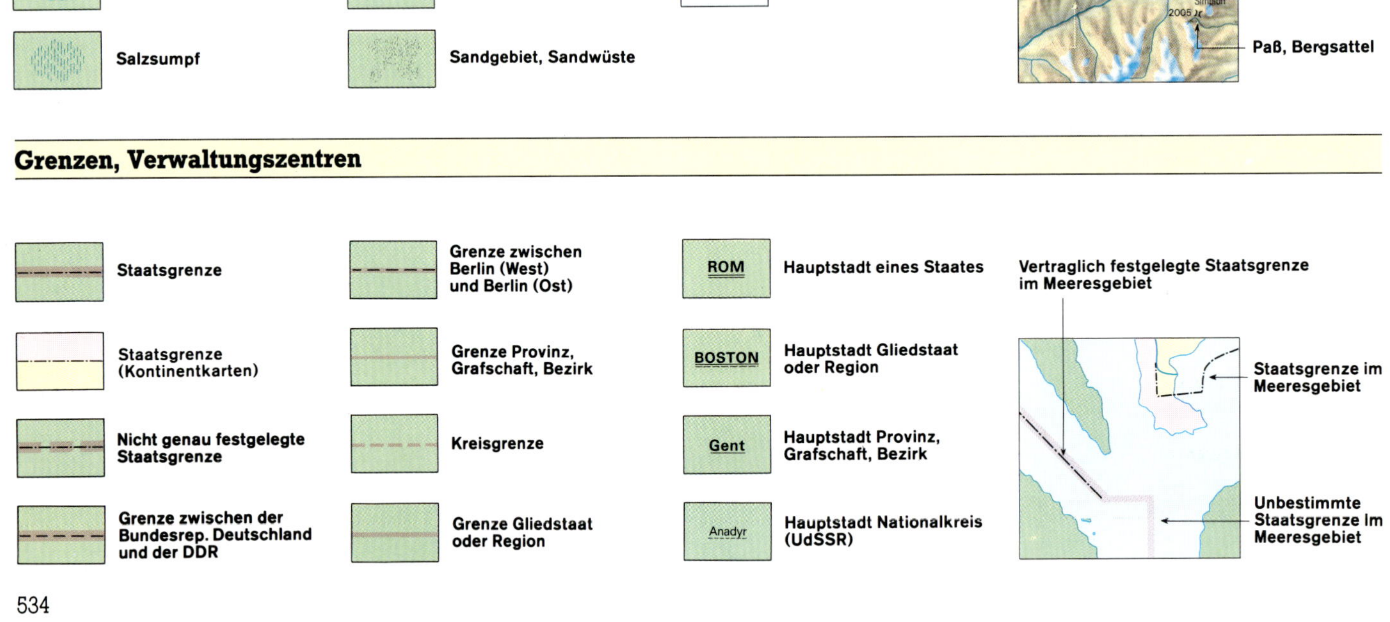

Bevölkerung

Verkehr

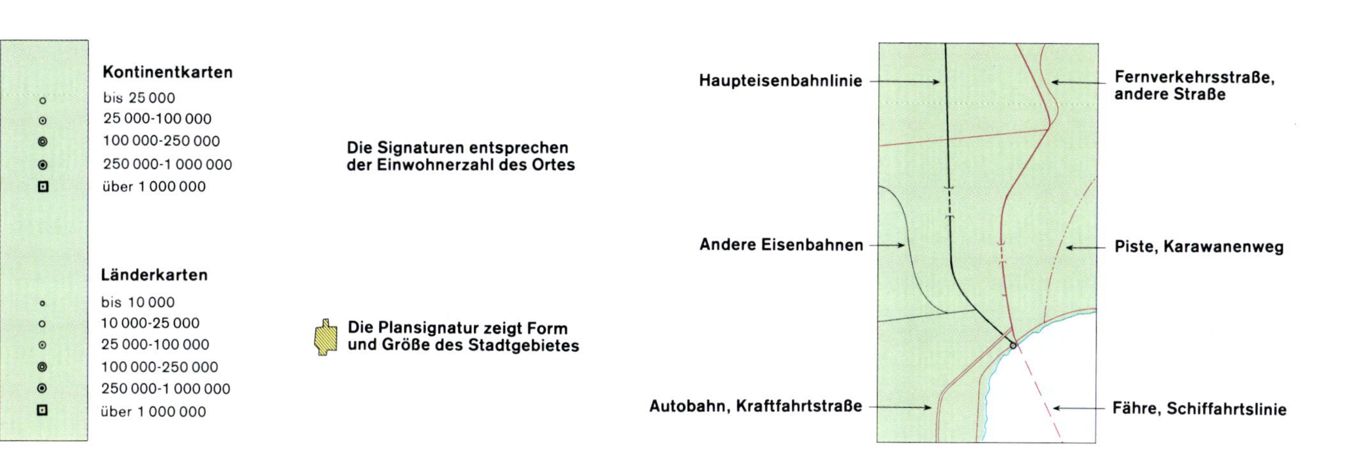
Kontinentkarten
bis 25 000
25 000-100 000
100 000-250 000
250 000-1 000 000
über 1 000 000
Die Signaturen entsprechen der Einwohnerzahl des Ortes
Länderkarten
bis 10 000
10 000-25 000
25 000-100 000
100 000-250 000
250 000-1 000 000
über 1 000 000
Die Plansignatur zeigt Form und Größe des Stadtgebietes
Haupteisenbahnlinie
Andere Eisenbahnen
Autobahn, Kraftfahrtstraße
Fernverkehrsstraße, andere Straße
Piste, Karawanenweg
Fähre, Schiffahrtslinie

Einzelobjekte

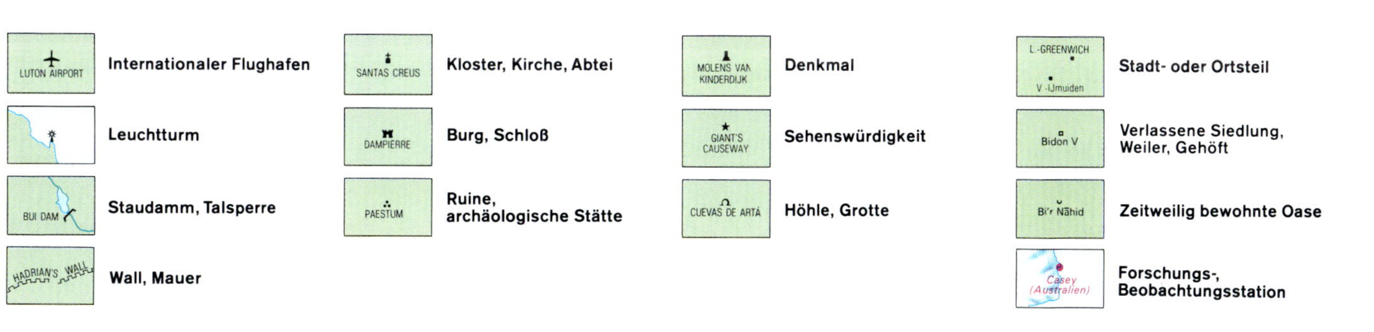
LUTON AIRPORT
Internationaler Flughafen
Leuchtturm
BUI DAM
Staudamm, Talsperre
HADRIAN'S WALL
Wall, Mauer
SANTAS CREUS
Kloster, Kirche, Abtei
DAMPIERRE
Burg, Schloß
PAESTUM
Ruine, archäologische Stätte
MOLENS VAN KINDERDIJK
Denkmal
GIANT'S CAUSEWAY
Sehenswürdigkeit
CUEVAS DE ARTÁ
Höhle, Grotte
L.-GREENWICH
V.-IJmuiden
Stadt- oder Ortsteil
Bidon V
Verlassene Siedlung, Weiler, Gehöft
Bi'r Nāhid
Zeitweilig bewohnte Oase
Casey (Australien)
Forschungs-, Beobachtungsstation

Zur Namenschreibung verwendete Schriftarten

SCHWEIZ
Réunion RIBE
Staat, abhängiges Gebiet, Verwaltungseinheit
SACHSEN
THRAKIEN SUSSEX
Historische Landschaft oder Kulturlandschaft
PATAGONIA
BASSIN DE RENNES
PENÍNSULA DE YUCATÁN
Landschaft (Ebene, Halbinsel u. ä.)
MAHÉ ALDABRA ISLANDS
CORSE CHANNEL ISLANDS
SULU ARCHIPELAGO
Insel, Archipel
PIRINEOS
CUMBRIAN MOUNTAINS
SIERRA DE GÁDOR LA SILA
Gebirge, Bergkette
Matterhorn Ankaratra
Tsiafajavona Ngorongoro Crater
Nevado del Tolima Kings Peak
Bergmassiv, Berg, Gipfel
Thames Po Victoria Falls
Etosha Pan Göta kanal
Lago Maggiore
Fluß, Wasserfall, Stromschnelle, Kanal, See
Kanarisches Becken
Hawaiirücken
Marianengraben
Formen des Meeresbodens
LABRADOR SEA
Gulf of Alaska Hudson Bay
Estrecho de Magallanes
Meer, Golf, Bucht, Meeresstraße
Cabo de São Vicente Land's End
Mizen Head Point Conception
Col de la Perche Passo della Cisa
Kap, Landspitze, Paß
Tarfaya
Tombouctou
Agadir
Nouakchott
BRAZZAVILLE
CASABLANCA
Die Schriftgröße entspricht der Gesamtbedeutung (nicht nur der Einwohnerzahl) des Ortes

Karten zu den Reiserouten

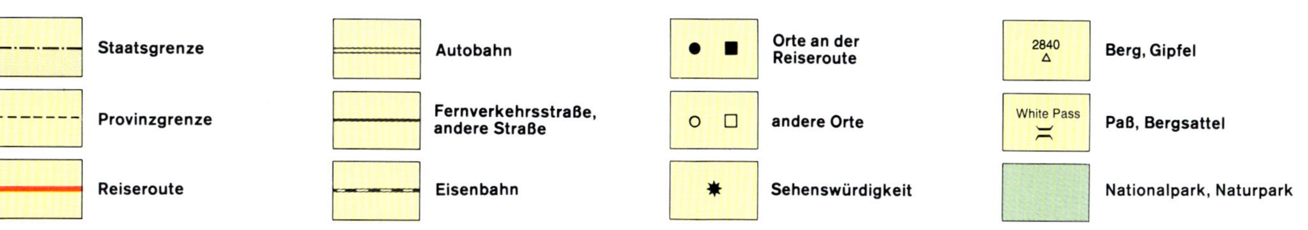
Staatsgrenze
Provinzgrenze
Reiseroute
Autobahn
Fernverkehrsstraße, andere Straße
Eisenbahn
Orte an der Reiseroute
andere Orte
Sehenswürdigkeit
2840
Berg, Gipfel
White Pass
Paß, Bergsattel
Nationalpark, Naturpark

Register

Kursiv gedruckte Seitenzahlen weisen auf Abbildungen hin

Register

I

J

L

N

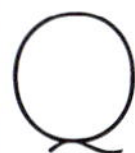

T

Umschlag: Bildarchiv Huber, Garmisch-Partenkirchen
Seite 1: Silvestris/Friedel, Kastl (Thailand, Tänzerin)
Seite 2/3: Hamann/Hoepker, München (Birma, Pagan)
Seite 4/5: Silvestris/Friedel, Kastl (Landschaft in Laos)
Seite 6/7: Silvestris/Friedel, Kastl (Malediven)
Seite 8/9: P.-A. Hoffmann, Stuttgart (Indien, Tadsch Mahal)
Seite 10/11: H. Schmied, München (Peking)
Seite 12/13: K. Johaentges, Hannover (Mädchen aus Hongkong)

Bavaria/Eckebrecht 49 r., u., 58/59
—/Gluske 203 u.
—/Halin 462 u.
—/Higuchi 192
—/Messerschmidt 212 r.
—/Photomedia 209 r.
—/Picture Finders 202, 292/293, 462/463 o.
—/Schmied 111 u.
—/WPS 374/375 u.
Berg/Strauss, Uhldingen 44/45, 46 l., 47 r., 50 o.
Bilderberg/Fischer 26, 406/407, 411 r., 412 l.
Binanzer, G., Stuttgart 235 o., 399 o.
—/Voigtmann 480 o.
Binanzer, W., Böblingen 520/521
Bongarts, Hamburg 268 u.
Bonn, G., Stuttgart 52/53, 54 u., 56 r., 57 r.
Dietl, W., München 38 u., 158/159, 160, 161, 163 o., 166/167, 168/169, 171, 174 l., 177, 226 l., 228 r., u., 229, 241 o., 284/285, 286, 287, 291 u., 328/329, 330 l., u., 333 r., 334 u., 336 o., 337 o.
dpa 39 r.
—/Bedi 142 l.
—/Rohwedder 142 o.
Epple, A., Stuttgart 436 r., 453, 502 r.
—/Göpfert 496/497 u., 498/499 o.
Freytag, F., München 17, 90, 91
Frieben, P., München 92, 93 r., u.
Grau, G., Baiersbronn 180 M., 185 o., r., 289 o., 337 l., 376 M., 378
Gross, A. M., München 200 l., 210 o., 213, 214 o., 215 l., 260/261, 262, 263, 264 u., 265, 266, 267, 269
Gruber, U., Dietramszell 56 o.
Hahn, W., Mögglingen 61 r., 150, 151 r., 153 r., 294 l., 294/295 u., 296/297 o., 297 l., 298 o., 340/341 u., 344 o., 408/409 u., 409
Hamann/Gerster 25, 80/81 u., 85 r.
—/Grobet 516/517 u., 519 u.
—/Hoepker 68, 69, 70 o., 84/85 u., 86, 87, 190/191, 194/195 u., 198 l., u., 199 u., 203 o., 514/515, 517 o., 518 o., r., 519 r.
—/Mayer 178/179, 182/183 o., 184/185 u., 384/385 o.
Hansmann, C., München 15 o., 16, 19 r., 27, 125 l., 214 u., 215 o., 232, 233, 289 r., 379
Hesse, T. E., München 61 o., 63 l. u., 64 o.
Hoffmann, P.-A., Stuttgart 23, 314/315, 319 o., 364/365, 371 u.
IFA/Aberham, München 74/75 u., 81 o., 88 o., 94 o., l., 95 o., r., 96 l., u., 97 u., 100 o., 102, 114 l., 115 o., 116/117 o., 117 r., 119 o., r., 126 o., 129, 143 u.
—/Archiv 186 u.
—/Borodulin 189 u.
—/Braun 180 o., 188 o., 189 o.
—/Bürgel 162 o.
—/Cassio 131 u.
—/Digul 439 o.
—/Everts 36/37 o.
—/Fiedler 321 r.
—/Fred 356 u., 404 o.
—/Gerig 309 r.
—/Gottschalk 76/77 o., 106/107 u., 358/359, 360/361 u., 394/395 u., 430 o.
—/Hahn 399 u.
—/Kim 264 o.
—/Kneuer 143 o.
—/Marschall 337 u.
—/Prenzel 187, 433, 440/441 o., 450 o., 452 l., 458 u.
—/Renz 464 u.
—/Rölle 470
—/Schmidt 101 o., 103 u.
—/Schürch 522 o.
—/v. Stroheim 492/493 u.
—/Thiele 89 o., 117 u.
—/Tschanz 218/219 u.
—/WPS 196/197 o., 197 r., 212 u., 341 o., 396 l.
I.G.D.A., Milano 486/487, 488 l.
Inst. f. Auslandsbeziehungen, Stuttgart 50 u., 51, 251 u., 489
Johaentges, K., Hannover 24 r., 77 u., 79 u., 81 r., 85 o., 97 o., 100 u., 101 u., 103 o., 108/109 o., 109 r., 110 u., 197 u., 209 u., 214 l., 320 o., 427 r., 431 o., 450/451 u., 456 l., 459 o., 492 o., l., 494, 495, 498/499 u., 500 u., 502 l., 503 r.
Jung, G., Ottobrunn 82/83 o., 83
Kebs, J., Hamburg 136, 137 r., u.
Kebs, P., New Delhi 134, 134/135 u., r., 137 o.
Konnerth, H., München 128 o.
Kregel, B., Bonn 334 o.
Kuhrau, E., Singapore 152, 153 l. o.
—/Meyer 70 u.
Leibig, F.-P., Eisingen 367 r., 369 u., 370 u.
Marx, D., München 363 u.
Maute, K., Nauheim-Grafenforst 372/373
Meinel, A., München 128 u., 149 r., 155 r., 157, 222 o., 274, 324, 325, 326 o., 327, 362 u., 380/381, 383 r., u., 385 r., 387 r.
Moog, T., München 144/145, 153 u., 155, 218 l., 220/221 o., 223 u.
Nahke, P., Hamburg 304 u., 396 o., 399 l., 419 l., 440 l., 527
Paturi, F. R., Rodenbach 346/347, 348, 349, 354 l.
Pietrusky, U., München 402 o., l., 404 u., 405 o.
bpk, Berlin 22
Reichelt, G. P., Hamburg 195 l., 200 o., 208 o., 215 u.
Rumpf, D., Miesbach 60/61 u., 62 u., 62/63 o., 64 u., 65, 507 u.
Sattlberger, C., Wien 450 M., 451 M.
Schmied, H., München 20/21, 74 o., 78/79 o., 79 o., 82 o., 93 o., 148/149 u., 242 l., 317 u., 362 l., 369 r., 490/491, 498 l., 499 r., u.
Schuler, C., München 176 r., u.
Seroka, P. G., Frankfurt/M. 206/207
Sheraton, Frankfurt 250 u.
Silvestris/A. N. T. 132 u., 147 o., 149 o., 151 l., 154 u., 298 r., 320 u., 414/415, 417, 419 r., 424/425 u., 426 l., 434, 435, 436 l., 437, 442, 443, 444/445 o., 445 r., 448/449 u., 449 r., 451 o., 453 o., u., 456 o., u., 458 o., 459 u., 460/461, 462 l., 465, 472/473, 474 o., 475, 478 o., 481 l., 497 o., 500 o., 502 l. u., 503 o., 504/505, 508 o., 510/511, 512, 513, 517 r., 518 u., 523, 524/525, 526, 527 l., 528/529, 531
—/Bertrand 121 o., M., 496 l.
—/Bildhuset 46/47 M., 75 r., 184 M., 212 o., 268 o., 275 o., 288/289 u., 294 o.
—/Coleman 37 r., 118/119 u., 133 r., 174 o., 208 l., 216/217, 221 u., 290 l., 291 r., 297 r., 317 r., 318/319 u., 361 r., 394 l., 445 u., 464 o., 466/467, 471 u., 476/477, 480 u., 497, 509
—/Cramm 236 u.
—/Dani-Jeske 133 u., 154 o., 246/247, 295 o., 429 r.
—/Doyle 122 o.
—/dpa 24 l.
—/DTM 176 o.
—/Friedel 63 r. u., 104/105, 107 o., r., 109 u., 110 o., 146/147 u., 147 r., 210 l., 279 r., u., 280 l., 281, 282 l., u., 298 l., 302, 303, 304 o., l., 305, 336 u., 338/339, 341 r., 342, 343, 344 u., 345, 350/351 u., 351 r., 352 l., u., 354 o., u., 357 u., 368/369 o., 391/392 u., 393 r., u., 396 u., 416, 418, 429 u., 468, 469, 470 o., 471 r., 478 l., 478/479 u., 481 r., 482/483, 484, 485, 488 r., 506/507 o., 507 r.
—/Hosking 230/231
—/Kozeny 18/19, 112/113, 114/115 u., 115 r., 122/123 u., 125 r., 126/127 u., 135 M., 142 r.
—/Lade 82 u., 111 l., 173 r., 174 u., 221 r., 224/225, 226 u., 237 o., 308/309 u., 309 o., 313, 363 o., 398 l.
—/Lindenburger 36 u.
—/Lughofer 120/121 u., 122 l., 126 l., 131 o., 140, 146 l., 155 u., 170, 172/173 u., 299, 321 u., 330/331 o., 332/333 o., u., 360 o., 371 l., 391 o., 397 o.
—/Marka 240/241 u., 242/243 o., 244 o., 283 r., 310 l., 311 r.
—/Meinel 272, 273, 275 u., 322/323, 326 l.
—/Middleton 530
—/Muehlbauer 397 u.
—/Muthny 184 o., 186 o., 188 l.
—/NHPA 133 o.
—/N. N. 300/301, 319 r.
—/Pavenzinger 366/367 u., 367 o.
—/Pellegrini 32/33, 34/35, 36 l., 38 o., 39 l., 66/67, 71, 72/73, 77 r., 96 o., 172/173 o., 175, 208 u., 235 u., r., 236 o., 237 u., 282 o., 335, 336 l., 357 o., r., 370 o., 376/377 o., 385 u., 387 u., 395 o., 398 o., 508 o.
—/Prenzel 430/431 u., 447 u., 459 l.
—/Riepl 189 r.
—/Rosthal 130, 388/389, 392/393 o.
—/Seifert 94 u.
—/Siegenthaler 422/423, 427 o., 428/429 o., 439 r., 440 u., 446/447 o., 447 r., 449 o., 452 o., r., 457
—/Stock Photos 340 l., 398 r., 425 o., r., 426/427 u., 432/433 o., 438/439 u., 458 l.
—/Telegraph 88/89 u., 183 r., 390 o.
—/Unbescheid 316/317 o.
—/Ungar. Werbefoto 183 u., 188 u.
—/Wagner 493 r.
—/Wothe 132 o., 244 u., 245
srt/Rodrian, Wolfratshausen 42, 43, 248/249 u., 249 r., 250 o., l., 251 o.
Stark, F., Dortmund 238/239, 241 r., 243 u., 245 u., 252/253, 254, 255, 256, 257, 258, 259, 276/277, 278, 280 r., 283 l., 408 o., 410/411 u., 411 l., 412 u., 413
Steinbauer, F., München 474 u., 522 l.
Thiele, K., Warburg 310/311 u.
Weyer, H., Braunfels 54 o., 55, 56 u., 57 l., 218 o., 222 u., 223 r.
ZEFA/Berssenbrug 402/403 u.
—/Bitsch 228 o.
—/Black Star 162 l., 352/353 o., 400/401
—/Braennhage 180/181 u.
—/Braun 184 u., 186 l.
—/Croxford 270/271
—/Goebel 162/163 u., 164, 193, 356 o., 403 o., 405 u.
—/Haasch 209 l.
—/Havlicek 14/15 u.
—/Koch 334 l.
—/Leidmann 226/227 o.
—/Moloney 40/41
—/nt 351 o.
—/Orion Press 195 r., 198/199 o., 201, 205, 382/383 o.
—/van Phillips 386
—/Photri 249 o.
—/Schranner 290 r.
—/Schwertner 376 l.
—/Smith 386 u.
—/Sunak 48/49 o., 311 o., 312 l.
—/Tortoli 375 o., r.
—/Weiland 306/307
—/Xinhua-News 312 u.

NORDPOLARMEER
KÖNIGIN-ELISABETH-INSELN
UdSSR
SIBIRIEN
Nördlicher Polarkreis
Beringmeer
USA
ALASKA
Anchorage
Fairbanks
Juneau
Golf von Alaska
KANADA
Yellowknife
Whitehorse
Churchill
Hudsonbai
Edmonton
Calgary
Saskatoon
Winnipeg
Regina
Vancouver
Seattle
Spokane
Portland
Thunder Bay
Moosonee
QUÉBEC
Québec
Montréal
Ottawa
Toronto
Detroit
Goose Bay
NEUFUNDLAND
St. John's
Sydney
Halifax
Saint-Pierre und Miquelon (Fr.)
Grönland (Dän.)
Angmagssalik/Ammarssalik
Godthåb/Nûk
Kap Farvel
ISLAND
Reykjavík
Baffinbai
BAFFININSEL
VICTORIA-INSEL
BANKS-INSEL
DEVONINSEL
ELLESMEREINSEL
KAMTSCHATKA
Petropawlowsk-Kamtschatski
KURILEN
ALËUTEN
ALASKA-HALBINSEL
Prince Rupert
Prince George
VEREINIGTE STAATEN
Minneapolis
Saint Paul
Milwaukee
Chicago
Omaha
Denver
Salt Lake City
Kansas City
Indianapolis
Cincinnati
Cleveland
Pittsburgh
New York
Philadelphia
Baltimore
Washington
Boston
Richmond
Norfolk
Nashville
Memphis
Atlanta
Birmingham
St. Louis
Oklahoma City
Dallas
Houston
San Antonio
El Paso
Ciudad Juárez
Phoenix
San Francisco
Sacramento
Los Angeles
San Diego
KALIFORNIEN
TEXAS
New Orleans
Jacksonville
Tampa
Miami
Kap Canaveral
FLORIDA
ATLANTISCHER OZEAN
PAZIFISCHER OZEAN
Bermudainseln (Brit.)
Azoren (Port.)
Madeira (Port.)
Kanarische Inseln (Span.)
Ceuta Melilla (Sp.)
(Brit.) Gibraltar
PORTUGAL
Lissabon
Casablanca
MAROKKO
Marrakesch
Westsahara
MAURETANIEN
Nouâdhibou
Nouakchott
Dakar
Praia
KAPVERDEN
GAMBIA
SENEGAL
GUINEA-BISSAU
Bissau
GUINEA
Conakry
Freetown
SIERRA LEONE
Monrovia
LIBERIA
MIDWAYINSELN (USA)
HAWAII-INSELN
USA
Honolulu
OAHU
HAWAII
Nördlicher Wendekreis
23 27'
HALBINSEL NIEDERKALIFORNIEN
MEXIKO
Torreón
Monterrey
Tampico
León
Guadalajara
Mexiko
Veracruz Llave
Puebla de Zaragoza
Acapulco de Juárez
Mérida
YUCATAN
Golf von Mexiko
Kap San Lucas
REVILLAGIGEDO-INSELN (Mexiko)
JOHNSTON (USA)
Havanna
KUBA
Santiago de Cuba
BAHAMAS
Nassau
Turks- und Caicosinseln (Brit.)
Caymaninseln (Brit.)
Kingston
JAMAIKA
HAITI
Port-au-Prince
DOMINIKANISCHE REP.
Santo Domingo
San Juan
Puerto Rico (USA)
Amerikanische Jungferninseln
Britische Jungferninseln
Anguilla (Brit.)
SAINT-MARTIN / SINT MAARTEN
ANTIGUA-BARBUDA
Guadeloupe (Fr.)
DOMINICA
Martinique (Fr.)
SAINT LUCIA
SAINT VINCENT UND GRENADINEN
SAINT KITTS-NEVIS
Montserrat (Brit.)
Niederländische Antillen
BARBADOS
GRENADA
TRINIDAD UND TOBAGO
Karibisches Meer
BELIZE
Belmopan
GUATEMALA
Guatemala
HONDURAS
Tegucigalpa
EL SALVADOR
San Salvador
NICARAGUA
Managua
COSTA RICA
San José
PANAMÁ
Panamá
CLIPPERTON (Französisch-Polynesien)
KOKOSINSEL (Costa Rica)
MALPELO (Kolumbien)
GALÁPAGOS-INSELN (Ecuador)
Barranquilla
Maracaibo
Caracas
VENEZUELA
Ciudad Guayana
Georgetown
GUYANA
Paramaribo
SURINAME
Cayenne
Französisch-Guayana
Medellín
Bogotá
KOLUMBIEN
Cali
Quito
ECUADOR
Guayaquil
Iquitos
Piura
Trujillo
Cerro de Pasco
Lima
PERU
Cusco
Arequipa
Arica
BOLIVIEN
La Paz
Sucre
Santa Cruz
Äquator
Macapá
Belém
São Luís
Fortaleza
Natal
Recife
Maceió
Aracaju
Salvador
Teresina
Manaus
SELVAS
Porto Velho
BRASILIEN
MATO GROSSO
Cuiabá
Goiânia
Brasília
Belo Horizonte
Vitória
Campo Grande
São Paulo
Nova Iguaçu
Rio de Janeiro
Santos
Curitiba
Porto Alegre
Rio Grande
FERNANDO DE NORONHA
ASCENSION (Sankt Helena / Brit.)
SANKT-PETER- und -SANKT-PAUL-FELSEN (Brasilien)
TRINDADE
MARTIM VAZ
PARAGUAY
Asunción
GRAN CHACO
Antofagasta
San Miguel de Tucumán
CHILE
La Serena
Aconcagua 6960
Córdoba
Santa Fé
Rosario
URUGUAY
Montevideo
Valparaíso
Santiago
Mendoza
Buenos Aires
PAMPAS
ARGENTINIEN
Mar del Plata
Bahía Blanca
Concepción
Valdivia
Puerto Montt
CHILOÉ
Viedma
Comodoro Rivadavia
PATAGONIEN
Falklandinseln / Malwinen (Brit.) (von Argentinien beansprucht)
Punta Arenas
FEUERLAND
Kap Hoorn
Magellanstraße
Drakestraße
Südantillenmeer
SÜDGEORGIEN (Falklandinseln / Brit.)
SÜDSANDWICH-INSELN (Falklandinseln / Brit.)
SÜDSHETLAND-INSELN
SÜDORKNEY-INSELN (Brit.)
GRAHAMLAND
ANTARKTISCHE HALBINSEL
Weddellmeer
Bellingshausensee
ELLSWORTH-HOCHLAND
5140 Vinson
EDITH RONNE LAND
MARIE-BYRD-LAND
Rossmeer
VIKTORIALAND
BALLENY-INSELN
SCOTTINSEL
Südlicher Polarkreis
TRISTAN DA CUNHA
TRISTAN-DA-CUNHA-GRUPPE (Sankt Helena / Brit.)
GOUGH
ISLAS DESVENTURADAS
SALA Y GOMEZ (Chile)
OSTERINSEL / RAPA NUI (Chile)
JUAN-FERNÁNDEZ-INSELN
Südlicher Wendekreis
PALMYRA (USA)
KIRITIMATI
HOWLAND (USA)
BAKER (USA)
JARVIS (USA)
KIRIBATI
PHÖNIXINSELN
LINIENINSELN
POLYNESIEN
MARQUESASINSELN
ELLICEINSELN
FUNAFUTI
Vaiaku
TUVALU
Tokelau (Neus.)
NÖRDLICHE COOKINSELN
Wallis und Futuna (Fr.)
SAMOA
Apia
Fagatogo
Amerikanisch-Samoa
Cookinseln (Neus.)
Niue (Neus.)
SÜDLICHE COOKINSELN
Avarua
TUAMOTU-INSELN
GESELLSCHAFTS-INSELN
Papeete
Französisch-Polynesien
TUBUAI- oder AUSTRALINSELN
GAMBIERINSELN
Pitcairninseln (Brit.)
PITCAIRN
RAPA
Suva
FIDSCHI
TONGA
Nuku'alofa
Nouméa
KERMADEC-INSELN (Neus.)
NORFOLK (Australien)
LORD HOWE
AUSTRALIEN
Newcastle
Sydney
Tasmansee
Auckland
NORDINSEL
NEUSEELAND
Wellington
Christchurch
SÜDINSEL
Dunedin
CHATHAMINSELN (Neus.)
BOUNTYINSELN (Neus.)
ANTIPODEN-INSELN (Neus.)
AUCKLAND-INSELN (Neus.)
CAMPBELL-INSEL (Neus.)
MACQUARIE-INSEL (Australien)
Ost 180 West
Westliche Länge
Städte und Ortschaften
Dunedin ○ bis 250 000 Einwohner
Auckland ● über 250 000 Einwohner
Sydney □ über 1 000 000 Einwohner
London ■ über 3 000 000 Einwohner
Paris Hauptstadt eines Staates
Papeete Hauptstadt einer Verwaltungseinheit
0 1000 2000 km